Claus Schünemann

LERNFELDER DER BÄCKEREI UND KONDITOREI – Verkauf –

Praxis-Theorie-Lehrwerk für die Berufsausbildung
zur Fachverkäuferin/zum Fachverkäufer im Lebensmittelhandwerk

Claus Schünemann

Lernfelder der Bäckerei und Konditorei

– Verkauf –

Praxis-Theorie-Lehrwerk für die Berufsausbildung
zur Fachverkäuferin/zum Fachverkäufer im Lebensmittelhandwerk

Gildebuchverlag

ISBN-10: 3-7734-0170-1, erste Auflage 2006
ISBN-13: 978-3-7734-0170-0

Postfach 1351, D-31043 Alfeld/Leine
Internet: www.gildebuchverlag.de – E-Mail: info@gildebuchverlag.de

Umschlagentwurf: Irina Kart, Graf-von-Stauffenberg-Straße 16 in D-35037 Marburg
Satz, Layout und Grafik: Pro Image, Friedrichsplatz 1 in D-35037 Marburg
Zeichnerische Illustrationen: Irina Kart, Graf-von-Stauffenberg-Straße 16 in D-35037 Marburg
Druck und Verarbeitung: Stürtz GmbH in D-97017 Würzburg

Vorwort

Liebe Leserin, lieber Leser,

als ich vor vielen Jahren den Bäckerberuf erlernte und später auch im Fachverkauf tätig war, hatten wir nur wenige Lehrmittel und kaum geeignete Fachliteratur zur Verfügung. Aus diesem Erleben heraus habe ich damals den Vorsatz gefasst, mich beruflich für die Aus- und Weiterbildung des Backgewerbes zu engagieren und die dafür notwendigen Fachbücher zu erarbeiten.

Mit dem Lehr- und Lernsystem „Lernfelder der Bäckerei und Konditorei – Verkauf –“ habe ich nicht nur meinen Vorsatz erfüllt. Für mich ist etwas besonderes wahr geworden: Durch Anwendung der modernen Informationstechnologien ist für die Aus- und Weiterbildung der Fachverkäufer im Backgewerbe erstmals ein Lehrwerk aus einem Druckerzeugnis kombiniert mit Dateien auf einer CD-ROM entstanden, welches eine umfangreiche Information, das selbstgesteuerte Lernen sowie eine praxisgerechte Aktualisierung der Inhalte ermöglicht.

Beim erstmaligen Durchschauen von Lehrbuch und CD-ROM wird Sie vielleicht der Umfang der Darstellungen überraschen. Aber lassen Sie sich durch die sehr umfangreiche Sammlung an Wissensstoff im Buch und auf der CD-ROM nicht entmutigen. Natürlich können Sie das alles nicht sofort bearbeiten und erlernen. Die Vielfalt macht Eingrenzungen und Schwerpunktsetzungen erforderlich. Das Lehrwerk ist deshalb so aufbereitet, dass die Kapitel unabhängig von vorausgegangenen Abschnitten verständlich sind. So erhält es seine besondere Eignung für den berufsbegleitenden Unterricht in der Berufsschule auch bei einer schulspezifischen Lernfeldaufteilung. Es eignet sich darüber hinaus zum eigenen Erarbeiten des Fachwissens sowie zur Wiederholung und Weiterbildung. Lehrbuch und CD-ROM können Sie also auf Ihrem weiteren Berufsweg begleiten; beide bleiben für Sie als Nachschlagewerk stets aktuell.

Das Lehrwerk „Lernfelder der Bäckerei und Konditorei – Verkauf –“ behandelt die Lerninhalte der Grundstufe und der Fachstufen des Ausbildungsberufs „Fachverkäufer/Fachverkäuferin im Lebensmittelhandwerk, Schwerpunkte Bäckerei und Konditorei“. Es ist nach den Anforderungen der Ausbildungsverordnung sowie den Lernfeldern des Rahmenlehrplans der Kultusministerkonferenz gestaltet. Auf Grund der gegenseitigen Abstimmung dieser beiden Rechtsgrundlagen ist das Lehrbuch mit seiner fachlichen Konzeption geeignet, in allen Bundesländern für die Ausbildung in Theorie und Praxis verwendet zu werden. Die reformierte Rechtschreibung nach dem Beschluss der Kultusministerkonferenz ist in den Lehrbuchtexten und insbesondere für sprachliche Aufgaben auf der CD-ROM berücksichtigt.

Die Sachinhalte sind nach den Aufgabengebieten des Verkaufsbereichs im Backgewerbe lernfeldbezogen gegliedert. Dadurch ist eine praxisbezogene und handlungsorientierte Erarbeitung der Lerninhalte mit großer Sicherheit für den Lernerfolg möglich. Den Vorgaben des Rahmenlehrplans und der Bedeutung in der Berufspraxis entsprechend sind wirtschaftliche, organisatorische und rechtliche Aspekte des Berufsbilds schwerpunktmäßig in den ersten Lernfeldern dargestellt. Besonders wichtige Sachverhalte aus diesen Bereichen sind auch in den Kapiteln mit warenkundlichem Schwerpunkt behandelt. Gesellschaftlich wichtige Anliegen wie Lebensmittelhygiene, Unfallverhütung, Umweltschutz, rationelle Energieverwendung, gesunde Nahrung und Ernährung sind durchgängig beachtet.

Die CD-ROM ist ebenso wie das Fachbuch nach den Lernfeldern des Berufs gegliedert. Auf der CD-ROM sind neben fachlichen Ergänzungen insbesondere die für das fächerübergreifende Lernen geeigneten Darstellungen enthalten, zum Beispiel mathematische Aufgabenstellungen, sprachliche und wirtschaftliche Aspekte des Berufs, auch in Form von Arbeitsblättern, Checklisten, Vordrucken, Kopiervorlagen oder Lernkontrollen sowie einem Lerntrainer-Teil.

Ein solch umfangreiches Lehrwerk erarbeitet man nicht allein. Daran haben viele Personen und Institutionen mitgewirkt, denen ich hiermit für ihre Unterstützung danke. Vor allem bedanke ich mich bei allen, die in meinem Umfeld an der Gestaltung des Lehrwerks mitgeholfen haben: meiner Familie für die Korrekturarbeiten und für die unendliche Geduld mit mir, den Mitarbeiter/Innen bei Layout, Illustration, Gestaltung und Druck sowie dem Verlag für die Bereitschaft zur Herstellung dieses Lehrwerks.

Da das Lernfeldkonzept für die Ausbildung im Fachverkauf für Bäckereien und Konditoreien völlig neu ist, interessiert es Verlag und Autor auch, wie sich das Lehrwerk in der Anwendung bewährt. Wir freuen uns daher, wenn Sie uns mitteilen, was Ihnen gefällt, was Sie für ergänzungs- oder korrekturbedürftig halten.

Den Benutzern des Lehr- und Lernsystems „Lernfelder der Bäckerei und Konditorei – Verkauf –“ wünsche ich viel Freude und Erfolg in der Aus- und Weiterbildung.

Niederweimar, im September 2006

Claus Schünemann

Inhaltsübersicht – Lernfelder 1 bis 4 –

Inhaltsübersicht – Lernfelder 5 bis 8 –

Inhaltsübersicht – Lernfelder 9 bis 13 –

BEGINN DER AUSBILDUNG IN BETRIEB UND SCHULE

Dieses Lernfeld ist Teil der beruflichen Grundbildung (erstes Ausbildungsjahr).

Dazu gehören folgende Leitfragen:

Welche beruflichen Anforderungen gibt es im Verkauf der Bäckerei/Konditorei?

Wie erfolgt die Berufsausbildung und welche Weiterbildungsmöglichkeiten gibt es?

Wie sind Betriebsräume und Arbeitsplätze in Bäckereien und Konditoreien eingerichtet?

Welche Regelungen gelten für Unfallverhütung und Gesundheitsvorsorge?

Wie wird die Lebensmittelhygiene im Backgewerbe gewährleistet?

Was bedeuten Ökologie und Umweltschutz für Produktion und Verkauf von Bäckerei- und Konditoreiprodukten?

Welche Kundenerwartungen gibt es im Hinblick auf die Produktqualität?

Was ist Verbraucherschutz und welche rechtlichen Folgen ergeben sich daraus?

Diese Fragen und noch viele andere interessante Aspekte für die Tätigkeit im Verkauf der Bäckerei und Konditorei sind Gegenstand dieses ersten Kapitels.

BERUFSBILD UND BERUFSANFORDERUNGEN

Sie werden ausgebildet für den Beruf „Fachverkäufer/Fachverkäuferin im Lebensmittelhandwerk, Schwerpunkt Bäckerei/Konditorei". In der Öffentlichkeit bezeichnet man Sie kurz als „Bäckereifachverkäufer/in" oder „Konditoreifachverkäufer/in". Als „Fachverkäufer/in" unterscheiden Sie sich von anderen Verkäuferberufen dadurch, dass Sie die Produkte der Lebensmittelhandwerke behandeln und verkaufen, und hier dann speziell die Waren der Bäckerei und/oder Konditorei.

Das Backgewerbe – früher und heute

Historisches Bild vom Backwarenverkauf

Bäckerwappen (historische Ausführung)

Konditorwappen (in Werbeaussage)

Es ist überliefert, dass sich die Menschen schon seit Jahrtausenden von Getreide ernährten. Daraus wurde zunächst nur Brei zubereitet. In späteren Zeiten wurde der Getreidebrei auf erhitzten Steinen zu Fladen gebacken. Das gelockerte Brot ist wahrscheinlich durch Zufall möglich geworden: Übriggebliebener und gärig gewordener Brei wurde durch wilde Hefen aus der Luft zu Sauerteig vergoren.

Aus Funden wissen wir, dass etwa im 5. bis 4. Jahrhundert v. Chr. in Griechenland und im Römischen Reich schon Bäckereien als Urformen eines Bäckerhandwerks betrieben wurden. In Rom wurde im Jahr 144 n. Chr. die erste Bäckervereinigung gegründet. Im mitteleuropäischen Raum wurde im Mittelalter vor allem in Bauernhöfen und Klöstern Brot und Gebäck zubereitet. Auch in den Städten entstanden nach und nach selbstständige Bäckereien. Brot-, Weiß- und Feinbäcker sowie Lebzelter hatten eigene Zünfte (Vorläufer der heutigen Innungen).

Die Gebäckherstellung erfolgte über viele Jahrhunderte überwiegend in Handarbeit. Die technische Fortentwicklung vollzog sich durch die Neuerungen bei den Backöfen und die Erfindung von Maschinen.

Die Berufe des Bäckers und Konditors haben sich weiterentwickelt. Während früher die Erfahrung und das Handgefühl beim Backen eine große Rolle spielten, wird heute mit exakten Mengen und Größen gearbeitet. Und die Rohstoffe sind nach Qualität und Eignung gezielt auswählbar. Daneben vereinfacht sich die Herstellung von Back- und Süßwaren durch den Einsatz von Vormischungen, Halberzeugnissen, Backmitteln und Zusatzstoffen.

Diese Entwicklungen sind nicht nur das Ergebnis des technologischen Fortschritts. Sie sind auch eine Antwort auf das geänderte Verhalten der Verbraucher. Die Kunden der Bäckerei und Konditorei erwarten Vielfalt, Frische und Produktqualität. Gefragt sind auch „gesunde, natürliche" Backwaren sowie Speisenangebote zum Direktverzehr. Damit ist Ihr Ausbildungsberuf ein moderner Beruf.

Für den Fachverkauf in Bäckereien und Konditoreien wurde früher in einer zweijährigen Ausbildung zur „Gewerbegehilfin" qualifiziert. Der Beruf umfasste produktive und verkäuferische Tätigkeiten, also in der Backstube und im Laden. Dieser Ansatz ist auch heute für die nun dreijährige Ausbildung zum Fachverkäufer/zur Fachverkäuferin wichtig: In der handwerklichen Bäckerei und Konditorei sind Sie nicht nur die „Verbindung" zwischen Backstube und Kundschaft. Für den Umgang mit Waren, zur Gestaltung von Auslagen, für die Beratung der Kunden sowie für Verkaufsvorgänge sind Fertigkeiten und Kenntnisse aus der Produktion und aus dem Verkaufsgeschehen notwendig.

Die Bäckerei und Konditorei – in handwerklicher Arbeit

Backwarenunternehmen können ganz unterschiedliche Typen sein:
- Handwerksbetrieb *oder* Backwarenfabrik,
- Bäckerei *oder* Konditorei *oder* Mischbetrieb,
- Filialunternehmen *oder* Betrieb mit nur einer Verkaufsstelle.

Der *Betriebstyp* bestimmt sehr die Bedingungen für Ausbildung und Arbeit. Die handwerklichen Backbetriebe stellen den größten Teil an Lehrstellen. Dabei ist es egal, ob es sich um reine Bäckereien oder Konditoreien oder Mischbetriebe oder kleine Filialbetriebe handelt.

Angebot handwerklich hergestellter Backwaren

Handwerksbetrieb: nur in Handarbeit?

Oft wird angenommen, dass Handwerksbäcker noch wie früher viele Arbeiten „mit Hand" ausführen und nur wenig Maschinen einsetzen. Aber die heute in den Backbetrieben übliche rationelle Fertigung von Back- und Süßwaren ist nur mit Maschineneinsatz möglich.

Anlagen, Maschinen und Geräte: welche Rolle spielen sie?

Bäckereien ohne maschinelle Ausstattung wären heute auf dem Markt nicht mehr konkurrenzfähig. Die modernen Maschinen und Anlagen ermöglichen unter anderem
- die Erleichterung der körperlichen Arbeit,
- die Erhöhung der Produktivität (= Produktmenge je Zeiteinheit),
- die Sicherung der gleichbleibenden Produktqualität,
- die Verringerung der Herstellungszeit je Stückzahl.

Das Bedienen und Pflegen von Maschinen und Geräten ist daher auch Bestandteil der Ausbildung im Verkaufsbereich. Begrenzt wird dieses aber durch die Vorschriften zum Arbeitsschutz (➡ Seite 52), und auch im Hinblick auf die Ausbildungszwecke.

Neue Technologien: wie wichtig sind sie?

Als „neue Technologien" gelten die Computersteuerungen und die digitalisierten Informationswege. Sie gehören heute unbestritten in den Rahmen der Berufslehre. Im Verkaufsbereich gehören dazu nicht nur elektronische Kassen, sondern beispielsweise auch die Nutzung von Internet und anderen Kommunikationsmitteln. All dieses ist für Ihre Ausbildung wichtig, damit Sie kompetent werden, Ihre Arbeit zu planen, sie zu organisieren, durchzuführen und zu kontrollieren.

Kundenorientierung: was bedeutet sie?

Viele Verbraucher akzeptieren die industriell produzierten Backwaren wegen ihres Preis-Leistungs-Verhältnisses. Im Unterschied dazu sind Qualität, Vielfalt und Frische der handwerklich hergestellten Produkte geschätzt, vor allem aber die besondere ‚Verkaufsqualität": Bäcker und Konditoren geben ihre Waren direkt an einen zumeist bekannten Kreis von Kunden ab. Sie können sich dabei auf ihre Kunden orientieren.

Kundenorientierung bedeutet für die Bäckerei und Konditorei:
- Kundenerwartungen an Produkte und Leistungen beachten
- Kunden die Produkte nach gewünschter Art und Qualität anbieten
- Kunden persönlich behandeln, beraten und bedienen
- Kundenwünsche erfüllen
- Kunden mit besonderen Kauferlebnissen überraschen

Angebot industriell hergestellter Backwaren

Was ist Handwerk – was ist Industrie?

*Rechtlich ist es ganz einfach: **Handwerk** ist das, was in den Anlagen der Handwerksordnung als ein Handwerksberuf aufgeführt ist.*

Soll aber in der Praxis ein Betrieb danach beurteilt werden, ob er handwerklich oder industriell ist, geht das nur mit Hilfe von bestimmten Kriterien, zum Beispiel:

Eine handwerklich geführte Bäckerei
- *stellt eine Vielfalt an Produkten her, und zwar nicht in Serienfertigung;*
- *verkauft ihre Produkte überwiegend in eigenen Verkaufsstellen;*
- *hat unmittelbaren Kontakt zu ihren Kunden;*
- *hat in Produktion und Verkauf eine überschaubare Zahl an Beschäftigten.*

Ein industrielles Backwarenunternehmen
- *stellt eine begrenzte Zahl an Produkten her, und zwar in großer Stückzahl;*
- *verkauft seine Produkte über den Handel;*
- *ist oftmals ein Großbetrieb mit vielen Beschäftigten (auch Un- und Angelernte);*
- *hat eine kaufmännische Verwaltung*

Berufliches Anforderungsprofil

„Ein Verkäufer muss nur freundlich sein."
„Eine Fachverkäuferin händigt mir Ware aus und kassiert dann."

So oder ähnlich stellen sich viele Menschen immer noch den Beruf des Fachverkäufers/der Fachverkäuferin vor. Sind diese Vorstellungen zutreffend? Und welche Berufsanforderungen sind zu erfüllen?

Der Fachverkauf in Bäckerei und Konditorei

In den meisten Geschäften des Lebensmitteleinzelhandels werden die Waren im *Verteilungsverkauf* abgegeben (➞ „Zum Unterscheiden" in der Randspalte). Ein wichtiges Kennzeichen dieser Verkaufsform ist die Selbstbedienung. Dabei gibt es kaum persönliche Kontakte zwischen den Kunden und dem Verkaufspersonal.

Auch in den Verkaufsstellen der Bäckerei und Konditorei gibt es heute den Verteilungsverkauf, vor allem in Form der Teilselbstbedienung. Erscheinungsbild und Ansehen dieser Verkaufsstellen werden jedoch durch den *Bedienungsverkauf* geprägt (➞ „Zum Unterscheiden").

Kennzeichen des Fachverkaufs in Bäckerei und Konditorei

- Die meisten Backwaren werden hier unverpackt präsentiert. Damit wird den Kunden das Gefühl von Frische und Qualität der Waren vermittelt; die Produkte werden erst nach ihrer Kaufentscheidung frisch für sie verpackt.
- Für ihre Kaufentscheidung können sich die Kunden fachlich beraten lassen. Damit wird die Vielfalt des Sortiments für sie durchschaubar. Sie können nach Merkmalen der Produkte fragen. Dadurch erhalten sie für ihre Kaufentscheidung Bestätigung und Sicherheit.
- Die Stammkunden kennen die Verkäufer der Bäckerei/Konditorei. So kann sich zwischen ihnen ein Vertrauensverhältnis entwickeln. Die Kunden fühlen sich mit ihren Erwartungen und Kaufwünschen bei „ihren Fachverkäufern" gut aufgehoben.

Stärken und Schwächen des Fachverkaufs

Der Fachverkauf in der Bäckerei und Konditorei ist personalintensiv. Wenn über den Tag während der gesamten Ladenöffnungszeit die Kunden ohne lange Wartezeiten zügig bedient werden sollen, sind dazu genügend Verkaufskräfte erforderlich. Dadurch ergeben sich für den Betrieb hohe Personalkosten. Sie wirken sich auf die Preise für Waren und Dienstleistungen der Bäckerei und Konditorei aus. Diese Problematik und mögliche Schwächen des Bedienungsverkaufs im Fachgeschäft (z. B. Wartezeiten bei starkem Kundenandrang) sind vom Verkaufspersonal gegenüber den Kunden zu vertreten und so zu meistern, dass sie von ihnen nicht als negativ empfunden werden.

- Fachverkäufer/innen können die Stärken des Fachverkaufs in der Bäckerei und Konditorei gestalten. Sie sind „Verkaufsprofis", die sich auf ihre Kunden orientieren. Sie verstehen ihren Beruf nicht nur als „einfachen Job", sondern als Herausforderung, die sie Tag für Tag mit ihrer ganzen Persönlichkeit erfüllen wollen.
- Fachverkäufer/innen können ihren Kunden gegenüber die Stärken des Fachverkaufs in der Bäckerei und Konditorei vermitteln. Sie sind für die Kunden „das Gesicht" des Betriebs. Dabei vermitteln sie den Kunden die betrieblichen Leistungen. Sie sind außerdem für die Kunden ein Ansprechpartner, auch für persönliche Dinge.

Zum Unterscheiden

- ***Verteilungsverkauf:*** *Das ist aus der Sicht der Verkäufer eine passive Tätigkeit. Die Ware wird nur bereitgestellt, zum Beispiel zur Selbstbedienung durch die Kunden. Die Verkäufer nehmen beim Kauf keinen Einfluss auf die Kunden.*
- ***Bedienungsverkauf:*** *Das ist aus der Sicht der Verkäufer eine aktive Tätigkeit. Die Ware wird bereitgestellt und persönlich von den Verkaufskräften ausgehändigt. Dabei spielen Präsentation, Beratung, Empfehlung und vor allem persönlicher Kontakt eine wesentliche Rolle.*

Worterklärungen

- *Als* ***Stammkunden*** *gelten die Kunden, die regelmäßig in nur einer bestimmten Verkaufsstelle einer Bäckerei/Konditorei einkaufen.*
- *Als* ***Laufkunden*** *gelten die Kunden, die wechselnde Verkaufsstellen einer Bäckerei/Konditorei aufsuchen und dort mehr oder weniger zufällig einkaufen.*

Handlungsorientierte Aufgabe

➤ *Formulieren Sie werbliche Botschaften, mit denen Sie die Leistungen der Bäckerei und Konditorei und die Vorteile des Fachverkaufs herausstellen (z. B. „Wir beraten Sie gern.").*

Rollen der Verkaufskräfte im Fachverkauf

Welche Rollen die Fachverkäufer/Fachverkäuferinnen in der Bäckerei und Konditorei erfüllen, das ergibt sich nicht nur aus dem Umgang mit der Kundschaft im eigentlichen Verkaufsablauf.
Was tun sie beispielsweise darüber hinaus?

Fachverkäufer als „Experten für Back- und Süßwaren"

Die frischen Produkte der Bäckerei/Konditorei bedürfen einer fachlich richtigen Behandlung: Sie werden zum Teil in der Verkaufsstelle für den Verkauf hergerichtet (z. B. Backen, Dekorieren, Schneiden). Sie werden zum Verkauf bereitgestellt, präsentiert und gekennzeichnet. Dabei sind neben hygienischen Anforderungen auch die Maßnahmen zur Sicherung der Produktqualität zu beachten.

Fachverkäufer als „Ratgeber in Fragen der Ernährung"

Die Produkte der Bäckerei/Konditorei sind Lebensmittel; es sind die Mittel zum Leben. Immer mehr Verbraucher achten auf natürliche und gesunde Ernährung. Sie wollen daher beispielsweise wissen, welche Zutaten verwendet werden, ob Zusatzstoffe enthalten sind oder ob allergene Inhaltsstoffe in den Produkten sind. Fachverkäufer müssen Auskunft geben können auf all diese Fragen.

Darüber hinaus erwarten viele Kunden auch Beratung, wenn sie eine Sonderbestellung aufgeben wollen oder die Planungen für eine Feierlichkeit vornehmen.

Fachverkäufer als „Profis für Werbung und Marketing"

Auch die hochwertigsten Back- und Süßwaren verkaufen sich nicht von allein. Fachverkäufer gestalten werbewirksame Warenauslagen. Sie gestalten Schaufenster, Plakate, Preisschilder und Handzettel. Sie wirken an Aktionen im Marketing und der Verkaufsförderung mit. Auch Verpackungen von Back- und Süßwaren werden werbeaktiv genutzt insbesondere für Geschenkzwecke.

Fachverkäufer als „Botschafter des Betriebs"

In der Verkaufsstelle haben Fachverkäufer unmittelbaren Kontakt zu ihren Kunden. Dadurch erfahren sie, was die Kunden denken, welche Produkte sie wünschen, was sie über Preise und Qualität der Waren äußern. Die Fachverkäufer sind somit die Ansprechpartner für die Kunden; sie vertreten den Betrieb gegenüber der Öffentlichkeit. Sie betreiben „Kundenpflege" und tragen Umsatzverantwortung.

Fachverkäufer als „Schaltstelle im Betriebszentrum"

In der handwerklichen Bäckerei und Konditorei sind Produktion und Absatz der Waren eng miteinander verknüpft, auch wenn der Betrieb mehrere Filialen hat. Die Fachverkäufer sind in einem betrieblichen Netzwerk die Schaltstelle zwischen Kundschaft und Produktion in der Backstube, zur Betriebsleitung oder kaufmännischen Verwaltung.

Fachverkäufer erfüllen in diesem Zusammenhang auch Aufgaben zur Planung der Produktion. Sie bestellen Backwaren in der täglich für ihre Verkaufsstelle erforderlichen Art und Menge. Sie beachten dabei auch speziellen Bedarf, zum Beispiel bei Sonderbestellungen oder vor Festtagen.

Fachverkäufer wirken außerdem mit bei wirtschaftlichen Kontrollen, zum Beispiel bei Inventuren, bei der täglichen Abrechnung oder bei der Auflistung der Retouren (= nicht verkaufte Produkte).

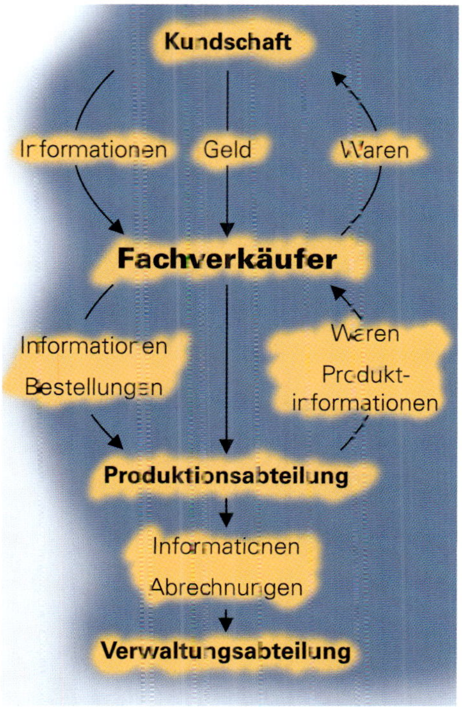

Anregungen zur Weiterarbeit

*Im **Ausbildungsrahmenplan** der Ausbildungsverordnung sind die Fertigkeiten und Kenntnisse aufgelistet, die Sie im Laufe Ihrer Ausbildung erlernen sollen.*

- *Wählen Sie einzelne dieser Punkte aus und ordnen Sie diese jeweils der Berufsrolle zu, in der sie hauptsächlich zum Tragen kommen*
- *Stellen Sie zusätzlich die Punkte heraus, die für Ihre Rollen speziell in Ihrem Ausbildungbetrieb wesentlich sind.*

*Die **Berufsanforderungen** werden sich in Zukunft ändern, beispielsweise aufgrund der Entwicklungen im Verbraucherverhalten oder durch neue Angebote Ihres Betriebs.*

- *Stellen Sie an einem Beispiel dar, wie sich Ihre Rolle als Fachverkäufer/in durch künftige Entwicklungen ändern kann.*

Hinweis

*Auf der **CD-ROM zu diesem Lehrbuch** sind zu den obigen Aufgaben entsprechende Seiten angelegt, die Sie zur Bearbeitung auch ausdrucken können.*

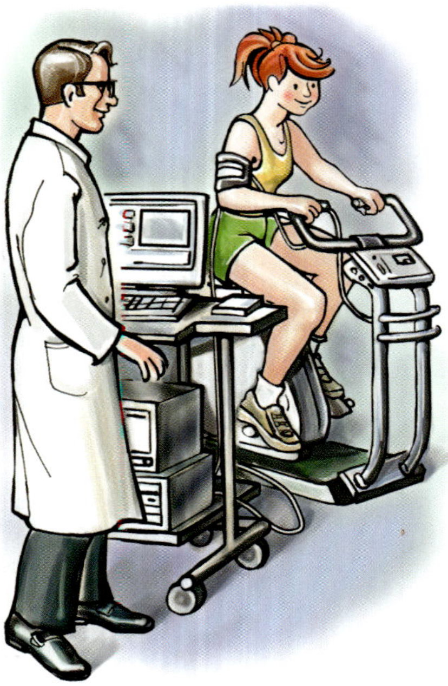

Stillschweigende Erwartungen

Seitens der Betriebe wird bei Berufsanfängern als selbstverständlich erwartet und zum Teil auch rechtlich gefordert:
- *die Beachtung der betrieblichen Ordnung,*
- *die Wahrung der Betriebsgeheimnisse,*
- *die Erfüllung des Ausbildungsvertrags,*
- *die Einhaltung allgemeiner Regeln des menschlichen Zusammenlebens.*

Auch wenn es zumeist verschwiegen wird, werden stillschweigend noch so genannte „Arbeitstugenden" erwartet, zum Beispiel:
- *Ehrlichkeit,*
- *Fleiß und Einsatzbereitschaft,*
- *Pünktlichkeit und Zuverlässigkeit,*
- *Interesse am betrieblichen Geschehen,*
- *Anpassungsfähigkeit und Bereitschaft zur Zusammenarbeit,*
- *Sorgfalt bei der Arbeit,*
- *Gründlichkeit und Gewissenhaftigkeit,*
- *Initiative und Kreativität,*
- *Mitdenken und Bereitschaft zur Verantwortungsübernahme.*

➤ *Welche Anforderungen sind Ihnen darüber hinausgehend bekannt gemacht worden?*

➤ *Erläutern Sie, was die einzelnen Punkte der „Arbeitstugenden" konkret bedeuten.*

➤ *Erörtern Sie mit Ihren Kolleginnen und Kollegen, wie weit Sie die obigen Tugenden erfüllen können, ohne dass Sie Ihre Persönlichkeit im Sinne von „Kriecherei" aufgeben müssen.*

Persönliches Anforderungsprofil

In ortsfesten Verkaufsstellen der Bäckerei und Konditorei arbeiten die Fachverkäufer/Fachverkäuferinnen üblicherweise in geschlossenen Räumen. Dennoch sind sie Zugluft sowie zum Teil auch Dämpfen und Stäuben ausgesetzt. Sie gehen mit verschiedenen Materialien um. Außerdem üben sie ihre Arbeit stehend aus; ihre Gesundheit muss daher stabil sein.

Gesundheitliche Eignung

Alle Jugendlichen müssen vor ihrer erstmaligen Beschäftigung ärztlich untersucht werden. Vor dem Ende des ersten Tätigkeitsjahres ist die Untersuchung zu wiederholen. Dem Arbeitgeber sind entsprechende Bescheinigungen vorzulegen. Das ist im Jugendarbeitsschutzgesetz geregelt. Durch die Untersuchungen soll festgestellt werden, ob die Jugendlichen gesundheitlich die Berufsanforderungen erfüllen.

Weil Fachverkäufer/Fachverkäuferinnen in ihrer Berufsarbeit mit vielen berufstypischen Substanzen umgehen, können durch diese allergische Reaktionen auftreten (z. B. Hautekzeme oder Heuschnupfen). Die Neigung zu Allergien ist zwar vor Beginn der Lehre ärztlich feststellbar. Ob es aber zu einer allergischen Erkrankung im Beruf kommt, ist nicht vorherzusehen. Daher sind die Gesundheitsvorsorge (➡ Seite 54) und die stetige Beobachtung gesundheitlicher Veränderungen nötig.

Da Fachverkäufer/Fachverkäuferinnen überwiegend mit unverpackten Produkten umgehen, dürfen sie nicht an bestimmten ansteckenden Krankheiten leiden (z. B. Ruhr, Salmonellose oder Tuberkulose) oder die Erreger solcher Krankheiten ausscheiden. Wenn Anzeichen von ansteckenden Krankheiten auftreten, ist der Arbeitgeber darüber zu informieren. Über die gesundheitlichen Schutzbestimmungen müssen Sie zu Beginn Ihrer Tätigkeit unterrichtet werden.

Persönliche Eignung

Für Ihre Berufsausbildung ist kein bestimmter schulischer Abschluss als Eignungsanforderung vorgeschrieben. Es ist aber unbestritten, dass für das Erreichen der Ausbildungsziele von allen Lehrlingen die *Lernfähigkeit* und *Lernbereitschaft* zu fordern ist.

Lernfähigkeit *zeigt sich im Wesentlichen darin, dass von einer Person die Sachverhalte der Umwelt in Wort, Schrift und Bild aufgenommen, verinnerlicht und wiedergegeben werden könnnen.*

Lernbereitschaft *zeigt sich im Wesentlichen in dem aktiven Bemühen einer Person, die praktischen und theoretischen Ziele der Ausbildung durch eigenes Bemühen zu erreichen. Dieses zu erfüllen ist zugleich eine Pflicht, die sich aus dem Ausbildungsvertrag ergibt.*

Persönliche Anforderung und zugleich Ziel der Ausbildung ist die *Teamfähigkeit*. Das ist kurz gefasst die Bereitschaft und Fähigkeit zur Zusammenarbeit mit den Kolleginnen und Kollegen im Betrieb. Dazu gehört ein ganzes Bündel an Anforderungen, zum Beispiel:
- eigene Interessen und die anderer kennen und abwägen können,
- sich in Gruppen einfügen und Konflikte vernünftig regeln können,
- die Teamziele mitbestimmen und aktiv anstreben können.

In den Betrieben werden darüber hinaus von den Berufsanfängern die Verhaltensweisen erwartet, die als „Arbeitstugenden" bezeichnet werden (➡ nebenstehende Aufgabe).

Hygiene am Arbeitsplatz

Fachverkäufer/Fachverkäuferinnen gehen in ihrer täglichen Arbeit mit Nahrungsmitteln um, die für die Kunden gesundheitlich unbedenklich sein müssen. Darum ist ein hohes Maß an Hygiene erforderlich.

Und welche Berufsanforderungen sind dafür zu erfüllen?

Persönliches Erscheinungsbild

Zur hygienisch-guten Praxis in Lebensmittelbetrieben gehört auch die *Personalhygiene*. Diese umfasst die Gesundheit, die Körperhygiene und die Berufskleidung der Beschäftigten.

Die *Gesundheit* der Beschäftigten muss gewährleisten, dass keine Krankheitserreger auf Lebensmittel übertragen werden. Außerdem darf sie auch nicht zu „Ekel erregenden" Zuständen führen (z. B. wenn mit Hautausschlag an Händen und Armen gearbeitet wird).

Die *Körperhygiene* der Verkaufsmitarbeiter umfasst vor allem:
- die täglich gründliche Reinigung des Körpers,
- die täglich mehrmalige Mund- und Zahnreinigung,
- die tägliche Säuberung und Pflege der Fingernägel,
- die tägliche Pflege der Kopfhaare und der Frisur.

Außerdem dürfen von Verbänden oder anderen Dingen (z. B. Schmuck) keine nachteiligen Beeinflussungen der Lebensmittel ausgehen.

Die *Berufskleidung* von Beschäftigten im Verkaufsbereich muss dafür geeignet und stets sauber sein. Freizeit- und Straßenkleidung ist als Berufskleidung nicht geeignet. Solche Kleidung muss ersetzt oder abgedeckt werden durch hygienisch geeignete Arbeitskleidung.

Zur Arbeitskleidung gehören: geeignetes Schuhwerk, Rock oder Hose, Bluse, Kittel oder Schürze, erforderlichenfalls auch Mütze oder eine Haarbefestigung (z. B. Spange oder Schleife).

Wenn eine zum Betriebsbild passende einheitliche Kleidung getragen werden soll, muss diese vom Arbeitgeber gestellt werden.

Die textile Arbeitskleidung sollte kochfest oder mit mindestens 60 °C waschbar sein. Der Kleidungswechsel erfolgt je nach Verschmutzung, von Schürzen oder Vorbindern möglichst täglich.

Hygienebewusstsein bei der Arbeit

Es ist *verboten*, bei der Arbeit in den Betriebsräumen
- zu rauchen und zu schnupfen,
- sich mit Speisen und Getränken zu verpflegen,
- auf Lebensmittel zu husten oder zu niesen,
- mit hygienegefährdenden Dingen umzugehen.

Da Fachverkäufer unverpackte Waren unmittelbar mit ihren Händen berühren, ist die *Sauberkeit der Hände* ein Hygiene-Schwerpunkt.

Das Waschen und/oder Desinfizieren der Hände ist nötig, vor allem
- direkt vor Arbeitsbeginn und nach jeder Arbeitsunterbrechung,
- direkt vor dem Arbeiten mit leicht verderblichen Lebensmitteln,
- nach Verschmutzung bei der Arbeit,
- nach jedem Toilettenbesuch,
- nach dem Naseputzen, Niesen oder Husten,
- nach dem Umgang mit Schmutz oder Abfällen,
- nach der Beendigung von Reinigungsarbeiten.

Positives Erscheinungsbild von Fachverkäufern mit sauberer und modischer Berufskleidung

Tipps für die Hygiene

- *Körperhygiene dient Ihrer Gesundheitsvorsorge: Duschen und Waschen mit haut-pH-neutralen Präparaten schont die Haut (auch auf Rückfettung achten).*
- *Körperhygiene dient Ihrer Gesundheitsvorsorge: Zähneputzen und Mundspülung nach den Mahlzeiten beugt unerwünschtem Mundgeruch, Mundentzündungen und Karies (Zahnfäule) vor.*

Sachverweis

*Weitere Ausführungen zur **Lebensmittelhygiene** finden Sie ab der Seite 44.*

Handreinigungs- und Desinfektionseinrichtung

Pflichten eines Lehrlings

Auszubildende haben folgende Pflichten:

- *Bemühung um den Erwerb der nach der Ausbildungsverordnung vorgegebenen Qualifikation (= Lernpflicht)*
- *Teilnahme am Berufsschulunterricht, an überbetrieblicher Schulung und Prüfungen*
- *Befolgung der Betriebsordnung und Wahrung von Betriebsgeheimnissen*
- *Befolgung von Weisungen der dazu Befugten im Rahmen der Berufsausbildung*
- *Sorgfalt im Umgang mit Werkzeugen, Maschinen und Ausbildungsmitteln*
- *Führung und regelmäßige Vorlage des Ausbildungsnachweisheftes (Berichtsheftes)*
- *Ordnungsgemäße Entschuldigung bei Fernbleiben vom Betrieb und sonstigen Ausbildungsmaßnahmen*
- *Wahrnehmung der ärztlichen Untersuchungen (soweit noch erforderlich)*

Rechte eines Lehrlings

Auszubildende haben folgende Rechte:

- *Anrecht auf die Vermittlung der nach der Ausbildungsverordnung notwendigen Fertigkeiten und Kenntnisse (= Lehrpflicht)*
- *Kostenlose Bereitstellung der notwendigen Ausbildungsmittel und Unterlagen*
- *Anspruch auf angemessene Ausbildungsvergütung und Fortzahlung bei Krankheit und in Freistellungszeiten*
- *Freistellung für den Berufsschulbesuch, für Prüfungen und überbetriebliche Ausbildungsmaßnahmen*
- *Beschäftigung mit Arbeiten, die dem Ausbildungszweck dienen und den körperlichen Kräften angemessen sind*
- *Gewährung des Erholungsurlaubs*
- *Vorsorge für die gesundheitliche, sittliche und moralische Verfassung (bei noch jugendlichen Lehrlingen)*

Ausbildung und berufliche Weiterbildung

Für Ihre Ausbildung haben Sie einen Vertrag abgeschlossen: einen Berufsausbildungsvertrag (= BAV). Was ist das Besondere an ihm?

Der BAV ist in erster Linie die Einigung der Vertragsparteien über das Vermitteln und Lernen konkreter Berufsinhalte (Ziel). In zweiter Linie ist er ein Arbeitsvertrag (Durchführung).

Inhalte des Berufsausbildungsvertrags

Die meisten Inhalte sind zwischen den Vertragsparteien inhaltlich zu verhandeln, im Rahmen des privatrechtlichen Vertrags zu vereinbaren. Auch kann ein BAV mit Zustimmung aller Beteiligten innerhalb des Ablaufs der Berufsausbildung geändert werden.

Beispiele für Regelungen im Berufsausbildungsvertrag

Die *Ausbildungsdauer* zum Fachverkäufer/zur Fachverkäuferin beträgt laut Ausbildungsverordnung 36 Monate. Sie kann bei Nachweis einer erfolgreich absolvierten einschlägigen Berufsgrundbildung verkürzt werden (Anrechnung als erstes Lehrjahr oder Teilanrechnung). Die Dauer kann auch beim Vertragsabschluss verkürzt werden, wenn anzunehmen ist, dass die Ausbildungsinhalte in einer kürzeren Zeit zu vermitteln sind (z. B. nach einer vorangegangenen ähnlichen Lehre).

Die vereinbarte Dauer der Lehrzeit kann auch verkürzt werden durch vorzeitiges Ablegen der Abschlussprüfung. Die Abkürzung wird auf Antrag gewährt bei mindestens guten Leistungen im Betrieb, in der Zwischenprüfung und den einschlägigen Fächern der Berufsschule.

Die *Probezeit* muss mindestens einen Monat dauern, höchstens jedoch vier Monate. Sie dient als Eingangsstufe in die Berufsausbildung, in der beide Vertragsparteien die Neigung und Eignung erproben sollen. Die Dauer wird individuell im rechtlich gesetzten Zeitrahmen vereinbart. Eine Verlängerung dieser Dauer ist nur in Ausnahmefällen möglich (z. B. bei längeren Ausbildungsfehlzeiten).

Rechte und Pflichten

„Wer seine Rechte wahrnehmen will, der muss auch seine Pflichten beachten," sagt ein Meister zu seinem Lehrling. Ist das so richtig?

Rechte und Pflichten in der Ausbildung sind miteinander verbunden. So stehen vielen Pflichten einer Vertragspartei entsprechende Rechte der anderen Partei gegenüber. Beispielsweise die Pflicht zum Vermitteln von Fertigkeiten und Kenntnissen durch den Ausbildenden steht dem Recht des Lehrlings auf seine fachliche Ausbildung gegenüber (vgl. Sie dazu die nebenstehenden Aufstellungen).

Im Übrigen sind die von Ihnen rechtlich zu erfüllenden Pflichten ganz besonders im Interesse Ihrer Ausbildung.

Ausbildungsfremde Arbeiten: zu Recht?

Was ausbildungsfremde Tätigkeiten sind, das ist nicht irgendwo wie im Katalog nachzulesen. Oft werden die Reinigungsarbeiten als solche angesehen. Das ist nicht so. Denn die zum Arbeitsauftrag gehörigen Aufräumarbeiten sind Bestandteil dieser Leistung. Allerdings gehören Reinigungs- und Aufräumarbeiten dann zum Ausbildungsfremden, wenn sie den überwiegenden Teil der Lehrlingsarbeit ausmachen (und das laut Ausbildungsnachweis zu ersehen ist).

Prüfungen in der Berufsausbildung

Es ist auf keinen Fall zu früh, bereits jetzt an Prüfungen zu denken. Denn nur, wer das Ziel seiner Bemühungen vor Augen hat, kann auch zielgerichtet darauf hinarbeiten. Und wer zielgerichtet lernt, der kommt nicht kurz vor der Prüfung in Stress- und Angstsituationen.

Prüfungen: mit welchem Erfolg?

Während Ihrer Berufsausbildung ist *eine Zwischenprüfung* abzulegen. In dieser Prüfung geht es nicht um Bestehen oder Nichtbestehen. Zweck ist vielmehr, dass alle Beteiligten eine Einschätzung über den erreichten Ausbildungsstand erhalten können. Außerdem ist die abgelegte Zwischenprüfung eine Zulassungsvoraussetzung für die Abschlussprüfung. Und für Sie selbst gibt diese Prüfung Einblick in das Geschehen, das in der Endprüfung auf Sie zukommt.

Am Ende der Ausbildung ist die *Abschlussprüfung* zu absolvieren. Sie besteht aus den Teilen A und B (A = praktisch und B = theoretisch). Eine kurze Übersicht mit den Anforderungen in beiden Prüfungsteilen ist nebenstehend aufgeführt.

Die Abschlussprüfung ist bestanden, wenn in beiden Prüfungsteilen mindestens ausreichende Leistungen erbracht werden. Am Tage der Bekanntgabe des Ergebnisses endet das Ausbildungsverhältnis.

Weiterbildung nach der Berufsausbildung

Es gibt viele Formen und Arten der Weiterbildung. Nach ihren Zielen unterscheidet man die beiden wesentlichen Arten: Anpassungs- und Aufstiegsweiterbildung.

Anpassungsweiterbildung dient dem Erweitern der Kenntnisse und Fertigkeiten (z. B. Verkaufstraining). Die traditionelle Form solcher Weiterbildung ist die früher im Handwerk übliche Wanderzeit. Die Form des Sammelns beruflicher Erfahrungen in etlichen Betrieben ist heute noch sinnvoll. Es gibt aber auch viele kursmäßige Angebote zur Anpassung der Qualifikation an den erforderlichen Stand.

Auch einige gezielt organisierte und finanziell geförderte Maßnahmen gehören im weiteren Sinne zu der Anpassungsweiterbildung (z. B. die Umschulung bei langer Arbeitslosigkeit in dem erlernten Beruf oder die Reaktivierung von Fachkräften nach einer Familienphase).

Aufstiegsweiterbildung erlaubt das Erreichen höherer Berufspositionen (z. B. Verkaufsleiterprüfung). Sie ist für viele Menschen auch eine Form der Selbstbestätigung (Erfolg im Beruf). Für die Vorbereitung dieser Weiterbildung ist Ihre Berufsausbildung wichtig, wenn Sie im erlernten Beruf oder auch in damit verwandten Berufen aufsteigen wollen.

Die finanziellen Aufwendungen für Weiterbildung sind steuerlich als Werbungskosten absetzbar. Es ist auch möglich, durch verschiedene Einrichtungen gefördert zu werden (➡ nebenstehende Hinweise).

Anforderungen in der Abschlussprüfung

*Aufgaben in der **praktischen Prüfung** sind:*

1. *Kunden beraten, Waren verkaufen, transportfähig verpacken, Rechnungen erstellen*
2. *Bestellungen aufnehmen und unter Beachtung besonderer Kundenwünsche bearbeiten*
3. *Werbemittel herstellen sowie Ware dekorieren und präsentieren*
4. *Wirtschaftliche, technische, ökologische und lebensmittelrechtliche Vorgaben, Sicherheit und Gesundheitsschutz bei der Arbeit sowie Gesichtspunkte der Hygiene und des Umweltschutzes berücksichtigen*

*Die **schriftliche Prüfung** umfasst:*

1. *Umgang mit Waren, Verkauf und Beratung im Schwerpunkt Bäckerei bzw. Konditorei*
2. *Betriebswirtschaftliches Handeln*
3. *Wirtschafts- und Sozialkunde*

Die schriftliche wird durch eine mündliche Prüfung ergänzt, wenn diese für das Bestehen der Prüfung den Ausschlag geben kann.

Pluspunkte durch die Lehre

Eine abgeschlossene Berufsausbildung bringt Vorteile, zum Beispiel:

- *Fachwissen für qualifizierte Arbeit*
- *Grundlage für fachliche Weiterbildung*
- *Höherer Lohn als für ungelernte Arbeit*
- *Verbesserung der Chancen auf dem Arbeitsmarkt*
- *Zulassung zu Studiengängen*

Förderung der Weiterbildung im Handwerk

Für die fachliche Weiterbildung im Handwerk sind vor allem zwei Möglichkeiten der Förderung interessant:

➤ *Die „Begabtenförderung Berufliche Bildung" zahlt an sehr gute Absolventen der Berufsausbildung und an die Platzierten beim Leistungswettbewerb der Handwerksjugend Zuschüsse zu den Weiterbildungskosten (Anträge bei der Handwerkskammer).*

➤ *Das so genannte „Meister-BAföG" ist teilweise nicht rückzahlungspflichtig, wenn sich dessen Empfänger selbstständig machen und Arbeitsplätze schaffen.*

Aufgaben zur Wiederholung

1. *Beschreiben Sie kurz die geschichtliche Entwicklung der Berufe im Backgewerbe.*
2. *Führen Sie wesentliche Merkmale für die handwerkliche Bäckerei auf (im Unterschied zu Industriebetrieben).*
3. *Welche persönlichen Anforderungen sind für die Ausübung Ihres Berufs zu erfüllen?*
4. *Nennen Sie mindestens vier Rechte und Pflichten des Lehrlings aus dem Ausbildungsvertrag.*
5. *Erörtern Sie, warum eine erfolgreich abgeschlossene Ausbildung wichtig ist.*

DER BACKBETRIEB ALS ARBEITSPLATZ

Wer heute eine Ausbildung in Bäckereien/Konditoreien absolviert, der hat ein Interesse an der zukünftigen Sicherheit seines Arbeitsplatzes. Vielleicht spielt dieser Sicherheitsgedanke auch bei mancher Berufswahl eine Rolle. Die Berufe im Back- und Süßwarengewerbe bieten wegen ihrer Versorgerfunktion eine vergleichsweise sichere Existenz. Doch sie unterliegen starken wirtschaftlichen Veränderungen. Sie werden zunehmend von der Internationalisierung der Märkte betroffen. Und das hat Einfluss auf die Berufsausbildung und die spätere Berufsausübung.

Zitat

„Früher mussten wir die Hungrigen satt machen. Und heute müssen wir die Satten hungrig machen." So kennzeichnet ein Manager im Backgewerbe die heutige Marktsituation für Bäcker und Konditoren.

➤ *Diskutieren Sie anhand dieser Meinungsäußerung die Probleme der Mangel- und Überversorgung mit Nahrungsmitteln.*

Zahlen zum Nachdenken

➤ *In den wohlhabenden Ländern leben 20 % der Weltbevölkerung. Diese 20 % verbrauchen mit ihrem Lebensstandard etwa 80 % aller Welt-Ressourcen.*

➤ *In der EU wurden in fünf Jahren 10 Milliarden Kilogramm Obst und Gemüse staatlich aufgekauft. Davon wurden 80 % vernichtet, 18 % verarbeitet und 2 % für wohltätige Zwecke vergeben.*

➤ *In den Industrieländern liegt der tägliche Pro-Kopf-Verbrauch an Getreidekalorien bei 12 500 (direkt und indirekt über Futter für die Fleischproduktion). In den Entwicklungsländern liegt der vergleichbare Wert bei 2 000 bis 2 500 Kalorien.*

➤ *In Deutschland verspeisten die Menschen bis zum Ende des 19. Jahrhunderts täglich zwischen 500 und 800 g Brot. Damals deckte Brot bis zu 80 % der notwendigen Energiezufuhr ab. Heute verzehrt ein Bundesbürger täglich ungefähr 220 g Brot und Kleingebäck. Das sind etwa vier Scheiben Brot und ein Brötchen.*

Backbetriebe als Versorger

„Brot" steht im übertragenen Sinne für Versorgung mit Nahrung und dem Notwendigen für den Lebensunterhalt. Das drücken zahlreiche Sprüche aus (z. B. „sein Brot verdienen" oder „brotlos zu sein").

Internationale Verflechtungen, Steigerungen in der Produktivität und moderne Technologien sichern in den Industrieländern die Versorgung mit Lebensmitteln. Und die Preise dafür sind niedrig. Während ein Haushalt im Jahr 1900 etwa 70 % des Einkommens für Ernährung aufwenden musste, sind das heute nur noch 15 % bis 20 %.

In den Entwicklungsländern (und in Ländern des früheren Ostblocks) ist dagegen der Hauptanteil des Einkommens für die tägliche Nahrung aufzubringen. Hunger ist hier ein Ausdruck des Mangels. Die Ursachen dafür sind unterschiedlich. Eine Ursache ist die Armut, die den Erwerb von Nahrung verhindert. Die Lösung dieses weltweiten Problems ist eine Schlüsselfrage für die Erhaltung des Friedens.

Märkte und Verbraucher

In den reichen Ländern scheinen die Verbraucher zu profitieren von der Überversorgung mit Lebensmitteln: Es gibt ein kaum überschaubares Angebot zu Billigstpreisen. Die Niedrigpreise für Lebensmittel werden durch die großen Handelsketten garantiert. Sie kaufen überall in der Welt ein, und zwar dort, wo sie gerade am wenigsten kosten.

An dieser Praxis sind auch die Backbetriebe beteiligt: Das Angebot an Back- und Süßwaren soll vielfältig sein. Die saisonale Gestaltung von Sortimenten verliert an Bedeutung zugunsten einer ganzjährigen Versorgung mit exotischen Importwaren. Die Einstandskosten für solche Einfuhren werden gering gehalten. Die Kosten für Verpackung, Transport und Lagerung der Fertigerzeugnisse steigen nämlich mit der Größe der Betriebe und deren riesigen Marktgebieten. Für die Verbraucher ergeben sich aber Abhängigkeiten: längere Einkaufswege und höherer Zeitaufwand für die Versorgung mit Lebensmitteln.

Backbetriebe als Teil des Wirtschaftssystems

In Zeiten des Wohlstands und des Überangebots an Lebensmitteln wird die Versorgungsfunktion der Backbetriebe unwichtig. Für viele Menschen wird das Bitten „um das tägliche Brot" bedeutungslos. Die Verbraucher haben die Wahl aus einem großen Angebot. Es herrscht ein *Käufermarkt*. Das heißt: Die Anbieter von Waren sind im Nachteil. Sie müssen um Käufer werben. Mit Angeboten und Preisen findet ein Konkurrenzkampf statt.

Wettbewerb mit dem Lebensmitteleinzelhandel

Der Anteil der verkauften Backwaren aus Handwerksbetrieben sinkt (geringerer Marktanteil). Vor allem der Lebensmitteleinzelhandel (LEH) erobert sich größere Marktanteile. Das geschieht mit Zulieferungen aus dem Backgewerbe. Die LEH-Kettenläden bieten in ihren Regalen verpackte Backwaren überwiegend aus industrieller Produktion an. Zur Zeit ist den größeren Bäckereien durch die Errichtung von Läden in den Vorkassenzonen von großen Lebensmittelmärkten ein leichter Marktzugang möglich (= Shop-in-Shop). Einige Handelsketten haben aber schon damit begonnen, eigene Bäckereien zu betreiben.

Verdrängungswettbewerb durch Filialisten

Im freien Wettbewerb werden „schwache Konkurrenten" vom Markt verdrängt. Das trifft seit vielen Jahren vor allem die Kleinbetriebe des Handwerks, darunter auch die Familienbäckereien. Sie schließen ihre Geschäfte. Die Betriebe werden dann oft von größeren Konkurrenten als Filialen weitergeführt.

Diese Konzentration führt dazu, dass sich die Zahl der selbstständigen Bäckereibetriebe in Deutschland verringert. Die Beschäftigtenzahl ist aber trotzdem gestiegen. Die Produktion erfolgt zwar mehr und mehr maschinell. Die höhere Produktivität setzt Arbeitskräfte frei. Jedoch im Verkaufsbereich wird mehr Personal eingesetzt.

Klein- und Großbetriebe im Backgewerbe

Die Betriebsgröße lässt sich auf verschiedene Weise bestimmen. Man kann beispielsweise kleine und große Betriebe danach abgrenzen,
- wie leistungsfähig die Produktionsanlagen sind *oder*
- wie viele Arbeitskräfte beschäftigt werden *oder*
- wie viel Umsatz erzielt wird.

Diese drei Punkte stehen in einem Zusammenhang: Die überwiegend handarbeitende (= manuelle) Produktion ist fast ausschließlich an die Arbeitszeit der Menschen gebunden. Dagegen ist die automatisierte Produktion auch möglich ohne gleichzeitig anwesende Arbeitskräfte (z. B. bei Kühl- und Gärautomatik). Bei Einsatz solcher Technik ersetzt das Produktivkapital die menschliche Arbeit.

Automatisch arbeitende Produktionsanlagen erfordern eine gewisse Herstellungsmenge. Sie rentieren sich erst bei hoher Auslastung. Bei Stillstand sind die Maschinen ein „totes Kapital".

Außerdem erfordern oftmals die Vielfalt und Art der herzustellenden Backwaren eine manuelle Arbeit. An Maschinen und Automaten der Großbetriebe können zum Teil angelernte Kräfte beschäftigt werden. Aber bei der handwerklichen Fertigung sind überwiegend die dafür ausgebildeten Fachkräfte erforderlich.

Meinung

„Während die Industrie in Deutschland Arbeitsplätze abbaut und ihre Produktionsstätten in Billiglohnländern ansiedelt, bietet das Bäckerhandwerk krisensichere Arbeitsplätze. Brot wird immer gegessen. In letzter Zeit steigt sogar der Brotkonsum. Wir backen es stets frisch. Darum hat das Backgewerbe in Deutschland eine sichere Zukunft." So positiv schildert ein Bäckermeister seine Sichtweise über die Situation in seinem Handwerk.

- ➤ *Beurteilen Sie diese Stellungnahme.*
- ➤ *Gibt es Unterschiede in der künftigen Entwicklung von Arbeitsplätzen im Produktionsbereich einerseits und dem Verkaufsbereich andererseits?*

Betriebsstatistik für das Bäckerhandwerk

Jahr	Betriebe	Beschäftigte
1956	55718	240200
1967	46795	213500
1989	24712	227500
1992	21634	240200
2001	19813	318200
2003	17580	283100
2004	17200	272300
2005	16740	274000

Quelle: Zentralverband des Deutschen Bäckerhandwerks e. V. (Zahlen zum Teil gerundet)

Berechnungen

- ➤ *Errechnen Sie die Rückgänge an Bäckereibetrieben für die obigen Jahre in absoluten Zahlen und in Prozent jeweils bezogen auf das Jahr 1955 (Basisjahr).*
- ➤ *Errechnen Sie die Veränderungen in den Beschäftigtenzahlen für die obigen Jahre in absoluten Zahlen und in Prozent jeweils bezogen auf das Jahr 1956 (Basisjahr).*

Handlungsorientierte Aufgaben

- ➤ *Erkunden Sie durch Beobachtung im Umfeld Ihres Ausbildungsbetriebs, welche Bedeutung der Lebensmitteleinzelhandel dort für den Verkauf von Backwaren hat.*
- ➤ *Ermitteln Sie durch Einschätzung im Umfeld Ihres Ausbildungsbetriebs, wie viele Groß- bzw. Kleinbetriebe als Produktionsstätten des Backgewerbes dort existieren und wie viele Filialverkaufsstellen dort betrieben werden.*

Beispiele
für Standardsortimente von Backbetrieben

Bezeichnung:	*Sortimentsschwerpunkt:*
● *Brotbäckerei:*	*Brot und Kleingebäck*
● *Feinbäckerei:*	*Brot und Kleingebäck sowie Feine Backwaren aus Teigen*
● *Landbäckerei:*	*Brot und Kleingebäck, nur wenig Feine Backwaren, zusätzlich auch Lebensmittel*
● *Bäckerei und Konditorei:*	*Brot, Kleingebäck, Feine Backwaren aus Teigen und Massen, Torten und Desserts*
● *Konditorei:*	*Feine Backwaren aus Teigen und Massen, hoher Anteil an Torten und Desserts, hochwertige Schokolade- und Süßwaren, Speiseeis und Süßspeisen*

Beispiele
für Spezialisierungen im Sortiment

Bezeichnung:	*Besonderheit im Sortiment:*
● *Bio-Bäckerei:*	*Nur Bio-Waren im Angebot*
● *Vollkornbäckerei:*	*Waren aus Vollkornprodukten*
● *Caféteria:*	*Aufgussgetränke und kleine Speisenangebote*
● *Baguetterie:*	*Snacks aus Baguettes, Getränke*
● *Eiscafé:*	*Speiseeis und -zubereitungen, Süßspeisen und Getränke*
● *Convenience-Shop:*	*Angebot an Lebensmitteln und anderen Waren zur Versorgung in Wohnungsnähe*
● *Coffee-Shop:*	*Kaffeespezialitäten, Kaffee und Feine (Dauer-) Backwaren*

Handlungsorientierte Aufgabe

Stellen Sie mit Hilfe von Beobachtungen fest, inwieweit das Sortiment Ihres Betriebs auf den Bedarf der möglichen Verbraucher in seinem Umfeld hin orientiert ist.

Backbetriebe und ihre Sortimente

Können Sie den Betrieb, in dem Sie tätig sind, umfassend und eindeutig beschreiben? Vergleichen Sie einmal die Verkaufsstellen für Back- und Süßwaren in Ihrer Region.

Beachten Sie dabei insbesondere
– den Sortimentsschwerpunkt,
– den Standort,
– die baulich-räumliche Struktur,
– das Verkaufssystem.
Diese vorgenannten Merkmale kennzeichnen weitgehend den Typ des Betriebs, kurz bezeichnet: den Betriebstyp.

Betriebstypen

Die Geschäftsbezeichnungen von Bäckereien/Konditoreien lassen im Allgemeinen den Kunden Schlüsse auf die geführten Waren zu. Das gilt vor allem für herkömmliche Betriebstypen. Hier wissen die Käufer aus Erfahrung, was ihnen angeboten wird (auch wenn in moderner Weise firmiert wird, zum Beispiel: „Ihr guter Bäcker").

Sortimente und Leistungen von Backbetrieben

An den Beispielen in der nebenstehenden Übersicht können Sie die allgemein üblichen Sortimentsschwerpunkte von Verkaufsstellen des Backgewerbes erkennen. Abweichungen davon werden oft durch zusätzliche Hinweise verdeutlicht (zum Beispiel: „Steh-Café").

Das standardmäßige Sortiment wird in vielen Backbetrieben nach überliefertem Muster geführt: Es wird an die Sortimente anderer Mitbewerber angeglichen. Das führt zu einer Uniformierung des Angebots. Änderungen des Sortiments werden auf der Grundlage subjektiver Beobachtungen vorgenommen, beispielsweise nach dem Kaufverhalten der eigenen Kunden.

Erfolgreich auf dem Markt agierende Backbetriebe gestalten ihr Sortiment gezielt. Sie spezialisieren sich. Sie unterscheiden sich von Mitbewerbern. Sie bilden ein unverwechselbares Profil aus.

Sortimentsgestaltung: ein Fall für Teamarbeit

Die spezifische Gestaltung des Sortiments ist nach verschiedenen Ansätzen möglich. Man unterscheidet dabei die *Bedarfsorientierung*, die *Marktorientierung* und die *Rentabilitätsorientierung*.

Grundsätzlich ist für die Sortimentsgestaltung die Betriebsleitung verantwortlich. Die Erarbeitung ist aber ein typischer Fall für eine Zusammenarbeit von Teams aus Produktion und Verkauf, wobei die Fachverkäufer mit ihrer Verkaufskompetenz leiten sollten.

Die Produkte eines Backbetriebs sind für die Verbraucher auch in anderen Betrieben zu erhalten. Die Qualität ist zumeist vergleichbar, ebenso der Preis. Für die Betriebe des Backgewerbes bestehen daher bessere Chancen auf dem Markt, wenn sie sich spezialisieren. Eine besondere Bedeutung hat in diesem Zusammenhang das Angebot an Dienstleistungen (= Serviceleistungen). Sie sind zwar wegen des großen Aufwands sehr kostenintensiv, haben aber für die Verbraucher einen hohen Stellenwert. Mit gutem Service sind Kunden zu gewinnen und zu erhalten.

Räume zur Backwarenproduktion

Es ist vom Betriebstyp und von der Betriebsgröße abhängig, welche Räume und welche Einrichtungen nötig sind. Dabei bestimmt die Betriebsgröße auch Art und Größe der Produktionseinrichtungen.

Backstube: und was sonst zur Produktion erforderlich ist

Der Produktionsbereich vieler Backbetriebe ist mit dem Unternehmen gewachsen und modernisiert. Wenn aber eine Neuplanung ansteht, können ideale Voraussetzungen als Maßstab genommen werden. Grundlage für die Planung der Räumlichkeiten und Einrichtungen ist zunächst einmal das Produktionsprogramm. Somit unterscheidet sich eine Konditoreiwerkstatt deutlich von der einer Bäckerei.

In einer Konditorei werden Abgrenzungen der Posten angestrebt (z. B. „warme Konditorei" zur Verarbeitung von Teigen und Massen und „kalte Konditorei" für die Arbeiten mit Zubereitungen aus Krems und Sahne). Typischerweise werden im Konditoreibereich weniger und insgesamt auch kleinere maschinelle Einrichtungen gebraucht.

Für eine Bäckerei mit umfangreichem Sortiment ist die „Backstube" das Zentrum. Es sind aber weitere Betriebsräume nötig, zum Beispiel die in der nebenstehenden Abbildung aufgeführten Räume.

Bei der Raumzuordnung wird insbesondere beachtet,
- dass wichtige Räume zentral liegen;
- dass zwischen Räumen mit zusammengehöriger Funktion direkte und kurze Wegstrecken bestehen (z. B. Lager und Backstube);
- dass schwere Lasten gerollt oder per Aufzug transportierbar sind.

Für Bäckereien mit geringem Anteil an Konditoreiwaren plant man die Backstube als ganze Einheit. Die Ausstattung wird hier in Form von *Produktionslinien* gestaltet. Das heißt: Der Ablauf vom Rohstoff zum Fertigprodukt bestimmt die Anordnung (➡ Schemazeichnung).

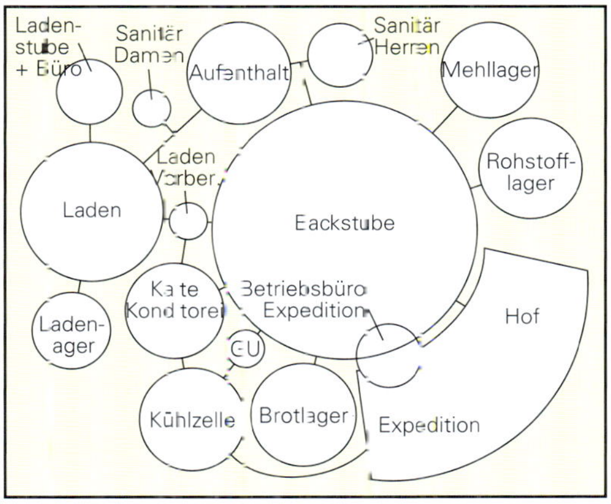

Raumzuordnung für eine Bäckerei und Konditorei mit angeschlossener Verkaufsstelle

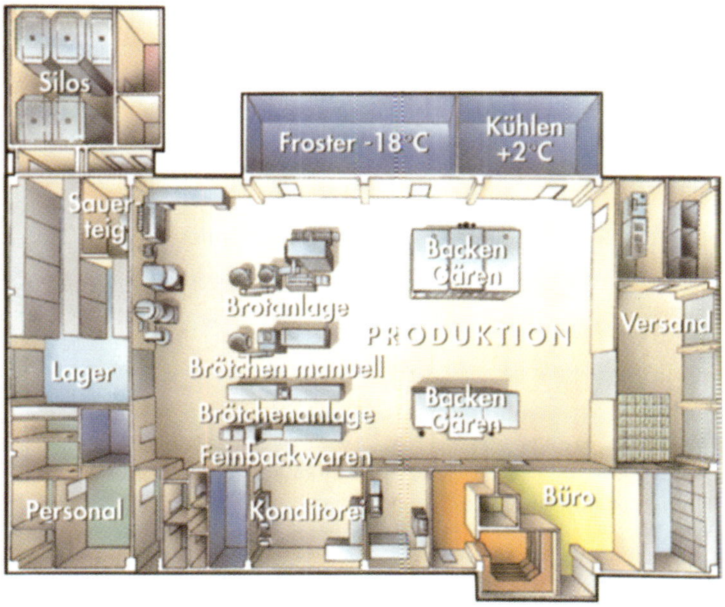

Die Backstube mit zugeordneten Nebenräumen für die Produktionsaufgaben einer mittelgroßen Bäckerei

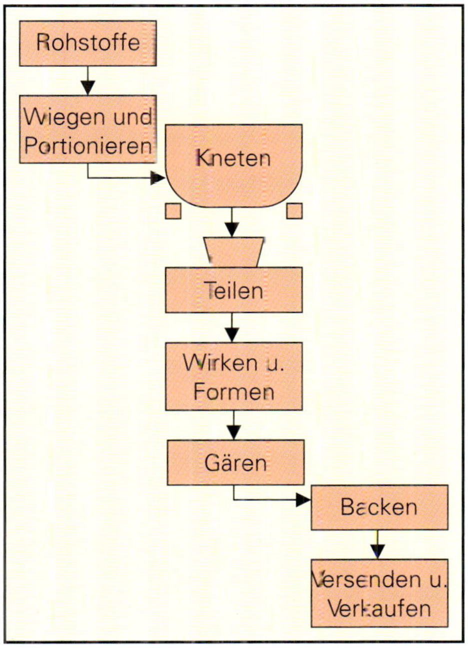

Die herzustellenden Produkte und der optimale Materialfluss bestimmen die Produktionslinien

Verkaufsstellen der Bäckerei und Konditorei

Ebenso wie die Produktionseinrichtungen sind auch die Einrichtungen für den Backwarenverkauf vom Betriebstyp abhängig. Für die Käufer sind sie das sichtbare Signal dafür, welche Angebote sie jeweils in der Verkaufsstelle erwarten können oder welchen Qualitätsstandard sie bei dem jeweiligen Betriebstyp annehmen dürften.

Für den Inhaber eines Backbetriebs sind aber mit der Entscheidung für einen Betriebs- und Verkaufsstellentyp auch betriebswirtschaftliche Fragen verbunden, beispielsweise inwieweit an einem vorhandenen Standort die Errichtung eines Cafés lohnend sein kann.

Trends bei Betriebstypen

- *Rückgänge der Produktionsstandorte, aber Zunahme der Verkaufsstellen durch Filialstandorte*
- *Traditionelle Standorte mit verändertem Angebot (Convenience-Shops) für die Nahversorgung*
- *Mobile Verkaufseinrichtungen für häusliche Kundenversorgung und Service, aber auch als Messe- und Marktstände*
- *Neue Standorte mit „Nischenangeboten“ und themenorientierten Erlebniswelten (Bistro, Back-Shop oder Factory-Outlet)*

Standorte verschiedener Betriebstypen

An welchem Standort und in welcher Betriebsart eine Verkaufsstelle der Bäckerei und Konditorei geführt wird, das ergibt sich allein aus unternehmerischen Entscheidungen. Die haben aber Konsequenzen für Ihre Tätigkeit als Fachverkäufer/Fachverkäuferin.

Die überlieferte Art zur Führung einer Bäckerei und Konditorei ist es, Produktion und Verkauf dort zu betreiben, wo die Inhaber ein eigenes Gebäude besitzen. *Dabei orientieren und bewegen sich die Kunden zur Verkaufsstelle.* Diese Betriebstypen sind in den Wohngegenden nach wie vor weit verbreitet. Sie dienen den Kunden in der Region zur Versorgung und führen oft auch ein Zusatzsortiment oder ein Angebot an Nicht-Backwaren (= Convenience-Shop). Letzteres geht so weit, dass der „Bäcker an der Ecke“ auch die Poststelle führt.

Ebenso überliefert ist der Betrieb einer Bäckerei mit Fahrgeschäft. *Hier bewegt sich die Verkaufsstelle zu den Kunden.* Das ist sinnvoll in ländlichen Gegenden mit verstreuten kleinen Ortschaften. Aber auch zur Versorgung älterer Kunden hat der „mobile Bäcker vor der Haustüre“ zunehmende Bedeutung.

Standortwahl: Verkaufen wo die Kunden sind

Bäckereien und Konditoreien können dort erfolgreich ihre Backwaren absetzen, wo sich viele Kunden befinden. Nach dieser simplen Regel hat sich ein Trend zur *gezielten Standortwahl* eingestellt. Das führt zu Filialstandorten, oft verbunden mit Trennung von Produktions- und Verkaufsstätte.

Begehrte Standorte für Filialen der Bäckereien und Konditoreien sind die „Lauflagen“ im Stadtkern, in Einkaufszentren, in der Nähe von Bus- und Bahnhaltestellen, in der Nachbarschaft großer Firmen, nahe bei Büros und Schulen. Die Filialen können grundsätzlich in ihrem Typ und dem Sortiment auf den Standort hin ausgeprägt werden.

Reine Konditoreibetriebe filialisieren nicht so stark wie Bäckereien. Die großen Filialbäckereien haben oft mehr als 100 Verkaufsstellen. Dabei prägen sie in der Regel ein einheitliches Erscheinungsbild für alle Verkaufsstellen aus. Dieser Marktauftritt ist für viele Standorte geeignet. Einige Großbäcker betreiben die Filialen nicht mehr selbst, sondern verpachten ihr Filialsystem (auch als Franchisegeber). Das ist eine Chance zum Selbstständigmachen für Fachverkäufer. Doch diese Unternehmensform engt sehr ein. Beispielsweise werden Sortiment und Warenpreise vom Franchisegeber vorbestimmt.

Neue Standorte mit veränderten Betriebstypen

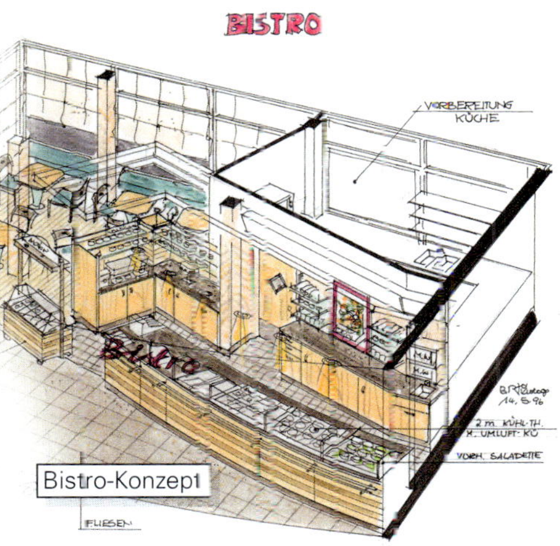

Bistro-Konzept

Die „Eroberung" neuer Standorte gelingt den Backbetrieben, wenn sie Trends im Konsumverhalten aufnehmen. Der *Versorgungskauf* wird von Verbrauchern als lästig empfunden. Er wird lustlos abgewickelt. Gesucht wird dagegen der *Erlebniskauf*. Das Angebot von Back- und Süßwaren mit Duft-, Schau- und Genusseffekt bietet in dieser Hinsicht gute Chancen, vor allem bei steigendem Außer-Haus-Verzehr.

Angebote zum Sofortverzehr

Dort wo sich viele Konsumenten bewegen, lassen sich Snacks und kleine Speisen absetzen, für welche die Bäckereien/Konditoreien eine besondere Kompetenz haben. Das Frühstück, die Zwischenmahlzeit, aber auch das Mittag- und Abendessen bieten sich als Angebote zum Sofortverzehr an. Das traditionelle süße Café-Angebot wird dabei verlassen. Kleine pikante Gerichte in wechselndem Tagesangebot sind gefragt. Die Aufenthaltsdauer soll geringer sein als beim Aufsuchen herkömmlicher Gastronomie. Die Qualität des Angebots soll sich aber von der der Fast-Food-Ketten abheben.

Typische Verkaufsstätten mit solchen Angeboten sind beispielsweise Imbiss- und Snackpoints oder Bistros.

Bäcker-Imbiss als Erlebniswelt

Themenorientierte Erlebnisbäckerei

Dort wo Konsumenten etwas erleben wollen, sind themenorientierte Verkaufsstätten gut platziert. Es muss nicht gleich das „kulinarische Theater" mit Akteuren und Bühne sein. Bereits die Gestaltung der Verkaufsstätte mit erlebnisorientierten Effekten bietet neue Anreize (Illusionsmalerei, Dekor, Zubereitung und Angebot themenorientierter Produkte). Beispiele für solche Verkaufsstätten sind Erlebniswelten aus Kunst, Literatur, Sport oder Musik, aber auch mit einem Ambiente der Touristik oder mit Transitumgebung (z. B. Bahnhofthema).

Besonderes Merkmal dieser Betriebstypen ist, dass Produktprofile zurücktreten zugunsten der angesprochenen Gefühle.

Authentische Backangebote

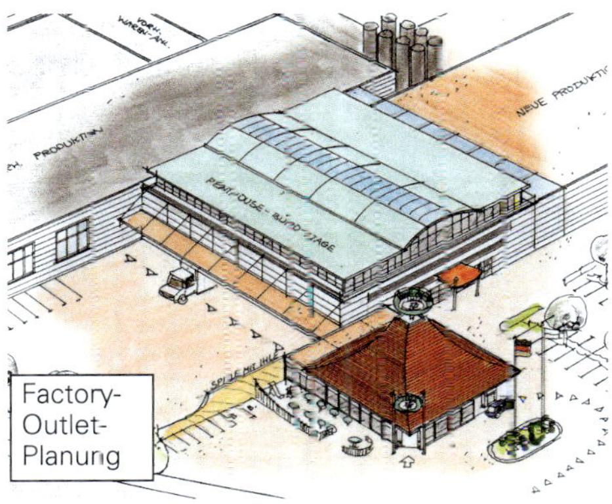
Factory-Outlet-Planung

Dort wo Konsumenten ursprüngliche (= authentische) Produktion erwarten, sind sie zum *Aufsuchen solcher Plätze* bereit. Ziele sind nicht nur herkömmliche Ausflugsgebiete. Auch der zum Backbetrieb umgewidmete Landhof oder die Produktionsstätte im Gewerbegebiet (= Factory-Outlet) bieten sich als Standorte dafür an. Hier sollen die Verbraucher eine Marktatmosphäre verspüren. Die Waren werden deshalb frisch in einer produktionsnahen Art und Weise präsentiert (z. B. auf rollbaren Paletten, auf Backblechen).

Typisch für diese Verkaufsstätten sind oft auch Angebote für die Weiterverarbeitung im eigenen Haushalt der Kunden, zum Beispiel in Form von Zutatenpaketen oder Teiglingen zum Fertigbacken.

Fazit: Neue Anforderungen an Betrieb und Personal

Obigen Beispielen für Backwarenverkaufsstellen mit neuen Profilen ist gemeinsam, dass sie für ihre Gestaltung und Angebote viel Ideen und Kreativität verlangen. Sie veralten rasch. Sie nutzen sich ab. Ihre Attraktivität muss gepflegt und stetig erneuert werden.

Das Verkaufspersonal in diesen Betrieben füllt Positionen aus, die über die traditionelle Rolle hinausgehen (z. B. beim Produzieren oder Servieren, und auch bei Schau- und Unterhaltungseffekten).

Planspiel

Erarbeiten Sie in einer Gruppe für einen von Ihnen ausgewählten Modell-Standort einen Betriebstyp für eine Bäckerei/Konditorei mit einem spezifischen, neuen Angebot für diesen Standort.

Stellen Sie das von Ihnen erstellte Konzept anderen Gruppen vor.

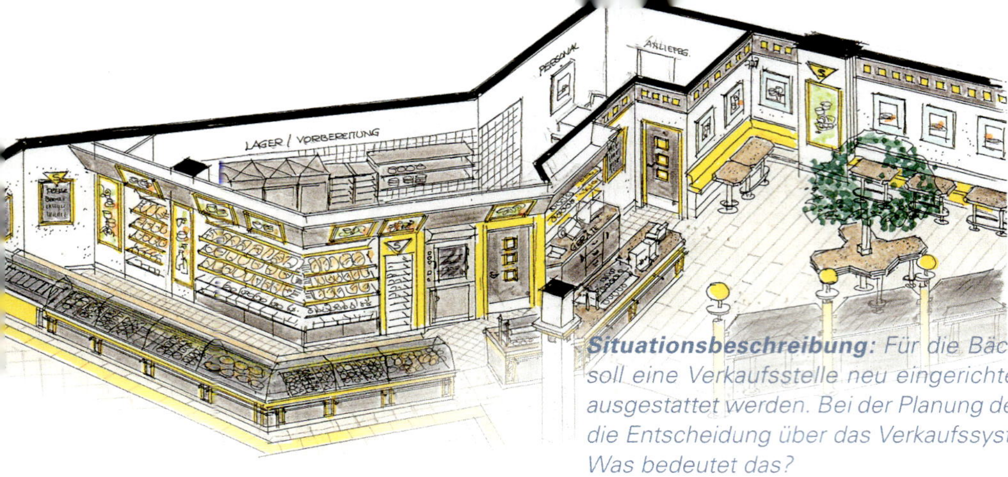

Verkaufssysteme

Situationsbeschreibung: *Für die Bäckerei und Konditorei Kramer soll eine Verkaufsstelle neu eingerichtet und mit einem Imbissteil ausgestattet werden. Bei der Planung der Einrichtung steht zunächst die Entscheidung über das Verkaufssystem im Vordergrund. Was bedeutet das?*

Als ***Verkaufssystem*** im direkten Absatzweg bezeichnet man die Art und Weise der Warenabgabe in Verkaufsstellen. Damit werden neben der Form der Warenaushändigung auch die Aktionen von Verkäufern und Kunden bestimmt.

Bedienungsverkauf: das überlieferte System

Bedienen und Beraten von Kunden sind die Hauptaufgaben für den Fachverkauf in der Bäckerei und Konditorei. Diese Tätigkeiten haben sich historisch entwickelt, denn in früherer Zeit wurden ausschließlich unverpackte Brote und Kleingebäcke angeboten. Diese mussten aus hygienischen Gründen „ausgehändigt" werden.

Geschlossener Bedienungsverkauf

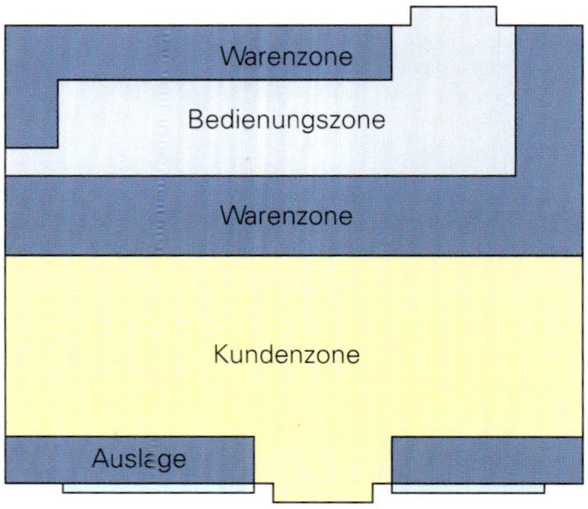

Schematische Darstellung:
Bedienungsverkauf im geschlossenen System

Bei diesem Verkaufssystem haben nur die Verkäufer Zugriff auf die Waren, nicht aber die Kunden. Die Warenzone und die Kundenzone sind gegeneinander abgeschlossen, im Laden üblicherweise durch die Verkaufstheke.

Geschlossener Bedienungsverkauf hat Bedeutung beim Angebot frischer, unverpackter Back- und Süßwaren. Er ist in reiner Form oft beim Shop-in-Shop in Vorkassenzonen anzutreffen. Aber auch im Café- und Imbissbetrieb wird er praktiziert.

Bei diesem System handelt überwiegend das Verkaufspersonal. Die Kunden sind passiv; sie werden „bedient".

Offener Bedienungsverkauf

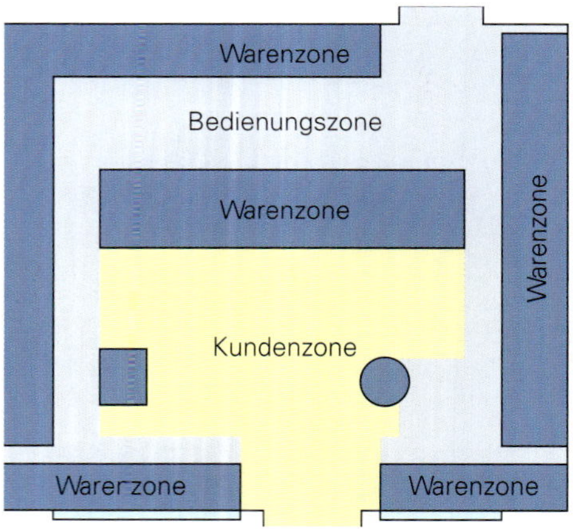

Schematische Darstellung:
Bedienungsverkauf im offenen System

In den meisten Verkaufsstellen der Bäckerei und Konditorei findet ein mehr oder weniger offenes Verkaufen statt. Das ermöglicht den Kunden die gewünschten Kauferlebnisse. Dazu gehört ein möglichst großer Kontakt zwischen den Käufern und der Ware. Beim Angebot unverpackter Backwaren gibt es dafür aus hygienischen Gründen Grenzen. Dennoch ist die Öffnung des Verkaufssystems möglich.

Neben der Öffnung der Zugangsmöglichkeiten in die Verkaufsstelle (= offene Ladenfront) ist im Laden selbst Etliches möglich.

Beispiele für Maßnahmen im offenen Bedienungssystem:

- Nutzung der Verkaufstheke für die Warenpräsentation im Blickfeld der Käufer
- Kontaktnahe Präsentation verpackter Waren in der Kundenzone
- Probieraktionen in der Kundenzone
- Einbeziehung der Käufer durch Einblick in die Warenproduktion
- Produktinformationen durch Diablenden und Handzettel

Meinung

Die Chefin in einer Bäckerei ist skeptisch: „Die Öffnung des Verkaufssystems ist für den Umsatz sicherlich gut. Für uns im Verkauf wird das aber komplizierter und unübersichtlicher."

➤ *Was meinen Sie dazu?*

Selbstbedienungsverkauf: das moderne System

Der Warenverkauf in Selbstbedienung (= SB) bietet den Käufern die besten Möglichkeiten, die Waren zu begutachten, auszuwählen und in Besitz zu nehmen. Das SB-System bezieht die Kunden ganz in den Kaufvorgang ein. Es ist ein „offenes System".

Das Einkaufsverhalten der Verbraucher ist heute durch die vielfältigen Warenangebote im SB-System der Märkte geprägt. Sie erwarten in den Verkaufsstellen der Bäckereien und Konditoreien zwar die gute fachliche Beratung, aber auch Gelegenheiten zur Selbstbedienung.

Selbstbedienung (SB) mit Fertigpackungen

Selbstbedienung mit Fertigpackungen

Unproblematisch ist das Angebot von verpackten Back- und Süßwaren (in Fertigpackungen) zur Selbstbedienung. Die Waren sind durch die Verpackung vor nachteiligen Beeinflussungen geschützt. Auch die Angebotsdauer kann länger sein als bei unverpackter Frischware.

Für das Angebot zur SB sind bei Fertigpackungen die rechtlichen Bestimmungen über die Kennzeichnung zu beachten (➡ Seite 384). Dadurch können die Kunden die Informationen erhalten, die sonst mindestens im Bedienungsvorgang gegeben werden können.

Torten, Desserts und empfindliche Feine Back- und Süßwaren sind im Allgemeinen nicht für das Angebot zur SB geeignet. Im Übrigen ist zu bedenken, dass bei allen zur SB angebotenen Backwaren
- der Aufwand für Verpackung und Frischeüberwachung hoch ist,
- für die Käufer der Eindruck des Frischeangebots verloren geht.

SB bei unverpackten Brötchen – so möglich?

Selbstbedienung mit unverpackten Backwaren

Mit Hilfe spezieller Einrichtungen können unverpackte Backwaren zur SB angeboten werden. Dabei müssen die Anforderungen der Lebensmittelhygiene erfüllt werden. Auch die Information der Kunden über die Waren muss in geeigneter Weise gesichert sein.

Nebenstehend ist eine solche Geschäftseinrichtung dargestellt, in der Brote und Kleingebäcke ausschließlich in SB angeboten werden können (auch bestimmte Feine Backwaren). Alle Komponenten der Einrichtung sind mobil. Außer den Gär- und Backschränken sind auf der Abbildung die drei Verkaufsmodule und das einfache System zum Kassieren ersichtlich.

Einrichtung eines SB-Backwarengeschäfts

Diese Back-Shop-Lösungen eignen sich für kleine Filialstandorte, für den Vorkassenbereich in Einkaufszentren, ebenso als kleine spezielle Angebotsläden (z. B. Baguette-Shop). Regalmodule allein lassen sich darüber hinaus auch in Bedienungssysteme eingliedern.

Die Regalmodule erfüllen folgende Merkmale:

- Die Warenrutschen sind durchsichtig (zumeist aus Acryl) und von oben beleuchtet, so dass die Produkte gut zu sehen sind.
- Die Warenrutschen sind in Breite und Länge variabel, so dass sie zum Angebot verschiedener Produkte geeignet sind.
- Die Warenrutschen sind nach vorn schräg abfallend, so dass bei Entnahme von Ware das nächste Stück nachrutscht.
- Die Warenrutschen sind jeweils mit einer Abdeckhaube und einer Rücklegesperre ausgestattet, so dass nur die ausgewählte Ware von den Käufern berührt werden kann.
- Die Warenrutschen haben Vorrichtungen zur Kennzeichnung.

Meinung

Tina wird zur Fachverkäuferin ausgebildet. Sie ist ärgerlich: „Warum lerne ich denn das Bedienen von Kunden, wenn man mich und das Bedienen durch Selbstbedienungsautomaten ersetzen kann?"

➤ Was meinen Sie dazu?

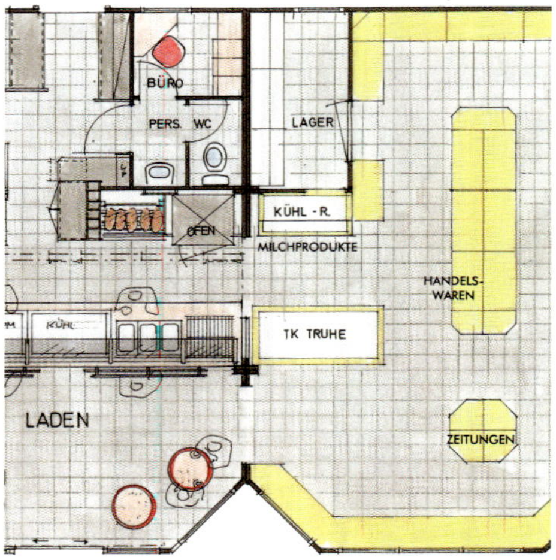

Selbstbedienung in einem Convenience-Store

Worterklärung

Impulskäufe *sind spontane, ungeplante Käufe. Sie werden erst durch Impulse in der Verkaufsstelle ausgelöst.*

Meinungen

Die Auszubildende Carola meint:
„Teilselbstbedienung lehne ich ab. Bei großem Andrang vor der Theke ist für uns die SB-Zone nicht mehr kontrollierbar. Das Ärgerlichste sind für mich aber die vielen Ständer und Schachteln auf der Theke. Sie unterbrechen den Blickkontakt zu den Kunden und versperren den Weg der Warenübergabe."

Eine Kollegin von ihr beurteilt das anders:
„Wenn die Kunden sich selbst bedienen, brauchen wir das nicht mehr zu tun. Und wer verlangt schon Kaugummi, wenn es nicht im Zugriff der Kunden ist?"

➤ *Diskutieren Sie die geäußerten Meinungen mit Ihren Kolleginnen/Kollegen.*

Handlungsorientierte Aufgaben

➤ *Stellen Sie dar, welche Gruppen von Back- und Süßwaren in Ihrem Betrieb jeweils im Verkaufssystem des Bedienungs- bzw. SB-Verkaufs angeboten werden.*

➤ *Beurteilen Sie, inwieweit die Vorteile der unterschiedlichen Verkaufssysteme in Ihrem Betrieb verstärkt genutzt werden könnten.*

➤ *Listen Sie Nachteile der Verkaufssysteme auf und stellen Sie dar, wie diese beim Verkauf von Back- und Süßwaren vermieden oder eingegrenzt werden können.*

Teilselbstbedienung: das üblichste System

Ein Mischsystem aus Bedienungs- und Selbstbedienungsverkauf ist in vielen Verkaufsstellen für Lebensmittel vorzufinden. Auch in den Bäckereien/Konditoreien können durch diese „Teilselbstbedienung" die Vorteile der Verkaufssysteme kombiniert genutzt werden.

Warenverkauf mit Teilselbstbedienung

In Verkaufsstellen der Bäckerei/Konditorei ist als eine „kleine Lösung" zur Teilselbstbedienung üblich, dass beispielsweise
- unverpackte Waren im Bedienungsverkauf angeboten werden,
- verpackte Dauerbackwaren, Süßwaren, Knabberartikel und andere Fertigpackungen zur SB in der Kundenzone angeboten werden.

Zum alsbaldigen, aktionsartigen Abverkauf können Waren in offener Vorverpackung angeboten werden (z. B. Brötchen in Papiertüten oder Teegebäcke in Pappschalen). Rechtlich gilt so etwas nicht als SB-Angebot. Die für Fertigpackungen geforderte Kennzeichnung ist in diesen Fällen entbehrlich.

Einige Artikel werden auch in Thekenaufsätzen (Displays) angeboten. Das soll die Kunden zu *Impulskäufen* verleiten.

Verkaufsstellen der Bäckerei/Konditorei mit einem umfangreichen Zusatzsortiment bieten dieses oft in einem SB-Regalsystem an. Die Kunden benutzen zur Warensammlung bereitgestellte Körbe oder Wagen. Zum Teil verfügen diese Abteilungen des Geschäfts über ein gesondertes Kassenwesen. Ansonsten müssen die Waren an der Bedienungskasse mitbezahlt werden.

Bei der Teilselbstbedienung im Warenverkauf werden die Vorteile des Bedienungsverkaufs mit denen des SB-Verkaufs verknüpft.

***Vorteile** des Verkaufs im **Bedienungssystem** sind vor allem:*
- *Kaufanreize durch das Angebot unverpackter Waren*
- *Entwickeln von Beziehungen zwischen Käufern und Verkäufern*
- *Hilfen bei der Kaufentscheidung durch fachliche Beratung*
- *Kosteneinsparung durch nicht nötige Verpackung*
- *Arbeitsersparnis durch nicht erforderliche Kennzeichnung*
- *Platzersparnis durch geringere Kundenwegzonen*

***Vorteile** des Verkaufs im **SB-System** sind vor allem:*
- *Geringe Schwellenangst und geringe Kaufverpflichtung*
- *Selbstbestimmung des Einkauftempos durch Kunden*
- *Gute Möglichkeiten für den Waren- und Preisvergleich*
- *Geringe Hektik bei großem Kundenandrang*
- *Hoher Anreiz für Spontankäufe (Impulskäufe)*
- *Geringer Bedarf an Fachverkäufern*
- *Keine Zeitprobleme beim Auffüllen der Warenregale*

Die Nachteile des jeweiligen Verkaufssystems sind meistens durch Umkehrung der Vorteile des anderen Systems zu finden.

Wenn auch viele Kunden gern in SB-Märkten einkaufen, so lehnen sie dennoch den Bedienungsverkauf in der Bäckerei/Konditorei nicht ab. Insbesondere die Möglichkeiten der menschlichen Begegnung sind in einer Zeit mit zunehmender Vereinsamung für viele Kunden ein wesentlicher Grund für ihren Einkauf im Fachgeschäft.

Direktverzehr mit Teilselbstbedienung

Die Vorteile des Bedienungs- und SB-Verkaufs lassen sich in den Verkaufsstellen der Bäckerei/Konditorei mit Direktverzehr gut nutzen (z. B. im Café- oder Imbissbereich).

Teilselbstbedienung für den Direktverzehr erfolgt so:

- Die Auswahl und die Aushändigung von Backwaren, Speisen und Getränken erfolgen an der Theke im *Bedienungsverkauf*.
- Der Transport der servierfertig hergerichteten Speisen, Gebäcke und Getränke zwischen Theke und Verzehrsstelle erfolgt durch die Gäste in *Selbstbedienung*.

Dieses Verkaufssystem eignet sich vor allem für Verkaufsstellen mit hohem Anteil an Gästen, die schnell und in einer angenehmen Atmosphäre eine kleine Mahlzeit einnehmen möchten. SB-Cafés und ähnliche Verkaufsstellen sind daher besonders an Standorten in Citylagen, in der Nähe von Büros oder Bahnhöfen lohnend.

Für die Teilselbstbedienung im Café- und Imbissbereich lassen sich die folgenden Vorteile herausstellen:

- *Keine oder nur geringe Wartezeiten*
- *Auswahlmöglichkeiten für die Gäste durch Warenbesichtigung*
- *Sonderwünsche und Portionsgrößen zum Teil bestimmbar*
- *Frischegarantie durch Zubereitung in der Verkaufsstelle*
- *Beratung und Kontakt zwischen Gästen und Verkaufspersonal*

Insbesondere die beiden letztgenannten Vorteile sind im Rahmen des Teilselbstbedienungsangebots für den Direktverzehr wichtig. Sie machen den qualitativen Unterschied zum reinen SB-Angebot aus (z. B. in Fast-Food-Ketten oder Automaten-Raststätten). In den Direktverzehr-Einrichtungen der Bäckerei/Konditorei haben solche „unpersönlichen Angebotsformen“ keine Marktchancen.

Auch weitere Elemente der Teilselbstbedienung für Direktverzehr sind unter dem Aspekt der *Gastfreundlichkeit* zu gestalten. Dazu gehört einerseits die räumliche Ausstattung in einem Standard, der sich deutlich von dem Kunststoff-Ambiente einfacher Geschäfte abhebt. Andererseits sind die Abläufe so zu organisieren, dass trotz der Teilselbstbedienung nicht der Eindruck „seelenloser Automatik“ aufkommt (z. B. Kassieren, Abräumen von Geschirr, Reinigung der Gästeplätze). Hierfür bieten die verschiedenen Ausführungen einer Direktverzehr-Einrichtung mit Teilselbstbedienung Möglichkeiten, die betriebsindividuell gestaltet werden können.

Für das Verkaufspersonal ergeben sich mit Direktverzehrsangeboten in der oben beschriebenen Form neue Anforderungen. Die *Kunden* werden zu *Gästen*. Diese verweilen länger in der Verkaufsstätte. Sie haben andere Erwartungen als bei einem Versorgungseinkauf.

Das Verkaufssystem „Direktverzehr-Teilselbstbedienung“ gibt dem darin tätigen Personal großen Handlungsraum (vgl. Sie die obige Grafik). Dabei sind die fachlichen Anforderungen deutlich von den Fertigkeiten und Kenntnissen für den Back- und Süßwarenverkauf abgehoben. So sind beispielsweise Arbeiten zum Zubereiten und Herrichten von Speisen und Getränken vor den Gästen gefordert. Und trotz Teilselbstbedienung fallen oft Tätigkeiten im Service an. Für die Berufspositionen im Fachverkauf der Bäckerei/Konditorei sind diese neuen Anforderungen sehr wichtig.

Teilselbstbedienung an der Service-Theke für den Direktverzehr in der Verkaufsstelle

Bestellungsannahme und Kassieren am Tisch der Gäste

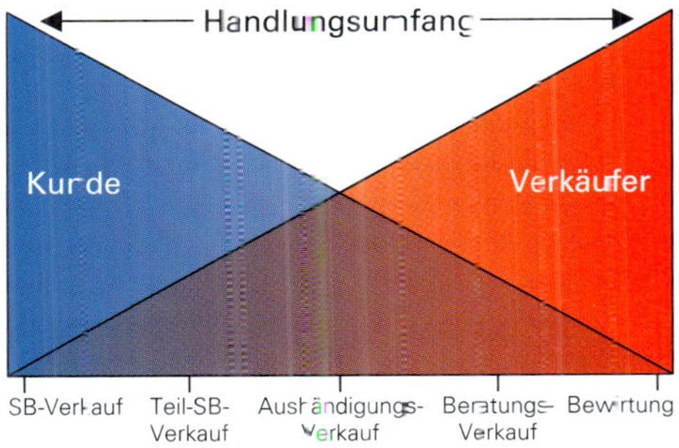

Die Handlungsfelder für Kunden und Verkäufer sind abhängig von der Art des Verkaufssystems

➤ *Erläutern Sie die Darstellung (z. B. warum beim SB-Verkauf der Handlungsumfang des Verkäufers fast bedeutungslos ist).*

Kurz und bündig

➤ *Das jeweilige Handlungsfeld des Personals im Fachverkauf der Backbetriebe wird entscheidend vom Betriebstyp bestimmt.*

➤ *Die Verkaufsstellen von Bäckereien und Konditoreien werden von der äußeren Gestaltung geprägt, insbesondere aber vom Sortiment und dem Verkaufssystem.*

➤ *Die Bäckereien/Konditoreien können ein Standardsortiment oder ein besonders gestaltetes Spezialsortiment führen.*

➤ *Als Verkaufssysteme werden unterschieden. Bedienungs-, Selbstbedienungsverkauf und Mischsysteme aus beiden.*

Arten der Verkaufsstellen

Die Vorstellung eines „Normalbildes" von einer Verkaufsstelle der Bäckerei/Konditorei gibt es nicht. Wenn Sie alle in Ihrem Bereich vorkommenden Verkaufsstellenarten betrachten könnten, fänden Sie eine große Vielfalt vor. Wie kann man diese ordnen?

Die für Bäckereien/Konditoreien üblichen Verkaufsstellen lassen sich nach folgenden Kriterien unterscheiden:

- Baulich-räumliche Merkmale (z. B. Ladenlokal, Straßenstandort, mobiler Verkauf)
- Wirtschaftliche Merkmale (z. B. Produktionsbetrieb, Filialbetrieb, Franchise-Unternehmen)
- Warenbezogene Merkmale (z. B. Schauproduktion, Direktverzehr, Bio-Backwaren)

Im Folgenden wird das an Beispielen verdeutlicht.

Schon gewusst?

Die Bezeichnung „Laden" hat keineswegs nur abwertende Bedeutung. Sie ist geschichtlich bedingt. Früher verkauften nämlich die Händler und Handwerker ihre Waren aus dem Fenster heraus. Der geöffnete oder geschlossene ***Laden des Fensters*** *signalisierte, ob Verkauf stattfindet oder nicht. „Laden" steht also für Verkaufsstelle.*

Verkaufsstellenarten mit Verkauf im Laden

Bei diesen Arten der Verkaufsstelle sind Waren-, Bedienungs- und Kundenzone in einem Raum vereint. Diese Läden entsprechen dem Bild der herkömmlichen Bäckerei- und Konditoreifachgeschäfte mit zahlreichen Varianten.

Vor allem die Trends im Warenangebot mit zunehmendem Anteil des Direktverzehrs begründen hier ständige Weiterentwicklungen.

Stoppertheke – was ist das?

Verkaufsstätten mit Verkauf im Laden können eine gewisse Öffnung erzielen, in dem sie über eine fensterähnliche Einrichtung in der Geschäftsfront Waren an die Passanten verkaufen. Diese Verkaufstheken werden als „Stoppertheken" bezeichnet.

Geschlossene Ladenfront: ein Standardtyp

Diese Form der Verkaufsstelle hat einen direkten Zugang von der Straße aus zum Laden. Der Zutritt erfolgt durch eine Tür. Sie bildet die Abgrenzung zur öffentlichen Straße. Sie verdeutlicht außerdem für die Passanten den Geschäftsschluss.

Die Kundenzone ist durch die Verkaufstheke von der Waren- und Bedienungszone getrennt. Der Verkauf erfolgt im Allgemeinen mit persönlicher Bedienung.

Verkaufsstelle mit geschlossener Ladenfront

Offene Ladenfront: ein Typ ohne Schwellenangst

Gläserne Fronten ohne Sichtsperren durch Schaufenster sowie mehr oder weniger offene Zugänge zum Laden sollen die Kunden zum Betreten ermuntern, zum Kauf anlocken. Die Hemmnisse vor dem Öffnen einer geschlossenen Ladentür werden vermieden.

Bei dieser Verkaufsstellenart geht oftmals der Gehsteig direkt in das Ladenlokal über. Aus hygienischen Gründen muss bei diesen offenen Verkaufsstellen die nachteilige Beeinflussung der Waren durch Staub, Abgase und Kundenzugriffe gewährleistet werden. Dazu dienen beispielsweise Luftströmungen als Staubsperren oder Glashauben und durchsichtige Abdeckungen vor den Theken.

Diese Verkaufsstellenart ist sehr verkaufsfördernd. Je ausgeprägter aber die Öffnung erfolgt, desto stärker verliert sie die Merkmale eines herkömmlichen Backwarenfachgeschäfts. Das kann zu einem geringeren Bezug zwischen Kunden und Verkaufspersonal führen.

Verkaufsstelle mit offener Ladenfront

Shop-in-Shop: die variablen Typen

Die Bezeichnung „Shop-in-Shop“ kennzeichnet, dass es sich hier um Verkaufsstellen *in einem Geschäftsstandort* handelt. Es sind im Allgemeinen Filialen (ohne angehörige Produktionsstätte).

Nach Eingliederung in den Geschäftsstandorten gibt es Shops
- als Backwarenabteilung innerhalb eines Lebensmittelmarkts,
- als Einzelgeschäft in der Vorkassenzone eines Marktes,
- als Einzelgeschäft in einem Ladenzentrum.

Alle diese Backwaren-Shops unterliegen den Bedingungen ihres Standorts hinsichtlich Kaufatmosphäre, Öffnungszeiten, Anfall von Verkaufsspitzenzeiten. Bei Shops in Supermärkten werden zum Teil von den Vermietern der Verkaufsfläche auch die Bedingungen für die Shop-Angebote vorgegeben (z. B. Warensortiment oder Preise).

Die Kundschaft besteht überwiegend aus Laufkunden, die gezielt die Märkte aufsuchen und hier bequem ihre Versorgungskäufe im Gesamten erledigen möchten. Bei Standorten in Wohngebieten sind auch Stammkunden zu gewinnen.

Shops mit Angeboten zum Direktverzehr

Backwaren-Shops werden wegen der zumeist kleinen Fläche in den Geschäftsstandorten oft nur mit einem begrenzten Sortiment betrieben. Trends zum Erlebniskauf oder Außer-Haus-Verzehr sind aber auch hier nutzbar (z. B. durch Abbackstationen, Imbiss).

Vor allem Shops in Märkten für Nichtlebensmittel (Non-Food-Zentren) bieten gute Chancen für Imbissangebote. Neben Baumärkten oder Einrichtungszentren sind auch Bahnhöfe geeignete Standorte. Außer Speisen und Getränken für den Direktverzehr können auch Back- und Süßwaren für die häusliche Versorgung abgesetzt werden.

Eine neuere Variante dieser Verkaufsstellen sind die *Drive-in-Shops*, die an verkehrsgünstig gelegenen Stellen den Autofahrern über einen speziellen Schalter den schnellen Einkauf von Snacks und Backwaren bieten, ohne dass diese ihr Fahrzeug verlassen müssen.

Shops mit Kooperation verschiedener Anbieter

Bei dieser Art werden Backwaren im Nebeneinander mit anderen für sich *selbstständigen Lebensmittel-Verkaufsstellen* angeboten. Üblich ist beispielsweise die Kooperation mit der Verkaufsstelle einer Fleischerei, eines Feinkost-, Käse- oder auch Fischanbieters.

Die *Shops mit Kooperation* können in einem gemeinsamen Laden geführt werden. Besondere Kaufatmosphäre vermitteln sie aber auch in Einkaufspassagen oder Markthallen, hier insbesondere mit kulinarischen Angeboten zum Direktverzehr.

Außer den käuferbezogenen Vorteilen werden mit Kooperationen auch betriebswirtschaftliche Vorteile angestrebt. Das können zum Beispiel das gemeinsame Tragen der Investitionslasten oder der Kosten für den laufenden Betrieb sein. Darüber hinaus sind höhere Umsätze zu erwarten als Folge der hohen Attraktivität solcher Verkaufsstellen.

Bei Kooperationen von Backwarenabteilungen mit Anbietern für Fleisch- oder Fischwaren in einem gemeinsamen Verkaufsraum werden besondere Maßnahmen gegen nachteilige Beeinflussung der Waren gefordert (z. B. Trennwände oder lufttechnische Sperren).

Shop-in-Shop in der Vorkassenzone

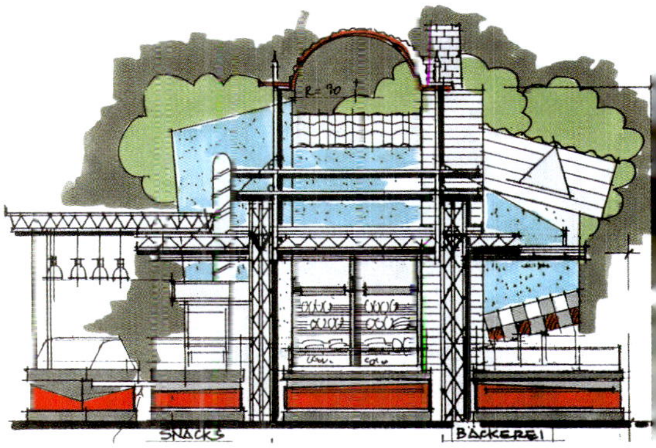

Backwaren-Shop in einem Baumarkt

Drive-in-Shop einer Bäckerei

Markthallen-Shop mit Café

Verkaufsstellenarten mit Verkauf auf Straßen

Bei diesen Arten der Verkaufsstellen befinden sich nur Waren- und Bedienungszone in einem Raum oder einem überdachten Ort. Die *Kundenzone ist die Straße.*

Als eigener Typ oder in Kombination mit ortsfesten Verkaufsstätten finden sich solche Einrichtungen zum Beispiel als Freiluftcafé, als Kiosk oder als Aktionsstand vor dem Geschäft.

Besondere Merkmale erfüllt der mobile Verkauf auf Straßen.

Mobile Verkaufsstellen: die ortsveränderlichen Typen

Das Bestreben, die Backwaren kundennah anbieten zu können, hat die Idee *ortsveränderlicher Verkaufsstellen* begründet. Dieses können Verkaufsfahrzeuge, Marktstände oder bewegbare Kioske sein.

Verkaufseinrichtungen für Märkte und Volksfeste

Gewerbliche Anbieter von Back- und Süßwaren nutzen zunehmend die Absatzmöglichkeiten auf Märkten. Für Wochenmärkte wird das Warenangebot auf die Versorgungskäufe hin ausgerichtet, zumeist mit besonderer Betonung von Frische oder Naturnähe. Anlässlich anderer Märkte werden die Angebote dem Anlass entsprechend profiliert (z. B. Weihnachtsmarkt oder Bauernhoffest).

Auf Wochenmärkten haben die Anbieter zumeist einen gewissen Kreis von Stammkunden. Bei anderen Märkten und bei Volksfesten sind dagegen „zufällige Kunden“ die Regel. Diese suchen nach dem Markterlebnis oder dem kleinen Imbiss.

Wegen ihres Aufenthalts im Freien gilt für die Käufer auf Märkten, dass sie sich stark witterungsabhängig verhalten. Das hat Folgen für die absetzbare Warenmenge, aber auch auf die Gesamtstimmung.

Verkaufsfahrzeuge für den Fahrverkauf

So wie mit Marktständen kann auch mit Verkaufswagen ein Verkauf an festen Standorten erfolgen. Meist sind diese jedoch im Fahrverkauf eingesetzt, vor allem in ländlichen und dünn besiedelten Regionen.

Der „mobile Bäcker“ versorgt mit einem zumeist breiten Angebot (auch mit Zusatzwaren) weit entfernte Kunden. Große Bedeutung hat diese Art des Einkaufens für Kunden, die selbst wenig mobil sind. Dazu gehören zunehmend die älteren Menschen.

Anforderungen für ortsveränderliche Verkaufsstellen

Wegen der angestrebten Mobilität müssen Verkaufseinrichtungen für den Einsatz auf Straßen und Märkten sehr kompakt sein. Für die darin angebotenen Back- und Süßwaren sind Vorrichtungen nötig zum Transport und zur Bevorratung unter Bewahrung ihrer Qualität. Das schließt hygienische Bedingungen ein, damit unverpackte Waren vor nachteiliger Beeinflussung geschützt sind (z. B. Witterung, Staub).

Für das Angebot von Feinen Backwaren mit nicht durcherhitzten Füllungen (z. B. krem- und sahnehaltige Produkte) sowie Snacks mit leicht verderblichen Anteilen sind Kühleinrichtungen gefordert. Darin müssen diese Erzeugnisse bei höchstens +7 °C gekühlt aufbewahrt werden (geringfügige Abweichungen beim Transport sind erlaubt). Für Reinigungszwecke muss Trinkwasser verfügbar sein. Zum Teil wird Warmwasser-Bereitung gefordert.

§ ***Rechtliche Bestimmungen***

Der Verkauf auf Straßen und Märkten ist zum Teil genehmigungspflichtig.

Wesentliche Regelungen sind zum Beispiel:

- *Wer kein stehendes Gewerbe betreibt, benötigt die Genehmigung für Wandergewerbe. Das ist nicht erforderlich für den Verkauf von Lebensmitteln des täglichen Bedarfs an stets gleichen Stellen in kurzen, regelmäßigen Zeitabständen. Die Anzeige ist erfüllt, wenn bereits ein stehendes Gewerbe ausgeübt wird.*
- *Wer außerhalb seiner ortsfesten Verkaufsstelle öffentliche Flächen (z. B. den Gehsteig) für die Abgabe von Waren nutzen möchte, benötigt dafür eine Genehmigung zur Sondernutzung öffentlicher Flächen von der kommunalen Verwaltung.*
- *Wer auf Volksfesten und Märkten in ortsveränderlichen Einrichtungen Waren anbieten möchte, muss dieses bei dem jeweiligen Veranstalter anmelden.*

Verkaufsstellenarten mit Besonderheiten in der Warenversorgung

In der traditionellen Betriebsart der Bäckereien/Konditoreien sind Produktion und Verkauf an einem Standort vereint, und das auch in der Rechtsform. Überwiegend werden die selbst produzierten Waren verkauft. Für das Zusatzsortiment werden Handelswaren zugekauft. Diese Verkaufsstellen werden von vielen Kunden geschätzt, weil sie hier „ofenfrische Ware“ erwarten (= authentische Produktion).

Die vorgenannten Vorzüge werden bei *Verkaufsstellen als Filialen* nicht mehr erwartet.

Verkaufsstellen mit Warenproduktion

Im Zuge der Filialisierung von Bäckereien und Konditoreien wird aus verschiedenen Gründen die Backwarenproduktion teilweise in die Verkaufseinrichtungen verlagert. Je nach dem Anteil und Umfang der Produktionsabläufe im Ladengeschäft unterscheidet man

- Verkaufsstellen mit Warenproduktion,
- Verkaufsstellen mit Abbackstation (Backen im Laden).

Umfangreiche Warenproduktion macht Räume und Einrichtungen erforderlich, die von den Kundenströmen abgetrennt und nur über Glaswände einsehbar sind. Die Abbackstationen sind dagegen in das Verkaufsgeschehen integriert. Damit werden Frische und Duft der Produkte für die Kunden unmittelbar erlebbar. Für den Inhaber ist von Vorteil, dass durch die Variabilität des Abbackens die Risiken für Über- oder Unterversorgung mit Ware verringert sind.

Die Nutzung vorgefertigter Produkte mit Kühl- und Tiefkühlführung ist individuell festlegbar (➞ Seiten 343 und 344).

Verkaufsstellen mit Warenbezug

Handelsunternehmungen sind selbstständige Verkaufsstellen ohne eigenen Produktionsbetrieb. Das Sortiment an Back- und Süßwaren sowie Handelswaren wird eingekauft und ohne weitere Bearbeitung zum Verkauf angeboten. Rechtlich sind die Geschäfte von anderen Verkaufsstellen oder von Zulieferern unabhängig. Die Führung einer solchen Verkaufsstelle unterliegt nicht der Handwerksordnung

Typische Beispiele für diese Verkaufsstellenart sind kleine Cafés und Eisdielen ohne Eigenproduktion, aber auch Backwarenkioske bis hin zu Filialen mit einem sehr ausgeprägten Sortiment.

Selbstständige Betriebe mit einer vertraglichen Bindung an Lieferer von Waren und Dienstleistungen sind die *Franchise-Geschäfte*. Der Franchise-Geber bietet den Vertragspartnern seine Waren und ein komplettes, standardisiertes Absatzsystem an. Dadurch wird den Verbrauchern ein Angebot mit bekannter, gleichbleibender Qualität offeriert. Der Franchise-Nehmer ist an das Konzept gebunden. Er darf es nicht nach seinen Wünschen verändern. Auch ist er oft vertraglich eingeengt, indem er bestimmte Mengen abnehmen muss oder keine weiteren Lieferanten für den Warenbezug nutzen darf.

Im Bäckerei- und Konditoreibereich gibt es solche Konzepte für Snack-Points, für Eisdielen oder zur Belieferung der Gastronomie. Auch Verkaufsstellen in der Kette großer Filialbäckereien können im Franchise-System betrieben werden.

Rechtliche Bestimmungen §

Der Betrieb einer Verkaufsstelle für Backwaren ohne Produktionseinrichtung ist ohne Erfüllung besonderer gewerberechtlicher Voraussetzungen möglich. Es bedarf dazu der Eintragung in das Handelsregister.

Der Betrieb einer Verkaufsstelle mit einer Abbackstation kann als Handwerk gelten, wenn beispielsweise Teiglinge gegärt und dann erst abgebacken werden. Es bedarf daher in Deutschland der Eintragung in die Handwerksrolle.

Worterklärung

Franchise *(= aus dem Französischen) bedeutete ursprünglich das Freistellen von Abgaben, zum Beispiel beim Zoll.*
Übertragen auf das Franchise-System bedeutet dieses, dass der Franchise-Nehmer keine Gewinne abzuführen hat.

Meinung

Eine Fachverkäuferin ist sicher: „Wenn ich mich einmal selbstständig machen sollte, käme für mich ein Franchise-Vertrag nicht in Frage. Ich wäre zu abhängig. Und außerdem würde ich nur Waren anbieten dürfen, die uniformiert und überall in gleicher Qualität zu erhalten sind.“

➤ *Was meinen Sie dazu?*

Handlungsorientierte Aufgabe

Ordnen Sie den Typ der Verkaufsstelle(n) Ihres Betriebs nach den Kriterien für Verkaufsstellenarten ein.

Versuchen Sie, ebenso die Verkaufsstellen von Mitwettbewerbern Ihres Betriebs zu bewerten und einzuordnen.

Einrichtungen für Backbetriebe

Verkaufsstellen von Backbetrieben sind in ihrem Erscheinungsbild geprägt vom jeweiligen Betriebstyp. Es gibt einfach gestaltete Läden (wie in den Schemazeichnungen auf Seite 24). Viele Verkaufsstellen sind aber aufwändig eingerichtet (wie es die Bilder auf dieser Seite zeigen). Das ist begründet durch: Vielfalt im Sortiment, Angebote zum Direktverzehr, Gestaltung von Kauferlebnissen für die Kunden.

Ladeneinrichtung: was Standard ist

Der Verkaufsbereich einer Bäckerei und Konditorei umfasst neben dem eigentlichen Laden auch *Nebenräume*. Das sind beispielsweise: Fertigwarenlager, Verpackungsraum oder Personalräume.

Der *Laden* ist in Waren-, Personal- und Kundenzone gegliedert.

Auch beim einfachen Standard soll der Laden mindestens
- optimale Bedingungen für die Warenpräsentation bieten,
- käuferfreundlich gestaltet sein,
- hygienisch einwandfrei eingerichtet und leicht zu pflegen sein,
- unfallsicher und für das Personal arbeitsgerecht eingerichtet sein.

Ladeneinrichtung: was für den Erlebniskauf nötig ist

Um das von Kunden erwartete Einkaufserlebnis gestalten zu können, sind im Verkauf besondere Ausstattungen nötig, zum Beispiel
- Ladenbacköfen zum Duft- und Schaubacken,
- Anrichtetheken für die Zubereitung von Snacks und Speisen,
- Einrichtungen zur Bewirtung von Gästen.

Mit der Kundenorientierung bei den Angeboten der Bäckerei werden Produktions- und Verkaufstätigkeiten gekoppelt. Das bedeutet für Sie: Hier ist ein Handlungsfeld für „verkaufsorientierte" oder „kochende" Bäcker/Bäckerinnen und Fachverkäufer/Fachverkäuferinnen.

Ladeneinrichtung für den Bedienungsverkauf von Backwaren in einem „geschlossenen System" (= Bedienungsverkauf ohne SB-Anteil)

Zusätzliche Einrichtungen für ein kombiniertes Café mit Bedienungssystem im Thekenbereich und im Obergeschoss der Verkaufsstelle

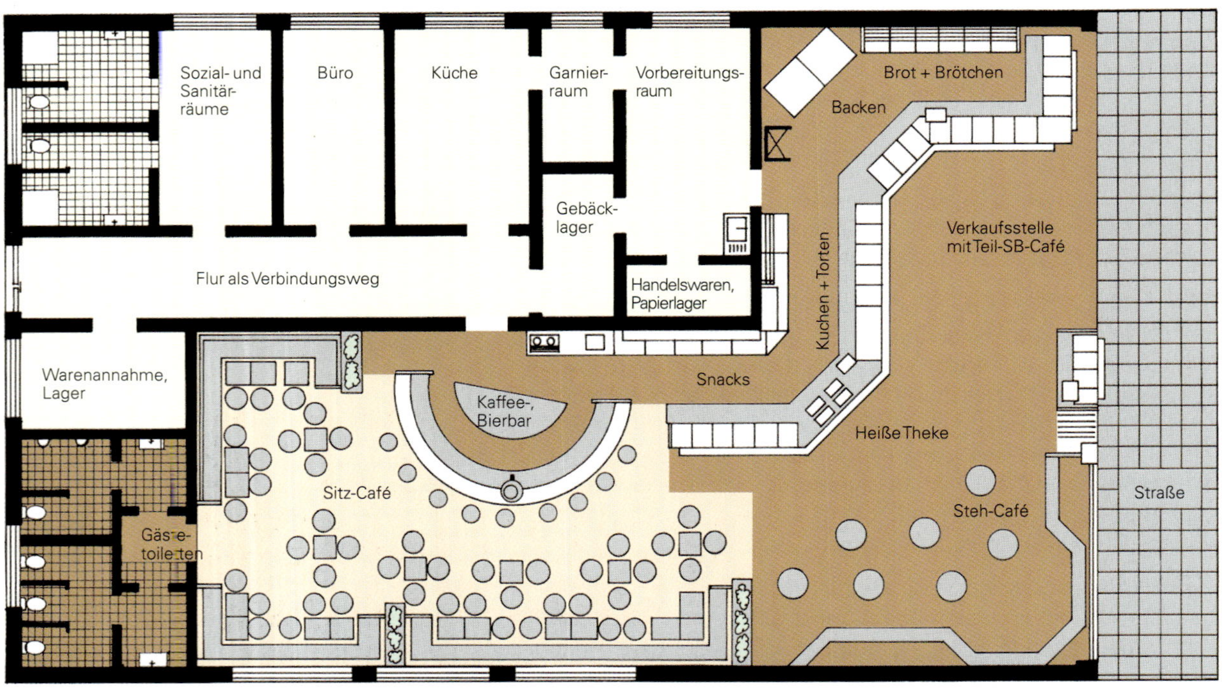

Anforderungen an Einrichtungen

Die Betriebseinrichtung der Bäckerei/Konditorei muss Anforderungen aus sehr verschiedenen Sichtweisen erfüllen, zum Beispiel:

- Sie soll Bedingungen für rationelle Arbeitsabläufe bieten.
- Sie soll ergonomische Arbeitsbedingungen gewährleisten.
- Sie muss die lebensmittelhygienischen Vorschriften erfüllen.
- Sie muss den Arbeitsschutzbestimmungen entsprechen.
- Sie muss den Vorschriften zum Umweltschutz genügen.

Beispiele zur Rationalisierung

- Maschinen und Geräte sind in *Produktionslinien* aufgestellt. Damit werden Arbeitsabläufe mit kurzen Wegen im Materialfluss möglich. Außerdem sind dabei lange Transportwege vermeidbar durch Rollen oder Fließbänder.
- Maschinen sind mit *Computersteuerung* ausgestattet. Damit laufen Vorgänge automatisch ab (ohne menschliche Eingriffe).

Beispiele zur Ergonomie

- Stikkenwagen mit Kuchenblechen werden auf *Rollen* in den Laden geschoben. Damit wird körperlich schwere Hebearbeit ersetzt.
- Theken und Arbeitstische haben *körpergerechte Maße*. Damit wird das Arbeiten im Greifraum und bei aufrechtem Stehen möglich.

Beispiele zur Hygiene

- Maschinen und Geräte werden in *Edelstahlausfertigung* beschafft. Damit werden Rost oder Farbabblätterung als Gefahrenpunkte für die Lebensmittelhygiene vermieden.
- Maschinen werden mit genügend *Bodenfreiheit* aufgestellt. Damit wird das Reinigen des Fußbodens unter ihnen erleichtert.

Beispiele zum Arbeitsschutz

- Räume müssen nach der Arbeitsstätten-Verordnung bestimmte *Raumgrößen* haben. Damit werden genügend Bewegungsraum und Luftraum für die Zahl der Beschäftigten garantiert.
- Betriebsstätten müssen bestimmte *Sozialräume* (z. B. Umkleide- und Waschräume) haben. Damit sollen für die Beschäftigten hygienische und gesundheitliche Zwecke erfüllt werden.

Beispiele zum Umweltschutz

- Betriebsstätten müssen so beschaffen sein, dass der verursachte *Lärm* begrenzt ist. Damit wird die Betriebsumwelt geschützt.
- Betriebsstätten müssen den anfallenden *Abfall* geordnet entsorgen. Damit sollen Gefährdungen der Umwelt vermieden werden.

Worterklärungen

Rationalisierung *bedeutet, eine Sache unter Einsatz der Vernunft (Lateinisch = ratio) zweckmäßig und/oder wirtschaftlich zu gestalten.*

Ergonomie *ist das Beachten der Leistungsmöglichkeiten und der optimalen Arbeitsbedingungen des Menschen.*

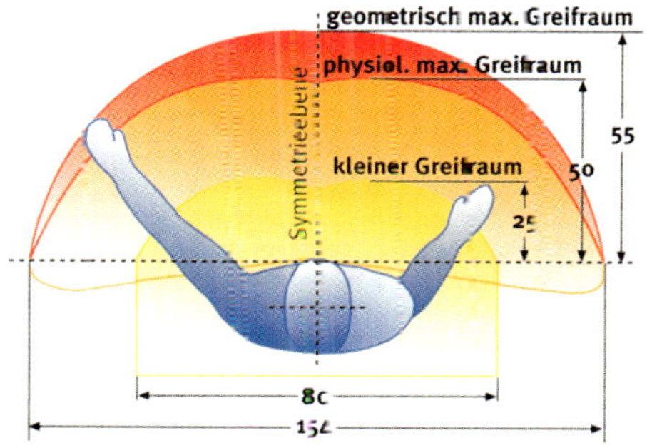

Menschengerechte Arbeit unter Beachtung des möglichen Greifraums

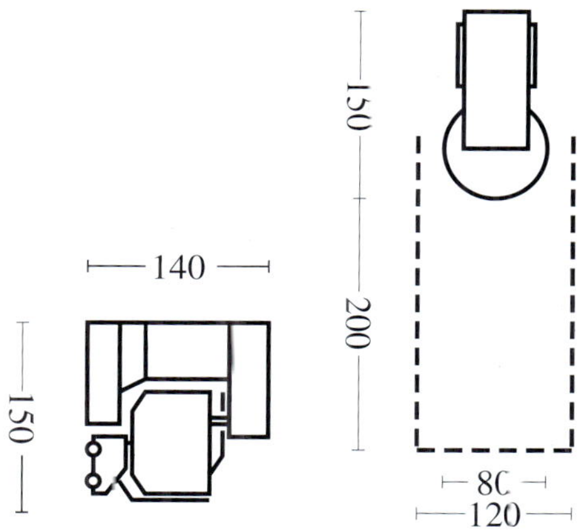

Knetmaschine mit notwendiger Aufstellfläche (links) und zu planender Arbeitsfläche (rechts)

Berechnungen

- *Errechnen Sie die Aufstellfläche und die einzuplanende Arbeitsfläche (Aufstellfläche + Arbeitsraum) für obige Knetmaschine.*
- *Stellen Sie die Ergebnisse in cm² und umgewandelt in m² dar.*

Aufgaben zum Üben

1. *Eine Verkaufsstelle ist 8,00 m breit und 11,50 m lang. Wie viel m² beträgt die Grundfläche?*
2. *Die Produktionsräume einer Bäckerei haben folgende Maße: Backstube = 12,50 m breit und 18,00 m lang, Konditorei = 7,00 m breit und 9,00 m lang. Für Backöfen und große Maschinen ist eine Aufstellfläche von 48,00 m² nötig. Wie viel m² freie Raumfläche verbleiben noch?*
3. *Der Pausenraum einer Bäckerei ist 4,50 m breit, 8,00 m lang und 3,00 m hoch. Wie viel m³ beträgt der Rauminhalt?*
4. *Ein Verpackungsraum hat folgende Maße: 3,30 m breit, 5,10 m lang und 2,70 m hoch. Wie viel Personen dürfen darin arbeiten, wenn pro Beschäftigtem 15,00 m³ Luftraum erforderlich sind?*

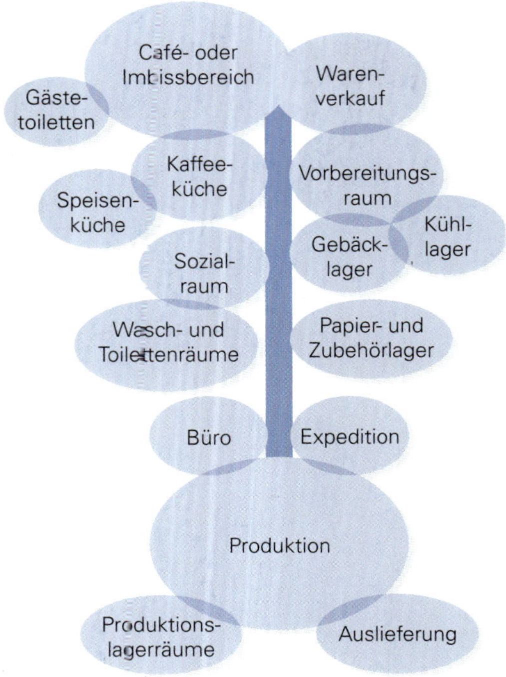

Anordnung von Betriebsräumen am Beispiel einer Bäckerei/Konditorei mit Café und Liefergeschäft

Beispiele für Anforderungen nach der Arbeitsstätten-Verordnung

Betriebsräume müssen eine Mindestfläche von 8 m² haben; pro dauernd beschäftigter Person ist ein Mindestmaß für Fläche und Raumluft gefordert (je nach Betriebsgröße).

Betriebsräume müssen unfallsicher eingerichtet sein; Fußböden müssen eben und rutschfest sowie leicht zu reinigen sein.

Betriebsräume müssen in der Raumtemperatur regelbar sein. Die Mindesttemperatur in den Verkaufsräumen soll bei Arbeitsbeginn 19 °C betragen; die maximale Raumtemperatur soll 26 °C nicht überschreiten.

Beispiele für Anforderungen nach der Lebensmittelhygiene-Verordnung

Betriebsstätten müssen so beschaffen sein, dass
- *eine gute Lebensmittelhygienepraxis gewährleistet ist,*
- *Räume und Einrichtungen leicht zu reinigen und erforderlichenfalls zu desinfizieren sind,*
- *geeignete Temperaturen für den Umgang mit den Lebensmitteln herrschen.*

Betriebsstätten müssen sauber und instandgehalten werden.

Räume, Einrichtungen und Geräte müssen hygienisch einwandfrei sein; für den Umgang mit leicht verderblichen Lebensmitteln sind besondere Vorkehrungen zu treffen.

Verkaufsräume und ihre Einrichtungen

Alle Räume in den gewerblichen Verkaufsstellen der Backbetriebe, in denen Waren produziert, gelagert, bereitgestellt oder in den Verkehr gebracht werden, gelten als *Betriebsräume*. In kleinen Filialen sind das neben dem eigentlichen Raum zum Verkaufen oft nur wenige, zumeist enge Lagerräume und Sozialräume für das Personal. Verkaufsstellen mit umfangreichen Aufgaben benötigen entsprechend viele und auch unterschiedliche Räume. In der nebenstehenden Abbildung werden Art und Zuordnung von solchen Betriebsräumen dargestellt.

Bedingungen für Räume im Verkaufsbereich

Betriebsräume werden ihren Zwecken entsprechend eingerichtet. Sie müssen die rechtlichen Anforderungen erfüllen, die für Räume in *Arbeitsstätten* gelten (auch wenn sich in ihnen nicht andauernd Beschäftigte aufhalten, wie beispielsweise in Kühlräumen).

Die nebenstehenden Beispiele verdeutlichen, dass Vorschriften für Betriebsräume der Sicherheit von Kunden und Beschäftigten dienen.

Die Betriebsräume der Lebensmittelunternehmen müssen darüber hinaus den Anforderungen für die *Lebensmittelhygiene* genügen. Diese Vorschriften sollen die gesundheitliche Unbedenklichkeit der Lebensmittel garantieren.

Verkaufsnebenräume: mit wichtigen Funktionen

Für den reibungslosen und zügigen Verkaufsablauf sind außer dem Verkaufsraum selbst noch weitere Räume erforderlich. In diesen sind Arbeiten und Abläufe durchführbar, die zur Verkaufsvorbereitung nötig sind und nicht im Verkaufsraum erfolgen sollen.

Solche *Verkaufsnebenräume* müssen örtlich sowie in ihrer Funktion dem Verkaufsraum zugeordnet sein, damit
- der Warenfluss zum Verkauf hin kurz und ununterbrochen ist,
- die Personalwegstrecken zwischen Laden und anderen Räumen so kurz wie möglich sind,
- die Mobilität für Personal mit wechselnden Aufgaben durch die Raumzuordnung begünstigt wird.

Größe, Umfang und Aufgabenstellung von Verkaufsnebenräumen sind von den betrieblichen Anforderungen abhängig.
Allgemein sind zu unterscheiden:
- Räume für Personal- und Verwaltungsangelegenheiten,
- Räume zum Lagern von Materialien oder Fertigwaren,
- Räume zum Herrichten von Waren und Dekorationsmaterial.

Büroraum: für lenkende Aufgaben

Außer den Sozialräumen ist für Personalbelange ein Büro sinnvoll, in dem beispielsweise die Einsatzpläne, Zeitnachweise und ähnliche Unterlagen bearbeitet werden. In großen Betrieben besteht dafür eine spezielle bürowirtschaftlich organisierte Abteilung. In kleinen Handwerksbetrieben wird im Büro oft auch das Bestellwesen für den Einkauf sowie für Kundenaufträge abgewickelt.

Für die Organisations- und Personalunterlagen, den Schriftverkehr sowie für Lieferscheine und Rechnungen sind Programme der EDV nutzbar. Die Durchführung von Büroarbeiten ist ein Aufgabenfeld, für das sich Fachverkäufer/innen spezialisieren können.

Lagerräume: zur Vorratshaltung unter guten Bedingungen

Für den Verkauf sind Vorräte in großem Umfang nicht unbedingt im Verkaufsraum selbst zu lagern. Dafür sind besser spezielle Räume und Einrichtungen zu nutzen. Mindestvoraussetzung ist ein Lager für Papier und andere Hilfsmaterialien und ein Lager für Fertigwaren.

Das *Lager für Verpackungs- und Dekormaterial* sollte trocken und lichtabgeschirmt sein. Besondere Temperaturanforderungen sind nicht zu erfüllen. In diesem Raum dürfen keine Materialien lagern, von denen nachteilige Beeinflussungen der Bedarfsgegenstände für Lebensmittel ausgehen können (z. B. Treibstoffe).

Als *Lager für die zu verkaufenden Waren* sind Handelswaren- und Gebäcklager sowie Kühl- und Tiefkühllager zu unterscheiden. Für das kurzfristige Bevorraten von Backwaren aus eigener Produktion und der Handelswaren (in Fertigpackungen) genügt ein Raum mit Temperaturen zwischen + 15 °C und + 18 °C. Er muss belüftbar und trocken sein.

Ein spezielles *Kühllager* ist nötig zum Bevorraten leicht verderblicher Produkte. Es muss das Kühlen der Waren auf die Maximaltemperatur von + 7 °C garantieren. Die Tiefkühlwaren und die Vorprodukte für das Fertigstellen im Laden (z. B. TK-Teiglinge oder Tortenkörper) sind bei -18 °C zu bevorraten. Das ist in speziellen Tiefkühlgeräten möglich oder in Räumen mit Kombinationen von Kühlung und Tiefkühlung.

Für das Bevorraten und Anbieten von Speiseeis und Eisspeisen gelten besondere Bedingungen (nach der Speiseeisverordnung).

Vorbereitungsräume: zum Herrichten von Waren und Dekor

Zum verkaufsfertigen Herrichten von Back- und Süßwaren sowie für das Erstellen von Dekorationsmaterialien, Produktinformationen und Werbeträgern sind *Vorbereitungsräume* erforderlich.

Die Beschaffenheit der Vorbereitungsräume und ihrer Einrichtungen muss den Anforderungen der Lebensmittelhygiene genügen.

Im Hinblick auf die angestrebten Funktionen sind notwendig:

- Ablage-, Tisch- und Regalflächen für Geräte und Produkte,
- Schrankraum für staubfreie Aufbewahrung von Materialien,
- Schubfächer zur Aufbewahrung von Kleingerät und Utensilien,
- Stellflächen für Maschinen, Geräte und fahrbare Stikkenwagen,
- Arbeitsflächen zum verkaufsfertigen Herrichten von Waren und für das Anfertigen von Schriften und Dekorationsmaterial,
- Spüleinrichtungen und Handwaschbecken.

Arbeitsplätze zum Herrichten von Waren sollten über integrierte Einrichtungen zum Kühlen, Verpacken und Auszeichnen verfügen. Die Höhe der Arbeitsflächen für Arbeiten im Stehen soll 85 cm über Bodenniveau betragen. Für sitzende Tätigkeiten sind 75 cm und Freiraum für Kniebeweglichkeit notwendig.

Für im Vorbereitungsraum zum Verkauf bereitstehende Waren ist in rechtlicher Hinsicht Folgendes zu beachten: Alle Produkte sind mit den erforderlichen Kennzeichnungen zu versehen. Verdorbene Waren dürfen in diesem Raum nicht aufbewahrt werden.

Im Hinblick auf die *Erlebnisorientierung des Verkaufs* ist zu prüfen, welche vorbereitenden Arbeiten in abgeschlossenen Nebenräumen und welche Tätigkeiten als „Produktionserlebnis" vor den Augen der Kunden durchgeführt werden können.

Aufbewahrung in der Kälte

Für das Bevorraten und Anbieten von leicht verderblichen Backwaren und Speisen ist rechtlich deren Kühlung auf maximal + 7 °C vorgeschrieben. Tiefkühlware muss bei -18 °C bevorratet und angeboten werden.

Darüber hinaus wird zur Qualitätserhaltung von Gebäcken und Teilprodukten die Kühlung oder Tiefkühlung eingesetzt. Das ist beispielsweise der Fall bei der Bevorratung von TK-Teiglingen für das Backen im Laden. Insbesondere für diese Zwecke sind geeignete Einrichtungen in den Verkaufsnebenräumen erforderlich.

Rechtliche Bestimmungen

Für das Angebot von Waren in tiefgekühltem Zustand sind die Vorschriften der Verordnung über tiefgefrorene Lebensmittel zu beachten.

Die Überwachung der einzuhaltenden Kühl- und Tiefkühltemperaturen gehört zu den betrieblichen Maßnahmen und Kontrollen (BMK) zur Gewährleistung der gesundheitlichen Unbedenklichkeit der Lebensmittel.

Dekorationsmaterialien und Präsentpackungen werden im Vorbereitungsraum hergestellt

Sachverweis

Für Verkaufsstellen mit Angeboten zum Direktverzehr im Café- oder Imbissbereich sind spezielle Verkaufs-, Gast- und Nebenräume erforderlich. Ausführliche Darstellungen darüber finden Sie ab der Seite 486.

Verkaufsräume: Zentrum für den Backwarenverkauf

Für die neue Verkaufseinrichtung einer Bäckerei und Konditorei sollen neben der verkaufsaktiven Gestaltung auch etliche Aspekte für eine rationelle Verkaufsabwicklung beachtet werden.

Verkaufsaktive Gestaltung: die unabdingbare Forderung

Kunden erwarten beim Einkauf im Backwarenfachgeschäft eine für sie angenehme Atmosphäre.

Zum angenehmen Kaufklima gehören insbesondere:

- *Eintretenkönnen ohne „Schwellenangst" und ohne das Gefühl zur Kaufverpflichtung*
- *Angenehme Raumwirkung*
- *Zeit zum Umschauen und Einkaufen*
- *Vielfalt und Frische der Waren*
- *Möglichkeiten zum Erleben und Genießen*

Um eine angenehme Raumwirkung zu erzielen, sind über bauliche Fragen hinausgehende Punkte zu lösen. Die Verkaufseinrichtungen müssen dem Betriebstyp entsprechen. Sie müssen Signalwirkung nach außen haben. So werden komplette „Verkaufslandschaften" gestaltet. Die können rustikal, elegant oder modern-futuristisch sein. Entscheidend ist stets die *abgestimmte Gesamtwirkung*. Sehr wichtig sind dabei auch die Materialien- und Farbenwahl. Damit ergeben sich Wirkungen für den Einrichtungscharakter, aber auch Vorbestimmungen für die Warenpräsentation (➟ ab Seite 371).

Zum Beachten

Die verkaufsaktive Wirkung eines Backwarenfachgeschäfts ist nicht nur eine Frage der Gestaltung über die Einrichtung. Sie ergibt sich vielmehr als ganzheitliche Wirkung aus
– äußerem Erscheinungsbild,
– vielseitigem Frischeangebot der Waren und
– persönlicher Wirkung des Verkaufspersonals.

An dieser Stelle des Buches werden nur die Fragen der Verkaufsstelleneinrichtung behandelt.

Rationelle Gestaltung: maßgeblich für die Verkaufsarbeit

Die betriebliche Zweckmäßigkeit der Ladeneinrichtung ist auf das Verkaufssystem, auf Aspekte für den wirtschaftlichen Betrieb und auf die Arbeitsbedingungen der Beschäftigten ausgerichtet. Aber auch aus der Sicht der Kundschaft ergeben sich Anforderungen für die funktionelle Gestaltung.

Die Kunden wünschen zügige Bedienung ohne Muss-Wartezeiten. Sie wollen weder Enge noch Gedränge in der Kundenzone. Sie möchten sich uneingeschränkt über Waren und Preise informieren können. Für die *kundenfreundliche Gestaltung* ist insbesondere eine Lenkung des Kundenstroms in der Verkaufsstelle wichtig, die Ballungen vor Thekenabschnitten vermeiden hilft. Außerdem ist auf unbehinderte Sichtmöglichkeiten für die Käufer zu achten.

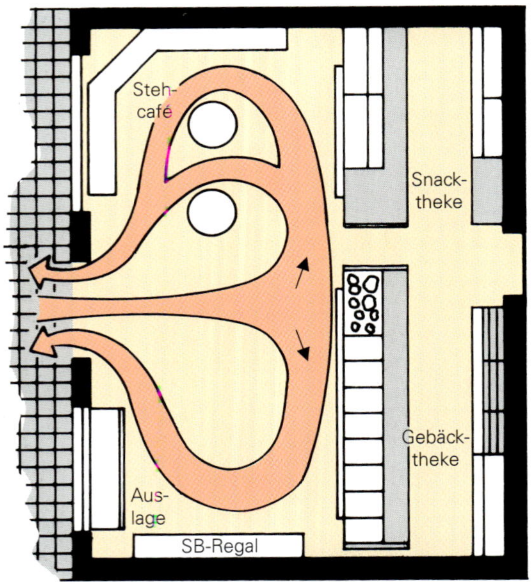

Entzerrung von Ballungszonen durch Lenkung der Kundenströme in der Verkaufsstelle über Trennung von Sortimentsschwerpunkten

Die *betriebliche Funktionalität* ergibt sich schwerpunktmäßig aus den Bedingungen für den rationellen Arbeitsablauf beim Verkauf. Wesentlich für gute Arbeitsabläufe sind insbesondere

- kurze Bedienungswege,
- optimal mit Material ausgestattete Arbeitsplätze,
- ergonomisch gestaltete Verkaufseinrichtungen (an die menschlichen Bedingungen angepasst).

Neben den betriebswirtschaftlichen Zielen sind mit funktionell gut eingerichteten Verkaufsräumen auch humanitäre Ziele erreichbar. Die körperliche Arbeit im Verkauf wird erleichtert. Ungehinderte und störungsfreie Abläufe mindern den Stress. Erleichtertes Arbeiten im Verkauf liegt somit im Interesse der Betriebsleitung, dient aber auch der Freundlichkeit im Verkauf und dem Teamklima.

Handlungsorientierte Aufgaben

- *Beurteilen Sie eine Verkaufsstelle mit Hilfe einer Checkliste, inwieweit die Einrichtung verkaufsaktiv und rationell ist.*
- *Erstellen Sie eine Skizze nach dem obigen Muster für die rationelle Gestaltung einer Verkaufsstelle durch Kundenlenkung mit Hilfe der Warenplatzierung.*

Betriebliche Eignung des Ladenmobiliars

„Die Thekenanlage ist das Herz der Verkaufseinrichtung". Können Sie dieser Aussage zustimmen?

In allen Backwarenverkaufsstellen ist die Theke wohl das wichtigste Einrichtungsstück. Darüber hinaus sind aber auch Regale, Schränke, Vitrinen und Stellplätze für Geräte und Maschinen erforderlich.

Regale: mit verkaufsaktiver Wirkung

Zum Präsentieren und Vorrätighalten von Back- und Handelswaren sind Regale und Schränke geeignet. Sie müssen in Materialien und Ausführungen den unterschiedlichen Voraussetzungen zum Lagern der jeweiligen Warengruppen angepasst sein.

Allgemein üblich in Verkaufsstellen der Bäckerei/Konditorei ist ein Warenangebot von Fertigpackungen (auch des Zusatzsortiments) in *Regalen zur Selbstbedienung.*

Regale ohne Rückwand zum Ausstellen von unverpackten Backwaren dürfen nur vor gefliesten Wänden aufgestellt werden oder vor Wänden mit anderen abwaschbaren Oberflächen.

Für Brotregale gelten folgende Anforderungen:

- *Die Trägerebenen müssen luftdurchlässig sein, so dass sich bei frischen Broten kein Kondenswasser bilden kann. Geeignet sind Roste aus Holz- oder eloxierten Aluminiumstäben.*
- *Die Brotroste sollten für senkrechte oder schräge Ausstellung der Brote verstellbar sein.*
- *Die Nutztiefe sollte den gängigen Brotgrößen genügen.*
- *Die Regale sollten blendfrei ausgeleuchtet sein.*
- *Die Brotroste sollten mit einer Vorrichtung zum Auffangen von Staub und Krümeln ausgestattet sein.*
- *Die vordere Kante der Roste sollte als Informationsleiste für die Waren- und Preisauszeichnung nutzbar sein.*

Attraktive Präsentation des Zusatzsortiments in einem Regal

Schranktische: mit praktischer Wirkung

Im Verkaufsraum sind *Schranktische* vor allem unter den Regalen im Rückraum der Bedienungszone praktisch. Unterhalb des Brotregals sind sie als Arbeits- oder Ausstellungsfläche nur bedingt geeignet. Denn die herabfallenden Krümel der Brote würden das Aussehen von dort ausgestellten Feinen Backwaren beeinträchtigen.

Schranktische sind als Standfläche zur Präsentation von Kleingebäck in Körben und Schütten gut geeignet. Dafür müssen sie entsprechend niedrig sein. Im Übrigen ist zu beachten, dass flache Schranktische mit ihrem Standort im hinteren Bedienungsraum nur eine eingeschränkte verkaufsaktive Wirkung haben.

Blendfrei ausgeleuchteter Brotrost als Regalwand mit variablen Schrägstellungen

Die *Schränke* selbst sollten frontseitig Schiebetüren haben. So sind sie als „Stauraum" für Fertigpackungen oder Verkaufszubehör gut nutzbar. Und die Verkehrsfläche im Bedienungsbereich bleibt frei von Hindernissen, wenn Türen geöffnet sind.

Die Waren in Regalen und auf Schranktischen sollten so angeordnet und präsentiert sein, dass sie von der Kundenseite aus besonders gut sichtbar sind. Dieses ist durch eine entsprechende Gestaltung der Auslagen erfüllbar. Zu beachten ist darüber hinaus, dass den Käufern die Sicht nicht versperrt wird durch im Vordergrund stehende Dinge oder Deckenabhänger.

Zum Nachdenken

Im Allgemeinen gilt die Forderung, dass man Waren nicht vor den Kunden in verschlossenen Schränken absperren sollte. Für welche Angebote ist Ihrer Ansicht nach eine Präsentation von Warenangeboten der Bäckerei/Konditorei in Glasvitrinen sinnvoll?

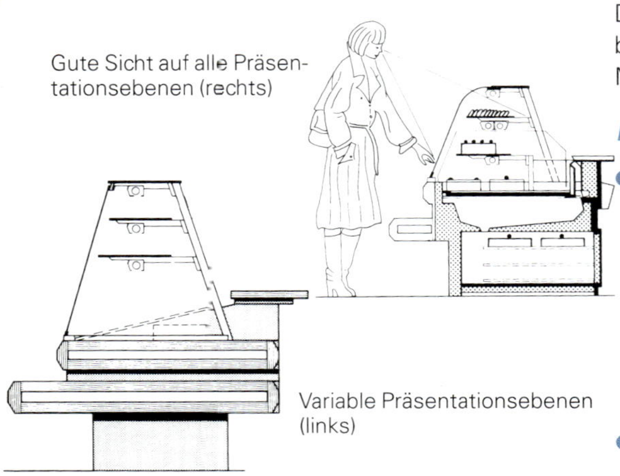

Gute Sicht auf alle Präsentationsebenen (rechts)

Variable Präsentationsebenen (links)

Ladentheken: mit vielfältigen Anforderungen

Die Ladentheke ist der Hauptarbeitsplatz im Verkauf. Hier finden die Verkaufsgespräche zwischen Käufern und Verkäufern statt. Und hier laufen die für den Verkaufsvorgang notwendigen Arbeiten ab. Über optimale Funktionen der Theke lassen sich die Verkaufs- und Arbeitsbedingungen am wirksamsten verbessern.

Die Anforderungen an Ladentheken der Bäckerei/Konditorei sind betriebsbedingt unterschiedlich. Sie können die für Sie wichtigen Merkmale am besten durch eine Checkliste erfassen.

Beispiele für verkaufsbezogene Anforderungen an Theken

- Die Thekenanlage soll *käuferfreundlich gestaltet sein*. Für diese Forderung ist immer die Sicht von der Kundenseite entscheidend. Die Kunden müssen freien Einblick in die Auslage haben. Daher sollte die Frontverglasung großflächig, leicht gebogen und ohne störende Stützen sein. Zwischenablagen müssen so positioniert sein, dass sie den Einblick nicht behindern. Die Gesamthöhe der Theke soll ungehinderte Waren- und Geldübergabe ermöglichen. Eine Taschenablage ist wünschenswert.
- Die Thekenanlage soll eine *unkomplizierte Beschickung mit Ware und deren Entnahme* erlauben. Die größte Präsentationsfläche sollte in der Höhe knapp unterhalb der Arbeitsplatte angeordnet sein. Erforderliche Stützen dürfen weder die Sichtmöglichkeiten der Kunden einengen noch die Arbeit mit Waren komplizieren.
- Die Thekenanlage soll eine *optimale Präsentation der Waren* ohne störende Einflüsse erlauben. Die Aufnahmekapazität soll hoch sein. Sie sollte je nach tageszeitlichem Angebot und Umfang in der Präsentationsfläche variabel sein (z. B. mit einhängbaren Flächen). Die gesamte Theke soll gut ausgeleuchtet sein.
- Die Thekenanlage soll *variable Präsentationsformen* erlauben. So sind Warenauslagen in Schrägstellung auf Normblechen, eben auf Schüben, Tabletts, Blechen oder in Körben, Mulden und in Schütten erwünscht. Günstig sind auch kleine, bewegbare Theken (z. B. für Aktionen). Durch ihre Mobilität erlauben solche Kleintheken die Gestaltung saisonal unterschiedlicher Verkaufslandschaften.
- Die Thekenanlage soll *produktgerechte Bedingungen* bieten. In ihrem Kühlbereich muss über der Ware ein gekühltes Luftpolster sein. Kälteverluste sollen durch spezielle Verglasung gering sein. In Tortentheken soll „Sahneklima" (Umluft bei etwa +6 °C) und in Pralinentheken (geringe Feuchte und Umluft bei etwa +16 °C) „Schmelzschutz" garantiert sein. Warmtheken sollen genügende Heizung in der Fläche und eventuelle Wärmestrahler haben. Bei allen temperierbaren Theken soll die Überwachung der Soll-Werte im Rahmen des Konzepts zur Produktsicherheit möglich sein.
- Die Thekenanlage soll *verkaufsgerecht ausgestaltet sein*. Dafür ist unter anderem zu beachten, dass die Theke durch Konstruktion und Gestaltung nicht wie eine Barriere zwischen Verkäufern und Kunden wirkt. Das würde die Kommunikation erschweren. Im krassesten Fall würde eine überdimensionierte Theke sogar die Kunden und das Verkaufspersonal zu stark verdecken. Eine zu große Raumtiefe in der unteren Präsentationsebene würde auch dazu führen, dass sehr dicht an der Theke stehende Kunden die vorn liegende Ware nicht mehr in ihrem Blickfeld haben.

Die obigen Abbildungen machen die Variabilität einer Thekenanlage deutlich, die im Tagesverlauf jeweils für verschiedene Angebote nutzbar ist

Beispiele für arbeitsbezogene Anforderungen an Theken

- Die Thekenanlage soll *ergonomisch günstig gestaltet* sein (= der menschlichen Leistungsfähigkeit entsprechen). Dazu gehört vor allem, dass Bewegungs- und Arbeitsabläufe des Verkaufspersonals in stehender Haltung in einer körpergerechten Position möglich sind. Also müssen Arbeitsplatten die entsprechende Höhe haben und Waren sowie Arbeitsmaterial im Greifraum befindlich sein.
- Die Thekenanlage soll *arbeitserleichternd ausgestattet* sein. Für den Verkaufsablauf notwendige Geräte und Materialien sind nah bei den Bedienplätzen unterzubringen. So sind beispielsweise Rollen- und Trennpapier, Tüten, Pappteller und auch eine Abfallbox im hinteren Thekenunterbau nötig. Stauraum unter der Arbeitsplatte sollte mit rollbaren Containern für Warenreserven ausgestattet sein.
- Die Thekenanlage soll *unfallsicher* sein. Zum Beispiel gehören dazu folgende Forderungen: Der Sockel muss frei von Hindernissen und Stolperstellen sein. Die Kanten der Arbeitsflächen sollten abgerundet sein. Bruchsichere Scheiben aus Acryl oder Sicherheitsglas sollen Schnittverletzungen verhindern. Dies dient darüber hinaus auch der Minderung von Gefahrenstellen für die *Produktsicherheit*. Scherben von zerbrochenem Glas dürfen nicht auf die Waren fallen können.

Beispiele für hygienebezogene Anforderungen an Theken

- Die Thekenanlage muss *die Hygieneansprüche* für den Umgang mit Lebensmitteln erfüllen (rost- und korrosionsfreie Materialien, glatte und rissfreie Flächen, Schutz der Produkte vor nachteiliger Beeinflussung). Auch auf der Thekenbrüstung präsentierte Ware muss vor Anhauchen und Berührung geschützt sein.
- Die Thekenanlage soll *einfach zu pflegen und zu reinigen sein.* Grundsätzlich kann diese Anforderung durch die Materialauswahl erfüllt werden. Aber auch die Ausgestaltung der Theke und spezielle Einrichtungen dienen der Reinigungsfreundlichkeit. Beispiele dafür sind einfach ausklappbare Verglasungen der Theke zur Erleichterung der Reinigung. Öffnungsmöglichkeiten in den Präsentationsebenen, Krümelfallen oder eingebaute Handstaubsauger erleichtern das Entfernen von Krümeln.

- Die Thekenanlage muss *die mikrobielle Stabilität gewährleisten.* Das heißt: Für die Warenauslage sind Bedingungen gefordert, bei denen hygienisch einwandfrei produzierte Backwaren in der üblichen Bevorratungsdauer nicht durch Mikrobeneinwirkungen verderben können. Bei der Präsentation leicht verderblicher Ware soll dieses durch Kühleinrichtungen gewährleistet werden. Das ist aber nur der Fall, wenn Kühlanlagen leistungsfähig genug sind und nach Reinigungsplan richtig gewartet werden.

  Bei Kontrollen durch die Lebensmittelüberwachung wurden in der gekühlten Umluft von herkömmlichen Theken mehr als das Doppelte der zulässigen Zahl an Mikroben gefunden. Die davon ausgehende Gefahr wird bei einer Theken-Neukonstruktion durch folgende Maßnahmen eingeschränkt: Verminderung des Staubes in der Umluft durch Filter, verbessertes automatisches Abtauen der Verdampferoberflächen, täglich zweimaliges automatisches Spülen der Thekenwanne, Entkeimung von schwer zugänglichen Bauteilen mit UVC-Licht, anhaltende Füllung des Syphons mit Wasser. Durch diese Vorrichtungen können längere Intervalle für die Grundreinigung der Theke gewählt werden.

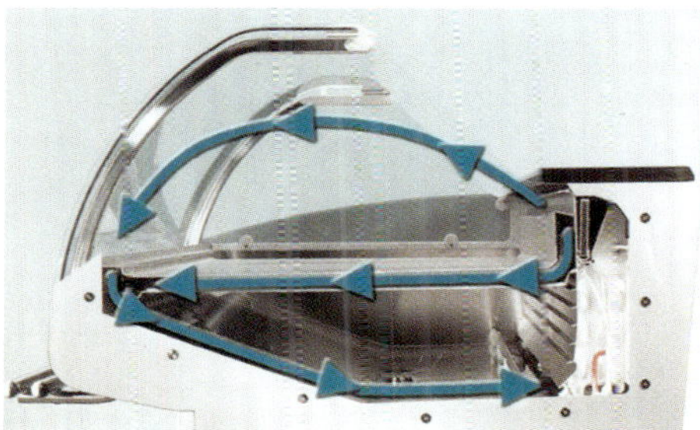

Umluftführung in der Kühltheke

Geräte und Maschinen im Verkaufsbereich

Das Ladenmobiliar einer Verkaufsstelle der Bäckerei/Konditorei wird durch etliche Geräte und Maschinen ergänzt. Auswahl, Positionierung und Einsatz erfolgen nach betrieblichen Notwendigkeiten.

Zur Grundausstattung vieler Backwarenverkaufsstellen gehören
- Einrichtungen zum Backen im Laden,
- Ladenwaage und Ladenkasse,
- Brotschneidemaschine,
- Sahneautomat,
- Kaffeemühle und Kaffeemaschine.

Funktion und Pflege dieser Maschinen werden an anderer Stelle in diesem Buch beschrieben (➡ Sachverweise). Hier können Sie sich über wesentliche Aspekte für deren Auswahl und Einsatz informieren.

Sachverweise

Zu Geräten und Maschinen der Verkaufsstelle finden Sie weitere Informationen in diesem Buch an folgenden Stellen:

– Backen im Laden ➡ Seite 116
– Kassensysteme ➡ Seite 265
– Brotschneidemaschinen ➡ Seite 328
– Sahneautomaten ➡ Seite 436
– Kaffeemaschinen ➡ Seite 500

Meinung

Eine Fachverkäuferin meint:
„Das Backen im Laden ist überhaupt keine Arbeit für mich. Ist das nicht viel besser durch gelernte Bäcker zu erledigen?"

➤ *Was meinen Sie dazu?*

Backgeräte im Verkaufsbereich

Backen im Laden dient dem Erlebniswert für die Kunden sowie dem stetigen Nachschub von frischer Ware. Darum sollten Backgeräte so positioniert sein, dass Kunden das Werden frischer Ware sehen und deren Duft wahrnehmen können. Beim Einbau von Ladenbacköfen in die Bedienungszone muss ein Abzug da sein für die Dämpfe (die von Passanten vor dem Geschäft als „Lockstoff" zu riechen sein können).

Für die Arbeit im Fachverkauf ist zu beachten, dass die positiven Wirkungen des Backens im Laden nur erreicht werden, wenn der Ladenbackofen über den Tag auch in Betrieb ist. Wenn Kunden die Backeinrichtungen überwiegend ausgeschaltet erleben, haben die Investitionen negative Wirkung: Sie kosten Geld, nehmen Platz in Anspruch und vermitteln den Eindruck, dass in diesem Geschäft „nicht viel läuft". Wenn das Backen im Laden gepflegt wird, dann gehört dazu auch die fachliche und hygienische Arbeit. Für die Kunden einsehbare Produktion muss besonders sauber erfolgen, und die Einrichtungen sind täglich mehrfach zu reinigen.

Für das *Schaubacken* (z. B. mit Siedegebäcken) oder die Zubereitung von heißen Snacks in der Nähe der Kunden gibt es kleine, kompakte Spezialeinrichtungen. Sie können in die Theke eingebaut werden. Es gibt sie aber auch als mobilen Aktionsstand mit allen erforderlichen Einrichtungen (mehrfach nutzbare Pfanne zum Backen, Braten oder Kochen, Füllstation und Dunstabzug).

Waagen im Laden

Erlebnisorientierung im Verkauf macht es zum Teil erforderlich, dass Waren bei der Verkaufshandlung selbst noch auszuwiegen sind (z. B. Brotaufschnitt). Neben der überlieferten Neigungswaage mit analoger Anzeige auf einer Preis- und Gewichtsskala sind in der Verkaufsstelle selbst zunehmend elektronische Waagen üblich.

Elektronische Waagen zeigen in einem Leuchtfeld das Gewicht, den Grundpreis und den Kaufpreis an. Die Position der Waagen sollte so gewählt werden, dass sie
- nahe dem jeweiligen Einsatzzweck stehen (arbeitserleichternd),
- mit der Leuchtanzeige von den Kunden einsehbar sind.

Die elektronischen Waagen können mit weiteren Ausrüstungen für die betrieblichen Zwecke nutzbar gemacht werden (z. B. Bondrucker, Speicher für Warengruppen, Rechner für Addition).

Ladenkassen

Hauptzweck einer Kasse ist ohne Zweifel die sichere Verwahrung der Einnahmen aus dem Verkauf. Die heute in Bäckereien/Konditoreien eingesetzten Kassen sind aber Systeme mit vielen Funktionen.

Moderne Kassensysteme bieten für den Verkaufsvorgang selbst zum Beispiel folgende Funktionen: Ermitteln des Zahlungsbetrags und des Rückgelds, Bonausdruck, Registrieren der Einnahmen, Differenzierung nach verschiedenen Verkäufern, Zwischen- und Endkontrollen.

Für die Verkaufsabläufe ist es wichtig, dass die Ladenkasse im Zentrum des Tätigkeitsbereichs aller Verkäufer steht, wenn nicht eine Kasse mit Sammelfunktion und einer speziell nur dort tätigen Person geführt wird. Ladenkassen sind im Übrigen so aufzustellen, dass sie für Kunden leicht erreichbar und der Kassiervorgang für sie beobachtbar ist.

Durch Vernetzung mit anderen Systemteilen (z. B. PC, elektronischen Waagen) können mit modernen Kassen weitere Funktionen erbracht werden. Beispielsweise sind Umsatzstatistiken, Kontrollen der Filialen oder der Lieferungen mit dem Kassensystem leistbar (➡ Seite 265).

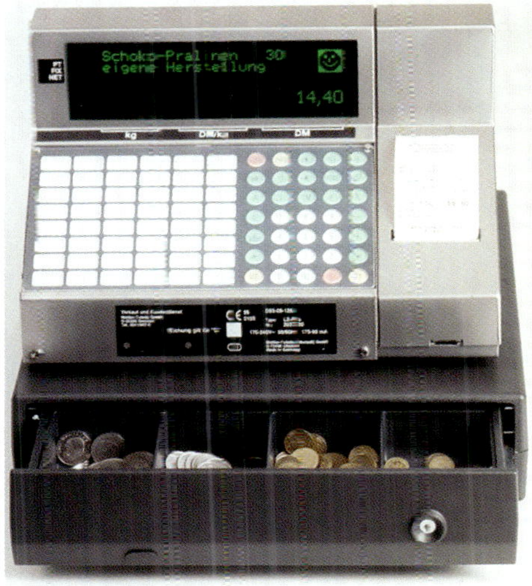

Moderne Ladenkasse

Brotschneidemaschinen im Laden

Für das Aufschneiden von Ganzbrot im Laden müssen die Maschinen besondere Merkmale erfüllen (➡ Seiten 327 und 328).

Laden-Brotschneidemaschinen sollen
- kompakt sein (wenig Stellplatz benötigen),
- geräuscharm sein (im Betrieb nicht den Verkauf stören),
- vielseitig sein (Universalmaschine für viele frische Brotsorten, Schneidprogramm-Speicher, Zählwerk für Schnittvorgänge),
- pflegeleicht sein (kein Festsetzen von Brotresten, Krümelwanne).

Brotschneidemaschine für universellen Einsatz

Sahneautomaten im Verkaufsbereich

Für den Cafébetrieb ist ein *Sahnezapfautomat* unentbehrlich. Auch für Verkaufsstellen mit hohem Anteil Feiner Backwaren, Torten und Desserts ist er sinnvoll (➡ Seite 436).

Der Betrieb eines *Sahnezapfautomaten* ermöglicht
- die Erweiterung des Angebots (in bedingtem Umfang, z. B. durch Sahnegarnierung nach Kundenwunsch, Schüsselsahne),
- das jederzeitige, einfache Füllen von Desserts mit Sahne,
- die Gewährleistung von Qualität und Hygiene bei Schlagsahne (z. B. hohes Aufschlagvolumen, Verhindern des Absetzens, Kühlung und gute Frischhaltung).

Zum Standard-Zusatzsortiment der Bäckerei/Konditorei gehört das Angebot von Kaffee. Viele Kunden erwarten dabei den Service des Mahlens beim Einkauf von Kaffee. Diese Tätigkeit nimmt zwar Zeit in Anspruch, betont aber die Frische des Angebots und erhöht die Kaufanreize in der Verkaufsstelle. *Laden-Kaffeemühlen* werden auch genutzt bei der Kaffeezubereitung in herkömmlicher Weise oder in Kaffeemaschinen ohne Mahlvorrichtung.

Für den Café- und Imbissbetrieb sind *Kaffeemaschinen* notwendig. Ihre Leistungsmerkmale sind von den betrieblichen Erfordernissen abhängig (➡ Seite 500). Auch der Standplatz der Kaffeemaschine ist von den betrieblichen Abläufen her zu bestimmen. So ist zum Beispiel die Vorratsbrühung für Portionskannen in einer Kaffeeküche möglich. Die tassenweise Zubereitung von Kaffeegetränken (z. B. Espresso) ist dagegen oft in der Verkaufsstelle im Sichtbereich der Gäste üblich.

Verkaufseinrichtung für Kaffee (oben)

Einrichtung für den Kaffeeausschank (rechts)

Licht im Verkaufsbereich

„Bei Nacht sind alle Katzen grau." Dieser Spruch macht deutlich, dass wir nur mit Hilfe des Lichtes richtig und farbig sehen können.

Im Verkaufsbereich hat Licht neben seiner Bedeutung für das Sehen die Funktion als Verkaufsförderer. Licht lockt Leute an. Licht reizt an zum Hinsehen. Die Beleuchtung beeinflusst das Ambiente des Geschäfts.

Wenn Licht diese wichtigen Wirkungen haben soll, dann reicht das bloße Sichtbarmachen von Waren und gleichmäßige Ausleuchten nicht aus. Für zeitgemäße Verkaufsstellen der Bäckerei und Konditorei ist eine geplante Lichtgestaltung erforderlich (➡ CD-ROM).

Richtiges Beleuchtungsniveau und eine gezielte Verteilung von Licht und Schatten sorgen für eine harmonische Beleuchtung des Verkaufsraums

Spot-Beleuchtung über der Backwarenauslage

Anforderungen an die Beleuchtung im Verkaufsbereich

Der Eingangsbereich und die Fenster der Verkaufsstelle müssen sich von Nachbargeschäften deutlich abheben. Deshalb ist es oft üblich, auch tagsüber eine elektrische Beleuchtung zu betreiben. Die Wände der Verkaufsstelle sollen hell ausgeleuchtet sein. Das lässt die Räume größer und freundlicher aussehen. Angebotstafeln und Schaufenster sollen durch Beleuchtung über möglichst lange Zeit des Tages ihre Werbewirkung behalten.

Für die Lichtgestaltung selbst gelten folgende Kriterien:

- Das *Beleuchtungsniveau* wird von der *Lichtstärke* bestimmt. Ihre Auswahl ist abhängig von der Art der Räume, deren Einrichtung und der Rückstrahlung (= Reflexion) von Objekten. Allgemein ist in Verkaufsräumen mit viel Kundenbewegungen ein höheres Niveau der Beleuchtung erforderlich als im Sitzbereich des Cafés.
- Die *Helligkeitsverteilung* sorgt dafür, dass die Beleuchtung gut moduliert ist. Das bedeutet: Die Helligkeit ist nicht gleichmäßig im ganzen Raum. Die Übergänge von hellerem zu dunklerem Licht sind harmonisch. Insgesamt sollte der Kundenraum nicht mehr als die Hälfte der Beleuchtungsstärke des Waren- und Thekenbereichs haben, damit der Blick auf Theke und Waren gelenkt wird.
- Die *Lichtrichtung* bildet Licht und Schatten aus. Das ist wichtig für das plastische Sehen. Gerichtetes Licht erlaubt es außerdem, bestimmte Waren hervorzuheben (mit Spot-Leuchten).
- Die *Blendwirkung* muss so weit wie möglich vermieden werden. Eine Direktblendung ist durch die Auswahl geeigneter Leuchten zu vermeiden. Blendung durch Reflexion muss durch richtige Position und Ausrichtung der Leuchten gering gehalten werden. Das ist besonders für den Thekenbereich wichtig.
- Die *Wirtschaftlichkeit* der Beleuchtung ist auch zu beachten. Dafür sind neben den Kosten für Anschaffung und Montage vor allem die laufenden Betriebskosten maßgeblich (Stromverbrauch und Wartung). Die Nutzung energiesparender Leuchten setzt bei der Montage entsprechende Einrichtungen voraus. Hinsichtlich der Wartung ist nicht nur die Lebensdauer der Leuchtmittel wichtig. Deren Oberflächen sollten wenig Staub anziehen. Dieses ist ein hygienisches Problem im Lebensmittelbereich. Staub brennt aber auch auf den Reflektoren ein.

  Die zu starke Erwärmung der Leuchten ist durch Entlüftungslöcher zu mindern. Abwärme muss aus dem Verkaufsraum abgeführt werden, um unerwünschte Raumerhitzung zu vermeiden.

Funktionen der Beleuchtung

- *Licht dient zum Sehen und Zurechtfinden.*
- *Licht dient zum Aufmerksamwerden und zum Hinsehen.*
- *Licht dient zum Ansehen des Lichtobjekts.*

Meinung

Ein junger Fachverkäufer fragt sich: „Ist das nicht widersprüchlich, wenn Energie gespart werden soll, aber dann aus Gründen des Verkaufens so viel Licht eingesetzt wird?"

➤ *Stellen Sie an Beispielen dar, wie im Verkaufsbereich mit der elektrischen Energie sparsam umgegangen werden kann.*

Wirkungen von Licht und Farbe bei der Warenpräsentation

Wenn Sie fotografieren, dann kennen Sie sicherlich das Problem, dass Farben auf den entwickelten Bildern unnatürlich oder nicht nach Ihren Vorstellungen ausfallen. Das hängt mit dem Licht beim Fotografieren sowie der Einstellung der Kamera zusammen.

Ebenso verhält es sich bei der Beleuchtung von Räumen. Das Licht bestimmt mit seiner Farbe ganz wesentlich die Raumatmosphäre. Man unterscheidet als *Lichtfarben* „Tageslichtweiß", „Neutralweiß" und „Warmweiß" (Farbunterscheidungen auch als Ziffercode üblich).

Wenn Backwaren bei der Präsentation mit „kaltem Licht" beleuchtet werden, erscheinen sie unappetitlich und fahl (➡ oberes Bild). Kunden empfinden dadurch, dass die Waren eine geringe Qualität haben. Sie werden vom Kauf abgehalten. Für die Waren der Bäckerei/Konditorei sind Leuchten mit warmweißer Lichtfarbe gut. Sie geben die Farben optimal wieder. Sie gleichen aus zwischen Licht und Ware.

Der Grund für diese Empfindung ist, dass unser Auge nicht für alle Wellenlängen des Lichtes gleichmäßig empfindlich ist. Für die Farbe grün-gelb besteht die größte Empfindlichkeit. Alle anderen Farben werden unterbewertet. Der Maßstab für unser Farbempfinden ist das natürliche Tageslicht. Bei der Warenpräsentation wird daran durch die Verwendung von Leuchstofflampen mit speziellen Leuchtstoffen und anderen Lichtquellen mit Filtern angeglichen.

Warenauslage bei ungünstiger Lichtfarbe

Warenauslage bei Lichtfarbe, die speziell für Backwaren geeignet ist

Wirkungen von Licht und Farbe auf Menschen

Die „Raumatmosphäre" einer Verkaufsstelle der Bäckerei/Konditorei wird beim Aufenthalt in den Räumen gefühlt. Man fühlt sich wohl und behaglich oder nicht. Diese Empfindungen sind vor allem geprägt von Architektur, Farbe und Beleuchtung. Bei einer Balance der prägenden Elemente stellt sich im Raum psychisches Wohlgefühl ein.

Was in dieser Hinsicht für allgemeine Verkaufsräume gilt, hat eine besondere Bedeutung für Räume zum Direktverzehr (Imbiss- und Cafébereich), in denen Gäste bewirtet werden. Hier sollte bei der Lichtgestaltung auch die Möglichkeit zum Verändern der Lichtstärke durch Dimmer-Regler gegeben sein. Durch Lichtdimmung wird bei wechselnden Gegebenheiten im Raum ein Wohlfühlen ermöglicht. Die Lichtgestaltung muss dabei mit den übrigen Einrichtungen und Farben abgestimmt sein.

Die positive Wirkung einer „harmonischen Einrichtung" wird von den Handwerkern bestätigt, die ihre Betriebe nach den Grundsätzen des „Feng Shui" gestaltet haben. Das Wohlempfinden stellt sich nach dieser alten chinesischen Lehre durch Energieströme ein, die auf Menschen und ihre Umgebung wirken. Schon seit langer Zeit sind solche Einflüsse in allen Kulturkreisen mehr oder weniger bewusst beim Bau beim Einrichten von Wohnungen beachtet worden.

Im Verkauf soll eine harmonische Einrichtung und Beleuchtung die Kauflust der Kunden erhöhen. Das gelingt aber nicht nur mit einer mechanisch angewandten äußeren Gestaltung. Wichtig ist, dass auch die Beschäftigten im Unternehmen diese Harmonie spüren. Die dadurch begründete positive Arbeitsatmosphäre wirkt sich wiederum auf den Umgang mit Kunden und Gästen aus. In guter Atmosphäre zu erledigende Arbeit macht Spaß. Als Ergebnis kann sich neben einem Mehrumsatz auch die Kunden- und Gasttreue einstellen.

Lichtwanne zur harmonischen Ausleuchtung bei unterschiedlicher Raumhöhe

Feng Shui – fernöstliche Modemasche?

Feng Shui (= Wind und Wasser) ist die Lehre vom Fließen der uns umgebenden Energien und der Aktivierung ungenutzter Kräfte. Gutes Feng Shui geht von dem Menschen als Anwender aus. Es bringt seine Einstellungen mit der äußeren Umgebung in Einklang.

Feng Shui wird heute in vielen Bereichen genutzt, auch bei der Gestaltung von Häusern und Räumen (z. B. im Ladenbau).

Im Umgang mit Kunden soll Harmonie erzielt werden und so zu mehr Zufriedenheit führen. Dieses Ziel sollte keine Modemasche sein.

Messerwäscher
in der Verkaufstheke

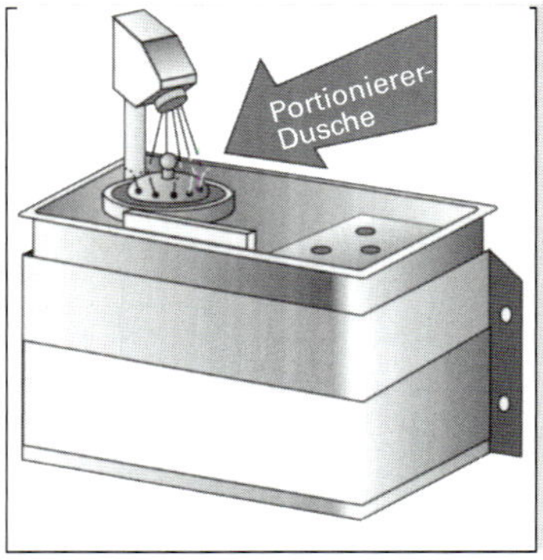

Duschanlage für Eisportionierer

Kühlbox aus Kunststoff zum Transport von Torten

Reinigung und Hygiene in Verkaufsräumen

Ein Backbetrieb hat für jede Verkaufsstelle einen Reinigungsplan und ein Konzept für die Gewährleistung der Produktsicherheit. Was sollen diese Pläne bewirken?

Reinigung und Hygiene in Verkäufsräumen sind wesentliche Teile der Sorgfaltspflicht für den gewerblichen Handel mit Back- und Süßwaren. Dafür gültige betriebliche Pläne und Konzepte sind zum Teil rechtlich gefordert (z. B. durch das Lebensmittel- und Futtermittelgesetz oder die Lebensmittelhygiene-VO). Zum Teil sind sie aufgrund von *Leitlinien für die Hygienepraxis* empfohlen.

Hierbei ist grundsätzlich zu beachten und zu unterscheiden,
- *dass die betriebliche Hygiene für den gewerbsmäßigen Umgang mit Lebensmitteln eine unabdingbare Voraussetzung ist,*
- *dass das betriebseigene Konzept für die Produktsicherheit auf der Grundhygiene aufbaut. Dabei konzentriert es sich auf die Kritischen Kontrollpunkte, an denen ein Risiko für die Unbedenklichkeit der Produkte besteht und durch Gegenmaßnahmen beherrschbar ist.*

Grundhygiene – Beitrag der Einrichtungsgegenstände

In den Verkaufsräumen der Bäckerei und Konditorei müssen alle Teile, die unmittelbar oder mittelbar mit den Waren in Berührung kommen, lebensmittelhygienisch geeignet sein. Neben der allgemeinen Erfüllung solcher Merkmale in Verkaufsstätten gibt es spezielle Mittel und Wege für eine gute Betriebshygiene, zum Beispiel:

- In die Verkaufstheke eingebaute Behälter sind für eine Batterie von Messern geeignet, mit denen Torten, Desserts und Feinbackwaren beim Verkauf aufgeschnitten werden. Diese Messerbehälter sind an fließendes Wasser angeschlossen, zumeist auch beheizbar. Das Waschwasser läuft sofort ab. Verkeimung und Mikrobenwachstum sind somit ausgeschlossen. Die Messer werden bei Entnahme aus dem Behälter automatisch abgestreift.
- Die Eisportionierer müssten im Idealfall nach Gebrauch ständig unter *fließend frischem Wasser* gespült werden. Die in der Praxis üblichen Waschbehälter sind oft mit Keimen stark belastet. Diese gelangen dann mit dem Portionierer in das Speiseeis. Besser ist es, eine an fließendes Wasser angeschlossene Dusche für die Portionierer zu benutzen. Hier wird der Kugelknopf von oben und unten gespült. Das Spülwasser wird sofort abgeführt. Saubere Portionierer dienen dem „Eisgenuss ohne Reue". Sie sind auch ein Beitrag zur Vermeidung von Mängelrügen durch Behörden.
- Die leicht verderblichen Feinen Backwaren (z. B. Sahne- oder Kremtorten) müssen gekühlt zum Verkauf bereitgestellt werden. Das gilt auch für den Fahr- und Marktverkauf. Gefordert wird die Kühlung auf maximal +7 °C. Das wird üblicherweise garantiert mit Kühlmöbeln. Beim Transport dieser Produkte darf für kurze Zeit von den geforderten Richtwerten abgewichen werden. Gut ist es aber zur Eindämmung von Mikroben, wenn auch bei der Auslieferung leicht verderblicher Produkte die Kühlung erhalten bleibt. Möglich ist das durch speziell dafür entwickelte Behälter aus Kunststoff. Diese sind dicht verschließbar. Der Innenraum kann für die praxisüblichen Auslieferungszeiten mit gefrierfesten Kälte-Akkus gekühlt werden. Alle Bestandteile des Systems sind mit heißem Wasser zu reinigen, erforderlichenfalls auch mit chemischen Mitteln zu desinfizieren.

Grundhygiene – Beitrag des Personals

Achten Sie auch auf die Sauberkeit des Bedienungspersonals, wenn Sie einmal woanders essen gehen?

„Personen, die Lebensmittel herstellen, behandeln oder in Verkehr bringen, haben ein hohes Maß an persönlicher Sauberkeit zu halten und müssen angemessene, saubere Kleidung und erforderlichenfalls Schutzkleidung tragen." So steht es in der Hygieneverordnung. Und so erwarten wir es selbst, wenn wir Kunden und Gäste sind. Doch solche allgemein gehaltenen Anforderungen geben oftmals Anlass zu unterschiedlicher Bewertung, zum Beispiel:

- Das Tragen von *Kopfbedeckungen* im Verkaufsbereich wird oft für nicht erforderlich angesehen, weil hier beschäftige Personen ein hohes Maß an persönlicher Sauberkeit einhalten und daher für die Lebensmittel keine nachteilige Beeinflussung durch ungepflegte Haare zu befürchten wäre. Für die Beschäftigten in der Produktion (Backstube, Konditorei) wird durch die Hygieneleitlinien das Tragen von Kopfbedeckungen gefordert. Sinngemäß bedeutet das, dass die Produktion von Backwaren, belegten Brötchen, Salaten oder Snacks in anderen Betriebsbereichen das Tragen eines geeigneten Haarschutzes erforderlich macht. Das ergibt sich auch aus fachlicher Sicht als allgemeine Hygieneforderung. Wenn zum Beispiel jemand im Verkaufsbereich ins Schwitzen gerät, sich unbewusst mit der Hand durch die Haare streicht und danach nicht die Hände wäscht, dann überträgt er Haare und Anderes auf die Lebensmittel.
- Die Arbeit mit *Gebäckzangen und Tortenhebern* beim Umgang mit empfindlichen Feinbackwaren, Torten und Desserts ist praxisüblich. Das sollte auch erfolgen, wenn diese Produkte nicht vor den Augen der Kunden zum Verkauf vorbereitet werden. Selbstverständlich ist es, dass die Gerätschaften sauber gehalten und erforderlichenfalls auch desinfiziert werden.

  Beim Umgang mit empfindlichen, unverpackten Zucker-, Süß- und Schokoladewaren (z. B. Marzipanfiguren, Pralinen) ist das Tragen von Schutzhandschuhen erforderlich. Das dient nicht nur dazu, die Waren von Fingerabdrücken frei zu halten. Durch Berühren von unverpackten Produkten mit bloßen Händen werden immer auch Mikroben übertragen.
- Das *Verpackungsmaterial* hat in der Bäckerei/Konditorei vor allem eine Schutzfunktion: Es soll Waren bei der Beförderung von der Verkaufsstelle zur Wohnung der Kunden vor nachteiligen Einflüssen schützen. Die verwendeten Packstoffe müssen deshalb geeignet sein für Lebensmittelzwecke. Sie müssen im Betrieb sauber und staubfrei aufbewahrt werden. Die Fachverkäufer/innen müssen sich beim Umgang mit Verpackungsmaterial ebenso hygienisch verhalten wie beim Hantieren mit unverpackten Lebensmitteln.

  Um Verpackungsmüll zu vermindern, wird von umweltbewussten Kunden zum Teil die *Wiederbefüllung von kundeneigenen Gefäßen* gefordert. Das darf aber nicht zu Lasten hygienischer Anforderungen gehen. Es ist darauf zu achten, dass die Behältnisse der Kunden in einem hygienisch einwandfreien Zustand sind. Das Abstellen und Befüllen der Behältnisse darf nicht dazu führen, dass Lebensmittel dadurch nachteilig beeinflusst werden. Ausgeschlossen ist, dass beim Backwarenverkauf die von Kunden mitgebrachten Behältnisse *hinter der Theke* befüllt werden.

Hygiene im Service des Snackbereichs

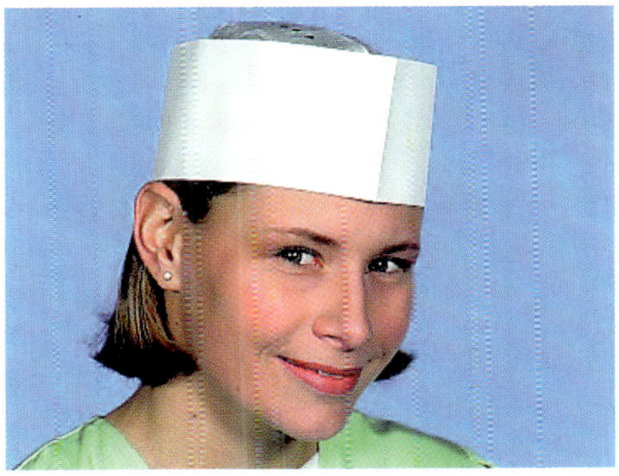
Einwegmütze für kurze Nutzungsdauer

Tragen von Schutzhandschuhen beim Dekorieren von unverpackten Pralinen

Meinung

Svenja behauptet: „Wir sind mit unseren Hygieneregeln viel zu anspruchsvoll. In anderen Ländern ist man da großzügiger. Das habe ich selbst erlebt, als ich mit meinen Eltern im Süden Urlaub machte. Was meinen Sie, was da alles beim Verkauf von Lebensmitteln möglich ist. Obst und Gemüse wurde unverpackt auf dem Fußweg im Straßenstaub ausgelegt. Und die Bäckereien hatten bestimmt kein Hygienekonzept. Denn sogar Berufskleidung und Kopfbedeckung waren da nicht üblich."

➤ *Was meinen Sie dazu?*

Beispiele für Reinigungsintervalle

- *Vor Beginn jeder Verkaufsphase sind Tortenheber, Messer und Eisportionierer unter fließendem Wasser zu reinigen.*
- *Alle zwei Stunden ist die Frontverglasung der Theke nass zu reinigen und mit einem Tuch trocken zu reiben.*
- *Täglich unverzüglich nach Ende der Nutzung sind Speiseeisbehälter, Sahneautomat und Kaffeemaschine gemäß Anweisung zu reinigen.*
- *Wöchentlich ist die Kühltheke abzutauen, zu reinigen und zu entkeimen.*

Tipps für Reinigungsarbeiten

- *Vor der Nassreinigung müssen Krümel und Staub trocken abgesaugt werden.*
- *Gereinigte Gegenstände aus Metall in nassem Zustand zur Vermeidung von Korrosion nicht auf Metallflächen liegen lassen.*
- *Gegenstände aus Acryl (Plexiglas) nur mit dafür geeigneten Materialien (= holzfreie Produkte) reinigen und nach dem Trocknen mit antistatischen Mitteln einreiben.*

Unfallschutz bei Reinigungsarbeiten

- *Vorsicht beim Umgang mit unverdünnten Reinigungs- und Desinfektionsmitteln: Sie können ätzend oder giftig wirken.*
- *Vorsicht beim Reinigen elektrischer Geräte: Sie dürfen nicht in Wasser gesetzt oder direkt mit Wasser abgespritzt werden.*

Umweltschutz bei Reinigungsarbeiten

- *Setzen Sie Reinigungsmittel sparsam ein. Verwenden Sie Mittel mit dem Zeichen für umweltfreundliche Produkte. Verzichten Sie so weit wie möglich auf den Einsatz aggressiver Spezialreiniger.*
- *Verwenden Sie nur Spraydosen mit Pumpensprühern oder mit umweltschonenden Treibmitteln.*

Grundhygiene – Beitrag der Reinigung

Krümel auf dem Boden, auf der Theke und auf den Stehtischen, das bemängelten Testkäufer in einer Backwarenverkaufsstelle.
Wie ist so etwas trotz Reinigungsplan möglich?

Der *Reinigungsplan* für den Verkaufsbereich soll sicherstellen,
- dass die Räume und Einrichtungen optisch sauber sind,
- dass der Keimgehalt von Räumen und Einrichtungen so niedrig wie möglich ist (mikrobiologische Reinheit).

Für jede Verkaufsstelle ist festzulegen, *was* zu warten, *was* zu reinigen und *was* zu desinfizieren ist.

Für jeden Gegenstand ist exakt festzulegen, *wie* die nötigen Arbeiten durchzuführen sind (z. B. Trocken- oder Nassreinigung, Heißwasser, Spül- oder Reinigungsmittel). Es ist auch zu regeln, *wer* das macht.

Für jede Einrichtung ist exakt festzulegen, *wann* eine Wartung, eine Reinigung oder das Desinfizieren zu erfolgen hat (Zeitintervalle).

Das Abzeichnen auf einem Kontrollplan garantiert aber nicht immer die gewünschten Zielsetzungen für Reinigung und Pflege. Denn in Verkaufsstellen läuft täglich nicht alles nach Plan ab. Es treten auch unverhofft Situationen auf, die eine Reinigung erforderlich machen.

Beispiele

- Einem Kind fällt im Laden das gerade gekaufte Eis zu Boden. Hier ist sofortige Nassreinigung nötig (wegen der Rutschgefahr für die Kunden, zur Vermeidung von Mikrobenwachstum).
- Die Frontverglasung der Theke ist von Kunden durch Handkontakt verschmiert worden. Deshalb ist sofort eine außerplanmäßige Nassreinigung der Scheiben vorzunehmen.
- Im Steh-Café herrscht starker Gästebetrieb. Darum sind Geschirr und Reste häufiger als sonst üblich abzuräumen, und außerplanmäßige Reinigungen sind vorzunehmen.

Das letzte Beispiel verdeutlicht etwas Typisches für Verkaufsstellen der Bäckerei/Konditorei: Verstärktes oder häufigeres Reinigen ist in intensiven Verkaufsphasen erforderlich. Sicherlich haben da zunächst die Kundenwünsche nach Bedienung den Vorrang. Die notwendige Reinigung sollte aber unverzüglich erfolgen, wenn die Situation es erlaubt. Das bedeutet umgekehrt: In Zeiten geringer Kundenfrequenz sind Aufräum- und Reinigungsarbeiten durchzuführen. Diese sollten auch in Nebenräumen erfolgen. Eventuell vorhandene Gästetoiletten sind „zwischendurch" auf Ordnung und Sauberkeit hin zu kontrollieren. Zu beachten ist aber, dass alle Reinigungstätigkeiten der Hygiene in der Verkaufsstelle dienen sollen. Das beinhaltet auch, dass die mit Reinigungsarbeiten beschäftigten Personen sich vor dem Umgang mit Lebensmitteln waschen und nicht „zwischendurch" noch Kunden bedienen oder unverpackte Waren behandeln.

Bestimmte Pflege- und Reinigungsarbeiten sind grundsätzlich dann durchzuführen, wenn der Verkauf ruht. Das gilt beispielsweise für die Reinigung von Geräten vor ihrer Inbetriebnahme (Sahnespender) oder täglich nach Verkaufsschluss (z. B. Theke, Regale). Ebenso sind spezielle Pflegearbeiten mit hohem Zeitaufwand bei Abwesenheit von Kunden durchzuführen (z. B. Entkalken von Kaffeemaschinen).

Saubere Verkaufseinrichtungen sind werbewirksam. Sie sind aber auch die Grundlage für das *Konzept zur Produktsicherheit*.

Betriebliche Maßnahmen und Kontrollen – das Konzept für die Produktsicherheit

In allen Stufen der Produktion und des Vertriebs von Lebensmitteln sind Maßnahmen und Kontrollen erforderlich, die die hygienische und gesundheitliche Unbedenklichkeit der Produkte sichern sollen. Das „Konzept betrieblicher Maßnahmen und Kontrollen“ (= BMK) bezieht sich auf einzelne Produkte oder auf Produktgruppen (➡ Seite 56 ff).

Das Konzept für die Produktsicherheit umfasst vor allem
- die möglichen *Gefahren* (= biologische, chemische, physikalische) für die Produktsicherheit an Kritischen Kontrollpunkten und die zu beachtenden Grenzwerte,
- die *Maßnahmen* zur Beherrschung, Eindämmung oder Minderung der Risiken für die Unbedenklichkeit der Produkte,
- die erforderlichen *Kontrollen* und deren *Dokumentation*.

Für die meisten Produkte der Bäckerei/Konditorei umfasst das Konzept zur Produktsicherheit die Stufen *vom Wareneingang bis zum Verkauf* (➡ Beispiel). Es ist aber auch möglich, dass speziell nur für den Verkauf geltende Kontrollen festgelegt werden. Das ist zum Beispiel sinnvoll für Handelswaren oder für Erzeugnisse, die im Verkaufsbereich hergestellt werden (z. B. Snacks, Speisen, Fertigpackungen mit Schnittbrot).

Im Verkaufsbereich gibt es zwar gewisse *chemische und physikalische Risiken* für die Produktsicherheit (z. B. Reste von Desinfektionsmitteln, Verschmutzung mit Fremdstoffen). Der Schwerpunkt der Risiken liegt in Verkaufsstellen der Bäckerei und Konditorei aber beim Schutz vor dem Verderb durch Mikroben (= *mikrobielle Risiken*).

Zur Eindämmung der mikrobiellen Gefahren bei leicht verderblichen Produkten im Verkaufsbereich dienen
- die Abschirmung der Waren vor Mikrobenbefall,
- die Einhaltung der notwendigen Temperaturen.

Bei den zu beachtenden Temperaturen kommen die *Kühlung* und die *Tiefkühlung*, aber auch die genügende *Erhitzung* in Betracht. So ist zum Beispiel für Feine Backwaren mit nicht durcherhitzten Füllungen (sahne-, krem- oder roheihaltige Erzeugnisse) andauernde Kühlung auf +7 °C erforderlich. Tiefkühlware ist im Allgemeinen bei -18 °C zu lagern. Zur Eindämmung der Mikrobenwirkung durch Hitze sind das Sterilisieren und Pasteurisieren wirksam. Hier sind neben den jeweils geforderten Temperaturen die *Einwirkungszeiten* der Hitze zu beachten (z. B. 75 °C Kerntemperatur für 15 Minuten einhalten).

Eine weitere Maßnahme zur Gewährleistung der Produktsicherheit ist die Begrenzung von *Lager- und Angebotszeiten*. Beispielsweise ist festlegbar, dass eine Ware maximal 48 Stunden zu lagern oder Snacks nur bis zu 2 Stunden nach ihrer Herstellung anzubieten sind.

Für alle „Kritischen Punkte“ (= CCPs) ist wichtig, dass sie kontrolliert werden in den festgelegten Intervallen. Für die Temperaturkontrollen werden Thermometer verwendet. Es gibt auch Überwachungsgeräte mit Aufzeichnung der Temperaturen und automatischer Störanzeige (für Tiefkühlware). Technische Überwachungen sollten durch sensorische Prüfungen ergänzt werden (z. B. Säuerung von Sahne erkennen). Die Kontrollen müssen vor den anderen verkaufsvorbereitenden Arbeiten Vorrang haben. Das Konzept für die Produktsicherheit muss letztlich bestimmen, wie Abweichnungen von den Soll-Werten zu behandeln sind: Was geschieht, und wer entscheidet das?

Beispiel:

Kritische Kontrollpunkte bei Sahnetorten

Tortenboden	→ Frei von Fremdpartikeln
Schlagsahne	→ Hygienisch einwandfrei, gekühlt auf –4 °C
Sahnefüllung	→ Schlagsahne ohne Rückstände von Reinigungs- und Desinfektionsmitteln; gekühlt auf +4 °C
Sahnetorte	→ Vorrätig halten bis 24 Std. nach Herstellung, gekühlt auf +7 °C
Tortenauslieferung	→ In sauberen Transportbehältern, gekühlt auf +7 °C

Zum Unterscheiden

- *Es gibt **Gefahren für die Qualität** der Produkte (z. B. Krem ist nicht locker).*
- *Es gibt **Gefahren für die Hygiene** im Betrieb (z. B. Schmutz auf dem Boden).*
- *Es gibt **Gefahren für die Produktsicherheit** (z. B. Salmonellen im Eis). Nur diese Gefahren sind im betrieblichen Konzept der Maßnahmen und Kontrollen (= BMK) zu berücksichtigen.*

Tipps für die Produktsicherheit

- *Aufgetautes Speiseeis und aufgetaute Tiefkühlware nicht erneut einfrieren!*
- *Gekühlt oder gefroren bevorratete Speisen vor dem Servieren wieder durcherhitzen!*
- *Auslagezeiten leicht verderblicher Produkte einhalten durch Zubereitung kleiner Mengen kurz vor dem Verkaufszeitpunkt!*

Meinung

Die Verkaufsleiterin einer Bäckerei meint: „Eigentlich müsste unser Konzept zur Produktsicherheit auch bis zur Verwendung der Waren im Haushalt der Kunden reichen. Denn viele Reklamationen entstehen durch falsche Aufbewahrung leicht verderblicher Backwaren durch die Kunden.“

- *Erstellen Sie beispielhafte Empfehlungen für die Produktsicherheit durch richtige Aufbewahrung und Verwendung von Waren im Haushalt der Kunden.*

Arbeitsorganisation in der Bäckerei

Die meisten Produkte der Bäckerei/Konditorei werden täglich frisch hergestellt und auch verkauft. Die Arbeitspläne für die Produktion sind darum Tagespläne (als Backzettel bezeichnet). Je nach Betriebsgröße sind solche Pläne mehr oder weniger umfangreich. Ein *Backzettel* für einen Kleinbetrieb weist meistens nur die nötigen Backwarensorten und Herstellungsmengen aus. In Großbetrieben ist er inhaltsreicher. Dort steuert man damit zum Beispiel den Einsatz der Arbeitskräfte und der Materialien sowie die zeitliche Abfolge in der Produktion.

Was sollten Sie als Fachverkäufer/in über den Arbeitsplan wissen?

Wie der Arbeitsplan entsteht

Im Backgewerbe bestimmt der Verkaufsbereich, was am nächsten Tag herzustellen ist. In Kleinbetrieben mit nur einer Verkaufsstelle wird auf Erfahrungswerten aufgebaut. Zusätzliche Sonderbestellungen werden eingearbeitet. So erhält man die Herstellungsmengen.

In Großbetrieben mit Filialsystem wird mit den Anforderungen der Filialen und Großabnehmer die Produktion gelenkt. Das geschieht mit EDV-Programmen. Sie erlauben nicht nur den Ausdruck der Backpläne. Darüber hinaus sind auch Zähllisten und Lieferscheine erstellbar. Wenn das Organisationsprogramm mit der Produktion vernetzt ist, können auch die Rezepturmengen berechnet werden.

Was der Arbeitsplan enthält

Grundsätzlich muss ein Arbeitsplan für die Produktion von den Zeiten ausgehen, zu denen die Waren zum Verkauf bereitstehen müssen. Durch Rückberechnung von diesem Zeitpunkt aus erhält man über die Dauer des Herstellungsvorgangs den Zeitpunkt für die Produktion.

Da heute in den meisten Bäckereien und Konditoreien bei Öffnung der Verkaufsstellen ein fast vollständiges Sortiment vonnöten ist, sind in der Frühzeit des Tages viele Produkte gleichzeitig herzustellen (und nicht nacheinander zu produzieren). Die restliche Arbeitszeit des Tages wird zumeist ausgefüllt mit Nachproduktionen (z. B. Brötchen für den Feierabend), den Vorarbeiten für Folgetage und mit der Herstellung von Dauergebäck und Süßwaren mit einer längeren Haltbarkeit.

Wie das Material bereitgestellt wird

Jeder Arbeitsvorgang erfordert eine reibungslose Materialzuführung. Das geschieht in kleineren Betrieben zumeist „von Hand". Das heißt: Es werden kaum Regelungs- und Steuerungsvorgänge eingesetzt.

In Großbäckereien sind Materialannahme, Lagerung, Aufbereitung und Rohstoffzuführung programmiert steuerbar. Diese computergeregelte Rohstoffbehandlung (Logistik) ist vernetzbar mit der Prozess-Steuerung für die Produktion. Darüber hinaus sind weitere Anwendungsgebiete möglich (z. B. Bestellwesen und kaufmännische Verwaltung). Ein computergeführtes Warenwirtschaftssystem ermöglicht Maßnahmen zur wirtschaftlichen Kontrolle und darüber hinaus auch die Steuerung der Technologie für eine gleichbleibend gute Produktqualität.

Wenn zwischen Programmen für die Rohstoffzuführung und denen für weitere Abläufe keine Verbindung besteht, sind Prozesse herkömmlich abzustimmen. Vor allem ist das nötig bei der Verwendung von kleinen, isolierten Programmen in Personalcomputern (wie sie zur Steuerung der Ladenbacköfen oder der Kassensysteme üblich sind).

Ein Backprogramm im Kleinbetrieb

- *Brötchen und Kleingebäck – von 4^{00} bis 6^{00} Uhr*
- *Hefekuchen – von 6^{00} bis 7^{00} Uhr*
- *Brot – von 7^{00} bis 9^{30} Uhr*
- *Mürbeteig und Blätterteig – von 9^{30} bis 10^{30} Uhr*
- *Torten, Desserts – von 10^{30} bis 11^{30} Uhr*
- *Massen, Abschlussarbeiten – von 11^{30} bis 12^{30} Uhr*

Computergesteuerte Arbeitsabläufe

- *Über die Materialentnahme aus dem Silo oder Lager wird das Bestellwesen gesteuert. Dafür werden in dem System bestimmte, feste Lagerkenndaten verwendet. Bei Erreichen der jeweiligen Kennwerte werden über das Programm die notwendigen Schritte eingeleitet (z. B. bei Erreichen des Meldebestands die Aufnahme in die Bestellungsvordrucke).*
- *Bei der Entnahme wird das gelagerte Material automatisch ausgetragen (z. B. trockene Stoffe staubfrei über Schläuche oder Flüssigkeiten über Rohrsysteme). Dabei erfolgt zugleich eine weitere Aufbereitung der Rohstoffe (z. B. Sieben, Auflösen) und die Dosierung. Die rezeptgenaue Zuführung der Hauptzutaten wird durch computergesteuerte Umrechnungen der Rezepturen gewährleistet. Lediglich die nicht in dem System befindlichen Kleinkomponenten müssen noch von Hand dosiert werden (z. B. Aromen).*
- *Nach der Rohstoffmischung sind weitere Schritte des Herstellungsvorgangs steuerbar, zum Beispiel die Knetung oder die Reifung von Teigen. Mit diesen Maßnahmen wird nicht nur die konstante Qualität gesichert. Sie regeln auch die laufende Bereitstellung der Teige für die Aufarbeitung und für das Backen.*

Wie das Personal einzusetzen ist

Die *lang- und mittelfristige Planung* des Personaleinsatzes erfolgt nach der geltenden tariflichen oder einzelvertraglich festgelegten Arbeitszeit. Dabei sind auch regulär beschäftigungsfreie Zeiten zu berücksichtigen (z. B. wegen Urlaub, Weiterbildung, Berufsschulzeit oder Prüfung).

Die *Kurzzeitplanung* erfolgt zumeist in Form von Wocheneinsatzplänen. Hier müssen aktuelle Probleme aufgefangen werden (z. B. Erkrankung, erhöhter oder verminderter Anfall von Arbeit). In diesen Plänen werden pro Arbeitstag und Person die exakten Zeiten für den Arbeitsbeginn und für das planmäßige Arbeitsende festgelegt. Diese Zeiten ergeben die Wochenarbeitszeit. Wenn sie eingehalten werden, sind es die Werte für die Lohnberechnung (und auch für den Freizeitausgleich oder zur Bezahlung von geleisteten Mehrarbeitsstunden). Die Kurzzeitplanung muss auch für die ausgleichende Belastung der einzelnen Arbeitskräfte sorgen, die von den Betroffenen als gerecht empfunden werden kann. Dafür sind die rechtlichen und tariflichen Vorgaben zu beachten sowie die betriebsbedingten Besonderheiten.

In Unternehmen mit einem Betriebsrat unterliegen die *Grundsätze des Personaleinsatzes* auch der Mitbestimmung durch dieses Gremium

Beispiele für Planungen zum Personaleinsatz

- Die in einem Tarifbereich geltende 5-Tage-Woche wird durch einen freien Werktag in der Woche gewährt. Dabei sollte dieser freie Tag zusammen mit den freien Tagen am Wochenende gewährt werden (in einem Wechselrhythmus für alle Beschäftigten).
- In Bäckereien/Konditoreien kann an Sonn- und Feiertagen produziert und verkauft werden. Dazu sollten mit abwechselnder Beteiligung alle Beschäftigten herangezogen werden.

Wie die Teamarbeit funktioniert

Ein Team gibt es nicht nur im Sport. In der Arbeitswelt bezeichnet man eine Arbeitsgruppe auch als „Team". Solche Gruppen können je nach Betriebsgröße mehr oder weniger Mitglieder haben. Sie gehören aber meistens einem bestimmten Betriebsbereich an (z. B. das „Team der Backstube" oder das „Team der Hauptstraßen-Filiale").

Wesentliche Punkte für eine funktionierende Teamarbeit sind:

- Alle Mitglieder sind gleichberechtigt.
- Alle Mitglieder haben gleiche Mitbestimmungsrechte.
- Alle Mitglieder bemühen sich, in der Gruppe entstehende Konflikte sachgerecht zu klären.
- Jedes Mitglied übernimmt diejenigen Aufgaben, die seinem Können am besten entsprechen.
- Jedes Mitglied erfüllt die Erwartungen der Gruppe an Pünktlichkeit, Zuverlässigkeit und Korrektheit der Arbeit.
- Jedes Mitglied bemüht sich um das Erreichen der Ziele, die sich das Team gesetzt hat.
- Jedes Mitglied verhält sich gegenüber Kolleginnen und Kollegen fair und ehrlich.

An diesen Beispielen wird klar, dass Teamarbeit eine hohe Anforderung darstellt. Aber die Organisation und die Aufteilung der Arbeit im Team erhöht die Zufriedenheit der Beschäftigten. Und für den Betrieb gilt der Spruch: „Im Team sind wir unschlagbar". Das heißt: Teamarbeit in der Bäckerei verbessert auch die Arbeitsergebnisse.

Sachkurs: Entlohnung

*Für die Beschäftigten in der Produktion von Bäckereien und Konditoreien ist der **Zeitlohn** die übliche Lohnform. Dabei werden die geleisteten Arbeitszeiten erfasst und mit dem vereinbarten Stundenlohn vergütet. Für Mehrarbeit, Nachtarbeit sowie für Arbeit an Sonn- und Feiertagen wird ein prozentualer Aufschlag auf den üblichen Stundenlohn gewährt.*

*Für die Beschäftigten in Verkaufsstellen von Bäckereien und Konditoreien (mit Ausnahme der nur stundenweise Beschäftigten) ist das **Monatsgehalt** die übliche Form der Entlohnung. Diesem Gehalt liegt eine vereinbarte Monatsarbeitszeit zugrunde. Mehrarbeit, die nicht durch Freizeit ausgeglichen wird, ist zusätzlich zu vergüten.*

Um Löhne und Gehälter leistungsgerecht zu gewähren, sind in den entsprechenden Tarifverträgen Gruppen gebildet worden. Diese sehen Lohn- und Gehaltsstaffeln vor nach Qualifikation (z. B. Meister, Geselle), Dauer der Berufsausübung und Verantwortungsbereich.

Oft werden über einzelbetriebliche Vereinbarungen mit der Entlohnung bestimmte Leistungsanreize verbunden (z. B. Prämien für die Soll-Erfüllung).

*Von vorgenannten Lohnformen sind die hauptsächlich in der Industrie üblichen **Leistungslöhne** zu unterscheiden (z. B. Akkordlohn, Stücklohn).*

Lohnberechnungen

- *Berechnen Sie den Bruttowochenlohn eines Gesellen für eine 38-stündige Beschäftigung mit Hilfe des tariflichen Ecklohns.*
- *Berechnen Sie für eine bestimmte Lohngruppe gemäß Tarifvertrag die erhöhten Stundenlöhne, wenn für über die regelmäßige monatliche Arbeitszeit hinausgehende Beschäftigung 25 % und für Sonntagsarbeit 75 % Zuschlag gewährt werden.*

Hinweise

*Für die obigen Berechnungen finden Sie auf der CD-ROM zu diesem Buch beispielartige Zahlenwerte in dem Muster für einen **Lohntarifvertrag**.*

Sie können auch bei der Fachorganisation den für Ihren Bereich zur Zeit geltenden Tarifvertrag anfordern und dessen Daten zur Berechnung verwenden.

Arbeitssicherheit im Backgewerbe

Situationsbericht: *Die 17-jährige Auszubildende Julia ist mit dem Schneiden von Brot beschäftigt. Dabei schneidet sie sich an dem Schlagmesser der Brotschneidemaschine. Sie hat eine tiefe Schnittwunde an ihrer Hand. Nach ihrem Aufschrei eilen die Chefin und andere Helfer dazu.*

Wie ist Julia zu helfen?

Was müssen die Chefin und andere nach dem Unfall tun?

Ein Arbeitsunfall hat sich ereignet

Bei dem Unfall ist rasches Handeln nötig: Die Verletzungen müssen so schnell wie möglich und richtig behandelt werden. Dazu sind entsprechende Vorkehrungen nötig (Verbandszeug). Im Betrieb müssen ausgebildete Ersthelfer vorhanden sein. Der sofortigen Hilfe am Arbeitsplatz muss hier wie in vielen Fällen die gezielte ärztliche Behandlung folgen.

Erste Hilfe = schnelle und richtige Maßnahmen

Alle Beschäftigten sollten unabhängig von einer gezielten Ausbildung in Erster Hilfe wissen, wie sie sich bei einem Unfall richtig verhalten.

Merken Sie sich als richtige Verhaltensweisen:

Bewahren Sie die Ruhe! Lassen Sie keine Hektik aufkommen, weil es dadurch leicht zu falschen Handlungen kommt.

Lassen Sie Verletzte nicht allein! Sprechen Sie mit ihnen und wirken Sie beruhigend auf sie ein.

Versorgen Sie Wunden durch geeignetes Verbandszeug! Benutzen Sie zur Vermeidung von Infektionen dazu Einmal-Schutzhandschuhe.

Prägen Sie sich auch die wichtigsten Regeln für Erste Hilfe ein:

- Vor allen anderen Dingen haben lebensrettende Sofortmaßnahmen den Vorrang (z. B. das Stillen starker Blutungen, die Seitenlage bei Bewusstlosigkeit, die Beatmung bei Atemstillstand, die wärmende Versorgung bei Schock).
- Bei schweren Unfällen muss sofortige ärztliche Hilfe angefordert werden, möglichst durch weitere Hilfspersonen (Notruf-Nummer 110 oder der für den Betrieb zuständige Unfallarzt).
- Weitere Maßnahmen der Ersten Hilfe werden dann durchgeführt, wenn diese notwendig sind (z. B. das Ruhigstellen von Gelenken für den Transport zur ärztlichen Behandlung).

Damit Sie bei einem Arbeitsunfall die richtige Hilfe leisten können, ist es erforderlich, die Art und die Schwere von Verletzungen erkennen zu können. Das ist besonders schwierig, wenn die verunglückte Person bewusstlos ist. In solch einem Fall ist es notwendig, eine weitere Hilfe zu benachrichtigen und dabei aber die bewusstlose Person nicht allein zu lassen. Es muss gesichert werden, dass es nicht zu Atemstillstand oder zum Ersticken kommt. Bis zum Eintreffen des Notarztes wird die bewusstlose Person in *stabile Seitenlage* gebracht und betreut.

Ein Arbeitsunfall muss Folgen im Betrieb haben: Die Unfallbetroffenen, die Ausbilderinnen/Ausbilder und der Arbeitgeber müssen sich über die Ursachen informieren und Überlegungen zur Vermeidung anstellen.

Richtungsangabe für Erste-Hilfe-Einrichtungen

Erste-Hilfe

Krankentrage

Notruftelefon

Stichworte zur Ersten Hilfe

- *Der Standort des Verbandskastens muss allen bekannt und mit den vorgeschriebenen Kennzeichen deutlich gemacht sein.*
- *Das Verbandszeug muss gegen schädigende Einflüsse geschützt sein. Es ist stets vollständig zu halten (Auffüllen nicht vergessen).*
- *Personen, die Erste Hilfe leisten können (Ersthelfer), sind in einer Mindestzahl notwendig (in Abhängigkeit von der Zahl der Beschäftigten).*
- *Alle Beschäftigten sind im Notfall zur Hilfe verpflichtet. Unterlassene Hilfeleistung ist eine Straftat.*
- *Bei Arbeitsunfällen mit größeren Ausmaßen sind das Absichern der Unfallstelle, das sichere Verlassen des Gebäudes und das Anfordern von Hilfe notwendig. Die Maßnahmen sind regelmäßig zu üben.*

Die Unfallversicherung beugt vor und hilft

Nach einem Arbeitsunfall ist darüber ein Bericht an die betriebliche Unfallversicherung abzustatten. Denn diese Versicherung haftet unter anderem für die Unfallfolgen. Träger der Unfallversicherung sind die *Berufsgenossenschaften*. Zuständig für Betriebe des Backgewerbes ist die Berufsgenossenschaft Nahrungsmittel und Gaststätten (= BGN).

Unfallvorsorge durch die Berufsgenossenschaft

Um Unfällen vorzubeugen, nimmt die Berufsgenossenschaft folgende Aufgaben wahr:

- Erstellung von Vorschriften zur Unfallverhütung
- Aufklärung über Gefahren und Maßnahmen zur Unfallverhütung
- Betriebskontrollen hinsichtlich der Einhaltung ihrer Vorschriften

Für das Einhalten der Sicherheitsvorschriften der Berufsgenossenschaft ist der Betriebsinhaber verantwortlich. In Betrieben mit dauernd mehr als 10 Beschäftigten ist eine Fachkraft als Sicherheitsbeauftragter zu bestellen. Kleinbetriebe mit weniger als 10 Beschäftigten können von externen Sicherheitsfachkräften oder durch die Berufsgenossenschaft selbst in Fragen der Unfallverhütung betreut werden.

Fälle für die Berufsgenossenschaft

Die Berufsgenossenschaft erbringt Leistungen für die Versicherten in folgenden Fällen:

- Arbeitsunfälle im Betrieb (➡ Unfallbeispiel „Julia" auf Seite 50)
- Unfälle auf dem direkten Weg zum Betrieb und zurück zur Wohnung oder bei betrieblich veranlassten Fahrten (= Wegeunfälle)
- Berufskrankheiten (➡ Seite 55)

Beachten Sie: Jeder Leistungsanlass ist der Berufsgenossenschaft innerhalb von 3 Tagen zu melden (z. B. Unfallanzeige). Somit tritt zum Beispiel die Unfallversicherung mit ihren Leistungen an die Stelle der Krankenversicherung. Auch eventuelle Folgeschäden (z. B. Invalidität) sind damit ein Fall für die Berufsgenossenschaft.

Aber für Unfälle im Zusammenhang mit dem *Berufsschulbesuch* kommt die Berufsgenossenschaft *nicht* auf. In diesen Fällen ist vielmehr von der Berufsschule aus eine Meldung an die Schülerunfallversicherung abzugeben (Meldung und Formular im Schulsekretariat).

Leistungen und Beiträge der Berufsgenossenschaft

In einem Leistungsfall hilft die Berufsgenossenschaft je nach Anlass und Schwere mit folgenden Möglichkeiten:

- Heilbehandlung (z. B. Arztkosten, Medikamente, Hilfsmittel)
- Übergangsgeld (nach Ende der Lohnfortzahlung des Arbeitgebers)
- Rehabilitation (z. B. Kuren oder Umschulungsmaßnahmen)
- Renten (Invaliditätsrente, Berufs- oder Erwerbsunfähigkeitsrente)
- Sterbegeld

Alle Leistungen der Berufsgenossenschaft müssen mit den Beiträgen abgedeckt werden (Umlageprinzip). Deshalb gibt es in Abhängigkeit der Unfallgefahren der Berufe verschiedene Berufsgenossenschaften und Gefahrenklassen. So gilt zum Beispiel für Fleischer eine höhere Gefahrenklasse als für Bäcker und Konditoren. Darum sind die Fleischer in einer eigenen Berufsgenossenschaft mit höheren Beiträgen.

Sachkurs: Berufsgenossenschaften

Am 06. 07.1884 wurde in Deutschland durch Gesetz die betriebliche Unfallversicherung eingeführt. Zur Gewährleistung der Haftung bei Arbeitsunfällen schlossen sich die Unternehmer gleicher oder verwandter Gewerbezweige zu ***Berufsgenossenschaften*** *zusammen. Die Ansprüche unfallverletzter Arbeitnehmer richten sich gegen diese Träger der Unfallversicherung.*

Pflichtversichert *sind alle Arbeitnehmer eines Betriebs, ebenso alle die Personen, die bei Notfällen und Gefahren im Betrieb Hilfe leisten. Im Bäckerei-/Konditoreigewerbe sind kraft Satzung der Berufsgenossenschaft auch die Unternehmer selbst und ihre mithelfenden Familienangehörigen versichert.*

Die ***Beiträge*** *zu der betrieblichen Unfallversicherung werden von den Arbeitgebern allein aufgebracht. Sie richten sich in der Höhe nach der Zahl der Beschäftigten (Jahreslohnsumme) und der Gefahrenklasse des Berufs (Häufigkeit der Leistungsfälle). Wegen des damit begründeten Umlageprinzips von Kosten sind die Unternehmer aus wirtschaftlichen Erwägungen heraus an der Sicherheit ihrer Arbeitsplätze interessiert.*

Brotschneidemaschine mit Schutzabdeckung über dem Sichelmesser

Kennzeichen für Maschinensicherheit:
A = CE-Zeichen bestätigt, dass die Anforderungen nach der Maschinenrichtlinie des EWR eingehalten sind
B = Sicherheitsprüfzeichen der Berufsgenossenschaft bestätigt, dass die Unfallverhütungsvorschriften der BG eingehalten sind
C = Sicherheitsprüfzeichen des Verbands Deutscher Elektroingenieure (VDE) bestätigt die Sicherheit von Elektrogeräten
D = Sicherheitsprüfzeichen des Technischen Überwachungsvereins (TÜV) bestätigt die Sicherheit von technischen Anlagen

§ ***Rechtliche Bestimmungen***

Nach den Bestimmungen des Jugendarbeitsschutzgesetzes dürfen die Jugendlichen über 16 Jahre zu Ausbildungszwecken an Maschinen arbeiten, wenn sie zuvor über die damit verbundenen Unfallgefahren belehrt worden sind und ihr Schutz durch eine Aufsichtskraft gewährleistet ist.

Betriebsorientierte Aufgaben

- *Beschaffen Sie sich von der Berufsgenossenschaft die Informationshefte zur Arbeitssicherheit in Bäckereien (= ASI).*
- *Erarbeiten Sie mit Hilfe der ASI-Hefte die Unfallverhütungsvorschriften für von Ihnen ausgewählte Maschinen.*
- *Führen Sie an einem Arbeitsplatz mit Hilfe einer Check-Liste die Gefahren-Analyse durch.*

Sicherheit am Arbeitsplatz

Kennen Sie bei Maschinen in Ihrem Ausbildungsbetrieb bestimmte Sicherheitseinrichtungen? Beispiele dafür sind die Schutzgitter oder der rote Schalter für Not-Aus. Solche Einrichtungen sind durch das Maschinensicherheitsgesetz vorgeschrieben.

Die Berufsgenossenschaft und die staatlichen Aufsichtsämter haben das Recht, die Betriebe daraufhin zu überprüfen, ob die einschlägigen Vorschriften zur Unfallverhütung beachtet werden. Die Arbeitgeber sind für deren betriebliche Umsetzung verantwortlich. Die Arbeitnehmer müssen die Vorschriften für den Umgang mit Stoffen und Maschinen beachten. Das heißt: *Arbeitgeber und Arbeitnehmer* sind gemeinsam verantwortlich für die Arbeitssicherheit im jeweiligen Betrieb.

Beispiel: Arbeitssicherheit bei Brotschneidemaschinen

Bei *Brotschneidemaschinen* bestehen Gefährdungen an Quetsch- und Scherstellen und insbesondere an den Schneidewerkzeugen (je nach Maschinentypen). Deshalb sind unterschiedliche Schutzmaßnahmen erforderlich, zum Beispiel:

- *Quetsch- und Scherstellen* müssen bei allen Maschinentypen durch genügende Sicherheitsabstände abgemindert sein.
- Bei *Schneidemaschinen mit Rundmesser* und einem *handgeführten Schlitten* muss der nicht zum Schneiden benutzte Teil des Messers mit einer festen und nicht lösbaren Abdeckung sowie dem Schlitten gegen Berührung abgesichert sein.
- Bei *Schneidemaschinen mit Sichelmesser (Schlagmesser)* muss der Zugriff zum Messer durch eine bewegliche, gekoppelte Verkleidung gesichert sein (➞ Abbildung oben).
- Bei *Schneidemaschinen mit Gattermesser* muss der Zugriff zu den Messern erschwert sein durch eine Abdeckung, die mindestens 120 mm lang sein muss.

Die geforderten Sicherheitseinrichtungen dürfen beim Betrieb oder beim Reinigen der Maschinen nicht außer Funktion gesetzt werden.

Beispiel: Gefährdungsanalysen und Unterweisungen

Bei allen Maschinen besteht trotz Schutzvorrichtungen eine nicht ganz zu beseitigende *Restgefahr*. Über diese muss eine Unterweisung der Beschäftigten erfolgen. Das gilt insbesondere für Berufsanfänger und Jugendliche (➞ nebenstehende rechtliche Bestimmungen).

Auch wenn sämtliche Anlagen, Maschinen und Geräte im Betrieb den Sicherheitsanforderungen genügen, gibt es noch betrieblich bedingte Gefahren. Deshalb sind durch das Arbeitsschutzgesetz betriebliche *Gefährdungsanalysen* vorgeschrieben. Diese Analysen müssen auch in den Verkaufsstellen des Backgewerbes durchgeführt werden.

Für diese Analysen gibt es von der Berufsgenossenschaft erstellte Check-Listen. Sie sind nach Gefährdungsbereichen gegliedert. Für die einzelnen Bereiche sind Fragen aufgeführt (wie: „Besteht die Gefahr von Verbrennungen am Arbeitsplatz?"). Solchen Fragen sind jeweils mögliche Maßnahmen zugeordnet.

Der Arbeitgeber muss aufgrund der Gefährdungsanalyse geeignete Maßnahmen auswählen. Die Beschäftigten sind darin zu unterweisen; und die Wirksamkeit der Maßnahmen ist bei Wiederholungs-Analysen zu überprüfen.

Beispiel: Explosions- und Brandschutz

Durch das heiße *Siedefett* in Fettbackgeräten bestehen Gefahren für Verbrennungen, aber auch für Brand und Explosion. Diese müssen eingedämmt sein durch verschiedene technische Vorkehrungen und durch Verhaltensregeln. Zum Löschen von möglichen Fettbränden sind geeignete Einrichtungen gefordert, beispielsweise Feuerlöscher und Abdeckungen für das Siedefettbad.

In brennendes Siedefett darf niemals Wasser geschüttet werden! Das führt nicht zum Löschen des Brandes, sondern zur Explosion.

Beispiel: Sicherheit beim Umgang mit Strom

Die Energiequelle *Strom* ist ein Segen: Der Strom ist kraftvoll. Man hört ihn nicht, man riecht und schmeckt ihn nicht. Und das ist so gefährlich im Hinblick auf mögliche Arbeitsunfälle mit Strom. Wenn er auf den Körper einwirkt, kann es zum Stromschlag kommen.

Entscheidend dafür, wie schwer die Folgen eines Stromschlags sind, ist vor allem

- die Voltzahl der Elektroleitung (Spannung),
- die Art des Kontakts (zweifacher Direktkontakt oder Erdschluss bei Berühren nur einer Leitung),
- die Stärke des Kontakts (Dauer und begünstigende Hautfeuchte).

Die Maschinen der Bäckerei und Konditorei werden in Deutschland mit einer Spannung von 220 Volt (Wechselstrom) oder 380 Volt (Drehstrom) betrieben. Alle Spannungen oberhalb von 50 Volt sind gefährlich!

Im menschlichen Körper leitet das Blut besonders gut den Strom. Über die Adern fließt er zum Herzen und von dort wieder aus dem Körper. Dabei kommt es zur Herzschädigung bis hin zum Herzstillstand (Tod). Strom führt in sehr kurzer Einwirkzeit auf den Körper zur Verkrampfung der Muskeln. Dadurch kann ein Verunglückter an der Leitung „kleben bleiben"; der Strom wirkt so länger ein. Es kommt deshalb darauf an, bei einem Stromunfall sofort die weitere Zufuhr zu unterbinden (den Notschalter an Maschinen betätigen, die Hauptsicherung lösen).

Beispiel: Umgang mit Gefahrstoffen

Für die Herstellung von Laugengebäcken wird verdünnte *Natronlauge* (= NaOH) verwendet. Die Natronlauge gilt als ein Gefahrstoff. Sie ist umweltschädlich. Sie ist auch gesundheitsgefährdend. Wenn Lauge auf die Haut oder in die Augen gelangt, verursacht sie dort Verätzungen. Der Glaskörper des Auges kann durch die Laugeneinwirkung so stark geschädigt werden, dass es zur Erblindung kommt.

Für die Arbeit mit Lauge sind *technische Hilfsmittel* erforderlich (z. B. spezielle Aufbewahrungsbehälter aus Kunststoff, Umfüllvorrichtungen und Dosierhilfen).

Für die Arbeit mit Lauge sind *persönliche Schutzausrüstungen* nötig (z. B. Brille, Schutzhandschuhe und Schürze). Auch im Verkauf sind sie zu tragen, wenn dort Teiglinge zum Ladenbacken belaugt werden.

Wenn Verätzungen der Haut aufgetreten sind oder die Lauge in die Augen gespritzt ist, muss sofort mit klarem Wasser gespült werden (Augenspülflasche). Dann ist unverzüglich ärztliche Hilfe nötig.

Im Übrigen wirkt Natronlauge auch aggressiv auf Aluminium. Daher dürfen Laugengebäcke nicht auf ungeschützten Aluminiumblechen gebacken werden (beschichtete Bleche sind nötig).

Beispiele für Zeichen auf Typenschildern

220 V	=	*Spannung in Volt*
4 500 W	=	*Leistungsaufnahme in Watt*
10 A	=	*Stromstärke in Ampere*
32 Hz	=	*Frequenz des Stroms in Hertz*

Vom richtigen Umgang mit Strom

- *Bei allen Reinigungs- und Wartungsarbeiten an elektrischen Geräten und Maschinen den Stromanschluss der Anlagen unterbrechen.*
- *Niemals blanke Leitungen des Stromnetzes von 220 Volt oder 380 Volt berühren.*
- *Bei der Nassreinigung von Fußböden, Decken und Wänden das Benetzen elektrischer Teile und/oder Leitungen vermeiden.*
- *Netzstecker von Maschinen nicht an dem Kabel aus der Steckdose ziehen.*
- *Geräte und Maschinen mit beschädigten Isolationen sofort stilllegen und von dafür ausgebildetem Elektro-Fachpersonal reparieren lassen.*

Schutz bei der Arbeit mit Brezellauge

Vom richtigen Umgang mit Brezellauge

- *Lauge niemals in Gefäßen aufbewahren, die für Lebensmittel üblich sind.*
- *Bei der Arbeit mit Brezellauge die Haut und die Augen schützen.*
- *Bei Laugen-Verätzungen sofort mit klarem Wasser spülen.*

Gesundheitsschutz bei der Arbeit in der Verkaufsstelle

Arbeitsbelastungen in Verkaufsstellen und ihre Folgen

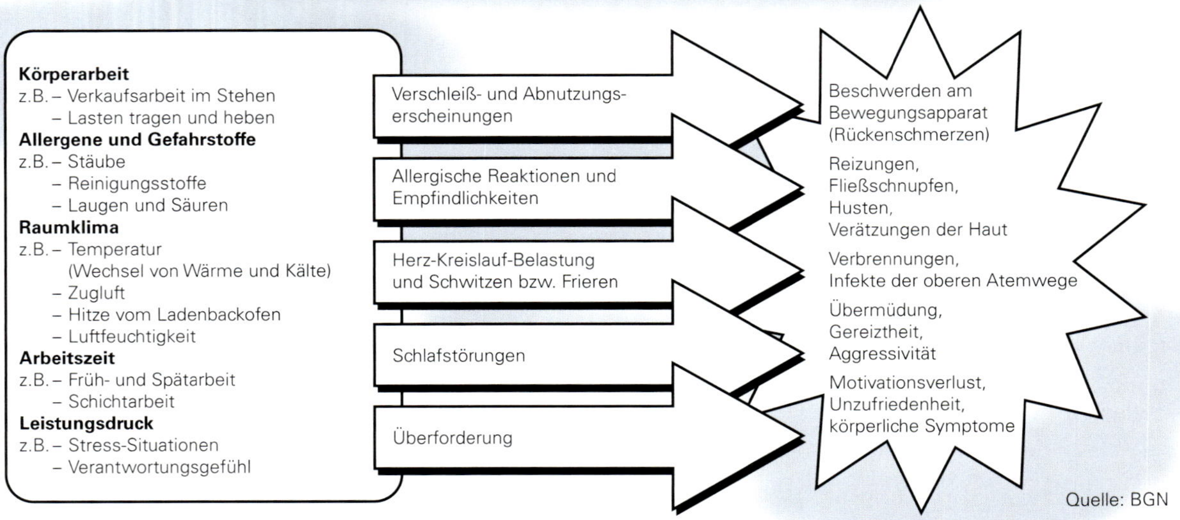

Quelle: BGN

Die Gesundheitsvorsorge an der Arbeitsstätte bezieht sich nicht nur auf die Vermeidung von Unfällen. Vielmehr ist sie ein Programm zur Vermeidung von gesundheitlichen Problemen, die durch Arbeitsbelastungen entstehen können. Für die Arbeit in Verkaufsstellen des Backgewerbes sind in der obigen Übersicht solche Belastungen und ihre Folgen aufgeführt. Darauf beziehen sich die folgenden Beispiele.

Anforderungen an die Arbeitsstätte

Der Arbeitgeber muss die Arbeitsstätte so einrichten und betreiben, dass die Gesundheit der Beschäftigten geschützt wird. In dieser Hinsicht gibt es rechtliche Vorschriften (vor allem die *Arbeitsstätten-Verordnung* und ergänzende Richtlinien), aber auch freiwillige Maßnahmen.

Beispiel: Räumliche Voraussetzungen

Arbeitsräume müssen eine Grundfläche von mindestens 8 m^2 haben. In ihnen muss für jeden ständig anwesenden Arbeitnehmer bei nicht sitzender mittelschwerer Tätigkeit ein Mindestluftraum von 18 m^3 sein. Außerdem gibt es Vorschriften für die Beschaffenheit von Fußböden, Wänden, Decken, Fenstern, für Beleuchtung und Raumtemperaturen.

Neben diesen allgemein für alle Arbeitsstätten geltenden Vorschriften gibt es spezielle Forderungen für die menschengerechte Gestaltung der Arbeit in Verkaufsstellen. Dazu gehören zum Beispiel Maßnahmen, um die Belastungen durch stehende Tätigkeit, durch Heben und Tragen von schweren Lasten zu vermindern (➡ nebenstehende Abbildungen).

Richtiges Heben von schweren Lasten

Rollender Transport von schweren Lasten

Richtige Arbeitshöhe bei stehender Tätigkeit

Beispiel: Sozialeinrichtungen

Allgemein sind für Arbeitsstätten so genannte *Sozialräume* gefordert. Diese dienen vor allem hygienischen und gesundheitlichen Belangen der Arbeitnehmer.

Zu den Sozialräumen und -einrichtungen gehören zum Beispiel:
- Umkleideräume und Kleiderablagen,
- Waschräume und Waschgelegenheiten,
- Toilettenräume,
- Pausenräume.

Anforderungen an die Arbeitsumgebung

Gesundheitliche Belastungen beim Arbeiten in der Verkaufsstelle sind vor allem begründet durch Arbeitstempo, Hitze- und Feuchtewirkung, Luftzug, Stäube und Kontakt zu allergen wirkenden Stoffen.

Beispiel: Einwirkungen von Allergie auslösenden Stoffen

Die Erscheinungen allergischer Erkrankungen sind nicht ansteckend. Die Anlage zu einer Allergie ist vielmehr angeboren oder durch Kontakt erworben. Sie bezieht sich auf ganz spezielle Stoffe (= Allergene). Das Krankheitsbild kann durch Behandlung mit bestimmten Medikamenten gebessert werden. Aber die wirksamste Methode ist das Meiden des Kontakts mit dem Allergie auslösenden Stoff.

Eine sichere Untersuchungsmethode zur Voraussage einer Allergie existiert noch nicht. Man geht davon aus, dass neben der Veranlagung für die Allergie auch die Stärke und Dauer des Kontakts mit dem Stoff ausschlaggebend ist, gegen den die Überempfindlichkeit besteht.

Bei vielen Vorgängen in der Bäckerei und Konditorei bilden sich Stäube (vor allem Mehlstaub). Diese Stäube werden von den Beschäftigten als belastend empfunden. Nach Feststellungen der Berufsgenossenschaft leiden etwa 10 % aller Beschäftigten im Backgewerbe als Folge der Staubeinwirkung an allergischen Erkrankungen. Diese zeigen sich zum Beispiel in Form von Augentränen, Fließschnupfen, Husten, Atemnot, Asthma, Pusteln oder Hautekzemen. Durch die Zunahme produktiver Tätigkeiten im Verkaufsbereich sind auch die Fachverkäufer von diesen Erkrankungen bedroht.

Das „Bäckerasthma" ist eine anerkannte Berufskrankheit. Deshalb ist die Berufsgenossenschaft dafür leistungspflichtig. Das betrifft zunächst die ärztlichen Behandlungen und die Begutachtung. Wenn dadurch die Notwendigkeit zur Aufgabe des Berufs festgestellt wird, muss die BGN die Kosten der Umschulung tragen. In Fällen mit erheblicher Minderung der Erwerbsfähigkeit in anderen Berufen auf dem Arbeitsmarkt wird den Betroffenen auch eine Rente gewährt.

Speziell gegen die Gefahr beruflich bedingter Hauterkrankungen sind Schutzmaßnahmen zu ergreifen, zum Beispiel:

- Reinigung der Haut von anhaftenden Stoffen, um die schädigende Einwirkungszeit zu verkürzen, aber keine übertriebene Reinigung;
- Tragen von Schutzhandschuhen zum Abschirmen chemischer oder physikalischer Einwirkungen, aber unerwünschte Nebenwirkungen ausschließen (z. B. Allergie gegen Latex-Handschuhe);
- Pflegen der Haut vor Reinigungs- und Desinfektionsarbeiten sowie nach dem Waschen mit speziellen Hautpflegemitteln.

Hautschutz am Arbeitsplatz

Persönlicher Gesundheitsschutz

- *Achten Sie im Privatbereich auf Ihre Gesundheit (gesunde Ernährung, genug Schlaf und Erholung; Bewegung; Meiden von Alkohol- und Nikotingenuss).*
- *Achten Sie im Beruf und im Privatbereich auf Körperhygiene und Körperpflege (Waschen; Zahn- und Hautpflege).*
- *Achten Sie auf Hygiene am Arbeitsplatz (Reinigen und Desinfizieren; Nassreinigen statt Staubverwirbelung).*
- *Achten Sie auf Kontakt mit schädigenden Stoffen am Arbeitsplatz (Konzentrierte Reinigungs- und Desinfektionsmittel; Allergie auslösende Arbeitsstoffe).*
- *Achten Sie auf die Anwendung empfohlener Schutzmaßnahmen (Gefahrstoffe ersetzen oder Kontakt vermeiden; Hautschutzmaßnahmen).*
- *Achten Sie auf Anzeichen allergischer Reaktionen (anhaltender Fließschnupfen, Husten, Hautreizungen).*
- *Achten Sie auf rechtzeitige ärztliche Hilfe beim Verdacht auf Allergie (Wiederholungsuntersuchung für den Berufsanfang vorziehen; bei der BGN die branchenspezifische Sprechstunde nutzen).*

Aufgaben zur Wiederholung

1. Stellen Sie an einem konkreten Fall vor, wie bei einem Arbeitsunfall die Erste Hilfe geleistet werden muss.

2. Beschreiben Sie Aufgaben und Leistungen der Berufsgenossenschaft Nahrungsmittel und Gaststätten.

3. Wie sind Versicherungspflicht und Beiträge bei der Berufsgenossenschaft geregelt?

4. Beschreiben Sie an einem Beispiel technische Maßnahmen zur Unfallverhütung an Maschinen.

5. Welche rechtlichen Bestimmungen gelten für die Arbeit von Jugendlichen an Maschinen?

6. Beschreiben Sie kurz den sicheren Umgang mit Strom am Arbeitsplatz.

7. Welche Schutzmaßnahmen sind nötig beim Umgang mit Gefahrstoffen (wie der Natronlauge)?

8. Beschreiben Sie Maßnahmen des vorbeugenden Gesundheitsschutzes am Arbeitsplatz.

Hygiene in der Bäckerei und Konditorei

***Situationsbericht:** Ohne Ankündigung erscheint eines Morgens in einer Backstube ein Kontrolleur der Lebensmittelüberwachung und will dort Waren und Einrichtungen kontrollieren.*

Darf er das ohne Ankündigung?

Wo und was darf er kontrollieren?

Ein Backbetrieb wird kontrolliert

Die amtliche Überwachung der Hygiene in Lebensmittelbetrieben wird von fachlich ausgebildeten Personen (den Lebensmittelkontrolleuren) durchgeführt.

Das Personal der zuständigen *Überwachungsbehörde* ist berechtigt, die Betriebsräume *jederzeit und ohne Ankündigung* während der üblichen Arbeits- und Geschäftszeiten zu betreten, die Kontrollen durchzuführen und in die Geschäftsunterlagen einzusehen.

Die Betriebsinhaber und die Beschäftigten in Lebensmittelbetrieben sind verpflichtet, den Kontrolleuren die notwendigen Feststellungen und Untersuchungen zu ermöglichen. Dazu gehört auch die Pflicht zu Auskunft über die Herstellungsverfahren oder die Rohstoffauswahl, die nicht beurteilbar sind durch die Untersuchung von Warenproben. Im Sinne der *vorbeugenden Lebensmittelhygiene* gehören dazu auch die Nachweise über durchgeführte Hygienemaßnahmen des Betriebs.

Kontrollen: wichtig für Verbraucher und Betriebe

Die amtliche Lebensmittelüberwachung verfolgt zwei grundsätzliche Ziele, und zwar

- Schutz der Verbraucher vor gesundheitlichen Schäden (z. B. durch den Verzehr verdorbener Produkte);
- Schutz der Verbraucher vor wirtschaftlichen Schäden (z. B. durch den Kauf von wertgeminderten Produkten).

Die Kontrollen in Lebensmittelbetrieben finden üblicherweise statt
- als *Regelkontrolle* in gewissen Zeitabständen,
- als *Anlasskontrolle* bei einem konkreten Hygieneproblem,
- als *Antragskontrolle* bei Beratungsbedarf der Betriebsleitung.

Im Rahmen der Kontrollen
- werden die Räume und Einrichtungen auf ihren hygienischen Zustand hin überprüft (systematisch nach Protokollbögen),
- werden Rohstoffe sowie Vor- und Endprodukte auf ihren hygienischen Zustand und auf die Einhaltung lebensmittelrechtlicher Vorschriften hin überprüft,
- werden betriebliche Pläne und Unterlagen zur Gewährleistung einer guten Herstellungspraxis eingesehen (Reinigungs- und Hygieneplan, HACCP-Konzept, Kontrollen und Schulungsnachweise),
- werden von einzelnen Produkten auch Stichproben genommen zur lebensmittelchemischen Untersuchung, von denen jeweils amtlich versiegelte Gegenproben in dem kontrollierten Betrieb verbleiben.

Wichtiges Ziel der Lebensmittelhygiene ist es, dass nur gesundheitlich unbedenkliche Lebensmittel in den Handel gelangen. Insofern sind in den Lebensmittelbetrieben *vorbeugende Maßnahmen* gefordert.

Was sucht der Kontrolleur in der Backstube?
- *Sind Einrichtungen und Geräte hygienisch einwandfrei und sauber?*
- *Gibt es Schimmelecken in den Räumen oder auf Gärguttträgern?*
- *Liegen Abfälle unentsorgt herum?*
- *Werden leicht verderbliche Rohstoffe und Halbfertigwaren gekühlt aufbewahrt?*
- *Gibt es Anzeichen von Fraßschäden oder Kot von tierischen Schädlingen?*
- *Wird durch geeignete Maßnahmen dem Eindringen von Schädlingen vorgebeugt?*
- *Werden Hygiene- und Reinigungspläne geführt?*

Ziele der Lebensmitteluntersuchungen
- *Kontrolle der gesundheitlichen Unbedenklichkeit von Lebensmitteln*
- *Feststellung einer möglichen Verbrauchertäuschung durch irreführende Bezeichnung oder Verfälschung*
- *Überprüfung vorgeschriebener Kennzeichnungen bei Verwendung von Zusatzstoffen*
- *Nachprüfung rechtlich geforderter Zusammensetzung bei bestimmten Lebensmitteln und Diätprodukten*

Handlungsorientierte Aufgaben
- *Informieren Sie sich, welche Behörde in Ihrem Bereich für die Lebensmittelkontrolle zuständig ist und wo die Analysen gezogener Warenproben durchgeführt werden.*
- *Holen Sie bei dieser Behörde Auskunft ein über diejenigen Hygienemängel, die schwerpunktmäßig in Bäckereien und Konditoreien festgestellt wurden.*

Ein Backbetrieb und sein Hygienekonzept

Das betriebliche Hygienekonzept ist ein Instrument, das *vorbeugend* die gesundheitliche Unbedenklichkeit der Lebensmittelangebote des Betriebs garantieren soll. Es basiert auf dem *Null-Fehler-Prinzip*. Das bedeutet: Auf keiner Stufe der Produktion wird eine Abweichung vom Qualitäts-Soll geduldet. Hygienekonzepte sind nötig in allen Betrieben der Lebensmittelbranche: in der Zulieferindustrie, bei Spediteuren, im Großhandel sowie in der Endverarbeitung und im Verkaufsbereich. Dabei gilt in jeder Wertschöpfungsstufe das Null-Fehler-Prinzip.

Kontrollen und Maßnahmen: wichtige Plan-Bausteine

Das Hygienekonzept eines Betriebs besteht aus verschiedenen Teilen, bildhaft wie ein Gebäude mit seinem Fundament, Baukörper und Dach.

Räumliche und technische Bedingungen – als Fundament

Die Grundlage für Hygiene im Backbetrieb sind solche Arbeitsräume und Einrichtungen, die hygienische Zustände in Produktion und Verkauf überhaupt zulassen. Beispielsweise Schimmel an Wänden und Decken, Farbabblätterungen, verschmutzte und schlecht zu reinigende Geräte verhindern die erforderliche Lebensmittelhygiene.

Kurz gefasst: Der *Hygienezustand der Einrichtung* ist das Fundament einer guten Herstellungspraxis im Backbetrieb.

Grundsätzliche Hygienemaßnahmen – als Hauptgebäude

Wo Backwaren hergestellt werden, da gibt es Produktreste, Abfall und Schmutz. Durch Entsorgung, Reinigung und Desinfektion muss dafür gesorgt werden, dass jederzeit wieder hygienisch gearbeitet werden kann. Das wird vor allem mit *Reinigungsplänen* geregelt. Außerdem ist dafür zu sorgen, dass reine Bereiche nicht durch unreine Gegenstände verschmutzt werden (= *nachteilige Beeinflussung* ausschließen).

Ganz wesentlich im „Hygienehauptgebäude" sind Personalhygiene und Personalschulung. Korrekte Reinigungspläne sind wirkungslos, wenn das Personal nicht hygienebewusst ist und sie umsetzt. Auch gilt hier der Satz: „Gesundheitsschädliche Lebensmittel entstehen nicht durch Maschinen, sondern durch unhygienische Arbeit der Menschen."

Kurz gefasst: Die *Hygienemaßnahmen und die Personalhygiene* sind das Zentrum der Lebensmittelhygiene im Backbetrieb.

Prozess- und produktbezogene Maßnahmen – als Dach

Gefahren für die *gesundheitliche Unbedenklichkeit von Lebensmitteln* sind auf allen Stufen der Produktion möglich, zum Beispiel:
- Mehl mit Fremdkörperbesatz wird zum Teig verarbeitet,
- Masse mit keimhaltigen Frischeiern wird nicht durcherhitzt,
- Torte mit leichtverderblicher Füllung wird ungekühlt aufbewahrt.

Für diese Risiken ist ein Maßnahmen- und Kontrollkonzept erforderlich, das die Gefahren beherrschbar macht oder zumindest mindert. Dies Konzept basiert auf dem so genannten HACCP-System.

Das Hygienekonzept wird betriebsbezogen erstellt. Das heißt: Es gibt kein Einheitsrezept, das für alle Betriebsarten und -größen passt.

Auch muss das Konzept alle obigen „Bauteile" umfassen; denn ohne ein tragfähiges Fundament stürzt das Hygiene-Hauptgebäude ein. Und ohne ein Dach ist das gesamte Hygiene-Gebäude ungeschützt.

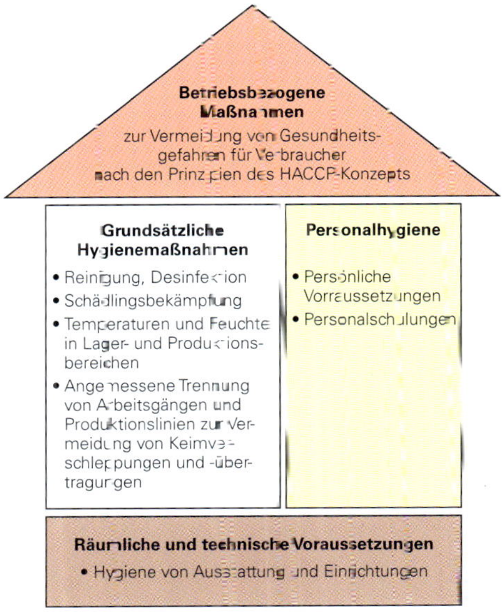

Das Hygiene-Gebäude-Modell

Lebensmittelhygiene-Vorschriften §

Wesentliche Rechtsgrundlagen für Hygiene im Umgang mit Lebensmitteln sind:
- *Codex Alimentarius (international gültig),*
- *Lebensmittelhygiene-Verordnung (in der EU gültig),*
- *Lebensmittel- und Futtermittelgesetzbuch (in Deutschland gültig).*

Worterklärungen

- ➤ ***Nachteilige Beeinflussung:*** *Jede Ekel erregende oder sonstige Beeinträchtigung der einwandfreien hygienischen Beschaffenheit von Lebensmitteln*
- ➤ ***Leichtverderbliche Lebensmittel:*** *In mikrobiologischer Hinsicht in kurzer Zeit verderbliche Produkte, die nur bei Einhaltung bestimmter Temperaturen oder sonstigen Bedingungen verzehrsfähig bleiben*
- ➤ ***HACCP-System:*** *Risiko-Analyse und Festlegung kritischer Lenkungspunkte (Abkürzung der englischen Begriffe: Hazard Analysis and Critical Control Points)*

Forderung der Lebensmittelhygiene-VO

Wer Lebensmittel herstellt, behandelt oder in Verkehr bringt, hat im Rahmen betriebseigener Maßnahmen zu gewährleisten, dass Personen, die mit Lebensmiteln umgehen, entsprechend ihrer Tätigkeit und unter Berücksichtigung ihrer Ausbildung in Fragen der Lebensmittelhygiene unterrichtet oder geschult werden.

Nicht immer ist es äußerlich zu erkennen, dass ein Produkt verdorben oder gesundheitsschädlich ist

Gründe für nachteilige Beeinflussungen von Lebensmitteln

- ***Menschliche Risikofaktoren:***
  - *mangelndes Hygienewissen des Personals*
  - *mangelnde Hygienemotivation des Personals*
  - *mangelnde Hygiene-Kontrollen*
  - *unerkannte Ausscheider von Krankheitskeimen*
- ***Biologische Risikofaktoren:***
  - *tierische Schädlinge in Betriebsräumen*
  - *tierische Ausscheidungen in Rohstoffen*
  - *Wirkungen schädlicher Kleinlebewesen*
  - *Schimmel in Betriebsräumen*
- ***Chemische Risikofaktoren:***
  - *Schadstoffgehalt in Rohstoffen*
  - *Rückstände von Pestiziden in Rohstoffen*
  - *Rückstände von Reinigungsmitteln in Geräten*
  - *Gasbelastung aus Mitteln zum Vorratsschutz*
- ***Physikalische Risikofaktoren:***
  - *Fremdbesatz in Rohstoffen*
  - *Staub und Verschmutzung in Betriebsräumen*
  - *Ungeeignete Lagertemperaturen für Produkte*
  - *Witterungseinflüsse auf Fertigwaren*

Handlungsorientierte Aufgabe

Gefahrenpunkte für die Lebensmittelhygiene sind nur in der Praxis „vor Ort" erkennbar.

➤ *Bereiten Sie eine Checkliste vor für eine Hygiene-Betriebs-Analyse in einem Bereich Ihres Ausbildungsbetriebs.*

➤ *Führen Sie die Analyse in Abstimmung mit Ihrer Ausbilderin/Ihrem Ausbilder durch.*

➤ *Bewerten Sie das Risiko der von Ihnen erkannten Gefahrenpunkte.*

(Achtung: Diese Aufgabe ist nur nach Zustimmung der dafür zuständigen Personen in Ihrem Ausbildungsbetrieb durchführbar. Die Resultate sind vertraulich zu behandeln.)

Hygienemaßnahmen im Backbetrieb

Wenn in der Öffentlichkeit darüber gesprochen wird, dass es in einer Bäckerei nicht sauber zugeht, dann ist das für das Image des Betriebs schlecht. Schlimmer ist es, wenn Kunden sich an einem Stein im Brot einen Zahn zerstören oder eine ganze Familie nach dem Genuss von verdorbenem Bienenstich krank wird.

Wenn Verbraucher durch den Verzehr von Lebensmitteln krank werden oder sonstigen Schaden nehmen, dann muss der Hersteller der Ware dafür haften (nach dem *Produkthaftungsgesetz*). Neben Schadenersatz kommt auch Schmerzensgeld in Betracht. Um solche Folgen und den schlechten Ruf in der Öffentlichkeit zu vermeiden, müssen Bäcker und Konditoren alles mögliche unternehmen, um nachteilige Beeinflussung der von ihnen hergestellten und gehandelten Waren zu vermeiden.

Beispiel: Äußere Verschmutzung von Backwaren

Backwaren können im Herstellungsvorgang, bei der Bereitstellung zum Verkauf und bei der Abgabe an die Kunden mit Staub und sonstigem Schmutz belastet werden.

Mögliche Maßnahmen zur Sauberkeit sind beispielsweise:

- Saubere Arbeitsgeräte verwenden
- Fertige Backwaren vor Staub und anderen Einflüssen schützen
- Saubere Transportgeräte benutzen, Backwaren verpackt ausliefern, Behälter mit unverpackter Ware nicht auf Fußböden abstellen

Beispiel: Fremdkörper in Backwaren

Es ist ganz erstaunlich, welche „Fundstücke" manchmal in Backwaren gefunden werden: Schrauben, Steinchen, Glasstücke, Plastikteile oder Mäusekot. Das Risiko für solche problematischen Einschlüsse ist zum Beispiel durch folgende Maßnahmen zu mindern:

- Forderung nach Reinheit der Rohstoffe beim Lieferanten
- Sieben des Mehles unmittelbar vor der Verarbeitung
- Verbot von Glasgerätschaften und ähnlichem in der Teigmacherei

Beispiel: Sauer gewordene Torten und Desserts

Wenn Sahnestückchen sauer oder gärig werden, dürfen die Ursachen dafür nicht nur im Verkaufsbereich gesucht werden. Neben zu warmer oder zu langer Bevorratung kommen auch Keimbelastungen bei der Produktion in Frage (z. B. durch Mehlstaub). Diese Risiken lassen sich zum Beispiel durch folgende Maßnahmen mindern:

- Kühle und staubfreie Arbeitsbereiche für Konditoreiwaren
- Sachgerechte, kühle Aufbewahrung leichtverderblicher Produkte
- Begrenzung der Angebotszeit sahnehaltiger Produkte im Verkauf

Beispiel: Gesundheitsschädliche Beschaffenheit von Snacks

Vor allem Snacks und Speisen mit Milch, Fleisch oder Fisch haben ein hohes Hygienerisiko. Zutaten können vor der Verarbeitung verderben. Fertigprodukte können bis zum Verkauf von Krankheitskeimen befallen werden. Folgende Maßnahmen sind hier besonders wichtig:

- Absolute Sauberkeit bei Lagerung und Verarbeitung der Rohstoffe
- Trennung von reinen und unreinen Arbeitsabläufen
- Genügendes Durcherhitzen beim Garen der Speisen
- Rasches Abkühlen, Kühl- oder Tiefkühllagern von Vorproduktionen und deren erneutes Durcherhitzen vor der Abgabe an die Kunden

Lebensmittelverderb durch Kleinlebewesen

Die größte Hygienegefahr sind die Menschen, die mit Lebensmitteln umgehen. Das gilt für die Beschäftigten in den Lebensmittelbetrieben ebenso wie für die Verbraucher. Wir Menschen haben nämlich viele „Konkurrenten", die unsere Nahrung auch als ihre Lebensgrundlage schätzen. Und wir beachten diese oft nicht genügend. Die wichtigste Gruppe unter den „Nahrungs-Konkurrenten" sind die *Kleinlebewesen* (= *Mikroorganismen* oder abgekürzt: *Mikroben*).

Mikrobiologische Grundlagen

Rohstoffe und Produkte der Bäckerei/Konditorei sind lebender Natur (organische Stoffe). Im Unterschied zu unbelebten Stoffen (wie Metalle) sind diese großen natürlich-biologischen Veränderungen ausgesetzt. Viele dieser Veränderungen sind Auswirkungen von Kleinlebewesen.

Kleinlebewesen (= Mikroben) sind Lebewesen, die mit bloßem Auge nicht sichtbar sind. Sie kommen fast überall vor (Erde, Luft, Wasser). Sie verbreiten sich von uns unbemerkt.

Mikroben sind sehr klein. Sie sind unter dem Mikroskop sichtbar und unterscheidbar. Erst bei großer Vermehrung sind Mikroben mit bloßem Auge sichtbar. Auf festen Lebensmitteln bilden Mikroben dann typisch geformte und gefärbte Kolonien. In Flüssigkeiten bilden die Massen von Mikroben sichtbare Trübungen.

Nützliche Mikrobenwirkung: als Hilfe beim Backen

Mikroben können bei der Produktion von Lebensmitteln gewünschte Wirkungen erzeugen. Beispielsweise die Teiggärung und -säuerung sind solche nützlichen Wirkungen von Mikroben. Zum Lockern von Teigen kann *Backhefe* eingesetzt werden.

Die *Backhefe* benötigt vergärbare Zuckerstoffe als Nahrung. Außerdem braucht sie Feuchtigkeit zum Lösen der Nahrung und einen günstigen Temperaturbereich. So kann sie den Traubenzucker vergären. Dabei bildet sie als Gärungsprodukte: Kohlendioxid, Alkohol und Wärme. Das Kohlendioxid (= CO_2) ist das erwünschte Lockerungsgas für Teige.

Schädliche Mikrobenwirkung: als Problem der Hygiene

Mikroben sind andererseits Ursache für unerwünschte Schädigungen im Lebensmittelbereich.

Die drei wichtigsten Risiken sind:

- Mikroben verderben durch Abbau von bestimmten Inhaltsstoffen die Lebensmittel (z. B. Ranzigwerden oder Säuern).
- Mikroben in den Lebensmitteln können Krankheiten beim Menschen verursachen (= Infektionen durch keimbelastete Lebensmittel).
- Mikroben können durch ihre Abbauprodukte in den Lebensmitteln zu Vergiftungen führen (= Intoxikationen genannt).

Die für Hygienerisiken im Backgewerbe wichtigen Mikroben werden unterschieden in die drei großen Gruppen: *Bakterien, Schimmelpilze und wilde Hefen.*

Nur geringe Bedeutung für die Hygiene im Backgewerbe haben *Viren.* Sie gehören nicht zu den Mikroben. Es sind vielmehr kleinste Teilchen, zumeist ohne eigenen Stoffwechsel, die sich in den Zellen einnisten und uns krank machen.

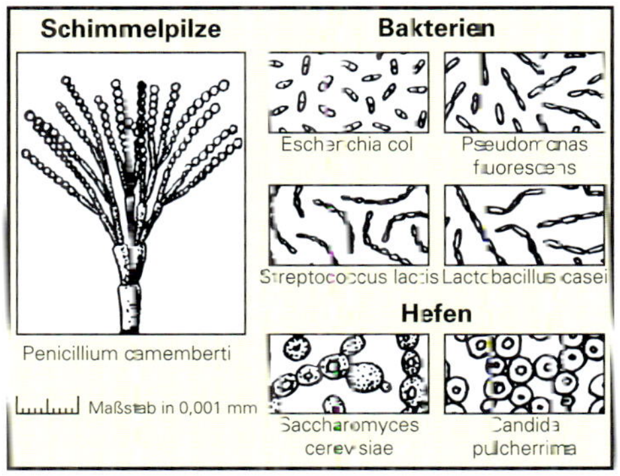

Mikrobenarten und ihre Größenverhältnisse

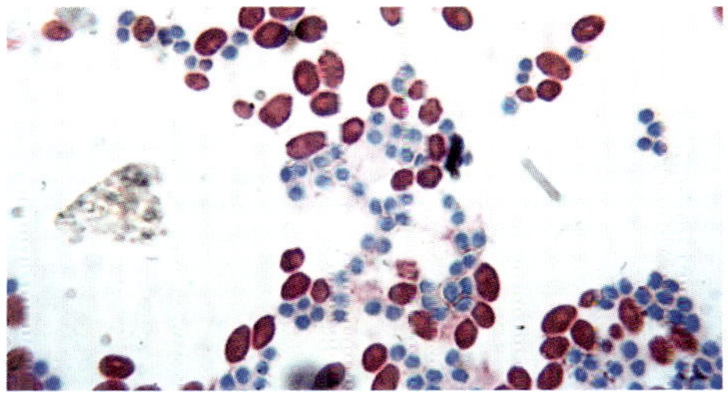

Rot angefärbte Hefezellen unter dem Mikroskop

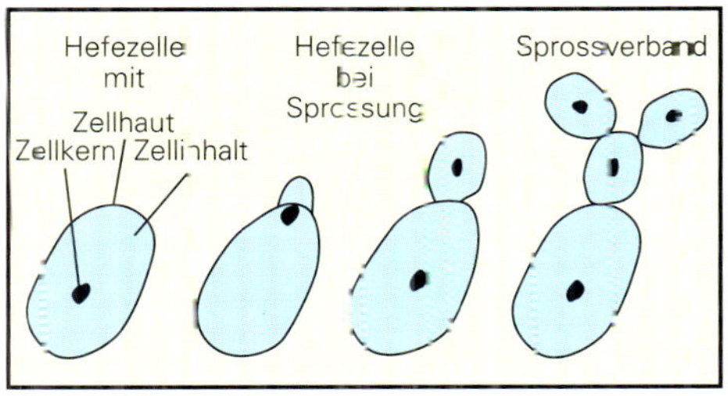

Hefevermehrung durch Sprossung

*Bei den Hefen sind als **Lebensäußerungen** zu unterscheiden: die **Vermehrung** (Abbildung oben) und die **Gärung** (Abbildung unten).*

*Backhefe benötigt zur **Vermehrung** niedrigere Temperaturen als zum Gären. Außerdem ist dafür Sauerstoff erforderlich. Für die **Gärung** benötigt die Backhefe Temperaturen von 30 °C bis 36 °C. Sauerstoff ist dafür nicht nötig.*

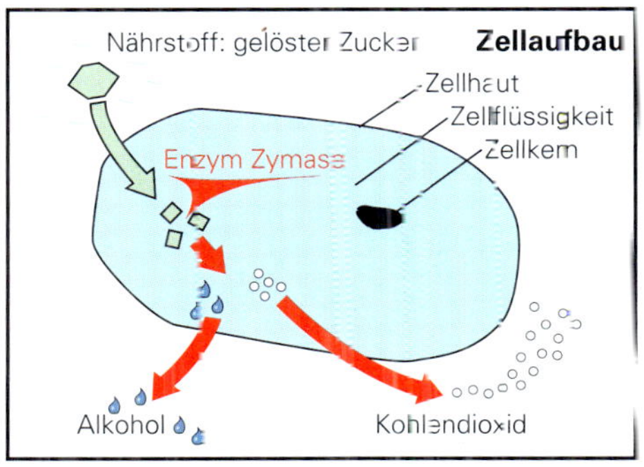

Schema der alkoholischen Gärung durch Hefe

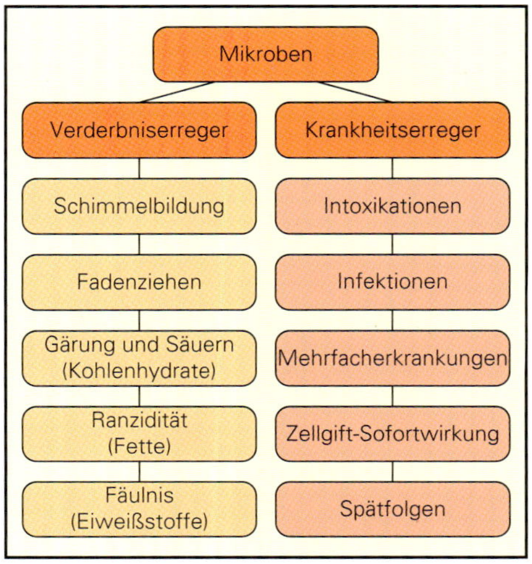

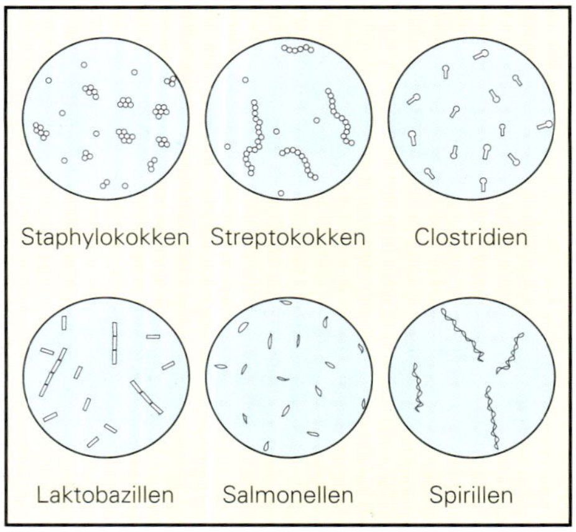

Unter dem Mikroskop unterscheidbare Formen von Kleinlebewesen

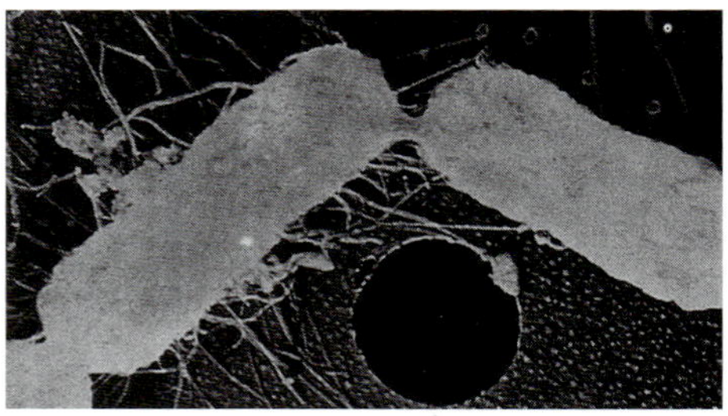

Eine Bakterienzelle zum Zeitpunkt ihrer Teilung

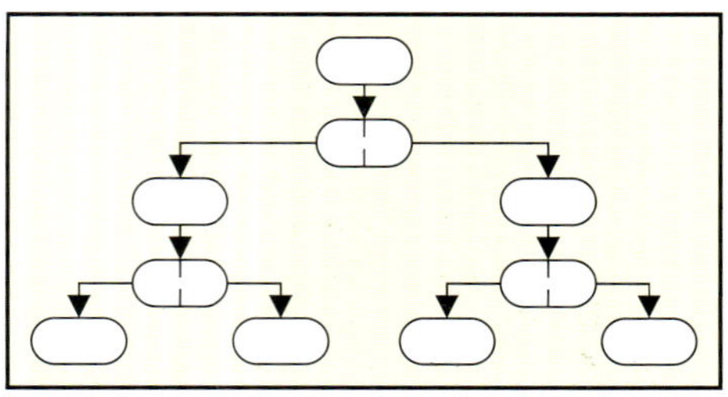

Schema der Zellteilung bei Bakterien

Bakterien in Lebensmitteln und ihre Wirkungen

Ein Lebensmittelverderb durch Bakterien tritt vor allem bei den Feinen Backwaren auf, die feucht sind, die gefüllt sind oder weiche Auflagen oder Überzüge haben (z. B. Geleeguss).

Verursacher dieses Verderbs können unterschiedliche Bakterien sein. Sie sind nach ihrer äußeren Form zu unterscheiden. Die Bakterien sind stäbchenförmig, kugelförmig, gekrümmt oder spiralförmig (➡ zweite Abbildung). Allen Bakterien gemeinsam ist die Art der *Vermehrung durch Zellteilung* (➡ dritte Abbildung). Dabei spaltet sich zunächst der Zellkern auf. Die Zelle schnürt sich auseinander. So entstehen aus einer Zelle zwei lebensfähige Zellen. Bei günstigen Bedingungen kann etwa alle 20 Minuten eine Teilung erfolgen.

Die Folge dieser rasanten Teilungsgeschwindigkeit wird mit wenigen Zahlen deutlich: Innerhalb von etwa fünf Stunden bilden sich aus einer Bakterienzelle rund fünf Millionen Bakterienzellen.

Einige wenige Bakterienzellen genügen demnach als Ansatzmenge, um innerhalb einer praxisüblichen Aufbewahrungszeit ein Lebensmittel total zu verderben. Das Verdorbensein oder die Gesundheitsgefahr sind im Allgemeinen nicht an äußeren Anzeichen erkennbar. Aber bei einigen Verderbniserregern wird deren Wirkung deutlich, zum Beispiel an einer Säuerung, Gärigkeit, Fettranzigkeit, Gasbildung oder Schleimbildung bei den befallenen Lebensmitteln.

Fadenziehen: eine Brotkrankheit

Eine von verschiedenen Bakterienarten hervorgerufene Brotkrankheit ist das „Fadenziehen". Es tritt meistens bei hellen Weizenbackwaren mit feuchter Krume auf. Die Bakterien (oft als „bazillus mesentericus" bezeichnet) treten in den warmen Sommermonaten gehäuft auf. Sie werden durch die Getreidemahlprodukte eingeschleppt. Die Bakterien *sind in den Produkten* und überdauern den Backprozess.

Das von ihnen verursachte Fadenziehen ist zunächst an einem hefigen Geruch der Gebäckkrume und als leichte Unelastizität feststellbar. Bei Fortschreiten der Brotkrankheit zerfällt die Krume zu einer schleimigen Beschaffenheit. Beim Durchbrechen ziehen sich dünne Fäden (= Name der Krankheit). Fadenziehendes Gebäck ist verdorben. Der Verzehr von fadenziehendem Gebäck führt zu Erbrechen und Durchfall. Wegen der krankmachenden Wirkung darf es auch nicht als Viehfutter verwendet werden. Es muss vernichtet werden (z. B. durch Verbrennen).

Lebensmittelvergiftungen: gefährliche Erkrankungen

Ganz unterschiedliche Lebensmittelvergiftungen gehen vor allem von Staphylokokken, Streptokokken, Clostridien, EHEC-Bakterien und dem Bazillus cereus aus.

Die *Kokken* bilden in den Lebensmitteln Gifte, die auch den Backprozess oder andere Hitzebehandlungen überdauern. Diese Stoffe verursachen Erbrechen, Durchfall und Fieber.

Die *Kokken selbst* können über nicht durcherhitzte Produkte auf den Menschen übertragen werden (z. B. über Kontakt mit eitrigen Wunden). Kokken lösen Entzündungen im Nasen-Rachen-Raum aus.

Bazillus cereus führt zu unterschiedlichen Lebensmittelvergiftungen. Man unterscheidet Gifte des Bazillus, die eher zu Erbrechen führen und solche, die eher zu Durchfall führen.

Salmonellosen: meldepflichtige, ansteckende Krankheiten

Die Bakterien der Gattung „Salmonella" (= Salmonellen) verursachen verschiedene Magen-Darm-Erkrankungen. Diese Krankheiten werden zusammenfassend als *Salmonellosen* bezeichnet.

Salmonellen sind im Darm von Tieren und Menschen beheimatet. Mit den Darmausscheidungen werden sie verbreitet. Da die Salmonellen sehr anspruchslos sind, können sie überall existieren.

Salmonellen kommen vor allem in tierischen Lebensmitteln vor, zum Beispiel in Geflügelfleisch sowie in Eiern und Eiprodukten.

Im Backgewerbe sind Infektionsrisiken vor allem bei Backwaren mit nicht durcherhitzten Füllungen und bei Speiseeis groß. Deshalb gibt es eine Gefahr für Salmonellenbefall bei den folgenden Produkten:
- Schlagsahnezubereitungen und nicht erhitzte Milchprodukte,
- Krems aus nicht erhitzten Grundzutaten,
- Füllungen mit einem Gehalt an Frischei,
- Schaummassen aus Frischeiklar, die nicht durcherhitzt sind,
- Speiseeis und Obst.

Salmonellosen werden ausgelöst
- durch von den Bakterien gebildete *Gifte* in den Lebensmitteln,
- durch die Aufnahme von *Salmonellen selbst* mit der Nahrung.

Gesunde, kräftige Menschen können kleine Mengen aufgenommener Salmonellen durchaus verkraften. Die Magensäure vernichtet einen Teil der Krankheitskeime. Ist der Salmonellenbefall jedoch zu groß, kommt es zur Erkrankung. Erste Anzeichen sind 5 bis 72 Stunden nach dem Verzehr der verdorbenen Nahrung zu erkennen. Am häufigsten treten Salmonellosen mit Erbrechen, Kopfschmerzen, Durchfall, Fieber und Schüttelfrost auf.

Was macht die Salmonellosen so gefährlich?

Da sind zum einen die allgemein stark schwächenden Folgen von Wasserverlusten des Körpers bei Durchfall und Fieber. Zum anderen können die Krankheitsverläufe bei Menschen mit einem geschwächten Gesundheitszustand (z. B. Kleinkinder, Senioren und Genesende) sehr problematisch sein. Sie bedürfen ärztlicher Behandlung. Bei Personen mit einem schlechten Allgemeinzustand kann die Salmonellose zum Tod führen. Die Sterblichkeitsrate wird mit 1 zu 1000 angegeben. Jährlich sterben daher etliche der etwa 30000 betroffenen Kranken.

Was können wir gegen Salmonellosen tun?

Die Salmonellen sind hitzeanfällig. Das gute Durcherhitzen von Speisen reicht zur Abtötung der Bakterien. Ist dieses aus technischen Gründen nicht möglich, kann durch Kühlung der Produkte bis zum Zeitpunkt des Verzehrs die Vermehrung von Salmonellen eingedämmt werden.

Besondere Vorsicht ist beim Umgang mit Frischeiern in Schale und nicht pasteurisierten Eiprodukten geboten. Auch die in Lebensmittelbetrieben tätigen Menschen sind eine mögliche Gefahr für die Übertragung der Bakterien (Salmonellen-Dauer-Ausscheider).

Personen, die an einer Salmonellose erkrankt sind oder deren Erreger ausscheiden, dürfen in Lebensmittelbetrieben *nicht beschäftigt* werden. Das gilt auch für Personen, in deren häuslicher Gemeinschaft solche ansteckungsfähigen Erkrankungen auftreten.

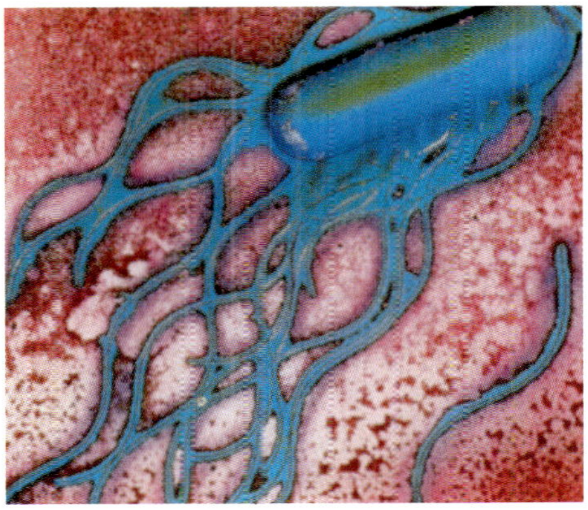

Salmonellen im Elektronenmikroskop-Bild

Übertragungswege für Bakterien in der Praxis des Backgewerbes

Mögliche Infektionsquellen für fast alle Arten von Bakterien:
- *Produktionsreste und Abfälle*
- *Schmutz auf Fußböden und Einrichtungen*
- *Staub in der Luft*
- *Bodenentwässerungsrinnen, Gullys und Abfallbehälter*
- *Auftauwasser gefrosteter Rohstoffe*
- *Reinigungsabwasser von Rohstoffen und Geräten*
- *Reinigungstücher, Lappen und Handtücher*
- *Schmutz auf der Arbeitskleidung*
- *Personen mit ansteckenden Krankheiten und Dauerausscheider von Bakterien (auch: Besucher in den Betriebsräumen)*
- *Beschäftigte mit unangemessener Arbeitskleidung (Straßenkleidung und -schuhe, fehlende Kopfbedeckung)*
- *Beschäftigte mit ungenügendem Hygienebewusstsein (ungewaschene Hände)*
- *Niesen oder Husten auf lose Lebensmittel*

Aufgaben

Die Gefahren durch Bakterien in Produkten Ihres Betriebs können Sie in der Praxis durch hygienebewusstes Verhalten vermeiden.
- ➤ *Leiten Sie aus den obigen Übertragungswegen mindestens 5 Maßnahmen ab, um die Verbreitung von Bakterien in der Bäckerei und Konditorei einzudämmen.*
- ➤ *Erklären Sie, weshalb bei der Arbeit in der Backstube eine Kopfbedeckung nötig ist.*
- ➤ *Begründen Sie, warum nach dem Toilettenbesuch das Händewaschen und die Desinfektion notwendig sind.*
- ➤ *Stellen Sie dar, welche Maßnahmen gegen die Verbreitung und Vermehrung von Salmonellen in Lebensmitteln wirken.*

Kreideschimmel auf einer Brotscheibe: An der Form der Kolonie ist die Übertragung durch den Kontakt mit bloßen Händen erkennbar

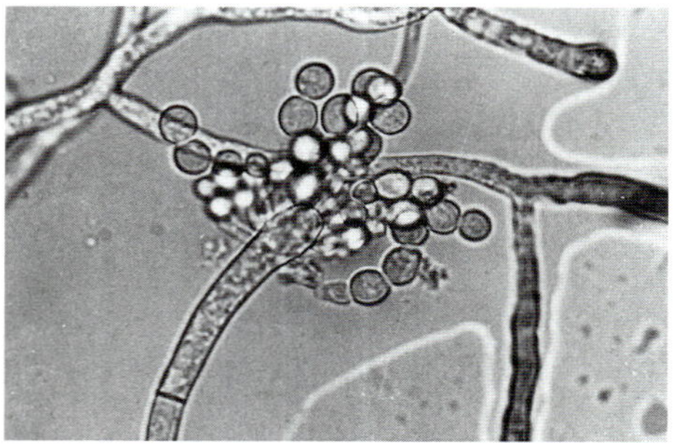

Unter dem Mikroskop sind einzelne Zellen, das Myzel und abgesonderte Sporen des Schimmels gut zu erkennen

Gießkannenschimmel

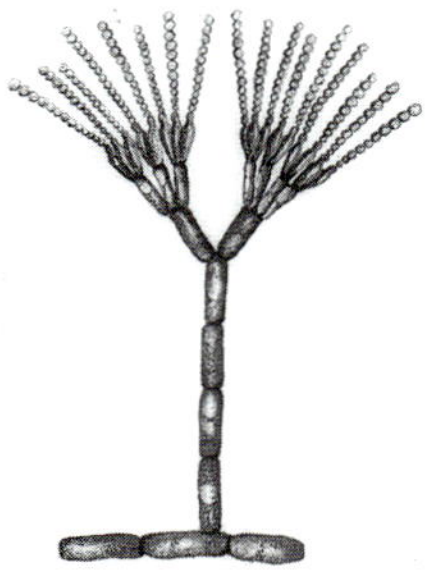

Pinselschimmel

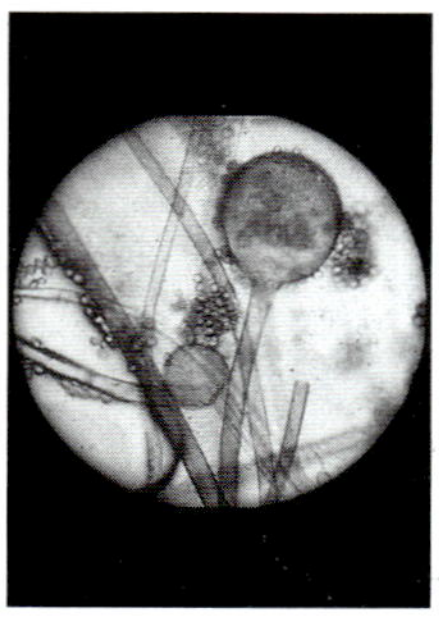

Köpfchenschimmel

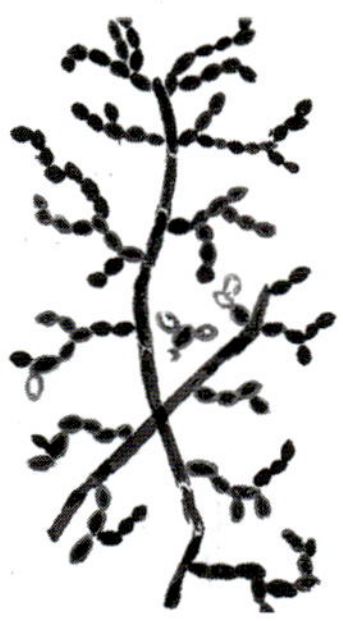

Kreideschimmel

Niedere Pilze in Lebensmitteln und ihre Wirkungen

Im Unterschied zu den übrigen Mikroben bestehen die niederen Pilze aus mehreren Zellen. Als Schadorganismen sind diese in der Bäckerei und Konditorei sehr bedeutsam.

Hefen: mit schädlicher Wirkung

Der „Kreideschimmel" ist eine Brotkrankheit. Sie ist durch bestimmte Heferassen verursacht. Das so befallene Brot gilt als verdorben.

Einige wenige Heferassen lösen Infektionskrankheiten bei Menschen und Tieren aus. Sie gelangen mit der Nahrung in den Magen-Darm-Trakt und nisten sich dort ein. Diese Hefen leben von zuckerhaltiger Nahrung des Wirtes. Die Betroffenen klagen über verschiedene Beschwerden (Schmerzen, Schwäche, Schweißausbrüche). Die Krankheit wird nach der hauptsächlich dafür verantwortlichen Hefe als *Candida* bezeichnet. Für die Behandlung sind Medikamente nötig, auch eine spezielle Diät.

Schimmelpilze: als Hygiene- und Gesundheitsrisiko

Schimmelpilze bilden auf und in den Lebensmitteln ein Fadengeflecht, das „Myzel" genannt wird. Aus diesem Geflecht heraus wachsen Fruchtkörper (ähnlich wie bei den Waldpilzen). Diese Fruchtkörper des Schimmels sind typisch geformt und gefärbt. Sie tragen die Sporen, mit deren Hilfe sich die Schimmelpilze vermehren.

Die Form der Sporenträger ist deutlich unterscheidbar. In Räumen und auf Produkten häufig wachsende Pilze sind: Köpfchen-, Pinsel- und Gießkannenschimmel sowie „Kreideschimmel". Sie bilden weiße, graue, gelbe, grüne und schwarze Schimmelrasen. Begleitend zu diesen sichtbaren Kolonien ist muffiger Geruch feststellbar.

Schimmelsporen sind durch Kontakt, Wasser oder Luft überall:

- In einem Kubikmeter Raumluft der Bäckerei und Konditorei können bis zu 20000 Schimmelsporen vorhanden sein.
- Eine Schimmelspore kann nach ihrer Auskeimung in einer Woche bis zu 250 Millionen neue Zellen bilden.

Schimmelsporen enthalten kaum Wasser. Sie sind widerstandsfähige Dauerformen des Pilzes. In trockener Umgebung behalten sie über etliche Jahre ihre Lebens- und Keimfähigkeit.

Schimmelpilze (und auch die meisten Sporen) werden durch die Hitze beim Backen abgetötet. Wenn also Schimmel auf Backwaren wächst, so ist dieses durch einen Befall nach dem Backen begründet.

Beim Schimmelwachstum werden die Nährstoffe in den Lebensmitteln abgebaut. Schimmelige Produkte sind verdorben und genussuntauglich. Auch ist zu beachten: Viele Schimmelpilze bilden gefährliche Gifte. Das sind vor allem *Aflatoxine*. Sie sind ein gefährliches Lebergift und sind Krebs erregend. Aflatoxine können auch durch verschimmelte Rohstoffe übertragen werden. Besonders besteht die Gefahr bei Ölsamen und bei Getreideerzeugnissen.

Die von Schimmelpilzen gebildeten *Aflatoxine werden durch Erhitzen nicht unschädlich gemacht*. Sie bleiben als Gesundheitsgefahr in den Lebensmitteln. Zum Schutz der Verbraucher sind rechtlich bestimmte Höchstmengen für Aflatoxine in den Lebensmitteln festgelegt. Ein ganz wesentlicher Beitrag für den Gesundheitsschutz der Verbraucher liegt aber in der Sorgfalt aller Beschäftigten in Lebensmittelbetrieben, indem sie *Rohstoffe und Produkte mit Schimmelbesatz aussondern*.

Bekämpfung von Mikroben im Backgewerbe

Um Mikroben bekämpfen zu können, ist es meistens nötig, zunächst auf ihr Vorhandensein hin zu prüfen. Die traditionell üblichste Methode dafür ist wohl die *Nährbodenkultur* (➡ nebenstehendes Bild).

Der Gesamtkeimgehalt der *Raumluft* ist zu überprüfen, zum Beispiel
- mit dem Auslegen von offenen Nährböden, auf denen sich Mikroben absetzen (Sedimentationsplatten),
- mit dem Einsatz eines Sammelgeräts für Luftkeime, in welchem die Keime durch Filter festgehalten werden.

Der Gesamtkeimgehalt und die Art der Keime auf *Oberflächen* sind zu überprüfen, zum Beispiel
- mit dem Abdruck-, Abklatsch- oder Kontaktverfahren (bei denen feste Nährböden für kurze Zeit auf eine Oberfläche gedrückt werden),
- mit dem Abstrich-, Abrieb- oder Tupferverfahren (bei denen von schwer zugänglichen Stellen mit einem Tupfer eine Probe genommen und damit ein fester Nährboden beimpft wird).

Bekämpfungsmethode: Anwenden von Hitze

Mikroben werden abgetötet, wenn der Temperatur-Toleranzbereich der jeweiligen Mikrobenart nach oben überschritten wird. Die Zellen der Mikroben werden inaktiviert durch Hitzegerinnung ihrer eiweißhaltigen Zellbestandteile. Der Vorgang ist nicht wieder umkehrbar. Das heißt: So behandelte Mikroben können nicht wieder aktiv werden.

Möglich sind zwei Verfahren der *Hitzeabtötung*, und zwar
- das *Pasteurisieren* (Keimarmmachen bei Temperaturen zwischen 60 °C und 100 °C),
- das *Sterilisieren* (bei Temperaturen von 100 °C und höher).

Im Backgewerbe ist das *Pasteurisieren* üblich, wenn beispielsweise dicht verschlossene Fertigpackungen aus Kunststoff eine gewisse Zeit lang erhitzt werden (z. B. Schnittbrot oder vorgebackene Erzeugnisse). Damit werden die Mikroben in der Packung zerstört.

Die im Bäckerei- und Konditoreibereich üblichen Arten der Garmachung (Backen, Rösten) sind als *Sterilisierung* einzustufen. Die behandelten Produkte sind deshalb keimfrei.

Für Geräte und Bedarfsgegenstände ist die *Heißwasser-Desinfektion* eine sehr wirksame Methode ohne Rückstände. Bei diesem Verfahren werden die Gegenstände (z. B. Eisportionierer) in das heiße Wasser mit konstant 65 °C bis 70 °C für zwei bis fünf Minuten eingelegt. Bei einer zu geringen Temperatur werden die Keime nicht abgetötet. Aber auch höhere Temperaturen sind manchmal ungünstig (wegen der Filmbildung durch das Gerinnen von Eiweißstoffen).

Bekämpfungsmethode: Anwenden von Desinfektionsmitteln

Die *chemische Desinfektion* wird eingesetzt, wo die Hitzebehandlung wegen der Gefahr einer Materialbeschädigung nicht möglich ist. Bei diesem Verfahren werden chemisch reagierende Stoffe eingesetzt, die auf Mikroben giftig wirken. Man unterscheidet:
- bakterizide, fungizide und viruzide Mittel (mit *abtötender Wirkung*, nach deren Einsatz nur durch Neu-Infektion wieder Mikroben wachsen),
- bakteriostatische und fungistatische Mittel (mit einer *hemmenden Wirkung* gegenüber Bakterien und Pilzen, die nach einer gewissen Zeit wieder die Entwicklung von Mikroben zulassen).

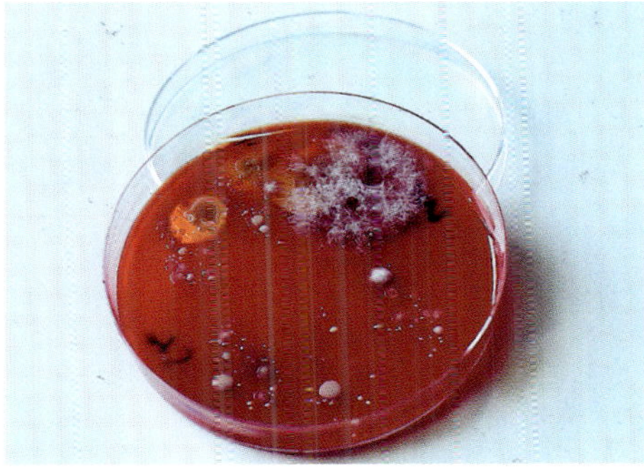
Mikrobenwachstum auf einem Nährboden

Kurz und bündig: Konservierungsverfahren

Mit der Konservierung von Lebensmitteln werden zwei Ziele angestrebt:
- *Schützen vor dem Verderb,*
- *Erhalten der Qualitätsmerkmale.*

Die Haltbarmachung der Lebensmittel erfolgt über zwei Wege:
- *Abtöten von Mikroben (durch Hitze),*
- *Verschlechtern der Wachstumsbedingungen für Mikroben.*

Die Verfahren der Haltbarmachung von Lebensmitteln basieren auf drei Prinzipien:
- *physikalische Verfahren (z. B. Kühlen, Tiefgefrieren, Pasteurisieren, Sterilisieren, Trocknen, Vakuumverpacken, Begasen);*
- *chemische Verfahren (z. B. Zusatz von chemischen Konservierungsstoffen oder Antioxidantien, Schwefeln);*
- *bio-chemische Verfahren (z. B. Salzen, Zuckern, Räuchern, Säuern, Einlegen in alkoholhaltigen Lösungen).*

Aufgaben

Die Bekämpfung von Mikroben erfolgt bei Bedarfsgegenständen im Backgewerbe mit den ***Maßnahmen der Betriebshygiene*** *und bei den Produkten der Bäckerei/Konditorei mit den* ***Maßnahmen der Haltbarmachung.***

- ➤ *Stellen Sie an je einem Beispiel aus Ihrem Ausbildungsbetrieb die Desinfektion mit Heißwasser bzw. mit einem chemischen Desinfektionsmittel als Maßnahmen der Betriebshygiene dar.*
- ➤ *Führen Sie jeweils ein Beispiel aus dem Bäckereibereich für die oben aufgeführten Beispiele für physikalische, chemische und bio-chemische Haltbarmachung auf.*
- ➤ *Begründen Sie an je einem Beispiel, warum die Mikroben durch das eingesetzte Verfahren der Haltbarmachung abgetötet bzw. in ihrem Wachstum gehemmt werden.*

Dieses Bild zeigt zwei Scheiben eines Brotes, die mehrere Tage gelagert wurden.

Warum ist nur die Probe A verschimmelt?

Das hängt mit den Wachstumsbedingungen für die Mikroben zusammen.

Im Folgenden sind notwendige Bedingungen für das Mikrobenwachstum dargestellt. Ihnen werden diejenigen Hemmungen gegenübergestellt, die als „Konservierungsverfahren" für Lebensmittel üblich sind.

Mikrobenwachstum und seine Hemmung

Grundlage für Mikrobenaktivität sind bestimmte *Wachstumsfaktoren*. Sie werden meistens in einer gewissen Kombination benötigt. Die Faktoren spielen eine Rolle bei der Herstellung, bei der Lagerung, beim Transport und bei der Behandlung von Lebensmitteln.

Solche ***Wachstumsfaktoren*** sind
- die *Mikroflora* (Art, Menge und Vermehrungszeit der Mikroben),
- die vom *Lebensmittel* selbst gegebenen *Bedingungen* (Rezeptur, Wasseraktivität, pH-Wert oder enthaltene Hemmstoffe),
- die *Bedingungen bei der Lagerung* (wie Temperatur, Feuchtigkeit, Schutzgase oder Verpackung).

Die einzelnen Mikrobenarten haben unterschiedliche Ansprüche an ihre Umwelt. Darum kann durch Veränderung der Wachstumsfaktoren in der Umwelt der Mikroben gezielt deren Entwicklung gehemmt werden.

Mikrobenhemmung durch Nahrungsentzug

Um Mikroben die Nahrung zu entziehen, ist eine Backware in ihrer Zusammensetzung nur bedingt zu verändern. Sie würde sonst ihre Qualität oder ihren Charakter verlieren.

Die beste Methode ist es, die Mikroben von der Nahrung auszuschließen. Das erreicht man durch *Verpacken* der Backwaren. Dabei ist es wichtig, dass die Packung dicht ist (keine Mikroben durchlässt), die Packstoffe keimarm sind und die zu verpackenden Backwaren selbst auch.

Nährstoffe: Nahrung für Mikroben

Mikroben benötigen spezielle, in Wasser gelöste Nährstoffe (Kohlenhydrate *oder* Fette *oder* Eiweißstoffe). Mit Hilfe ihrer eigenen Enzyme können sich die Mikroben ihre spezielle Nahrung erschließen. In dieser Hinsicht ist das Ausmaß des Mikrobenwachstums abhängig
- von der Art des vorhandenen Nahrungsangebots,
- von der Konzentration der Nährstoffe,
- von der Verfügbarkeit der Nährstoffe.

Mikrobenhemmung durch Wasserentzug

Bei der Brotscheibe B auf dem Bild oben wurde durch trockene Lagerung der Schimmel unterdrückt. *Trocknung* ist eine entsprechende Haltbarmachungsart (z. B. bei den Trockenfrüchten, bei Milch- oder Eipulver). Es ist also ganz einfach, das Mikrobenwachstum in Lebensmitteln über eine *Senkung des a_W-Werts* zu unterdrücken.

Dafür gibt es jedoch Grenzen: Die allgemein erwarteten Qualitätsmerkmale eines Lebensmittels würden dadurch auch verändert. Es würde nämlich wesentlich trockener (wie Zwieback). Das Lebensmittel wäre widerstandsfähig gegen das Mikrobenwachstum. Es hätte aber nicht mehr den gewünschten Genusswert.

Wasseraktivität: Nutzbarkeit des Wassers

Mikroben benötigen Feuchtigkeit. Das insgesamt in einem Nahrungsmittel enthaltene Wasser ist jedoch für Mikroben nicht nutzbar. Ausschlaggebend für die Möglichkeit eines Mikrobenwachstums ist das *frei verfügbare Wasser*. Wie viel das ist, das ist abhängig von der Zusammensetzung des Lebensmittels (z. B. vom Gehalt an Zucker oder Salz).

Das *frei verfügbare Wasser* eines Lebensmittels lässt sich mit einem speziellen Gerät messen. Die Messgröße ist der Wasseraktivitätswert (= der a_W-Wert). Dessen Skala reicht von 0 bis 1. Das Mikrobenwachstum ist möglich zwischen den Werten 0,6 und 1. Für die meisten Bakterien und Pilze ist eine Wasseraktivität oberhalb von 0,9 sehr günstig.

Mikrobenhemmung durch pH-Wert-Änderung

Bei Backwaren auftretende Pilze und Bakterien können im Allgemeinen im pH-Wert-Bereich von 3 bis 8 sehr gut wachsen. Somit ist die Mikrobenentwicklung durch eine Veränderung des Milieus kaum zu beeinflussen. Das gilt insbesondere, weil das bei Back- und Süßwaren enorme geschmackliche Auswirkungen haben würde.

Das Säuern ist eine Haltbarkeitsmachung für nur wenige Spezialprodukte (z. B. Sauermilch). Für die Produkte des Backgewerbes ist deren pH-Wert im Zusammenspiel mit *Hemmstoffen* von Bedeutung. Solche Stoffe haben eine anti-mikrobielle Wirkung. Es sind natürlich vorkommende Stoffe (z. B. Zitronensäure) oder künstlich hergestellte Stoffe (z. B. chemische Konservierungsstoffe).

Umgebung: bestimmtes Milieu für Mikroben

Die Lebensmittel haben durch ihre Zusammensetzung gewisse Anteile an sauren oder laugigen Bestandteilen. In ihrer Mischung bestimmen diese Teilchen das Stoff-Milieu. Wir unterscheiden dabei das saure, neutrale oder laugige Milieu. Mit speziellen Messmethoden kann der jeweilige Bereich für ein Lebensmittel in wässriger Aufschlämmung ermittelt werden. Die Messgröße dafür ist der pH-Wert.

Die Skala der *pH-Werte* geht von 0 bis 14. Der Wert 7 gilt für Wasser (Neutralpunkt). Unterhalb von 7 liegt der saure Bereich (Säuren). Von 7 bis 14 reicht der laugige Bereich (Laugen oder Basen). Die meisten Mikroben gedeihen im neutralen Bereich. Einige Arten können aber auch noch im laugigen oder sauren Bereich wachsen.

Temperatur: begünstigt oder hemmt Mikroben

Die Umgebungstemperatur hat Einfluss auf das Wachstum der Mikroben. Dabei sind zu unterscheiden:

- die Temperaturen für den günstigen Wachstumsbereich,
- der Toleranzbereich, in dem Mikroben noch unterhalb und oberhalb des Wachstumsbereichs leben,
- der Temperaturpunkt oberhalb des Toleranzbereichs, ab dem Mikroben abgetötet werden.

Der *Temperatur-Wachstumsbereich* für im Backgewerbe vorkommende Mikroben liegt zwischen 0 °C und 70 °C. Unterhalb von 0 °C wachsen kaum noch Verderbniserreger. Die unterschiedlichen Mikrobenarten haben artbezogene Ansprüche für ihren optimalen Wachstumsbereich. Man unterscheidet somit kälteliebende, mittlere Temperaturen liebende und wärmeliebende Mikroben.

Das *Temperatur-Optimum* der meisten Verderbniserreger für Back- und Süßwaren liegt zwischen 20 °C und 40 °C. Das Herabsetzen der Lagertemperatur durch Kühlen ist darum eine gute Methode zum Mindern des Mikrobenwachstums.

Mit sinkender Temperatur nimmt die Geschwindigkeit für die Vermehrung der Mikroben deutlich ab. Dabei werden auch die Verderbnisprozesse von Lebensmitteln verzögert. Vor allem durch Gefrieren und Tiefgefrieren ist sehr gut eine Konservierung möglich. Es ist aber zu beachten, dass die *Mikroben durch Gefrieren nicht abgetötet* werden. Nach dem Auftauen der Lebensmittel werden sie wieder aktiv. Sie können sich dann in den Produkten vermehren und diese verderben.

Atmosphäre: Luft und Feuchte für Mikroben

Die *Gasatmosphäre* ist wichtig für die Möglichkeit des Mikrobenwachstums. Man kann nach dem Verhalten der Mikroben gegenüber dem Luftsauerstoff die folgenden Gruppen unterscheiden:

- Mikroben, die unbedingt Sauerstoff benötigen (aerob),
- Mikroben, die nicht auf den Sauerstoff angewiesen sind (anaerob),
- Mikroben, die auf unterschiedliche Weise ihre Energie gewinnen können und/oder dazu nur geringe Mengen an Sauerstoff benötigen (fakultativ aerob oder anaerob).

Schimmelpilze gehören im Wesentlichen zu den Mikroben, die Sauerstoff benötigen. *Hefen* können sowohl mit als auch ohne Sauerstoff existieren (z. B. ohne Sauerstoff können die Backhefen gären). *Clostridien* sind auch bei Abwesenheit von Sauerstoff lebensfähig.

Die *relative Luftfeuchtigkeit* in der Umgebung ist für das Mikrobenwachstum entscheidend: In trockenen Räumen werden sie gehemmt; in feuchten Räumen wachsen sie gut. Deshalb ist Schwitzwasser ein Risikofaktor für das Wachstum von Mikroben. Wo sich das Wasser an Decken, Wänden, Geräten oder auf Produkten selbst niederschlägt, da können Mikroben auskeimen.

Mikrobenhemmung durch Kälteanwendung

Wir können die Mikroben in ihrem Wachstum hemmen, wenn wir die verzehrsfähigen Lebensmittel unterhalb des Temperaturbereichs aufbewahren, in dem die Mikroben besonders gut wachsen.

Gut möglich ist die Hemmung des Mikrobenwachstums durch Kühlen und Gefrieren. Beispielsweise sind Feine Backwaren aufzubewahren bei *Kühlung* auf mindestens +7 °C, wenn die Produkte leicht verderben könnten. Das ist so bei Gebäcken mit nicht durcherhitzten Füllungen aus Krems, Sahne und frischeihaltiger Zubereitungen auch bei Feinbackwaren mit feuchten Auflagen und Überzügen (z. B. Gelee-Guss).

Auch viele Zutaten für Snackprodukte der Bäckerei und Konditorei gehören in die Kühlung (z. B. Käse, Wurst oder vorgegarte Füllungen).

Für den Vorgang des Kühlens ist wichtig, dass möglichst rasch die Kühltemperatur von +7 °C im Inneren der Ware erreicht wird.

Beim *Tiefgefrieren* ist möglichst rasch der kritische Bereich zwischen +25 und -7 °C zu überwinden. Darunter ist das Mikrobenwachstum ausgeschlossen. Die Lagertemperatur von -18 °C gilt als ausreichend für die Tiefkühllagerung. Wichtig ist, dass die Temperatur durchgängig eingehalten wird. Durch Antauen oder durch zeitweises Auftauen wird Tiefkühlware dem Verderb ausgesetzt. Bereits aufgetaute Tiefkühlprodukte sind ebenso wie Frischerzeugnisse zu behandeln und unverzüglich zu verbrauchen.

Mikrobenhemmung durch Gase oder Vakuum

Aufgrund ihres Verhaltens gegenüber Sauerstoff ist es möglich, Mikroben in ihrer Entwicklung zu hemmen. Zum Beispiel kann das Schimmelwachstum durch Austausch von Sauerstoff gegen ein Schutzgas (z. B. Kohlendioxid) in einer gasundurchlässigen Packung verhindert werden. Wichtig ist es dabei, dass *in den verpackten Gebäcken* selbst nicht zu viel Sauerstoff verblieben ist. Außerdem ist dabei ein niedriger Wasseraktivitätswert (= a_W-Wert) der verpackten Produkte erforderlich. Das Verpacken in Schutzgasatmosphäre ist üblich bei Schnittbrot und bei teilgebackenen Produkten, wenn diese ohne Zusatz von chemischen Konservierungsstoffen hergestellt sind.

Das *Vakuum-Verpacken* ist ein weiteres Verfahren der Haltbarmachung von Lebensmitteln mit Ausschluss der üblichen Gasatmosphäre. Dabei wird die Luft aus den gas- und wasserdampfdichten Packungen gezogen. Die zumeist heiß-gesiegelten Folien ziehen sich dicht an das Packgut. Dieses wird darin leicht zusammengedrückt. Darum ist das Vakuum-Verpacken für empfindliche und weiche Back- und Süßwaren ungeeignet. Angewendet wird das Verfahren vor allem bei solchen Produkten, bei denen es auf Aroma-Schonung ankommt (z. B. Kaffee).

Nagetiere als Schädlinge in der Bäckerei und Konditorei

Tierische Schädlinge und ihre Bekämpfung

Wissen Sie, dass kein Lebensmittelbetrieb frei von Ungeziefer ist?

Grund dafür ist nicht unbedingt der Hygienezustand des Betriebs. Die Verbreitung der Schädlinge erfolgt nämlich mit den Warenbewegungen auf dem Handelsweg. Als „blinde Passagiere" nutzen viele Schädlinge die Rohstoffe und Verpackungen (wie Pappe oder Wellkarton). Im Wege der *passiven Verschleppung* gelangen sie damit in die Betriebsräume. Die tierischen Schädlinge haben sich unserem Leben so angepasst, dass sie überall vorkommen (so genannte „Kosmopoliten").

Welche tierischen Schädlinge es im Backgewerbe gibt

Es sind *Vögel* (z. B. Tauben), *Nagetiere* (z. B. Mäuse, Ratten), *Insekten* (z. B. Fliegen, Käfer, Heimchen, Motten, Silberfischchen, Ameisen) und ihre Larven (Würmer) sowie *Spinnentiere* (z. B. Milben).

Deutsche Schabe (Geburt)

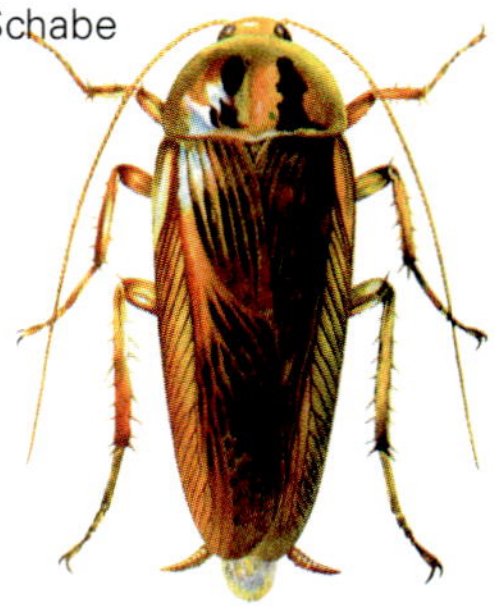
Deutsche Schabe (Alttier)

Was diese Tiere zu Schädlingen macht

Im Lebensmittelbereich werden tierische Schädlinge zum Problem,
- weil sie sich stark vermehren (wenn sie heimisch geworden sind),
- weil sie durch Fraß, Aussonderungen (Sekrete), Kot und Körperteile die Lebensmittel verderben,
- weil sie durch Kontakt mit den Lebensmitteln die Erreger gefährlicher Krankheiten übertragen können.

Heimchen

Larve der Mehlmotte

Mehlmotte

Welche Gefahren von bestimmten Schädlingen ausgehen

Die *Nager* (Ratten und Mäuse) nehmen etwa 20-mal am Tag Nahrung zu sich. Sie wechseln dabei bis zu 30-mal ihre Futterstelle. Dadurch verschleppen sie Mikroben, die sie in sich haben. Durch Fraß zerstören sie das Packmaterial, und sie vernichten Lebensmittel. Als Folge ihrer Gefräßigkeit setzen sie viel Kot ab (eine Maus bis zu 50 Krümel am Tag). Auch mit dem Kot verbreiten sie gefährliche Krankheitserreger (Ratten zum Beispiel die Erreger von Typhus und Pest).

Der Kot der Nager kann in die Gebäcke gelangen, wenn ungesiebtes Mehl verarbeitet wird. Wenn Kunden solche „Fundstücke" feststellen, ist das Ekel erregend und außerdem geschäftsschädigend.

Auch *Vögel* können ein Hygienerisiko für den Betrieb sein, wenn sie in die Produktions- und Versandräume fliegen und sich dort niederlassen. Vor allem Tauben sind in vielen Städten ein Problem. Sie tragen etliche Schädlinge (z. B. Vogelmilben) in ihrem Gefieder, die sie beim Fliegen verbreiten. Der Kot der Vögel ist ein Herd für Krankheitserreger.

Silberfischchen

Silberfischchen sind eine Urform der *Insekten* (haben keine Flügel). Sie haben ihren Namen von ihrer glatten und silbrig-grauen Haut. Sie bewegen sich in der Dunkelheit rasch auf dem Boden hin und her. Jede Nacht legen sie weite Strecken zur Futtersuche zurück. Sie sind nicht wählerisch: Silberfischchen gelten als Allesfresser (organischer Staub, Papier, Dichtungskitt). Weil sie auch verwesendes Eiweiß als Nahrung schätzen, nehmen sie viele Keime auf. Sie gelten darum als „wandelnde Bakteriennester". Sie sind gefährlicher als sie aussehen.

Wespe

Pharao-Ameise

Einige Schädlinge treten nur jahreszeitlich auf. Dazu gehören unter anderem die im Sommer aktiven *Ameisen*, die lästigen *Fruchtfliegen* (Drosophila) und die *Wespen*. Wenn diese „Saisonarbeiter" in großer Zahl auftreten, können sie im Produktionsbereich und im Verkauf lästig werden. Sie sind aber nicht nur ein Hygieneproblem. Für Kunden ist es Ekel erregend, wenn sich Insekten auf den Lebensmitteln befinden.

Woran Schädlingsbefall zu erkennen ist

Viele der tierischen Schädlinge sind sehr klein und darum nur schwer auszumachen. Zudem halten sie sich versteckt in Schlupfwinkeln auf und sind nur nachtaktiv. Ein Beispiel dafür sind Pharao-Ameisen. Diese Tiere sind so klein, dass etwa 20000 Stück von ihnen nur ein Gramm wiegen. Sie treten aber sehr zahlreich auf. Im befallenen Betrieb suchen sie in allen Räumen nach ihrer Nahrung (auch im Sanitärbereich). Sie verschleppen so die Keime aus den menschlichen Ausscheidungen in die Lebensmittel. Der Befall mit solch kleinem tierischem Ungeziefer kann oft nur von ausgebildeten Fachleuten der Schädlingsbekämpfung erkannt werden.

Aber bestimmte Anzeichen auf einen Schädlingsbefall können Sie selbst beachten, und zwar:
- Fraßstellen oder Kot,
- Siebrückstände mit Tierteilen oder toten Tieren.

Dann ist es ratsam, die Befunde wichtig zu nehmen und nicht auf das selbstständige Verschwinden der Tiere zu hoffen. Die Schädlinge in den Betriebsräumen müssen konsequent bekämpft werden.

Wie tierische Schädlinge zu bekämpfen sind

Es gibt viele technische, technologische und natürliche Möglichkeiten zur Bekämpfung tierischer Schädlinge, zum Beispiel:
- Aussperren und bauliche Maßnahmen (Gitter),
- Einsatz von Lock- oder Abschreckstoffen (Duft, Farbe, Schall),
- Fangen in mechanischen Fallen (Kontakt),
- Vernichtung auf physikalische Weise (Strom),
- Vernichtung auf chemische Weise (Gifte),
- Vernichtung auf biologische Weise (Austrocknen).

Alle *Maßnahmen des Vorratsschutzes* sollen aufeinander abgestimmt werden. Dabei sind Umweltschutz und Gesunderhaltung der Menschen zu beachten (IPM-Konzept = Integriertes-Pest-Management).

Allgemeine Ziele der Schädlingsbekämpfung sind darüber hinaus:
- Keine Restgruppen von Schädlingen bestehen lassen! Sie werden gegen weitere Bekämpfungsmaßnahmen unempfindlich (Vermeiden der Resistenz-Entwicklung).
- Keine Lebensmittel durch die abgetöteten Schädlinge verschmutzen! Am besten ist eine Leer-Raum-Bekämpfung.
- Keine nachteilige Beeinflussung von Lebensmitteln zulassen durch einen Kontakt mit Mitteln der Schädlingsbekämpfung!

Was rechtlich bei der Schädlingsbekämpfung zu beachten ist

Die Mittel zur Schädlingsbekämpfung müssen für die Verwendung im Lebensmittelbetrieb zugelassen sein. Sie sind nach den Vorschriften des Herstellers einzusetzen. Sie sind nur für spezielle Anwendungsfälle wirksam. Die vorgeschriebenen Schutzmaßnahmen sind einzuhalten.

In den Betriebsräumen lagernde Mittel zur Schädlingsbekämpfung müssen verschlossen aufbewahrt werden. Sie müssen vor dem Zugriff durch Unbefugte und Kinder geschützt sein. Sie müssen deutlich als Gefahrstoffe oder Gifte gekennzeichnet sein. Im Gebrauch befindliche Mittel oder Reste davon dürfen nicht in Behältnisse umgefüllt werden, in denen man üblicherweise Lebensmittel aufbewahrt.

Befall mit Schädlingen an ihren Spuren erkennen

Kurz und bündig: Schädlingsbefall vorbeugen

- *Türen, Fenster und Wandöffnungen schließen und mit Gittern versehen, damit Nager und Vögel nicht eindringen können*
- *Fenster mit Fliegengittern versehen, damit Insekten nicht einfliegen können*
- *Ritzen, Spalten und Löcher in Oberflächen dicht verschließen, damit die Schädlinge keine Schlupflöcher und Verstecke haben*
- *Abfallbehälter verschließen und regelmäßig reinigen, damit die Schädlinge nicht angelockt werden*
- *Lebensmittel verpackt lagern, damit den Schädlingen die Nahrung verwehrt wird*
- *Einrichtungen und Maschinen regelmäßig von Staub und Produktresten reinigen, damit sich die Schädlinge darin nicht vermehren können*
- *Mehl grundsätzlich sieben, damit Mehlschädlinge sich nicht verbreiten können*

Rechtliche Bestimmungen §

- *Die Schädlingsbekämpfung mit den Stoffen, die in der Anlage der Gefahrstoffverordnung aufgeführt sind, dürfen nur geprüfte Schädlingsbekämpfer vornehmen.*
- *Das Anwendungsgebot durch Schädlingsbekämpfer bezieht sich auch auf diejenigen Stoffe, aus denen erst bei Gebrauch gesundheitsschädliche, giftige oder sehr giftige Stoffe und Zubereitungen freigesetzt werden (die also nicht schon als käufliche Präparate wirksam sind).*
- *Reste von Schädlingsbekämpfungsmitteln und ihre damit belasteten Verpackungen dürfen nicht in den betrieblichen Restmüll gegeben werden, sondern sind nach den Bestimmungen der Gefahrstoff-Verordnung als Sondermüll zu entsorgen.*

Trockenreinigung vor der Nassreinigung

Reinigung und Desinfektion

Das Reinigen von Einrichtungen, Geräten und Maschinen gehört zur täglichen Arbeit in der Verkaufsstelle. Es ist wichtige Voraussetzung für die Lebensmittelhygiene. Das Reinigen hat zum Ziel, die Räume und Einrichtungen von Verschmutzungen zu befreien. Art und Umfang der Reinigungsarbeiten sind abhängig von der Menge und Beschaffenheit des Schmutzes. Es gelten dafür die betrieblichen *Reinigungspläne.*

In Verkaufsstellen treten folgende *Verschmutzungen* auf:

- Aufliegender, trockener Schmutz (z. B. Staub auf dem Fußboden)
- Anhaftender, feuchter Schmutz (z. B. Glasurreste auf einem Blech)
- Eingetränkter, verkrusteter Schmutz (z. B. Flecken von Flüssigkeiten)

Trockenreinigung: wie sie effektiv ist

Hierbei handelt es sich um mechanische Entfernung von aufliegendem Grobschmutz. Als Reinigungstechniken werden vor allem das Kehren und Absaugen angewendet (heute meist maschinell). Der in trockenem Zustand nur leicht anhaftende Schmutz kann dabei auch durch Kratzen oder Bürsten gelockert werden.

Als alleiniges Reinigungsverfahren ist das *Kehren* nur im Außenbereich angemessen. In Betriebsräumen ist es wegen der dabei auftretenden Verwirbelung von Staub nur in Kombination mit dem Absaugen oder als Scheuersaugen zu empfehlen. Das *Absaugen* wird zum Entfernen von Leichtschmutz angewendet. Hier ist der Einsatz von Staubsaugern nicht nur auf die Bodenreinigung beschränkt. In der Verkaufsstelle sind leichte Handstaubsauger auch zum Reinigen der Theke üblich.

Nassreinigung: was sie bewirkt

In Backwaren-Verkaufsstellen entstehen Verschmutzungen auch durch Produktreste (z. B. ausgelaufene Füllungen) sowie aus maschinellen Rückständen (z. B. Abrieb von den Geräten). Solche Verschmutzungen haften fest auf den Oberflächen. Deren Schmutzteilchen kleben auch untereinander fest zusammen. Zum Entfernen dieser Rückstände ist die trockene Reinigung nicht geeignet. Deshalb setzt man mechanische Kraft und zusätzlich die Reinigungskraft des Wassers ein.

Wasser: wie es zur Reinigung genutzt wird

In Lebensmittelbetrieben darf für Reinigungszwecke grundsätzlich nur *Trinkwasser* benutzt werden. Technologisch ist wichtig, dass es nur wenig gelöste Salze enthält. Das heißt: Es soll weich sein (mit niedrigem Härtegrad).

Das Wasser schwemmt mit *mechanischer Kraft* die Schmutzteilchen weg, wenn auf das Reinigungsgut ein Wasserstrahl gerichtet wird. Das wird genutzt beim Hochdruckreiniger, bei Dampfsprühstrahlern, bei Spülmaschinen, auch bei der „Handwäsche" in fließendem Wasser.

Wasser *löst Schmutz,* der wasserlöslich ist. Das sind insbesondere die Rückstände mit Zucker, Salz und löslichen Eiweißstoffen.

Wasser *quillt Schmutz auf,* der nicht wasserlöslich, aber quellbar ist. Das sind vor allem die Verschmutzungen mit verkleisterter Stärke und Eiweiß (ohne Fett). Die schmutzigen Gegenstände werden in warmem Wasser eingeweicht. Beim Weichen dringt das Wasser in die trockenen Verschmutzungen ein. Es lockert sie durch Quellung. Dadurch lösen sie sich von der Oberfläche und sind leicht zu entfernen.

Kurz und bündig:
Betriebliche Reinigungspläne

Reinigungspläne (Hygienepläne) legen fest:

- *Was wird gereinigt?*
- *Wann und wie häufig wird gereinigt?*
- *Wie wird gereinigt?*
- *Womit wird gereinigt?*
- *Wer ist verantwortlich für die Reinigung?*

Zum Merken

➤ *Mit der Trockenreinigung beginnen wir die Reinigungsschritte. Sie geht der Nassreinigung voran.*

➤ *Mit der Trockenreinigung entfernen wir vor allem den aufliegenden Grobschmutz.*

➤ *Bei der Trockenreinigung müssen wir das Aufwirbeln von Staub und Schmutz vermeiden (durch Absaugen).*

➤ *Bei der Trockenreinigung eingesetzte Saugmaschinen müssen wir regelmäßig warten.*

Was die Reinigungskraft des Wassers fördert

Die erforderliche Reinigungszeit ergibt sich aus der Zielsetzung: der vollständigen Entfernung des Schmutzes. Sie ist daher abhängig von der Menge des Schmutzes.
Sie ist auch abhängig von der Reinigungskraft des Wassers.

Wasser hat eine gute Reinigungskraft
- *bei mechanischer Unterstützung (durch Druck oder Scheuern),*
- *bei erhöhten Temperaturen,*
- *bei Schmutz auf glatten Oberflächen (wenig aufgerauten Flächen),*
- *bei frischen, weichen und wasserlöslichen Verschmutzungen,*
- *bei geringer Wasserhärte,*
- *bei geringer Belastung des Reinigungswassers mit bereits abgelöstem Schmutz,*
- *bei Zusatz von speziellen entspannenden Reinigungsmitteln.*

Entspanntes Wasser: wie es den Schmutz optimal löst

Wasser muss zum Reinigen gut die Oberflächen des Reinigungsguts benetzen. Fetthaltiger Schmutz und Kunststoff oder Metall werden nur schlecht benetzt. Die *Grenzflächenspannung des Wassers* behindert das. Sie entsteht durch das Zusammenhalten kleinster Wasserteilchen. An den Grenzen zu anderen Stoffen wirken die Kräfte nur nach innen. Es bildet sich ein hoher Tropfen mit steilem Randwinkel, welcher das Ablösen des Schmutzfilms behindert. Die Grenzflächenspannung des Wassers lässt sich herabsetzen durch Reinigungsmittel (= Tenside).

Reinigungsmittel: wie sie gezielt einzusetzen sind

Man setzt verschiedene Reinigungsmittel ein, um die Reinigungskraft des Wassers zu erhöhen. Dazu geeignet sind *Universalmittel* (z. B. die Spülmittel) und *Spezialmittel* (z. B. die Bodenreiniger oder Fettlöser).

Die Wirkung der meisten Spül- und Reinigungsmittel beruht auf ihrer entspannenden Kraft. Die kleinsten Teilchen dieser Mittel lagern sich so zwischen Wasser und Schmutz an, dass die Grenzflächenspannung herabgesetzt wird. Das Wasser kann darum besser benetzen.

Spezial-Reinigungsmittel haben neben der entspannenden Eigenschaft meistens noch andere Wirkweisen, zum Beispiel:
- Scheuermittel mit mineralischen Anteilen zur Verbesserung der mechanischen Wirkung beim Reinigen,
- Kalklöser mit sauren Bestandteilen zur chemischen Umwandlung von Ablagerungen,
- Fettlöser mit laugigen Bestandteilen zum Verseifen von fetthaltigen Ablagerungen.

Spezial-Reinigungsmittel sollen nur zu speziellen Zwecken gebraucht werden. Eine unsachgemäße Anwendung kann zu Schäden führen. Bei den Spezialreinigern sollte auf zurückhaltende Verwendung, geringe Dosierung und umweltgerechte Entsorgung geachtet werden.

Bei der Reinigung von Bedarfsgegenständen für Lebensmittel müssen *Rückstände* der Reinigungsmittel beseitigt werden durch Nachspülen mit klarem Wasser. Die Reste solcher Mittel würden die Lebensmittel nachteilig beeinflussen. Auch ist auf gutes *Trocknen* zu achten. Sonst könnten sich in der restlichen Feuchte wieder Mikroben entwickeln.

Chemische Desinfektion: wie es richtig gemacht wird

Die Desinfektion hat die *mikrobiologische Sauberkeit* zum Ziel. Sie kann niemals Ersatz für die Reinigung sein. Die Desinfektion folgt vielmehr der gründlichen Reinigung, weil Schmutzreste sonst die Mikroben vor der Desinfektionswirkung schützen würden.

Es ist nicht sinnvoll, ganz allgemein die Desinfektion anzuwenden. Richtig ist der *gezielte Einsatz* in den Bereichen, in denen ein hohes mikrobielles Risiko besteht (z. B. Eisbereiter, Sahneautomaten).

Chemische Desinfektionsmittel sind grundsätzlich nach den Angaben des Herstellers anzuwenden. Die Wirksamkeit der Desinfektionsmittel hängt ab von der Konzentration, der Temperatur der Lösung sowie von der Dauer ihrer Einwirkung.

Nach der Einwirkungszeit müssen die Reste der Desinfektionslösung entfernt werden durch Nachspülen mit heißem Wasser. Das gilt ganz besonders für das Entfernen von Kombinationsmitteln (z. B. Mittel mit Reinigungs- und Desinfektionswirkung).

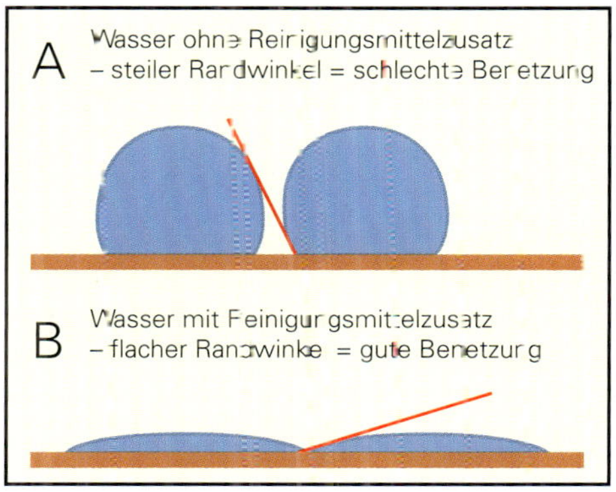

Wirkung der Grenzflächenspannung des Wassers

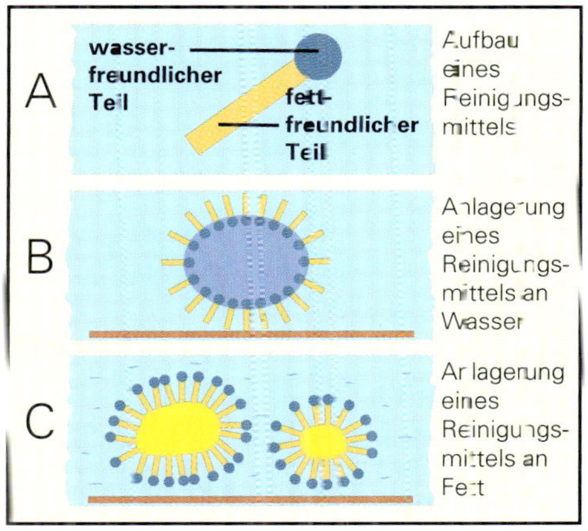

Spülmittel (= als „waschaktive Substanzen" oder „Tenside" bezeichnet) sind chemisch so aufgebaut, dass sie einen wasserfreundlichen (= hydrophilen) Teil und einen fettfreundlichen (= lipophilen) Teil haben (Abb. A). Kommt ein Tropfen des Spülmittels in das Wasser, richten sich die unterschiedlichen Teilchen des Spülmittels so aus, dass sie in der Grenzfläche einen Kontakt zur Umgebung herstellen (Abb. B). Genauso wirkt dieses Prinzip zwischen Spülmittel und fetthaltigem Schmutz (Abb. C).

Berechnung von Reinigungslösungen

- ➤ *Oft werden die Flüssigkeitsmengen in unterschiedlichen Einheiten angegeben. Wandeln Sie auf den Gebinden genannte Einheiten in andere Hohlmaße um.*
- ➤ *Konzentrate von Reinigungsmitteln werden für die Verwendung verdünnt. Berechnen Sie die Menge gebrauchsfertiger Reinigungslösungen.*
- ➤ *Flüssigreiniger sollen mit einer bestimmten Wassermenge verdünnt werden. Errechnen Sie die Verdünnung in Prozent.*
- ➤ *Flüssige Reinigungs- und Kombinationsprodukte sind in bestimmten Konzentrationen anzuwenden. Berechnen Sie die Prozentanteile von Reinigungsmitteln für die jeweiligen Gebrauchslösungen nach Herstellerangabe.*

Saubere Natur für das wachsende Brotgetreide

Betriebliche Konzepte im Backgewerbe

Es genügt heute nicht mehr, dass in einer Bäckerei und Konditorei gute Backwaren hergestellt und verkauft werden. Jeder Backbetrieb hat mehr oder weniger Management-Konzepte, zum Beispiel
- *Regeln für das betriebliche Ökologie- und Umweltschutzprogramm,*
- *Regeln für die Qualitätssicherung,*
- *Regeln für die Umsetzung betrieblicher Maßnahmen und Kontrollen zum Verbraucherschutz.*

Kurz und bündig: Umweltbelastungen durch Backbetriebe

- *Dünger und Pflanzenschutzmittel bei der Rohstoffgewinnung*
- *Wasser- und Energieverbrauch bei der Herstellung und beim Verkauf von Waren*
- *Schadstoffausstoß bei der Produktion, dem Transport und Vertrieb von Backwaren*
- *Lärmbelastungen bei der Produktion und dem Transport von Backwaren*
- *Abwasserbelastung durch Produktionsreste und Reinigungsmittel*
- *Schad- und Gefahrstoffbelastungen durch anfallenden Müll*

Worterklärung

*Die **Ökologie** ist die Lehre von den Wechselwirkungen zwischen den Lebewesen (Mensch, Tier und Pflanze) und ihrer Umwelt (Boden, Luft und Wasser).*

Was Öko- oder Bio-Produkte auszeichnet

- ***Bio-Produkte werden nicht in Monokulturen angebaut (= großflächige Kulturen nur einer Art), die das natürliche Bodensystem nachteilig verändern und die Verbreitung von solchen Schädlingen begünstigen, die auf diese Pflanzen spezialisiert sind.***
- *Bio-Produkte werden nicht mit chemisch erzeugten Düngern und ohne Verwendung von Pflanzenschutzmitteln (z. B. Pestizide und Herbizide) gewonnen, die Böden und Grundwasser belasten würden.*
- *Bio-Produkte werden bei der Lagerung und bei ihrer Weiterverarbeitung möglichst naturbelassen, damit die wertvollen Bestandteile für die menschliche Ernährung erhalten bleiben. Damit hergestellte Bio-Backwaren dürfen mit dem Gütesiegel für Bio-Produkte gekennzeichnet werden.*

Ökologie und Umweltschutz in Backbetrieben

Die Rohstoffe für Back- und Süßwaren kommen aus der Natur.

- Ihre Reinheit und Natürlichkeit ist Voraussetzung für gesundheitlich unbedenkliche Lebensmittel. (Rohstoff-Auswahl-Problematik)
- Die Herstellungsvorgänge für Produkte des Backgewerbes müssen umweltschonend sein. (Rohstoff-Verarbeitungs-Problematik)
- Die bei Produktion und Vertrieb der Waren anfallenden Rückstände müssen so gering wie möglich gehalten und dann vernünftig entsorgt werden. (Rohstoff-Entsorgungs-Problematik)

Neben den Rohstoffen ist für das Backgewerbe die Verwendung der Energie aus ökologischer Sicht zu bewerten: Backbetriebe gehören zu den größten Energieverbrauchern (Elektrizität, Heizstoffe, Kraftstoffe, Wasser und auch Luft). Diese notwendige Materie wird aus der Natur entnommen. Sie ist zum Teil nicht erneuerbar. Das heißt: Was heute verbraucht wird, steht künftig nicht mehr zur Verfügung.

Deshalb wird Produzenten und Verbrauchern der *Umweltschutz* durch rechtliche Vorgaben auferlegt (z. B. durch Verpackungs-VO). Außerdem gibt es dazu öffentliche Empfehlungen (z. B. *Öko-Audit* als freiwilliges *Umweltprogramm*), aber auch Erwartungen von Menschen.

Immer mehr Menschen denken um:

- Sie vermeiden bestimmte Nahrungsmittel, von denen sie annehmen, dass diese mit Schadstoffen belastet sind.
- Sie erwarten ökologisch erzeugte Lebensmittel.
- Sie gehen davon aus, dass sich die Produzenten und Händler von Lebensmitteln umweltverträglich verhalten.
- Sie wünschen, dass die Lebensmittel so vermarktet werden, dass dabei wenig Müll anfällt.

Beispiel: ökologisch Backwaren produzieren

Es gibt bereits viele Backbetriebe, die ausschließlich Erzeugnisse aus ökologischem Landbau verarbeiten. Diese Betriebe bezeichnen sich oft als „Bio-Bäckerei". Von ihnen angebotene Bio-Backwaren müssen den Anforderungen für ökologische Lebensmittel entsprechen. Da bei der ökologischen Landwirtschaft die Erträge nicht so hoch sind wie beim intensiven Wirtschaften, sind die Preise für Bio-Produkte höher als für herkömmliche Waren.

Neben dieser *warenbezogenen Ökologie* gibt es das „Öko-Audit" für eine *umweltbezogene Betriebsführung*. Diese umfasst freiwillige Maßnahmen als Beitrag zum Umweltschutz. Der Backbetrieb erfüllt damit neben rechtlichen Auflagen weitere Umweltbelange. Er zeigt damit, dass ihm die Anliegen vieler umweltbewusster Kunden nicht gleichgültig sind. Und das ist für das Betriebs-Image günstig.

Beispiel: ankommenden Verpackungsmüll verringern

Bei der Warenauswahl kann auf geringen Verpackungsanteil geachtet werden. Dafür gibt es verschiedene Ansätze:

- Roh- und Hilfsstoffe können in sparsamer Transportverpackung oder in Großgebinden angeliefert werden.
- Roh- und Hilfsstoffe können in Mehrweg- oder Nachfüllpackungen bezogen werden (z. B. Aromen, Reinigungs-/Desinfektionsmittel).
- Einige Rohstoffe können sogar unverpackt ankommen, wenn der Betrieb auf Silolagerung eingestellt ist (z. B. Mehl oder Ölsamen).

Und bei der Warenannahme ist die Rücknahmepflicht der Lieferanten zu beachten (z. B. bei Paletten, Pappen, Kunststoff-Polstern).

Beispiel: anfallende Müllmengen im Betrieb reduzieren

Bäckereien/Konditoreien bieten überwiegend unverpackte Produkte an. Dies ist eine umweltfreundliche Vermarktungsform. Aus hygienischen Gründen kann aber nicht auf die Schutzumhüllungen verzichtet werden. Doch auch hier lässt sich der Müllanfall verringern, zum Beispiel:

- Das Verpackungspapier (Rolle oder Tüte) wird in der Größe auf das notwendige Mindestmaß begrenzt.
- Die in Selbstbedienung angebotenen Waren werden unverpackt in speziellen Verkaufseinrichtungen angeboten (z. B. hinter Glas).
- Die Waren für Sofortverzehr werden mit Mehrweggeschirr serviert und mit unverpackten Beilagen (z. B. Zucker und Milch im Café).

Beispiel: wiederverwendbare Wertstoffe sortieren

Nicht jeder Müll gehört auf die Müllhalde (Deponie). Ein wesentliches Ziel der Abfallwirtschaft ist es, bestimmte Stoffe wieder zu verwerten (= zu recyclen). Der Begriff „*Recycling*" kann übersetzt werden mit „Rückführung in den Kreislauf". Das Prinzip dient nicht ausschließlich der Müllreduzierung, sondern auch der Einsparung von Rohstoffen und Energie. Das geschieht durch Wiederverwendung von „Wertstoffen" (z. B. Glas) oder ihrer Verbrennung zur Energiegewinnung.

Voraussetzung für das *Recycling* ist das Trennen von Abfällen nach Stoffarten. Eingeführt ist in Deutschland das Getrenntsammeln von Papier, Glas, Aluminium, Holz, Textilien und Kunststoffen.

Beispiel: umweltgefährliche Abfälle entsorgen

Ausgesondert werden müssen auch solche Stoffe, die als *Sondermüll* gelten (= *Gefahrstoffe*). Dazu gehören zum Beispiel Batterien, Öl- und Treibstoffreste, Reinigungs- und Desinfektionsmittel, Leuchtstoffe und Kühlmittel, Präparate zur Schädlingsbekämpfung, aber auch einige Produktionsreste der Backbetriebe (z. B. Brezellauge).

Für die Entsorgung von solchen Problemstoffen gilt das Folgende: Die jeweilige Gefahrstoffart muss auf dem Behältnis gekennzeichnet sein. Die Hinweise der Hersteller für den Umgang mit diesen Stoffen sind zu beachten. Es dürfen keinesfalls verschiedene Arten von Gefahrstoffen miteinander vermischt gesammelt werden. Sie müssen getrennt in dazu vorgesehenen Lagerbehältern und besonders gekennzeichnet bis zur Abholung durch das Entsorgungsunternehmen aufbewahrt werden.

Einige Abfälle der Backbetriebe sind biologisch abbaubar. Diese werden von Spezialfirmen entsorgt. Das gilt zum Beispiel für die gebrauchten Siedefette. Diese können wieder aufbereitet werden für Futterzwecke und für die Verwertung in der Industrie.

Was bedeutet der „Grüne Punkt"?

DER GRÜNE PUNKT

Dieses Zeichen kann auf einer Verkaufspackung sein. Es signalisiert, dass der Packstoff zurückgenommen wird und auf Kosten des Handels der Wiederverwertung zugeführt wird.

Getrenntsammeln von anfallendem Müll

Kennzeichnungen für Gefahrstoffe

Was bedeutet der „Blaue Engel"?

umweltfreundlich

Dieses Zeichen signalisiert, dass ein Erzeugnis hinsichtlich seiner Gewinnung, Verwendung und Entsorgung von einer neutralen Stelle als umweltfreundlich eingestuft worden ist.

Worterklärung

***Rationalisieren** bedeutet, dass eine Sache unter Nutzung der Vernunft (= ratio) wirtschaftlich und zweckmäßig gestaltet wird.*

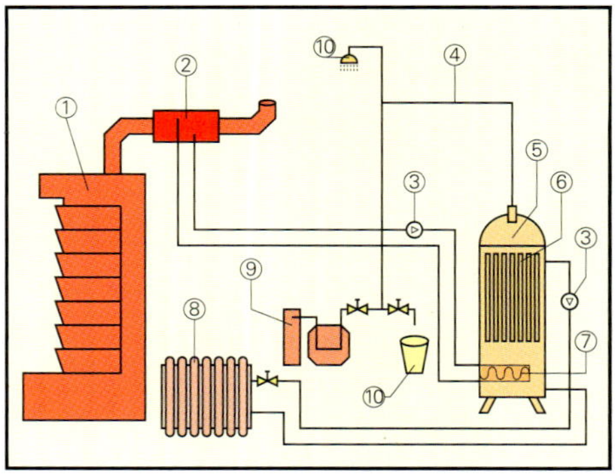

Prinzip der Wärmerückgewinnung am Backofen

1 = Backofen	6 = Latentspeicherkerne
2 = Wärmetauscher Abgas	7 = Wärmetauscher Boiler
3 = Umwälzpumpe	8 = Raumheizung
4 = Warmwasser bis 70 °C	9 = Teigwasser
5 = Warmwasserboiler	10 = Reinigungswasser

(Quelle: Kriems, 1993)

Kurz und bündig: Beispiele für Energiesparen

- *Kühl- und Gefrieranlagen nur so kalt einstellen wie es technologisch nötig ist*
- *Stromverbraucher bei Nichtbenutzung sofort abschalten; allerdings häufiges An- und Abschalten von Leuchten vermeiden*
- *Leerlaufzeiten der Kapazität von Ladenbacköfen vermeiden, indem ganze Öfen oder Herdgruppen abgeschaltet werden*
- *Backofentüren und Schwadenschieber nicht unnötig lange geöffnet lassen*
- *Schwadenmenge nur so dosieren, wie sie unbedingt für die gewünschte Gebäckqualität erforderlich ist*

Energie- und Wassernutzung in Backbetrieben

Der sparsame Umgang mit Energie und Wasser ist auch ein wichtiger Beitrag zum Umweltschutz.

Welchen Beitrag kann eine Bäckerei und Konditorei dazu leisten?

Wie Energie rationell verwendet wird

Die *rationelle Energieverwendung* liegt vor im wirtschaftlichen Sinne (nach dem Rationalprinzip),

- wenn mit den gegebenen Mitteln der größtmögliche Nutzen erzielt wird (= Maximalprinzip) *oder*
- wenn ein bestimmtes Ziel mit dem geringstmöglichen Einsatz von Mitteln erreicht wird (= Minimalprinzip).

Neben dieser Erklärung mit dem ökonomischen Prinzip gibt es noch eine globale Sicht für die rationelle Energieverwendung: Die Natur enthält nur noch begrenzte Vorräte für Energiezwecke. Im Sinne des vorsorgenden Umweltschutzes muss deshalb die Energieverwendung eingeschränkt werden. Das gilt vor allem für die Industrieländer, die mit ihrem Anteil von nur 20 % der Weltbevölkerung rund 80 % aller Naturreserven nutzen.

Die Energienutzung hat auch noch eine andere Seite: Dabei entsteht „Energie-Abfall". Dieser kann je nach dem Energieträger oder dem Verwendungszweck unterschiedlich sein. Durch eine Energie-Bilanz mit gemessenen Einsatz- und Ausstoßwerten (Input – Output) kann die „Sauberkeit" der Energienutzung beurteilt werden. Außerdem ist eine solche Bilanz der Ansatzpunkt für eine Verbesserung der Ökologie.

Wie Energie eingespart wird

Auf der Grundlage einer Energie-Statistik für den Backbetrieb können Energiesparmaßnahmen ergriffen werden

- durch technische Maßnahmen (Geräte und Anlagen),
- durch vernünftiges Verhalten (Betriebsleitung und Beschäftigte).

Technische Maßnahmen zum Sparen von Energie sind in Backbetrieben sehr wirksam. Das gilt vor allem für die Wärmerückgewinnung bei Öfen und ebenso aus der Abluft (z. B. bei größeren Kälteanlagen).

Der Verbrauch an elektrischer Energie lässt sich durch verschiedene technische Einrichtungen vermindern, zum Beispiel:

- Anschaffung moderner, energiesparender Geräte und Anlagen (z. B. Induktionsherde oder Einsatz von Sparleuchten);
- Einbau einer Anlage zur Leistungsregelung bei der Stromabnahme, mit deren Hilfe über eine Verriegelung elektrisch betriebene Geräte mit hohen Anschlusswerten nicht gleichzeitig laufen können.

Verhaltensbezogene Maßnahmen für das Sparen von Energie sollten von der Betriebsleitung ausgehen: Sie kann zum einen dafür sorgen, dass Abläufe energiesparend sind (z. B. die regelmäßige Wartung von Anlagen gewährleisten; häufigen Wechsel von Backtemperaturen über den Tag vermeiden). Sie kann zum anderen durch Schulung der Beschäftigten und die Zuordnung von bestimmten Kompetenzen (Energie-Beauftragte) das Einsparen beim Energieverbrauch begünstigen.

Die wichtigste verhaltensbezogene Maßnahme zum Energiesparen ist aber, dafür aufmerksam zu sein, auf welche noch nicht genutzte Weise im Betrieb und zu Haus weitere Energie gespart werden kann.

Wie Wasservorräte geschont werden

Nach der Meinung vieler Fachleute ist die Versorgung der wachsenden Weltbevölkerung mit gutem Wasser das größte Zukunftsproblem. In Deutschland verbraucht jeder Einwohner etwa 140 Liter Trinkwasser je Tag für verschiedene Zwecke. Man schätzt, dass davon rund 60 Liter durch einfache Änderung der Gebrauchsgewohnheiten und technische Hilfen zu sparen sind.

Wassersparen ist durch *technische Methoden* möglich. Dabei werden die Einsatzmengen niedrig gehalten durch Geräte mit einem geringen Wasserbedarf oder mit Durchlaufbegrenzung (z. B. Spülmaschinen mit Reinigertank; Sparbrausen in den Duschräumen).

Wassersparen ist auch durch *Verhaltensregeln* möglich. Diese müssen von allen Personen täglich neu beachtet werden. In der betrieblichen Arbeit ist das zum Beispiel möglich

- bei sparsamer Benutzung von Wasser für Streich- und Sprühzwecke sowie bei ungeregelten Anlagen zur Schwadenerzeugung,
- bei Reinigungsarbeiten (kein Abwaschen mit fließendem Wasser),
- bei Benutzung von sanitären Anlagen mit Wasserspartaste.

Wie Wasser und Luft rein gehalten werden

Wassersparen hat Folgen: Durch den geringen Verbrauch werden die Kläranlagen entlastet. Und das hat für die Verbraucher wirtschaftliche Vorteile. Zu den Kosten für den Wasserverbrauch kommen nämlich noch Kanalgebühren, die oft auf den Wasserverbrauch bezogen sind.

Die Kläranlagen sind nicht nur durch die zugeführten Wassermengen belastet. Entscheidend sind die dabei mitgeführten gelösten Stoffe. Neben der *Abwasserreinigung* im Betrieb (z. B. durch Fettabscheider) sind durch Umsicht viele Schadstoffe im Abwasser zu vermeiden.

Außerdem muss auch das *Grundwasser* geschützt werden. Dafür sind alle verantwortlich: Es dürfen keine schädlichen Stoffe in den Boden versickern (z. B. Altöl). Das Backgewerbe hat eine besondere Chance: Durch die Verwendung von Getreide von nicht überdüngten Böden wird im Grundwasser die Nitratanreicherung vermieden.

Als *Luftschadstoffe* (= Emissionen) gelten vor allem

- Stäube, Ruße und andere Rauchpartikel,
- Verbrennungsabgase (Oxide),
- Halogen-Kohlenwasserstoffe (FCKW).

Für diese Schadstoffe sind rechtlich bestimmte zulässige Grenzwerte festgelegt worden.

Kurz und bündig: Sichern des Trinkwassers

- *Trinkwasser nicht vergeuden.*
- *Verdorbene Lebensmittel und Produktionsreste nicht in das Abwasser geben.*
- *Ausguss und Gully nicht zum Entsorgen gebrauchter Fette und Öle benutzen.*
- *Chemikalien, Farben, Gifte und sonstige Gefahrstoffe entsorgen, so dass sie nicht in das Grundwasser gelangen können.*

Sachkurs: Schutz der Atmosphäre

Beim Verbrennen von Heizstoffen wird ***Abgas*** *frei. Dieses enthält unter anderem Kohlendioxid (CO_2). Es lagert sich in der Luft ab. Das ist verantwortlich für die Klimaveränderung (Treibhauseffekt). Es ist also nötig, die in die Luft gelangenden Abgase zu verringern.*

Geruchlich kaum wahrnehmbare ***Oxide aus Abgasen von Kraftstoffen*** *sind verantwortlich für „sauren Regen". Zusammen mit dem Niederschlagswasser sind solche Gase (z. B. SO_2 oder NO_X) starke anorganische Säuren. Diese greifen viele Substanzen in der Umwelt an (Gebäude, Pflanzen) und versäuern den Boden. Sie sind für das Waldsterben verantwortlich. Es ist also nötig, das Verbrennen von Heiz- und Kraftstoffen zu kontrollieren (z. B. durch Abgasmessungen) und so weit wie möglich einzuschränken.*

Die als ***Treib- und Kühlmittel*** *genutzten Halogen-Kohlenwasserstoffe lagern sich beim Freiwerden in der oberen Lufthülle der Erde an. Sie zerstören die dortige Ozonschicht. Diese ist für das Abfiltern von schädlicher Sonnenstrahlung wichtig. Die weltweite Zunahme der Hautkrebserkrankungen wird auf diese Umweltstörung in der oberen Lufthülle zurückgeführt. Es ist also nötig, FCKW-freie Treib- und Kühlmittel zu benutzen (auch wo es bisher noch nicht vorgeschrieben ist).*

Aufgaben zur Wiederholung

1. *Nennen Sie mindestens 3 Beispiele für mögliche Umweltbelastungen durch Backbetriebe.*
2. *Warum ist die Forderung nach Umweltschutz so wichtig?*
3. *Stellen Sie Grundsätze der ökologischen Backwarenproduktion dar.*
4. *Beschreiben Sie, wie Müll reduziert bzw. umweltgerecht entsorgt werden kann.*
5. *Was bedeuten die Kennzeichen „Grüner Punkt" bzw. „Blauer Engel" auf Verpackungen?*
6. *Führen Sie mindestens 3 Möglichkeiten zum Energiesparen in Bäckereien und Konditoreien auf.*
7. *Weshalb ist es so wichtig, mit den Vorräten an Trinkwasser schonend umzugehen?*
8. *Nennen Sie Maßnahmen zur Reinhaltung von Grundwasser und Luft.*

Kostprobe von der Backwarenqualität

Qualität der Bäckereiprodukte

Qualität hat mehrere Teilaspekte, zum Beispiel:

- *die sensorische Produktqualität (wie: Aussehen, Geschmack),*
- *die Ernährungsqualität (wie: Brennwert),*
- *die Hygienequalität (wie: gesundheitliche Unbedenklichkeit),*
- *die ökologische Produktqualität (wie: Beitrag zum Umweltschutz),*
- *die ergonomische Qualität (wie: Sicherheit und Gesundheitsschutz im Betrieb).*

Alle Aspekte der Backwarenqualität werden in diesem Buch unter dem obigen QS-Symbol behandelt.

Qualitätssicherung

Ablaufschritte	Prüfmerkmale
Zutaten	Produktmerkmale, Eignung, Mindesthaltbarkeit, Lagerbedingungen
Rezepturen	Güte der Zutaten, Technologie, Dosierung, Bereitstellung
Herstellung	Vorbereitung, Steuerungsmöglichkeiten, Aufarbeitung, Gare und Backen
Lagerung	Temperaturen, Verpackung, Mindesthaltbarkeit
Verkauf	Herrichten, Präsentation, Temperaturen, Mindesthaltbarkeit
Qualitätsbeurteilung	Aussehen, Form, Farbe, Beschaffenheit, Geschmack

Qualitätsmanagement in Backbetrieben

Für „Qualität" gibt es im Sprachgebrauch kein allgemeinverbindliches Verständnis. Die Qualitätsanforderungen müssen von jedem einzelnen Betrieb für jedes Produkt festgelegt und mit Leben erfüllt werden. Eine wichtige Grundlage dafür sind die Erwartungen der Kunden und Gäste. Es gilt daher: *„Was Qualität ist, bestimmen die Kunden."*

Die Qualität der Produkte hat mehrere Teilaspekte (➡ nebenstehende Auflistung). Je nach Ware oder Verwendung können solche Aspekte unterschiedlich wichtig sein. Übergeordnet ist ihnen allen der Anspruch nach *Kundenzufriedenheit*.

Kunden sind mit einer Ware oder Leistung zufrieden, wenn diese
- bei angemessenem Preis,
- in erwartet guter Qualität,
- den gewünschten Nutzen erfüllt.

Konzept für die Sicherung der Produktqualität

Das Qualitätsniveau richtet sich nach den Ansprüchen der Kunden. Die daraus ableitbaren Forderungen richten sich nach innen: Es sind Appelle an alle in einem Betrieb beschäftigten Personen. Es sind messbare Ziele für jede Stufe der Produktion und des Verkaufs. Diese lassen sich zu einem Konzept aufbauen.

Qualitätssicherung über Zutaten und Rezeptur

Zutaten werden nach *Qualität und Eignung* für den Zweck ausgewählt. Bereits die Auswahl bestimmter Zutaten dient Qualitätsansprüchen (z. B. Butter statt Margarine). Die *Prüfung der Zutatenqualität* und die *optimale Zutatenlagerung* sind weitere Schritte zur Qualitätssicherung.

Die *Rezeptur* ist grundlegend für die spätere Qualität der Produkte: Die Zutaten müssen in der technologisch günstigsten Dosierung zum Teig verarbeitet werden (z. B. über die Milchmenge wird die Festigkeit des Teiges reguliert). Die Zutaten sind darüber hinaus ausschlaggebend für Beschaffenheit und Geschmack des Produkts (z. B. Aromazugabe).

Qualitätssicherung über Herstellungs- und Lagerbedingungen

Mit *festgelegten Herstellungsbedingungen* sind stets wiederholbare Werte (= Parameter) vorhanden, die für die Produktqualität wichtig sind. Solche Parameter sind zum Beispiel Teigtemperatur, Knetzeit, Teigruhe, Gare, Backtemperatur und Backzeit. Die nicht durch exakte Zahlenwerte festlegbaren Arbeitsweisen sind zu beschreiben.

Die *Festlegung von Lager- und Verkaufsbedingungen* geschieht in Bezug auf die Form der Vermarktung (z. B. stückweise frisch, in Fertigpackung und/oder Lieferung an Wiederverkäufer). Auch die korrekte Einteilung von Kuchen und ihre pflegliche Behandlung bei der Präsentation sind wichtige Maßnahmen zur Qualitätssicherung.

Qualitätssicherung über laufende Qualitätsbeurteilung

Die *Qualitätsprüfung* ist der letzte Schritt zur Sicherung der Qualität. Hier wird bestimmt, welche Merkmale ein Produkt zu erfüllen hat und wie sie zu beurteilen sind. Dazu gibt es allgemeine Prüfmerkmale für die Back- und Süßwaren (z. B. Volumen, Form, Lockerung, Porung, Geschmack). Die Qualitätsbeurteilung sollte regelmäßig erfolgen, und zwar als betriebsinterne und externe Prüfung. Beachten Sie dazu die Darstellungen und Unterlagen auf der CD-ROM zu diesem Buch.

Konzept für die Qualitätsarbeit im Betrieb

Die sensorische Qualität ist für *jedes einzelne Produkt* einer Bäckerei und Konditorei zu sichern. Das erfordert viel Arbeit. Es bringt aber auch viel Wissen über die Qualität der Produkte und Leistungen. Auch ist mit der Sammlung in einem *Qualitätshandbuch* und dessen Fortschreibung eine stetige Anpassung an Kundenwünsche möglich.

Qualitätsziele: für die Bäckerei und Konditorei unverzichtbar

Ein freiwilliges Qualitäts-Management muss zunächst dafür sorgen, dass nur Qualitätsware hergestellt und angeboten wird. Dabei geht es in erster Linie *nicht um ein möglichst hohes Qualitätsniveau*. Es geht vielmehr um die Sicherung einer *stets gleichmäßigen Qualität der Produkte*, also um die Erfüllung der Kundenerwartungen.

Dabei ist *Produktqualität* heute selbstverständliche Forderung an alle Fachgeschäfte. Deshalb sind solche Qualitätsziele anzustreben, die das Unternehmen einmalig und typisch machen. Dadurch wird es von den Konkurrenten auf dem Markt deutlich unterscheidbar und erhält seine unverwechselbare Identität (➡ nebenstehende Beispiele).

Qualitätshandbuch: auch für handwerkliche Betriebe?

Die Ziele des Qualitäts-Managements sind zu erarbeiten und in einem *Qualitätshandbuch* niederzulegen. Letztlich kann das Unternehmen sich einer externen Begutachtung unterziehen (sich zertifizieren lassen). Ein erteiltes Qualitäts-Zertifikat ist für Handelsgeschäfte mit Großkunden oder Wiederverkäufern sowie für eigene Werbemaßnahmen positiv.

Wichtiger ist aber eigentlich, *welche Qualitätsziele* erreicht wurden und *wie* diese im Unternehmen gefunden und gelebt werden. Eine darauf abzielende ganzheitliche Arbeit wird als das „Total-Quality-Management (TQM)" bezeichnet. Diese Arbeit sollte in handwerklichen Backbetrieben auch ohne ein exakt ausformuliertes Qualitätsmanagement-Handbuch möglich sein.

Qualitätsarbeit: für den handwerklichen Premium-Betrieb

Das TQM dient also nicht nur der Produktqualität, sondern soll auch die übrigen Leistungen des Betriebs optimieren. Ein Backbetrieb kann sich so zu einem *Premium-Betrieb* entwickeln. Die Qualitätsarbeit ist dabei Grundlage und Teil des Marketings (➡ Seite 85). Ganz besonders ist zu beachten, dass die Aktivitäten zur Qualitätsarbeit unter Einbeziehung aller Beschäftigten – aus Produktion und Verkauf – ergriffen werden.

Was können Sie im Qualitäts-Management Ihres Betriebs tun?

- Sie bieten im Verkaufsbereich frische und qualitativ hochwertige Back- und Süßwaren an. Sie erfüllen damit die *Kundenerwartungen*. Sie bestimmen damit das *Leistungsangebot* Ihres Betriebs.
- Sie sollten mit dem Produktionsbereich kooperieren. So können Sie die *Kundenerwartungen* an die Bäcker/Konditoren weitergeben. Und Sie erfahren auf diesem Weg, was die Backstube leisten kann.
- Sie können aus Ihrer Kenntnis der Kundenerwartungen heraus für die *Produktpolitik* anregen, was in der Produktion zu beachten ist. Sie sind dadurch als so genannter „interner Kunde" für das Marketing Ihres Betriebs wichtig.
- Sie können in Zusammenarbeit mit der Produktion die *Qualitätsziele* umsetzen, durch die sich Ihr Betrieb von anderen Mitbewerbern auf dem Markt als *Premium-Betrieb* typisch unterscheiden kann.

Beispiele für Qualitätsziele, die über die Produktqualität hinausgehen

- *Kundenorientierung bei allen betrieblichen Leistungsangeboten*
- *Aufmerksamkeit und Freundlichkeit gegenüber allen Kunden; Kompetenz für das Backen im Laden herausstellen*
- *Optimale Serviceangebote für die Kunden*
- *Besondere Kauferlebnisse für die Kunden durch Themenorientierung und Aktionen*
- *Angebote für den Bestellkauf ausweiten; spezielle Kundenwünsche bei den Produktangeboten erfüllen*
- *Senkung der Kosten für Qualitätsarbeit um mindestens 20 %*
- *Erledigung eingehender Nachrichten/Post innerhalb von 3 Tagen*

Was in einem Qualitätshandbuch steht

*Das **Qualitätshandbuch** ist ein Teil der Dokumentation für das betriebliche Qualitätsmanagement. Es ist das „Grundgesetz" für die Qualitätsarbeit des Betriebs. Auf dieser Basis erfolgt die Zertifizierung durch einen externen Gutachter (nach DIN ISO EN 9001:2000).*

Beispiele und weitere Informationen zum Qualitätsmanagement finden Sie auf der CD-ROM zu diesem Buch.

Worterklärung

*Ein **Premium-Backbetrieb** hebt sich von anderen Backbetrieben ab, indem er*
- *bei seinen Produkten die Qualität der Mitbewerber übertrifft,*
- *bei seinen Kunden beliebt ist wegen des besonderen Preis-Leistungs-Verhältnisses,*
- *in der Öffentlichkeit einzigartig und unverwechselbar auftritt,*
- *seinen Kunden besondere Erlebnisse beim Einkauf bietet, sie überrascht, sie mit neuen Ideen förmlich verblüfft.*

Handlungsorientierte Aufgaben

- ➤ *Beschreiben Sie anhand eines Beispiels aus Ihrem Ausbildungsbetrieb die **Parameter zur Sicherung der Produktqualität** eines ausgewählten Gebäcks.*
- ➤ *Führen Sie die **Qualitätsbeurteilung** für eine Backware mit Hilfe eines Bogens für die betriebsinterne Qualitätskontrolle durch.*
- ➤ *Prüfen Sie die **Qualität einer Backware** mit Hilfe des DLG-Schemas.*

Hinweise und Unterlagen für diese Aufgaben finden Sie auf der CD-ROM zu diesem Buch.

Verbraucherschutz in Backbetrieben

Der Geschäftsführer einer Bäckerfachorganisation kritisiert in einem Zeitungsbericht die vielen Vorschriften zum Schutz der Verbraucher. Seiner Meinung nach würden die „mündigen Verbraucher" damit vom Staat bevormundet. Im Gegensatz zu dieser Äußerung stehen die Forderungen von Verbraucherverbänden: Sie erwarten vor allem im Lebensmittelbereich mehr Informationen und Kennzeichnungen. Das ist im Zusammenhang mit den „Lebensmittelskandalen" ein Problem, das in allen Mitgliedsländern der Europäischen Union von großem Interesse ist.

Welche Regeln zum Verbraucherschutz sind in Ihrem Berufsbereich vor allem wichtig?

Ziele des Verbraucherschutzes

- ***Schutz vor gesundheitlichen Schäden*** *(zum Beispiel: Vorbeugung von Lebensmittelvergiftungen durch verdorbene Produkte)*
- ***Schutz vor wirtschaftlichen Schäden*** *(zum Beispiel: Verbot von Irreführung oder Täuschung beim Lebensmittelangebot)*

Sachverweis

*Weitere Ausführungen zu Maßnahmen der **Hygiene im Backgewerbe** finden Sie auf den Seiten 15 sowie 44 bis 47.*

Was sind Bedarfsgegenstände?

*Als **Bedarfsgegenstände** gelten im rechtlichen Sinne alle Gegenstände, die beim Herstellen, Behandeln oder Verzehren von Lebensmitteln verwendet werden und dabei mit diesen in Berührung kommen oder auf sie einwirken.*

Alle Bedarfsgegenstände müssen so beschaffen sein, dass sie die Lebensmittel nicht nachteilig beeinflussen (sie müssen „Lebensmitteleignung" besitzen).

§ Rechtliche Bestimmungen

Wer Lebensmittel herstellt, behandelt oder in Verkehr bringt,

– hat durch ein Konzept betriebseigener Kontrollen die Sicherungsmaßnahmen zur Gewährleistung der gesundheitlichen Unbedenklichkeit der Produkte festzulegen,

– hat zu gewährleisten, dass Personen, die mit Lebensmitteln umgehen, entsprechend ihrer Tätigkeit und Ausbildung in Fragen der Lebensmittelhygiene geschult werden. Die Unterrichtungen können mit den Belehrungen nach dem Infektionsschutzgesetz verbunden werden und sind in angemessenen Zeitabständen zu wiederholen.

Schutz der Verbraucher vor gesundheitlichen Schäden

Es ist verboten, Lebensmittel für andere derart herzustellen oder zu behandeln, dass ihr Verzehr geeignet ist, die Gesundheit zu schädigen.

Mit dieser einfachen, aber umfassenden Aussage sind Produzenten und Händler von Lebensmitteln gesetzlich auf den Gesundheitsschutz der Verbraucher verpflichtet. Wie das bei der Backwarenproduktion oder im Umgang mit bestimmten Lebensmitteln zu erfolgen hat, das ist in verschiedenen Rechtsverordnungen geregelt.

Die Einhaltung der Vorschriften zum Verbraucherschutz wird durch die Lebensmittelüberwachung kontrolliert. Dabei wird Wert darauf gelegt, dass *die gesundheitliche Unbedenklichkeit der Lebensmittel durch vorbeugende Maßnahmen* gesichert wird.

Beispiel: Hygienemaßnahmen

Die meisten Gefahren für die gesundheitliche Unbedenklichkeit von Backwaren sind durch eine „Gute Herstellungspraxis" beherrschbar.

- Die *Betriebshygiene* muss die Hygieneanforderungen an Räume, Maschinen, Anlagen und alle Bedarfsgegenstände sicherstellen.
- Die *Produkthygiene* muss die Hygieneanforderungen beim Umgang mit Back- und Süßwaren garantieren (vom Wareneinkauf über alle Stufen der Herstellung bis zum Verkauf der Fertigprodukte).
- Die *Personalhygiene* muss die Hygieneanforderungen an Personen im Lebensmittelbereich sowie deren hygienebewusstes Verhalten gewährleisten.

Weil die meisten Risiken für die Lebensmittelsicherheit von den Menschen ausgehen (und nicht von gefährlichen Maschinen), ist die vorgeschriebene *Hygieneschulung der Beschäftigten* sehr wichtig.

Welche Folgen hat es, wenn Verbraucher durch den Verzehr eines Lebensmittels gesundheitlich geschädigt werden?

Das *Produkthaftungsgesetz* bestimmt: Wird jemand durch den Fehler eines Produktes geschädigt, muss der Hersteller des Produktes dem Geschädigten den daraus entstandenen Schaden ersetzen. Dabei ist der Hersteller grundsätzlich verpflichtet, mögliche Entlastungsbeweise zu erbringen („Beweislastumkehr" zugunsten des Verbrauchers).

Vorbeugende Hygienemaßnahmen des Betriebs sind zwar kein Schutz vor einem Produkthaftungsverfahren. Sie sind aber der wichtigste Weg zur Risiko-Eingrenzung sowie zum *Nachweis der Sorgfaltspflicht* beim Umgang mit Lebensmitteln.

Beispiel: Rückverfolgbarkeit von Rohstoffen

Die Gesundheitsgefahren für Verbraucher bei *Lebensmittelskandalen* sollen damit eigedämmt werden, dass die betroffenen Lebensmittel und deren Rohstoffe gezielt und schnell auffindbar gemacht werden können. Dafür muss ein Rückverfolgbarkeits-System für Lebens- und Futtermittel über alle Produktions-, Verarbeitungs- und Vertriebsstufen angewendet werden.

Im Wesentlichen hat das folgende Bedeutung:

- Der Verarbeiter eines Rohstoffs muss mindestens die vorgelagerte Stufe kennen und dokumentieren (also: Lieferanten, Bezeichnung des Rohstoffs, Produktspezifikation, Lieferzeitpunkt).
- Der Hersteller/Händler eines Lebensmittels muss die nachgelagerte Stufe kennen und dokumentieren (also: Kundenname, Bezeichnung des Produkts, Lieferzeitpunkt). Ausgenommen von dieser Pflicht sind Unternehmen, die ihre Produkte direkt an Endverbraucher abgeben (z. B. Bäcker – mit Ausnahme der Lieferungen an Wiederverkäufer).
- Die Verpackungen der Lebensmittel müssen eine Loskennzeichnung aufweisen. Diese soll insbesondere im Falle einer Rückrufaktion die entsprechende Lebensmittel-Charge auffindbar machen.
- Die Dokumente zur Rückverfolgbarkeit sind für eine bestimmte Zeit aufzubewahren. Sie sind bei Lebensmittelkontrollen vorzulegen.

Unabhängig von den Bestimmungen zur Rückverfolgbarkeit hat jeder Hersteller anzuzeigen, wenn er feststellt, dass von ihm hergestellte Lebensmittel in gesundheitsgefährdender Weise mangelhaft sind oder er auch nur den Verdacht dafür hat.

Beispiel: Kennzeichnung von Zusatzstoffen und Allergenen

Sehr viele Menschen leiden an Unverträglichkeiten oder Allergien beim Verzehr bestimmter Nahrungsmittel. Beispielsweise Zusatzstoffe oder auch natürlich enthaltene Inhaltsstoffe der Lebensmittel können solche krankmachenden Folgen haben. Für die betroffenen Verbraucher ist es also wichtig, sich verlässlich über die Zusammensetzung ihrer Nahrung informieren zu können.

Für Produkte des Backgewerbes gibt es folgende Informationsquellen:

– Die verwendeten Zusatzstoffe müssen bei Waren in Fertigpackung in dem Verzeichnis der Zutaten auf dem Packungsetikett aufgeführt sein. Einige Zusatzstoffe müssen auch bei unverpackt angebotenen Waren kenntlich gemacht werden (➡ nebenstehende Liste).

– Die in einem Produkt enthaltenen Zutaten mit allergener Wirkung müssen bei der Bereitstellung dieser Waren zum Verkauf kenntlich gemacht werden (➡ untere Liste und Hinweise auf der CD-ROM).

Zur Erleichterung der Information können die Angaben in einer für die Kunden zugänglichen Datei in der Verkaufsstelle bereitgestellt werden (mit Hinweis auf diese Produktinformationen). Darüber hinaus können die Fachverkäufer/innen über die Zusammensetzung der angebotenen Waren Auskunft geben.

Für diese Informationspflichten müssen dem Verkaufsbereich exakte Angaben über die jeweils verwendeten Zutaten gegeben werden. Auch muss im Produktionsbereich gesichert sein, dass Allergene nicht durch Unachtsamkeit in Produkte gelangen, in denen sie sonst nicht als Zutat enthalten sind. Allergiker reagieren nämlich bereits auf geringe Spuren des Allergens und werden beim Verzehr der Produkte krank.

Herstellungs- und Vertriebsstufen für Getreidemahlerzeugnisse

Saatguthersteller

Saatguthandel

Landwirt

Agrarhandel

Mühlen

Backmittel- u. Backgrundstoffhersteller

Bäckereigroßhandel

Bäcker

Endverbraucher

Kennzeichnungspflichtige Zusatzstoffe (auch bei unverpackten Back- und Süßwaren)

- *Antioxidationsmittel*
- *Konservierungsstoffe*
- *Farbstoffe*
- *Geschmacksverstärker*
- *Süßungsmittel*
- *Geschwefelte Zutaten (ab 10 ppm SO_2)*
- *Phosphate*

Kennzeichnungspflichtige „Allergene"

- *Glutenhaltiges Getreide (d. h.: Roggen, Weizen, Gerste, Hafer, Dinkel, Kamut oder Hybridstämme davon) sowie daraus hergestellte Erzeugnisse*
- *Eier und Eiererzeugnisse*
- *Fisch und Fischerzeugnisse*
- *Erdnüsse und Erdnusserzeugnisse*
- *Soja und bestimmte Sojaerzeugnisse*
- *Milch und Milcherzeugnisse einschließlich Lactose (Milchzucker)*
- *Schalenfrüchte (das sind Mandeln, Haselnüsse, Walnüsse, Cashewnüsse, Pecanüsse und Paranüsse sowie daraus hergestellte Erzeugnisse)*
- *Pistazien, Macadamianüsse und Queenslandnüsse*
- *Sellerie und Selleriеerzeugnisse*
- *Senf und Senferzeugnisse*
- *Sesam und Sesamerzeugnisse*
- *Schwefeldioxid und Sulfite in einer Konzentration von mehr als 10 mg/kg oder 10 mg/l, angegeben als Schwefeldioxid*

➤ *Ist anhand der Bezeichnung „Krustenbrot“ für die Verbraucher eindeutig zu erkennen, wie diese Brotsorte beschaffen ist?*

Sind Gattungsbezeichnungen beliebig?

*Die **Gattungsbezeichnungen** für Back- und Süßwaren können sich beziehen*
- *auf die ursprüngliche Herstellungsart oder Herkunft (z. B. „Breslauer Semmel“),*
- *auf einen Personennamen oder ein Amt (z. B. „Kaiserbrötchen“),*
- *auf die Formgebung oder das Aussehen (z. B. „Rosenbrötchen“),*
- *auf das Verfahren der Herstellung (z. B. „Holzofenbrot“),*
- *auf die besondere Eignung zur Verwendung (z. B. „Toastbrot“).*

Solche Gattungsbezeichnungen unterliegen keinen Rechtsvorschriften. Die so bezeichneten Produkte müssen aber die Merkmale nach der allgemeinen Verkehrsauffassung erfüllen.

Sachkurs: Leitsätze und ihre Bedeutung

*Für die Backbetriebe sind vor allem die **Leitsätze für Brot und Kleingebäck** und die **Leitsätze für Feine Backwaren** wichtig. Darin werden Begriffe erklärt und Produkte mit ihren Verkehrsbezeichnungen sowie den erwarteten Merkmalen beschrieben.*

Die Leitsätze haben nicht den Rang einer Rechtsnorm. Sie sind eher mit Gutachten von Sachverständigen vergleichbar. Im Streitfall werden sie als Richtschnur herangezogen. Abweichungen von den Anforderungen der Leitsätze müssen dann hinreichend begründbar sein.

Es ist jedoch jedem in- und ausländischen Produzenten oder Händler möglich, auch Waren mit Merkmalen anzubieten, die von den Anforderungen der Leitsätze abweichen. Zum Schutz vor Täuschung oder Irreführung muss das aber für die Verbraucher hinreichend kenntlich gemacht werden.

Schutz der Verbraucher vor wirtschaftlichen Schäden

Es ist verboten, Lebensmittel unter *irreführender Bezeichnung* in den Verkehr zu bringen.

Es ist verboten, Lebensmittel *ohne genügende Kenntlichmachung* in den Verkehr zu bringen,
- wenn sie nachgemachte Lebensmittel sind,
- wenn sie von der allgemeinen Verkehrsauffassung abweichen und in ihrem Wert gemindert sind,
- wenn sie den Anschein einer besseren Beschaffenheit erwecken als sie tatsächlich haben.

Anhand dieser etwas abstrakten Verbote aus dem Lebensmittelrecht lassen sich im Umkehrschluss Forderungen für das ordnungsgemäße Lebensmittelangebot ableiten.

Beispiel: Verkehrsbezeichnungen für Back- und Süßwaren

Die *Verkehrsbezeichnung* ist der Name eines Lebensmittels. Sie muss das Lebensmittel so beschreiben, dass die Verbraucher daran die Art des Lebensmittels erkennen und es von ähnlichen anderen Produkten unterscheiden können.

Für Brote, Kleingebäcke und Feine Backwaren gibt es *keine rechtlich festgelegten Verkehrsbezeichnungen*.

Bei Bezeichnungen für Back- und Süßwaren sind zu unterscheiden:

- Es gibt Angebote mit rechtlich *geschützten Herkunftsbezeichnungen* (wie „Dresdner Stollen“ oder „Aachener Printen“). Diese Waren müssen aus dem genannten Gebiet stammen. Für andere Produkte ist die Verwendung der Namen verboten. Das gilt auch für Hinweise auf ähnliche Art (z. B. ist verboten: „Stollen nach Dresdner Art“).

  Wenn Produkte mit einer regionalen Bezeichnung und dem Zusatz „echt“ oder „original“ angeboten werden (z. B. „original bayrische Brezn“), dann wird es eine *Herkunftsangabe*.
- Es gibt Angebote mit *Gattungsbezeichnungen* (z. B. „Kasseler Brot“ oder „Berliner Pfannkuchen“). Dieses sind keine Herkunftsangaben. Sie sind aber „nach allgemeiner Verkehrsauffassung“ so deutlich, dass die Verbraucher die Merkmale dieser Produkte kennen. Für Brot und Kleingebäck sowie für Feine Backwaren gibt es *Leitsätze*. Darin sind Verkehrsbezeichnungen mit den Merkmalen der Produkte nach allgemeiner Verkehrsauffassung aufgeführt.

  Waren dürfen unter Gattungsnamen mit abweichenden Merkmalen angeboten werden. Das muss jedoch zum *Schutz vor Irreführung* für die Verbraucher hinreichend kenntlich gemacht werden.
- Es gibt Angebote mit *Fantasiebezeichnungen* (z. B. „Backhausbrot“ oder „Joggingtörtchen“). Solche Bezeichnungen und Händler- oder Markennamen lassen keinen Schluss auf die Art der Produkte zu. Darum müssen sie mit einer näheren Erklärung oder Beifügung der Gattungs- oder Verkehrsbezeichnung angeboten werden.
- Es gibt Angebote mit *ergänzten Bezeichnungen für Herstellung oder besondere Beschaffenheit* (z. B. „Roggenbrot mit Natursauerteig“ oder „Apfelkuchen mit frischen Früchten“). Solche Bezeichnungen sind nur dann erlaubt, wenn die herausgestellten Merkmale wirklich zutreffen. Ansonsten werden die Verbraucher getäuscht.

  Für spezielle Back- und Süßwaren (z. B. für Diätprodukte) sind deren Bezeichnungen und Merkmale rechtlich geregelt.

Beispiel: Kenntlichmachung von Zutaten

Beim Anbieten von Back- und Süßwaren sind alle Informationen über die Produkte eine *Kenntlichmachung (= Deklaration)*, egal ob sie nun freiwillig erfolgt oder durch rechtliche Vorschriften gefordert ist.

In *ihrem Wert geminderte Lebensmittel* müssen kenntlich gemacht sein, wenn sie in den Verkehr gebracht werden.

Wertminderung eines Lebensmittels liegt vor, wenn ihr Nähr- oder Genusswert nicht unerheblich gemindert ist. Das ist beispielsweise bei Altgeschmack oder Nährwertverlust der Fall.

Die *Deklaration* ist immer dann rechtlich gefordert, wenn Verbraucher über die wirkliche Beschaffenheit oder Merkmale eines Lebensmittels getäuscht werden könnten.

In jedem Fall muss die Kenntlichmachung deutlich sichtbar und leicht lesbar erfolgen. Eine allgemeine Deklaration beispielsweise allein durch ein Hinweisplakat in der Verkaufsstelle ist nicht erlaubt. Damit erhalten nämlich die Kunden keine Information, für welche Ware das zutrifft.

Wie erfolgt die rechtlich geforderte Kenntlichmachung richtig?

Die rechtlich geforderte Deklaration erfolgt

- bei Fertigpackungen auf der Umhüllung selbst oder auf dem mit ihr verbundenen Etikett,
- bei unverpackten Produkten und solchen Packungen, die von der Kennzeichnungspflicht befreit sind (= Nicht-Fertigpackungen), auf einem Schild neben der Ware oder auf der Umhüllung der Ware,
- bei Produkten für den Sofortverzehr im Café oder Imbiss auf den Speise- und Getränkekarten.

Die rechtlich geforderte Deklaration bezieht sich nur auf die Inhalte, die als Informationen für Kunden nötig sind. So erfüllt beispielsweise die folgende Formulierung den Zweck: „Mit kakaohaltiger Fettglasur".

Nicht erlaubt sind zusätzliche Angaben, die Kunden täuschen können. Verboten ist danach zum Beispiel: „Überzug mit feinster Fettglasur".

Wie ist das mit der Kenntlichmachung bei Spitzenqualitäten?

Wenn Kunden *Baumkuchen*, *Sachertorten* oder *Elisenlebkuchen aus eigener Herstellung* verlangen, erwarten sie in der Bäckerei/Konditorei nur Produkte mit hochwertigen Zutaten. Jedoch in den Ländern der EU dürfen zu diesen Erzeugnissen nachgemachte Rohstoffe verwendet werden, wenn das für die Verbraucher *hinreichend kenntlich gemacht* wird. Das erfolgt auf Fertigpackungen im Zutatenverzeichnis. Bei den unverpackt angebotenen Produkten ist ein Hinweis auf einem Schild auf oder neben der Ware gefordert (➡ Zusätzliche Informationen).

Es gibt eine Reihe von Erzeugnissen, die nach einer Zutat bezeichnet werden (z. B. *Butterkuchen*, *Mohnkuchen* oder *Rosinenstuten*). Diese Gebäcke müssen die genannte Zutat in einer Mindestmenge enthalten, so dass sie *wertbestimmend in Erscheinung* tritt.

Bei Bezeichnungen mit Aroma-Angabe (z. B. „Vanillekipferl") muss natürliches Aroma in einer solchen Menge verwendet werden, dass es geschmacklich deutlich wahrnehmbar ist. Bei Produkten mit einer namengebenden Zutat ist eine zumeist auf die Getreideerzeugnisse bezogene Zusatzmenge gefordert (z. B. bei Mandelstollen mindestens 20 % Mandeln). Für Warenangebote in Fertigpackungen gilt durch die *QUID-Regelung* besonderes Recht (➡ nebenstehende Hinweise).

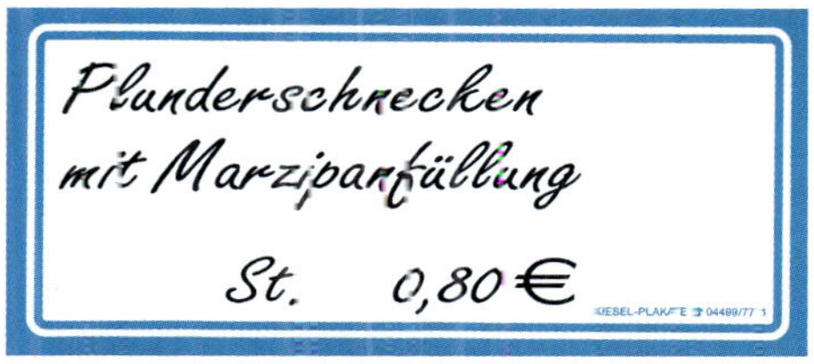

Preisschild mit einer ergänzten freiwilligen Angabe über enthaltene Zutaten

Beispiele für täuschende Angaben

Täuschung liegt beispielsweise vor, wenn

- *ein Gebäck mit einer Persipanfüllung als „mit Marzipan gefüllt" angeboten wird,*
- *ein mit kakaohaltiger Fettglasur überzogenes Kremstückchen mit dem Hinweis auf „Schokoladenglasur" angeboten wird,*
- *ein Bienenstichkuchen mit einer Röstmasse aus Nusskernen als „Mandelbienenstich" angeboten wird.*

Zusätzliche Informationen: Kakaohaltige Fettglasur bei Spitzenqualität

Zu Back- und Süßwaren der Spitzenqualität darf in sinngemäßer Anwendung eines Urteils des Europäischen Gerichtshofs kakaohaltige Fettglasur verwendet werden, wenn deren Verwendung für die Verbraucher kenntlich gemacht wird (Zutatenverzeichnis, Schild).

Wenn allerdings in der ***Verkehrsbezeichnung*** *der Ware auf „Kakao" oder „Schokolade" hingewiesen wird, ist die Verwendung von kakaohaltiger Fettglasur eingeschränkt. Sie darf nur dann verwendet werden, wenn in der Backware selbst genügend Kakao- und Schokoladenanteile enthalten sind, so dass die Bezeichnung der Ware danach erlaubt ist.*

Worterklärung

QUID *ist die Abkürzung für die englische Bezeichnung der EU-Regelung zur mengenmäßigen Kennzeichnung von Zutaten in Lebensmitteln (= Quantitative Ingredients Declaration). Diese Regelung ist in das deutsche Recht übernommen worden.*

Beispiel für eine QUID-Deklaration

In der Zutatenliste für ***Käse-Kirsch-Kuchen*** *werden unter anderem ausgewiesen: Zucker, Frischkäse (23 %), Vollei, Kirschen (12 %), Butterreinfett, Weizenmehl, Weizenstärke, Joghurt, Verdickungsmittel (E 415), Salz, Aroma, Backtriebmittel (E 450, E 500).*

Die Prozentangaben hinter Frischkäse und Kirschen sind die QUID-Angabe.

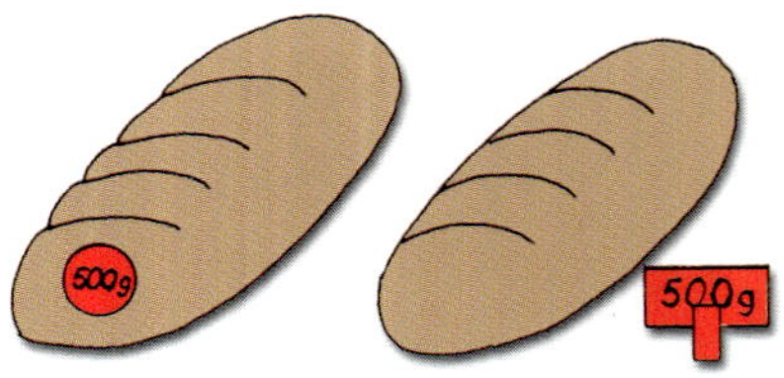

Möglichkeiten für die Gewichtskennzeichnung bei unverpackt angebotenen Broten

Abweichungs-Toleranzen vom Nenngewicht
(Zeitpunkt: erstmaliges Inverkehrbringen)

Nennfüllmengen	*Zulässige Minusabweichungen*	
5 bis 50 g	*18 %*	–
50 bis 100 g	–	*9 g*
100 bis 200 g	*9 %*	–
200 bis 300 g	–	*18 g*
300 bis 500 g	*6 %*	–
500 bis 1000 g	–	*30 g*
1000 bis 10000 g	*3 %*	–

Achtung: Zum Zeitpunkt der Herstellung dürfen die Minusabweichungen nicht mehr als die Hälfte der obigen Werte betragen. Als Zeitpunkt der Herstellung gilt bei unverpacktem Brot etwa eine Stunde nach dem Backen (nach Ausdampfen des frischen Brotes). Bei Fertigpackungen gilt als Zeitpunkt der Herstellung das Gewicht bei der Herstellung der Packung (beim Einwiegen).

Beispiel für die Genauigkeit des Nenngewichts

- *Ein unverpacktes Roggenmischbrot mit 1 000 g Nenngewicht darf bei der Gewichtskontrolle 1 Stunde nach dem Backen ein Mindergewicht von bis zu 15 g haben (also bis 985 g). Die Stichprobe von 10 Broten dieser Herstellung muss aber das Gesamtgewicht von 10 000 g ergeben.*
- *Das obige Brot mit 1 000 g Nenngewicht darf beim erstmaligen Inverkehrbringen bis zu 30 g Mindergewicht haben. Bei einer Stichprobe von 10 Broten dieser Herstellung muss aber das Gesamtgewicht von 10 000 g erzielt werden.*
- *Für Brot mit 1 000 g Nenngewicht wird bei einer Gewichtskontrolle 10 Stunden nach dem Backen ein Austrocknungsverlust von 2 % berücksichtigt. Bei einer Stichprobe von 10 Broten dieser Herstellung muss das Gesamtgewicht noch 9800 g betragen.*

Berechnungen

Ermitteln Sie mit Hilfe der obigen Tabelle die zulässigen Minusabweichungen bei Fertigpackungen, bei unverpacktem Brot zum Zeitpunkt der Herstellung und nach einer Lagerung von 10 Stunden.

Gewerberechtliche Regelungen zum Verbraucherschutz

Die Kunden brauchen Informationen für ihre Kaufentscheidung. Ganz wesentlich – und deshalb auch rechtlich vorgeschrieben – sind die Angaben über Menge und Preis einer Ware.

Was müssen Sie dazu beachten?

Beispiel: Gewichts- und Mengenangaben

Für die Unterscheidung von Kleingebäcken und Brot gilt,
- dass *Kleingebäcke* ein Gewicht bis zu 250 g pro Stück haben,
- dass *Brote* mehr als 250 g pro Stück wiegen.

Es gibt für Brote, Kleingebäcke, Feine Backwaren und Süßwaren keine verbindlich festgelegten Gewichtseinheiten.

Handelsüblich sind in Deutschland Brotgewichte in Einheiten, die ohne Rest durch 250 teilbar sind (z. B. 500 g, 750 g, 1 000 g oder 1 500 g), für Schnittbrot auch darunter (z. B. 100 g, 125 g und 250 g). Das ist damit begründet, dass bei diesen Gewichtseinheiten früher eine Befreiung von der Pflicht zur *Grundpreisangabe* galt (➞ Seite 81).

Wie das Gewicht auszuweisen ist

Für die Kennzeichnung der *Füllmenge* (= Gewicht oder Stückzahl oder Volumen) sind verschiedene Vorschriften zu beachten.

- Grundsätzlich sind die Füllmengen exakt anzugeben (z. B. „500 g"). Ungenaue Angaben sind nicht erlaubt (z. B. „etwa 250 g").
- Bei *unverpackten Broten* muss das Gewicht leicht erkennbar auf dem Brot oder durch Schild auf oder neben dem Brot angegeben sein.

  Für alle übrigen unverpackten Back- und Süßwaren bestehen keine Vorschriften zur Gewichtskennzeichnung. Jedoch ist die Angabe der Einheit gefordert (Gewicht, Stückzahl, Volumen), auf welche sich der Endpreis bezieht.
- Bei *Fertigpackungen* mit Brot oder Feinen Backwaren erfolgt die Angabe zur Füllmenge deutlich lesbar und leicht erkennbar auf der Verpackung oder auf einem mit der Verpackung verbundenen Etikett.

Welche Abweichungen vom Nenngewicht zulässig sind

Wenn Brot mit dem Nenngewicht 500 g angeboten werden soll, sind pro Brot etwa 560 g Teig nötig. Denn der Teig verliert beim Backen an Gewicht (= Backverlust). Trotz dieser Vorkehrung ist bei Backwaren das angegebene Gewicht nicht auf das Gramm genau einzuhalten.

Gründe für Abweichungen des *Gebäckgewichts* vom *Nenngewicht*:

- Beim Aufarbeiten der abgewogenen Teigstücke können leicht kleine Teigteilchen abfallen.
- Beim Backen verlieren Teige und Massen unterschiedlich viel an Gewicht (Höhe des Backverlustes je nach Art, Form und Größe).
- Beim Auskühlen und Bevorraten der Backwaren entstehen weitere Gewichtsverluste (durch Wasserverdunstung aus dem Gebäck).

Bei behördlichen Kontrollen der Gebäckgewichte sind nur bestimmte Abweichungen vom Nenngewicht zulässig (➞ Tabelle am Rand oben). In diesem Rahmen darf das *Einzelstück* vom Nenngewicht abweichen. Im Mittelwert muss das Gewicht aller Gebäcke/Packungen aus der gleichen Herstellung dem Nenngewicht entsprechen. Das mittlere Gewicht ist der Durchschnittswert einer Stichprobe (mit zumeist 10 Stück).

Beispiel: Preisangaben

Wer *Letztverbrauchern* gewerbsmäßig Waren anbietet, hat für die Waren die *Endpreise* anzugeben. Letztverbraucher sind die Käufer, die eine Ware selbst verbrauchen (nicht gewerbsmäßig weiterverarbeiten). *Endpreise* sind die Preise einschließlich Mehrwertsteuer ohne Abzug eines Rabatts. Die Verpflichtung zur Angabe der Endpreise gilt nicht nur für Warenangebote im Laden. Auch bei Angeboten in Schaufenstern, auf Plakaten und in der Werbung sind diese Preise anzugeben.

Soweit es der Verkehrsauffassung entspricht, sind die Preise auch mit *Verkaufseinheit* und *Gütebezeichnung der Ware* auszuweisen.

Als *Verkaufseinheit* für Back- und Süßwaren, auf die sich der Endpreis zu beziehen hat, kommen in Frage:
- eine Packung (bei Fertigpackungen und bei offenen Packungen),
- das Stückgewicht (bei unverpackten ganzen Broten),
- 100 Gramm oder ein Kilogramm (bei lose angebotenen Waren),
- ein Stück (bei Kleingebäcken und anderen unverpackten Back- und Süßwaren, die stückweise angeboten werden).

Wie die Endpreise richtig ausgewiesen werden

Lose Back- und Süßwaren sind unverpackte Waren, die mengenmäßig nach dem Wunsch des Kunden abgegeben werden.

Lose Back- und Süßwaren sind zum Beispiel Lebkuchenmischung, Teegebäck, Pralinen oder Bonbons. Lose Backwaren sind aber auch großstückige Gebäcke, die aufgeteilt nach Gewicht abgegeben werden. Dazu zählen beispielsweise Sandkuchen, Christstollen und auch Brot zum Aufteilen in Stücke oder als Brotaufschnitt.

Für diese Backwaren könnten die Preisangaben etwa so aussehen:
- Brotaufschnitt 100 g = 0,35 €
- Butterkuchen, Stück = 1,10 €
- Rosinenstuten, 400 g = 2,20 €

Für *Waren in Fertigpackungen* muss der Preis *nicht* zusammen mit den anderen Kennzeichnungen auf der Packung selbst ausgewiesen sein.

Üblich ist es, Preisetiketten auf die Verpackung aufzukleben oder den Preis direkt mit Preisauszeichnern aufzudrucken. Es genügt aber auch das Preisschild neben der Ware (z. B. am Regal). Für Fertigpackungen, die nach Gewicht gekennzeichnet sind, ist zusätzlich zum Endpreis die Angabe des *Grundpreises* gefordert.

Welche Regelungen zum Grundpreis zu beachten sind

Der Grundpreis ist der Preis für 1 Kilogramm oder 1 Liter einer Ware. Er kann für Waren in Kleinmengen auch für 100 g ausgewiesen werden.

Mit Hilfe der Grundpreisangabe sollen Käufer unterschiedliche Mengen von Waren rasch auf ihre Preiswürdigkeit hin vergleichen können.

Von der Ausweisung des Grundpreises sind *grundsätzlich befreit*:
- kleine Geschäfte mit überwiegendem Bedienungsverkauf,
- Betriebe mit Service-Verkauf (z. B. Imbiss- und Café-Angebote),
- Angebote von Waren in Getränke- und Speiseautomaten.

Demnach sind Verkaufsstellen handwerklicher Bäckereien bei Abgabe ihrer Waren im Wege des Bedienungsverkaufs *nicht zur Ausweisung von Grundpreisen verpflichtet.* Das *gilt nicht* für Filialbetriebe mit einem standardisierten Absatzsystem (z. B. Filial-Ketten, Franchise-Läden).

Form der Preisauszeichnung für die lose Abgabe von Waren nach Gewicht

➤ *Muss bei der obigen Preisangabe zusätzlich der Grundpreis ausgewiesen werden?*

Sachkurs:
Preisauszeichnung mit Grundpreisangabe

*Die **Grundpreisangabe** ist vor allem wichtig, wenn Waren zur Selbstbedienung angeboten werden und die Kunden eine Auswahl nach unterschiedlichen Mengen haben.*

Durch die Übernahme der EG-Grundpreis-Richtlinie in nationales Recht gelten seit dem Jahr 2000 folgende Regelungen:

- *Der Grundpreis ist auszuweisen bei Waren, die nach Gewicht vermarktet werden, und zwar bei unverpackten Waren und bei Waren in Fertigpackung.*

  Wichtig ist hier: Die früher geltenden Befreiungen von der Pflicht zur Ausweisung des Grundpreises beim Einhalten bestimmter Füllmengen sind nicht mehr gültig. Der Grundpreis ist demnach unabhängig von der Gewichtseinheit der Fertigpackung auszuweisen (z. B. auch bei Schnittbrotpackungen von 250 g und allen Mehrfachen davon).
- *Der Grundpreis ist auch auszuweisen bei Werbeangeboten (z. B. im Schaufenster).*
- *Der Grundpreis ist nicht auszuweisen, zum Beispiel*
  - *wenn die Ware als 1 kg-Menge oder 100 g-Menge angeboten wird,*
  - *wenn Ware stückweise verkauft wird (wie bei Brötchen),*
  - *wenn die Füllmenge der Packung unter 10 ml oder 10 g liegt,*
  - *wenn lose Ware nach Auswahl durch den Kunden portioniert wird,*
  - *wenn verschiedenartige Erzeugnisse unvermischt angeboten werden (gilt nicht für Gebäck- und Süßwarenmischungen),*
  - *wenn der geforderte Endpreis um den gleichen Betrag bei Waren ungleichen Nenngewichts herabgesetzt wird (wie bei Sonderpreisaktionen).*

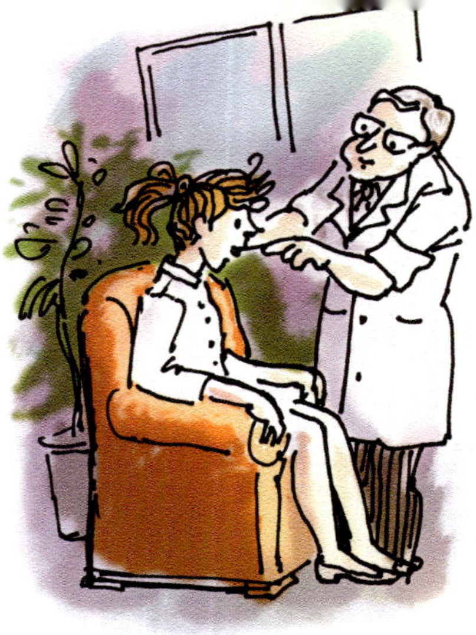

Lernfeldbezogene Aufgaben

Situationsbeschreibung:

Sie sollen eine neue Mitarbeiterin/einen neuen Mitarbeiter am Arbeitsplatz einweisen. Dabei berücksichtigen Sie die rechtlich geforderten Informationspflichten, die spezifischen Bedingungen in Ihrem Ausbildungsbetrieb sowie die Kenntnisse und Erfahrungen, die Sie selbst beim Beginn Ihrer Tätigkeit erworben haben.

Beachten Sie, dass die Einführung in das Betriebsgeschehen über einen längeren Zeitraum erfolgt, und bearbeiten Sie dazu insbesondere die folgenden Leitfragen.

➤ *Was ist nach Ihrer Erfahrung wichtig, um sich im Betrieb und am Arbeitsplatz zurechtzufinden?*
- *Anforderungsprofil für Fachverkäufer/Fachverkäuferinnen*
- *Einrichtungen der Verkaufsstellen (evtl. auch der Produktion)*
- *Berufsausbildung in der Bäckerei und Konditorei*
- *Soziale Absicherung, Vergütung und Zukunft des Berufs*

➤ *Wie ist die Gesundheit am Arbeitsplatz geschützt?*
- *Rechtliche Regelungen zur Gefahrenanalyse und zum Unfallschutz*
- *Gesundheitsvorsorge am Arbeitsplatz*
- *Berufskrankheiten und vorbeugende Maßnahmen*

➤ *Welche rechtlichen Vorschriften sind für Sie in der Berufsausbildung besonders wichtig?*
- *Wesentliche Bestimmungen aus dem Jugendarbeitsschutzgesetz*
- *Wesentliche Bestimmungen aus der Handwerksordnung bzw. aus dem Berufsbildungsgesetz*
- *Wesentliche Bestimmungen aus der Arbeitsstätten-Verordnung bzw. aus den Arbeitsstätten-Richtlinien*

➤ *Wie laufen Produktion und Verkauf sowie die Zusammenarbeit in betrieblichen Teams und Abteilungen ab?*
- *Ausstattung und Nutzung der Betriebsräume*
- *Fachsprachlich richtige Beschreibung von Abläufen im Betrieb*
- *Einsatz und Pflege von Maschinen und Geräten*
- *Aspekte guter Teamarbeit*
- *Nutzung von Informations- und Kommunikationstechnik*

➤ *Weshalb ist die Hygiene im Umgang mit Lebensmitteln unverzichtbar?*
- *Gefahr des Lebensmittelverderbs durch Mikroben*
- *Regeln für hygienisches Verhalten*
- *Hygienemaßnahmen bei Herstellung, Lagerung und Verkauf von Produkten der Bäckerei und Konditorei*

➤ *Welche Bedeutung hat der Umweltschutz im Backgewerbe?*
- *Natur und Umwelt als Grundlage für gesunde Nahrungsmittel*
- *Regeln für umweltschonende Produktion*

➤ *Wie erfolgt das Qualitätsmanagement in Bäckereien/Konditoreien?*
- *Kundenerwartungen und Kundenorientierung*
- *Beispiele für Qualitätssicherung bei Back- und Süßwaren*
- *Beispiele für Ziele und Maßnahmen im Qualitätsmanagement*

➤ *Welche Regelungen zum Verbraucherschutz sind für Backbetriebe wichtig?*
- *Beispiele zum Schutz vor gesundheitlichen Schäden*
- *Beispiele zum Schutz vor wirtschaftlichen Schäden*

GESTALTEN
WERBEN
BERATEN UND VERKAUFEN

Dieses Lernfeld ist Teil der beruflichen Grundbildung (erstes Ausbildungsjahr).

Hier gibt es folgende Leitfragen:

Was ist Gegenstand des Marketings der Bäckerei und Konditorei?

Wie sollten Teams aus Produktions- und Verkaufsbereich beim Marketing zusammenarbeiten?

Welche Gestaltungsaufgaben gibt es im Marketing der Bäckerei und Konditorei?

Wie wird für Premium-Produkte aus der Bäckerei/Konditorei geworben?

Welche Erwartungen haben Kunden im Hinblick auf Produktinformationen und Ernährungsfragen?

Wie sollte die Kundenberatung in den Verkaufsstellen handwerklicher Backbetriebe aussehen?

Was erwarten die Verbraucher beim Einkauf in der Bäckerei/Konditorei?

Wie können die Fachkräfte im Verkauf die Kundenorientierung beachten?

Diese Fragen und noch viele andere interessante Aspekte für die Tätigkeit im Bäckerei- und Konditorei-Marketing sind Gegenstand dieses Kapitels.

GRUNDLAGEN FÜR DAS MARKETING DER BÄCKEREI UND KONDITOREI

Gestalten, Werben, Beraten und Verkaufen*, das sind Tätigkeiten im Rahmen des Marketings der Bäckerei und Konditorei.*

Was ist Marketing, und welche Bedeutung hat es für handwerkliche Backbetriebe? Inwieweit sind Sie an solchen Aufgaben beteiligt?

Im Folgenden werden diese Fragen kurz beantwortet.

Entwicklung eines Marketing-Konzepts

Marketing ist
- *die Orientierung an Kundenbedürfnissen,*
- *die Entwicklung von Absatzstrategien,*
- *der Einsatz von aufeinander abgestimmten Maßnahmen,*
- *die Kontrolle der Effektivität aller betrieblichen Maßnahmen.*

Was ist Marketing?

Das Wort „Marketing" kommt aus dem Englischen und bedeutet: Ausrichtung eines Unternehmens zur Förderung des Absatzes.

In einem solch weiten Sinne ist Marketing eine „Philosophie des Unternehmens". In einem freien Markt, in dem die Käufer einem großen Angebot an Waren gegenüberstehen (Käufermarkt), ist Marketing das Mittel zur Orientierung des Geschäfts an den Käuferwünschen.

In der eingeschränkten Bedeutung wird „Marketing" zur betriebswirtschaftlichen Kontrolle des Betriebs verstanden. Auch wird manchmal lediglich die Werbung oder die Einführung neuer Produkte mit Marketing gleichgesetzt.

Anwendung von Marketing

In Unternehmen des Backgewerbes ist ein umfangreiches Marketing sinnvoll in den folgenden betrieblichen Situationen:
- *Gründung oder Neubau eines Betriebs*
- *Eröffnung von Filialstandorten*
- *Veränderung des Sortiments*
- *Änderung der Absatzmethoden*

Marketing-orientiertes Handeln ist aber auch notwendig für die laufende kritische Überprüfung des Angebots von Produkten und Dienstleistungen des Betriebs.

Eine typische Situation für Handlungen im Marketing ist die Neueinführung eines Artikels in das Sortiment.

Marketing-Ziele setzen

Ganz allgemein bedeutet *Marketing* für eine Bäckerei/Konditorei:
- dem richtigen Kundenkreis
- die gewünschten Bäckerei- und Konditoreiwaren
- zum gerechten Preis
- im geeigneten Absatzweg und Verkaufssystem
- mit guter Verkaufstechnik und Werbung zu verkaufen und
- damit einen angemessenen Gewinn zu erzielen.

Die Leitfrage des Marketings im Backgewerbe ist also:
„Wie können wir unsere Erzeugnisse auf dem Markt absetzen?"

Der *Markt* ist der Ansatzpunkt für marketing-orientiertes Handeln. Die Produktion richtet sich in Art und Menge der Waren nach dem, was der Markt verlangt. Im „Käufermarkt" entscheiden die Kunden mit ihren Wünschen und mit ihrer Kaufkraft. Verkäufer konkurrieren als Anbieter von Waren miteinander um die „Gunst der Kunden".

Welche Marketing-Ziele ein Backbetrieb verfolgen kann

Man unterscheidet verschiedene Arten von Marketing-Zielen, und zwar
- quantitative Marketing-Ziele (mengenmäßig festlegbare Ziele),
- qualitative Marketing-Ziele (nur einschätzbare Ziele).

Beispiele für quantitative Marketing-Ziele:
- Wir wollen den Umsatz im Hauptgeschäft um 3 % steigern.
- Wir wollen täglich 2 000 Stück Mehrkornbrötchen verkaufen.

Beispiele für qualitative Marketing-Ziele:
- Wir wollen als „Premium-Bäckerei/Konditorei" in der Stadt gelten.
- Wir wollen neue Kunden für einen Filialstandort gewinnen.

In handwerklichen Backbetrieben sind Verkauf und Produktion eng verbunden. Marketing-orientiertes Handeln geht von den Fachkräften im Verkauf aus. Sie haben unmittelbaren Kontakt zu den Kunden. Sie kennen die Wünsche der Verbraucher. Daraus ableitbare Ziele setzt die Betriebsleitung. Aber das Marketing ist eine wichtige Aufgabe für das gesamte Team des Betriebs.

Marketing-Strategien entwickeln

Wenn Marketing wirkungsvoll sein soll, dann muss es gut geplant sein; es muss „strategisch" durchgeführt werden.

Was bedeutet das im Einzelnen?

Geplantes Marketing erfolgt so:

- *Am Anfang stehen verschiedene Feststellungen (= Analysen). Daraus sind Voraussagen (= Prognosen) und Ziele ableitbar.*
- *Die Marketing-Ziele bestimmen die Auswahl der Instrumente und deren Einsatz nach Marketing-Grundregeln.*
- *In Marketing-Aktionen werden die Pläne umgesetzt und beobachtet. Das ergibt Ansatzpunkte für Verbesserungen bei künftigen Aktionen.*
- *Das gesamte Marketing unterliegt einer Kontrolle. Diese bezieht sich vor allem darauf, inwieweit die Ziele erreicht wurden. Aber auch eine Kosten–Nutzen–Analyse ist zur Wirtschaftlichkeitskontrolle nötig.*

Auf welchen Grundlagen wird eine Marketing-Strategie entwickelt?

Analysen durchführen und Daten sammeln

Grundlage für das Marketing ist die reale Einschätzung der Situation. Dafür sind *allgemeine Daten* zu beachten, beispielsweise über Käufer, Kaufkraft oder Backwarenverzehr. *Daten für die spezielle betriebliche Situation* sind abrufbar (z. B. aus öffentlich zugänglichen Dateien) oder sind direkt zu erheben (z. B. durch Befragungen vor Ort).

Mögliche *Analysen* sind
- die Standortanalyse,
- die Konkurrenzanalyse,
- die Marktanalyse.

Die Ergebnisse der Analysen können mit *betriebsfremden Experten* des Marketings erörtert werden. Diese können aufgrund ihrer Erfahrungen raten und helfen. Unverzichtbar ist aber die betriebseigene Aufarbeitung. Marketing der Bäckerei/Konditorei ist ein typisches Feld für *Teamarbeit*, für das Zusammenarbeiten von Produktion und Verkauf.

Im Team werden mögliche Ziele erarbeitet. Im Team werden gängige Strategien für das *betriebliche Marketing* entwickelt. Dieses Marketing muss typisch auf den Backbetrieb zugeschnitten sein. Es muss ihn von den Konkurrenten abheben, die besondere Identität herausstellen. Von außen erhältliche Marketing-Ideen und Marketing-Materialien (z. B. aus der Zulieferindustrie) können das nur bedingt leisten.

Wettbewerbsvorteile für Marketing-Strategien nutzen

Ein Backbetrieb muss sein Marketing ausrichten
- auf den *Marktbereich* und die Zielgruppen, die er erreichen kann,
- auf die Konsumbereiche mit den besten *Marktchancen* (für die er auch zum Teil erst Bedürfnisse wecken muss),
- auf die *Produkte und Leistungen*, die er am besten anbieten kann.

So wird beispielsweise eine Großbäckerei eine Strategie verfolgen, um viele Großabnehmer und Wiederverkäufer für sich zu gewinnen. Für einen Filialbäcker ist eine Strategie günstig, die er in möglichst vielen Filialen in gleicher Weise umsetzen kann. Handwerkliche Bäckereien werden sich dagegen im Markt behaupten mit einer Strategie, die sie als Premium-Bäcker in Qualität und Service von anderen Backbetrieben deutlich abhebt, die sie einmalig und unverwechselbar macht.

Standortanalyse: Bild über die eigene Situation

Ziel dieser Untersuchung sind Strukturmerkmale des Standorts. Das sind vor allem Daten über die Bevölkerung im Einzugsfeld der Verkaufsstelle. Strukturmerkmale des Standorts (Platz, Lage) und seines Umfelds (Fahrverkehr, Anbindung, Parkplätze).

Wenn der Betrieb an dem Standort schon besteht, gehört zu der Analyse auch eine Bewertung der Verkaufsstelle. Das kann durch eigene Kräfte erfolgen oder im Rahmen einer Fremdbeurteilung.

Konkurrenzanalyse: Bild über die Wettbewerber

Ziel dieser Untersuchung ist es, die Konkurrenten am Standort zu erfassen und ihre Leistungen zu beurteilen. Neben ortsfesten Verkaufsstellen ist auch konkurrierender Fahrverkauf zu beachten.

Bei der Bewertung der Konkurrenz ergibt sich im Vergleich zu der eigenen Leistungsfähigkeit ein Stärken-Schwächen-Profil. Daraus sind Marktchancen ableitbar (z. B. was man besser als die Konkurrenz machen kann).

Marktanalyse: Bild über die Wünsche der Verbraucher

Ziel dieser Untersuchung ist es, die Verbraucherwünsche und das Verbraucherverhalten zu erkunden. Dabei ist zu beachten, dass es „die Kunden" schlechthin nicht gibt. Die Kundschaft ist differenziert. Die Wünsche sind deshalb ganz unterschiedlich.

Maßnahmen zur Erforschung der Marktchancen am Standort sind die Beobachtung des Käuferverhaltens und Befragungen (sowohl an Kunden gerichtet als auch an das Verkaufspersonal).

Instrumente des Marketings

Umsetzen eines Marketing-Konzepts

Ein geplantes Marketing-Konzept wird in Maßnahmen umgesetzt. Dabei nutzt man verschiedene „Marketing-Instrumente".

Was sind das für Instrumente?

Der Begriff „Instrument" bezeichnet im Marketing einen inhaltlich eng zusammengehörigen Bereich, in dem sich die Maßnahmen des Marketings verwirklichen lassen.

Die Marketing-Instrumente werden je nach Branche unterschiedlich bezeichnet. Eine Ordnung der Instrumente, die für den Bäckereibereich praktikabel ist, unterscheidet die

- Produktpolitik, Absatzpolitik und Preispolitik,
- Werbepolitik, Verkaufsförderung und Öffentlichkeitsarbeit.

Die ersten drei Instrumente machen das *„produktive Marketing"* aus. Die anderen drei gehören zum *„kommunikativen Marketing"*. Für das Backgewerbe sind beide Bereiche etwa gleich wichtig. Anbieter von Dienstleistungen nutzen mehr den kommunikativen Bereich.

Grundsätzlich sind aber immer mehrere Instrumente notwendig, die im *Marketing-Mix* zusammenwirken. Zum Beispiel ist auch das qualitativ beste Gebäck (= Teil der Produktpolitik) nicht erfolgreich zu verkaufen, wenn es bei den Verbrauchern unbekannt ist (= ohne Werbung).

__Marketing-Mix__ ist das Zusammenwirken von Marketing-Instrumenten. Diese werden für die Marketing-Maßnahmen ausgewählt und mit unterschiedlicher Intensität genutzt.

Worterklärungen

***Sortiment**: die Gesamtheit aller in einem Geschäft angebotenen Waren und Leistungen*

***Sortimentsbreite**: die Anzahl der in einem Geschäft geführten Warengruppen*

***Sortimentstiefe**: die Sorten- und Artikelvielfalt innerhalb einer Warengruppe*

Marketing-Instrumente gezielt nutzen

Jede Bäckerei und Konditorei betreibt Marketing, mehr oder weniger bewusst, auch gut oder weniger gut. Erfolgreiche Betriebe zeichnen sich dadurch aus, dass sie ihre Marketing-Maßnahmen realisieren mit einem gezielten Einsatz der Instrumente.

Wie wichtig die Produktpolitik ist

Die *Produktpolitik* ist der Kern der gewerblichen Tätigkeit. Sie muss die wirtschaftliche Existenz des Betriebs sichern. Das Warensortiment und seine Gestaltung bestimmen im Wesentlichen auch den Betriebstyp.

Das Sortiment ist die „Familie der Produkte". Für das Marketing haben alle Produkte im Sortiment für die Verbraucher nur dann Bedeutung, wenn sie ihnen nützen (wenn sie einen Kundenwunsch erfüllen).

Kein Kunde erwirbt ein Produkt, nur weil es beispielsweise billig ist. Für die Kaufentscheidung ist der *Grundnutzen* des Produkts wichtig.

Zum Grundnutzen bei Back- und Süßwaren zählen vor allem

- die Qualität (z. B. Sensorik, Ernährungswert, Gesundheitswert),
- die Eignung (z. B. Verwendbarkeit, Haltbarkeit).

Darüberhinaus erwarten die Kunden weitere Vorteile beim Kauf eines Produkts. Das sind zum Beispiel die Beratung oder das Kauferlebnis oder die Service-Leistungen. Man bezeichnet das als den *Zusatznutzen*.

Als dritter Komplex verbindet sich für die Kunden mit dem Produkt das Gefühlsmäßige. Dazu gehören zum Beispiel die Wertschätzung des Produkts (was der Besitz für den Kunden bedeutet), aber auch das Ambiente des Geschäfts. Zusammenfassend bezeichnet man das als die *Produktumwelt*.

Marketing-Aufgabe der Produktpolitik ist es, das Sortiment so attraktiv zu gestalten, dass es bei den Kunden beliebt ist, ihnen großen Nutzen bietet – und dem Backbetrieb viele zufriedene Kunden sichert.

Meinungen

Ein Bäckermeister vertritt die Auffassung, dass er in seinem Betrieb täglich ein möglichst __breites Sortiment frischer Backwaren__ anbieten muss, und das über die gesamte Öffnungszeit des Geschäfts. Die modernen Möglichkeiten in der Produktion erlauben das auch. Die Kühl- und Ladenbacktechnik lässt eine stetige kundennahe Warenproduktion zu.

Ein anderer Bäckermeister meint, dass für seinen Betrieb ein __gestrafftes Backwaren-Sortiment__ sinnvoll ist. Damit will er den Kunden ein übersichtliches Warenangebot bieten, das nicht auf Fülle sondern auf besondere Qualität ausgerichtet ist. Die Premium-Produkte seines Betriebs sollen ihn bekannt machen. Aber auch die übrigen Waren sollen marketingmäßig die Kundenwünsche erfüllen, selbst wenn sie in der Herstellung für ihn nicht so lohnend sind.

➤ *Welche Vor- und Nachteile sind mit beiden Sortimentsgestaltungen verbunden?*

Was die Absatzpolitik bewirken kann

Das Marketing-Instrument Absatzpolitik dient Bäckereien/Konditoreien dazu, ihre Waren optimal an die Kunden zu bringen. Auf welche Weise das erfolgt, ist insbesondere abhängig vom Standort, vom Betriebstyp und von der Betriebsgröße, aber auch vom Sortiment.

Die hauptsächlichen Absatzwege im Backgewerbe sind:
– Verkauf in eigenen Verkaufsstellen (Hauptgeschäft, Filialen),
– Verkauf an Wiederverkäufer oder Weiterverarbeiter.

In beiden Absatzwegen kommen verschiedene Absatzmethoden zur Anwendung.

Was sind Absatzmethoden?

- *Formen der Käufergewinnung (z. B. Warenauslagen, Kataloge, Inserate, Postwurfsendungen oder Vertreterbesuche)*
- *Formen des Warenabsatzes (z. B. Direktverkauf, Filialverkauf, Versand, Franchise)*
- *Formen der Leistungserfüllung (z. B. Übergabe der Waren in der Verkaufsstelle, Auslieferung der Waren im Lager, Zustellung in das Haus der Käufer)*

Welche Rolle die Preispolitik spielt

Die rechtlich geforderte Preisangabe hat Marketing-Wirkung. Denn die Verbraucher können anhand der Preisinformation Vergleiche zwischen verschiedenen Angeboten vornehmen. Von Anbietern vergleichbarer Waren wird der Preis oft als „Waffe" im Wettbewerb genutzt.

Niedrigpreise als Dauerstrategie des Marketings sind in den Ketten des Lebensmittelhandels üblich (Discounter). Sicherlich ist eine dauernde Niedrig-Preis-Politik auch für Backbetriebe möglich, wenn sich das mit dem Image des Fachgeschäfts vereinbaren lässt. Etliche Kunden sind auch beim Backwarenkauf sparsam oder wollen „Schnäppchen" machen.

Auf das Preisbewusstsein der Kunden zielende Marketing-Maßnahmen sind Wertstufenpreise und Sonderpreise. Das sind Vorgehensweisen, die auch im Fachverkauf der Bäckerei und Konditorei möglich sind.

Sonderverkäufe und Sonderpreise

Als ***Sonderverkäufe*** *gelten terminlich begrenzte Angebote aus bestimmtem Anlass, zum Beispiel: Eröffnungsverkäufe, Jubiläumsverkäufe oder Räumungsverkäufe.*

Als ***Sonderpreise*** *gelten befristete Reduzierungen der sonst üblichen Verkaufspreise einzelner Waren (um einen bestimmten Betrag oder Prozentsatz). Nicht erlaubt sind Preisnachlässe für gesamte Warengruppen oder das gesamte Sortiment.*

Von den Sonderpreisen abzugrenzen sind ***aktuelle Preisnachlässe*** *(z. B. Backwaren vom Vortag zum halben Preis) oder dauernd angebotene Waren zu* ***Wertstufenpreisen****. Bei Letzteren werden vergleichbare Waren in unterschiedlicher Qualität oder Größe in unterschiedlichen Preisklassen angeboten.*

Was die kommunikativen Instrumente leisten können

Werbung wird oft mit dem Marketing gleichgesetzt. Sie ist allgemein geläufig, wird aber von den Kunden oft auch als lästig empfunden.

Die Werbepolitik verfolgt insbesondere folgende Ziele:

- Werbung soll über Produkte und Leistungen informieren.
- Werbung soll über Preise informieren.
- Werbung soll zum Kauf anregen.
- Werbung soll ein angenehmes Klima zwischen den Anbietern und den Umworbenen schaffen.
- Werbung soll die Umworbenen als Stammkunden sichern.

Sachverweis

Maßnahmen der ***Werbung*** *werden in diesem Buchkapitel ab der Seite 95 ganz ausführlich behandelt.*

Man unterscheidet Produkt-Werbung (z. B. für eine neue Gebäcksorte) und Image-Werbung (z. B. für das Ansehen des Geschäfts).

Verkaufsförderung hat die Aufgabe, Kunden in der Verkaufsstelle des Backbetriebs mit kundenorientiertem Verhalten zufriedenzustellen und an Produkte heranzuführen, die bevorzugt verkauft werden sollen.

Dazu bedient man sich produkt- oder preisbezogener Aktionen und auch indirekt verkaufsfördernder Maßnahmen.

Sehr wirksame produktbezogene Aktionen zur Verkaufsförderung in der Bäckerei und Konditorei bestehen darin,
– Kunden die Gebäckherstellung miterleben zu lassen,
– Kunden von den Produkten frische Kostproben anzubieten.

Öffentlichkeitsarbeit hat die Aufgabe, das Ansehen einer Bäckerei und Konditorei (= das Image) in ihrem engeren und weiteren Umfeld zu festigen und zu verbessern. Dazu dienen zumeist *produktunabhängige Maßnahmen*, die aber große öffentliche Wirkung haben (z. B. Tage der offenen Tür, Betriebsbesichtigungen durch Prominente).

Beispiele für Maßnahmen zur Verkaufsförderung

Die Maßnahmen der Verkaufsförderung zielen darauf, die Kundenbeziehungen zum Geschäft aufzubauen und zu festigen.

Direkt wirkende Maßnahmen:

- *Schaubacken in der Verkaufsstelle*
- *Verteilen von Kostproben*
- *Kundenkarten zur Bonusgewährung*
- *Werbegeschenke an Kunden*

Indirekt wirkende Maßnahmen:

- *Kundenorientierung und Kundenpflege (z. B. Glückwunschschreiben an Kunden)*
- *Schulung des Verkaufspersonals (z. B. zur Beachtung der Kundenwünsche)*
- *Erfolgsorientierter Prämienlohn für Verkaufskräfte*

GESTALTEN IM MARKETING

Situationsbeschreibung: *In Ihrem Betrieb soll eine Marketing-Aktion durchgeführt werden, die sich speziell an Kinder verschiedenen Alters richtet. Die Aktion soll über längere Zeit laufen. In ihr sollen unterschiedliche Zielgruppen angesprochen werden. Es können alle Instrumente des Marketings eingesetzt werden.*

Sie planen die Aktion in einem Team aus Mitarbeitern des Verkaufs und der Produktion.

Gestalten der Aktion: Kinder als Kunden

Jede Marketing-Aktion muss zeit- und kostenmäßig im Jahresplan des Backbetriebs eingepasst sein. Diese grundsätzlichen Bedingungen sind erfüllt, bevor es an die eigentliche Planung des Vorhabens geht. Wenn sich eine *Premium-Bäckerei/Konditorei* von den Wettbewerbern auf dem Markt abheben will, kann sie dieses nicht mit Fertigkonzepten des Marketings erreichen (z. B. von der Zulieferindustrie). Vielmehr sind dafür eigene *Konzepte vom Team des Betriebs* gefragt.

Planen der Marketing-Aktion

Eine Zukunftsforscherin gab einmal den Rat:
„Holen Sie Kinder in Ihren Betrieb, hören Sie zu und lernen Sie."
Ist das nicht ein guter Tipp für das Team des Betriebs, das die Aktion „Kinder und Schüler als Kunden" plant?

Wie Planungs-Ideen entstehen

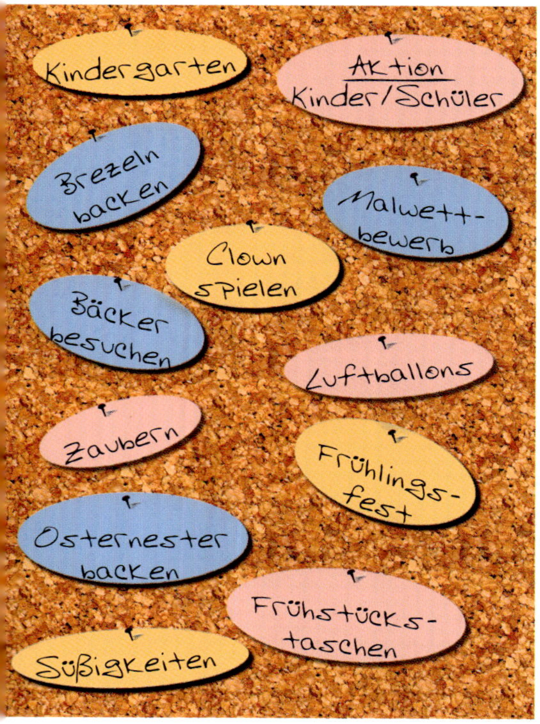

Planen ist ein kreativer Prozess. Für Kreativität muss Zeit und Raum gewährt werden; das geht nicht so nebenbei. Das Planungs-Team aus Produktions- und Verkaufskräften bereitet sich dafür so vor: Bezogen auf das Thema werden Informationen gesammelt; Kinder und Schüler werden befragt; vorhandenes Material wird gesichtet.

In einer gemeinsamen Planungssitzung werden Ideen auf kleine Zettel geschrieben (so genanntes Brain-storming); diese werden zunächst nur gesammelt und nicht bewertet. Eine vorherige „Zensur" von Ideen kann nämlich die Kreativität zerstören. Erst nach der Präsentation auf einer Pinnwand werden die machbaren Ideen ausgewählt. Die Machbarkeit ist neben Originalität das wichtigste Kriterium. Denn ein misslungenes großes Vorhaben ist nicht marketingwirksam. Was leistbar ist, das muss aus der Sicht der Produktion *und* des Verkaufs beurteilt werden.

Stichwortartig werden folgende Ideen für diese Aktion entwickelt:

- *Kinder im Betrieb: Besuch in der Backstube, Kindergartenaktion*
- *Kinderspaß: Zauberkünstler, Ballonwettbewerb, Gebäckgeschenke*
- *Schülerfest: Malwettbewerb „Mein Bäcker", Berufs-Info in Schule*
- *Berufs-Informationen: Backen mit unseren Auszubildenden*
- *Schulanfang: Geschenk, Schultüte, Infoblatt über Schulernährung*
- *Schulweg: Hausgemachte Snacks zum Mitnehmen, Getränke*
- *Schulpause: Bäcker in der Schule, Frühstück auf dem Schulhof*
- *Klassentreffen: Party zur Erinnerung an Schulentlassung*

Organisieren der Marketing-Aktion

Im Gegensatz zum kreativen Prozess des Planens ist das Organisieren etwas, das sehr diszipliniert auf Exaktheit zielt. Dabei werden zeitliche, persönliche und materiale Dinge zum Aktionsplan zusammengefasst.

Was die Aktionsleitung zu bedenken hat

Bei der *Aktionszeit* ist im Wesentlichen für den Erfolg wichtig:

- Angemessene Länge; nur für einen Tag oder zwei Tage lohnt sich der Aufwand nicht; es würden auch zu wenig Kunden einbezogen
- Freie Termine wählen; keine Überschneidungen mit anderen Festen oder Feiertagen
- Frühzeitige Ankündigung der Aktion; Auslage von Einladungen in den Verkaufsstellen, gezielte Einladungen an wichtige Personen und an „interessierende" Nichtkunden. Presse-Information

Für die Aktionsausstattung ist beispielsweise zu beachten:

- Ausleihe oder Kauf von Gegenständen, die dem Betrieb sonst nicht zur Verfügung stehen
- Aufstellung von Außeneinrichtungen (Stand, Zelt) festlegen; bei der Nutzung öffentlicher Flächen vor dem Geschäft (z. B. Gehweg) ist bei der Kommune die Sondernutzung zu beantragen

Welche Vorbereitungen im Produktionsbereich nötig sind

Bei allen Aktionen, bei denen *Kostproben und Gebäcke* erforderlich sind, müssen Art, Menge und Zeitpunkt der Bereitstellung geklärt sein. Wenn dazu sonst im Betrieb nicht vorhandene Zutaten gebraucht werden, sind diese rechtzeitig zu beschaffen. Insbesondere speziell für die Aktion gewünschte Sonderanfertigungen (z. B. Deko-Gebäcke) sind zwischen Verkaufs- und Produktionsbereich abzustimmen.

Bei Aktionen mit Kindern oder sonstigen Besuchern in den Räumen der Produktion (z. B. Backen in der Backstube) ist Folgendes nötig:

- Sofern die Räumlichkeiten für den möglichen Besucherandrang nicht groß genug sind, ist die Zahl der Besucher pro Gruppe zu begrenzen, oder es sind Behelfsräumlichkeiten vorzusehen (z. B. Zelte).
- Die Besucher müssen vor Gefahrenstellen im Betrieb geschützt sein (z. B. durch Absperren oder Sicherung von gefährlichen Maschinen).
- Die Anforderungen der Lebensmittelhygiene sind zu beachten. Die Besucher müssen (ebenso wie alle Mitarbeiter in der Produktion) eine Mütze tragen, die Kleidung ist durch Schürze oder Kittel abzudecken.
- Wenn die Kinder oder Besucher den „Backspaß" erleben sollen, muss alles so hygienisch ablaufen, dass die „Gute Herstellungspraxis" des Betriebs erlebbar wird.
- Die für das Besucher-Backen nötigen Arbeitsplätze sind im Voraus einzurichten. Teige und Zutaten werden zum Beginn bereitgestellt, portioniert und ausgegeben.
- Die backenden Besucher sind keine ausgebildeten Bäcker: Sie sind im Umgang mit Teigen und Gerätschaften ungeübt. Während ihrer Back-Bemühungen sollten sie beobachtet und erforderlichenfalls mit kleinen Hilfestellungen zum Erfolg gebracht werden.
- Die Besucher möchten natürlich auch die von ihnen hergestellten Gebäcke probieren. Dazu sollte noch Gelegenheit sein. Ganz wichtig ist es, dass sie ihre Ergebnisse stolz mit nach Haus nehmen können. Dafür sind Tüten bereitzuhalten (mit Aktionsaufdruck).

Worterklärung

Organisation *ist die Ordnung, nach dem ein Geschehen ablaufen soll.*

Aktionsplan Nr. 012	
Zeit:	*02. bis 09. April*
Anlass:	*Kinder in der Backstube*
Motto:	*Unser Bäcker*
Gebäcke:	*– Osterhasen (Eierhefeteig) – Salzteig-Figuren – Brauchtumsgebäck*
Aktionen:	*Backen (Backstube), Malwettbewerb, Luftballons*
Werbung:	*Handzettel, Inserate, Plakate, Fahrzeugaufkleber, Presse*
Zuständige:	*– Eva Kramer (Aktionsleitung) – Horst Eifler (Produktion) – Saskia Hellmann (Verkauf)*
Kosten.	*Soll = 850,00 € Ist = ________*

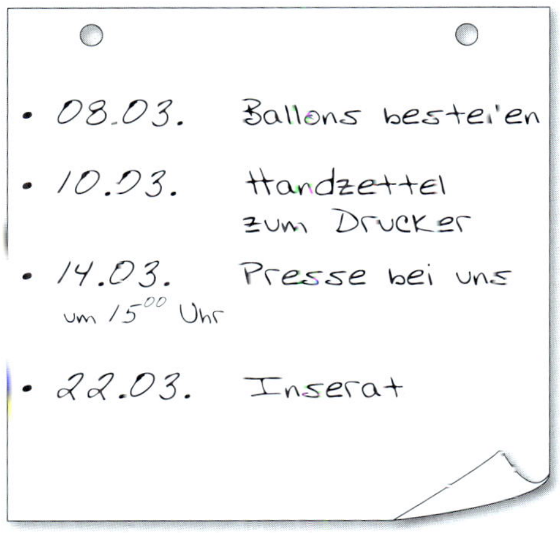

Zum Beachten:

- *Wenn Sie Kostproben an die Besucher ausgeben wollen, wird die Größe der Proben schon aus wirtschaftlichen Gründen begrenzt. Aber auch rechtlich ist festgelegt: Kostproben dürfen in ihrer Menge nur zum Probieren und nicht zur Bedarfsdeckung bemessen sein.*
- *Wenn Sie Kostproben an die Besucher ausgeben wollen, müssen Probierteller und Servietten zum hygienischen Verzehr der Proben bereitgestellt werden.*
- *Wenn Sie Warengeschenke an die Besucher ausgeben wollen, müssen die Gaben in ihrem Wert so begrenzt sein, wie es dem Anlass entspricht.*

Durchführen der Marketing-Aktion

Der Ablauf der Marketing-Aktion sollte stets nach Plan erfolgen. Aber es treten in der Wirklichkeit immer wieder ungewollte Überraschungen auf. In diesen Fällen ist Ruhe, Übersicht und vor allem Flexibilität nötig.

Im Folgenden werden lediglich Beispiele für die Aktions-Durchführung in Produktion und Verkauf einer Bäckerei/Konditorei vorgestellt.

Beispiel: Brauchtumsgebäcke

In Regionen mit noch lebendigem Brauchtum ist es einfach, die dort üblichen Gebäcke in die Aktion einzubeziehen. In Gebieten, in denen keine Brauchtumsgebäcke mehr bekannt sind, kann mit der Aktion ein Anstoß für die Wiederbelebung eines Brauches gegeben werden.

Was können die Verkaufskräfte erledigen?

Aktionen mit *Brauchtumsgebäcken* sind meistens nur zu bestimmten Jahreszeiten möglich (z. B. zu Neujahr, Fasching oder Ostern). Auch wenn das Brauchtum allgemein praktiziert wird, muss anlassbezogen dafür geworben werden. Dazu sind beispielsweise Zeitungsinserate, Straßenaufsteller, Plakate oder Handzettel geeignet.

Insbesondere die Handzettel eignen sich dazu, ergänzende Hinweise zu dem Brauchtum zu geben. Die zumeist historischen Anlässe für das jeweilige Brauchtumsgebäcke müssen zutreffend dargestellt werden und finden so das Interesse der Kunden. Außerdem können durch die Verkaufskräfte auch Informationen zur Herstellung dieser Gebäcke formuliert werden.

Eine wichtige Aufgabe für Mitarbeiter des Verkaufsbereichs besteht darin, zu der Aktion „Backen von Brauchtumsgebäcken" einzuladen. Dafür sind die Adressaten auszuwählen (z. B. Kindergartengruppe), die Einladungen zu erstellen, auszuteilen und zu koordinieren.

Was können die Mitarbeiter der Produktion erledigen?

Der Produktionsbereich ist zuständig für die praktische Umsetzung der Aktion, also für die Gebäckherstellung mit den Gästen.

Einfach herstellbare Formgebäcke sind die Gipfel (oben auf dem Bild), Brezen oder kleine Flechtgebäcke. Die dafür erforderlichen Materialien sind nicht sehr teuer. Deshalb kann auch das kostenlose Verteilen der Gebäcke vertretbar sein.

Inwieweit die Herstellung der Formgebäcke mit Kindern und Schülern in der Backstube durchgeführt werden kann, ist von Geschicklichkeit, Alter der Gäste und betrieblichen Gegebenheiten abhängig.

Als *Teig* für die nebenstehend abgebildeten Flechten und Osterkränze wird üblicherweise ein Hefefeinteig mit Eianteil eingesetzt.

Wichtig ist es, dass der Teig geschmeidig und leicht formbar ist. Auch muss er vor der Verarbeitung lange genug aufgegangen sein.

Den Gästen sollte ein Fertigprodukt als Muster vorgestellt werden. Danach ist ihnen der Herstellungsweg zu demonstrieren.

Nach dem Formen der Teiglinge können die Gäste den weiteren Weg bis zum Ausbacken beobachten (mit Erklärungen zu den Abläufen).

Zum Mitnehmen der gebackenen Osterkränze werden diese nach dem Auskühlen in Tüten (mit Firmen- und Aktionsaufdruck) verpackt. Somit wird die Brauchtumspflege des örtlichen Premium-Backbetriebs auch in der Öffentlichkeit werbewirksam.

Patenwecken als Teigling und gebacken

Osterkränze

Hinweise

*Verschiedene **Brauchtumsgebäcke** sind als Beispiele für Marketing-Maßnahmen auf der CD-ROM zu diesem Buch dargestellt.*

Dort finden Sie auch Informationen zu den jeweiligen regionalen Anlässen, zu denen die Gebäcke hergestellt werden.

Mit Hilfe der Informationen auf der CD-ROM lassen sich die Herstellungsvorgänge der Gebäcke nachvollziehen und mögliche Texte zum Marketing entwickeln.

Beispiel: Dekorgebäcke

Neben den Brauchtumsgebäcken eignen sich auch *Dekorgebäcke* für eine Marketing-Aktion.

Für Dekorationszwecke können spezielle Formgebäcke hergestellt werden. Wenn diese nicht nur dekorativ, sondern auch genussfähig sein sollen, ist dafür ein Hefefeinteig zu verwenden.

Ein *Weizenhefeteig* für diese Zwecke enthält auf 1 000 g Weizenmehl nur 450 g Wasser, 100 g Margarine, 50 g Zucker und 20 g Kochsalz. Es können auch 10 g Backhefe zugesetzt werden. Dann wölben sich die Stücke beim Backen etwas „lebhaft" heraus.

Dekorgebäcke, die bis zu mehreren Wochen haltbar sein sollen, sind nicht essbar. Sie müssen fest und trocken ausgebacken werden.

Für dauerhaft haltbare Dekorgebäcke (wie die hier abgebildete Maus) werden Teige mit Roggenmehl und hohem Salzanteil verwendet.

Was können die Verkaufskräfte erledigen?

Diese Aktion wird ähnlich wie die für Brauchtumsgebäcke vorbereitet. Zusätzlich können in diesem Fall bei den Handzetteln auch die Rezeptur und Tipps für das häusliche Basteln mit Salzteig ausgegeben werden.

Beachten Sie dazu die nebenstehenden Informationen.

Was können die Mitarbeiter der Produktion erledigen?

Der Produktionsbereich ist zuständig für die praktische Herstellung der Dekorteile. Aber auch Fachverkäufer/Fachverkäuferinnen können daran beteiligt werden.

Die Salzteige sind plastisch und daher leicht formbar.

Sie lassen sich in verschiedenen Techniken aufarbeiten, zum Beispiel
- kneten und rollen zu figürlichen Gebäcken,
- ausrollen und ausstechen zu flachen Anhänger-Figuren,
- drücken und in Modeln ausformen zu Gebildteilen,
- rollen und modellieren zu Zier- und Formteilen.

Die gebackenen Stücke können mit Lack abgeglänzt oder mit Farben angestrichen werden.

Kontrollieren der Marketing-Aktion

Jede Marketing-Aktion muss einer Erfolgskontrolle unterliegen.

Diese Kontrollen beziehen sich beispielsweise auf folgende Fragen:
- ob der Ablauf plangemäß und reibungslos war,
- ob die Aktions-Ziele bei den Adressaten erreicht wurden,
- ob ein wirtschaftlicher Erfolg erzielt wurde,
- ob die veranschlagten Aktions-Kosten eingehalten wurden.

Für solche Kontrollen sind Beobachtungen während des Aktionsablaufs erforderlich. Praktisch nutzt man dazu Check-Listen, die einfach und rasch auszufüllen sind.

Ebenso wie die übrigen Phasen der Marketing-Aktion ist die Kontrolle auch eine Angelegenheit des ganzen Teams. Dabei sollte im Hinblick auf die *Team-Arbeit* insbesondere ausgewertet werden,
- inwieweit die vom Team gesteckten Ziele erreicht wurden,
- welche Abläufe gut waren und welche beim nächsten Mal besser zu machen sind.

Lackierte Tierfigur aus salzhaltigem Modellierteig

Beispiel:
Rezeptur für einen Salzteig

500 g Weizenmehl (Type 550)
500 g Roggenmehl (Type 1150)
1 000 g Kochsalz
500 g Wasser

Tipps

Herstellen von Salzteig-Dekorgebäcken

- *Es darf nicht zu viel Teig auf einmal angewirkt werden, weil er rasch zu fest und bröckelig wird.*
- *Der zum Verarbeiten bevorratete Teig sollte mit einem feuchten Tuch abgedeckt werden, damit er nicht antrocknet.*
- *Der zum Verarbeiten ausgerollte Teig sollte mit Ausstechern, Messer oder Modellierstab zum Formen vorbereitet werden.*
- *Die geformten Stücke sollten bei geöffnetem Schwadenabzug bei etwa 150 °C Backofentemperatur mehr getrocknet als gebacken werden.*

Handlungsorientierte Aufgaben

- *Erarbeiten Sie mit Hilfe der Informationen auf diesen Seiten die **Texte für Handzettel** zu Brauchtums- und Dekorgebäcken.*
- *Stellen Sie die **Plakate und andere Werbemittel Ihrer Wahl** zu Aktionen mit Brauchtums- und Dekorgebäcken her.*

Hinweis

Zu den vorgenannten Aufgaben finden Sie Darstellungen auf den Seiten 96 bis 99.

Gestalten von Warenauslagen

Situationsbeschreibung: *Sie sollen ein Brot-Büfett gestalten. Es kann Bestandteil der Marketing-Aktion sein, die sich an Kinder und Schüler verschiedenen Alters richtet. Beispielsweise kann eine Schulklasse angesprochen werden, die den Jahrestag ihrer Schulentlassung mit einer Party feiert.*

Sie planen als Gruppe die Auswahl der Gebäcke und deren dekorative Anordnung auf einem Büfett.

Hinweis: Dieses Thema ist eine mögliche Prüfungsaufgabe. Sie sollten die Kriterien, die Sie hier für die Büfett-Gestaltung erarbeiten, nochmals übend anwenden, wenn Sie den Verkauf von Brotsorten erlernen.

Aufbau eines Brot-Büfetts

Auf einem Brot-Büfett werden G*ebäcke zum Verzehr* angeboten, und zwar in einer besonders *dekorativen Art.*

Wie die Brot- und Gebäckangebote ausgewählt werden

Ein Brot-Büfett ist meistens Teil einer Veranstaltung (z. B. Grillfest) oder es steht unter einem Motto (z. B. Frankreich zu Gast). Darauf muss sich die Brot- und Gebäckauswahl beziehen.

Für das Thema „Frankreich" werden beispielsweise Baguettes, pain de seigle (Roggenbrot), petit pain (Weizenbrötchen), petit pain avec croûte irrédulière (Baguette-Brötchen) oder Croissants angeboten. Daneben schätzen Franzosen auch gefüllte Blätterteigpasteten (vol-au-vent) und gefüllte Brandmassegebäcke (èclairs). Auf den Schildchen neben den Gebäcken sind auch die französischen Begriffe ausweisbar.

Für ein rustikales Grill-Büfett werden beispielsweise Stangenweißbrote, Roggen- und Weizenmischbrote, Schrot-, Vollkorn- und Mehrkornbrote sowie verschiedene Brötchensorten angeboten.

Die auszuwählenden Gebäcke sollen in der Art, Form und Gestaltung vielseitig sein. Das ist die Basis für ein attraktives Brot-Büfett.

Lösung einer Prüfungsaufgabe: Brotbüfett

Wie das Brot-Büfett ansprechend gestaltet wird

Neben der Vielseitigkeit des Angebots ist für das Büfett ein Blickfang wichtig. Er soll die Aufmerksamkeit der Gäste auf sich ziehen.

Bei großen Büfetts ist dafür ein *Schaustück* üblich (wie der Eifelturm für ein französisches Büfett). Solche Blickfänge können aus Dekorteig hergestellt sein. Sie sind dann nicht zum Verzehr geeignet.

Für kleine Büfetts eignen sich Gebäcke mit schaustückartigem Dekor (wie Brote mit besonderer Oberflächengestaltung). Diese können zum Verzehr angeboten oder auch nur zur Schau ausgestellt werden.

Sehr wesentlich für die Attraktivität eines Brot-Büfetts sind neben den Gebäcken die dazu passenden *Verzehrsangebote*, beispielsweise die Brotaufstriche, Kräuter, Auflagen, kleine warme/kalte Fingerspeisen oder fertig belegte Brot-Snacks.

Auch ist es üblich, in der Dekoration die passenden *Getränke* auf dem Büfett zu präsentieren (z. B. Flaschenweine oder ein kleines Bierfass).

Neben den vorgenannten hauptsächlich auf die Gebäcke bezogenen Aspekten, sind weitere dekorative Elemente zu beachten, die für alle Warenauslagen der Bäckerei und Konditorei wichtig sind.
Beispiele dafür sind auf den folgenden Seiten dargestellt.

Gestaltungsregeln für Warenauslagen

Für die Gestaltung von Warenauslagen benötigt man verschiedene *Präsentationsmittel*. Für die Auslage unverpackter Backwaren müssen diese bestimmte Anforderungen erfüllen:

- warenartbezogene Eignung (z. B. als stabile Unterlage),
- hygienische Eignung (z. B. gut zu reinigen oder zu desinfizieren),
- verkaufsaktivierende Wirkung (z. B. kundennah zu positionieren).

Präsentationsmittel für Gebäck sind Bedarfsgegenstände

Unverpackte Backwaren dürfen bei ihrer Präsentation nicht nachteilig beeinflusst werden. Präsentationsmittel sind im lebensmittelrechtlichen Sinne *Bedarfsgegenstände*. Sie müssen daher beim Präsentieren der Waren deren Schutz vor Frischeverlust und Verderben garantieren.

Beispiele für den Einsatz von Präsentationsmitteln:

- Brötchen werden in Geflechtkörben ausgestellt. Darin können frische Kleingebäcke gut ausdampfen. Außerdem ist die füllige Präsentation werbewirksam. Eine ähnliche Auslage ist für Stangenbrot üblich.
- Feine Backwaren werden auf Ausstellblechen präsentiert. Diese sind meistens aus eloxiertem Aluminium oder aus Kunststoff hergestellt. So sind sie feuchtigkeitsfest und leicht zu reinigen.
- Torten und Desserts werden auf Tortenscheiben präsentiert. Diese bestehen zumeist aus Glas, Acryl oder anderen Kunststoffen. So sind sie gut zu reinigen.

Umfeld der Präsentation muss stimmig sein

Eine Präsentation von Backwaren muss Aufmerksamkeit erregen. Dazu gehört das richtige Umfeld:

- Die *Platzierung* muss so erfolgen, dass die Wirkung der Auslage nicht durch andere Einflüsse gestört wird (z. B. durch Geräte verdeckt).
- Die *Ausrichtung* muss so sein, dass die Betrachter gut die gesamte Präsentation überblicken können.
- Die *Auslage* muss so gestaltet sein, dass die Waren mit den übrigen Präsentationsmitteln harmonieren (z. B. rustikal, edel oder festlich). Ebenso muss Bezug genommen werden auf den *Anlass* (z. B. Korn zu Erntedank oder Luftschlangen zu Silvester). Auch *Farbe und Licht* spielen hier eine große Rolle (➡ Seite 94).

Anordnung der Präsentation beeinflusst die Wirkung

Die Aufmerksamkeit für eine Auslage wird geweckt, indem für ihre Anordnung die hauptsächliche *Blickrichtung der Betrachter* eingehalten wird. Für die Werbewirkung der ausgestellten Waren ist die *Blickhöhe* wichtig. Über der Sichthöhe von etwa 170 cm hat die Dekoration kaum Wirkung. Zwischen 80 cm und 160 cm findet ausgestellte Ware die stärkste Beachtung.

Die *Anordnung der Dekoration* kann gleichmäßig und symmetrisch oder ungleichmäßig und asymmetrisch sein (➡ Seite 367).

Sofern Kunden und Gäste sich am Büfett selbst bedienen sollen, sind auch *hygienische Vorkehrungen* zu beachten. Offene Speisenangebote müssen geschützt sein vor Berühren, Anhusten oder Anhauchen.

Sofern den Kunden die Produkte in der Warenpräsentation zum Verkauf angeboten werden, sind die Vorschriften zur *Preisauszeichnung* und zur *Lebensmittelkennzeichnung* zu beachten (➡ Seiten 81 und 384).

Präsentation von Kleingebäcken im Korb

Einbeziehung des Präsentationsumfelds in eine Schaudekoration mit Brot und Kleingebäck

Handlungsorientierte Aufgabe

Stellen Sie typische **Waren** *und dazu passende* **Dekorationsmittel** *zusammen für verschiedene Auslagen-Themen, zum Beispiel zu folgenden Anlässen:*

- *Ostern*
- *Weihnachten*
- *Silvester oder Karneval*
- *Grillparty*
- *Straßenfest oder Stadtfest*

Beurteilen Sie, welche Farbwirkung sich ergibt bei der Auslage desselben Plunderstückchens auf verschiedenen Farbuntergründen.

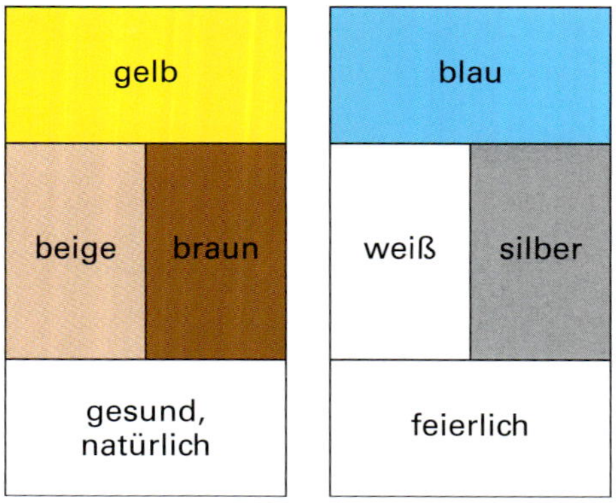

Die Dekorations-Hauptfarben und die Umfeldfarben ergeben die Wirkung bei der Warenpräsentation

Handlungsorientierte Aufgaben

- *Gestalten Sie mehrere **Warenauslagen mit den gleichen Produkten.***
  Verwenden Sie dazu verschiedenfarbige Umfeldfarben (z. B. farbige Pappteller).
  Beurteilen Sie die Farbwirkung unter Beteiligung mehrerer Personen. Stellen Sie Regeln auf für die farbliche Gestaltung von Warenauslagen.
- *Beleuchten Sie die gestalteten Warenauslagen **mit verschiedenen Leuchten.***
  Beurteilen Sie die Lichtwirkung auf die Warenauslagen mit verschiedenen Farben.

Die Farbwirkung entsteht durch das Licht, das von einem Gegenstand zurückgeworfen (= links) oder hindurchgelassen wird (= rechts)

Gestaltungsmittel für Warenauslagen

Schauen Sie sich die nebenstehenden Bilder an.
So wird deutlich, wie wichtig Farbe und Licht als Gestaltungsmittel für die Warenauslagen sind.

Farben: sie haben Wirkung auf den Betrachter von Auslagen

- Die Farben verändern unser Gefühl für Maße, zum Beispiel
  - wirken helle Räume größer als dunkle,
  - wirken dunkle Gegenstände näher als helle.
- Die Farben beeinflussen unsere Stimmung, zum Beispiel
  - wirken Braun, Ocker, Beige und Grün *beruhigend*,
  - wirken Rot, Orange und helles Gelb *anregend*.
- Die Farben bestimmen unser Gefühl für Temperatur, zum Beispiel
  - gelten Orange, Rot, Gold und Braun als *warme Farben*,
  - gelten Blau, Türkis, Silber und Weiß als *kalte Farben*.

Die farbliche Wirkung einer Warenpräsentation ergibt sich aber nicht nur aus der Eigenfarbe der Ware. Vielmehr spielen hier zusammen: die Farben der Waren, der Präsentationsmittel und des Umfelds. Letztere darf nicht so dominant sein, dass sie den Warenauslagen ihre Aussage nimmt. Das heißt: Im Bereich der Warenauslage sind dezente Farben günstig. Im übrigen Umfeld können stärkere Farben sein. Sie sollen aber mit der Warenauslage harmonieren.

Die Kombination von Braun, Beige, Gelb und Grün ist beispielsweise günstig für die Präsentation von rustikalen Broten und Vollkorngebäcken. Sie unterstreicht die Empfindung für Natürlichkeit und Gesundheit.

Die Farben Gold, Silber, Weiß sowie helle Gelb- und Blautöne sind zum Beispiel günstig für die Präsentation von exklusiven, wertvollen Waren. Sie vermitteln eine festliche oder feierliche Stimmung.

Licht: es ermöglicht das genaue und farbliche Sehen

Das Licht beeinflusst mit seiner Farbe die Atmosphäre eines Raumes. Man unterscheidet als *Lichtfarben* „Tageslichtweiß", „Neutralweiß" und „Warmweiß" (auch als Ziffercode üblich).

Wenn Back- und Süßwaren in der Präsentation appetitlich und natürlich aussehen sollen, müssen sie „im rechten Licht stehen."

Für die Auslagengestaltung sind daher die grundlegenden Regeln der Lichttechnik zu beachten (➡ Seiten 42 und 43).

- Mit der richtigen *Lichtfarbe* wird die natürliche Farbe der Produkte verstärkt. Es gibt dazu spezielle Leuchten für Backwarenauslagen. Beachten Sie auch die Licht-Informationen auf der CD-ROM.
- Mit dem richtigen *Beleuchtungsniveau* wird die Warenauslage gut ausgeleuchtet. Es gibt dazu unterschiedlich starke Leuchtmittel.
- Durch die gute *Helligkeitsverteilung* wird die Beleuchtung moduliert. Die Warenauslagen werden so ausgeleuchtet, dass der Blick der Betrachter zielgerichtet gelenkt wird.
- Durch die genaue *Lichtrichtung* bildet sich wenig Schatten auf den Waren aus. Das gerichtete Licht erlaubt es auch, bestimmte Waren hervorzuheben (mit Spot-Leuchten).
- Durch die richtige *Positionierung der Leuchten* ist eine Blendung der Betrachter auszuschließen. Die Blendungswirkung muss auch durch Auswahl der richtigen Leuchten vermieden werden.

WERBEN IM MARKETING DES BACKBETRIEBS

Situationsbeschreibung:

Es wird ein neues Produkt in das Sortiment eingeführt. Das soll mit Werbemaßnahmen unterstützt werden. Sie sollen geeignete Werbemaßnahmen auswählen, den Einsatz organisieren und die Werbewirkung kontrollieren. Dazu sind neben den Werbemaßnahmen auch begleitende Aktionen zur Verkaufsförderung zu beachten.

Grundlagen der Werbung: was zu beachten ist

Es ist ganz egal, für welche Backwaren Sie werben: Für die Werbung gelten allgemein die Grundsätze der *Kommunikation*.

Davon lassen sich folgende Aspekte für die Werbung ableiten:

- Es ist unmöglich, nicht zu werben. Auch ohne Aktivitäten entsteht Wirkung, und zwar die negative Wirkung, dass man *nicht* dabei ist.
- Es gibt bei der Werbung *Sender* und *Empfänger*. Zwischen ihnen werden die *Werbebotschaften* ausgetauscht.
- Es gibt eine *Sachebene* mit dem Informationsanteil der Werbung und eine *Gefühlsebene* mit dem Beziehungsanteil zwischen dem Sender und dem Empfänger.
- Es gibt die Möglichkeit von *Störungen beim Übermitteln* oder bei der Aufnahme von Werbebotschaften, wenn Verständnishürden bestehen oder Ebenen der Kommunikation unbeachtet bleiben.

Werbewirkung: auf die Gefühle oder auf den Verstand

An das *Gefühl gerichtete Werbung* verzichtet oft auf Informationen über die Werbeobjekte. Durch suggestive Botschaften sollen unbewusste Gefühle angesprochen werden. Das geschieht zum Beispiel, wenn den Umworbenen der Eindruck vermittelt wird, dass sie mit dem Erwerb eines Produkts das Ansehen eines Leitbilds (= Idols) erhalten.

Bei dieser Werbung wird nicht nur die Sprache eingesetzt. Oftmals sind die nichtsprachlichen Mittel wichtiger (vor allem Bilder und Musik).

Auf den *Verstand gerichtete Werbung* ist dann besonders wirksam, wenn sie viele Informationen für die Adressaten liefert.

Informationen über Backwaren haben Werbewirkung

- durch Darstellungen über die Herkunft, Auswahl und Reinheit der Rohstoffe für die Back- und Süßwaren,
- durch Auflistung der verwendeten Zutaten,
- durch Kenntlichmachung der Qualität,
- durch Aufklärung über angemessene Aufbewahrung, über mögliche Verwendung oder Mindesthaltbarkeit.

Worterklärung

*Mit **Kommunikation** bezeichnet man die Verständigung untereinander.*

Modell für informative Werbung

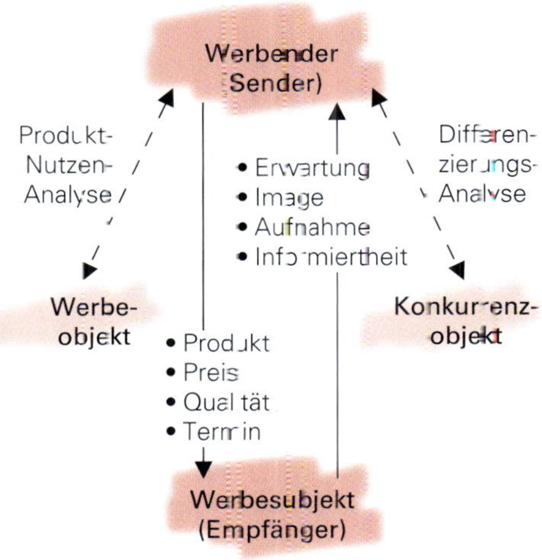

Beispiele:
Werbeaussagen zur Produkteinführung

➤ *Beurteilen Sie, inwieweit die folgenden Aussagen den Anforderungen an eine gute Werbebotschaft entsprechen.*

- ***NEU: Holzofenbrot 1000 g = 3,50 €***
- ***Korn und Schrot***
  das ballaststoffreiche Körnerbrot mit Natursauerteig und Meersalz
- *Frisch vom Blech*
  Pflaumenkuchen
  mit jeder Menge frisch-saftiger Pflaumen
- *Von Biene Maja für Sie*
  Bienenstich
  locker, leicht mit himmlischer Vanillekrem

Zum Beachten

- *Werbebotschaften müssen wahr sein. Wenn zum Beispiel „Kopenhagener Plunder mit Marzipanfüllung" ausgelobt wird, darf keine andere Füllmasse verwendet werden.*
- *Werbebotschaften dürfen nicht krankheits- oder gesundheitsbezogen sein. Verboten sind darum Angebote mit Aussagen wie „Joggingbrot zum Schlankwerden".*
- *Werbebotschaften mit Aussagen über einen veränderten Nährwert oder diätetische Wirkung lösen Kennzeichnungspflichten aus.*

Handlungsorientierte Aufgabe

Formulieren Sie aussagekräftige Werbebotschaften über Backwaren Ihrer Wahl.

Beachten Sie die Tipps zu Werbeaussagen auf der CD-ROM zu diesem Buch.

Werbeaussagen: die Botschaften an die Adressaten

Der schwierigste Teilbereich in der Werbung ist die Abfassung von Werbeaussagen. Sie sind der *Inhalt der Werbebotschaft*.

Gute Werbeaussagen müssen
- *die Besonderheit des betrieblichen Angebots als Botschaft betonen (Anspruch der Werbebotschaft),*
- *die Information möglichst ansprechend und nur so umfassend wie nötig liefern (Inhalt und Methode der Werbebotschaft),*
- *die Zielgruppe exakt und zeitlich angemessen treffen (Streuung und Terminierung der Werbebotschaft).*

Der *Informationswert* von Werbebotschaften ist abhängig von ihrem Wahrheitsgehalt, dem Umfang und der Abdeckung von Inhaltsangaben (Was? Wo? Wann? Wie? Womit?).

Der *Suggestivwert* von Werbeaussagen ist abhängig von der Kraft der eingesetzten Sprache, der Kürze des Textes (z. B. eines Slogans) und der eingesetzten gefühlsmäßig wirkenden Mittel (Eigenschaftswörter, stimmungsvolle Bilder).

Wenn Sie *Werbeaussagen* formulieren, können Sie einen Positivkatalog beachten, der exakt beschreibt, was in der Werbung zu erfüllen ist.

Es sind mindestens die folgenden Anforderungen zu beachten:
- Werbeaussagen müssen *kundenorientiert* sein. Die Aussagen dürfen auf keinen Fall aus dem Verkäufer-Interesse heraus formuliert sein (also beispielsweise *nicht so*: „Dieses Brot geht bei uns sehr gut").
- Werbeaussagen sollen *aussagekräftig*, kurz und gut erfassbar sein. Dadurch sollen sie auf Interesse stoßen.
- Werbeaussagen sollen *aktuell* sein. Die Aussagen sind zum Beispiel auf jahreszeitliche und regionale Ereignisse zu beziehen.
- Werbeaussagen sollen *ehrlich, objektiv* und *lauter* sein.
- Werbeaussagen sollen sich an den *Verstand* richten *und* dabei die *Gefühle* der Adressaten treffen.
- Werbeaussagen sollen wirksam sein, so dass die Adressaten zum *Reagieren* aufgefordert sind. Sie müssen Folgen haben.

Bei Formulierungen für die Werbeaussagen ist *Originalität* gefragt. Originelle Werbebotschaften „zünden". Sie werden als sympathisch empfunden. Sie werden von den Umworbenen oft weiterverwendet (z. B. Text als „flotter Spruch" oder eine Melodie als „Ohrwurm").

Große *Aufmerksamkeit* erreichen Sie mit einfachen Kombinationen als Werbebotschaft. Beispielsweise die Formel „ABRA RHABABRA" als Werbung für Rhabarberkuchen bezieht sich auf „Abra Kadabra". Das ist eine alte Zauberformel gegen Heuschnupfen. Ob der Kuchen von den Kunden wohl auch als zauberhaft empfunden wird?

Solche Botschaften können professionelle Texter in Werbeagenturen besonders gut formulieren.

Warum sollen das nicht auch die Teams aus Produktion und Verkauf in der Bäckerei/Konditorei können?

Sie haben den direkten fachlichen Bezug. Und Ideen für Werbetexte „fliegen" manchmal so einfach zu. Auch im Team lassen sich Texte gut finden oder überdenken. Speziell für den eigenen Betrieb und Zweck erstellte Werbeaussagen sind einzigartig und haben schon damit eine besondere Wirkung auf die Kunden.

Werbemittel und Werbeträger: sie wirken zusammen

Zu den *Werbemitteln im weiteren Sinne* gehört alles, was konstant die Leistungen einer Bäckerei und Konditorei darstellt. Das sind zum Beispiel: die Qualität der Waren, das Firmenlogo, die Einrichtung der Verkaufsstelle sowie die Außen- und Lichtwerbung.

Zu den *Werbemitteln im engeren Sinne* gehören die Mittel, die als *Sprache, Schrift und Bild* gezielt eingesetzt werden.

Die Auswahl der Werbemittel muss den Werbezielen, dem Image und Stil des Betriebs angemessen sein. Die Werbewirkung der einzelnen Werbemittel wird gesteigert, wenn sie mit den anderen kombiniert eingesetzt werden. So erzielt zum Beispiel eine alleinige Wortaussage einen Erinnerungswert von 20 %. Bei ganzheitlicher Nutzung von Wort, Schrift und Bild erhöht sich der Wert auf 80 %.

Werbeträger gestalten mit Schrift, Bild und Farbe

Werbeträger – sie überbringen die Werbebotschaften

Die Wirksamkeit von Werbung wird gefördert durch gut ausgewählte *Werbeträger*. Werbemittel und -träger verstärken sich gegenseitig.

Werbeträger übermitteln Werbebotschaften an die Adressaten. Die Zahl dafür möglicher Mittel ist unbegrenzt. Findige Werbefachleute entdecken immer wieder neue Sachen, die als Werbeträger nutzbar sind.

Fassade und Lieferfahrzeug als Werbeträger

Die Auswahl der Werbeträger erfolgt im Hinblick
- auf ihre *Zweckmäßigkeit* in Bezug zur Werbeaufgabe,
- auf ihre *Ziel- und Streuwirkung* durch Medien,
- auf ihre *Originalität* und den Stellenwert in der Werbung,
- auf ihre *Kosten* je Werbekontakt.

Als *firmeneigene Werbeträger des Backbetriebs* können andauernd die Lieferfahrzeuge und die Verpackungsmaterialien wirken. Die zusätzliche Beschriftung kostet nicht viel. Sie bringt aber großen Nutzen: Jeder Kunde, jede Ware und jede Fahrt des Lieferwagens werden zu einer wirksamen Werbung.

Andere *indirekte Werbeträger* sind vor allem Inserate in Zeitungen und Beilagen. Sie müssen aktuell gestaltet werden. Sie werden den Lesern der Zeitschrift als Informationsmittel dargeboten (und wirken somit indirekt werbend).

Verpackungsmaterial als Werbeträger

Direkte Werbeträger sind vor allem
- Werbebriefe, Informationsblätter und Handzettel,
- Plakate, Hinweisschilder und Schrifttafeln,
- Aufkleber,
- Werbegeschenke,
- Diapositiv-Blenden und Filme.

Für die *Auswahl von Werbeträgern* gibt es allgemeine Kriterien, zum Beispiel: Stellenwert im Werbekonzept, Wirksamkeit, Gestaltbarkeit und Zielgruppen-Ansprache.

Als spezielle Auswahlkriterien für die Werbeträger in Drucksachen sind zu beachten: Auflagenhöhe, Reichweite, Häufigkeit der Werbekontakte, Kosten pro Werbekontakt.

Der *Einsatz von Werbeträgern* ist in erster Linie von Werbefachleuten zu lösen. Die betrieblichen Wünsche müssen aber eingebracht werden. Dabei ist insbesondere darauf zu achten, dass die Werbung auch dem Erscheinungsbild des Betriebs entspricht.

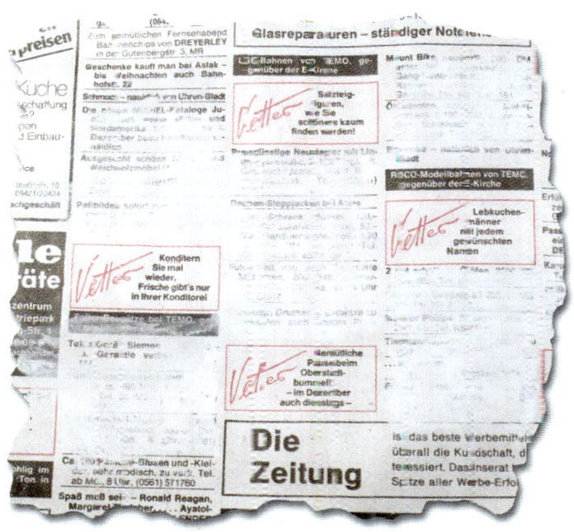

Zeitungsinserate als Werbeträger

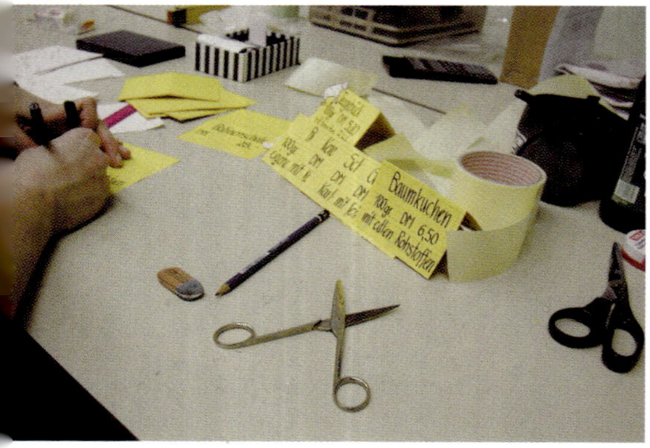

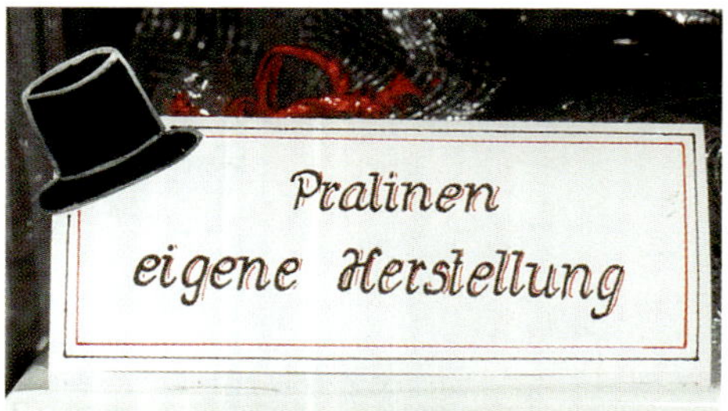

Hinweisschild in handschriftlicher Gestaltung

Individuell gestaltetes Preisschild

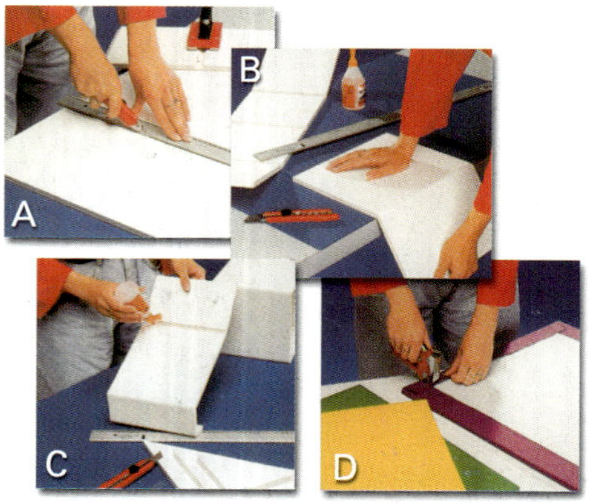

Hartschaumplatten schneiden (A), abkanten (B), neu verkleben (C) und mit Tacker rahmen (D)

Selbstherstellen von Werbeträgern

„Unser Werbematerial soll immer aktuell sein. Dafür machen wir uns die wichtigsten Sachen selbst", berichtet eine Verkaufsleiterin.

Die betrieblichen Besonderheiten erfordern Werbematerialien, die speziell und aktuell angefertigt werden. Eine große Rolle spielen dabei die *Abfassung prägnanter Werbetexte* sowie deren *grafische Darstellung* mit verschiedenen Medien.

Plakate – mit vielen Materialien zur Selbstherstellung

Werbetexte wurden früher oft einfach mit Farbe und Pinsel auf die Schaufensterscheibe geschrieben. Dort haben die Texte große Wirkung. Die damit verbundenen Arbeiten sind jedoch umständlich. Und es gibt heute Möglichkeiten zur Erstellung von Plakaten, die sauberer sind und einen optimaleren Einsatz erlauben.

Texte können mit farbigen Filzschreibern oder Weißtuschen direkt auf Tafeln, Plakatkartons oder Aufstellerflächen geschrieben werden.

Plakate sind nach Funktion unterschiedlich anzufertigen
- als Hinweisschilder,
- als Blickfänge,
- als Dekorationen,
- als Preis- und Produktinformationen.

Wichtig ist, dass Schriftart und Schriftgröße mit der Größe des Plakats abgestimmt sind. Plakate zu verschiedenen Zwecken sind so einheitlich zu gestalten, dass sie als zusammengehörige Werbeträger wirken.

Als *Materialien* sind Plakatkartons in verschiedenen Farben und Größen einsetzbar. Für plastisch wirkende Blickfänge sind auch Spezialpapiere, Pappen, Bildpapiere, Schaumplatten und andere Dekorationshilfsmittel erforderlich. Der Fachhandel bietet eine Fülle vorgefertigter Materialien, zugehöriger Werkzeuge und Anleitungen an. Diese erlauben es, mit Geschick und Übung, individuelle Werbematerialien selbst herzustellen.

Bei der *Gestaltung von Plakaten oder Schildchen* können Sie die Eintönigkeit rechteckiger Formen überwinden. Dies erreichen Sie durch rund oder oval geformte Platten oder durch über die Ränder hinausragende Aufbauten. Die Grundmaterialien dafür sind über den Handel zu beziehen oder nach Eigenentwürfen selbst anzufertigen. So können Sie beispielsweise auch Preisschildchen für aktuelle Anlässe gestalten (z. B. in der Form oder mit Aufschrift).

Bei vielen Plakaten ist nur die Vorderseite als Sichtseite gestaltet. Bei Freihängern sollten Sie auch die Rückseite beschriften. Damit erreichen Sie die Lesbarkeit aus der Ansicht vom Verkaufsraum *und* von der Fensterseite. Im Verkaufsraum frei hängende Plakate können sich verwerfen. Das vermeiden Sie mit einem leichten Rahmen zur Stabilisierung. Auch ist der Einsatz von beidseitig zu gestaltenden Leichtstoffplatten mit Schaumstoffkern möglich.

Farbplakate können Sie gestalten, indem Sie auf die Grundplatten Farben streichen, aufrollen oder sprühen. Sie können die Kartons auch mit farbigen Folien beziehen. Selbstklebende Klarsichtfolien können Sie als Schutzschicht für die Plakatoberfläche einsetzen. Sie verhindern dadurch nicht nur die Verschmutzung. Laminierbare Folientaschen sind wetterfest. Mit diesen sind im Laminiergerät Plakate herstellbar, die Sie im Außenbereich verwenden können.

Plakatbeschriftung – von Hand oder mit Technik

Werbetafeln wirken anregend, wenn die kurzen Informationstexte mit „lockerer Hand" und dicken Schriftzeichen gestaltet werden. Zum Beschriften eignen sich besonders breite Filzschreiber, Kreidemarker oder Leuchtkreidemarker. Sofern es erforderlich ist, sollte auf regenfeste Farben geachtet werden. Diese sind dann allerdings nur mit speziellen Lösungsmitteln wieder zu löschen.

Kleine Schildchen zur Preis- und Produktauszeichnung können von Hand beschriftet werden. Hierzu werden allgemein lediglich ausgewiesen:

- Produktnamen,
- Stückzahl und/oder Gewicht,
- Endpreis und ggf. Grundpreis.

Für die Beschriftung dieser kleinen Schildchen kommen in Frage:

- Tusche mit Bandzug- oder Redisfeder,
- Faserschreiber (mit Permanent-Tinte),
- Folien- oder Aufklebeschrift.

Die handschriftliche Anfertigung von Schildchen ist zeitaufwändig. Sie sollte insbesondere dann vorgesehen werden,

- wenn es vom Image des Geschäfts aus erforderlich ist,
- wenn damit der Wert der angebotenen Ware betont wird.

Grundsätzlich ist für diese Arbeiten eine genügende Fertigkeit in der Schriftgestaltung notwendig. Wenn das nicht gewährleistet ist, sollte man auf Schriften aus der Technik zurückgreifen.

Welche Möglichkeiten zum Beschriften mit technischer Hilfe gibt es?

- Plakate und Schilder können mit Firmenlogo bedruckt gekauft werden. Auf diese werden dann die Texte und Preise mit einem tragbaren Beschriftungsgerät aufgebracht.
- Plakate und Schilder können als Rohlinge gekauft werden. Texte und Preise sowie Firmenkennzeichen werden mit einem EDV-Programm erstellt. Zum Drucken gibt es spezielle Plakatdrucker. Diese Geräte können über eine Schnittstelle direkt vom EDV-Gerät ausdrucken. Die Formate sind von DIN-A4 bis DIN-A1 wählbar, ebenso Farben für Schrift und Gestaltung in verschiedenen Kombinationen.

Vorteile dieser Herstellungsart von Plakaten sind vor allem

- *die Möglichkeiten der raschen, betriebsindividuellen Gestaltung,*
- *die Möglichkeit zur einfachen Herstellung gleichartiger Plakate in mehrfacher Ausfertigung (z. B. für alle Filialen),*
- *die saubere und gut lesbare Ausfertigung,*
- *die kostengünstige Herstellung im Vergleich zu der Herstellung in einem Druckereibetrieb.*

Eine ganz andere Art der Nutzung von technischen Hilfen ist der Einsatz selbstklebender Buchstaben, Ziffern und Symbolen aus Kunststoffen. Es gibt sie in verschiedenen Schriftarten, Größen und Farben. Sie sind vor allem für kleine Schildchen für den langfristigen Gebrauch sinnvoll (z. B. Hinweise, Preisschilder).

Für große Plakataufschriften besteht die Möglichkeit, die Buchstaben aus verschiedenen Materialien auszuschneiden und aufzukleben. Für Dekorationsschilder werden beispielsweise aus Hartschaumplatten (= Styropor) mit Heißdraht ausgeschmolzene Zeichen eingesetzt. Zur Gestaltung werden Spezialkleber und geeignete Farben benötigt.

Plakataufsteller mit großzügiger Beschriftung

Plakatherstellung mit einem Drucker

Preisschild für maschinelle Beschriftung

Handlungsorientierte Aufgaben

- *Stellen Sie Informations- und Dekorationsplakate her aus Plakatkarton und Leichtstoffplatten. Wählen Sie zur Oberflächengestaltung verschiedene Möglichkeiten (z. B. Farbbeschichtung oder Folienbespannung). Setzen Sie nur kurze informative Texte von Hand ein.*
- *Gestalten Sie kurze Texte für Preis- und Produktinformationen mit Hilfe eines EDV-Programms, und drucken Sie diese auf neutralen Bogen sowie auf vorgefertigten Plakatbogen aus. Wählen Sie dafür verschiedene Schriftarten und -größen.*

Textarbeit

Tipps
für Inserate in Zeitungen

- ➤ *Wählen Sie für Ihre Inserate die Zeitungen aus, bei denen Sie die Zielgruppen ohne große Streuverluste am besten erreichen. Beachten Sie auch spezielle Blätter (wie Schülerzeitungen für die Zielgruppe der Schüler/innen).*
- ➤ *Fertigen Sie einen Anzeigenrahmen für wiederholbare Anzeigen. In diesen können Sie die veränderbaren Textteile für den jeweiligen Fall leicht einfügen. Für die Anfertigung der Inserate können Sie EDV-Programme nutzen. Sie übergeben dann die gesamte Anzeige als Datei an die Zeitung.*
- ➤ *Nutzen Sie Möglichkeiten, mit denen Ihre Anzeigen Aufmerksamkeit erregen. Solche Mittel sind beispielsweise die auffallende Druckfarbe, eine besondere Schrift, die Firmensymbole, die Schlagzeile oder ein Reizwort. Aber auch die Kürze des Textes oder Freiraum in der Anzeige wirken anregend zum Lesen.*

Grenzen textlicher Werbung – und wie man sie überwinden kann

Frische, Aussehen, Duft und Geschmack von Back- und Süßwaren sind mit Worten zwar zu beschreiben. Sie können aber damit nicht erfahrbar gemacht werden.

Diese Grenze der textlichen Werbung muss überschritten werden: In Kombination mit der Inseratwerbung kann eine Probieraktion stattfinden. Und der Text des Inserats fordert zum Probieren auf; denn „Probieren geht über Studieren".

Neben der Aktivierung der Adressaten zum Probieren und Kaufen hat die Aufforderung in der Anzeige noch eine Kontrollfunktion. Anhand der Resonanz beim Probieren lässt sich die Wirkung der Inserierung einschätzen.

Erstellen von textlichen Werbematerialien

„Die Menschen lesen nur das, was sie interessiert", berichtet ein Werbefachmann aus seiner Erfahrung. Was heißt das für Sie?

Bei Inserat-Angeboten für Wohnungen oder gebrauchte Fahrzeuge ist das Interesse der Lesenden zumeist groß. Sie machen sich dafür die Mühe, auch Anzeigentexte mit vielen verstümmelten Abkürzungen zu verstehen. Nicht so groß wird das Interesse sein für die Werbung einer Bäckerei/Konditorei, zum Beispiel mit: „Heute frischer Apfelstrudel".

Für textliche Werbung in Druckschriften und anderen Medien sind vorab folgende Fragen zu lösen:

- Wie kann das Interesse an der Werbung geweckt werden?
- Welche Aussagen über Back- und Süßwarenangebote eignen sich für textliche Darstellungen?
- Wodurch kann sich das textliche Werbematerial gut von dem anderer Werber abheben?

Die Zielgruppen des Backgewerbes sind allgemein gut mit Inseraten in der Tagespresse und in Anzeigenblättern der Region zu erreichen.

Inserate – wie man sie interessant macht

Zeitungsinserate mit Werbung für Back- und Süßwaren müssen über einen längeren Zeitraum erfolgen, wenn sie werbewirksam sein sollen. Es sollte ein Jahresterminplan für Anzeigen bestehen. Ausnahmen von dieser Regel können bei aktuellen Anlässen in Betracht kommen (z. B. Hinweis auf Aktion). Bei Anzeigen ist der *Wiedererkennungswert* sehr wichtig. Ihn erzielt man durch die so genannten *Werbekonstanten*. Das sind vor allem immer wiederkehrende Werbeaussagen (z. B. „Ihr Vollkornspezialist") und das Firmenlogo.

Beim Abfassen textlicher Werbung können Sie sich durch die folgenden Fragen leiten lassen.

- Geht der Text vom Interesse der Adressaten aus?
- Weckt die Überschrift/Schlagzeile genug Aufmerksamkeit?
- Sind Ausdrucksweise und Darstellung adressatengerecht?
- Ist die Textlänge angemessen?
- Stimmt die Ablaufdarstellung der Gedankengänge?
- Ist der Text anschaulich und positiv formuliert?
- Sind Wahrnehmung und Merkbarkeit durch aussagefähige Motive und Grafik unterstützt?
- Ist der Text sprachlich und rechtschreibmäßig korrekt?
- Sind Elemente des einheitlichen Unternehmensbildes beachtet?
- Endet der Text mit einem Handlungsimpuls für die Adressaten?

Für die Positionierung der Anzeigen ist zunächst der gewünschte Erscheinungstermin wichtig. Bei terminlich gebundenen Inseraten (z. B. für konkrete Angebote) sollte etwa zwei bis drei Tage vorher inseriert werden. Von daher ergibt sich der Termin für die Abgabe Ihrer Inseratvorlage zum Anzeigenschluss der Zeitung.

Wo die Inserate in der Zeitung erscheinen, ist nicht unerheblich. Seiten mit so genannten „Anzeigenfriedhöfen" sollten Sie meiden. Für die Größe der Anzeige ist der Textumfang ausschlaggebend. Beachten Sie aber auch, dass eine Kleinanzeige mit mehrmaliger Wiederholung besser wirkt als eine einzige teure große Anzeige.

Handzettel und Werbebriefe – wie man Adressaten erreicht

Bäcker und Konditoren sind keine „Massenanbieter", die sich über die Warenpreise profilieren. Darum sind Handzettel und Werbebriefe der Bäckerei und Konditorei kein Abklatsch der Werbeblätter großer Handelsketten. Sie sind vielmehr informativ. Mit ihren Inhalten sollen sie zum Teil sogar das Beratungsgespräch erleichtern oder ersetzen.

Handzettel können Sie im Allgemeinen auf Format DIN-A4 oder DIN-A5 drucken (auch doppelseitig). Das ist der Rahmen für den möglichen Text. Er soll kundenorientiert, informativ, einprägsam, wahrheitsgemäß und überzeugend sein. Für eine produktbezogene Werbe-Aktion sollte der Handzettel mit einem Appell zum Besuch der Verkaufsstelle enden.

Handzettel gestalten Sie werbewirksam, indem Sie Texte auf leicht getöntem Papier mit einer dazu passenden Hauptfarbe drucken lassen. Auch die Verwendung des Firmenlogos sollte hier selbstverständlich sein. Verstärkt wird das noch durch die persönlichen Grüße oder die Unterschrift der Betriebsinhaber.

Handzettel können Sie in der Verkaufsstelle zur Mitnahme durch die Kunden auslegen oder der Ware beifügen (z. B. als eine Form der stetigen Produktinformation). Sofern Sie damit auch die im Bereich Ihrer Verkaufsstelle wohnenden Nichtkunden erreichen wollen, können Sie die Handzettel wie Briefe verteilen lassen.

Werbebriefe können im Marketing des Backgewerbes verschiedene Funktionen haben, zum Beispiel: *Kontaktanbahner, Informationsmittel* oder *Verkaufsinstrument*. Sie können sich an Kunden und Nichtkunden wenden (gezielt oder ungezielt gestreut).

Die Herstellung von Werbebriefen ist technisch mit EDV recht einfach. Bei deren Gestaltung sind wichtige Punkte zu beachten:
- Briefumschlag mit stimmiger Adresse,
- Brieftext mit ansprechendem Inhalt,
- Aufforderung zu der beabsichtigten Aktion.

Radio- und Fernsehwerbung – wie man diese Medien nutzt

Bäckereien/Konditoreien konnten sich als handwerkliche Klein- und Mittelbetriebe lange Zeit keine Werbung über Rundfunkanstalten leisten. Das ist heute durch die regional wirkenden Sendeanstalten anders. Die Kosten der Werbung sind hier vertretbar. Die Werbung ist auf die Region begrenzt. Damit entstehen kaum Streuverluste.

Bei *Werbung im Rundfunk* wirken nur Wort und Klang. Daher muss die Botschaft entsprechend gestaltet sein. Die Werbespots sollten kurz sein (20 bis 30 Sekunden). Eine spezielle Melodie oder ein Signal erleichtern den Hörern die Wiedererkennung. Mit der Wahl des Senders und der Sendezeit wird bestimmt, welche Zielgruppen erreicht werden.

Bei *Werbung in Film und Fernsehen* können Wirkungen über Bild und Ton erzielt werden. Die Herstellung der Werbeträger ist Sache von Fachleuten der Werbebranche. Die fachlichen Inhalte sind aber durch die Bäckerei/Konditorei beizusteuern. Die Fernsehwerbung ist relativ teuer, auch bei den Regionalsendern. Das gilt vor allem für die besten Werbezeiten (zwischen 18[00] Uhr und 20[00] Uhr).

Ähnliche Wirkung wie mit dem Fernsehen ist erzielbar mit Werbung auf *Video, CD-ROM* oder im *Internet*. Hier kann jedoch der Adressat die Werbung jederzeit selbst abrufen. Der Einsatz dieser Medien kann auch in der Verkaufsstelle selbst erfolgen (z. B. Multimedia-Werbung).

Tipps für Handzettel und Werbebriefe

- *Stellen Sie die Werbetexte auf Handzetteln und in Werbebriefen unter ein Motto (z. B. „Fit in den Tag…").*
- *Gestalten Sie den Inhalt als Denkanstoß zum Einkaufen, auch als Einkaufszettel.*
- *Fordern Sie die Adressaten auf zum Probieren der von Ihnen angebotenen Backwaren.*
- *Nutzen Sie freien Raum auf der Rückseite zu weiteren über die Werbung hinausgehenden Mitteilungen, die für Vertrauensbildung der Kunden wirksam sein können (z. B. Grüße zu Feiertagen).*
- *Beachten Sie, dass Handzettel und Werbebriefe auch neue Kunden anwerben sollen. Neben der Auslage in der Verkaufsstelle sind deshalb Verteilung auf der Straße, durch Briefkasteneinwurf oder als Beilage in Zeitungen vorzusehen.*

***Kontaktanbahner** sind Werbebriefe, wenn Sie zur Ansprache neuer Kundenkreise dienen und beispielsweise an Schulen, Behörden, Ärzte oder Feriengäste in der Region gerichtet sind.*
***Informationswirkung** haben Werbebriefe, wenn beispielsweise über die Zusammensetzung der Backwaren oder über Fragen der richtigen Ernährung berichtet wird.*
***Verkaufsinstrument** sind Werbebriefe, wenn Sie beispielsweise bei Versandkauf oder als Angebot zum Direktkauf genutzt werden.*

Kostenlose Werbung in Rundfunk und Fernsehen

Insbesondere die regional zuständigen Sendeanstalten bemühen sich um Berichte aus ihrem Sendebereich und um Kommunikation mit ihren Hörern. Daraus ergeben sich für Sie Chancen zur kostenlosen Darstellung in diesen Medien (als Image-Werbung).

Wenn es etwas für die Öffentlichkeit Interessantes aus dem Betriebsgeschehen ist oder eine Stellungnahme zu Berichten in den Medien, kann dazu in einem Gespräch mit dem Lokalredakteur des Senders ein Termin für eine Reportage vereinbart werden. Wichtig ist es, dem Redakteur verdeutlichen zu können, worin das Interesse der Hörer/innen an dieser Nachricht liegen soll. Dieses muss dann auch durch Material belegt werden.

- *Nehmen Sie Kontakt auf zu regional für Sie wichtigen Sendern. Informieren Sie sich über deren Nachrichten-Angebote. Prüfen Sie, ob Sie allgemein interessierende Meldungen über den Sender geben können.*

Probieren geht über Studieren

In der Werbung haben Backbetriebe einen großen Vorteil gegenüber anderen Branchen: Für Back- und Süßwaren kann wirkungsvoll mit ***Kostproben*** *geworben werden. Dabei werden außer der Information durch Wort und Schrift gezielt Geruch und Geschmack der Produkte vorgestellt. Das spricht speziell die Gefühle an und erhöht die Werbewirkung.*

Fordern Sie darum so oft wie möglich auf: „Probieren geht über Studieren."

Üblich sind Kostproben mit kleinen Stückchen des Produkts. Sie können aus dem Angebot im Laden geschnitten werden. Möglich ist aber auch das spezielle Backen kleiner Probierstücke (auch im Ladenbacken). Dabei ist grundsätzlich zu beachten, dass diese in ihrer Qualität dem Original entsprechen. Werden nämlich „besonders gute Probestücke" an die Kunden ausgegeben (die besser sind als die Normalqualität der Ware), dann werden die Kunden getäuscht. Die Werbung verkehrt sich ins Entgegengesetzte. Die Kunden werden vom Kauf des neuen Produkts absehen.

Handlungsorientierte Aufgaben

- *Erstellen Sie eine kurze* ***Produktinformation*** *über das Weizenmischbrot „Powerbrot". Verwenden Sie dazu die Sachinformationen auf der CD-ROM zu diesem Buch.*
- *Beschreiben Sie kurz die Möglichkeiten zur* ***Ausgabe von Kostproben****. Berücksichtigen Sie dabei die rechtlichen Bestimmungen. Bewerten Sie Bedingungen und Wirksamkeit der jeweiligen Art der Probenausgabe.*

Aktion zur Sortimentserweiterung

Nun ist es so weit: Als neues Produkt ist das „Powerbrot" entwickelt. Es soll auf Dauer als Markenprodukt im Sortiment der Bäckerei und Konditorei sein. Zur Einführung findet eine befristete Aktion statt.

Wie der Verkaufsbereich die Produktinformationen erhält

Für die Produktion ist die Rezeptur wichtig. Demnach ist das Powerbrot ein *Weizenmischbrot*, dem *15 % Weizenkeimlinge* zugesetzt sind. Das sind *Warenmerkmale*, die im Verkaufsbereich als Mindestinformation bekannt sein müssen.

Für die Kundenberatung sind darüber hinaus die *Nutzungsmerkmale* sehr wichtig. Das sind all die Eigenschaften des Produkts, die den Kunden einen speziellen Wert bieten. Hier ist es der *besondere Ernährungswert*, der sich aus der Steigerung von Vitalstoffen während des gesteuerten Keimens der Weizenkörner ergibt (Vitamine, Enzyme, lebenswichtige Amino- und Fettsäuren).

Die Verkaufskräfte erhalten bei einer Verkostung der neuen Brotsorte eine *schriftliche Produktinformation*. Diese bleibt auch im Laden zur stetigen Einsichtnahme für weitere Einzelheiten.

Wie Kostproben ausgegeben werden können

Wer Kostproben ausgibt, ist von der Qualität seiner Ware überzeugt.

So positiv schätzen die meisten Kunden eine Probieraktion ein. Damit die Aktion aber für die Bäckerei/Konditorei auch ein Erfolg wird, sind bestimmte Bedingungen zu erfüllen.

- Kostproben müssen *in der Warenmenge* begrenzt sein. Sie dürfen nicht bedarfsdeckend sein.
- Kostproben müssen *in der Qualität* echt sein. Sie dürfen die Kunden nicht täuschen.
- Kostproben können zu einem *reduzierten Probierpreis* angeboten werden. Auch für das neue Produkt kann über eine bestimmte Zeit ein ermäßigter Einführungspreis gelten.
- Kostproben können *unverpackt zur Selbstbedienung* auf der Theke angeboten werden. Sie müssen gegen nachteilige Beeinflussung geschützt werden (z. B. durch Anhauchen).

Wer Kostproben ausgibt, sollte eine starke Wirkung anstreben.

Das „stille Anbieten" von Proben – nur mit einem Hinweisschild – wirkt nicht auffordernd genug. Besser ist es, wenn die Verkaufskräfte aktiv während des Verkaufsvorgangs die Kostproben anbieten. Auch kann die Probe mit einem Handzettel im Klarsichtbeutel verpackt mit nach Haus gegeben werden.

Die Ausgabe der Proben im Laden ist in ihrer Reichweite beschränkt. So erreicht man nur die Kunden, die das Geschäft aufsuchen.

Will man „Noch-Nicht-Kunden" erreichen, geht das beispielsweise
- durch Verteilen der Kostproben an einem *Informationsstand* vor der Verkaufsstelle,
- durch *persönliches Überreichen* der Kostproben an Hausbewohner in der Umgebung des Geschäfts,
- durch *Verteilen der Kostproben* mit Hilfe einer Verteileragentur über die „Briefkastenpost" oder über Verteilerpersonen auf den Straßen im Einzugsbereich des Geschäfts.

Wie für das neue Produkt geworben werden kann

„Die Leute müssen neugierig gemacht werden." Das ist das Ziel der Werbung für die Einführungsaktion. Wodurch ist das möglich?

- Durch *Anzeigen in der Lokalpresse* kann bereits Tage vor der Aktion in Text und Bild auf das besondere Ereignis hingewiesen werden.
- Durch *Handzettel (= Flyer)* kann mindestens eine Woche vorher in der Verkaufsstelle und zwei Tage vor der Aktion auch außerhalb des Geschäfts informiert werden. Selbstverständlich werden auch während der Aktionszeit die Handzettel verteilt.
- Durch *Straßenaufsteller und Schaufensterdekoration* kann auf das besondere Angebot aufmerksam gemacht werden. Angebote des üblichen Sortiments müssen in der Aktionszeit zurückstehen.
- Durch *Beschriftung auf den Lieferfahrzeugen* kann die Botschaft über die Aktion in der Region bekannt gemacht werden. Dafür ist ein Slogan und ein Aufmerksamkeit erregender „Anreißer" für den kurzen Blick der Passanten nötig.
- Durch *wandelnde Straßenplakatträger* kann während der Aktionszeit in der Nähe der Verkaufsstelle die Aufmerksamkeit der Passanten erregt und das Informationsmaterial an sie verteilt werden.
- Durch *spezielle Brottüten* kann die neue Premium-Marke für Kunden und Außenstehende deutlich herausgestellt werden.
- Durch *Dekorationsmittel, Kleidung der Verkaufskräfte und eventuell durch passende Hintergrundmusik* kann die Werbewirkung in der Verkaufsstelle selbst verstärkt werden.

Wenn die Bäckerei/Konditorei mit einem Bio-Landwirtschaftsbetrieb in der Region zusammenarbeitet, kann mit dieser Kooperation und dem neuen Brot bestimmt die Lokalpresse/der Regionalsender interessiert werden. Deren Berichte sind dann eine kostenlose Werbung.

Der *Erfolg der Werbung* ist nach Abschluss der Aktion regelmäßig und einfach an Hand der Umsatzzahlen für das neue Brot kontrollierbar. Aber kaum einschätzbar ist der große *Imagegewinn*, den der Betrieb damit als Premium-Bäckerei/Konditorei erzielt.

Herstellungsinformationen

*Oft werden Rezepte und Arbeitsanweisungen als Betriebsgeheimnisse gehütet. Das ist zum Teil gerechtfertigt. Aber für die Verbraucher sind heute **Produktinformationen** (z. B. in Zutatenlisten) so selbstverständlich, dass diese kaum noch besonderes Interesse erregen.*

*Neugierig sind die Kunden aber immer, wenn sie **Informationen über die Herstellung** einer Ware erhalten (z. B. wo die ökologischen Getreideprodukte bezogen werden, wie das Brot mit betriebseigenem Vorteig hergestellt wird). Dieses Interesse kann werbewirksam genutzt werden. Außerdem wird damit im Hinblick auf die „Lebensmittelskandale" ein echtes Informationsbedürfnis erfüllt.*

Rechtliche Bestimmungen

- *Wenn für Lebensmittel mit Hinweisen auf **veränderten Nährwert** geworben wird, dann wird die Pflicht zur Nährwertkennzeichnung ausgelöst.*
- *Wenn Lebensmittel angeboten werden mit Verkehrsbezeichnungen, denen ein Hinweis auf **wertbestimmende Zutaten** zugefügt ist, dann ist auf Fertigpackungen die Menge der ausgelobten Zutat in % des Fertiggewichts auszuweisen (= QUID-Kennzeichnung).*

Hinweis

Zu den vorgenannten rechtlichen Bestimmungen finden Sie nähere Informationen auf der CD-ROM zu diesem Buch.

Aufgaben zur Wiederholung

01. Unterscheiden Sie an mindestens zwei Beispielen quantitative und qualitative Marketing-Ziele.

02. Welche Analysen bieten Grundlagen-Informationen für das Marketing einer Bäckerei und Konditorei?

03. Stellen Sie die produktiven Marketing-Instrumente mit je einem Anwendungsbeispiel dar.

04. Beschreiben Sie die Bedeutung der kommunikativen Marketing-Instrumente.

05. Welche Ziele kann die Werbepolitik einer Bäckerei und Konditorei anstreben?

06. Stellen Sie mindestens fünf Themen für mögliche Marketing-Aktionen einer Bäckerei/Konditorei vor.

07. In Ihrer Verkaufsstelle wird eine Marketing-Aktion durchgeführt, die sich an kleine Kinder und ihre Eltern richtet. Stellen Sie kurz drei Beispiele für angemessene Aktionen dar.

08. Sie sollen ein Brot-Büfett gestalten. Der Anlass für das Büfett kann von Ihnen frei gewählt werden. Nennen Sie Kriterien für die Auswahl der Waren, der Dekorationsmittel und den Einsatz der Gestaltungsmittel.

09. Sie sollen Werbeaussagen für Backwaren formulieren. Stellen Sie mindestens fünf Anforderungen dar, die von diesen Werbeaussagen zu erfüllen sind.

10. Sie führen eine Probier-Aktion für ein neues Produkt im Sortiment durch.
a) Beschreiben Sie kurz den Ablauf einer solchen Aktion.
b) Erklären Sie an Beispielen den sachgemäßen Einsatz von Werbeträgern.

BERATEN IM MARKETING DES BACKBETRIEBS

Ist das Beraten der Kunden einer Bäckerei und Konditorei eine wichtige Aufgabe für das Personal?

In der Ausbildungsverordnung für Fachverkäufer/Fachverkäuferinnen wird diese Anforderung durchgängig und vor allem als Prüfungsaufgabe für die Abschlussprüfung herausgestellt.

Diesen Anforderungen entsprechend werden im Folgenden beispielhafte Beratungssituationen dargestellt, die für den Fachverkauf in der Bäckerei und Konditorei wesentlich sind.

Wie in anderen Branchen beraten wird

Ein berühmter Koch macht aus seiner Kochkunst kein Geheimnis. Seine tägliche Arbeit verrichtet er nur zu etwa einem Viertel in der Küche. Drei Viertel seiner Tagesarbeit verbringt er im Lokal an den Tischen seiner Gäste. Er berät sie bei der Speisenauswahl.

Neben der Speisen-Empfehlung plaudert er mit den Gästen auch beispielsweise darüber, wo er die besten Kräuter für die Speisen bekommt, wie er Fisch oder Fleisch raffiniert zubereitet und mit welchen Kniffen das Dessert gut gelingt. Nur die wenigsten Gäste können die Tipps selbst zu Haus ausprobieren. Trotzdem schätzen sie diese Beratung und fühlen sich in dem Lokal des Meisterkochs sehr wohl.

➤ *Ist eine ähnliche Beratung über Backwaren und mit Herstellungs-Tipps auch in der Bäckerei und Konditorei denkbar?*

Meinungen

Bäckermeister Scheller berät die Kunden auf Wunsch auch über Fragen des Backens, zum Beispiel wie man richtig einen Hefefeinteig macht. Auch bietet er die dafür nötigen Zusammensetzungen der Zutaten zum Kauf an. Er meint, dass die Kunden durch diesen Service seinem Geschäft treu bleiben und trotzdem nicht alles selbst backen.

Bäckermeister Knoll vertritt die Auffassung, dass die Kunden nicht zum Selberbacken beraten werden sollten. „So mache ich mir doch selbst Konkurrenz. Die sollen den Kuchen lieber bei mir kaufen," fasst er seine Meinung zusammen.

➤ *Nehmen Sie Stellung zu diesem Problem.*

Beraten als kundenorientiertes Verhalten

Die Kundenberatung ist Teil des *kommunikativen Marketings*. Darum sind auch die Regeln der Kommunikation anzuwenden (➟ Seite 95).

Außerdem gelten hier zwei weitere Grundsätze:

- Die Beratung muss sich nach den *Interessen der Kunden* richten (die „Kunden dort inhaltlich abholen, wo sie sind").
- Die Beratung darf *von den Kunden nicht als Belehrung* empfunden werden können (keine Überheblichkeit in der Argumentation).

Warenkunde als Beratungsfeld

Mit *Produktinformationen* soll erreicht werden, dass über jede einzelne Ware im Verkaufsbereich die erforderlichen Kenntnisse vorhanden sind. Nur so kann fachgerecht beraten werden.

Wenn im Verkaufsbereich vor den Augen der Kunden produziert wird, ergeben sich daraus gewiss zusätzliche spezielle Kundenfragen.

Beratungssituation: Rezeptur und Herstellungsart

Bei Beratungswünschen von Kunden hinsichtlich der Herstellung von Backwaren ist entscheidend, ob diese Auskünfte im Betrieb gegeben werden dürfen. Betriebsgeheimnisse sind in jedem Fall zu wahren.

Sofern aber Kunden aus Sicht einer vertieften Produktinformation nach der *Herstellungsart* fragen, sollte darüber Auskunft gegeben werden.

Unterschiedlich wird es beurteilt, wenn ein Kunde beispielsweise den fachlichen Rat zum Herstellen von Hefekuchen sucht. Einige Betriebe geben da durch Rezepturwissen oder Zutatenkombination keine Hilfe. Damit verhindern sie aber nicht das Selberbacken der Kunden. Wird in solchen Fällen der Kundenwunsch erfüllt, bringt das Vorteile für das Geschäft, und die Beziehung zu diesen Kunden wird gefestigt.

Als Beratungsinhalte kommen in Betracht:
- die Rezeptur (damit fällt ein mögliches Vorurteil über „Tütenbäcker"),
- die Tipps über die richtige Herstellung (Temperaturen oder Backzeit).

Als weiteres Angebot kommt in Betracht, den Kunden die Zutaten für das Gebäck fachgerecht zusammenzustellen (als Zusatzverkauf).

Beratungssituation: Spezial- und Extrabestellungen

Eine handwerkliche Bäckerei/Konditorei zeichnet sich dadurch aus, dass sie auch spezielle Warenwünsche der Kunden erfüllt. So etwas kann zum Beispiel die eckige Torte mit dem Bild des Jubilars sein oder auch die mit Senf gefüllten Pfannkuchen für die Silvesterfeier.

Über die Machbarkeit vieler solcher Extrawünsche können Sie allein entscheiden. Bei einigen Fragen sind aber Abstimmungen mit dem Produktionsbereich nötig. In diesen Fällen kann eine direkte Beratung der Kunden durch *Mitarbeiter der Produktion und des Verkaufs* sinnvoll sein. So kann das Fachwissen in die Beratung eingebracht werden, das letztlich die *Kundenzufriedenheit* sichert. Außerdem wird sich diese Beratungsform positiv auf das Image des Betriebs auswirken. Sie macht Kompetenz und Bemühung um den Kunden deutlich.

Bei welchen Fragen sind solche abgestimmten Beratungen sinnvoll?

- Sind die vom Kunden gewünschten Produktmerkmale erfüllbar?
- Welche Alternativen sind möglich, wenn die zunächst gewünschten Produktmerkmale nicht realisierbar sind?
- Kann die gewünschte Ware termingemäß hergestellt und für die Ausgabe an den Kunden bereitgestellt werden?
- Bis zu welchem Zeitpunkt muss die Kundenbestellung verbindlich sein, damit die Herstellung der Ware störungsfrei und termingerecht möglich ist?
- Welche Konsequenzen ergeben sich aus den Kundenwünschen für die Warenmerkmale und für den Preis der Ware?

Beratungssituation: Wareneigenschaften

Wenn Kunden im *Versorgungseinkauf* die Backwaren des täglichen Bedarfs kaufen, stehen für die meisten Verbraucher die Qualität und der angemessene Warenpreis im Vordergrund. Beim Kauf von Feinen Backwaren ist sicherlich auch der Genusswert wichtig.

Aber die Backwaren haben für die Kunden über die *Produktmerkmale* hinausgehend weitere *Nutzungsmerkmale*. Diese sind den Kunden zum Teil nicht klar oder unbewusst für ihre Kaufentscheidung.

Nutzungsmerkmale bieten Beratungsmöglichkeiten, zum Beispiel:

- Vollkornbrot enthält viel Ballaststoffe. *Die wirken sich auf Verdauung und Gesundheit positiv aus.*
- Unser Sauerteigbrot ist herzhaft im Geschmack. *Es hält sich auch lange frisch.*
- Der Butterspekulatius ist sehr aromatisch und zart-brüchig. *Das ist ein besonderer Genuss für Ihre Gäste.*
- Der Marmorkuchen bleibt mehrere Tage frisch und zart. *Sie können ihn gut als „Reserve" bevorraten.*

Auch können Kunden über die *Qualitätserhaltung der Waren* beraten werden, zum Beispiel

- wie Brot frischhaltend gelagert und vor Schimmel geschützt wird,
- welche Backwaren sich zum Tiefkühlen eignen und welche nicht,
- unter welchen Bedingungen die Dauerbackwaren zu lagern sind.

Selbst wenn Kunden die *Qualität von Backwaren bemängeln*, gibt es in der Reklamationssituation gute Möglichkeiten zur Beratung. Mit Ihrer Kompetenz können Sie Mängel erklären, und für den Betrieb können Sie Konsequenzen zur Qualitätssicherung ziehen (➡ Seiten 74/75).

Arten von Warenbestellungen

Bei Bestellungen durch Privatkunden sind die folgenden Fälle unterscheidbar:

- ***Standardbestellungen*** *von Backwaren aus dem täglichen Sortiment in üblicher Menge*
- ***Sonderbestellungen*** *von Backwaren aus dem täglichen Sortiment in großer Menge*
- ***Spezialbestellungen*** *von Backwaren aus dem erweiterten Sortiment, die nicht täglich bereitgestellt werden (z. B. Diätkuchen)*
- ***Extrabestellungen*** *von extra herzustellenden Backwaren (z. B. spezielle Geburtstagstorte)*

Abläufe bei Bestellungen

Bei Bestellungen durch Privatkunden sind folgende Punkte schriftlich festzuhalten:

- *Name des Bestellers, Name des Empfängers der Ware (Anschrift und Telefonnummer)*
- *Termine der Bestellannahme, der Lieferung oder Abholung (mit genauer Uhrzeit)*
- *Stückzahl und Art der Waren (Sonder- oder Extrawünsche)*
- *Einzelpreis (eventuell erhöhter Preis), Gesamtpreis und Zahlungsbedingungen*
- *Vermerke für den Backzettel, damit die Ware richtig und rechtzeitig verfügbar ist*

Kundenorientierte Beratung

Die Kunden interessiert neben der Produktqualität vor allem der Nutzen, den sie beim Kauf einer Ware haben. Der Kundennutzen muss bei der Beratung durchgängig beachtet werden (= Kundenorientierung).

Beispiele für kundenorientierte Beratung:

„Unser Toastbrot enthält Butter." Besser:
➤ *„Sie erzielen beim Toasten besonders zartrösche Schnitten und ein volles Aroma, weil unser Toastbrot mit Butter bereitet ist."*

„Das Kastenbrot wird gern gekauft." Besser:
➤ *„Beim Kastenbrot haben Sie gleichmäßig große Schnitten. Auch die etwas weichere Seitenkruste entspricht Ihren Wünschen."*

„Der Stollen enthält viel Fett." Besser:
➤ *„Sie können den Stollen lange lagern. Er bleibt durch den hohen Fettgehalt frisch und aromatisch."*

Handlungsorientierte Aufgaben

➤ *Erarbeiten Sie nach dem Muster der obigen Beispiele* ***kundenorientierte Argumente*** *für die Beratung über Backwaren.*
➤ *Üben Sie mit einer Kollegin/einem Kollegen das* ***kundenorientierte Gespräch.***

Nährstoffzusammensetzung ausgewählter Nahrungsmittel

	Mischbrot
7,0 %	Eiweißstoffe
1,5 %	Fette
45,0 %	Kohlenhydrate
5,0 %	Ballaststoffe
1,0 %	Mineralstoffe
40,5 %	Wasser

	Tomaten
1,0 %	Eiweißstoffe
0,1 %	Fette
3,0 %	Kohlenhydrate
2,0 %	Ballaststoffe
0,4 %	Mineralstoffe
93,5 %	Wasser

	Äpfel (geschält)
0,3 %	Eiweißstoffe
0,3 %	Fette
12,0 %	Kohlenhydrate
2,0 %	Ballaststoffe
0,2 %	Mineralstoffe
85,2 %	Wasser

	Vollmilch
3,5 %	Eiweißstoffe
3,5 %	Fette
4,8 %	Kohlenhydrate
0,5 %	Mineralstoffe
87,7 %	Wasser

	Schweinekeule
17,0 %	Eiweißstoffe
22,4 %	Fette
0,6 %	Mineralstoffe
60,0 %	Wasser

Wirkungen von Ballaststoffen

- *Ballaststoffe sind hochaufgebaute Zuckerstoffe, die der Körper nicht zur Energiegewinnung ausnutzen kann.*
- *Ballaststoffe binden im Körper überschüssige Magensäure.*
- *Ballaststoffe verlängern die Verweildauer der Speise im Magen: Der Sättigungswert ist dadurch höher.*
- *Ballaststoffe regen die Darmtätigkeit an: Die Passagezeit der Nahrung im Darm ist dadurch kürzer.*
- *Ballaststoffe regen die Darmtätigkeit an und beugen der Verstopfung vor.*
- *Ballaststoffe können der Übergewichtigkeit vorbeugen.*

Hinweis

*Zu den einzelnen **Nährstoffen** finden Sie ausführliche Informationen auf der CD-ROM zu diesem Buch.*

Ernährungswissen als Beratungsfeld

„Alle Bestandteile unseres Körpers entstammen unserer Nahrung."

Diese Aussage macht deutlich, wie wichtig die in den Lebensmitteln enthaltenen Stoffe sind. Unsere Nahrung besteht zum Beispiel aus Brot, Obst, Gemüse, Milch und Fleisch. Diese *Nahrungsmittel* sind kompliziert aufgebaute Stoffgemische. Sie enthalten Stoffe, die zum Wachstum, zur Erhaltung und Funktion des Körpers nötig sind. Diese Substanzen werden als *Nährstoffe* bezeichnet.

***Nährstoffe** sind Eiweißstoffe, Fette, Kohlenhydrate, Mineralstoffe und Wasser. Mineralstoffe und Spurenelemente sowie Vitamine werden auch als **Wirkstoffe** bezeichnet.*

Zusätzlich enthalten viele Nahrungsmittel einen Teil nicht verdaubarer Stoffe, die so genannten ***Ballaststoffe***.

Nährstoffe und ihre Funktionen

Die verschiedenen Nährstoffe und Wirkstoffe haben ganz spezifische, zum Teil aber auch ähnliche ernährungsphysiologische Funktionen:

- *Eiweißstoffe, Kohlenhydrate und Fette* werden zum Aufbau, Erhalt und zur Energiegewinnung (Kraft, Wärme) gebraucht. Die Energie bezieht der Körper vorrangig aus Kohlenhydraten und Fetten.
- *Mineralstoffe und Spurenelemente* werden als Aufbaustoffe (z. B. für die Knochensubstanz) benötigt, ebenso auch als Wirkstoffe zur Regelung wichtiger Körperfunktionen.
- *Vitamine* werden als Wirkstoffe für den Stoffwechsel und spezielle Aufgaben zur Erhaltung von Körperfunktionen gebraucht.
- *Wasser* nutzt der Organismus als Lösungs- und Transportmittel.

Kohlenhydrate: die Energielieferanten

Die *Kohlenhydrate (Zuckerstoffe)* werden in den grünen Pflanzen durch Fotosynthese gebildet. Benötigt werden dazu die „Baustoffe" Wasser, Kohlendioxid und Sauerstoff sowie als „Hilfsstoffe" die Sonnenenergie und das Blattgrün der Pflanzen.

Nach der Aufbaustufe werden unterschieden:

- *Einfachzucker* (Monosaccharide), und zwar Traubenzucker (Glucose), Fruchtzucker (Fructose) und Schleimzucker (Galactose);
- *Doppelzucker* (Disaccharide), und zwar Milchzucker (Lactose) und Malzzucker (Maltose) sowie Rüben- und Rohrzucker (Saccharose);
- *Vielfachzucker* (Polysaccharide), und zwar Dextrine, Stärke, Glykogen, Hemicellulosen und Cellulose.

Doppelzucker werden aus je einem „Baustein" Einfachzucker gebildet. Die Vielfachzucker bestehen aus vielen Traubenzucker-Bausteinen. Sie unterscheiden sich je nach Aufbaugröße in der Wasserlöslichkeit und ihrer Ausnutzbarkeit in der Ernährung.

Die *Einfachzucker* können ohne Veränderung durch Verdauungsenzyme direkt in die Blutgefäße übertreten. Dagegen müssen die Doppel- und Vielfachzucker im Verdauungstrakt erst aufgespalten werden, damit sie zur Energiegewinnung nutzbar sind.

Der *Brennwert* (= Energiemenge pro g Nährstoff) der ausnutzbaren Kohlenhydrate ist gleich groß:

1 g Kohlenhydrat liefert 17,2 kJ (= 4,1 kcal).

Fette: die Energielieferanten und Baustoffe

Die *Fette* bestehen aus den Bausteinen Glycerin und Fettsäuren. Fette unterscheiden sich nach Art und Kombination ihrer Fettsäuren.

In der Ernährung dienen die Fette
- zur Energieversorgung (1 g Fett liefert 39 kJ bzw. 9 kcal),
- zum Wärmeschutz und zum Schutz empfindlicher Organe,
- zum Funktionsablauf im Stoffwechsel.

Eine wichtige Funktion im Fettstoffwechsel erfüllen die essentiellen (lebenswichtigen) *Fettsäuren*. Diese Fettsäuren kann der menschliche Organismus aber nicht selbst aufbauen. Sie müssen unbedingt mit der Nahrung zugeführt werden. Zu den essentiellen Fettsäuren zählen beispielsweise die ungesättigte Linolsäure und die Arachidonsäure.

Eiweißstoffe: die Baustoffe

Eiweißstoffe sind aus Aminosäuren aufgebaut. An den pflanzlichen und den tierischen Eiweißstoffen sind etwa 20 verschiedene Aminosäuren beteiligt. Diese unterscheiden sich in Aufbau und Eigenschaften. Bei der Eiweißbildung (= Peptidbildung) verbinden sich unterschiedliche Aminosäuren miteinander. Sie bilden lange Ketten oder Knäuel.

Die *Eiweißstoffe* sind Bestandteil aller körpereigenen Substanzen (z. B. Organe, Hormone, Enzyme, Körperflüssigkeiten und Bindegewebe). Die Zellen aller Körperbestandteile werden ständig ab- und neu aufgebaut. Dafür sind die Eiweißstoffe nötig.

Die *Eiweißstoffe* kann der Körper *nicht speichern*. Sie können auch *nicht* aus anderen Nährstoffen aufgebaut werden. Deshalb muss Eiweiß dem Organismus täglich zugeführt werden. Überschüssig aufgenommenes Eiweiß dient der Energieversorgung (1 g liefert 17,2 kJ bzw. 4,1 kcal).

Mineralstoffe und Spurenelemente: die Vielfältigen

Die *Mengenelemente* sind Mineralstoffe, die in Gramm-Mengen für den Körper wichtig sind. Dazu gehören zum Beispiel Kalium, Calcium oder Phosphat. Mengenelemente sind in pflanzlichen und auch in tierischen Nahrungsmitteln enthalten.

Die *Spurenelemente* werden nur in Spuren vom Organismus benötigt. Sie sind aber auch nur in winziger Menge in der Nahrung enthalten.

Unter den *Spurenelementen* sind lebenswichtige (= essentielle) Stoffe. Beispielsweise ist Eisen notwendig zum Transport und zur Speicherung von Sauerstoff. Jod ist notwendig für die Schilddrüsenfunktion.

Vitamine: die Lebenswichtigen

Vitamine haben *nicht* die Merkmale von Nährstoffen: Sie dienen *nicht* zur Energiegewinnung oder als Baustoff für die Zellsubstanz.

Vitamine sind Wirkstoffe in Enzymen und Zellen. Jedes Vitamin hat eine spezifische Wirkung. Es ist nicht durch andere austauschbar. Vitamine verbrauchen sich teilweise bei der Funktion. Darum müssen die meisten fortwährend über die Nahrung bereitgestellt werden.

Die *Vitamine* werden mit ihrem chemischen Namen oder mit einem Buchstaben benannt (z. B. „Ascorbinsäure" oder „Vitamin C").

Die *Vitamine* haben ganz verschiedene Funktionen und Wirkungen. Zum Beispiel beeinflusst Vitamin A die Hautentwicklung; Vitamin E schützt vor Muskelschwund oder Vitamin C vor Zahnfleischbluten.

Zum Unterscheiden

Mit der Nahrung werden Fette in unterschiedlicher Form und mit verschiedenen Fettgehalten aufgenommen.
*Als **Nahrungsfette** sind zu beachten:*
- *fast **reine Fette** (mit etwa 100 % Fettgehalt), wie Speiseöle, Kokosfett, Rindertalg und Schmalz,*
- ***Emulsionsfette** (mit über 80 % Fettgehalt und einer Wasserphase), wie Margarine und Butter,*
- *so genannte **versteckte Fette** (in Lebensmitteln mit erheblichem Fettgehalt), wie Nüsse, fettige Käsesorten, Speck und Wurst.*

Eiweißstoffe und ihr biologischer Wert

*Die **biologische Wertigkeit** von Eiweißstoffen ist die Menge an Körpereiweiß, die aus 100 g Nahrungseiweiß aufgebaut werden kann.*

***Beispiel:** Aus 100 g Eiweißstoffen der Vollmilch kann der Organismus 86 g körpereigenes Eiweiß aufbauen.*
Die biologische Wertigkeit beträgt = 86.

Was Mineralstoffe bewirken

*Die **Mineralstoffe** erfüllen in der Ernährung unterschiedliche Aufgaben, zum Beispiel*
- *als Baustoffe des Körpers, z. B. zur Festigung von Knochen und Zähnen (Calcium und Phosphor);*
- *als Wirkstoffe in den Körperflüssigkeiten, z. B. zur Druckregulierung (Kalium, Natrium, Chloride);*
- *als Bestandteil biologisch wirksamer Stoffe, z. B. im Schilddrüsenhormon (Jod), im Blutfarbstoff Hämoglobin (Eisen), in Enzymen (Magnesium).*

Was Vitamine bewirken

*Die **Vitamine** erfüllen die Funktion eines Wirkstoffs:*
- *Verschiedene Vitamine sind ein Bestandteil von Enzymen. Sie lösen unterschiedliche Stoffwechselprozesse aus.*
- *Andere Vitamine haben ganz spezielle Aufgaben im Stoffwechselprozess selbst.*

Zum Merken

Nach ihrem Löslichkeitsverhalten werden die Vitamine in zwei Gruppen unterteilt:
- *Die **fettlöslichen Vitamine** sind: A, D, E und K.*
- *Die **wasserlöslichen Vitamine** sind: B_1, der B_2-Komplex, B_6, B_{12}, C und H.*

Schema der Verdauungsorgane

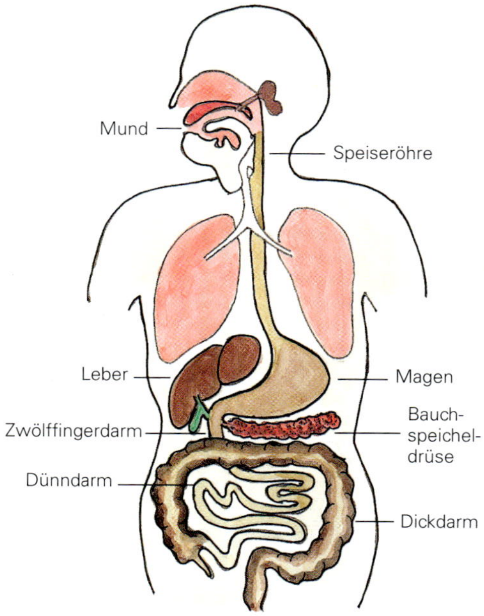

Worterklärung

__Enzyme__ sind eiweißartige Stoffe in Lebewesen, die den Ab-, Auf- oder Umbau bestimmter Substanzen bewirken, ohne sich selbst dabei zu verbrauchen.

__Enzyme__ funktionieren nach dem „Schlüssel-Schloss-Prinzip". Das heißt: Jedes Enzym kann nur den Stoff verändern zu dem es genau passt (wie der Schlüssel für ein Schloss).

Enzymwirkungen bei der Verdauung

Der __Mundspeichel__ enthält das Stärke abbauende Enzym Alpha-Amylase. Es baut die Stärke zu Dextrinen und Malzzucker ab.

Im __Magen__ wird die Speichel-Amylase durch die Säure an der Tätigkeit gehindert. In dem sauren Magenmilieu wirkt aber das Eiweiß abbauende Enzym Pepsin. Es spaltet die denaturierten Eiweißstoffe in Bruchstücke.

Im __Zwölffingerdarm__ werden mit dem Verdauungssaft aus der Bauchspeicheldrüse die Enzyme zugeführt, die Kohlenhydrate, Eiweißstoffe und Fette abbauen.

Im __Dünndarm__ werden die Kohlenhydrate durch die beiden Enzyme Amylase und Maltase zu Einfachzuckern abgebaut. Die aufgespaltenen Eiweißstoffe werden durch Trypsin zunächst zu Dipeptiden und durch Erepsin weiter zu Aminosäuren abgebaut.

Durch Gallensaft emulgierte Fette werden von Lipasen der Bauchspeichelsäfte in Monoglyceride, Fettsäuren und Glycerin aufgespalten.

Nahrungsaufnahme und Stoffwechsel

Wir nehmen mit unserer Nahrung die Nährstoffe und auch Ballaststoffe sowie Begleitstoffe auf. Im Körper findet der Stoffwechsel statt.

Der __Stoffwechsel__ umfasst alle Vorgänge, die mit der Aufnahme von Nahrung und der Ausnutzung der Nährstoffe zusammenhängen.

Verdauung: Abbau von Nährstoffen

Ziel der Verdauung ist der Abbau hoch aufgebauter Nährstoffe bis zu ihren Grundbausteinen. Die Nährstoffe werden durch Verdauungssäfte abgebaut. In ihnen sind Enzyme aktiv. Diese können Nährstoffe unter Anlagerung von Wasser in ihre Grundbaustoffe zerlegen.

Im *Mund* wird die Nahrung durch Kauen zerkleinert. Durch Einspeicheln wird sie gleitfähig. Die Speichel-Enzyme leiten den Nährstoffabbau ein. Über die Speiseröhre gelangt die Nahrung dann in den Magen.

Im *Magen* wird der Nahrungsbrei durch Magensalzsäure im pH-Wert gesenkt. Enzyme des Magens werden dadurch wirksam. Eiweißstoffe gerinnen und Bakterien in der Nahrung werden zerstört. Der Magen zerkleinert und vermischt durch Magenbewegung die Nahrung. Auch reguliert er die Verweildauer der Nahrung im Magen. Dann gibt er den Nahrungsbrei schubweise an den Darmtrakt ab.

Der *Zwölffingerdarm* ist der Anfangsabschnitt des Dünndarms. In ihn ergießen sich die Verdauungssäfte der Bauchspeicheldrüse und der Galle. Diese Säfte sind laugig und neutralisieren so die Magensäure. Sie sind auch angereichert mit Enzymen, die die Nährstoffe abbauen.

Im *Dünndarm*, dem längsten Darmbereich, erfolgt dann der gänzliche Abbau der Nährstoffe. Der Transport des Verdauungsbreis erfolgt durch die Peristaltik des Darmes. Dabei werden die gelösten Bestandteile der Nährstoffe von den Dünndarmwänden resorbiert (aufgesaugt und durchgelassen). Letztlich werden die unverdaulichen Stoffe über den Dickdarm ausgeschieden.

Resorption: Eintritt in die Blutgefäße

Im Dünndarm liegen die Bausteine der Kohlenhydrate, Eiweißstoffe und Fette in wässriger, emulgierter Form vor. Die Dünndarmwand hat durch Ausstülpungen (Zotten) eine riesige Resorptionsfläche. Sie ist für kleinste, gelöste Stoffe durchlässig. Diese Stoffe treten durch die Dünndarmwand direkt in die Blutgefäße ein. Glycerin und langkettige Fettsäuren werden dagegen von Lymphgefäßen aufgenommen.

Zwischenstoffwechsel: der Um- und Neubau

Der Zwischenstoffwechsel findet in den Zellen statt.

Zuckerstoffe werden vorrangig für Energiezwecke gebraucht. Mit Hilfe des eingeatmeten Sauerstoffs wird aus den Molekülen des Zuckers Energie freigesetzt. Die dabei entstehenden Abfallprodukte (= Wasser und Kohlendioxid) werden ausgeatmet.

Überschüssiger Zucker wird in der Leber als *Glycogen* (Stärke) gelagert. Bei übermäßiger Zufuhr wird Zucker auch in Depotfett umgewandelt.

Aminosäuren dienen vorrangig dem Aufbau der Körpersubstanzen. Die im Stoffwechsel nicht mehr nutzbaren Endprodukte werden über die Nieren ausgeschieden (z. B. als Harnstoff).

Fette werden im Stoffwechsel für Energie genutzt und für den Aufbau von Körpersubstanz. Bei übermäßiger Zufuhr wird Depotfett gebildet.

Empfehlungen für eine vollwertige Ernährung

Gesundheit und Leistungsfähigkeit der Menschen hängen wesentlich von der Ernährung ab. Mangel- und Fehlernährung sowie übermäßige Aufnahme von Nahrung gefährden die Gesundheit. Falsche Ernährung führt zu so genannten „Zivilisationskrankheiten" (z. B. Zuckerkrankheit, Herz- und Kreislauferkrankungen).

Eine vollwertige Ernährung ist Basis für Wohlergehen und Fitness. Sie ist ausgewogen in Art und Menge der Nähr-, Vital- und Ballaststoffe
- zur Deckung des Energiebedarfs,
- zum Ersatz und Neubau von Körpersubstanz sowie
- zur gesunden Funktion aller Lebensvorgänge.

Vollwertiges Essen sorgt auch für Genuss. Vollwertig essen bedeutet nämlich vielseitig zu essen, aber nicht zu viel. Die Deutsche Gesellschaft für Ernährung (= DGE) empfiehlt:

- Essen Sie täglich stärkehaltige Produkte (vor allem Brot), außerdem Gemüse, Salat und Obst sowie Milch und Käse.
- Trinken Sie viel Flüssigkeit (Wasser, verdünnte Säfte, Kräutertee).
- Langen Sie bei Fleisch, Wurst und Eiern nicht kräftig zu, und sparen Sie an Fetten und Ölen.

Vollwertigkeit der Ernährung ist nicht zu sichern mit einem einzelnen Lebensmittel. Die nebenstehend abgebildete *Ernährungspyramide* ist eine Anleitung für die Auswahl der Nahrungsmittel.

Die Ernährungspyramide

Beratungssituation: Brot im Rahmen vollwertiger Ernährung

Brot enthält zwar *viel Kohlenhydrate*, diese aber vor allem in Form von Stärke. Für den Brennwert ist es egal, ob Stärke oder lösliche Zucker vorliegen. Das gilt aber nicht für die Wirkung auf den Körper: Stärke wirkt sich günstiger auf die Insulinausschüttung aus. Der Zuckerspiegel im Blut bleibt geringer als beim Verzehr von süßen Kohlenhydraten.

Der *Brennwert von hellen Weizengebäcken* ist erhöht
- durch den höheren Anteil an Kohlenhydraten in hellen Mehlen,
- durch den geringeren Wasseranteil (weniger Ballaststoffe, höherer Backverlust).

Kohlenhydratreiche, fettarme Nahrung ist allgemein leicht verdaulich. Sie verbleibt nur kurze Zeit im Verdauungstrakt. Ihr *Sättigungswert* ist daher gering. Brot ist fettarm und kohlenhydratreich. Dennoch hat es einen relativ hohen Sättigungswert. Der ist abhängig vom Ballaststoffanteil, vom Auflockerungsgrad und auch vom Wassergehalt.

Die *Ballaststoffe* quellen beim Verzehr mit Wasser auf. Dadurch erhöht sich das Volumen der Nahrung. Die Nahrung füllt die Verdauungsorgane stärker aus. Das Sättigungsgefühl ist anhaltend; trotzdem wird durch die Ballaststoffe die Verdauung angeregt.

Vollkornbrot als alleinige Nahrung würde ausreichen, um den täglichen Bedarf an *Mineralstoffen* zu decken. Nur der Bedarf an Calcium müsste noch angehoben werden (z. B. durch Milch).

Brot ist Träger wichtiger *Vitamine*. Kein anderes Nahrungsmittel deckt so gut den Bedarf an Vitamin B_1, aber auch den an Vitamin B_2 und B_6 ab. Dabei ist zu beachten, dass Brote aus hellen Mehlen viel weniger dieser Vitamine enthalten als Brote aus Vollkornmahlerzeugnissen.

Getreide-Eiweißstoffe sind wegen ihres niedrigen biologischen Wertes nur in Kombination mit tierischem Eiweiß als Aufbaustoffe nutzbar.

Anregung

*Überprüfen Sie mit Hilfe der obigen **aid-Ernährungspyramide** im Internet Ihr eigenes Ernährungsverhalten (www.was-wir-essen.de)*

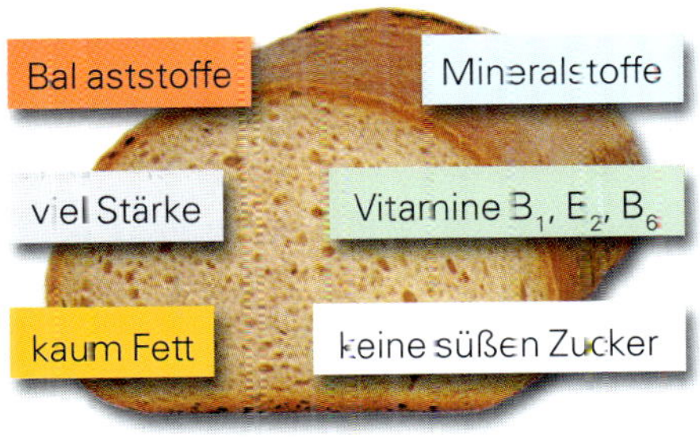

Sachkurs: Ballaststoffe

- *Ballaststoffe sind Bestandteile pflanzlicher Gewebe, die von den menschlichen Verdauungssäften nicht in verdauliche Bausteine zerlegt werden können.*
- *Zu den Ballaststoffen zählen Cellulose, Hemicellulosen, Pektine und Lignin.*
- *In Getreideprodukten stellen die Hemicellulosen den größten Anteil der Ballaststoffe. Etwa 70 % der Getreideballaststoffe sind in der Kornrandschicht enthalten. Der Rest befindet sich im Mehlkörper. Insofern haben auch helle Mahlerzeugnisse noch einen hohen Gehalt an Ballaststoffen.*

Ernährungstrends

Kennen Sie ***Trends in der Ernährung****, die sich langfristig einstellen und für die Bäckerei und Konditorei von Bedeutung sind?*

Beratungssituation: Gesundheitsbewusste Ernährung

Es ist unbestreitbar, dass jedes Mal im Zusammenhang mit den so genannten Lebensmittelskandalen das Bewusstsein der Verbraucher für *gesunde Ernährung* steigt. Backbetriebe können der Nachfrage nach qualitativ hochwertigen Backwaren entsprechen, zum Beispiel

- durch die Verwendung von Zutaten aus ökologischer Gewinnung,
- durch den Einsatz naturbelassener und alternativer Rohstoffe,
- durch die Pflege traditionell-handwerklicher Herstellungsmethoden.

Die Beratung der Verbraucher kann sich auf diese *qualitativen Fragen* beziehen. Sie muss aber stets auch *Preisaspekte* einbeziehen. Denn viele Kunden erwarten zwar Lebensmittel für eine gesunde Ernährung, sind aber im Einkaufsverhalten wahre „Schnäppchenjäger". Es muss daher klar gemacht werden, dass nach dem wirtschaftlichen Prinzip gilt: „Billig ist nur Billiges; Qualität hat ihren Preis".

Ein Trend zu gesundheitlich ausgewogener Ernährung ergibt sich aus der Veraltung der Gesellschaft. Der Bevölkerungsanteil von *Senioren* nimmt wegen der steigenden Lebenserwartung zu. Diese Gruppe von Verbrauchern fragt nach wohlschmeckenden Produkten, die aber nicht belastend sein sollen (z. B. wenig Fett, wenig süße Zuckerstoffe, aber viel Ballaststoffe). Diese Kunden haben feste Vorstellungen von dem, was sie essen möchten. Sie sind aber für kompetente Beratung offen.

Beratungssituation: Internationalisierung der Ernährung

Die Mobilität der Menschen, die Erlebnisse im Urlaub und auf Reisen sowie die steigende Einwohnerschaft aus fremden Ländern führen dazu, dass *internationale Backwaren* bei uns selbstverständlich werden. Die aus Frankreich stammenden Baguettes werden von vielen Kunden bereits als „deutsches Brot" angesehen. Selbst Ciabatta, Bagel oder türkisches Fladenbrot sind schon Allgemeingut geworden.

Die Kundenberatung bezieht sich darauf, die *typischen Merkmale* der Backwaren als Qualitätskennzeichen zu verdeutlichen (z. B. die Kruste und die Großporigkeit der Baguettes). Auch typische *Nutzungsmerkmale* und *Kombinationsmöglichkeiten* interessieren die Kunden.

Beratungssituation: Außer-Haus-Ernährung

Die Berufstätigkeit, die Schnelllebigkeit sowie das Freizeitverhalten der Verbraucher führen zum Anstieg des Außer-Haus-Verzehrs. Häufig sind dabei *Fast-Food-Essen* und *Finger-Food* gefragt. Jedoch zunehmend wünschen sich die Verbraucher einen gesunden Imbiss, der rasch und mit wenig Aufwand genossen werden kann.

Hierfür bietet das Backgewerbe mit *Backwaren-Snacks* und *kleinen Gerichten* zum Sofortverzehr eine breite Palette für Angebote zum Außer-Haus-Essen. Es ist wichtig, dass sich dieses qualitativ und im Gesundheitswert deutlich von den Angeboten der Fast-Food-Ketten abhebt. Das ist nicht nur eine Frage der eingesetzten Zutaten. Auch die Zubereitungsverfahren und der hygienische Umgang mit diesen zumeist leicht verderblichen Produkten sind wichtig. Darum ist die stets frische Zubereitung nach den Wünschen und vor den Augen der Kunden zu pflegen. Diese Aspekte gehören auch zu Ihrer Berufskompetenz.

Worterklärung

Trend *(Englisch: Verlauf) ist die andauernde, langfristige Entwicklung in eine bestimmte Richtung.*

BIO nach EG-Öko-Verordnung

Das gesetzlich festgelegte Öko-Kennzeichen

Ernährungsbezogene Rezeptentwicklung für Backwaren

Überlieferte Rezepte:	*Angepasste Rezepte:*
• *für Teige und Massen* – *Weizenauszugmehl*	– *Vollkornmehle aus Weizen, Hafer, Gerste, Reis*
• *zum Süßen* – *Saccharose*	– *vollreife Früchte, Vollmilch, Süßmolke, Honig*
• *zum Mürben der Krume* – *Butter, Margarine*	– *reduzierter Fettanteil, Sauermilchprodukte, Vollmilch*
• *zum Füllen/als Belag* – *Fettkrems, Konfitüre*	– *Frischobst, Gemüse*

Handlungsorientierte Aufgabe

Entwickeln Sie weitere Möglichkeiten für die Veränderung von Rezepturen, um den gesundheitlichen Wert von Backwaren zu erhöhen.

Gesundheit ist alles
Ernährung ist ein Teil

Für Fragen zur Ernährung steht Ihnen am
Dienstag den 10.5. ab 14 Uhr
unsere Ernährungswissenschaftlerin Sabine Bücker mit ihrer Erfahrung zur Verfügung.

Vollkornbäckerei
BROTGARTEN
Friedrich-Ebert-Str. 141 3500 Kassel

Besondere Ernährungsformen

Unter Ihren Kunden gibt es welche, die aus gesundheitlichen Gründen oder freiwillig eine besondere Ernährungsweise einhalten.

Beratungssituation: besondere Ernährungsformen

Für die Bäckerei/Konditorei spielen folgende Beispiele eine Rolle:

- *Vollwerternährung* entspricht allgemein den Anforderungen einer wünschenswerten Ernährungsweise. Darüber hinaus sind bei ihr auch Gesichtspunkte der Welternährung und der Ökologie beachtet.
- *Vegetarismus* verzichtet auf Fleisch, Fisch und daraus hergestellte Produkte, zum Teil auch auf Eier und Milch. Für diese überwiegend pflanzliche Ernährung sind Brote und Gebäcke geeignet, die *frei von tierischen Produkten* sind. Vegetarische Ernährung mit Milchanteil (Lacto-Vegetarier) oder Ei- und Milchanteil (Ovo-Lacto-Vegetarier) soll Mangel an lebenswichtigen Eiweißstoffen und Vitaminen vermeiden.
- *Trennkost* basiert auf einer *Trennung der Mahlzeiten* nach Eiweiß- und Kohlenhydratgehalt, damit diese beiden nicht zugleich zur Verdauung kommen. Darüber hinaus werden Nahrungsmittel für die Verwertung im Stoffwechsel nach *Säurebildnern* und *Basenbildnern* unterteilt.

Beratungssituation: Ernährung als Gesundheitsschutz

Vor allem Brot und Kleingebäck werden durch Zusatz von *funktionell wirkenden Substanzen* in ihrem Gesundheitswert verändert.

Das geschieht zum Beispiel schon durch die Verwendung von *Jodsalz*. Dadurch wird die Versorgung der Bevölkerung mit Jod verbessert. Jod ist wichtig für die Bildung der Schilddrüsenhormone. Diese steuern den Eiweißaufbau und beeinflussen den Energieverbrauch des Körpers. Bei Jodmangel ist die Schilddrüsenfunktion gestört: Durch die andauernde Forderung des Körpers nach Hormon kommt es zu einer wuchernden Neubildung von Schilddrüsensubstanz (Kropfbildung am Hals). Zusatz von Jodsalz ist also ein Schutz vor Fehlfunktion der Schilddrüse.

Der Trend zu *Functional Food* bringt es mit sich, dass dauernd mehr Brot- und Gebäcksorten mit Anreicherung an funktionellen Stoffen auf den Markt kommen. Mit Mehlen, die bereits in der Mühle mit Zusätzen angereichert wurden und industriell gefertigten Convenienceprodukten wird die Herstellung der Gebäcke erleichtert.

Beispiele für solche Brote mit funktionalen Zusätzen sind: Selenbrot, Brot mit Omega-3-Fettsäuren, Brot mit Inulin oder Oligofructose, Brot mit Calcium- oder Vitaminzusatz (➡ Seiten 250, 252 und CD-ROM).

Wenn diese Zusätze werblich herausgestellt werden sollen,

- muss die Wirksamkeit des Zusatzes nachgewiesen sein,
- muss die rechtlich geforderte Kennzeichnung erfolgen.

Brot ist aber auch in seiner natürlichen Zusammensetzung ein anerkannt gesundheitserhaltendes Lebensmittel.

Vor allem *Spezialbrote* sind reich an funktionell wichtigen Stoffen.

Beispiele für Brote mit Gehalt an funktional wirksamen Stoffen sind:

- *Hafer- und Gerstebrote* (enthalten viel Beta-Glucane);
- *Kleiebrote* (enthalten viel Ballaststoffe);
- *Weizenkeimbrote* (enthalten viel Folsäure, insbesondere wenn sie allein mit folsäurereicher Backhefe gelockert sind);
- *Ölsaatenbrote* (z. B. Leinsamenbrot oder Sonnenblumenkernbrot enthalten viel ungesättigte Fettsäuren).

Ist diese Werbung für Dinkelbrot zulässig?

Beratung über funktionelle Wirkungen

*Als **funktionelle Wirkung** wird die Förderung wünschenswerter Körperfunktionen durch Inhaltsstoffe der Nahrung bezeichnet.*

Bei der Beratung über Gebäcke mit einer funktionellen Wirkung sind die folgenden rechtlichen Bestimmungen zu beachten:

- *Aussagen über den Nährwert von Lebensmitteln sind erlaubt. Sie lösen die Pflicht zur Kennzeichnung des Nährwerts aus.*
- *Aussagen über gesundheitlich förderliche Merkmale von Lebensmitteln sind zum Teil erlaubt, wenn die Wirksamkeit besteht.*
- *Aussagen über eine schlankmachende Wirkung von Lebensmitteln sind verboten (auch wenn dieses eine zutreffende Aussage über das Produkt wäre).*
- *Aussagen über krankheitsbezogene Wirkungen von Lebensmitteln sind verboten (z. B. Verbot des Hinweises auf heilende Wirkung bei einer Krankheit).*

*Diese Vorschriften gelten nicht für **diätetische Lebensmittel*** (➡ Seite 444).
Hierfür sind spezielle Vorschriften gültig.

Hinweis

*Zu den Wirkungen **funktioneller Zusätze** in Backwaren (z. B. Jodsalz, Calcium) sind auf der CD-ROM zu diesem Buch ausführliche Informationen gegeben.*
Sie sind speziell für die Beratung bei Kundenfragen zur Ernährung aufbereitet.

> ***Beispiel: Beratung bei Lactose-Unverträglichkeit***
>
> *Milchzucker (Lactose) wird bei der Verdauung vom Enzym Lactase in Einfachzucker aufgespalten. Die Einfachzucker können dann in die Blutbahn resorbiert werden.*
>
> *Bei einer Milchzucker-Unverträglichkeit ist dieser Vorgang gestört. Es fehlt Lactase zur Zuckerspaltung. Der Milchzucker geht unverändert in den Darm. Die Folge sind Gärungen, Blähungen und Durchfälle.*
>
> *Kunden mit dieser Stoffwechselstörung müssen Produkte meiden, in denen Milchzucker ist (z. B. Milchgebäck, Sahnedesserts). Angeboten werden kann ihnen jedes Gebäck, das milchzuckerfrei ist. Das sind zum Beispiel auch Hefekuchen, die mit Wasser anstelle von Milch hergestellt sind und keinen Zusatz an Milchzucker im Teig haben.*
>
> *Die betroffenen Kunden müssen aber nicht auf milch- und sahnehaltige Feine Backwaren verzichten. Es gibt nämlich lactosefreie Milch und Milcherzeugnisse. Bei deren Herstellung wird der Milchzucker durch Lactase in die Einfachzucker Traubenzucker und Schleimzucker aufgespalten. Die Milch ist dann etwas süßer als normale Milch. Die Einfachzucker werden im Darm resorbiert und die Lactose-Störung stellt somit kein Problem mehr dar.*

> ***Sachkurs: Zuckerkrankheit***
>
> *Bei der Verdauung werden alle verwertbaren Zuckerstoffe zu Einfachzuckern abgebaut und diese dann dem Blutkreislauf zugeführt. Bei gesunden Menschen wird durch das Bauchspeicheldrüsen-Hormon Insulin der Zuckerspiegel im Blut reguliert. Zu viel aufgenommener Zucker wird als Glykogen in der Leber gespeichert. Bei Bedarf kann es wieder in Form von Einfachzucker mobilisiert werden.*
>
> *Beim zuckerkranken Menschen (Diabetiker) ist die Insulinbildung gestört. Darum kann die Speicherung von Glykogen in der Leber nicht gesteuert werden. Der Zuckerspiegel im Blut ist daher zeitweilig zu hoch. Das hat schädigenden Einfluss auf den Stoffwechsel und viele Funktionen des Körpers.*
>
> *Wegen fehlender Glykogenbildung kann es aber bei plötzlichem Bedarf an Energie auch zur Unterversorgung mit Zucker kommen. Der Kranke kann dann bewusstlos werden (so genanntes Zuckerkoma).*
>
> *Diabetiker müssen durch eine Diät ihre Zuckeraufnahme mit der Nahrung regulieren, zum Teil auch durch blutzuckersenkende Medikamente. In schweren Fällen wird das Insulin durch Spritzen zugeführt.*

Besondere Kostformen

Unter Ihren Kunden gibt es welche, die aus gesundheitlichen Gründen eine besondere Kost benötigen (= eine Diät).

Beratungssituation: diätetische Kost

- Bei Unverträglichkeits-Symptomen (wie Magendruck, Sodbrennen, Blähungen, Durchfall) gibt es keine bessere Empfehlung als diese: *Erlaubt ist alles, was vertragen wird.* Für eine *leichte Vollkost* sind Brote und Kleingebäcke auszuwählen, die vertragen werden.
- Bei *Erkrankungen* von Leber, Galle und Bauchspeicheldrüse sind fettreiche und scharf-würzige Speisen zu meiden. *Nicht erlaubt sind* vor allem folgende Feine Backwaren: Blätterteiggebäcke, Sahne- und Kremdesserts, Siedegebäcke, Mürbeteiggebäcke, Rührkuchen und fettreiche Snacks.
- Bei *Erkrankungen* der Blutgefäße, bei Herzkrankheiten und einem zu hohen *Cholesterinspiegel* im Blut ist eine allgemein fettarme Kost einzuhalten. Nahrungsmittel mit einem hohen Anteil *ungesättigter Fettsäuren* sind zu bevorzugen. Außerdem sind ballaststoffreiche Brotsorten und Kleingebäcke, leichte Hefefeingebäcke, Biskuit- und Obstgebäcke zu empfehlen.
- Bei *Erkrankungen* des Dünndarms besteht oftmals eine besondere Empfindlichkeit gegenüber dem *Milchzucker* (= Lactose-Intoleranz). Die Erkrankten erkennen das zumeist selbst, weil sie Erzeugnisse mit Milch nicht vertragen. Sie leiden an Schmerzen im Oberbauch, an Blähungen und Durchfall. Diese Kunden müssen die „Milchgebäcke" meiden. Aber auch viele andere Backwaren können Beschwerden auslösen, wenn zu diesen anstelle von Rübenzucker zur Dämpfung der Süße ein Anteil an Milchzucker verarbeitet wurde.
- Bei *Erkrankungen der Nieren, Bluthochdruck* und bei bestimmten anderen Erkrankungen ist eine natriumarme Kost erforderlich. Da der Blutdruck durch das im Kochsalz enthaltene Natrium erhöht wird, soll die kochsalzarme Diät die medikamentöse Behandlung unterstützen (➡ besondere Hinweise auf der CD-ROM).
- Bei *Zöliakie (Sprue bei Erwachsenen)* besteht eine Unverträglichkeit gegenüber Getreideeiweiß (= Gluten). An Zöliakie leidende Menschen können die herkömmlichen Gebäcke mit Roggen, Weizen, Hafer oder Gerste nicht vertragen. Sie benötigen eine Diätkost mit „glutenfreien Backwaren" (➡ besondere Hinweise auf der CD-ROM).
- Die *Zuckerkrankheit* (= Diabetes mellitus) ist weit verbreitet und wird als „Wohlstandskrankheit" eingestuft. Die Diabetes-Diät ist die für das Warenangebot der Bäckerei wichtigste Diätform.

Grundsätze der Diät bei Diabetes sind:

- *Begrenzung der Zuckerstoffe pro Mahlzeit und im Tagesplan,*
- *Kontrolle der Nahrungsmenge pro Tag, um das Körpergewicht zu halten oder zu verringern.*

Im Vergleich zu den Gebäcken des allgemeinen Verzehrs sollen die Diätgebäcke für Diabetiker

- *geringere Mengen an verwertbaren Kohlenhydraten enthalten,*
- *geringeren Brennwert haben.*

Die Kunden wissen meistens Bescheid über ihre Diät-Anforderungen. Im Beratungsgespräch geht es daher vorrangig um die Diäteignung der angebotenen Backwaren und um deren Kennzeichnung (➡ besondere Hinweise auf der CD-ROM).

VERKAUFEN IM MARKETING DES BACKBETRIEBS

Situationsbeschreibung:

In einer Verkaufsstelle sind neben den Fachverkäufern auch Bäcker oder Konditoren tätig. Der Inhaber des Betriebs macht damit gute Erfahrungen und sagt: „Die Kunden sehen darin ein Zeichen für unsere Kompetenz als Premium-Bäckerei/Konditorei. Im Übrigen ist das der beste Ausdruck für unsere Teamarbeit im Betrieb."

Kundenorientierter Fachverkauf

Für handwerkliche Backbetriebe ist der direkte Verkauf ihrer Produkte an die Kunden typisch. *Die Kundschaft* besteht aus unterschiedlichen Kundengruppen (z. B. Berufstätige, Senioren, Schüler oder Kinder). Auf die Wünsche und Kaufgewohnheiten dieser Gruppen wird das Sortiment abgestimmt. Aber auch die Verkaufskräfte müssen sich persönlich auf die Kunden einstellen (= Kundenorientierung).

Die *Kundenorientierung* ist vereinfacht, wenn es sich um persönlich bekannte Kunden handelt. Das sind vor allem die *Stammkunden* des Geschäfts. Für sie gilt, dass sie regelmäßig in derselben Verkaufsstelle einkaufen. Im Gegensatz dazu sind die *Laufkunden* nicht bestimmten Einkaufsstätten zugeordnet. Sie kaufen eher zufällig dort ein, wo sich gerade die Gelegenheit ergibt. Ziel der Premium-Bäckerei/Konditorei ist es, möglichst viele Lauf- und Zufallskunden als Stammkunden zu gewinnen. Ein Mittel dafür ist die absolute Kundenorientierung.

***Kundenorientierung** umfasst*
- *das Zuhörenkönnen und korrekte Erfassen von Kundenwünschen,*
- *das Beachten des Kundennutzens in den Warenangeboten,*
- *das Herstellen eines angenehmen Gesprächsklimas,*
- *das Bemühen um die Erfüllung der Kundenerwartungen,*
- *das Erfüllen von Kauferlebnissen.*

Voraussetzungen für die Orientierung auf einen spezifischen Kunden:

- Die *Kaufsituation* muss richtig eingeschätzt werden (➡ Übersicht auf Seite 244). Beispielsweise ist es *nicht angemessen*, einem Kunden Geschenkpackungen mit Teegebäck zu empfehlen, wenn dieser nur einen Plankauf zur täglichen Versorgung mit Brot abwickeln will.
- Die *Kaufmotive* des Kunden müssen beachtet werden. Zum Beispiel ist es *angemessen*, einen als sparsam bekannten Stammkunden auf ein Sonderangebot hinzuweisen.

Allgemeine Voraussetzung für Kundenorientierung im Fachverkauf der Backbetriebe ist es, den Kauf als Erlebnis zu gestalten. Die Kundschaft erwartet hier den *Erlebniskauf*, den ein Discountgeschäft nicht bietet.

Anforderungen im Fachverkauf

„Wer nicht lächeln kann, sollte kein Geschäft betreiben," so lautet eine chinesische Weisheit.

Sicherlich erwarten die meisten Kunden eine freundliche Bedienung. Das Lächeln allein genügt aber nicht, um erfolgreich im Fachverkauf der Bäckerei/Konditorei tätig zu sein.

Kundenorientierung erfordert das Einstellen auf verschiedene Kunden

Handlungsorientierte Aufgaben

Erstellen Sie kundenorientierte Aussagen zu Backwaren Ihrer Wahl.

Berücksichtigen Sie beim Zusammenstellen der Aussagen mögliche Kaufmotive. Üben Sie dazu passende Argumentationen mit einer Kollegin/einem Kollegen.

Beachten Sie für diese Aufgabenstellung die Informationen auf der CD-ROM.

Kundenerwartungen und Kundenzufriedenheit

Viele Unternehmer sehen das Ziel ihrer Tätigkeit darin, möglichst viel Ware zu verkaufen. Aus dieser Sicht wird der Erfolg im Verkauf nur am Umsatz gemessen (an der Menge und dem Wert verkaufter Ware).

Aber aus der Sicht der Kunden muss der Einkauf mehr sein als nur das Austauschen von Ware gegen Geld.

Welche Erwartungen haben Kunden an Fachgeschäfte?

- Bei einer Umfrage haben zwei Drittel der Befragten geäußert, dass sie zügig bedient und kompetent beraten werden wollen.
- Bei einer Umfrage zur Zufriedenheit über den gebotenen Service erhielten die Bäckereien mit „84 % gut" und nur „6 % schlecht" hinter den Friseuren den zweiten Platz unter 20 Bereichen.

Beide Ergebnisse könnten zu der Ansicht verleiten, dass wohl in den Verkaufsstellen der Bäckerei die Erwartungen der Käufer weitgehend erfüllt werden. Jedoch im Einzelnen gibt es bei den Befragten auch viele negative Äußerungen. Diese beziehen sich zum Teil auf Fachliches (wie mangelnde Warenkunde oder Beratung), aber auch auf Persönliches (wie Unfreundlichkeit oder Interessenlosigkeit).

Verkaufen als Form der Interaktion

*Als **Interaktion** bezeichnet man eine menschliche Beziehung, die sich wechselseitig entwickelt.*

Die Interaktion im Verkauf hat verschiedene Aspekte, nämlich
- einen Sachverhalt als Inhalt (*was* vom Kunden gewünscht wird),
- eine Ablauf-Ordnung (*wann* etwas eingebracht wird),
- einen Umgangs-Stil (*wie* Verkäufer und Kunde miteinander agieren).

Das zusammen ist mehr als nur freundliches Lächeln des Verkäufers. Kurz gesagt, entscheidet die *Qualität der Interaktion* darüber, ob sich ein Kunde beim Kaufablauf wohl fühlt, ob die Atmosphäre zwischen ihm und dem Verkäufer „stimmt".

Verkaufen als Folge von Gestalten, Werben und Beraten

Beim Kauf setzen die Kunden voraus, dass sie für ihr Geld eine gute Ware erhalten. Das „Preis-Leistungs-Verhältnis" muss stimmen. Das gilt ganz allgemein für jede Einkaufssituation.

Wenn sich aber eine Bäckerei/Konditorei von den Mitbewerbern auf dem Markt abheben will, dann muss sie mehr bieten (z. B. ein Mehr an Service, an Kundennutzen oder an Kauferlebnissen).

Produktqualität und Preis gehören für die Kunden zum *Grundnutzen*. Den halten sie für selbstverständlich. Beim Kauf in einem Premium-Betrieb erwarten die Kunden darüber hinaus vielfältigen *Zusatznutzen*.

Der *Zusatznutzen* ist auch das, was im Marketing des Backbetriebs durch *Gestalten, Werben und Beraten* an die Kunden offeriert wird. Damit werden spezifische Erwartungen bei den Kunden erweckt, die in der Folge im Verkauf zu erfüllen sind. Das heißt umgekehrt: Besondere Kundenerwartungen führen zum Einkauf in einem Premium-Betrieb.

Unternehmerische Ziele des Premium-Betriebs sind natürlich auch der hohe Umsatz oder der möglichst große Marktanteil. Diese Ziele sind aber nur über die *Kundenzufriedenheit* zu erreichen. Von der Leistung einer Bäckerei und Konditorei überzeugte Kunden sind gesicherte Stammkunden. Und sie werben durch „Mund-zu-Mund-Propaganda".

Kundenzufriedenheit als Teil des Qualitätsmanagements

Im Qualitätsmanagement-System (➡ Seiten 74 und 75) wird gefordert, die Kundenzufriedenheit zu messen und zu überwachen. In ganz kleinen Verkaufsstellen ist das sicherlich kein Problem. Hier ist man mit den Kunden in engem Kontakt und kann laufend feststellen, wie die Kunden mit den Leistungen des Betriebs zufrieden sind.

In größeren Betrieben können Daten aus dem Verkaufsbereich herangezogen werden, um die Zufriedenheit der Kunden einzuschätzen. Diese Daten gewinnt man beispielsweise über das Kassenwesen (z. B. durch Kaufanalysen). Zusätzlich können Daten aus Befragungen der Kunden gewonnen werden.

Als weitere Informationsquelle können Aufzeichnungen über die Häufigkeit und Abwicklung von Reklamationen genutzt werden. Dieses Thema wird oftmals als unerfreuliches Geschehen betrachtet. In Wirklichkeit sind reklamierende Kunden eine Chance, diese wieder durch eine verbesserte Leistung zu überzeugten Kunden zu machen.

Werbung durch Mund-zu-Mund-Propaganda

Meistens wird das, was die Kunden über ein Geschäft weitererzählen (die Mund-zu-Mund-Propaganda), nur positiv gesehen. Aber: Auch unzufriedene Kunden sprechen in ihrem Umfeld über ihren Ärger. Man hat sogar ermittelt, dass eine negative Aussage über ein Geschäft sich siebzehnfach vervielfältigt, eine gute Aussage dagegen nur dreifach.

Daraus folgt: In einem Premium-Betrieb dürfen unzufriedene Kunden nicht als unabwendbar hingenommen werden. Gründe für Unzufriedenheit (z. B. mit der Qualität und den Preisen der Waren oder mit dem Verkaufsgeschehen) müssen abgebaut werden. Das ist zwar schwierig, weil die Kunden unterschiedliche Erwartungen haben. Noch wichtiger ist es, überzeugte Kunden für das Geschäft zu gewinnen. Deren Ansprüche sind zwar hoch. Sie leisten aber die positive Propaganda für das Geschäft.

Erlebniskauf in der Bäckerei und Konditorei

Selbst für den simplen Versorgungskauf in der Bäckerei/Konditorei gilt, dass wegen der persönlichen Bedienung, wegen des Warenangebots und des Duftes frischer Backwaren das Kaufen erlebnisreicher ist als in einem Discountmarkt. Außerdem ist es ein Kauferlebnis, wenn stets frische Ware aus dem *Ladenbackofen* zum Verkauf kommt.

Produktion im Laden – was dafür spricht

Die wirtschaftliche Entwicklung im Backgewerbe hat in vielen Fällen zur Trennung der Produktionsstätte von der Verkaufsstellen geführt. Eine Folge davon ist das Verlagern von Teilen der Produktion in den Laden. Dem Verkaufspersonal fallen somit produktive Arbeiten zu. Es handelt sich dabei im Wesentlichen um das Abbacken backfertiger Produkte oder um die Bearbeitung von Erzeugnissen nach dem Backen.

Für das Backen in der Verkaufsstelle (das so genannte Ladenbacken) gibt es noch weitere Gründe, zum Beispiel:

- Angebot stets frisch hergestellter Produkte bis zum Ladenschluss;
- Verringerung des Risikos unverkaufter Waren (weniger Retouren);
- Gestaltung des Erlebniskaufs für Kunden (Duft- und Schaubacken).

Produktion im Laden – was damit erreicht werden kann

Wenn in der Verkaufsstelle eines Premium-Betriebs vor den Augen der Kunden gebacken wird, dann muss das etwas anderes sein als bloßes Fertigbacken von Produkten (wie in Tankstellen oder Märkten).

Mit Produktionsabläufen in der Verkaufsstelle wird als Marketing-Ziel angestrebt, *neue Erfolgsfaktoren* für die Verkaufsstelle zu erreichen.

Neue Erfolgsfaktoren sollen die bisherigen nicht ersetzen. Sie sollen diese vielmehr ergänzen oder anheben. Damit wird der Erlebniskauf in der Premium-Bäckerei/Konditorei erreichbar.

Wie werden neue Erfolgsfaktoren bei der Laden-Produktion wirksam?

Die oft als „Vorteil" gepriesene Vielfalt im Backwarenangebot verwirrt die Kunden. Sie werden dadurch bei der Kaufentscheidung überfordert. Dagegen erlaubt es die Produktion im Laden, sich auf Spezialitäten zu konzentrieren und diese gekonnt herauszustellen.

Beispiel:

Zum Thema „Apfelwoche" werden in der Verkaufsstelle täglich frisch verschiedene Gebäcke mit Äpfeln hergestellt und in einer Probieraktion angeboten. Einzigartigkeit wird damit erreicht, dass die Kunden beim (auch nur kurzen) Beobachten der Produktion angesprochen werden, Erklärungen der „handwerklichen Kunst" gegeben werden oder die Kunden entscheiden können, welches Gebäck sie haben möchten.

Beispiel:

Kunden werden mit originellen Ideen verblüfft, wenn die Produktion in der Verkaufsstelle für besondere Aktionen genutzt wird. So können zum Beispiel frisch in der Backstation hergestellte Kleingebäcke gratis zu einem Suppenessen im Café gereicht werden oder es wird den nach ihrem Feierabend einkaufenden Berufstätigen als „Abendbelohnung" ein kleiner Gratis-Snack aus Laugenteig mitgegeben.

Auch die *Teamarbeit der Mitarbeiter aus Produktion und Verkauf* ist für die Kunden ein Erlebnis. Dadurch wird die handwerkliche Kompetenz für die Backwaren- und Snackproduktion verdeutlicht.

Herkömmliche Erfolgsfaktoren für den Backwarenverkauf

- *Produktqualität*
- *Frische der Waren*
- *Vielfalt der Auswahl beim Warenangebot*
- *Freundlichkeit und Service*
- *Angemessenes Preis-Leistungs-Verhältnis*
- *Günstiger Standort der Verkaufsstelle*

Neue Erfolgsfaktoren für den Backwarenverkauf

- *Handwerkliche Spitzenqualität*
- *Unverwechselbare Einzigartigkeit*
- *Gastlichkeit in der Verkaufsstelle*
- *Miteinander agierende Mitarbeiter*
- *Mehrfacher Produktwechsel in Theken*
- *Wohlfühlatmosphäre für Kunden*

Teamarbeit bei der Produktion in der Verkaufsstelle

Durch die Zusammenarbeit im Team bei Produktionsarbeiten in der Verkaufsstelle wird nicht nur die jeweilige Kernkompetenz der Berufe genutzt.

Es ist beispielsweise günstig, dass eine Verkaufskraft die Arbeit der Bäcker/der Konditoren begleitet, weil die Arbeitsabläufe somit ununterbrochen durchgeführt werden können. Das ist nötig, um die Produktqualität zu gewährleisten. Und auch hygienische Gründe sprechen dafür, weil dann nur eine Person mit empfindlichen Zutaten umgeht.

Andererseits ist es auch im Team zu beachten, dass die produzierenden Mitarbeiter den Verkaufskräften zur richtigen Zeit frische Ware zum Anbieten bereitstellen. Das ist nicht nur für das Verkaufsangebot wichtig, sondern auch für eine Probieraktion mit den frisch hergestellten Produkten.

➤ *Gibt es weitere Gründe für Teamarbeit?*

Tipps für die Ladenbäckerei

Wenn Sie in der Verkaufsstelle produzieren sollen, helfen folgende Maßnahmen:

- *Üben Sie vorher die Herstellungsabläufe in der Backstube, damit Sie sicher genug sind.*
- *Machen Sie sich kurze Notizen zu den Herstellungsabläufen, damit Sie bei Bedarf im Laden einmal kurz nachlesen können.*
- *Achten Sie beim Arbeiten vor Kunden auf die Richtigkeit der Abläufe; halten Sie aber auch den Kontakt zu Zuschauern durch Anblicken und kurze Kommentare.*

Einrichtungen zum Backen im Laden sollten nicht die Verkaufsabläufe stören (wie hier der zum Backen von Pizza unnötige Stikkenwagen)

Hinweis

*Zu **Ladenbacköfen** gibt es weitere Informationen auf der CD-ROM zu diesem Buch.*

Anforderungen für das Backen im Laden

Ein anspruchsvolles Konzept für Produktionsabläufe im Laden bezieht sich auf Backwaren sowie auch auf Snacks und kleine Gerichte. Dafür sind besondere personelle und apparative Bedingungen erforderlich.

Personelle Voraussetzungen für das Backen im Laden

Ideal ist es, wenn in einer Verkaufsstelle ein Team aus Produktion und Verkauf tätig ist. Für alle Mitarbeiter, die produktiv im Laden vor Kunden arbeiten, gelten insbesondere die folgenden Anforderungen:

- *Äußeres und Auftreten*
  Gepflegtes Äußeres und adrette Berufskleidung sind unabdingbar, weil die Kunden eine hygienische Produktion erwarten. Während des Tages ist erforderlichenfalls verschmutzte Kleidung zu wechseln.
- *Sauberkeit der Arbeit*
  Ordnung und Sauberkeit am Arbeitsplatz vor den Augen der Kunden sind zu gewährleisten, weil die Produktion ein Teil der Verkaufsstelle ist und nicht störend wirken darf.
- *Kundenbeziehung*
  Das Arbeiten im Laden bringt es mit sich, dass Kontakt mit Kunden zu pflegen ist. Dazu muss Neigung und Eignung vorhanden sein. Die Kunden müssen als Gäste behandelt werden; Augenkontakt zu halten ist wichtig; Ablehnungen von Warenangeboten durch die Kunden sind nicht persönlich zu nehmen.

Technische Voraussetzungen für das Backen im Laden

Einrichtungen für das Produzieren im Laden müssen umfangmäßig so begrenzt sein, dass der Charakter der Verkaufsstelle erhalten bleibt.

- *Staub- und Lärmschutz*
  Die Herstellungsvorgänge bringen es mit sich, dass Mehlstaub oder Dämpfe entstehen. Diese müssen auf ein Mindestmaß beschränkt werden; erforderlichenfalls sind Absauganlagen vorzusehen oder es ist zu prüfen, inwieweit Teigherstellung oder Beschickung des Ofens rückseitig von einem anderen Raum aus erfolgen können.
  Der mit der Produktion verbundene Lärm (Maschinengeräusche oder Klappern von Handwerksgerät) darf die Verkaufsatmosphäre nicht beeinträchtigen. Dennoch sollte weitgehend während der gesamten Verkaufszeit produziert werden. Ungenutzte Produktionskapazität ist eine Fehlinvestitionen und für die Kunden nicht attraktiv anzusehen.
- *Anordnung von Produktions- und Verkaufseinrichtungen*
  Die Produktionsabläufe dürfen nicht den Verkauf beeinträchtigen. Trotzdem sollen sie von den Kunden gut beobachtbar sein. Meistens ist eine Anordnung neben einer Verkaufstheke sinnvoll, weil damit kurze Wege und Einsehbarkeit gegeben sind. Eine Abschirmung mit Glaswänden kann nachteilige Beeinflussungen vermeiden.
- *Anlagen und Maschinen zum Backen im Laden*
  Für *Ladenbacköfen* gelten Anforderungen, die auch von Bäckereiöfen zu erfüllen sind. Zusätzlich sind folgende Merkmale erwünscht:
  – einfache Bedienung und Steuerung der Backprogramme,
  – schnelles Aufheizen und Flexibilität in der Hitzeregulierung,
  – leiser Betrieb und optimale Ablufteinrichtungen.

  Außerdem sind je nach Produktionsweise noch *Kühl-, Tiefgefrier- und Gäranlagen* erforderlich.

Backen von Brot im Laden

Moderne Ladenbacköfen machen zwar das Backen von Brot möglich. Wegen der großen Mengen und der langen Teigführungen ist es jedoch schwierig zu praktizieren. In der Praxis werden zumeist vorgefertigte Brote nur spezieller Sorten im Laden (fertig)gebacken.

Gute Imagewirkung erzielen Betriebe, die während der Verkaufszeit in *Holzbacköfen* im Laden rustikale Brotsorten backen. Um Staub- und Rußentwicklung aus dem Laden fernzuhalten, können die Backöfen von der hinter dem Laden liegenden Backstube aus beheizt und beschickt werden. Die Entnahme der fertigen Brote erfolgt im Laden. Aber es gibt auch die Möglichkeit, alle Abläufe im Laden zu vollziehen. Dann sind aber Lüftungs-Vorrichtungen oder Glasabschirmungen nötig.

Im Laden gebackenes rustikales Holzofenbrot

Backen von Kleingebäcken im Laden

Recht verbreitet ist das Backen verschiedener Kleingebäcke im Laden. Dabei werden Teiglinge und vorgebackene Gebäcke eingesetzt. Um Teiglinge ohne Mängel abbacken zu können, müssen diese ofenreif sein. Bei der Führung zur Ofenreife sind Gär- und Temperaturzustand der Teiglinge zu berücksichtigten.

Vom Café aus können Gäste durch eine Glaswand abgetrennt die Produktion beobachten

Ungefrorene Teiglinge – mit einfacher Gärführung

In *Langzeitführung* hergestellte Teiglinge (mit geringem Hefeanteil) sind bei Raumtemperaturen langsam gereifte Teiglinge. Je nach Gärreife bedürfen sie keiner oder nur einer restlichen Gärzeit im Gärschrank. Das gilt ebenso für *gärverzögerte Teiglinge*, wenn sie in der Verkaufsstelle bei Raumtemperatur über längere Zeit vorrätig gehalten werden.

Grüne TK-Teiglinge – Auftauen und Gären erforderlich

Risiken für Arbeitsfehler gibt es beim Brötchenbacken im Laden aus „grünen TK-Teiglingen". Sie sind ungelockert eingefroren. Sie müssen noch gären, zuvor erst noch aufgetaut werden.

In *Gärautomaten* können Teiglinge programmgesteuert und gestuft auftauen und dann zur Gärreife kommen. Das Auftauen erfolgt erst bei niedriger, später bei höherer Temperatur. Nach dem Auftauen setzt die Gärphase bei entsprechendem Gärklima ein.

Bei Fehlen eines Gärautomaten muss das Auftauen offen im Raum erfolgen. Das führt leicht zu Fehlern (➡ nebenstehende Information). Es ist darum zur Minderung von Fehlerrisiken sinnvoll, diese Arbeit von kompetenten Bäckern und Bäckerinnen durchführen zu lassen. Das Verkaufspersonal ist damit oft fachlich überfordert.

Fehler beim Gären von TK-Teiglingen

- *Auf den noch gefrorenen Teiglingen kondensiert die Luftfeuchte. Das führt später zum Nässen der Teiglinge. Zu stark genässte Teiglinge geraten aus der Form. Der vorgezeichnete Ausbund verklebt und bindet beim Backen unzureichend aus.*
- *Bei Angleichung der Temperatur an die meistens zu trockene Raumluft wird die Teighaut trocken und borkig. Dadurch fällt beim Backen die Krustenfarbe stumpf aus. Die Kruste wird zäh-hart.*

Beurteilen der Gärreife – durch Beobachten und Tasten

Die Endgare sollte in jedem Fall im Gärraumklima erfolgen. Für noch sehr kalte Teiglinge ist eine Gärtemperatur von 30 °C bei der relativen Luftfeuchte von 60 % günstig.

Für die richtige Beurteilung der Gärreife ist viel Erfahrung notwendig. Eine zu geringe Gärreife (= Untergare) führt zu kleinen, kompakten und dichtporigen Gebäcken. Zu viel Gärreife (= Übergare) hat flache, etwas blasse Gebäcke mit nur schwachem Ausbund und einer groben Porung der Krume zur Folge.

Kennzeichen für die richtige Gärreife sind
- eine sichtbare Volumenzunahme der Teiglinge und
- ein geringer Widerstand der oberen Teigschicht beim Betasten.

Die Gärreife der Teiglinge ist am Volumen und am Herauswölben der Stüpfelung erkennbar

Laugen und Salzen von Brezelteiglingen im Laden

Kleine Laugenstangenteile als Knabbergebäck

Steuerung des Backablaufs

Die Ladenbacköfen sind mit einer Analog-, Digital- oder Computersteuerung ausgerüstet.

*Die **Analogsteuerung** ermöglicht das Lenken einzelner Funktionen (Temperatur, Backzeit).*

*Die **Digitalsteuerung** erlaubt das Anwenden einer beschränkten Anzahl von Programmen. Das entsprechende Backprogramm wird einfach durch Tastendruck gewählt.*

*Die **Computersteuerung** lenkt am besten umfassende Programme mit komplexen Abläufen (z. B. Backen von TK-Gärlingen).*

Zum Nachdenken

*Das Schaubacken mit **teilgebackenen Brötchen** im Laden hat Nachteile: Die Kunden könnten annehmen, dass dafür alte Brötchen aufgebacken werden. Doch auch die Erklärung, dass es sich um teilgebackene Brötchen handelt, könnte das Bild des „Frischebäckers“ bei den Kunden nachteilig verändern.*

➤ *Was meinen Sie dazu?*

Abbacken von Gärlingen im Laden

Die Gärlinge für Kleingebäcke können vor dem Backen noch auf der Oberfläche behandelt werden, zum Beispiel
- durch Schneiden (bei Schnittbrötchen),
- durch Belaugen (bei Laugengebäck),
- durch Bestreuen (bei Gebäck mit Mohn, Ölsamen oder Salz).

Brötchenteiglinge sollten bei längerem Gärprozess grundsätzlich mit der Oberseite nach unten auf Gärgutträgern reifen. So ist die Ausbundseite vor Verhauten oder Nässen und Verkleben geschützt. Erst unmittelbar vor dem Backprozess werden die Gärlinge von den Gärgutträgern auf Backbleche umgesetzt und dabei umgedreht. Die Teiglinge sollten auf die Bleche mit etwa fingerbreitem Abstand aufgelegt werden. So wird verhindert, dass sie aneinander backen.

Verarbeiten von Teiglingen – mit Ideen für das Marketing

Ladenbacken mit Teiglingen für Kleingebäcke eröffnet Möglichkeiten, sich durch besondere Ideen von den Mitbewerbern abzuheben.

Beispiel:

Die Kleingebäcke werden nach Wunsch der Kunden in verschiedener Größe oder mit besonderer Bestreu hergestellt, wenn die Kunden die Sonderwünsche für eine Mindestmenge vorher bestellen.

Beispiel:

Spezielle Kleingebäcke werden in Miniaturgröße zum Probieren oder als Knabberartikel hergestellt (➟ nebenstehende Abbildung).

Backen von Teiglingen – mit verschiedenen Techniken

- Das Abbacken *frischer Gärlinge* oder aufgetauter und dann *gegarter TK-Teiglinge* erfolgt bei normaler Backhitze (wie beim Backofen in der Backstube). Bei Öfen mit Digital- oder Computersteuerung startet nach dem Türschließen das Backprogramm. Bei analog gesteuerten Öfen ist die Backzeit einzustellen. Bei unprogrammiertem Backablauf muss nach dem Schließen der Tür reichlich Dampf (= Schwaden oder Wrasen) in den Herd gegeben werden. Programmiert erfolgt die Beschwadung automatisch.
- Das Abbacken von *TK-Gärlingen* erfolgt anders als bei TK-Teiglingen: Gärlinge sind nämlich bereits vor dem Frosten in einem Gärprozess aufgelockert. Sie haben also die für den Backvorgang erforderliche Reife. Deshalb können sie im gefrorenen Zustand gebacken werden. So sind Arbeitsfehler ausgeschlossen, die sonst beim Auftauen oder bei der Stückgare verursacht werden.

  Aber das Backen von *gefrorenen Gärlingen* ist nur in Backöfen mit speziellem Auftau- und Backprogramm möglich. Bei zunächst noch niedriger Backtemperatur werden die Gärlinge intervallartig aufgetaut. Erst danach setzt das Backprogramm bei steigender Temperatur ein. Die Auftau- und Backzeit beträgt zusammen etwa 25 Minuten.
- Das Fertigbacken von *teilgebackenen Kleingebäcken* im Laden ist sehr einfach. Auch das Risiko einer Qualitätsminderung durch Fehler beim Auftauen und Gären entfällt. Tiefgekühlt-Teilgebackenes kann fertig gebacken werden ohne vorheriges Auftauen. Bei Backbeginn ist eine Schwadengabe erforderlich. Die Fertigbackzeit und Backtemperatur für Kleingebäcke richtet sich nach der Größe der Gebäcke und den zuvor angewendeten Herstellungsbedingungen.

Backen von Gebäcken aus Feinteigen im Laden

Morgens gebackene Blätterteiggebäcke verlieren insbesondere bei kühler Lagerung schon wenige Stunden nach ihrer Herstellung den Genusswert. Ein durchgängiges Frischeangebot von schnell alternden Gebäcken ist durch periodisches Backen im Laden möglich. Dafür sind Blätterteigteilchen, Croissants und andere Plundergebäcke geeignet. Grundlage für ein solches Angebot sind in der Backstube vorbereitete Teiglinge, die sich gut vorrätig halten lassen.

TK-Teiglinge können im Laden gebacken werden

Backen von TK-Teiglingen im Laden

Zum Abbacken in der Verkaufsstelle können *gefrostete Teiglinge* aus Feinteigen verschiedener Art genutzt werden. Für Kaffeegebäcke sind Blätter- und Plunderteiglinge geeignet (z. B. mit Konfitüre-, Nuss- oder Marzipanfüllung, mit Obsteinlage). TK-Teiglinge sind aufgearbeitete, backfertige und schockgefrostete Teiglinge. Diese können aus eigener Produktion oder von Tiefkühlprodukt-Herstellern stammen.

Herrichten von Gebäcken aus TK-Teiglingen im Laden

Verschiedene Gebäcke aus Blätter- und Plunderteig werden noch mit Frisch- oder Dunstobst belegt (z. B. auf mitgebackener Vanillekrem). Auch das Aufdressieren angedickter Zubereitungen ist möglich (z. B. Sauerkirschen). Diese und andere Gebäcktypen werden aprikotiert und glasiert oder auch mit Puderzucker bestaubt. Das sind Arbeiten, die sich gut im Sichtbereich der Kunden durchführen lassen.

Gebäcke können im Laden hergerichtet werden

Laden-Backen mit verschiedenen Teigen und Massen

Das Laden-Backen mit TK-Teiglingen aus Blätter- und Plunderteig ist als Dauermaßnahme während des ganzen Jahres möglich. Dabei ist durch Abwandlungen in Produktmerkmalen (z. B. bei Formen oder Füllungen) die Gefahr der „Langweiligkeit für Kunden" zu mindern.

Für Kunden interessante Erlebnisse sind dagegen mit aktionsartigem und saisonalem Backen in der Verkaufsstelle zu gestalten.

Beispiel:
Die Herstellung eines neu in das Sortiment eingeführten Kuchens wird in der Verkaufsstelle demonstriert. Die Aktion ist mit Probenausgabe und Kaffee- und Teeangebot verbunden.

Beispiel:
In der Obstsaison werden vorgefertigte Törtchen mit Frischobst in der Verkaufsstelle belegt und mit Gelee abgeglänzt. Die Aktion steht unter dem Thema: „Frisch aus dem Garten – ein Genuss für Sie."

Beispiel:
In der Adventszeit werden Figuren aus Lebkuchenteig oder andere Weihnachtsgebäcke im Laden hergestellt. Die typischen Gewürze und Aromen für diese Gebäcke verbreiten ihren angenehmen Duft in der Verkaufsstelle und regen zum Kauf an.

Einrichtung: „Berlinerbacken" vor dem Geschäft

Aktionsbacken in oder vor der Verkaufstelle

Auch *ohne Ladenbackofen* lassen sich einige Feine Backwaren vor den Augen der Kunden herstellen, zum Beispiel

- *Waffelbacken* als Aktion zur Kaffee- oder Teestunde,
- *Backen von Siedegebäcken* auf einem Stand außerhalb des Ladens als Aktion zur Faschingszeit,
- *Garnieren von Torten* als Aktion zum Muttertag.

Handlungsorientierte Aufgabe
Erarbeiten Sie mit Ihren Kollegen und Kolleginnen weitere mögliche Beispiele für das aktionsartige Backen von Feinen Backwaren in der Verkaufsstelle.

Herstellen von Snacks und kleinen Gerichten im Laden

Eine gute Voraussetzung für ein flexibles Angebot ofenfrischer Snacks ist die Teilproduktion in einer *Ladenküche* nahe beim Verkaufsraum. Diese Teilproduktion kann umfassen: das Aufarbeiten von Teigen, das Herstellen oder Fertigstellen von Füllmassen und Auflagen sowie das Herrichten und Abbacken der Produkte.

Erforderlich ist dazu eine gut ausgestattete Ladenküche (➡ CD-ROM). Die Küchen- und Backarbeiten sind Aufgabe der Mitarbeiter aus der Backstube oder dafür angeleiteter Fachkräfte. Im Team übernimmt das Verkaufspersonal hier nur Teilarbeiten (z. B. Belegen von Pizzen).

Backen von Snacks aus Teiglingen

Aufgearbeitete Teiglinge für Snacks mit Füllung oder Auflage können backfertig, gärverzögert oder gefrostet im Laden bereitgestellt werden. Gärverzögerte Hefeteigsnacks (Pizzen, Plundersnacks) müssen im Gärschrank vor dem Backen erst zur Ofenreife gebracht werden. Dazu ist ähnlich wie für das Backen von Kleingebäcken eine Sicherheit zur Beurteilung der Gare nötig.

Vorbereitete Snack-Teiglinge aus Blätterteig oder Mürbeteig können in einem kühlen Raum ohne Nachteile über mehrere Stunden abstehen. Diese Teiglinge werden je nach Bedarf abgebacken.

Snack-Teiglinge für das Backen im Laden

Garen von kleinen Gerichten

Auch verschiedene kleine Speisen können direkt in der Verkaufsstelle fertiggestellt werden. Die Vorgänge müssen schnell abzuwickeln sein; denn die Kunden erwarten im Café zwar frische Speisen, aber auch eine rasche Bedienung nach ihrer Bestellung. Diese Erwartung ist besonders durch vorbereitete Speisen zu erfüllen (z. B. Aufläufe).

Ungebackene, hergerichtete Aufläufe und Gratins müssen bis zum Abbacken gekühlt aufbewahrt werden. Aufläufe mit rohem Hackfleisch müssen bis zum Garen mit einer Kerntemperatur von maximal + 4 °C aufbewahrt werden. Aufläufe werden bei niedriger Ofenhitze gegart. Für Gratins sind dagegen mittlere bis hohe Temperaturen nötig, vor allem wenn eine gut gebräunte Oberfläche erwünscht ist.

Im Laden hergestellte belegte Snacks

Belegen von Backwaren-Snacks

Das Angebot belegter Snacks soll Verbraucher mit unterschiedlichen Essgewohnheiten berücksichtigen. Neben den üblichen Snacks sollte ein spezielles Angebot besonders bekömmlicher Backwaren-Snacks hergestellt werden. Dazu im Kontrast kann ein deftiges Snack-Angebot stehen. Auch die Gruppe ernährungsbewusster Verbraucher sollte mit Snack-Varianten angesprochen werden. Alle diese Anforderungen sind mit der richtigen Wahl der Basisgebäcke und der Beläge zu erfüllen.

Unabhängig davon ist die Frische der belegten Snacks zu garantieren. Die Kunden kaufen diese „mit den Augen". Daher sind belegte Snacks nur für eine kurze Angebotszeit zu bevorraten.

Die Frische lässt sich auch damit garantieren, dass Snacks stets frisch in einer *Belegstation in der Verkaufsstelle* zubereitet werden. Dabei ist es möglich, die Kunden selbst bestimmen zu lassen, mit welchen Gebäcken oder Belägen der gewünschte Snack zusammengestellt wird.

Das Snack-Angebot einer Bäckerei/Konditorei hebt sich vom Angebot der Fast-Food-Ketten ab, indem es in Qualität und Frische unübertroffen ist, aber auch durch die rasche Zubereitung nach Kundenwünschen.

Tipps für das Backen im Laden

Wenn Sie Snacks in der Verkaufsstelle produzieren, haben Sie mit folgenden Maßnahmen besonderen Erfolg:

- *Sprechen Sie Kunden an und erklären Sie ihnen die Qualität der Gebäcke und Speisenangebote.*
- *Lassen Sie sich von Kunden sagen, welche Gebäcke oder Snacks sie wünschen und mit welchen Zutaten Sie diese nach Kundenwunsch zubereiten sollen.*

Abläufe im Fachverkauf

In Verkaufsstellen handwerklicher Backbetriebe werden überwiegend unverpackte Backwaren angeboten. Diese werden fast ausschließlich im *Bedienungsverkauf* abgegeben. Das ist aus hygienischen Gründen sinnvoll. Verkaufspsychologische Aspekte sprechen aber für moderne Verkaufssysteme mit mehr Kundenorientierung, zum Beispiel:

- *offener Bedienungsverkauf* (offene Ladenfront, änderbare Kunden- und Warenzonen, Aktionen in der Verkaufsstelle);
- *Teilselbstbedienungs- und Selbstbedienungsverkauf* (vorverpackte Ware, Warenauslage in der Kundenzone, Impulskäufe).

Je nach Verkaufssystem ergeben sich bestimmte Abläufe im Verkauf. In allen Verkaufsstellen der Bäckerei/Konditorei sind typische Abläufe:

● *Warenbehandlung*

Der Umgang mit den Produkten muss so erfolgen, dass ihre Qualität erhalten bleibt. Das geschieht zum Beispiel durch das Kühlen leicht verderblicher Waren, auch durch fachgerechtes Präsentieren ohne dichtes Stapeln oder durch sorgsames Schneiden und Portionieren.

Aus hygienischen Gründen werden unverpackte Gebäcke nicht mit bloßen Händen angefasst. Es werden Tortenheber, Gebäckzangen und eventuell Schutzhandschuhe benutzt (➡ Seite 122).

● *Verkaufsgespräch*

Der Bedienungsverkauf läuft allgemein in folgenden Schritten ab:

- Begrüßen des Kunden und Kontaktaufnahme,
- Erfragen der Kaufwünsche, Empfehlen und Beraten,
- Verpacken und Warenübergabe,
- Abrechnen und Kassieren,
- Verabschieden des Kunden.

Der Schwerpunkt des Verkaufsgesprächs bestimmt sich nach den Wünschen des Kunden (= Kundenorientierung).

● *Verpacken*

Die Waren werden den Kunden verpackt überreicht.

Die Verpackung erfüllt verschiedene Funktionen, zum Beispiel

- *Hygienewirkung* beim Transport der Waren (Verkaufsverpackung),
- *Frischewirkung* bei der Aufbewahrung der Waren (Fertigpackung mit luftdicht schließender Folie),
- *Präsentationswirkung* mit Zierwert (Geschenkpackungen),
- *Werbewirkung* für das Geschäft (Werbeaufdrucke, Aufkleber).

Für Verpackungsmaterial dürfen nur lebensmittelgeeignete Stoffe verwendet werden. Sie sollten umweltverträglich und biologisch abbaubar sein. Die Verpackung soll stets in der erforderlichen Größe bemessen werden, so dass die Ware geschützt ist, aber auch nicht zu viel Verpackungsmüll anfällt (➡ Seite 122).

● *Abrechnen*

Das Kassieren sollte nicht das Zentrum des Kaufens sein. Es muss aber korrekt und für beide Seiten nachvollziehbar ablaufen.

Die Kaufsumme ergibt sich aus der Summe der Warenpreise. Sie wird bei elektronischen Kassen programmiert ermittelt, ausgewiesen und für geschäftliche Zwecke gespeichert. Annahme von Zahlgeld und Rückgabe von Wechselgeld müssen so geschehen, dass der Kunde die Richtigkeit erkennen und bestätigen kann (➡ Seite 123).

Der Kunde erhält den Zahlbeleg oder eventuell eine Rechnung.

Kundenorientierung durch Körpersprache

Neben der Sprache setzen wir Menschen auch unseren Körper zur Verständigung ein. Diese angesprochenen Signale nennt man die „Körpersprache“. Ihre Wirkung wird deutlich in Stummfilmen oder der Pantomime.

Die Orientierung auf die Kunden erfolgt im Fachverkauf auch mit der Körpersprache, zum Beispiel durch

- *Anblicken und Anlächeln des Kunden,*
- *Kopfbewegen beim Sprechen,*
- *Verringern des Abstands zum Kunden,*
- *Vorzeigen und Präsentieren von Waren,*
- *Beschreiben und Betonen mit Gesten.*

Die wichtigste Form der Körpersprache ist es aber, dem Kunden zu zeigen, dass man für ihn da ist und dass man ihm zuhört.

Kundeneinwände und Reklamationen

Es ist oft sehr schwierig, mit Einwänden und Reklamationen der Kunden umzugehen. Ob diese aus der Sicht des Geschäfts aber als berechtigt oder unberechtigt angesehen werden, ist ziemlich egal. Für den Kunden sind sie ein wichtiges Mittel, seine Unzufriedenheit zum Ausdruck zu bringen.

Reklamierende Kunden sind daher für das Geschäft eine große Chance: Durch eine angemessene, ruhige Entgegennahme der Beschwerde wird die mögliche Erregung des Kunden gemildert. Durch eine Entschuldigung und eventuell nötige Wiedergutmachung wird der Kunde zufriedengestellt. Dafür gelten die vorgegebenen Regeln der Geschäftsleitung.

Hinweis

*Zu **Abläufen im Verkauf** finden Sie im Buch und auf der CD-ROM weitere Kapitel.*

Warenbehandlung im Fachverkauf

Ist Ihnen bewusst, wie schwierig es ist, ein leckeres Stückchen Feiner Backwaren zu beschreiben, wenn es nicht zu sehen ist?

Sie erleichtern sich die Verkaufsargumentation, wenn Sie Ware zeigen. Besser als nur das Hindeuten auf die Ware ist das Präsentieren frischer, ansprechender Back- und Süßwaren. Es ist allerdings auch aufwändiger. Rücken Sie daher die Ware in den Blickbereich der Kunden. Wenn es in der Verkaufssituation günstig ist, sollten Sie die Ware unmittelbar zeigen (durch Hochhalten, von allen Seiten betrachten lassen). Das erleichtert die Kaufentscheidung. Die Kunden dürfen allerdings unverpackte Waren aus hygienischen Gründen nicht berühren oder betasten können.

Bei Ihrer Tätigkeit in einer Verkaufsstelle der Bäckerei/Konditorei gehen Sie überwiegend mit unverpackten Waren um. Neben den fachlichen Anforderungen für die Qualitätserhaltung der Waren sind daher auch beim Umgang mit den Waren hygienische Aspekte zu beachten.

*Zur **Verkaufshygiene** gehören:*
- *Verwenden sauberer Schneid-, Hebe- und Greifwerkzeuge,*
- *Benutzen von Tortenhebern, Gebäckzangen oder Schutzhandschuhen zum Umsetzen und Verpacken,*
- *Vermeiden von An- oder Aufpusten von Verpackungsmaterial,*
- *Vermeiden von Verlegenheitsgesten wie Berühren des Gesichts, der Kopfhaare oder das Fingerlecken.*

Zur fachgerechten Warenbehandlung während des Verkaufsablaufs gehört auch das *Verpacken*. Dadurch soll gewährleistet werden, dass der Kunde die Ware zu Haus noch in der Qualität vorfindet, die sie beim Einkauf im Fachgeschäft hatte.

Sie tragen durch fachgerechtes Verpacken zur Qualitätserhaltung der Waren bei, wenn Sie die folgenden Anforderungen erfüllen.

- Wählen Sie das Material für Serviceverpackung nach Eignung und Verwendungszweck aus (z. B. fettabweisend beschichtete Papiere für Siedegebäcke, Kartonage für Torten).
- Bemessen Sie das Verpackungsmaterial groß genug, damit es die Ware insgesamt umhüllt.
- Versehen Sie die Packung erforderlichenfalls mit einem zusätzlichen Warenschutz (z. B. mit Trennpapier zwischen Tortenstückchen oder einem Streifen Versteifungskarton im Papiereinschlag).
- Verschließen Sie die Verpackung gut (gegebenfalls mit einem kleinen Stück Klebestreifen).

Die Kunden dürfen erwarten, dass sie die Ware gut übernehmen und transportieren können.

***Kundenorientiert** günstig verhalten Sie sich, wenn Sie*
- *die verpackten Waren in die Hand des Kunden übergeben oder griffbereit auf die Theke legen (das heißt zum Beispiel bei Tüten: mit dem Verschluss zum Kunden hin anordnen),*
- *beim Transport umfangreicher Warenmengen Hilfe anbieten oder die Lieferung zur Wohnung des Kunden organisieren können.*

Bedenken Sie immer, dass der Einkauf in Ihrem Fachgeschäft sich durch den fachgerechten Umgang mit den Back- und Süßwaren auszeichnet. Für die Kunden muss sich in dieser Hinsicht ein qualitativer Unterschied zum Selbstbedienungseinkauf in einem Supermarkt ergeben.

Verkaufshygiene

Eine Fachverkäuferin meint: „Viele Kunden haben nicht so saubere Finger wie ich, wenn ich am Bedienen bin. Warum sollte ich dann nicht unverpackte Waren mit den Fingern anfassen? Brot fasse ich ja auch nicht mit der Gebäckzange an. Für Desserts oder Tortenstücke verwende ich natürlich das richtige Werkzeug, schon, damit ich keine klebrigen Finger bekomme."

- ➤ *Grenzen Sie ab, bei welchen unverpackten Waren das Behandeln mit bloßen Händen, mit Werkzeugen oder mit Einweg-Schutzhandschuhen praktikabel ist.*
- ➤ *Überlegen Sie, wie unter hygienischen Gesichtspunkten das abwechselnde Anfassen von Geld und unverpackten Waren zu beurteilen ist.*

Sachverweis

*Über **Hygiene im Verkaufsbereich** finden Sie grundsätzliche Informationen auf den Seiten 44 bis 47.*

Päckchen und Tüten werden mit ihrer Griffzone zum Kunden auf der Theke zur Warenübernahme bereitgelegt

Kaufabschluss im Fachverkauf

Wie Sie die Kunden beim Abschluss des Einkaufens behandeln, ist entscheidend für die weitere Entwicklung der Geschäftsbeziehung.

Immer wenn eine Kaufhandlung mit Erfolg zum Abschluss geführt wird, sollte der Verkäufer gegenüber dem Kunden zur besonderen Aufmerksamkeit bereit sein.

Abschlusstechniken – kundenorientierte Aufmerksamkeiten

Der Kauf darf nicht enden in einer „stummen Warenaushändigung". Was können Sie hier tun?

Je nach Situation können Sie

- durch geschicktes *Fragen und Empfehlen* zu einem Kaufentschluss führen (Beispiel: „...wenn Sie dann noch Laugenwecken reichen wollen ...");
- durch *Bestätigung (= Verstärkung)* dem Kunden gegenüber die Richtigkeit seiner Warenauswahl unterstreichen (Beispiel: „...Sie haben gut gewählt ...");
- durch *Präsentation* der zusammengestellten Waren dem Kunden das Gefühl der guten Erledigung seines Kaufes geben (Beispiel: „...darf ich Ihnen die Bunte Platte einmal zeigen...");
- durch *Überleitung* zu einem neuen Kauf in nächster Zeit hinarbeiten (Beispiel: „...Freitag haben wir wieder frischen Apfelstrudel ...").

Kassieren – korrekt und sicher

Wenn das Verkaufspersonal unachtsam ist, kann beim Zahlvorgang das Kauferlebnis für Kunden nachhaltig getrübt werden.

So können Sie das *Kassieren positiv* abwickeln:

- Gestalten Sie das Ermitteln der Kaufsumme nachvollziehbar für den Kunden (z. B. durch Sichtbarmachen der Auflistung und Kontrolle der Einzelbeträge, Mitgabe des Kassenbons).
- Gestalten Sie die Einnahme und Rückgabe von Geldbeträgen für den Kunden nachvollziehbar, beispielsweise durch
  - Ablegen des Zahlungsmittels außerhalb der Kassenschublade, bis der Kunde die Richtigkeit des Wechselgelds akzeptiert hat,
  - Benennen des vereinnahmten Geldbetrags und des Rückgeldes (bei elektronischen Kassen durch Hinweis auf die Anzeige),
  - Beobachten, dass der Kunde das Rückgeld vollständig mitnimmt (bei kleinen Kindern durch Selbsteinlegen von Bon und Rückgeld in die Geldbörse).

Und nicht zuletzt: Gestalten Sie den gesamten Kassiervorgang so, dass er nicht zu einem dominierenden Bestandteil des Kaufens wird. Auch sollten Auseinandersetzungen über die Richtigkeit der Zahlung schnell zur Klärung gebracht werden (➡ Tipps).

Kunden verabschieden – persönlich und freundlich

Das Verabschieden ist ebenso wie das Begrüßen eine Phase der hohen persönlichen Zuwendung. Wesentlich sind hier

- der Dank für den Wareneinkauf,
- der Dank für die Bezahlung,
- die Hilfen bei der Warenübergabe,
- der Verabschiedungsgruß mit persönlicher Note,
- die Hilfen beim Verlassen des Geschäfts (z. B. Öffnen der Tür, Hilfe beim Tragen der Ware bis zum Fahrzeug).

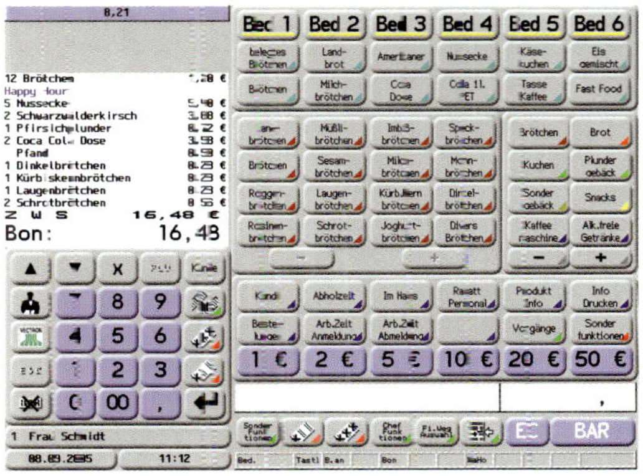

Tastatur einer Ladenkasse

Sachverweise

*Über **moderne Kassensysteme** können Sie sich auf den Seiten 265 bis 267 und außerdem auf der CD-ROM zu diesem Buch informieren.*

Kassenorganisation

Eine Auszubildende berichtet: „Wenn ich Backwaren verkaufe, habe ich in unserem Geschäft mit dem Kassieren nichts zu tun. Das wird bei uns nämlich zentral an einer Kasse zwischen den Theken erledigt."

➤ *Nehmen Sie Stellung zu einer solchen Organisation des Kassierens in einer Bäckerei/Konditorei unter Beachtung arbeitsorganisatorischer, hygienischer und verkaufspsychologischer Gesichtspunkte.*

Tipps für die Verkaufspraxis

Unregelmäßigkeiten beim Kassieren sind ein Ärgernis zwischen Kunden und Verkäufern, auch zwischen Betriebsleitung und Verkäufern. Über die Regeln Ihres Betriebs hinaus sind folgende Tipps beachtenswert:

➤ *Achten Sie auf richtiges Anschlagen der Beträge (Sichtkontrolle vornehmen).*

➤ *Kontrollieren Sie die korrekte Erfassung aller gekauften Artikel.*

➤ *Dokumentieren Sie gewährte Rabatte korrekt (ggf. mit Bestätigung des Kunden).*

➤ *Achten Sie darauf, dass Ihre Kassenlade gesperrt ist, wenn Sie nicht kassieren (z. B. wenn Sie Pause machen).*

➤ *Klären Sie die Reklamation von Kunden über einen Irrtum beim Kassiervorgang schnellstens, zum Beispiel durch eigene Kontrolle (z. B. wenn der Zahlbetrag für Sie noch ersichtlich ist) oder einen Kassensturz (nach betrieblicher Anweisung).*

➤ *Entschuldigen Sie sich höflich beim Kunden, wenn Ihnen beim Kassieren ein Irrtum zu Ungunsten des Kunden passiert ist.*

Zahlungsverkehr: mit Bargeld und Geldersatz

Zu Ihrer täglichen Arbeit gehört das Kassieren. In Verkaufsstellen der Bäckereien und Konditoreien wird zumeist mit Bargeld gezahlt. Bei der Zahlung von Rechnungen überwiegen unbare Zahlungsarten. Aber auch für die Kaufabwicklung im Geschäft nimmt die Bedeutung der unbaren Zahlungen zu. Kennen Sie sich damit aus?

Zahlungsarten – wie die Bezahlung erfolgt

Als *Zahlungsarten* unterscheidet man
- die Barzahlung,
- die halbbare Zahlung,
- die bargeldlose Zahlung.

Die *Barzahlung* erfolgt durch persönliche Übergabe des Geldbetrags oder durch Überbringer. Zahlungsmittel sind Münzen und Scheine.

Bei der *halbbaren Zahlung* erfolgt die Geldübergabe nur für einen der beteiligten Partner in barer Form. Also sind möglich:
- Der Schuldner zahlt unbar; der Gläubiger empfängt das Geld in bar vom Geldinstitut.
- Der Schuldner zahlt bar bei einem Geldinstitut ein; der Gläubiger empfängt den Betrag unbar auf seinem Konto.

Bei der *bargeldlosen Zahlung* werden Geldbeträge von Konto zu Konto gebucht. Als Zahlungsmittel sind üblich: Schecks, Überweisungen und Abbuchungen. Letztere sind möglich durch eine Einzugsermächtigung (für das Konto des Schuldners). Auch die „Plastik-Geldformen" sind im Prinzip Abbuchungen (z. B. die EC-Karte, die Kreditkarte).

Für die halbbare und die bargeldlose Zahlung sind Konten bei einem Geldinstitut erforderlich (Girokonten).

Zahlung mit Buchgeld – was dabei zu beachten ist

Als „Buchgeld" werden alle Zahlungsmittel bezeichnet, die nicht zum Bargeld zählen. Mit Buchgeld wird in der heutigen Zeit die Mehrzahl der Verbindlichkeiten beglichen.

Was haben Sie bei Zahlungen mit Buchgeld zu beachten?

- *Schecks* werden vom Geldinstitut nur dann eingelöst, wenn dafür das Guthaben ausreicht (= der Scheck gedeckt ist). Für keine Art der Schecks gibt es eine Einlösungsgarantie des Geldinstituts (wie früher bei EC-Schecks). Die Annahme von Schecks ist deshalb immer eine Vertrauenssache.
- Zahlungen mit *Scheckkarte (EC-Karte)* sind über Kassen-Stationen sicher abzuwickeln (Geheimzahl oder Bankbestätigung). Zuvor ist die Gültigkeit der EC-Karte zu prüfen (Ablaufdatum, Unterschrift). Für Sie besteht keine Verpflichtung, festzustellen, ob der Kunde auch der rechtmäßige Besitzer der Karte ist. Das geschieht nur indirekt, wenn Sie die Geheimnummer oder die Unterschrift des Kunden auf dem Beleg abfordern müssen.
  Eine gleiche Praxis gilt für *Kreditkarten*. Die Abwicklung von Zahlungen mit Karten ist von Ihrem Geschäft auf freiwilliger Basis einräumbar.
- Zahlungen mit *Wechsel* sind bei großen Beträgen praktikabel. Es ist eine Sonderform der bargeldlosen Zahlung. Der Schuldner erklärt nämlich mit dem Wechsel, dass er zu einem späteren, festgelegten Zeitpunkt zahlt (➡ Sachkurs).

Tipps für die Annahme von Schecks

- *Kontrollieren Sie, ob alle erforderlichen Bestandteile des Schecks erfüllt sind. Prüfen Sie die Richtigkeit der Unterschrift.*
- *Kontrollieren Sie, ob der Scheckbetrag in Ziffern und Buchstaben gleich lautend ist.*

Zum Unterscheiden

Abbuchungen von einem Girokonto können auf verschiedene Weise erfolgen.

- *Für regelmäßige, gleich bleibende Zahlungen ist der **Dauerauftrag** an das Geldinstitut die geeignete Zahlungsweise.*
- *Für unregelmäßige Zahlungen in unterschiedlicher Höhe ist die **Einzugsermächtigung** für den Gläubiger die geeignete Zahlungsweise.*
- *Sofern keiner der beiden vorgenannten Aufträge erteilt ist, muss eine **Überweisung** in jedem Einzelfall ausgeführt werden.*

Sachkurs: Wechsel als Zahlungsmittel

Der Wechsel ist eine urkundliche Zahlungsverpflichtung zum vereinbarten Termin. Er ist Zahlungsmittel und Kreditmittel zugleich. Der Wechsel wird vom Gläubiger ausgefertigt (mit rechtlich festgelegten Inhalten). Der Schuldner akzeptiert ihn durch Unterschrift (quer auf der linken Rückseite des Wechsels).

Der Wechsel kann als Zahlungsmittel an Dritte weitergegeben werden oder vor seinem Fälligkeitstermin bei einer Bank eingelöst werden (unter Abzug einer Provision).

Wer einen Wechsel akzeptiert, unterwirft sich den strengen Folgen des Wechselrechts: Am Verfalltag legt ihn derjenige vor, der den Wechsel besitzt. Bei Nichtzahlung ist ein schnelles Verfahren die Folge (Wechselprozess mit Urteil). Das Urteil ist sofort vollstreckbar (Pfändung oder Zwangsversteigerung).

Verkaufsablauf aus rechtlicher Sicht

Der Kauf von Waren erfolgt in den Verkaufsstellen der Bäckereien und Konditoreien fast ausschließlich nach folgendem Muster:

- die Waren sind ausgestellt (= als *Angebot des Verkäufers*),
- die Kunden äußern ihre Kaufwünsche (= als *Anfrage des Käufers*),
- die Verkäufer händigen die Ware an die Kunden aus,
- die Kunden übernehmen die Ware und bezahlen sie.

Bei diesen Abläufen handelt es sich um *mündliche Kaufverträge* (zum Teil auch in schweigender Übereinkunft). Zu ihrer rechtlichen Gültigkeit bedarf es keiner Schriftform.

Störungen bei der Erfüllung von Kaufverträgen

Aus dem Kaufvertrag ergeben sich für beide Vertragspartner rechtlich festgelegte Pflichten (nach dem Bürgerlichen Gesetzbuch = BGB).

*Der **Verkäufer** muss*

- *rechtzeitig und mangelfrei die Ware liefern,*
- *den vereinbarten Kaufpreis annehmen.*

*Der **Käufer** muss*

- *ordnungsgemäß gelieferte Ware annehmen,*
- *den vereinbarten Kaufpreis rechtzeitig zahlen.*

Sofern es bei diesen Pflichten aus dem Kaufvertrag zu Störungen kommt, sind verschiedene rechtlich festgelegte Maßnahmen möglich. Die zu wählende Maßnahme muss angemessen sein in Bezug auf die Störung (➡ Randspalte).

Aus Gründen der Hygiene und Sicherheit sind Lebensmittel allgemein vom Umtausch ausgeschlossen. Wenn die Kunden eine beanstandete Ware zum Beweis mit ins Geschäft bringen, dann müssen Sie diese so behandeln,

- dass andere Waren nicht nachteilig beeinflusst werden (z. B. durch Übertragung von Schimmel),
- dass die zurückgebrachte Ware nicht versehentlich wieder in den Verkauf gelangen kann (Entfernung aus dem Verkaufsbereich und deutliche Kennzeichnung als verdorbene Ware).

Sonderbestimmungen für Bewirtungsverträge

Wenn Kunden im Café oder Imbiss an Ort und Stelle Speisen und Getränke verzehren, erfolgt das nach einem *Bewirtungsvertrag*.

- Das Angebot wird mit der Speisen- und Getränkekarte bekannt gemacht. Die Bestellung durch den Gast erfolgt zum Verzehr der Speisen und Getränke im Lokal.
- Dem Bewirter ist es freigestellt, mit wem er Bewirtungsverträge abschließt. Eine eventuelle begründete Ablehnung darf für den Gast nicht zurückstellend oder gar beleidigend sein.
- Aus dem Bewirtungsvertrag ergibt sich für den Bewirter die Pflicht, die bestellten Speisen und Getränke in einwandfreiem Zustand und in angemessener Zeit zu servieren.
- Aus dem Bewirtungsvertrag ergibt sich für den Gast die Pflicht, die bestellten Speisen und Getränke zu bezahlen. Bei Umgehen der Zahlung (= Zechprellerei) hat der Bewirter kein Pfandrecht (z. B. Einbehalten von Wertgegenständen des Gastes). Weigert sich ein unbekannter Gast, bei Nichtzahlung seine Personalien anzugeben, kann die Polizei zur Hilfe gerufen werden.

Verkaufsablauf im Flussdiagramm

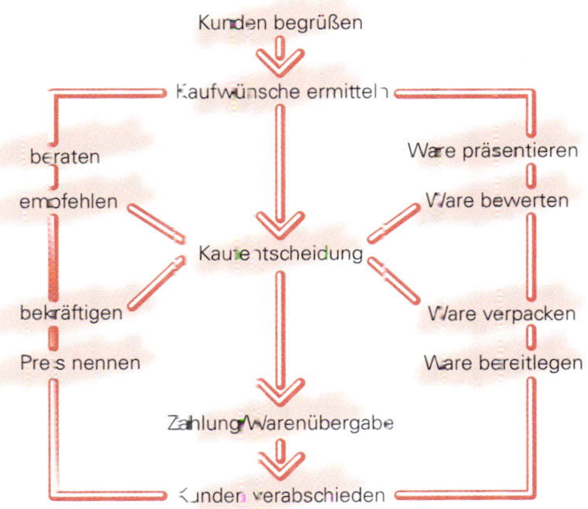

§

Rechtliche Bestimmungen

Für den Käufer bestehen bei Störungen des Kaufvertrags folgende Möglichkeiten:

- *Nachbesserung fehlerhafter Ware oder Rücktritt vom Kauf (= Wandlung),*
- *Umtausch fehlerhafter Ware oder Nachlieferung einwandfreier Ware,*
- *Preisnachlass (= Minderung), beispielsweise bei verspäteter Lieferung der Ware oder bei kleinen Warenmängeln,*
- *Schadenersatz (nur für direkt zurechenbare Schäden, nicht für Folgeschäden).*

Wie würden Sie entscheiden?

Ein Wiederverkäufer ist häufig in Zahlungsschwierigkeiten. Trotz zweier Mahnschreiben hat er Zahlungsrückstände über mehrere Monate. Der Bäckermeister fordert nun zusätzlich zum geschuldeten Betrag Verzugszinsen und die Kosten für die Mahnschreiben. Der Wiederverkäufer erklärt, dass er wohl nach und nach die Warenschulden abbezahlen wolle. Die Zins- und Kostenzahlungen lehne er aber ab.

➤ *Wie ist die rechtliche Situation? (Beachten Sie dazu auch die Ausführungen zu Lernfeld 5 auf der CD-ROM)*

Ein Kunde hat sich zu einem festen Termin 10 mit Sahne gefüllte Windbeutel reservieren lassen. Er holt diese aber bis zum Geschäftsschluss nicht ab. Die Windbeutel sind nicht mehr verkaufbar. Am übernächsten Tag erklärt der Kunde auf Befragen, dass er es sich anders überlegt habe und die Windbeutel daher nicht mehr gebraucht habe.

➤ *Wie ist die rechtliche Situation?*
➤ *Wie würden Sie sich bei einem guten Stammkunden unter Berücksichtigung geschäftlicher Interessen verhalten?*

Beispiele für Kriterien zur Bewertung von Auslagengestaltungen

- *Gesamteindruck und Werbewirksamkeit*
- *Angemessenheit der Waren und Dekorationen (Bezug zum Thema)*
- *Blickfang und Hauptdekorationsstücke*
- *Aufbau, Anordnung und farbliche Gestaltung der Auslagen*
- *Fachliche Korrektheit bei den einzelnen Auslagen und Dekorationsstücken*
- *Sauberkeit und Hygiene*
- *Schrift bei Preis- und Dekorationsschildern*

Tipp für die Gestaltungsaufgabe

Bewerten Sie die gestaltete Warenauslage nach den obigen Kriterien selbst.

Beispiele für Kriterien zur Bewertung von Werbemaßnahmen

- *Sachliche Richtigkeit der Werbeaussagen*
- *Beachtung rechtlicher Bestimmungen*
- *Originalität der Werbebotschaften*
- *Adressatengerechte Formulierungen*
- *Angemessenheit der Werbeträger*
- *Werbewirksamkeit*

Beispiele für Kriterien zur Bewertung von Kundenberatungen

- *Warenkundliche Richtigkeit*
- *Beachtung der Nutzungsmerkmale aus der Sicht der Kunden*
- *Anwenden ernährungskundlicher Aspekte*
- *Einbringen von Kenntnissen über besondere Ernährungsformen und Sonderkostformen (z. B. Diäten)*

Beispiele für Kriterien zur Bewertung von Verkaufstätigkeiten

- *Beachtung der Bedürfnisse von Kunden (Kundenorientierung)*
- *Angemessenheit des Verhaltens in Bezug auf die Kaufsituation*
- *Gestalten von Kauferlebnissen (z. B. beim Backen im Laden)*
- *Freundlichkeit, Kundenzuwendung und Beachtung der Körpersprache*
- *Richtigkeit der Phasen im Verkaufsablauf*

Lernfeldbezogene Aufgaben

1. Situationsbeschreibung:

*Sie sollen eine **Warenauslage** zu einem Thema Ihrer Wahl gestalten.*

Bearbeiten Sie dazu insbesondere die folgenden Leitfragen und führen Sie die Planungen praktisch durch.

➤ *Welches Motto/Thema soll die Auslage haben?*
- *Beispiele: Silvester, Städtepartnerschaft mit…, Frühstück, Brotzeit*
- *Einordnung in das Marketing: Instrumente, Aktionen*

➤ *Wie soll die Auslage aussehen?*
- *Platzbedarf, Dekorationsmaterial, Licht*
- *Auswahl der Waren nach Art und Menge*
- *Planungsskizze und Ablaufplan*

➤ *Wie wird die Planung praktisch umgesetzt?*
- *Zeitbedarf für Aufbau und Gestaltung*
- *Unfallverhütung, Hygiene, Deklaration und Preisauszeichnung*

2. Situationsbeschreibung:

In Ihrem Betrieb soll für Kuchen der Obstsaison geworben werden.

Wählen Sie sich ein fachliches Beispiel und bearbeiten Sie insbesondere die folgenden Aufgaben.

➤ *Welche Gebäcksorten sollen in der Werbung berücksichtigt werden?*
- *Auswahl, Begründung, Beschreibung der Gebäckmerkmale*

➤ *Welche Werbemaßnahmen sollen durchgeführt werden?*
- *Werbeaussagen formulieren*
- *Werbeträger auswählen und einsetzen*

3. Situationsbeschreibung:

Sie sollen Kunden über die Bedeutung von Brot und Backwaren im Rahmen einer vollwertigen Ernährung beraten.

➤ *Was bedeutet „Vollwertigkeit" der Ernährung?*

➤ *Welche ernährungsphysiologische Bedeutung haben die Hauptnährstoffe, die Mineralien, die Vitamine und insbesondere die Ballaststoffe?*

➤ *Welchen ernährungsphysiologischen Wert haben die verschiedenen Brotsorten?*

➤ *Wie ist der Genuss von Kuchen ernährungsphysiologisch zu bewerten?*

4. Situationsbeschreibung:

Sie sollen in Ihrem Betrieb durch Ihre fachliche Kompetenz für die Kundschaft einen Erlebniskauf gestalten.

➤ *Was bedeutet „Kundenorientierung" im Verkauf?*

➤ *Wodurch können Kauferlebnisse für die Kunden in Verkaufsstellen der Bäckerei und Konditorei geschaffen werden?*
- *Kundenerwartungen und Kundenzufriedenheit*
- *Kaufsituationen*
- *Aktionen und Produktion im Laden*

➤ *Welche Abläufe kennzeichnen üblicherweise den Fachverkauf in Verkaufsstellen der Bäckerei und Konditorei?*

GRUNDLAGEN DER HERSTELLUNG VON BACKWAREN

Dieses Lernfeld ist Teil der beruflichen Grundbildung (erstes Ausbildungsjahr).

Die Leitfragen in diesem Lernfeld sind:

Mit welchen handwerklichen Verfahren werden Backwaren produziert?

Nach welchen Grundsätzen werden die Rohstoffe und Zutaten zur Herstellung von Backwaren ausgewählt?

Was sind Grundrezepte und wie sind sie umzurechnen?

Aus welchen Inhaltsstoffen bestehen die Rohstoffe und welche Wirkungen haben sie für Teig, Gare und Gebäck?

Wie unterscheidet man fachkundig die Backwaren aus Teigen und Massen?

Wie werden Teige für Weizengebäcke bereitet, verarbeitet und gebacken?

Wie werden Massen für Feingebäcke bereitet, verarbeitet und gebacken?

Welche Informationen über die Herstellung von Backwaren sind zur Beratung der Kunden wichtig?

Was sind ökologische Backwaren?

Mit welchen Methoden kann die Qualität der Backwaren gesichert werden?

Obige Fragen sowie weitere Grundlagen von Herstellung und Qualität der Backwaren sind Gegenstand dieses Kapitels.

Worterklärungen

Brotgetreide *sind Roggen, Weizen und Dinkel.*
Zu den ***Nicht-Brotgetreiden*** *zählen Gerste, Hafer, Hirse, Mais, Reis und Triticale (auch das Knöterichgewächs Buchweizen).*

Angeschobenes Brot

Kastenbrot

Laibbrot

Ringförmiges Brot

Baguette-Brötchen

Kaisersemmel

Stangenförmiger Wickel

Rundstück ohne Ausbund

Backwaren im Sortiment der Bäckerei und Konditorei

Der Backzettel und die Produktionsaufgaben in der Backstube weisen aus, welche Waren in Ihrem Betrieb hergestellt werden.

Und das mögliche Angebot an Backwaren ist noch viel größer. Allein etwa 300 Brotsorten und über 500 Sorten Kleingebäck werden von den Bäckern und Konditoren in Deutschland hergestellt.

Eine systematische Übersicht (nach DLG) über Backwarengruppen hilft, diese Vielfalt zu ordnen.

Brot und Kleingebäck

Brot wird aus Getreide und Getreideerzeugnissen sowie Flüssigkeit und anderen Lebensmittelzutaten durch Kneten, Formen, Lockern, Backen oder Heißextrudieren des Brotteigs hergestellt. Es enthält weniger als 10 Gewichtsteile Fett und/oder Zuckerarten auf 90 Gewichtsteile Getreide und/oder Getreideerzeugnisse.

Ganze Brote haben ein Mindestgewicht von 250 Gramm.

Merkmale von Brotsorten

Brote unterscheiden sich augenfällig nach ihrem *Aussehen.* Das sind ihre Form, ihre Größe sowie ihre Kruste. Es gibt also beispielsweise runde, längliche, kasten- oder ringförmige Brote. Die Kruste kann stark oder schwach ausgeprägt sein, bemehlt, glänzend oder mit Bestreu.

Die *Bezeichnung der Brotsorten* bezieht sich häufig auf die Form oder namengebende Inhaltsstoffe. Auch Fantasienamen sind verbreitet, wie „Gassenhauer“ oder „Joggerbrot“. Die exakte Bezeichnung ist die laut Leitsätzen für Brot und Kleingebäck geltende Verkehrsbezeichnung.

Die *Verkehrsbezeichnung* für Brote richtet sich nach den enthaltenen Getreidemahlerzeugnissen, zum Beispiel „Roggenbrot“, „Weizenbrot“, „Weizenschrotbrot“ oder „Weizenvollkornbrot“. Brote mit besonderen Merkmalen (= Spezialbrote) werden bezeichnet nach den enthaltenen speziellen Zutaten, nach besonderen Herstellungs- und Backverfahren oder nach Eignung für spezielle Ernährungszwecke.

Merkmale von Kleingebäcken

Für *Kleingebäcke* gelten die obigen Merkmale, mit Ausnahme des Mindestanteils von 50 % Roggenanteil für „Roggenbrötchen“.

Kleingebäcke wiegen höchstens 250 Gramm. Für das Einzelstück gibt es keine vorgeschriebenen Nenngewichte. Sie können also in jedem beliebigem Gewicht unter 250 g hergestellt werden.

Die *Bezeichnungen der Kleingebäcke* können sich beziehen
- auf ihre ursprüngliche Herkunft (z. B. Breslauer Semmel),
- auf ihre Form oder ihr Aussehen (z. B. Baguettebrötchen, Brezel),
- auf ihr Herstellungsverfahren (z. B. Laugenweck),
- auf ihre Zutaten (z. B. Mehrkornbrötchen),
- auf die Oberflächenbestreu (z. B. Sesam- oder Mohnbrötchen),
- auf eine überlieferte Person oder ein Amt (z. B. Kaiserbrötchen).

Wenn auch diese Bezeichnungen regional sehr unterschiedlich sind, gibt es für die Gebäcke und ihre Merkmale oft festliegende Erwartungen. Eine systematische Übersicht zu den Brotsorten wird auf der CD-ROM zu diesem Buch gegeben.

Feine Backwaren

Feine Backwaren unterscheiden sich von Broten und Kleingebäcken dadurch, dass ihr Gehalt an Fett und/oder Zuckerarten mehr als 10 Teile auf 90 Teile Getreide und/oder Getreideerzeugnisse und/oder Stärken beträgt (Ausnahmen mit geringeren Anteilen: z. B. Knabbererzeugnisse und Kräcker).

Feine Backwaren aus Teigen

Die umfangreichste Gruppe Feiner Backwaren aus Teigen sind die Gebäcke aus *hefegelockerten Feinteigen*. Dazu gehören zum Beispiel Stuten, Flechtgebäcke, Blechkuchen (Plattenkuchen), Plundergebäcke Stollen, Eier- und Milchgebäcke und Berliner Pfannkuchen.

Aus *Feinteigen ohne Hefelockerung* werden bereitet: Mürbeteig- und Lebkuchenteiggebäcke, Blätterteiggebäcke, Kräcker und Kekse.

Feine Backwaren aus Massen

Bei den Feinen Backwaren aus Massen unterscheidet man:

- *Gebäcke aus aufgeschlagenen oder gerührten Massen,*
- *Gebäcke aus Massen ohne Aufschlagverfahren.*

Zur ersten Gruppe gehören zum Beispiel: Gebäcke aus Biskuit- und Wiener Masse, Rührkuchen, Baumkuchen, Gebäcke aus Eiweiß- und Schaummassen.

Zur zweiten Gruppe gehören zum Beispiel: Makronen und Gebäcke mit Ölsamen (wie Nussecken, Florentinen, Oblatenlebkuchen, Gebäcke aus Waffelmassen und Brandmassen (wie Windbeutel, Spritzkuchen).

Sonstige Feine Backwaren

Hier sind die *tortenartigen Backwaren* eine große Gruppe. Sie werden oft auch einfach als „Konditoreiwaren" bezeichnet. Es sind demnach Torten und Desserts mit Krem- oder Sahnefüllung, mit Obstauflagen und mit Schokolade- und/oder Marzipanzubereitungen.

Die Böden und Gebäckkörper werden aus verschiedenen Teigen und Massen zusammengesetzt (z. B. Mürbeteig- und Blätterteigböden als Unterlage, Böden aus Biskuit-/Wiener Masse oder aus Rührmassen).

Eine Gruppe von Backwaren mit zunehmender Bedeutung sind die *Kombinationsbackwaren.* Diese bestehen aus Brotteigen, Feinteigen und/oder Massen, wahlweise kombiniert mit Fleischerzeugnissen, Fisch und Meerestieren, Gemüsen, Molkereiprodukten, Früchten oder Eiern als Auflage oder Füllung. Zusammenfassend nennt man diese Produkte auch „Backwaren-Snacks".

Feine Backwaren mit besonderer Bedeutung für spezielle Zwecke sind *Diätetische Feine Backwaren* (z. B. Gebäcke für die Diabetiker-Diät und glutenfreie Feingebäcke) sowie die *Feinen Backwaren mit verändertem Nährwert* (außerdem: vitaminisierte Feine Backwaren).

Zu den Feinen Backwaren gehören auch einige *Getreide-Extrudate*. Das sind zum Beispiel: Erdnussflips, Mais-Curls, gepuffte Snacks, Chips.

Anhand der Vielzahl und der Unterschiedlichkeit der Feinen Backwaren wird klar, dass zu ihrer Herstellung eine breite Palette von Rohstoffen und vielfältige Zubereitungsarten nötig sind. Oftmals sind auch die von den Verbrauchern erwarteten Merkmale nicht eindeutig festlegbar.

Eine systematische Übersicht zu Feinen Backwaren befindet sich auf der CD-ROM zu diesem Buch.

Worterklärungen

Gebäcke aus Teigen *haben überwiegend mehlartige Bestandteile als Rezeptgrundlage. Die Teige sind elastisch bis plastisch und daher knet- und formbar. Die Lockerung erfolgt oft durch Gärgase der Backhefe oder durch Wasserdampf beim Backen.*

Gebäcke aus Massen *haben Eier, Zucker und Fett als Rezeptgrundlage, daneben zur Bindung auch mehlartige Bestandteile. Die Massen sind pastös, weich und fließend. Sie werden gerührt, geschlagen, gemischt oder abgeröstet. Die Lockerung erfolgt grundsätzlich nicht durch Gärgase der Backhefe, sondern immer auf chemische oder physikalische Art.*

Dauerbackwaren *sind Feine Backwaren, deren Genießbarkeit durch längere, sachgemäße Lagerung nicht beeinträchtigt wird.*

Handlungsorientierte Aufgaben

- *Erstellen Sie eine Übersicht typischer* ***Brot- und Kleingebäcksorten*** *Ihrer Region (Formblatt dafür auf der CD-ROM).*
- *Listen Sie Beispiele von Feinen Backwaren auf, ordnen Sie diese dabei nach den Gruppen für Feine Backwaren (z. B. aus Teigen, Massen, sonstigen Merkmalen).*

HERSTELLEN VON GEBÄCKEN AUS EINFACHEN TEIGEN

Situationsaufgabe: *Die Kunden fragen in Ihrer Verkaufsstelle nach Brötchen und Weißbroten, die ohne Backmittel hergestellt sind. Sie sollen Auskunft geben, ob die Herstellung solcher Backwaren möglich ist und welche Qualität die Gebäcke haben sollten. Dabei sind insbesondere folgende Fragen zu klären:*

- *Welche Qualitätsmerkmale der Gebäcke erwarten die Kunden?*
- *Sind die erwünschten Merkmale ohne Backmittel erzielbar?*
- *Wie wirken sich die Zutaten auf die Gebäckqualität aus?*
- *Welche alternativen Backwaren aus Teigen sind anzubieten?*

Kurz und bündig: Spezielle Fragen zu Rohstoffen

- ***Ökologische Rohstoffe:*** *Sie stammen aus ökologischem Landbau (bedarfsgerechtes Düngen ohne Mineraldünger, vorbeugender Pflanzenschutz ohne Herbizide und Pestizide, werterhaltende Veredelung ohne Bestrahlung, Gentechnik und Zusatzstoffe). Diese Rohstoffe sind Grundlage für die Herstellung von Bio-/Öko-Backwaren.*
- ***Rohstoffe aus regionalem Anbau:*** *Sie stammen aus dem regionalen Umfeld des Backbetriebs. Damit sind Herkunft und Güte der Rohstoffe kontrollierbar und nachweisbar. Es gibt dazu Kooperationen von Landwirtschafts- und Bäckereibetrieben.*
- ***Rückverfolgbarkeit bei Rohstoffen:*** *Sie soll lückenlos die Herkunft der Rohstoffe über alle Produktionsstufen gewährleisten („from farm to fork"). Dazu ist zu dokumentieren, von wem der Rohstoff bezogen wurde und an wen die daraus hergestellten Produkte verkauft wurden. Beim Verkauf von Produkten an private Endverbraucher sind Bäckereien und Konditoreien von dieser Dokumentationspflicht befreit.*
- ***Rohstoffe aus gentechnischer Gewinnung:*** *Sie sind mit gentechnischen Verfahren erzeugt, um bestimmte Eigenschaften gezielt zu erreichen (z. B. Widerstandsfähigkeit gegen Schädlinge, gute Haltbarkeit der Früchte). Aus gentechnisch veränderten Rohstoffen hergestellte Back- und Süßwaren müssen beim Bereitstellen zum Verkauf als solche gekennzeichnet werden.*

Hinweise

*Zum **Einkauf von Rohstoffen** finden Sie Informationen und Berechnungen auf der CD-ROM zu diesem Buch.*

*Näheres zur **Gentechnik** ist auf der CD-ROM zu diesem Buch dargestellt.*

Zutaten und ihre Eignung für Backwaren

Die Zutaten für Backwaren werden in der Praxis nach vorgegebenen Rezepten ausgewählt. Innerhalb dieser Rezepturvorgaben sind noch *Auswahlentscheidungen* zu treffen.

Aus Sicht der Verbraucher sind vor allem der *Gesundheitswert* oder die *Güte der Zutaten* wichtig. Beispielsweise sind der Situationsaufgabe entsprechend *Backmittel als Zutat* auszuschließen.

Aus betriebswirtschaftlicher Sicht sind unter anderem *Kostengründe* zu beachten (z. B. Einsatz von Backgrundstoffen *oder* Vormischungen *oder* von herkömmlichen Zutaten).

Aus Sicht der Produktgestaltung und der Produktionsabläufe sind bei den Rezepturen die verschiedenen *technologischen Eigenschaften* der Zutaten zu beachten.

Zutatengattungen

Die Zutaten werden nach lebensmittelrechtlichen Gesichtspunkten in *Lebensmittel* und in *Zusatzstoffe* unterteilt. Für Lebensmittel ist deren Nähr- und Genusswert kennzeichnend. Die meisten Zusatzstoffe sind dagegen ohne Nähr- oder Genusswert. Und im Allgemeinen werden die Zusatzstoffe ausschließlich wegen ihrer *technologischen Wirkung* zur Herstellung von Back- und Süßwaren verwendet.

Zutaten lassen sich nach verschiedenen Gesichtspunkten bewerten, zum Beispiel: Aus Sicht des Verkaufs sind der Nähr-, Gesundheits- und Genusswert wichtig. Aus Sicht der Produktion sind die technologischen Wirkungen und die Verarbeitungseigenschaften von Zutaten wichtig.

Rohstoffe: die herkömmlichen Zutaten

Rohstoffe in einem weiten Sinn sind alle pflanzlichen und tierischen Lebensmittel ohne Zubereitung oder in niedriger Veredelungsstufe.

Rohstoffe in einem engeren Sinn sind naturbelassene Lebensmittel, zum Beispiel: Vollkorn, Wasser, Milch, Obst und Gewürze.

Rohstoffprodukte sind isolierte Inhaltsstoffe aus den pflanzlichen oder tierischen Rohstoffen, zum Beispiel: Mehl, Zucker und Aromen.

Die Herstellung von Backwaren allein aus den Rohstoffen *ohne Einsatz von Halbfertigerzeugnissen* sichert den Verbrauchern Backwaren mit individueller Beschaffenheit. Neben dieser Spezialität der Waren schätzen die Verbraucher auch mehr und mehr die *Naturbelassenheit* ihrer Nahrung (wie sie sagen: „Backwaren ohne viel Chemie").

Backgrundstoffe und Backmittel: einfach und sicher

Backgrundstoffe sind von der Zulieferindustrie gefertigte Mischungen von Zutaten für Backwaren, Füllungen, Auflagen und Überzüge. Einige dieser Produkte sind durch Bearbeitungsverfahren schon zweckfertig zubereitet (z. B. Kaltkrempulver). Solche Erzeugnisse werden auch als *Convenienceprodukte* bezeichnet (Convenience = Bequemlichkeit).

Die hauptsächlichen Vorteile für die Verwendung der Backgrundstoffe liegen in der zeitsparenden, einfachen und sicheren Verarbeitung. Die Produkte daraus zeichnen sich durch gleichbleibende Qualität aus.

Vormischungen können auch im Backbetrieb selbst hergestellt werden. Dadurch werden betriebsindividuelle Rezepturen ermöglicht. Auch sind die Vorteile wie bei industriell gefertigten Backgrundstoffen erzielbar.

Die *Backmittel* ersetzen im Unterschied zu den Backgrundstoffen *nicht* die üblichen Zutaten für ein Produkt. Backmittel sind Zubereitungen aus Lebensmitteln, die zusätzlich neben den Grundzutaten meist für Brot und Kleingebäck verwendet werden. Sie dienen der vereinfachten und sicheren Herstellung sowie einer garantierten Produktqualität.

Produktmerkmale: von den Zutaten abhängig

Um ein Produkt gut verkaufen zu können, muss es die von den Kunden allgemein erwarteten Produktmerkmale aufweisen.

Die ***Produktmerkmale*** *sind die nach allgemeiner Verkehrsauffassung typischen Merkmale des Produkts, zum Beispiel: Zusammensetzung, Aussehen, Beschaffenheit, Geschmackstyp und Nährwert.*

Um die gewünschten Produktmerkmale zu erzielen, ist die Verwendung bestimmter Zutaten in abgestimmten Gewichtsanteilen erforderlich. Für Weizenbrötchen sind beispielsweise unbedingt die folgenden Zutaten notwendig: Weizenmehl, Wasser, Kochsalz und Backhefe.

Eine gut ausgebildete, schnittfähige *Brötchenkrume* hängt vor allem mit dem richtigen Mehl- und Flüssigkeitsanteil im Teig zusammen. Das ist auch Grundlage für die Form- und Lockerungsfähigkeit des Teiges.

Insbesondere der *Geschmack der Gebäcke* ist von den Zutaten und dem Herstellungsverfahren abhängig. Backhefe wird zwar in erster Linie zur Lockerung genutzt. Sie verleiht darüber hinaus vor allem den Weizengebäcken auch den typischen Geruch und Geschmack. Bei der Gärführung (insbesondere bei *Langzeitführungen*) werden spezifische Aroma- und Geschmacksstoffe gebildet. Außerdem werden während der Teigführung durch enzymatische Abläufe die Zwischenprodukte gebildet, die Grundlage sind für im Backprozess enstehende Duft- und Aromastoffe in Krume und Kruste der Weizengebäcke.

Bei der Auswahl von Zutaten sind außerdem unbedingt die rechtlichen Vorgaben über zu verwendende Zutaten in Art und Menge zu beachten (zum Beispiel nach den „Leitsätzen für Brot und Kleingebäck").

Im Bezug auf die *Situationsaufgabe* sind hinsichtlich der Zutaten für Brötchen und Weißbrot folgende Fragen zu beantworten:
- Welche grundsätzlichen Eigenschaften müssen die einzelnen Zutaten für die Herstellung von Brötchen und Weißbrot haben?
- Welche Zutaten und technologischen Verfahren sind erforderlich, um die erwünschten Qualitätsmerkmale für Brötchen und Weißbrot ohne den Einsatz von Backmitteln zu erreichen?

Convenienceprodukte: Vor- und Nachteile

„Convenience (= Bequemlichkeit) ist nicht der Vater des Erfolgs für den Bäcker; es sei denn, er verkauft sie, so dass sie den Kunden nützt."

Das ist eine skeptische Äußerung zur Verwendung von Convenienceprodukten. Welche Vor- und Nachteile gibt es?

Vorteile:
- *Vereinfachte Herstellungsverfahren*
- *Schnelle Herstellung*
- *Gleichbleibende, standardisierte Qualität*
- *Möglichkeiten für Vielfalt im Sortiment*
- *Einhaltung rechtlicher Anforderungen*

Nachteile:
- *Gefahr der „Uniformierung" von Produkten (gleichartige Ware in vielen Betrieben)*
- *Ablehnung der Produkte durch Kunden wegen des Gehalts an Zusatzstoffen*
- *Verlust von Kenntnissen und Fertigkeiten für betriebseigene Rezepturen und Herstellungsverfahren*
- *Hohe Einkaufspreise der Vormischungen (Wertschöpfung liegt im industriellen Lieferbetrieb)*
- *Imageverlust der Backberufe in der öffentlichen Meinung (z. B. „Tütenbäcker")*

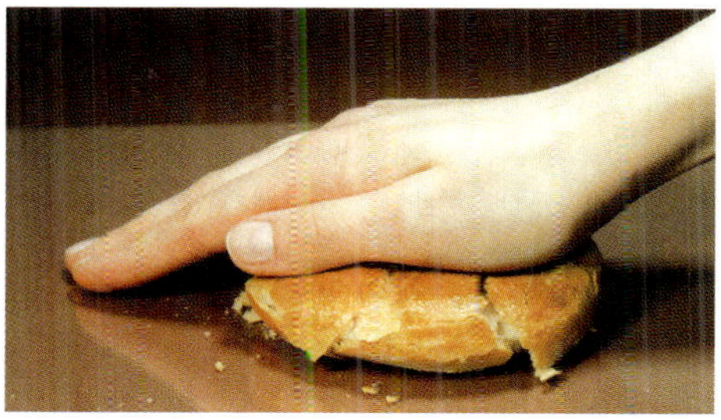

Qualitätsmerkmal: rösche Brötchenkruste

Welche Qualität die Kunden bei Weizenbrötchen erwarten
- *Gute Auflockerung und dementsprechendes Volumen (nicht „aufgeblasen")*
- *Milder, aromatischer Geschmack (nicht hefeartig)*
- *Rösche, zartsplitterige Kruste (nicht zu dünn mit bald nachlassender Rösche)*
- *Gute Schneid- und Bestreichfähigkeit der Krume (nicht zusammenballend beim Schneiden oder Kauen)*

Zum Nachdenken

Warum erwarten die Kunden bei Weizenbrötchen keine lange Frischhaltung?

Getreidemahlerzeugnisse sind Hauptrohstoff für Brot und Kleingebäck

Worterklärung

*Die **Backeigenschaften** kennzeichnen das Gesamtverhalten von Getreidemahlerzeugnissen bei der Gebäckherstellung.*

Ähren von Weizen, Roggen, Gerste und Hafer

Weizen (Brotgetreide)

Roggen (Brotgetreide)

Dinkel (Spelzweizen)

Hafer (Rispengetreide)

Gerste (bespelztes Korn)

Mais (Kolbengewächs)

Getreide und Getreidemahlerzeugnisse

Seit Jahrtausenden ist Getreide die wichtigste Ernährungsgrundlage der Menschen. In Europa und Nordamerika ist es vorrangig der Weizen, in Nord- und Osteuropa auch der Roggen, in Süd- und Mittelamerika vor allem der Mais, in Afrika besonders die Hirse und in Asien der Reis.

Getreidearten mit Eigenbackfähigkeit

Nur ***Weizen*** und ***Roggen*** eignen sich zum Herstellen von gelockertem Brot. Sie werden daher als *„Brotgetreide"* bezeichnet. Auch ***Triticale*** wird dazugerechnet. Das ist eine Kreuzung aus Weizen und Roggen.

Weizen für Backwaren und Teigwaren

Die verschiedenen Weizensorten ergeben Mehle mit unterschiedlicher Qualität. Für Backwaren sind die Mehle aus Saat- oder Weichweizen geeignet, für Teigwaren die Mehle aus Hart- oder Glasweizen.

Der Weizen aus deutschem Anbau wird von Instituten beurteilt und in Qualitätsstufen unterschieden. Nur die Sorten der A-Qualität haben die gewünschte Backfähigkeit. Die B-Qualitäten werden mit hochwertigen Sorten aus Frankreich, USA oder Kanada gemischt.

Für die Herstellung von Brot und Kleingebäck eignen sich vorrangig Mahlerzeugnisse des Weizens und Roggens. Sie haben ausreichende Backeigenschaften für die vom Verbraucher erwartete Gebäckqualität.

Dinkel, Spelzweizen für Spezialbrot

Dinkel ist eine ertragsschwache Weizensorte. Die Körner verbleiben nach dem Drusch in der Spelz. Der Dinkel unterscheidet sich in seiner Zusammensetzung nur unwesentlich von Weichweizensorten. Seine Backeigenschaften sind zufriedenstellend.

Roggen für gesäuertes Brot

Die Backeigenschaften von Roggenmahlerzeugnissen unterscheiden sich von denen des Weizens. Beim Backen von Roggenteigen kann es zu Qualitätsmängeln kommen. Darum werden Roggenteige gesäuert.

Triticale ist ein aus Roggen und Weizen gezüchtetes Getreide. Triticale besitzt daher die Backeigenschaften von Roggen und von Weizen.

Getreidearten ohne Eigenbackfähigkeit

Für die Ernährung der Weltbevölkerung sind auch die Nichtbrotgetreide Reis, Hirse, Mais, Hafer und Gerste von Bedeutung. Wenig Bedeutung haben Grünkern (= nicht ausgereifter Dinkel) und Buchweizen (= ein Knöterichgewächs, kein Getreide).

Diese Getreide eignen sich als alleiniges Mahlerzeugnis *nicht* für die Herstellung von gelockerten Gebäcken. Die „Nichtbrotgetreide" haben aber als Zusatz (für Mehrkornbrot) oder als Aufstreu eine Bedeutung.

Hafer gilt wegen des Gehalts an essentiellen Fett- und Aminosäuren als besonders wertvolles Getreide für die Ernährung. Hauptsächlich wird Hafer für Müsli, Suppen und Breie verwendet.

Gerste wird als Malz für die Bierherstellung genutzt, aber auch in Form von Graupen für Suppen.

Mais wird für die Herstellung von Brot und Breispeisen (in Mittel- und Südamerika) verwendet. Ansonsten ist der Mais eine Grundlage für die Gewinnung von Speisestärken.

Wie Weizenmehl gewonnen wird

Die Backeigenschaften von Weizenmehl sind abhängig
- von der Weizensorte,
- von den Wachstums- und Erntebedingungen,
- von der müllereitechnischen Gewinnung.

Das Weizenkorn hat einen großen Mehlkörper

Wird ein Weizenkorn längs aufgeschnitten, dann sind die wesentlichen Bestandteile des Kornes sichtbar:
- der weiße Mehlkörper,
- der gelbliche Keimling,
- die braune Schale mit der Aleuronschicht.

Der Mehlkörper ist stärkereich

Der Mehlkörper enthält vor allem:
- Stärke → etwa 70 %
- Eiweißstoffe → etwa 10 %
- Wasser → etwa 15 %

Aus dem Mehlkörper wird beim Vermahlen das *Mehl* als der backfähige Teil des Kornes gewonnen. Der Mehlkörper hat in seinem Kern eine andere Zusammensetzung als in den Randschichten. Mehle aus dem Mehlkern unterscheiden sich daher von Mehlen aus den Randschichten des Kornes. Mahlerzeugnisse mit hohem Anteil von Randbestandteilen haben geringere Backeigenschaften.

Die Schalenschichten schützen den Mehlkörper

Der Mehlkörper wird von der Aleuronschicht umgeben. Sie ist reich an Mineralstoffen und löslichen Eiweißstoffen. Der Fettanteil ist höher als im Mehlkern. Dunkle Mahlprodukte enthalten einen erheblichen Teil der Aleuronschicht.

Die mehrschichtige Schale umhüllt den Mehlkörper und den Keimling. Die äußere Fruchtschale ist holzig und unverdaulich. Sie ist backtechnisch ohne Bedeutung. Die Samenhaut gibt dem Korn seine Eigenfärbung.

Der Keimling ist Bestandteil der Vollkornprodukte

Der Keimling liegt am Kornende. Er ist reich an Fettstoffen, an löslichen Eiweißstoffen, an Mineralstoffen und Vitaminen. Das Schildchen, das den Keimling vom Mehlkörper trennt, enthält einen erheblichen Anteil der B-Vitamine des Kornes.

Nur Vollkornprodukte enthalten den Keimling. Backschrote und Mehle sind frei von Bestandteilen des Keimlings. Denn Mahlerzeugnisse mit Keimling sind nur kurz lagerfähig. Die Enzyme aus dem Keimling bauen Mehlbestandteile ab. Dadurch verändern sich die Backeigenschaften. Das empfindliche Vitamin B_1 wird durch Einwirkung von Luft und Licht zerstört. Deshalb verlieren die Vollkornmahlprodukte schon nach einer kurzen Lagerzeit an Wert, und sie verderben schnell.

Das Getreide unterliegt biologischen Bedingungen

Mahlerzeugnisse aus Getreide sind wegen ihrer biologischen Natur in ihren Eigenschaften nicht „genormt". Sie verändern sich im Laufe des Jahres bei der Lagerung. Sie sind auch von Jahr zu Jahr verschieden je nach den Wachstums- und Erntebedingungen. Es ist deshalb für die Backbetriebe wichtig, die jeweiligen Backeigenschaften zu kennen.

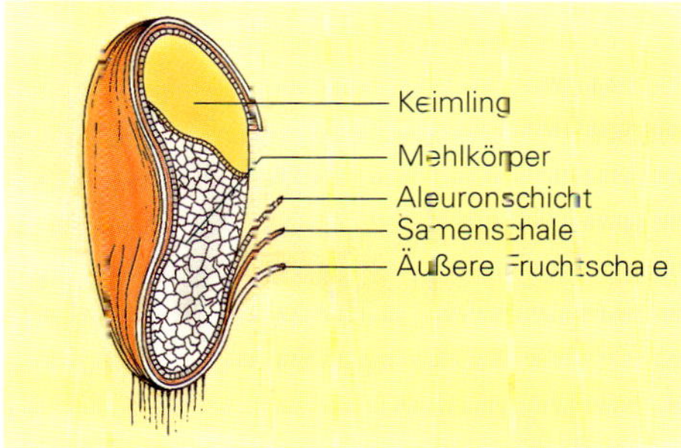

Längsschnitt durch ein Getreidekorn

➤ *Erklären Sie, welche Bedeutung die einzelnen Bestandteile des Kornes für die Backeigenschaften des Mehles haben.*

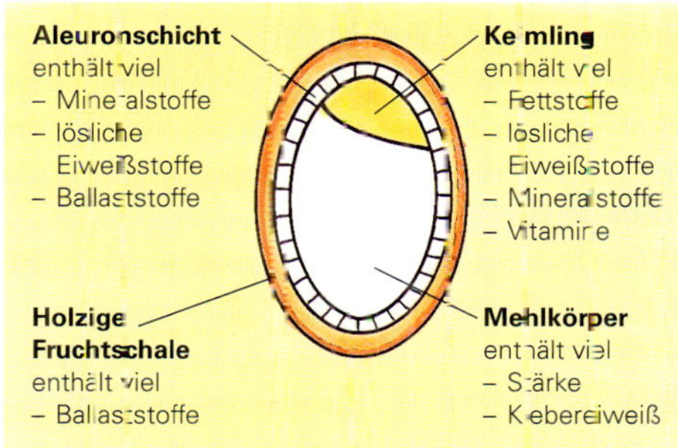

Inhaltsstoffe der Kornbestandteile

Kurz und bündig:
Korninhaltsstoffe in Mahlerzeugnissen

- ***Mahlerzeugnisse aus dem Kerninneren*** *sind helle Mehle. Der innere Mehlkern enthält viel Stärke (etwa 70 %) und starkes Klebereiweiß (etwa 9 %). Nur aus dem Inneren des Kornes wird das* ***Auszugsmehl*** *im ersten Mahldurchgang gewonnen.*
- ***Mahlerzeugnisse mit hohem Kornrandanteil*** *sind dunkle Mehle. Die Randpartien des Mehlkerns enthalten weniger Stärke (etwa 60 %) und mehr Eiweißstoffe (etwa 12 %). Die Eiweißstoffe sind backtechnisch von geringerer Qualität als die im Mehlkern (auch höherer Anteil löslicher Eiweißstoffe).*
- ***Vollkornmahlerzeugnisse*** *können Schrote oder Mehle sein. Sie enthalten die gesamten Bestandteile des gereinigten Getreides, auch den Keimling. Nur die äußere Fruchtschale und das Bärtchen dürfen entfernt sein.*
- ***Typenzahl und Ausmahlungsgrad*** *lassen erkennen, welche Kornanteile vermahlen wurden. Zum Beispiel hat Auszugsmehl der Type 405 den Ausmahlungsgrad 0 % bis 40 %, ein durchgemahlenes Weizenmehl der Type 1050 den Ausmahlungsgrad 0 % bis 80 %.*

Vermahlung: kontrollierte Kornzerkleinerung

Früher wurde das Getreide einfach zwischen Mahlsteinen zerrieben. Das so gewonnene „Vollmehl" hatte ganz unterschiedliche Qualitäten zum Backen. Die heutige Technik erlaubt das kontrollierte Vermahlen des Kornes zu Mahlerzeugnissen mit definierter Qualität.

Der Backbetrieb mit eigener Getreidevermahlung

Das Getreide kann im Backbetrieb selbst vermahlen werden. Das ist in Bio- und Vollkornbäckereien weit verbreitet. Mehle oder Backschrote können somit frisch nach der Mahlung verbacken werden.

Auch ist es den Backbetrieben so möglich, das Getreide aus regionalem oder aus ökologischem Anbau gezielt einzukaufen. Allerdings müssen die müllereitechnischen Voraussetzungen (z. B. die Getreidereinigung) oder die Kapazitäten (der Mehlbedarf für Gebäcke) gesichert sein.

Die Getreidevermahlung in der Mühle

Das Ziel der Vermahlung in den Mühlen ist die Gewinnung von Mehlen mit Backeigenschaften für jeweilige Verwendungszwecke.

Es ist möglich, das Korn in einem einzigen Mahlgang zu zerkleinern. Es ist aber nicht möglich, aus diesem Mahlprodukt durch Sieben oder andere Maßnahmen Mehle mit den geforderten Eigenschaften für die Herstellung verschiedener Backwaren zu gewinnen.

Also hat die Müllerei solche Mahlverfahren anzuwenden, mit denen
- hellere und dunklere Mehle zu erzielen sind,
- Mehle mit vorausbestimmbarem Backverhalten zu gewinnen sind.

In der modernen Mühle werden diese Probleme durch stufenweises Vermahlen des Kornes gelöst (Mahlverfahren der *Hochmüllerei)*.

Über ein gestuftes Wechselspiel zwischen vorsichtigem Zerkleinern, Sieben und Aussondern von Kleie wird in 4 bis 5 Schrotungsläufen und vielen Fein-Ausmahlungen eine große Anzahl von Mehlpassagen mit unterschiedlicher Helligkeit und Zusammensetzung gewonnen.

Die Verschiedenartigkeit der anfallenden Mehle erlaubt das Mischen der Passagen zu typengerechten Handelsmehlen mit den geforderten Backeigenschaften (➟ Verfahrensbeschreibung auf der CD-ROM).

Beurteilen verschiedener Mahlerzeugnisse

Typenzahlen für Weizenmahlerzeugnisse

Type	*Erzeugnisse und Eignung*
405	= *Auszugsmehl für Feine Backwaren*
550	= *Vordermehl für Weißbrot und Brötchen*
630	= *Dinkelmehl für helles Weißgebäck*
812	= *(meist) Vollmehl für helles Mischbrot, Aufmischmehl für Weißbrot, auch: Dinkelmehl für Weißgebäck*
1050	= *(meist) Hintermehl für Mischbrot, auch: Dinkelmehl für dunkles Weißbrot*
1600	= *Hintermehl für dunkles Mischbrot*
1700	= *Backschrot für Weizenschrotbrot*

Typen: Kennzahlen für Getreidemahlerzeugnisse

Die Backbetriebe kaufen die Mahlerzeugnisse nach ihrer Eignung für die herzustellenden Backwaren ein. Die Eignung ist aus der Typenzahl der Mahlerzeugnisse abzuleiten. Beispielsweise wird zur Herstellung der üblichen Brötchensorten ein Weizenmehl der Type 550 eingekauft.

Mahlerzeugnisse aus Brotgetreide dürfen in Deutschland nur in den festgelegten Typen gehandelt werden. Die Type ist die Maßzahl für den Mineralstoffgehalt im Mehl.

*Die **Typenzahl** gibt an, wie viel Gramm Mineralstoffe annähernd in 100 kg wasserfreiem Mehl enthalten sind.*

Der Mineralstoffgehalt eines Mehles wird durch Verbrennen von Mehl (wasserfrei getrocknet) bei etwa 900 °C ermittelt. Die Mineralien sind nicht brennbar. Sie verbleiben als Ascherückstand. Für jede Mehltype gibt es eine zulässige Spanne des Aschegehalts (z. B. für Type 550: von 510 bis 630 g Rückstand je 100 kg Trockenmasse).

Mehltypen und Backeigenschaften

Aus der Typenzahl lässt sich mehreres ableiten:
- die Getreidesorte, aus der das Mahlerzeugnis gewonnen ist (ob aus Roggen oder aus Weizen),
- der Ausmahlungsgrad des Mahlerzeugnisses,
- die Helligkeit des Mahlerzeugnisses,
- die Eignung des Mahlerzeugnisses für bestimmte Backwaren.

Der Mineralstoffgehalt ist in der Aleuronschicht und der Fruchtschale des Kornes wesentlich höher als im Mehlkörper. Daraus ergibt sich, dass die schalenreichen Mahlerzeugnisse wegen ihres höheren Gehalts an Mineralstoffen mit einer höheren Typenzahl bezeichnet sind.

Die Typenzahl der Mahlerzeugnisse erlaubt *allgemeine Rückschlüsse* auf deren Backeigenschaften. Dennoch darf aber die Type nicht als eine feststehende Kennzahl für bestimmte Gütemerkmale der Mahlprodukte verstanden werden.

Ausmahlungsgrad und Mehlgattungen

*Der **Ausmahlungsgrad** ist die Mehlmenge, die aus 100 Gewichtsteilen des mahlfertigen Getreides gewonnen wird.*

Das Weizenmehl der Type 405 hat den geringsten Ausmahlungsgrad. Es besteht aus den bei der Vermahlung zuerst anfallenden Mehlen (Ausmahlungsgrad 0 bis 40). Weil es aus der Mitte des Mehlkörpers „ausgezogen" wird, bezeichnet man es auch als *Auszugsmehl*.

Mehl der Type 812 gilt als ein *Vollmehl*. Es enthält das gewinnbare Mehl ohne hohen Schalenanteil (Ausmahlungsgrad 0 bis 73).

Mehle der Typen 1050 und 1600 sind *Hintermehle* (Ausmahlungsgrad 40 bis 80). Sie enthalten *nicht* die gut backfähigen Mehlpassagen aus dem Inneren des Kornes (0 bis 40).

Nachmehle werden aus den bei den Vermahlungsstufen als Rückstand anfallenden Schalenteilchen gemischt. Sie sind ballaststoffreich.

Weizenbackschrot (Type 1700) ist das durchgemahlene Korn. Nur der Keimling ist vorher abgetrennt. Das Mahlprodukt wird in verschiedenen Feinheitsgraden angeboten (sehr grob, grob, mittel und fein).

Vollkornmahlerzeugnisse werden aus dem vollen Korn ermahlen (mit dem noch anhaftenden Keimling). Die Produkte reichen von Mehlen bis zu Schroten in jedem Feinheitsgrad.

Mehl als Handelsware

In den Verkaufsstellen der Bäckerei/Konditorei werden Mehle auch im Zusatzsortiment angeboten, vor allem Weizenmehl der Type 405.

Zur Kundenberatung über dieses Mehl können folgende Informationen wichtig sein:

- *Type 405 ist das hellste Weizenmehl.*
- *Type 405 hat einen hohen Anteil an Stärke.*
- *Type 405 hat sehr gute Backeigenschaften.*
- *Type 405 ist besonders gut geeignet für feine Backwaren.*
- *Type 405 ist geeignet für Kochzwecke, zum Binden von Soßen.*
- *Type 405 hat im Vergleich zu dunkleren Mehlen einen geringeren Ernährungswert. Das ist begründet durch den niedrigen Anteil an Vitaminen, Mineralstoffen und Ballaststoffen.*

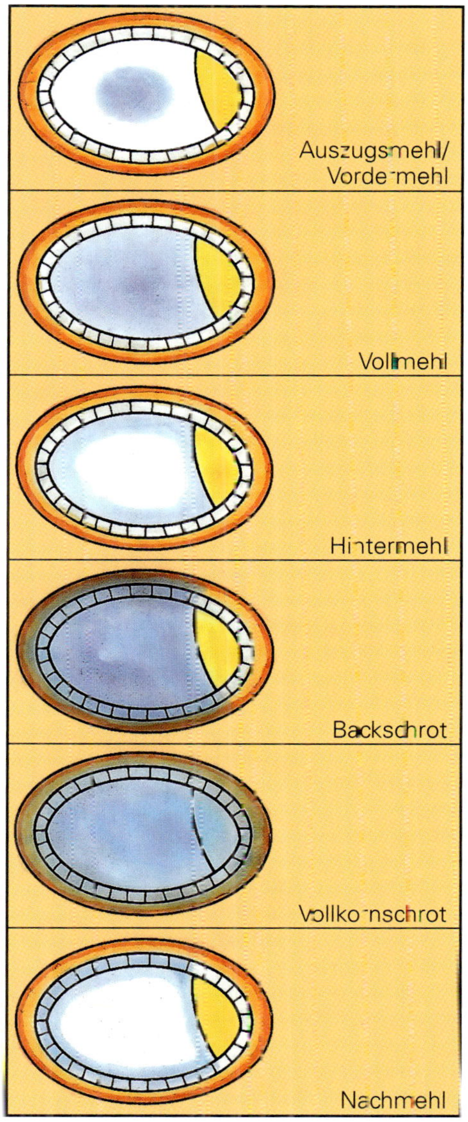

Kornanteile in verschiedenen Mahlerzeugnissen (Blaufärbung in der Skizze = enthaltener Anteil)

Kriterien für die Auswahl von Mahlerzeugnissen für Weizengebäcke

- ***Mahlerzeugnisse** werden nach dem herzustellenden Gebäcktyp ausgewählt (z. B. helle Weizenmehle für Weizenbrötchen, Vollkornmehl für Vollkornbrötchen).*
- ***Mahlerzeugnisse** werden nach ihren Backeigenschaften ausgewählt. Dabei wird ihr Gesamtverhalten bei der Herstellung von Gebäcken beurteilt (z. B. von der Teigbildung bis zur Qualität der Gebäcke).*

► *Erkundigen Sie sich, zu welchen Produkten die verschiedenen Weizenmehltypen in Ihrem Betrieb verwendet werden.*

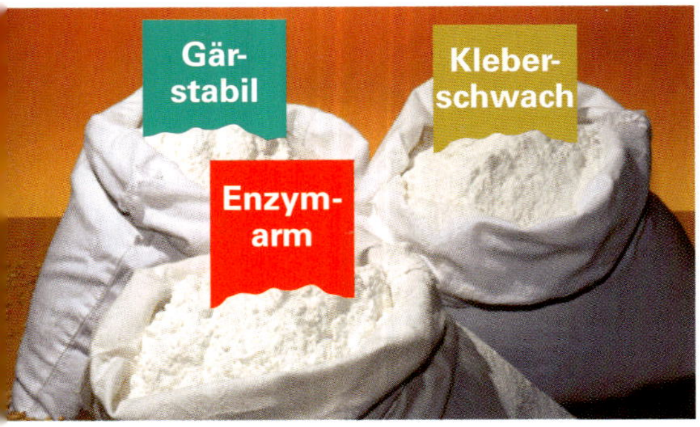

Eigenschaften verschiedener Mehle

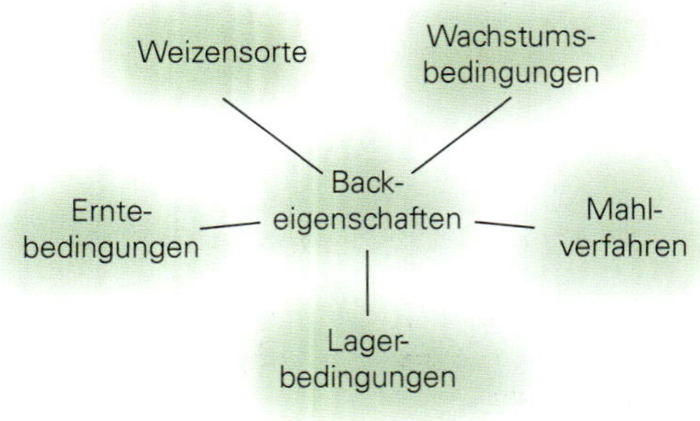

Einflüsse auf die Backeigenschaften von Mehlen

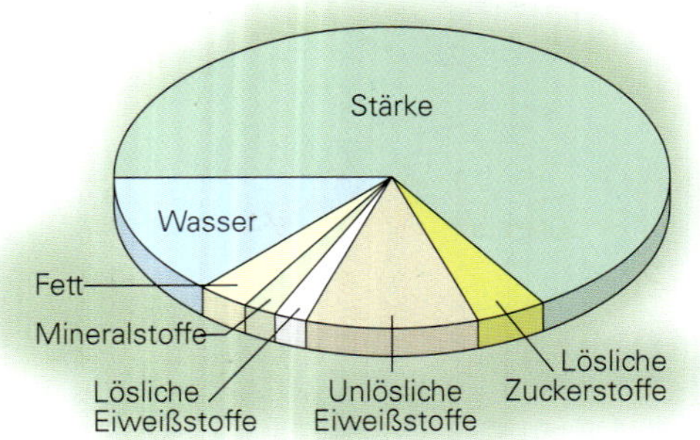

Zusammensetzung von Weizenmahlerzeugnissen

Durchschnittliche Zusammensetzung von Weizenmehl der Type 550

73,5 % Kohlenhydrate, davon
- *71,0 % Stärke*
- *2,4 % lösliche Zuckerstoffe*
- *0,1 % Zellulose*

11,0 % Eiweißstoffe, davon
- *10,0 % kleberbildende Eiweißstoffe*
- *1,0 % wasserlösliche Eiweißstoffe*

14,0 % Wasser
1,0 % Fett
0,5 % Mineralstoffe

Inhaltsstoffe der Getreidemahlerzeugnisse

Betrachten Sie eine Probe Weizenmehl.

Das Mehl sieht einheitlich weiß aus. Kennzeichen für Weizenmehl ist eine schwache gelb-rötliche Tönung. Sie wird deutlich im Vergleich mit Mehlen aus anderen Getreidearten. Die einheitliche Färbung lässt kaum darauf schließen, dass Weizenmahlerzeugnisse aus einer Vielzahl von Stoffen unterschiedlicher Zusammensetzung bestehen. Und ein jedes Mahlerzeugnis ist anders: Bei der Herstellung von Backwaren werden die Unterschiede in den jeweiligen *Backeigenschaften* deutlich.

Jedes Getreidemahlerzeugnis ist anders

Die Mühlen sind bemüht, den Backbetrieben Mahlerzeugnisse mit gleichbleibenden Backeigenschaften zu liefern. Das ist nicht so einfach. Denn auch Mehle mit gleicher Ausmahlung können sich backtechnisch unterscheiden. Ursachen dafür sind die Qualitäten der Weizensorten sowie veränderliche Zusammensetzungen.

Die stoffliche Zusammensetzung sowie die sich daraus ergebenden Backeigenschaften von Weizenmahlerzeugnissen sind abhängig
- von der Weizensorte,
- von den Wachstums- und Erntebedingungen (z. B. Klima, Boden, Düngung und Reifegrad),
- von der müllereitechnischen Gewinnung (z. B. Ausmahlungsgrad, Vermahlungsbedingungen und Einflüsse bei der Lagerung).

Funktionen der Mehlinhaltsstoffe

Die durchschnittliche Zusammensetzung von Weizenmehl der Type 550 ist in der Tabelle auf dieser Seite beispielhaft aufgelistet. Weizenmehle auch gleicher Ausmahlung schwanken in der Zusammensetzung, vor allem im Gehalt an Eiweißstoffen, im Stärkegehalt sowie in dem Anteil löslicher Zuckerstoffe.

Der hohe *Stärkegehalt* verleiht dem Weizenmehl seine technologisch wichtigste Backeigenschaft, nämlich die Fähigkeit zum Wasserbinden beim Backen.

Der Anteil *löslicher Zucker* ist gering. Er ist aber backtechnisch sowohl für den Gärvorgang als auch für die Krustenbräunung von Bedeutung.

Weizenmahlerzeugnisse enthalten im Vergleich zu anderen pflanzlichen Lebensmitteln viel *Eiweißstoffe*. Die Eigenschaften der Mehleiweiße bestimmen wesentlich das Backverhalten der Weizenmahlerzeugnisse. Darum führen die verschiedenen Mengenanteile und Unterschiede in der Qualität der Mehleiweißstoffe zu entsprechend unterschiedlichen Backeigenschaften.

Der *Fettanteil* im Weizenmehl ist niedrig. Seine backtechnische Wirkung ist auch nur begrenzt.

Der *Wasseranteil* des Weizenmehles ist backtechnisch nur indirekt von Bedeutung (nur im Hinblick auf die Menge der Zugussflüssigkeit).

Die aus den einzelnen Inhaltsstoffen resultierenden Backeigenschaften der Mehle werden bei der Gebäckherstellung beachtet. So werden zum Beispiel die Zutaten und ihre Zusatzmengen darauf abgestimmt. Dabei ist es auch eine Frage, inwieweit die Brötchenherstellung mit oder ohne Backmittelzusatz möglich ist. Darüber hinaus sind weitere Herstellungsbedingungen anzupassen (z. B. die Teig- und Gärführung, die Backtemperaturen und Backzeiten).

Kohlenhydrate: wesentlich für viele Gebäckmerkmale

Ganz unterschiedliche Gebäcke erhält man aus hellen oder dunklen Weizenmehlen (➡ nebenstehende Abbildung). Wesentliche Ursache für die Gebäckmerkmale sind die Kohlenhydrat-Arten in den Mehlen. Die *Kohlenhydrate* der Weizenmahlerzeugnisse sind *kein einheitlicher Stoff*. Den Hauptanteil macht die *Stärke* aus. Der Rest sind *lösliche Zuckerstoffe, Cellulose* und *Pentosane*.

Lösliche Zuckerstoffe – wichtig für Gärung und Bräunung

Die löslichen Zuckerstoffe im Weizenmehl sind vor allem *Trauben- und Malzzucker* sowie *Dextrine*. Ihr Anteil im Weizenmehl liegt zwischen 1,5 % und 3,0 %.

Diese Zuckerstoffe lösen sich in der Flüssigkeit. Sie werden weitgehend von der Backhefe vergoren und dienen somit der Lockerung. Restliche unvergorene Zucker stärken die Krustenbräunung.

Helle Weizenmehle enthalten wenig Zuckerstoffe für die Hefegärung. Das kann ausgeglichen werden durch gärfördernde Backmittel.

Gärunterstützende Inhaltsstoffe dieser Backmittel sind
- lösliche, vergärbare Zuckerstoffe,
- stärkeabbauende Enzyme (z. B. Amylasen),
- Backmalz (enthält lösliche Zucker, auch Amylasen).

Stärke – wichtig für die Krumenbildung

Im Teig lagert die *Weizenstärke* etwa die Hälfte ihres Eigengewichts an Wasser lose an. Das ist aber für die Teigbildung nicht so wichtig wie die Wasserverquellung des Klebereiweißes.

Beim Backvorgang verwandeln sich die rohen Teige zu genussfähigen Gebäcken mit einer schnittfest-elastischen Krume. Dieser Vorgang wird fast ausschließlich durch Veränderung der *Stärke* bewirkt.

Die *Weizenstärke* verkleistert zwischen 60 °C und 88 °C. Die durch die Backhitze „aufgeschlossene" Stärke lagert beim Verkleistern einen Teil des freien Teigwassers ein.

So wird aus Teig eine feste Gebäckkrume. Also ist die Getreidestärke für die Gebäckbildung der wichtigste Bestandteil des Mehles.

Ein Teil der Stärke wird in den Krustenbereichen der Gebäcke durch trockene Erhitzung zu *Dextrinen* gespalten. Diese sind verantwortlich für die Bräunung der Kruste.

Cellulose – nicht nur Ballaststoffe

Die äußeren Partien des Getreidekorns bestehen überwiegend aus den unverdaulichen Bestandteilen *Cellulose, Hemicellulose* und *Pentosane*.

Die Schalenteile des Getreidekorns (vor allem die *Pentosane*) binden beim Einteigen eine große Menge der Zugussflüssigkeit. Daher haben dunkle (= schalenreiche) Mahlerzeugnisse eine hohe Teigausbeute.

Pentosane bilden beim Aufquellen ein Gel. Teige aus schalenreichen (= dunklen) Mehlen sind darum etwas klebrig-feucht.

Cellulose und *Hemicellulose* sind wasserunlöslich. Sie stören darum die Klebervernetzung. Die Folge ist eine verringerte Gebäckqualität.

Die Bestandteile der Kornschale geben beim Backen kaum Wasser ab. Brot aus schalenreichem Mehl hat deshalb eine feuchtere Krume und somit eine deutlich längere Frischhaltung als Brot aus hellem Mehl.

Weizenbrot aus hellem (links) und aus dunklem Mehl (rechts)

- ➤ *Beurteilen Sie Volumen und Krustenfarbe der Gebäcke in der obigen Abbildung.*
- ➤ *Begründen Sie, warum das Gebäck aus dunklem Mehl stärker gebräunt ist.*

Lösliche Zuckerstoffe des Weizenmehls

Eigenschaften	*Backtechnische Wirkung*
● *Dextrine, Malz- und Traubenzucker sind wasserlöslich.*	*– Sie lösen sich im Teigwasser.*
● *Malz- und Traubenzucker sind vergärbar (nicht Dextrine).*	*– Sie werden von Backhefe vergoren; sie gewährleisten so die Teiglockerung.*
● *Dextrine, Malz- und Traubenzucker bräunen bei starker Erhitzung.*	*– Verbliebene Zucker bewirken die Krustenbräunung.*

Zum Merken

*Der **Anteil an löslichen Zuckerstoffen** ist besonders hoch*
- *in dunklen Mahlerzeugnissen aus der Kornrandschicht,*
- *in überlagerten Mahlerzeugnissen,*
- *in Mahlerzeugnissen mit einem hohen Wassergehalt (15 % und mehr),*
- *in Mahlerzeugnissen aus feucht gereiftem oder feucht geerntetem Korn („Auswuchs").*

Argumente zur Kundenberatung

- *Aus **hellen Weizenmehlen** hergestellte Teige brauchen als „Hefenahrung" und zur optimalen Krustenbräunung einen Zusatz löslicher Zuckerstoffe. Das kann mit malzhaltigen Backmitteln erfolgen.*
- *Aus **dunklen Weizenmehlen** hergestellte Teige ergeben zwar Gebäcke mit kleinem Volumen. Sie sind aber für die Ernährung wertvoller durch den Gehalt an Vitalstoffen und Ballaststoffen.*

Eiweißstoffe: wertbestimmende Inhaltsstoffe

Die Weizeneiweiße enthalten zu etwa 85 % die wasserunlöslichen, quellfähigen Eiweißstoffe *Gliadin* und *Glutenin*. Zusammen bilden sie das *Klebereiweiß*. Die restlichen Eiweißstoffe im Weizenmehl sind die wasserlöslichen *Albumine* und *Globuline*.

Kleber erlaubt die Teigbildung

Beim Einteigen von Weizenmehl verquellen die Eiweißstoffe *Gliadin* und *Glutenin*. Durch den Knetvorgang vernetzen sie miteinander. Aus einem Mehl-Wasser-Gemisch entsteht ein elastischer Teig.

Die verquollenen, vernetzten Eiweißstoffe (= der Feuchtkleber) lassen sich aus dem Weizenteig durch Auswaschen mit Wasser isolieren. Das Quellvermögen der Klebereiweiße lässt sich durch Trocknen des Feuchtklebers ermitteln. Der entstehende Gewichtsverlust entspricht der aufgenommenen Wassermenge. Diese ist etwa doppelt so hoch wie das Eigengewicht des Trockenklebers.

Kleber bestimmt die Teigeigenschaften

Weizenteige sind zäh-elastisch verformbar. Diese Eigenschaften sind allein durch den Feuchtkleber bedingt.

Kleber lässt sich beeinflussen

Durch verschiedene Teigzutaten lassen sich die Eigenschaften der Klebereiweiße verändern (➞ nebenstehende Beispiele).

Kleber ermöglicht die Lockerung von Weizenteigen

Eine wichtige Eigenschaft ist das *Gashaltevermögen* des Teiges. Das ermöglicht die Teiglockerung, indem Luft und Gärgas im Teig gehalten werden. Dieses wird durch das Netz aus Klebereiweiß bewirkt.

Der Nachweis ist durch Backen des Feuchtklebers zu führen: Durch das verdampfende Wasser vervielfacht der Kleber sein Volumen.

Kleber stabilisiert die Gebäckstruktur

Beim Backen von Weizenteigen bildet sich ein vorläufiges (wenn auch schwaches Krumengerüst) durch das Gerinnen der Klebereiweißstoffe. Der Nachweis ist am gebackenen Feuchtkleber zu sehen: Er hat eine stabile Form. Beim Zusammendrücken zerfällt er splittrig-brüchig.

Fette: sie verbessern die Teigeigenschaften

Die Fettstoffe des Weizens wirken sich günstig auf die Dehnfähigkeit des Klebers aus. Sie verbessern somit die Teigbeschaffenheit und das Gashaltevermögen der Teige.

Helles Weizenmehl enthält nur etwa 1 % Fett. Dunkle Weizenmehle enthalten mehr Fett als helle. Das Fett in Getreidemahlerzeugnissen ist leicht nachweisbar. Auf Löschpapier gelegte Proben hinterlassen einen Fettfleck. Der ist am deutlichsten bei Vollkornmehlen.

In Vollkornmahlerzeugnissen ist der Fettanteil doppelt so hoch wie in hellen Mehlen. Dadurch ist die Lagerfähigkeit dieser Mahlprodukte eingeschränkt. Das darin enthaltene Fett kann enzymatisch abgebaut und ranzig werden.

Vollkornteige sind nicht so stabil wie Teige aus hellen Mehlen. Gründe dafür sind die folgenden Eigenschaften der Vollkornmahlerzeugnisse: geringe Klebergüte, hoher Schalenanteil, gröbere Kornpartikel.

Kurz und bündig:
Zutaten beeinflussen den Kleber

- ***Kochsalz:***
  Ein Kochsalzzusatz in der üblichen Menge von 1,5 bis 2,2 % (auf die Mehlmenge bezogen) wirkt kleberfestigend. Die Teige werden elastisch, sind gut formbar und halten gut die Gärgase.
  Überhöhte Zugaben an Kochsalz mindern das Quellvermögen des Klebers. Er wird schwach, kann die Gärgase nicht halten.
- ***Fette:***
  Ein geringer Fettzusatz erhöht das Dehnvermögen des Klebers. Die Teige werden geschmeidig, leicht formbar und stabil. Hoher Fettzusatz macht die Teige mürbe; das Gebäckvolumen fällt kleiner aus.
- ***Vollmilch:***
  Ein teilweiser oder gänzlicher Austausch von Schüttwasser durch Vollmilch verbessert die Klebereigenschaften. Der enthaltene Milchzucker wirkt sich aber nachteilig auf die Rösche der Gebäckkruste aus.
- ***Backmittel:***
  Ein Zusatz fett- und emulgatorhaltiger Weizenbackmittel verbessert die Dehnbarkeit des Klebers. Es gibt aber auch Backmittel, mit denen der Kleber gezielt geschwächt werden kann.

Informationen zur Kundenberatung

*Die quellfähigen Eiweißstoffe im Getreide werden vereinfachend auch als **Gluten** bezeichnet. **Glutenhaltige Produkte** werden nicht vertragen von Menschen, die an Zöliakie leiden (Sprue bei Erwachsenen). Durch Produktinformationen sind die Kunden auf Glutengehalt hinzuweisen.*

*Die **Weizenbackmittel** zur Verbesserung der Kleberqualität können **Sojalecithin** und **Milcherzeugnisse** enthalten. Diese Inhaltsstoffe können Allergien auslösen. Sofern solche Backmittel verwendet sind, müssen die Verbraucher auf die enthaltenen Allergene hingewiesen werden.*

Wasser im Mehl: backtechnisch ohne Bedeutung

Es ist schwer vorstellbar, dass das pulverig-trockene Weizenmehl auch *Wasser* enthält.

Der Wasseranteil im Weizenkorn schwankt so stark wie kein anderer Inhaltsstoff. Der Wassergehalt wird von den Bedingungen während der Reifezeit und der Ernte beeinflusst. Jedoch in den Mahlerzeugnissen sollte der Wasseranteil 15 % nicht übersteigen.

Hoher Wassergehalt ist schlecht für die Lagerfähigkeit

Zu feucht gereifter oder geernteter Weizen muss vor der Einlagerung in Trockensilos im Wassergehalt gesenkt werden. Denn Weizenmehle mit einem Wasseranteil von über 15 % sind schlecht lagerfähig. Sie klumpen leicht. Der hohe Wassergehalt fördert außerdem den Abbau von Mehlsubstanz durch Enzyme.

Durch enzymatischen Abbau der Stärke steigt im Mehl der Gehalt an löslichen Zuckerstoffen an. Dadurch werden Teiggärung und Bräunung der Kruste übermäßig begünstigt.

Durch den enzymatischen Abbau der Mehleiweißstoffe werden die Teigeigenschaften schlechter; dadurch verringert sich die Gärstabilität. Das führt zu Mängeln in der Gebäckqualität.

Mehl mit zu hohem Wassergehalt verdirbt durch Spalten der Mehlfette, durch Schimmelwachstum und Einnisten von Insekten. Backwaren aus solchen Mahlerzeugnissen sind genussuntauglich.

Weizenbrot aus überlagertem Mehl mit zu hohem Wasseranteil

- ***Qualitätsmängel:***
  - *– geringes Volumen*
  - *– stark gebräunte, jedoch nur schwach ausgebildete Kruste*
  - *– Neigung zur Grobporigkeit*
- ***Mängel, die zur Genussuntauglichkeit der Gebäcke führen:***
  - *– muffiger Krumengeruch*
  - *– ranziger Geschmack*

Qualitätssicherung:
Hoher Wassergehalt in Mahlprodukten

- *Gefahren:*
  - *– Neigung zur Klumpenbildung*
  - *– Hohe Schimmelanfälligkeit*
  - *– Einnisten von Insekten*
  - *– Abbau von Inhaltsstoffen durch Enzyme*
- *Maßnahmen:*
  - *– Prüfen der Mehlqualität bei Anlieferung*
  - *– Kontrollieren lagernder Mahlprodukte*
  - *– Aussondern verdorbener Mahlprodukte*

Mineralstoffe: sie verbessern die Backeigenschaften

Die *Mineralstoffe* sind feste, nicht brennbare Bestandteile der Mehle. Ihr Nachweis erfolgt durch Messung des Rückstands beim Verbrennen von Mahlerzeugnissen (➞ nebenstehende Abbildung).

Der Anteil liegt zwischen 0,4 % beim Auszugsmehl (= Type 405) und 1,7 % bei Weizenbackschrot (= Type 1700).

Weizenmahlerzeugnisse enthalten viel Kalium, Phosphor, Magnesium, aber auch Calcium.

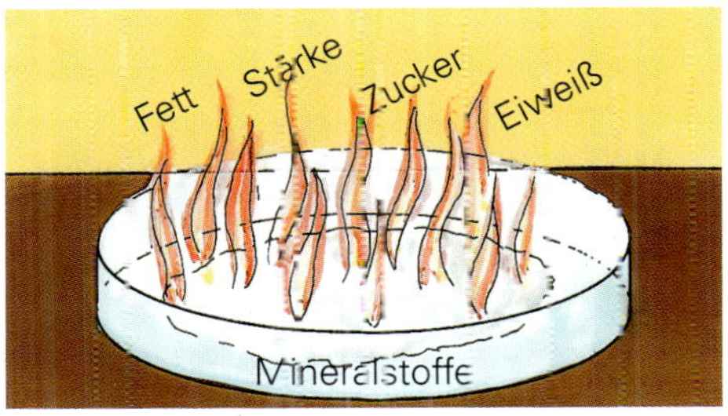

Prinzip der Mehlveraschung

Schalenreiche Mehle sind auch mineralstoffreich

Die Mineralstoffe sind im Getreidekorn unterschiedlich verteilt:
Der Mehlkörper enthält wenig Mineralstoffe.
Die Aleuronschicht ist dagegen mineralstoffreich. Mit zunehmendem Schalenanteil der Mahlprodukte steigt daher der Mineralstoffgehalt.

Helle Mehle *sind mineralstoffarm.*
Dunkle Mehle*, Backschrot sowie Vollkornmahlprodukte sind dagegen mineralstoffreich.*

Aus dem Mineralstoffgehalt von Mahlprodukten lassen sich Aussagen ableiten über den Ausmahlungsgrad und so über den Schalenanteil und die Helligkeit. Folgerichtig werden die Brotgetreide-Mahlerzeugnisse nach dem Mineralstoffgehalt gekennzeichnet und gehandelt (➞ Typen auf den Seiten 134 und 135).

Mineralstoffe verbessern die Teigeigenschaften

Die Weizen-Mineralstoffe begünstigen die Vernetzung des Klebers im Teig. Insofern verbessern sie die Teigeigenschaften. Schwankungen in der Menge machen sich backtechnisch aber nicht bemerkbar.

Informationen zur Kundenberatung

- *Brot und Kleingebäck sind wichtig für die Versorgung mit* ***Mineralstoffen****. Dabei sind Gebäcke aus dunklen, schalenreichen Mahlerzeugnissen günstiger als Backwaren aus hellen Mehlen.*
- *Schrot- und vollkornhaltige Backwaren enthalten neben den* ***Mineralstoffen*** *auch die lebenswichtigen* ***Spurenelemente*** *und andere Vitalstoffe.*

  Die Spurenelemente werden nur in Spuren vom Organismus benötigt. Trotzdem sind sie wichtig für die Funktionen des Körpers: Eisen ist zum Beispiel nötig für den Transport von Sauerstoff im Blut. Und Jod ist beispielsweise notwendig für die Regelung der Schilddrüsenfunktion.

Weizenenzyme: sie sind backtechnisch zu nutzen

Enzyme *sind Bestandteil tierischer und pflanzlicher Organismen. Sie bewirken den Auf- oder Abbau organischer Stoffe.*

Schalenreiche Mehle sind enzymreich

Die Enzyme sind überwiegend im Keimling und in der Kornrandschicht enthalten, weniger im Mehlkörper des Kornes. So weisen dunkle Weizenmahlerzeugnisse, insbesondere Vollkornprodukte, eine höhere Enzymtätigkeit auf als helle Mehle.

Wegen seines sehr hohen Enzymgehalts wird der Keimling vor dem Vermahlen vom übrigen Korn abgetrennt. Alle Mahlerzeugnisse *mit Keimling* (z. B. Vollkornmehl) sind nur beschränkt lagerfähig. Durch enzymatischen Abbau verschlechtern sich schon nach kurzer Lagerzeit ihre Backeigenschaften. Sie verderben schnell.

Bereits während der Lagerung von Mahlprodukten setzt „schleichend" der enzymatische Abbau ein. Dieser wird beim Einteigen des Mehles durch den Wassergehalt und die Wärmezufuhr rasant beschleunigt.

Amylasen sorgen für Hefenahrung

Die *Amylasen* bauen nach dem Einteigen beschleunigt einen Teil der Stärke ab zu Dextrinen, Malz- und Traubenzucker. Die Backhefe vergärt die anfallenden Zuckerstoffe und spaltet dabei Lockerungsgase ab.

Die meisten hellen Weizenmehle sind wegen ihrer Enzymarmut in den Backeigenschaften eingeschränkt. Deshalb werden malzzuckerarme Weizenmehle mit amylasehaltigen Backmitteln angereichert.

Proteasen schwächen den Kleber

Die *Proteasen* bauen Mehleiweißstoffe ab. Im feucht-warmen Teig läuft dieser Vorgang schnell ab. Der Eiweißabbau führt zur Schwächung des Klebers. Die Mühlen liefern allgemein für Weizengebäcke in der Klebergüte ausgewogene Mehle. Diese verkraften den Kleberabbau ohne Einbußen für die spätere Gebäckqualität.

Teige aus kleberschwachen Mehlen verschlechtern durch den Abbau der Eiweißstoffe ihre Eigenschaften. Gebäcke aus klebergeschädigten Mehlen sind daher kleinvolumig und grobporig.

Lipasen können Mahlprodukte verderben

Die *Lipasen* bauen Fette von Mahlerzeugnissen ab. Dabei freigesetzte Fettsäuren verderben das Mehl durch ranzigen Geruch und Geschmack.

Der Fettabbau macht sich vor allem in überlagerten Mahlerzeugnissen bemerkbar. Gefährdet sind allgemein die Vollkornmahlerzeugnisse.

Sachkurs: Wirkungen von Mehlamylasen

Der totale Abbau von Weizenstärke ist nur im Zusammenspiel der beiden Enzyme Alpha- und Beta-Amylase möglich. Weizen enthält im reifen Zustand allein Beta-Amylase. Alpha-Amylase entsteht erst während der Keimung des Kornes aus einer nicht-aktiven Form. Auswuchsmehle (= Mehle aus angekeimtem Korn) enthalten deshalb auch viel Alpha-Amylase.

Die Beta-Amylase allein kann Stärke nicht abbauen. Sie kann immer nur an den Endungen des Stärkemoleküls Malzzucker abspalten. Die Alpha-Amylase spaltet dagegen das Stärkemolekül von innen heraus. Damit werden für die Beta-Amylase weitere Stellen zum Abbau zugänglich

Der enzymatische Stärkeabbau läuft rasch ab
– bei Temperaturen zwischen 50 °C und 65 °C,
– wenn die Stärke verkleistert vorliegt.

Auch bei Zusatz von Alpha-Amylase zum Weizenteig (z. B. über ein Backmittel) verläuft der Stärkeabbau beim Backvorgang gebremst. Der Grund dafür ist die Verkleisterungstemperatur der Weizenstärke. Der Hauptanteil der Weizenstärke verkleistert erst deutlich über der optimalen Wirkungstemperatur der Amylasen.

Kurz und bündig: Mehlenzyme und ihre Wirkungen

- ***Amylasen*** *bauen* ***Stärke*** *ab zu Dextrinen, Malz- und Traubenzucker.*
- ***Maltase*** *baut* ***Malzzucker*** *ab zu Traubenzucker.*
- ***Proteasen*** *bauen* ***Eiweißstoffe*** *ab bis zu den Aminosäuren.*
- ***Lipasen*** *bauen* ***Fette*** *ab zu Glycerin und Fettsäuren.*

Anregung zur Weiterarbeit

Für die Kundenberatung sind Aussagen über die Wirkung von Zutaten auf die Merkmale der Weizengebäcke nützlich.

➤ *Formulieren Sie solche Aussagen kurz und fachlich präzise.*

Aufgaben zur Wiederholung

1. *Nennen Sie die Typen für Weizenmahlerzeugnisse.*
2. *Erklären Sie die Bedeutung der Typenzahl.*
3. *Zählen Sie die wichtigsten Inhaltsstoffe von Weizenmahlerzeugnissen auf.*
4. *Erklären Sie, wie die kleberbildenden Eiweißstoffe die Backeigenschaften von Weizenmehlen bestimmen.*
5. *Welche Einflüsse üben die Stärke und die löslichen Zuckerstoffe auf die Merkmale von Weizengebäcken aus?*
6. *Warum haben Getreidemahlerzeugnisse mit überhöhtem Wassergehalt nur eine geringe Lagerfähigkeit?*
7. *Nennen Sie die Weizen-Enzyme, und ordnen Sie ihnen zu welche Abbauvorgänge sie jeweils bewirken.*
8. *Erklären Sie die Bedeutung von Eiweißstoffen und Stärke für den Teig und für die Gebäckbildung.*

Backmittel für Weizengebäcke

Schon vor über 100 Jahren wurden in handwerklichen Bäckereien Malzmehl, Schmalz und Zucker als damals so genannte *Backhilfsmittel* für Weizengebäcke verwendet.

Die heutigen *Backmittel* sind Mischungen aus einer Vielzahl wirksamer Stoffe. Sie enthalten aus Lebensmitteln, Pflanzen und Mikroorganismen isolierte Stoffe oder auch synthetisch gewonnene Substanzen.

Die *Backmittel* werden mit unterschiedlichen Wirkungsschwerpunkten angeboten (z. B. für TK-Teiglinge, für amylasearme oder kleberschwache Mahlerzeugnisse).

Backmittel und ihr Image

Backmittel sind in den letzten Jahren ins Gerede gekommen. Grund dafür sind die in vielen Backmitteln enthaltenen Zusatzstoffe mit zum Teil fremdartigen Bezeichnungen. Bei den Weizenbackmitteln richtet sich das Misstrauen insbesondere gegen die Verwendung chemisch gewonnener *Zusatzstoffe*, teilweise aber auch gegen die zugesetzten *Enzyme* (weil sie Allergien auslösen können).

Diese Einstellung gegenüber Backmitteln ist im Wesentlichen der Grund dafür, dass Kunden „Backwaren ohne Backmittel" verlangen.

Backmittel – eine notwendige Zutat?

Weizenmehle haben allgemein gute Backeigenschaften. Sie reichen aber nicht aus, um die von den Verbrauchern erwartete Gebäckqualität zu erzielen. Auch für den Herstellungsvorgang von Backwaren haben die Backmittel positive Wirkungen.

- Backmittel wirken ausgleichend bei wechselnden Backeigenschaften von Mahlerzeugnissen.
- Backmittel erleichtern und vereinfachen die Herstellung von Backwaren, Teiglingen, Halbgebackenen und Süßwaren.
- Backmittel verbessern die Gebäckqualität.

Weizenbackmittel: Inhaltsstoffe und Wirkungen

Als *Weizenbackmittel* bezeichnet man eine Gruppe von Backmitteln, die speziell für die Verwendung zu Weizengebäcken geeignet sind. Sie enthalten trotzdem ganz verschiedene Stoffe. Mit den Variationen in der Zusammensetzung wird den unterschiedlichen Qualitäten von Mehlen entsprochen. Auch werden damit die verschiedenen Anforderungen an deren Backeigenschaften berücksichtigt.

Nach ihren Wirkungen auf Teig und Gebäck kann man die Inhaltsstoffe von Backmitteln grob in zwei Gruppen unterteilen, und zwar:

- Inhaltsstoffe, welche vorrangig die Teiggärung und die Bräunung der Gebäckkruste verbessern (z. B. Zuckerstoffe, Backmalz),
- Inhaltsstoffe, welche die Teigeigenschaften und die Gebäckmerkmale verbessern (z. B. Fette, Emulgatoren).

Nach der Wirkweise sind zu unterscheiden:

- Zuckerstoffe und Verzuckerungsstoffe der Stärke,
- Malzmehle und Malzextrakte,
- Enzyme mit verschiedenen Wirkungen,
- Emulgatoren und Fette,
- Vitalkleber, Aminosäuren und L-Ascorbinsäure.

Backmittel = Chemikalien?

Von vielen Kunden wird erwartet, dass die Brötchen und Weißbrote frei von chemisch gewonnenen Zusatzstoffen sein sollen.
(➞ Situationsaufgabe auf der Seite 130)

Den Laien ist bekannt, dass die üblichen Backmittel auch chemotechnisch gewonnene Stoffe aus Lebensmitteln oder anderen organischen Stoffen enthalten. Aber die Fachleute können darauf verweisen, dass auch Lecithin oder Vitamin C in Backmitteln sind. Fallen diese auch unter „Chemikalien", die als Gebäckbestandteile von Kunden abgelehnt werden?

Die Kunden wünschen weiterhin Qualitätsbrötchen. Sie erwarten aber auch, dass auf Backmittel mit Zusatzstoffen verzichtet wird.

➤ *Diskutieren Sie mit Ihren Kollegen und Kolleginnen dieses Problem.*

Worterklärung

Backmittel *sind Stoffe oder Stoffgemische, die zur Verbesserung der Gebäckeigenschaften dienen oder zur Erleichterung der Gebäckherstellung bestimmt sind.*

Inhaltsstoffe von Weizenbackmitteln

Wirksame Stoffe	*Gewinnung*
● *Zuckerstoffe*	
– *Traubenzucker*	– *durch Stärkeverzuckerung*
– *Saccharose*	– *Rübenzucker*
● *Backmalz*	– *aus gekeimtem Getreide*
● *Enzyme*	
– *Amylasen*	– *aus Pilzkulturen*
– *Hemicellulase*	– *aus Pilz- und Bakterienkulturen*
– *Glucose-Oxidase*	– *aus Pilz- und Bakterienkulturen*
● *Emulgatoren*	
– *Lecithin*	– *isoliert aus Sojaöl*
– *Glyceride*	– *isoliert aus Fetten*
– *Diacetylweinsäureester (DAWE)*	– *aus Glyceriden mit Wein- und Essigsäure*
● *Ascorbinsäure*	– *aus Glucose*
● *Cystein und Cystin*	– *aus Eiweißstoffen*

Kochsalz und seine backtechnische Bedeutung

Haben Sie schon einmal Reklamationen von Kunden gehabt, die sich über Weizengebäcke ohne Kochsalz beschwerten?

Wie kann ein solcher Fehler bemerkt werden?

Die Verbraucher bemerken spätestens beim Verzehr der Gebäcke das Fehlen von Kochsalz. Denn ohne Kochsalzanteil schmecken Brot oder Brötchen leer und fade.

Kochsalz ist für Brot und Kleingebäck das wichtigste Würzmittel. Es lässt sich durch andere Würzmittel nur bedingt ersetzen.

Kochsalz: wichtig für Teig, Gare und Gebäck

Kochsalz hat neben seiner würzenden Eigenschaft auch wichtige backtechnische Funktionen. Das Fehlen der Kochsalzzugabe zum Teig können Fachleute schon vor dem Verzehr der Backwaren erkennen, und zwar an den Teigeigenschaften, am Gärverhalten der Teiglinge und am Aussehen der Gebäcke (➟ nebenstehende Abbildungen).

Kochsalzfreie Teige haben typische Merkmale:

- *Die Teige „fließen"; sie haben wenig Stabilität.*
- *Die Teige haben geringe Elastizität.*
- *Die Teige gären „wild" (= unkontrollierbar schnell).*
- *Die Teige kleben beim Aufarbeiten.*
- *Die Teige haben geringe Gärtoleranz (= sie sind empfindlich gegen zu hohe Auflockerung bei der Gare).*

Beim Backen kochsalzfreier Weißbrote oder Kleingebäcke braucht man viel Geduld: Die übliche Backzeit ist längst verstrichen und immer noch ist die Gebäckkruste viel zu blass. Folge einer notwendig werdenden verlängerten Backzeit ist eine zu dicke, hartsplitterige Kruste.

Weitere Mängel sind ein kleines Gebäckvolumen sowie eine unruhig, grob geporte Krume.

Übersalzene Teige führen zu Gebäckfehlern

Geschmacklich sind höhere Kochsalzzugaben bis zu etwa 2,5 % der Mehlmenge gerade noch vertretbar. Doch mit steigendem Salzanteil über 2,0 % veschlechtern sich die Teigeigenschaften (nur geringe Kleberentwicklung); und die Vorgänge bei Teigführung und Gare laufen verlangsamt ab.

Übersalzene Teige haben typische Merkmale:

- *Die Teige sind äußerlich nässend (bei geringer Überdosierung).*
- *Die Teige haben wenig Stand, sind fließend.*
- *Die Teige sind fest bis bröckelig-trocken (bei hoher Überdosierung).*
- *Die Teige reifen und gären verlangsamt.*

Gebäcke aus Teigen mit überhöhtem Kochsalzanteil haben eine zu stark gebräunte Kruste. Das ist bedingt durch die hohe Menge von freiem Wasser im Teig. Außerdem haben sie ein kleines Volumen und eine dichte Porung der Krume (➟ Abbildung oben auf dieser Seite).

Auch aus Ernährungsgründen wird zum Teil gefordert, dass der Zusatz von Kochsalz bei der Gebäckherstellung begrenzt sein soll. Hier sind höchstens 1,2 % Kochsalz gewünscht (auf die Mehlmenge bezogen). So wenig ist aber geschmacklich und backtechnisch nachteilig.

Weißbrote mit unterschiedlichem Kochsalzanteil
links: ohne Kochsalz; Mitte: mit üblichem Anteil; rechts: mit überhöhtem Anteil

➤ *Beurteilen Sie die Gebäcke im Vergleich.*

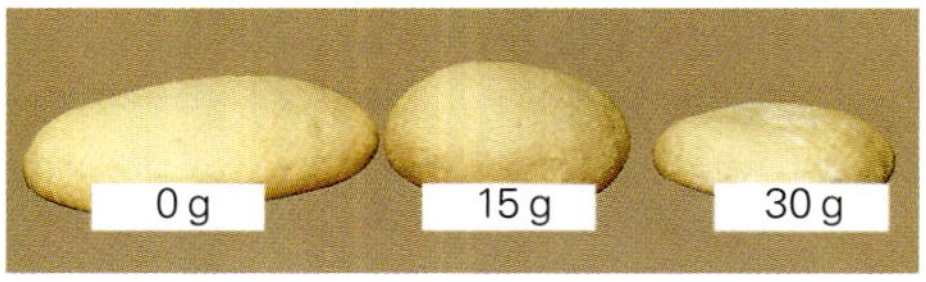

Fließverhalten von Weizenteigen gleicher Menge mit unterschiedlichem Kochsalzanteil
links: ohne Kochsalz; Mitte: mit üblichem Anteil; rechts: mit überhöhtem Anteil

➤ *Beurteilen Sie den „Stand" der Teige im Vergleich.*

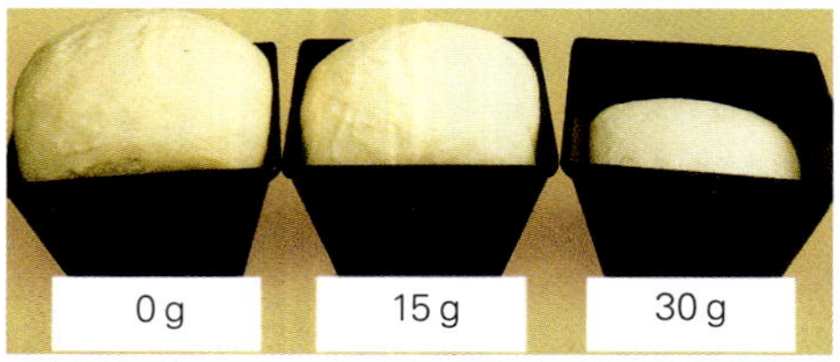

Gärverhalten von Weizenteigen mit unterschiedlichem Kochsalzanteil und mit gleicher Teigeinlage
links: ohneKochsalz; Mitte: mit üblichem Anteil; rechts: mit überhöhtem Anteil

Richtwerte für den Kochsalzanteil in Weizenhefeteigen

- *1,8 % der Mehlmenge = 18 g je kg*
- *3,0 % der Zugussmenge = 30 g je Liter*

Berechnungen

➤ *Errechnen Sie die Menge an Kochsalz für Weizenteig mit einem Salzzusatz von 1,8 % der Mehlmenge*
– bei vorgegebener Mehlmenge,
– bei vorgegebener Zugussmenge und Teigausbeute.

➤ *Errechnen Sie die Menge an Kochsalz für Weizenteig mit einem Zusatz von 30 g je Liter Zuguss*
– bei vorgegebener Mehlmenge und Teigausbeute.

Wie Kochsalz beim Backen wirkt

Die übliche Zugabemenge von Kochsalz für Weizenhefegebäcke liegt bei 1,6 % bis 2,3 %. Diese Dosierung ist backtechnisch günstig.

Kochsalz verbessert die Teigeigenschaften

In üblicher Zugabemenge vermindert das Kochsalz die Löslichkeit und Überquellung des Klebers. Dadurch wird er widerstandsfähiger und elastischer. Die Teigeigenschaften sind entsprechend verbessert.

- *Teige mit üblichem Kochsalzanteil*
  - *sind trocken und wollig,*
  - *haben einen guten Stand,*
  - *haben gute Verarbeitungseigenschaften,*
  - *haben hohe Gärstabilität und Gärtoleranz.*

Kochsalz sorgt für kontrollierte Gare

Kochsalz hemmt mit zunehmendem Anteil im Teig die Aktivität der Gärenzyme. Dadurch wird der Gärvorgang verlangsamt. Nur so lässt sich der Gärablauf angepasst an die Teigreifung kontrollieren.

Bei zu geringer Kochsalzmenge im Teig führt eine „wilde" Gärung zur Minderung der Teigeigenschaften und zu frühzeitigem Verbrauch der löslichen Zuckerstoffe.

Kochsalz begünstigt die Gebäckqualität

Die positiven Eigenschaften kochsalzhaltiger Teige wirken sich auch auf die Gebäckqualität aus.

Die Gebäcke heben sich von salzfreien Produkten ab, insbesondere
- durch ein größeres Gebäckvolumen und
- durch eine feiner geporte und besser aufgelockerte Gebäckkrume.

Als Folge des verlangsamten Gärverlaufs verbleiben auch noch bis zum Backvorgang genug lösliche Zuckerstoffe für eine wünschenswerte Krustenbräunung der Gebäcke.

Kochsalz: ein Mineralstoff

Kochsalz ist Bestandteil der Erde und des Meerwassers. Man erkennt es an seiner Kristallstruktur und dem typisch salzigen Geschmack.

Kochsalz ist eine Verbindung aus Natrium und Chlor (Natriumchlorid = NaCl). Es ist *wasserlöslich* und *wasseranziehend* (= hygroskopisch).

Kochsalz-Handelssorten und ihre Verwendung

Steinsalz wird bergmännisch gewonnen (wie Kohle oder Erz abgebaut). Es hat daher einen entsprechend geringen Reinheitsgrad. Es löst sich im Vergleich zu Siedesalz langsamer im Teigwasser. Das Patentsalz ist ein Steinsalz, dem durch ein patentiertes Aufbereitungsverfahren die Eigenschaften von Siedesalz gegeben werden.

Siedesalz wird aus Steinsalzsole oder Meerwassersole gewonnen. Beim Verdampfen des Wassers aus der Sole verbleibt als Rückstand das feine Siedesalz. Es ist wegen seiner Reinheit und seiner guten Löslichkeit für Backzwecke besser geeignet als Steinsalz. Brezel-Streusalz ist grobes Siedesalz, das sich besonders langsam in Wasser löst.

Salinensalz wird aus kochsalzhaltigem Quellwasser gewonnen und entspricht ansonsten dem Siedesalz.

Kochsalz-Backhefe-Mischung: frisch (links), nach 15 Minuten Stehzeit (rechts)

Vertragen sich Kochsalz und Backhefe?

Auf den obigen Abbildungen ist zu sehen, was passiert, wenn Kochsalz trocken auf Backhefe einwirkt. Das Kochsalz entzieht den Zellen der Backhefe das Zellwasser. Schon nach kurzer Einwirkungszeit entsteht ein schlammähnlicher Zustand.

Die Zellen der Backhefe verlieren dabei ihre Fähigkeit zur Vermehrung. Aber das Gemisch aus Kochsalz und Backhefe ist noch zum Gären von Teigen tauglich, wenn es in der richtigen Menge dosiert wird. Das ist so, weil das Gärungsenzym (= Zymase) auch außerhalb der Zelle aktiv bleibt.

Bei Kundenfragen zur Herstellung von Weizenhefegebäcken sollten Sie aber aus Sicherheitsgründen die getrennte Verarbeitung von Kochsalz und Backhefe empfehlen.

Gebäcke mit jodiertem Kochsalz

Jod ist für die Funktion der Schilddrüse und die Bildung von Schilddrüsenhormonen ein wichtiges Spurenelement. Mit der Nahrung nehmen wir in Deutschland nur ein Drittel der empfohlenen Jodmenge auf.

Die Backbetriebe in Deutschland führen in Zusammenarbeit mit anderen Stellen eine Aktion durch und bieten Gebäck an, das mit jodiertem Kochsalz hergestellt ist.

Die Kenntlichmachung des Jodsalzzusatzes erfolgt zwar aus werblichen Gründen, ist aber nicht vorgeschrieben (➡ Informationen auf der CD-ROM zu diesem Buch).

Hinweis

*Über **Kochsalzersatz für diätetische Zwecke** finden Sie Informationen auf der CD-ROM.*

Zusammenfassung

- *Kochsalz in üblicher Zugabemenge verbessert die Teigeigenschaften und damit auch die Qualität der Gebäcke. Außerdem wirkt es geschmackgebend.*
- *Kochsalz in üblicher Zugabemenge macht den Gärablauf kontrollierbar und sorgt indirekt für eine gute Gebäckbräunung.*

Anschnitt von ungelockertem und gelockertem Weißbrot mit einer gleich großen Teigeinlage

➤ *Begründen Sie, warum das ungelockerte Weizengebäck nicht genießbar ist.*

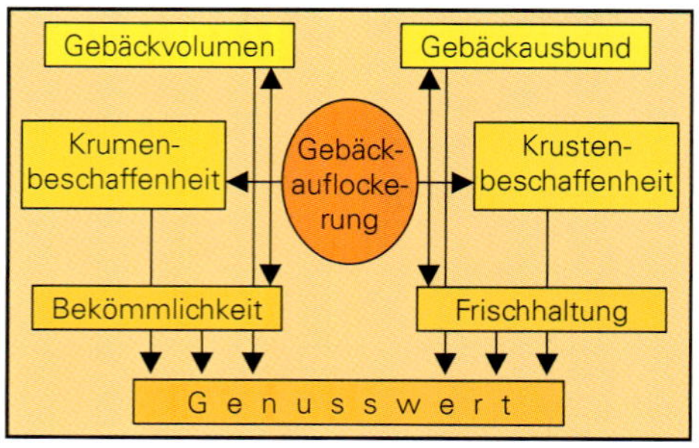

Einfluss der Auflockerung auf die Gebäckqualität

Zum Merken

- *Ungelockertes Brot und Kleingebäck ist nicht zum Verzehr geeignet.*
- *Die Auflockerung der Backwaren ist eine wesentliche Voraussetzung, um die angestrebten Gebäckmerkmale zu erzielen.*

Einteilung der Lockerungsverfahren

Gruppe/Typ	*Anwendung*
• ***Biologisch wirkend:***	
– *Backhefe*	– *Brotsorten, Kleingebäck, Hefefeingebäck, Backwaren-Snacks*
– *Sauerteig*	– *roggenhaltige Brotsorten*
• ***Chemisch wirkend:***	
– *Backpulver*	– *Gebäcke aus schweren Massen und Teigen*
– *Hirschhornsalz*	– *Flachgebäcke aus Mürbe-, Lebkuchenteig*
– *Pottasche*	– *Lebkuchengebäcke*
• ***Physikalisch wirkend:***	
– *Luft*	– *Gebäcke aus aufgeschlagenen Massen*
– *Wasserdampf*	– *Gebäcke aus Blätterteig, Brand- und Makronenmassen*

Lockerung von Weizenhefegebäcken

Schon vor unserer Zeitrechnung haben die Menschen herausgefunden, dass abgestandener und gärender Getreidebrei gelockerte Gebäcke ergibt. Das aus gelockertem Teig auf heißen Steinen gebackene Brot war bekömmlicher und hatte einen höheren Genusswert als früher.

Später wurde das Brot mit Sauerteig gelockert oder mit Hefeschaum, einem Abfallprodukt der Biergärung.

Zum Lockern „süßer Gebäcke" ist vor der Erfindung der chemischen Lockerungsmittel ausschließlich die lockernde Wirkung von Eischnee, eingeschlagener Luft oder der beim Backen entstehende Wasserdampf genutzt worden.

Nur gelockertes Gebäck ist verkaufsfähig

Dass Backwaren gelockert werden, hat verschiedene Gründe.

- *Ungelockerte Backwaren*
  - *schmecken roh und wenig aromatisch,*
  - *lasten lange Zeit im Magen,*
  - *sind schwer verdaulich und wenig bekömmlich.*

Merkmale ungelockerter Backwaren sind
- geringes Volumen,
- schwache und lederne Kruste,
- ungelockerte, unelastische, noch teigige Krume.

Die Güte der Auflockerung bestimmt die Gebäckqualität

Die Lockerung der Gebäcke wirkt sich auf fast alle Qualitätsmerkmale der Backwaren aus:

- Mit zunehmender Auflockerung ist auch das *Volumen der Gebäcke* größer.
- Die Auflockerung während des Backvorgangs ist Voraussetzung für die *Ausbildung des Ausbunds* (z. B. bei Brötchen).
- Nur über eine genügende Auflockerung der Gebäckkruste lässt sich die gewünschte *Rösche* erzielen.
- Die Auflockerung ist Voraussetzung, um die erwünschten *Merkmale der Krume* in Porung, Elastizität und Schnittfestigkeit zu erzielen.
- Mit der Güte der Auflockerung nimmt auch die *Bekömmlichkeit* der Gebäcke zu.
- Die Auflockerung wirkt sich günstig auf die *Frischhaltung der Gebäcke* aus (weil die Wasserverdunstung aus lockerer Krume verringert ist).

Brote und Kleingebäcke werden biologisch gelockert

Welche *Art der Lockerung* jeweils anzuwenden ist, wird durch die Zusammensetzung der Zubereitungen oder durch die vorgegebenen Merkmale der Produkte bestimmt.

So werden Brote und Kleingebäcke grundsätzlich biologisch gelockert (z. B. mit Backhefe). Das gilt auch für Feine Backwaren mit einem hohen Flüssigkeitsanteil und nur geringem Zuckeranteil. Das Lockerungsgas Kohlendioxid (= CO_2) wird hier durch Gärung gebildet.

Andere Feine Backwaren werden jedoch physikalisch gelockert (z. B. mit Luft oder Eischnee) oder chemisch (z. B. mit Backpulver). Bei der chemischen Lockerung wird das Lockerungsgas Kohlendioxid durch einen chemischen Vorgang freigesetzt.

Backhefe: ein biologisches Lockerungsmittel

Der überwiegende Anteil der bäckereitypischen Backwaren wird mit Backhefe gelockert: Brot, Kleingebäck und Hefefeingebäck.

Die Herstellung von Gebäck aus mit Backhefe gelockerten Teigen setzt Fachkenntnisse und Erfahrung voraus. Schon kleine Unachtsamkeiten können zu erheblichen Gebäckmängeln führen.

Das ist der Grund dafür, dass in der gelegentlichen Hausbäckerei oft auf die Herstellung von hefegelockerten Backwaren verzichtet wird.

Backhefe: gepresst und ausgeformt als Pfundhefe

Hefen sind Kleinlebewesen

Hefen kommen überall vor: auf der Erdoberfläche, in Gewässern, in der Luft und auf allen lebenden Stoffen

Hefen machen sich durch ihre Lebensäußerungen bemerkbar: Säfte oder Speisereste beginnen zu gären und verderben (➡ Seite 59).

Hefen sind für das menschliche Auge ohne Hilfsmittel unsichtbar. Erst bei etwa 900facher Vergrößerung sind einzelne Hefezellen sichtbar.

***Hefen** sind Kleinlebewesen. Sie gehören zu den niederen Pilzen und werden den pflanzlichen Lebewesen zugeordnet.*

Wie *Backhefen* bei der Gebäcklockerung wirken, ist wissenschaftlich erst durch den französischen Biologen und Chemiker Louis Pasteur (1833 bis 1895) geklärt worden.

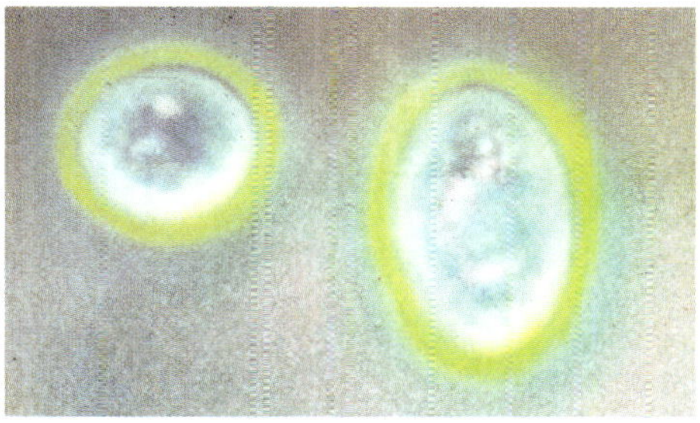

Mikroskopische Aufnahme von Hefezellen

➤ *Betrachten Sie Zellen der Backhefe unter einem Mikroskop.*

Beobachtung:
Zellen von rundlicher bis ovaler Form sind erkennbar. Die Zellen wirken durchscheinend und farblos oder schwach verfärbt (je nach Einstellung des Mikroskops).

Gezüchtete Hefen sind Kulturhefen

Charakteristisch für Hefewirkung ist die Zersetzung von Zuckerstoffen in Alkohol und Kohlendioxid (CO_2) bei der Nahrungsverwertung.

Diese Eigenschaft der Hefen nutzen die Menschen schon lange für die Gewinnung alkoholischer Getränke. Die verschiedenen zuckerhaltigen Zubereitungen (wie Trauben- oder Apfelsaft, Getreidemaische) werden allein durch den natürlichen Hefebesatz vergoren.

Heute werden gezüchtete Hefen (= Kulturhefen) mit ganz spezifischen Eigenschaften eingesetzt. Zu diesen *Kulturhefen* zählen die Bier-, die Wein- und auch die Backhefen.

Wie Hefezellen aussehen und funktionieren

Hefezellen sind von ovaler Form. Sie sind durchscheinend farblos.

Die *Zellhaut* ist halbdurchlässig. Nur Wasser, Gase und kleinmolekular gelöste Stoffe können durch die Zellwand (= Membran) hindurchtreten. Den Vorgang nennt man *Osmose*. Durch die teildurchlässige Zellhaut nimmt die Hefe also ihre Nährstoffe auf. Bei hoher Konzentration von Zucker und Kochsalz ist der osmotische Druck der Nährlösung höher als in der Hefezelle. Dadurch verlangsamt sich der Stoffwechsel. Das bedeutet: Die Gärung verläuft langsam.

Der *Zellinhalt* besteht überwiegend aus Wasser und dem Protoplasma (= feingekörnte Eiweißstoffe). Hier laufen alle Lebensvorgänge ab, vom Stoffwechsel bis zu der Produktion von Enzymen.

Der *Zellkern* ist Träger aller Erbanlagen. Er ist die „Leitstelle" für alle Lebensäußerungen der Hefe.

Die *Vakuole* ist ein mit Zellsaft gefüllter Raum in der Hefezelle.

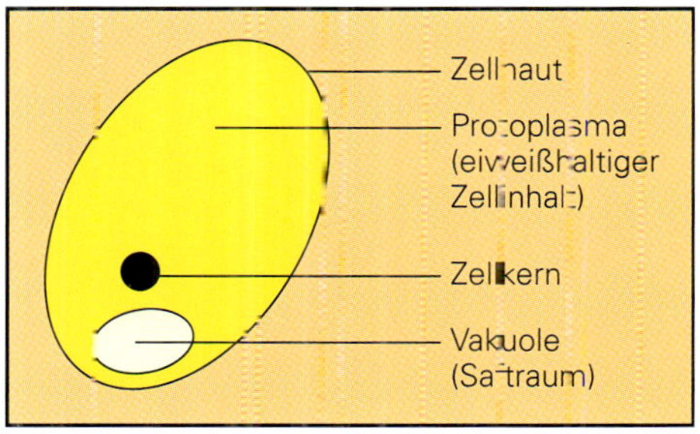

Zellbestandteile der Hefezelle

Enzyme von Backhefen – Abbau für die Nährstoffaufnahme –

Abbaubar von Backhefe-Enzymen	*Nicht abbaubar von Backhefe-Enzymen*
– Malz- und Rübenzucker	*– Cellulose und Pentosane*
– Trauben- und Fruchtzucker	*– Stärke und Dextrine*
– Eiweißstoffe und Fette	*– Milch- und Schleimzucker*

Nahrungsangebot für die Backhefe im Teig

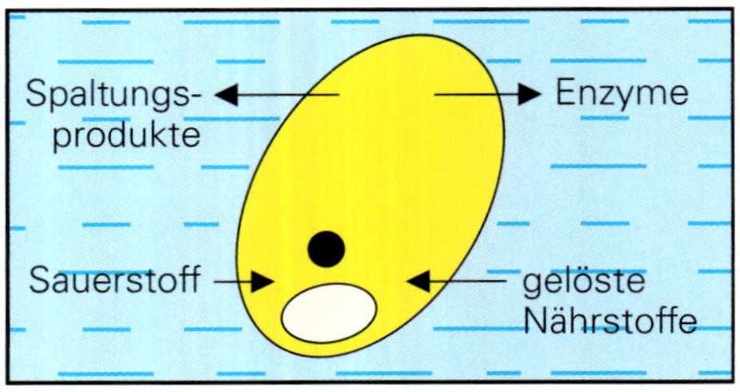

Wasser für den Stoffwechsel der Backhefe

➤ *Erläutern Sie die Angaben der Skizze.*

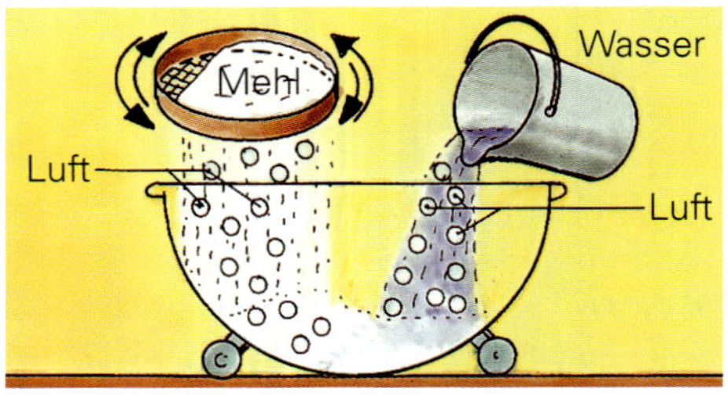

Einarbeiten von Luftsauerstoff in den Teig durch Sieben des Mehles, durch frisches Zugusswasser und durch intensives Kneten

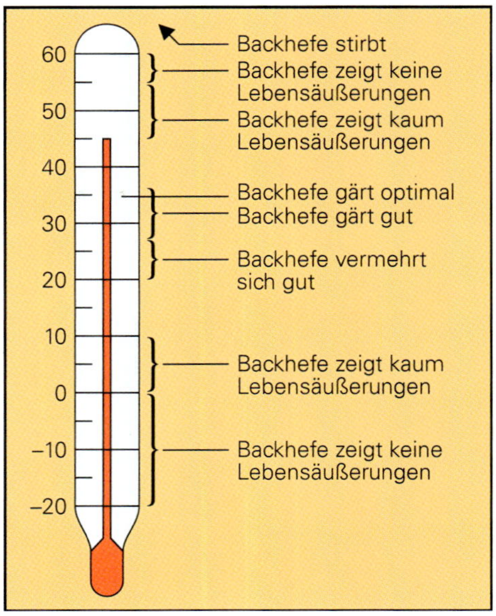

Lebensäußerungen der Backhefe bei verschiedenen Temperaturen

Was Backhefe zum Leben braucht

Der Umgang mit Backhefe setzt Wissen über ihre Lebensbedingungen voraus. Das ist erforderlich für das sachgerechte Lagern von Backhefe, für das fehlerfreie Verarbeiten sowie für das Führen von Hefeteigen. Sie benötigen dieses Wissen für fachgerechte Auskünfte an Kunden.

Backhefe braucht Nahrung zum Leben

Die Backhefe benötigt bestimmte *Nährstoffe* zum Leben.

Im Weizenteig findet Backhefe ein ausreichendes Nahrungsangebot: Zuckerstoffe, Aminosäuren, Eiweißstoffe, Vitamine und Mineralstoffe *des Mehles* und *der Zutaten* (auch eventuell zugesetzter Backmittel).

Über den Abbau der Mehlbestandteile durch Enzyme des Mehles und der Backhefe bietet der Weizenhefeteig einen fast unerschöpflichen Nahrungsvorrat für die Backhefe.

Backhefe braucht Wasser zum Leben

Die Backhefe kann nur gelöste Stoffe durch die Zellwand aufnehmen. Sie benötigt daher *Wasser* zum Leben.

Der freie Wasseranteil im Weizenteig reicht für die Nahrungsaufnahme aus. Eine weiche Teigbeschaffenheit mit viel freiem Wasser verbessert die Lebensbedingungen der Backhefe.

Backhefe braucht Wärme zum Leben

Die Backhefe braucht *Lebenstemperaturen* zwischen 0 °C und 55 °C.

- Die günstigsten Temperaturen zur *Vermehrung der Backhefe* liegen zwischen 20 °C und 27 °C.
- Die höchste *Gäraktivität* zeigt Backhefe zwischen 32 °C und 37 °C.
- Bei unter 20 °C sinkenden Temperaturen sowie bei Temperaturen über 42 °C verlangsamen sich die Lebensvorgänge der Backhefe.
- Hefen sind hitzeempfindlich: Bei Temperaturen über 60 °C sterben die Hefezellen ab. Dagegen kann Backhefe Temperaturen von -20 °C mehrere Wochen überstehen. So hat gefrostete, wieder aufgetaute Backhefe immer noch genügende Gärkraft (obwohl bei Tiefkühlung vor allem die älteren Hefezellen absterben).

Bei der Festlegung der Weizenteigtemperatur muss grundsätzlich der Temperaturbereich der Hefeaktivität berücksichtigt werden. Weil aber andererseits auch das Gashaltevermögen des Teiges gewährleistet sein muss, liegen die Teigtemperaturen für Weizenhefeteige unterhalb der günstigsten Gärtemperaturen der Backhefe.

Backhefe braucht Sauerstoff zum Leben

Zur Vermehrung und zum „Verbrennen" der Nährstoffe benötigt die Backhefe *Sauerstoff*.

Weizenhefeteige enthalten nur beschränkt die dafür nötige Menge an Sauerstoff. Dieser kommt in den Teig mit der im Mehl enthaltenen Luft, über frisches Zugusswasser und beim Knet-Misch-Vorgang.

Ein *Sauerstoffmangel* im Weizenhefeteig hat aber keine nachteiligen Folgen für die gewünschte Aktivität der Backhefe:

- Die Bildung der erforderlichen Menge Lockerungsgas ist nämlich durch den sauerstoff-unabhängigen *Gärprozess* gewährleistet.
- Die Zeitspanne zwischen Teigmachen und Backen ist bei direkter Führung für die Vermehrung von Backhefezellen zu kurz.

Wie sich Backhefe vermehrt

Backhefe vermehrt sich durch *Sprossung* (➞ nebenstehendes Bild).

Bei günstigen Lebensbedingungen bildet die Backhefe an der Zellwand durch Zellkernteilung „Tochterzellen" aus. Dieser Vorgang wird als „Sprossung" bezeichnet. Die noch nicht von der Mutterzelle gelösten Tochterzellen bilden ebenfalls durch Sprossung neue Zellen. So wird ein „Sprossverband" gebildet. Erst die ausgewachsenen Zellen lösen sich aus diesem Verband.

Dieser Vorgang spielt bei den *Vorteigführungen* eine Rolle. Hier wird durch günstige Temperaturen (und zum Teil auch durch Belüftung) eine sehr stabile Backhefe herangezüchtet. Diese unterscheidet sich im Gärverhalten von der in Hefefabriken gewonnenen Backhefe.

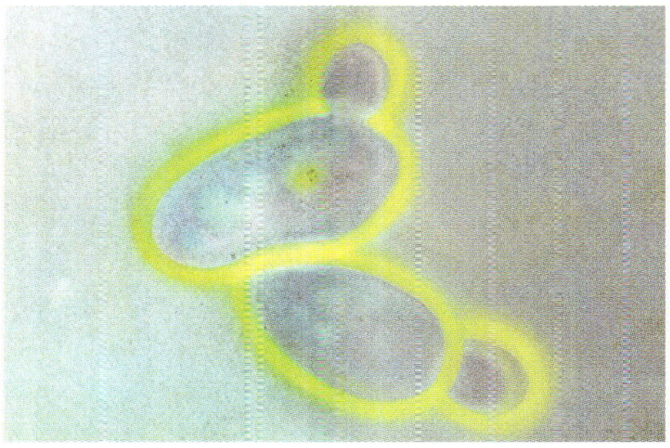

Mikroskopische Aufnahme der Vermehrung von Backhefe durch Sprossung

Hefesporen sichern das Überleben

Bei ungünstigen Bedingungen entstehen *Sporen*.

Im „Hungerzustand" bilden die Hefezellen beim Austrocknen Sporen durch Teilung des Zellkerns.

Sporen haben im trockenen Zustand eine unbegrenzte Lebensdauer. Sie behalten ihre Keimfähigkeit auch bei extremem Klima.

Wie Backhefe Lockerungsgase bildet

Alle Hefen haben die Fähigkeit, Energie aus Zuckerstoffen mit und ohne Sauerstoff zu gewinnen:

- über die „Veratmung" (= mit Sauerstoff) und
- über die alkoholische Gärung (= ohne Sauerstoff).

In beiden Vorgängen entsteht Kohlendioxid als Spaltprodukt.

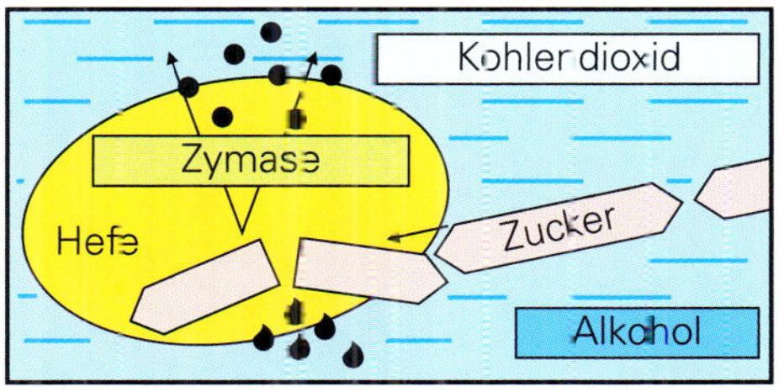

Vereinfachte Darstellung der alkoholischen Gärung

➤ *Erläutern Sie anhand der Skizze den Gärungsvorgang mit Backhefe.*

Energiegewinnung über die Veratmung

Die Backhefezelle kann Energie aus Zuckerstoffen gewinnen durch den Vorgang der „Veratmung". Das geht nur in Anwesenheit von Sauerstoff. Die Enzyme der Backhefe spalten dabei den Zucker über Anlagerung von Sauerstoff in Kohlendioxid und Wasser. Dabei nehmen die Zellen der Backhefe die gesamte Energie des Zuckers auf.

Backhefe kann Nährstoffe nur dann veratmen,

- *wenn ausreichend Sauerstoff zur Verfügung steht,*
- *wenn die Temperatur 26 °C nicht wesentlich überschreitet.*

Reaktionsgleichung der Zuckerveratmung

$C_6H_{12}O_6 \rightarrow 6\,CO_2 + 6\,H_2O$

Zucker → Kohlendioxid + Wasser

Reaktionsgleichung der alkoholischen Gärung

$C_6H_{12}O_6 \rightarrow 2\,CO_2 + 2\,C_2H_5OH$

Zucker → Kohlendioxid + Alkohol

Energiegewinnung über die alkoholische Gärung

Die Energiegewinnung *ohne* Sauerstoffbeteiligung erfolgt durch ein besonderes Gärungsenzym der Backhefe. Das Enzym *Zymase* spaltet Zucker in Kohlendioxid und Alkohol.

Backhefe stellt ihre Energiegewinnung auf Gärung um,

- *wenn ihr kein Sauerstoff zur Verfügung steht,*
- *wenn die Temperatur der Nährlösung sehr warm ist (etwa 27 °C bis 38 °C).*

Das anfallende Gärgas Kohlendioxid verfängt sich im Hefeteig in der vernetzten Kleberstruktur und bildet Poren aus. Der gebildete Alkohol verfliegt zum Teil beim Backvorgang. Reste des Alkohols und andere Gärungsprodukte bilden zusammen mit Röststoffaromen der Kruste das charakteristische Aroma von Hefegebäcken.

Schnitt durch einen Weizenhefeteig ohne Backhefe

Schnitt durch einen mit Gärgasen der Backhefe aufgelockerten Weizenhefeteig

Beschwerde

Eine Kundin beschwert sich: „Sie haben mir gestern schlechte Hefe verkauft. Mein Kuchen ist überhaupt nicht aufgegangen."

Sie wissen, dass die Hefe einwandfrei war. Sie können dieses der Kundin nicht einfach entgegenhalten, wenn Sie die Kundin auch künftig als Käuferin behalten wollen.

Der Kundin ist aber auch wenig geholfen, wenn Sie ihr einfach Ersatz anbieten.

- ➤ *Welche Möglichkeiten haben Sie, die Kundin durch fundierte Fachkenntnisse überzeugend zu beraten?*
- ➤ *Üben Sie eine solche Gesprächsführung.*

Ritzprobe: frische Hefe (links), überalterte Hefe (rechts)

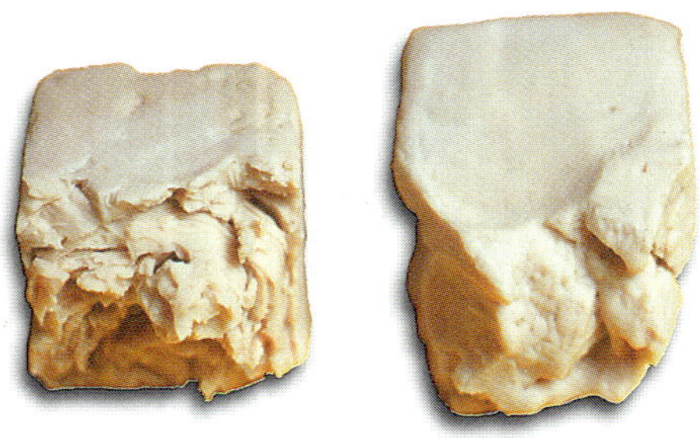

Bruchprobe: frische Hefe (links), überalterte Hefe (rechts)

Alternative Backwaren und Backhefe

Verkaufen Sie auch Bio-Brot in Ihrer Verkaufsstelle? Wissen Sie, womit es gelockert wird?

Die Anbieter von alternativen Backwaren lehnen die Verwendung üblicher Backhefe ab, weil bei deren Gewinnung chemische Stoffe zum Einsatz kommen.

Bio-Backwaren müssen mit Bio-Hefe oder Backferment gelockert werden. Backferment ist ein Teig auf Vollkornbasis, in dem die in Mahlerzeugnissen natürlich enthaltenen Hefen und Milchsäureerreger gezüchtet werden.

Bio-Hefe wird ohne Einsatz von Chemikalien aus Hefestämmen und Milchsäurekulturen in einer Vollkorn-Nährlösung gezüchtet.

Backhefe im Verkauf

Die Backhefe ist eiweiß- und wasserreich. Sie verdirbt deshalb leicht. Beachten Sie darum das Mindesthaltbarkeitsdatum (MHD), das auf der Verpackung der Hefewürfel angebracht ist. Es entspricht einer Lagerzeit von etwa vier Wochen. Bei fachgerechter Lagerung ist Backhefe nach dieser Lagerzeit sicherlich noch nicht verdorben. Sie kann aber erheblich an Lockerungskraft eingebüßt haben.

Deshalb sollten Sie Backhefe, die nach zwei Wochen nicht verkauft ist, stichprobenartig auf ihren Frischezustand überprüfen.

Schon beim Auswickeln des Hefewürfels erfahren Sie etwas über dessen Zustand: Bei frischer Backhefe fühlt sich die Oberfläche samtartig an, ohne zu kleben. Überalterte Backhefe klebt an den Fingern.

Einfache Methoden zur Überprüfung der Frische von Backhefe sind die Geruchs-, die Ritz- und die Bruchprobe.

Merkmale frischer Backhefe:

- *Frische Backhefe riecht angenehm.*
- *Frische Backhefe zeigt beim Einritzen mit dem Fingernagel eine riffelige Struktur. Bei überalterter Backhefe ist die Spur glatt.*
- *Frische Backhefe lässt sich leicht durchbrechen. Die Bruchstelle ist reliefartig. Alte Backhefe zieht sich zäh beim Durchbrechen.*

Backhefe muss kühl lagern

Die Backhefe verändert sich beim Lagern: Sie verliert zunehmend an Gärkraft und verdirbt schließlich. Die Lagerfähigkeit der Backhefe wird ganz entscheidend durch die Lagerbedingungen beeinflusst.

Beachten Sie folgende Regeln für die Lagerung der Backhefe:

- *Lagern Sie die Backhefe kühl, aber frostfrei, am besten in einem Kühlschrank oder Kühlregal.*
- *Lagern Sie die Backhefe nicht zusammen mit geruchsstarken Waren.*
- *Lagern Sie die Backhefe in luftdichter Verpackung. Belassen Sie die Hefewürfel in der Folie der Großpackung.*

Angebotsformen für Backhefe

Bäckereien und Konditoreien beziehen Frischhefe für die Produktion meist in Form von *Presshefe* (zu 0,5 kg und 2,5 kg) oder in Form von *Beutelhefe* (Presshefe-Granulat zu 25 kg).

Für das Backen im Haushalt ist die *Würfelhefe* (mit 42 g) die meist gekaufte Backhefe. Sie reicht für mindestens 0,5 kg Mehl. Frischhefe bietet im Vergleich zu Trockenhefeprodukten die größte Gärsicherheit. Doch Würfelhefe lagert in Haushalten manchmal unkontrolliert und zu lange. So kann es passieren, dass sie bei Gebrauch nur noch eine geringe Gärkraft besitzt.

Für die Bevorratung bieten die Hefehersteller *Trockenhefe* an. Das ist getrocknete Backhefe. Trockenhefe gärt nicht so gut wie frische Hefe. Sie behält aber in der wasserdampfdichten Verpackung ihre Triebkraft für mindestens ein Jahr.

Eine besondere Form der Trockenhefe ist *Instanthefe*. Durch ein spezielles Verfahren wird die Backhefe in ein rieselfähiges Granulat umgewandelt. Instanthefe braucht im Gegensatz zur Trockenhefe keine Vorquellzeit bei der Verarbeitung. Sie wird beim Teigbereiten einfach unter das Mehl gemischt.

Herstellungsablauf für Weizengebäcke

Sicherlich gehört die Produktion von Weizengebäcken nicht in das Aufgabengebiet des Verkaufspersonals. Aber einige Teilarbeiten der Herstellung werden zunehmend in den Verkaufsraum verlagert und dort durch die Verkaufskräfte erledigt. Das gilt insbesondere für das Abbacken von Kleingebäcken. Auch für den fachgerechten Umgang mit Backwaren und für die Kundenberatung sind Grundkenntnisse über Herstellungsverfahren notwendig.

Meinung

Eine Fachverkäuferin meint: „Mich interessiert es nicht, wie Brötchen hergestellt werden. Ich will doch keine Bäckerin werden."

- *Ist dieser Einwand berechtigt?*
- *Wie ist Ihre Rolle beim Backen im Laden?*

Teigbereitung: Mischen und Kneten

Getreidemahlerzeugnisse, Wasser, Backhefe, Kochsalz und eventuell Backmittel werden in der Knetmaschine gemischt und geknetet. Der Teig entsteht durch das Verquellen von Mehleiweißstoffen.

Vor der Aufarbeitung muss der Teig ruhen, um zu entspannen und etwas anzugären.

Das Formen von Kleingebäcken erfolgt maschinell

Aufarbeiten: Teilen und Formen

Der angegärte Teig wird bei handwerklichem Aufarbeiten in Stücke ausgewogen. Dabei muss der durch den Backvorgang entstehende Gewichtsverlust berücksichtigt werden. Die Teigstücke werden rund gewirkt und weiter geformt. Bei der vollmaschinellen Aufarbeitung wird der Teig in einer Teil- und Wirkmaschine nach Volumen geteilt und rund gewirkt. Je nach gewünschtem Kleingebäck werden die Rundlinge geformt, in der Oberfläche gestüpfelt, gedrückt oder eingeschnitten.

Gärführungen für Weizenteige

Gärführung	Dauer	Gärsteuerung
Kurzzeitführung	1 Std.	Gärraumklima bei ca. 35 °C
Langzeitführung	4–8 Std.	Raumklima bei ca. 21 °C
Gärverzögerung	bis 24 Std.	Kühllagerung bei ca. 0 °C
Gärunterbrechung	mehrere Tage	Tiefkühlung bei -18 °C

Gären: Lockern und Reifen

Die geformten Teiglinge müssen vor dem Backen aufgehen. Dafür ist ein warm-feuchtes Gärklima erforderlich. Denn eine genügende Gärgasmenge wird nur bei günstigen Lebensbedingungen für die Backhefe gebildet. Beim Backvorgang kann die Hefe nur kurzfristig weiter gären. Die Backhitze tötet die Hefezellen ab.

Die notwendige Gärzeit wird durch das Gärklima gesteuert. Über die Umgebungstemperatur kann die Gärreife der geformten Teiglinge schon nach weniger als einer Stunde erreicht werden. Andererseits lässt sich dieser Zeitpunkt auf mehrere Tage hinausschieben.

Backen im Laden: Teiglinge oder Teilgebackene

Wenn tagsüber frische Brötchen im Ladenbackofen gebacken werden sollen, dann kann dies mit Teiglingen oder teilgebackenen Brötchen geschehen. Die *Teiglinge* können dafür mit verschiedenen Führungen bereitgestellt werden (➟ Übersicht: *Gärführungen von Weizenteigen*).

Teiglinge aus Langzeitführung und gärverzögert oder gärunterbrochen herangeführte Teiglinge müssen vor dem Backen im Ladenbackofen noch bis zur optimalen Reife gären. Das geschieht am besten in einem klimatisierbaren Gärschrank. Zur Beurteilung der Gärreife der Teiglinge ist fachliche Sicherheit erforderlich. Sonst kommt es zu Mängeln in der Gebäckqualität (➟ Seite 152).

Teilgebackene sind Kleingebäcke, die mit etwa der Hälfte der üblichen Backzeit vorgebacken sind. Sie werden bei Bedarf jederzeit direkt zu Ende gebacken werden. Mit diesem Verfahren wird die in der Backstube vorbereitete Gebäckqualität gesichert. Allerdings wird für die Kunden nicht das gleiche Kauferlebnis wie bei der Frischproduktion erreicht.

Teiglinge und Teilgebackene zum Backen im Laden müssen zur Erzielung der gewünschten Qualität aus Brötchenteigen mit Zugabe spezieller Backmittel hergestellt werden.

Was im Backprozess passiert

Der Backvorgang ist der entscheidende Prozess für die Gebäckbildung. Aus dem wenig genießbaren Teig wird ein genussfähiges, wohlschmeckendes Gebäck. Während des Backvorgangs werden Bestandteile des Teiges sowie die Teigstruktur durch Hitzeeinwirkung verändert.

Fassungsvermögen der Backfläche

Backware	*Stückzahl je m² Backfläche*
● *Brötchen*	*70 bis 100 Stück*
● *Kompaktes Weißbrot (500 g)*	*etwa 15 Stück*
● *Kompaktes Weißbrot (1 000 g)*	*etwa 10 Stück*

Backbedingungen für Weizengebäcke

Backware	*Backtemperatur in °C*	*Backzeit in Minuten*
● ***Kleingebäck***		
– ruhende Hitze	*230 bis 240*	*18 bis 22*
– bewegte Hitze	*180 bis 200*	*18 bis 22*
● ***Weißbrot, schlanke Form (500 g)***		
– ruhende Hitze	*240 auf 220 abfallend*	*25 bis 35*
– bewegte Hitze	*210 auf 190 abfallend*	*25 bis 35*
● ***Weißbrot, kompakte Form (500 g)***		
– ruhende Hitze	*240 auf 220 abfallend*	*35 bis 45*
– bewegte Hitze	*210 auf 190 abfallend*	*35 bis 45*

Backen von Weizenhefegebäcken

Im Backprozess laufen verschiedene physikalische und biochemische Vorgänge ab. Sie werden durch die Backhitze bewirkt.

Wichtige Vorgänge der Gebäckausbildung sind:

- Ausdehnung der Gärgase: Das verstärkt die Teigauflockerung.
- Gerinnung der Mehleiweißstoffe: Das führt zur Stabilisierung des aufgelockerten Teiggefüges.
- Verkleisterung der Mehlstärke: Das führt zur Krumenbildung.
- Umwandlungen von Mehlbestandteilen: Das führt zur Bildung von Röst- und Aromastoffen.
- Zerstörung von Enzymen, Backhefen und anderen Mikroorganismen: Das verleiht den Backwaren ihre Haltbarkeit.

Die Veränderungen beim Backen laufen auch ohne Anwendung von Steuerungstechniken ab. Allerdings bleibt dann die Gebäckqualität dem Zufall überlassen.

Um die gewünschte Gebäckqualität zu erreichen, müssen die Abläufe beim Backprozess gesteuert werden.

Wie Gärlinge zum Backen vorbereitet werden

Gärlinge für Weizenkleingebäcke werden zum Backen vorbereitet, zum Beispiel
- durch Umsetzen auf Backgutträger,
- durch Einschneiden der Teigoberflächen,
- durch Anfeuchten der Teigoberflächen,
- durch Einstreuen der Teiglinge (z. B. mit Samen).

Backbedingungen: Temperatur, Zeit und Backatmosphäre

Um eine gute Qualität der Weizenhefegebäcke zu erzielen, müssen auch die Backbedingungen stimmen.

Zu beachten sind die Backtemperatur, die Backatmosphäre und die Backzeit. Diese Bedingungen sind bei den meisten Ladenbacköfen in Backprogrammen für verschiedene Kleingebäcksorten gespeichert.

Schwaden – für verbesserte Backatmosphäre

Beim Backen von Weizenteiglingen muss vom Backbeginn an bis zum Durchbacken der Teiglinge der Backherd mit Heißdampf angereichert sein. Unmittelbar vor dem Beschicken ist darum eine Mindestmenge Schwaden (= Wrasen) einzubringen.

Wasserdampf enthält eine wesentlich größere Wärmemenge als Luft bei gleicher Temperatur. Der Schwaden bildet im Backherd auf den noch kühlen Teigoberflächen ein Kondensat mit guter Wärmeleitung. Schon nach wenigen Sekunden bildet sich dadurch eine verfestigte, aber noch dehnbare Krustenhaut.

- Dadurch kann bei steigendem Innen-Gasdruck das Gebäckvolumen ohne unerwünschte Rissbildung der Teigoberfläche zunehmen.
- Dadurch wird eine starke Bildung des Ausbunds an der vorgeformten Stelle ermöglicht.

Der Schwaden begünstigt die Dextrinbildung auf den Teigoberflächen. Gelöste Dextrine bräunen beim Backen und bilden Krustenglanz.

Backzeit und Backtemperatur – genau festlegbar

Die *Backzeit* beträgt
- für Weizenkleingebäck 18 bis 22 Minuten,
- für 500 g kompaktes Weizenbrot 35 bis 45 Minuten.

Die Höhe der *Backtemperatur* richtet sich allgemein nach dem System der Wärmeübertragung des Backofens. Im Konkreten ist sie nach der Größe und Auflockerung der Teiglinge festzulegen.

- Kompakte Weißbrote werden mit höherer Anfangstemperatur und mit niedrigerer Endtemperatur als Kleingebäcke gebacken.
- Für den Backvorgang in ruhender Atmosphäre (= Heizgasumwälzer) ist eine höhere Backofentemperatur erforderlich als beim Backen in bewegter Wärme (= Heißluftumwälzer).

Die *Backtemperatur* für Weizenkleingebäcke liegt
- in ruhender Backatmosphäre bei etwa 230 °C,
- in bewegter Backatmosphäre bei etwa 200 °C.

Für kompakte Weißbrote ist die Anfangstemperatur etwa 10 °C höher und die Endtemperatur etwa 10 °C niedriger als vorgenannte Werte.

Eine hohe Anfangstemperatur sorgt für eine schnelle Krustenbildung vor Einsetzen des vollen Ofentriebs. Das Backen mit abfallender Hitze vermeidet schnelle Krustenbräunung. Dadurch wird eine verlängerte Backzeit ermöglicht. Lange Backzeiten begünstigen die erwünschte kräftige Ausbildung von Krume und Kruste.

Backzeit – sie beeinflusst die Gebäckqualität

Bei Weizenkleingebäcken hat die Backzeit erheblichen Einfluss auf die Produktqualität. Schon die relativ kurze Verlängerung der Backzeit um 2 Minuten bringt große Verbesserungen in der Qualität.

Der häufig anzutreffende Mangel einer nicht schnittfesten, ballenden Krume bei Brötchen (➡ obere Abbildung) entsteht
- durch zu schwache Auflockerung der Krume,
- durch zu kurze Backzeit.

Die für die *Stärkeverkleisterung* erforderliche Kerntemperatur in den Brötchen wird beim Backen zwar erreicht. Sie muss zur Ausbildung einer stabilen Krume aber für eine gewisse Zeit anhalten. Darum hat die optimal bemessene Backzeit eine stabilisierende Wirkung auf die Eigenschaften der Krume. Ihre Schnittfestigkeit und Bestreichbarkeit sind gewährleistet. Sie ballt nicht beim Verzehr. Darüber hinaus ist der Wassergehalt geringer. Dadurch werden die Geschmacksstoffe beim Verzehr der Brötchen intensiver wahrgenommen.

Besonderen Einfluss hat die Backzeit auf die Stärke und Rösche der Brötchenkruste (➡ untere Abbildung).

*Die **Rösche** ist die knusprige, mürb-spröde Beschaffenheit der Kruste.*

Die Rösche vermittelt den hohen Genusswert mit der zartsplitternden Kruste, die ihre Geschmacksstoffe beim Kauen freisetzt. Außerdem ist die Rösche das beste Anzeichen dafür, dass die Brötchen noch ihren vollen Frischegeschmack besitzen.

Die Wichtigkeit der Krustenrösche spiegelt sich wider im Angebot von frischen Brötchen zu jeder Tageszeit durch Ladenbacken. Auch hier ist auf eine gute Krustenausprägung zu achten. Denn die Kunden erwarten die Frischemerkmale noch zu Haus beim Verzehr der Brötchen.

Kurz und bündig: Vorgänge beim Backen

- *Beim Backen dehnen sich die Gärgase mit zunehmender Erwärmung aus. Dadurch nehmen die Gebäcke an Volumen zu.*
- *Die Eiweißstoffe des Mehles gerinnen (ab 60 °C) und verfestigen sich. Dadurch bildet sich ein schwaches Gebäckgerüst.*
- *Die Stärke verkleistert (zwischen 60 °C und 93 °C) und bindet dabei Teigwasser. Dadurch bildet sich eine schnittfeste Krume.*
- *In der äußeren Teigschicht verdampft schnell das Wasser. Es bildet sich die Kruste. Bei Temperaturen zwischen 100 °C und 180 °C bilden sich bräunende Stoffe: Melanoidine, Dextrine, Karamell und Röstprodukte.*

Brötchen mit unelastischer, ballender Krume

Gut ausgebackene Schrippe

Qualitätssicherung: Backen von Weizengebäcken

- *Gute Krumenauflockerung* – *Sie ermöglicht eine gute Hitzedurchdringung beim Backen. Dadurch verkleistert die Stärke intensiver und verlangsamt die spätere Entquellung. Außerdem bildet sich die Kruste stärker aus und verbessert die Rösche.*
- *Gebäcke kräftig ausbacken* – *Stärke verkleistert intensiver. Eine gute Krustenausbildung begünstigt die Rösche.*

Qualität von Weizengebäcken beurteilen

Die fertig gebackenen Brötchen müssen täglich auf ihre Qualität hin überprüft werden.

Maßstab für die Brötchenqualität sind die Erwartungen der Kunden an ein gutes Brötchen: guter Geschmack, rösche Kruste, ansprechendes Volumen, gute Schneid- und Bestreichbarkeit.

***Qualitätsmängel** der Kleingebäcke werden durch Mängel und Fehler in der Beschaffenheit der Zutaten oder durch Arbeitsfehler verursacht.*

Gebäckmängel – verursacht durch fehlerhafte Produktion

Sicherlich sind auch heute noch einige Qualitätsmängel von Gebäcken durch Mängel in der Zutatenqualität begründet, beispielsweise wenn das Mehl schwache Backeigenschaften hat. Die meisten Ursachen für Gebäckmängel liegen aber in fehlerhafter Arbeit bei der Teigbereitung, der Teig- und Gärführung und beim Backen.

Beispiele:

- Bei der Bereitung des Teiges für Brötchen mit Langzeitführung wird ein enzymhaltiges Backmittel verwendet. Dadurch erfolgt während der Gärführung ein Abbau von Mehlsubstanz. Das hat geschwächte Krumeneigenschaften und zu starke Krustenbräunung zur Folge.
- Beim Aufarbeiten des Teiges für Brötchen wird die dafür optimale Reife des Teiges nicht erreicht. Dadurch kommt es zu Mängeln bei der Formung. Das hat Fehler im Aussehen der Brötchen und in ihrem Volumen zur Folge.

Gebäckmängel – verursacht beim Ladenbacken

Die heute vielfach angewendete Gärzeitsteuerung kann das stetige Frischeangebot mit aromareichen Brötchen gewährleisten. Sie kann aber auch Ursache für viele Gebäckmängel sein. Die Teige müssen für diese Führungen sehr stabil sein. Denn die bei einigen Methoden enormen Temperaturbewegungen sind eine Gefahr für die Qualität, wenn ohne *Zusatz spezieller Backmittel* produziert wird.

Die nebenstehenden Abbildungen zeigen beispielhaft, welche äußeren Mängel durch Fehler in der Gärsteuerung entstehen können. Die hier dargestellten Brötchen stammen aus der Backstation im Laden einer Bäckerei und Konditorei.

- Oberes Bild: Die Teiglinge der *Rosenbrötchen (Passauer)* sind vor dem Abbacken im Ladenbackofen überreif geworden (durch falsche Gärsteuerung). Der gebäcktypische Ausbund fehlt deshalb völlig. Das Volumen ist zu groß; die Auflockerung ist zu stark. Außerdem ist die Kruste nicht genügend ausgeprägt (= zu kurze Backzeit).
- Mittleres Bild: Die Teiglinge der *Kaiserbrötchen (Semmeln)* sind bei der Gärführung auf der Oberfläche stark verhautet (durch Luftzug oder zu trockenes Gärklima). Diese Verkrustung ist durch Schwaden beim Backen nicht aufweichbar. Die Folge ist eine ungleichmäßige und zu harte Kruste ohne jede Rösche.
- Unteres Bild: Die teilgebackenen *Kaiserbrötchen (Semmeln)* sind entweder aus zu weichem Teig hergestellt oder sind beim Teilbacken oder beim Endbacken im Ladenbackofen nicht bis zur erforderlichen Kerntemperatur durchgebacken worden. Die Folgen sind Setzfalten in der äußeren Form, aber auch eine ledrige Kruste ohne Rösche. Außerdem ist die Schnittfestigkeit der Krume eingeschränkt.

Brötchen aus Teiglingen mit Übergare

Borkige Oberfläche bei Brötchen aus Teiglingen

Setzfalten bei Brötchen aus Teilgebackenen

Hinweis

*Eine Darstellung häufiger **Brötchenfehler** finden Sie auf der CD-ROM zu diesem Buch.*

Handlungsorientierte Aufgaben

- ➤ *Erstellen Sie sich einen Beurteilungsbogen für die innerbetriebliche Qualitätskontrolle von Weizenhefegebäcken.*
- ➤ *Beurteilen Sie unabhängig mit mehreren Personen die Qualität von Brötchen.*
- ➤ *Lassen Sie die Brötchen aus Ihrem Betrieb auch von Verbrauchern beurteilen.*

Qualität von Weizengebäcken sichern

Weizengebäcke besitzen direkt nach dem Backen uneingeschränkt ihre Frischeeigenschaften. Doch schon kurz nach dem Auskühlen beginnen Weizengebäcke allmählich zu altern.

Kleingebäcke und dünne Stangenweißbrote verlieren schon wenige Stunden nach dem Backen wichtige Qualitätsmerkmale.

Qualitätseinbußen *sind die Folgen von Alterungsvorgängen in den Gebäcken oder von Brotkrankheiten. Letztere führen zum Verderb.*

Qualitätsverluste und ihre Ursachen

Brote und Kleingebäcke altern nach dem Backen: Die Kruste verliert an Rösche, wird weicher und später fest und hart. Die Krume wird fester. Der Genuss wird durch altbackenen Geschmack beeinträchtigt.

Ursachen für das rasche Altern von Weizengebäcken sind:
- der geringe Quellstoffanteil im Weizenmehl (z. B. an Pentosanen),
- die Entquellung verkleisterter Weizenstärke (= Retrogradation),
- das Austrocknen der Krume wegen der starken Auflockerung.

Bedingungen für die kurzfristige Lagerung

Brötchen und dünne Stangenweißbrote werden nur frisch verkauft und verzehrt. Das wesentliche Qualitätsmerkmal für solche Backwaren ist die *Krustenbeschaffenheit.*

Kompakte Weißbrote werden auch noch einen Tag nach Herstellung verzehrt. Bei solchen Backwaren ist das wesentliche Qualitätsmerkmal die *Krumenbeschaffenheit.*

Daraus ergeben sich die Lagerbedingungen:
- Brötchen sind zur Erhaltung der Rösche bei Raumtemperatur und niedriger Luftfeuchte zu lagern.
- Weizenbrote, die nicht zum baldigen Verkauf bestimmt sind, müssen zur Erhaltung der Krumenfrische bei niedriger Temperatur (15 °C bis 18 °C) und nicht zu trockener Raumluft gelagert werden.

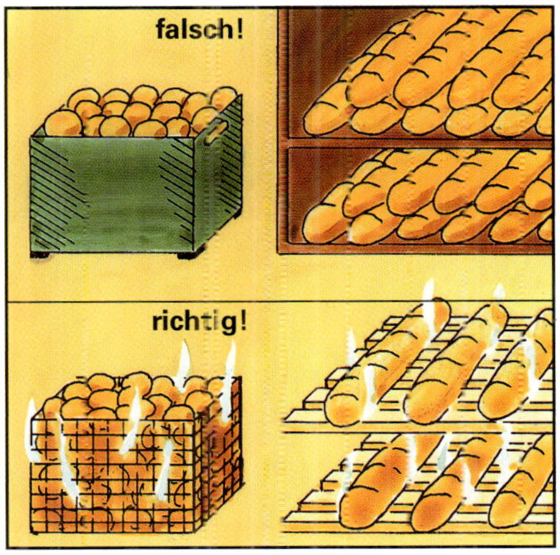

Ausdampfen von ofenheißen Weizengebäcken

Qualitätssicherung:
Bevorraten von Weizengebäcken

- *Ofenwarme Brötchen in luftdurchlässigen Kunststoff-, Draht- oder Holzgeflechtkörben ausdampfen und auskühlen lassen.*
- *Ofenwarme Weizenbrote mit Abstand zueinander auf Lattenrosten ausdampfen und auskühlen lassen.*
- *Ausgekühlte Brötchen und Weizenbrote nicht belastend übereinander gestapelt zum Verkauf präsentieren.*
- *Ausgekühlte Brötchen und Weizenbrote nur in wasserdampfdurchlässigen Materialien für den Verkauf vorverpacken, zum Beispiel in Papiertüten oder in perforierten Kunststoffbeuteln.*

Aufgaben zur Wiederholung

01. Welche von den Verbrauchern erwarteten Qualitätsmerkmale sollen bei Weizenkleingebäcken und Weizenbroten erreicht werden?

02. Nennen Sie die Typen der Weizenmahlerzeugnisse und ihre Verwendungsmöglichkeiten.

03. Welche Backeigenschaften muss ein Weizenmehl haben, das für die Herstellung von Weizenkleingebäck und Weizenbrot geeignet sein soll?

04. Mit welchen Zutaten können die Inhaltsstoffe des Weizenmehls beeinflusst werden?

05. Welche Wirkungen hat Kochsalz auf Teig, Gare und Qualität von Weizengebäcken?

06. Wie erfolgt die Lockerung des Weizenhefeteigs mit Backhefe?

07. Stellen Sie dar, welche Weizenbackmittel es gibt und unter welchen Voraussetzungen die Verwendung dieser Stoffe zur Herstellung von Brötchen und Weißbrot in Betracht kommt.

08. Wie können Sie den Backvorgang von Teiglingen und Teilgebackenen im Ladenbackofen gestalten und steuern?

09. Erklären Sie die stofflichen Veränderungen im Backprozess am Beispiel des Brötchenbackens.

10. Erklären Sie, wie bei der betrieblichen Qualitätssicherung die Brötchen auf ihre Qualität hin überprüft werden und wie Sie Maßnahmen zur Qualitätserhaltung anwenden können.

Werbung für Bio-Backwaren

Worterklärung

***Ökologie** ist die Lehre von den Beziehungen der Lebewesen zu ihrer Umwelt.*

Lebensmittelrechtliche Bestimmungen

Grundlage für die Gewinnung und Vermarktung von Öko-Erzeugnissen ist die EWG-Verordnung Nr. 2092/91 vom 24.06.1991. Nach den dort festgelegten Regeln und dem für Deutschland geltenden Kontrollsystem ist für die Vermarktung von Öko-Backwaren folgendes zu beachten:

- *Meldung bei einer Kontrollstelle und Erwerb einer EU-Bio-Kontrollnummer*
- *Trennung von herkömmlichem Sortiment und Bio-Produktion in Lagerung, Herstellung und Verkauf*
- *Ausschließliche Verwendung von zulässigen oder entsprechenden Rohstoffen nach der EWG-Verordnung*
- *Nachweis des Zutateneinkaufs, der Herstellungsvorgänge und der Produkt-Ausgangsmengen*
- *Kennzeichnung und Verkauf von Bio-Erzeugnissen nach erster Kontrollerhebung der zuständigen Stelle*
- *Nachfolgende Kontrollen mindestens einmal jährlich durch ein dafür zugelassenes Kontrollinstitut*

Zum Nachdenken

- *Müssen Bio-Backwaren grundsätzlich aus Vollkornmahlerzeugnissen hergestellt sein?*
- *Sind Bio-Backwaren frei von Schadstoffen?*

Hinweis

*Über **Bio-Backwaren** und wie man diese werbewirksam anbietet, gibt es zusätzliche Informationen auf der CD-ROM.*

Ökologische Gebäcke herstellen und verkaufen

Die Zahl der Verbraucher, die Bio-Backwaren schätzen, steigt laufend. Aber oft klagen sie über die verwirrende Vielfalt von Bezeichnungen und Warenzeichen. Kennen Sie sich da aus?

Backwaren mit Zutaten aus alternativer Gewinnung beziehen sich im Wesentlichen auf zwei verschiedene Anbauweisen:

- den *umweltschonenden Anbau* (kontrollierter, integrierter, naturnaher Anbau mit Reduzierung von chemischen Dünge- und Spritzmitteln),
- den *ökologischen Anbau* (auf der Grundlage von rechtlich geregelten Erzeugungsmethoden mit natürlicher Düngung und dem Verzicht auf chemische Spritzmittel).

Landwirte mit *umweltschonenden Anbaumethoden* gehören meistens einer Erzeugergemeinschaft an. Sie lassen sich freiwillig kontrollieren. Es gibt aber keine rechtlichen Bestimmungen über die Art und Weise der Gewinnung und die Kontrollen. Wenn sich Mühlen und Backbetriebe vertraglich mit solchen Erzeugergemeinschaften verbinden, können sie unter Verwendung der Symbole und Zeichen dieser Vereinigung für die Produkte werben. Die hergestellten Backwaren dürfen jedoch *nicht als „Bio-Backwaren" oder „Öko-Backwaren"* ausgelobt werden. Auch sind ähnliche Bezeichnungen verboten (z. B. ein Hinweis auf Umweltschutz oder Ökologie).

Der *ökologische Landbau* unterliegt strengen rechtlich festgelegten Regeln für die Erzeugung und Kontrolle von Bio- und Öko-Produkten. Sie schließen auch die Weiterverarbeiter ein, wenn die hergestellten Waren als Bio- oder Öko-Erzeugnisse etikettiert werden sollen.

Der Vermerk „Ökologische Agrarwirtschaft-EWG-Kontrollsystem" ist nur erlaubt für Produkte, die den europaweit einheitlichen Regeln für ökologische Gewinnung und Verarbeitung von Lebensmitteln gilt.

Ökologische Backwaren werden für Verbraucher kenntlich gemacht

- mit der gesetzlich geschützten Bezeichnung „Öko-Brot" und dem in Deutschland gesetzlich geregelten Bio-Zeichen (➞ Seite 110) *oder*
- mit dem Warenzeichen der AGÖL-Mitgliedsverbände (z. B. Demeter, Bioland, Naturland).

Die Herstellung von Öko- und Bio-Backwaren ist nur den Betrieben erlaubt, die sich bei der dafür zuständigen Behörde angemeldet haben und sich dem festgelegten Kontrollverfahren unterwerfen (➞ rechtliche Bestimmungen). Auf konventionelle Art und Weise hergestellte Waren sind dabei ausgeschlossen.

*Als **Öko- und Bio-Backwaren** angebotene Produkte*

- *dürfen nur Zutaten landwirtschaftlichen Ursprungs aus ökologischem Landbau enthalten,*
- *dürfen nur ausdrücklich erlaubte Zutaten aus nicht-landwirtschaftlicher Gewinnung enthalten (z. B. Lecithin, aber keine anderen Zusatzstoffe, die als Emulgator wirksam sind),*
- *dürfen nur bis zu 5 Prozent pflanzliche Zutaten aus nicht-ökologischem Anbau enthalten, wenn diese aus ökologischer Gewinnung nicht oder nicht genügend zur Verfügung stehen,*
- *dürfen ebenso wie die Zutaten nicht mit ionisierten Strahlen behandelt worden sein.*

Merkmale und Qualität ökologischer Gebäcke

Bei Befragungen von Verbrauchern über ihre Entscheidung zum Kauf von Bio-Produkten werden die dafür maßgeblichen Gründe in folgender Rangordnung genannt:

1. Genuss (z. B. Frische, Geschmack)
2. Sicherheit (z. B. frei von Zusatzstoffen, ohne Gentechnik)
3. Gesundheit (z. B. Naturbelassenheit, Vollwertigkeit)
4. Umweltschutz (z. B. Bodenqualität, keine Pestizide)

Demnach erwarten die Käufer von Bio-Backwaren zunächst auch eine Produktqualität, die ähnlich ist wie bei den konventionell hergestellten Backwaren. Erst nachrangig werden die ökologischen Gesichtspunkte als Kaufgrund angeführt.

Hersteller von Bio-Backwaren müssen auf diese Kundenerwartungen reagieren. Sie versuchen daher, einerseits die strengen Vorgaben der Öko-Richtlinie zu erfüllen, aber andererseits durch erlaubte Zusätze die Teig- und Gebäckeigenschaften zu optimieren.

Mahlerzeugnisse für Bio-Backwaren

Es ist rechtlich nicht gefordert, dass für Bio-Backwaren ausschließlich *Vollkornmahlerzeugnisse* verwendet werden müssen. Trotzdem sind die meisten Bio-Produzenten auch Vollkornbäcker. Das Getreide wird auch zumeist frisch im eigenen Betrieb gemahlen und verbacken. Es muss ausschließlich aus ökologischer Gewinnung stammen, also aus ungebeiztem Saatgut und ohne künstliche Düngung und chemische Pflanzenschutzmittel gewonnen sein.

Beim Vermahlen des Getreides im Backbetrieb kann der Fremdbesatz problematisch sein, wenn keine entsprechenden Einrichtungen für die Vorreinigung zur Verfügung stehen. Im Getreide enthaltene Steine oder Metallteile müssen ausgesondert werden. Auch die Krautsamen oder das Mutterkorn dürfen nicht im Getreidemahlgut verbleiben.

Zutaten für Bio-Backwaren

Für die Zusammensetzung von Bio-Backwaren gelten grundsätzlich die Vorschriften der EWG-Verordnung (➞ Seite 154). In Deutschland haben die Bio-Verbände zum Teil strengere Richtlinien festgelegt.

Beispiele:

- Der *Zusatz von Enzymen* ist nach EWG-Verordnung erlaubt, soweit sich dieser auf die in der Verordnung genannten Enzyme bezieht. Nach den Verbandsrichtlinien ist der Zusatz von Enzymen verboten.
- Der *Zusatz von Ascorbinsäure (Vitamin C)* ist nach EWG-Verordnung erlaubt. Nach den Verbandsrichtlinien ist der Ascorbinsäure-Zusatz nicht erlaubt.
- Der *Zusatz von Lecithin* ist nach EWG-Verordnung erlaubt. Nach den Verbandsrichtlinien ist der Zusatz von Lecithin nicht erlaubt, wenn es sich nicht um natürliches Bio-Lecithin handelt.

Zur *biologischen Lockerung* von Bio-Backwaren werden Backfermente oder Natursauerteige verwendet, auch Bio-Backhefe (➞ Seite 148).

Die *Verwendung von Backmitteln* für Bio-Backwaren ist eingeschränkt, indem nur Backmittel aus ökologischen Zutaten erlaubt sind. Deshalb werden die für die Backwarenqualität erforderlichen Zusätze zumeist als betriebseigene Mischungen hergestellt (➞ Beispiel in der Randspalte).

Kennzeichen der Verbände für Bio-Produkte

Zum Beachten

- *Lebensmittel dürfen mit dem Bio-Siegel nur gekennzeichnet sein, wenn sie den Vorschriften der EWG-Öko-Verordnung genügen.*
- *Lebensmittel dürfen mit dem Verbands-Bio-Siegel „demeter", „Bioland", „Naturland" oder „Bio-Kreis" nur dann gekennzeichnet sein, wenn sie den Vorschriften der Verbände entsprechen.*
- *Lebensmittel mit Kennzeichnungen von regionalen Erzeugerverbänden oder mit Gütezeichen von Regionen (z. B. „Qualität aus …") müssen nicht die Anforderungen für Bio-Lebensmittel erfüllen.*

Inhaltsstoffe für Bio-Backmischungen

- *Bei Bio-Lebensmitteln wird zum Süßen auf Raffinadezucker verzichtet. Dafür kommen folgende Produkte aus ökologischer Erzeugung in Frage: Honig, Rohzucker, Ahornsirup oder Apfelsüße (➞ Informationen auf der CD-ROM zu diesem Buch).*
- *Für Bio-Backwaren können Backmischungen zur Verbesserung der Produktqualität eingesetzt werden, so weit die Zutaten dafür aus ökologischer Gewinnung stammen und keine unerlaubten Zusatzstoffe zugesetzt werden.*
  Als Bestandteile einer Backmischung für ungesüßte Weizenhefegebäcke kommen in Betracht: Honig, Rohzucker, Ahornsirup, Acerolapulver, Butter, Schmalz, Sanddornsaft, Sojalecithin (alle aus ökologischer Gewinnung) und eventuell Ascorbinsäure.

Handlungsorientierte Aufgabe

➤ *Stellen Sie sich stichwortartig Informationen und Verkaufsargumente für Bio-Backwaren zusammen.*

GEBÄCKE AUS EINFACHEN MASSEN HERSTELLEN UND VERKAUFEN

Situationsaufgabe: *Für die Bereitung aufgeschlagener Massen wurde in Ihrem Betrieb bisher „Biskuit-Mix" (ein Aufschlagmittel) verwendet. Dieses enthält Emulgatoren und andere Zusatzstoffe, die von Ihren Kunden kritisch eingeschätzt werden.*

Sie wirken mit zur Klärung, ob ersatzweise ein anderes Fertigprodukt verwendet werden oder die Herstellung der Massen auf herkömmliche Weise erfolgen soll (ohne Convenienceprodukt).

Dabei sind insbesondere folgende Fragen zu klären:

- *Welche Qualitätsmerkmale der Gebäcke erwarten die Kunden?*
- *Sind die erwünschten Merkmale erreichbar ohne die Verwendung von Fertigprodukten?*
- *Wie werden Massen auf herkömmliche Art aufgeschlagen?*
- *Wie wirken sich Arbeitsgänge und Techniken der Massenbereitung arbeits- und kostenmäßig aus?*

Geschlagene Masse

Gerührte Masse

Abgeröstete Masse

Angemischte Masse

Merkmale von Massen

Bei den Massen unterscheidet man nach der *Art ihrer Zubereitung*:
- Massen mit Aufschlagverfahren (oder Rührverfahren),
- Massen ohne Aufschlagverfahren.

Die aufgeschlagenen Massen haben Vollei oder Eiklar als Grundlage der Rezeptur. Bei gerührten und abgerösteten Massen sind Fett, Zucker, Rohmassen sowie andere Zutaten die Grundlage der Rezeptur.

Massen mit Aufschlagverfahren haben folgende Merkmale:

- Rezepturgrundlage ist im Allgemeinen der Eianteil, daneben hoher Fett- und Zuckeranteil. Zur Bindung der Massen wird Weizenstärke oder eine Mischung aus Mehl und Stärke verarbeitet.
- Herstellungsverfahren sind Aufschlagen, Rühren und Rösten.
- Die Beschaffenheit des überwiegenden Teiles der aufgeschlagenen Massen ist schaumartig, auch weich bis fließend.
- Die Lockerung der Massen erfolgt auf physikalische oder chemische Weise, aber nie auf biologische Art (also keine Backhefegärung).

Die Massen werden nach den Zutatenmengen in leichte und schwere Massen unterschieden. Ein weiteres Unterscheidungsmerkmal ist das Verfahren der Herstellung (gerührt oder geschlagen bzw. warm oder kalt). Kriterium ist dabei die herkömmliche Art der Herstellung.

Massen sind fließfähig

Massen sind streichfähig

Kundenerwartungen an Gebäcke aus Massen

Bei aller Verschiedenheit der Gebäcke aus Massen ist ihr *Geschmack* das wichtigste Qualitätsmerkmal. Danach folgen für den Genusswert die Erwartungen von Bekömmlichkeit, Lockerheit, Zartheit oder Rösche sowie Frischhaltung.

Mehr und mehr erwarten die Verbraucher aber *individuell hergestellte Gebäcke*. Werbeaussagen wie „nach traditioneller Rezeptur" oder „aus eigener Herstellung" haben daher große Wirkung. Dieser Sachverhalt ist neben den Qualitätserwartungen gleichgewichtig zu beachten.

Massen sind dressierfähig

Herstellungsarten für Massen mit Aufschlag

Wesentliches Ziel bei der Bereitung von Massen mit Aufschlag ist die Auflockerung. Das ist möglich durch die *Eigenschaften der Zutaten.*

Verwendung von herkömmlichen Zutaten

Aufgeschlagene Massen werden durch Schäume aus Vollei oder Eiklar gelockert. Die Lockerung beruht auf dem *Schaumbildevermögen* des Eiklars. Die Masse wird im Aufschlagverfahren so bereitet:

- Die Vollei/Eiklar-Zucker-Mischung wird mit einem Schlagbesen bis zum richtigen „Stand der Masse" aufgeschlagen. Das dauert beim maschinellen Aufschlag zwischen 20 und 60 Minuten (je nach Art und Menge der Masse sowie der Maschinenleistung).
- In die aufgeschlagene Masse wird das gesiebte Weizenmehl- und Weizenstärke-Gemisch (zumeist 1 : 1) einmeliert. Die fertige Masse wird dosiert und *ohne Abstehzeit* abgebacken.

Verwendung von Fertigmischungen

Für Massen mit Aufschlag gibt es Fertigmischungen. Diese sind je nach Hersteller unterschiedlich zusammengesetzt und zu verarbeiten.

Allgemein gilt für solche Convenienceprodukte:

- Sie enthalten die üblichen Rezepturbestandteile der Massen außer
  - Vollei (eventuell Wasser) bei Schlagmassen,
  - Vollei und Fett bei Rührmassen.
- Sie enthalten Emulgatoren.
- Sie enthalten Backpulver zur Lockerung.
- Sie vereinfachen den Herstellungsvorgang.
- Sie schließen mögliche Fehlerquellen der herkömmlichen Bereitung von Massen aus.
- Sie ergeben eine gleichmäßige Gebäckqualität.

Die Masse mit Fertigprodukten wird so hergestellt:

- Die dosierte Mischung wird in einem Arbeitsgang (= All-in-Verfahren) aufgeschlagen. Das dauert beim maschinellen Aufschlag zwischen 5 und 10 Minuten (je nach Art des Fertigprodukts).
- Die fertige Masse wird dosiert und kann *mit begrenzter Abstehzeit* abgebacken werden.

Verwendung von Emulgatoren

Lockerung und Mürbung von Wiener Massen und Rührkuchen werden nur bei guter Emulgierung aller Zutaten erreicht. Auch die Frischhaltung ist davon abhängig, dass die Stärkekörnchen in einer stabilen *Emulsion der Fett- und Wasseranteile* der Masse eingeschlossen sind.

Eine *stabile Emulsion* bei Massen wird durch die Auswahl geeigneter Fette, Verwendung von Vollei und durch ein sorgfältiges Verfahren der Zubereitung erreicht. Als Fette für Massen sind Butter und besondere Margarinen geeignet. Sie haben ein hohes Luftbindevermögen beim Aufschlagen der Masse.

Zusätzlich können *Emulgatoren (= Aufschlagmittel)* eingesetzt werden. Sie verbessern die Eigenschaften der Massen und die Frischhaltung der Gebäcke. Entscheidender Vorteil ist, dass mit ihnen die Massen auch im All-in-Verfahren herstellbar sind. Die Lockerung erfolgt beim Backen mit dem der Masse zugesetzten Backpulver.

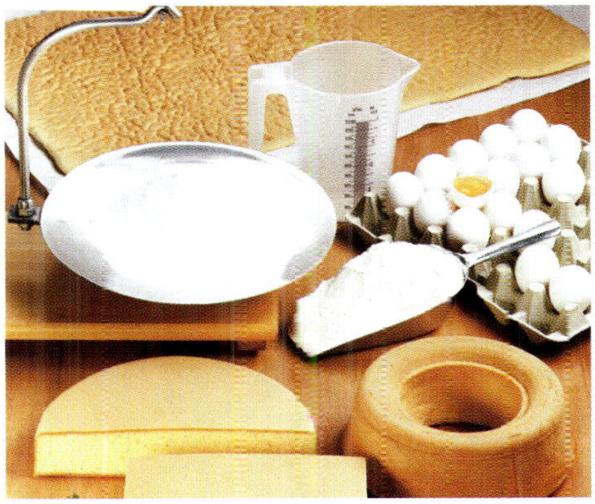

Zutaten für die Herstellung von aufgeschlagenen Massen auf herkömmliche Art

Grundzutaten für Biskuitmasse

Für eine herkömmliche Biskuitmasse werden nur folgende Zutaten benötigt: Vollei, Zucker und Weizenmehl/Weizenstärke.

Leicht zu merken ist das ***Grundrezept:*** *50 g Vollei, 30 g Zucker und 30 g Weizenmehl/Weizenstärke.*

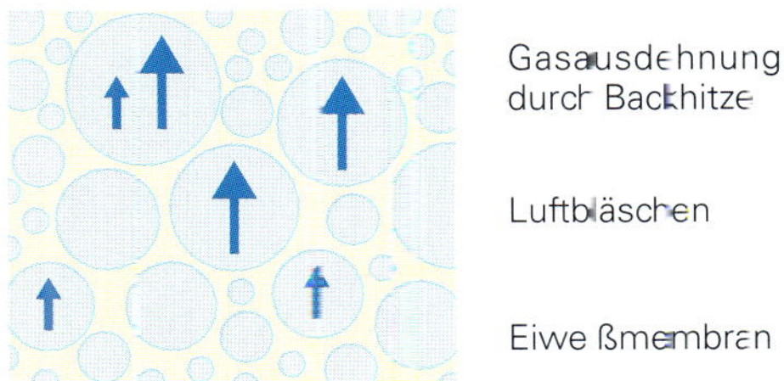

Prinzip der physikalischen Lockerung durch Luft bei herkömmlich aufgeschlagenen Massen

Arbeitsablauf bei Rührmassen

Herkömmliche Bereitung: Mischen → Aufschlagen; Mischen → Aufschlagen; → Mischen Melieren → Dosieren → Backen

Bereitung mit Convenienceprodukten: Mischen → Aufschlagen → Dosieren → Backen

- ➤ *Ist bei Verwendung von Fertigprodukten die* ***Herstellung vereinfacht****?*
- ➤ *Tritt bei Verwendung von Fertigprodukten eine* ***Ersparnis von Arbeitszeit*** *ein?*

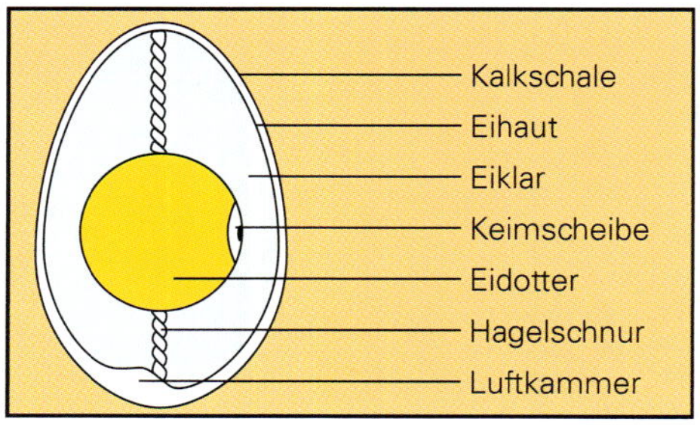

Aufbau des Hühnereies

Zusammensetzung von Eiern

Bestandteile	*Vollei*	*Eidotter*	*Eiklar*
Eiweißstoffe	*13,0 %*	*16,0 %*	*11,5 %*
Fette	*11,5 %*	*32,0 %*	*Spuren*
Kohlenhydrate	*0,5 %*	*0,5 %*	*0,5 %*
Wasser	*74,0 %*	*50,0 %*	*87,5 %*
Mineralstoffe	*1,0 %*	*1,5 %*	*0,5 %*
Vitamine	*A, B_1, B_2*	*A, B_1, B_2*	*B_2*

Backtechnische Wirkungen von Eiern

Eigenschaften	*Vollei*	*Eidotter*	*Eiklar*
• *ist aufschlagbar*	(+)	–	+
• *wirkt emulgierend*	+	+	(+)
• *macht Massen bindig*	+	+	+
• *macht Glasur spritzfähig*	–	–	+
• *erhöht Gärstabilität*	+	+	(+)
• *vergrößert Gebäckvolumen*	+	+	+
• *verstärkt Krustenbräune*	+	+	–
• *macht Krume feinporig*	+	+	–
• *begünstigt Frischhaltung*	+	+	–

Zeichenerklärung:
+ = *Eigenschaft wird erfüllt*
(+) = *Eigenschaft wird nur eingeschränkt erfüllt*
– = *Eigenschaft wird nicht erfüllt*

Zutaten und ihre Eignung für Gebäcke aus einfachen Massen

Die wohl wichtigsten Zutaten für Massen mit Aufschlag sind Eier und Eiprodukte. Daneben werden auch Zucker, Fette und Getreideprodukte verwendet sowie eine Fülle von Zugaben (wie Nüsse oder Früchte).

Eier und ihre backtechnische Bedeutung

Kaum eine andere Zutat hat so vielseitige Wirkungen wie die Eier:

- Eizusatz hat technologische Wirkungen: Er macht die Zubereitungen geschmeidig oder spritzfähig. Er lockert oder verfestigt sie.
- Eizusatz erhöht den Genusswert der Gebäcke.

Wie die Backwirkungen der Eier begründet sind

Die besondere Eignung von Eiern als Backzutat lässt sich aus ihrer Zusammensetzung ableiten.

Beim Öffnen eines Eies erkennt man seine beiden Hauptbestandteile: Eidotter und Eiklar. Beim Trennen des Ei-Inhalts sind die zähflüssigen Hagelschnüre bemerkbar.

Der Eidotteranteil macht etwa 36 %, der Eiklaranteil macht etwa 64 % des Ei-Inhalts aus.

Eidotter unterscheidet sich in der Zusammensetzung wesentlich vom Eiklar, insbesondere
- durch seinen hohen Fettanteil,
- durch den höheren Eiweißanteil und
- durch den Lecithingehalt.

Die unterschiedliche Zusammensetzung von Eidotter und Eiklar ist der Grund für ihre ganz verschiedenen backtechnischen Wirkungen.

Eidotter wirkt emulgierend

Eidotter kann jede Fett-Wasser-Mischung stabilisieren: Es bewirkt die Spritzfähigkeit von Krems, die Geschmeidigkeit von Massen, erhöht die Gärstabilität von Teigen und gibt Speiseeis seinen zarten Schmelz.

Eidotter ersetzt durch sein Quell- und Bindevermögen das Klebereiweiß von Mehl (z. B. in Massen, die mit Weizenstärke hergestellt sind).

Eidotter trägt mit seiner Gerinnbarkeit zur Verfestigung der Krume bei (z. B. in Makronenmassen). Wegen des Bräunungsvermögens beim Backen wird Eidotter zum Abstreichen von Teiglingen verwendet.

Eiklar ist aufschlagbar

Beim Aufschlagen von Eiklarmasse bildet sich je nach Zuckeranteil ein mehr oder weniger stabiler Schaum.

Eischnee mit geringem Zuckeranteil in der Masse dient der Auflockerung von Massen und Krems.

Schaummassen mit einem höheren Zuckeranteil in der Masse werden als Abdeckung für säuerliche Auflagen (z. B. Stachelbeerkuchen) oder für die Herstellung von Baisers verwendet.

Ansonsten hat Eiklar Bedeutung für die Bindung von Zubereitungen aus Rohmassen. Eiklar trägt durch seine Gerinnungsfähigkeit beim Backen zur Verfestigung von Massen bei.

Anforderungen an Eier als Backzutat

Eier für Backzwecke müssen *frisch* und *hygienisch einwandfrei* sein.

Rechtliche Vorgaben helfen dabei, dass nur einwandfreie Eier in den Handel gelangen. Auch ist die Frische der Eier über vorgeschriebene Kennzeichnungen schon beim Kauf kontrollierbar.

Nur frische Eier sind technologisch vollwertig

Die Eier altern beim Lagern: Durch Wasserverdunstung schrumpft der Inhalt. Die Luftkammer vergrößert sich deshalb. Ei-eigene Enzyme oder auch eingewanderte Mikroben können Eiweißstoffe aufspalten.

Mit zunehmender Alterung verlieren Eier an technologischer Eignung:

- Die Trennbarkeit von Dotter und Eiklar nimmt ab.
- Die Emulgierfähigkeit lässt nach.
- Das Quellvermögen verringert sich.
- Die Aufschlagfähigkeit nimmt ab.

Über längere Zeit lagernde Eier verlieren ihren Genusswert. Die Eier bekommen einen Altgeschmack, und letztlich führt die fortschreitende Eiweißzersetzung zum Verderb. Solche Eier riechen beim Aufbrechen unangenehm bis Ekel erregend.

Eier werden nach Güteklassen unterschieden

Beim Einkauf von Eiern für Backzwecke muss man auf die Güteklasse achten. Denn die Einteilung in Güteklassen erfolgt nach Kriterien, die insbesondere die *Frische der Eier* betreffen.

Für Eier gibt es folgende Güteklassen:

- *Klasse A: frische Eier ohne Abweichungen im Aussehen, Luftkammer nicht über 6 mm Höhe, Eier nicht gewaschen, nicht gekühlt*
- *Klasse B: Eier zweiter Qualität oder haltbar gemachte Eier (gekühlt oder gekühlt und begast), Luftkammer bis 9 mm Höhe, Eier dürfen gereinigt sein; zugeordnet sind Eier für die Nahrungsmittelindustrie*

Legefrische Eier dürfen bis zu sieben Tagen nach Legedatum mit der Bezeichnung „Extra" gehandelt werden.

Eier werden nach Gewichtsklassen gehandelt

Eier der Güteklasse A werden nach folgenden Gewichtsklassen sortiert und gekennzeichnet:

- XL = sehr groß (73 g und darüber)
- L = groß (63 g bis unter 73 g)
- M = mittel (53 g bis unter 63 g)
- S = klein (unter 53 g)

Auf den *Verpackungen* werden mindestens ausgewiesen: Güteklasse, Gewichtsklasse, Mindesthaltbarkeitsdatum, Verbraucherhinweise (z. B. Kühlungsempfehlungen), Erzeugungskennzeichnung (z. B. Freiland), Nummer der Packstelle, Anschrift des Verpackungsbetriebs.

Als weitere Angaben sind erlaubt: Verkaufspreis, Betriebscode für die Lagerhaltungskontrolle, Daten zur Unterrichtung der Käufer, Symbole oder ähnliches zur Förderung des Verkaufs von Eiern, Angabe zur Art der Ernährung der Legehennen.

In Deutschland werden seit 2004 die Eier gestempelt mit einem Code für *Haltungsform*, *Herkunftsland* sowie *Betriebs- und Stallnummer*.

Kennzeichen überalterter Eier

- *Glanzlose, stumpfe Eierschale*
- *Große Luftkammer (beim Durchleuchten der Eier erkennbar)*
- *Hörbares Schwappen beim Schütteln*
- *Altgeruch beim Aufbrechen der Eier*
- *Verfließen von Eidotter und Eiklar beim Trennen der Eier*

Fließprobe: frisches Ei

Fließprobe: altes Ei

Lebensmittelrechtliche Bestimmungen

- *Die Bezeichnung „Eier" gilt nur für Hühnereier in der Schale, die zum Direktverzehr oder zur Verarbeitung in der Nahrungsmittelindustrie geeignet sind (Die Verwendung von Enteneiern in Backbetrieben ist nicht erlaubt).*
- *„Knickeier" sind in der Schale verletzte Eier ohne Durchbruch und mit unverletzter Membran. Die Eier werden zur gewerblichen Verarbeitung aussortiert.*
- *Die Verarbeitung von Eiern ohne Klassifizierung/Kennzeichnung ist in Bäckereien und Konditoreien nicht zulässig.*

Legehennenhaltung

In Deutschland ist die Hennenhaltung in Käfigen verboten, mit einer Übergangsfrist bis Ende des Jahres 2006.
Haltungsform und Herkunft sind auf dem Ei-Stempel erkennbar, zum Beispiel:

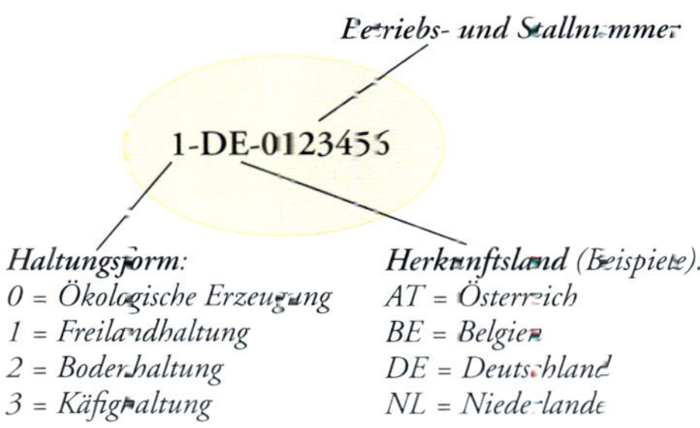

§ Lebensmittelrechtliche Bestimmungen

Wer Lebensmittel gewerblich herstellt oder in den Verkehr bringt
- *hat durch betriebseigene Kontrollen die Unbedenklichkeit von Lebensmitteln zu gewährleisten (dieses erfolgt durch ein Konzept, das der Erkennung von Gefahren, ihrer Bewertung und Beherrschung dient);*
- *hat im Rahmen betriebseigener Maßnahmen zu gewährleisten, dass Mitarbeiter entsprechend ihrer Tätigkeit in Fragen der Lebensmittelhygiene unterrichtet oder geschult werden;*
- *haftet für Sach- und Gesundheitsschäden, die durch Fehler seiner Produkte beim Gebrauch entstehen.*

Beispiele für roheihaltige Produkte in Bäckereien und Konditoreien

- *Zusammengesetzte Backwaren (Torten und Desserts) mit roheihaltigen Krems und Füllungen (z. B. leichte Vanillekrem)*
- *Backwaren mit einer roheihaltigen Auflage ohne eine ausreichende Durcherhitzung (z. B. Schaummasse auf Obstkuchen)*
- *Belegte Kleingebäcke (Snacks) mit roheihaltigen Zubereitungen (z. B. Käsekrem)*
- *Speiseeis und Zubereitungen mit Speiseeis*

Produktsicherheit: Roheihaltige Produkte

- *Roheihaltige Produkte mindestens fünf Minuten lang auf 70 °C Kerntemperatur erhitzen.*
- *Für nicht erhitzbare Erzeugnisse pasteurisiertes Ei verwenden.*
- *Pasteurisiertes Flüssigei in Kleinstpackungen einkaufen und angebrochene Packungen möglichst am Öffnungstag verbrauchen.*
- *Angebrochene Packungen von Eiprodukten im Kühlraum bei maximal + 7 °C und nur für kurze Zeit aufbewahren.*
- *Arbeitsvorgänge mit pasteurisierten Eiprodukten von solchen mit Frischeiern getrennt durchführen.*
- *Geräte, Arbeitsflächen und Hände die mit Rohei in Kontakt gekommen sind, nach Beendigung der Arbeit desinfizieren.*
- *Roheihaltige Produkte so aufbewahren, dass ein Befall mit Salmonellen über andere Waren ausgeschlossen ist.*
- *Roheier nicht bei Produkten zusetzen, bei denen der Eianteil verzichtbar ist.*
- *Grundmassen gut erhitzen (z. B. Krems), wenn darin Roheier eingearbeitet werden.*

Umgang mit Eiern und eihaltigen Produkten

Für das Lagern von Eiern und die Abgabe roheihaltiger Produkte gibt es spezielle Hygienevorschriften. Diese Regelungen müssen Sie beachten, wenn Sie mit roheihaltigen Backwaren und mit Speiseeis umgehen, ebenso für die Abgabe von Snacks und kleinen Gerichten.

Eier als Hygiene-Risikofaktor

Eier können krankmachende Mikroben enthalten, insbesondere die *Salmonella-Bakterien*. Die Aufnahme von Salmonellen mit der Nahrung kann zu gefährlichen Magen-Darm-Erkrankungen führen.

Bei befristeter, kühler Eierlagerung (unter +8 °C) kommt es zu keiner nennenswerten Vermehrung der Keime.

Eine falsche oder zu lange Lagerung von Eiern kann die Vermehrung von enthaltenen Salmonellen begünstigen. Mit wachsender Keimzahl vergrößern sich die gesundheitlichen Gefahren nach dem Verzehr von daraus hergestellten und nicht durcherhitzten Produkten. Die Gefahr einer Salmonellose durch Infektion über roheihaltige Produkte lässt sich durch kontrollierbare Maßnahmen vermeiden.

Zu solchen „**B**etriebseigenen **M**aßnahmen und **K**ontrollen" (BMK) sind alle Lebensmittelbetriebe verpflichtet (➡ rechtliche Bestimmungen). Sie dienen zur Gewährleistung der gesundheitlichen Unbedenklichkeit der Back- und Süßwaren *(= Produktsicherheit)*.

Eier vor nachteiliger Beeinflussung schützen

*Als **nachteilige Beeinflussung** gilt eine Ekel erregende oder sonstige Einschränkung der einwandfreien Beschaffenheit von Lebensmitteln.*

Beim Umgang mit Eiern sind beispielsweise solche Beeinflussungen: Verunreinigungen, Feuchtigkeit, Witterungseinflüsse, Wärme und vor allem Sonneneinwirkung. Eier sind vor nachteiliger Beeinflussung zu schützen. Dieser Grundsatz gilt in gleicher Weise für Erzeugerbetriebe, Verpacker, Händler und Verarbeitungsbetriebe.

Ab Anlieferung sollten für die Verarbeitung bestimmte Eier im Kühlhaus oder im Kühlschrank vor Fremdgeruch geschützt gelagert werden.

Nach Ablauf des Mindesthaltbarkeitsdatums sollten die Eier in keinem Fall für nicht durcherhitzte Erzeugnisse verwendet werden.

Roheihaltige Produkte kontrollieren

Eihaltige Produkte stellen keine Gesundheitsgefahr dar, wenn diese durcherhitzt sind. Genügend durcherhitzt sind alle Zubereitungen, die ordnungsgemäß durchgebacken oder gekocht sind.

In Bäckereien/Konditoreien werden aber auch roheihaltige Produkte hergestellt, die vor der Abgabe an die Verbraucher nicht durcherhitzt werden (z. B. Krems, Füllungen von Torten, Snacks).

Für solche Erzeugnisse müssen unbedingt die folgenden Maßnahmen eingehalten und kontrolliert werden:

Roheihaltige Erzeugnisse müssen innerhalb von zwei Stunden nach ihrer Herstellung
- *auf höchstens + 7 °C abgekühlt werden, dann bei dieser Temperatur gehalten und innerhalb von 24 Stunden abgegeben werden*
  oder
- *tiefgefroren werden und nach dem Auftauen bis zu einer Temperatur von höchstens + 7 °C innerhalb von 24 Stunden abgegeben werden.*

Eiprodukte als Zutat für Back- und Süßwaren

Verwenden Sie in Ihrem Betrieb auch Eiprodukte?
Was sind Eiprodukte?

***Eiprodukte** sind Erzeugnisse aus Eiern. Sie werden in verschiedener Handelsform angeboten: flüssig, konzentriert, getrocknet, kristallisiert, gefroren oder tiefgefroren.*

Backbetrieben stehen das ganze Jahr über Frischeier zur Verfügung. Die Verwendung von Eiprodukten anstelle von frischen Eiern ist jedoch aus wirtschaftlichen und hygienischen Gründen oft vorteilhafter.

Eiprodukte aus eigener Herstellung sind kühl zu lagern

Im Betrieb anfallendes loses Vollei, Eidotter und Eiklar sind *flüssige Eiprodukte*. Diese sind zur unmittelbaren Verarbeitung bestimmt. Das nicht sofort verwendete Flüssigei muss direkt nach dem Auftrennen gekühlt gelagert und am gleichen Tage aufgebraucht werden. Für die längere Bevorratung muss es tiefgefroren werden.

Die Verwendung von gelagertem Flüssigei aus eigener Produktion ist nur für Erzeugnisse zulässig, die genügend durcherhitzt werden.

Im Handel erhältliche Ei-Flüssigprodukte sind durch Wärmebehandlung keimarm gemacht. Die Packung schützt die Produkte vor nachteiliger Beeinflussung. Dennoch ist die Haltbarkeit von Flüssigei begrenzt. Nach dem Öffnen der Packung ist Flüssigei sofort zu verwenden.

Aufgetautes Gefrierei muss sofort verarbeitet werden

Eiprodukte können auch als Tiefkühlware bezogen werden *(Gefrierei)*. Diese Eiprodukte werden als Vollei, Eidotter und Eiklar angeboten. Die Lagertemperatur von -18 °C muss durchgängig eingehalten werden.

Für die Verwendung von tiefgefrorenen Eiprodukten sind fachliche und hygienische Regeln zu beachten.

Für die Verwendung von Gefrierei gilt:

- *Gefrierei bei Raumtemperatur auftauen, nicht stark erhitzen.*
- *Gefrierei unmittelbar nach dem Auftauen restlos verarbeiten.*
- *Gefrierei nach dem Auftauen auf keinen Fall wieder frosten.*

Trockenvollei ist nur begrenzt haltbar

Trockeneiprodukte sind durch Sprühtrocknung wasserarm gemacht worden. Getrocknetes Vollei und Eidotter wird pulverförmig gehandelt, Trockeneiklar zusätzlich auch in der kristallisierten Form.

Bei trockener, kühler Lagerung ist die Haltbarkeit
- von *Trockeneiklar* fast unbegrenzt,
- von *Trockenvollei und Trockeneigelb* wegen Oxidation der Fettstoffe im Ei auf 6 bis 8 Monate begrenzt.

Für die Verarbeitung von Trockeneiprodukten wird das beim Trocknen entzogene Wasser wieder zugesetzt (= Rückverdünnung).

Die *Aufschlagbarkeit* von rückverdünntem Volleipulver ist eingeschränkt (z. B. für Biskuitmassen). Die Verarbeitung zu Massen ohne Aufschlag, zu Krems und zu Teigen kann in Pulverform erfolgen.

Eiklarpulver ist nach kurzer Quellzeit gut aufschlagfähig. Kristallisiertes Eiklar braucht eine längere Quellzeit.

Was beim Auftrennen von Hühnereiern zu beachten ist

- *Eier sollen bis zur Verarbeitung kühl gelagert werden. Es sollen nur so viel Eier temperiert werden, wie für die Rezeptur notwendig sind. Dadurch wird dem Verderb lagernder Eier vorgebeugt.*
- *Eier sollen vor dem Auftrennen nicht mit Wasser gesäubert werden. Dadurch würden Schmutzteile und Mikroben durch die poröse Eierschale in das Innere der Eier gelangen können.*
- *Eier sollen über einem separaten Gefäß aufgeschlagen und auf Geruch geprüft werden. Dadurch wird verhindert, dass verdorbene Eier oder Schalenteile in die Eimasse kommen.*
- *Eierschalen sollen nicht mit den Fingern ausgesäubert werden. Dadurch würden Mikroben von der Schale in die Eimasse gelangen können.*
- *Eierschalen sollen sofort ausgesondert und entsorgt werden. Hände und Arbeitsplatz sind zu reinigen/zu desinfizieren. Dadurch wird eine Verschleppung von Mikroben vermieden.*

Mengenumrechnung für Flüssigeiprodukte		
1 Vollei	=	*50 g Flüssigvollei oder Gefriervollei*
1 Eidotter	=	*18 g Flüssigeidotter oder Gefriereidotter*
1 Eiklar	=	*32 g Flüssigeiklar oder Gefriereiklar*

Rückverdünnung von Trockenei		
1 Liter Vollei	=	*275 g Volleipulver + 725 g Wasser*
1 Liter Eidotter	=	*525 g Eidotterpulver + 475 g Wasser*
1 Liter Eiklar	=	*150 g Eiklarpulver + 850 g Wasser*

Berechnungen

- *Errechnen Sie die erforderlichen Mengen an Flüssigei in Gramm für vorgegebene Stückzahlmengen von Vollei, Eidotter und Eiklar.*
- *Errechnen Sie die erforderlichen Mengen Trockenei und Wasser in Gramm für vorgegebene Mengen von Vollei, Eidotter und Eiklar in Liter.*

Volumen von Eiklar-, Eidotter- und Volleimasse

Was für das Aufschlagen von Eimassen zu beachten ist

- *Kessel und Schlagbesen nur fettfrei sauber benutzen! Die Geräte vor der Benutzung heiß auswaschen und kalt nachspülen!*
- *Für getrenntes Aufschlagen von Eiklar und Eidotter diese sauber voneinander trennen! Eventuelle Reste von Eidotter aus dem Eiklar entfernen!*
- *Bei Eiklarmassen die Zuckermenge und den Zusatzzeitpunkt richtig bemessen! Eine Prise Kochsalz zur Verbesserung der Schaumbildung beifügen!*

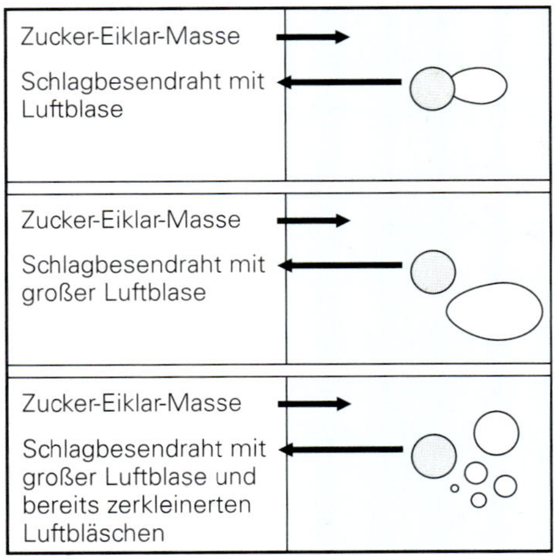

Auflockern von Eimassen durch eingeschlagene und eingeschlossene Luft

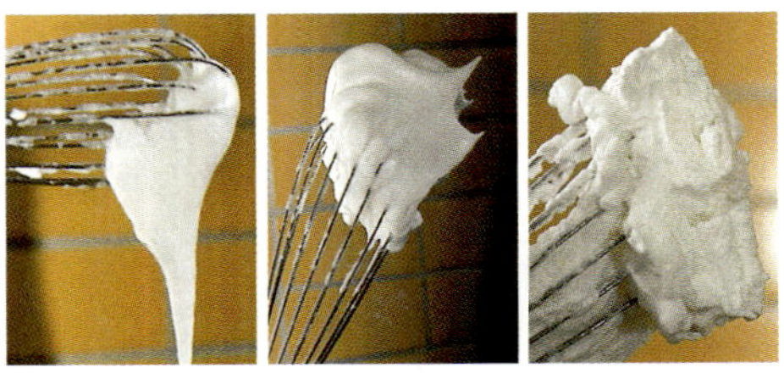

Zu kurz aufgeschlagener Eischnee mit fließender Beschaffenheit (links);
gut aufgeschlagener Eischnee mit einer stabilen Oberfläche und ausziehenden Spitzen (Mitte);
zu lange geschlagener Eischnee mit flockiger Beschaffenheit (rechts)

Bereiten von Massen mit Aufschlagverfahren

Bei der herkömmlichen Bereitung von geschlagenen Eimassen (ohne Fertigprodukte) haben das erzielte Aufschlagvolumen und der Stand der Masse entscheidende Bedeutung für die Qualität der Gebäcke.

Vollei, Eiklar und Eidotter lassen sich zu einem Schaum aufschlagen. Wie ist es mit ihrer Aufschlagbarkeit für Eimassen?

Zur Klärung der Frage sind jeweils 5 Minuten lang aufgeschlagen:
Probe 1 = 100 g Eiklar + 60 g Zucker
Probe 2 = 100 g Eidotter + 60 g Zucker
Probe 3 = 100 g Vollei + 60 g Zucker

Bei den aufgeschlagenen Massen werden jeweils das Volumen und die Beschaffenheit beurteilt (➞ obere Abbildung).

Beobachtungen:

Die Eiklarmasse hat das größte Volumen. Eidotter ist dagegen kaum aufschlagbar. Vollei ist aufschlagbar, hat aber ein geringeres Volumen und eine weichere Beschaffenheit als die Eiklarmasse.

Begründung:

Der hohe Fettgehalt sowie die albuminähnlichen und fettfreundlichen Eiweißstoffe in dem Eidotter mindern dessen Aufschlagbarkeit. Der Eidotteranteil schränkt daher auch die Aufschlagbarkeit des Volleies ein. Er begünstigt aber die Emulsionsbildung (aus den Fettstoffen des Eidotters und dem Wasseranteil des Volleies).

Folgerungen für die Praxis:

- Eimassen schlagen sich besser und lockerer auf, wenn ein hoher Anteil an Eiklar verwendet wird. Die Masse ist dann leicht.
- Eimassen mit einem hohen Eidotteranteil schlagen sich nicht gut auf. Die Masse ist dann schwer.
- Gebäcke aus leichten Eimassen sind von trockener Beschaffenheit. Gebäcke aus schweren Eimassen sind dagegen feucht und weich in der Krume. Sie halten sich gut frisch.

Wie Eimassen aufgelockert werden

Wie in der nebenstehenden Abbildung ausschnittartig dargestellt, wird der Eischnee durch in die Eiweißstoffe eingeschlagene Luft gebildet. Mit jedem Draht des Schneebesens wird bei den Schlagbewegungen Luft in die Masse eingezogen. Die Zucker-Eiweiß-Masse kann die Luft in Form von Bläschen fest einschließen. Die Eischneestruktur wird vor allem von den *Globulinen* und vom *Ovalbumin* gebildet. Mit beteiligt sind die wasserunlöslichen *Mucine*, die stabilisierend wirken.

Zucker erhöht aufgrund seiner hygroskopischen Wirkung die Bindigkeit (= Viskosität) der Eimasse. Geringe *Kochsalzzugaben* lösen das zähe Globulin an und ermöglichen ein höheres Aufschlagvolumen. Festigen lässt sich die Masse durch Zusatz von etwas *Zitronensäure*.

Wie Produkte aus Eimassen bewertet werden

Gebäcke aus Eiklarmassen und aus Volleimassen sind eiweißreich. Ausschließlich mit Eiklar und Zucker bereitete Gebäcke (z. B. Baisers) sind praktisch fettfrei. Sie haben aber durch den hohen Zuckeranteil einen beachtlichen Energiewert.

Die Eiklar-Zucker-Produkte sind wegen ihrer Zusammensetzung leicht verdaulich. Sie werden rasch umgesetzt und haben daher einen hohen glykämischen Faktor (➞ Informationen auf der CD-ROM).

Wie Zuckerzusatz die Schaumbildung bei Eimassen fördert

Die Wirkung unterschiedlich hoher Zuckermengen in Schaummassen wird mit den nebenstehenden Abbildungen verdeutlicht.
Unter gleichen Bedingungen wurden dafür aufgeschlagen:
Probe 1 = 100 g Eiklar (ohne Zusatz)
Probe 2 = 100 g Eiklar + 50 g Zucker
Probe 3 = 100 g Eiklar + 100 g Zucker
Probe 4 = 100 g Eiklar + 150 g Zucker

Beobachtungen:

Probe 1 ergibt einen Eischnee mit großem Volumen und sehr großer Porung des Schaumes, der aber nicht stabil ist. Der Eischnee zerfällt rasch wieder. Probe 2 ergibt einen stabilen und gut geporten Eischnee. Bei den Proben 3 und 4 ist die Porung des Eischnees feiner. Aber das Volumen ist wesentlich geringer (trotz der größeren Gesamtmenge aufgrund des erhöhten Zuckeranteils). Der Schaum ist recht stabil. Er ist aber leicht schmierig.

Aufschlagverfahren – in herkömmlicher Art

Bei *Volleimassen* muss für ein optimales Aufschlagergebnis auch eine stabile *Emulsion* erzielt werden. Der Fettgehalt des Eidotters muss durch das enthaltene Lecithin emulgiert werden. Das gelingt besser, wenn die Masse erwärmt wird: Im so genannten *Ein-Kessel-Verfahren* wird die Masse zunächst warm- und anschließend kaltgeschlagen.

Beim *Zwei-Kessel-Verfahren* werden dagegen Eiklar und Eidotter jeweils getrennt mit Zucker kalt aufgeschlagen.

In die aufgelockerte Eimasse wird das gesiebte Mehl-Stärke-Gemisch vorsichtig untergehoben (= meliert).

All-in-Verfahren – Aufschlag in einem Arbeitsgang

Durch Einsatz von Aufschlagmitteln oder Fertigmischungen kann die Emulsion bei *Volleimassen* auch ohne Warmschlagen erzielt werden. Im „All-in-Verfahren" kann aus allen Zutaten in einem Arbeitsgang eine Masse bereitet werden. Allerdings wird die Lockerung dabei nicht allein durch eingeschlagene Luft erreicht. Es ist zusätzlich Backpulver zum Lockern der Masse während des Backvorgangs nötig.

Backen – Stabilisieren der Eischaummassen

Eiklarmassen werden ohne Zusatz von Weizenmehl/-stärke verarbeitet. Sie werden aufdressiert und getrocknet (für Baisers) oder gebacken (als Dekor auf Obstkuchen). Dabei gerinnen die Eiweißstoffe.

Volleimassen werden nach dem Melieren dosiert und verarbeitet. Das Backen erfolgt bei etwa 200 °C. Dabei gerinnen die Eiweißstoffe. Die Stärke des Mehles verkleistert. Durch Fingerdruck kann geprüft werden, ob die Gebäcke gar sind: Sie federn dann leicht zurück.

Wie Kunden über Gebäcke aus Eimassen informiert werden

Gebäcke aus *herkömmlich hergestellten Volleimassen* sind durch die eingeschlagene Luft gelockert; ein Zusatz von *Backpulver* ist deshalb *nicht nötig.* Auch ist zur Herstellung dieser Gebäcke *kein Einsatz von Emulgatoren* erforderlich, auch andere *Zusatzstoffe sind entbehrlich.*

Gebäcke aus Volleimassen, die *mit Convienenceprodukten* hergestellt wurden, sind *mit Backpulver gelockert.* Sie enthalten auch *Emulgatoren oder andere Zusatzstoffe,* die zum Auflockern der Masse nötig sind.

Eischnee aus 100 g Eiklar:
ohne Zuckerzusatz (links), mit Zuckerzusatz (rechts)

➤ *Beurteilen Sie anhand der Abbildung die Auflockerung der beiden Massen.*

Schaummassen aus 100 g Eiklar mit verschiedenen Zuckeranteilen

➤ *Beurteilen Sie anhand der Abbildung und der nebenstehenden Beschreibung die Auflockerung der Massen.*

Tortenboden aus Volleimasse

➤ *Wie erklären Sie einem Kunden den Unterschied der Massen für Baiser und für den obigen Tortenboden?*

Handlungsorientierte Aufgaben

➤ *Welche Backwaren Ihres Betriebs sind mit aufgeschlagenen Eimassen hergestellt?*

➤ *Stellen Sie für Backwaren mit aufgeschlagenen Eimassen stichwortartig deren typische Produktmerkmale dar.*

Verschiedene Weizenkleingebäcke

Verschiedene Stangenweißbrote

Vollkornbrot oder Bio-Brot?

Vorprodukte aus aufgeschlagener Volleimasse

Lernfeldbezogene Aufgaben

1. Situationsbeschreibung:

Eine Kundin fragt nach, ob die in Ihrer Verkaufsstelle angebotenen Weizenkleingebäcke und Weizenbrote mit Backmitteln hergestellt sind. Auch möchte sie wissen, ob diese Backwaren eventuell Zusatzstoffe oder „andere chemische Stoffe" enthalten.

Sie sollen ihr fachlich korrekt Auskunft erteilen.

Dabei sollen Sie die von den Kunden erwarteten Qualitätsmerkmale und das stetige Frischeangebot von Brötchen beachten.

- *Beschreiben Sie die jeweils erwarteten* ***Qualitätsmerkmale***
  - *für Brötchen (einer ortsüblichen Sorte),*
  - *für kompakte Weizenbrote (z. B. Kastenweißbrote),*
  - *für Stangenweißbrote (z. B. Baguettes).*
- *Mit welchen Methoden können tagsüber jederzeit frische Brötchen* ***durch Backen im Laden*** *angeboten werden?*
- *Wie bestimmen die* ***Inhaltsstoffe des Weizenmehls*** *und die* ***Zutaten*** *die Qualität der Weizengebäcke?*
  - *Beachten Sie dabei insbesondere, inwieweit Weizenbackmittel nötig sind zur Erzielung der erwarteten Gebäckqualität.*
  - *Beschreiben Sie den möglichen Zusatz von ökologischen Backmischungen, die im eigenen Backbetrieb zusammengestellt werden.*

2. Situationsbeschreibung:

Ein Kunde äußert fragend, dass wohl alle Vollkornbackwaren schon als „Bio-Backwaren" gelten würden.

Sie sollen dem Kunden Auskunft geben über Bio-Backwaren.

- *Stellen Sie die* ***Anforderungen an Bio-Lebensmittel*** *nach der EWG-Verordnung dar.*
- *Erklären Sie kurz die* ***Herstellung einer Bio-Backware*** *nach Ihrer Wahl. Nehmen Sie dabei Stellung dazu, ob das Getreide für Bio-Brot unbedingt im Backbetrieb vermahlen werden muss.*
- *Führen Sie auf, welche* ***Verbände für Bio-Lebensmittel*** *es in Deutschland gibt. Erklären Sie, unter welchen Voraussetzungen das* ***gesetzliche Bio-Siegel*** *oder das* ***Zeichen der Verbände*** *in der Werbung für Backwaren benutzt werden darf.*

3. Situationsbeschreibung:

Sie sollen für Produktinformationen in Ihrer Verkaufsstelle die wesentlichen Merkmale von Gebäcken aus Massen mit Aufschlag darstellen.

- *Unterscheiden Sie beispielhaft Gebäcke aus verschiedenen* ***Arten der Massen*** *(nach Herstellungsart).*
- *Erklären Sie, wie* ***Eiklarmassen*** *(leichte und schwere Schaummassen) hergestelllt werden. Stellen Sie dabei den fachlich richtigen Aufschlagvorgang und die Wirkung des Zuckerzusatzes dar.*
- *Beschreiben Sie das Prinzip der* ***physikalischen Lockerung durch Luft*** *bei Volleimassen herkömmlicher Herstellung.*
- *Erstellen Sie einen Kriterienkatalog für die* ***Qualität der Gebäcke aus aufgeschlagenen Volleimassen.*** *Beurteilen Sie dabei, inwieweit die Gebäcke mit eingeschlagener Luft oder mit Backpulver gelockert sind und ob Zusatzstoffe und Emulgatoren nötig sind.*

FEINE BACKWAREN AUS TEIGEN HERSTELLEN UND VERKAUFEN

Dieses Lernfeld ist Teil der Ausbildung im ersten Ausbildungsjahr.

Leitfragen in diesem Lernfeld sind:

Welche Teige sind üblich zur Herstellung von Feinen Backwaren?

Welche Zutaten sind erforderlich für die Feinen Backwaren aus Teigen und wie wird deren Eignung für herzustellende Produkte bestimmt?

Wie wirken sich verschiedene Zutaten und unterschiedliche Zugabemengen auf die Gebäckqualität aus?

Welche Arten und Abwandlungen von Teigen sind zur Herstellung Feiner Backwaren üblich?

Welche Informationen über Feine Backwaren aus Teigen sind wesentlich für die Kundenberatung?

Mit welchen Materialien und Aktionen kann geworben werden für Feine Backwaren aus Teigen?

Wie können Bäckereien/Konditoreien mit Feinen Backwaren aus Teigen eine einzigartige Marktposition erreichen?

Mit welchen Maßnahmen lässt sich die von den Kunden erwartete Qualität der Produkte sichern?

Obige Fragen und weitere Aspekte zu Feinen Backwaren aus Teigen werden in diesem Kapitel behandelt.

FEINE BACKWAREN AUS HEFEFEINTEIGEN UND ANDEREN TEIGEN

Es sind die Klassiker der Bäckerei und Feinbäckerei – die aus verschiedenen Teigen hergestellten Feinen Backwaren. Neben vielen über lange Zeit überlieferten Gebäcken gibt es immer wieder aktuelle Neuentwicklungen nach Art und Form der Gebäcke. Auch ist man in der Bäckerei/Konditorei stets darum bemüht, die Vielfalt der Feinen Backwaren aus Teigen rationell herzustellen.

Um den Erwartungen der Verbraucher an Frische und Geschmack dieser Feinen Backwaren entsprechen zu können, ist fundiertes Fachwissen für deren Herstellung und Präsentation erforderlich.

Definitionen

Backgrundstoffe *sind vorbehandelte Zutaten oder Zutaten-Zubereitungen (z. B. Backkrem).*

Backmischungen *oder* ***Fertigmehle*** *sind Mischungen der Zutaten für Teige oder Massen. Sie enthalten alle trockenen, nicht schnell verderbenden Zutaten für die angegebenen Gebäcke in abgestimmter Menge.*

Sachkurs:
Convenienceprodukte für Feine Backwaren

Convenienceprodukte sind vorbehandelte Zutaten. Zum Beispiel wird für die Herstellung von Vanillekrem das Kochen durch Vorverkleistern der Stärke vorweggenommen. Solch ein Krempulver verkleistert in kaltem Wasser (= Kaltkrempulver).

Convenience bedeutet „Bequemlichkeit". Denn die Verwendung solcher Produkte
- *vereinfacht Herstellungsvorgänge,*
- *verringert Herstellungsfehler und*
- *spart Arbeitszeit (also Personalkosten).*

Convenienceprodukte sind auch die zum Fertigbacken vorbereiteten Teiglinge und vorgebackenen Teile. Bei ihrer Verwendung in der Bäckerei verlagert sich die Fertigung weitgehend in die Zulieferindustrie.

➤ *Bewerten Sie die Verwendung verschiedener Convenienceprodukte zur Herstellung Feiner Backwaren aus Teigen.*

Unterscheidung Feiner Backwaren aus Teigen

Feine Backwaren *enthalten mehr als 10 Teile Fett und/oder Zucker auf 90 Teile Getreideerzeugnisse und/oder Stärken.*

Das ist die allgemeine Festlegung für *sämtliche* Feinen Backwaren in den „Leitsätzen für Feine Backwaren" (also aus Teigen oder Massen hergestellte Produkte).

Aus folgenden Teigen werden Feine Backwaren bereitet:
- Hefefeinteige,
- Blätterteige,
- Mürbeteige,
- Lebkuchenteige.

Zutaten, Rezepturen und Abwandlungen

Im Unterschied zu Gebäcken aus Massen sind für Feine Backwaren aus Teigen die Getreidemahlerzeugnisse die Hauptzutat. Daneben spielen die Zugussflüssigkeit, Fette und Zuckerarten eine große Rolle.

Bei den Rezepturen für Feinteige sind die Grundzutaten nach Art und Menge entscheidend für den Charakter der Teige und Produkte. Aber auch weitere Zugaben können wertbestimmend sein (z. B. Mandeln, Kuchenfrüchte oder Auflagen/Füllungen). Durch Variation der Zutaten ergeben sich Abwandlungen bei den Gebäcktypen, aber ebenso auch durch verschiedene Arbeits- und Backverfahren.

Arbeitstechniken und Backverfahren

Teige für Feine Backwaren werden überwiegend geknetet, aber auch gerührt oder geschlagen. Sie werden ausgerollt, ausgeformt und zum Backen hergerichtet. Hefefeinteige müssen vor dem Backen aufgehen; bei den übrigen Feinteigen erfolgt die Auflockerung erst während des Backvorgangs. Die Teiglinge werden überwiegend im Ofen gebacken, in einigen Fällen auch im Fettbackgerät.

Milch und Milcherzeugnisse als Zutaten für Feine Backwaren

Milch und Milcherzeugnisse finden in der Bäckerei/Konditorei vielfältige Verwendung: für Teige, Massen, Krems, Füllungen und Auflagen.

Für Feine Backwaren ist Milch als Teigzutat nicht vorgeschrieben. Doch aus Gründen der Produktqualität ist ihre Verwendung zu empfehlen.

Milchsorten: Gewinnung und Merkmale

Konsummilcharten *sind die für den Verzehr geeigneten Milchsorten mit unterschiedlichen Fettanteilen und Verfahren der Behandlung.*

Milcherzeugnisse *sind aus Milch gewonnene Produkte. Für Feine Backwaren sind vor allem Trockenmilch, Sahne und Quark wesentlich.*

Konsummilch: Unterscheidungsmerkmale

Rohmilch ist nicht erhitzte, im Wesentlichen unbehandelte Milch. Nur bei Erfüllung bestimmter Hygiene- und Qualitätsanforderungen ist die direkte Abgabe an Verbraucher gestattet (Milch-ab-Hof-Abgabe).

Vollmilch ist wärmebehandelte, standardisierte Milch. Ihr Fettgehalt beträgt mindestens 3,5 %.

Vorzugsmilch ist Rohmilch mit dem natürlichen Fettgehalt (jedoch mit mindestens 3,5 %). Sie wird direkt beim Erzeuger abgefüllt und dann in Fertigpackungen in den Handel gebracht.

Die Erlaubnis für die Abgabe von Vorzugsmilch ist an strenge Auflagen hinsichtlich der Produkt- und Qualitätssicherung gebunden.

Teilentrahmte Milch ist fettverminderte und wärmebehandelte Milch. Ihr Fettgehalt beträgt 1,5 bis 1,8 %.

Entrahmte Milch (= Magermilch) ist fast fettfreie und wärmebehandelte Milch. Ihr Fettgehalt darf bis zu 0,3 % betragen.

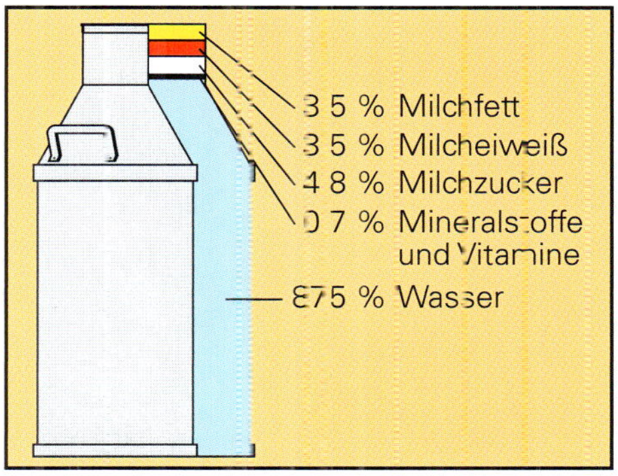

Zusammensetzung von Vollmilch

Milcherzeugnisse: Gewinnung und Verwendung

Trockenmilch wird im Sprühverfahren gewonnen. Die im Sprühraum verstäubte Milch wird durch aufsteigende Warmluft getrocknet. Als Trockenmilch werden Vollmilchpulver, teilentrahmtes Milchpulver und Magermilchpulver gehandelt. Milchpulver ist zwar durch Wasserentzug konserviert; es muss aber kühl und trocken gelagert werden.

Trockenmilch wird anstelle von Frischmilch verwendet. Es kann mit Wasser rückverdünnt oder einfach unter das Mehl gemischt werden.

Sahne wird durch Zentrifugieren (= Schleudern) von Milch gewonnen. So trennt sich fettreicher Rahm von der übrigbleibenden fettarmen Milch (= Magermilch). Sahne hat einen Fettgehalt von mindestens 30 %.

Saure Sahne ist mit Milchsäurekulturen versetzte, gereifte Sahne mit mindestens 10 % Fettgehalt.

Sauermilchquark wird dickgelegt aus Magermilch durch Zugabe von Milchsäurebakterien und Lab. Die freigesetzte *Molke* wird abgetrennt. Die angegebene Fettstufe wird durch Zugabe von Sahne erzielt.

Hartkäse, Schnittkäse und Weichkäse sind Käsesorten, die sich im Wasser- und Fettgehalt unterscheiden. Bei allen Käsesorten muss der *Fettgehalt in Trockenmasse* ausgewiesen sein. Im Backgewerbe werden sie für Backwaren-Snacks und Speisen verwendet.

Fettgehalt von Sahnesorten

Kaffeesahne...........	*mindestens 10 % Fett*
Saure Sahne...........	*mindestens 10 % Fett*
Schlagsahne...........	*mindestens 30 % Fett*
Crème fraîche........	*mindestens 30 % Fett*

Platzierung von Milch für den Verkauf

Alle Milchsorten und Milcherzeugnisse eignen sich für das Angebot zur Selbstbedienung in der Verkaufsstelle.

So kann diese Produktgruppe in der Kundenzone bereitgestellt werden.

Geeignet sind Wandregale. Sie bieten den Vorteil der Warenpräsentation auf mehreren gut einsehbaren Ebenen.

Für kühl zu lagernde Produkte (pasteurisierte Milch, Vorzugsmilch, Schlagsahne, saure Sahne, Quark) ist ein Kühlregal geeignet. Die Kühlung erfolgt mit Umluft, die als kalter Luftschleier an der Vorderseite des Kühlregals abfällt.

Kastenweißbrot im Anschnitt
links: mit Wasser, rechts: mit Vollmilch hergestellt

➤ *Vergleichen Sie Volumen, Krustenfarbe und Krumenbeschaffenheit der Gebäcke.*

Sind Gebäcke mit Milch besonders gesund?

§ ***Anforderungen für Milchgebäcke***

- *Mindestmengen an standardisierter Vollmilch auf 100 kg Getreideerzeugnisse:*
  – für Brot und Kleingebäck = 50 Liter
  – für Hefefeingebäck = 40 Liter
  – für hefefreie Feine Backwaren = 20 Liter
- *Anstelle von Frisch-Vollmilch können auch in entsprechender Menge verwendet werden:*
  – Trockenmilcherzeugnisse oder
  – Kondensmilch (auch mit Butterfettzusatz).

Trockenmilchmengen für Milchgebäck

- *Für 1 Liter Vollmilch: 139 g Vollmilchpulver mit Wasser auf 1 Liter ergänzen*
- *Auf 1 Liter Wasser: 156 g Vollmilchpulver*

Berechnungen

Errechnen Sie für Milchgebäck nach vorgegebenen Gesamtmengen an Zugussflüssigkeit die erforderlichen Mengen
– Vollmilchpulver und Wasser;
– Kondensmilch (7,5 % Fett) und Wasser;
– fettarme Milch und Sahne.

Milchgebäcke: Merkmale und Angebote

„Ist der Stuten mit Milch hergestellt?" Könnten Sie die Kundenfrage beantworten? Hat Milch als Zutat für die Kunden eine Bedeutung?

Milch ist heute noch wegen ihres ausgewogenen Nährwerts ein hoch geschätztes Lebensmittel. Aber von den Kunden ausgehend gibt es kaum eine Nachfrage nach mit Milch hergestellten Backwaren.

Frische Milch war in früheren Zeiten die Zugussflüssigkeit für alle Hefefeinteige. Heute verwendet man in den meisten Backbetrieben Trockenmilch und Wasser oder Backkrems bzw. Backmischungen und Wasser. Denn Qualitätsverbesserungen von Backwaren durch Milch lassen sich ebenso durch Trockenmilch oder Emulgatoren (in Backkrems und Backmischungen) erzielen.

In geschmacklicher Hinsicht ist allerdings die frische Milch durch die Verwendung solcher Produkte nicht zu ersetzen.

Milch verbessert die Gebäckqualität

Hefefeingebäcke können auch in herkömmlicher Weise mit Wasser als Teigflüssigkeit hergestellt sein. Die mit Milch zubereiteten Teige ergeben aber eine deutlich bessere Gebäckqualität.

- *Milchgebäcke haben ein größeres Volumen.*
- *Milchgebäcke haben eine deutlich besser gebräunte Kruste.*
- *Milchgebäcke haben eine feinporigere, zartere Krume.*
- *Milchgebäcke haben einen höheren Genusswert.*
- *Milchgebäcke halten sich länger frisch.*

Besondere Anforderungen an Milchgebäck

Mit Milch hergestellte Backwaren dürfen nicht ohne weiteres mit der Verkehrsbezeichnung „Milchgebäck" zum Verkauf angeboten werden. Denn für Milchgebäck gelten bestimmte Mindestanforderungen.

Auf 100 kg Getreideerzeugnisse (Mehl, Schrot, Vollkorn oder Stärke) müssen verarbeitet sein:
– für Brot und Kleingebäck mindestens 50 Liter Vollmilch,
– für Hefefeingebäcke mindestens 40 Liter Vollmilch,
– für andere Feine Backwaren mindestens 20 Liter Vollmilch.

Anstelle von frischer standardisierter Vollmilch können entsprechende Mengen an Trockenmilch und/oder Kondensmilch verarbeitet sein. Gegebenenfalls ist ein Sahne- oder Butterzusatz zur Erzielung des erforderlichen Milchfettgehalts notwendig.

Kann man mit dem Begriff „Milchgebäck" heute noch Kunden bei der Gebäckauswahl beeinflussen?

Das ist mit Sicherheit möglich. Zum Beispiel basiert die Werbung der Süßwarenindustrie für bestimmte Süßwaren mit (minimalem) Milchanteil mit sehr großem Erfolg fast allein auf dem Milchgehalt. Die erhöhte Gebäckqualität durch den Milchgehalt können Sie im Verkaufsgespräch wie folgt herausstellen:

„Unsere Hefefeingebäcke sind mit frischer Vollmilch hergestellt. Sie haben dadurch einen vollen, abgerundeten Geschmack. Auch halten sie sich besonders gut frisch."

Außerdem können Sie den *Zusatznutzen* hervorheben (z. B. nach überlieferter Art hergestellt, besonderer Ernährungswert).

Milchsorten: Handelswaren und ihre Verwendung

Die verschiedenen Milchsorten und -erzeugnisse unterscheiden sich in der Zusammensetzung und im Verwendungszweck. Sie benötigen fachliche Kenntnisse über diese Produkte, soweit sie in Backwaren verwendet worden sind oder in Ihrer Verkaufsstelle als Handelsware angeboten werden.

Milchsorten – Haltbarkeit und Verwendung

Rohmilch wird durch Behandlung in Molkereien zur verkaufsfähigen Konsummilch. Die Rohmilch wird
- wärmebehandelt (pasteurisiert, ultrahocherhitzt oder sterilisiert), um den Keimgehalt zu senken oder zu beseitigen,
- homogenisiert (= feinste gleichmäßige Verteilung des Milchfetts), um das Aufrahmen beim Abstehen zu verhindern.

- Pasteurisierte Milch wird in Tetrapackungen gehandelt mit einer Haltbarkeit von 2 bis 3 Tagen. Sie ist kühl zu lagern.
- Ultrahocherhitzte Milch (H-Milch) wird in Tetrapackungen mit einer Haltbarkeit von mindestens 6 Wochen angeboten. Sie kann bei Raumtemperatur gelagert werden.
- Sterilisierte Milch in Flaschen abgefüllt ist eine Dauermilch mit fast unbegrenzter Haltbarkeit.

Die vorgenannten Produkte werden in den Fettstufen für Milchsorten (➞ Seite 167) gehandelt, also beispielsweise als Vollmilch oder als teilentrahmte Milch. Wenn diese als Handelswaren geführt werden, sind die Aufbewahrungsbedingungen und die Mindesthaltbarkeit zu beachten (➞ Produktsicherheit).

Milcherzeugnisse – Gewinnung und Verwendung

In Bäckereien und Konditoreien sind Milcherzeugnisse als Zutat, aber auch als Handelsware von Bedeutung. Die Angebotspalette ist durch den Betriebstyp bestimmt. Als Mindestsortiment sind in den meisten Verkaufsstellen Schlagsahne und Kondensmilch im Angebot. Als Zutat für Backwaren werden Milcherzeugnisse wie Joghurt, Buttermilch, Sahne, Kondensmilch, Speisequark sowie Milchpulver verwendet.

Flüssige Sahne wird als Zutat von Massen und Krems verwendet.
Schlagsahne eignet sich für Füllungen, als Dekor und Auflage.
Sahneprodukte müssen gekühlt vorrätig gehalten werden.

Kondensmilch ist durch Verdampfen von Wasser eingedickte Milch. Kondensmilch wird vorrangig als Kaffeemilch angeboten.
Der Fettanteil beträgt mindestens 7,5 %,
mit hohem Fettgehalt mindestens 15,0 %.

Speisequark ist ein säuerlicher Frischkäse aus Milch hergestellt mit unterschiedlichem Fettgehalt (z. B. Doppelrahmstufe). Er ist Zutat für Teige und Massen sowie für Füllungen und Auflagen.

Milch und Milchgebäcke – Beratung im Verkauf

Milch und milchhaltige Erzeugnisse gelten als Lebensmittel, bei deren Verzehr allergische Erkrankungen oder Unverträglichkeiten auftreten können. Kunden, die an diesen Stoffwechselstörungen leiden, müssen selbst kleinste Mengen der milchhaltigen Produkte meiden. Das gilt auch für Milchzucker und Milcheiweiß als Zutat in Backwaren. Es ist daher wichtig, entsprechende Produktinformationen korrekt zu geben.

Produktsicherheit: Erzeugnisse mit Milch

- *Frischmilch und -milcherzeugnisse sind leicht verderbliche Lebensmittel. Sie müssen daher bis zur Verarbeitung gekühlt aufbewahrt werden (bei maximal + 7 °C).*
- *Trockenmilch ist nicht unbeschränkt haltbar. Milchfett kann ranzig werden. Alle Inhaltsstoffe sind ein guter Nährboden für Mikroben. Bei langer, feuchter Lagerung kann Trockenmilch klumpig und muffig werden; bei möglichem Schimmelbefall kann das Krebs erregende Aflatoxin gebildet werden. Trockenmilch ist daher kühl und trocken zu lagern. Auf das Einhalten der Mindesthaltbarkeitsdauer ist zu achten.*
- *Frische Milcherzeugnisse (wie Quark und Sahne) können möglicherweise Salmonellen enthalten. Füllungen und Auflagen für Feine Backwaren mit diesen Erzeugnissen müssen daher kühl aufbewahrt und alsbald verarbeitet werden. Nicht durcherhitzte Produkte mit Milcherzeugnissen (insbesondere schlagsahnehaltige Füllungen) müssen gekühlt bevorratet und zum Verkauf bereitgestellt werden.*
- *Backwaren mit milchhaltigen Füllungen und Auflagen sind Frischgebäcke. Bei langer, warmer Lagerung können Füllungen und Auflagen säuern und gärig werden.*

Tipps für die Verkaufspraxis

- *Wir bieten Ihnen heute in einer Sonderaktion ungefüllte Hefefeingebäcke an. Sie sind mit frischer Vollmilch hergestellt. Zur Auswahl stehen Großgebäcke als Stuten und Zöpfe sowie Kleingebäcke als Knoten, Hörnchen und Kuchenbrötchen.*
- *Diese Gebäcke sind nach überlieferten Rezepten nur mit herkömmlichen Zutaten bereitet. Sie enthalten keine Zusatzstoffe. Probieren Sie einmal die ausgestellten Proben und sagen Sie uns Ihre Meinung dazu.*
- *Diese Gebäcke haben durch den Milchanteil einen besonderen Ernährungswert. Die brennbaren Nährstoffe (Milchzucker, Milcheiweiß und Milchfett) erhöhen den Energiegehalt der Backwaren.*
  Die Milcheiweißstoffe haben eine hohe biologische Wertigkeit. Sie ergänzen sich gut mit Getreideeiweißstoffen.
  Die Mineralstoffe der Milch liefern das für den Knochenbau wichtige Calcium in nennenswerter Menge.

Speisefette als Zutat und Handelsware

Feine Backwaren aus Teigen enthalten auch zugesetztes Fett. Es ist eine wertbestimmende Zutat. Es prägt die Charakteristik der Gebäcke.

*Der **Fettanteil** in Backwaren*
- *bestimmt die Struktur, die Porung und die Mürbung der Krume,*
- *erhöht den Genusswert*
  - *durch den für das jeweilige Fett typischen Geschmack,*
  - *durch seine abrundende Wirkung auf die Geschmacksstoffe,*
  - *durch die fett-begründete Krumenbeschaffenheit,*
- *begünstigt die Frischhaltung.*

Als Zutat für Feine Backwaren sind solche *Fette ungeeignet*, die den Genusswert beeinträchtigen. Das gilt vor allem für Fette mit einem Schmelzbereich über der Mundtemperatur (z. B. Talg) oder mit einem strengen Eigengeschmack (z. B. Tran).

In die Feinen Backwaren gelangt das Fett auf verschiedene Weise, vor allem als Teigzutat, als Bestandteil von Füllungen oder Auflagen, als Ziehfett (für Plunder- und Blätterteiggebäcke), als Siedefett (für Fettgebäcke) oder als Einstreichfett (für Stollen).

Fette: ihr Einfluss auf die Gebäckqualität

Der Fettanteil in Feinteigen ist sehr unterschiedlich. Sehr fettreich sind Mürbeteige, Blätter- und Plunderteige. Bei den Hefefeinteigen liegt die Fettzugabe zwischen 10 % und 50 % der verarbeiteten Mehlmenge. Für Kunden ist jedoch eine Information über den Fettanteil im fertigen Gebäck interessanter (➟ nebenstehende Tabelle).

Hefefeingebäcke mit niedriger bis mittelhoher Fettzugabe (etwa bis zu 15 % der Mehlmenge) haben
- ein ausgeprägtes Gebäckvolumen,
- eine feinporige, etwas mürbe, gut schneidbare Krume,
- gute Kaueigenschaften,
- einen angenehmen, typischen Geschmack,
- eine gute Haltbarkeit (bis zu 3 Tagen).

Hefefeingebäcke mit einem hohen Fettanteil (von 20 % bis 50 % der Mehlmenge) *weisen nicht* die vorgenannten positiven sensorischen Merkmale auf. Sie haben aber eine verlängerte Mindesthaltbarkeit.

Backfette: nach Art und Qualität

Für Backzwecke stehen viele Fette zur Verfügung: *Emulsionsfette* wie Butter und Margarinen, *reine Fette* als Hartfette oder als flüssige Öle, Fette tierischer und pflanzlicher Herkunft.

Butter – das Fett mit besonderer Wertschätzung

Ein Gehalt an *Butter* wird allgemein als Wertsteigerung angesehen. Grund dafür ist die Verfeinerung von Gebäcken durch den aromatischen, typischen Buttergeschmack. Deshalb wird der Gehalt an Butter beim Angebot von Backwaren im Allgemeinen besonders herausgestellt.

Die *Butter* ist durch ihre Konsistenz und ihren etwas niedrigeren Schmelzbereich nicht so einfach für Backzwecke einsetzbar wie die Margarinen. Durch spezielle Verfahren haben die Zulieferbetriebe die Einsatzmöglichkeiten für Butter aber erweitert.

Meinung

Eine Kundin meint, dass Bäcker und Konditoren zum Kuchenteig kein Fett geben sollten, weil ein hoher Fettgehalt nicht gesund sei.

➤ *Nehmen Sie dazu Stellung.*

Fettanteil in Teigen und Gebäcken

Gebäcksorte	Fett im Teig (in % der Mehlmenge)	Fett im Gebäck (in % der Gebäckmenge)
• Kuchenbrötchen	10 bis 12 %	6 bis 8 %
• Kleingebäck, gefüllt	10 bis 12 %	8 bis12 % (mit Marzipanmasse)
• Berliner Pfannkuchen	10 bis 12 %	16 bis 22 % (mit Siedefett)
• Christstollen mit Früchten	40 bis 50 %	20 bis 25 % (mit Einstreichfett)
• Deutscher Plunder	10 bis 15 %	25 bis 30 % (mit Ziehfett)
• Dänischer Plunder	10 bis 15 %	45 bis 50 % (mit Ziehfett)

Buttersorten

- ***Süßrahmbutter*** *ist aus ungesäuerter Milch oder ungesäuertem Rahm hergestellt.*
- ***Sauerrahmbutter*** *ist aus mikrobiell gesäuerter Milch oder gesäuertem Rahm hergestellt.*
- ***Mildgesäuerte Butter*** *ist aus schwach gesäuerter Milch oder schwach gesäuertem Rahm hergestellt.*

Zusammensetzung von ungesalzener Butter

82,0 %	Fett (Mindestgehalt)
16,0 %	Wasser (Höchstgehalt)
0,6 %	Milchzucker
0,7 %	Milcheiweiß
0,1 %	Mineralstoffe
	Vitamine: A, D, E, K,
	Provitamin A (= Carotin)

Butter und Butterfette: Merkmale und Verwendung

Butter wird aus dem Rahm der Milch gewonnen. Sie enthält noch restliche Milchstoffe. Sie kann gesalzen oder ungesalzen sein.

Butterreinfett ist wasser- und eiweißfreies Butterfett. Es wird durch Ausschmelzen und Zentrifugieren von Butter gewonnen. Es kann als Zutat zu Teigen und Massen verwendet werden. Weil es wasserfrei ist, eignet es sich auch als Siedefett (z. B. für Butter-Fettgebäcke).

Im Haushalt wird Butterreinfett als Koch- und Bratfett verwendet. Es ist allerdings nur wenig hitzebeständig.

Fraktioniertes Butterfett enthält Fette der Butter mit bestimmten Schmelzbereichen. Für Backzwecke sind Ziehfette mit stabilen und plastischen Eigenschaften von Bedeutung.

Buttersorten der Handelsklassen müssen in der Güte bestimmten Anforderungen entsprechen:

- Deutsche Markenbutter ist eine Qualitätsbutter. Sie entspricht voll den Güteanforderungen.
- Deutsche Molkereibutter ist eine Qualitätsbutter. Sie weicht nur in geringem Maß ab von den Güteanforderungen.
- Butter ist die Sortenbezeichnung für die Butterqualitäten, die nicht den Güteanforderungen entsprechen.
- Landbutter ist im Milcherzeugerbetrieb hergestellte Butter.

Buttergebäcke: der besondere Genusswert

Beim Angebot oder in der Werbung für Feine Backwaren kann auf den Buttergehalt hingewiesen werden:
– direkt in der *Verkehrsbezeichnung* (z. B. Butterkuchen) oder
– mittelbar durch die *Aufmachung* (z. B. Bild mit Buttersymbol).

Dafür müssen von den Backwaren die Bedingungen erfüllt werden, wie sie in den Leitsätzen für Feine Backwaren jeweils gefordert sind (➟ nebenstehende „Lebensmittelrechtliche Bestimmungen“).

Beim Angebot von Buttergebäck in Fertigpackungen muss der Gehalt an Butter in Prozent vom Gebäck-Fertiggewicht ausgewiesen werden (➟ QUID-Regelung auf der Seite 79).

Margarinen: Backfette nach Maß

Margarinen sind Emulsionen mit mindestens 80 % Fettanteil. Sie sind überwiegend aus pflanzlichen Fetten hergestellt. Schmelzpunkt und Konsistenz (Festigkeit, Geschmeidigkeit) werden durch Fettauswahl und Art der Bearbeitung festgelegt (z. B. Umesterung, Härtung).

Zum Backen stehen zur Verfügung:
– Backmargarine für Hefefeinteige und Mürbeteige,
– Kremmargarine für Massen und Krems,
– Ziehmargarine zum Tourieren für geblätterte Gebäcke.

Obige Margarinesorten sind als Haushaltsmargarinen ungeeignet. Für das Zusatzangebot im Laden brauchen Sie Margarinen mit der Eignung für Aufstrich- und Kochzwecke. Ernährungsbewussten Kunden können Sie fettreduzierte Halbfettmargarine mit 39 % bis 41 % Fettanteil als Brotaufstrich empfehlen (nicht geeignet als Bratfett).

Als Brat- und Siedefett können Sie Ihren Kunden anstelle von Margarine wasserfreie, hitzebeständige Pflanzenfette anbieten.

Lebensmittelrechtliche Bestimmungen

Wird das Wort „Butter“ in die Verkehrsbezeichnung oder in die Aufmachung einer Feinen Backware aufgenommen, dann sind die folgenden Mindestmengen und Mindestanforderungen einzuhalten:

- *Es dürfen außer Butter keine anderen Fette als Teigzutat zugesetzt werden (Ausnahme: Emulgatoren)*
- *Auf 100 kg Getreidemahlerzeugnisse und/oder Stärken sind insgesamt zu verwenden (Teig, Auflage und Einstreichfett):*
  - *– für üblicherweise fettarme Feine Backwaren mindestens 10 kg Butter,*
  - *– für Butterkuchen oder Butterstreuselkuchen mindestens 30 kg Butter,*
  - *– für Butterplunder mindestens 30 kg Butter (einschließlich Ziehfett),*
  - *– für Butterstollen mindestens 40 kg Butter.*
- *Die Verwendung von entsprechenden Mengen Butterfett und/oder Butterreinfett ist nach den Leitsätzen für Feine Backwaren zulässig.*
- *Die Verwendung von fraktionierten Butterfetten für Buttergebäcke ist nach deutschem Recht nicht zulässig.*

Tipps für die Verkaufspraxis

Weisen Sie im Verkaufsgespräch auf die besondere Qualität von Buttergebäck hin.

- *Probieren Sie unseren Dänischen Butterplunder; er hat überhaupt keinen talgigen Geschmack wie er leicht bei Plunder mit Margarine auftreten kann.*
- *Ich empfehle Ihnen unseren Butterkuchen mit der röschen Zuckerkruste.*
- *Für die längere Aufbewahrung sollten Sie Butterstollen kühl und dunkel, aber nicht im Kühlschrank lagern.*

Sachverweise

*Über **Siedefette** finden Sie Näheres auf der Seite 198.*

*Über **Ziehfette** können Sie sich ausführlich auf der Seite 204 informieren.*

Zutaten in Margarine

Fette und Öle (ungehärtet, gehärtet und umgeestert), Wasser und/oder Magermilch, Karotin als Farbstoff, Kochsalz zum Würzen, Lecithin als Emulgator

Zucker als Zutat und Handelsware

Torten, Kuchen oder Teegebäcke ohne Zucker sind undenkbar. Gerade die Süße ist ein wichtiger Kaufanreiz für jeden, der gern solche Feinen Backwaren isst.

In der Bäckerei und Konditorei wird Zucker verarbeitet
- für Teige und Massen,
- für Füllungen und Auflagen,
- für Süßwaren und Speiseeis.

Die Verwendung von Zucker dient
- der Geschmacksgebung durch die Süßkraft sowie die beim Erhitzen gebildeten Geschmacksstoffe (Karamell),
- der Gebäckbräunung,
- dem Aussehen der Gebäcke (als Dekor).

Gebäcke mit 0 %, 10 % und 30 % Zuckeranteil, bezogen auf die Mehlmenge (von links nach rechts)

Geringer Zuckerzusatz verbessert die Gebäckqualität

Zuckerhaltige Gebäcke sind einfach erkennbar an der satt gebräunten Gebäckkruste. Denn der Zucker karamellisiert und bräunt beim Backen bei Temperaturen zwischen 160 °C und 190 °C. Die Kruste ist darum unmittelbar nach dem Backprozess besonders rösch. Die Rösche geht allerdings schneller verloren als bei den zuckerfreien Gebäcken. Ein Grund dafür ist die hygroskopische Wirkung des Zuckers (= Anziehen der Luftfeuchtigkeit).

Die Höhe des Zuckeranteils in Hefefeinteigen hat Auswirkungen auf die Gebäckqualität (➡ nebenstehende Abbildung).

Gebäcke mit niedrigem Zuckeranteil haben ein großes Volumen. Die Krume ist gut aufgelockert.

Gebäcke mit hohem Zuckeranteil haben ein geringes Volumen. Die Krume ist schwach aufgelockert. Die Krumeporen sind klein und dickwandig-fest. Ein zu hoher Zuckeranteil führt zu ungelockerten Gebäcken.

Die Hauptursache für Mängel zuckerreicher Hefefeingebäcke ist eine gehemmte Hefetätigkeit im Teig. Die Backhefe kann nämlich in hoher Zuckerkonzentration kaum noch gären.

Bei einem angemessenen Zuckeranteil wird aber der Genusswert von Hefefeingebäcken günstig beeinflusst, und zwar
- durch den süßen Geschmack,
- durch die aromatischen Stoffe aus der Zuckervergärung,
- durch die Bildung von Karamellzucker und braunen Melanoidinen (= Zucker-Eiweiß-Verbindungen) in der Gebäckkruste.

Sachkurs: Geschichte des Zuckers

Im frühen Mittelalter erfährt man in Europa zum ersten Mal vom süßen Zuckerrohr aus dem tropischen Asien. Bis dahin süßten die Menschen ihre Speisen mit Honig.

Mit der Einfuhr des Zuckers aus Asien und später aus Mittelamerika entstand die Zunft der Zuckerbäcker.

Erst mit der Entdeckung des Rübenzuckers im Jahr 1747 und der fortschreitenden Technik der Zuckergewinnung konnten sich auch bürgerliche Haushalte Zucker als Süßungsmittel leisten.

Etwa Mitte des vorletzten Jahrhunderts entwickelten sich in den Residenzstädten Europas die ersten Konditoreien mit dem Angebot süßer Gebäcke.

Ernährungswert zuckerhaltiger Gebäcke: nur bedingt günstig

Zucker in der Nahrung belastet nur wenig den Körper. Zuckerhaltige Gebäcke sind deshalb gut bekömmlich. Durch die leichte Verdaulichkeit ist der Sättigungswert jedoch gering.

Der Zuckeranteil erhöht wesentlich den Energiegehalt von Gebäcken. Vom Organismus nicht verbrauchter Zucker wird in körpereigenes Fett umgewandelt. Zucker ist also ein so genannter „Dickmacher".

Den ernährungsbewussten Kunden könnten Sie Gebäcke empfehlen, die mit Süßungsmitteln hergestellt sind (➡ Diätgebäcke).

Zuckerarten: Gewinnung und Verwendung

Mit dem Begriff „Zucker" wird die *Saccharose* gemeint. Es ist der Doppelzucker, der *aus Zuckerrüben oder Zuckerrohr* gewonnen ist.

Zuckerarten sind Zucker für verschiedene Verwendungszwecke.

Kristallzucker – geeignet zum Backen und Kochen

Die kristallisierte Saccharose wird als *Kristallzucker* bezeichnet. Er wird in drei Qualitäten angeboten, und zwar als Raffinade, als Weißzucker und als Halbweißzucker.

Raffinade ist die reinste Kristallzuckerart. Raffinade und die *Weißzucker* sind zum Backen und Kochen gleichgut geeignet.

Nach seiner Körnung wird *Kristallzucker* als „grob", „mittel", „fein" und „sehr fein" gehandelt. Zum Backen sollten Sie den Kunden feinen Zucker anbieten. Er löst sich rasch in Teigen und Massen. Als Aufstreuzucker (z. B. für Zuckerkuchen) ist grober Zucker, zum Wälzen (z. B. für Berliner Pfannkuchen) ist feiner Zucker geeignet.

Zucker als Dekor – zum Aufstreuen, Pudern und Glasieren

Mit Zucker dekorierte Gebäcke lassen sich leichter verkaufen als die unglasiert oder ohne Zuckeraufstreu angebotenen Gebäcke. Doch nur die schwach aufgetragene, seidenmatte Glasurschicht (nicht die dickflächig aufgebrachte Glasur) oder die nur sparsame Verwendung von Streuzucker erhöhen den Kaufanreiz.

Hagelzucker ist hagel-ähnlich grob. Das einzelne Zuckerkorn besteht aus vielen zusammengeballten, kleinen Zuckerkristallen. Schon beim schwachen Aufbeißen zerfällt der Hagelzucker.

Hagelzucker wird verwendet als Aufstreu auf Gebäckoberflächen, aber auch im Teig als Körnung. Auf der Gebäckkruste wird er karamellartig, stückig-knusprig empfunden. Innerhalb der Gebäckkrume wirken die Zuckerkörner beim Kauen rösch-mürbe.

Puderzucker ist gemahlene Raffinade (= Puderraffinade).
Wegen seiner feinen Beschaffenheit eignet sich Puderzucker
- zum dekorativen Pudern von Gebäcken,
- für Zuckerglasuren und zum Anwirken von Marzipan,
- für wasserarme Teige (z. B. Mürbeteige).

Für die Verarbeitung zu Zuckerglasur empfehlen Sie den Kunden auf 5 Gewichtsteile Puderzucker 1 Gewichtsteil Wasser.

Dekorpuder ist ein Gemisch aus Puderraffinade/Traubenzucker und einem wasserabweisenden, pflanzlichen Produkt. Die Zuckerkristalle sind so gegen das Lösen durch Umgebungsfeuchte geschützt. Denn die Puderraffinade allein ist sehr empfindlich gegenüber Feuchtigkeit (➡ nebenstehende Abbildung).

Dekorpuder wird insbesondere zum Einstäuben von Gebäcken mit feuchter Oberfläche (z. B. Plunder mit Obstauflage) und für länger lagernde Gebäcke verwendet (z. B. Stollen).

Fondant ist eine weiße, kremig-zähe Masse, die aus gekochtem Zucker (= Schmelzzucker) gewonnen wird. Fondant findet Verwendung als Zuckerglasur, aber auch als Pralinenfüllung.

Läuterzucker ist konzentrierter Flüssigzucker aus Raffinade. Er wird zum Süßen von Schlagsahne sowie zum Tränken von Böden für Torten und Desserts verwendet.

Feiner Zucker eignet sich zum Wälzen

Hagelzuckeraufstreu erhöht den Kaufanreiz

Plunderstücke mit Dekor aus Puderzucker (links) und Dekorpuder (rechts) nach 6 Stunden Lagerung im Verkaufsraum

Funktionen des Zuckers für Merkmale von Feinen Backwaren

- *Geschmacksgebung durch die Süße*
- *Abrundung der zugesetzten und der bei der Teigführung entwickelten Geschmacksstoffe*
- *Unterstützung der Krustenbräunung*
- *Erzielung einer saftigen Krume*
- *Verbesserung der Frischhaltung durch Stabilisierung der Feuchte (Invertzucker = Mischung aus Trauben- und Fruchtzucker)*
- *Verzögerung des Altbackenwerdens*

Füllungen und Auflagen für Feine Backwaren

Wenn Kunden Feine Backwaren auswählen, beeinflussen Füllungen und Auflagen in erheblichem Maß die Kaufentscheidung.

Für die Beurteilung von Gebäcken ist die Produktqualität der Füllungen und Auflagen wichtig. Auch ihr mengenmäßiger Anteil im Verhältnis zur Gebäckgrundlage spielt eine große Rolle.

Für Feine Backwaren sind Füllungen und Auflagen aus den folgenden Zubereitungen üblich:
- *aus Obst und Obsterzeugnissen,*
- *aus Samen (z. B. Mohn) und Rohmassen (z. B. Marzipanmasse),*
- *aus stärkehaltigen Krems,*
- *aus Quark und Quarkzubereitungen.*

Frischobst für Füllungen und Auflagen

Das ganze Jahr über sind Gebäcke mit fruchthaltigen Füllungen und Auflagen im Angebot der Bäckerei/Konditorei. Das ist möglich, weil neben frischem Obst der Saison auch haltbar gemachtes Obst sowie Obsterzeugnisse stets zur Verfügung stehen.

Von vielen Verbrauchern werden mit Frischobst hergestellte Gebäcke bevorzugt. Denn Frischobst bringt am besten das volle Fruchtaroma für die Gebäcke.

Als aufgelegtes Frischobst kommen für Feine Backwaren aus Teigen vorrangig Äpfel und Zwetschen in Frage. Als gedünstetes, gebundenes Frischobst sind Sauerkirschen und Rhabarber (Stengelgemüse) sowie Heidelbeeren, Johannisbeeren und Stachelbeeren üblich.

Andere Früchte (wie Erdbeeren, Himbeeren) zerfallen oder zerfließen beim Backen. Das Frischearoma geht dabei verloren. Diese Früchte haben ihren besonderen Genusswert als Rohauflage bei Torten und Desserts. Außerdem werden diese Früchte als Zutat für Zubereitungen mit Sahne und Krem verwendet.

Einteilung von Obst

Obstgruppen	Beispiele für zugehöriges Obst
Kernobst	Äpfel, Birnen, Quitten
Steinobst	Zwetschen, Kirschen, Pfirsiche, Aprikosen, Pflaumen
Beerenobst	Heidelbeeren, Preiselbeeren, Johannisbeeren, Stachelbeeren, Brombeeren, Himbeeren, Erdbeeren
Schalenobst	Haselnüsse, Walnüsse, Erdnüsse, Mandeln, Pistazien, Cashewnüsse
Südfrüchte	Orangen, Mandarinen, Zitronen, Pampelmusen, Ananas, Bananen

Beim Einkauf von Obst auf die Frische achten

Bei gleichen Herstellungsbedingungen können Apfelkuchen aufgrund von Sorte und Güte der verwendeten Äpfel ganz unterschiedlich im Genusswert sein. Denn die Qualität der Obstauflage wirkt sich auf die erzielbare Qualität der damit hergestellten Backwaren aus.

Beim Einkauf von Äpfeln und anderem Frischobst sind zu beachten:
- die *Handelsklasse* (sie gibt Auskunft über die Güteeigenschaften, z. B. den Reifezustand, die Festigkeit, die Oberflächenbeschaffenheit);
- der *Angebotszustand* (frisch geerntetes Obst hat volles Aroma);
- die *Obstsorte* (wichtig für Geschmack, Duft und Backfestigkeit).

Trotz gleicher Herstellungsbedingungen können Apfelgebäcke ganz unterschiedliche Qualität haben. Ihr Genusswert hängt von dem Zustand der Äpfel (Reifegrad, Festigkeit, Alter) und von der Apfelsorte ab.

Sie können werbewirksam Apfelgebäcke anbieten, indem Sie die verarbeitete Apfelsorte und die Erntefrische herausstellen.

Viele Backbetriebe verwenden für Apfelgebäcke backfertig zubereitete Frischäpfel, die sie so vom Handel beziehen. Deren Haltbarkeit ist oft durch Schwefeln gewährleistet (➡ nebenstehende Fragen).

Frischobst für Hefefeingebäck

Aufgabe zur Weiterarbeit: Gebäck mit geschwefelten Frischäpfeln

➤ *Was gilt zur Kennzeichnung? (➡ Seite 175)*

➤ *Wie sind Werbebotschaften einzuschätzen, z. B. „... mit frischen Äpfeln"?*

Verarbeitetes Obst für Backzwecke

„Verarbeitetes Obst“ – das ist im rechtlichen Sinne haltbar gemachtes Obst oder Obst als Dauerware. In Backbetrieben wird verarbeitetes Obst verschiedener Art verwendet: als Obstkonserven, als tiefgekühltes Obst, als getrocknetes Obst.

Obstdauerwaren – sie sparen Kosten und Arbeitszeit

Obstkonserven (z. B. „Dunstobst“ in Dosen oder Gläsern) sind durch Sterilisieren haltbar gemachte Obstsorten. Sterilisiertes Obst büßt durch das Verfahren der Haltbarmachung Teile seines Aromas ein.

Das Dunstobst muss vor dem Aufbringen auf Teige oder Massen abtropfen. Mit dem abgetrennten Saft gehen Geschmacksstoffe und wertvolle Nährstoffe verloren.

Gefrierobst ist tiefgefrorenes Frischobst. Beim Auftauen wässert es, und es schmeckt etwas leer-fade. Gefrierobst für Obstkuchen wird zur Vermeidung des Wässerns häufig mit Bindemitteln vermischt. Dadurch wird das Fruchtaroma zusätzlich gemindert.

Dörrobst ist fast wasserfreies Obst. Beim Trocknungsvorgang geht ein erheblicher Anteil an Aromastoffen verloren. Dörrobst muss für die Verwendung wieder in Wasser aufquellen.

Trockenfrüchte – süß und aromatisch

Rosinen sind Bestandteil vieler Backwaren. Sie kommen vor
- in Hefefeingebäcken (z. B. in Stollen oder Stuten),
- in Feinen Backwaren aus Massen (z. B. in Königskuchen),
- in Füllungen und Auflagen (z. B. in Quarkfüllungen).

Rosinen sind getrocknete, aromatische und zuckerreiche Weinbeeren.

Sultaninen sind die bevorzugte Rosinensorte. Sie sind kernlos, süß und besonders aromatisch. Ihre Farbe ist je nach Rebsorte und Trocknungsverfahren bräunlich, bernsteinfarbig oder wachshell. Hauptlieferländer sind heute Kalifornien, Australien und die Türkei.

Korinthen sind kleinbeerig und von schwarz-blauer Farbe. Sie haben ein feinsäuerliches Aroma. Hauptlieferland ist Griechenland. Korinthen werden wie Sultaninen verwendet.

Dickzuckerfrüchte – zuckersüß und fruchtig

In konzentrierter Zuckerlösung haltbar gemachte Obstteile werden als „Dickzuckerfrüchte“ bezeichnet (auch als „kandierte Früchte“).

Dickzuckerfrüchte werden verwendet
- als Zutat von Teigen, Massen und Füllungen,
- als Dekor von Torten, Desserts, Süßspeisen und Speiseeis.

Für Hefefeingebäcke sind *Zitronat* und *Orangeat* von Bedeutung. Sie sind Zutat von Stollen, Stuten und kleinstückigen Feingebäcken sowie deren Füllungen. Zitronat (auch: *Sukkade*) wird aus den dicken Schalen der Zedratfrucht durch Kandieren gewonnen, Orangeat aus den Schalen der Bitterorange (= Pomeranze).

Übliche Dickzuckerfrüchte für Dekorzwecke sind verschiedene ganze Früchte, insbesondere Kirschen, sowie Fruchtteile (z. B. Ananasstücke oder Orangenabschnitte). Es werden aber auch kandierte Blüten, Stängel oder Wurzeln (Ingwer) verwendet.

Obstkonserven

Trockenobst

Lebensmittelrechtliche Bestimmungen

Für Backzwecke wird auch geschwefeltes Obst verwendet, beispielsweise backfertig geteilte Frischäpfel, Trockenäpfel oder Rosinen.
Die Verwendung von geschwefeltem Obst ist am fertigen Erzeugnis kenntlich zu machen durch die Angabe „geschwefelt“. Das kann entfallen bei Minimalmengen (weniger als 10 mg Schwefeldioxid in 1 kg Fertigware). Praktisch ist diese Ausnahme nur für Backwaren mit geringem Obstanteil von Interesse.

Zitronat ist grünlich, Orangeat ist gelblich-braun

Sachverweis

Das Dekorieren von Süßspeisen und Eisspeisen, z. B. mit Dickzuckerfrüchten gehört in den Aufgabenbereich des Verkaufs.
Darüber können Sie sich auf den Seiten 460 und 482 informieren.

Für Füllungen von Berliner Pfannkuchen werden typischerweise Konfitüre oder Mus verwendet

Definitionen

Pülpe *ist der essbare Teil der ganzen geschälten oder entkernten Frucht ohne Zusätze in ungeteiltem, stückigem oder grob zerkleinertem Zustand.*

Mark *entspricht im Ausgangserzeugnis der Pülpe, ist jedoch durch Passieren zerkleinert.*

Kurz und bündig: Qualität von Fruchtzubereitungen

- *Die **Verkehrsbezeichnung** gibt Hinweise zum Fruchtgehalt (z. B. „Konfitüre extra" hat mehr Fruchtgehalt als „Konfitüre").*
- *Die **Fruchtarten** sind in absteigender Reihenfolge des Mengenanteils angegeben.*
- *Der **Fruchtgehalt in Gramm** ist bezogen auf 100 g Fertigerzeugnis angegeben.*
- *Der **Gesamtzuckergehalt in Gramm** ist bezogen auf 100 g Fertigerzeugnis angegeben.*

§ **Lebensmittelrechtliche Bestimmungen**

- *Wer gewerbsmäßig Fruchtzubereitungen nach der Konfitüren-Verordnung anbietet, muss diese mit den Bezeichnungen versehen, die in der Verordnung festgelegt sind. Die Erzeugnisse müssen die rechtlich geforderten Merkmale erfüllen. Anderenfalls ist eine deutliche Unterscheidung vorzunehmen (wie: Bezeichnung als „Fruchtaufstrich").*
- *Wer gewerbsmäßig Fruchtzubereitungen nach der Konfitüren-Verordnung anbietet, muss zusätzlich zu den üblichen Angaben auf Fertigpackungen (nach LMKV) noch die Kennzeichnungen nach der Konfitüren-Verordnung vornehmen (Fruchtarten, Fruchtgehalt, Gesamtzuckergehalt).*
- *Wer gewerbsmäßig Fruchtzubereitungen nach der Konfitüren-Verordnung anbietet, muss für die Produkte die durch Verordnung erlaubten Zutaten verwenden.*

Obsterzeugnisse für Backzwecke

Als „Obsterzeugnisse" gelten solche Produkte, die im Wesentlichen aus Obst zubereitet sind.

Fruchtige Zubereitungen als Zutat für Feine Backwaren

Pastös-streichfähige Zubereitungen aus Früchten und Zucker finden in der Bäckerei/Konditorei vielfältige Verwendung: als Gebäckfüllung, als Einstrich von Torten und Desserts, als Aprikotur sowie als Dekor.

Die gewünschte Konsistenz von Konfitüren, Marmeladen und Gelees wird eingestellt durch Zucker und fruchteigenes und zugesetztes Pektin (= ein gelierender Vielfachzucker).

Weil Pflaumen und Zwetschen wenig Pektin enthalten und deshalb schlecht gelieren, stellt man aus ihnen musartige Zubereitungen her. Die Mus-Konsistenz wird vorrangig durch Wasserverdampfung erreicht.

Marmeladen: aus Zitrusfrüchten

Marmeladen sind streichfähige Zubereitungen, die aus Pülpe, Mark und Saft von Orangen oder anderen Zitrusfrüchten mit Zucker bereitet sind. Die Verwendung von sichtbaren Zitrusschalen ist üblich.

Der Begriff „Marmelade" ist rechtlich festgelegt für Zubereitungen aus Zitrusfrüchten. Bei Abgabe an Verbaucher auf Bauernhöfen oder Märkten dürfen davon abweichend auch andere Fruchtzubereitungen als „Marmelade" bezeichnet werden.

Konfitüren: aus verschiedenen Früchten

Konfitüren werden aus Pülpe einer Fruchtart oder mehrerer Fruchtarten mit Zucker hergestellt.

Sie werden mit noch sichtbaren Fruchtstücken oder in glatt passiertem Zustand angeboten.

Gelees: aus dem Saft von Früchten

Gelees werden nur aus dem Saft der Früchte mit hohem Zuckeranteil hergestellt.

Gelees sind *nicht backfest*. Sie verfließen beim Backen.

Fruchtige Zubereitungen als Handelswaren

Verkaufsstellen der Bäckerei/Konditorei führen Fruchtzubereitungen oftmals in ihrem Zusatzangebot. Dafür kommen industriell hergestellte Produkte in Frage. Damit stehen diese Angebote aber in Konkurrenz zu denen im Lebensmitteleinzelhandel. Günstiger für das Profil einer Premium-Bäckerei/Konditorei ist ein Angebot mit selbsthergestellten Konfitüren, Marmeladen und Gelees. Nach hauseigenen Rezepturen lassen sich Fruchtzubereitungen herstellen, die in Zusammensetzung und Aufmachung verlockend sind, auch für Geschenkzwecke.

In der *Zutatenkombination* können sich selbsthergestellte Produkte auszeichnen, zum Beispiel

- durch den Einsatz besonderer Früchte (z. B. Sanddorn, Kaschuäpfel, Quitten, Holunder, Cranberries, Calafate),
- durch die extravagante Kombination von Früchten (z. B. Orangen mit Banane, Kiwi mit Kumquat),
- durch Zusatz von Alkoholika, Kräutern, würzigen Blättern, Kräutern, Nüssen und Vanille-Aromen zur Geschmacksabrundung.

Schalenobst für Füllungen und Auflagen

Als Zutaten für Backwaren sind die essbaren Teile des Schalenobstes üblich, nämlich Mandel-, Nuss- und Pistazienkerne.

Für viele Hefefeingebäcke sind Füllungen und Auflagen aus Nuss- und Mandelzubereitungen typisch. Sie wirken geschmacksgebend. Wegen ihres hohen Fettgehalts sowie der Kohlenhydrat- und Eiweißstoffanteile erhöhen Schalenfrüchte den Nährwert der Gebäcke.

Alle Schalenobstkerne und daraus hergestellte Rohmassen als Zutat von Backwaren müssen als „Allergene" ausgewiesen werden, sofern nicht aus der Verkehrsbezeichnung auf deren Anteil zu schließen ist.

Vielfältige Verwendung von Schalenobst

Haselnüsse: die Zutat für viele Backwaren

Für Backzwecke kommen vor allem Hasel- und Walnüsse in Frage. Nur geringe Bedeutung für Backwaren haben Erdnüsse, Paranüsse oder Cashewnüsse.

Haselnüsse werden verwendet:
- gerieben als Zutat für Teige, Massen und Füllungen,
- gehobelt oder gehackt für Röstmassen,
- ganz, gehobelt oder gehackt als Dekor.

Mandeln: der Rohstoff fürs Feine

Mandeln sind Bestandteil hochwertiger Feiner Backwaren:
- gehackt, geraspelt oder gerieben als Zutat für Teige und Massen,
- gehackt, gestiftelt oder gehobelt als Bestandteil von abgerösteten Massen (Florentiner- oder Bienenstichmasse),
- verarbeitet zu Rohmasse für Marzipan, als Bestandteil von Füllungen sowie als Backgrundstoff für die Herstellung von Makronen,
- ganz, halbiert oder gestiftelt als Dekor.

Hauptanbaugebiete der Mandelbäume sind Länder im Mittelmeergebiet sowie Kalifornien. Die Mandelfrüchte sehen den Pfirsichen ähnlich. Aber ihr Fruchtfleisch ist ungenießbar. Essbar ist nur der Samenkern.

Mandeln in ihrer holzigen Schale

Tipps zur Kundenberatung
– Verarbeitung von Mandeln –

- *Entfernen der Samenhaut von Mandeln:*
  - *Mandeln mit heißem Wasser überbrühen;*
  - *Mandeln mit heißem Wasser quellen lassen (etwa 15 Minuten);*
  - *Mandelhaut abdrücken.*
- *Verarbeitung gehackter Mandeln (Fertigware) zum Teig, wenn eine gute Krumenfeuchtigkeit erhalten bleiben soll:*
  - *Gehackte Mandeln mit heißem Wasser überbrühen;*
  - *Wasser nach 5 Minuten Stehzeit abtropfen lassen;*
  - *Gehackte Mandeln nach kurzer Teigruhe unterarbeiten (auch zusammen mit anderen Früchten).*

Bittere Mandeln: in rohem Zustand giftig

Bittere Mandeln sind die Früchte der wilden Stammform der Mandeln. Auch die meisten Süßmandelbäume tragen etwa 2 % bittere Mandeln, nicht jedoch die in Plantagen in Kalifornien kultivierten Mandelbäume. Bittere Mandeln unterscheiden sich von süßen Mandeln insbesondere durch ihren intensiv bitteren Geschmack. Ursache dafür ist der hohe Gehalt an *Amygdalin*. Beim Verzehr wird aus diesem Stoff die giftige Blausäure abgespalten.

Beim Backvorgang verflüchtigt sich die Blausäure aus dem Amygdalin. Daher dürfen bittere Mandeln zu Backwaren verwendet werden. Sie dienen zum Aromatisieren.

Pistazienkerne: für Farbe und Geschmack

Die kantigen Pistazienkerne sind wesentlich als Geschmacksstoffe für Krems sowie als Dekor für Torten und Desserts. Ohne Bedeutung sind sie als Zutat für Feine Backwaren aus Teigen.

Die Pistazienkerne lassen sich nicht lange lagern. Sie verlieren schnell ihre Grünfärbung und neigen zum Ranzigwerden. Auch verschimmeln sie leicht. Dadurch sind sie gefährdet für hohe Belastungen mit dem Krebs erregenden *Aflatoxin* (einem Schimmel-Giftstoff).

Pistazien

Nuss-Strudel (Füllung mit Nussmasse)

§ ***Lebensmittelrechtliche Bestimmungen***

Persipanmasse *gilt als nachgemachte Marzipanmasse. Zum Schutz vor Täuschung der Verbraucher muss die Verwendung von Persipan am fertigen Erzeugnis kenntlich gemacht werden.*

Quarkstuten mit Marzipanfüllung

Mindestmengen namengebender Zutaten von Füllungen und Auflagen

Bezeichnung	*Mindestanteil*
● *Käsekuchen*	*30 % Quark in der Quarkmasse; 150 g Käsemasse auf 1 kg Teig*
● *Mohnkuchen*	*20 % Samen in der Masse*
● *Nussfüllung*	*15 % Hasel-/Walnusskerne*
● *Marzipanfüllung*	*20 % Marzipanrohmasse*
● *Persipanfüllung*	*15 % Persipanrohmasse*
● *Fruchtfüllung*	*wesentlicher Fruchtanteil*

§ ***Lebensmittelrechtliche Bestimmungen***

Namengebende Zutaten müssen in den Gebäcken in der ***Mindestmenge*** *enthalten sein (nach Leitsätzen für Feine Backwaren). Bei Produkten in Fertigpackungen ist die* ***tatsächlich enthaltene Menge in Prozent des Fertiggewichts*** *auszuweisen (= QUID).*

Rohmassen für Füllungen und Auflagen

Die Kunden schätzen Feine Backwaren mit Füllungen und Auflagen aus Rohmassen, weil diese aromatisch und saftig sind. Außerdem halten sich diese Gebäcke länger frisch als ungefüllte Feine Backwaren. Aber sie haben auch einen höheren Nährwert.

Zu solchen Füllungen werden am meisten Marzipan-, Persipan- und Nussrohmassen verwendet.

Füllungen aus Marzipanrohmasse

Marzipanrohmasse ist eine knetbare, glatte Rohmasse mit typischem Mandelaroma. Sie ist aus zwei Teilen Mandeln und einem Teil Zucker hergestellt. Sie wird üblicherweise von Zulieferfirmen bezogen.

Für *Feine Marzipanfüllungen* wird die Rohmasse mit Milch oder Eigelb und Zucker streichfähig gearbeitet.

Für *einfache Marzipanfüllungen* werden Wasser oder Milch, Zucker und Kuchenbrösel zugesetzt.

Für *fruchtige Marzipanfüllungen* wird die Rohmasse mit Konfitüre glatt gearbeitet.

Für *Franchipanfüllungen* wird Marzipanrohmasse mit Butter, Zucker und Eigelb zu backfester Masse verarbeitet (mit Zusatz von Stärke oder hellem Weizenmehl).

Füllungen aus Persipanrohmasse

Im Aussehen und in der Beschaffenheit ist die *Persipanrohmasse* der Marzipanrohmasse ähnlich, zum Teil auch im Aroma und Geschmack.

Persipanrohmasse unterscheidet sich von der Marzipanrohmasse

- durch die verwendeten Kerne (anstelle von Mandeln mit Pfirsich- und Aprikosenkernen oder mit entbitterten Mandeln hergestellt),
- durch den zugesetzten 0,5 %igen Stärkeanteil (zum Unterscheiden von Marzipanrohmasse).

Die Füllmassen und Auflagen aus Persipanrohmasse werden wie die Marzipanfüllmassen zubereitet.

Füllungen aus Nussrohmassen

Die *Nussrohmassen* sind aus zerkleinerten Kernen von Hasel- und/oder Walnüssen und Zucker hergestellt.

Die Füllmassen und Auflagen mit Nussrohmassen werden zubereitet wie die Marzipanfüllmassen.

Füllungen aus Convenienceprodukten

In Bäckereien und Konditoreien verzichtet man schon seit Jahrzehnten auf das Selbstherstellen der obigen Rohmassen.

Rohmassen sind Backgrundstoffe (= Convenienceprodukte). Daneben bieten Lebensmittelwerke verwendungsfertige Füllmassen mit guten Verarbeitungseigenschaften an.

Lange lagerfähig sind die zubereiteten Mischungen für Füllmassen und Auflagen in Pulverform. Sie bestehen hauptsächlich aus zerkleinerten Kernen, Zuckerarten und Verdickungsmitteln. Fertige Zubereitungen für Füllmassen haben in Geschmack und Beschaffenheit den Charakter von Persipan- oder von Nussfüllungen.

Die pulverigen Produkte werden einfach mit Wasser glatt gerührt. Sie können mit Bröseln gestreckt oder mit Eizugabe verbessert werden.

Mohn für Füllungen und Auflagen

Mohn ist uns als würzende Aufstreu für Kleingebäcke bekannt. Das herbe Aroma der Mohnsamen wird für die Bereitung von Füllungen aber erst durch das Quetschen der Samen in der Mohnmühle freigesetzt.

Viele Kunden schätzen Mohnzubereitungen mit besonderem Aroma, die in der Bäckerei/Konditorei selbst zubereitet sind. Sie erwarten, dass die Füllungen und Auflagen auch schnittfest und dennoch saftig sind.

Herkömmliche und fertige Mohnzubereitungen

Die Eigenherstellung von Mohnmassen ist zeitaufwändig:

- Fein gequetschter Mohnsamen wird mit Milch aufgekocht und mit Zucker gesüßt.
- Die Zubereitung bekommt die gewünschte Bindung durch Zugabe von Bröseln, gekochtem Vanille- oder Grießpudding, auch ergänzt durch Vollei.
- Als geschmacksgebende Zutaten können der gekochten Mohnmasse zugesetzt werden: Marzipanrohmasse, Sultaninen, Zitronat, Orangeat, Mandelgrieß, Rum und Gewürze.

Der Fachhandel bietet Mohnfüllungen zubereitet als Trockenmischung an. Die Verarbeitung ist einfach: Das Convenienceprodukt wird mit Brösel, Wasser und Ei glatt gearbeitet. Auch gibt es fertig angerührte Mohnfüllmassen, denen betriebsindividuell noch weitere Zutaten und Aromen zugesetzt werden können.

Mohnstrudel (Füllung mit Mohnmasse)

Blechkuchen mit Quark-Johannisbeer-Auflage

Quark für Füllungen und Auflagen

Übliche Zutaten für Quarkfüllungen und -auflagen sind Quark, Zucker, Vollei, Sahne/Milch, Kochsalz und Gewürze.

Für *schnittfeste Käseauflagen* muss die Quarkmasse mit Bindemitteln zubereitet werden (Stärke, Krempulver oder Hydrokolloide).

Für *aufgelockerte Käsemassen* wird unter die Quarkzubereitung eine aufgeschlagene Eiklar-Zucker-Masse gezogen (z. B. Eischnee).

Der Fachhandel bietet für Quarkfüllungen und -auflagen pulverförmige Convenienceprodukte an. Sie enthalten gefriergetrockneten Quark und Verdickungsmittel sowie Zucker. Die Produkte werden mit Wasser und Vollei glatt gerührt. Eine Zugabe von Frischquark ist möglich.

Vanillekrem für Füllungen und Auflagen

Neben den Zubereitungen aus Rohmassen sind bei den Käufern die Auflagen und Füllungen mit Vanillekrem besonders beliebt.

***Vanillekrem** wird hergestellt*
– in einem Kochprozess aus Milch, Zucker und Krempulver oder
– ohne Kochprozess aus Kaltkrempulver und Wasser.

Gekochte Vanillekrem wird für Füllungen und Auflagen in noch etwas warmem Zustand verarbeitet.

Leichte Vanillekrem ist durch Unterziehen von Eischnee aufgelockert. Das erfolgt nach dem Kochprozess. Die aufgelockerte Krem gilt als roheihaltig. Denn im Ei möglicherweise enthaltene Salmonellen sind mit Sicherheit nur in kochend-heißer Krem abgetötet. Deshalb wird hier pasteurisiertes Ei verwendet.

Beachten Sie dazu die nebenstehenden Hinweise.

Grundrezept für gekochte Stärkekrem

1 000 g	*Milch ....*	*davon 900 g Milch zum Kochen und 100 g Milch zum Anrühren des Krempulvers*
200 g	*Zucker*	
90 g	*Krempulver*	
0–200 g	*Vollei*	

Lebensmittelrechtliche Bestimmungen

- *Krempulver für Krem mit Vanillegeschmack enthält als Geschmacksstoff oft den Zusatzstoff Vanillin. Das ist ein naturidentischer Aromastoff (keine natürliche Vanille).*

  Die Verwendung von Vanillin muss nicht kenntlich gemacht werden.

  Aber: So eine Krem darf in der Verkehrsbezeichnung nicht als „Vanillekrem" benannt werden. Sie ist als „Krem mit Vanillegeschmack" zu bezeichnen.
- *Roheihaltige und nicht durcherhitzte Erzeugnisse mit leichter Vanillekrem müssen auf eine Temperatur von höchstens + 7 °C abgekühlt und so gekühlt innerhalb von 24 Stunden nach der Kremherstellung abgegeben werden.*

➤ *Beachten Sie die Zutatenkennzeichnung für Vanillekrems auf der CD-ROM.*

Gebäcke aus Hefefeinteigen

Fast alle Hefefeinteige enthalten mindestens die folgenden Zutaten:
- Weizenmehl oder Weizenvollkornmehl,
- Milch oder/und Wasser,
- Butter oder/und Margarine oder/und andere Fette,
- Zuckerarten (oder Honig für Bio-Gebäcke),
- Kochsalz (oder Meersalz für Bio-Gebäcke),
- Backhefe (oder Bio-Backhefe, Backferment für Bio-Gebäcke).

Zusätzlich sind noch die folgenden Zutaten üblich:
- Eier oder Eiprodukte (z. B. Trockenei),
- Stärkezubereitungen (z. B. Vanillekrem),
- Obst, Obstdauerwaren oder Obsterzeugnisse,
- Samenkerne (zerkleinert und als Rohmassen),
- Gewürze und Aromen,
- Backmittel und Backkrems.

Zutatenanteile für Hefefeinteige

In Fachkreisen ist es üblich, die Teige für Hefefeingebäcke nach ihrer Zusammensetzung in leichte, in mittelschwere und in schwere Teige zu unterteilen.

Die ***Unterscheidung von Hefefeinteigen*** *in der „Schwere" erfolgt nach der Höhe ihres Zucker-Fett-Anteils.*

- *Leichte Hefefeinteige* haben einen *geringen Zucker-Fett-Anteil*. Solche Teige gären „leicht" (= schnell). Die Teige ergeben „leichte" (= großvolumige) Gebäcke, die „leicht" verdaulich sind.
- *Schwere Hefefeinteige* haben einen *hohen Zucker-Fett-Anteil*. Solche Teige gären „schwer" (= nur langsam). Die Teige ergeben „schwere" (kleinvolumige) Gebäcke, die „schwer" verdaulich sind.

Backgrundstoffe und Backmischungen für Hefefeinteige

Zur Herstellung von Hefefeinteigen werden auch Backgrundstoffe oder Backmischungen verwendet.

Backgrundstoffe *sind vorbehandelte Zubereitungen für Backzwecke.*

Für Hefefeinteige werden insbesondere *Backkrems* eingesetzt. Das sind abgestimmte Zubereitungen aus Fett und Zucker, häufig mit Zusätzen von Invertzucker und Emulgatoren.

Der Einsatz von *Backkrems* bringt im Vergleich zur herkömmlichen Teigzusammensetzung folgende Vorteile:
- Die Teige sind besser zu verarbeiten und sind gärstabiler.
- Das Gebäckvolumen ist größer.
- Die Krume ist zarter und feiner aufgelockert.
- Die Gebäcke halten sich länger frisch.

Backmischungen *enthalten alle notwendigen Zutaten für die Gebäcke.*

Bei Verwendung einer *Backmischung* (= Fertigmehl) für Hefefeinteig müssen dem Fertigmehl nur Backhefe und Wasser zugesetzt werden. Durch Backmischungen werden Arbeitsaufwand und Produktionszeit verringert. Bei großer Sicherheit ist zudem ein gutes Ergebnis erzielt.

Beachten Sie für die Produktinformationen und die Kennzeichnung der Backwaren die nebenstehenden Informationen.

§ ***Lebensmittelrechtliche Bestimmungen***

Aus den Leitsätzen für Feine Backwaren: Wird in der Bezeichnung oder Aufmachung Feiner Backwaren auf Zutaten hingewiesen, müssen diese in solchen Mengen verwendet werden, dass die durch sie bezweckten Eigenschaften bei den Gebäckmerkmalen sensorisch deutlich oder wertbestimmend in Erscheinung treten.

Zutatenanteile im Vergleich (bezogen auf Getreidemahlerzeugnisse)

	Brötchenteig	*Hefefeinteig*
● *Zugussanteil*	*– hoch*	*– reduziert*
● *Backhefeanteil*	*– normal*	*– erhöht*
● *Zuckeranteil*	*– ohne*	*– mittel bis hoch*
● *Fettanteil*	*– ohne*	*– mittel bis hoch*
● *Trockenfrüchte*	*– ohne*	*– ohne bis hoch*

Was ist drin – in Fertigmehlen für Hefefeinteige?

Das ist kein Geheimnis: Auf der Verpackung von Fertigmehlen sind die darin enthaltenen ***Zutaten*** *in mengenmäßig absteigender Reihenfolge aufgelistet. Diese Angaben sind für den Verarbeiter wichtig, weil er daraus die Eigenschaften des Fertigmehls ableiten kann.*

Die Angaben sind auch für Kennzeichnungen beim Angebot daraus hergestellter Gebäcke wichtig. Zum Beispiel muss auf enthaltene ***Zusatzstoffe*** *oder* ***Allergene*** *geachtet werden, die zu deklarieren sind. Auch sind die Angaben wichtig für die* ***Zutatenliste****, wenn die aus dem Fertigmehl hergestellten Gebäcke in Fertigpackungen angeboten werden.*

Beispiel *für eine Ausweisung der Zutaten im Fertigmehl: Weizenmehl, Zucker, pflanzliche Fette (zum Teil gehärtet), Vollmilchpulver, Süßmolkenpulver, Emulgatoren (Mono- und Diglyceride), Speisesalz, Aroma*

Abläufe beim Herstellen von Hefefeingebäcken

Die fachliche Beratung beim Verkauf von Hefefeingebäck erfordert Mindestkenntnisse über die Herstellung dieser Gebäcke. Auch ist Ihre fachliche Kompetenz gefragt bei der Beratung der Kunden über Hausgebackenes. Dafür brauchen Sie Kenntnisse
– über Herstellungsverfahren von Hefefeingebäcken sowie
– über Grundregeln der Lockerung von Hefefeinteigen.

Bereiten von Hefefeinteigen: Teige lauwarm führen

Ein Hefefeinteig muss so zusammengesetzt sein, dass die Backhefe gute Gärbedingungen vorfindet. Wesentlich ist dafür ein genügender Flüssigkeitsanteil im Verhältnis zur zugesetzten Zuckermenge. Aber auch der Fettanteil darf nicht zu hoch sein. Denn bei hohem Fettanteil im Teig muss der für die Backhefe lebenswichtige Zuguss verringert werden. Das nebenstehende Rezept ist geeignet, der Backhefe gute Lebensbedingungen zu bieten.

Die Teigbereitung in Knetmaschinen erfolgt im All-in-Verfahren. Die temperierten und gewogenen Zutaten werden ohne eine spezielle Vorbereitung gleichzeitig verknetet. Die Teigtemperatur liegt während der gesamten Herstellungsdauer zwischen 24 °C und 30 °C.

Für schwere Teige ist die Führung eines Vorteigs üblich. Das gilt für Stollenteige und Napfkuchen mit hohem Fett-Zucker-Anteil. Ein Vorteig ist ein weicher Teig aus Mehl, Backhefe und Zuguss, der vor der Zugabe gärhemmender Zutaten zum Reifen (Aufgehen) gebracht wird.

Grundrezept für leichten Hefefeinteig

1 000 g Weizenmehl, Type 550 oder 405
500 g Milch
100 g Zucker
100 g Butter/Margarine
60 g Backhefe
10 g Kochsalz
üblich sind auch Aroma- und Eizugabe

Aufarbeiten von Hefefeinteigen: die Teigreife beachten

Hefeteige müssen zum Aufarbeiten (Formen und Herrichten) reif sein. Nur reife Hefeteige sind richtig verquollen und aufgelockert. Die Teige werden geteilt und für die Weiterverarbeitung vorgeformt. Nach dem Entspannen der Teigstücke erfolgt die Endformgebung (z. B. ausrollen und auf Backbleche legen oder zu Stückchen schneiden). Die geformten Teigstücke werden gefüllt und/oder belegt.

Die aufgearbeiteten Teigstücke müssen nun in feucht-warmem Klima aufgehen. Diese Stückgare erfolgt in einem Gärraum oder einem Gärschrank bei etwa 35 °C und genügender Luftfeuchte.

Backen von Hefefeinteigen: Ofenreife beachten

Das Abbacken beginnt, wenn die geformten Teigstücke genügend aufgelockert sind. Merkmale für diesen Zustand sind die Vergrößerung des Teigvolumens (mindestens die Verdoppelung), die geringe Elastizität und der schwache Widerstand des Teiges beim Betasten.

Für die ***Backtemperatur*** *gilt folgende Regel:*
Je größer, kompakter und je gehaltvoller (an Fett und Zucker) das Teigstück ist, je stärker und feuchter die Füllung oder der Belag sind, desto niedriger muss die Backtemperatur und desto länger muss die Backzeit sein.

Schwere Gebäcke werden bei etwa 170 °C, leichte Gebäcke bei etwa 180 °C abgebacken (im Heißluftofen). Die meisten Hefefeingebäcke werden im Gegensatz zu den Weizenkleingebäcken in trockener Luft gebacken, also ohne Schwadengabe.

Der Backvorgang wird abgeschlossen, wenn die Kruste genügend gebräunt und ausgebildet und die Krume im Kern elastisch-fest ist.

Tipps für die Verkaufspraxis

So können Sie Kundenfragen zur Bereitung von Hefekuchen beantworten:

- *Temperieren Sie die Zutaten durch frühzeitiges Bereitstellen in einem warmen Raum.*
- *Verarbeiten Sie in keinem Fall mehr als 20 % Zucker zur Mehlmenge. Wir empfehlen 100 bis 150 g Zucker auf 1 kg Mehl.*
- *Erhitzen Sie die Backhefe nicht über 45 °C; übergießen Sie diese nie mit heißer Milch.*
- *Halten Sie die Teigtemperatur zwischen 24 und 30 °C. Schützen Sie den Teig mit einem Tuch vor Verhauten und Auskühlen.*
- *Der Teig muss vor dem Aufarbeiten und vor dem Backen genügend aufgehen.*
- *Vermeiden Sie das nicht kontrollierbare Wärmen des reifenden Teiges im Backofen oder auf der Herdplatte.*
- *Backen Sie kompakte Großgebäcke etwas länger bei niedrigerer Backtemperatur.*

Meinung

Die Chefin in einer Verkaufsstelle meint: „Warum sollten wir den Kunden Ratschläge über die Hausbäckerei erteilen? Wer selber backt, der kauft weniger bei uns ein."

- *Nehmen Sie Stellung zu dieser Meinung.*

Angebot leichter Hefefeingebäcke

Situationsaufgabe:

Es sind unterschiedliche leichte Hefefeingebäcke herzustellen, die den Kundenerwartungen hinsichtlich Frische, Lockerung und Bekömmlichkeit entsprechen. Als betriebliche Anforderung gilt, dass die Gebäcke rationell herstellbar und für den Verkauf bereitgehalten werden können.

Daher wird auch das Backen im Laden geplant. An den Planungen und dem Herstellungsablauf werden Sie beteiligt.

Übliche leichte Hefefeingebäcke
- *ohne Füllung* sind zum Beispiel Kuchenbrötchen, (schlanke) Hörnchen, kleine Flechtgebäcke und auch Einback sowie Zwieback;
- *mit Füllung* oder Auflage sind zum Beispiel Taschen, (kompakte) Hörnchen, Schnecken, Körbchen und die flachen Formstücke.

Obige Hefefeingebäcke sind gut dazu geeignet, mehrmals am Tage in der Verkaufszeit im Laden gebacken zu werden. Dafür lassen sich die Teiglinge ohne Probleme gärverzögert oder tiefgekühlt bereitstellen. Sie können auch im Laden zum Schaubacken aufgearbeitet werden.

Kurz und bündig:
Kundenerwartungen an leichte Hefegebäcke

Leichte, kleine Hefefeingebäcke
- *sollen gut bekömmlich sein,*
- *sollen gut aufgelockert sein,*
- *sollen frisch am Kauftag hergestellt sein,*
- *sollen mit leichten, bekömmlichen Zubereitungen gefüllt oder belegt sein,*
- *sollen aromatisch schmecken.*

Herstellungsablauf für leichte Hefefeingebäcke

Die Teige können in Handarbeit oder maschinell aufgearbeitet werden.

Teigaufarbeitung nach Ablaufschema

Im Wesentlichen gilt für alle Hefekleingebäcke diese Aufarbeitung:

- *Auswiegen:* Der verarbeitungsreife, angegarte Teig wird in Portionen (z. B. Pressen/Ballen) ausgewogen.
- *Vorformen:* Teigstücke werden rundgestoßen oder zum Ausrollen zu Barren vorgeformt.
- *Teilen, Formen:* Pressen werden geteilt, Teigstücke rundgewirkt, nach dem Angären ausgerollt oder gestüpfelt;

  Teigbarren werden ausgerollt und vorgeteilt (in Längsstreifen für das Füllen) oder endgeteilt.
- *Füllen:* Teiglinge werden mit Zubereitungen gefüllt oder belegt.
- *Herrichten:* Formlinge werden eingestreut oder abgestrichen.

Krümmung von gewickelten Hörnchen:
links = richtig, rechts = falsch

Geformte Teiglinge im Gärklima wie für Brötchen üblich

Die Stückgare für die aufgearbeiteten Teiglinge erfolgt im Gärraum. Die Temperatur soll etwa 35 °C betragen. Bei dieser Temperatur ist eine relative Luftfeuchte von etwa 70 % erforderlich.

Damit sich die Formung beim Backen gut heraushebt, sollte die Gärreife für die Formlinge nicht mehr als zwei Drittel der Vollreife betragen.

Schneiden des Teigwickels zu Schneckenscheiben

Backbedingungen im üblichen Standard für Kleingebäcke

Gärlinge mit einer abgetrockneten Haut werden vor dem Backen mit Wasser/Milch abgestrichen. Für eine glänzend dunkle Bräunung eignet sich Eistreiche. Sie sollte vor dem Einschieben etwas abtrocknen.

Der Backvorgang erfolgt bei „flotter Hitze" (220 bis 240 °C in ruhender Hitze, 190 bis 210 °C in bewegter Hitze). Diese Temperaturen mindern den Feuchtigkeitsverlust beim Backen. Und gut aufgelockerte Teiglinge bräunen dabei nicht zu schnell. Sie backen dann genügend durch.

Im Allgemeinen wird mit Schwadengabe (Wrasengabe) eingeschoben. Die Backzeit beträgt 16 bis 22 Minuten.

Runde und gedrückte Schnecken

Herstellungsablauf für Zwieback

Ist Zwieback ein genussreiches Kaffeegebäck?

Das ist für viele Verbraucher nicht gut vorstellbar. Natürlich ist ein in der Verpackung alt gewordener Zwieback nicht als Kaffeegebäck zu empfehlen. Jedoch röstfrischer Butterzwieback ist wohlschmeckend und dazu besonders bekömmlich.

Meinen Sie, dass der Verzehr von frischem Zwieback eintönig sei?

Dann bieten Sie doch Frischzwieback aus eigener Herstellung an mit einem Aufstrich oder Überzug, zum Beispiel mit einer mitgerösteten Makronenmasse, mit Fondantglasur oder mit Kuvertüreüberzug.

Allgemein gilt der Zwieback als Bestandteil einer Schonkost für Kranke, Genesende, Kleinkinder und ältere Menschen.

Gründe für diese Verwendung sind
- seine Bekömmlichkeit,
- seine tischfertige Zubereitung und leichte Verarbeitung zu Brei.

Zwieback ist gerösteter Einback

Die Bezeichnung *Zwieback* weist auf das Herstellungsverfahren hin. Denn der Zwieback ist *zweimal der Backhitze* ausgesetzt: erst einmal beim Backen der Teiglinge (= Einback) und ein zweites Mal im dann nachfolgenden Röstprozess (Zwieback = zweimal gebacken).

***Zwieback** ist eine rösche Dauerbackware aus einem Hefefeinteig.*

Der *Einback* wird aus Hefefeinteig in Kastenformen, als Längen oder als Rundstücke auf Blechen gebacken. Er wird in Scheiben geschnitten und bei schwacher Hitze im Ofen geröstet. Für den Frischverkauf darf der Krumenkern noch etwas weich sein.

Anforderungen an Zwieback

Das wichtigste Merkmal des Zwiebacks ist seine Bekömmlichkeit. Sie wird durch geringen Fett- und Zuckeranteil und gut feinporige Krumenauflockerung erreicht.

Der Genusswert wird durch den Geschmack, aber auch durch den „Bruch" beim Verzehr bestimmt. Der Geschmack von Zwieback wird durch aromatische Stoffe bestimmt, die bei der Teiggärung, beim Backen und beim Rösten entstehen. Zwieback muss beim Verzehr „kurz" brüchig sein; er soll mürb-rösch zerfallen.

Zwieback in geeigneter Verpackung lagern

Für eine lange Mindesthaltbarkeit muss Zwieback insbesondere vor Feuchtigkeit geschützt werden. Der Wassergehalt im Gebäck darf 8 % nicht übersteigen. Nur so behält Zwieback über lange Zeit seine Rösche. Jedoch kann die Haltbarkeit auch durch raschen Fettverderb eingeschränkt werden. Luftsauerstoff und Lichtenergie beschleunigen die Fettzersetzung. Enthaltene Butterfette zersetzen sich besonders leicht im lagernden Gebäck.

Zwieback muss wasserdampfdicht, luft- und lichtdicht verpackt lagern. Dazu geeignet sind Mehrlagen-Packstoffe (wachskaschiertes Zellglas oder Verbund-Kunststoffe). Eine besonders gasundurchlässige Schicht verhindert das Durchwandern von Luft, Wasser und Aromastoffen. Eine Aluminiumfolie schützt das Gebäck vor Licht. Die Innenlage besteht meistens aus (Pergament-)Papier.

Einbacklänge als Grundlage für die Herstellung von Zwieback, auch zum Frischverzehr geeignet

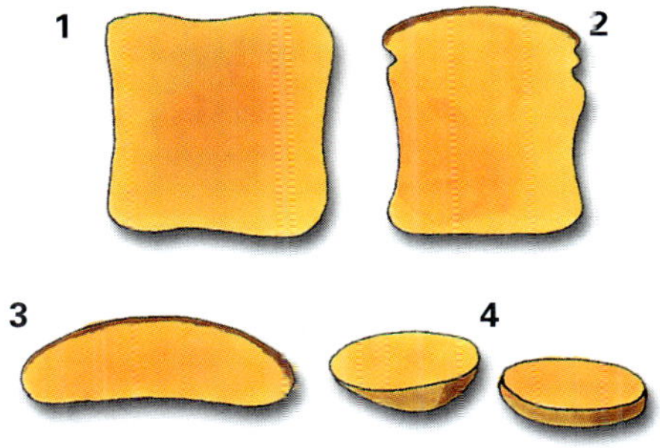

Zwieback in verschiedenen Formen:
1 = in geschlossener Kastenform gebacken
2 = in offener Kastenform gebacken
3 = als Länge frei auf dem Blech gebacken
4 = als Rundstück frei auf dem Blech gebacken

Worterklärung

__Dauerbackwaren__ sind Feine Backwaren, deren Genießbarkeit durch eine lange, sachgemäße Lagerung nicht eingeschränkt wird.

Anforderungen an Zwiebacksorten

- *Haushalts-, Kinderzwieback: etwa 6 % Fett, etwa 10 % Zucker *)*
- *Nährzwieback: mindestens 10 % Butter, mindestens 10 % Vollei oder 3 % Eidotter*), Vollmilch als Zuguss*
- *Butterzwieback: mindestens 10 % Butter *)*
- *Eierzwieback: mindestens 18 kg Vollei auf 100 kg Mehl*

**) Angaben bezogen auf den Mehlanteil*

Kurz und bündig: Einback und Zwieback im Verkauf

- ***Einback** ist ein Frischgebäck aus leichtem Hefefeinteig.*
- ***Zwieback** ist eine wasserarme Dauerbackware aus Hefefeinteig.*
- ***Einback und Zwieback** sind als besonders bekömmliche Gebäcke zu empfehlen.*

Produktsicherheit: Keimgehalt von Kremauflagen

- *Gefahren:* *Stärkekrems sind ein günstiger Nährboden für Mikroorganismen. Mitgebackene Krems haben einen niedrigen, erst nach dem Backen aufgetragene Krems haben dagegen einen höheren Keimgehalt.*
- *Maßnahmen:* *Für Gebäcke mit nicht durchgebackener Kremauflage gilt:*
  - *Instantkrems und gekochte Krems erst kurz vor dem Auftragen herstellen.*
  - *Spritzbeutel verwenden, die nach der Reinigung auf über 70 °C erhitzt wurden (oder Einwegmaterial).*
  - *Gebäcke für längere Bereitstellung zum Verkauf in der Kühlung lagern (bei höchstens + 7 °C).*

Aufsprühen von Gelee mit einer Sprühmaschine

Sachkurs: Gelee-Sprühmaschinen

Im Produktionsbereich wird mit Gelee-Sprühmaschinen heißer Gelee zeitsparend auf die Gebäcke aufgesprüht.

Der Gelee wird erst nach Austritt aus dem Kessel auf etwa 85 °C erwärmt und über eine Sprühpistole verteilt.

Die Sprühgelees zum Aprikotieren enthalten Pektin als Gelierstoff (wie die Konfitüren).

Glasierte Gebäcke nach 6 Stunden Lagerung mit Aprikotur (links) und ohne Aprikotur (rechts)

Herrichten von Kaffeegebäcken aus Hefefeinteig

Verschiedene Hefefeingebäcke sind nach dem Backen ohne weitere Behandlung verkaufsfertig (z. B. Einback oder Kuchenbrötchen). Die meisten Kaffeegebäcke werden aber zur Erhöhung des Genusswerts oder zur Verlängerung der Frischhaltung noch weiter hergerichtet.

Einige Hefefeingebäcke erhalten erst nach dem Backen eine Auflage, beispielsweise aus gekochter Vanillekrem und Fruchtbelag (zumeist *nicht backfeste Früchte*).

Ansonsten werden kleine Kaffeegebäcke aus Hefefeinteig
- aprikotiert (mit heißer Aprikosenkonfitüre) und/oder
- glasiert (mit Fondant oder Zuckerglasur).

Aufgelegte Früchte werden mit einem Geleeguss überzogen, damit sie bei der Bereitstellung der Gebäcke zum Verkauf nicht austrocknen und unansehnlich werden.

Aprikotur verbessert das Aussehen der Gebäcke

Alle Hefefeingebäcke, die mit einer Zuckerglasur hergerichtet werden, sollten vorher aprikotiert werden.

***Aprikotieren** ist das dünnschichtige Aufstreichen von flüssig-heißer Aprikosenkonfitüre auf die Gebäckoberfläche.*

Arbeitsablauf beim Aprikotieren:
- *Stückige Aprikosenkonfitüre passieren*
- *Aprikosenkonfitüre so lange kochen, bis sie fein-flüssig ist*
- *Aprikotur flüssig-heiß auf die noch ofenheißen Gebäcke auftragen und dafür kochfesten Pinsel verwenden*

Durch die heiße Verarbeitung der Aprikotur wird gewährleistet, dass sie in die Gebäckkruste eindringen kann. Dort geliert sie beim Abkühlen mit der Kruste eng verbunden. Die Gebäckkuste wird durch diesen Vorgang stabiler und in den Poren „abgedichtet".

Aprikotur erhöht die Beständigkeit der Glasur

Das Aprikotieren hat folgende Vorteile:
- *Aprikotur verzögert das „Absterben" der Zuckerglasur.*
- *Aprikotur mindert das Absplittern der Glasur.*
- *Aprikotur erhöht den Genusswert der Gebäcke.*
- *Aprikotur verbessert die Frischhaltung der Gebäcke.*

Die Zuckerglasuren bilden beim Austrocknen auf den Gebäcken große Zuckerkristalle. Dadurch verliert die Glasur an Glanz. Sie „stirbt ab". Mit dem Aprikotieren kann das „Absterben" verzögert werden. Denn die in und auf der Gebäckkruste gelierte Konfitüre verhindert das schnelle Aufsaugen der Glasurfeuchtigkeit über die sonst trockene Kruste.

Beim Austrocknen werden Glasuren rissig und splittern dann leicht von der Kruste ab. Durch Aprikotieren wird das Absplittern gemindert. Grund dafür ist die Verbindung zwischen Zuckerglasur und Aprikotur, die Bestandteil der Gebäckkruste geworden ist.

Aprikotierte Gebäcke trocknen nicht so schnell aus und bleiben lange saftig-frisch. Durch das fruchtige Aroma der Konfitüre und das gute Aussehen wird der Genusswert der Gebäcke erhöht.

Zuckerglasuren als Dekor für Hefefeingebäcke

Zuckerglasuren mit ihrem seidenmatten Glanz erhöhen den Kaufanreiz für Feine Backwaren. Dagegen bewirken abgestorbene Überzüge oder nässende Glasuren eher das Gegenteil.

Zuckerglasuren sollen folgende Anforderungen erfüllen:

- *Sie müssen zart schmelzend sein.*
- *Sie müssen gute Deckkraft besitzen.*
- *Sie müssen unempfindlich gegen Feuchtigkeit sein.*
- *Sie dürfen nicht (zu schnell) „absterben".*

Die Zulieferindustrie bietet folgende Zuckerarten oder Zubereitungen für Glasuren an:

- Puderraffinade und Glasurpuder zum Ansetzen mit Wasser;
- Fondant und Fertigfondant.

Glasur aus Puderraffinade für Tagesgebäcke

Zum Herstellen einer Zuckerglasur wird die Puderraffinade mit Wasser angesetzt und glattgerührt. Üblicherweise geschieht das im Verhältnis 5:1 (z. B. auf 1 kg Puderraffinade = 0,2 Liter Wasser).

Die Glasur aus Puderzucker ist sehr empfindlich gegen Feuchtigkeit. Die aufgebrochenen Zuckerkristalle in der Glasur ziehen das Wasser an und lösen sich schnell. Dadurch verliert die Glasur an Deckkraft; sie wird durchsichtig und nässt (➡ obere Abbildung).

Ebenso empfindlich ist Puderzuckerglasur bei zu trockener Lagerung glasierter Gebäcke. Beim Austrocknen der Glasur bilden sich große Zuckerkristalle; die Glasur stirbt ab (➡ untere Abbildung).

Glasur aus Puderraffinade und Wasser eignet sich wegen der zuvor genannten Probleme nur für Tagesgebäcke, die frisch verkauft werden. Auch dürfen die zu glasierenden Gebäcke nicht zu feuchte Füllungen oder Auflagen haben.

Glasurpuder für stabile Glasuren

Als ein Gemisch aus Puderraffinade und Stabilisatoren pflanzlicher Herkunft wird Glasurpuder angeboten. Für Glasurzwecke wird er wie Puderraffinade angesetzt. Die enthaltenen Stabilisatoren verringern die Empfindlichkeit für Feuchtigkeit und verzögern das Auskristallisieren des gelösten Zuckers.

Glasurpuder lässt sich in geschlossener Verpackung gut lagern, ohne klumpig zu werden.

Fondant für seidenmatten Glanz

Fondant ist eine gekochte Zuckerzubereitung. Sie ist gut lagerfähig im geschlossenen Gebinde.

Zur Verarbeitung wird Fondant mit 50 ml Wasser je kg Fondantmasse unter stetigem Rühren vorsichtig auf höchstens 40 °C erwärmt.

Überwärmter Fondant führt zum Lösen von Zuckerkristallen, die beim Auskühlen große durchscheinende Kristalle bilden.

Die Fondantglasur hat eine gute Deckkraft von seidenmattem Glanz. Sie ist weniger empfindlich als andere Glasuren gegen trockene oder feuchte Umgebung.

Aprikotierte und glasierte Gebäcke mit Fondant (links) und mit Staubzuckerglasur (rechts) nach 6 Stunden *luftfeuchter Lagerung*

➤ *Beschreiben und begründen Sie die Beschaffenheit der Glasuren.*

Aprikotierte und glasierte Gebäcke mit Fondant (links) und mit Staubzuckerglasur (rechts) nach 6 Stunden *trockener Lagerung*

➤ *Beschreiben und begründen Sie die Beschaffenheit der Glasuren.*

Tipps

So stellen Sie Fondantglasur richtig bereit:

- *Fondant darf insgesamt, aber auch nicht in Teilen über 40 °C erwärmt werden.*
- *Schonende Erwärmung erfolgt*
  - *bei rechtzeitiger Bereitstellung an einem warmen Ort (Gärschrank, Heizkörper),*
  - *mit einem Temperierautomaten,*
  - *bei nur kurzfristiger Erwärmung im Mikrowellengerät.*

Worterklärung

***Fertigfondant** ist eine vom Zulieferhandel angebotene gebrauchsfertige Fondantglasur.*

Qualitätssicherung bei Hefefeingebäcken

- *Teiglinge so backen, dass immer frisches Gebäck angeboten werden kann.*
- *Gebäcke mit geeignetem Dekor herrichten (Aprikotur, Glasur, Fondant).*
- *Gebäcke bei der Präsentation auf Ausstellblechen nicht übereinander stapeln.*

Herstellung und Angebot mittelschwerer Hefefeingebäcke

Die leichten Hefefeingebäcke haben lediglich am Herstellungstag alle Frischemerkmale. Mittelschwere Hefegebäcke halten sich länger frisch. Daher eignen sich mittelschwere Teige für Gebäcke, die in der Regel nicht am Herstellungstag verzehrt werden. Das gilt für alle Großgebäcke, Wochenendgebäcke und Feiertagsgebäcke.

In einigen Backbetrieben mit nur geringem Umsatz an Hefefeingebäck werden alle Tages- und Wochenendgebäcke aus dem gleichen Hefeteig hergestellt. Der Fett- und Zuckeranteil der Rezeptur liegt dann zwischen einem leichten und einem mittelschweren Hefefeinteig.

Das ist aus Sicht der Betriebsorganisation rationell. Im Hinblick auf die Backwarenqualität ist es aber nicht günstig. Unterschiedliche Typen von Hefefeingebäcken haben somit einheitlichen Charakter. Um eine Premiumqualität zu erreichen ist es vielmehr sinnvoll, mittelschwere Hefefeinteige speziell herzustellen und außerdem durch Zusätze zu verfeinern (z. B. Zugabe von Vollei, Butter oder Milcherzeugnissen).

Mittelschwere Hefefeingebäcke und ihre Merkmale

Zu den Feinen Backwaren aus mittelschwerem Hefefeinteig zählen
- Formgebäcke wie Zöpfe, Stuten und Kränze;
- Blechkuchen wie Streusel-, Butter-, Obst-, Bienenstich-, Käse- und Mohnkuchen;
- figürliche Gebäcke wie Weckmänner und Osterhasen.

Je nach verwendetem Ei- und Butteranteil können auch Brioches und Hefenapfkuchen (z. B. elsässischer Guglhupf) zu den mittelschweren Hefefeingebäcken zählen.

Teig- und Produktmerkmale aus technologischer Sicht

- *Die Gebäcke aus mittelschwerem Hefefeinteig unterscheiden sich von denen aus leichtem Teig*
  - *in der Zusammensetzung durch den höheren Anteil an Fett- und Zuckerarten;*
  - *in der Beschaffenheit durch ein kompakteres Gebäckvolumen mit einer saftigen Krume, die etwas dickwandiger geport ist;*
  - *in der Mindesthaltbarkeit durch bessere Frischeeigenschaften.*

Ansonsten sind für Gebäcke aus mittelschwerem Teig die gleichen Zutaten üblich wie für andere Hefefeinteige. Beachten Sie dazu das in der Randspalte aufgeführte Grundrezept.

Wegen des Fett- und Zuckeranteils in mittelschweren Hefefeinteigen brauchen diese Teige eine gewisse Reifezeit bis zum Verarbeiten. Auch die Gärzeit ist länger als bei leichten Hefefeinteigen. Nur so sind die erwünschten Qualitätsmerkmale zu erzielen.

Produktmerkmale aus Sicht der Verbraucher

- Mittelschwere Hefefeingebäcke sollen sich lange frisch halten und gut schmecken (Art und Qualität der Zutaten).
- Mittelschwere Hefefeingebäcke haben einen hohen Energiegehalt, sollen aber dennoch bekömmlich sein (Mengenanteile der Zutaten).
- Mittelschwere Hefefeingebäcke sollen nicht zu süß sein; sie sollen auch nicht mit zu hohem Zuckeranteil den Stoffwechsel belasten.

Grundrezept für mittelschweren Hefefeinteig

1 000 g	*Weizenmehl, Type 550*
150 g	*Zucker*
200 g	*Butter/Backmargarine*
450 g	*Vollmilch *)*
80 g	*Backhefe*
10 g	*Kochsalz*
	Gewürze, Aromen

**) Für Teige mit Vollei muss je Ei (= 50 g) der Milchanteil um 30 g reduziert werden.*

Kundenberatung: Produktinformationen über Hefefeingebäcke

Die Feinen Backwaren aus Hefefeinteigen sind nach Zusammensetzung und in ihren Nutzungsmerkmalen ganz unterschiedlich.

Das kann den Kunden in schriftlichen Produktinformationen zur Kenntnis gebracht werden. Um aber den Informationswünschen der einzelnen Kunden besser gerecht werden zu können, ist die mündliche Kurzinformation im Verkaufsgespräch unverzichtbar.

Dafür sind folgende Punkte wesentlich:
- *Verkehrsbezeichnung und Gebäcktyp*
- *Zutaten und ihre Anteile (keine Rezeptur)*
- *Gehalt an Zutaten mit allergener Wirkung*
- *Gehalt an Zusatzstoffen (oder frei davon)*
- *Nährwert und Bekömmlichkeit*
- *Mindesthaltbarkeit und Lagerbedingungen*
- *Eignung und Nutzungsmerkmale*
- *Verkaufsargumente für das individuelle Interesse des Kunden*
- *Gewicht und Preis des Einzelstücks oder einer anderen Verkaufseinheit*

Betriebsbezogene Aufgaben

- ➤ *Erstellen Sie eine Übersicht der in Ihrem Betrieb ständig angebotenen Gebäcke aus mittelschwerem Hefefeinteig.*
- ➤ *Welche Gebäcke aus mittelschwerem Hefefeinteig werden nur zeitweise oder saisonal angeboten?*

Großgebäcke aus mittelschwerem Hefefeinteig

Situationsaufgabe:

Die Kunden fragen in Ihrem Geschäft nach speziellen Großgebäcken aus Hefeteig, die zum Frühstück oder zur Kaffeezeit, am Wochenende oder zu Feiertagen verzehrt werden können.

- ➤ *Informieren Sie sich über solche Gebäcke.*
- ➤ *Welche Produkte dienen dazu, sich von Konkurrenten abzuheben?*
- ➤ *Welche Marketing-Aktionen sind für diese Gebäcke möglich?*

Sortiment mit Großgebäcken aus Hefefeinteig

Stuten ist eine übliche Bezeichnung für kompakte Hefegroßgebäcke mit einfacher Form. *Süßstuten* oder *Kuchenbrot*, das sind gängige Bezeichnungen für *ungefüllte Stuten* ohne Früchte oder Ölsamen.

Rosinenstuten: mit eingebackenen Zutaten

Rosinenstuten enthalten im Teig einen wesentlichen Anteil Sultaninen und/oder Korinthen. Als weitere eingebackene Zutaten sind neben den Rosinen auch zerkleinerte Mandeln, Zitronat und Orangeat üblich.

Semmel ist die norddeutsche Bezeichnung für Rosinenstuten, welche freigeschoben gebacken werden.

Platz ist die rheinische Bezeichnung für zumeist runde Festtagsstuten mit einem hohen Eianteil und eingebackenen Zutaten.

Norddeutscher Semmel (Rosinenstuten)

Wickel: die gefüllten Großgebäcke

Üblich sind verschiedene Wickel mit Füllungen aus Zubereitungen mit einer Marzipan-, Persipan- oder Nussrohmasse oder Mohnmasse. Die Füllung wird auf den ausgerollten Teig gestrichen.

Der aufgewickelte Teig kann abgebacken sein
- als *Wickel (Strudel)* frei auf dem Backblech *oder*
- als *gefüllter Stuten* in der Kastenform *oder*
- als *Striezel* längs aufgeschnitten *oder*
- als *Kranz* gelegt auf dem Backblech.

Gefüllter Stuten

Quark-Mürbestuten

Quarkstuten: mit langer Frischhaltung

Merkmale von *Hefequarkteigen* sind
- der hohe Quarkanteil (bis 50 % vom Mehl),
- ein wesentlicher Eianteil,
- Backpulver als zusätzliches Lockerungsmittel.

Für die einfache Herstellung dieser Teige gibt es Vormischungen mit gefriergetrocknetem Quark. Nur Backhefe, Eier und Wasser sind bei der Teigbereitung zuzugeben. Gebäcke aus Quarkteig halten sich länger frisch als vergleichbare Hefefeingebäcke ohne Quarkanteil.

Osterstuten

Pinza

Formgebäcke: mit und ohne eingebackene Zutaten

Flechtgebäcke und Knoten in unterschiedlichen Formen und Größen sind die wohl bekanntesten Formgebäcke. Der Hefefeinteig ist zumeist durch Eianteil verfeinert. Zum Teil werden auch Zutaten eingebacken (z. B. Mandeln oder Rosinen).

Figürliche Gebäcke werden meistens nur zu bestimmten Anlässen und regional unterschiedlich hergestellt (➞ *Brauchtumsgebäcke*).

Pinza ist ein ursprünglich aus Italien stammendes lockeres Ostergebäck. Es ist rund mit typisch dreiteilig aufgeschnittener Oberfläche.

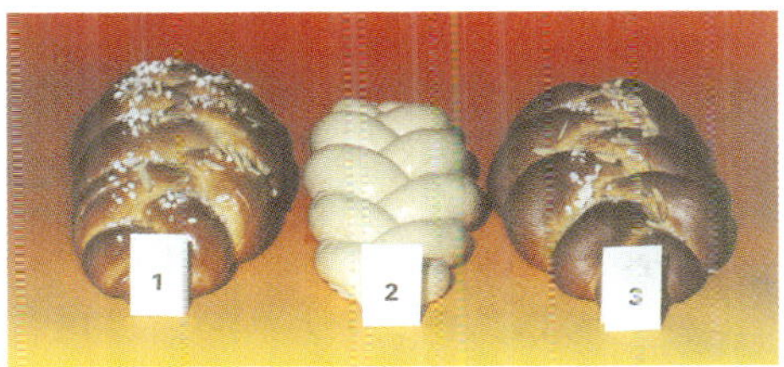

Im Ladenbackofen gebackene Zöpfe
(1 = direkte Führung, 2 – 3 mit Gärunterbrechung)

Hinweis

Auf der CD-ROM finden Sie eine Anregung zu einer ***Marketing-Aktion für Großgebäcke aus mittelschwerem Hefefeinteig.***

Blechkuchen aus mittelschwerem Hefefeinteig

Situationsaufgabe:

Auf Backblechen im Ganzen gebackene und zum Verkauf in Stücke geteilte Kuchen sind bei den Kunden beliebt.

- *Sie sollen die Merkmale wichtiger Blechkuchensorten kennen.*
- *Sie sollen Blechkuchen auswählen, mit denen Abwechslung in das Sortiment gebracht wird und die problemlos anzubieten sind.*
- *Sie sollen Vorschläge entwickeln für ein Marketing mit Blechkuchen als Wochenangebot oder als Saisonangebot.*

Allgemeine Merkmale von Blechkuchen

Blechkuchen sind aus einem mittelschweren Hefefeinteig hergestellt. Auf 1 000 g Weizenmehl sind etwa 150 g Zucker und 150 g Butter oder Margarine verarbeitet.

Der Teig wird ausgerollt und auf Backbleche gelegt (➡ nebenstehende Normgrößen). Als Auflagen kommen alle Zutaten in Frage, die mit der Teigsüße gut harmonieren, beispielsweise: Zucker, Butter, Streusel, Obstsorten, Obsterzeugnisse sowie Zubereitungen mit Stärkekrem, Quark, Sahne, Mohn und Schalenobst.

Die *Krumenauflockerung* wird durch den Grad der Teiggärung vor dem Backen und dem Gewicht der Auflagen bestimmt. Kuchen mit leichten Auflagen (z. B. mit Zuckeraufstreu) sind stärker aufgelockert als solche mit schwergewichtigen Auflagen (z. B. mit Mohn- oder Käsemasse).

Der *Nährwert von Blechkuchen* wird wesentlich durch die Auflage bestimmt. Zu den zucker- und fettreichen (= schweren) Auflagen zählen vor allem: Streusel, Bienenstichmasse, Butter-Zucker-Sahne-Auflagen und Mohnzubereitungen. Auch kremige Auflagen (z. B. Quarkmasse) können durch höhere Sahne- oder Zuckerzugabe schwer sein.

Zu den leichten Auflagen gehören ungezuckerte oder nur schwach gezuckerte Obstsorten. Aber Abdeckungen wie Streusel, Mürbeteig oder Sahne-/Eierguss machen die Gebäcke wieder schwer.

Bereitstellung von Blechkuchen zum Verkauf

Die aufgeteilten Kuchen werden für den Verkauf auf Ausstellblechen oder Platten präsentiert. Dabei sollen die Stückchen möglichst dicht aneinander gesetzt werden und wieder ein Kuchenbild ergeben. So wird das Antrocknen der Schnittstellen weitgehend verhindert.

Auf keinen Fall sollten die Blechkuchenstücke übereinander gesetzt ausgestellt werden. Darunter leiden nicht nur Beschaffenheit und Optik der Oberfläche. Diese Präsentationsform lässt bei Käufern auch den Eindruck eines Angebots von Billigwaren entstehen.

Die Kuchenstücke werden in der Verkaufstheke mit der guten Ansicht zur Kundenzone ausgestellt. Kuchen mit nicht durcherhitzter Füllung (z. B. Bienenstichkuchen mit Sahnekrem) oder mit roheihaltigem Guss müssen durchgängig in der Kühltheke ausgestellt werden.

Kuchen mit röscher Auflage schmecken am Herstellungstag am besten. Blechkuchen mit saftiger Auflage behalten ihre Frischemerkmale zwei Tage und auch länger. Dennoch sollten sie nur am Herstellungstag verkauft weden, damit die beim Kunden lagernden Kuchenstücke auch noch am Folgetag ihren Genusswert haben. In der Kundenberatung können Hinweise zur Bevorratung der Kuchen gegeben werden.

Standardmaße für Backbleche
(nach DIN = Deutsches Institut für Normung)

380 × 580 mm
580 × 580 mm
780 × 580 mm
980 × 580 mm

Merkmale von Blechkuchen regionaler Art

- ***Harzburger Zuckerkuchen:*** *Auflage aus Marzipanrohmasse und geschmolzener Butter sowie Zuckeraufstreu*
- ***Schlesischer Streuselkuchen:*** *Streusel auf einer Quarkunterlage*
- ***Rheinischer Kirmeskuchen:*** *Quark-Vanillekremauflage mit Streuselaufstreu*
- ***Dresdner Eierschecke:*** *Auflage aus einer Quarkzubereitung mit Eierguss*
- ***Hessischer Schmandkuchen:*** *Auflage aus einer Vanillekrem-Schmand-Zubereitung*
- ***Meraner Apfelkuchen:*** *Apfelauflage mit einem Gitter aus Makronenmasse*

Tipps für die Verkaufspraxis

- *Präsentieren Sie Blechkuchen nur auf sauberen, ansehnlichen Ausstellblechen in der Verkaufstheke. Stellen Sie Stücke mit gutem Anschnittbild nach vorn zur Kundenseite.*
- *Präsentieren Sie Blechkuchen in der Hauptebene der Verkaufstheke*
  – für gute Einsicht aus der Kundenzone,
  – für einfache Entnahme einzelner Stücke.
- *Ordnen Sie Blechkuchen verschiedener Art nebeneinander und nicht hintereinander in der Theke an. So vermeiden Sie bei der Entnahme das Risiko des Verkrümelns oder Beschädigens anderer Gebäcke.*
- *Wählen Sie eine passende Tablettgröße für die Flachverpackung. Decken Sie Blechkuchen mit feuchter Oberfläche mit einem Schutz aus Pergaminpapier ab.*

Teilen und Schneiden von Blechkuchen

Die Blechkuchen müssen für den stückweisen Verkauf aufgeteilt und geschnitten werden. Zur Erzielung glatter Schnittflächen müssen die Kuchen vor dem Aufschneiden bis in den Kern ausgekühlt sein.

Die aus einem ganzen Blechkuchen zu schneidende Stückzahl kann auf zwei verschiedenen Wegen ermittelt werden:

– nach Vorgabe des Stückpreises *oder*

– nach Vorgabe der Stückgröße.

Beispiel 1:

Der kalkulierte Preis für einen Streuselkuchen beträgt 63,00 €. Der Stückpreis ist mit 1,05 € festgelegt. In diesem Fall ist der Kuchen in 60 Stücke aufzuteilen (63,00 € : 1,05 € = 60).

Beispiel 2:

Der Streuselkuchen ist 73,5 × 56 cm groß (nach Entfernen der Ränder). Die Größe des Einzelstücks soll 10,5 × 7 cm betragen. In diesem Fall ist der Kuchen in 56 Stücke einzuteilen:

** 73,5 cm : 10,5 = 7 Längsstreifen*

** 56 cm : 7 = 8 Querstreifen*

** 7 × 8 Streifen = 56 Stücke*

Teilen mit der Mess- und Schneideschiene

Das Einteilen und Schneiden mit einer Mess- und Schneideschiene erfolgt so:

- Der Kuchen wird auf ein Schneidbrett geschoben.
- Mit je einem geraden Schnitt werden die vier Randstreifen des Kuchens abgeschnitten.
- Die Schnittstellen werden mit der Mess-Schiene entsprechend der gewünschten Stückzahl ermittelt und am Kuchenrand auf beiden Seiten markiert.
- Zum Teilen des Kuchens wird mit einem scharfen Messer an der angelegten Schneideschiene entlang gezogen.
- Bei Kuchen mit Obst oder Guss sollte die Klinge nach jedem Schnitt in heißem Wasser gereinigt und abgestreift werden.
- Bei Kuchen mit empfindlicher Oberfläche wird die Schneideschiene auf zwei Kanthölzern aufgelegt (an gegenüberliegenden Rändern).

Rationelles Teilen mit Geräten und Maschinen

Für rationelle Kuchenteilung können Schneidegitter, Schneiderahmen oder Schneidemaschinen verwendet werden.

Schneiderahmen werden seitlich abgestützt über den Blechkuchen gestülpt. Die Schnittabstände des Rahmens sind nicht verstellbar.

Schneidegitter haben Führungen für die Schnitte in Längsrichtung und in Querrichtung. Die Kuchen liegen zum Schneiden auf dem Gitter auf.

Schneidemaschinen arbeiten nach unterschiedlichen Systemen:

- Die Messerköpfe sind entweder stufenlos verstellbar oder sie müssen entsprechend der Stückgröße ausgetauscht werden.
- Mit Hilfe einer Schubeinrichtung werden die Kuchen durch einen Messersatz geschoben, erst der Länge, dann der Breite nach.
- Oder die Kuchen werden mit einem abgesenkten Messerkopf fast stanzenartig unter kurzen Hin- und Herbewegungen geteilt.

Übliche Stückformate von Blechkuchen der Größe 78 x 58 cm

Anzahl der Streifen in der Länge	x	*Breite*	=	*Stückzahl*
8	x	6	=	48
10	x	6	=	60
12	x	6	=	72

Berechnungen

➤ *Errechnen Sie den Stückpreis für Blechkuchen nach Vorgabe von Stückzahl und kalkuliertem Gesamterlös.*

➤ *Errechnen Sie die Stückzahl, die aus dem Blechkuchen zu schneiden ist, nach Vorgabe von Stückpreis und Gesamterlös.*

Schneiderahmen: Schneiden ohne zu messen

Schneidegitter: Auskühlgitter mit Führungen für die Schnitte mit allen Abmessungen

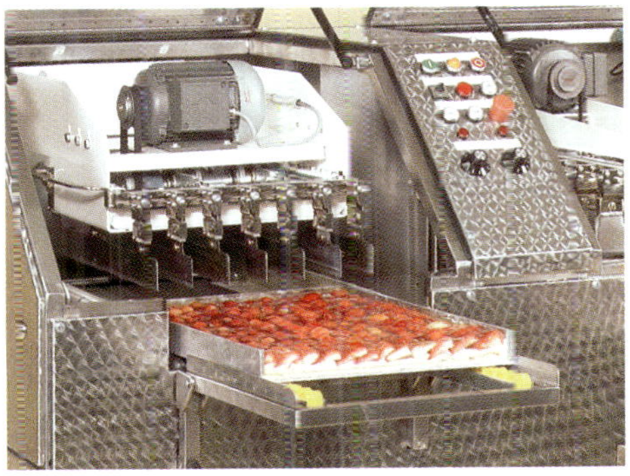

Kuchenschneidemaschine: einfach und rationell

Grundrezept für leichten Streusel

1 000 g Weizenmehl, Type 550
500 g Backmargarine
500 g Zucker
5 g Kochsalz
Aroma

Typische Streuselkuchen-Fehler

Fehler	Ursache
● Streusel krümelt beim Schneiden	– zu hoher Mehlanteil – zu trockene Teigoberfläche beim Aufstreuen
● Streusel ist verlaufen	– zu hoher Fettanteil
● Streusel ist zu hart	– zu hoher Zuckeranteil
● Kuchen ist blasig aufgetrieben	– zu junger und zu weicher Hefefeinteig
● Speckstreifen unter dem Streusel	– zu warme/zu viel Gare – zu fetter Streusel

Streuselkuchen (mit Puderraffinade als Dekor)

Butterkuchen (norddeutsche Art)

§ **Lebensmittelrechtliche Bestimmungen**

- *Butterkuchen und Butterstreuselkuchen müssen Butter, Butterfett oder Butterreinfett als alleinige Fettzutat enthalten, und zwar im Teig und im Belag.*
  Die Verwendung von Emulgatoren wird damit nicht eingeschränkt; auch dürfen andere Fette als Trennfett benutzt werden.
- *Bei Butterkuchen und Butterstreuselkuchen muss der Butteranteil mindestens 30 % der Gesamtmehlmenge betragen (also für Teig und Belag zusammen).*

Ungefüllte Blechkuchen mit Belag oder Auflage

Die wertbestimmenden Zutaten in Auflage, Belag und Abdeckung sind für den Kuchentyp bestimmend.

Die Begriffe „Auflagen" und „Beläge" werden häufig gleichbedeutend verwendet. Gemeint sind damit alle auf den Teigboden oder auf das fertige Gebäck aufgebrachten Erzeugnisse.

- Auflagen im engeren Sinne sind in kompakter Schicht aufgebrachte Erzeugnisse (wie Obstzubereitungen, Käse- oder Mohnmassen).
- Beläge sind eher dünnschichtig aufgelegte Produkte (wie Streusel oder Butterflocken).
- Aufstreu sind Produkte wie Mandeln, Zucker oder auch Streusel, die aufgestreut werden.
- Aufstriche sind dünn aufgezogene Erzeugnisse auf dem Teigboden oder der Auflage (wie Zubereitungen mit Sahne oder Ei).
- Abdeckungen sind Teige oder andere Zubereitungen, die Auflagen auf Kuchen bedecken (wie Mürbeteigdecken).

Streuselkuchen: mit mürbem, gehaltvollem Belag

Der auf dem Backblech ausgelegte Hefeteig wird nach einer kurzen Zwischengare bestrichen mit Wasser, Milch oder Sahne. Durch dieses Anfeuchten haftet der Streuselbelag gut auf der Teigoberfläche.

Üblich ist auch eine Unterlage mit Vanillekrem (= Pudding). Damit wird neben der Anhaftung des Belags eine wertsteigernde Abwandlung des Kuchentyps erreicht.

Die erforderliche Streuselmenge für die Backblechgröße 78 × 58 cm beträgt etwa 2000 g.

Streuselkuchen werden mit Zwei-Drittel-Gare abgebacken bei etwa 220 °C (gilt für ruhende Backatmosphäre). Die Backzeit beträgt dabei etwa 20 Minuten.

Butterstreusel und schwere Streusel können wegen ihres Fettanteils beim Backen zerlaufen. Dabei werden sie fest wie ein Mürbeteig. Der Streuselkuchen hat somit nicht die erwarteten Qualitätsmerkmale.

Butterkuchen: mit Zuckerkruste

Butterkuchen haben eine Butter- und Zuckerauflage.

In die halb gegärte Hefeteigplatte werden mit dem Spritzbeutel oder von Hand Butterflöckchen eingedrückt. Arbeitssparend ist der Einsatz einer Stempelplatte. Mit dieser werden Löcher in die Teigoberfläche gedrückt. Anschließend wird die nur dickflüssig geschmolzene Butter aufgestrichen. Die Oberfläche wird zum Schluss mit Zucker bestreut.

Varianten von Butterkuchen sind möglich, beispielsweise durch
– Aufstrich von saurer Sahne (vor/nach dem Backen),
– Aufstreu von zerkleinerten Mandeln vor dem Zuckeraufstreuen.

Der Zuckerkuchen entspricht in der grundsätzlichen Zusammensetzung dem Butterkuchen. Anstelle von Butter enthält er jedoch in Teilen oder gänzlich Margarine im Teig und/oder im Belag.

Die Backbedingungen für Butterkuchen und Zuckerkuchen entsprechen denen für Streuselkuchen. Aber die Backzeit ist für Butterkuchen und Zuckerkuchen wesentlich kürzer, weil der Belag schneller durchbackt als der Streuselbelag.

Blechkuchen mit Füllung oder schwerer Auflage

Streuselkuchen und Zuckerkuchen gehören zum Typ des üblicherweise ungefüllten Blechkuchens. Die folgenden Kuchen sind Beispiele für die gefüllten oder mit saftigen Zubereitungen hergestellten Blechkuchen.

Bienenstichkuchen: mit einer Oberfläche aus Röstmasse

Das typische Merkmal des Bienenstichkuchens ist der Belag aus einer karamellartigen Masse mit Ölsamen. Der Kuchen wird ungefüllt und gefüllt angeboten.

Grundzutaten der Bienenstichmasse sind Zucker (auch Glucosesirup, Honig), Fett, Milch/Sahne und Ölsamen. Als Ölsamen sind zerkleinerte Mandeln, Walnüsse und Haselnüsse üblich. Die Masse wird bis zum Karamellisieren des Zuckers abgeröstet (= Name „Röstmasse").

Bienenstichkuchen *muss eine karamellisierte Auflage mit mindestens 30 % Ölsamen haben. Diese Auflage muss mindestens 20 % des Teiggewichts ausmachen.*

Mandelbienenstich *enthält als Ölsamen ausschließlich Mandeln.*

Beim Angebot von Mandelbienenstichkuchen in Fertigpackungen muss der Mandelanteil in Prozent des Gebäck-Fertiggewichts ausgewiesen werden (➞ QUID-Regelung, Seite 79).

Als Füllungen für Bienenstichkuchen sind Vanillegrundkrem, leichte Vanillekrem, Sahne- oder Butterkrem üblich. Der Füllvorgang erfolgt nach dem Backen und dem Erkalten.

Käsekuchen: mit saftiger Auflage

Grundzutaten der Masse für Käsekuchen sind Speisequark, Zucker, Vollei, Sahne/Milch, Kochsalz und Gewürze/Aroma (z. B. Zitrone). Durch kräftiges Unterziehen von Eischnee wird eine nur schwache Lockerung erzielt. Die Zugabe von Stärkeprodukten verbessert die Bindung der Masse und die Schnittfestigkeit der Kuchen.

Wegen der aufwändigen und fachlich anspruchsvollen Herstellung haben sich verschiedene Convenienceprodukte zur Herstellung der Auflagen für Käsekuchen durchgesetzt.

Für die Produktinformationen ist zu beachten, ob die Käsemasse aus einem Fertigprodukt bereitet wurde und diese *Zusatzstoffe* enthält.

Eierschecke ist eine sächsische Spezialität. Auf einen Hefeteigboden wird die rosinenhaltige Käseauflage mit einem Guss aus Vollei, Zucker, Butter und Sahne aufgebracht.

Die Backzeit für Käsekuchen auf einem Boden aus Hefefeinteig beträgt bei etwa 180 °C Backofentemperatur je nach Stärke der Käseauflage 30 bis 40 Minuten.

Mohnkuchen: mit herb-aromatischer, gehaltvoller Auflage

Grundzutaten der Masse sind gequetschter, überbrühter Mohn, Milch, Zucker und Stärkekrem als Bindung.

Als weitere Zutaten für die Mohnmasse kommen Marzipanrohmasse, Mandelgrieß, kandierte Fruchtschalen und Sultaninen in Betracht. Sie bringen den unverwechselbaren Mohngeschmack gut zur Geltung.

Mohnkuchen werden mit Streuselaufstreu, mit Mürbeteiggitter und auch mit eihaltiger Stärkekrem abgedeckt gebacken. Die Bedingungen für das Backen entsprechen denen für Käsekuchen.

Bienenstichkuchen in runder Form

Kundenberatung

- ***Produktmerkmale:***
  - *Basis aus mittelschweren Hefefeinteigen*
  - *Butter- und Streuselkuchen sind ungefüllt*
  - *Bienenstichkuchen mit Röstmasse-Auflage*
  - *Käsekuchen mit kremig-leichter Auflage*
  - *Mohnkuchen mit saftig-schwerer Auflage*
- ***Nutzungsmerkmale:***
  - *Blechkuchenstücke für die Kaffeetafel*
  - *Blechkuchen aufteilbar in Größen nach dem Kundenwunsch/Verwendungszweck*
  - *Blechkuchen haben gute Frischhaltung; Genusswert noch am Tage nach dem Kauf*
  - *Besonders aromatischer Genuss durch hochwertige Zutaten (Butter, Mandeln)*
  - *Butter- und Streuselkuchen unproblematisch durch Tiefgefrieren zu bevorraten; vor dem Verzehr kurz aufzubacken*

Käsekuchen mit Boden aus Hefefeinteig

Mohnkuchen mit Streuselauflage

Blechkuchen mit Obst als Auflage

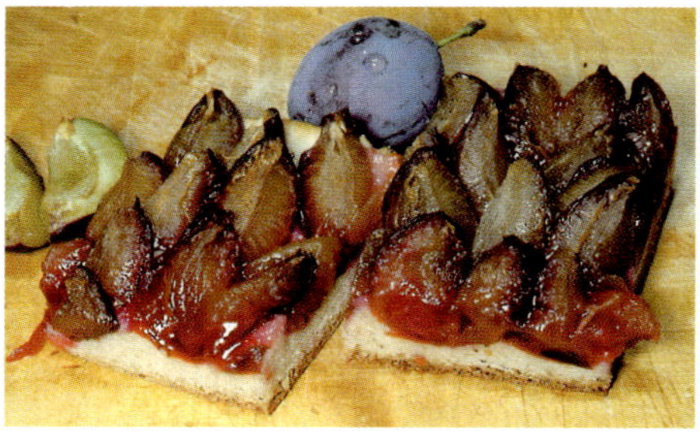

Zwetschenkuchen ohne Abdeckung

Apfelkuchen mit Quarkauflage

Für *Obstkuchen aus Hefefeinteig* sind insbesondere die heimischen Obstsorten üblich. Als Auflagen für Obstkuchen werden häufig Äpfel, Zwetschen, Sauerkirschen und Rhabarber benutzt. Auch Mitbacken von Beerenfrüchten ist üblich (Heidel-, Stachel- und Johannisbeeren).

Apfelkuchen: der Apfel macht's

Der klassische Obstkuchen ist der Apfelkuchen.

Die Kunden erwarten bei Apfelkuchen das Aroma frischer Früchte.

***Qualitätssicherung** durch die Verwendung geeigneter Äpfel:*

- *Frische Äpfel verwenden. Keine mehlig-reifen Äpfel verwenden.*
- *Nur feste, aromatische Apfelsorten verwenden (z. B. Jonagold oder Boskoop); Kunden auf Qualität der eingesetzten Äpfel hinweisen.*

Wegen des hohen Aufwands beim Verarbeiten von Frischäpfeln wird in vielen Bäckereien/Konditoreien auch verarbeitetes Obst eingesetzt.

Bei deren Einsatz sind insbesondere folgende Punkte zu beachten:

- *Obstkonserven* sind weniger aromatisch als Frischäpfel.
- *Wiederaufbereitete Trockenäpfel* sind aromaarm und häufig etwas „ledern" im Biss. Gefriergetrocknete Äpfel sind von diesem Mangel weniger betroffen.
- *Tiefgekühlte Apfelstücke* wässern beim Auftauen; die zugefügten Verdickungsmittel schmälern das Aroma.

Es gibt heute frische, blanchierte oder mit Zitronensäure behandelte Apfelspalten. Diese sind bei Kühllagerung etwa 10 Tage haltbar.

Apfelkuchen: Vielfalt in der Abdeckung

Auf den ausgelegten Hefeteig werden zerkleinerte Äpfel in Form von Ringen, Spalten, Würfeln oder Zubereitungen mit gedünsteten Äpfeln oder Pülpe aufgetragen. Die Auflage kann gesüßt werden. Außerdem können Sultaninen, Korinthen oder zerkleinerte Mandeln eingemischt werden. Übliche Gewürze sind Zitrone oder Zimt.

Apfelkuchen können auf verschiedene Weise abgedeckt sein:

- mit einem Gitter *oder* mit einer Decke aus Hefefeinteig, Blätter- oder Mürbeteig *oder* aus Teigmischungen,
- mit Streuselaufstreu,
- mit Vollei-Zucker-Massen, mit Stärkekrems, mit Sahne oder Quark.

Apfelkuchen mit Hefeteigdecken werden wie Butter- und Zuckerkuchen mit Belag und Einstreu hergerichtet.

Decken aus Mürbe- oder Blätterteig werden aprikotiert und glasiert.

Offen gebackene Apfelkuchen werden mit Gelee abgeglänzt.

Zur *Qualitätssicherung* gehört es, dass Blechkuchen mit feuchter oder empfindlicher Oberfläche nicht übereinandergelegt präsentiert werden.

Schaummasse für herbe Obstkuchen

Kuchen mit einer herb-sauren Obstauflage wie Stachel- oder Johannisbeeren können mit einer Schaummasse aus Eiklar und hohem Zuckeranteil abgedeckt werden.

Diese Schaummasse wird erst für das letzte Drittel der Backzeit aufgebracht. Sie wird nicht voll durchgebacken. Daher sind Kuchen mit Abdeckungen aus Schaummasse beim Aufschneiden und Ausstellen besonders vorsichtig zu behandeln.

Das gleiche gilt für Abdeckungen aus Vollei-Zucker-Massen, die einem zarten Biskuitgebäck ähnlich sind.

Marketing für Blechkuchen

- *Saisonzeiten für Blechkuchenarten nutzen*
- *Kuchentypen als Tages-Angebot*
- *Blechkuchen mit Abwandlungen variieren*
- *Probieraktionen mit Blechkuchen*
- *Backen von Blechkuchen im Laden*
- *Blechkuchen zum Bevorraten bei Kunden in Fertigpackung anbieten*

Aufgaben zur Wiederholung

1. *Wie unterscheiden sich leichte und mittelschwere Hefefeinteige?*
2. *Beschreiben Sie drei leichte Hefefeingebäcke mit ihren typischen Merkmalen.*
3. *Beschreiben Sie an einem Beispiel die Merkmale mittelschwerer Großgebäcke.*
4. *Erklären Sie am Beispiel „Butterstreuselkuchen" die Anforderungen und Qualitätsmerkmale für diesen Kuchentyp.*
5. *Stellen Sie für die Kundenberatung die Nutzungsmerkmale von Blechkuchen mit feucht-saftigen Auflagen dar.*

Angebot schwerer Hefefeingebäcke

Zu den Feinen Backwaren aus schweren Hefefeinteigen gehören vor allem Stollen, stollenähnliche Gebäcke sowie Napfkuchen aus gerührtem Hefefeinteig.

Diese Gebäcke sind wegen ihrer feucht-saftigen Beschaffenheit und ihres abgerundeten Geschmacks bei vielen Verbrauchern sehr begehrt. Zugleich werden sie jedoch wegen ihres hohen Fett- und Zuckergehalts von vielen Kunden als „Dickmacher“ abgelehnt.

Situationsaufgabe:

Der Umsatz mit Großgebäcken aus schwerem Hefefeinteig ist in Ihrem Geschäft unbefriedigend. Auch erscheint Ihnen die Saisonzeit für das Stollenangebot zu einschränkend.

- *Sie sollen hochwertige schwere Hefegebäcke anbieten, die den geänderten Verbrauchererwartungen entsprechen.*
- *Sie sollen saison-unabhängig schwere Hefegebäcke anbieten.*

Grundrezept für Christstollen

Teigzutaten	Früchtezugabe
1 000 g Weizenmehl	800 g Sultaninen
500 g Butter/Margarine	250 g Zitronat
125 g Zucker	100 g Orangeat
50 g Marzipanrohmasse	250 g Mandeln
280 g Milch	80 g Rum
60 g Backhefe	10 g Kochsalz
10 g Kochsalz	Gewürze

Stollen: kompakte, fettreiche Großgebäcke

Stollen sind ein typisches Saisongebäck. Während der Advents- und Weihnachtszeit wächst das Angebot an Stollengebäcken: leichte und schwere Stollen, gefüllt und ungefüllt, mit und ohne Trockenbeeren, freigeschoben und kastenförmig.

Gemeinsame Merkmale der Stollensorten sind die kompakte Form, die verdichtete, mürb-saftige Krume, der hohe Fettanteil, der hohe Gesamtzuckeranteil sowie die lange Mindesthaltbarkeit.

Handwerkliche Formung von schweren Stollen in einzelnen Arbeitsschritten (von links nach rechts)

Grundzüge der Herstellung von Stollen

Stollen werden aus einem fettreichen Hefefeinteig hergestellt. Nach der Teigreife werden die Stollen geformt. Die leicht aufgegangenen Teigstücke werden in Stollenhauben oder Langringformen oder nach überlieferter Art frei auf Blechen gebacken. Gefüllte Stollen werden meistens in einer Kastenform gebacken.

Nach dem Backen werden die Stollen auf der Oberfläche mit Fett eingestrichen (Butter oder Pflanzenfett). Anschließend werden sie mit Zucker und/oder Staubzucker eingestreut.

Bremer Klaben ist ein stollenähnliches Gebäck mit besonders hohem Anteil an nicht in Rum getränkten Sultaninen, jedoch ohne Zugabe von Mandeln, Zitronat und Orangeat

Anforderungen an die Stollenqualität

Stollen werden in der überlieferten, länglich ausgebundenen Form angeboten. Doch das Aussehen verrät wenig über die Qualität.

Wichtige Qualitätsanforderungen für Stollen sind:

- Die Gebäckkruste soll gut ausgebildet, aber nicht zu kräftig sein. Dickkrustige Stollen haben meistens eine trockene Krume, die bei zu langer Backzeit auch rötlich-braun verfärbt ist und beim Aufschneiden leicht bricht.
- Die Krume soll hell, mürb-saftig und genügend durchgebacken sein. Die Krume darf beim Verzehr nicht ballen.
- Die Früchte sollen saftig, aromatisch und nicht zerquetscht sein. Verbrannte Früchte an der Kruste schmecken bitter.
- Der Geschmack soll aromatisch und ausdrucksvoll sein. Durch zu viel Gewürz hervorgehobener Geschmack ist unerwünscht.

Für leichte Stollen (z. B. Quarkstollen) und für Stollen mit Füllung (z. B. Mohnstollen) gelten artspezifische Qualitätserwartungen.

Mohnstollen

Mindestanforderungen an Stollen

Verkehrsbezeichnung	*Zutatenanteile auf 100 kg Getreideprodukte*	
● *Stollen*	– *mindestens*	*30,0 kg Butter oder entsprechende Menge andere Fette*
	– *mind.*	*60,0 kg Trockenfrüchte*
● *Dresdner Stollen*	– *mindestens*	*32,4 kg Reinfett*
	davon mind.	*50 % Milchfett*
	– *mind.*	*70,0 kg Trockenfrüchte*
	– *mind.*	*10,0 kg Mandeln*
	– *kein Persipanzusatz erlaubt*	
● *Butterstollen*	– *mindestens*	*40,0 kg Butter*
	oder	*32,4 kg Butterreinfett*
	– *mind.*	*70,0 kg Trockenfrüchte*
	– *kein Persipanzusatz erlaubt*	
● *Mandelstollen*	– *mindestens*	*30,0 kg Butter*
	oder	*andere Fette*
	– *mind.*	*20,0 kg Mandeln*
	– *kein Persipanzusatz erlaubt*	

§ ***Lebensmittelrechtliche Bestimmungen***

„Dresdner Stollen" müssen den Anforderungen von Qualitätsstollen entsprechen.

Die Bezeichnung „Dresdner Stollen" ist in den Ländern der Europäischen Union als ***Herkunftsbezeichnung geschützt.***

Die Bezeichnung darf somit nur für Stollen aus dem Gebiet des Herstellungsverbands in und um Dresden verwendet werden. Ausgeschlossen ist auch die Werbung für Produkte aus anderen Regionen mit einer anlehnenden Bezeichnung, zum Beispiel ist so verboten: „Stollen nach Dresdner Art".

Tipps für die Kundenberatung

- *Leichte Stollen sind für den Frischverzehr geeignet (z. B. Quarkstollen, Mohnstollen).*
- *Schwere Stollen erreichen ihren vollen Genusswert erst einige Tage nach ihrer Herstellung.*
- *Schwere Stollen haben eine Mindesthaltbarkeit von bis zu drei Monaten. Schwere Butterstollen haben aber nur eine Mindesthaltbarkeit von etwa vier Wochen.*
- *Stollen sollten zur Bevorratung in einem kühlen, abgedunkelten Raum lagern.*
- *Stollen lassen sich ohne Qualitätsverluste längere Zeit tiefgekühlt lagern.*

Hinweis

Informationen zum ***Stollen-Marketing*** *finden Sie auf der CD-ROM zu diesem Buch.*

Sortentypische Merkmale von Stollen

Stollen werden in verschiedener Form und Aufmachung angeboten. Nach den Mengenanteilen wertbestimmender Zutaten werden zum Beispiel Butterstollen und Mandelstollen, leichte und schwere Stollen unterschieden. Leichte Stollen mit wenig Fettgehalt sind zum Beispiel die *Quarkstollen*.

Gefüllte Stollen werden nach der Art ihrer Füllung bezeichnet (z. B. Mohnstollen oder Nussstollen).

Dresdner Stollen ist in den Qualitätsanforderungen festgelegt und nach seiner Herkunft benannt (➞ lebensmittelrechtliche Bestimmungen). Neben den üblichen Stollenarten gibt es auch solche mit nur regionaler Bedeutung. Ein typisches Beispiel ist der *Bremer Klaben*. Dieser Stollen hat einen besonders hohen Früchteanteil.

Butter als Fettanteil sowie hoher Mandel- und Früchteanteil gelten als qualitätssteigernd. In dieser Hinsicht sind Anforderungen zu erfüllen, wenn die Stollen mit bestimmten Verkehrsbezeichnungen angeboten werden (➞ nebenstehende Übersicht).

Im Verkaufsgespräch sind die hochwertigen Zutaten für Stollen sowie die handwerkliche Herstellung nach traditioneller Rezeptur zu betonen. Die Qualität der Stollen sollten die Kunden am besten probieren. Das wirkt überzeugender als eine Diskussion über Preisunterschiede bei Stollen aus industrieller und handwerklicher Herstellung.

Präsentation und Qualitätserhaltung

Stollen sollten nur vorverpackt zum Verkauf angeboten werden. Das gilt für ganze Stollen, ebenso für Stollen in Stücken oder Scheiben.

Die Verpackung erfüllt unterschiedliche Zwecke:

- Sie schützt vor Austrocknen, aber auch vor hoher Luftfeuchte.
- Sie schützt vor Staub und Insekten.
- Sie erhöht den Kaufanreiz durch optimale Gebäck-Darbietung.

Geeignete Packstoffe sind klarsichtige, wasserdampfdurchlässige PE-Folien/-schläuche oder Zellglastüten.

Die Mindesthaltbarkeit schwerer Stollen beträgt 4 bis 12 Wochen. Die Haltbarkeit von Stollen wird beschränkt durch das Verderben der Fette. Am schnellsten wird das Einstreichfett auf der Kruste ranzig. Grund ist die unmittelbare Einwirkung von Luftsauerstoff und Licht. Erdnussfett ist als Einstreichfett am haltbarsten. Butter dagegen ist sehr anfällig für Ranzigwerden.

Für die längere Bereithaltung von Stollen zum Verkauf, aber auch für die Lagerung im Haushalt sollten Stollen in kühlem Raum bei nicht zu hoher Luftfeuchte, lichtgeschützt und geschützt vor Fremdgeruch aufbewahrt werden.

Bekömmlichkeit und Ernährungswert von Stollen

Der hohe Fettanteil und die verdichtete Gebäckkrume schränken die Bekömmlichkeit von Stollen ein. Aus dem Zucker im Stollenteig, dem Zuckergehalt der zugesetzten Sultaninen und der Dickzuckerfrüchte (Orangeat und Zitronat) sowie aus dem aufgestreuten Dekorzucker ergibt sich ein hoher Gesamtzuckeranteil. Der Fett- und Zuckeranteil bedingt den hohen Energiewert von Stollen.

Die Bekömmlichkeit und der Energiewert sind wichtige Aspekte für die Beratung der Kunden beim Stollenkauf.

Angebot von Gebäcken aus gerührten Hefefeinteigen

Typische Gebäcke aus gerührten Hefefeinteigen sind die *Napfkuchen*. Das sind lockere Gebäcke mit hohem Butter-, Zucker- und Eianteil.

Eigentlich gilt das „Rühren" als Herstellungstechnik für Massen. Für Teige ist dagegen das „Kneten" die typische Methode. Die Einordnung als „Rührteig" erfolgt deshalb, weil es sich hier um *Abwandlungen des Hefefeinteigs* handelt.

Guglhupf: ein Napfkuchen aus einem gerührten und reichen Hefefeinteig

Merkmale gerührter Hefefeinteige

Gerührte Hefeteige sind wegen ihres hohen Fett- und Zuckeranteils den schweren Hefefeinteigen zuzuordnen.

Gerührter Hefefeinteig unterscheidet sich von schwerem Stollenteig.

- Besondere Merkmale in der Rezeptur gerührter Hefefeinteige:
  – höherer Milchanteil, höherer Zuckeranteil und hoher Eianteil
- Besondere Herstellungsart gerührter Hefefeinteige:
  – die Führung eines kurzen Vorteigs (meistens üblich)
  – das vorherige Schaumigrühren von Butter, Zucker und Eiern
  – das Rühren mit einem Flachrührer in der Rührmaschine oder das Kneten mit einem Aufschlageffekt im Spiralkneter
- Besondere Eigenschaften gerührter Hefefeinteige:
  – fließend-weiche Beschaffenheit, nicht knetbar

Panettone: ein napfförmiger Kuchen aus Italien, der aus einem stollenähnlichen Teig bereitet wird

Guglhupf: ein gerührter Napfkuchen

Die süddeutsche Bezeichnung für den altdeutschen *Hefenapfkuchen* ist „Guglhupf". Er hat zumeist einen hohen Anteil an Rosinen.

Guglhupf wird in der runden, gerieften Tülenbackform gebacken.

Üblich ist das Bestauben der Kuchen mit Puderzucker. Die Gebäckkrume ist unruhig, großporig aufgelockert und trotzdem sehr saftig.

Guglhupf hält sich in Verpackung bei kühler Lagerung lange frisch. Er wird dennoch in vielen Regionen (z. B. im elsässischen Bereich) als Frischegebäck geschätzt.

Brioche: ein rundes Gebäck aus Frankreich, das aus einem ei- und butterreichen Teig bereitet wird

Panettone: ein italienischer Napfkuchen

Die *Panettone* sind hohe, topfförmige Vollgebäcke. Sie unterscheiden sich in der Zusammensetzung vom altdeutschen Napfkuchen durch den höheren Fruchtgehalt und die Verwendung von Eidotter statt Vollei.

Aroma und typische Porung werden durch den Ansatz eines Vorteigs mit langer Reifezeit erreicht.

Der Teig für Panettone wird weich geführt, jedoch nicht fließend, also mehr geknetet als gerührt. Gebacken werden Panettone in speziellen Papiermanschetten.

Brioche: ein französisches Frühstücksgebäck

Die *Brioche* werden aus einem butter- und eireichen Hefefeinteig ohne Früchte in typisch rund-bauchiger Form hergestellt. In Österreich sind Brioche auch als striezelförmige Gebäcke üblich.

Savarin: ein französisches Dessertgebäck

Die ringförmigen *Savarins* werden aus einem sehr weichen, eireichen Hefeteig gebacken. Sie werden mit Rum getränkt und glasiert.

Marketing für schwere und eireiche Hefefeingebäcke

- *Leichte Stollen zum Frischverzehr auch außerhalb der „Stollensaison" herstellen*
- *Stollen früh vor der Adventszeit anbieten*
- *Stollenarten in Probieraktionen vorstellen*
- *Stollen-Stücke verpackt anbieten*
- *Mini-Stollen als Kleingebäcke anbieten*
- *Stollen scheibenweise in verschiedenen Sorten als Aufschnitt anbieten*
- *Eireiche Gebäcke als Spezialität führen*

Hinweis

*Auf der CD-ROM finden Sie eine detaillierte **Marketing-Aufgabe** zur Produktpolitik mit schweren Hefefeingebäcken.*

Siedegebäcke aus Hefefeinteig

Siedegebäcke (= Fettgebäcke) haben eine lange Tradition:

Nach einem uralten Brauch wurde vor Beginn der Fastenzeit noch ein großes Festessen bereitet. Zum Abschluss des Essens wurden dann in Schmalz gebackene Krapfen aufgetischt. Noch heute sind Krapfen oder Kreppel in der verfeinerten Form als Berliner Pfannkuchen ein typisches Karnevals- und Silvestergebäck.

War in früheren Jahren das Backen von Siedegebäck an bestimmte Tage im Jahr gebunden, ist heute diese Gebäckgruppe das ganze Jahr über Bestandteil des Sortiments. Allerdings haben sich die Erwartungen der Verbraucher an diese Gebäcke geändert: Das mit Schweineschmalz vollgesogene Gebäck ist heute nicht mehr gefragt.

Dem kann Rechnung getragen werden
– durch angepasste Rezepturen für verschiedene Siedegebäcke,
– durch geeignete Herstellungsverfahren für Siedegebäcke.

Backtechniken für Siedegebäcke

Man kann bei Siedegebäcken äußerlich eine Besonderheit erkennen: Sie haben keinen Gebäckboden. Grund dafür ist der Backvorgang.

***Siedegebäcke** werden schwimmend im heißen Fettbad gebacken*

Das starke Fettaufsaugen beim Backvorgang kann vermieden werden. Das gilt für alle Siedegebäcke: Gezielte Rezepturen und Backtechniken sowie die Auswahl des Siedefetts machen das möglich. Für viele Kunden ist wenig aufgesaugtes Backfett neben Geschmack und Lockerheit das wesentliche Qualitätsmerkmal eines Siedegebäcks.

Die *Siedegebäcke* werden aus unterschiedlichen Teigen und Massen hergestellt, und zwar
- aus Hefefeinteig (z. B. Berliner Pfannkuchen),
- aus Mürbeteig (z. B. Mutzenmandeln),
- aus spritzfähiger Rührmasse (z. B. Donuts),
- aus Hefe-Mürbeteig-Mischungen (z. B. Kameruner),
- aus Brandmasse (z. B. Spritzkuchen),
- aus Quarkteigen (z. B. Quarkballen).

Die Zuordnung der Siedegebäcke zu bestimmten Teigen oder Massen ist meistens eindeutig: Beispielsweise werden die *Berliner Pfannkuchen* grundsätzlich *aus Hefefeinteig* hergestellt, und *Spritzkuchen* werden *aus Brandmasse* bereitet.

Bei einigen Siedegebäcken wird unterschiedlich verfahren. So werden beispielsweise die *Donuts* und die *Kameruner* aus verschieden Teigen und Massen zubereitet.

Auf den nebenstehenden Abbildungen sind die meisten in Deutschland üblichen Siedegebäcke dargestellt.

➤ Ordnen Sie diese Gebäcke danach, aus welchem Teig oder welcher Masse sie hergestellt werden.

➤ Welche Siedegebäcke aus der Auflistung werden in Ihrem Betrieb hergestellt?

➤ Welche weiteren Siedegebäcke sind als typische Gebäcke in Ihrer Region üblich?

➤ Werden von den aufgeführten Siedegebäcken einige in Ihrer Region auch mit anderen Bezeichnungen angeboten?

Backen in Siedefett

Häufig wird vor allem von älteren Verbrauchern die Meinung vertreten, dass die Siedegebäcke früher besser geschmeckt hätten. Sie erinnern sich an die auf dem häuslichen Herd hergestellten Schmalzkrapfen und geraten ins Schwärmen.

Doch aus guten Gründen verzichten Bäckereien und Konditoreien auf das Angebot dieser schmalztriefenden Siedegebäcke. In einer Zeit der Überversorgung mit Nahrung und steigendem Ernährungsbewusstsein der Verbraucher sind solche Gebäcke nicht zu verkaufen.

Eignung von Fetten als Siedefett

Die meisten Fettarten sind auf Backtemperatur erhitzbar. Das gilt auch für Schweineschmalz.

Doch nur wenige Fette sind als Siedefett geeignet.

Siedefette müssen hitzestabil sein

Schweineschmalz ist aus gesundheitlichen Gründen als Siedefett für Fettgebäcke abzulehnen. Es zersetzt sich beim Erhitzen sehr schnell und bildet dabei gesundheitsschädliche Stoffe.

An Siedefett werden folgende Anforderungen gestellt:

- *Siedefett darf beim Erhitzen nicht spritzen.*
- *Siedefett darf beim Backen nicht schäumen.*
- *Siedefett muss einen hohen Rauchpunkt haben.*
- *Siedefett muss sehr hitzestabil sein. Es sollte weit über 20 Stunden erhitzungsfähig bleiben.*
- *Siedefett muss bei Mundtemperatur schmelzen; anderenfalls fühlt sich das Gebäck beim Verzehr talgig an.*
- *Siedefett muss neutral im Geruch und Geschmack sein; es darf das Gebäckaroma nicht beeinflussen.*

Butterreinfett: als Siedefett nur bedingt geeignet

Butter und Margarine sind schon deshalb nicht als Siedefette geeignet, weil sie wasserhaltig sind und verkohlbare Stoffe enthalten.

Butterreinfett ist als Siedefett nur bedingt geeignet. Es ist jedoch für Butter-Siedegebäcke unverzichtbar. Wegen des niedrigen Rauchpunkts und der schnellen Zersetzung des Fettes sollte die Backtemperatur von 175 °C nicht überschritten werden.

Kokosfett ist als Siedefett ungeeignet, weil es beim Backen schäumt und sich schnell zersetzt.

Gehärtetes Erdnussfett: als Siedefett gut geeignet

Als Siedefette eignen sich die ungehärteten Fette auf der Basis von *Palmöl* und das *gehärtete Erdnussfett*.

Diese Fette erfüllen am besten die geforderten Eigenschaften eines Siedefetts: Sie sind sehr hitzestabil, haben einen hohen Qualmpunkt, und sie sind neutral in Geruch und Geschmack. Auch sind sie sparsam im Verbrauch, weil wenig dieser Fette beim Backen aufgesaugt wird.

Gegen Oxidation (= Anlagerung von Sauerstoff) ist das Erdnussfett durch Härtung stabil gemacht. Trotzdem kann es als halbflüssiges Fett bezogen werden. Damit ist das Befüllen der Fettbackgeräte erleichtert.

Auswahl von Siedefett nach Eignung

Eignung von Siedefetten

Die Eignung von Siedefetten wird an der Belastbarkeit durch Hitze gemessen.

Geeignet sind hitzestabile Fette mit einem hohen Qualmpunkt (über 215 °C).

Die Beurteilung der Genussfähigkeit von länger erhitzten Siedefetten wird gemessen
- *am Gesamteindruck (Aussehen, Geruch und Geschmack),*
- *am Rauchpunkt (er darf nicht unter 170 °C liegen),*
- *an der Menge enthaltener Zersetzungsprodukte (der Anteil darf nicht über 27 % der Fettmenge liegen).*

Frucht der Ölpalme: Palmfrüchte enthalten ölhaltige Samenkerne

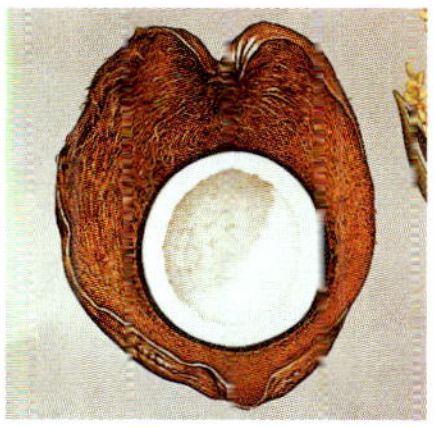

Schnitt der Kokosnuss Fruchtfleisch (= Kopra) ist sehr fetthaltig

Erdnusspflanze mit den fetthaltigen Erdnüssen

Zum Nachdenken

Siedegebäcke werden in heißem Siedefett gebacken.

- *Warum funktioniert das nicht in heißem Wasser?*
- *Warum ist Butter als Siedefett ungeeignet?*

Regeln für die Verwendung von Siedefetten

- *Verwenden Sie nur hitzestabile Siedefette.*
- *Schmelzen Sie festes Siedefett vor dem Einfüllen in die Pfanne. So vermeiden Sie örtliche Überhitzungen des Fettes und schonen das Heizsystem des Fettbackgeräts.*
- *Vermeiden Sie die Erhitzung des Siedefetts auf über 180 °C.*
- *Unterlassen Sie das Auffüllen von erhitztem Siedefett mit frischem Fett. Das Fett verdirbt sonst schneller.*
- *Überprüfen Sie die Genusstauglichkeit des Siedefetts spätestens nach 20 Stunden Erhitzungsdauer, bei deutlicher Farbveränderung oder Rauchentwicklung schon früher.*
- *Filtern Sie das Fett nach ein paar Stunden Erhitzungsdauer und beseitigen Sie den Bodensatz aus dem Fettbackgerät.*
- *Reinigen Sie die Fettpfanne gründlich vor der Eingabe von frischem Siedefett.*

Überprüfung von Siedefett

Die Genusstauglichkeit von Siedefett wird herabgesetzt durch oxidative Veränderungen der Fettsäuren (Verbindung mit Sauerstoff).

Siedefett-Schnelltests sind für die Praxis eine einfache Beurteilungsmöglichkeit über die Eignung gebrauchter Siedefette. Die Tests beruhen auf einer Farbreaktion der Prüflösung mit den Zersetzungsprodukten des Fettes.

Die hervorgerufene Färbung wird mit einer Vergleichsprobe oder einer Farbskala verglichen. Tauglichkeit oder Verderb des Siedefetts lassen sich am Farbumschlag erkennen.

Achtung: Unfallverhütung

Niemals Wasser in das heiße Siedefett geben: Gefahr durch Herausspritzen des Fettes.

Fettbrand mit dafür geeignetem Feuerlöscher bekämpfen.

Qualitätssicherung

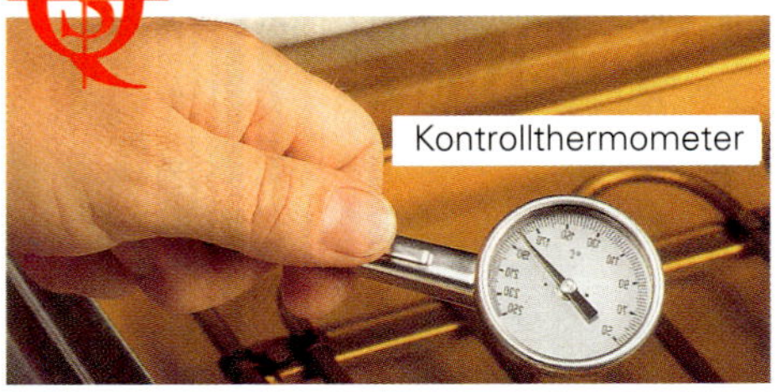

Vor jedem Beginn des Fettbackens sollte die Siedefett-Temperatur nachgemessen und dokumentiert werden.

*Zur Minderung der **Acrylamid-Bildung** wird empfohlen, die Backtemperatur für alle Siedegebäcke auf 170 °C zu begrenzen.*

Einsatz von Siedefett

Jedes Siedefett ist nur begrenzt nutzbar. Es zersetzt sich bei Erhitzung, besonders schnell bei zu hoher Erhitzung.

- Das Verderben von erhitzten Siedefetten erfolgt durch verschiedene chemische Prozesse:
  - durch Abspalten von Fettsäuren aus den Fettmolekülen *sowie*
  - durch Anlagern von Luftsauerstoff an ungesättigte Fettsäuren.
- Nach den Leitsätzen der Deutschen Gesellschaft für Fettforschung gilt ein Siedefett als *verdorben*, wenn das Fett zu mehr als 27 % aus Zersetzungsprodukten besteht. Ein gutes Siedefett sollte aber nicht mehr als 13 % Zerfallsprodukte enthalten.

Die Fettzersetzung bedingt, dass Siedefett ausgetauscht werden muss, weil es auch gesundheitsschädliche Stoffe enthalten kann.

Je nach Fettart, Höhe der Erhitzung und Belastung mit Backgutresten ist Siedefett nach etwa 20 Stunden Erhitzungsdauer schon im Wert gemindert. Durch geeignete Maßnahmen kann aber das Siedefett bis zu 60 Stunden Erhitzungsdauer genusstauglich bleiben.

- Maßnahmen zur Verlängerung der Gebrauchseignung von Siedefett sind beispielsweise
  - Vermeiden hoher Erhitzung über Backtemperatur,
  - Vermeiden der Belastung durch viel Streumehl,
  - Fettfiltern nach der Tagesproduktion.

Große Fettbackautomaten haben eingebaute Fettfiltersysteme, die das Siedefett bei Betrieb der Anlage ständig filtern. Bei den handwerklichen Fettbackgeräten sollte das Siedefett nach jedem Backprozess durch einen Filter abgeleitet werden, dann luft- und lichtdicht verschlossen aufbewahrt werden.

Starke Rauchbildung signalisiert Fettverderb

Wann ein Siedefett *als zum Verzehr nicht geeignet gilt*, ist nur bedingt an der Fettfarbe oder dem Fettgeschmack zu erkennen.

- *Es gibt aber Signale, die auf Fettverderb hinweisen:*
  - *starke Rauchbildung bei üblicher Fett-Backtemperatur,*
  - *stechend, brenzliger Geruch bei üblicher Fett-Backtemperatur,*
  - *dunkle, zähflüssige Rückstände als Bodensatz im Fettbackgerät,*
  - *dunkle Verfärbung des Siedefetts,*
  - *kratziger, ranziger Geschmack der Gebäcke.*

Eine recht sichere Überprüfung über den Stand der Fettveränderung kann durch einfache Kontrollen mit einem Prüfset erfolgen.

Altfette müssen entsorgt werden

Üblich ist die Entsorgung von Altfetten durch spezielle Unternehmen. Sie stellen geeignete Behälter zur Verfügung, die regelmäßig abgeholt werden. Das Altfett wird dann der Fettverwertung zugeführt.

Altfette aus Bäckereien und Konditoreien *dürfen nicht*

- im Hausmüll entsorgt werden (Verstoß gegen Verwertungsgebot);
- in einer nicht dafür ausgerüsteten Verbrennungsanlage für Hausmüll verbrannt werden (unterliegt der Genehmigungspflicht);
- in das öffentliche Abwassernetz eingeleitet werden (Verstoß gegen Gewässerschutz); das Verbot gilt auch bei Einrichtungen mit einem Fettabscheider (Nichtbeachten vermeidbarer Abwasserbelastung).

Herstellungsablauf für Berliner Pfannkuchen

Situationsaufgabe:

In Ihrer Verkaufsstelle sollen Berliner Pfannkuchen in einer Backstation im Schaubacken hergestellt werden. Die Teiglinge werden Ihnen dafür mit Gärzeitsteuerung zur Verfügung gestellt.

- *Sie sollen die Berliner Pfannkuchen aus Teiglingen herstellen.*
- *Sie sollen die typischen Qualitätsmerkmale bei Berliner Pfannkuchen erreichen und sichern.*

Die Herstellung *qualitativ hochwertiger Berliner* in der herkömmlichen Art erfordert viel fachliches Können. Kaum ein anderes in überlieferter Weise hergestelltes Gebäck lässt so deutlich über sein Aussehen auf mögliche Fehler in der Herstellung schließen wie Berliner Pfannkuchen. Darum ist besondere Sorgfalt in jeder Herstellungsstufe zur Sicherung der Qualität erforderlich.

Qualitätsmerkmal für Berliner ist der „weiße Kragen"

Berliner Pfannkuchen müssen allgemein die für alle Hefefeingebäcke geltenden Anforderungen erfüllen. Darüber hinaus erwarten die Kunden weitere Qualitätsmerkmale.

Spezifische Qualitätsmerkmale für Berliner Pfannkuchen:

- *Die Gebäcke sollen gleichmäßig aufgelockert und voluminös sein, mit einer ausgeprägten, ungebräunten Taille (= weißer Kragen).*
- *Die Gebäcke sollen „fettarm" sein. Sie dürfen beim Backen nur wenig Backfett aufnehmen.*
- *Die Gebäcke sollen gleichmäßig gebräunt sein.*
- *Die Gebäcke sollen bis zum Verzehr ihre Form behalten, ohne zu schrumpfen oder einzufallen.*
- *Die Krume soll kräftig und dabei feinporig aufgelockert sein.*
- *Die Krume soll kurz im Biss sein. Sie darf weder beim Kauen ballen noch darf sie trocken sein.*

Berliner-Teiglinge müssen leicht und aufgelockert sein

Berliner Pfannkuchen werden hergestellt aus einem weichen, leichten und eireichen Hefefeinteig.

Rezeptur und Teigführung sind wesentlich darauf ausgerichtet, eine hohe Gärstabilität zu erzielen. Die Gärstabilität wird durch die *Rezeptur* beeinflusst. Sie ist besser mit sinkendem Fett- und Zuckeranteil und mit ausgewogenem Eianteil.

Auch wird die *Gärstabilität* verbessert durch Vorteigführung, weichen Hauptteig, Intensivknetung mit Aufschlageffekt (= Schlagen des Teiges), ausgedehnte Teigruhezeiten mit mehrmaligem Angären des Teiges und Wieder-Zusammenstoßen (zur Bildung von Feinstporen).

Der reife Teig wird zu Ballen (= Pressen) abgewogen, gepresst und zu Rundlingen gewirkt. Teiglinge aus den verschiedenen Gärführungen müssen vor dem Backen genügend aufgehen. Fachgerecht gelockerte Teiglinge sind so leicht, dass sie beim Backen weniger als zur Hälfte in das Siedefett eintauchen. Sie backen zunächst nur auf einer Seite. Dann werden sie gewendet, damit die andere Seite auch durchbacken und bräunen kann. Dadurch verbleibt die Gürtellinie des Ballens außerhalb des Fettbads. So behalten die Pfannkuchen ihre teighelle Randzone. Zum Schluss sollten die Pfannkuchen nochmals gewendet und mit ihrer Oberseite kurz in das Siedefett gedrückt werden.

Grundrezept für Berliner Pfannkuchen

1000 g Weizenmehl, Type 550
100 g Backmargarine/Butter
100 g Zucker
150 g Vollei (= 3 Stück)
35 g Eidotter (= 2 Stück)
430 g Vollmilch
100 g Backhefe
10 g Kochsalz
Gewürze, Aromen

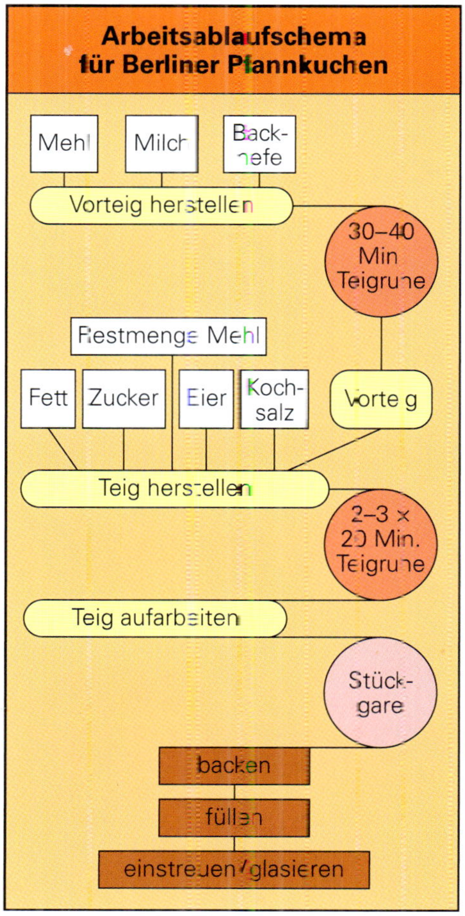

Kurz und bündig:
Backen von Berliner Pfannkuchen

- *Teiglinge mit Drei-Viertel-Gare backen.*
- *Teiglinge zum Backen mit dem Schluss nach oben in das Siedefett einlegen.*
- *Fettbackgerät in der ersten Backphase mit dem Deckel abdecken.*
- *Einseitig gebackene Teiglinge nach etwa drei Minuten Backzeit wenden, und die andere Seite weitere drei Minuten backen.*
- *Nach genügender Bräunung die Berliner Pfannkuchen mehrmals im Fettbad wenden oder für kurze Zeit untertauchen (Verfestigung der hellen Randzone).*
- *Berliner Pfannkuchen vor dem Zuckern abtropfen lassen.*

Aufbringen von Dekor mit einer Schablone ist für die Zuschauer beim Schaubacken interessant

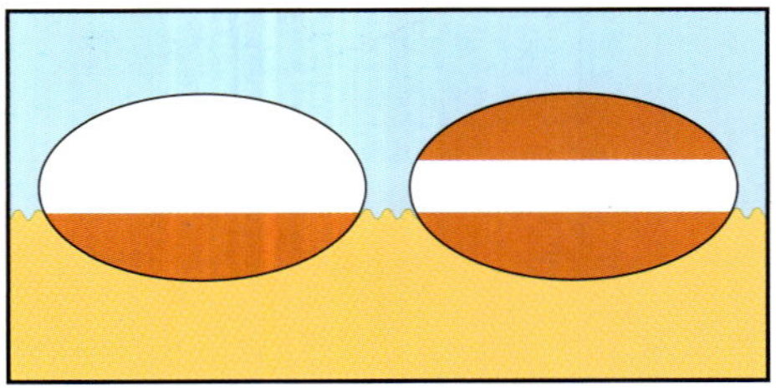

Gut aufgelockerte Teiglinge aus gärstabilem Teig entwickeln beim Backen eine optimal ausgeprägte, ungebräunte Randzone

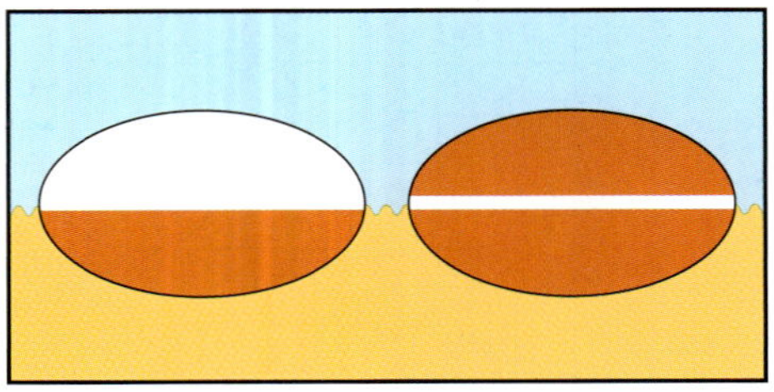

Schwach aufgelockerte Teiglinge aus einem Teig mit wenig Gärtoleranz entwickeln beim Backen eine nur schmale, ungebräunte Randzone

Füllungen für Berliner Pfannkuchen

Die Verbraucher beurteilen Berliner Pfannkuchen auch nach Qualität und Menge der Füllung. Gebäcke mit knapp bemessener Füllung oder Füllung irgendwo im Seitenbereich des Berliner Pfannkuchens werden bemängelt.

Allgemein übliche Füllungen für Berliner Pfannkuchen sind stückenfreie Konfitüre oder Marmelade, Zwetschenmus oder leichte Vanillekrem. Das Füllen erfolgt erst nach dem Backen mit einer Füllmaschine über eine eingeschobene Kanüle.

Das Einschlagen fester Füllungen in die Teiglinge vor dem Backen führt zu Nachteilen. Die Teigstücke tauchen dann zu tief in das Fettbad und saugen darum beim Backen zu viel Fett auf.

Die noch heißen Berliner werden nach dem Füllen mit Kristallraffinade gezuckert (auch mit Staubzucker gepudert), oder sie werden aprikotiert und glasiert.

Marketing für Siedegebäcke

Siedegebäcke können in der Saison an einem Aktionsstand vor der Verkaufsstelle gebacken und verkauft werden (➡ Stand auf Seite 40). So lässt sich nicht nur der Absatz an Siedegebäcken steigern. Viele der Passanten als „zufällige Käufer" suchen danach die Verkaufsstelle auf für ergänzende Einkäufe (so genannter „Synergie-Effekt").

Siedegebäcke können saisonbezogen angeboten werden in Aktionen, zum Beispiel „Bayrische Knieküchle". Die verkaufsfördernde Wirkung wird erhöht, wenn zugleich weitere passende Angebote einbezogen werden, beispielsweise in diesem Fall: „Bayrische Brotzeit" im Café und „Bayrisches Hausbrot" als Sonderangebot im Ladenverkauf.

Siedegebäcke können nach Kundenwünschen gestaltet werden. Das kann sich auf die Gebäckart oder auf einzelne Merkmale beziehen.

Premium-Backbetriebe zeichnen sich beispielsweise dadurch aus, dass sie auf Bestellung die Berliner nach Kundenwünschen füllen, auch wenn die Füllungen von den standardmäßig üblichen abweichen.

Berliner Pfannkuchen können anlassbezogen gestaltet werden, zum Beispiel durch Pudern mit Schablone (➡ obere Abbildung). Auch bei glasierten Berliner Pfannkuchen sind spezielle Dekors der Oberflächen möglich, zum Beispiel mit einer schokoladenhaltigen Glasur, die fadig aufgespritzt wird oder mit aufgelegten farbigen Dragees.

Gebäckfehler bei Berliner Pfannkuchen

Häufige Mängel von Berliner Pfannkuchen sind: zu kleines Volumen, schwach ausgeprägter weißer Kragen und Schrumpfen der Gebäcke. Ursache dafür ist eine *zu geringe Gärstabilität* des Teiges.

Geringe Gärstabilität kann verursacht sein
- durch zu hohen Fett-Zucker-Anteil im Teig,
- durch zu geringen Eianteil im Teig,
- durch zu kurze Knetzeit.

Die zu junge Verarbeitung des Teiges und Backen mit fehlerhafter Gare verstärken die obigen Gebäckfehler.

Weitere Gebäckfehler bei Berliner Pfannkuchen sind: Faltenbildung im „Kragen", borkige oder blasige Kruste, hohe Aufnahme an Backfett.

Vollkorn-Hefefeingebäcke, Bio- und alternative Hefefeingebäcke

Grundsätzlich werden Vollkorn-, Bio- und alternative Hefefeingebäcke wie entsprechende Gebäcke aus hellem Weizenmehl hergestellt. Doch die Verbraucher, die diese speziellen Hefefeingebäcke kaufen, erwarten hier besondere Gebäckmerkmale.

Eine breite Palette an Vollkorn-Hefefeingebäcken

Merkmale von Feinen Backwaren aus Vollkornerzeugnissen

Alle mit dem Begriff „Vollkorn" bezeichneten Backwaren müssen mindestens 90 % der verarbeiteten Getreidemahlerzeugnisse in Form von Vollkornerzeugnissen enthalten.

Speziell nach der *Verwendung von wertbestimmenden Zutaten* sind verschiedene Vollkorn-Feingebäcke zu unterscheiden.

- ***Vollkorn-Feingebäcke:*** Diese Feinen Backwaren sind hergestellt mit Vollkornmahlerzeugnissen aus dem herkömmlichen Landbau, mit allgemein üblichen Zutaten (wie Zucker oder Margarine), eventuell auch mit Zusatzstoffen.
- ***Alternativ-Vollkorn-Feingebäcke:*** Diese Feinen Backwaren sind hergestellt mit Vollkornerzeugnissen aus alternativem Landbau, mit wenig bearbeiteten Fetten (wie Butter, Öle, nicht gehärtete Fette), mit Honig anstelle von Zucker, mit Meersalz anstelle von Kochsalz, mit Backferment anstelle von üblicher Backhefe, *ohne Zusatz* von Backmitteln oder Zusatzstoffen.

  Für die Gruppe der Alternativ-Vollkorn-Feingebäcke gibt es keine rechtlichen Vorgaben. Mögliche Kontrollen über das Einhalten der Herstellungsregeln erfolgen auf freiwilliger Basis.
- ***Bio-Vollkorn-Feingebäcke:*** Diese Feinen Backwaren entsprechen in den Anforderungen in etwa denen alternativer Backwaren. Die Herkunftsnachweise der Rohstoffe aus ökologischem Landbau, die Einhaltung der Zutatenvorschriften und die Herstellungsbedingungen sind rechtlich geregelt und werden regelmäßig kontrolliert (nach der entsprechenden EWG-Verordnung).

Naturbelassene Zutaten anstelle von bearbeiteten Zutaten

Die Käufer von Vollkorn-Feingebäcken wählen diese Gebäcke aufgrund ihrer Einstellung zu einer gesunden Lebensweise. So ist es folgerichtig, dass auch die übrigen Zutaten darauf angepasst sein müssen. Statt stark bearbeiteter Rohstoffe oder isolierter Lebensmittelbestandteile werden möglichst naturbelassene Zutaten verarbeitet.

Als Fettzugabe werden Butter und kaltgepresste Pflanzenöle gewählt. Anstelle von Zuckerarten werden Honig oder ähnliches eingesetzt. Als weitere Zutaten kommen Ölsamen und Trockenfrüchte in Frage.

Das Vollkorn-Hefefeingebäck-Sortiment ist breitgefächert

Vollkorn-Hefefeinteige lassen sich zu vielen Gebäcksorten verarbeiten, auch zu Gebäcken aus schweren Zubereitungen.

Vollkorn-Hefefeingebäcke können hergestellt werden als Klein- oder Großgebäcke, als Blechkuchen mit Auflagen und als Plundergebäcke, sogar als Berliner Pfannkuchen, Stollen und eireiche Napfkuchen.

Äußerlich erkennt man Vollkornfeingebäcke an dem geringen Volumen und an der etwas stumpfen, matten Krustenfarbe. Das Gebäckinnere ist dunkler und nicht so locker wie bei Gebäcken aus hellen Mehlen.

Mittelschwerer Bio-Hefefeinteig mit Vollkornmahlerzeugnissen

Vorteig:	*400 g*	*Bio-Weizenvollkornmehl*
	400 g	*Bio-Vollmilch*
	60 g	*Bio-Backhefe*
Hauptteig:	*860 g*	*reifer Vorteig*
	600 g	*Bio-Weizenvollkornmehl*
	100 g	*Bio-Vollmilch*
	120 g	*Bio-Honig/Rohzucker*
	200 g	*Bio-Butter*
	50 g	*Bio-Vollei*
	10 g	*Kochsalz*
		Aroma

Handlungsorientierte Aufgaben

- *Stellen Sie nach obigem Beispiel für ein Bio-Hefefeingebäck die Produkt- und Nutzungsmerkmale zusammen.*
- *Mit welchen Aktionen ist eine Werbung für Bio-Vollkorn-Hefefeingebäck möglich?*

Hefefeinbackwaren mit Dinkel-Vollkornmahlerzeugnissen

Backwaren aus Dinkelmahlerzeugnissen sind bei den Verbrauchern zunehmend beliebt. Das wird unter anderem mit der guten Bekömmlichkeit der Dinkelprodukte begründet. Aber auch geschmacklich unterscheiden sich Dinkelgebäcke mit ihrem „nussartigen Aroma" von vergleichbaren Weizengebäcken. Daher werden Hefefeingebäcke auch mit Mahlerzeugnissen des Dinkels hergestellt.

Dinkel
Natürlich Vital

Qualitätssicherung bei Hefefeingebäcken

Alle Kunden wünschen frische Gebäcke. Denn die Frische ist die beste Garantie für das Vorhandensein der Gebäckqualität. Doch die Frische ist immer nur von kurzer Dauer: Gebäcke altern bei der Lagerung.

Qualitätsverluste durch Gebäckalterung

Kennen Sie bereits die Vorgänge beim Altbackenwerden von Brot? Grundsätzlich sind die dort ablaufenden Alterungsvorgänge auch für Hefefeingebäck gültig.

Die Alterungsabläufe sind gut am Beispiel der „Kuchenbrötchen" aus leichtem Hefefeinteig zu verdeutlichen:

- Bereits ein bis zwei Stunden nach dem Ausbacken verliert die Kruste an Rösche und Glanz. Sie wird „welk". Ursache dafür ist der Feuchtigkeitsausgleich zwischen Krume und Kruste.
- Nach mehreren Stunden wird die Krume fester. Der Geschmack wird schon leicht altbacken. Ursache dafür ist die einsetzende Entquellung der Mehlstärke (= Retrogradation).
- Am Folgetag nach der Herstellung ist die Krume schon sehr fest. Das Gebäck schmeckt altbacken. Gründe dafür sind die andauernde Entquellung der Stärke, das Austrocknen durch verdunstendes Wasser und das Entweichen flüchtiger Aromastoffe.

Diese Alterungsvorgänge laufen langsam ab, wenn der Fettanteil im Gebäck hoch ist. Leichte Kuchenbrötchen haben bereits 12 Stunden nach der Herstellung Altgeschmack, schwere Stollen dagegen erst nach wochenlanger Lagerzeit.

Maßnahmen zur Qualitätserhaltung

Für die kurzfristige Bevorratung leichter und mittelschwerer Gebäcke aus Hefefeinteig sind folgende Lagerbedingungen günstig:
- kühl, aber nicht kalt (etwa + 18 °C),
- ausgewogene Luftfeuchte,
- geschützt vor nachteiligen Beeinflussungen (z. B. Fremdgeruch).

Mittelschwere Großgebäcke sollten für die Aufbewahrung bis zum Folgetag in Papiertüten oder perforierten Kunststoffbeuteln verpackt werden. Die Lagerung erfolgt bei Temperaturen unter + 18 °C.

Fettreiche Großgebäcke müssen für die längere Bevorratung verpackt werden in wasserdampfdurchlässigen Folien. Außerdem sind sie kühl und lichtgeschützt zu lagern.

Frischeangebot durch Backen im Laden

Die sicherste Methode des permanenten Frischeangebots ist die stetige bedarfsorientierte Produktion frischer Backwaren. Sie ist durch Backen im Laden oder dort direkt angrenzenden Produktionsräumen möglich. Notwendig sind dafür aufgearbeitete, lagerfähige Teiglinge, die kurzfristig zur Ofenreife gebracht und gebacken werden können.

Die dazu notwendige Bevorratung von Teiglingen aus Hefefeinteig ist am besten durch Tiefkühlen zu gewährleisten. Geeignet sind vor allem Teiglinge für Kleingebäcke (Kaffeegebäcke, Snacks), aber auch Blechkuchen. Es gehört zu den Aufgaben des Verkaufspersonals, die Tiefkühlteiglinge rechtzeitig aufzutauen, ofenreif aufgehen zu lassen, zu backen und herzurichten.

Kurz und bündig: Qualitätsverluste von Hefefeingebäcken

- *Zuckerglasur stirbt ab oder löst sich nässend.*
- *Unbehandelte Gebäckkruste verliert an Glanz, wird runzelig und später fest.*
- *Obstbeläge werden trocken-zäh.*
- *Die Krume leichter und mittelschwerer Gebäcke wird trocken und fest.*
- *Die leichten und mittelschweren Gebäcke verlieren an Aroma.*
- *Nicht durchgebackene Füllungen oder Auflagen können verderben durch Säuern oder Auskeimen von Krankheitserregern.*
- *Gebäcke mit hoher Feuchtigkeit können schimmeln.*
- *Lange lagernde Gebäcke können ranzig werden.*

Ursachen für Gebäckalterung und Verderb

● *Austrocknen der Krume/Auflage*	– *Feuchtigkeitsausgleich zwischen Luft und Gebäck*
● *Altgeschmack*	– *Stärkeentquellung (Retrogradation)*
● *Säuern*	– *Zersetzen von Zuckerstoffen durch Milchsäureerreger*
● *Schimmeln*	– *Auskeimen von Schimmel*
● *Ranzigwerden*	– *Abspalten von Fettsäuren oder Anlagern von Sauerstoff durch Wärme und Licht*
● *Salmonellenbesatz*	– *über Rohei infizierte, nicht durchgebackene Füllungen*

Hinweis

*Feingebäcke mit nicht durchgebackenen Füllungen/Auflagen sind **leicht verderbliche Lebensmittel**. Dazu zählen beispielsweise Bienenstich- oder Streuselkuchen mit einer Füllung aus Stärkekrem oder Sahnekrem, Plundergebäck mit Krem- und Fruchtauflage, die nach dem Backen aufgebracht wird.*

Solche Produkte sind nach ihrer Herstellung schnellstmöglich zu kühlen und so zu lagern.

Herstellung und Angebot von Gebäcken aus tourierten Teigen

Situationsaufgabe:

Sie bieten unterschiedliche Kaffeegebäcke aus Plunderteig in Form von Kränzen, Striezeln, Wickeln, Hörnchen, Körbchen oder Schnecken an. Diese Gebäcke können durch Backen im Laden hergestellt werden.

Dabei sind insbesondere folgende Fragen zu klären:

- *Gibt es unterschiedliche Merkmale für verschiedene Plunderarten?*
- *Wie können Gebäcke unterschiedlicher Wertstufen hergestellt und angeboten werden?*
- *Welche Aktionen zur Verkaufsförderung sind möglich?*

Dänisches Plundergebäck mit Fruchtauflage

Merkmale von Gebäcken aus tourierten Teigen

Betrachten Sie die nebenstehenden Abbildungen.

Die Merkmale der Gebäcke sind augenfällig:

- Die Kruste der Gebäcke ist schuppenartig ausgebildet.
- Die Krume der Gebäcke ist blätterartig geschichtet.

Die Ursache für diese Merkmale ist das in den Grundteig schichtweise Einarbeiten von Ziehfett (= als *Tourieren* bezeichnet).

***Plundergebäck** ist ein fettreiches Feingebäck aus Hefefeinteig, in den Ziehfett eintouriert wurde.*

***Blätterteiggebäck** ist ein fettreiches Feingebäck aus einem Grundteig ohne Hefelockerung, in den Ziehfett eintouriert wurde.*

Kaffeeteilchen als typisches Blätterteiggebäck

Tourieren von Plunderteig

Plundergebäck wird aus Hefefeinteig (= Grundteig) und eingezogenem Ziehfett hergestellt. Dabei werden feine abwechselnde Schichten aus Grundteig und Ziehfett gebildet. Diese müssen bis zum Abbacken der Teiglinge erhalten bleiben, weil dadurch die gewünschte Blätterung der Plunderteilchen möglich wird.

Entscheidend für unzerstörte Teig- und Fettschichten ist neben der Touriertechnik die Beschaffenheit von Grundteig und Ziehfett.

Plundergebäck mit typischer Lamellenstruktur

Der Hefegrundteig muss geeignet sein

Art und Zusammensetzung des Hefegrundteigs richtet sich nach der herzustellenden Plundersorte, und zwar

- *leichter Hefefeinteig* für Kaffeegebäcke;
- *zuckerarmer Hefefeinteig* für Croissants;
- *einfacher Weizenhefeteig (Brötchenteig)* für Dänische Brötchen und einige Snacksorten.

Der Hefegrundteig für Plundergebäck muss grundsätzlich leicht sein.

- Hoher Fett- und Zuckeranteil im Teig mindert die Teigelastizität und die isolierende Wirkung des Ziehfetts zwischen den Teigschichten.
- Eizugabe verbessert die Eigenschaften des Teiges, erleichtert das Tourieren und erhöht den Nährwert der Gebäcke.

Für das Backen von Plunderteilchen im Laden werden üblicherweise fertig aufgearbeitete Teiglinge bereitgestellt. Dennoch sollten Sie über deren Herstellung für die Kundenberatung Bescheid wissen.

Grundrezept für Plunder-Grundteig

Zutaten	*Deutscher Plunder*	*Dänischer Plunder*
Weizenmehl (Type 550)	*1 000 g*	*1000 g*
Backmargarine	*100 g*	*75 g*
Zucker	*100 g*	*75 g*
Milch	*450 g*	*350 g*
Vollei	*50 g*	*200 g*
Backhefe	*70 g*	*100 g*
Kochsalz	*10 g*	*10 g*
Führung:	*warm, mittelfest*	*kühl, etwas fest*

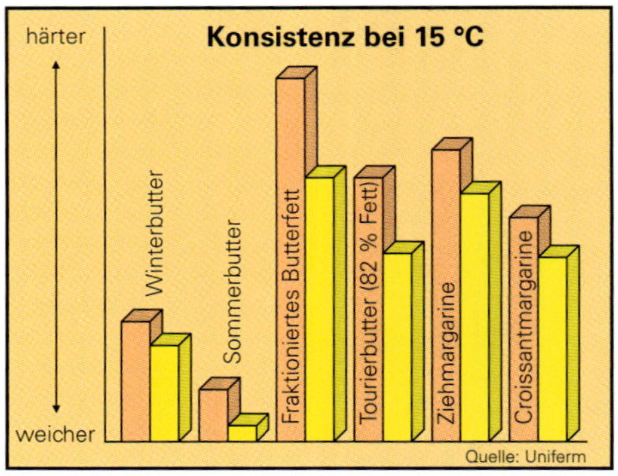

Konsistenz von verschiedenen Fettarten
- unbearbeitet (orangefarbig)
- nach dem Kneten/Ausrollen (gelb)

§ *Lebensmittelrechtliche Bestimmungen*

„Butterplundergebäck" darf als zugesetztes Teig- und Tourierfett ausschließlich Butter oder Butterreinfett enthalten. Plundergebäck mit fraktioniertem Butterfett darf nicht als „Butterplunder" bezeichnet werden.

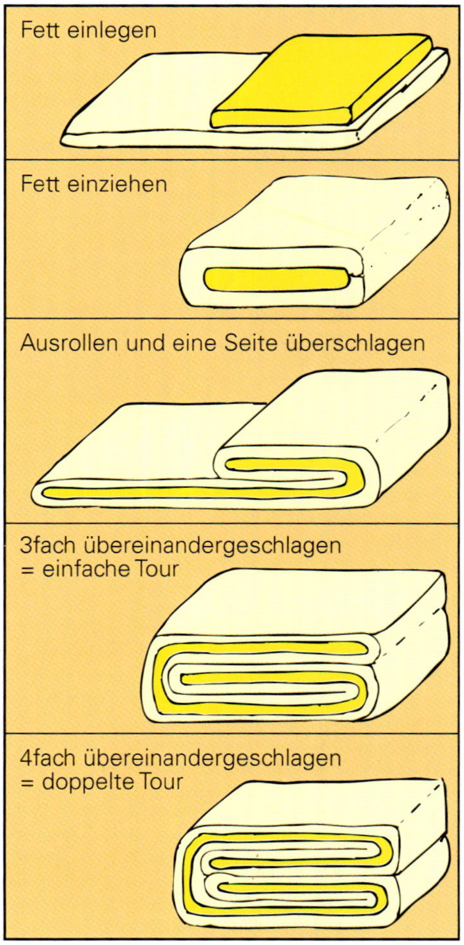

Verfahren der Teig-Fett-Schichtung bei Plunderteig

Als Ziehfette für Plunder- und Blätterteig werden spezielle Margarinen und Butterfette verarbeitet.

Ziehfette müssen plastisch-fest sein

Das Ziehfett darf beim Tourieren nicht reißen. Es soll aber auch nicht schmieren. Deshalb muss Ziehfett im Vergleich zu Backmargarine eine stabile, plastische Konsistenz und trockenere Beschaffenheit haben.

Die Plastizität von Ziehfett wird festgelegt
- durch den Schmelzbereich der ausgewählten Fette,
- durch den hohen Fettgehalt (bis zu 90 %).

Ziehfette müssen geeigneten Abschmelzbereich haben

Die Ziehfette sollen ihre plastische Verarbeitungs-Konsistenz in kühlen ebenso wie in warmen Räumen behalten.

Die übliche Verarbeitungstemperatur liegt für Plunderteig
- mit wenig Ziehfett: zwischen 20 °C und 24 °C,
- mit viel Ziehfett: zwischen 15 °C und 20 °C.

Die Fette müssen bei diesen Verarbeitungstemperaturen stabil sein. Im Gebäck müssen sie bei Mundtemperatur gut abschmelzen.

Für Plundergebäck mit hohem Ziehfettanteil (z. B. Dänischer Plunder) gibt es spezielle Fette. Sie werden mit ergänzenden Bezeichnungen wie „Dänisch-Ziehfett" oder „Croissant-Ziehfett" gehandelt.

Ziehfettplatten sind verarbeitungsgerecht geformt. Sie lassen sich mit ihrer unversehrten Fettstruktur bei Raumtemperatur gut tourieren.

Spezielle Butterfette zum Tourieren

Übliche Butter ist zum Tourieren nicht geeignet: In kaltem Zustand ist sie zu hart. Bei Raumtemperatur ist sie zu weich zum Tourieren.

Besser geeignet sind *fraktionierte Butterfette* sowie *Tourierbutter*. Die verbesserten Eigenschaften der Tourierbutter werden durch die Rohstoffauswahl und eine besondere Herstellungstechnik erreicht.

Tourieren: Teig-Fett-Schichtung in Stufen

Um die lamellenartige Krumenstruktur bei Plunder zu erzielen, müssen der Grundteig und das Ziehfett dünn ausgerollt und schichtweise im Wechsel übereinander gelegt werden.

***Tourieren** ist das Ausrollen und Übereinanderlappen von Teigportionen mit Ziehfett.*

Üblich sind für Plunderteige je nach einzuziehender Fettmenge zwei oder drei Touren (➞ Darstellung in dem Schema auf dieser Seite).

Als einfache Tour wird das Übereinanderlegen des dünn ausgerollten Teigbands in drei Lagen bezeichnet.

Als doppelte Tour bezeichnet man das Übereinanderlegen des Teiges in vier Lagen.

Für Plunderteige mit niedrigem Ziehfettanteil genügen zwei einfache Touren (➞ oben in dem Schema).

Der *fertig tourierte Teig* kann kühl und gegen Austrocknen geschützt bevorratet werden. Für das Backen im Laden können *fertige Teiglinge* in der Kühlung oder Tiefkühlung auf Vorrat gelagert werden.

Herstellungsablauf für Croissants

Frühstücks-Croissants sind schwach gesüßte Hörnchen aus einem eihaltigen Plunderteig.

Qualitätsmerkmale von Croissants sind
- die seidenmatt glänzende, goldbraune Kruste,
- die zarte Splittrigkeit der Kruste,
- die blättrig-mürbe Krume.

Richtiger Teig als Grundlage zum Tourieren

Die Zusammensetzung des *Grundteigs für Croissants* unterscheidet sich von der für deutschen Plunder
- durch geringeren Zuckeranteil und
- durch zusätzlichen Eianteil.

Der Teig wird kühl geführt (22 °C bis 24 °C). Die Teigruhe beträgt etwa 30 Minuten. Sie erfolgt am besten im Kühlschrank. Dazu wird der Teig in eine Folie gehüllt.

Grundrezept für Croissants	
1 000 g	*Weizenmehl, Type 550*
100 g	*Backmargarine*
20 g	*Zucker*
450 g	*Milch*
100 g	*Vollei (= 2 Eier)*
70 g	*Backhefe*
10 g	*Kochsalz*
=1 750 g	*Croissant-Grundteig (kühl führen)*
+ 450 g	*Ziehmargarine*

Spezialziehfett für zarten Schmelz der Croissants

Für ein zartes Mundgefühl beim Verzehr der Croissants ist ein Ziehfett auszuwählen, das bei etwa 34 °C vollständig abschmilzt.

Ziehfette mit solchen Eigenschaften werden von den Herstellern als Croissant-Ziehfette in Plattenform angeboten.

Beim *Tourieren* wird die Teig-Fett-Platte mit einer einfachen und einer doppelten Tour in zwölf Lagen übereinander geschichtet.

Bis zum *Aufarbeiten* wird der tourierte Teig abgedeckt im Kühlschrank oder im Kühlraum gelagert.

Croissant-Teiglinge wickeln und zum Backen vorbereiten

Der *tourierte Plunderteig* wird auf etwa 3,5 mm Stärke ausgerollt.

Das *Teigband* wird in Dreiecke geteilt. Die *Teiglinge* werden nur locker aufgerollt, dann in Hörnchenform auf Backbleche abgesetzt.

Croissant-Teiglinge können gärverzögert oder gärunterbrochen geführt werden, auch direkt gegärt (➞ nebenstehendes Ablaufschema). Die Croissant-Teiglinge sind problemlos zu bevorraten, zum Beispiel für das Backen im Laden.

Die *Stückgare* erfolgt bei etwa 30 °C und 65 % Luftfeuchte.
Bei Drei-Viertel-Gare werden die Teiglinge mit Ei abgestrichen.

Das *Backen* der Croissant-Teiglinge erfolgt ohne Schwadengabe bei etwa 210 °C bis 220 °C (in ruhender Backatmosphäre), die letzten fünf Minuten bei offenem Zug.

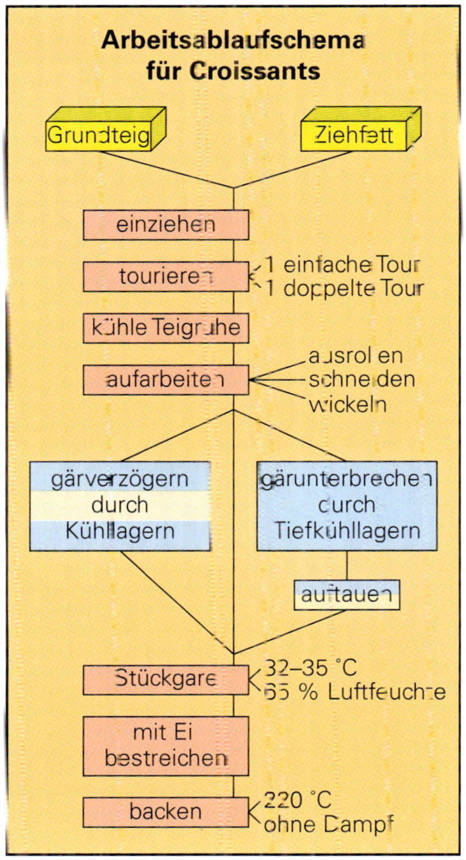

Abgewandelte Croissants zum Frühstück oder zur Kaffeezeit

Croissants als Frühstücksgebäcke gibt es auch als *Kissinger Hörnchen*, *Bamberger Hörnchen* (= Butter-Croissants) oder *Butter-Kipfel*.
Alle diese Croissant-Typen eignen sich sehr gut als Gebäckbasis für exklusive Backwaren-Snacks (➞ Seite 345).

Croissants als Kaffeegebäcke werden mit einer Füllung hergestellt. Übliche Füllungen sind Zubereitungen mit Marzipanrohmasse, mit stückiger, geraspelter oder geriebener Kuvertüre oder aus Früchten.

Schokoladen-Croissants werden nach dem Erkalten auf der Oberseite mit Kuvertüre überzogen. Croissants mit anderen Füllungen werden aprikotiert und glasiert.

Hahnenkämme und Plunderbrezeln mit Vanillekremauflage sind typische Gebäcke aus leichtem Deutschem Plunder

Das Original: Wiener Brød

Plunderteig wird in Dänemark mit höherem Fettanteil als in Deutschland hergestellt. Die Bezeichnung „Wiener Brød" steht dort für zumeist mit Marzipanmasse oder Vanillekrem gefüllte Plunderkränze. Sie werden ofenwarm zum Verkauf bereitgehalten.

Hinweis

*Zu **Marketing-Aktionen** für Plundergebäck finden Sie auf der CD-ROM zu diesem Buch mehrere Beiträge.*

Kurz und bündig: Kundenberatung über Plundergebäcke

- *Plundergebäcke haben ihren besonderen Genusswert durch das eintourierte Ziehfett, aber auch durch die erlesenen Füllungen.*
- *Kaffeegebäcke aus Plunderteig halten sich zwar gut frisch, haben aber am Tag ihrer Herstellung den höchsten Genusswert.*
- *Großgebäcke aus Plunderteig behalten auch über mehrere Tage ihre Frischemerkmale; sie sind gut als Wochenendgebäcke geeignet.*
- *Der Gesamtfettgehalt aus Teig und Ziehfett ist je nach Plundersorte unterschiedlich:*
  - *18 % bis 28 % bei Deutschem Plunder,*
  - *33 % bis 40 % bei Dänischem Plunder,*
  - *45 % bis 55 % bei Kopenhagener Plunder.*

Sachverweis

*Über **Snack**-Plundergebäcke können Sie sich ab der Seite 339 informieren.*

Herstellungsablauf für Plunder-Kaffeegebäck

Die meisten Kunden ziehen Plunder als Kaffeegebäck den einfachen Hefeteilchen vor. Der Grund dafür ist vor allem der höhere Genusswert durch den Ziehfettanteil und die rösche Gebäckschichtung. Darum wird in vielen Bäckereien/Konditoreien das Kaffeegebäck hauptsächlich als Plunder angeboten.

Plunderkleingebäck: Vielfalt in Form und Herrichtung

Aus *Deutschem Plunderteig* (➡ Seite 207) werden Kleingebäcke wie Schnecken, Vanillebrezeln, Nusshörnchen, Hahnenkämme, Schleifen oder verschiedene gefüllte Taschen hergestellt.

- *Plunderschnecken* werden wie die einfachen Hefeteigschnecken mit namengebender Füllung zubereitet (z. B. Mohnschnecken).
- *Vanillekremteilchen* werden geformt aus dünnen, leicht gedrehten Plunderteigstreifen (zu Brezeln, Brillen oder Ringen). Diese Teiglinge werden auf mit Backpapier belegten Backblechen abgesetzt und vor dem Backen mit Vanillekrem gefüllt. Damit die Krem nicht anhängt oder beim Ausstellen zum Verkauf ausläuft, können in den offenen Teigstellen noch dünn Streusel oder Mürbeteig unterlegt sein.
- *Hahnenkämme (Kaiserkragen)* werden aus ausgerollten, etwa 4 mm starken Plunderteiglängen hergestellt. Auf die Teigoberfläche wird vor dem Übereinanderlegen eine Füllung eingebracht. Üblich sind dafür Konfitüre-, Nuss-, Marzipan- oder Persipanfüllungen. Die gefüllten Streifen werden in gleichmäßig große Stücke geteilt und an einer Seite kammartig eingeschnitten.
- *Plundertaschen und -hörnchen* werden wie einfache Hefefeingebäcke mit verschiedenen Füllungen zubereitet.

  Diese Gebäcke gibt es oft in höherer Wertstufe, und zwar
  - durch Verwendung von *Dänischem Plunderteig* (➡ Seite 207),
  - durch Verwendung von *hochwertigen Füllungen* (z. B. Früchte, Marzipan- oder Quarkfüllungen).

  Nicht backfeste Früchte werden erst nach dem Backen aufgelegt und dann mit Geleeguss abgeglänzt.

Kopenhagener Plunder: schwere und hochwertige Gebäcke

Aus *Kopenhagener Plunderteig* (➡ Seite 207) werden typischerweise dreieckige Taschen mit Konfitüre- oder Marzipanfüllung hergestellt. Der Plunderteig muss nicht mit Butter hergestellt und touriert sein. Aber für Gebäcke der höchsten Wertstufe ist Butter-Plunder üblich.

Plundergroßgebäcke: als Wochenendgebäcke geeignet

Großgebäcke aus Plunderteig sind zum Beispiel: gefüllte Plunderzöpfe, Plunderstriezel und Plunderkränze.

- *Plunderzöpfe* werden zumeist mit einer Nussmasse gefüllt. Dazu wird eine Teigfläche mit Füllung bestrichen, zu einer Teigrolle aufgerollt und dann längs aufgeschnitten. Die Hälften des Strangs werden in Spiralform zopfartig aufgedreht und auf Backbleche abgesetzt.
- *Plunderstriezel* werden zumeist wie die Zöpfe gefüllt, jedoch nach dem Aufschneiden nicht aufgedreht (auch in Backformen gebacken).
- *Plunderkränze* werden mit Rosinen-, Nuss- und Marzipanmassen oder Vanillekrem gefüllt. Die runden Formlinge werden auf der Oberseite geschnitten und oft in flachen Backformen gebacken.

Beurteilung von Plundergebäcken

Plundergebäck ist durch seine Schichten lamellenartig aufgelockert. Die Schichtungen selbst sind auch porig-gelockert.

Warum ist das so?

Die Plunder-Lockerung erfolgt durch zwei Prozesse:

- *Die Teigschichten werden durch die Gärgase der Backhefe durch die Ausbildung von Poren gelockert. Dieses erfolgt weitgehend vor dem Backen (= biologische Lockerung durch Gärgase).*
- *Die Teigschichten werden während des Backvorgangs durch den Druck der verdampfenden Teigflüssigkeit lamellenartig voneinander abgehoben (= physikalische Lockerung durch Dampfdruck).*

Neben dieser allgemeinen Eigenschaft aller Plundergebäcke sind aber auch *sortenspezifische Merkmale* zu beachten.

Der Ziehfettanteil bestimmt die Schwere der Gebäcke

Plundersorten unterscheiden sich in der Herstellung und in der Qualität nach der Höhe des Ziehfettanteils.

Nach ihrem Ziehfettanteil werden unterschieden: Deutscher Plunder, Dänischer Plunder und Kopenhagener Plunder.

- *Deutscher Plunder* ist am fettärmsten.
  Auf 1 kg Grundteig werden 170 bis 300 g Ziehfett eintouriert.
  Er gilt als leichte und bekömmliche Plundergebäcksorte. Wegen des relativ geringen Ziehfettanteils erhält der Deutsche Plunder beim Tourieren weniger Schichtungen. Dafür ist die Auflockerung durch Gärgase ausgeprägter als bei den fettreichen Plundersorten.
- *Dänischer Plunder* wird mit etwa doppelt so viel Ziehfett hergestellt wie Deutscher Plunder (400 bis 800 g je kg Grundteig).
  Er wird daher mit mehr Fettschichtungen touriert. Die Auflockerung erfolgt stärker über Lamellenbildung als durch Gärgasporung.
- *Kopenhagener Plunder* ist die Bezeichnung für Dänischen Plunder mit besonders hohem Fettanteil (700 bis 1 000 g je kg Grundteig).

Bereitstellung von Plundergebäcken zum Verkauf

Der *Gesamtfettanteil von Plundergebäcken* liegt je nach Gebäcktyp zwischen 20 und 50 %. Deutscher Plunder hat also einen ähnlich hohen Fettanteil wie die Berliner Pfannkuchen. Der Kopenhagener Plunder hat sogar einen Fettgehalt wie Halbfettmargarine.

Der Fettgehalt ist hinsichtlich des Energiewerts der Plundergebäcke bedeutsam. Ebenso wichtig ist er für den Geschmack der Gebäcke. Denn viele Geschmacksstoffe sind an Fett gebunden. Und die mit Butter hergestellten Plundergebäcke haben ihren besonderen Wert durch die „gute Butter".

Wenn Kunden bei der Gebäckauswahl Ihre Fachberatung wünschen, sollten Sie beim Empfehlen von schweren Plundergebäcken auf die *eingeschränkte Bekömmlichkeit* hinweisen.

Plundergebäcke behalten ihren besonderen Genusswert, solange die blätterige Kruste noch rösch ist. Günstig für das Erhalten der Rösche ist eine trockene, nicht zu kühle Lagerung. Plundergebäcke bleiben zwar zwei bis vier Tage in der Krume weich, die Rösche geht aber schnell verloren. Deshalb sollten Plundergebäcke nur am Herstellungstag zum Verkauf angeboten werden.

Lebensmittelrechtliche Bestimmungen

*Auf 100 kg Getreideerzeugnisse sind **als Ziehfett** zu verwenden:*

- *für **Plundergebäck** mindestens 30 kg Butter oder die entsprechende Menge an Milchfetterzeugnissen oder Margarine oder wasserfreien Fetten;*
- *für **Dänisches Plundergebäck** mindestens 60 kg Butter oder die entsprechende Menge an Milchfetterzeugnissen oder Margarine oder wasserfreien Fetten;*
- *für **Butter-Plundergebäck** werden als Teigzutat und als Ziehfett ausschließlich Butter oder Butterreinfett entsprechend den obigen Mindestmengen verwendet.*

Berechnungen

- *Errechnen Sie für Deutschen Plunder und für Dänischen Plunder die Mindestmenge*
  - *Ziehfett (mit 80 % Fettanteil),*
  - *Butterreinfett (mit 100 % Fettanteil).*
- *Errechnen Sie für verschiedene Feine Backwaren aus Hefefeinteigen den Gesamtfettgehalt im Fertigerzeugnis.*

Gebäckfehler durch Touriermängel

Fehler	*Ursachen*
Gebäcke sind flach und schwer; Fett ist ausgelaufen	*– zu hohe Gärtemperatur – zu wenig touriert*
Kruste löst sich beim Herrichten	*– zu wenig touriert (zu dicke Fettschichten)*
Gebäckkrume hat keine oder eine nur schwache Lamellenstruktur	*– Teigschichten sind verklebt durch • zu wenig Ziehfettanteil • zu hohe Tourenzahl • zu ungleichmäßiges oder zu dünnes Ausziehen • zu warmes Tourieren • unterschiedliche Teig- und Ziehfettfestigkeit*

Qualitätssicherung:
Ladenbacken mit Plundergebäck

- *Fertig tourierter Plunderteig muss kühl aufbewahrt und verarbeitet werden.*
- *Aufgearbeitete Plunderteiglinge dürfen nicht zu warm gären, weil sonst die Fettischierung zwischen den Schichten schmilzt.*
- *Fertig gebackene Plunderteilchen dürfen nicht übereinander gelegt werden, weil sonst die Kruste abblättert*

Angebot von Blätterteiggebäcken

Situationsaufgabe:

Sie bieten in Ihrer Verkaufsstelle verschiedene Gebäcke aus Blätterteig an. Einige davon werden im Laden hergestellt und gebacken.

Dafür sollen Sie folgende Fragen klären:

- *Wie unterscheiden sich Blätterteiggebäcke von Plundergebäcken?*
- *Welche Merkmale erwarten die Kunden bei Blätterteiggebäcken?*
- *Welche Herstellungsmethoden für Blätterteig gibt es?*
- *Wie sind Blätterteiggebäcke im Laden zu backen und herzurichten?*

Die Bilder der Blätterteiggebäcke auf dieser Seite sind Beispiele dafür, wie weit gespannt die Palette der Backwaren aus/mit Blätterteig ist.

Erzeugnisse aus Blätterteig sind beispielsweise:

- Süße Kaffeegebäcke (z. B. Blätterteigstückchen, Apfeltaschen und Schweinsohren)
- Halbfertigprodukte (z. B. Blätterteigböden und Pasteten)
- Würzige Gebäcke und Snacks (z. B. Käseblätterteig, Würstchen im Schlafrock und Gemüsetaschen)

Typisches Merkmal des Blätterteigs ist die lockere Schichtung des gesamten Gebäcks.

Merkmale von Blätterteiggebäcken

Wenn auch die Gebäcke aus Blätterteig zunächst sehr unterschiedlich erscheinen, so haben sie doch gemeinsame typische Merkmale:

- Sie sind stark aufgelockert.
- Sie sind insgesamt blättrig, locker geschichtet.
- Sie sind gleichmäßig, aber nicht intensiv gebräunt.
- Sie sind im Allgemeinen nicht so süß wie andere Feine Backwaren.

Diese gemeinsamen Eigenschaften aller Gebäcke aus Blätterteig sind durch die Zusammensetzung und Herstellung des Teiges bedingt.

Damit unterscheiden sich die Blätterteigprodukte auch von den sonst ähnlichen Plundergebäcken.

Schweinsohren, Fächer und Krawatten sind süße Kaffeegebäcke aus Blätterteig.

Zusammensetzung des Blätterteigs

Zur Unterscheidung:

***Plunderteig** besteht aus einem Hefefeinteig und Ziehfett.*

***Blätterteig** besteht aus einem hefefreien Grundteig und Ziehfett.*

Der Grundteig für Blätterteig wird aus Weizenmehl und Wasser sowie zusätzlich etwas Kochsalz, Zucker und Fett bereitet. Zur Verbesserung seiner Teigeigenschaften und zur Abrundung des Geschmacks können Vollei, Essig, Alkohol oder Aromen zugesetzt werden.

Grundteig und Tourierfett werden durch Einschlagen und mehrmaliges Ausrollen/Zusammenlegen zu vielen sehr dünnen Teig-Fett-Schichten verarbeitet (= Tourierung). Diese erzielte Schichtung ist Voraussetzung dafür, dass die Blätterteiggebäcke die hohe Auflockerung und splittrige Beschaffenheit erhalten.

Jede einzelne Fett- und Teigschicht muss so dünn sein wie ein Blatt Seidenpapier oder eine Rasierklinge. Trotzdem müssen die einzelnen Schichten beim Ausrollen, Schneiden, Formen, Bevorraten und Backen des Blätterteigs unzerstört erhalten bleiben. Teig und Ziehfett müssen deshalb besonders belastbar sein.

Blätterteig-Pasteten sind Hohlkörper für süße und deftige Füllungen.

Grundrezept für Blätterteig

1 000 g	*Weizenmehl*	*1 000 g Ziehfett*
550 g	*Wasser*	
20 g	*Kochsalz*	
20 g	*Zucker*	
60 g	*Fett*	
1 650 g	*Grundteig*	

Weitere Zugaben zum Grundteig: Vollei, Essig- oder Zitronensäure, Alkohol, Aromen

Herstellungsmethoden für Blätterteig

Es gibt verschiedene Methoden zur Herstellung des Blätterteigs.

Blätterteig nach deutscher Art: Teig außen

Bei dieser Methode wird der Grundteig aus den üblichen Grundzutaten hergestellt. Das Ziehfett wird angewirkt oder als Ziehplatte *in den Teig* eingeschlagen (➡ nebenstehende Abbildung). Dann wird touriert. Nach jeder Tour, mindestens jedoch zwischen der dritten und vierten Tour, ist zur Entspannung des Teiges eine Ruhepause einzuhalten.

Blätterteig nach französischer Art: Fett außen

Bei dieser Methode wird der Grundteig etwas weicher bereitet als bei der deutschen Methode. Das Ziehfett von der Stange muss mit Mehl angewirkt werden. Ziehfettplatten können direkt verwendet werden. *In die Ziehfettfläche* wird der Grundteig eingelegt (➡ nebenstehende Abbildung). Dann wird touriert. Zwischen den einzelnen Touren können die Ruhepausen entfallen.

Blätterteig nach holländischer Art: All-in-Verfahren

Bei dieser Methode werden schon bei der Bereitung des Grundteigs grobe, gekühlte Ziehfettstückchen *zusammen mit den übrigen Zutaten* verarbeitet (➡ nebenstehende Abbildung). Dann wird direkt touriert. Beim Ziehen des Teiges bilden sich keine geschlossenen Schichten aus Fett oder Teig.

Die holländische Herstellungsmethode wird auch „Schnellblätterteig" oder „Blitzblätterteig" genannt, weil der Teig einfach hergestellt und auch weniger touriert wird (meistens nur drei einfache Touren).

Holländischer Blätterteig ist allerdings nicht geeignet für Gebäcke, die gleichmäßig hochziehen sollen (z. B. Pasteten). Verwendbar ist er für Böden und Snacks.

„Tempo-Blätterteig" wird in der Schweiz eine ähnliche Herstellungsart genannt. Bei ihr wird die Hälfte des Ziehfetts mit dem Grundteigmehl vermischt. Der Rest wird beim Tourieren eingearbeitet. Dabei werden unmittelbar drei doppelte Touren gegeben, und nach etwa 30 Minuten Ruhepause eine abschließende vierte doppelte Tour.

Vorproduktion von Blätterteig

Fertig tourierter Blätterteig altert nicht so schnell wie ein Hefe- oder Plunderteig. Er ist deshalb auch besonders gut zur Vorproduktion mit anschließender Kühl- oder Tiefkühllagerung geeignet.

Der Zeitbedarf für die Herstellung von Blätterteig ist groß. Es ist daher nicht sinnvoll, jeweils täglich kleine Teigmengen herzustellen. Rationeller ist es, eine größere Menge Blätterteig zu fertigen und ihn als getourten Teig oder in Form aufgearbeiteter Stücke vorrätig zu halten.

Als *Teiglinge* sind bereits fertig zubereitete Stücke oder Rohlinge zu bevorraten. Für längerfristige Tiefkühllagerung ist eine Temperatur von -18 °C erforderlich. Die Teigoberfläche ist dabei gegen Austrocknen zu schützen. Das geschieht durch Verpacken in Kunststoffbeuteln oder durch Abdecken von Teiglingen auf Backblechen.

Fertige Blätterteiggebäcke sind nicht zum Frosten geeignet. Fettreiche Gebäcke splittern nämlich bei der Tiefkühllagerung besonders stark. Die splittrig-brüchige Struktur der Blätterteiggebäcke würde zerstört.

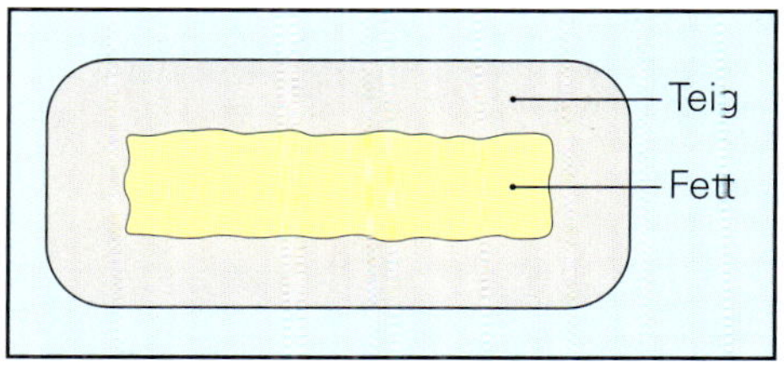

Deutscher Blätterteig (Teig außen, Fett innen)

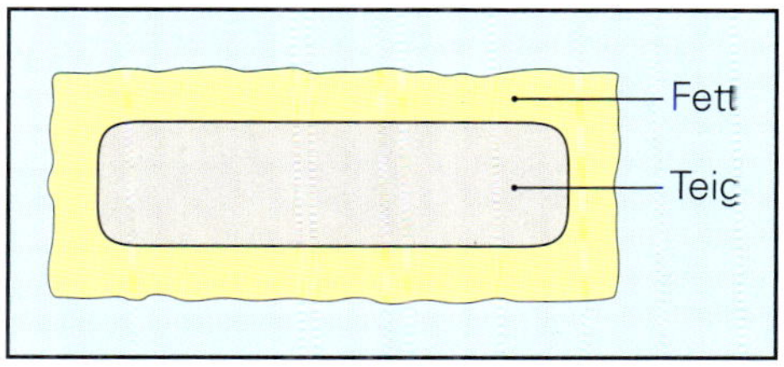

Französischer Blätterteig (Fett außen, Teig innen)

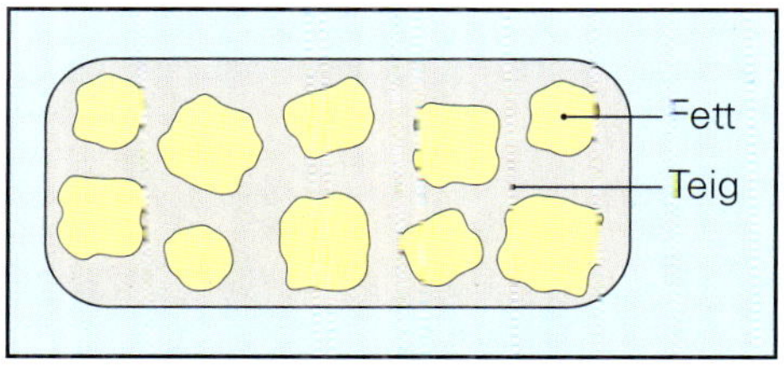

Holländischer Blätterteig (Fett stückig im Teig)

Kurz und bündig

- *Deutscher Blätterteig: Teig außen*
  Vorteil: Stabilität bei warmer Verarbeitung
  Nachteil: Gefahr der Verhautung und des Schnurrens beim Backen
- *Französischer Blätterteig: Ziehfett außen*
  Vorteil: Kein Verhauten der Oberfläche, ergibt zarte Gebäckoberfläche
  Nachteil: Empfindlichkeit bei hohen Umgebungstemperaturen
- *Holländischer Blätterteig: Ziehfett im Grundteig verarbeitet*
  Vorteil: Schnelle Herstellungsart
  Nachteil: Ungleichmäßige Auflockerung, nicht geeignet für Pasteten

Lebensmittelrechtliche Bestimmungen §

Blätterteiggebäcke sind Gebäcke aus Teigen ohne Triebmittel. Bei ihrer Herstellung werden mindestens 68,3 kg Butter oder die entsprechende Menge Milchfetterzeugnisse oder Margarine oder praktisch wasserfreier Fette verwendet (bezogen auf 100 kg Getreideerzeugnisse).

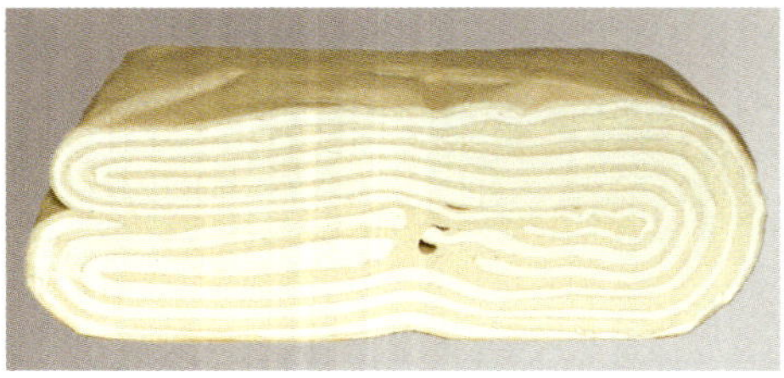

So sieht ein gut gezogener Blätterteig nach der ersten Tourierung aus

Gebäcke aus Blätterteig mit zu geringer Tourierung (links), richtiger Tourierung (Mitte) und zu starker Tourierung (rechts)

Stanzen von Stückchen

Formen von Teiglingen

Strudelartige fruchtige Blätterteigstücke

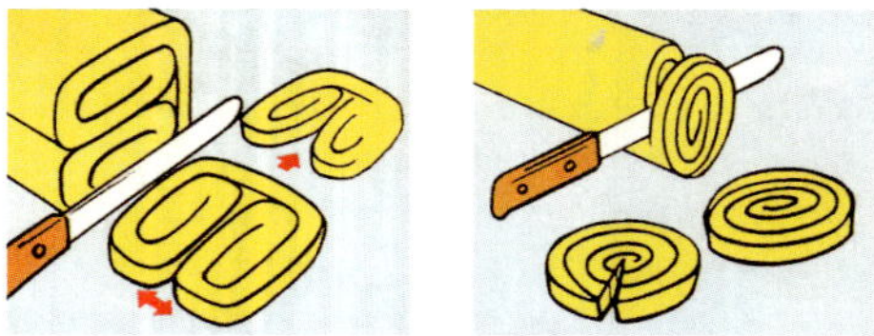

Schneiden von Schweinsohren und Formen von Fächern

Herstellen von Kaffeegebäcken aus Blätterteig

Bei Blätterteig sind die *Teigschichten selbst ungelockert*. Hier muss im Unterschied zu den Plundergebäcken allein über die Tourierung die erwünschte Auflockerung erzielt werden. Der Eignung des Ziehfetts kommt daher große Bedeutung zu. Grundsätzlich sind die für Plunder geeigneten Ziehfette einsetzbar. Es gibt aber auch spezielle Ziehfette für Blätterteig.

Die Arbeitstechnik des Tourierens ist bei Blätterteig ebenso wie bei den Plunderteigen (→ Seite 204).

Der fertig tourierte Blätterteig muss vor dem Aufarbeiten noch für eine gewisse Zeit zum Entspannen ablagern. Am besten ist es, den Teig am Tag vor dem Verarbeiten zu tourieren.

Techniken der Aufarbeitung: sorgfältig anzuwenden

Bestimmte Teilchen aus Blätterteig sollen gleichmäßig hochziehen. Das sind beispielsweise Pasteten oder Taschen.

Bei deren Aufarbeitung und Formung dürfen die Teig-Fett-Schichten nicht beschädigt werden. Der Teig wird mit einem scharfen Messer abgeteilt. Er darf nicht geknetet werden.

Die Teigplatten müssen sehr gleichmäßig ausgerollt werden. Beim Ausstechen oder Schneiden der Stückchen dürfen die Ränder nicht gequetscht werden. Letztlich muss auch beim Abstreichen mit Ei das Verkleben der Ränder vermieden werden. Fertig hergerichtete Teilchen werden auf mit Backpapier belegten Blechen abgesetzt. Sie müssen vor dem Backen genügend abstehen, um zu entspannen.

Formen von Kaffeegebäcken: vielfältig möglich

Für *großstückige Kaffeegebäcke* aus Blätterteig gibt es viele Formen und Füllungen, zum Beispiel Taschen, Windmühlen und Streifen mit Auflagen oder Füllungen (z. B. Apfeltaschen, Quark- oder Puddingecken).

Die Füllungen für Blätterteigstücke oder -streifen sollen nicht zu schwer oder feucht sein. Sonst wird der Teig am Hochziehen gehindert. Er backt auch nicht genug durch und bleibt innen schmierig.

Nicht backfeste Auflagen müssen nach dem Backen der Formstücke aufgebracht werden. Das gilt beispielsweise für empfindliches Obst, aber auch für Konfitüren und Gelees, weil diese als Teigauflage beim Backen leicht verbrennen.

Für *Schillerlocken* werden schmale Blätterteigstreifen auf tüllenartige Formen gewickelt. Die geformten Teiglinge werden mit Wasser oder Ei abgestrichen und mit der Oberfäche in Zucker getaucht.

Für Blätterteiggebäcke, die nicht gleichmäßig hochziehen sollen, wird Restblätterteig verarbeitet (= Abschnitte beim Aufarbeiten der Stücke oder Pasteten). Er kann sogar kurz zusammengewirkt und nochmals einfach touriert werden.

Für *Schweinsohren, Fächer, Krawatten* und *Schuhsohlen* wird Restteig in kristallinem Zucker anstelle von Staubmehl ausgerollt. Dadurch wird der Zucker in den Teig eingearbeitet. Nach dem Formen und Aufrollen werden die Teigstränge quer zu ihrer Schichtung in etwa 1,5 cm dicke Scheiben geschnitten (→ nebenstehende Abbildungen).

Schnitten für Schweinsohren werden flach auf Bleche aufgelegt. Die Scheiben für Fächer werden zuvor eingeschnitten. Die Stücke treiben beim Backen in die Breite. Sie sollen nicht hochziehen.

Backen von Blätterteig

Durch den Backvorgang wird der Blätterteig gegart und zugleich auch gelockert. Diese beiden Vorgänge müssen gleichzeitig und verzahnt miteinander ablaufen (➡ nebenstehende Abbildungen).

Backtemperaturen und Backzeiten sind abhängig von der Gebäckart, der Gebäckgröße und der Füllung. Zum Beispiel werden flache oder hohle Stücke wie Böden, Schweinsohren und Schillerlocken bei 210 °C bis 230 °C gebacken. Kompakte Stücke mit Füllungen aus Obst oder Füllmassen werden nur bei 190 °C bis 210 °C gebacken. Die optimale Bräunung der Kruste darf erst erreicht werden, wenn die Gebäcke im Kern durchgebacken sind.

Lockerung von Blätterteig – auf physikalische Art

Blätterteig wird allein durch Wasserdampfdruck gelockert.

Vorgänge der physikalischen Lockerung von Blätterteig:

- *Die Fettschichten isolieren auch noch im Backofen trotz Verflüssigung des Ziehfetts die Teigschichten voneinander.*
- *Bei Temperaturen über 60 °C im Teigstück verkleistert die Stärke. Gleichzeitig gerinnt der Kleber.*
- *Bei Temperaturen um 100 °C im Teigstück verdampft das Wasser aus den Teigschichten.*
- *Der Wasserdampf übt einen Innendruck aus, durch den die bereits geronnenen Teigschichten angehoben werden.*
  Die sich frisch bildende Krume verfestigt sich in der Auflockerung von außen nach innen.
- *Nach Entweichen des Wasserdampfs kann die Temperatur in den äußeren Schichten des Gebäckstücks über 100 °C steigen. Es bilden sich Röststoffe aus Teig- und Fettbestandteilen. Der zum Grundteig zugesetzte Zucker karamellisiert. Das Gebäck bräunt sich.*

Qualitätsmerkmale – wie man sie erhält

Alle Blätterteiggebäcke haben nur frisch ihren höchsten Genusswert. Obwohl sie sehr fettreich sind, halten sie sich nicht so lange frisch wie andere Feine Backwaren mit hohem Fettanteil.

Wie kommt das?

- Die verkleisterte Stärke ist innerhalb der Teigschichten nicht in Fett eingelagert. Sie entquillt (retrogradiert) daher schnell. Man erkennt dies am raschen Verfestigen der Gebäckblätter.
- Das Ziehfett im Gebäck ist in den ersten Stunden nach dem Backen noch flüssig. Mit zunehmender Lagerzeit der Gebäcke wird aber das Ziehfett wieder kristallförmig. Man erkennt dies an dem fettigen und klebrigen Mundgefühl beim Verzehr altbackener Blätterteigstücke.

Die beste Maßnahme für ein Frischeangebot von Blätterteiggebäck ist das Backen im Laden je nach Verkaufsbedarf an frischem Gebäck. Das ist mit bevorrateten Teiglingen einfach und schnell möglich.

Blätterteigfehler – wie man die Ursachen erkennt

Die meisten Fehler bei Blätterteig ergeben sich aufgrund unsauberer Aufarbeitung, durch mangelnde Lockerung, und aufgrund von Fehlern beim Backen.

In der nebenstehenden Übersicht sind die häufigsten Blätterteigfehler mit ihren Ursachen beschrieben.

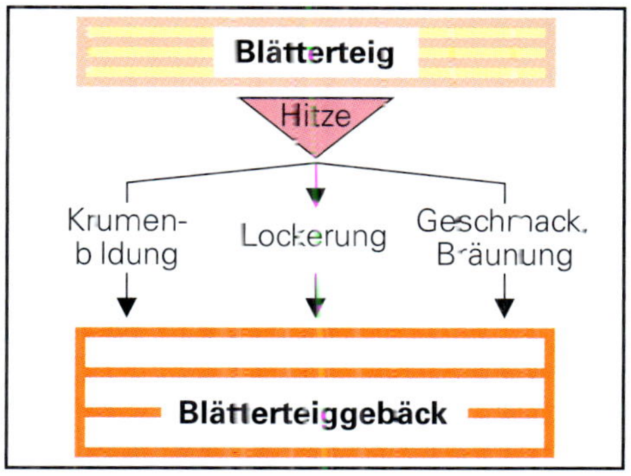

Ziele beim Backen des Blätterteigs

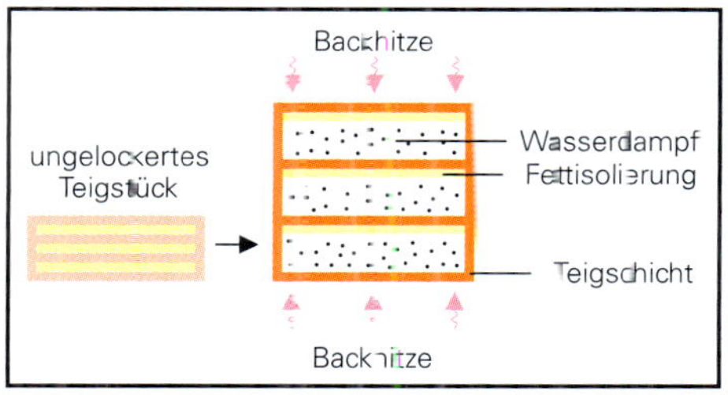

Lockerung beim Backen des Blätterteigs

Zum Merken

***Blätterteig** wird ausschließlich durch den Druck von Wasserdampf gelockert, der beim Backen entsteht. Das ist eine Art der physikalischen Lockerung.*

Blätterteigfehler und ihre Ursachen

Fehler	*Ursachen*
Gebäcke schnurren (ziehen sich beim Backen zusammen)	*– Grundteig zu zäh, Blätterteig zu jung – Vor dem Backen nicht genug abgestanden – Bleche zu stark gefettet*
Blätterteig backt „wild“, dabei tritt Ziehfett aus	*– Zu wenig touriert – Teig-Fett-Schichten zu dick, die Backtemperatur zu kalt*
Krume ist klitschig (mit Speckstellen im Inneren des Gebäcks)	*– Backzeit zu kurz (bei zu hoher Backtemperatur) – Füllung zu schwer*
Gebäcke gehen ungleichmäßig auf	*– Falsches Tourieren (fettfreie Teigstellen) – Schichtung zerstört – Schnittstellen zerquetscht oder mit Eistreiche verklebt*
Gebäcke sind auf der Oberfläche grau und stumpf	*– Zu wenig Zucker im Grundteig – Staubmehlreste – Verhauteter Teig*

Herstellung und Angebot von Mürbeteiggebäcken

Situationsaufgabe:

Sie sollen Kunden über die Zusammensetzung von Gebäcken aus verschiedenen und abgewandelten Mürbeteigen beraten. Außerdem sollen Sie die Gebäcke aus Mürbeteigen präsentieren und Maßnahmen zu ihrer Qualitätserhaltung anwenden.

Mürbeteiggebäcke sind leicht an äußeren Merkmalen erkennbar: Die Gebäcke sind fahl gebräunt. Der Gebäckkörper ist steif und druckfest. Er bricht aber dennoch sehr leicht. Beim Lagern, Verarbeiten und beim Verzehr der Gebäcke werden weitere typische Merkmale deutlich:

- Kruste und Krume gehen ohne Abgrenzung ineinander über.
- Kruste und Krume haben eine kurze, mürbe Beschaffenheit.
- Die Krume ist ziemlich dicht und nur schwach geport.
- Die Gebäcke schmecken im Allgemeinen sehr süß.
- Die Gebäcke haben eine lange Mindesthaltbarkeit.

Besonderheiten von Mürbeteiggebäcken

Mürbeteige enthalten als Grundzutaten Zucker, Fett und Mehl. Aus den nebenstehenden Grundrezepten für Mürbeteige können Sie zwei Besonderheiten entnehmen:

- Der Zucker- und Fettanteil im Teig ist sehr hoch.
- Der Teig wird ohne oder mit nur wenig Flüssigkeit hergestellt.

Diese Rezepturen ergeben nicht den sonst gewohnten zäh-plastischen Teig. Denn wegen fehlender Teigflüssigkeit kann das Mehleiweiß nicht verquellen. Deshalb ist der Teig mürb-brüchig. Der Fettanteil gibt dem Mürbeteig den Zusammenhalt.

Beim Backen des Mürbeteigs platzen die Stärkekörnchen des Mehles auf. Der Teig enthält jedoch nicht genug Flüssigkeit zur vollständigen Verkleisterung der Stärke. Darum wird das Gebäck kurz und mürbe.

Der hohe Fettanteil des Mürbeteigs ummantelt alle Teigbestandteile. Dadurch haben die Gebäcke eine lange Frischhaltung.

Der hohe Zucker- und geringe Wasseranteil macht eine Lockerung des Mürbeteigs mit Backhefe unmöglich. Deshalb werden die leichten Mürbeteige mit Backpulver gelockert. Bei schweren Mürbeteigen ist kein Zusatz von Lockerungsmitteln nötig. Die Gebäcke daraus haben eine dichte, kaum geporte Struktur.

Mürbeteiggebäcke mit hohem Sättigungs- und Energiewert

Der Fettgehalt von Mürbeteiggebäcken beträgt etwa 20 bis 30 %. Der Zuckeranteil macht etwa 18 bis 25 % aus. Demnach bestehen die Gebäcke etwa zur Hälfte aus Fett und Zucker. Entsprechend hoch ist der Energiewert. Wegen des hohen Fettgehalts hat Mürbeteiggebäck auch einen hohen Sättigungswert. Jedoch die Bekömmlichkeit ist durch den hohen Fettgehalt eingeschränkt.

Mürbeteig ist auch Bestandteil kombinierter Gebäcke (z. B. Torten, Desserts, Obstkuchen). Bei diesen bestimmt sich der Sättigungs- und Energiewert aber im Wesentlichen durch den höheren Anteil anderer Bestandteile (Füllungen, Auflagen). Reine Mürbeteiggebäcke sind meistens kleinstückige Gebäcke (wie Teegebäcke). Ihr gelegentlicher Verzehr ist auch im Rahmen einer gesunden Ernährung vertretbar.

Grundrezept für schweren Mürbeteig

500 g Zucker
1 000 g Butter oder Backmargarine
1500 g Weizenmehl (Type 550)
Kochsalz, Aromen

Merkhilfe

Zu Feinem Mürbeteig nimmt man Zucker, Fett und Mehl im Verhältnis 1:2:3.

(Beachten Sie die roten Anfangsbuchstaben Z, F und M.)

Grundrezept für leichten Mürbeteig

1 000 g Weizenmehl (Type 550)
500 g Backmargarine
500 g Zucker
125 g Milch
15 g Backpulver
Kochsalz, Aromen

Grundrezept für Bio-Mürbeteig

1 000 g Bio-Weizenvollkornmehl
500 g Bio-Butter
250 g Bio-Rohrzucker
25 g Bio-Vollei
Meersalz, Aromen

Es können bis zu 200 g feingemahlene und geröstete Ölsamen zugesetzt werden (z. B. Nüsse, Mandeln oder Kokosflocken). In diesem Fall ist der Vollkornmehlanteil auf 800 g bis 900 g zu verringern (je nach gewünschter Teigfestigkeit).

Qualitätsmerkmale für Mürbeteiggebäcke

Bei allen Gebäcksorten aus Mürbeteig erwarten die Verbraucher einige übereinstimmende Merkmale:

- Mürbeteiggebäcke sollen zart-mürbe sein und beim Verzehren sandig zerfallen. Sie dürfen nicht brüchig-hart sein.
- Mürbeteiggebäcke sollen keinen Nebengeschmack aufweisen. Zum Beispiel sind talgig-fettiger oder ranziger Geschmack unerwünscht.
- Mürbeteiggebäcke sollen ihre mürb-rösche Beschaffenheit auch über längere Bevorratung behalten. Sie dürfen nicht weich oder zäh werden (z. B. durch Aufnahme von Luftfeuchtigkeit).

Spezielle Qualitätsanforderungen für Mürbeteiggebäcke ergeben sich aus den gewünschten Merkmalen der verschiedenen Gebäckarten und dem jeweiligen Verwendungszweck.

Tortenböden und Torteletts – Böden für viele Gebäcke

Böden oder Torteletts aus Mürbeteig werden zu Obsttorten und Desserts verwendet. Aber auch als Grundboden für Torten mit Biskuitböden oder Wiener Böden wird ein dünner Mürbeteigboden eingesetzt, vor allem für Torten mit nässenden Füllungen. So verzögert man das Durchweichen. Außerdem erzielt man einen besseren Halt für die gesamte Torte, eine bessere Schnitt- und Servierfähigkeit sowie Geschmacksabrundung. Das erfüllt nur ein wirklich mürb-sandiger Mürbeteigboden. Zähe oder hartgebackene Böden und Torteletts zerbrechen beim Aufteilen. Beim Verzehr sind sie für den Verbraucher ein Ärgernis.

Teegebäcke – der kleinstückige Genuss

Teegebäcke sind kleine, süße Gebäcke aus hochwertigem Mürbeteig. Einige Arten sind zusammengesetzt mit Füllungen. Teegebäcke der Spitzenqualität sind überzogen, glasiert oder dekoriert. Es ist üblich, Mischungen aus vier bis zu acht Sorten verschiedener Teegebäcke anzubieten. Wenn der besondere Wert eines Gebäcks herausgestellt werden soll, wird es unvermischt als Einzelware angeboten.

Ausgestochene Teegebäcke sind aus flächig ausgerolltem Mürbeteig hergestellt. Ihre spezielle Form erhalten sie durch die Ausstecherform. Es gibt einfache Gebäcke (wie Butterplätzchen) und gefüllte Gebäcke (wie gefülltes Spritzgebäck, ➡ Abbildung auf der Seite 215).

Für das Zusammensetzen der Teegebäcke werden beispielsweise Gelees, Konfitüren, Nugat oder Marzipanzubereitungen verwendet. Als Überzüge sind Fondantglasuren und Kuvertüre üblich. Zum Dekor werden unter anderem eingesetzt: Spritzschokolade, Spritzglasur, Nüsse, Mandeln, Pistazien und Dickzuckerfrüchte.

Gespritztes Teegebäck (Spritzmürbeteig) wird aus fettreichem, mit Ei oder Milch spritzfähig gemachtem Mürbeteig hergestellt. Um eine sandige Beschaffenheit der Gebäcke zu erzielen, wird ein Teil des Mehles durch Stärke ersetzt. Nach dem Backen werden die Stückchen teilweise gefüllt, überzogen oder bestreut. Größere Gebäcke aus Spritzmürbeteig sind *Flammende Herzen* oder *Schokobogen*.

Eingelegtes Teegebäck (Schwarz-Weiß-Gebäck) wird aus fettreichem (1:2:3-) Mürbeteig bereitet. Einem Teil des Teiges wird Kakaopulver zugesetzt. Durch wechselseitiges Zusammenfügen von kakaohaltigen und hellen Teiglängen werden Stränge mit unterschiedlichen Mustern gebildet. Diese werden in Scheibchen geschnitten, auf Backbleche gesetzt und hell ausgebacken.

Berechnungen

- ➤ *Errechnen Sie den Verkaufspreis für 100 g Teegebäckmischung aus zwei Gebäcksorten.* *Vorgegeben sind die Sorten-Verkaufspreise sowie die Gebäckmengen jeder Sorte.*
- ➤ *Errechnen Sie für eine Teegebäckmischung aus Sorte A und B die bereitzustellenden Sortenmengen.* *Vorgegeben sind die Mischungsmenge sowie die Verkaufspreise der Sorte A, der Sorte B und der Gebäckmischung.*
- ➤ *Errechnen Sie die einzumischende Gebäckmenge der Sorte B.* *Vorgegeben sind die Sortenmenge A sowie die Verkaufspreise der Sorte A, der Sorte B und der Gebäckmischung.*

Ausgestochenes Teegebäck aus Mürbeteig

Spritzgebäck aus Mürbeteig

Schwarz-Weiß-Gebäck aus Mürbeteig

Vanillekipferln – aus Mürbeteig mit Vanillearoma

Linzer Torte – aus würzigem Mandel-Mürbeteig

Spekulatius – aus zuckerreichem Mürbeteig

Mutzenmandeln – in Siedefett gebacken

Donuts – ein Siedegebäck (amerikanisch)

Qualitätsmerkmale spezieller Mürbeteiggebäcke

Spezielle Mürbeteiggebäcke haben eine andere Beschaffenheit und meist auch einen anderen Geschmack als übliche Mürbeteiggebäcke. Diese Unterschiede ergeben sich durch Änderungen in der Rezeptur und/oder in der Herstellung.

Vanillekipferln – ein Weihnachtskleingebäck

Vanillekipferln sind hörnchenförmige kleine Teegebäcke aus einem hochwertigen, mit Mandelgrieß angereichertem und mit echter Vanille aromatisiertem Mürbeteig. Nach dem Backen werden die noch heißen Gebäcke in Vanillezucker gewälzt.

Linzer Mürbeteiggebäck – würzig und schwer

Linzer Mürbeteiggebäck wird aus einem schweren Mürbeteig mit geriebenen Nüssen oder Mandeln hergestellt. Als Gewürze sind Zimt, Nelken, Kardamom und Vanille üblich.
Kennzeichen von Linzer Mürbeteiggebäcken sind
- die säuerlich-herbe Füllung/Auflage, beispielsweise mit Preiselbeer-, Johannisbeer- oder Pflaumenkonfitüre,
- ein Gitter aus Linzer Mürbeteig als Abdeckung,
- das würzig-herbe, lebkuchenartige Gebäckaroma.

Spekulatius – ein würziges, ausgeformtes Flachgebäck

Dieses Adventsgebäck wird aus einem zuckerreichen Mürbeteig bereitet. Als Gewürze sind Nelken, Macisblüte, Koriander, Zimt und Kardamom üblich. Die typischen Spekulatiusfiguren können durch Ausklopfen des Teiges aus Modeln oder mit Hilfe von Maschinen mit Stahlformwalzen ausgeformt sein.

Gewürzspekulatius ist die würzige, meist hartbrechende Qualität.

Butterspekulatius muss auf 100 Teile Getreideprodukte mindestens 10 Teile Butter enthalten; praxisüblich sind 40 bis 60 Teile Butter. Er darf außer Butter (oder Butterreinfett) kein anderes Fett enthalten.

Mandelspekulatius muss Mandelgrieß oder Marzipanrohmasse in deutlich wahrnehmbarer Menge enthalten. Die Gebäckunterseite ist üblicherweise mit gehobelten Mandeln besetzt.

Mutzenmandeln – ein Siedegebäck

Mutzenmandeln sind ein Saisongebäck zur Fastnachtszeit. Sie sind aus einem würzigen Mürbeteig bereitet. Anstelle von Fett enthält der Teig Vollei und Marzipanrohmasse, oft auch zerkleinerte Mandeln. Die mandelförmigen Teiglinge werden in Siedefett gebacken. Noch heiß werden sie in Zimtzucker gewälzt und mit Puderraffinade bestaubt.

Donuts werden aus einem ähnlich zusammengesetzten Teig wie die Mutzenmandeln in Siedefett gebacken. Sie sind ringförmig. Nach dem Backen werden sie mit Puderraffinade eingestäubt oder aprikotiert und mit Fondant glasiert.

Mandel- oder Kokosmürbeteiggebäck – als flache Taler

Der feste (1:2:3-) Mürbeteig für diese *Mürbeteigtaler* enthält je nach Bezeichnung entweder geriebene Mandeln oder Kokosraspeln. Er wird in Rollen von etwa 4 cm Durchmesser geformt und dann in flache Scheibchen aufgeschnitten. Auf Backbleche abgesetzt werden diese hell ausgebacken. Die Taler sollen sich kross halten. Sie werden frisch unverpackt oder in Zellglastüten vorverpackt angeboten.

Mürbeteiggebäcke: Bereitstellung zum Verkauf

„Wir sollten Mürbeteiggebäcke nur in der Adventszeit anbieten. In der übrigen Zeit lohnt sich der Verkauf nicht.“
Könnten Sie dieser Aussage zustimmen?

Sicherlich sind Gebäcksorten wie Spekulatius oder Mutzenmandeln außerhalb der Weihnachtssaison nicht gefragt. Aber wie steht es mit Tortenböden und Torteletts in der Erdbeerzeit? Und wie ist es mit dem Angebot von Teegebäck aus Mürbeteig?

Außerdem werden *Mürbeteigböden* mit vielen Angeboten von Kuchen, Desserts und Torten als Bestandteil von Feinbackwaren verkauft. Die nebenstehende Abbildung zeigt ein Beispiel für die Zusammensetzung von Gebäcken aus unterschiedlichen Teigen oder Massen: Der Kuchen hat einen Boden aus Mürbeteig, der mit Konfitüre eingestrichen ist. Der Gebäckkörper ist aus Sandmasse mit Fruchteinlage (Johannisbeeren) zubereitet. Die Oberfläche ist aprikotiert und glasiert.

Qualitätssicherung bei der Lagerung

Desserts mit Gebäckanteilen aus Mürbeteig sind im Allgemeinen Frischgebäcke. Die Lagerbedingungen dieser Gebäcke werden durch die empfindlichsten Bestandteile bestimmt. Zum Beispiel müssen „Torteletts mit Erdbeeren auf Vanillekrem“ in der Kühlung aufbewahrt werden. Gründe dafür sind das mikrobielle Risiko nicht durcherhitzter Krems und das Risiko der Schimmelbildung bei Früchten und Gelee.

Die „trockenen“ Mürbeteiggebäcke lassen sich problemlos lagern. Sie haben eine lange Mindesthaltbarkeit.

- Der Feuchtigkeitsgehalt der Gebäcke ist gering. Deshalb ist die Gefahr des Austrocknens nicht gegeben.
- Der Fettgehalt der Gebäcke ist hoch. Deshalb bleiben sie länger mürb und zart.
- Der Zuckergehalt der Gebäcke ist hoch. Deshalb ist die Gefahr des mikrobiellen Verderbs gering.

Lose Mürbeteiggebäcke sollten Sie bei normaler Raumtemperatur lagern. Die Gebäcke behalten so am besten die Frischemerkmale. Sie müssen jedoch vor hoher Luftfeuchtigkeit geschützt werden. Sonst verlieren die Gebäcke ihre fein-brüchige Beschaffenheit. Sie werden weich und bekommen Altgeschmack.

Unverpackte Mürbeteiggebäcke behalten fachgerecht gelagert etwa zwei Wochen ihre Qualitätsmerkmale.

Präsentation und Angebotsformen

Das Angebot von *losem Teegebäck* betont die eigene Herstellung. Einfache, unempfindliche Teegebäcke werden auf Ausstellblechen angeboten. Hochwertige und empfindliche Erzeugnisse werden auf Edelstahl- oder Glasplatten geordnet präsentiert.

Das Angebot von *verpacktem Teegebäck* beschleunigt Abläufe beim Verkauf und ermöglicht die Selbstbedienung. Als Packmaterial sind Klarsichtbeutel aus Zellglas geeignet. Die sichtbare Ware fördert den Kaufanreiz. Empfindliches Teegebäck wird dicht vorverpackt (in Kartons oder Dosen). Für längere Lagerung sind luft- und lichtdichte Packstoffe zu verwenden. Auf diese Weise wird die Haltbarkeit verlängert, vor allem von butterhaltigen Gebäcken, die andernfalls nach drei bis vier Wochen Lagerung ranzig werden könnten.

Kuchenschnitte mit Mürbeteigboden

Tipps für die Verkaufspraxis

So können Sie besondere Mürbeteiggebäcke an Ihre Kunden empfehlen:

- *Unser Wiener Teegebäck aus eigener Herstellung in der Präsentpackung hebt sich von den industriellen Gebäckpackungen ab. Es eignet sich gut als besonderes Geschenk.*
- *Für Ihre Kaffeetafel empfehle ich Ihnen unsere aromatisch-würzige Linzer Torte.*

Präsentation von gespritztem Mürbeteiggebäck

Präsentation von hochwertigen kleinen Desserts aus Mürbeteig auf einer Spiegelplatte

Sachverweise

__Fertigpackungen__ mit Mürbteiggebäcken müssen mit __Kennzeichnungen__ versehen werden. Lesen Sie dazu die Ausführungen auf den Seiten 326 sowie 385 bis 395.

Über __Mürbeteig-Partygebäcke__ können Sie sich auf der Seite 356 informieren.

Herstellung und Angebot von Lebkuchengebäcken

Situationsaufgabe:

Im Ladenbackofen sollen saisonal verschiedene Lebkuchengebäcke abgebacken werden. Sie sollen dafür die Teiglinge in handwerklicher Qualität vorbereiten, backen und herrichten.

Dabei sollen Sie auch spezielle Lebkuchengebäcke durch Abwandlung des Teiges und/oder besondere Zugaben anbieten.

Auch ist die werbewirksame Präsentation von Lebkuchengebäcken zu organisieren.

Welche Merkmale erwarten die Kunden bei Lebkuchengebäcken?

Für alle Gebäcke aus Lebkuchenteig gelten als typische Merkmale:

- sehr süß – aber auch sehr würzig,
- geringe Gebäckfeuchtigkeit – aber trotzdem saftig,
- kurze Krumenbeschaffenheit – aber trotzdem locker,
- lange Haltbarkeit – aber auch frisch schmackhaft.

Lebkuchengebäcke sind *Dauerbackwaren*. Man unterscheidet *Braune Lebkuchen* und *Oblatenlebkuchen*. Beide Arten erhalten die speziellen Qualitätsmerkmale durch den hohen Anteil an Süßungsmitteln.

Zusammensetzung von Lebkuchengebäcken

Die Merkmale der Lebkuchengebäcke werden vor allem durch ihre Zusammensetzung bestimmt. Sie unterscheiden sich von anderen Feinen Backwaren durch

- ihren hohen Anteil an Süßungsmitteln,
- den hohen Anteil und die Vielzahl an Gewürzen,
- die Verwendung sonst nicht üblicher Backtriebmittel,
- die Zubereitung ohne oder fast ohne Zugussflüssigkeit,
- keine oder geringe Fettzugabe.

Unterscheidung: Braune Lebkuchen und Oblatenlebkuchen

Es werden zwei Gruppen von Lebkuchengebäcken unterschieden:

Braune Lebkuchen *sind Gebäcke aus Teigen. Diese bestehen vor allem aus Mehlen und Zuckerarten. Es sind dunkle (= schalenreiche) Weizenmehle verarbeitet, zum Teil auch Roggenmehle (Dämpfen der Süße). Auf 100 kg Getreideerzeugnisse müssen mindestens 50 kg Zuckerarten verarbeitet sein.*

Oblatenlebkuchen *sind Lebkuchen aus makronenähnlichen Massen, die auf Oblaten aufgetragen und gebacken sind. Die Masse ist mit sehr hohem Zuckeranteil, zerkleinerten Ölsamen (Mandeln, Nüsse) und Eiklar bereitet, auch mit geringem Mehl- oder Stärkeanteil. Durch die enthaltenen Ölsamen sind Oblatenlebkuchen recht fetthaltig.*

Einige Lebkuchensorten werden gefüllt angeboten (Dominosteine, Liegnitzer Bomben). Üblich sind dafür Gelees, Zubereitungen aus Konfitüren, aus Marzipan- und Nussrohmassen.

Viele Lebkuchenarten haben einen Überzug aus Schokolade, aus Zuckerglasuren oder aus Dextringlasur (= aus gerösteter Stärke). Als Dekor sind ganze oder zerkleinerte Mandeln, verschiedene Nüsse, Pistazien, Dickzuckerfrüchte und Dekorzucker üblich.

Tipps für die Verkaufspraxis

Kunden wünschen beim Einkauf eine große Auswahl und eine angenehme Atmosphäre. Das können Sie in der Adventszeit beim Verkauf von Lebkuchen gut gestalten:

- ➤ *Vermitteln Sie den Kunden das vorweihnachtliche Einkaufserlebnis durch Gestaltung eines Weihnachtsmarkts in der Verkaufsstätte über entsprechende Ausschmückung, Blickfänge und Aufsteller.*
- ➤ *Schaffen Sie Marktatmosphäre in Teilen der Verkaufsstelle, ggf. auch durch einen Verkaufsstand im anliegenden Straßenraum.*
- ➤ *Legen Sie in großer Fülle Lebkuchensorten, andere Kleingebäcke, Baumkuchenteile und Stollen lose und in Fertigpackungen aus.*
- ➤ *Ergänzen Sie das Weihnachtsgebäckangebot mit Schokolade-, Marzipan-, Nugatwaren.*
- ➤ *Erregen Sie Interesse durch Aktionen wie Probierstände mit Kaffee- und Glühweinausschank, Schaubacken, Verlosungen mit kleinen Gewinnen.*

Lebkuchen – ein mittelalterliches Gebäck

Der Ursprung der Lebkuchen lässt sich bis ins frühe Mittelalter zurück verfolgen. Damals wurden diese Gebäcke in Klöstern von Mönchen gebacken. Im späteren Mittelalter entstand der Beruf der Lebküchner oder Lebzelter. Sie allein besaßen über lange Zeit das Recht zur Herstellung der süßen Lebkuchen. Erst später durften auch die „Becken“ (Zuckerbäcker) durch Entscheid des Bayerischen Königs den beim Volk begehrten Oblatenlebkuchen herstellen.

Zur damaligen Zeit wurden als Süßungsmittel ausnahmslos Honig, zum Würzen überwiegend heimische Gewürze und als Triebmittel Pottasche verwendet.

- ➤ *Berücksichtigen Sie diese Historie bei der Präsentation und bei Marketing-Aktionen für Lebkuchen.*

Gebäckherstellung aus Lebkuchenteigen

Aufgrund des hohen Anteils an Süßungsmitteln und des fast gänzlich fehlenden Flüssigkeitsanteils kommt es bei Lebkuchenteigen kaum zur Verquellung von Mehlbestandteilen. Deshalb bildet sich auch kein zusammenhaltender Kleber aus. Die Lebkuchenteige erhalten ihre plastischen Eigenschaften durch die enthaltenen Süßungsmittel.

Süßungsmittel für Lebkuchen – Honig und Siruparten

Als *Süßungsmittel* für Lebkuchen werden zähfließende Zuckerarten verwendet: Honig, Invertzuckercreme (= Kunsthonig), Glucosesirup, Rübenzucker-, Invertzucker- und Karamellzuckersirup. Sie geben den Lebkuchengebäcken neben der Süße auch die Saftigkeit.

Beachten Sie dazu auch den untenstehenden Sachkurs.

Als ***„Honigkuchen"*** *bezeichnete Lebkuchen enthalten Bienenhonig als Süßungsmittel. Der Honiganteil muss mindestens die Hälfte der Süßungsmittel ausmachen.*

Honigkuchen erhalten durch den Anteil an Bienenhonig ihre besondere Geschmacksnote.

Lebkuchengewürze – die Mischung macht es

Die verwendeten *Gewürze* geben den Lebkuchen ihren typischen Geschmack. Die meist verwendeten Gewürze für Lebkuchen sind Zimt, Nelken, Piment, Kardamom und Anis. Der Handel bietet für viele Lebkuchentypen abgestimmte Gewürzmischungen an.

Die Gewürze geben in der abgestimmten Mischung der jeweiligen Lebkuchensorte den arttypischen Geschmack.

Neben den Gewürzen und Süßungsmitteln haben auch aromatische Bestandteile von Zutaten (Nüsse, Mandeln, Zitronat oder Orangeat) Einfluss auf den Geschmack der Lebkuchengebäcke.

Backtriebmittel – für Lockerung und Geschmack

Lebkuchenteige und Lebkuchenmassen enthalten so viel Zucker, dass die biologische Lockerung mit Backhefe ausgeschlossen ist. Deshalb werden Lebkuchen chemisch gelockert.

Als chemisch wirkende Lockerungsmittel werden genutzt: Pottasche, Hirschhornsalz und Backpulver (➡ Seite 221).

Lebkuchenteige – warum sie lagern müssen

Die Lebkuchenteige werden traditionell als *Lagerteige* hergestellt. Das heißt: Alle Zutaten mit Ausnahme der Gewürze und Lockerungsmittel werden zu einem Teig verarbeitet. Dieser wird dann abgelagert, zum Teil bis zu mehreren Monaten. Während dieser Zeit bilden sich aus den Gärungsprodukten aromatische Stoffe. Die aus dem Zucker gebildeten Säuren ermöglichen die Lockerung der Lagerteige durch Pottasche.

Als *Frischteige* werden die Lebkuchenteige mit allen Zutaten bereitet. Aber auch diese Teige sollten zwei bis drei Tage ablagern, damit gute Verarbeitungseigenschaften und gute Gebäckqualität erzielt werden.

Aufarbeitung zum Ladenbacken – wie es einfach geht

Für das Ladenbacken eignen sich vor allem ungefüllte Lebkuchen. Sie können im Sichtbereich der Kunden geformt und verziert werden. Der Duft dieser Gebäcke wirkt verkaufsfördernd.

Grundrezept für Honiglebkuchen

1 000 g Mehl
(700 g = Type 812, 300 g = Type 997)
800 g Honig
100 g Vollei
30 g Lebkuchengewürz
10 g Natron
10 g Pottasche

Lebensmittelrechtliche Bestimmungen §

Braune Lebkuchen *werden aus Teig ausgeformt, ausgestochen oder geschnitten und nicht auf Oblatenunterlage gebacken. Sie enthalten auf 100 kg Getreideerzeugnisse und/oder Stärken mindestens 50 kg Zuckerarten. Sie werden ohne oder mit Ölsamen hergestellt.*

Braune Lebkuchen *ohne qualitätshervorhebende oder ohne auf Ölsamen hindeutende Hinweise können bis zu 3 kg zugesetztes Fett enthalten, bezogen auf 100 kg Getreideerzeugnisse und/oder Stärken.*

Sachkurs:
Honig und Zuckerarten für Lebkuchenteige

*„**Honig** ist ein dickes, dickflüssiges oder kristallines Lebensmittel, das von Bienen erzeugt wird, indem sie Blütennektar, andere Sekrete von lebenden Pflanzenteilen oder auf lebenden Pflanzen befindliche Sekrete von Insekten aufnehmen, durch körpereigene Sekrete bereichern und verändern, in Waben speichern und dort reifen lassen."*

So steht es in der Honigverordnung.

Die Bezeichnungen anderer Lebensmittel dürfen durch das Wort „Honig" nur dann ergänzt werden, wenn die Lebensmittel Honig enthalten und im Übrigen nicht mit Honig verwechselt werden können. Die früher übliche Bezeichnung der Invertzuckercreme als „Kunsthonig" ist demnach verboten.

Bei der Dosierung des Honigs zu Backwaren ist der Mindestzusatz auf den Gehalt an Trockensubstanz im Honig bezogen. Der dabei zu beachtende Wassergehalt des Honigs liegt zwischen 20 und 23 %.

Invertzuckercreme *ist ein aus überwiegend invertierter Saccharose hergestelltes Erzeugnis. Sie kann Glucose, andere Stärkeverzuckerungsprodukte, aber auch einen Zusatz von Honig enthalten.*

Braune Zucker und dunkle Bio-Rohrzucker *sind besonders zur Farbgebung und Aromatisierung von Lebkuchenteigen geeignet.*

Lebkuchen-Figuren

Pfeffernüsse

Spitzkuchen

Baseler Leckerli

Weichprinten

Dominosteine

Liegnitzer Bomben

St. Gallener Biberle

Lebensmittelrechtliche Bestimmungen

Lebkuchengebäcke werden häufig mit einer Orts- oder Regionenbezeichnung benannt. Dabei ist zu beachten, dass einige Lebkuchennamen nach den Bestimmungen einer EG-Verordnung eine geschützte Herkunfts- oder Ursprungsbezeichnung sind. Das gilt beispielsweise für Nürnberger Lebkuchen, Aachener Printen und Thorner Pfefferkuchen. Andere Lebkuchennamen können auch nach Landesrecht als geschützte Marke eingetragen sein.

Bei der Bezeichnung selbst hergestellter Lebkuchen sind diese Namen zu vermeiden, wenn die Ursprungs- oder Herkunftsangaben nicht erfüllt werden. Das schließt mit ein, dass eine Bezeichnung mit „nach…Art" nicht zulässig ist. Diese so genannte „anlehnende Werbung" ist auch verboten. Ebenso ist es nicht erlaubt, für Lebkuchen zu werben mit den Begriffen „echt" oder „original" oder mit Worten ähnlicher Wirkung, wenn die so angebotenen Lebkuchen dem Anspruch dieser Worte nicht genügen.

Sortenspezifische Merkmale von Braunen Lebkuchen

Einige Bäckereien/Konditoreien bieten Braune Lebkuchen aus eigener Herstellung in großer Vielfalt an. Neben den allgemein handelsüblichen Lebkuchen werden zusätzlich auch überlieferte Brauchtumsgebäcke der Region aus Lebkuchenteig angeboten.

Die verschiedenen Lebkuchensorten unterscheiden sich in der Form, in der Zusammensetzung und in der Aufmachung.

Beachten Sie, dass Gebäcke mit Verkehrsbezeichnungen, die auf besondere Qualität hinweisen, die entsprechenden Anforderungen zu erfüllen haben. So müssen „Feine Lebkuchen" mindestens 10 % und „Feinste Lebkuchen" mindestens 20 % Mandeln oder Nüsse enthalten. Die Verkehrsbezeichnung „Feine Mandellebkuchen" setzt einen Mandelanteil von mindestens 20 % voraus.

Ungefüllte Lebkuchen – süß, aber bekömmlich

Frühstückslebkuchen sind einfache, dickkrumige Lebkuchen, die in Kastenform oder auf Blechen gebacken sind. Danach werden sie in Streifen aufgeschnitten. Meistens sind sie nicht überzogen, aber mit Hagelzucker dekoriert. Die Gebäcke haben einen nicht zu hohen Energiewert und sind gut bekömmlich. Frühstückslebkuchen können Sie empfehlen zum scheibenweisen Aufschneiden und Bestreichen (mit Butter, Honig, Konfitüre).

Pfeffernüsse sind kleine, halbrund ausgewölbte Lebkuchen mit scharfer Würzung. Sie sind zumeist mit einer Zuckerglasur oder mit weißer Stärkeglasur überzogen (= gekochte Zucker-Stärke-Glasur).

Spitzkuchen sind kleine Lebkuchenstücke in Trapezform. Sie enthalten zumeist einen Zusatz an Zitronat, Korinthen oder Kandisgrieß. Sie sind mit Kuvertüre überzogen (oder mit kakaohaltiger Fettglasur).

Baseler Leckerli sind flache, rechteckige Blechkuchenschnitten von Lebkuchen. Diese Lebkuchen enthalten zusätzlich Mandeln, Nüsse, Zitronat oder Orangeat. Sie sind mit durchscheinender Fadenglasur überzogen (= gekochter Zucker).

Printen sind eckige, hartbrüchige Flachgebäcke. Sie enthalten zumeist feingestoßenen Kandiszucker. Sie sind mit Bitter-Kuvertüre oder mit einer Dextringlasur überzogen.

Weichprinten haben eine weichere Krume. Sie werden erst mit Glasur oder Kuvertüre überzogen, wenn die Gebäcke durch die Aufnahme von Luftfeuchte ihren brüchigen Charakter verloren haben.

Gefüllte Lebkuchen – süß und saftig

Lebkuchen mit Füllung werden im Allgemeinen als höherwertig im Genusswert eingeschätzt. Doch mit den zuckerkonzentrierten und zumeist fetthaltigen Füllungen steigt auch der Energiewert.

Dominosteine sind würfelförmig zusammengesetzte Lebkuchen. Sie haben eine geschichtete Füllung aus Marzipan und Gelee. Sie sind mit Kuvertüre überzogen (oder mit kakaohaltiger Fettglasur).

Liegnitzer Bomben sind zylinderförmige oder halbrund gewölbte Lebkuchen mit einer weichen Füllung aus Marzipan, Gelee und Früchten. Sie haben einen Kuvertüreüberzug (oder kakaohaltige Fettglasur).

St. Gallener Biberle sind trapezförmige Gebäckstücke. Sie haben eine Füllung aus Marzipanrohmasse. Die Lebkuchen sind meistens mit einer durchscheinenden Dextringlasur überzogen.

Sortenspezifische Merkmale von Oblatenlebkuchen

Diese Lebkuchensorten werden auf Oblaten gebacken, weil sonst die eiklar- und zuckerhaltige Masse auf den Blechen festbacken würde. Backoblaten sind weiße, dünne, blattartig gebackene Erzeugnisse aus einer Wasser-Stärke-Masse.

Oblatenlebkuchen gehören zu den Spitzenqualitäten in der Gruppe der Dauerbackwaren. Sie enthalten mindestens 7 % Ölsamen. Die Hälfte oder mehr davon sind Mandeln und/oder Haselnüsse oder Walnüsse.

Bestimmte Verkehrsbezeichnungen weisen auf eine besondere Qualität hin. Für sie gelten folgende Mindestanforderungen:

- *Feine Oblatenlebkuchen* müssen mindestens 12,5 % Mandeln und/oder Haselnüsse oder Walnüsse enthalten.
- *Feinste Oblatenlebkuchen* müssen mindestens 25,0 % Mandeln und/oder Haselnüsse oder Walnüsse enthalten. Daneben dürfen keine anderen Ölsamen zugesetzt sein.
- *Nuss-, Hasel-, Walnusslebkuchen* müssen mindestens 20 % Ölsamen enthalten, wobei der namengebende Anteil überwiegen muss.
- *Mandel-, Makronen-, Marzipanlebkuchen* müssen mindestens 25 % Ölsamen enthalten; der Mandelanteil muss überwiegen.

Feinste Oblatenlebkuchen und Lebkuchen mit namengebender Zutat (wie Mandellebkuchen) dürfen höchstens 10 % Getreideerzeugnisse in der Masse enthalten. Als Glasuren sind Dextringlasur, Fadenglasur und Kuvertüre üblich (kakaohaltige Fettglasur nur bei Kenntlichmachung).

Elisenlebkuchen sind flache Rundgebäcke und entsprechen Feinsten Lebkuchen in der Zusammensetzung. Als Überzug sind Kuvertüre und Fadenglasur üblich (kakaohaltige Fettglasur nur bei Kenntlichmachung).

Weiße Lebkuchen sind auf Oblaten gebacken, entsprechen aber mit ihren Zutaten *nicht* den üblichen Oblatenlebkuchen. Sie sind mit hohem Eiklaranteil, aber zumeist ohne Ölsamen hergestellt. Darum sind es „leichte" Oblatenlebkuchen.

Bereitstellung von Lebkuchen zum Verkauf

Lose Lebkuchen aus der eigenen Herstellung werden der Qualität entsprechend ausgestellt: Einfache, ungefüllte Lebkuchensorten mit unempfindlicher Oberfläche werden auf Ausstellblechen angeboten. Empfindliche und hochwertige Sorten werden auf Tabletts oder Platten angeordnet zur Schau gestellt.

Das Vorverpacken von Lebkuchen lohnt sich für längere Bevorratung, für zeitsparenden Verkauf oder für den SB-Verkauf. Geeignet sind (wie für Teegebäcke aus Mürbeteigen) Klarsichtbeutel aus Zellglas, kleine Präsentkartons oder Schmuckdosen. Auf die rechtlich vorgeschriebene Kennzeichnung der Fertigpackungen ist zu achten.

Lebkuchen lassen sich problemlos über eine gewisse Zeit lagern. Unverpackte Lebkuchen behalten ihre Qualitätsmerkmale für zwei bis drei Wochen bei kühler Lagerung in normaler Luftfeuchte. Bei Lagerung im nur schwer steuerbaren Verkaufsraumklima verkürzt sich die Lagerzeit entsprechend.

Für längere Lagerzeiten müssen Lebkuchen vor dem Austrocknen, vor Fremdgeruch und zu hoher Luftfeuchte geschützt werden. Eine dicht abschließende Verpackung in schwach wasserdampfdurchlässigen Packmaterialien ist dafür geeignet.

Verschiedene Oblatenlebkuchen

Weiße Lebkuchen

Adventliche Verpackung und Dekoration für das Angebot von Lebkuchengebäcken

Berechnungen

Errechnen Sie den Verkaufspreis für Lebkuchen je Verkaufseinheit.

Vorgegeben sind der Einkaufspreis dazu

– Aufgabe A: Handelsaufschlag in %;

– Aufgabe B: Verkaufskosten, Risiko, Gewinn und Mehrwertsteuer in %.

Handlungsorientierte Aufgaben

- *Erfassen Sie die in Ihrem Geschäft angebotenen Blätterteig-, Mürbeteig- und Lebkuchengebäcke und ordnen Sie die Gebäcke nach gleichen Merkmalen.*
- *Erstellen Sie für jede Gebäckgruppe einen Produkte-Pass.*

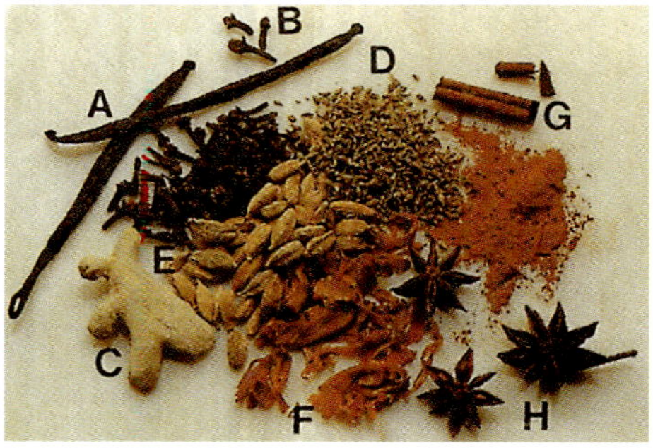

Wichtige Gewürze der Bäckerei und Konditorei: A = Vanilleschote, B = Nelken, C = Ingwer, D = Anis, E = Kardamom, F = Safran, G = Zimtstange und gemahlener Zimt, H = Sternanis

Abgrenzungen

- *Nach der EG-Aromenrichtlinie gehören unter dem Oberbegriff „Aromen" auch die Aromastoffe, Aromaextrakte, Reaktionsaromen, Raucharomen und ihre Mischungen.*
- ***Nicht zu den Aromen zählen***
  - *Stoffe mit ausschließlich süßem, saurem oder salzigem Geschmack (z. B. Zucker, Kochsalz),*
  - *Stoffe mit aromagebenden Eigenschaften, wenn sie nicht zur Aromatisierung verwendet werden (z. B. Malz für die Gärförderung im Teig),*
  - *Stoffe und Erzeugnisse, die dazu bestimmt sind, als solche verzehrt zu werden.*

Definitionen

- ***Natürliche Aromastoffe** sind aromatisierende Stoffe, die durch physikalische Verfahren aus natürlichen Ausgangsstoffen pflanzlicher oder tierischer Herkunft gewonnen werden.*
- ***Naturidentische Aromastoffe** sind aromatisierende Stoffe, die mit chemischen Verfahren gewonnen werden und mit einem natürlich vorkommenden Aromastoff chemisch gleich sind.*
- ***Künstliche Aromastoffe** sind chemisch gewonnene Stoffe mit Aromaeigenschaft, die chemisch nicht gleich sind mit natürlichen Aromastoffen.*
- ***Aromaextrake** sind konzentrierte oder nicht konzentrierte Zubereitungen aus Ausgangsstoffen pflanzlicher oder tierischer Herkunft, ohne nur einfache Aromastoffe zu sein (z. B. Compounds).*

§ *Lebensmittelrechtliche Bestimmungen*

Für die Kennzeichnung auf Fertigpackungen gilt:

- *Aromen sind in der Zutatenliste mit dem Wort „Aroma" oder mit einer näheren Beschreibung des Aromas anzugeben (z. B. „Kirscharoma").*
- *Das Wort „natürlich" oder ähnliche Wendungen dürfen bei der Kennzeichnung nur verwendet werden, wenn die geschmacksgebenden Stoffe ausschließlich natürlichen Ursprungs sind.*

Gewürze und Aromen

Geruch und Geschmack der Backwaren werden sehr wesentlich von den verwendeten Zutaten bestimmt. Zutatenarme Gebäcke werden vor allem durch Kochsalz und Zucker gewürzt, aber auch durch die erst im Backvorgang entstehenden Aromastoffe. Die zutatenreichen Gebäcke erhalten den Geruch und Geschmack durch die Fülle von aromatischen Zugaben, unter anderem durch zugesetzte Gewürze und Aromen.

Gewürze für Feine Backwaren

***Gewürze** sind naturbelassene Teile von Pflanzen, die im Allgemeinen nur getrocknet sind.*

Gewürze enthalten als wirksame Inhaltsstoffe
- *ätherische Öle* (leicht flüchtige, fettähnliche Stoffe mit aromatischem Duft und Geschmack),
- *Gerbstoffe* (kaum flüchtige, wasserlösliche Stoffe mit bitterem oder säuerlichem Geschmack),
- *Harze* (nicht flüchtige, fettlösliche Stoffe mit scharfem Geschmack).

Aus Überlieferungen und alten Rezepten wissen wir um den Wert, der den Gewürzen früher zugemessen wurde. Sie waren sehr kostbar und ihre Mischungen und Zusatzmengen waren oftmals ein gut gehütetes Geheimnis. Heute stehen den Backbetrieben viele spezielle Gewürze und fertige Gewürzmischungen zur Verfügung.

Nach der Art der Gewürze unterscheidet man:
- *Wurzelgewürze (z. B. Ingwer)*
- *Rindengewürze (z. B. Zimt)*
- *Fruchtteilgewürze (z. B. Vanille, Muskat, Safran und Zitronenschale)*
- *Samengewürze (z. B. Anis, Sternanis, Piment, Mohn, Kardamom, Koriander, Kümmel, Pfeffer, Nelken und Fenchel)*

Fachgerecht werden Gewürze aufbewahrt
- in luftdicht verschlossenen Behältern (Schutz vor Luftsauerstoff),
- in nicht saugfähigen Packmaterialien (Schutz vor Ranzigwerden),
- in lichtundurchlässigen Packmaterialien (Schutz vor Sonnenlicht),
- in kühlem, trockenem Raum (Schutz vor Wärme und Feuchtigkeit).

Aromen für Feine Backwaren

***Aromen** sind Zubereitungen von Geruchs- und Geschmacksstoffen, die ausschließlich zur Aromatisierung von Lebensmitteln bestimmt sind.*

Aromastoff-Zubereitungen werden auch als *Essenzen* (= im Konzentrat, das Wesentliche) oder als *Extrakte* (= Auszüge) bezeichnet.
Diese Zubereitungen enthalten neben dem Aromastoff auch rechtlich zugelassene Trägerstoffe, Lösungsmittel und Emulgatoren.

Für *Gebäckbezeichnungen* mit Angabe eines Aromastoffs gilt:
- In der *Verkehrsbezeichnung* genannte Gewürze/Aromen sind in einer Menge zugesetzt, so dass sie geschmacklich deutlich wahrnehmbar sind (z. B. *Zitronenkuchen* mit typischem Geschmack der Zitrone).
- Die *Verwendung naturidentischer Aromen* ist mit abschwächender Formulierung in der Verkehrsbezeichnung kenntlich zu machen (z. B. „...mit Mandelgeschmack" statt „Mandelkuchen").
- Für *Buttergebäcke* ist die Verwendung von Aromastoffen unzulässig, die einen Buttergeschmack vortäuschen.

Backtriebmittel und ihre Verwendung

Mürbeteige sind fett- und zuckerreich: Der Fettanteil beträgt etwa 67 %, der Zuckeranteil etwa 33 % der Mehlmenge. Mürbeteige enthalten keinen zugesetzten Flüssigkeitsanteil. Bei solchen Bedingungen kann Backhefe nicht mehr gären.

Lebkuchenteige sind zuckerreich: Der Zuckeranteil beträgt etwa 50 % der Mehlmenge. In dieser Höhe hat Zucker konservierende Wirkung. Backhefe kann also nicht zur Lockerung genutzt werden.

In diesen Fällen sind zur Lockerung chemische Backtriebmittel nötig.

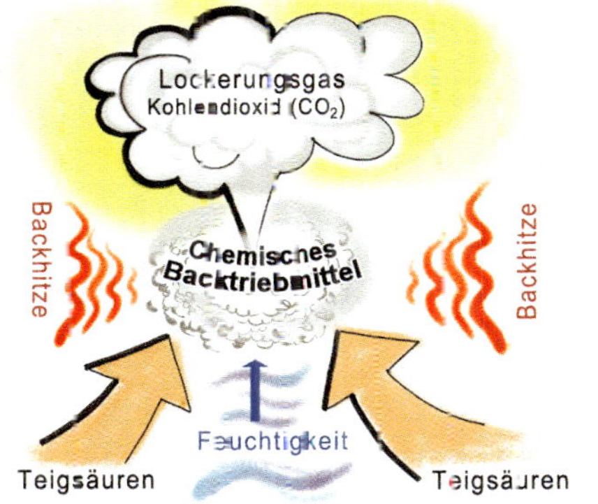

Schematische Darstellung der Lockerung durch chemisch wirkende Backtriebmittel

Arten der Backtriebmittel

Im rechtlichen Sinne sind Backtriebmittel für Lebensmittel allgemein zugelassene *Zusatzstoffe* (Verwendung zu technologischen Zwecken).

Verwendung von Backpulver

Wichtigstes Backtriebmittel ist das Backpulver. Es ist zusammengesetzt aus mehreren Substanzen: *Natron* als Kohlendioxidträger, *Säuresalze* als Entwickler des Lockerungsgases und *Stärke* als Trennmittel.

Backpulver ist bei seiner Lagerung durch Trennmittel vor Feuchtigkeit geschützt. Bei Verwendung zu Teigen und Massen ist es fachgerecht, das Backpulver erst unter das zuletzt einzuarbeitende Mehl zu mischen. Außerdem sollten backpulverhaltige Teige und Massen nicht lange abstehen, bevor sie portioniert werden. Das Backpulver wirkt nämlich bereits vor dem Backen (Vortrieb). Die Hauptmenge an Lockerungsgas wird aber erst beim Backen freigesetzt.

Jedes Backpulver ist „genormt" und für die Verwendung zuverlässig. Es entwickelt aus der für 500 g Mehl bestimmten Gebrauchsmenge mindestens 2,35 g und höchstens 3 g Kohlendioxid. Nur hinsichtlich der enthaltenen Säuresalze gibt es unterschiedliche Backpulverarten.

Verwendung von Pottasche

Früher wurde Pottasche aus Pflanzenasche gewonnen. Daher hat sie ihre Bezeichnung. Heute wird sie chemisch gewonnen: Sie ist das Kalisalz der Kohlensäure (= Kaliumcarbonat).

Bei Verwendung von Pottasche im Lagerteig für Lebkuchen wirken die aus dem Zucker gebildeten Säuren auf die Pottasche ein. Sie zersetzen die Pottasche: Neben Kohlendioxid als Lockerungsgas wird Wasser frei und ein Kaliumsalz gebildet. Das Kaliumsalz weicht durch seine laugige Beschaffenheit den Teig auf und treibt ihn in die Breite.

Verwendung von Hirschhornsalz

Hauptbestandteil des Hirschhornsalzes ist ein Salz der Kohlensäure: das Ammoniumhydrogencarbonat. Daher hat dieses Lockerungsmittel seine Kurzbezeichnungen als AHC-Trieb (oder als ABC-Trieb, von der älteren Bezeichnung „**A**mmonium-**b**i-**c**arbonat").

Bei Hitzeeinwirkung zerfällt Hirschhornsalz vollständig in Kohlendioxid, Ammoniakgas und Wasserdampf.

In feuchten Gebäckkrumen bildet sich Salmiakgeist, wenn das aus dem Hirschhornsalz freigesetzte Ammoniakgas sich mit dem Gebäckwasser verbindet. Die Krume färbt sich grünlich und schmeckt laugig. Solche Gebäcke sind gesundheitsschädlich und dürfen gewerbsmäßig nicht in den Verkehr gebracht werden.

Lebensmittelrechtliche Bestimmungen §

Die Verwendung von Hirschhornsalz als Lockerungsmittel ist nur zulässig für flache Feine Backwaren und wenn in 1 kg Trockenmasse des fertigen Gebäcks nicht mehr als 1 g Ammoniumstickstoff verbleibt (gemessen als NH_3).

Die Einhaltung dieser Werte bei Anwendung betriebsüblicher Rezepturen kann nur durch Analysen untersucht werden.

Wenn der Gebäcktyp nicht die Einordnung als trockenes Flachgebäck erlaubt (z. B. Amerikanergebäcke mit zu feuchter Krume), dann muss statt des Hirschhornsalzes ein Backpulver benutzt werden.

Zum Merken

- *Pottasche kann nur lockern, wenn eine Säure im Teig ist, die das Lockerungsgas aus der Pottasche freisetzt.*
- *Pottasche treibt die Teige nur in die Breite. Für die Auflockerung in die Höhe ist ein weiteres Lockerungsmittel nötig.*
- *Hirschhornsalz lockert durch Kohlendioxid; es wird aber auch Ammoniakgas frei.*
- *Hirschhornsalz darf nur zur Lockerung von flachen, trocken ausgebackenen Gebäcken benutzt werden.*

Zum Nachdenken

Bei der biologischen Lockerung durch Backhefe wirkt Kohlendioxid als Lockerungsgas. Auch bei allen chemisch wirkenden Triebmitteln erfolgt die Lockerung durch Kohlendioxid.

➤ *Wodurch unterscheiden sich dennoch die beiden Lockerungsverfahren?*

Auswahl von Zutaten
– Beispiele für Produktmerkmale –

- *Produktqualität und Preis*
- *Technologische Eignung für den Herstellungszweck*
- *Naturbelassenheit, ökologischer Wert*
- *Ernährungswert, Energiegehalt*
- *Kennzeichnungspflichtige Bestandteile wie Zusatzstoffe, allergene Substanzen, gentechnische Gewinnung*
- *Lebensmittelrechtliche Vorgaben wie Verwendungsbeschränkungen oder Mindestzusatzmengen*
- *Hygienische Risiken bei Lagerung und Verwendung zu Backwaren*

Tipps
– Darstellung von Arbeitsabläufen –

- *Stellen Sie die Arbeitsabläufe für die ausgewählten Backwaren stichwortartig und im Fließschema dar.*
- *Beachten Sie alternative Arbeitsabläufe bei Verwendung von Convenienceprodukten.*
- *Berücksichtigen Sie bei den Arbeitsabläufen die rationelle Produktion durch Anwenden von Gärverzögerung und Gärunterbrechung.*

Was Kunden beim Kauf von Feinen Backwaren interessiert

- *Korrekte Verkehrsbezeichnung (keine Irreführung oder Täuschung)*
- *Qualität und Natürlichkeit verwendeter Zutaten (hochwertige Zutaten, Verzicht auf Zusatzstoffe, frei von Allergenen)*
- *Stoffliche Zusammensetzung, Energiewert und eventuell diätetische Eignung*
- *Nutzungsmerkmale, Frischhaltung und sachgemäße Aufbewahrung*
- *Preis-Leistungs-Verhältnis*

Marketing für Feine Backwaren in Premiumqualität

- ***Gestalten:** Produkte, durch die sich der handwerkliche Backbetrieb von den Konkurrenten abheben kann*
- ***Werben:** Kundenorientierte Werbeaussagen und verkaufsfördernde Aktionen*
- ***Informieren:** Produktinformationen und Handzettel formulieren*
- ***Verkaufen:** Präsentationsmöglichkeiten, Kennzeichnung, Preisauszeichnung*

Lernfeldbezogene Aufgaben

1. Situationsbeschreibung:

*Sie bieten in Ihrer Verkaufsstelle **Feine Backwaren aus Hefefeinteigen** an. Dabei müssen Sie die Qualitätsmerkmale der Gebäcke sichern. Im Verkaufsablauf sind von Ihnen den Kunden Auskünfte über Art, Zutaten, Herstellung und Eignung der Gebäcke zu erteilen.*

Für die Produktinformation (= den Produkte-Pass) sollen Sie jeweils die wesentlichen Merkmale der Gebäcke herausstellen.

Bearbeiten Sie dazu die folgenden Leitfragen.

➤ *Welche Zutaten werden für Feine Backwaren aus Hefefeinteigen gebraucht?*
- *Auflisten von allgemein üblichen Grundzutaten*
- *Beispiele für nur zu bestimmten Hefefeingebäcken erforderliche Zutaten, Zubereitungen, Füllungen und Auflagen*

➤ *Wie wirken sich die Hauptrohstoffe auf Teig, Gare und Gebäck aus?*
- *Getreidemahlerzeugnisse (helle „Kuchenmehle" und Vollkornmahlerzeugnisse)*
- *Milch und Milcherzeugnisse, Zuckerarten und Speisefette*

➤ *Wie unterscheiden sich Hefefeinteige in Rezeptur und Herstellung?*
- *Leichte, mittelschwere und schwere sowie eihaltige Hefefeinteige*
- *Geknetete, gerührte und geschlagene Hefefeinteige*

➤ *Mit welchen Arbeitstechniken können Teiglinge aus Hefefeinteigen zum Backen im Ladenbackofen bereitgestellt werden?*
- *Arbeitsablaufschema an einem Beispiel für ein Hefefeingebäck*
- *Beschreibung besonderer Arbeitstechniken wie das Tourieren*
- *Rationelle Herstellung durch Langzeitführung und Einsatz von kältetechnischen Verfahren*

➤ *Wie werden die Qualitätsmerkmale erreicht und gesichert?*
- *Zutatenqualität, Teig, Backverfahren im Ofen und in Siedefett*
- *Frischhaltung, Lagerbedingungen und Verpackung*

➤ *Welche Aussagen über die spezifischen Gebäcke sind bei der Produktinformation zur Kundenberatung herauszustellen?*

2. Situationsbeschreibung:

*In Ihrem Betrieb soll für **spezielle Feine Backwaren aus nicht mit Backhefe gelockerten Teigen** geworben werden.*

Wählen Sie dazu je ein spezielles Gebäck aus und bearbeiten Sie die folgenden Aufgaben.

➤ *Wie werden Gebäcke aus **Blätterteig** hergestellt?*
- *Grundzutaten, Herstellungsmethoden, Lockerung*
- *Rationelle Herstellung des ausgewählten Gebäcks*
- *Werbung für das Gebäck mit kundenorientierten Aussagen*

➤ *Wie werden Gebäcke aus **Mürbeteigen** hergestellt?*
- *Grundzutaten, Abwandlungen, Aufarbeitung, Backen, Lockerung*
- *Gestaltung der Werbung für das ausgewählte Gebäck, Produktinformationen mit kundenorientierten Aussagen*

➤ *Wie werden Gebäcke aus **Lebkuchenteigen** hergestellt?*
- *Grundzutaten, Formen, Backen, Lockerung und Herrichten zum Verkauf, Präsentation des ausgewählten Gebäcks*
- *Werbung für das ausgewählte Gebäck durch Aktionen*

VERKAUF AKTIV GESTALTEN

Dieses Lernfeld ist Teil der Ausbildung im zweiten Ausbildungsjahr.

Leitfragen in diesem Lernfeld sind:

Wie wird der Fachverkauf organisiert?

Welche Erwartungen haben die Kunden an den Fachverkauf in der Bäckerei und Konditorei?

Welche Käufergruppen gibt es, und was prägt ihr Kaufverhalten?

Wie lassen sich Kaufmotive der Kunden einschätzen und für Verkaufshandlungen berücksichtigen?

Wie können Aushändigungsgespräche unter Einsatz verbaler und nonverbaler Kommunikation gestaltet werden?

Welche Informationen über Back- und Süßwaren sind wesentlich für die Beratung der Kunden?

Wie läuft der übliche Verkaufsvorgang im Fachverkauf der Bäckerei/Konditorei ab; wie lässt er sich interaktiv zwischen Verkäufer und Kunde entwickeln?

Wie erfolgt die Warenpräsentation und Warenbehandlung im Verkaufsab auf in der Bäckerei und Konditorei?

Inwiefern wirkt sich Kundenorientierung beim Verkauf auf künftiges Einkaufverhalten der Verbraucher günstig aus?

Obige Fragen und weitere Aspekte zum Fachverkauf in der Bäckerei/Konditorei werden in diesem Kapitel behandelt.

ORGANISATION DES VERKAUFSBEREICHS

Situationsaufgabe:

*Sie sind im Hauptgeschäft und auch in den Filialen Ihres Betriebs tätig. Dabei erfahren Sie, dass **aktives Verkaufen** nicht nur den Umgang mit den Kunden betrifft, sondern auch die Verkaufsorganisation erfordert.*

- *Sie sollen darstellen, welche Planungen des Verkaufs nötig sind.*
- *Sie sollen Ihre mögliche Mitwirkung an der Verkaufsorganisation in Hauptgeschäft und Filialen beschreiben.*

Jede Tätigkeit endet im Chaos, wenn sie ohne gute Organisation erfolgt. Sie muss geplant, zielgerichtet durchgeführt, kontrolliert und für die Wiederholbarkeit gesichert oder optimiert werden. Das gilt ganz besonders für wirtschaftliche Betätigungen. Hier ist eine gute Organisation die Grundlage für den Erfolg.

Für den Fachverkauf der Bäckerei und Konditorei ist Organisation in verschiedener Hinsicht erforderlich. Auch wenn es Ihnen nicht immer sehr bewusst wird, wirken Sie in Ihrer Tätigkeit dabei mit. Von der Organisations-Qualität werden Sie betroffen in Ihrer Rolle gegenüber den Kunden und der Öffentlichkeit.

Meinung

Eine Fachverkäuferin berichtet: „Planen und Organisieren ist bei uns hauptsächlich die Sache von Chef und Chefin. Aber wir können nur dann erfolgreich im Verkaufsgeschehen mit den Kunden sein, wenn alles klappt und kein Stress aufkommt. Darum sind wir in die Organisation einbezogen."

- *Nehmen Sie Stellung zu dieser Aussage.*

Planungsfelder für den Fachverkauf in Bäckereien und Konditoreien

Was für den Verkauf zu planen und zu organisieren ist, das ist abhängig vom *Betriebstyp* und von der *Größe des Betriebs*.

Der *Betriebstyp* ist unter anderem ausschlaggebend für die Art der Waren und deren Absatzwege. Daraus folgt, dass für den Verkauf unterschiedliche Planungen notwendig sind, zum Beispiel

- wenn überwiegend Eigenprodukte verkauft werden *oder* wenn ein hoher Anteil an Handelswaren bezogen und angeboten wird,
- wenn die Waren in eigenen Verkaufsstellen vertrieben werden *oder* an Wiederverkäufer geliefert werden,
- wenn die Waren im Bedienungs- oder Selbstbedienungsverkauf *oder* zum Direktverzehr in der Verkaufsstelle abgegeben werden.

Anregungen zur Weiterarbeit

Vom Betriebstyp abhängige Planungen für den Verkaufsbereich einer Bäckerei und Konditorei sind an den nebenstehenden Beispielen dargestellt.

- *Führen Sie weitere solcher Beispiele auf.*
- *Ermitteln Sie in Ihrem Betrieb die Schwerpunkte in Planung und Organsisation des Verkaufsbereichs.*

*Planen, Organisieren, Durchführen und Kontrollieren können sind Teile Ihrer beruflichen **Handlungskompetenz**.*

Die *Betriebsgröße* ist ausschlaggebend für den Organisationsaufwand. Vereinfacht gilt, dass mit wachsender Größe des Unternehmens auch der nötige *Aufwand an Planung, Organisation und Kontrolle* wächst.

Während in kleinen Handwerksbetrieben die Hauptlast für Planung und Organisation im Allgemeinen von den Inhabern getragen wird, bestehen in Großbetrieben dafür oft kaufmännische Abteilungen. Die Inhalte dessen, *was zu organisieren ist*, sind im Wesentlichen gleich. Sie sind nämlich branchentypisch.

Sachverweise

Planungen zur Funktionalität des Verkaufs werden nicht ausschließlich hier aufgeführt.

- *Über die sachlichen Aspekte der Planungen für die **Verkaufsräume** finden Sie ausführliche Informationen auf den Seiten 32 bis 47.*
- *Die **Verkaufssysteme** sind auf den Seiten 24 bis 27 beschrieben.*
- *Die Planungen für **Marketing** sind auf den Seiten 84 bis 87, die der **Warenpräsentation** auf den Seiten 371 bis 375 nachzulesen.*

Wesentliche Planungsfelder für Backwarenverkaufsstellen sind:

- Bereitstellung und Nutzung der Verkaufseinrichtungen
- Einstellung und Einsatz von Personal
- Warenbezug und Warenbereitstellung
- Rechnungswesen und Zahlungsverkehr
- Versorgung und Entsorgung
- Buchungen und wirtschaftliche Kontrollen

Planungen zur Gewährleistung der Funktionen einer Verkaufsstelle

Ein Verkäufer sieht es als selbstverständlich an, dass bei ihm in der Verkaufsstelle „alles funktioniert".
Ist das wirklich so selbstverständlich?

Um die Funktionen einer Verkaufsstelle reibungslos zu gewährleisten, sind *sächliche* und *personelle Voraussetzungen* erforderlich. Sächlich sind vor allem Räume und Einrichtungen nötig. Personell ist für das jeweilige Verkaufssystem das Fach- und Hilfspersonal nötig.

Verkaufseinrichtungen: lang- und kurzfristig zu planen

Die Möblierung eines Geschäfts und alles was dazugehört, wird langfristig geplant. Bei Auswahl und Installation der Einrichtung ist deren Funktionalität ein sehr wichtiger Punkt. Dabei sollten auch Möglichkeiten für mittel- und kurzfristige Änderungen mitbedacht werden (z. B. Flexibilität bei Sortimentsumstellung oder Aktionen). Das heißt: Die Einrichtungen müssen tauglich für Anforderungen in neuen Situationen sein.

Für das reibungslose Funktionieren des Verkaufs sind auch Planungen erforderlich, die ganz kurzfristig umzusetzen sind. Das betrifft unter anderem die Vorsorge dafür, dass Geräte und Maschinen ausfallen.

Leitfragen für solche Pläne sind beispielsweise:

- Was muss im Störfall sofort geschehen, damit der Verkauf so gut wie möglich weitergehen kann?
- Wer trifft Entscheidungen bei einzelnen Störfallmöglichkeiten?
- Wodurch kann im Einzelfall die schnellstmögliche Abhilfe bei der Störung erfolgen (Eigenreparatur oder Kundendienst)?

Als Fachverkäufer/in sind Sie bei diesen kurzfristig umzusetzenden Planungen mehrfach betroffen. Sie bemerken direkt bei Ihrer Tätigkeit die auftretenden Störungen. Diese müssen Sie den Verantwortlichen melden. Und Sie sollten auch wissen, was sofort zu tun ist.

Kriterien für die Funktionsplanungen von Verkaufseinrichtungen

- *Eignung für das Verkaufssystem*
- *Betriebssicherheit der Anlagen*
- *Flexibilität und Mobilität der Einrichtung*
- *Ergonomische Bedingungen*
- *Hygienische Bedingungen*

Fragen zur Weiterarbeit in der Praxis

- *Gibt es in Ihrem Betrieb eine Planung für das Vorgehen bei Störfällen in der Anlagen der Verkaufsstelle?*
- *Gibt es in Ihrer Verkaufsstelle eine dauernde Fernüberwachung der Funktion bestimmter Geräte (z. B. Kühlung oder Tiefkühlung)?*
- *Gibt es für die Geräte und Maschinen in Ihrem Betrieb regelmäßige Kontrollen durch einen Kundendienst?*

Personalbedarf und -einsatz: was da zu bedenken ist

Für die *langfristige Planung des Personalbedarfs im Verkauf* sind die Umsatzhöhe und das Verkaufssystem wichtige Grundlagen.

Je mehr Waren in der Verkaufsstelle umgesetzt werden, desto höher ist der Personalbedarf. Zu seiner Ermittlung gibt es Hilfen in Form von Kennziffern aus dem Betriebsvergleich (= Umsatz pro Verkaufskraft je Stunde). Abweichungen sind durch die spezifischen Bedingungen der Verkaufsstelle möglich. Ganz entscheidend ist der Einfluss des Verkaufssystems. Bedienungsverkauf erfordert mehr Fachpersonal als Selbstbedienungsverkauf.

Für *kurzfristige Personaleinsatzpläne* sind viele Faktoren zu beachten, zum Beispiel: arbeits- und tarifrechtliche Bedingungen, kurzfristige Schwankungen des Umsatzes, Personalausfälle.

Ein *zu hoher Personalbestand* ist aus Kostensicht problematisch. Aber *zu wenig Verkaufspersonal* ist in mehrfacher Hinsicht ein Problem: Kunden werden unzufrieden, wenn sie zu lange auf Bedienung warten müssen. Für das Personal entstehen Stress und Hektik. Wesentliche Arbeiten bleiben unerledigt. Das Arbeitsklima ist belastet; und langfristig sind gesundheitliche Beeinträchtigungen die Folge.

Rechtliche Aspekte für den Personaleinsatz

Grundsätzlich sind für den Arbeitseinsatz die tariflichen Festlegungen zu beachten (vor allem: regelmäßige Arbeitszeit, Freizeit- und Urlaubsanspruch).

Für den Einsatz in Verkaufsstellen der Bäckereien und Konditoreien sind speziell die Regelungen zur Samstags- und Sonntagsarbeit zu beachten (Freistellung an Werktagen, höchstzulässiger Einsatz an Wochenenden und Feiertagen).

Berechnungen

- *Ermitteln Sie anhand von Kennziffern den Bedarf an Verkaufskräften bei vorgegebenen Umsätzen.*
- *Errechnen Sie anhand von Tagesumsätzen die durchschnittlichen Verkaufsleistungen einer Fachkraft pro Stunde.*

Planungen zur Warenversorgung

„Waren zu beschaffen ist leichter als sie zu verkaufen," sagt eine Chefin. Ist das wirklich so?

Bei der Versorgung von Verkaufsstellen der Bäckerei/Konditorei mit Waren handelt es sich um die *eigenproduzierten Waren* und um die *Handelswaren*. Letztere werden eingekauft und im Regelfall ohne weitere Bearbeitung wieder verkauft.

Warenbezug: die Handelswaren betreffend

Für Bäckereien/Konditoreien mit hohem Anteil an Handelswaren lohnt sich eine organisierte Warenwirtschaft für diesen Bereich. Um jederzeit die gewünschten Handelswaren in entsprechender Qualität anbieten zu können, ist mindestens zu planen
- wo die jeweilige Ware zu beziehen ist (Bezugsquellen),
- wann die Bestellungen zu erfolgen haben (Bestellrhythmus),
- wie die Waren bevorratet werden (Lagerverwaltung).

Bezugsquellen – in ihrer Auswahl liegen Chancen

Die Bestellung von *Waren des Zusatzsortiments* geschieht häufig so nebenbei, zum Beispiel in Verbindung mit der Rohstoffbestellung für die Produktion oder beim Besuchstermin eines Vertreters.

Das ist nachteilig, denn
- dadurch ist das Angebot einer Warengruppe in Qualität und Vielfalt eingeschränkt (z. B. Schokoladefiguren *nur eines Lieferanten*);
- dadurch können aktuelle Warenangebote anderer Anbieter nicht wahrgenommen werden;
- dadurch können mögliche Preisvorteile nicht genutzt werden.

Es ist also wichtig, für die Handelswaren die *Bezugsquellen* zu kennen und gezielt auszuwählen. Der Verkaufspreis von Handelswaren wird ganz wesentlich durch den *Einstandspreis* bestimmt (➡ Randspalte). Darum ist der Preisvergleich für den Warenbezug unverzichtbar.

Bestellrhythmus – für richtige Warenmenge zu jeder Zeit

Für Handelswaren der Bäckerei/Konditorei wird der *Bestelltermin* im Wesentlichen durch den Bedarfseintritt, die voraussichtliche Lieferzeit und die Mindesthaltbarkeit der Ware bestimmt.

Terminlich lassen sich drei Bestellverfahren unterscheiden:
- Die *periodische Bestellung* im festen Rhythmus ist üblich bei den Frischwaren (z. B. Kaffee, Sahne, Butter).
- Die *Bestellung bei Bedarf* ohne festen Rhythmus ist üblich bei den Waren mit langer Mindesthaltbarkeit (z. B. Zucker).
- Die *Bestellung im Voraus* lange Zeit vor Eintritt des Bedarfs ist üblich bei den Saisonwaren (z. B. Weihnachtsartikel).

Der Bestellrhythmus wird mitbestimmt von der *Bestellmenge*.

Die *optimale Bestellmenge* für eine Ware ist abhängig
- von der Lagerkapazität (➡ Lagerkennzahlen auf der Seite 227),
- von dem voraussichtlichen Umsatz der Ware,
- von den Kosten der Bevorratung,
- von der Mindesthaltbarkeit der Ware.

Auch sind Preisvorteile im Beschaffungsverfahren zu beachten (wie Rabatte bei großer Bestellmenge, Verringerung der Lieferkosten).

Tipps für den Bezug von Handelswaren

- *Informieren Sie sich über Bezugsquellen für die Handelswaren Ihres Betriebs (z. B. durch Messebesuche, Inserate in Fachzeitschriften, Kataloge, Werbung im Internet).*
- *Führen Sie eine Bezugsquellen-Datei. Sie lässt sich anhand der Lieferscheine und Rechnungen für bezogene Waren erstellen.*
- *Stellen Sie vor einer Bestellung Preisvergleiche an. Das ist leicht möglich mit einem Katalog der Bezugsquellen oder Anfragen.*

Zum Merken

*Der **Einstandspreis** ist der Preis einer Ware einschließlich aller Bezugskosten:*

Angebotspreis *(Listenpreis)*
– Rabatt oder
+ Mindermengenzuschlag
*= **Netto-Einkaufspreis***
+ Mehrwertsteuer
*= **Brutto-Einkaufspreis***
– Skonto
*= **Bar-Einkaufspreis***
+ Bezugskosten
*= **Einstandspreis***

Was sind Bezugskosten?

- *Beförderungskosten:*
  - *Sie können vom Käufer zu tragen sein („Lieferung ab Lager oder Versandort").*
  - *Sie können ganz oder zum Teil vom Verkäufer zu tragen sein („Lieferung frei Haus oder frei Empfangsort").*
- *Verpackungskosten:*
  - *Reingewicht der Ware wird ohne Verpackungskosten in Rechnung gestellt (= Preis netto inklusiv Verpackung).*
  - *Verpackungskosten sind vom Käufer zu tragen (= Preis netto ohne Verpackung).*
  - *Verpackung wird dem Käufer wie Ware berechnet (= Preis brutto für netto).*

Lagerkennzahlen – für die Regulierung des Warenbestands

Die richtige Bestellmenge und der richtige Bestellzeitpunkt sorgen dafür, dass immer genügend Ware vorrätig ist, aber auch nicht zu viel Ware bevorratet wird.

Ein wichtiges Planungsmittel zur Regulierung der Warenmengen ist die *Lagerkartei*. Sie erlaubt es, jederzeit den aktuellen Bestand einer Ware rasch ermitteln zu können (➡ Seite 230). Eine weitere Funktion dieser Kartei ist die Lenkung des Bestellwesens.

Für die Warenbeschaffung werden *Lagerkennzahlen* angewendet. Diese Kennzahlen werden üblicherweise in der Kartei/Datei für die jeweilige Ware ausgewiesen:
- der Mindestbestand,
- der Meldebestand,
- der Höchstbestand,
- die Bestellmenge.

- Der *Mindestbestand* ist die notwendige Menge einer Ware, damit Störungen in der Warenbeschaffung aufgefangen werden können.
- Der *Meldebestand* ist die Bestandsmenge der Ware, mit der für den Zeitraum der Abwicklung einer Neubestellung der Bedarf abgedeckt wird. Er muss so bemessen sein, dass bei störungsfreiem Verlauf der Neubestellung der Mindestbestand nicht angegriffen wird.
- Der *Höchstbestand* ist die Warenmenge, die maximal gelagert werden sollte. Er folgt aus der optimalen Bestellmenge.
- Die *Bestellmenge* ist der Unterschied zwischen Höchstbestand und Mindestbestand, davon ausgehend
  - dass die Bestellung beim Erreichen des Meldebestands erfolgt,
  - dass mit einem gleichbleibenden Absatz zu rechnen ist.

Warenbeschaffung für Filialen – wer macht was?

Beim Einkauf der Handelswaren für Filialen sind zwei unterschiedliche Verfahren möglich, und zwar
- die zentrale Warenbeschaffung *oder*
- die dezentrale Warenbeschaffung.

Bei *zentraler Beschaffung* erfolgt der Einkauf aller Handelswaren über das Hauptgeschäft (die Zentrale des Geschäfts).

Vorteile sind: Übersichtlichkeit, Preisvorteile durch Großeinkauf und Ersparnis bei Beschaffungskosten.

Nachteile sind: Unbeweglichkeit und mangelnde Flexibilität (auf den Bedarf einzelner Filialen bezogen).

Bei *dezentraler Beschaffung* erfolgt der Handelswareneinkauf in jeder Filiale in eigener Verantwortung.

Vorteile sind: Flexibilität in der Beschaffung, Möglichkeiten für die Anpassung an Kundenwünsche, Stärkung der Mitverantwortung der Beschäftigten in den Filialen.

Nachteile sind: Unübersichtlichkeit für die Betriebsleitung, höhere Bezugskosten, geringe Möglichkeiten für Preisvorteile.

In der Betriebspraxis werden oft *Mischsysteme* für die Beschaffung der Handelswaren angewendet: Standard-Handelswaren mit langer Mindesthaltbarkeit werden zentral beschafft (z. B. Tafelschokolade). Frisch-Handelswaren (z. B. Kaffee oder Milchprodukte) und nach den Kundenwünschen speziell zu ordernde Waren (z. B. Süßwaren) werden dezentral von den einzelnen Filialen beschafft.

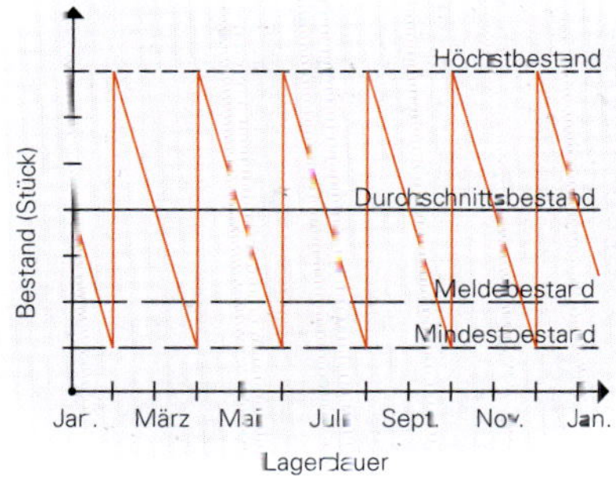

Darstellung des Warenbestands einer Artikelsorte

Aufgaben:

- ➤ *Leiten Sie aus dem Verlauf der roten Bestandskurve den jeweiligen Lagervorrat für diesen Artikel ab.*
- ➤ *Erläutern Sie die Schnitt- und Berührungspunkte mit den verschiedenen Linien.*
- ➤ *Wie oft wurde der Bestand in einem Jahr umgeschlagen?*

Beispiel für die Errechnung der optimalen Bestellmenge für eine Ware

Formel:

	Höchstbestand
–	*Mindestbestand*
=	*optimale Bestellmenge*

Beispiel:

	Höchstbestand	= *400 Packungen*
–	*Mindestbestand*	= *50 Packungen*
=	*optimale Bestellmenge*	= *350 Packungen*

Handlungsorientierte Aufgaben

- ➤ *Ermitteln Sie in Ihrem Betrieb, auf welche Weise der Bezug von Handelswaren organisiert ist. Stellen Sie dar: Bezugsquellendatei, Verfahren der Beschaffung, Bestellrhythmen für ausgewählte Waren, Anwendung von Lagerkennzahlen. (Genehmigung der Betriebsleitung nötig!)*
- ➤ *Formulieren Sie den Text für die Bestellung einer von Ihnen ausgewählten Ware. Beziehen Sie sich dabei auf ein Angebot. Bezeichnen Sie die Ware mit ihren wesentlichen Merkmalen und die Bestellmenge genau. Geben Sie Angebotspreis sowie Preisnachlässe durch Rabatt und Skonto an. Verweisen Sie auf die für Sie günstigsten Lieferbedingungen (z. B. „frei Haus“). Setzen Sie die Lieferfrist fest (z. B. „sofort“). Verlangen Sie von dem Verkäufer eine schriftliche Auftragsbestätigung.*

Warenwirtschaft

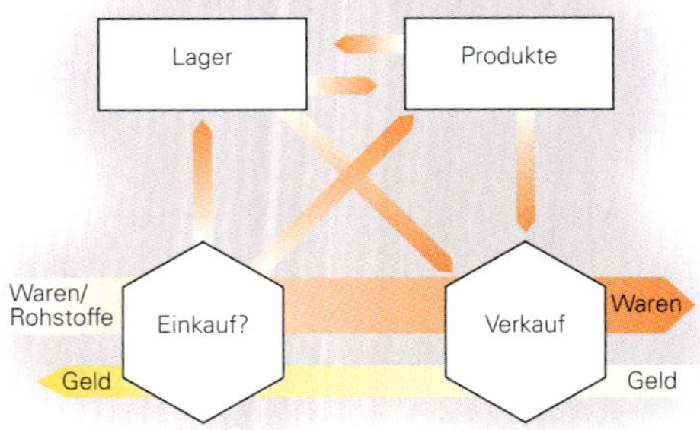

Retouren (= aus dem Französischen) sind Rücksendungen an den Lieferer. Sie werden auch als Remission bezeichnet.

Anregung zur Weiterarbeit

Die bedarfsgerechte Belieferung von Filialen muss nach betriebsspezifischen Bedingungen geregelt werden.

Stellen Sie dar, welche Regelungen dazu in Ihrem Betrieb bestehen.

Warenversorgung als Regelkreis

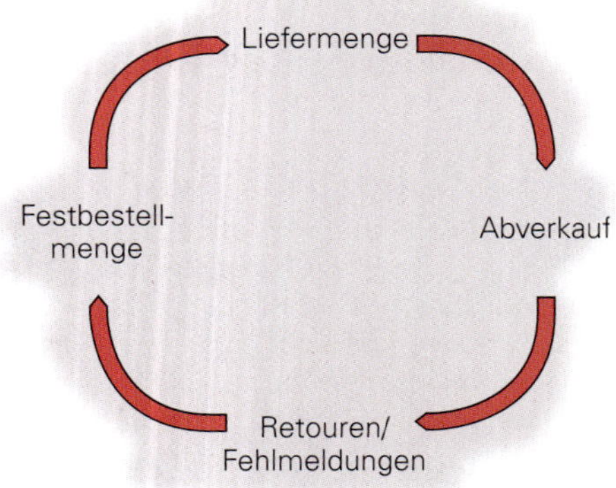

Handlungsorientierte Aufgabe

Die Sonderbestellungen werden üblicherweise im Bestellbuch vermerkt, nicht aber die von Kunden geäußerten Fragen nach im Sortiment fehlenden Produkten. Diese Anfragen können aber nicht als Anforderung an das Hauptgeschäft gemeldet werden.

➤ *Erstellen Sie ein System für die Erfassung von Kundennachfragen und deren Bewertung durch das Verkaufsteam im Hinblick auf die Bestellpraxis.*

Warenbereitstellung: die Eigenprodukte betreffend

Für Backbetriebe mit *Produktion und Verkaufsstelle an einem Ort* ist die Warenbereitstellung auf kurzem Wege möglich. Bei *Betrieben mit mehreren Filialen* ist deren Belieferung mit dem jeweiligen Angebot zu organisieren. Das erfolgt mit dem System der *Warenwirtschaft*. Dieses umfasst die Rohstoff-, Waren- und Geldbewegungen eines Betriebs.

An dieser Stelle sollen nur die *Warenbewegungen* vom Hauptstandort zu den Filialen betrachtet werden.

Belieferungsrhythmus – wie oft Ware angeliefert wird

Zu Beginn der Verkaufstätigkeit in der Filiale sollen möglichst viele Waren bereitstehen. Von daher ergeben sich der *Belieferungstermin* und der *Lieferumfang an Waren*.

Die Warenmenge soll die Nachfrage für den Verkaufstag abdecken. Es sollen jedoch auch nur so wenig Waren wie möglich übrig bleiben (= „Retouren" genannt). Ihr durchschnittlicher Wert wird kalkulatorisch aufgefangen. Wenn die altbackenen Produkte nicht preisreduziert verkauft werden, erfolgt oft eine aus wirtschaftlicher Sicht ungünstige, unentgeltliche Entsorgung (z. B. als Tierfutter).

Um die Menge an Retouren zu vermindern und noch fehlende Waren nachzuliefern ist es üblich, die Filialen nach einem Plan mehrfach am Tag „anzufahren". Daneben gibt es weitere Hilfen: Backen im Laden nach Bedarf oder telefonisch orderbare Nachsendungen.

Das häufige Beliefern von Filialen ist ein wirtschaftliches Problem für den Betrieb. Für die Allgemeinheit entstehen damit ökologische Nachteile, vor allem bei weiten Anfahrtswegen zwischen Filialen und Zentrale mit dem dadurch begründeten Kraftstoffverbrauch.

Belieferungsmengen – wie sie bestimmt werden können

Wie viel von jeder Ware täglich an einem Filialstandort benötigt wird, ist aus der Erfahrung einschätzbar. Das gilt, so lange der Verkauf wie üblich läuft (ohne außergewöhnlichen Bedarf wie vor Festtagen).

Die regelmäßige Belieferung einer jeden Filiale erfolgt im Rahmen ihrer „Festbestellungen". Hierbei liegen die Waren sowie deren Mengen fest. Nur der davon abweichende Bedarf wird von der Filiale an das Hauptgeschäft gemeldet.

Das ist vor allem notwendig
- bei Sonderbestellungen von Kunden,
- bei absehbarem Mehr- oder Minderbedarf an Waren,
- bei neu für das Sortiment gewünschten Waren.

Die *Tagesbelieferungen* werden anhand der Daten aus vergangenem Verkaufserfolg optimiert. Das heißt: Fallen bei einer Ware immer viel Retouren an, dann wird die Festbestellung der Ware vermindert.

Zugleich ist aber auch ein *Meldesystem der Verkaufskräfte* nötig. Nur sie können feststellen, welche Waren fehlten und welche von den Kunden zusätzlich gewünscht wurden. Insofern werden die Liefermengen zwischen Überschuss und Fehlen der jeweiligen Ware eingependelt. Das geschieht in einem *Regelkreis*. Das heißt: Die Planung der Belieferungsmengen ist keine starre Planung. Sie wird vielmehr dauernd kontrolliert und angepasst. Kontrollen sind auf der Grundlage der Verkaufszahlen möglich. Ganz wichtig sind aber die Meldungen der Verkaufskräfte für den Soll-Ist-Vergleich.

Begleitpapiere – wie die Warenlieferung kontrollierbar ist

Der Vorgang der Filial-Belieferung wird in der Fachsprache auch als „Kommissionierung" bezeichnet.

Die *Kommissionierung* umfasst im Einzelnen
- die Tourenzusammenstellung,
- die Zähllisten,
- die Warenbegleitpapiere,
- die Eingangskontrolle und
- die Retourenliste.

Die *Zusammenstellung von Touren* erfolgt für jedes Lieferfahrzeug spezifisch. Es werden dabei die Zeiten und die Filialen in der Abfolge ihrer Belieferung festgelegt.

Die *Zähllisten* sind Hilfsmittel zur Verteilung der Waren. Bezogen auf eine Filiale enthalten sie nur die Kurzbezeichnungen von Produkten und deren Stückzahl. Diese Listen werden beim Einzählen benutzt und in Doppelausfertigung dem Behälter für die Ware beigefügt.

Der *Lieferschein* ist das typische umfassende Warenbegleitpapier. Er wird ausgestellt für Lieferungen an Filialen, Großverbraucher oder Wiederverkäufer. Seine Doppelausfertigung ist intern der Beleg für den Warenausgang. Bei den Empfängern der Ware dient er zur *Kontrolle des Wareneingangs*.

Die *Kontrollen beim Wareneingang* umfassen
- die *Belegprüfung* (nur bestellte Ware?),
- die *Mengenprüfung* (richtige Warenart und Warenmenge?),
- die *Güteprüfung* (erkennbare Mängel?).

Mit der Quittierung (Unterschrift) auf dem Doppel des Lieferscheins wird die Richtigkeit der Warenlieferung bestätigt.

In Filialverkaufsstellen von Bäckereien und Konditoreien werden zum Verkaufsschluss noch vorhandene Waren mengenmäßig erfasst und von der Liefermenge abgezogen. Zusammengestellt wird das in einer *Retourenliste*. Sie begleitet die rückgehenden Waren. Lieferschein und Retourenliste dienen zur Planung künftiger Warenlieferungen an die Filiale. Sie sind aber auch Teil der *Filialkontrolle*.

Filialkontrolle – wie Lieferungen abgerechnet werden

Die Umsätze einer Filiale in einem bestimmten Zeitraum sind durch die Kassenberichte darstellbar. Die Liefermengen für den gleichen Zeitraum ergeben in der Gegenüberstellung dazu das Umsatz-Soll. Dieses ist die Grundlage der Filialkontrolle.

Im Einzelnen können bei der Filialkontrolle noch zusätzliche Aspekte herangezogen werden, zum Beispiel
- noch vorhandene Warenbestände (wie Vorräte an Handelswaren),
- noch ausstehende Zahlungen (wie offene Rechnungen an Kunden).

Diese Beispiele stellen Berichtigungen der Sollwerte dar. Festgestellt wird so etwas im Rahmen einer *Inventur* (➡ CD-ROM).

Sofern die Filialen in wirtschaftlicher Eigenverantwortung geführt werden (z. B. im Franchise-System), sind die Warenlieferungen so wie bei Wiederverkäufern in Rechnung zu stellen. Die Rechnungen enthalten neben den Daten zur kaufmännischen Abwicklung auch die steuerrechtlich geforderten Bestandteile (➡ CD-ROM).

*Der **Lieferschein** muss folgende Inhalte haben:*
- *Name und Anschrift des Lieferanten*
- *Name und Anschrift des Empfängers*
- *Bezug zur erfolgten Bestellung*
- *Datum der Lieferung*
- *Warenart und Warengüte*
- *Warenmenge und jeweiliges Gewicht*

Zum Beachten

*Bei der **Wareneingangsprüfung** wird mit dem Abzeichnen des Lieferscheins verbindlich die Richtigkeit der Lieferung bestätigt. Fehlende Mengen und erkennbare Warenmängel sind sofort zu reklamieren.*

Sachverweis

*Zur **Filialkontrolle** über Kassensystem und EDV erfahren Sie Näheres ab der Seite 266.*

Berechnungen

- ➤ *Errechnen Sie die Warenwerte für Lieferungen von Back- und Süßwaren auf der Grundlage der Ladenverkaufspreise.*
- ➤ *Ermitteln Sie die Retouren im Warenwert und in Prozent des Lieferwerts.*

Handlungsorientierte Aufgaben

Für die Belieferung der Filialen werden in der Praxis verschiedene Systeme angewendet.
- ➤ *Ermitteln Sie, wie in den Backbetrieben Ihrer Region die Filialen beliefert werden.*
- ➤ *Erstellen Sie Formblätter für Zähllisten, die Warenbegleitpapiere (Lieferscheine) und Retourenlisten. Füllen Sie diese anhand eines von Ihnen gewählten Beispielfalls mit allen Angaben aus.*

§ ***Lebensmittelrechtliche Bestimmungen***

- *Leicht verderbliche Waren müssen gekühlt aufbewahrt werden.*
- *Nicht mehr zum Verzehr geeignete Lebensmittel (z. B. verdorbene Waren) müssen unverzüglich aus Lagerräumen entfernt und entsorgt werden.*
- *Reinigungs- und Desinfektionsmittel sind gesondert zu lagern, damit eine nachteilige Beeinflussung von Lebensmitteln und Bedarfsgegenständen ausgeschlossen ist.*
- *Unverpackte Produkte sind so zu lagern, dass sie nicht unmittelbar mit dem Boden, den Wänden oder anderen schmutzigen Gegenständen in Berührung kommen.*
- *Alle Lagerräume (mit Ausnahme der Kühlanlagen) müssen unmittelbar ins Freie belüftbar sein oder eine genügende Belüftungseinrichtung haben.*

Tipps für die Lagerkontrolle

- *Stellen Sie neu einzulagernde Waren nach hinten in das Regal, so dass noch vorrätige Ware dieser Sorte vorn zur Entnahme steht.*
- *Vermerken Sie auf den Aufbewahrungsbehältern das Eingangsdatum von Waren, wenn diese ohne Kennzeichnung eingehen.*
- *Kontrollieren Sie stets die Lagerware auf das Datum der Mindesthaltbarkeit (= MHD) und auf Anzeichen des Verderbs. Entfernen Sie verdorbene Ware sofort aus dem Lager.*
- *Überwachen Sie stets die in den Verkaufseinrichtungen vorhandenen Handelswaren auf das MHD und auf Anzeichen von Verderb. Sondern Sie Waren aus, die nicht mehr verkaufsfähig sind. Waren dürfen nach Ablauf des MHDs noch verkauft werden. Das erfolgt meistens zu einem reduzierten Preis.*

Lagerhaltung: die Vorratswirtschaft betreffend

Für den Produktionsbereich der Bäckereien und Konditoreien ist eine Bevorratung von Roh- und Hilfsstoffen allgemein üblich.
Wie ist das im Verkaufsbereich bei den Handelswaren?

Liefertermine – wann die Ware bezogen wird

Es ist nicht zu bestreiten: Rechtzeitige Lieferung und ordnungsgemäße Lagerhaltung schließen es fast sicher aus, dass Waren ausgehen und ein „Nein-Verkauf" erfolgen muss. Aber die umfangreiche Bevorratung von Handelswaren bindet auch viel Kapital. Und Preisvorteile durch den Einkauf großer Mengen sind nicht immer sicher zu erzielen.

Um Kapitalbindung und Lagerkosten zu vermeiden, kaufen einige Betriebe die Handelswaren ähnlich wie die Rohstoffe zeitgenau zum Bedarfsfall ein. Dieses so genannte *„Just-in-Time-System"* kann aus wirtschaftlicher Sicht vernünftig sein. Es birgt jedoch die Gefahr von Störungen in der Warenversorgung.

Für die *Lagerhaltung von Handelswaren* in Backwarenverkaufsstellen sprechen folgende Argumente:

- Die Lagerhaltung hat eine *Sicherungsfunktion* für die Stetigkeit im Warensortiment. Ausfallstörungen durch Schwierigkeiten in der rechtzeitigen Belieferung werden aufgefangen.
- Die Lagerhaltung hat eine *Überbrückungsfunktion.* Beschaffung und Absatz von Waren lassen sich nicht genau aufeinander abstimmen. Nicht voraussehbarer Anstieg der Nachfrage kann ohne Ausfall befriedigt werden.
- Die Lagerhaltung hat eine *Stabilitätsfunktion* für die Preisgestaltung. Die Warenvorräte für einen angemessenen Zeitraum schützen vor Preisschwankungen auf dem Beschaffungsmarkt. Die Kosten der Lagerhaltung sind zum Teil durch Preisvorteile beim Einkauf großer Mengen wieder ausgleichbar.

Lagerkontrolle – wann die Ware verwendet wird

Die Lagerverwaltung ist wichtig für die Lagerkontrolle. Dadurch werden Wareneingang, Lagerbestände und Warenausgang überwacht.

So wird gesichert,
- dass die Bestände rechtzeitig aufgefüllt werden,
- dass Qualitätsverluste durch Überlagerung vermieden werden,
- dass Verluste durch unberechtigte Entnahme von Waren (= Diebstahl) aufgedeckt werden,
- dass eine mengen- und wertmäßige Erfassung des Bestands durch Inventur rasch und einfach durchführbar ist (➟ CD-ROM).

Für die Lagerverwaltung sind Karteien/Dateien erforderlich. Darin werden die Warengruppen und die Einzelartikel in alphabetischer Ordnung geführt (auch geordnet mit Artikelnummern).

Für jeden Artikel sind einzutragen und fortzuschreiben:
- Tag des Wareneingangs,
- Menge des Wareneingangs,
- Einstandspreis je Einheit (bei Abweichung vom letzten Preis),
- Menge des Warenausgangs *und* verbleibender Bestand der Ware.

Für Warenbewegungen können Checklisten (Bedarf für das Nachfüllen im Laden) und Anforderungsscheine (für Entnahmen aus dem Lager) benutzt werden.

Versorgung – wie Waren im Verkauf notwendig sind

Die Planungen zur Warenwirtschaft betreffen auch den Regelkreis von Versorgung und Entsorgung.

Verkaufsstellen der Bäckerei und Konditorei benötigen
– Rohstoffe und Energie (z. B. Wasser und Strom),
– Halbfertigerzeugnisse (z. B. TK-Teiglinge),
– Fertigwaren (z. B. Handelswaren),
– Hilfsstoffe (z. B. Reinigungs- und Verpackungsmaterialien).

Die Planung der Versorgung mit notwendigen Voraussetzungen für den Betrieb einer Verkaufsstelle muss Folgendes einbeziehen:

- Einsparung und rationelle Verwendung von Energie (z. B. Strom für Beleuchtung, Kühlung oder Heizung)
- Vermeidung von Verpackungsabfall (z. B. beim Bezug von Waren oder bei der Abgabe eigener Erzeugnisse)
- Verwendung ökologisch unbedenklicher Produkte (z. B. ungiftige Substanzen zur Reinigung, biologisch abbaubare Packstoffe)

Wichtige Bezugspunkte sind dabei die *umweltpolitischen Ziele*.

Für die Verkaufsstellen der Bäckerei/Konditorei betrifft das vor allem die Entsorgung von Produktresten und Packstoffen.

Entsorgung – wie die Reste beseitigt werden

„Vorsorgen ist besser als Entsorgen."
Das ist der Grundsatz für die *Müllvermeidung* im Betrieb. Aber nicht zu vermeidender Müll muss sachgerecht entsorgt werden.

Für Produktreste und anderen Müll ist die *Getrenntsammlung* die Voraussetzung für eine geordnete Entsorgung (z. B. Kompostierung oder Deponierung). Für die Packstoffe ist die *Wiederzuführung in den Rohstoffkreislauf* gefordert (= Recycling).

Für den Umgang mit im Betrieb anfallenden Verpackungsresten und auch für die vom Betrieb ausgehenden Verpackungen gelten rechtliche Bestimmungen (➡ nebenstehende Darstellungen).

Transportverpackungen und *Umverpackungen*, die beim Anliefern von Waren anfallen, sind vom Lieferanten zurückzunehmen und von ihm zu entsorgen. Solche Verpackungen sollten so weit wie möglich eingeschränkt werden. Ein Mittel dazu sind die *Mehrwegpackungen*.

Verkaufsverpackungen für Lieferungen an Gewerbebetriebe sind beispielsweise die Großkartons oder Mehlsäcke. Sie werden vom „Dualen System" (= DSD) nicht entsorgt, wenn in ihnen an das Großgewerbe geliefert wird.

Verkaufsverpackungen für die Abgabe von Produkten an die privaten Letztverbraucher sind beispielsweise Pralinenkartons, aber auch die Brötchentüten *(= Servicepackungen)*.

Die Händler sind verpflichtet, die verbrauchten Verkaufsverpackungen zurückzunehmen und einer *Verwertung* zuzuführen. Das erfolgt durch DSD, wenn die Packungen mit dem *Grünen Punkt* gekennzeichnet sind. Dafür wird eine Gebühr an das DSD abgeführt *(nach Lizensierung)*. Die Kunden sind auf die Rücknahme hinzuweisen. Bäckereien und Konditoreien mit einer Verkaufsfläche bis 200 m² sind befreit von der Verpflichtung zur Rücknahme. Das gesamte Lebensmittelhandwerk ist darüber hinaus *befreit von der Dokumentationspflicht* über die Quoten der Entsorgung. Das gilt aber nur für Servicepackungen, nicht für Fertigpackungen.

Umweltpolitische Zielsetzungen sind:

- *Reduzierung schädlicher Stoffe in Luft, Wasser und Boden*
- *Müllvermeidung oder -reduzierung*
- *Wiederverwendung von Wertstoffen*

Rechtliche Bestimmungen §

In der Verpackungsverordnung werden für den Umgang mit Verpackungsmaterial verschiedene Pflichten festgelegt:

Rücknahmepflicht, Verwertungspflicht und Dokumentationspflicht.

Diese Pflichten hat der Vertreiber einer Ware zu erfüllen für die Verpackungen, die er verursacht. Er ist davon befreit, wenn er seine Markenwaren beim „Dualen System der Abfallwirtschaft Deutschland = DSD" anmeldet und für die Verpackungen (nach Art und Gewicht) Gebühren bezahlt. Diese Verpackungen sind dann mit dem „Grünen Punkt" versehen.

Die Wirtschaftsstufen sollen miteinander kooperieren. Das heißt: Vom Erzeuger bis zum letzten Händler sollen Probleme zur Reduzierung des Verpackungsmülls und zur Wiederverwertung von Rohstoffen abgestimmt werden.

Bäckereien/Konditoreien können Kosten für die Verwertung sparen, indem sie beim Einkauf von Waren auf Packungen mit dem Grünen Punkt bestehen. Für die Abgabe der Eigenwaren sind Servicepackungen mit geringer DSD-Gebühr zu bevorzugen (z. B. Papiertüten statt Folien)

Sachverweis

*Weitere **Umweltaspekte** beim Umgang mit Packstoffen sind auf der Seite 71 dargestellt.*

BERATEN UND BEDIENEN VON KUNDEN

Das bestimmende Zentrum Ihres Verkäuferberufs ist es, Kunden zu beraten und zu bedienen. Dazu brauchen Sie Fachkenntnisse. Doch das allein reicht nicht. Sie müssen auch mit Kunden umgehen können. Sie sollten hinsehen können und heraushören können, was der Kunde sucht. Sie sollten die Kunden akzeptieren mit ihren Wünschen, Vorstellungen und Wertschätzungen. Dann können Sie mit Ihren Kunden sprechen; das ist der Ansatz für Beraten und Bedienen.

Untersuchungsergebnisse

Was sagen Ihnen die folgenden Thesen aus Verbraucherbefragungen?

- *Rund 70 % der Backwarenkäufer sind Stammkunden, die immer wieder in dem gleichen Geschäft einkaufen. 20 % sind Lauf- oder Gelegenheitskunden, die keine feste Bindung an ein Geschäft haben, aber immer mal wieder reinschauen. 10 % sind Neu- oder Zufallskunden.*
- *Die wichtigsten Faktoren für Kundenzufriedenheit eines Backwarengeschäfts sind Nähe, Erreichbarkeit, Service, Kompetenz und Freundlichkeit des Personals. Hinsichtlich der Produktqualität setzen die Kunden einen bestimmten Standard voraus. Die Qualität wird nur dann zu einem wichtigen Faktor für Kundentreue, wenn sie sich deutlich von der in anderen Backwarengeschäften abhebt. Preis und Auswahl spielen für die Kundenzufriedenheit nur eine untergeordnete Rolle.*

***Anmerkung zur Begriffswahl:** Kunden sind nicht an ein Geschäft „angebunden". Daher sprechen wir statt von „Kundenbindung" über „Kundentreue" oder „Kundenloyalität".*

Einkaufsverhalten der Verbraucher

Wissen Sie, warum die Kunden zu Ihnen in das Geschäft kommen?

Die Antwort auf diese Frage scheint ganz einfach zu sein: Die Kunden wollen Back- und Süßwaren kaufen. Aber warum suchen sie dazu das Bäcker- und Konditorfachgeschäft auf? Sicherlich gibt es darauf keine allgemeingültige Antwort. Aus Befragungen von Verbrauchern kann man aber Schlüsse ziehen (➡ nebenstehende Informationen).

Nach der Funktion der Käufe kann man unterscheiden:
- den *Versorgungskauf* (geplanter Kauf von Grundnahrungsmitteln, ein- bis zweimal wöchentlich, Kaufentscheidung nach Preis und Sortimentsbreite, Backwarenverkauf ➡ Shop-in-Shop);
- den *Ergänzungskauf* (geplanter, unregelmäßiger Kauf in der Nähe der Wohnung, Backwarenverkauf ➡ Convenience-Shop);
- den *Exklusivkauf* (geplanter, unregelmäßiger Kauf, entschieden nach Qualität und Prestige, Backwarenverkauf ➡ Spezialitäten- oder Premiumbäckerei/-konditorei);
- den *Impulskauf* (ungeplanter, unregelmäßiger Kauf, nach Angebot und „Verführung", Backwarenverkauf ➡ Snack-Imbiss).

Diese Systematik ist entscheidend für die Strategie der Bäcker und Konditoren mit ihren Verkaufsstellen. Sie ist aber auch wichtig für Ihre Tätigkeit. Beim reinen Versorgungskauf ist im Allgemeinen nicht das Maß an Beratung gefragt wie beim Exklusivkauf. Und beim Impulskauf sind Ihre Fähigkeiten zur Gestaltung von „Kauferlebnissen" gefragt.

Kauferlebnisse im Backwarenfachgeschäft

Wissen Sie, was die Kunden in Ihrer Verkaufsstelle erleben möchten?

Die Antwort auf diese Frage soll mit den folgenden Beispielen für die Gestaltung von Kauferlebnissen verdeutlicht werden.

Beispiel: Personenbezogener Erlebniskauf

Im Zentrum des erlebnisorientierten Verkaufs stehen Sie persönlich als Fachverkäufer/Fachverkäuferin. Im Unterschied zu Verkaufssystemen mit Selbstbedienung erwarten die Kunden im Bedienungsverkauf der Bäckerei und Konditorei die *persönliche Behandlung*, das persönliche Gespräch über Waren und ebenso über private Dinge.

Dazu gehören beispielsweise: die namentliche Ansprache bekannter Kunden, das freundliche Grüßen, der kundenorientierte Umgang beim Einkauf und die auf die Kundenpersönlichkeit bezogene Beendigung des Verkaufs, auch mit guten Wünschen für den Tag oder etwas, was der Kunde speziell vorhat (z. B. Reise, Feier, aber auch belastende Dinge).

Bedenken Sie dazu immer, dass Ihr Arbeitsplatz mehr von den bei Ihnen einkaufenden Kunden gesichert wird als von Ihrem Arbeitgeber.

Beispiel: Warenbezogener Erlebniskauf

Die Verbraucher suchen das Fachgeschäft der Bäckerei/Konditorei gern auf, wenn ihnen hier Waren und Leistungen geboten werden, die sie woanders nicht erhalten. Dabei ist es erlebnisorientiert, wenn durch Aktionen vor den Augen der Kunden die Herstellung solcher Produkte demonstriert wird. Beispielsweise das Herstellen von Pralinen oder von Marzipanfiguren lassen die Kunden die besondere handwerkliche Leistung erlebbar machen.

Dabei ist es förderlich, auch die *Herstellung spezieller Produkte* nach dem Wunsch der Kunden zu ermöglichen (z. B. Figuren oder größere Präsente aus Marzipan).

Beispiel: Umfeldbezogener Erlebniskauf

Das Umfeld (= Ambiente) des Fachgeschäfts der Bäckerei/Konditorei wirkt stets erlebnisartig beim Einkauf auf die Kunden. Dazu trägt die gesamte *Einrichtung der Verkaufsstelle* bei.

Besonders wichtig ist das Ambiente bei allen Verkaufsangeboten zum Direktverzehr, zum Beispiel im Café oder Imbiss. Beispielsweise ist hier eine themenorientierte Gestaltung der Gasträume förderlich. Aber auch eine schlichtweg gemütliche Atmosphäre mit bequemen Sitzmöbeln, angenehmem Licht und leiser Musik wirkt bereits erlebnisartig.

Beispiel: Aktionsbezogener Erlebniskauf

Die Produkte der Bäckerei und Konditorei lassen wie kaum in einem anderen Bereich das aktionsartige Anbieten zu. Duft und Aroma frisch hergestellter Backwaren wirken verlockend auf Passanten und Kunden im Geschäft.

Das *Backen im Laden* ist vorzüglich dazu geeignet, die Verbraucher miterleben zu lassen, wie Backwaren in der Bäckerei und Konditorei hergestellt werden. Aber ebenso ist das Kochen und Zubereiten von Snacks und kleinen Speisen erlebnisorientiert. Der Kunde erlebt mit, wie *sein* Snack nach *seinem* Wunsch zubereitet wird. Auch wenn die Gäste im Café zuschauen können beim so genannten „Front-cooking", ist das ein besonderes Erlebnis.

Meinung

Eine Familie ist umgezogen. Nun kauft sie in der Bäckerei nahe der neuen Wohnung ein. Darüber berichtet die Kundin:

„Also ich bin total überrascht worden. Nicht nur über die Warenqualität, sondern darüber, dass die Verkäuferin mich nach meinem Namen gefragt hat. Und schon beim zweiten Einkauf hat sie mich mit meinem Namen angesprochen und gefragt, wie wir uns eingelebt haben. Das war ein so positives Erlebnis, dass ich in dieser Bäckerei nun immer einkaufe."

Marzipanwaren in handwerklicher Art hergestellt

Themenorientierte Gestaltung eines Cafés

Aktion beim Backen im Laden

Aufgabe

➤ *Stellen Sie anhand weiterer Beispiele dar, wie in Verkaufsstellen der Bäckerei und Konditorei den Kunden ein* ***Erlebniskauf*** *ermöglicht werden kann.*

Anteil an der Bevölkerung in Deutschland

	1999	2009	2040
Jünger als 20 Jahre	22%	18%	15%
20 bis 60 Jahre	57%	57%	48%
Älter als 60 Jahre	21%	25%	37%

Quelle: Brot und Backwaren 2/2000

Vom häuslichen Herd und Tisch zum „Essen außer Haus"

Anteil an den Ausgaben für Essen außer Haus

Zwischendurch-verzehr	**1991**	6,9%
	1998	8,5%
	2002	12,0%
Frühstück	**1991**	11,0%
	1998	15,2%
	2002	17,8%

Quelle: Brot und Backwaren 2/2000

Worterklärung

Home-meal-replacement *ist ein neuer Begriff für das, was die häusliche Zubereitung von Mahlzeiten und das Essen zu Haus ersetzt. Er umfasst das* ***Außer-Haus-Essen,*** *das* ***Kaufen von Mahlzeitenbauteilen*** *für das Zubereiten zu Haus und den* ***Lieferservice für Mahlzeiten*** *(= Home Delivery).*

Das ist insgesamt in der Zunahme begriffen in den USA und in Großbritannien. Es ist anzunehmen, dass sich dieser Trend auch in Deutschland mehr und mehr durchsetzt. Die Backwarenbetriebe haben hier einen neuen Markt bei ansonsten nicht mehr ausweitbarem Verkauf an Back- und Süßwaren.

Entwicklungen im Konsumverhalten

Wissen Sie, was die Kunden von Ihrem Geschäft erwarten?

Eine eindeutige Antwort auf diese Frage ist nicht zu geben. Denn es gibt nicht „die Kunden" mit gleichem Verhalten, mit den gleichen Wünschen. Alle wollen sich aber mit Back- und Süßwaren versorgen. Dazu sind einige aktuelle Entwicklungen für Sie interessant.

Zahlen und Prognosen für den Backwarenverkauf

Anhand verfügbarer Daten über die Entwicklungen in der Gesellschaft können mit den folgenden fünf Beispielen bestimmte Konsequenzen für den Verkauf in Bäckereien und Konditoreien aufgezeigt werden.

Kleinsthaushalte – auf dem Vormarsch

Die Bevölkerung in Mitteleuropa lebt immer weniger in den tradierten Familienverbänden. Die Zahl der *Kleinsthaushalte* nimmt ständig zu. Begründet ist das vor allem

- durch die Tendenz, dass viele junge Menschen lieber für sich allein leben (so genannte „Singlehaushalte"),
- durch die wachsende Zahl älterer Menschen über 60 Jahre, die allein oder zu zweit in einem Haushalt leben.

Heute kommen in Europa auf 100 Personen im Alter zwischen 20 und 60 Jahren schon 37 Menschen über 60 Jahre; bis zum Jahr 2040 wird sich deren Anteil bis etwa 70 auf 100 Personen erhöhen.

- Die *Kleinsthaushalte* haben beim Einkauf von Back- und Süßwaren im Hinblick auf die Mengen gleiche Bedürfnisse: kleine Portionen, oftmaliger Frischeinkauf. Unterschiede bestehen aber bestimmt bei der Auswahl der Waren. Die Senioren werden zum Beispiel mehr auf Bekömmlichkeit achten, die jungen Konsumenten sind vielleicht experimentierfreudiger bei ihren Kaufentscheidungen.

Außer-Haus-Verzehr – im Trend der Zeit

Die zunehmende Zahl der Singlehaushalte, die Erwerbstätigkeit vieler Frauen und die wirtschaftliche Situation führen dazu, dass immer mehr Menschen täglich *Mahlzeiten außer Haus* einnehmen. Auch werden mehr vorgefertigte Produkte (= „Mahlzeitenbauteile") zum Zubereiten für zu Haus gekauft.

Die Menschen ändern ihr *Essverhalten*: Die *Tages-Mahlzeitenstruktur* von früher gilt nicht mehr. Gegessen wird zu unterschiedlichen Zeiten und an zufälligen Verzehrsorten. Von denselben Menschen werden Fast-Food-Essen und gepflegtes Speisen in gleicher Weise geschätzt und wahrgenommen, auch für gesundheitsbewusstes Essen.

Insgesamt wird für den Außer-Haus-Verzehr ein steigender Anteil des verfügbaren Einkommens ausgegeben.

- Der steigende Anteil des Zwischendurchverzehrs bietet für die Backwarenanbieter *neue Chancen*. Das heißt: Sie bieten nicht nur das an, was sie schon immer gebacken haben, sondern das, was Kunden essen möchten. Der Einstieg in solche Angebote gelingt über das Frühstück. Am gesamten Außer-Haus-Verzehr liegt hier der Schwerpunkt. Dafür haben Bäckereien/Konditoreien die größte Kompetenz. Aber auch kleine Zwischenmahlzeiten sind im Café- und Imbissbereich gefragt. Die Angebote müssen sich jedoch in Qualität und Service deutlich von denen der Fast-Food-Ketten abheben.

Online-Erlebnisse – auch für das Kaufen gefragt

In Mitteleuropa haben die Schüler allgemein auch in den Schulen Internetzugang. Das Informations- und Kommunikationsverhalten der jungen Generation wird dadurch entscheidend geprägt. Aber auch ältere Menschen nutzen vermehrt die neuen Technologien. Das Einkaufsverhalten der Menschen ändert sich als Folge der Nutzung von Online-Diensten: Die Information über Produkte ist umfassend möglich. Das *Kaufen per Internet* wird zunehmend genutzt.

- Der tägliche Einkauf von Back- und Süßwaren per Internet wird wohl nur begrenzt praktische Bedeutung erlangen. Aber das Angebot lässt sich auf diesem Wege präsentieren. Das Medium ist vor allem geeignet zu umfassenden *Produktinformationen*, die damit von zu Haus aus, aber ebenso in der Verkaufsstelle von Kunden abgerufen werden können. Junge Internet-Surfer können außer den Produkten auch die Ausbildungsberufe im Backgewerbe für ihren zukünftigen Arbeitsplatz entdecken.

Bio-Backwaren – mehr und mehr geschätzt

Es ist längst vorbei, dass die Vorliebe für Bio-Kost einfach mit dem „Körner-Essen" gleichgesetzt werden darf. Insbesondere Skandale mit verseuchten Lebensmitteln haben dazu geführt, dass mehr und mehr Verbraucher gesundheitsbewusst essen. Den Müslis, Getreiden (= Zerealien) und Bio-Produkten wird viel Vertrauen geschenkt. Es sind überwiegend Angehörige der jüngeren Generationen, und dabei die mit höherem Bildungsstand und Einkommen, die ihre Nahrung so bewusst zusammenstellen.

- Für ernährungsbewusste Kunden sind alternative Bäcker/Bio-Bäcker die Einkaufsquelle. Neben Back- und Süßwaren werden auch andere ökologisch erzeugte Produkte gekauft. Für die Käufer sind hohe Preise für Bio-Erzeugnisse kein wesentliches Kaufhemmnis. Deshalb wird mit jeder öffentlichen Diskussion über Gesundheitsgefahren durch Lebensmittel der Öko- und Bio-Markt bestimmt zunehmen.

  Hersteller und Verkäufer herkömmlicher Backwaren müssen sich den Herausforderungen dieses Marktes stellen. Das bedeutet: Das Angebot an Back- und Süßwaren muss auch den Erwartungen hinsichtlich Natürlichkeit und Gesundheitswert entsprechen. Und das Ernährungswissen spielt in der Beratung eine große Rolle.

Ethnic-Food – weltweit verbreitetes Essen

Zuwanderer aus der gesamten Welt haben überlieferte heimische Essgewohnheiten verändert. Exotische Früchte, Gewürze, Speisen und Getränke sind überall bekannt. Auch der Tourismus führt dazu, dass viele Menschen nach dem Urlaub in fernen Ländern zu Haus die fremden Produkte kaufen möchten. Diese „Globalisierung" des Essens findet im Verzehr der so genannten *Ethnic-Food* ihren Niederschlag. Die Antipasti aus Italien, die Polenta aus Mexico oder Curry-Mahlzeiten aus Indien sind Beispiele für solche internationalen Speisen.

- Die Bäckerei- und Konditoreifachgeschäfte haben diesen Markt aufgenommen: Über Backwaren-Spezialitäten wie Ciabatta oder Baguettes hinaus werden Mais-Snacks oder viele Varianten von Teigwarengerichten angeboten. Ethnic-Food-Angebote erfordern Fachkenntnisse für die Herstellung der Spezialitäten. Aber auch der Umgang, die Präsentation und die Beratung im Verkauf sind nur mit speziellen Kenntnissen überzeugend zu leisten.

Nutzer von Online-Diensten

Alter	Anteil in % der Bevölkerung	Online-Nutzer in %
6 bis 13	9,2	2,7
14 bis 19	6,7	13,2
20 bis 29	12,7	28,6
30 bis 39	16,6	24,3
40 bis 49	14,5	15,5
50 bis 59	15,3	9,7
60 und +	25,0	6,0

Quelle: Brot und Backwaren 2/2000

➤ *Welche Altersgruppen in der Bevölkerung nehmen über- bzw. unterdurchschnittlich die Online-Dienste wahr (gemessen an ihrem Anteil an der Gesamtbevölkerung)?*

Worterklärung

Zerealien *(aus dem Lateinischen) ist der Sammelbegriff für Getreide und zumeist rohe Getreidespeisen (z. B. Haferflocken).*

Käufer von Bio-Produkten

In einer Befragung im Jahr 1999 wurden folgende Ergebnisse ermittelt:

- *Manchmal kaufen Bio-Produkte = 50 % der Befragten*
- *Regelmäßig kaufen Bio-Produkte = 18 % der Befragten*
- *Von den regelmäßigen Käufern von Bio-Produkten sind zwischen 18 und 39 Jahre alt = 57 % der Befragten*

Quelle: Brot und Backwaren 2/2000

➤ *Welche Schlüsse können Sie aus diesen Zahlen für den Back- und Süßwarenverkauf ziehen?*

Internationales Backwarenangebot

Kundenarten

Tipps für die Verkaufspraxis

- *Versuchen Sie, Ihre Stammkunden namentlich zu kennen. Sprechen Sie diese Kunden mit ihrem Namen an.*
- *Merken Sie sich Besonderheiten und Vorlieben von Stammkunden. Berücksichtigen Sie solche individuellen Sachverhalte bei Wiederholungskäufen der Kunden.*
- *Legen Sie sich eine Stammkunden-Kartei an. Vermerken Sie darin wichtige Daten für die Beratung und Belieferung der Kunden (z. B. bei Bestellungen). Eine solche Datei macht es Ihnen auch möglich, Kunden angenehm zu überraschen, zum Beispiel durch eine Gratulation zum Geburtstag.*

Kunden sollten gleichrangig, aber auf keinen Fall schematisch behandelt werden

Zum Nachdenken

In manchen Verkaufsstellen tragen die Verkäufer und Verkäuferinnen Namensschilder an der Kleidung. Dadurch soll eine bessere Ansprache durch die Kunden möglich sein.

- *Was halten Sie von solchen Namensschildern für Beschäftigte im Verkauf?*

Kundenarten und ihr Kaufverhalten

Täglich haben Sie es mit vielen Kunden zu tun. Jede und Jeder ist als Individuum einzigartig. Sie müssen alle individuell behandeln. Es ist darum nur bedingt richtig, „Kundenarten" zu unterscheiden. Das ist aber sinnvoll zur Verdeutlichung des Kaufverhaltens von bestimmten Kunden aufgrund des Verhältnisses zu Ihrem Geschäft.

Stammkunden und Laufkunden

Je nach Standort einer Verkaufsstelle sind unterschiedliche Kunden zuzuordnen: Regelmäßig dasselbe Geschäft aufsuchende Kunden (= Stammkunden) haben die Verkaufsstellen in ländlichen Bereichen und in Wohngebieten der Städte. Mehr zufällig in einer Verkaufsstelle kaufende Kunden (= Laufkunden) sind typisch für die Geschäfte in den Laufgegenden der Stadtmitte oder in Einkaufszentren.

Stammkunden – eine Gruppe bekannter Käufer

Durch die regelmäßigen Einkäufe in Ihrem Geschäft sind Ihnen die Stammkunden bekannt. Sie kennen ihre Namen, ihre Eigenarten, ihre private Situation, ihre Vorlieben oder Abneigungen für bestimmte Waren sowie ihre Kaufmotive. Das erleichtert Ihnen den Umgang und die Kaufabwicklung.

Aber sind Stammkunden deshalb unproblematische Kunden für Sie?

Die Stammkunden haben auch bestimmte Informationen über Sie. Mit etlichen von ihnen sind Sie vielleicht sogar näher bekannt oder befreundet. Das Bekanntschaftsverhältnis zu den Kunden hat für Sie Vorteile im Beratungs- und Verkaufsgespräch.

Es kann aber auch zum Problem werden, zum Beispiel

- wenn gute Freunde Sie in private Gespräche verwickeln und dadurch die Bedienung anderer Kunden leidet,
- wenn die private Situation eines Kunden Sie unangenehm berührt und dadurch die Verkaufssituation beeinträchtigt wird.

Unterschiedliche Bekanntschaftsverhältnisse zu Kunden bewältigen Sie gut durch eine verbindliche, aber trotzdem freundliche Distanz. Die Kunden können dadurch das Gefühl der Gleichrangigkeit erhalten.

Achten Sie darauf, dass kein Kunde das Gefühl entwickeln kann,

- er habe zu Ihnen kein so gutes Verhältnis wie ein anderer Kunde,
- er werde von Ihnen nicht so geschätzt wie ein anderer Kunde,
- er werde von Ihnen nicht so freundlich und engagiert bedient wie ein anderer Kunde.

Die Beachtung der Gleichrangigkeit hat aber auch eine klare Grenze. Das darf nicht zu schematischem Verhalten im Verkauf führen.

Das Ziel vieler Bäckereien und Konditoreien ist es, möglichst viele Stammkunden zu haben. Es sind nämlich überwiegend treue Kunden. Trotzdem darf Sie das nicht dazu verleiten, die Stammkunden als „sichere Abnehmer" Ihrer Waren zu vernachlässigen. Den erreichten Stamm an treuen Kunden müssen Sie pflegen.

Und das können Sie einfach tun: Aus der Kenntnis der persönlichen Vorlieben der Kunden heraus sind Ihnen beispielsweise besondere Empfehlungen von Waren sowie Angebote neuer Produkte möglich. Vermeiden Sie alles, was den Stammkunden als Unaufmerksamkeit erscheint, was zu Langeweile führt. Zeigen Sie vielmehr Ihr besonderes Interesse an der Dauerhaftigkeit dieser Kundenbeziehung.

Laufkunden – verschiedene Gruppen unbekannter Käufer

Bei den so genannten Laufkunden sind unterschiedliche Gründe dafür ausschlaggebend, warum die Kunden nicht stetig in einem Geschäft einkaufen und dem Verkaufspersonal unbekannt sind.

- Die Laufkunden als „Zufallskunden" sind oftmals nur einmalige Besucher eines Geschäfts. Sie kommen als Passanten auf dem Weg nach Haus oder während eines Einkaufsbummels herein, weil sie spontan etwas kaufen möchten. Diese Kunden sind typisch für die „Lauflagen-Standorte". Wenn Sie dort bedienen, sind Ihnen die Laufkunden so unbekannt, dass Sie im Wesentlichen nur auf die Kundenwünsche hin reagieren können. Das sollte kundenzentriert erfolgen. Das heißt: Kunden werden freundlich aufgenommen, ihre Kaufwünsche werden erfragt, sorgfältig und engagiert erfüllt. Bedenken Sie immer, dass auch Zufallskunden das übliche Maß an Umgangsformen erwarten (➞ „Eine Unverschämtheit").

- Die Laufkunden als „Zeitkunden" sind Besucher eines Geschäfts für eine begrenzte Zeit (z. B. Saisonarbeiter, Touristen). Sie sind mit den örtlichen Gegebenheiten und den Einkaufsstätten nicht vertraut. Sie suchen meistens eine ihnen genehme Situation für die Versorgung mit Waren und Leistungen (z. B. Snack-Mitnahme, Imbiss im Café).

  Zeitweilige Besucher oder Touristen sind oft auch *Ausländer*, die sich mit den hiesigen Gepflogenheiten nicht auskennen und sich sprachlich oftmals nicht hinreichend verständigen können. Hier sind Ihre Gewandtheit und Ihr Einstellungsvermögen gefordert, damit Sie die Kaufsituation erfolgreich bewältigen können (➞ Tipps).

- Die Laufkunden als „Zielkäufer" sind erstmalige Besucher in einer Verkaufsstelle, die sie bewusst aufsuchen.

  Gründe dafür können sein:
  - gewünschte Abwechslung im Einkaufssortiment von Back- und Süßwaren,
  - gezielter Einkauf von Back- und Süßwaren wegen der besonderen Angebotsqualität oder eines Sonderangebots,
  - angeregter Spontankauf aufgrund einer Empfehlung oder einer werblichen Maßnahme (z. B. Schaufensterauslage).

Bei Erstkauf-Laufkunden besteht für Sie die Möglichkeit, diese als dauerhafte Kunden zu gewinnen. Dabei gilt der Grundsatz:
Für den ersten Eindruck gibt es keine zweite Chance.

Was bedeutet das für Sie?

***Laufkunden** können zu **Stammkunden** werden,*
– wenn ihnen das Warenangebot zusagt,
– wenn ihnen die Beratung und Bedienung gefällt.

Diese Bewertung erfolgt durch die Käufer aufgrund ihres ersten Kontakts mit der Einkaufsstätte (erster Eindruck). Bei der Bedienung *aller* Laufkunden sollte der Grundsatz gelten, dass sie nicht Waren minderer Qualität erhalten, die an Stammkunden nicht abgegeben würden.

Beratung und Bedienung erstmaliger Kunden sind für Sie wegen fehlender Informationen über Eigenheiten der Person schwieriger als bei Stammkunden. Sie können aber mit guter Beobachtung und geschickten Fragen den Kauf erfolgreich gestalten, so dass die Kunden gern wieder zu Ihnen kommen. Sie selbst können an solchen Aufgaben Ihre Kontaktfähigkeiten im Verkauf schulen und entwickeln.

Eine Unverschämtheit

Eine Kundin verlangte Mehrkornbrötchen an einem Backwarenstand in einer Markthalle. Als die Verkäuferin erklärte, dass diese leider ausverkauft seien, wandte sich die Kundin mit der Bemerkung ab, sie wolle sich dann lieber woanders danach umsehen.

Doch da traute die Kundin ihren Ohren nicht: „Alte Zicke" zischte die Verkäuferin ihr hinterher. Diese Unverschämtheit ließ sich die Kundin nicht bieten. Sie wollte sich bei der Chefin beschweren. Doch da wurde klar: Es war die Inhaberin selbst, die so unhöflich war. Sie entschuldigte sich auch nicht für die Beleidigung, sondern verwies darauf, dass sie nur der Kollegin ihre Meinung über die Kundin mitteilen wollte.

Diese Kundin teilte dann ihre Meinung über diesen Vorfall einer Zeitung mit, die das natürlich gern berichtete mit der Bemerkung, dass die Kundin nun lieber ihre Brötchen bei einem anderen Bäcker kaufe.

➤ *Kann man den Vorgang damit erklären, dass jeder mal einen schlechten Tag hat?*

Tipps für die Verkaufspraxis

➤ *Stellen Sie sich auf den Erklärungsbedarf der Kunden ein, die mit den Gegebenheiten in Ihrem Geschäft nicht vertraut sind.*

➤ *Geben Sie den Kunden, die sich sprachlich nicht hinreichend mit Ihnen verständigen können, Hilfen für den Kauf (z. B. durch Vorzeigen der Ware oder durch Zeigen des Bons). Sprechen Sie langsam und deutlich, aber nicht in verstümmelten Sätzen.*

➤ *Prägen Sie sich die fremdsprachlichen Bezeichnungen für Back- und Süßwaren ein, wenn Kunden eines bestimmten Sprachraums häufig als Laufkunden zu Ihnen in das Geschäft kommen.*

➤ *Behandeln Sie Besucher aus fremden Ländern so, wie Sie das als Gast in deren Heimat erwarten würden.*

Meinung

Eine Auszubildende meint: „Ich bin doch Verkäuferin und keine Dolmetscherin. Wer zu uns kommt, muss sich selbst darum bemühen, mich richtig zu verstehen."

➤ *Was meinen Sie zu dieser Einstellung zur Rolle als Verkäuferin?*

➤ *Halten Sie das Lernen von Fremdsprachen für nötig, um Backwaren zu verkaufen?*

Kundengruppen mit besonderen Merkmalen

Beim Einkauf in einem großen Discountgeschäft erwarten die Kunden keine persönliche Behandlung. Ja, sie müssen sich selbst behaupten bei der Auswahl der Waren oder beim Warten in der Schlange vor der Kasse. Aber beim Einkauf in Ihrem Geschäft ist das anders. Hier erwarten die Kunden persönliche Behandlung.

Kinder: die Kunden von heute und morgen

Haben Sie schon einmal darauf geachtet, wie oft sich die Werbung an Kinder richtet? Kinder sind gefühlsmäßig ansprechbar und gute Anbahner von Kaufentscheidungen ihrer Eltern.

Kinder sind nicht erst die Kunden von morgen. Sie kaufen zum Teil selbstständig oder im Auftrag der Erziehungsberechtigten ein. Für den Verkauf in Ihrem Geschäft sind bei Kindern in Abhängigkeit von deren Alter und Selbstständigkeit besondere Bedingungen zu beachten.

- Kinder sind gleichberechtigte Kunden. Sie sind demnach weder bevorzugt zu bedienen, noch dürfen sie in der Reihenfolge für die Bedienung übergangen werden.
- Kinder sind sehr empfindsam. Sie sollten merken, dass sie in Ihrem Fachgeschäft willkommen sind. Sprechen Sie die Ihnen bekannten Kinder mit dem Namen an.
- Kinder kaufen oft im Auftrag ihrer Erziehungsberechtigten ein. Sie sollen in diesen Fällen nur die gewünschte Ware erhalten. Und die Waren sollten in der Qualität ausgehändigt werden, wie sie auch beim Einkauf durch die Erziehungsberechtigten selbst wäre.
- Kinder können je nach Lebensalter die Vorgänge beim Abrechnen und Bezahlen nur bedingt selbstständig durchführen. Beim Einkauf im Auftrag sollten Sie daher den Kassenbon zusammen mit dem Rückgeld in die Geldbörse legen.
- Kinder haben je nach Körpergröße auch Schwierigkeiten mit den Maßen der Geschäftseinrichtung. Sie sind für Hilfen dankbar bei der Übernahme der Waren oder beim Öffnen der Tür. Zeigen Sie durch Ihre Hilfen in diesen Situationen die Anerkennung für die „selbstständige Leistung" des Kindes.

In rechtlicher Hinsicht müssen Sie beachten, dass Kinder *bis zu ihrem vollendeten 7. Lebensjahr geschäftsunfähig* sind.
Das heißt: Sie können rechtsverbindlich keine Verträge abschließen.

Wenn *geschäftsunfähige Kinder* einkaufen
- sind Sie an die Aufträge der Erziehungsberechtigten gebunden;
- dürfen Sie beim Fehlen gewünschter Ware nicht ersatzweise andere Ware aushändigen;
- müssen Sie beim Fehlen gewünschter Ware die Entscheidung der Erziehungsberechtigten in geeigneter Weise einholen.

Kinder und Jugendliche zwischen dem 7. und 18. Lebensjahr sind *beschränkt geschäftsfähig*. Das bedeutet: Sie können im Rahmen des üblichen Taschengelds eigenverantwortlich Verträge abschließen. Für in den Verkaufsstellen der Bäckerei und Konditorei übliche Kaufverträge benötigen sie *nicht die Zustimmung ihrer Erziehungsberechtigten*.

Kindern soll altersabhängig ein Maß an Eigenverantwortung eingeräumt werden. Demnach können *beschränkt geschäftsfähige Kinder* auch bei Auftragseinkäufen bestimmte Entscheidungen selbstständig treffen.

Zum Nachdenken

Sylvia berichtet ihrer Chefin, dass sie in der Front einer Verkaufstheke etwas Originelles gesehen hat. Da gab es eine Schublade, aus der sich kleine Kinder selbst Süßigkeiten entnehmen durften.
Die Chefin beurteilt das zurückhaltend: „Wir geben zwar den Kleinen gern ein Plätzchen, aber so unkontrollierte Ausgabe von Süßigkeiten könnte bei einigen Eltern auf Widerstand stoßen."

- ➤ *Wie erfolgt bei Ihnen die Zugabe von kleinen Naschereien an Kinder?*

Rechtsfragen aus der Praxis

- ➤ *Darf ein 5-jähriges Kind bei Ihnen ohne eine erkennbare Willenserklärung der gesetzlichen Vertreter eine große Tafel Schokolade kaufen?*
- ➤ *Können die Erziehungsberechtigten Geld zurückfordern für Käufe, die ihre geschäftsunfähigen Kinder gegen ihren Willen abgeschlossen haben?*
- ➤ *Würden Sie in den beiden folgenden Situationen nach der Zustimmung der Erziehungsberechtigten fragen?*
  - *Ein etwa 8-jähriges Mädchen kauft eine Präsentpackung Pralinen als Geschenk zum Muttertag.*
  - *Ein etwa 8-jähriges Mädchen fordert eine große Menge Süßigkeiten unter Vorzeigen eines großen Geldbetrags, den es angeblich gefunden hat.*
- ➤ *Darf ein etwa 10-jähriges Kind etwas allein im Café bestellen?*
- ➤ *Darf ein etwa 16-jähriger Jugendlicher seine beiden Freunde im Café mit Kaffee und Kuchen bewirten?*

Senioren: die besonders treuen Kunden

Hat jeder Mensch über 60 Jahre möglicherweise Zahnersatz und kann keine Florentiner oder andere krosse Gebäcke mehr genießen?

Für die Kundengruppe der älteren Menschen werden oft allgemeine Vorurteile zu Grunde gelegt, wenn es um ihr Einkaufsverhalten geht. Sicherlich können Senioren altersbedingte Gebrechen haben. Es ist auch möglich, dass sie Abläufe beim Einkaufen nicht mehr so rasch wie früher abwickeln können. Daraus sollten aber keine Schlüsse in verallgemeinernder Form gezogen werden.

Die Centrale Marketinggesellschaft der Agrarwirtschaft (= CMA) hat in einer Studie über die Erwartungen älterer Menschen beim Kauf von Backwaren wichtige Erkenntnisse gewonnen.

Ältere Menschen – eine Gruppe mit Kaufkraft

Wegen des hohen Anteils der Senioren in der Gesellschaft sind sie eine wichtige Zielgruppe für Werbung und Verkauf. Sie sind eine Gruppe mit großer Kaufkraft. Aus dem Erwerbsleben ausgeschiedene Menschen haben im Allgemeinen keinen Beschaffungsbedarf mehr. Sie können das Geld ausgeben für Dinge, die ihnen das Leben verschönern. Dazu gehört auch der Genuss hochwertiger Back- und Süßwaren.

Senioren äußern ganz klar, dass sie nicht in eine „Schublade" als Abnehmer von spezieller Altenkost gehören.

Ältere Menschen – eine Gruppe mit speziellen Wünschen

Im Alter geht der Energiebedarf des Menschen zurück. Senioren essen darum deutlich weniger als Menschen in jungen Jahren. Davon ist der Verzehr von Backwaren nicht ausgenommen.

- Senioren essen im Durchschnitt pro Tag drei Scheiben Brot und zwei Brötchen. Dabei sind Frühstück und Abendbrot für sie die typischen Brotmahlzeiten.
- Senioren essen am liebsten Roggenmischbrot mit einem hohen Anteil an Roggenmehl, auch Vollkornbrot und Schrotbrot. Bei den Kleingebäcken stehen Weizenbrötchen an erster Verzehrsstelle, gefolgt von Mehrkornbrötchen, Croissants und Milchbrötchen.
- Senioren essen ernährungsbewusst. Sie achten auf eine gesunde, kalorienarme Kost mit viel Vitaminen und Ballaststoffen.
- Senioren essen meistens zu Haus. Der Außer-Haus-Verzehr spielt nur bei etwa 20 % der Senioren mit zweimal wöchentlich eine Rolle.

Da sich ältere Menschen besonders für Fragen der Ernährung und Gesundheit interessieren, ist das für Sie ein Beratungsfeld.

Behinderte: die hilfsbedürftigen Kunden

Egal um welche Altersgruppe von Menschen es sich handelt, gilt bei den Behinderten: Sie wollen nicht Ihr Mitleid. Sie brauchen aber Ihr Einfühlungsvermögen bei der Kaufabwicklung. Hier ist von Ihnen der jeweiligen Behinderung entsprechend Hilfe zu leisten, zum Beispiel
- stärkere, wortreiche Beschreibung der Waren für Sehbehinderte,
- praktische Hilfe bei der Übernahme von Waren und beim Tragen oder Türöffnen für Körperbehinderte,
- Anbieten der Lieferung frei Haus für stark Gehbehinderte.

Allgemein ist für viele Behinderte günstig, dass sie einfach Zugang zum Geschäft und Sitzmöglichkeiten für Wartezeiten haben.

Tipps für die Verkaufspraxis

- *Die Mehrzahl der Senioren ist finanziell gut gestellt. Bei der Auswahl von Brot und Backwaren sollten Sie den Gesundheitswert herausstellen und nicht den Preis.*
- *Die Experimentierfreudigkeit älterer Kunden ist nicht sehr hoch. Sie stehen aber trotzdem neuen Produkten nicht ablehnend gegenüber. Mit Kostproben können Sie die Senioren gut an neue Artikel heranführen.*
- *Die Senioren sind treue Kunden, denen Sie das Gefühl vermitteln sollten, dass sie gern gesehen sind, und dass Sie auf deren Bedürfnisse auch Rücksicht nehmen.*
- *Die älteren Menschen müssen trotz geringen Nahrungskonsums auf eine ausgewogene Kost achten. Bei der Beratung sollten Sie den positiven Beitrag von Brot zur Nährstoffversorgung herausstellen.*
- *Die Senioren mit Kleinsthaushalt haben einen nur geringen Bedarf an Brot und Backwaren. Bieten Sie ihnen daher kleine Gewichtseinheiten an (z. B. Brotaufschnitt).*
- *Die oftmals geringere Einkaufshäufigkeit älterer Menschen sollten Sie durch Empfehlung von Sorten mit längerer Haltbarkeit beachten; auch Tipps zur richtigen Bevorratung von Backwaren sind hilfreich.*

Praktische Hilfen

- *Für Senioren ohne Fahrmöglichkeit ist ein Lieferservice für Backwaren sinnvoll. Er sollte auch telefonisch bestellbar sein.*
- *Für Senioren ist eine Einkaufsmöglichkeit mit besonders breitem Sortimentsangebot in der Nähe ihrer Wohnung bedeutungsvoll. Sie nehmen daher beim Einkauf in der Bäckerei und Konditorei gern Waren des Zusatzsortiments mit.*
- *Für Senioren mit Krankheiten, die eine Diät notwendig machen, ist ein entsprechendes Angebot in der Bäckerei und Konditorei interessant. Für Bedarf an besonderen Diätwaren sollte ein Bestellservice eingerichtet sein.*

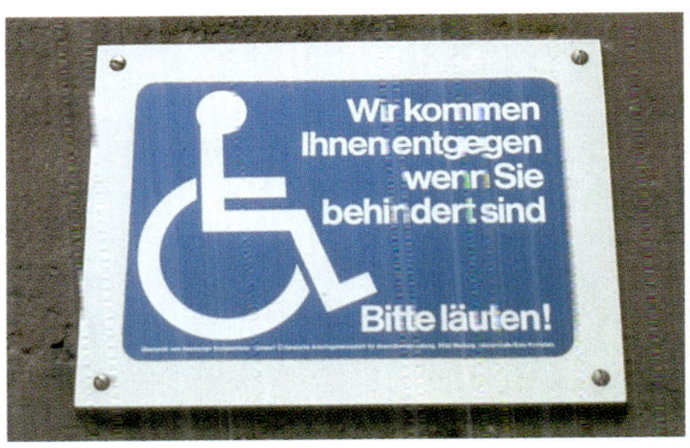

Kundentypen und ihre Eigenschaften

Bestimmt können Sie durch längere und gute Beobachtung bei Ihren Kunden jeweils überwiegende Verhaltensweisen erkennen. Das hilft Ihnen, sich auf die Kunden besser einstellen zu können.

Sie dürfen aber die Kunden nicht nach einem Typenmuster behandeln. Sie sollten bedenken,
- dass Kunden als Einzelpersönlichkeiten (= Individuen) nicht in ein Schema passen;
- dass Kunden sich abhängig von ihrer konkreten Situation und von ihrer Stimmung verhalten;
- dass Kunden auch von ihrem Gegenüber (vom Verkaufspersonal) in ihrem Verhalten beeinflusst werden.

Wie können Sie auf konkretes Kundenverhalten richtig reagieren?

Kundenverhalten	**Mögliche Reaktion**
***sparsam**: wählt nach dem Preis aus, sucht nach Vorteilen*	*– auf preisliche Vorteile hinweisen; nicht mit vergleichsweise teureren Waren belasten*
***anspruchsvoll**: sucht besondere Qualität; Preis ist nicht wichtig*	*– qualitativ hochwertige Waren anbieten; auf besondere Angebote hinweisen*
***unsicher**: suchendes Herumblicken im Geschäft, leises Sprechen*	*– das Angebot eingrenzen; sorgfältige Beratung; Bekräftigen der Kaufentscheidung*
***sachkundig**: aus Beruf oder Hobby stammendes Wissen wird eingebracht*	*– zurückhalten, jedoch fachlich exakt beraten; keine Belehrung oder ein Streitgespräch führen wollen*
***schweigsam**: mimisch ausdruckslos; knapp im Gruß- und Gesprächsverhalten*	*– direkte Ansprache; freundliche und geduldige Bedienung; Führen zur Kaufentscheidung; Bekräftigen der richtigen Wahl der Waren*
***gesprächig**: ungehemmter Redefluss, sich inhaltlich verlierend*	*– zuhören; auf fachliche Fragen leiten; zum Kaufabschluss streben (damit andere Kunden nicht warten müssen)*
***eigenwillig**: konkrete, zum Teil ausgefallene Wünsche; nicht zu beeinflussen*	*– respektieren; Kundeneinstellung nicht korrigieren wollen; Wünsche exakt erfüllen*
***geltungsbedürftig**: protzig in Aussagen über Privates; auffällige Kleidung*	*– beachten; Geltungsstreben bei Angeboten zu Grunde legen; auf Neuheiten hinweisen; nie private Aspekte kritisch bewerten*

Die *Persönlichkeitsmerkmale von Kunden* können mit beliebig vielen Eigenschaftswörtern belegt werden (z. B. tolerant, überheblich, offen). Davon unabhängig sind die zumeist aus der Situation erwachsenden *Verhaltensweisen* zu beachten (z. B. eilig, betrübt oder belustigt). Das alles zusammen ergibt das Bild, das Sie von einem Kunden haben.

Bezogen auf das Erscheinungsbild der Kunden spricht man im Verkauf von problematischen oder problemlosen Kunden. Solche Zuordnungen sind aber subjektiv. Das heißt: Für Sie problemlose Kunden können bei anderen problematisch sein und umgekehrt. Und Kunden, die scheinbar viel hinnehmen, können durch verschwiegene Unzufriedenheit plötzlich schwierig werden. Darum ist es stets eine Herausforderung für Sie, mit den verschiedenen Kunden ausgeglichen umgehen zu können.

Zusätzliche Informationen: Psychologische Typenlehre

In einigen psychologischen Theorien wird versucht, bestimmte Körpermerkmale und Temperamente der Menschen sowie Verhaltensmuster in einen Zusammenhang zu bringen. Der deutsche Psychologe Kretschmer hat dafür beispielsweise folgende Typen unterschieden:
- ***Leptosome**: schlanke, hochgewachsene Typen (intelligent, etwas unsicher auftretend)*
- ***Pykniker**: gedrungene, dickliche Typen (gemütlich bis behäbig)*
- ***Athletiker**: muskulöse, sportliche Typen (praktisch, aber etwas schwerfällig)*

Diese „Idealtypen“ (nicht wirklich so vorkommend) und die jeweiligen Zuordnungen von Merkmalen sind als wissenschaftliche Theorien entwickelt worden. Sie sind jedoch nicht beweisbar. Als so genannte gesicherte Erkenntnisse wurden sie aber dennoch für rassistische Lehren missbraucht. Im Übrigen werden sie von Laien oft missverstanden und führen zu Vorurteilen (wie: „Wer so aussieht, hat einen schlechten Charakter.“).

Für die Fachverkäufer/Fachverkäuferinnen dürfen solche Theorien vor allem nicht als Ordnungsschema für Kundentypen dienen. Dieses könnte zu einem „Denken in Kästchen“ führen. Und das wäre dem Verkaufsablauf sowie dem wünschenswerten Einstellen auf die Persönlichkeit des Kunden hinderlich.

Anregung für die Praxis

Wenn Ihnen wegen persönlicher Eigenschaften bestimmte Kunden problematisch sind, spüren diese das auch an Ihrem Verhalten. Das belastet den Umgang mit den Kunden.

➤ *Sprechen Sie mit Vorgesetzten darüber, wie Sie ein solches Problem lösen können.*

Kundenerwartungen und Kundenorientierung

Ist der Kunde ein König? Müssen Sie ihm huldvoll und unterwürfig wie einem absolutistischen Monarchen begegnen?

Diese Fragen beziehen sich auf saloppe Forderungen, die immer wieder an Fachkräfte im Verkauf gestellt werden. Sie treffen aber nicht zu. Es gilt vielmehr der Anspruch auf ***Kundenorientierung****.*

Kunden sind „Könige" in dem Sinne, dass sie Macht ausüben mit ihrem Einkaufsverhalten. Anbieter von Waren umwerben in einem käuferorientierten Markt die Kunden. Sie wollen verkaufen. Und die Kunden haben die Wahl.

Was erwarten die Kunden von Verkäufern?

- Bei einer Umfrage hat ein großer Teil der Befragten geäußert, dass sie von Verkaufskräften erwarten, dass diese „freundlich sind".
- Nach dem Ergebnis einer anderen Umfrage haben sich die meisten Verbraucher gewünscht, dass sie von Verkäufern in Fachgeschäften „kompetent beraten werden".

Beide Erwartungen werden wohl in Verkaufsstellen der Bäckereien und Konditoreien weitgehend erfüllt. Es gibt jedoch im Einzelnen bei den Befragungen immer wieder negative Äußerungen von Kunden (➡ nebenstehende Beispiele). Diese beziehen sich auf die Erfüllung fachlicher Wünsche beim Kauf, aber auch auf zwischenmenschliche Aspekte. Gefordert ist deshalb eine *Orientierung an Erwartungen der Kunden* (= Kundenorientierung im Verkauf).

Kundenorientierung *umfasst*
- *das Zuhören und Erfassen der Kundenwünsche,*
- *das Beachten des Kundennutzens in den Warenangeboten,*
- *das Herstellen eines angenehmen Gesprächsklimas,*
- *das Bemühen um die Erfüllung der Kundenerwartungen,*
- *das Erfüllen eines Kauferlebnisses.*

Der Anspruch auf *Erlebnisorientierung* beim Einkaufen ist heute das Schlüsselwort für die Zusammenfassung der unterschiedlichsten Kundenerwartungen. Zum ausschließlichen Maß aller Dinge wird,
- was subjektiv für richtig und wünschenswert gehalten wird,
- was sich in den Rahmen eigener Erwartungen nahtlos einfügt,
- was möglichst spontan und schnell erfüllt wird,
- was den nach Stimmung sich ändernden Ansprüchen genügt.

Die Kunden erwarten also, dass der einfache Tauschvorgang „Geld gegen Ware" zu einem „Kauferlebnis" umgestaltet wird. Zur Erfüllung dieser Kundenerwartung ist eine Verkäuferpersönlichkeit gefordert mit Initiative, mit menschlichem und situativem Einfühlungsvermögen. Darüber hinaus soll sie animieren und auch überzeugen können.

Hinter diesen Erwartungen steht auch die betriebliche Forderung nach *Umsatzorientierung*. Erfolg im Verkauf wird aus dieser Sicht an der Menge und dem Wert der verkauften Waren gemessen.

Die oftmals angebotenen „Verkaufstrainings" sollen Verkäufer zur Erfüllung aller dieser Anforderungen befähigen. Die dort gebotenen Rezepte können sich aber zum Teil nicht bewähren: Sie führen zur Unnatürlichkeit des Verhaltens. Sie verändern und verfremden die Persönlichkeit. Kunden sind frustriert, wenn ihnen als Verkäufer eine dressierte „Strahle-Person" ohne natürliche Identität begegnet.

Beispiele für kritische Kundenäußerungen

Aus Befragungen zur Kundenzufriedenheit stammen die folgenden Aussagen von Kunden:

- *„Wenn ich freundlich bin und ihre Frisur lobe, dann ist die Verkäuferin auch freundlich zu mir."*
- *„Mich ärgert die Interessenlosigkeit mancher Verkäufer. Die sagen auf Fragen nur, dass sie das auch nicht wüssten."*
- *„Verkäufer sind total unflexibel. Was nicht geht, das geht halt nicht."*
- *„Wenn ich kurz vor Ladenschluss komme, werde ich wie eine Aussätzige behandelt."*

➤ *Bewerten Sie bei den Aussagen, was im Einzelfall bemängelt wird. Stellen Sie dar, was jeweils zu verbessern wäre, um den Kundenerwartungen zu entsprechen.*

Zitat

Die größte Freundlichkeit, die man einem Menschen erweisen kann, ist die, ihm zuzuhören.

Rollenspiel: Erkennen von Kundenerwartungen

Die Kunden haben nicht alle die gleichen Erwartungen beim Kauf im Fachgeschäft. Der eine möchte nur schnell bedient werden, der andere freut sich über ein persönliches Gespräch. Sie müssen ein Gespür dafür entwickeln, was der jeweils gerade vor Ihnen stehende Kunde erwartet. Voraussetzung dafür ist es, zuhören und beobachten zu können. Das können Sie in einem Rollenspiel üben mit wechselnder Aufgabenstellung.

➤ *Führen sie zu zweit ein Rollenspiel mit Kunde und Verkäufer durch, in dem das Gespräch vom Kunden ausgeht. Reagieren Sie auf die erkennbaren Kundensignale. Bewerten Sie zum Schluss zusammen die Angemessenheit der Reaktionen.*

Kaufentscheidungen nach der Eisberg-Theorie

Eisberg-Theorie

Die Eisberg-Theorie bezieht sich auf die Eigenschaft von Eisbergen, im Meer mit nur einem kleinen Teil ihrer wirklichen Größe über Wasser sichtbar zu sein.

Auf das menschliche Verhalten übertragen, soll damit verdeutlicht werden, dass unsere Entscheidungen überwiegend nicht verstandesmäßig gefällt oder kontrolliert werden. Sie werden vielmehr in dem „unter der Oberfläche" zu ahnenden Gefühlsbereich gefällt (auch wenn Entscheidungen hinterher verstandesmäßig erklärt werden).

Kaufmotive

„Warum hast du das gemacht?"
Diese Frage bezieht sich auf den ***Grund für eine Handlung****, auf die zugrundeliegende* ***Motivation für das Tun****. Die Kunden haben für ihre Kaufentscheidungen auch Motive (= Kaufmotive).*

Kaufmotive sind
- überwiegend gefühlsmäßig (= emotional) begründet und nicht verstandesmäßig,
- kaum vordergründig erkennbar.

Bedürfnisse: sie steuern uns

Jeder Mensch hat bestimmte Bedürfnisse. Alle Bedürfnisse entstehen durch Mangelsituationen (z. B. Hungergefühl). Das Bestreben, dieses zu beseitigen, ist die *Motivation* für eine Handlung.

Wirtschaftliche Bedürfnisse: Antrieb für Konsum

Die *Bedürfnisse* der Menschen nach Waren und Dienstleistungen sind Antrieb für wirtschaftliches Handeln. Diese Bedürfnisse können sein: lebensnotwendig (= Existenzbedürfnisse), vom Umfeld abhängig (= Kulturbedürfnisse) oder luxuriös (= Luxusbedürfnisse).

Die Einteilung wirtschaftlicher Bedürfnisse nach ihrer Dringlichkeit ist problematisch. Die Bedürfnisse sind nämlich nicht für alle Menschen gleich (z. B. Auto für den Beruf *oder* Auto für die Freizeit). Allgemein gilt aber: *Existenzbedürfnisse* sind die Basis, *Kultur- und Luxusbedürfnisse* werden nachrangig befriedigt (➡ Abbildung).

Für Ihre Tätigkeit folgt daraus: Verbraucher mit geringem Einkommen werden zum Beispiel zunächst lebensnotwendige Backwaren kaufen. Von ihnen als Luxus eingestufte Süßwaren werden im Bäcker- und Konditorfachgeschäft nur gekauft, wenn es das Einkommen zulässt.

Diese Zusammenhänge scheinen vernünftig erklärbar zu sein. Wir Menschen handeln aber nicht so. Unser Gefühl gewinnt bei unseren Entscheidungen gegenüber der Vernunft.

Seelische Bedürfnisse: Antrieb für Verhalten

Die Gefühle (= die Emotionen) bestimmen stark unsere seelischen Bedürfnisse. Diese können aber nicht durch wirtschaftliche Güter befriedigt werden. Nach einer psychologischen Theorie können die seelischen Bedürfnisse in eine Rangordnung gebracht werden.

Grundebene der seelischen Bedürfnisse sind so genannte „primäre Bedürfnisse" (= körperliche Bedürfnisse, Sicherheitsbedürfnisse). Diese drängen erst nach Erfüllung, bevor die höheren Bedürfnisse (= sekundäre Bedürfnisse) befriedigt werden können. Zum Beispiel müssen erst körperliche Bedürfnisse (wie Hunger, Durst oder Schlaf) befriedigt werden, bevor seelische Bedürfnisse (z. B. Anerkennung) zur Geltung kommen. Oft verbinden wir diese Befriedigungen miteinander. Beispielsweise dient der Kauf von Brot nicht nur dem Bedürfnis, den Hunger zu stillen. Das Brot soll uns zugleich auch ein Genuss sein.

Für Sie sind Bedürfnisse der Kunden nicht eindeutig erkennbar. Sie sind außerdem dynamisch. Das heißt: Bedürfnisse wechseln je nach Situation des Menschen. Als Fachverkäufer/Fachverkäuferin müssen Sie darum versuchen, anhand der Situation und des Kundenverhaltens die jeweils leitenden Motive zu erkennen.

Motivationen: sie sind unsere Antriebe

„Ich möchte für meine Gäste einige Brötchenspezialitäten. Es muss schon etwas Besonderes sein."

Anhand dieser Kundenaussage erkennen Sie mögliche Bedürfnisse, die als Motiv für den Kauf leitend sein können, und zwar:
- bei Gästen Achtung und Geltung erzielen,
- auf bequeme Weise durch Einkaufen eine Besonderheit erreichen.

So können Sie oftmals aus den jeweiligen Kundenäußerungen das Hauptmotiv für den Kauf heraushören.

Beispiele:

- *„Ich hätte gern ein Bio-Vollkornbrot."* Diese Aussage kann das *Gesundheitsstreben* als Leitmotiv für die Wahl dieser speziellen Brotsorte deutlich machen.
- *„Ich hole die Torte zum Kindergeburtstag lieber fertig bei Ihnen."* Diese Aussage lässt die *Bequemlichkeit* als Leitmotiv für den Kauf erkennen. „Bequemlichkeit" ist hier nicht negativ wertend gemeint, sondern im Sinne der Übersetzung von „Convenience".

Welche Konsequenzen hat diese Kenntnis für Ihre Tätigkeit?

Sie können sich im weiteren Ablauf auf den Kunden einstellen, wenn Sie das für ihn augenblicklich erkennbare Kaufmotiv beachten.

Beispiel:

- *Eine Kundin möchte in Ihrem Café in Ruhe eine Tasse Kaffee trinken. Die Kundin befriedigt damit ihr Bedürfnis nach Genuss.*
  Das können Sie durch folgende Handlungen unterstützen:
  - *ein Stückchen Torte empfehlen (als zusätzlichen Genuss),*
  - *bei der Platzwahl in einer laufruhigen Zone des Raumes helfen,*
  - *eine gemütliche Atmosphäre schaffen durch Licht, Kerzenschein, leise Musik oder ähnliches Ambiente.*

Anhand der beiden letztgenannten Möglichkeiten ist ersichtlich, dass Ihr Verkäuferverhalten nicht unbedingt den sofortigen Zusatzverkauf bringen muss. Das Erkennen der Kaufmotive eines Kunden kann Sie nämlich auch in die Lage versetzen,
- Einsichten zu gewinnen, die Sie künftig bei Einkäufen dieses Kunden berücksichtigen können,
- das Einkaufserlebnis des Kunden günstig zu gestalten, so dass er gern wieder zu Ihnen kommt.

Letzteres soll nochmals verdeutlichen, wie Kaufentscheidungen durch die Gefühle (= Emotionen) bestimmt werden.

*Die **Emotionen** sind das trojanische Holzpferd, um die Menschen für sich zu erobern.*

Wie erreichen Sie diese Emotionen?

Im Backwarenverkauf haben Sie viele gute Möglichkeiten: Da wirken der verführerische Duft frischer Backwaren, ihr leckeres Aussehen und die gekonnte Präsentation. Auch können Sie Bilder für sich sprechen lassen. Mit Bildern unterlaufen Sie die Vernunftskontrolle. So können Sie die sonst mit Informationen überfluteten Menschen erreichen.

Und letztlich können Sie durch Ansprache (= Kommunikation) die Wohlgefühl-Atmosphäre vollenden. Und die Menschen, die sich bei Ihnen wohl fühlen, haben Sie für sich gewonnen.

Tipps für die Verkaufspraxis

- *Verbinden Sie im Verkaufsgespräch die warenkundlichen Aussagen über ein Gebäck mit Appellen an die seelischen Bedürfnisse der Kunden (z. B.: „Mit diesen Desserts werden Sie Ihre Gäste bestimmt verwöhnen.").*
- *Verbinden Sie bei der Warenausstellung die geforderten Kennzeichnungen mit Symbolen, die das Gefühl ansprechen (z. B. qualitativ hochwertige Pralinen sollten eine entsprechend wertvolle Packung haben und exklusiv präsentiert werden).*
- *Verbinden Sie bei der Ausstellung von Waren mehrere Signale, die Gefühle bei den Kunden ansprechen.*
  Beispiel: *Bei der Einführung einer Ware spricht der alleinige Hinweis „NEU" auch experimentierfreudige Kunden nur wenig an. Diese Kunden könnten Sie bestimmt erreichen über deren Bedürfnis nach Genuss oder gesunder Lebensweise (z. B. mit „NEU: Torte mit Joghurt-Sahne").*

Zur Bewertung

Welche Kaufmotive lassen sich aus folgenden Kundenaussagen ableiten?
- *„Haben Sie auch eine Kleinpackung der Pralinensorte?"*
- *„Ist das Brot auch ohne chemische Zusatzstoffe hergestellt?"*
- *„Würden Sie mir bitte das Brot fertig aufschneiden?"*
- *„Ich weiß noch nicht, was ich zur Geburtstagsfeier nehmen soll."*
- *„Der Preis ist bei mir Nebensache. Die Hauptsache ist, dass die Qualität stimmt."*
- *„Geben Sie mir bitte 5 Brötchen."*

*Das **trojanische Holzpferd** war eine List: Im Bauch eines Holzpferdes wurden im Krieg um Troja die feindlichen Kämpfer durch die Bewohner der Stadt selbst in die belagerte Stadt geholt. Das Holzpferd war nur eine Verführung. Der Begriff wird darum heute für eine verführerische List gebraucht.*

Anregung für die Weiterarbeit

Bei vielen Kaufentscheidungen der Kunden spielen seelische Bedürfnisse eine Rolle.
- *Stellen Sie aus Ihrer Erfahrung heraus einige Beispiele dazu dar, insbesondere solche Fälle, bei denen die Gefühle der Kunden angesprochen werden.*

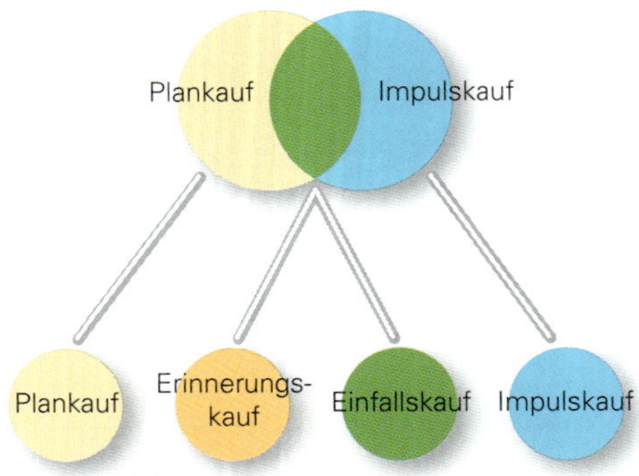

Quelle: von Saß

Kaufsituationen nach Art des Kaufes

Jede Kaufsituation wird unter anderem von der Art des Kaufes bestimmt.

- *Beim **Plankauf** ist der Bedarf vorher genau festgelegt (Zusatzverkäufe sind schwierig).*
- *Beim **Erinnerungskauf** wird durch das Vorhandensein einer Ware oder durch eine Empfehlung an den Bedarf erinnert (Zusatzverkäufe gut möglich).*
- *Beim **Einfallskauf** wird durch Konfrontation mit der Ware die Verwendung klar und der Kauf ausgelöst (Beratung oft nötig).*
- *Beim **Impulskauf** wird ein plötzlicher Besitzwunsch ausgelöst ohne vorherige Vorstellung über den Besitz der Ware (Beratung zumeist unangemessen).*

Zügiger Aushändigungsverkauf von Brötchen

Fragen zum Aushändigungsverkauf

„Ich hätte gern 4 Brötchen und 2 Laugenwecken." So lautet der gezielte Kaufwunsch einer Kundin im Frühgeschäft.

- *Unter welchen Voraussetzungen bestehen für Sie Möglichkeiten, in dieser Situation durch Empfehlungen einen Zusatzverkauf zu tätigen?*
- *Welche Vor- und Nachteile sehen Sie in dem Vorgehen, Brötchen für den schnellen Abverkauf in der Frühstückszeit vorverpackt griffbereit anzubieten?*
- *Sollten für Stammkunden täglich gewünschte spezielle Gebäcke für das Frühstück zur Abholung zurückgelegt werden?*

Kaufsituationen

Eine Stammkundin verlangt eine Brotsorte, die sie immer einkauft.

Welche Kaufsituation liegt vor?
Es ist ein Wiederholungskauf (Stammkundin). Es ist ein Plankauf (kein Impulsartikel), und es ist ein Aushändigungskauf (keine Beratung).

Ihr Verkäuferverhalten ist abhängig von der jeweiligen Situation des Verkaufsvorgangs. Einige Kaufhandlungen erfordern kaum Aktionen des Verkäufers. Das ist beispielsweise der Fall bei der Selbstbedienung. Andere Kaufhandlungen erfordern dagegen große Verkäuferaktivitäten. Das ist zum Beispiel so bei der Beratung von Kunden. Die folgenden Beispiele von Kaufsituationen sollen Ihnen typische Möglichkeiten für verschiedenes Verkäuferverhalten verdeutlichen.

Aushändigungsverkauf: einfach und schnell

Sehr häufig nennen Ihnen die Kunden ganz konkret ihre Wünsche. In diesen Fällen händigen Sie nur die Ware aus und kassieren.

Beispiele:

- *Kauf einer bestimmten Anzahl von Frühstücksbrötchen*
- *Bestellung eines Getränks im Café*

Welches Verkäuferverhalten ist bei konkreten Kaufwünschen der Kunden angemessen?

- Die Kaufwünsche werden ohne besondere Aktionen erfüllt; nur bei Fehlen der Ware erfolgt ein Ersatzangebot.
- Ist der Kunde in Eile, so erreichen Sie mit zügiger Aushändigung der Ware die größte Zufriedenheit. Ist die Kaufsituation trotz der konkret geäußerten Wünsche noch offen, ist durch geschickte Empfehlung ein *Zusatzverkauf* anzubahnen.

Großverkauf: umfangreich und nach Plan

Ein Kunde kauft für eine Veranstaltung eine große Menge an Waren. Welche Situation ergibt sich daraus in der Verkaufsstelle?

- Der Großeinkäufer erwartet für sich eine besondere Beachtung als „besserer Kunde".
- Die übrige Kundschaft hat sicherlich wenig Verständnis dafür, dass ein solcher Großeinkauf bei eventuell starkem Verkaufsgeschehen stattfinden muss.

Welches Verkäuferverhalten ist in der Situation angemessen?

- Dem Großeinkäufer gegenüber ist eine geduldige und sorgfältige Bedienung notwendig, damit er die Erledigung seiner Wünsche angemessen erfährt.
- Dem Großeinkäufer gegenüber können Sie Aufmerksamkeit bieten mit Hilfen wie besonderer Verpackung oder durch Unterstützung beim Transport der Waren aus der Verkaufsstelle zum Fahrzeug.
- Den übrigen Kunden werden Sie gerecht, wenn Sie ihnen trotz des zeitaufwändigen Großeinkaufs das gleichzeitige Bedienen sichern. Dieses kann durch Zuordnung von zusätzlichem Personal erfolgen. Das ist die günstigste Lösung. Sie sollte vorgeplant werden, wenn der Großeinkauf zu dem festen Zeitpunkt einkalkulierbar ist.

  Ansonsten ist auch das zwischenzeitliche Bedienen der übrigen Kunden möglich, wenn der Großeinkäufer dem zustimmt.

Bestellverkauf: exakt und zuverlässig

Auf Bestellungen hin werden die Waren an Wiederverkäufer oder an Großabnehmer abgegeben. Diese Liefergeschäfte wollen wir hier nicht betrachten. Es geht vielmehr um die Bestellungen der Kunden im täglichen Verkaufsgeschehen.

Gründe für solche Bestellkäufe können sein:
- *Familienfeier, Vereinsfeier oder Festtage,*
- *Sonderanfertigung einer gewünschten Ware,*
- *Hinderungsgründe zum persönlichen Aufsuchen des Geschäfts,*
- *Vorrätighalten der Waren bis zum späteren Abholtermin,*
- *Organisation des Warenabsatzes im Versandhandel.*

Die Bestellungen können schiftlich, fernmündlich, per Fax oder E-Mail abgegeben werden. In Verkaufsstellen der Bäckerei und Konditorei ist zumeist die mündliche Bestellung üblich.

Annahme von Bestellungen

Rechtlich betrachtet leitet die Bestellung einen Kaufvertrag ein. Mit der Annahme der Bestellung durch Sie wird die Einigung ausgedrückt. Die Erfüllung dieses Kaufvertrags (mit Lieferung, Annahme, Bezahlung) wird für später terminiert.

Welches Verkäuferverhalten ist bei Bestellungen angemessen?

- Für die korrekte Bestellannahme sind Bestellformulare hilfreich. Mit ihrer Hilfe können Sie im Original und in Durchschriften
  - die erforderlichen Angaben für den Backzettel sichern,
  - die notwendigen Unterlagen zur Kontrolle im Laden behalten,
  - die weiteren Daten für Auslieferung und Abrechnung sichern.
- Nehmen Sie die notwendigen Daten exakt auf:
  - Name des Bestellenden, Name des Empfängers der Waren mit Anschrift, ggf. Name des Ausliefernden;
  - Termine für Bestellannahme, Uhrzeit für Lieferung/Abholung;
  - Stückzahl und Art der Waren, eventuell besondere Ausführung;
  - Einzelpreise, Gesamtpreis, eventuell vereinbarte Bedingungen der Zahlung oder Vermerk über bereits erfolgte Zahlung.
- Sichern Sie sich erforderlichenfalls durch Rückfrage in der Produktion ab, ob Sonderwünsche der Anfertigung oder ob der Termin für die Bestellung auch einzuhalten sind.

Ausführen von Bestellungen

Wenn Sie eine Warenbestellung aufgenommen haben, sind Sie auch verantwortlich für die Erfüllung gegenüber dem Kunden. Ebenso sind Sie im Innenverhältnis Ihres Betriebs in der Verantwortung.

- Sorgen Sie für pünktliche und korrekte Ausführung des Auftrags.
- Sorgen Sie für schützende und werbeaktive Verpackung der Ware.
- Sorgen Sie für einen Fahrplan der Auslieferung, sofern mehrere Bestellungen auszuliefern sind. Beachten Sie dabei, dass leicht verderbliche Waren zuerst ausgeliefert werden. Die Lieferroute sollte auch zeit- und kostensparend sowie ablaufgerecht sein.
- Sorgen Sie für die Begleitpapiere (Lieferschein oder Rechnung). Kontrollieren Sie anhand dieser Unterlagen vor der Auslieferung die ordnungsgemäße Zusammenstellung der Waren. Nach der Lieferung ist mit diesen quittierten Papieren die innerbetriebliche Kontrolle für die Abrechnung durchzuführen.

Tipps für die Verkaufspraxis

So nehmen Sie telefonische Bestellungen von Back- und Süßwaren richtig auf:

- *Für den Gesprächspartner klingt es positiv, wenn Sie ein Telefonat mit dem Tagesgruß beginnen, dann erst den Firmennamen und zuletzt Ihren Namen nennen*
- *Terminkalender, Notizblock und Schreibzeug am „Arbeitsplatz Telefon" ermöglichen Ihnen eine rasche und korrekte Aufnahme der Kundenwünsche.*
- *Vergewissern Sie sich, dass Sie Namen, Anschrift und Telefonnummer des Anrufers richtig verstanden und aufgeschrieben haben.*
- *Auch am Telefon können Sie ohne Sichtkontakt zum Anrufer kundenbezogen argumentieren, mit kurzen Erwiderungen eine Bestätigung geben, dass Sie mithören und interessiert die Bestellung aufnehmen.*
- *Ein Anrufbeantworter mit aufgeschalteter Ansage macht Ihr Geschäft auch außerhalb der Öffnungszeiten für die Abgabe von Bestellungen erreichbar.*
- *Wenn der Kunde einen bestimmten, zur Zeit nicht erreichbaren Gesprächspartner wünscht, helfen Sie ihm durch Vermittlung eines Rückrufs. Informieren Sie den gewünschten Gesprächspartner in Ihrem Geschäft vorbereitend über den Inhalt des zu erwartenden Telefonats.*
- *Sichern Sie sich ab gegen telefonische Bestellungen „zum Scherz", indem sie bei einem entsprechenden Verdacht unter einem Vorwand beim Anrufer zurückrufen.*

Rollenspiel: Aufnahme telefonischer Bestellungen

Das Telefonieren mit Kunden ist anders als mit Freunden. Durch Übung können Sie darin mehr Sicherheit gewinnen.

- *Führen Sie mit Kolleginnen/Kollegen im Rollenspiel das Aufgeben und Entgegennehmen von Bestellungen per Telefon durch. Führen Sie über den Ablauf ein Protokoll.*

Geschenkverkauf: einfühlsam und kreativ

Eine besonders anspruchsvolle Form des Beratungsverkaufs ist der Verkauf von Geschenken (= Präsenten). Oft sucht der Kunde dabei eine Idee für ein passendes Geschenk. Neben der Originalität des Präsents spielen auch Preis oder Aufmachung der Geschenkpackung eine Rolle.

Beispiele:

- *Ein Kunde kauft Pralinen zum Muttertag.*
- *Ein Paar kauft Süßwaren als kleinen Dank für Hilfeleistung.*

Welches Verkäuferverhalten ist in dieser Situation angemessen?

- Durch Aufmerksamkeit oder Nachfragen können Sie den *Anlass für das Geschenk* in Erfahrung bringen und diesen entsprechend bei Beratung und Auswahl berücksichtigen.
- Durch *Präsentation* der in die engere Wahl genommenen Ware in *verschiedenen Packungsgrößen und Qualitäten* können Sie die Entscheidung der Kunden herbeiführen, ohne die Frage nach dem Geschenkpreis stellen zu müssen.
- Durch gute Beratung bei der Auswahl sowie eine fachgerechte und *dekorative Verpackung des Präsents* machen Sie den Geschenkkauf für die Kunden zu einem Erlebnis.
- Durch *Bekräftigung (Verstärkung) der Entscheidung* für das gekaufte Präsent steigern Sie die Zufriedenheit der Kunden. Ihr Geschäft wird zur Einkaufsquelle für künftige gleiche Zwecke.

Beratungsverkauf: anspruchsvoll und aufwändig

Beratung beim Kauf von Back- und Süßwaren ist vor allem erforderlich,
- wenn die zu kaufenden Waren nach ihrer Art und Menge für einen bestimmten Zweck auszuwählen sind,
- wenn Unkenntnis über angebotene Produkte oder über Fragen der Ernährung mit Backwaren besteht,
- wenn gewünschte Waren nicht vorrätig sind,
- wenn neue Produkte vorgestellt werden sollen.

Welches Verkäuferverhalten ist bei der Beratung angemessen?

- Den Beratungswunsch des Kunden können Sie erkennen durch aufmerksames Zuhören. Durch „Widerspiegelung" des Themas der Beratung und durch Ihre geschickt leitenden Fragen wird das Kaufziel präzisiert.
- Mit Auswahl- und Mengenempfehlungen können Sie dem Kunden die Entscheidung erleichtern (➞ Seite 262).
- Bei Ihren Empfehlungen können Sie den Nutzen herausstellen, den die Waren dem Kunden bringen. Beispiel: „Die Dessertstückchen sind leicht und fruchtig. Damit können Sie auch Ihre Kaffeegäste erfreuen, die auf ihre schlanke Linie achten."

Inhaltlich andere Beratungsgespräche ergeben sich, wenn Kunden Fragen äußern und Sie Auskunft geben sollen.

Beispiele:

- *Eine Kundin möchte wissen, aus welchen Zutaten die Füllung einer Feinen Backware hergestellt ist.*
- *Eine Kundin will etwas erfahren über den Nährwert von einzelnen Brotsorten.*

Fragen zum Präsentverkauf

- ➤ *Welche Anlässe werden in Ihrem Betrieb bereits zum gezielten Anreiz von Präsentkäufen genutzt?*
- ➤ *Welche Möglichkeiten sehen Sie grundsätzlich, in Bäckereien/Konditoreien den Verkauf von Präsenten zu steigern?*

„Ich hätte gern etwas, das ich meiner Nachbarin als Dank für das Blumengießen hinlegen kann, wenn ich am Wochenende verreise." So lautet der Wunsch einer Kundin.

- ➤ *Entwickeln Sie Vorschläge dafür, welche Gebäcke oder Süßwaren die Kundin als Präsent verpackt von Ihnen kaufen könnte.*

Sachverweis

*Zum **dekorativen Verpacken von Präsenten** erhalten Sie Anregungen ab der Seite 396.*

Kurz und bündig: Das Wichtigste über verschiedene Kaufsituationen in Kurzform

- *Aushändigungsverkauf:*
  - *konkrete Kaufwünsche*
  - *geringe Verkäuferaktionen*
- *Großeinkauf:*
  - *zeitaufwändige Bedienung*
  - *möglichst Hilfen beim Warentransport*
- *Bestellverkauf:*
  - *korrekte Annahme der Bestelldaten*
  - *Ausführung und Kontrolle sichern*
- *Geschenkverkauf:*
  - *anlassbezogene Auswahl der Ware*
  - *notwendige Beratung*
  - *besonders dekorative Herrichtung*
- *Beratungsverkauf:*
  - *bestehende Unsicherheiten über Art und Menge der Waren*
  - *hohe Verkäuferaktivität*

Verkaufsberatung zu Fragen der Ernährung

Die nebenstehende Abbildung zeigt es deutlich: *Brot und ähnliches* liegen in der Verbrauchergunst bei der Wahl ihrer Nahrungsmittel an dritter Stelle. Bei Backwaren und Kaffee sind Bäcker und Konditoren wichtige Lieferanten für viele Verbraucher. Der hohe Brotkonsum ist hinsichtlich der wünschenswerten Ernährung günstig einzustufen.

In Befragungen über Ernährungsgewohnheiten stellte sich heraus, dass verbreitet viele Kenntnisse über die richtige Versorgung unseres Körpers bestehen. Aber rund 55 % der Befragten gaben an, dass nach ihrer Meinung „alles was gut schmecke auch gesund sei". Vielleicht ist das der Grund für die oft festzustellende Fehlernährung und deren Folgen mit Übergewicht und Zivilisationskrankheiten. Darum werden heute viele so genannte „Diäten" versucht, die auf Dauer aber kaum Erfolg bringen. Ernährungsbewusste Verbraucher bevorzugen zum Teil spezielle Ernährungsformen. Beim Einkauf in der Bäckerei/Konditorei haben Ernährungsfragen zunehmende Bedeutung. Es ist daher wichtig, dass Sie auch bei diesen Fragen beraten können.

Grundlagen vollwertiger Ernährung

Unsere Nahrung enthält *Nährstoffe*. Diese nutzt der Organismus für die Erhaltung der Funktionen, zur Leistungserbringung und auch zu Regelungs- und Schutzfunktionen.

*Eine **vollwertige Ernährung** ist ausgewogen in der Nahrungsmenge und ihrer Zusammensetzung. Sie erfüllt ernährungsphysiologisch die wünschenswerten Aufgaben.*

Neben den *Hauptnährstoffen* (Kohlenhydrate, Eiweißstoffe, Fette, Wasser, Mineralstoffe und Vitamine) bekommen im Hinblick auf eine vollwertige Ernährung auch bestimmte *Begleitstoffe in der Nahrung* zunehmendes Interesse. Diese Stoffe haben vorbeugende Wirkungen gegen Störungen in unserem Organismus. Zum Teil sind die näheren Umstände ihrer Funktionen noch nicht erforscht. Aber es gibt aufgrund vorliegender Erkenntnisse bereits Empfehlungen zur Berücksichtigung dieser Stoffe in unserer Nahrung.

Man unterscheidet bei den Nahrungsbestandteilen zwischen
- *ihren ernährungsphysiologischen (für die Lebensvorgänge wichtigen) Eigenschaften und*
- *ihren präventiven (krankheitsvorbeugenden) Eigenschaften.*

Für die *ernährungsphysiologisch wichtigen Nahrungsbestandteile* gibt es Richtwerte (= Referenzwerte) für die wünschenswerte Zufuhr. Bei deren Beachtung soll garantiert sein,
- dass damit die für das Leben wichtigen körperlichen und psychischen Funktionen sichergestellt sind,
- dass damit Gesundheit und Lebensqualität nahezu aller gesunden Menschen erhalten und gefördert werden.

Hinsichtlich der *krankheitsvorbeugenden Wirkungen* von Nähr- und Begleitstoffen konnten in Versuchen langfristig gesundheitsfördernde Eigenschaften nachgewiesen werden (z. B. Beta-Carotin, sekundäre Pflanzenstoffe für eine Stärkung des Immunsystems). Darauf gestützt werden heute oft krankheitsvorbeugende Wirkungen versprochen, vor allem beim Angebot von Nahrungsergänzungsmitteln (= NEM) und von angereicherten Lebensmitteln (= Functional Food).

Essen und Trinken in Deutschland

Verbrauch je Einwohner

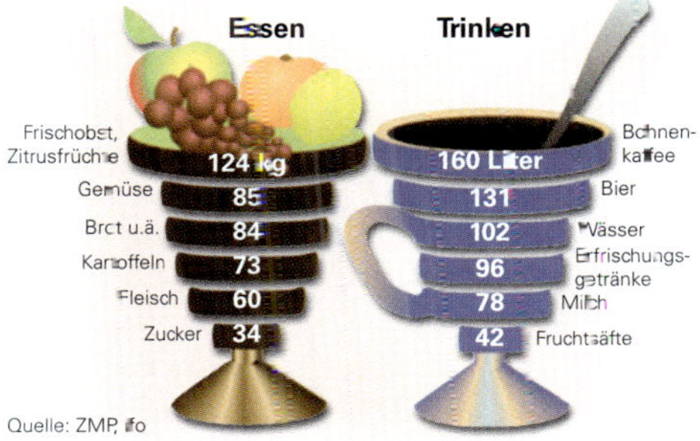

Quelle: ZMP, ifo

Sachverweis

*Über den **Ernährungswert von Brot und Kleingebäck** können Sie sich ausführlich informieren ab Seite 315.*

Zum Unterscheiden

*Von der **vollwertigen Ernährung** ist die **Vollwertkost** abzugrenzen. Bei Vollwertkost kommt es weniger auf die Nährstoffe in der Nahrung an als auf die Naturbelassenheit der Nahrung (geringe Verarbeitungsstufen).*

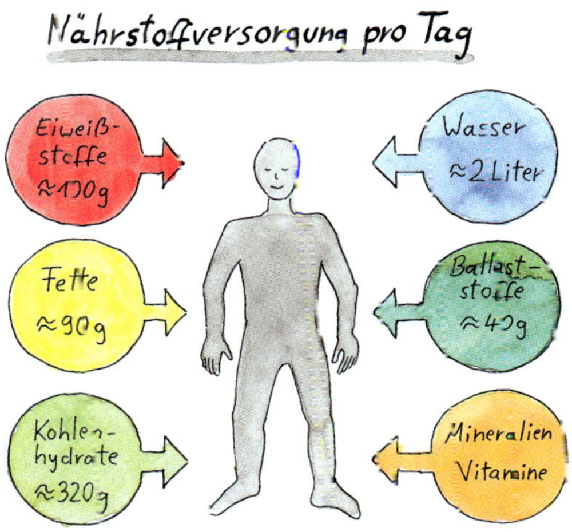

Empfohlene tägliche Verzehrsmenge von Brot und Brötchen

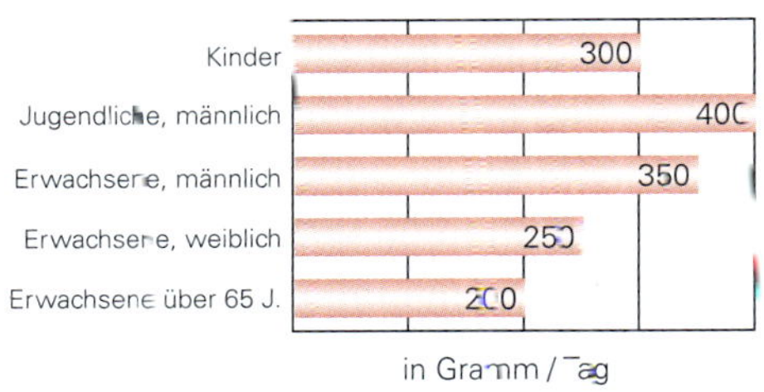

Quelle: DGE

Tipps für die Verkaufspraxis

- *Sehr zuckerreiche Feine Backwaren können bei Nahrungsempfindlichen zu organischen Beschwerden führen. Empfehlen Sie in diesen Fällen nur zuckerarme Hefegebäcke, aber keine Baisers oder Florentiner.*
- *Manche Kunden klagen darüber, dass sie Gebäcke mit Backpulver nicht vertragen. Hier sind Gebäcke ohne Lockerungsmittel eine gute Alternative (z. B. Makronen, aber Biskuitgebäcke nur, wenn sie ausschließlich durch Lufteinschlag gelockert sind).*
- *Einige Kunden leiden an Pilzerkrankungen des Magen- Darm-Trakts. Diesen Kranken wird zum Teil empfohlen, auf hefegelockerte Backwaren zu verzichten. Obwohl die Hefe beim Backen abgetötet wurde und somit nicht mehr schaden kann, sollten Sie dem Wunsch der Kunden entsprechen und ohne Backhefe hergestellte Produkte anbieten. Weitere Informationen zu dieser Erkrankung finden Sie auf der CD-ROM.*
- *Kunden mit zu hohen Cholesterinwerten im Blut können Brot und Brötchen unbesorgt essen. Diese bestehen aus cholesterinfreien pflanzlichen Rohstoffen. Spezialgebäcke mit Käse, Wurst oder anderen Komponenten tierischer Herkunft sollten sie aber meiden.*

Kundenfragen und Kundenaussagen – Stichworte für Ihre Antworten –

- *„Ich habe zu viel Blutfett; darf ich auf die Brötchen Butter oder Margarine streichen?"*
  - *Das ist eine Frage des Geschmacks; aber wichtig ist die Einschränkung der Menge (höchstens 20 g Streichfett pro Tag).*
- *„Das Roggenbrot ist meinem Mann nicht bekommen; es war zu sauer."*
  - *Es sind mildgesäuerte Weizenmischbrote, Weizenbrote oder spezielle ungesäuerte Brote anzubieten (Grahambrot, Loosbrot oder Knäckebrot).*
- *„Meine Frau ist am liebsten frisches Brot, mir bekommt das nicht."*
  - *Es gibt eine gute Lösung, indem kleine Portionen verschiedener Brotsorten gekauft werden; die Familie kann durch Ablagerung des Brotes bzw. Einfrieren und Auftauen selbst die Frische für den Verzehr regeln.*
- *„Meine Frau muss kochsalzfreies Brot essen; haben Sie das auch?"*
  - *Es kann auf vorherige Bestellung jeden Tag frisch gebacken werden; dazu wird ein Stück Brotteig salzfrei belassen.*

Besondere Kostformen: Diäten und Alternativen

Haben Ihnen die Kunden schon mal berichtet von ihren besonderen Ernährungsgewohnheiten oder einer Diät, die sie einhalten? Dabei ist es für Sie wichtig, ihnen zuzuhören und sie nicht belehren zu wollen. Oft ist aber auch im Rahmen besonderer Kostformen der Konsum von Backwaren betroffen. Wichtige Sachverhalte dazu erfahren Sie hier zu Ihrer Argumentation im Verkaufsgspräch.

Ernährung als Ursache von Krankheiten

In den meisten Industrieländern gibt es ein vielseitiges und überreiches Angebot an Nahrungsmitteln. Dennoch nehmen ernährungsbedingte Krankheiten ständig zu. Die Gründe dafür sind die falschen Lebens- und Ernährungsweisen der Menschen. Die Folgen einer falschen Ernährung sind heute bereits die häufigste Todesursache.

Dabei spielt in Deutschland die *Mangel- und Unterernährung* kaum eine Rolle. Sie ist meistens die Folge einer schweren anderen Erkrankung (z. B. Krebs) oder als psychische Erkrankung (z. B. Magersucht).

Ein gewichtiges Problem ist dagegen die *Überernährung* mit der Folge eines Übergewichts.

Fehl- und Überernährung hat vor allem folgende Kennzeichen:

- Die Energiezufuhr ist höher als der Energiebedarf. Dadurch entsteht Übergewichtigkeit.
- Die Aufnahme von Eiweißstoffen ist höher als nötig. Daraus folgt ein erhöhtes Risiko für verschiedene Stoffwechselkrankheiten.
- Der Verzehr von Fett ist übermäßig; auch ist dabei der Anteil von gesättigten Fettsäuren zu hoch und der von ungesättigten Fettsäuren zu niedrig. Dadurch entstehen ungünstige Blutfettwerte, und daraus folgend verschiedene Gefäß- und Herzkrankheiten.
- Die Aufnahme von hochaufgebauten Kohlenhydraten (wie Stärke und Ballaststoffe) ist zu gering; der Anteil süßer Zucker dagegen zu hoch. Das hat Übergewicht zur Folge, letztlich kann dadurch auch die Zuckerkrankheit entstehen.

Ziel einer wünschenswerten Ernährung ist es, mindestens die obigen Fehler zu vermeiden. Darüberhinaus sollte die Nahrung vollwertig und gesunderhaltend sein. Für die Gesundheit ist auch eine Lebensweise mit genügend Sport und Bewegung unerlässlich. Krankheiten als Folgen von Fehlernährung sind mit Medikamenten zu behandeln, und für eine gesunde Kost sind Brot und Backwaren wichtig.

Ernährung im Rahmen eines ärztlichen Diätplans

Bei folgenden Diäten sind besondere Anforderungen beim Verzehr von Back- und Süßwaren zu beachten: Diät bei Zuckerkrankheit, Diät bei Zöliakie/Sprue (Unverträglichkeit von Getreideeiweiß) und bei der Ernährung für Nierenkranke und für Natriumempfindliche. Beachten Sie dazu auch die Ausführungen auf den Seiten 112 und 302).

Diese Erkrankungen bedürfen der ärztlichen Behandlung, die zumeist auch durch eine ärztlich empfohlene Ernährungsweise (Diät) begleitet wird. Die kranken Kunden wissen über ihre Diätvorschriften allgemein gut Bescheid. Beim Fehlen der gewünschten Diätprodukte können Sie ersatzweise entsprechende geeignete Produkte des allgemeinen Verzehrs zur Auswahl stellen. Die Entscheidung darüber sollten Sie immer den Kunden überlassen. Denn Diätfehler können zum Teil schwere Gesundheitsstörungen nach sich ziehen.

Reduktionskost und Ernährung bei Übergewicht

Übergewichtigen werden zum Abnehmen oftmals Wundermittel und Wunderdiäten angepriesen. Meistens ist aber deren Erfolg nur von kurzer Dauer oder er wird mit großen Risiken für die Gesundheit bezahlt. Die beste Art zum Abnehmen ist eine erhöhte Verbrennung der Nahrung (durch mehr Bewegung) verbunden mit einer ärztlich angeleiteten Reduktionskost.

- Bei *energiereduzierter Mischkost* wird eine ausgewogene Kost mit verminderter Energiemenge aufgenommen.
  Hierfür stehen auch Back- und Süßwaren zur Verfügung:
  - ballaststoffreiche Brot- und Kleingebäcke,
  - energiereduzierte Produkte (angereichert mit Quellstoffen).
- Bei *Diäten zur Gewichtsabnahme* stehen verschiedene Methoden zur Wahl, zum Beispiel:
  - Fasten (ohne oder mit geringer Nahrungsaufnahme),
  - Essen von industriell hergestellten Gemischen zum Abnehmen,
  - Nahrung mit stark veränderten Nährstoffanteilen.

  Zu der letzten Form gehört auch eine so genannte „Brot-Diät", bei der eine überwiegend kohlenhydrathaltige Kost verzehrt wird.

Besondere Ernährungsformen

Neben unterschiedlichen ernährungsbezogenen Zielen geht es bei alternativer Kost oft auch um wirtschaftlich-ökologische Aspekte oder eine Lebensphilosophie.

- Die *Vollwerternährung* entspricht allgemein den Anforderungen einer wünschenswerten Ernährungsweise. Darüber hinaus werden bei ihr auch Gesichtspunkte der globalen Ernährungssituation sowie der Ökologie beachtet.

  Das sind die wesentlichen Prinzipien der *Vollwertkost:*
  - Ernährung vornehmlich mit pflanzlichen Lebensmitteln (wie Obst, Gemüse, Getreideprodukte) sowie mit Milch und Milchprodukten; Fleisch und Eier spielen eine untergeordnete Rolle
  - Lebensmittel möglichst nur aus ökologischer Gewinnung
  - Lebensmittel so wenig wie möglich verarbeitet; zum Beispiel die Getreide als Vollkornprodukte
  - Vermeidung isolierter Lebensmittel (wie Zucker); sie enthalten zu wenig lebenswichtige Vitalstoffe, Mineralstoffe und Ballaststoffe
- Die *Vegetarier* verzichten auf Fleisch, Fisch und davon stammenden Produkten, zum Teil auch auf Eier und Milch. Für die überwiegend pflanzliche Ernährung sind Brote und Gebäcke geeignet, die *frei von tierischen Produkten* sind. Ein Mangel an lebenswichtigem Eiweiß und Vitaminen ist zu mindern durch eine Ernährung mit Milchanteil (Lacto-Vegetarier) oder mit Ei-/Milchanteil (Ovo-lacto-Vegetarier).
- Die *Trennkost* sieht eine *Trennung der Mahlzeiten* nach Eiweiß- und Kohlenhydratgehalt vor. Diese Nährstoffe sollen nicht zugleich zur Verdauung kommen. Darüber hinaus werden die Nahrungsmittel nach „Säurebildnern und Basenbildnern" bei der Verwertung im Stoffwechsel unterschieden. Die Trennkost setzt auf viel Rohkost und ballaststoffhaltige Nahrungsmittel. Durch diese Ausrichtung wird sie manchmal als eine Diät allein zum Abnehmen missverstanden.

Andere Ernährungsformen wie *Makrobiotik* oder *anthroposophische Kost* sind für die Warenangebote üblicher Bäckereien und Konditoreien ohne Bedeutung.

Schlankmacher

- *Pillen zum Schlankmachen bringen oft so große Gesundheitsprobleme, dass vor ihrem Gebrauch gewarnt wird.*
- *Medikamente zum Schlankmachen werden unter ärztlicher Kontrolle und zur Unterstützung einer Ernährungstherapie eingesetzt. Sie steigern den Stoffwechsel oder mindern die Nahrungsausnutzung oder unterdrücken das Hungergefühl.*
- *Lebensmittel als „Light-Produkte" (light = leicht) sind im Vergleich zu herkömmlichen Produkten im Fett-, Zucker-, Alkohol- und/oder Energiegehalt reduziert. Es gibt mit Ausnahme der Milch-, Käse- und Streichfettprodukte keine einheitlichen Bestimmungen darüber. Ihr überlegter Gebrauch kann die Ernährung optimieren.*
- *„Lebensmittel für eine kalorienarme Ernährung und zur Gewichtsverringerung" sind diätetische Mahlzeiten oder Tagesrationen, die als solche gekennzeichnet in den Verkehr gebracht werden.*

Achtung!
Das Werben für Back- und Süßwaren mit dem Hinweis auf eine „schlankmachende Wirkung" ist verboten.
Das gilt auch für das Verkaufsgespräch.
Beachten Sie dazu die Seite 252.

Tipps für die Verkaufspraxis

- *Bei **streng vegetarischer Kost** besteht die Gefahr der Unterversorgung mit den Spurenelementen Eisen, Zink, Selen und Jod. Bieten Sie daher den Vegetariern anstelle von Weizengebäck die an Zink und Eisen besonders reichen Vollkorn- und Mehrkornbackwaren an.*
- ***Vegetarier** haben durch den Verzicht auf Seefisch in ihrer Nahrung ein Jod-Defizit. Empfehlen Sie ihnen deshalb Brotsorten, die mit Jodsalz hergestellt sind. Dadurch kann etwa ein Viertel des täglichen Jodbedarfs abgedeckt werden.*
- ***Veganer** (strengste Form des Vegetarismus) meiden in ihrer Nahrung alle tierischen Produkte. Sie dürfen diesen Kunden keine milch-, sahne-, quark-, käse-, ei-, butter- oder schmalzhaltigen Gebäcke anbieten.*
- ***Trennköstler** meiden oftmals helles Brot und Getreideprodukte, weil diese nach der Lehre des amerikanischen Arztes Hay (Hay'sche Trennkost) sauer verstoffwechseln. Diesen Kunden können Sie aber ballaststoffreiche Brotsorten anbieten.*

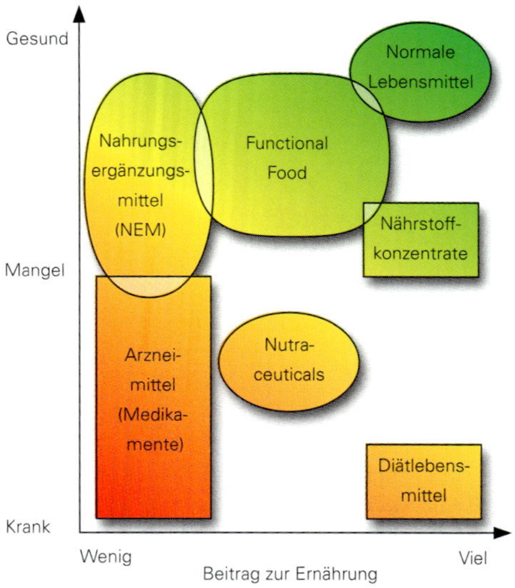

Begriffserklärungen

- ***Arzneimittel** sind Stoffe und Zusammensetzungen, die als Mittel zur Heilung oder Verhütung menschlicher oder tierischer Krankheiten dienen. Sie unterliegen dem Arzneimittelgesetz und sind überwiegend nach dessen Regelungen zulassungspflichtig.*
- ***Lebensmittel zur Nährstoffzufügung** sind*
  - *Nahrungsergänzungsmittel (Pillen oder Kapseln zum Schlucken),*
  - *Konzentrate unverdaulicher Nährstoffe zum Einnehmen (Nutraceuticals),*
  - *Lebensmittel mit Substanzveränderung (Ab- oder Anreicherung mit funktionell wirkenden Stoffen).*

  Sie werden rechtlich wie Lebensmittel des allgemeinen Verzehrs eingestuft.

Angereicherte Lebensmittel: Functional Food & Co.

Unsere Nahrung hat schon immer bestimmte Substanzen enthalten, die für unsere Gesunderhaltung wichtig sind. Das sind zum Beispiel die Ballaststoffe im Brot oder die Folsäure in der Backhefe. Durch die heutigen Möglichkeiten, solche Stoffe zu isolieren und gezielt zur Nahrungsänderung zu nutzen, gibt es

- Nahrungsergänzungsmittel (= NEM),
- ab- oder angereicherte Lebensmittel (= Functional Food),
- allgemein gesundheitsbezogene Nahrung („Wellness-Ernährung").

Tabletten und Kapseln zur Ergänzung der täglichen Kost

Nahrungsergänzungsmittel (NEM) sind Lebensmittel, die einen oder mehrere Nährstoffe (meistens Mikronährstoffe wie Spurenelemente oder Vitamine) in konzentrierter Form enthalten. Die NEM werden in Tabletten- oder Kapselform angeboten und dienen zur Ergänzung der täglichen Nahrung. Sie sollten als NEM gekennzeichnet sein und eine Verzehrsempfehlung aufweisen (als Tagesdosis).

NEM werden im Allgemeinen nicht in Verkaufsstellen der Bäckerei und Konditorei angeboten, sondern in Apotheken und Drogerien, aber auch im Lebensmitteleinzelhandel. Bei Selbstwahl durch Konsumenten ist die Gefahr einer schädlichen Überdosierung gegeben. Im Übrigen ist bei NEM nicht geklärt, wie diese im Stoffwechsel ausgenutzt werden können, also ob sie dem Körper biologisch wirklich verfügbar sind.

Funktionell wirkende Stoffe zur Veränderung der Nahrung

Neben der hauptsächlich praktizierten Anreicherung mit bestimmten Stoffen kommt auch die Verminderung (= Abreicherung) in Frage, um „funktionelle Lebensmittel" (= Functional Food) herzustellen.

Abreicherung ist beispielsweise gegeben bei natriumarmen oder allergenfreien Lebensmitteln.

Anreicherung ist beispielsweise gegeben bei Brot mit Selen- oder Fettsäurezusatz.

*Für **Functional Food** gilt die kurze Erklärungsformel:*
Es sind Lebensmittel mit einem Plus für die Gesundheit.

Die gesundheitsfördernden Zusätze sind sehr vielfältig. Es gibt einen sich ausweitenden Markt für Functional Food. Für Brot, Kleingebäck und Feinbackwaren gibt es Vormischungen, denen funktionell wirksame Substanzen zugesetzt wurden. Aber auch herkömmlich hergestellte Produkte haben funktionelle Wirkungen (➞ Seite 251).

Sportlernahrung zur Verbesserung der Nahrungswirkung

Zum Ersatz der Flüssigkeits- und Mineralstoffverluste bei aktivem Sport gibt es speziell zusammengesetzte „Sportlernahrung". Die so bezeichneten Produkte unterliegen der Diät-Verordnung.

Im Zuge der „Fitness- und Wellnessbewegung" haben sich ähnliche Produkte im Markt der herkömmlichen Lebensmittel etabliert. Die Verbraucher kaufen sie ein, um die von der Werbung versprochenen Vorteile für ihren Körper zu nutzen. Wer will nicht jung, schön und gesund sein? Der für Sportler nach extremer Leistung notwendige Ersatz von Nährsubstanz ist aber für Normalverbraucher nicht nötig. Für diese ist es sinnvoller, sich körperlich stärker zu belasten, dafür ernährungsbewusster zu essen und dem Körper auf diese Weise die wichtigen Nährstoffe zu bieten.

Funktionell wirkende Stoffe in Backwaren

Der Trend zu „Functional Food" bringt es mit sich, dass dauernd mehr Brot- und Gebäcksorten mit Anreicherung an funktionellen Stoffen auf den Markt kommen. Mit in der Mühle angereicherten Mehlen und industriell gefertigten Convenienceprodukten wird den Bäckern und Konditoren die Herstellung der Gebäcke erleichtert.

Andererseits ist das Brot in seiner natürlichen Zusammensetzung ein anerkannt gesundheitserhaltendes Lebensmittel. Und vor allem die *Spezialbrote* sind reich an funktionell wichtigen Stoffen.

Beispiele:

- *Hafer- und Gerstebrote* enthalten viel Beta-Glucane.
- *Kleiebrote* enthalten viel Ballaststoffe. Die Brote sind angereichert mit einem Zusatz an Weizenspeisekleie, aber auch Haferkleie.
- *Weizenkeimbrote* enthalten viel Folsäure, insbesondere wenn sie allein gelockert sind mit Backhefe (folsäurereich). Folsäure ist nötig für die Blutbildung und die Entwicklung ungeborener Kinder während der Schwangerschaft.
- *Ölsaatenbrote (z. B. Leinsamenbrot oder Sonnenblumenkernbrot)* enthalten viel ungesättigte Fettsäuren (z. B. Linol-, Linolensäure). Diese haben die gleiche Wirkung wie die Omega-3-Fettsäure. Außerdem enthalten diese Brote viel Vitamin E.

Gebäcke können durch zugesetzte funktionell wirkende Stoffe in ihrem Gesundheitswert verändert sein. Das geschieht zum Beispiel durch die Verwendung von *Jodsalz*. So wird die Versorgung der Bevölkerung mit Jod verbessert (Schutz vor Fehlfunktion der Schilddrüse).

Die in der Randspalte aufgeführten funktionell wirkenden Substanzen sind für die Anreicherung von Brot und Kleingebäck geeignet und werden zur Herstellung „funktioneller Backwaren" genutzt.

Beispiele:

- *Selenbrötchen* sind mit Selen angereichert. Im Zusammenwirken mit Vitamin E schützt Selen vor Erkrankungen des Herzens und der Blutgefäße. Auch werden Leber und Immunsystem gestärkt.
- *Brot mit prebiotischem Sauerteig* liefert dem Körper die Stoffe, die das körpereigene Wachstum der wünschenswerten Flora des Darms unterstützen.
- *Brot mit Inulin oder Oligofruktose* enthält etwa 5 % des jeweils namengebenden Stoffes. Es sind wasserlösliche Ballaststoffe, die als Lebensmittelzutat gelten. Es sind also *keine Zusatzstoffe*.
- *Brot mit Omega-3-Fettsäuren* enthält so viel dieser Fettsäure, dass mit zwei Schnitten Brot etwa ein Viertel des Tagesbedarfs abgedeckt werden können.

„Functional Food" wird unterschiedlich bewertet: Positiv wird das Bestreben um eine gesundheitsfördernde Nahrung herausgestellt, die jeder Verbraucher nach eigenem Ermessen wählen kann.

Andererseits wird kritisch angemerkt, dass gesundheitsfördernde Wirkungen einfach durch die gezielte Auswahl und Kombination von Lebensmitteln erreichbar sind. Zum Beispiel kann mit Lachs belegtes Brot sehr viel Omega-3-Fettsäuren liefern. In 100 g Lachs ist die 10fache Tagesdosis (im Körper speicherbar).

Befürworter alternativer Backwaren lehnen die Anreicherung ab. Sie meinen, dass die Bäckerei nicht zur Apotheke werden dürfe.

Sachkurs: Funktionell wirksame Stoffe in Backwaren

- ***Prebiotika*** *sind eine Gruppe von unverdaulichen Lebensmittelinhaltsstoffen, die optimale Wachstumsbedingungen für positiv wirkende Bakterienstämme im menschlichen Organismus schaffen. Zu ihnen gehören Ballaststoffe, Oligofruktose oder Inulin.*
- ***Probiotika*** *sind eine Gruppe von Stoffen, die Mono- oder Mischkulturen lebender Mikroorganismen sind, die im menschlichen Organismus die dortige Mikrobenflora verbessern. Zu ihnen gehören vor allem diverse Milchsäure- und Bifidobakterien.*
- ***Beta-Glucane*** *sind lösliche Ballaststoffe. Sie regen die Darmtätigkeit an. Sie sind der Nährboden für Bifidobakterien in der Darmflora. Sie haben blutdruck- und cholesterinsenkende Wirkung.*
- ***Inulin*** *ist ein natürlicher, löslicher Ballaststoff, der in Zichorien, Zwiebeln oder Knoblauch vorkommt. Er verleiht den Lebensmitteln prebiotische Wirkung und soll vor Darmkrebs schützen.*
- ***Isoflavone*** *sind sekundäre Pflanzenstoffe, die Ähnlichkeit mit dem menschlichen Hormon Östrogen haben. Sie schützen vor Krebserkrankungen und Osteoporose. Weitere sekundäre Pflanzenstoffe mit unterschiedlichen Wirkungen sind:* ***Carotinoide, Phytosterine, Saponine, Glucosinolate, Polyphenole, Terpene, Lignane, Sulfide und Phytinsäure.***
- ***Calcium*** *ist ein Mineralstoff, der Knochen und Zähnen Stabilität verleiht. Er ist für die Zellmembran, die Blutgerinnung sowie der Nerven- und Muskelfunktion wichtig.*
- ***Magnesium*** *ist ein Mineralstoff, der für das Zusammenspiel von Nerven und Muskeln wichtig ist („Anti-Stress-Mineral").*
- ***Vitamin D3*** *ist das antirachitische Vitamin (gegen Knochenweiche = englische Krankheit). Es hilft, dass Calcium in das Blut gelangt und die Knochen stärkt.*
- ***Vitamin E*** *ist das Zellschutz-Vitamin. Es sorgt dafür, dass die zellschädigenden freien Radikale nicht wirksam werden.*
- ***Omega-3-Fettsäuren*** *sind mehrfach ungesättigte Fettsäuren. Sie sind in der Lage, den Blutdruck und erhöhte Blutfettwerte sowie erhöhte Cholesterinspiegel im Blut zu senken. Bei Kleinkindern sind sie zur Stärkung von Sehkraft und Gehirnfunktion wichtig. Omega-3-Fettsäuren sind reichlich im Fett der Kaltwasserfische enthalten (Makrele, Hering, Lachs), auch in Leinsaat und der japanischen Heilpflanze Perilla.*

Rechtliche Bestimmungen

In Europa gibt es gegenwärtig keine einheitliche Vorschrift, wie funktionelle Wirkungen bei Lebensmitteln ausgewiesen werden dürfen. Beispielsweise in Österreich sind nur allgemeine Hinweise auf eine Gesundheitsförderung erlaubt. In Deutschland sind gesundheitsbezogene Aussagen bedingt zulässig, wenn sie zutreffend sind (so genannte „Health Claimes“).

Beachten Sie die Informationen zum aktuellen EU-Recht auf der CD-ROM.

Grundsätzlich verboten ist die krankheitsbezogene Werbung

- *mit Aussagen über die Beseitigung, über die Linderung oder über die Verhütung von Krankheiten;*
- *mit Hinweisen auf ärztliche Gutachten oder Empfehlungen;*
- *mit Äußerungen von Dritten über die Wirksamkeit (z. B. Dankschreiben);*
- *mit Darstellungen von Personen der Heilberufe in Berufskleidung;*
- *mit Aussagen, die Angst hervorrufen;*
- *mit Angaben, die dazu anleiten, Krankheiten mit Lebensmitteln zu behandeln.*

Achtung!

Schützen Sie Ihre Kunden vor dem Betrug in der Werbung, dass mit funktioneller Nahrungsergänzung eine ungesunde Lebensweise ausgeglichen werden kann.

Anregung zur Weiterarbeit

Kommentieren Sie die beiden folgenden Aussagen:

- *„Du bist, was du isst.“*
- *„Es gibt keine ungesunde Nahrung, nur eine ungesunde Ernährungsweise.“*

Werbung und Verkaufsberatung für Functional Food

Da wollte ein Bäcker seinen Kunden etwas Gutes tun. Und dann hat er beim Angebot von „Sauerkrautbrot“ mit seinen werbenden Aussagen gegen geltendes Recht verstoßen (→ Abbildung):

- Aussagen über *schlankmachende Wirkung* von Lebensmitteln sind verboten;
- Hinweise über *Wirkung gegen Krankheiten* (hier: Diabetes, Gicht) sind in der Werbung für Lebensmittel verboten;
- Hinweise auf Vitamin- und Mineralstoffgehalt des Brotes sind erlaubt (wenn zutreffend), aber kennzeichnungspflichtig.

Aussagen über besondere gesundheitliche Wirkungen von Backwaren sind für die Kunden interessant. Aber in Werbung, Produktinformation und Verkaufsgespräch müssen Sie folgende Grundsätze beachten:

- *Aussagen über den Nährwert von Lebensmitteln sind erlaubt. Sie lösen die Pflicht zur Kennzeichnung des Nährwerts aus.*
- *Aussagen über gesundheitsfördernde Merkmale von Lebensmitteln sind erlaubt, wenn die Wirksamkeit nachweislich besteht.*
- *Aussagen über krankheitsbezogene Wirkungen von Lebensmitteln sind verboten (→ nebenstehende Vorschriften).*

Wenn Sie gesundheitsbezogene Aussagen über Backwaren machen, müssen Sie diese so formulieren, dass sie nicht zu beanstanden sind. Die Grenzen zwischen „erlaubt“ und „unerlaubt“ sind oft sehr eng.

Beispiele:

Erlaubt sind überwiegend allgemeine Aussagen wie:
„Gesundheitsverträglich“
„Gut für Ihre Gesundheit“
„Ein Beitrag zu Ihrer gesunden Ernährung“

Als zulässig gelten auch spezifische Aussagen, zum Beispiel:
„... ein Beitrag zu cholesterinbewusster Ernährung“
„... hat eine probiotische Wirkung“
„... beeinflusst bei täglichem Verzehr positiv die Darmflora“
„... stimuliert die wünschenswerte Aktivität körpereigener Zellen“

Verboten sind krankheitsbezogene Aussagen, zum Beispiel:
„... stärkt das Immunsystem“
„... wirkt cholesterinsenkend“
„... verhindert Krebserkrankungen“

An den letzten Beispielen können Sie erkennen, dass es sich hierbei um zutreffende Eigenschaften von Inhaltsstoffen der Nahrungsmittel handeln kann. Sie sind aber als Werbeaussagen *verboten*, weil sie *krankheitsbezogen formuliert* sind.

Wichtig ist auch die *Wirksamkeit*: Sie muss allgemein anerkannt sein (z. B. Calcium für Knochenbau) oder nachgewiesen werden. Dazu muss der Gehalt im Lebensmittel hoch genug sein. Es ist zum Beispiel nicht zulässig auf einen Vitamin-C-Gehalt bei Gebäck hinzuweisen, nur weil das Mehl in der Mühle mit Ascorbinsäure behandelt wurde. Die dafür eingesetzte Menge ist nämlich nicht bedeutsam für die Ernährung.

Bäcker und Konditoren, die Werbeaussagen über Functional Food von Zulieferbetrieben übernehmen, sind für die Richtigkeit dieser Aussagen verantwortlich. Sie müssen sie überprüfen hinsichtlich ihrer sachlichen Richtigkeit und auf die rechtliche Zulässigkeit (→ CD-ROM).

Vorgänge beim Verkaufen

Stellen Sie sich die beiden folgenden Verkaufssituationen vor: Eine Ihnen unbekannte Kundin betritt Ihr Geschäft. Da sie Ihnen unbekannt ist, grüßen Sie die Kundin ohne Namensnennung. Sie fragen nach ihren Kaufwünschen mit einem freundlichen: „Bitte schön …“ Die Kundin ist mit Ihrem Verkäuferverhalten zufrieden.

Die Ihnen gut bekannte Stammkundin Müller betritt das Geschäft. Sie behandeln Frau Müller ebenso wie die fremde Kundin und begrüßen sie ohne namentliche Ansprache. Sie fragen nach den Kaufwünschen mit: „Bitte schön …“ Frau Müller empfindet Ihr Verkäuferverhalten als unfreundlich. Woran liegt das?

Zwischenmenschliche Beziehungen

Verkaufen ist nicht nur ein Vorgang, bei welchem Waren gegen Geld getauscht werden. Im Bedienungsverkauf der Bäckerei/Konditorei ist die menschliche Begegnung zwischen Kunden und Verkäufern ein ganz wesentlicher Beitrag zum Verkaufsablauf. Letztlich soll ein Kunde das Geschäft nicht mit dem Gefühl verlassen, dass ihm etwas verkauft wurde, sondern *dass er etwas gekauft hat.*
Welche Vorgänge tragen dazu bei?

Kommunikation: sprachlich und ohne Worte

Im Verkaufsgeschehen treffen Menschen zusammen. Sie treten dabei in Verbindung zueinander. Sie teilen sich etwas mit. Dieses nennt man „zwischenmenschliche Kommunikation“.

***Kommunikation** findet statt, wenn Menschen sich begegnen.*

Aus dieser Erklärung ist ersichtlich, dass Kommunikation
- sprachlich erfolgen kann, indem wir uns untereinander wörtlich etwas mitteilen *oder*
- nichtsprachlich erfolgen kann, indem wir durch Mimik und/oder Gestik etwas ausdrücken.

Selbst das Schweigen oder das Nichtanschauen ist Kommunikation. Wir machen damit nämlich deutlich, dass wir nichts sagen wollen. Im Verkaufsgespräch sollte das aber nicht der Fall sein.

Die gesamte Persönlichkeit ist beteiligt bei der Kommunikation
- auf der *sachlichen Ebene* (beim gegenseitigen Austausch inhaltlicher Botschaften),
- auf der *gefühlsmäßigen Ebene* (hinsichtlich der emotionalen Wirkung für die Beziehung zueinander).

Dabei ist das, was wir nicht aussagen, sondern durch Bewegungen, Gestik oder Mimik ausdrücken, oftmals wirksamer als die sprachliche Botschaft selbst. Beispielsweise ist beim Begrüßen von eintretenden Kunden das Zuwenden, Anblicken und Lächeln ebenso wichtig wie der gesprochene Gruß selbst.

Im obigen Beispielfall kann Frau Müllers Unzufriedenheit auf die nicht angemessene Beachtung der Beziehungsebene zurückgeführt werden. Sie hätte wohl erwarten können, mit ihrem Namen angesprochen zu werden. Es kann aber auch an der Gestik und Mimik im Verlauf des Gesprächs gelegen haben. So ist es in der Kommunikation zu einer Störung gekommen.

Meinung

Eine Verkäuferin erklärt: „Ich behandle alle Kunden ohne Unterschied gleich. Ich bin zu allen gleich freundlich. Auch bin ich bereit, alle Kunden zu bedienen. Aber bei einigen fällt mir das schon etwas schwerer.“

- ➤ *Beurteilen Sie diese Aussagen über die Gleichbehandlung der Kunden.*
- ➤ *Was meint die Verkäuferin damit, dass es ihr bei einigen Kunden schon schwerfällt, diese freundlich zu bedienen?*

Welche Wirkungen die Sprache hat

Die Sprache ist neben dem Körperausdruck das wichtigste Kommunikationsmittel. Das Sprachverhalten wird charakterisiert durch Wortschatz, Satzbau, Sprechtempo und Aussprache. Daran beteiligt ist auch die Stimme mit Klangfarbe, Lautstärke und Tonhöhe. Das Sprachverhalten von Verkäufern erweckt bei den Kunden Sympathie oder Ablehnung und hat so Wirkung auf den Verkaufserfolg.

- ➤ *Trainieren Sie Ihr Sprachverhalten, zum Beispiel durch ein Telefongespräch oder eine Aufnahme auf Kassette. Beurteilen Sie zusammen mit Kollegen, wie Ihre Stimme und Sprache auf andere wirken.*

Sachverweis

Beachten Sie auch das Kommunikationsmodell bei Werbemaßnahmen auf der Seite 95.

Zum Merken

- *Es ist ausgeschlossen, beim Zusammensein mit anderen Menschen nicht zu kommunizieren.*
- *Bei der Kommunikation ist immer die ganze Persönlichkeit beteiligt.*
- *Die Kommunikation verläuft sprachlich und nichtsprachlich, auf der sachlichen Ebene und auf der Beziehungsebene.*

Anregungen zur Weiterarbeit

Ein Fachverkäufer bezeichnet Vollkorngebäck als „gesund". Informativere Aussagen (wie über den Nährwert oder den Gehalt an Ballaststoffen) bringt er nicht in das Verkaufsgespräch ein.

- *Beobachten Sie sich selbst, inwieweit Sie in Verkaufssituationen konkret sprechen.*
- *Stellen Sie an weiteren Beispielen nichtssagende und treffende Argumentationen über Backwaren gegenüber.*

Zum Nachdenken

Bei unschlüssigen Kunden ist es oft ratsam, durch eine Empfehlung oder Verstärkung die Kaufentscheidung herbeizuführen.

Das darf aber nicht im Stil einer Überredung erfolgen, zum Beispiel: „Nehmen Sie doch diese Pralinensorte."

- *Warum ist die Überredung im Verkauf so problematisch?*
- *Wie könnten Sie die obige Überredung sprachlich vermeiden und dennoch die Kaufentscheidung fördern?*

Rollenspiele

- *Spielen Sie mit einer Kollegin oder einem Kollegen Verkäufer und Kunde beim Einkauf von Backwaren. Entwickeln Sie dabei das Gespräch durch Nachfragen und durch Impulse.*
- *Üben Sie in einem Gespräch mit einer Kollegin oder einem Kollegen*
  - *das kundenorientierte Argumentieren,*
  - *das Herausstellen des Kundennutzens an verschiedenen Artikeln Ihres Sortiments,*
  - *das positive Verstärken von Entscheidungen des Kunden im Hinblick auf die getroffene Wahl beim Geschenkkauf.*

Kommunikationsstörungen: Ursachen und Wirkungen

Für Ihr Verkaufsverhalten ist es wichtig, als *Sender von Botschaften* die *Kunden als Empfänger* richtig zu erreichen. Dabei ist es unwesentlich, wie Sie selbst die ausgesandte Botschaft einschätzen. Entscheidend ist allein, wie die Empfänger (= die Kunden) Ihre Botschaft auffassen.

Das *Verständnis in der Kommunikation* ist im Wesentlichen abhängig
- von der Wort- und Sprachwahl (des Senders),
- von der Wahrnehmungsebene (des Empfängers).

Im Verkaufsgespräch wechseln Sie ständig die Rollen; einmal sind Sie der *Sender*, dann sind Sie wieder der *Empfänger*. Wenn es dabei aus verschiedenen Gründen zu einer Unstimmigkeit kommt, entsteht eine Störung in der Kommunikation.

Kommunikationsstörungen können durch Missverständnisse aufgrund des Verkäufer-Sprachverhaltens entstehen, zum Beispiel
- durch unkonkrete Wortwahl („Kuchen" statt „Apfeltorte"),
- durch unterschiedliche Bedeutung einer Bezeichnung („Dessert" als kleines Stückchen, aber auch als Nachspeise),
- durch gefühlsmäßig beladene Worte („chemische Zusatzstoffe").

Missverständnisse können auch durch die Wahrnehmungsebene des Empfängers bedingt sein, zum Beispiel
- eine Information wird als belehrend empfunden;
- eine Frage wird als Vorwurf aufgefasst.

Im Verkaufsgespräch kann es auch durch *falsche Verhaltensweisen* zu Störungen kommen. Das sind vor allem Äußerungen, durch die ein Gespräch blockiert oder gestört wird.

Beispiele:

- Es werden so genannte Killer-Phrasen benutzt („Das war es?").
- Es wird nicht kundenorientiert gesprochen, sondern von sich selbst („Ich esse das ... sehr gern.").
- Es werden Kundenerwartungen voreilig gedämpft („Oh, da weiß ich nicht, ob das geht.").
- Es wird überredet, befohlen oder gar vorwurfsvoll argumentiert.

Begünstigt wird dagegen die Kommunikation im Verkaufsgespräch durch fördernde Mittel. Durch den Gebrauch dieser Mittel zeichnen Sie sich als professionelle Fachkraft im Verkauf aus.

Beispiele:

- Sie hören gut zu und geben zu erkennen, dass Sie aufmerksam sind (Blickkontakt, Nicken, kurze Bestätigungen).
- Sie fragen nach und geben gute Denkanstöße oder Empfehlungen („Haben Sie daran gedacht, dass ...?").
- Sie argumentieren kundenorientiert (statt „Ich würde ..." sagen Sie „Meinen Sie, dass ...?").
- Sie stellen in der Argumentation den Kundennutzen heraus („Das hält sich bei Ihnen ...").
- Sie benutzen verständliche Formulierungen und geben positive und anregende Signale („Sie haben damit eine gute ...").

Aber nicht nur die gesprochenen Worte sind ausschlaggebend für die ungestörte Kommunikation. Auch der Körperausdruck fließt mit in die Wahrnehmung der Aussage ein. Wir haben also eine „zweite Sprache", nämlich die Körpersprache.

Körpersprache: was der Körper verrät

Können Sie an der Mimik der Verkäuferin im nebenstehenden Bild erkennen, was das jeweils bedeutet?

Als Fachverkäufer/Fachverkäuferin müssen Sie nicht schauspielerhaft agieren. Aber Sie drücken bewusst oder unbewusst mit Ihrem Körper etwas aus. Das ist die *Körpersprache*.

Wenn Sie die *Körpersprache* verstehen und selbst beherrschen,
- können Sie anhand bestimmter äußerer Signale die Kunden und ihre Befindlichkeit einschätzen;
- können Sie mit Hilfe von bestimmten erlernbaren Signalen selbst viel intensiver und überzeugender sprechen.

Warum ist das so?

Körper und Psyche des Menschen sind eine Einheit. Gedanken und Gefühle beeinflussen den Körper (z. B. löst Trauer den Fluss der Tränen aus, aber auch übergroße Freude kann das).

Freude im Gesichtsausdruck

Die nichtsprachliche Mitteilung über den Körper ist nur begrenzt über den Willen zu lenken (z. B. kann Müdigkeit nicht vertuscht werden; man sieht das). Der Körper „lügt nicht".

Also können Sie die Körpersprache einzelner Kunden beachten und daraus Schlüsse für Ihr Verhalten ziehen.

Welche Körpersignale sind für Sie beispielsweise leicht erkennbar?

- *Haltung* (z. B. aufrecht oder eingesunken; Kopf hoch oder gesenkt)
- *Bewegung* (z. B. Hände in Aktion oder Hände auf dem Rücken versteckt; Auf- und Abgehen beim Sprechen)
- *Gesichtsausdruck* (z. B. verkniffen, Augenblinzeln, Stirn in Falten)

Kopfneigung signalisiert Kooperation und Mitgefühl

Die Bedeutung einzelner Körpersignale ist allgemein bekannt. So ist das Blasswerden ein Zeichen von Erschrecken oder Angst. Das Erröten ist ein Zeichen der Erregung oder der Scham. Aus solchen Signalen kann man momentane Befindlichkeiten erkennen, aber auch Grundeinstellungen von Menschen (ausgeprägte Mimik).

Die für Verkaufsvorgänge zu beachtenden Körpersignale sind in einer Auswahl in der folgenden Übersicht dargestellt.

Offene Handhaltung signalisiert Bereitschaft zum Gespräch

Körpersignale	**Deutungsmöglichkeiten**
Verschränken der Arme vor der Brust	*– Selbstschutz, unbehaglich fühlend, sich zurückziehend*
Hände auf dem Rücken versteckt	*– passiv, befangen, ängstlich; soll aber Überlegenheit darstellen*
Hände reiben	*– genießend, zufrieden*
Kopfkratzen	*– Verlegenheit, aber auch Zweifel; soll Unentschlossenheit verdecken*
Finger auf Nasenspitze tippend	*– noch überlegend; nicht entschlossen*
Augenblinzeln	*– nervös, Verlegenheit; fühlt sich unbehaglich*
Blickkontakt vermeidend	*– Schuldgefühl, Angst, Unsicherheit*
Mundwinkel hochgezogen	*– fröhlich, optimistisch; positive Einstellung signalisierend*
Mundwinkel abgesenkt, fest geschlossene Lippen	*– unfroh, pessimistisch; negative Einstellung erkennbar*

Erhobene Handhaltung signalisiert Abwehr

Zuwenden beim Bedienen

➤ *Erläutern Sie, woran Sie in der obigen Abbildung eine angenehme Verkaufssituation erkennen.*

Abwenden beim Bedienen

➤ *Erläutern Sie, woran Sie in der obigen Abbildung eine mögliche Störung in der Kommunikation erkennen.*

Rollenspiele

- *Stellen Sie mit einer Kollegin/einem Kollegen wortlos mehrere Ausdrucksbewegungen vor (z. B. freudiges Interesse zeigen, Stirn grüblerisch in Falten legen). Lassen Sie von einer Beobachtergruppe die jeweilige Bedeutung der Mimik ermitteln.*
- *Spielen Sie wortlos eine kleine Handlung vor (z. B. Suchen nach einem Gegenstand oder Überraschung beim Zusammentreffen mit einer Freundin). Lassen Sie den Inhalt Ihrer Pantomime von einer Beobachtergruppe deuten.*
- *Spielen Sie mit einer Kollegin/einem Kollegen Kunde und Verkäufer in einer Beratungssituation. Stellen Sie den gesamten Ablauf ohne Worte vor. Lassen Sie das Spiel durch eine Beobachtergruppe hinsichtlich Ihrer Aussagekraft bewerten.*

Tipps für die Verkaufspraxis

➤ *Üben Sie wortlose Kommunikation vor dem Spiegel. Setzen Sie erst danach sichere Aktionen im Verkaufsgeschehen ein.*

➤ *Machen Sie Video-Aufzeichnungen von Rollenspielen und werten Sie diese aus.*

Körpersprache: wie sie bewusst eingesetzt wird

Fühlen Sie sich hinter der Verkaufstheke sicherer als wenn Sie vor der Theke oder im Cafébetrieb agieren müssen?

Die räumliche Entfernung (= Distanz) von Menschen untereinander hat einen erheblichen Einfluss auf das Kommunikationsverhalten.

Man unterscheidet für die Kommunikation folgende Distanzen:

– öffentliche Distanz:	über 4 m Abstand
– gesellschaftliche Distanz:	von 1,50 bis 4,00 m Abstand
– persönliche Distanz:	von 0,60 bis 1,50 m Abstand
– intime Distanz:	unter 0,60 m Abstand

Die Verkaufsgespräche finden also üblicherweise in der *persönlichen Distanz* statt. Außerdem ist zumeist die Theke eine Barriere, die Ihre Sicherheit verstärkt. Auch wenn dadurch Sichtmöglichkeiten für die Kunden eingeschränkt sind, sollten Sie Ihre Körpersprache insgesamt kontrollieren. Wie wichtig das für Ihre Verkäuferrolle ist, kann mit Hilfe der folgenden Beispiele deutlich werden.

Beispiele:

- *Eine Kundin betritt das Geschäft. Die einzige Verkäuferin ist damit beschäftigt, Tortenstückchen in der Kühltheke umzusetzen.*

  In dieser Situation gibt es mehrere Möglichkeiten, mit der Kundin durch Körpersprache in Kommunikation zu treten, zum Beispiel:
  - Körper erheben, der Kundin zuwenden,
  - Kundin anblicken, sie anlächeln,
  - Distanz zur Kundin verringern, auf sie zubewegen.

  Hemmend wäre folgendes Verhalten der Verkäuferin:
  - Körper gebeugt lassen, die Arbeit zu Ende führen,
  - Kundin nicht anschauen, Blick weiter auf die Ware richten,
  - Distanz beibehalten, der Kundin nicht nähertreten.

- *Ein Kunde wählt lose angebotene Pralinen aus. Die Verkäuferin will Empfehlungen zur Auswahl geben.*

  In dieser Situation ergeben sich etliche Möglichkeiten, gegenüber dem Kunden durch Körpersprache wirksam zu agieren, zum Beispiel:
  - Vorzeigen der Pralinen und Fingerzeigen auf Sorten,
  - Handbewegungen zur Betonung der Sprache,
  - Gesichtsausdruck beim Beschreiben des Pralinengenusses.

  Hemmend wäre folgendes Verhalten der Verkäuferin:
  - ohne Zeigegesten arbeiten,
  - ohne jegliche Betonung sprechen,
  - ohne Beschreibungsgesten sprechen.

Solche körperlichen Signale dürfen jedoch hinsichtlich ihrer Wirkung nicht isoliert bewertet werden. Entscheidend ist der gesamte Eindruck. Ein Lächeln bewirkt zwar viel; es verliert aber an Aussage, wenn die übrigen Körpersignale damit nicht übereinstimmen.

Als Fachverkäuferin/Fachverkäufer haben Sie mehr Erfolg, wenn Sie gut akzentuiert Ihren Körper mitsprechen lassen. Bedenken Sie dabei
- dass bei der Körpersprache auch das persönliche Erscheinungsbild mitwirkt (z. B. saubere Kleidung, Haartracht, Fingerreinheit);
- dass Ihre Aktionen nicht gekünstelt, sondern natürlich wirken;
- dass Ihre Aktionen im Einklang mit der Situation stehen und nicht gegensätzlich zu dem, was Sie fühlen oder wörtlich sagen.

Interaktion im Verkaufsgeschehen

Haben Sie schon einmal als Gast in einem Restaurant das Gefühl gehabt, dass man Sie hochnäsig und überlegen behandelt?

Verkaufs- und Bedienungspersonal darf nicht überheblich sein. Aber auch eine unterwürfige Haltung des Personals ist nicht angemessen. Vielmehr geht man heute im Verkaufsbereich von einem Modell der *gleichberechtigten Gesprächsentwicklung* aus (= Interaktion).

Ein Verkaufsgespräch ist ein *Interaktionsprozess*.

Jeder *Interaktionsprozess* ist durch verhaltensbezogene und sachliche Äußerungen bestimmt (➡ Seite 114). In der zwischenmenschlichen Interaktion sind darüberhinaus gewisse Regeln wirksam, welche als *Interaktionsrituale* bezeichnet werden. Das sind zum Beispiel: Fragen nach dem Wohlergehen, Begrüßungs- und Verabschiedungsfloskeln.

Die Benutzung dieser Floskeln müssen Sie beherrschen. Dabei ist es wichtig, dass sie nicht formelhaft wirken. Sie müssen passend sein und als ehrlicher Teil der Gesprächsführung empfunden werden.

Zum professionellen Verkaufen benötigen Sie fachliches Wissen, ganz besonders aber Kenntnisse über die Gesprächsführung.

Kontaktpflege: eine Leistung des Verkäufers

„Die Verkäufer begegnen unseren Kunden stets mit einem Lächeln." So lautet eine Dienstanweisung. Aber der Kundschaft nur mit einem verordneten Lächeln zu begegnen, ist zu wenig. Die Kunden erwarten einen echten Kontakt, eine ehrliche geschäftliche Beziehung.

Wie können Sie diesen Anspruch erfüllen?

Dafür gibt es sicherlich kein bündiges Konzept. Mit den folgenden Tipps können Sie das Ziel eines guten Kundenkontakts anstreben.

- Geben Sie dem Kunden das Gefühl, dass Sie ihn gern bedienen. Kunden, denen Sie so begegnen, haben auch Sie gern. Das lässt ein angenehmes Verkaufsklima entstehen (mit emotionaler Wärme).
- Geben Sie dem Kunden die Möglichkeit, auch „Randgespräche" zu führen, die nicht zum Verkaufsgeschehen gehören. Zeigen Sie durch kurze Beiträge Ihre aktive Anteilnahme. Führen Sie dabei unauffällig die Verkaufshandlung weiter.
- Geben Sie dem Kunden den Eindruck, dass Sie seine Interessen beachten, von ihnen ausgehend denken und handeln. Führen Sie Argumentationen nicht vom Geschäftsziel aus (z. B. vom Ziel, den Erdbeerkuchen rasch verkaufen zu wollen). Denken und handeln Sie von der Interessenlage des Kunden aus (z. B. von seinem Ziel her, eine leckere Kaffeetafel gestalten zu wollen). Bieten Sie dem Kunden gute Lösungen für seine Bedürfnisse und Wünsche.
- Geben Sie dem Kunden das Gefühl, dass Ihre Kontaktbereitschaft auch nach seiner Kaufhandlung andauert. Wenden Sie sich nicht sofort zur Bedienung des nächsten Kunden ab, sondern sichern Sie durch Ihren Kontakt bei der Verabschiedung des Kunden, dass dieser gern wiederkommt. Vermeiden Sie das mechanische und eintönige „Auf Wiedersehen". Danken Sie, und wünschen Sie dem Kunden etwas. Im gegebenen Anlass können Sie auch Hilfe beim Verlassen der Verkaufsstelle leisten (z. B. Öffnen der Tür).

Ein guter Kontakt zu einzelnen Kunden auch außerhalb von aktuellen Verkaufshandlungen gehört zur „Kundenpflege" (➡ Tipps).

Ein Gespräch in der Verkaufsstelle

Eine Stammkundin betritt das Geschäft einer Kleinstadt-Bäckerei. Die Chefin ist allein und räumt gerade Gebäcke ein. Nach der gegenseitigen freundlichen Begrüßung ruft die Kundin aus: „Hmh, das riecht ja so gut bei Ihnen." Die Chefin sagt darauf: „Ja, wir haben zum Wochenende auch viel zu tun." „Das ist wohl der Duft vom frischen Zwetschenkuchen", fährt die Kundin fort. „Und dann wird noch eine Verkäuferin krank und fällt uns aus", erzählt die Chefin weiter.

- ➤ *Woran erkennen Sie, dass beide Beteiligte nicht wirklich miteinander sprechen?*
- ➤ *Entwickeln Sie ein positives Beispiel für ein Verkaufsgespräch auf der Grundlage der ersten Äußerung der Kundin.*

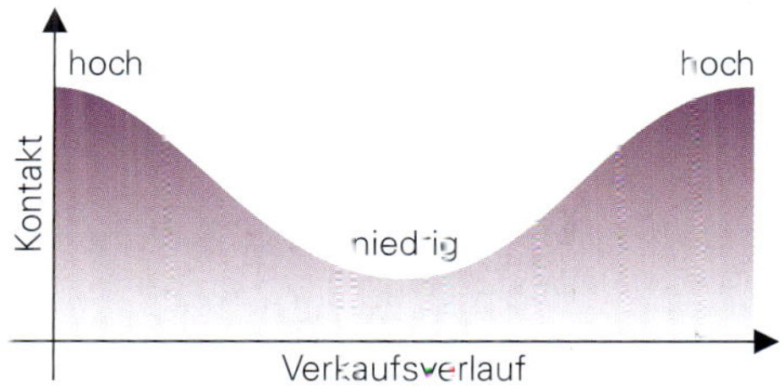

Die Kontaktleistung des Verkäufers im Verlauf der Verkaufshandlung

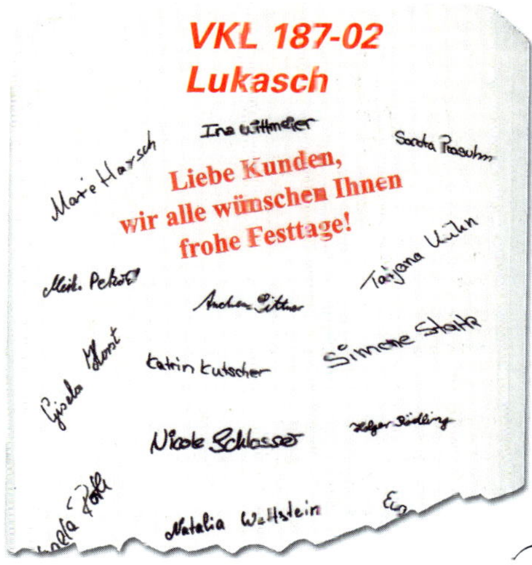

Tipps für die Verkaufspraxis

- ➤ *Geben Sie den Kunden durch möglichst viele verschiedene Signale das Gefühl, dass sie mit Ihrem Geschäft in gutem Kontakt stehen (Beispiel in obiger Abbildung).*
- ➤ *Pflegen Sie den Kontakt mit Ihren Kunden auch über private Dinge: Gratulieren Sie den Kunden zu besonderen Geburtstagen oder Jubiläen, die Ihnen bekannt werden.*

Tipps für die Verkaufspraxis

Zur Überprüfung Ihrer Interaktion können Sie den folgenden Fragenkatalog benutzen:

- *Habe ich zu dem Kunden eine grundsätzlich positive Einstellung?*
- *Habe ich den Kunden verkaufsbereit im Geschäft empfangen?*
- *Habe ich den Kunden richtig begrüßt?*
- *Habe ich den Kunden in Ruhe angehört?*
- *Habe ich die richtigen Fragen gestellt?*
- *Habe ich bei meiner Beratung überzeugt?*
- *Habe ich zurückhaltend und nicht belehrend informiert?*
- *Habe ich eventuell selbst zu viel gesprochen?*
- *Habe ich das Kaufmotiv des Kunden erkannt und argumentativ genutzt?*
- *Habe ich den Kunden zu einer Kaufentscheidung geführt?*
- *Habe ich abschließend die Warenauswahl des Kunden unter Berücksichtigung des Kundennutzens positiv bestätigt?*

Eine Kostprobe

In der Verkaufsstelle einer Bäckerei und Konditorei werden von einer neuen Gebäcksorte kleine Proben angeboten. Sie stehen zur Selbstbedienung für die Kunden auf der Theke.

Ein Kunde wird darauf aufmerksam und fragt die Verkäuferin im Laufe des Bedienvorgangs danach, was das für eine Kostprobe sei. Die Verkäuferin antwortet: „Das sind Roggenschrot-Krüstlinge." Damit ist für sie der Vorgang beendet. Der Kunde greift (trotzdem) zu und probiert ein Stückchen. Er beendet seinen Einkauf und verlässt noch probenkauend die Verkaufsstelle.

➤ *Wie hätten Sie als Verkäuferin agiert?*

Informationstechniken: wie man überzeugt

„Wer überzeugt werden soll, der muss erst verstanden haben." Diese Aussage gilt auch für die Produktinformation und Beratung beim Back- und Süßwarenverkauf.

Wie können Sie überzeugen bei der Information Ihrer Kunden?

- Im Rahmen der Information kann die Kontaktleistung vermindert werden. Sie darf dennoch nicht vernachlässigt werden.
  Dazu gehört beispielsweise,
  - dass Sie den Kunden beim Gespräch anschauen,
  - dass Sie dem Kunden geduldig zuhören,
  - dass Sie in wichtigen Passagen Ihrer Erklärungen den Kunden auch namentlich ansprechen.
- Die Informationsleistung muss zielgerichtet sein.
  Dazu gehören beispielsweise
  - deutliches Sprechen in angenehmer Lautstärke,
  - einfache Satzbildungen mit wenig Nebensätzen,
  - kundenverständliche Formulierungen fachlicher Sachverhalte,
  - eingeräumte Schweigepausen, um auch dem Kunden Zeit zum Überlegen und zu Äußerungen zu geben.
- Die Information soll kundenorientiert erfolgen.
  Dazu gehört zum Beispiel,
  - dass aus dem vom Kunden Gesagten die Informationsbedürfnisse abgeleitet werden,
  - dass die Kundenargumente positiv aufgenommen und bekräftigt werden (= Verstärkung),
  - dass über Sachverhalte nicht schulmeisterhaft belehrt wird,
  - dass eventuelle Irrtümer des Kunden nur korrigiert werden, wenn das für den weiteren Verkaufsablauf entscheidend ist,
  - dass vorhandene Vorurteile des Kunden nicht angerührt werden,
  - dass möglichst kein ablehnendes „Nein" des Kunden eintritt, weil dieses nur schwer wieder zu korrigieren ist.

Denken Sie bei der Information nochmals daran, dass auch sie dem Ziel dienen muss, Wünsche und Bedürfnisse des Kunden zu befriedigen. Gute Möglichkeiten, im Gespräch den Kunden mit seinen Vorstellungen zur Geltung zu bringen, sind das Zuhören und das geschickte Fragen.

Beispiele:

- *Vermitteln Sie dem Kunden, dass Sie an seinem Kaufwunsch oder Urteil über Ihre Back- und Süßwaren interessiert sind. Erwähnen Sie beispielsweise, dass Sie ihm das Brot mit der von ihm geschätzten starken Kruste gegeben oder zurückgelegt haben. Lassen Sie zum Beispiel den Kunden eine neue Pralinensorte probieren, und bitten Sie ihn nach der Kostprobe um sein Urteil.*
- *Argumentieren Sie unter Beachtung der Kaufmotive des Kunden. Anhand der Kaufmotive können Sie den vom Kunden erwarteten Nutzen an der Ware erkennen. So können Sie Vorteilsformulierungen vornehmen. Erklären Sie beispielsweise dem Kunden, weshalb die Brotsorte für ihn von gesundheitlichem Vorteil ist. Steigern Sie die Argumentationswirkung, indem Sie die Ware präsentieren oder vom Kunden probieren lassen. Aktivieren Sie den Kunden damit so, dass er überzeugt ist und selbst entscheiden kann, ob die Ware für ihn den gewünschten Nutzen hat. Nach erfolgter Kaufentscheidung sollte das Kaufmotiv nochmals als Bestätigung eingebracht werden.*

Fragetechniken: wie man mit Fragen führt

„Wäre es das?" Solche oder ähnliche „Killerfragen" hört man leider im Verkaufsgeschehen noch zu oft. Sie führen dazu, dass der Kunde mit einer Bejahung den Kaufvorgang beendet.

Wissen Sie, wie man mit Fragen im Verkauf richtig führt?

Es gibt verschiedene *Arten von Fragen*, die im Verkauf je nach Situation die beste Wirkung erzielen.

So können Sie die Fragetechnik für Verkaufsaktivitäten nutzen:

- *Durch Fragen treten Sie im Gesprächsanteil zurück (= Dominanz des Verkäufers wird vermieden).*
- *Durch Fragen erhalten Sie Informationen, aus denen heraus Sie die Beratung gestalten können.*
- *Durch direkte oder indirekte Fragen können Sie den Befragten stärker fordern oder ihm mehr Antwortfreiraum gewähren.*
- *Durch Wissens- oder Meinungsfragen können Sie die Einstellung des Kunden zum Verkaufsgegenstand erfahren.*
- *Durch offene Fragen oder geschlossene Fragen können Sie dem Kunden weite Antwortmöglichkeiten oder nur eine direkte kurze Antwort zulassen.*

Der Einsatz der Frageform ist vom Stand im Verkaufsablauf und auch vom Kunden abhängig. Sehr häufig können *Lenkungsfragen* eingesetzt werden, um den Fortgang der Verkaufshandlung zu beeinflussen.

Manchmal wird empfohlen, die Kunden durch *Alternativfragen* so zu lenken, dass diese nur mit „Ja" antworten können. Das wird von den Kunden jedoch auch erkannt als eine bewusste Lenkung ihres Verhaltens (als Manipulation).

Wenn Sie allerdings Antwortwiderstände beim Kunden erkennen, können Sie durch Beeinflussung einen Entschluss herbeiführen. Das kann beispielsweise dadurch erfolgen, dass Sie in der Frage bereits eine getroffene Entscheidung des Kunden zu Grunde legen (z. B.: „Wie viele von den Sesambrötchen darf ich Ihnen geben?"). Ebenso hilfreich kann es in einem solchen Fall sein, dass Sie den Kunden in das einbeziehen, was vor ihm „viele Kunden so ausgewählt haben".

Günstig sind *Bestätigungsfragen*. Damit greifen Sie auf vorherige Situationen zurück, die als Zwischenergebnis im Verkaufsgespräch entstanden sind. Durch die Frage erreichen Sie eine Anknüpfung, die zur Fortführung des Gesprächs grundlegend ist.

Suggestivfragen sind zur Anbahnung einer Kaufentscheidung immer problematisch. Durch die Suggestion (= Beeinflussung) sollen mit dem Gesprächspartner bestehende Gemeinsamkeiten betont werden. Bei positiver Suggestion (➡ Beispielfrage) kann der Kunde den Eindruck bekommen, dass er überredet werden soll. Die zur negativen Antwort führende Suggestivfrage ist im Verkauf eine so genannte „Killerfrage". Sie sollte stets vermieden werden.

Rhetorische Fragen sind keine echten Fragen. Als Verkäufer erwarten Sie darauf keine Antwort. Es sind nämlich in Frageform gekleidete Aussagen. Rhetorische Fragen sind ein Stilmittel zur Führung von Gesprächen, in das Sie sich durch Übung einarbeiten können. Im Verkaufsgespräch sollen sie den Kunden auf etwas hinweisen oder ihn neugierig machen. Rhetorische Fragen sind ein gutes Mittel, um *Zusatzverkäufe* anzubahnen.

Zum Unterscheiden: Fragenarten

- ***Direkte Frage:***
  „Haben Sie eine Käsetorte bestellt?"
- ***Indirekte Frage:***
  „Mich würde interessieren, ob Sie sich für das Frühstück verschiedene Brötchensorten wünschen."
- ***Offene Frage:***
  „Was möchten Sie gern trinken?"
- ***Geschlossene Frage:***
  „Möchten Sie noch einen Kaffee?"
- ***Wissensfrage:***
  „Wissen Sie, dass auch im üblichen Brot viel Ballaststoffe enthalten sind?"
- ***Meinungsfrage:***
  „Was meinen Sie über den Geschmack von Vollkornsandkuchen?"
- ***Suggestivfrage:***
  „Sind Sie nicht auch der Meinung, dass die Torte besonders gut gelungen ist?"
- ***Bestätigungsfrage:***
  „Habe ich richtig verstanden, dass Sie lieber einen grünen Tee haben möchten?"
- ***Rhetorische Frage:***
  „Haben Sie schon unser Sonderangebot für Teegebäck beachtet?"

Tipps für die Verkaufspraxis

Beachten Sie die folgenden Regeln zum richtigen Fragen:

- *Offene Fragen beginnen mit einem Fragewort (Wer, Wie, Was, Wo, Womit). Stellen Sie bei diesen so genannten W-Fragen immer das Fragewort an den Anfang. Sonst erkennt der Kunde Ihre Frage zu spät.*
- *Stellen Sie niemals mehrere Fragen zugleich. Das verwirrt den Kunden.*
- *Lassen Sie dem Kunden nach der Frage genug Zeit zum Überlegen und Antworten. Sonst fühlt sich der Kunde durch Ihre Fragen gehetzt oder überrumpelt.*

Anregung zur Weiterarbeit

Die Fragen als Bestandteil des Verkaufsgesprächs lassen sich durch Üben verbessern.

➤ *Stellen Sie zur Auswahl von Kuchen für einen Kindergeburtstag zunächst offene Fragen (z. B. „Welche Gebäcksorten haben Sie sich vorgestellt?"). Leiten Sie daraus zunehmend geschlossenere Fragen ab (z. B. „Sollen es Obsttörtchen mit Erdbeeren oder mit Pfirsichen sein?")*

Meinung

Eine Auszubildende beklagt sich:

„Schönwetter-Verkaufen ist einfach. Aber wie oft kommt es vor, dass Kunden aggressiv und konfliktträchtig auf uns zukommen. Das gipfelt dann manchmal sogar darin, dass wir Verkäuferinnen von Kunden beschimpft werden. Muss man sich so etwas überhaupt gefallen lassen?"

➤ *Stellen Sie anhand von Beispielen dar,*
- *in welchen Fällen Sie Konflikte im Verkaufsgeschehen selbst lösen können,*
- *in welchen Konfliktfällen eine sofortige Information der Geschäftsführung notwendig ist.*

Tipps für die Verkaufspraxis

Auf häufig vorkommende Kundeneinwände sollten Sie sich vorbereiten:

➤ *Machen Sie sich Notizen über vorkommende Kundeneinwände, und formulieren Sie die dazu passenden Antworten.*

➤ *Fassen Sie häufig vorkommende Einwände zu Gruppen zusammen (z. B. Zweifel an der Frische der Backwaren). Formulieren Sie dazu mehrere Antwortmöglichkeiten.*

➤ *Benutzen Sie Methoden und Antworten, mit denen Sie die meisten Kunden erfolgreich überzeugen konnten.*

Kurz und bündig: Kommunikation im Verkauf

- *Kommunikation findet grundsätzlich statt, wenn Menschen sich begegnen. Nicht zu kommunizieren ist nicht möglich.*
- *Kommunikation läuft auf der sachlichen Ebene (z. B. Produktinformation) und auf der gefühlsmäßigen Ebene (z. B. Beziehung zwischen Kunde und Verkäufer).*
- *Kommunikation läuft über sprachliche Mittel (= verbal) und über nichtsprachliche Mittel (= körperlich). Körpersprache ist nicht bewusst steuerbar, aber zu erlernen und zu entschlüsseln.*
- *Kommunikation entwickelt sich im gegenseitigen Aufeinandereingehen (= durch Interaktion).*
- *Kommunikation ohne Störungen ist die Voraussetzung für erfolgreiches Verkaufen.*
- *Kommunikation ist der beste Weg zur Überzeugung der Kunden und zur Bewältigung von auftretenden Konflikten.*

Kundeneinwände: wie man ihnen begegnet

„Die Tortenstückchen sind aber teuer." Solch ein Kundeneinwand ist nicht selten. Er ist ein offen geäußerter Konflikt. Er bezieht sich auf den Kaufpreis. Daher ist es ein sachlicher Konflikt, kein persönlicher.

Ein ***Konflikt*** *entsteht durch das Aufeinandertreffen gegensätzlicher Vorstellungen oder Handlungen.*

Konflikte sind an sich nichts Negatives. Sie werden aber meistens so empfunden, weil sie den „Normalablauf" behindern. Darüber hinaus sind die Lösungsversuche oftmals emotional und zerstörerisch.

Wie begegnet man sachlichen Kundeneinwänden?

- Einwände der Kunden können direkt vorgebracht werden (wie: „Das Brot ist aber nicht mehr frisch.").

  Solche Einwände sind leicht erkennbar. Wenn sie zutreffend sind, werden sie zum Anlass für eine sachliche Erklärung genommen. Das Angebot einer anderen Ware führt eventuell zur Lösung. Wenn sie nicht zutreffend sind, werden sie aufgenommen und so ausgeräumt, dass der Kunde sich nicht herabgesetzt fühlt.
- Einwände der Kunden können nur indirekt erkennbar sein (Beispiel: Ein Kunde will ohne etwas zu kaufen das Geschäft wieder verlassen). In solchen Fällen ist es schwierig, richtig einzuschätzen, worin der Kundeneinwand besteht. Es ist nötig, diesen durch höfliches Fragen zu ermitteln. Dann kann man entscheiden, ob Abhilfe möglich ist.

Sachliche Kundeneinwände können Sie auf verschiedene Weise im Verkaufsgespräch behandeln, zum Beispiel
- durch Anerkennung des Einwands, aber durch Entgegnung mit Ihrer eigenen Meinung (so genannte *Ja-Aber-Methode*),
- durch eine Gegenfrage (so genannte *Fragemethode*),
- durch eine Umkehrung des Einwands in einen kundenbezogenen Vorteil (so genannte *Bumerangmethode*),
- durch Gegenüberstellung des Einwands mit etwas Positivem für den Kunden (so genannte *Nachteil-Vorteil-Methode*).

Sachlich wirkende Kundeneinwände können auch „unecht" sein. Der Kunde nutzt sie, weil er beispielsweise
- den Preis nicht zahlen kann,
- noch nicht entschieden ist,
- schlecht gelaunt ist und mit dem Verkäufer nicht auskommt,
- überhaupt nicht kaufen will.

In solchen Fällen ist keine Abhilfe zu leisten. Beachten Sie die Ausrede nicht weiter. Verabschieden Sie den Kunden dennoch freundlich.

Wie begegnet man Konflikten im zwischenmenschlichen Bereich?

- Meistens haben Konflikte im Emotionalen auch einen sachlichen Grund. Eine grundsätzliche Lösungsmöglichkeit besteht daher in der Versachlichung (Abminderung der Emotionen).
- Konflikte sind leichter zu lösen, wenn man sich nicht aus der Fassung bringen lässt. Auch wenn Sie persönlich angegriffen werden, sollten Sie ruhig bleiben und persönliche Gegenangriffe unterdrücken.
- Konflikte größerer Tragweite bedürfen der ruhigen Aussprache. Sie sollten unter Leitung eines Vorgesetzten oder der Chefin/des Chefs in einem besonderen Raum ohne Störung des Geschäftsbetriebs erörtert werden.

Verkaufsablauf

Können Sie sich vorstellen, dass ein Kunde zunächst bedient wird und dann erst nach der Warenaushändigung begrüßt würde? Das wäre wohl unüblich. Wir haben eine gemeinsame Vorstellung vom Verlauf einer Verkaufshandlung. Die Abläufe und Handlungen sind von Ihnen im Einzelnen zu gestalten.

Verkäuferaktivitäten: kundenorientiert handeln

Verkaufsvorgänge haben eine eigene Ordnung; sie sind gegliedert in verschiedene Abschnitte (= Phasen). Diese Phasen sind aus der Sache heraus bestimmt (= sachlogisch). Sie müssen deshalb folgerichtig und uneingeschränkt durchlaufen werden. Störungen ihres Ablaufs (z. B. die zwischenzeitliche Annahme eines Telefonats) führen zu Mängeln in der Kommunikation mit dem Kunden. In allen Phasen des Verkaufs ist die Kundenorientierung gefordert. Das heißt: Der Kunde hat Ihr ungeteiltes Interesse. Die Erwartungen des Kunden leiten Ihr Handeln.

Zur Anleitung für eine Phasengliederung des Verkaufs können Sie sich die *KAUB-Formel* merken (➡ Randspalte). Achten Sie auf diese Phasen bei Ihren Verkaufshandlungen. Dadurch werden Ihnen die kundenorientierten Aktivitäten deutlich. Sie werden feststellen, dass die warenbezogenen Handlungen (wie Schneiden oder Verpacken) von Ihnen zwar perfekt zu vollziehen sind, aber im Verkaufsablauf nicht die Hauptrolle spielen.

Kunden begrüßen: keine Routinehandlung

Beim Betreten einer Verkaufsstelle der Bäckerei/Konditorei grüßen die Kunden üblicherweise. Der Gruß gilt dem Verkaufspersonal und im Geschäft befindlichen Kunden in gleicher Weise. Im Allgemeinen sollten die Verkäufer eintretende Kunden auch zu diesem Zeitpunkt begrüßen. Die Kunden fühlen sich somit empfangen. Der Kontakt ist hergestellt. Wenn die sofortige Begrüßung der Kunden nicht möglich ist, geschieht das bei Beginn eines konkreten Verkaufsgesprächs.

Was gehört zur Kundenbegrüßung?

- Wenden Sie die übliche Grußformel an (nach regionaler Sitte und nach Tageszeit).
- Sprechen Sie bekannte Kunden bei der Begrüßung mit dem Namen an. Dabei ist auch auf die richtige Anwendung von Titeln zu achten. Die namentliche Ansprache kann bei Beginn des Verkaufsgesprächs erfolgen, wenn es bei Kundenandrang vorher nicht möglich war.
- Blicken Sie die Kunden bei der Begrüßung an (Körpersprache).
- Ergänzen Sie den sprachlichen Gruß durch ein Lächeln, das dem Gruß entspricht (Körpersprache).

Wie Ihr Gruß empfunden wird, hängt auch von der *Sprachmodulation* ab. Je nach Sprachmelodie, Lautstärke und Tonfall kann derselbe Gruß einmal freundlich und ein anderes Mal schematisch wirken.

Bei Beobachtungen in Verkaufsstellen der Bäckerei und Konditorei ist leider die Tendenz festzustellen, dass ähnlich wie in Supermärkten die Begrüßung von Kunden vernachlässigt wird. Es werden dafür die unterschiedlichsten Gründe genannt, unter anderem auch der, dass die Kunden beim Eintreten nicht grüßen würden. Bedenken Sie aber: Kundenorientierung beginnt damit, dass Sie den Kunden empfangen und ihm grüßend das Willkommen zeigen.

Formel für den Verkaufsablauf

K = Kontakt	*= Begrüßung/Anrede*
A = Aufmerksamkeit	*= Interesse an der Ware*
U = Unterrichtung	*= Beratung/Empfehlung*
B = Bekräftigung	*= Abschluss*

Warm-up im Verkauf

Der Begriff „Warm-up“ kommt aus dem Sport und bedeutet dort „sich aufwärmen für eine sportliche Leistung“. In den USA wird ein „Warm-up“ auch im Umgang der Menschen untereinander gepflegt. Bei einer Begegnung fragt man beispielsweise nach der Gesundheit, der Familie oder Erlebnissen am Tag. Erst dann wird das Zweckgespräch begonnen.

Im Fachverkauf kann ein solches „Warm-up“ geführt werden bei vertrauten Stammkunden und genügend Zeit. Aber kleinere Gesten sind in jedem Fall zum „Warmwerden“ mit dem Kunden immer angebracht. Sie erleichtern den sachlichen Verkaufsablauf.

Sachverweis

*Die **Beratung von Kunden** in Fragen der **Ernährung** ist auf den Seiten 247 bis 252 ausführlich dargestellt.*

Meinung

Eine Auszubildende behauptet: „Mit der Mengenempfehlung habe ich keine Probleme. Ich soll ja schließlich erfolgreich verkaufen. Und das tue ich, wenn ich viel Ware absetze. Also empfehle ich unschlüssigen Kunden möglichst große Warenmengen. Die Chefin ist dann bestimmt zufrieden mit mir.“

➤ *Wie wirkt es sich aus, wenn Kunden die Erfahrung machen, dass ihnen zu große Warenmengen anempfohlen wurden?*

Richtwerte für Mengen und Portionsgrößen

Torten-/Dessertstückchen (Sahne, Krem, Obst)	*= 1,5 bis 2 St./Person*
Schnitt-Blechkuchen	*= 1,5 bis 2 St./Person*
Feingebäck (Hefe-, Plunder-, Blätterteig)	*= 2 St./Person*
Dauergebäck (Mürbegebäck, Florentiner)	*= 2 St./Person*
Teegebäck, Salz- und Käsegebäck	*= 500 g für 8 Personen*
Krem- und Eisspeisen, Süßspeisen	*= 1000 g für 8 Personen*
Schlagsahne zum Garnieren	*= 1000 g für 12 Personen*

Kaufwünsche ermitteln: direkt oder indirekt

Ideal ist es, wenn Begrüßung und Ermittlung der Kaufwünsche sich direkt anschließen. Das entspricht der Kundenerwartung, ist aber in der Praxis nicht immer realisierbar. Mit der Zuwendung zum Kunden beginnt der Verkauf, eventuell mit einem „Warm-up“.

Zu Beginn des Verkaufsgesprächs ist Ihre volle Aufmerksamkeit und Ihre höchste Kontaktleistung gegenüber dem Kunden nötig. Das heißt: Alle anderen Tätigkeiten sind sofort zu beenden (z. B. Gespräche mit Kollegen oder gerade laufende Nebenarbeiten).

„Was darf es sein?“ Das ist sprachlich eine durchaus angemessene und allgemein übliche Formel zur Eröffnung des Gesprächs. Das darf aber nicht routineartig oder gedankenlos erfolgen. Dadurch würde der Eindruck von Teilnahmslosigkeit entstehen. Diese dämpft bei den Kunden das Kaufinteresse und das erwartete Kauferlebnis.

Die Ermittlung der Kaufwünsche selbst kann erfolgen
- auf direktem Weg (z. B. durch Fragen nach der Warensorte),
- auf indirektem Weg (z. B. durch Warenvorlage zur Auswahl).

Kunden beraten: nach Art oder Menge der Ware

Eine Aufgabe mit hohem Anspruch ist die Kundenberatung. Diese kann zum Beispiel erforderlich sein bei der Auswahl von Backwarensorten für verschiedene Anlässe. Darüberhinaus kann sie auch die notwendige Mengenermittlung betreffen.

Wenn Kunden beratungsintensiv kaufen, können sie häufig nicht exakt die gewünschte Ware benennen. Mit Hilfe offener Fragen können Sie den Kunden veranlassen, sich zu äußern. Um zu erfahren, wofür die gewünschte Ware benötigt wird, helfen Fragen nach dem Anlass, nach dem Zweck oder nach der Gelegenheit der Verwendung.

Wonach richten Sie sich bei der Empfehlung von Warensorten?

Orientierungshilfen für Sortenempfehlungen sind zum Beispiel:
- *der Anlass (wie Familienfeier oder Kaffeetafel),*
- *der Gästekreis (wie Kinder, Senioren, Frauen oder Männer),*
- *die Saison (wie Frühling, Erntezeit oder Advent),*
- *die Vorlieben des Kunden (wie Bevorzugung von Obstkuchen),*
- *die vom Kunden ansonsten gewählte Preiskategorie.*

Wonach richten Sie sich bei der Mengenempfehlung?

Orientierungshilfen für die Mengenbestimmung sind zum Beispiel:
- *die Einordnung in das gesamte Angebot an Speisen (Beilagen zum Hauptgericht, Dessert, Kaffeetafel),*
- *der Gästekreis (junge Menschen mit größerem Appetit oder Gäste mit reduziertem Kostverhalten),*
- *die Stückgröße und Beschaffenheit der Gebäcke (Kleingebäck, Schnitten oder Großgebäcke, Sättigungswert),*
- *die Haltbarkeit der Back- und Süßwaren (zum alsbaldigen Verzehr oder zur Bevorratung geeignet).*

Wenn bei der Mengenbestimmung noch Unsicherheiten bleiben, ist es sinnvoll, Produkte als „Sicherheitsreserve“ zu empfehlen,
- die dem Zweck entsprechen (z. B. süße Kaffeegebäcke) *oder*
- die kleinstückig sind (z. B. Petits Fours) *oder*
- die sich gut aufbewahren lassen (z. B. Rührkuchen).

Zuempfehlen von Waren: ein Plus im Verkauf

Durch ergänzende Empfehlungen von Waren sollen Zusatzverkäufe erzielt werden. Doch können Sie das in jedem Fall anstreben?

Das Zuempfehlen von Waren ist zumeist *nicht angebracht*, wenn ein Kunde nur einen direkten Wunsch für einen Versorgungskauf äußert (z. B. „5 Brötchen bitte").

Richtig ist das Empfehlen von Waren dagegen stets
- wenn die vom Kunden gewünschte Ware fehlt,
- wenn der Kunde unschlüssig ist und die Empfehlung erwartet.

Wonach richten Sie sich bei der Empfehlung von Waren, wenn das vom Kunden gewünschte Erzeugnis fehlt?

- Angemessen sind Empfehlungen von Waren, die ähnlich sind in der Zusammensetzung zum eigentlich gewünschten Produkt (z. B. Kuchenbrötchen anstelle von Rosinenbrot, Kopenhagener Plunder anstelle von Blätterteiggebäck).
- Angemessen sind Empfehlungen von Waren, die ähnlich sind in der Verwendbarkeit wie das eigentlich gewünschte Produkt (z. B. für die Kaffeetafel wird Sahnetorte anstelle von Kremschnitten angeboten, für eine Käseplatte werden Kümmelbrot oder Kaviarbrot anstelle von Pumpernickel angeboten).

Verkaufsaktiv sind Sie, indem Sie *zusätzliche Waren* empfehlen
- zur Ergänzung von gekauften Back- und Süßwaren (z. B. für eine Kaffeetafel den Kaffee, die Kondensmilch oder die Sahne),
- bei Neueinführung von Waren (durch Präsentation oder Kostprobe),
- bei Kunden, die gern zu Spontankäufen neigen.

Verkaufsargumente: zum Überzeugen im Verkauf

Mit welchen Argumenten können Sie im Verkauf überzeugen?

- Ihre Argumente sollten auf Kundenfragen Auskunft geben. Das ist einfach, wenn es sich um konkrete Sachfragen handelt (wie: „Ist das Brot mit Sauerteig gebacken?"). Schwierig ist es, auch die unechten Fragen zu erkennen. Solche Fragen werden oft nur gestellt, um Zeit zum Überlegen zu gewinnen.
- Ihre Argumente sollten warenbezogene Auskünfte geben. Bei den Beschreibungen des Geschmacks oder der Zutaten genügen keine allgemeinen Floskeln (wie: toll, super, bestens). Überzeugend wirken fachliche Beschreibungen der Zusammensetzung mit treffenden Eigenschaftswörtern (wie: „kremig-saftige Quarkfüllung").
- Ihre Argumente sollten kundenorientierte Auskünfte geben. Das sollte auch ohne konkrete Kundenfrage geschehen. Sie können zum Beispiel den Nutzen berücksichtigen, der für die Kunden mit dem Kauf der Ware verbunden ist (wie: „…ist sehr bekömmlich"). Keinesfalls sollten Kunden in belehrender Weise beraten werden.

Manchmal ist es auch erforderlich, dass Sie Preise für Ihre Waren argumentativ vertreten müssen. Preisgespräche sollten Sie stets im Zusammenhang mit dem Kundennutzen an der Ware führen. Der Preis steht damit nicht allein da. Auch sollte der Preis nicht vor der Überzeugung über den Nutzen genannt werden. Sonst wird der Kunde einseitig auf den Preis fixiert. Fragt der Kunde jedoch direkt nach dem Preis, müssen Sie unmittelbar Auskunft geben. Ein „Preisschock" ist durch geschickte Antworten zu vermeiden.

Tipps für die Verkaufspraxis

Für das Empfehlen von Waren sind im Folgenden vier typische Beispiele dargestellt. ***Formulieren Sie ähnliche Empfehlungen.***

- *Als Beilagen zu Wein und Bier empfehle ich Ihnen unsere Käse-Blätterteig-Spezialitäten. Ihre Gäste werden den Unterschied dieser Frischgebäcke zu den sonst üblichen Knabbergebäcken zu schätzen wissen.*
- *Leider ist das Dreikornbrot heute schon ausverkauft. Ich empfehle Ihnen das frische Sonnenblumenkernbrot.*
- *Zu Ihrer Geburtstagsfeier empfehlen wir zur Ergänzung und als „Reserve für alle Fälle" unser Buttermürbeteig-Teegebäck. Das bleibt auch einige Tage wie frisch.*
- *Unsere Konditoren haben heute ganz frischen Kirschstrudel gebacken. Ich lege Ihnen mal ein Stückchen zum Probieren dazu. Es wird bestimmt Ihren Gefallen finden.*

Handlungsorientierte Aufgaben

Den Genusswert von Backwaren können Sie argumentativ herausstellen. Das bewirken Sie am besten mit kurzen und treffenden Beschreibungen (wie: „Butterstollen mit besten Zutaten und süßen Mandeln hergestellt").

- *Erstellen Sie für die Waren Ihres Betriebs eine Warenkartei unter Aufnahme guter Verkaufsargumente. Achten Sie dabei auf aussagekräftige Eigenschaftswörter.*

Den Nutzen, der für die Kunden mit dem Kauf von Backwaren verbunden ist, können Sie argumentativ herausstellen. Das bewirken Sie mit kundenorientierten Formulierungen (wie: „ … dadurch ersparen Sie sich … ").

- *Üben Sie mit Kolleginnen/Kollegen solche kundenorientierten Argumentationen.*

Rollenspiele

Kunden stellen an die Fachverkäufer viele Fragen. Diese müssen kompetent beantwortet werden. Bereiten Sie sich darauf vor.

- *Spielen Sie Kunde und Verkäufer (mit Ihren Kolleginnen/Kollegen). Stellen Sie Fragen, die fachlich kurz und präzise zu beantworten sind (z. B.: „Was ist der Unterschied zwischen Vollkorn- und Mehrkornbrot?").*
- *Stellen Sie die Fachfragen schriftlich und sammeln Sie diese zusammen mit den Antworten auf Karteikarten. Diese Sammlung kann im Verkauf und für folgende Rollenspiele genutzt werden.*

Warenübergabe: der richtige Kaufabschluss

Zum Abschluss des Einkaufs werden dem Kunden die gewünschten Waren ausgehändigt.
Was ist dafür zu leisten?

Waren richtig portionieren und zusamenstellen

Die Back- und Süßwaren werden zum Teil stückweise und zum Teil nach Gewicht abgegeben. Soweit Produkte noch portioniert werden, ist dabei deren Qualität zu sichern (z. B. durch Benutzung geeigneter Werkzeuge oder Messer, durch fachlich sichere Arbeitsweise).

Lose angebotene Produkte wie Pralinen oder Teegebäcke werden oft mengenmäßig nach Kundenwunsch portioniert. Das Abwiegen soll so erfolgen, dass der Kunde den Vorgang beobachten kann. Damit ist für ihn nachvollziehbar, welches exakte Gewicht eingemessen wird. Auch kann er das Nachlegen von einzelnen Stücken bis zum gewünschten Gewicht mitbestimmen.

Beim Umgang mit unverpackten Back- und Süßwaren sind hygienische Belange zu gewährleisten. Dazu gehört unter anderem die Benutzung von Handschuhen, Gebäckzangen und Tortenhebern (➡ Seite 122).

Einlegen von Kartonstreifen zum Stabilisieren

Waren richtig verpacken

Die unverpackt angebotenen Produkte werden zur Übernahme durch den Kunden und zum Transport in einer *Servicepackung* verpackt. Diese werden der Warenart und Warenmenge entsprechend ausgewählt. Für Brot und Brötchen ist beispielsweise Papier als Packstoff üblich, und zwar als Rollenpapier, Banderole oder Tüte.

Für unempflindliche Feine Backwaren sind Tüten aus verschiedenen Packstoffen verwendbar, erforderlichenfalls auch mit fettabweisender Beschichtung. Ansonsten werden Feine Backwaren auf einem Tablett angeordnet und mit Schutzpapier versehen. Für Torten, Desserts und Bunte Platten sowie Pralinen sind Kartons die übliche Verpackung.

Hochgezogene Verpackung für empfindliche Feine Backwaren auf einem Tablett

Verpackungsmaterial wird so bemessen, dass der optimale Schutz für die Produkte gewährleistet ist und möglichst wenig Verpackungsmüll anfällt. Jede Verpackung, die das Bäcker- und Konditorfachgeschäft verlässt, ist ein *beweglicher Werbeträger* (➡ Seite 97). Außerdem ist das Verpackungsmaterial aktions- oder jahreszeitbezogen bedruckbar mit Hinweisen und Informationen für die Kunden.

Kassieren und Kaufabschluss richtig gestalten

Heute sind in fast allen Backwarenverkaufsstellen moderne Kassen mit EDV-Funktionen anzutreffen. Diese ermitteln und registrieren die Kaufsumme über das Kassenprogramm. Aber Fachverkäufer/innen müssen trotzdem noch Kaufsummen errechnen können, zumindest für die überschlagsmäßige Kontrolle des Kaufbetrags. Dadurch sind nämlich Fehler beim Eingeben in die Kasse feststellbar. Auch für die Geldrückgabe ist der sichere Umgang mit Zahlen und Geld nötig.

Verpacken von Torten und Desserts im Karton

Mit dem *Bezahlungsvorgang* (➡ Seite 123) wird ein aktiv gestalteter Verkauf keinesfalls beendet. Gute Fachverkäufer/Fachverkäuferinnen verabschieden sich mit einem Dank für den Einkauf, mit der üblichen Grußformel und einem freundlichen Wunsch für den Kunden. Danach wenden sie sich erst dem nächsten Kunden zu.

Der letzte Eindruck vom Einkaufserlebnis ist ausschlaggebend dafür, ob der Kunde auch künftig in Ihrem Geschäft einkauft.

Kassen- und Rechnungswesen mit EDV

Für Kunden ist die Kasse das Ende des Einkaufs. Aber zur Organisation des Verkaufs sind moderne Kassen der Anfang. Die Entscheidung über die Nutzung eines solchen Systems liegt bei der Betriebsleitung. Die Vorteile der EDV-Kassen können Sie nutzen. Dazu sollten Sie deren Funktionsweise und Störanfälligkeiten kennen.

Kassen: moderne POS-Systeme

In den meisten Verkaufsstellen der Bäckerei und Konditorei sind heute elektronische Kassen (= POS-Systeme) oder Computerkassen installiert. Diese haben eine eigene Software. Sie können für weitere Funktionen über ein Modem oder mittels ISDN mit einem zentralen Rechner verbunden werden.

Kassensoftware – was sie allein kann

Die Hersteller rüsten ihre Kassen je nach Modell und Preisklasse mit einer *Kassensoftware* aus. Mit dieser sind Funktionen möglich, die über Kassiervorgänge hinausgehen (z. B. Frequenzen des Abverkaufs, Warengruppenberichte, Mehrwertsteuer-Summen, Bon-Journal).

Über die *Software eines Zentralrechners* sind weitere Funktionen mit der Kasse zu erbringen, beispielsweise
- die Erstellung von Lieferscheinen,
- die Ausfertigung von Retourenlisten,
- die Inventur der Filiale,
- die Zeiterfassungen,
- die Ergebnisrechnung der Filiale (Kassen-Ist/Soll).

Dafür müssen aber die Kassen mit dem Zentralcomputer vernetzt sein und über eine Software miteinander kommunizieren können.

Computer – wie sie genutzt werden

Für elektronische Datenverarbeitung (= EDV) benötigt man
- technische Geräte (= Hardware) sowie
- Betriebssysteme und Anwendungsprogramme (= Software).

Herzstück der technischen Anlage ist der Computer. Er kann die Daten verarbeiten. Zur *Dateneingabe* werden Tastatur, Maus und Bildschirm (= Monitor) benötigt. Eine *Datenübernahme* ist über verschiedene Medien möglich (z. B. Diskette, Wechselfestplatte, CD-ROM) oder durch Datenfernübertragung (z. B. per ISDN, Internet).

Für den Anwendungsfall müssen die Funktionen der Geräte aktiviert werden. Das geschieht durch das *Betriebssystem*. Es steuert alle Abläufe in der Anlage. Durch die *Anwendungsprogramme* wird die Anlage an bestimmte Arbeitsvorschriften gebunden. Es gibt dafür auf dem Markt viele Standardprogramme (z. B. Winword, Exel). Für die Anwendungsfälle der Bäckerei und Konditorei gibt es spezielle Programme (so genannte „Bäcker-Software-Programme").

Für die Arbeit mit den Programmen werden *Daten* benötigt. Das sind Basis-Informationen. Beispielsweise für eine Arbeit im Programm für das Bestell- und Lieferwesen sind das die Daten über Kunden oder Filialen. Sie bleiben über längere Zeit unverändert (so genannte *Stammdaten*). Die Kombination von *Stammdaten* und *veränderlichen Daten* (z. B. Warenpreise) ist Aufgabe der EDV-Arbeit. Dazu kann der Computer auch mit Kassen kommunizieren.

Worüber sich Menschen freuen …

In der Bäckerei und Konditorei Stolze wird ein neues Kassensystem installiert.
***Frau Stolze** freut sich darüber, dass sie nun die Bestellungen leichter abwickeln kann.*
***Meister Stolze** freut es, dass er nun von seinem Arbeitsplatz im Büro aus per Computer die Kassendaten abrufen kann.*
***Auszubildende Laura** ist erfreut, weil sie meint, nun nicht mehr rechnen zu müssen.*

➤ *Stimmt das alles so?*

Was Kassen so alles können …

Moderne elektronische Kassen sind mit Standardfunktionen ausgerüstet, können aber auch nach betrieblichen Erfordernissen in ihren Leistungen speziell ausgerichtet werden. Dabei sind unter anderem folgende Beispiel-Funktionen möglich:
- *PLU-Funktion (= Price-look-up): Artikel sind nach Nummern in Warengruppen gespeichert, werden durch Antippen der Nummer mit Bezeichnung und Preis aktiviert für die Berechnung*
- *LCD-Anzeige für Bediener und Kunden*
- *Addition- und Multiplikation der Preise*
- *Prozentwert-Berechnung für Preisnachlässe*
- *Ausweisung der Geldrückgabe*
- *Retourenerfassung, Stornotasten, PO-Taste für Ausgaben, RA-Taste für Rechnungen*
- *Bestell- und Kreditkundenkauf-Leistungen*
- *Bestellerfassung, Tourenlisten*
- *Bedieneranmeldung, Bedienerwechsel und Arbeitszeiterfassung*
- *Berichtsfunktionen (Kassenbestände, Zeit- und Umsatzanalysen, ABC-Analyse usw.)*

Hinweis

*Über den **Kassiervorgang** mit modernen Kassen sind auf der CD-ROM weitere Darstellungen nachzulesen.*

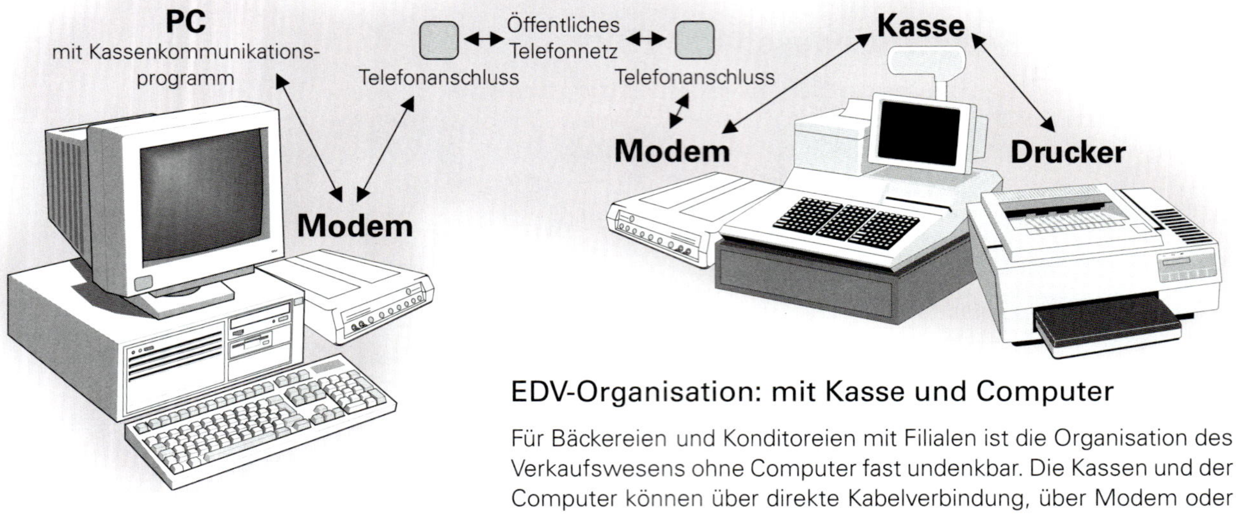

EDV-Organisation: mit Kasse und Computer

Für Bäckereien und Konditoreien mit Filialen ist die Organisation des Verkaufswesens ohne Computer fast undenkbar. Die Kassen und der Computer können über direkte Kabelverbindung, über Modem oder ISDN miteinander verbunden werden. Auch können unterschiedliche Kassenmodelle in das Netz eingebunden werden.

Als Bindeglied zwischen mehreren Kassen untereinander und dem Computer ist eine spezielle Kommunikationssoftware erforderlich. Die Verbindung zwischen den Kassen und dem Computer wird nur bei Bedarf hergestellt. Werden nun über den Computer bestimmte Informationen von einer Kasse abgerufen, bleibt das gleichzeitige Kassieren in der Filiale ohne Störung möglich.

Beispiele für Leistungen und Möglichkeiten

- Die *Pflege des Sortiments* ist eine Standardleistung. Dafür können die Artikel nach Warengruppen geordnet im Programm angelegt werden, sogar für Filialen unterschiedlich. Per Knopfdruck sind die Listen auf die Kassen übertragbar. Auf gleiche Weise sind die Preise zu aktualisieren. Selbst unterschiedliche Preislisten können geführt werden (z. B. für Sonderangebote und mit einer Vormerkung für den Tag des Aktionsendes).
- Der *Berichtsabruf* ist einfach möglich. Dazu ist *kein Ausdruck* an der Kasse erforderlich. Auch Zwischenberichte sind möglich. Daten werden auf der Festplatte des Computers für die Kassen getrennt gespeichert und sind nachträglich für Analysen nutzbar.
- Die *Analysen* für wirtschaftliche Kontrollen sind nach verschiedenen Gesichtspunkten vornehmbar, zum Beispiel: für Umsatzanalysen gibt es Aufsummierungen aller Kassen; Vergleiche zwischen einzelnen Filialen sind möglich; Entwicklungen in bestimmten Zeiträumen sind in Tabellen und Grafiken darstellbar (➞ Abbildung).

Der Computer ist der Arbeitsplatz, um nachträgliche Buchungen oder Stornierungen für das Kassenwesen vorzunehmen, die nicht an der Kasse selbst erfolgen. Mit Hilfe des Passwort-Systems können dabei verschiedene Personen ihre Aufgaben erledigen. Das Passwort schützt vor unbefugtem Zugriff. Die Nutzer sind durch ihr Passwort erkennbar (auch nachträglich zum Überprüfen, *wer* eine Arbeit erledigte).

Der Computer kann in ein Netz von Personalcomputern (PC) verknüpft sein. Durch ein solches *PC-Netzwerk* können Funktionen verteilt und wechselseitig genutzt werden. Dabei ist auch gleichzeitiger Zugriff auf ein Programm von verschiedenen Arbeitsplätzen aus möglich (z. B. für Kassenauswertung sowie für Lieferscheinerstellung).

Kassen- und Computerfachbegriffe

__Windows__ ist ein verbreitetes Betriebssystem für Personalcomputer (PC).

__Modem__ ist die Bezeichnung für ein Bauteil, das digitale Informationen in akustische Signale verwandelt, um sie über eine herkömmliche Telefonleitung übertragen zu können (__Mo__dulierer–__Dem__odulierer).

__LCD__ ist die Bezeichnung für eine Anzeige mit Flüssigkeitskristallen in einem Schirmfeld (__l__iquid-__c__rystal-__d__isplay).

__Touch-Screen__ ist eine Oberfläche, bei der durch Berühren eine Funktion ausgelöst wird, und zwar ohne Tastatur (touch: aus dem Englischen = Berührung).

__EPROM-Tausch__ ist das Ändern von Daten (z. B. in der Kasse) durch Austauschen des gesamten Bausteins.

__Flash-Update__ ist das Ändern von Daten in einem Baustein über eine Verbindung.

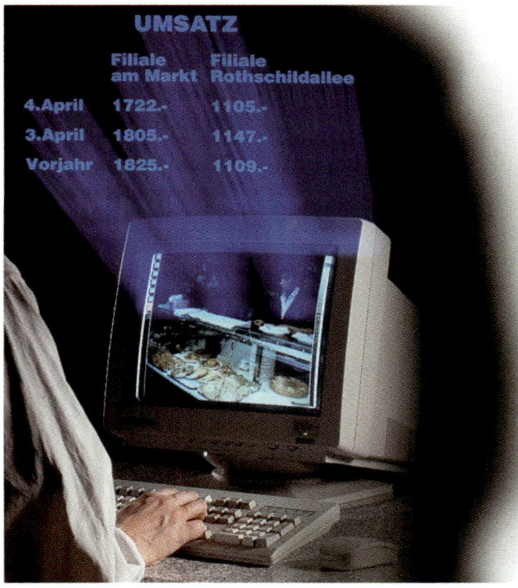

Arbeiten mit Kasse und Computer

Die nebenstehende Abbildung zeigt ein Beispiel für das Arbeitsfenster eines Auswertungsprogramms auf dem Bildschirm des Computers.

Durch Mausklick oder über Funktionstasten können die möglichen Operationen aktiviert werden. Mit Hilfe der Kommunikationssoftware des Computers werden die in den Kassen gespeicherten Daten abgerufen und können wie gewünscht verarbeitet werden.

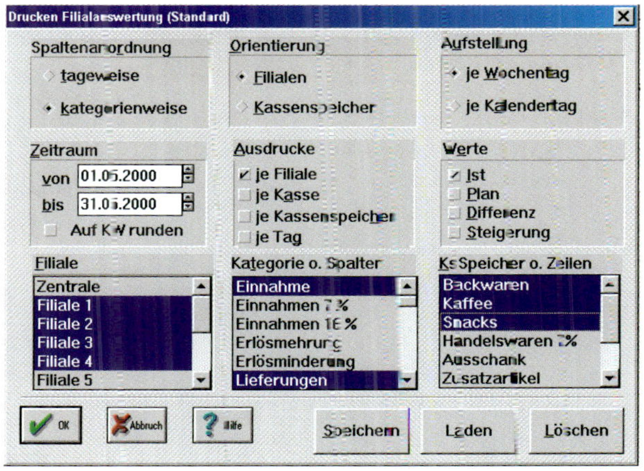

In unserem Beispielfall sind an den aktivierten Feldern (= dunkel unterlegt) folgende Optionen erkennbar:
- Zeitraum 01. Mai bis 31. Mai,
- Filialen 1 bis 4,
- Einnahmen aus Lieferungen,
- Ist-Werte von Backwaren, Kaffee und Snacks.

Die Auswertungen können als Tabellen oder Grafiken ausgedruckt werden. Die Werte über die Filialentwicklung in dem analysierten Zeitraum können gespeichert werden. Sie sind damit nutzbar als neue Basisdaten für weitere Vergleiche (auch mit einer Gruppe von anderen Filialen, zum Beispiel der Gruppe „Shop-in-Shop-Filialen" des Betriebs).

Darüber hinaus sind zum Beispiel über frei festlegbare Zeiträume des Tages die Kundenzahlen, Artikelverkäufe und Umsatzerlöse abfragbar. Diese Zahlen erlauben Planungen für die Belieferung des Geschäfts mit Waren oder für den Personaleinsatz je nach Kundenaufkommen.

Die Leistungen der Software sind mit Zusatzmodulen erweiterbar.

Ergebnisse der EDV-Arbeit

Die wesentlichen *allgemeinen Vorteile* der EDV-Anwendung liegen
- in der Zeitersparnis,
- in der optimalen Planung sowie der wirksamen Überwachung von Verwaltung, Produktion und Verkauf,
- in der großen Sicherheit bei Erfolgskontrollen,
- in der exakten, vollständigen und anpassbaren Information über die aktuelle Geschäftslage zu jeder Zeit.

Fast alle Planungs- und Kontrollarbeiten sind mit viel Schreibarbeit verbunden. Dabei leistet die EDV erhebliche Hilfe.

- Die erforderlichen *Listen, Muster und Vordrucke* sind speicherbar und können rasch für den jeweiligen Zweck aufgerufen werden. In ihnen sind ergänzende variable Textteile leicht einzubringen.
- Die *Briefe und Formulare* können mit einem Drucker preiswert und in guter Qualität hergestellt werden. Mehrfachausfertigungen für die Akten oder andere Stellen sind kein Problem.

Druckerzeugnisse sind auf verschiedenen Papieren (Normalpapier oder beschichtetes Papier) und unterschiedlichen Druckformaten möglich. Damit sind fast alle betrieblichen Zwecke abdeckbar, zum Beispiel
- Backzettel,
- Etikettendrucke,
- Kassenbons und Journalstreifen,
- Bestellvorschläge und Retourenlisten,
- Lieferscheine und Rechnungen.

Beispiele für weitere EDV-Anwendungen

EDV kann über das Kassenwesen hinaus in Bäckereien/Konditoreien genutzt werden
- *für die Lagerverwaltung,*
- *für die Erstellung von Arbeitsplänen,*
- *für die Lohn- und Gehaltsabrechnung,*
- *für die Kostenrechnung,*
- *für die Finanzbuchhaltung.*

Mit Programmen für die Textverarbeitung lassen sich Schreibarbeiten erledigen, wie
- *Rundschreiben an Kunden,*
- *Standard-Briefe (Anfragen, Mahnungen),*
- *Etiketten für Ferngpackungen,*
- *Lohn- und Gehaltsabrechnungen.*

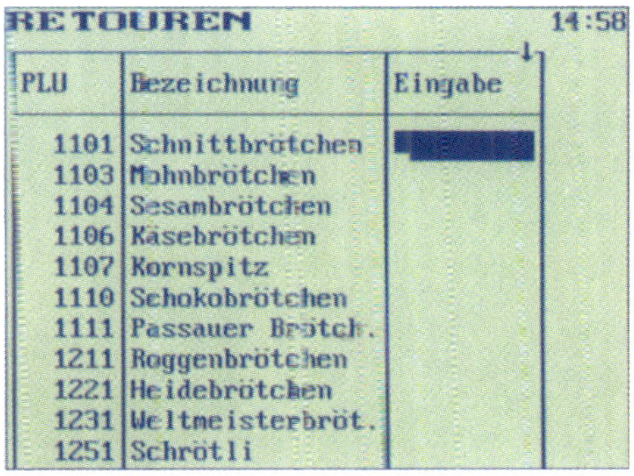

Ausdruck einer Retouren-Liste mit PLU-Ziffern

Handlungsorientierte Aufgaben

- *Informieren Sie sich über die Leistungsmerkmale des Kassen- und EDV-Systems in Ihrem Betrieb.*
- *Führen Sie verschiedene Arbeiten in der Kombination mit Kasse und Computer durch (z. B. Bestellvorschläge, Kassenabrechnungen, Filialanalysen).*

Tipps für die Lösung der 1. Stituationsaufgabe

- *Unterscheiden Sie zur rechtlichen Klärung:*
  - *Zeitraum der Geschäftsunfähigkeit*
  - *Zeitraum und Bedeutung der beschränkten Geschäftsfähigkeit*
  - *Beginn und Bedeutung der vollen Geschäftsfähigkeit*
- *Lassen Sie von einer Kollegin/einem Kollegen den Auftrag für das Kind vorbereiten:*
  - *Zettel mit gewünschten Waren*
  - *Inhaltsbeschreibung der Geldbörse*
  - *Entscheidungsmöglichkeiten bei fehlender Warenart*
- *Lassen Sie die Lösung dieser Aufgabe von einer Kollegin/einem Kollegen beurteilen.*

Berechnung

➤ *Errechnen Sie im Kopf die Kaufsummen für kleine Mengen an Backwaren.*

➤ *Errechnen Sie das Rückgeld, ausgehend vom Warenpreis und einem von Ihnen zu bestimmenden Euro-Schein.*

Tipps für die Lösung der 2. Stituationsaufgabe

- *Unterscheiden Sie die **Kundschaft**:*
  - *Stammkunden und Laufkunden*
  - *Kundengruppen nach Lebenssituation*
- *Listen Sie **Situationen für Beratungen** über Back- und Süßwaren auf.*
- *Skizzieren Sie den üblichen **Verkaufsablauf als Fließschema**.*

Arbeiten an der EDV-Kasse

Lernfeldbezogene Aufgaben

1. Situationsbeschreibung:

Ein 6-jähriges Kind soll im Auftrag der Erziehungsberechtigten bestimmte Gebäcke einkaufen.

Sie sollen diesen Aushändigungskauf abwickeln und dabei ablaufende Vorgänge beschreiben.

➤ *Das Kind ist **geschäftsunfähig**.*
- *Bis zu welchem Lebensalter sind Kinder geschäftsunfähig?*
- *Was bedeutet die Geschäftsunfähigkeit im rechtlichen Sinne?*
- *Welche Konsequenzen ergeben sich daraus für den Verkaufsvorgang?*

➤ *Beschreiben Sie die **Aushändigung der gewünschten Waren** an das Kind einschließlich der Verpackung.*
- *Darf das Kind auf eigenen Wunsch zusätzliche Waren kaufen?*
- *Wie stellen Sie die Waren nach Wunsch der Erziehungsberechtigten zusammen und zur Übergabe an das Kind bereit?*

➤ *Eine **gewünschte Ware ist nicht vorrätig**.*
- *Wie können Sie die Entscheidung der Erziehungsberechtigten über eine ersatzweise auszuhändigende Ware einholen?*
- *Können Sie in bestimmten Fällen selbst über die Aushändigung einer anderen Ware entscheiden?*

➤ *Beschreiben Sie, wie Sie den **Abrechnungs- und Kassiervorgang** mit dem Kind gestalten.*

2. Situationsbeschreibung:

*Sie sollen einen **Beratungskauf** durchführen und beschreiben.*
Dazu sollen Sie die Kaufwünsche durch Fragen präzisieren und kundenorientierte Verkaufsargumente formulieren.
Den zu beratenden Kunden und den Anlass können Sie selbst wählen.

➤ *Beschreiben Sie am Beispiel von zwei **Kundengruppen** welche typischen Bedürfnisse und Erwartungen diese beim Backwareneinkauf haben.*

➤ *Stellen Sie an drei Beispielen dar, wie Sie **Kaufmotive** beim Einkauf von Back- und Süßwaren erkennen und berücksichtigen können.*

➤ *Welche rechtlichen Besonderheiten müssen Sie bei der **Beratung in Ernährungsfragen** und bei **Werbung mit gesundheitsbezogenen Aussagen** für Backwaren beachten?*

➤ *Beschreiben Sie an drei Beispielen, wie Sie im Verkaufsablauf mit **verschiedenen Fragen und Impulsen** lenken können.*

➤ *Stellen Sie beispielhaft dar, wie Sie **Verkaufsargumente bei der Beratung von Senioren** kundenorientiert formulieren.*

3. Situationsbeschreibung:

*Sie sollen den **Einsatz von EDV-Kassen** in Verkaufsstellen der Bäckerei und Konditorei beschreiben.*

➤ *Stellen Sie beispielhaft kurz dar, welche **Funktionen EDV-Kassen** selbst sowie in der Vernetzung mit Computern erfüllen können.*

➤ *Beschreiben Sie kurz, wie Sie an der EDV-Kasse mit **Kassenfunktionen, Stammdaten und Variablen** den Kassiervorgang gestalten.*

WAREN KUNDENORIENTIERT VERKAUFEN

Dieses Lernfeld ist Teil der Ausbildung im zweiten Ausbildungsjahr.

Leitfragen in diesem Lernfeld sind:

Wie lassen sich ausgewählte Produkte des typischen Sortiments der Bäckerei/Konditorei kundenorientiert anbieten?

Welche Erwartungen haben die Kunden an die typischen Produkte der Bäckerei und Konditorei?

Welche Produktmerkmale und welche Nutzungsmerkmale der einzelnen Backwaren sind für die Kunden interessant?

Wie lassen sich Produktinformationen für typische Waren des Sortiments der Bäckerei/Konditorei erstellen?

Welche Informationen über Brote und Kleingebäcke sind wesentlich für die Beratung der Kunden?

Mit welchen speziellen Angeboten von Broten und Kleingebäcken ist eine starke Marktposition für die Bäckerei/Konditorei zu erzielen?

Wie erfolgt die Präsentation von Broten und Kleingebäcken in Verkaufsstellen der Bäckerei und Konditorei?

Womit lassen sich Marketing-Aktionen zur Förderung des Absatzes von Broten und Kleingebäcken durchführen?

Obige Fragen und weitere Aspekte zum kundenorientierten Verkauf von Broten und Kleingebäcken werden in diesem Kapitel behandelt.

ANGEBOT VON BROT UND KLEINGEBÄCK

Können Sie die von den Kunden im obigen Bild gestellten Fragen beantworten? Welche Bedeutung haben solche Fragen für Sie?

Die Kunden können erwarten, dass das Verkaufspersonal sie beim Kauf von Brot und Kleingebäck im Fachgeschäft richtig beraten kann. Fachverkäufer/Fachverkäuferinnen müssen die angebotenen Brot- und Kleingebäcksorten unterscheiden und beurteilen können. Sie müssen fachgerecht mit Brot und Kleingebäck umgehen können, auch unter Beachtung der *Produktsicherheit* sowie der *Qualitätserhaltung*.

Dazu gehört auch die *Einhaltung rechtlicher Vorschriften* beim Umgang mit Brot und Kleingebäck (z. B. Kennzeichnung bei Warenauslagen).

Warenbezogene Anforderungen für den Verkauf von Backwaren

- *Backwaren lagern, teilen, verpacken, kennzeichnen, präsentieren:*
  - *unter Beachtung der Qualitätssicherung*
  - *unter Beachtung der Produktsicherheit*
  - *unter Beachtung von Rechtsvorschriften*
- *Brot und Kleingebäck unterscheiden:*
  - *nach Aussehen*
  - *nach Zusammensetzung*
- *Brot und Kleingebäck beurteilen:*
  - *nach dem Verzehrswert*
  - *nach dem Nähr- und Gesundheitswert*
  - *nach dem Eignungswert*
  - *nach dem ökologischen Wert*

§ Lebensmittelrechtliche Bestimmungen

Der Fett- und/oder Zuckeranteil in Brot und Kleingebäck darf höchstens 11,1 % der Getreideerzeugnisse betragen (10,0 kg Zucker/Fett auf 90,0 kg Getreideerzeugnisse).

Sachverweis

*Beachten Sie zu den **Verkehrsbezeichnungen für Brot und Kleingebäck** auch die Ausführungen auf der Seite 128.*

Brot und Kleingebäck – was gehört dazu?

„Das ist doch ganz einfach: Brot und Kleingebäcke erkennt man am Aussehen und am Geschmack. Sie schmecken nicht süß."

In der Tat lassen sich Brote und Kleingebäcke schon durch ihr Aussehen und ihren Geschmack von Feinen Backwaren unterscheiden.

Doch welche Zusammensetzung gilt für Brot? Wie unterscheidet sich Brot von Kleingebäck?

Brote und Kleingebäcke sind aus Getreideerzeugnissen, Flüssigkeiten und anderen Lebensmitteln durch Kneten, Formen, Lockern und Backen hergestellt.

Brote und Kleingebäcke unterscheiden sich allein im Gewicht: Das Einzelstück von Kleingebäcken wiegt höchstens 250 g; ein ungeteiltes Brot wiegt mehr als 250 g.

Der wichtigste Bestandteil von Broten und Kleingebäcken sind also die Getreideerzeugnisse. Als Teigflüssigkeit ist hauptsächlich Wasser, als Lockerungsmittel sind Backhefe oder Sauerteig üblich.

Brot und Kleingebäck – kundenorientiertes Angebot

Situationsaufgabe:

In Ihrer Verkaufsstelle steht das Angebot von Brot und Kleingebäck im Zentrum des Sortiments. Es soll daher besonders kundenorientiert gestaltet sein.

➤ *Sie sollen Kriterien dafür entwickeln, wie diese Produktgruppe auf die Kundschaft bezogen ausgerichtet werden kann.*

Kundenorientierung im Sortiment von Brot und Kleingebäck

In einer Backwarenverkaufsstelle erhalten Brot und Kleingebäck eine *Sortimentstiefe*, die abhängig ist von Betriebstyp und Standort.

- Für den Betriebstyp der *reinen Bäckerei* sind Kleingebäcke und Brote üblicherweise in großer Vielfalt typisch.
- Für den Betriebstyp der *reinen Konditorei* sind Kleingebäcke (und zum Teil auch Brote) im Verkauf nicht so wesentlich, es sei denn als Basisgebäcke für Snacks und Speisen im Café.
- Für den Betriebstyp der *Bio-Bäckerei* sind spezielle Kleingebäcke und Brote aus Bio-Rohstoffen typisch (oft auch Vollkorngebäcke).
- In Verkaufsstellen mit *Standort in Wohnlagen* spielen Kleingebäcke und Brotsorten für die Versorgung der Stammkunden eine Rolle.
- In Verkaufsstellen mit *Standort in Lauflagen* spielen Kleingebäcke und Brotsorten für mehr zufällige Einkäufe eine Rolle, daneben auch als Snacks zum Verzehr aus der Hand.

Worterklärung

Sortimentstiefe bedeutet, wie viel unterschiedliche Artikel in einer Produktgruppe angeboten werden (z. B. die Anzahl der Brotsorten in der Produktgruppe „Brot").

Kundenorientierung hinsichtlich Nutzungsmerkmalen

Als *Nutzungsmerkmale* gelten die Eigenschaften eines Produkts, die für die jeweilige Eignung und Verwendung maßgeblich sind.

- Die Kunden kaufen Kleingebäcke (und Brote) als *Frühstücksgebäcke*. Neben der Sortenvielfalt ist hier vor allem die Frische gewünscht. Wenn dieses bei Brötchen nicht gewährleistet ist, sind Toastbrote oder Teilgebackene zum Backen zu Haus als Alternative denkbar.
- Die Kunden kaufen verschiedene Kleingebäcke als *Tagesgebäcke* für verschiedene Mahlzeiten. Dafür können ortsübliche Brötchen oder Spezialbrötchen tagsüber durch Ladenbacken angeboten werden.
- Die Kunden kaufen Kleingebäcke und Brotsorten als *Basisgebäcke für die Herstellung von Snacks*, zum Beispiel für eine Party.
- Die Kunden kaufen Kleingebäcke und Brotsorten als *Beilagen für Speisen*, zum Beispiel für Würstchen oder Steaks.

Für die beiden letztgenannten Nutzungen sind andere Eigenschaften der Gebäcke gewünscht als für Frühstückszwecke, beispielsweise sind für das Würstchenangebot die längliche Form und die Weichheit der Brötchenbeilage ein wichtiges Produktmerkmal.

Verschiedene Kleingebäcke zum Frühstück

Kundenorientierung hinsichtlich Produkteigenschaften

Die *Produktmerkmale* ergeben sich vor allem durch die Rezeptur, die Herstellung und die Bevorratung eines Produkts.

- Die Kunden wünschen Brot und Kleingebäck *ohne Zusatzstoffe* und mit naturbelassenen Zutaten.
- Die Kunden wünschen Brot und Kleingebäck *mit Ernährungswert*, zum Beispiel mit hohem Ballaststoffanteil.
- Die Kunden wünschen Brot und Kleingebäck *mit Zusatz besonderer Zutaten*, zum Beispiel mit Ölsamen oder Nichtbrotgetreide.

Brötchen als Basisgebäck für belegte Snacks

Beispiel für die Zusammensetzung eines Teiges für ungesüßte Weizenhefegebäcke

1 000 g	*Weizenmehl (Type 550)*
600 g	*Wasser*
60 g	*Backhefe*
20 g	*Kochsalz*
30 g	*Backmalz*

Hinweis zu Fachbezeichnungen

Die Gruppe der ungesüßten Weizenhefegebäcke wird auch als „Weißgebäcke" bezeichnet.

Tipps für die Verkaufspraxis

- *Prägen Sie sich Merkmale der in Ihrem Geschäft angebotenen Weizengebäcke ein.*
- *Fertigen Sie von allen Weizengebäcken schriftliche Produktinformationen an (siehe „Produktepass" auf der Seite 443).*
- *Leiten Sie aus den typischen Merkmalen der Weizengebäcksorten jeweils zutreffende Verkaufsargumente ab.*
- *Üben Sie in einem Rollenspiel, die charakteristischen Merkmale von Weizengebäcken in Verkaufsempfehlungen umzusetzen.*

Unterscheidungsmerkmale von Weizengebäcksorten

Kleingebäcke aus hellen Weizenmahlerzeugnissen sind immer noch die beliebtesten Frühstücksgebäcke.

Was sind Weizengebäcke?

Weizengebäcke sind eine Gruppe von Brot- und Kleingebäcken aus ungesüßten Weizenhefeteigen.
Sie unterscheiden sich von anderen Backwaren
- *durch ihren hohen Weizenanteil,*
- *durch den Verzicht auf Zucker- und Fettzusatz,*
- *durch ihre zumeist rösche Kruste,*
- *durch ihre starke Krumenauflockerung,*
- *durch ihren neutral-aromatischen Geschmack.*

Unterscheidungskriterien für Weizengebäcke

Kennen Sie den Unterschied zwischen einem Rosenbrötchen und einem Kaiserbrötchen?
Können Sie am Aussehen und der Beschaffenheit von Weizengebäcken erkennen, ob deren Teig mit Milch oder Wasser hergestellt ist?

Eine exakte Unterscheidung der Gebäcksorten wird erleichtert durch Beachtung der folgenden Unterscheidungskriterien:

- Aussehen und Beschaffenheit
- Zusammensetzung (z. B. mit Milchanteil)
- Besonderheiten in der Herstellung (z. B. mit Fett touriert)
- Mindesthaltbarkeit
- Besonderheiten in der Qualität (z. B. Ernährungs-, Genusswert)
- Besondere Eignung (z. B. zum Toasten)

Wie sich Weizenbrötchen unterscheiden

Gemeinsame Merkmale von Weizenbrötchen

- ➤ Gewicht: – meist zwischen 35 und 45 g, einige Sorten bis 250 g
- ➤ Aussehen: – goldgelbe, rösche Kruste, – mit und ohne Ausbund – gut aufgelockerte Krume
- ➤ Zusammensetzung: – (meist) helles Weizenmehl – Wasser (ggf. auch Milch) – Backhefe, Kochsalz – meist mit Backmittelzugabe

Einschlagschrippe

- *länglich-ovale Form*
- *kräftiger Ausbund*
- *Ausbund bildet sich aus einer Teigfalte*
- *rösche Kruste*
- *mittelfein geporte Krume*

Schnittschrippe

- *ovale, spitz zulaufende Form*
- *Ausbund bildet sich aus einem Längsschnitt (weitere Merkmale wie bei der Einschlagschrippe)*

Knüppel

- *länglich-schlanke Form*
- *stumpfe Enden*
- *kräftiger Längsausbund*
- *rösche Kruste*
- *feinporige Krume*
- *auch mit Milch oder Fett im Teig*

Breslauer Semmel

- *längliche, mittig taillierte Form*
- *kräftiger Längsausbund*
- *rösche Kruste*
- *Gebäckgewicht zwischen 70 und 100 g*

Baguette-Brötchen

- *länglich-ovale Form*
- *ungleichmäßig zerklüfteter Ausbund*
- *leicht mehlige Kruste*
- *kräftig ausgebildete, sehr rösche Kruste*
- *unruhig geporte Krume*

Rosenbrötchen

- *runde Form*
- *rosenblütenartiger Ausbund*
- *feinsplitterige Rösche*
- *Ausbundform wird durch Rundwirken auf einer fettigen Fläche erzielt*

Sternbrötchen

- *runde Form*
- *drei- oder vierteiliger sternförmiger Ausbund*
- *rösche Kruste*
- *feinporige Krume*

Kaiserbrötchen

- *runde Form*
- *sternförmig geschwungener Ausbund*
- *feinsplitterige Kruste*
- *feinporige Krume*
- *selten mit Milchanteil im Teig*

Drückbrötchen

- *runde Form*
- *glatter, das Brötchen etwa mittig teilender Ausbund*
- *grobsplitterige Kruste*
- *mittelgroße Porung*

Hamburger Rundstück

- *runde oder ovale Form*
- *Kruste ohne Ausbund*
- *grobsplitterige Kruste*
- *mittelgroße bis grobe Porung*

Angebot spezieller Kleingebäcke

Wissen Sie Bescheid, was Mailänder Brötchen, Dänische Brötchen oder Hamburger Buns sind?

Es sind Spezialbrötchen, die nicht überall gebacken werden. In jedem Fall sollten Ihnen die marktüblichen Spezialbrötchen bekannt sein.

Marktübliche, spezielle Kleingebäcke unterscheiden sich von den herkömmlichen Brötchen
- durch Verwendung besonderer Getreideprodukte,
- durch sonst nicht übliche Zutaten oder Aufstreu,
- durch besondere Herstellungsverfahren.

Brötchen mit 30 % Roggen- und 70 % Weizenmehlanteil

Lebensmittelrechtliche Bestimmungen

Die Angaben über die Zusammensetzung der Kleingebäcke geben die Festlegungen in den Leitsätzen für Brot und Kleingebäck wieder. Die geforderten Getreideanteile entsprechen denen für Brot.

Für „Roggenbrötchen" gilt davon abweichend ein Anteil von mindestens 50 % Roggenmehl als ausreichend.

Sachverweis

Beschreibungen von Kleingebäcken nach den Festlegungen der Leitsätze für Brot und Kleingebäck finden Sie auf der CD-ROM.

Dinkelbrötchen

Kleingebäcke mit Schrot, Vollkorn und Nicht-Weizenmahlerzeugnissen

Der Trend zu einer gesunden Ernährungsweise spiegelt sich auch in der Nachfrage für Kleingebäcke mit naturbelassenen Mahlerzeugnissen aus Brot- und Nichtbrotgetreiden wider. Solche Kleingebäcke sind wegen ihrer günstigen Zusammensetzung für die wünschenswerte Ernährung gefragt, aber auch wegen ihres Genusswerts.

Für die Zusammensetzung und die Herstellung dieser Kleingebäcke sind einige Besonderheiten zu beachten.

Roggenbrötchen sind ausdrucksvoll im Geschmack

Für *Roggenbrötchen* beträgt der Roggenanteil nach den Leitsätzen für Brot und Kleingebäck mindestens 50 % der Getreidemahlprodukte.

Für Brötchen mit hohem Roggenanteil muss der Teig gesäuert werden, um Fehler bei der Krumenbildung zu vermeiden. Üblich ist die Zugabe von Sauerteig oder Teigsäuerungsmitteln.

Äußeres Kennzeichen der Roggenbrötchen ist ihr rustikales Aussehen. Es wird durch mehlige Aufarbeitung, luftige Stückgare und Verzicht auf Schwadengabe beim Backen erzielt.

Für roggenhaltige Brötchen gibt es viele Fantasiebezeichnungen, die zur Information der Kunden mit der exakten Verkehrsbezeichnung benannt werden müssen (z. B. „Schusterjungs – Roggenbrötchen –").

Dinkelbrötchen sind bekömmlich

Bei *Dinkelbrötchen* müssen die Getreideerzeugnisse zu mindestens 90 % aus Dinkel bestehen.

Die nebenstehend abgebildeten *Dinkelvollkornbrötchen* enthalten als Getreideanteil 100 % Dinkel-Vollkornmehl. Sie sind auf der Oberfläche mit Dinkel-Dekorflocken eingestreut.

Dinkelmehl ergibt Kleingebäcke mit ansprechendem Volumen, zarter Krustenrösche und kurzem Biss. Ebenso wie Dinkelbrot sind auch die Dinkelbrötchen sehr bekömmlich. Sie werden daher im Rahmen von besonderen Ernährungsformen eingesetzt (z. B. Diät nach Mayr).

Dinkelvollkornbrötchen zeichnen sich auch durch ihren hohen Gehalt an Ballaststoffen aus. In 100 g Brötchen sind etwa 12 g Ballaststoffe enthalten.

Dinkelerzeugnisse können zusammen mit anderen Getreidearten zu Mischbrötchen verarbeitet sein. Auf korrekte Verkehrsbezeichnung ist zu achten (z. B. „Dinkel-Hafer-Mischbrötchen").

Vollkornbrötchen enthalten alle Kornbestandteile

Vollkornbrötchen müssen mindestens 90 % Vollkornerzeugnisse aus Roggen und/oder Weizen enthalten (beliebige Mischung möglich). Für Weizenvollkornbrötchen müssen es 90 % Weizenvollkornprodukte sein.

Für ein ansprechendes Gebäckvolumen empfiehlt sich die Verarbeitung von Vollkornmehl anstelle von Vollkornschrot. Die Gebäckherstellung weicht nur geringfügig von der Herstellung üblicher Brötchen ab.

Günstig wirken sich aus:
- eine Zugabe von Fett (bis zu 2 % der Getreidemahlerzeugnisse),
- eine kühle Teigführung und eine verlängerte Teigruhezeit,
- eine knappe Gärreife und eine verlängerte Backzeit.

Schrotbrötchen sind anstelle von Mehl mit Backschrot(anteil) bereitet. Backschrot enthält alle Kornbestandteile (bis auf den Kornkeimling) . Die Herstellung von Schrotbrötchen entspricht der für Vollkornbrötchen.

Mehrkornbrötchen enthalten Nicht-Brotgetreide

Neben Weizen und Roggen werden für spezielle Keingebäcke auch Nichtbrotgetreidearten verarbeitet, wie Hafer, Gerste oder Reis.

Mehrkornbrötchen enthalten mindestens eine übliche Brotgetreideart und mindestens eine Nichtbrotgetreideart. Insgesamt müssen dabei mindestens drei Getreidearten beteiligt sein. Vierkornbrötchen können zum Beispiel die Mahlprodukte von Weizen, Hafer, Gerste und Hirse enthalten. Jede Getreideart muss mindestens 5 % ausmachen.

Haferbrötchen müssen mindestens 20 % ihrer Getreideerzeugnisse in Form von Haferprodukten enthalten. Entsprechend ist die Anforderung für alle namengebenden Getreidearten (z. B. Hirse- oder Reisbrötchen).

Diese Anforderungen gelten auch für *Mehrkorn-Vollkornbrötchen*. Die Menge der Vollkornprodukte muss dabei aber mindestens 90 % der Getreideprodukte ausmachen.

Kleingebäcke mit sonst nicht üblichen Zutaten

Wichtigste Gruppe dieser Spezialbrötchen sind sicherlich die Brötchen mit *Milchprodukten* (➡ nebenstehende Liste).

Ihre besonderen Gebäckmerkmale sind:
- die kräftig braune, etwas schwach ausgebildete Kruste,
- die fein geporte, zum Teil auch wattige Krume,
- der milchprodukt-typische Geschmack,
- die lange Frischhaltung.

Weitere Kleingebäcke dieser Gruppe sind zum Beispiel: *Käsestangen*, *Schinkenbrötchen* und *Zwiebelbrötchen*. In diese Brötchen müssen die namengebenden Zutaten eingebacken sein (nicht nur als Aufstreu). Sie müssen in einer Zusatzmenge enthalten sein, die deutlich erkennbar und geschmacklich feststellbar ist.

Kleingebäcke mit besonderen Herstellungsverfahren

Zu dieser Gruppe von Kleingebäcken gehören beispielsweise Gebäcke aus tourierten Teigen.

Eine besondere Brötchensorte dieser Art sind *Dänische Brötchen*. Sie werden aus einem mit Ziehbutter tourierten Brötchenteig hergestellt. Ähnlich sind die *Käse- und Sesamstangen* als Snackgebäcke, die auch aus tourierten Brötchenteigen hergestellt werden können.

Spezialbrötchen mit Schrot- und Vollkornanteilen

Mehrkornbrötchen (Kornspitz)

Anforderungen an Brötchen mit Milch und Milcherzeugnissen

Verkehrsbezeichnung:	*Mindestanteil auf 100 kg Getreideprodukte:*
● *Milchbrötchen*	*50 Liter Vollmilch *)*
● *Buttermilchbrötchen*	*15 Liter Buttermilch *)*
● *Joghurtbrötchen*	*15 Liter Joghurt *)*
● *Molkebrötchen*	*15 Liter Molke *)*
● *Quarkbrötchen*	*10 kg Quark *)*

**) Die Verwendung entsprechender Milcherzeugnisse (z. B. Milchpulver) ist erlaubt.*

Schinkenrosenbrötchen

Käsestangen

Ciabatta-Brötchen

Laugenwecken

Grundrezept für Laugenbrezel (schwäbische Art)

1000 g Weizenmehl, Type 550
500 g Wasser
40 g Backhefe
30 g Backmittel (nach Herstellerangabe)
20 g Kochsalz
50 g Fett (Margarine, Schweineschmalz)

Bayerische Brezn: Typisch sind die gleichmäßigen Stränge und die beliebig gebildeten Risse
Typisch ist auch die Benennung als „Brezn".

Schwäbische Brezel: Typisch sind der verdickte Brezelbogen und der helle Ausbund oben im Bogen

Laugenstangen

Laugen-Schnittbrötchen

Laugencroissants

Laugen-spatzen

Laugenzöpfe

Laugen-Käse-Croissant

Laugengebäcke

Laugenbrezeln, Laugensemmeln und weitere Laugengebäcke waren ehemals nur süddeutsche Spezialitäten. Sie sind heute in Bäckereien und Konditoreien überall in Deutschland zu erhalten.

Typisch für das Aussehen der Laugengebäcke ist die satt-glänzende, kupferbraune Kruste mit hellem Ausbund oder hellen Rissbildungen.

Der Genusswert von Laugenware wird durch den laugigen Geschmack bestimmt. Weitere Qualitätsmerkmale sind der rösche, kurze Bruch und die wattige, noch weiche Krume beim Verzehr der Gebäcke.

Teigführung für Laugengebäcke: kühl und mit Fettzusatz

Für Laugengebäcke wird Weizenmehl der Type 550 verwendet, dem auch bis zu 5 % Roggenmehl zugesetzt wird. Der Gebäckqualität dient auch die Führung mit einem Vorteig, der am Tag zuvor als „Nullteig" hergestellt und kühl gelagert wird.

Für eine gute Teigdehnbarkeit beim Brezelformen, aber auch für eine wattige Beschaffenheit der Gebäckkrume wird dem Teig
– für die bayerische Brezn von 2 % bis 3 % Fett,
– für die badische Brezel von 4 % bis 6 % Fett,
– für die schwäbische Brezel 3 % bis 10 % Fett zugesetzt.

Charakter für Laugengebäcke: Schlingen und Belaugen

Der Weizenteig wird für Laugenbrezeln durch Schlingen geformt, für andere Laugengebäcke je nach gewünschter Form.

Die gärreifen, abgesteiften Laugenteiglinge werden vor dem Backen kurz in eine verdünnte Natronlauge getaucht oder beschwallt.

Brezellauge ist verdünnte Natronlauge. Als *Zusatzstoff E 524* ist sie für Lebensmittel allgemein zugelassen. Zum Belaugen verwendet man sie in einer Konzentration von höchstens 4 % (= Anteil Natriumhydroxid).

Gesundheitsschutz beim Belaugen in der Verkaufsstelle:
Beim Verdünnen und Umfüllen von Brezellauge sowie beim Laugen der Formlinge besteht die Gefahr der Verätzung von Händen und Augen. Darum sind beim Umgang mit Brezellauge unbedingt Schutzbrille, Schutzhandschuhe und Schürze zu tragen.

Nach heutigem Wissensstand gilt, dass durch Backen der gelaugten Teiglinge die gesundheitsgefährdende Wirkung der Lauge vollständig verloren geht.

Beim Backen reagiert die Natronlauge mit dem Gärgas Kohlendioxid. Dabei bildet sich Soda (Natriumcarbonat, Na_2CO_3). Die Soda bedingt den etwas seifigen Geschmack der Laugengebäcke.

Backen von Laugengebäck im Laden

Einige spezielle Laugengebäcke werden vor dem Backen zum Teil noch hergerichtet, zum Beispiel durch Aufstreu von Samen oder Kernen.

Die Laugenteiglinge können direkt auf dem Backherd im Etagenofen *oder* auf Edelstahl-Lochblechen *oder* auf mit Papier belegten Blechen gebacken werden. Die Backtemperatur sollte bei ruhender Hitze etwa 240 °C, bei Heißluftumwälzung etwa 210 °C betragen, und zwar ohne Schwadengabe. Die Backzeit beträgt etwa 12 bis 14 Minuten.

Belaugte Brezelgärlinge lassen sich gefrostet über längere Zeit vorrätig halten. Bei Bedarf können sie ohne Antauen gebacken werden. Für das ständige Angebot frischer Brezeln eignen sich Backautomaten.

Übersicht: Unterscheidungsmerkmale spezieller Weizenkleingebäcke

Ciabatta-Brötchen

- flache, rechteckige Form
- Kruste ohne Ausbund
- fest-rösche Kruste
- sehr grobe Krume
- oft mit Olivenölanteil im Teig

Dänisches Brötchen

- ungleichmäßige, häufig quadratische Form
- blätterige Kruste
- Kruste ohne Ausbund
- blätterige Krume
- aus mit Ziehfett touriertem Brötchenteig

Weizenschrotbrötchen

- kompakte, etwas flache Form
- stumpfe, rauhe Kruste, auch mit Schrotaufstreu
- bräunlich-dunkle, oft leicht spelzige Krume
- schwach aufgelockert

Weizenvollkornbrötchen

- gleiche Merkmale wie Weizenschrotbrötchen
- aus Vollkornschrot: spelzige, grobe Krume
- aus Vollkornmehl: besser aufgelockerte, schnittfestere Krume

Milchbrötchen

- dunkel gebräunte, glänzende Kruste
- schnell nachlassende Rösche
- zarte, feinporige Krume
- Vollmilch statt Wasser als Teigflüssigkeit

Käsebrötchen

- Weizenbrötchen mit mitgebackener Käseaufstreu (auch üblich: Käsespäne in der Gebäckkrume)

Laugenbrötchen/-weck

- kupferbraune Krustenfarbe
- kräftiger, heller Ausbund
- feinporige Krume
- laugiger Geschmack
- mit Natronlauge behandelte Teiglinge

Laugenstange

- Stangenform
- hell ausgebundene Schrägeinschnitte
- weitere Merkmale: wie bei den Laugenbrötchen

Laugenbrezel (schwäbische)

- Brezelform mit verdicktem Brezelbogen
- kräftiger, weißer Ausbund
- weitere Merkmale: wie bei den Laugenbrötchen

Kümmelstange

- Weizenkleingebäck mit einer gewickelter Stangenform
- mit Kümmel und Salz bestreut

Lebensmittelrechtliche Bestimmungen

Kleingebäcke, deren Bezeichnungen auf wertbestimmende Zutaten hinweisen, müssen diese in einer Mindestmenge enthalten (z. B. Kleiebrötchen = mindestens 10 kg Weizenspeisekleie, Weizenkeimbrötchen = mindestens 10 kg Weizenkeime – jeweils als Zugabe auf 100 kg Getreideprodukte).
Bei etlichen Kleingebäcken wird lediglich eine Krustenauflage in deutlich sichtbarer Menge erwartet (z. B. bei Mohn-, Sesam- oder Kümmelbrötchen).

Mohn

Sesam

Kreuzkümmel

Handlungsorientierte Aufgabe

Listen Sie die in Ihrer Verkaufsstelle geführten speziellen Kleingebäcke mit ihren typischen Merkmalen auf.

Qualität von Kleingebäcken

Die Backbetriebe bestimmen zunächst selbst, welche Gebäcksorten sie anbieten und welche Eigenschaften diese haben.

Aber die Verbraucher entscheiden mit ihrer Nachfrage, wie ein Produkt beschaffen sein soll und wie es schmecken soll. So haben sich im Wechselspiel zwischen Anbietern und Verbrauchern allgemeingültige Qualitätsmerkmale entwickelt.

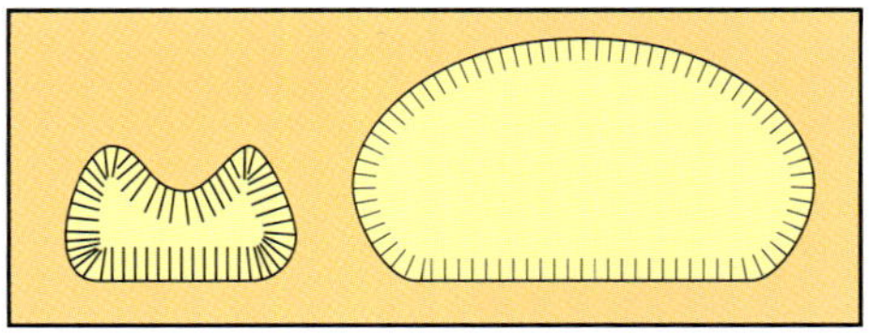

Kleingebäck (links): hoher Krustenanteil, niedriger Krumenanteil

Großgebäck (rechts): hoher Krumenanteil, niedriger Krustenanteil

➤ *Begründen Sie die Unterschiede.*

Brötchen mit Mängeln im Aussehen

Brötchen ohne Mängel im Aussehen

Brötchen mit ausgewogenem Volumen (links)
Brötchen mit kleinem Volumen (rechts)

Verteilung der gleichen Menge an Aromastoffen in Brötchen mit kleinem und großem Volumen

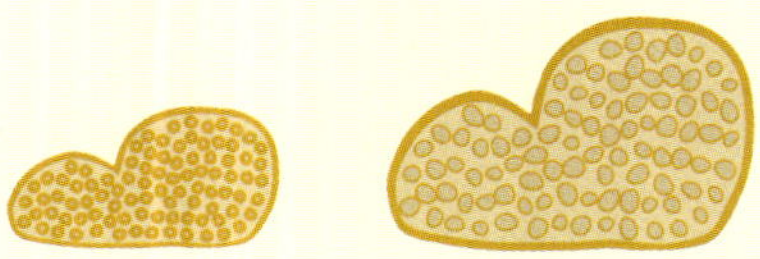

Brötchenvolumen bei gleichem Stückgewicht

➤ *Was folgern Sie daraus für das Gebäckaroma?*

Qualitätsmerkmale

„Bäcker Stolz backt die besten Brötchen. Die von der Bäckerei Müller schmecken mir nicht."

Solche Aussagen einzelner Verbraucher sind subjektiv und nicht auf andere übertragbar. Real kann es sein, dass die Bäckerei Müller einen weitaus höheren Brötchenumsatz hat als die Bäckerei Stolz. Doch auch solche Feststellungen sagen noch nichts über die Brötchenqualität der beiden Betriebe aus.

Der sensorische Wert – als Genuss- und Verzehrswert – ist im engeren Sinne die Produktqualität. Die Qualität von Weizengebäcken ergibt sich aus der Bewertung der verschiedenen Qualitätsmerkmale:

- *Aussehen (Volumen, Form, Herrichtung, Farbe)*
- *Krustenbeschaffenheit (Stärke, Rösche, Ausbund)*
- *Krumenbeschaffenheit (Farbe, Lockerung, Porung, Elastizität)*
- *Geruch und Geschmack*

Viele Qualitätsmerkmale für Brötchen sind im Wesentlichen gleich mit denen für Weizenbrot.

Aussehen: auch wichtig für den Genusswert

Auch das Aussehen der Gebäcke macht einen Teil des Genusswerts aus. Darum erfolgt die Sortenauswahl beim Brötchenkauf häufig allein nach dem Aussehen.

Das Aussehen wird vor allem geprägt durch die Form und das Volumen. Andere wichtige Merkmale für das Aussehen sind die Krustenfarbe und die Ausbildung der Kruste (und gegebenenfalls des Ausbunds).

Gebäckvolumen: Anhaltspunkt für die Gesamtqualität

Mit hohem Volumen der Kleingebäcke ist meistens auch eine positive Prägung anderer Qualitätsmerkmale der Gebäcke feststellbar. Diese Aussage gilt allerdings nur bis zu einer Höchstgrenze des Volumens.

Brötchen mit einem geringen Gebäckvolumen
- haben eine fast zähe, dünne Kruste mit rasch vergehender Rösche,
- haben eine dichte, zu schwach aufgelockerte Krume,
- neigen zum Zusammenballen beim Aufschneiden.

Brötchen mit sehr hohem „aufgeblasenem" Volumen werden von den Verbrauchern abgelehnt:
- wegen der eingeschränkten Schnittfestigkeit und Bestreichbarkeit (die Krume wird zusammengedrückt),
- wegen des meistens etwas „leeren" Geschmacks.

Leerer Geschmack entsteht, wenn eine bestimmte Aromastoffmenge auf eine zu große Oberfläche verteilt wird (➞ nebenstehendes Bild).

Brötchenform: für ansprechendes Aussehen

Selbst mit geringer Sorgfalt geformte Brötchenteiglinge können sich beim Backen zu einem ansprechenden Aussehen entfalten, wenn die Teigführung und die Backbedingungen stimmen.
Formmängel werden nämlich viel eher durch Fehler in der Teigfestigkeit oder in der Gärführung verursacht.

Brötchen und andere Kleingebäcke sollen eine gleichmäßige Form mit abgerundeten Seiten ohne „*Fußbildung*" haben. Bei Ausbundgebäcken soll der Ausbund an der vorgezeichneten Stelle gut ausgebildet sein.

Für rustikale Gebäcke werden abweichend vom üblichen Standard auch Unregelmäßigkeiten in der Form akzeptiert.

Brötchen sollen in der Form weder flach verlaufen noch rundgezogen sein (➡ nebenstehende Abbildungen). Druckstellen an den Oberflächen mindern das Aussehen. Mängel in der äußeren Form können auch bei zu dichtem Aneinandersetzen der Teiglinge entstehen. Sie backen dann an den Köpfen oder Seiten zusammen.

Bei Brötchen, die auf Blechen gebacken worden sind, tritt ein typischer Formfehler auf: Der Gebäckboden ist breit und zumeist hohl gezogen. Dieser Mangel ist dadurch begründet, dass sich die Bodenkruste auf den kalten Backblechen verzögert ausbildet. Der dann bereits kräftige Ofentrieb zieht die Teigmasse nach oben.

Verschmutzungen der Kruste mindern das Äußere der Gebäcke. Bei auf Lochblechen gebackenen Brötchen stammen solche Anhaftungen von den unsauberen Blechen, bei Herdware von Gebäckresten im Ofen.

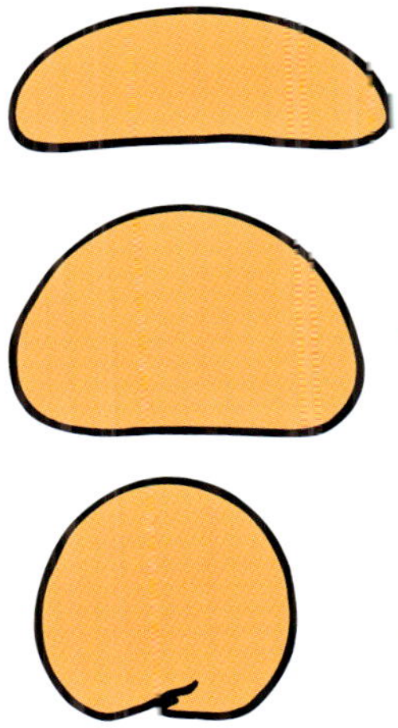

Formfehler durch zu dichtes Setzen der Teiglinge

Krustenbeschaffenheit: wichtig für Brötchen

Der Genusswert von Brötchen hängt von der Krustenqualität ab.

Diese Behauptung ist verständlich, wenn man bedenkt, dass zwischen dem Gebäckvolumen und der Krumen- und Krustenbeschaffenheit eine enge Abhängigkeit besteht.

Qualitätsanforderungen für die Brötchenkruste:

- *Hoher Krustenanteil*
- *Zartsplitterige und lang anhaltende Rösche*
- *Ausgeprägter Ausbund*
- *Goldgelbe bis goldbraune Krustenfarbe*

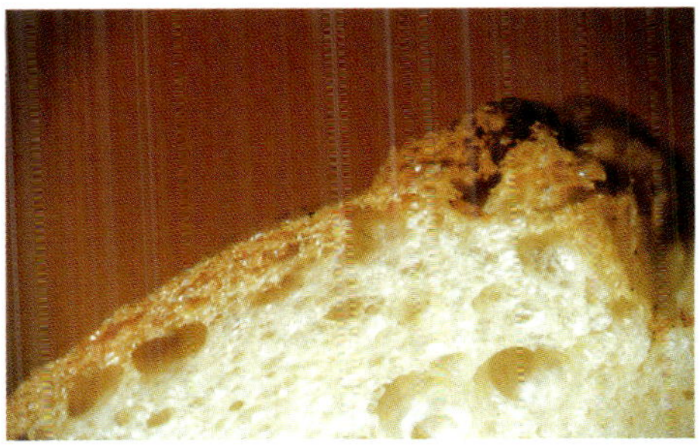

Stark ausgebildete Kruste

Hoher Krustenanteil: gefragt bei Brötchen

Bei der Herstellung von Weizenbrötchen ist es wichtig, einen hohen Krustenanteil zu erzielen.

*Der **Krustenanteil** von Brötchen steigt*
– mit geringerem Stückgewicht,
– mit stärkerer Auflockerung,
– mit besserer Ausbund-Ausbildung,
– mit längerer Backzeit.

Gute Auflockerung und längere Backzeit bei entsprechend niedriger Backtemperatur wirken sich günstig auf die Krustenstärke aus. Zu hohe Backtemperatur hat eine schwache Krustenausbildung zur Folge. Durch die beschleunigte Gebäckbräunung muss der Backprozess schon vor der Ausbildung einer guten Kruste beendet werden.

Schwach ausgebildete Kruste

Qualitätssicherung

Jede Minute Verkürzung der Brötchenbackzeit kostet 20 % des erzielbaren Krustenaromas.

Schrippe mit ausgeprägtem Ausbund

Eine gefensterte Kruste deutet auf gute Rösche

schwachsplitterige Rösche

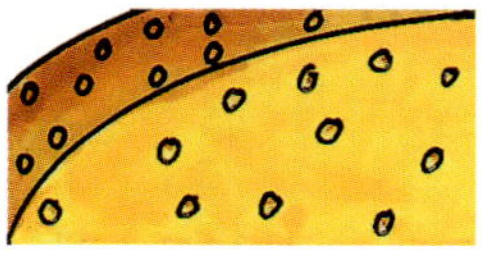

zartsplitterige Rösche

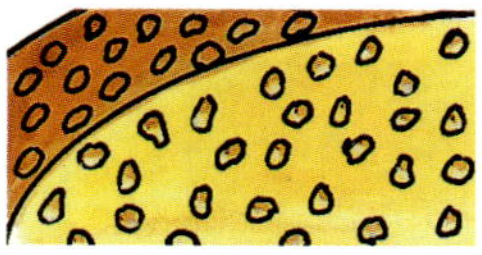

harte, grobsplitterige Rösche

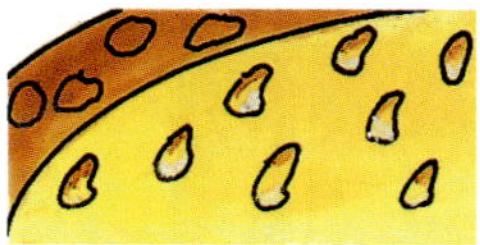

Rösche in Abhängigkeit von der Krumenlockerung

- hohe Luftfeuchte
- hoher Wassergehalt der Krume
- dünne Kruste

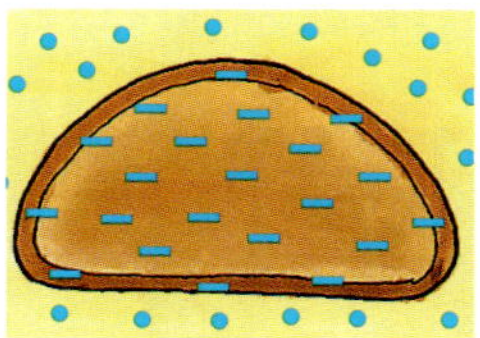

Kurze Dauer der Rösche

- niedrige Luftfeuchte
- niedriger Wassergehalt der Kruste
- starke Kruste

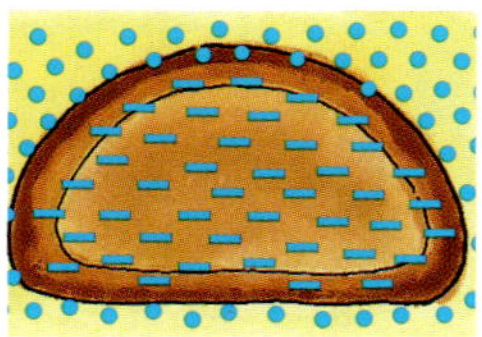

Lang anhaltende Rösche

➤ *Erläutern Sie den Einfluss der dargestellten Faktoren auf die Rösche.*

Ausbund: der erwünschte Krustenriss

Eine gute Ausbundbildung ist nur erreichbar, wenn die vorgezeichnete Rissstelle (Einschnitt, Drückstelle) bei der Gärführung erhalten bleibt.

Ebenso wichtig ist eine knappe Gare der Teiglinge vor dem Backen. Mit zunehmender Gärreife nimmt der Ofentrieb ab. Entsprechend kleiner ist die Ausbindungskraft der Teiglinge beim Backen.

Rösche: wichtigstes Merkmal der Brötchenkruste

*Die **Rösche** ist die knusprige, mürb-spröde Beschaffenheit der Kruste.*

Die Rösche vermittelt den hohen Genusswert mit der zartsplitternden Kruste, die ihre Geschmacksstoffe beim Kauen freisetzt. Außerdem ist die Rösche das beste Anzeichen dafür, dass die Brötchen noch ihren vollen Frischegeschmack besitzen.

Die Wichtigkeit der Krustenrösche spiegelt sich wider im Angebot frischer Brötchen zu jeder Tageszeit. Dazu werden Langzeitführungen, Gärzeitsteuerungen oder Vorbackmethoden für Brötchen angewandt.

Die Rösche ist unter zwei Gesichtspunkten zu beurteilen:
- nach ihrer spezifischen Beschaffenheit (= wie ist die Rösche?),
- nach der Dauer ihrer Erhaltung (= wie lange hält sie an?).

Gefragt ist zartsplitterige Rösche

Die Rösche der Brötchenkruste kann unterschiedliche Beschaffenheit haben: zartsplitterig, schwachsplitterig-zäh oder auch grobsplitterig.

Unmittelbar nach dem Ausbacken ist die Rösche kaum zu beurteilen. Am besten ist sie etwa fünf Stunden nach dem Ausbacken prüfbar.

Brötchen, die fünf Stunden nach dem Backen noch die erwünschte zartsplitterige Rösche aufweisen, werden von den Kunden bevorzugt.

Zartsplitterige Rösche der Brötchenkruste wird erzielt
- *durch eine gute Auflockerung der Krume mit zartwandigen Poren,*
- *durch einen hohen Krustenanteil im Verhältnis zum Krumenanteil,*
- *durch eine kräftige Ausbildung der Kruste.*

Beispiele für Röschemängel:

Brötchen mit dichter und schwach aufgelockerter Gebäckkrume haben eine kaum noch splitterige, eher zäh-weiche Kruste. Zu kurze Backzeit verstärkt diesen Röschefehler.

Brötchen aus zu warm geführten, überalterten Teigen (oft verbunden mit langer Backzeit) haben eine grob- bis hartsplitterige Kruste.

Gefragt ist lang anhaltende Rösche

Je dünner die Kruste ist, desto kürzer ist auch die Dauer der Rösche. Im Extremfall kann sie schon eine Stunde nach dem Backen weich und pappig sein. Eine dünne Kruste nimmt schnell die Feuchtigkeit aus der Krume und aus der Luft auf (➡ nebenstehende Abbildungen).

Mit zunehmender Backzeit sinkt der Wassergehalt in der Kruste, aber auch in der Krume. Die Kruste gewinnt dabei an Stärke.

Eine kräftige Kruste bleibt lange rösch. Der Feuchtigkeitsaustausch zwischen Kruste und Krume verlangsamt sich wegen des geringeren Krumenwassergehalts und der stärkeren Krustenausbildung.

Eine hohe Luftfeuchtigkeit bei der Lagerung schränkt die Röschedauer wiederum ein.

Krumenbeschaffenheit: wichtig für innere Stabilität

Beim Brötchenverzehr wird von manchen Verbrauchern die ballende Krume abgenommen und beiseite gelegt.

An diesem Verhalten wird deutlich, dass die Krume nicht die gewünschte Qualität aufweist. Wiederholtes Vorfinden dieses Mangels führt dann leicht zu einer gewissen Geringschätzung der Brötchenkrume.

Verbraucher lehnen Weizengebäcke ab,
- deren Krume beim Aufschneiden ballt und krümelt,
- deren Krume beim Bestreichen zerstört wird,
- deren Krume beim Kauen zäh zusammenklebt.

Elastizität für gute Schneidbarkeit

Die Krume von Weizenkleingebäcken soll ausgewogen elastisch sein. Ein frisches Brötchen muss sich kurz nach dem Auskühlen schneiden lassen, ohne dass die Krume zusammenballt.

Mängel in der Elastizität werden verursacht
- durch enzymatische Schädigung der Mehlstärke,
- durch zu schwache Auflockerung der Krume,
- durch zu kurze Backzeit.

Beim Backen wird in jedem Fall die erforderliche Kerntemperatur für die Stärkeverkleisterung erreicht. Für eine restlose Verkleisterung muss aber die hohe Temperatur über einen gewissen Zeitraum anhalten.

Für eine gute Krume ist deshalb eine genügende Backzeit erforderlich. Für Brötchen üblicher Größe sind das mindestens 20 bis 22 Minuten.

Eine mangelnde Krumenelastizität kann auch durch zu hohe Dosierung enzymhaltiger Backmittel verursacht sein.

Ausgewogene Porung für gute Bestreichbarkeit

Die Krume soll gut aufgelockert und fein geport sein.

Für gute Bestreichbarkeit ist eine eher feste Krumenstruktur günstig. In dieser Hinsicht ist eine übermäßige Auflockerung nicht erwünscht.

Eine feine Porung ermöglicht es, auf die Schnittflächen der Brötchen einen dünnen Aufstrich aufzubringen (z. B. Butter).

Für gute Kaubarkeit ist eine Krume mit zarten, dünnen Porenwandungen erwünscht. Eine solche dünnwandige Krumenporung begünstigt auch das Freisetzen von Geschmacksstoffen beim Kauen.

Geschmack für hohen Genusswert

Der Geschmack von Kleingebäcken soll ausdrucksvoll und abgerundet sein. Geruchs- und Geschmacksstoffe bilden sich bei der Gärführung und beim Backen. Es sind aromatische Stoffe wie Genusssäuren, Ester oder Röststoffe.

Brötchen aus kühlen Langzeitführungen schmecken abgerundeter als die aus Kurzzeitführungen.

Matter oder leerer Geschmack ist typisch für großvolumige Brötchen, insbesondere solcher mit einem Zusatz an bestimmten Emulgatoren (➞ Abbildung auf Seite 278, unten).

Ein fader bis hefiger Geschmack wird verursacht durch überalterte und übergärige Teige.

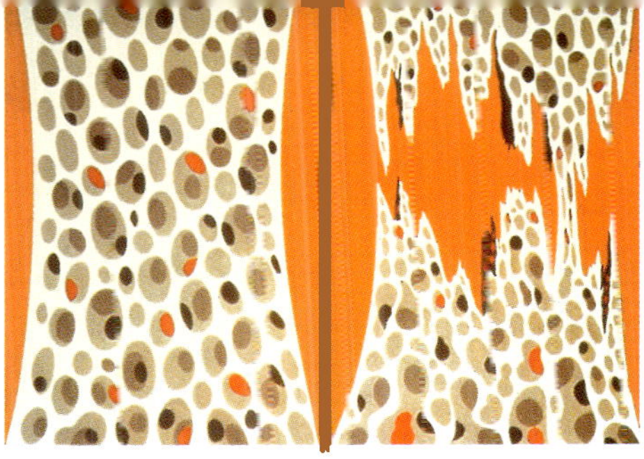

Mängel in der Krumenelastizität:
Krume reißt oder verklebt bei Belastung

Kritik an Brötchen mit ballender Krume

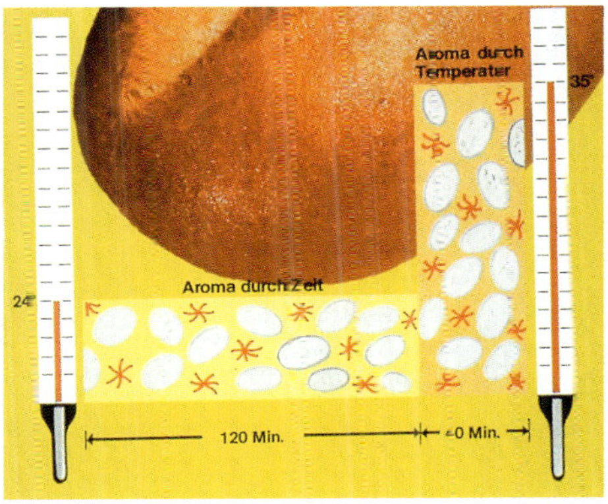

Teigführung und Brötchengeschmack

- *Die Abbildung zeigt, dass bei warmer Kurzzeitführung in etwa die gleiche* ***Menge*** *an Aroma gebildet wird wie bei kühler Langzeitführung.*
- *Aber: Die* ***Anteile*** *der verschiedenen aromatischen Stoffe unterscheiden sich.*
  So wird der Geschmack von Brötchen aus kühler Langzeitführung abgerundeter und aromatischer empfunden als der von Gebäck aus Kurzzeitführung.

Handlungsorientierte Aufgabe

Die Beurteilung der Gebäckqualität kann nach einem festgelegten Prüfschema erfolgen.

- ➤ *Benutzen Sie einen Vordruck für die Beurteilung von Kleingebäcken.*
- ➤ *Beurteilen Sie mit Hilfe eines solchen Vordrucks die Kleingebäcke aus der täglichen Produktion in Ihrer Verkaufsstelle.*

Übersicht: Qualitätsmängel bei Weizengebäcken und ihre häufigsten Ursachen

Stumpfe, rauhe Kruste

Ursache:
- ohne Dampf in den Backofen eingeschoben

Klaffender Seitenriss

Ursache:
- im Backherd zu eng an ein anderes Brot gesetzt
- zu niedrige Backtemperatur

Kompakte Form, geringes Volumen

Ursache:
- zu geringe Gärreife

Schrumpffalten

Ursache:
- zu kurze Backzeit

Stoßkanten, stumpfe Kruste

Ursache:
- zu eng aneinandergesetzt
- zu wenig Dampf beim Einschieben zum Backen

Flache Form, schwacher Ausbund

Ursache:
- zu viel Gärreife beim Einschieben zum Backen

Verwaschener Ausbund

Ursache:
- Nässen der Oberfläche beim Auftauen oder bei der Endgärung gefrosteter Teiglinge

Zugebackener Ausbund bei Schnittschrippen

Ursache:
- mit freigelegter Oberseite (= Schnittseite) dem Gärklima ausgesetzt (Folge: Verkleben der Schnittstelle)

Hohlraum in der Gebäckmitte

Ursache:
- bei ungenügender Gärreife gestüpfelt

Flache Form, schwacher Ausbund

Ursache:
- überschrittene Gärreife bei Backbeginn

Unruhig geporte Krume

Ursache:
- aus überreifem Teig aufgearbeitet

Zu dichte Krumenporung

Ursache:
- zu knappe Gärreife bei Backbeginn

Aufgaben zur Wiederholung

01. Nach welchen Kriterien kann das Angebot an Brot und Kleingebäck kundenorientiert gestaltet werden?
02. Beschreiben Sie fünf herkömmliche Kleingebäcksorten mit ihren Produktmerkmalen.
03. Beschreiben Sie drei Spezial-Kleingebäcksorten mit ihren Produktmerkmalen.
04. Welche Qualitätsmerkmale erwarten die Verbraucher bei Weizenbrötchen?
05. Beschreiben Sie die Qualitätsbeurteilung von Brötchen.

Qualitätserhaltung durch Tiefkühllagern

Für Backbetriebe mit Produktions- und Verkaufsraum am selben Ort ist die Qualitätserhaltung der Brötchen durch Tiefkühlen attraktiv:

- Die direkte Brötchenherstellung ist sicherer als die gärverzögerte oder gärunterbrochene Produktion.
- Das Aufbacken gefrosteter Brötchen ist kurzzeitig möglich und vom Personal in der Verkaufsstelle durchführbar.

Frosten von Brötchen für die Qualitätserhaltung

Ziel des Frostens ist es, die Qualitätsmerkmale der Backwaren über eine längere Zeit zu erhalten.

Erforderlich zum fachgerechten Tiefgefrieren von Brötchen sind
- die *schnelle Temperaturabsenkung* bis in den Kern der Brötchen auf etwa -7 °C und
- die *behutsame Temperaturabsenkung* bei ruhender Atmosphäre auf die Lagertemperatur von etwa -20 °C.

Langsamfrosten führt zu Gebäckmängeln

In einem leistungsschwachen Frostgerät (Lagerfroster) tiefgekühlte Brötchen haben nach dem Aufbacken starke Mängel: Beim Schneiden löst sich die Kruste in Stücken von der Krume. Die Brötchen sind schon nach kurzer Zeit altbacken. Grund dafür ist die zu langsame Absenkung der Temperatur.

Während der langen Zeitspanne bis zur Vereisung der Kruste trocknet bewegte Kaltluft die Kruste und die darunter liegende Krumenschicht aus. Zudem laufen die Alterungsvorgänge in der Krume bei der langen Zeit bis zum Erreichen des Gefrierpunkts beschleunigt ab.

Schockfrosten vermeidet Qualitätseinbußen

Hochleistungsfroster erreichen eine Gefriertemperatur von etwa -25 °C bis -35 °C. Wichtig für die *Frosterleistung* ist aber nicht die erreichbare Temperatur, sondern die *Gefrierleistung*. Beim Einbringen der Brötchen mit einer Temperatur von etwa +60 °C in den Froster sollte die kritische Kerntemperatur von -7 °C in den Brötchen spätestens nach 30 Minuten erreicht sein.

So frosten Sie die Brötchen fachgerecht:

- *Brötchen werden noch ofenwarm mit einer Kerntemperatur von etwa 60 °C in Gitterkörben in den Froster eingebracht.*
- *Für eine beschleunigte Temperaturabsenkung erfolgt das Frosten bei intensiver Luftumwälzung.*
- *Nach Erreichen der Kerntemperatur von -7 °C werden die Brötchen in einen Lagerfroster umgesetzt. Hier wird bei ruhender Kaltluft auf die Lagertemperatur von -20 °C abgesenkt.*

Zu beachten ist, dass die Beschickungsmenge die Abkühlleistung des Frosters nicht übersteigt. Diese wird von den Herstellern angegeben.

Für den Verkauf werden die tiefgekühlten Brötchen
- bei Raumtemperatur 30 Minuten angetaut und dann im Backofen
- bei etwa 230 °C und Schwadengabe 2 Minuten lang aufgebacken.

Vollautomatische Geräte können computergesteuert das Schockfrosten und auch das Konditionieren zum Bereitstellen warmer Brötchen für den Verkauf erledigen. Mit „Konditionieren" ist hier ein mit der Luftfeuchte abgestimmter Auftau- und Wärmeprozess gemeint.

Konservierungsanlage für Backwaren:
Vier Lagerfächer (links) und ein Schockfach (rechts);
Beschickung mit Körben oder Einschubblechen

Vorteile des Frostens von Brötchen

- *Wegfall von Produktionsspitzen (z. B. am Morgen oder am Wochenende)*
- *Produktion auf Vorrat (z.B. für den freien Tag bei der 5-Tage-Arbeitswoche)*
- *Rationelle Herstellung durch Zusammenlegen geringer täglich notwendiger Mengen (z. B. für Spezialbrötchen)*
- *Verfügbarkeit frischer Backwaren über den ganzen Tag*

Gefrostete Brötchen nach zwei Tagen Lagerzeit
- links: schockgefrostet
- rechts: im Lagerfroster gefrostet

➤ *Vergleichen Sie Aussehen und Beschaffenheit der Brötchen.*

Frosten von Brötchen und Teiglingen für die Bedarfsdeckung im Vergleich

Tiefkühlbrötchen:	*Tiefkühlteiglinge:*
• *Risikoarme Gärführung*	• *Größere Risiken bei der Gärführung*
• *Aufbacken nur in Produktionsräumen*	• *Werbewirksames Backen im Laden*

➤ *Bewerten Sie diese Methoden nach dem Anspruch, dass ein Premium-Backbetrieb für Kunden den Erlebniskauf bieten soll*

ANGEBOT VON WEIZENBROTEN

Das Angebot an Brot und Kleingebäck aus Weizenerzeugnissen hat in Deutschland an Bedeutung gewonnen. Bei den Weizengebäcken ist eine Bereicherung sowohl in der Sortimentsbreite als auch in der Sortimentstiefe zu verzeichnen. Ein wichtiger Grund dafür ist das gewandelte Verbraucherverhalten.

Weizenbrote werden wie Weizenkleingebäcke aus ungesüßten, kochsalzhaltigen Weizenhefeteigen ohne oder mit nur geringem Fett- und Zuckerzusatz hergestellt. Diese Weizengebäcke werden auch als „Weißgebäcke" bezeichnet.

§ *Lebensmittelrechtliche Bestimmungen*

Weizenbrotsorten und Weizenkleingebäcksorten müssen als Getreide mindestens 90 % Weizenerzeugnisse enthalten; ein Anteil anderer Getreide bis zu 10 % ist zulässig.

Getreideanteile in Weizengebäcken

Verkehrsbezeichnung	*Getreideanteile*
• *Weizenbrot, Weißbrot, Brötchen*	*mind. 90 % Weizenmehl*
• *Weizenvollkornbrot/ -vollkornbrötchen*	*mind. 90 % Weizenvollkornerzeugnisse*
• *Weizenschrotbrot/ -schrotbrötchen*	*mind. 90 % Weizenbackschrot*
• *Toastbrot*	*mind. 90 % Weizenmehl*
• *Weizenvollkorntoastbrot*	*mind. 90 % Weizenvollkornerzeugnisse*

Verbrauchererwartungen für das Weizenbrotangebot ermitteln

Die Kunden haben beim Kauf von ortsüblichen Weizenbroten bestimmte Erwartungen hinsichtlich Qualität und Eignung der Brote.

Die Kunden wünschen sich aber auch mehr und mehr ein Angebot an Spezial-Weizenbroten mit besonderen Merkmalen (z. B. rustikale oder mediterrane Weißbrotsorten).

Die bei Kunden bestehenden Erwartungen an das Weizenbrotangebot lassen sich durch Feststellungen des Verkaufspersonals, durch Fragebogen und Interviews ermitteln.

Situationsaufgabe:

Das Weizenbrotangebot Ihres Betriebs soll für die Kunden attraktiver werden. Dazu soll die Qualität ortsüblicher Weißbrotsorten optimiert werden; außerdem sollen neue Sorten entwickelt und in das ständige oder in ein saisonales Angebot aufgenommen werden.

- *Sie sollen nach Kundenäußerungen einige Vorschläge entwickeln, wie die Qualität von Weizenbroten optimiert werden kann.*
- *Sie sollen die Qualität von Weizenbrotsorten beurteilen und sichern können.*
- *Sie sollen Merkmale spezieller Weizenbrote beschreiben können.*
- *Sie sollen Maßnahmen zur Produktentwicklung und für Aktionen zur Verkaufsförderung von Weizenbroten kennen und durchführen.*

Bei all diesen Aufgaben dienen die Erwartungen der Verbraucher an das Weizenbrotangebot des handwerklichen Backbetriebs als Orientierung.

Das Weizenbrotsortiment

Die Verbraucher wünschen
- Gebäcke mit hohem Genusswert,
- Gebäcke mit hohem Gesundheitswert,
- Gebäckvielfalt im Aussehen und im Geschmack,
- Gebäcke, die möglichst ofenfrisch sind,
- Gebäcke, die leicht verdaulich sind.

Backbetriebe können diese Wünsche erfüllen. Sie bieten verschiedene Weizenbrotsorten an: krumenreiches Weizenbrot zum Aufschneiden, krustenstarkes Weizenbrot zum Brechen, krustenarmes Weizenbrot zum Toasten, fladenförmiges Weizenbrot zum Füllen.

Das Angebot an Weizenbrotsorten umfasst nicht nur Brote aus hellen Weizenmehlen, sondern auch Brote aus/mit Weizenbackschrot oder Weizenvollkornerzeugnissen, mit Roggenanteil oder mit Erzeugnissen aus Getreide, die nicht zu den Brotgetreiden zählen. Das sind zum Teil Spezialbrote, aber auch Weizenbrotsorten des täglichen Sortiments.

Merkmale von Weizenbroten

Ganz deutlich ist der Unterschied zwischen den Weizenbroten und den Broten mit überwiegendem Roggenanteil.

Weizen- und Roggenbrote im Vergleich

- Weizenbrote haben ein größeres Volumen (bei gleichem Gewicht).
- Weizenbrote haben eine helle Kruste mit stärkerer Rösche.
- Weizenbrote haben eine hellere und lockerere Krume.
- Weizenbrote sind leichter verdaulich.
- Weizenbrote sind nicht so kräftig im Geschmack.
- Weizenbrote haben einen geringeren Sättigungswert.
- Weizenbrote werden schneller altbacken.

Weizenbrote: überwiegend leicht und locker

Übliche Weizenbrote sind:
- freigeschobene Weißbrote in länglich kompakter, rundgezogener Form mit rissfreier Kruste und mit schwach ausgebundenen Einschnitten;
- Kastenweißbrote, meistens mit Längsausbund;
- französische, freigeschobene Weißbrote mit kräftig ausgebundenen Längs- oder Schrägeinschnitten in der Oberfläche;
- Stangenweißbrote, insbesondere
  * Baguettes mit kräftig ausgebildeter und ausgebundener Kruste;
  * Kaviarbrote mit rissfreier Kruste ohne oder schwache Einschnitte;
- Toastbrote in Kastenform gebacken, mit schwach ausgebildeter Kruste und sehr feinporiger Krume;
- Fladenbrote mit grobporiger Krume.

Weizenbrote: auch kräftig-aromatisch

Neben den Broten aus hellem Weizenmehl werden von den Kunden immer mehr Weizenbrote spezieller Art verlangt.

Solche *Spezialweißbrote* unterscheiden sich von den allgemein üblichen Weizenbroten durch
- Verwendung von Mahlerzeugnissen aus besonderem Brotgetreide (z. B. Dinkel),
- Verwendung speziell bearbeiteter Mahlerzeugnisse aus Brotgetreide (z. B. Steinmetzmehl),
- Zusatz an Mahlerzeugnissen von anderen Getreidearten, die nicht zum Brotgetreide gehören (z. B. Mais oder Hafer),
- Zusatz von besonderen Zutaten (z. B. Olivenöl),
- Eignung für diätetische Zwecke (z. B. ohne Kochsalz),
- Nährwertveränderung (z. B. brennwertvermindert).

Daraus ist ersichtlich, dass es fast unerschöpfliche Möglichkeiten für die Entwicklung neuer Weizenbrotsorten gibt (= Produktinnovationen).

Weizenbrote: rechtliche Vorschriften

Für Weizenbrote gibt es viele Fantasienamen (z. B. Gutshofsonne) und auch regional übliche Bezeichnungen (z. B. Zwirbelbrot). Eindeutig ist das Angebot unter der Verkehrsbezeichnung nach den „Leitsätzen für Brot und Kleingebäck" (➡ Beispiele auf der Seite 284).

Auch die Abgrenzung von Brot und Kleingebäck ist rechtlich festgelegt: Brote wiegen mehr als 250 Gramm; Kleingebäcke wiegen höchstens 250 Gramm. Ansonsten gibt es hier keine Gewichtsvorschriften.

Weizen- und Roggenbrot (je 0,5 kg) im Vergleich

Weizenbrote in kompakter Form

Rustikale Weizenbrote mit kräftigem Aroma

Betriebswirtschaftliches Handeln: Produktentwicklung

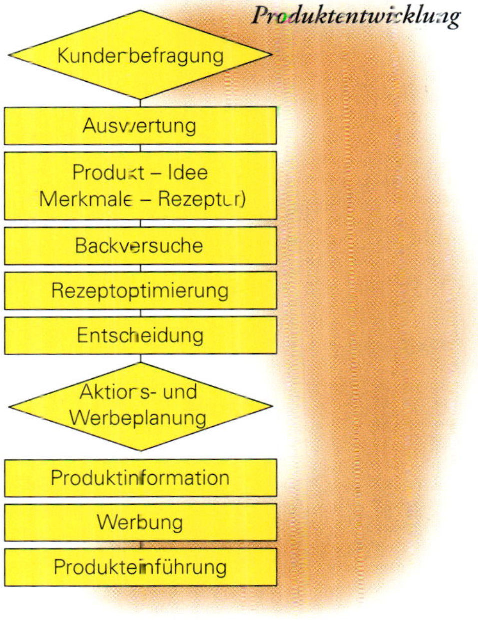

Wie sich Weizenbrote unterscheiden

Die in der folgenden Übersicht aufgeführten Weizenbrote werden mit der beim Verkauf üblichen Bezeichnung benannt und kurz beschrieben. Allgemein üblich ist die Verwendung der Gattungsbezeichnung oder der Verkehrsbezeichnung (nach den Getreideanteilen im Brot).

Auf die Angabe gleicher Merkmale von Weizenbroten (z. B. die Krustenfarbe oder Zusammensetzung) wird in dieser Übersicht verzichtet. Besonderheiten im Aussehen, in der Beschaffenheit, Zusammensetzung, Verwendungseignung sowie bei der Herstellung werden herausgestellt.

Deutsches Weißbrot

- *laibförmiges Brot*
- *kompakte Form*
- *ausgebundene Schrägschnitte*
- *mittelstarke Kruste*
- *gut aufgelockerte, mittelfein geporte Krume*

Französisches Landbrot

- *laibförmiges Brot*
- *länglich-runde Form*
- *kräftiger Ausbund*
- *kräftig ausgebildete, gebräunte Kruste*
- *mittelfein geporte Krume*

Kastenweißbrot

- *kastenförmiges Brot*
- *kräftig ausgebundener Längsschnitt (die anderen Merkmale entsprechen der Sorte „Deutsches Weißbrot")*

Ciabatta

- *flache, fast rechteckige Form*
- *Kruste ohne Ausbund*
- *rösch-harte Kruste*
- *helle, groß bis grob geporte Krume*
- *oft mit Olivenölanteil im Teig*

Kaviarstange, Kaviarbrot

- *stangenförmiges Brot*
- *lange, schlanke Form*
- *ohne Ausbund oder schwache Schrägschnitte*
- *mittelstarke Kruste*
- *helle, feinporige Krume*
- *geeignet für Sandwiches*

Toastbrot

- *kastenförmiges Brot*
- *glatte Oberfläche*
- *dünne, schwach gebräunte Kruste*
- *sehr fein geporte Krume*
- *auch mit Fett-, Zucker- oder/und Milchanteil*

Baguette

- *lange, schlanke Stangenform*
- *wenige, kräftig ausgebundene Einschnitte*
- *kräftig ausgebildete, splitterig-rösche Kruste*
- *unruhig geporte Krume*

Weizenvollkorn-Toastbrot

- *kastenförmiges Brot*
- *stumpf-braune Kruste*
- *dunkle Krume*
- *mindestens 90 % Weizenvollkornerzeugnisse*
- *oft mit Sauerteiganteil*

Fladenbrot

- *runde, flache Form*
- *schwach rösche, meist weichliche Kruste*
- *groß geporte Krume*
- *oft mit Olivenölanteil*
- *Aufstreu von Sesam oder Kreuzkümmel*

Weizenschrotbrot

- *meistens kastenförmig*
- *rauhe, mittelbraune Kruste ohne Ausbund*
- *spelzige, bräunliche, dicht geporte Krume*
- *leicht trockene Krume*
- *oft mit Sauerteiganteil*

Angebot spezieller Weizenbrote

Es gibt spezielle Weizengebäcke, die oft nur in bestimmten Regionen von Bedeutung sind (z. B. Seelen oder St. Gallerbrot).

Die in Deutschland marktüblichen Spezial-Weizenbrote unterscheiden sich von herkömmlichen Sorten in ihrer Zusammensetzung nur wenig. Der oftmals entscheidende Unterschied liegt in der Teigführung für die speziellen Sorten.

Ciabatta-Variationen

Mediterrane Weizenbrote aus lange geführten Teigen

Als *mediterrane Brote* bezeichnet man zusammenfassend eine Gruppe von Weizenbroten mit spezifischen Merkmalen, die sich durch lange Vorteigführungen und zum Teil durch Einsatz von besonderen Zutaten ergeben (z. B. Oliven oder Olivenöl zum Teig).

Fladenbrot, Ciabatta und *Baguette* erhalten ihre typischen Merkmale durch eine lange Teigführung. Die Teige werden kühl mit reduziertem Backhefeanteil geführt. Die zum Reifen erforderliche Abstehzeit wird durch die Teigtemperatur, den Backhefeanteil und das Gärraumklima gesteuert. So erhalten diese Weizenbrote ihre typischen Merkmale, die Sie beim Angebot an die Kunden herausstellen können.

Mit zunehmender Abstehzeit wird der Teig mit *aromatischen Gär- und Abbauprodukten* angereichert. Durch die lange Gärzeit und die weiche Teigführung fällt die *Krume großporig* aus.

Die überlieferte Methode für diese mediterranen Weizenbrote ist die Herstellung über lange Zeit mit Vorteigführungen.

Zum Teil lassen sich die typischen Merkmale dieser Brotsorten auch in Kurzzeitführung mit Zusatz spezieller Backmittel erzielen.

Ciabatta: Typisch ist die großporige Krume

Ciabatta: eine italienische Spezialität

Als besondere Zutat für diese Brotspezialität ist Olivenöl üblich. Dieses trägt mit zu der typischen Geschmacksausprägung der Ciabatta bei. Der Teig wird mit Vorteig geführt, zumeist mit einem Weizensauerteig.

Die Bezeichnung dieser Spezialität leitet sich von der Gebäckform ab (Ital.: Ciabatta = Pantoffel). *Ciabatta* wird als Weizenbrot sowie auch als Kleingebäck (bis 250 g) hergestellt. Kleine Ciabatta werden gern für die Herrichtung rustikaler Sandwiches verwendet. Das Ciabattabrot eignet sich als Beilage zu vielen Speisen.

Focaccia: Typisch ist die fladenartige, pizza-ähnliche Form mit Dellen auf der Oberfläche

Typische Merkmale von Ciabatta sind die länglich flache Form und die außergewöhnlich großporige Krume. Die Krume ist saftig-weich. Bei der Kruste ist eine lang anhaltende Rösche erwünscht.

Focaccia ist eine weitere, flache Weizenbrot-Spezialität aus Norditalien (➡ nebenstehende Abbildung und Beschreibung im CD-ROM-Text).

Verkaufsargumente für mediterrane Weizenbrote

Die Bilder auf dieser Seite verdeutlichen schon, wie sich mediterrane Weizenbrote verwenden lassen: Sie passen zu Sommer, Sonne und Freizeit mit mediterranem Essen.

Wurzelbrot ist ein aus der Provence stammendes rustikales Weizenbrot mit kräftiger Kruste

Sie können diese leicht-lockeren Weizenbrotspezialitäten empfehlen
- als Basis für exklusive Snacks zum Verzehr aus der Hand,
- als Beilagen zu Salaten (mit Tomaten, Paprika, Oliven, Mozzarella),
- als Beilagen zu vielen leichten Speisen (der mediterranen Küche),
- als Bestandteil eines Büfetts mit Brot, Käse und Wein.

Fladenbrot: Typisch ist die flache Rundform

Französisches Landbrot:
Typisch ist der hohe Krustenanteil

Typisch für Baguettes ist die kräftig ausgeprägte Kruste und die unruhig, etwas großporige Krume

Betriebswirtschaftliches Handeln

In Ihrem Betrieb soll eine Entscheidung darüber getroffen werden, welche Sorte der speziellen Weizenbrote dauerhaft in das Sortiment aufgenommen werden soll.

Außerdem soll eine Marketing-Aktion für die Einführung der neuen Weizenbrotsorte oder zu einem saisonalen Thema erfolgen.

➤ *Sie sollen dazu die Herstellungsweisen und Merkmale von speziellen Weizenbroten sichten und Vorschläge unterbreiten.*

(➡ Beachten Sie die Beschreibung der Weizenbrot-Spezialitäten auf der CD-ROM).

Fladenbrot: eine türkische Spezialität

Rezeptur und Teigführung für die Fladenbrote weichen in folgenden Merkmalen von denen für herkömmliche Weißbrote ab:
- ein nur geringer Backhefeanteil,
- eine Zugabe von etwa 2 % Olivenöl (ist auch verzichtbar),
- eine kühle und weiche Teigführung.

Nach der Teigruhe werden die Teigstücke rundgewirkt und nach einer Zwischengare zu Fladen ausgewalzt. Die Fladen werden sparsam mit Sesam eingestreut und mit voller Gare abgebacken.

Der Backvorgang erfolgt bei flotter Hitze.

Die Kruste soll nur kurzzeitig rösch sein. Die Krume ist grob geport und ausgewogen feucht. Sie ist auch noch am Folgetag nach dem Backen recht „saftig".

Fladenbrot eignet sich zum Füllen mit gegartem Fleisch (z. B. Gyros vom Hammel oder Schwein = Kebab-Döner). Man reicht es auch zu Salat- oder Gemüsezubereitungen.

Baguette: eine französische Spezialität

Für Französische Weißbrote und Baguettes sind *Pouliche* (= Hefestück) und *Levain* (= Weizensauerteig) als Vorteigführungen üblich.

Typische Merkmale für Baguettes (auch „Flute") sind die ausgeprägte, rösche Kruste, die unruhig-grob geporte Krume sowie der aromatisch ausdrucksvolle Geschmack.

Der hohe Krustenanteil von Baguettes wird erzielt
- durch die schlanke Form,
- durch den kräftig ausgebildeten Ausbund,
- durch Backen in abfallender Hitze und
- durch entsprechend lange Backzeit.

Baguettes sollen auch noch Stunden nach dem Backen rösch sein. Durch die schlanke Form und rösche Kruste lassen sich Baguettes als Beilage zum Verzehr leicht brechen. Der Bruch muss ohne Kraftaufwand „kurz" und zartsplittrig ausfallen.

Baguettes sind heute oftmals mit feiner, gleichmäßiger Krumenporung im Angebot, selbst in ihrem Ursprungsland Frankreich. Die Verbraucher akzeptieren diese Abwandlung der Qualität, weil sie Baguettes so auch als Basis für belegte Snacks verwenden können.

Kaviarstangen: für feine Schnittchen

Kaviarbrot (Stangenweißbrot) wird von den Kunden bevorzugt, wenn sie eine leichte Brotsorte für kleine, gleichmäßige Schnittchen zum Anrichten auf Platten brauchen.

*Von **Kaviarbroten** erwarten die Verbraucher*
- *eine lange, gleichmäßige Form für eine Vielzahl von Scheiben,*
- *eine glatte, nicht splitternde Kruste (meistens ohne Ausbund),*
- *gleichmäßig große, fast kreisrunde Brotscheiben,*
- *eine feinporige, gut schneid- und bestreichbare Krume.*

Die Feinporigkeit der Krume kann durch Milch- oder Fettanteil im Teig erhöht werden. Brote mit höherem Anteil solcher Zutaten bezeichnet man auch als Tee- oder Sandwichbrot.

Weizenbrote aus besonderen Teigen

Für spezielle Verwendungszwecke bestimmte Weizenbrote werden mit Zusätzen hergestellt, mit denen die gewünschten Gebäckmerkmale erzielbar sind. Auch die Teigführung ist darauf abgestellt.

Toastbrot: Brot mit Rösteigenschaften

Haben Sie schon einmal eine Scheibe normales Weißbrot getoastet? Dann werden Sie festgestellt haben, dass Weißbrot zum Toasten nur bedingt geeignet ist. Die Kruste wird beim Toasten hartsplitterig. Die Röstfarbe fällt sehr ungleichmäßig aus. Die Scheibe ist in ihrem Außenbereich hart, die Krume bleibt dagegen zäh.

Rezeptbeispiel: Toastbrot

1 000 g	Weizenmehl, Type 550	
520 g	Wasser	
30 g	Vollmilchpulver	oder: Spezial-backmittel für Toastbrot
50 g	Fett	
20 g	Zucker	
50 g	Backhefe	
20 g	Kochsalz	

Besondere Anforderungen an Toastbrot

Toastbrot wird nur ausnahmsweise ungetoastet als Scheibenbrot mit Aufstrich oder Belag verwendet. Beispiel für eine solche Verwendung ist die Herstellung von Sandwiches (➞ Seite 350).

Grundsätzlich ist die Beschaffenheit von Toastbrot ganz auf die Eignung zum Toasten ausgerichtet. Toastbrot muss also anderen Anforderungen genügen als ein übliches Weißbrot.

Merkmale von Qualitäts-Toastbrot:

- *Das Brot soll für die Vorratshaltung eine lange Mindesthaltbarkeit aufweisen (eine Woche und länger).*
- *Die Toastbrotscheibe soll quadratisch und gleichmäßig groß sein (damit sie in jeden Toaster passt).*
- *Die Kruste soll beim Rösten nicht hartsplitterig werden.*
- *Die Krume soll beim Rösten eine intensiv goldgelbe Färbung erhalten (ohne dunkle Randbildung).*
- *Die Röstfläche soll eine fein-rösche Beschaffenheit haben.*
- *Die Krume soll beim Rösten ihre zarte und wattige Beschaffenheit behalten.*
- *Die geröstete Scheibe soll kurz brechen (nicht elastisch-zäh).*
- *Die geröstete Scheibe soll einen etwas süßlichen und aromatischen Röstgeschmack haben.*

Formtechnik: Twist-Methode

Formtechnik: Klein-Teigling-Methode

Wie die Toasteigenschaften erzielt werden

Die feinporige, zart-wattige Krumenstruktur des Toastbrots ist vor allem durch eine Fett-, Zucker- und Milchzugabe zum Teig bedingt. Außerdem verbessert der Zuckeranteil (speziell der Milchzucker) die Bräunungseigenschaften beim Rösten. Der Fettanteil begünstigt die Frischhaltung von Toastbrot.

Durch das Backen in geschlossenen Kästen (mit Deckel) wird eine gleichmäßige Brotform erzielt. Die Kastenwandungen vermeiden die Ausbildung einer zu starken Kruste und verhindern Seitenrisse.

Betrachten Sie die Toastbrotscheiben in den nebenstehenden Bildern: Eine Scheibe hat eine fehlerhafte Form (Taille) und weist grobe Poren in der Krume auf. Die Taillenbildung entsteht durch das Zusammenziehen der Krume beim Abkühlen der Brote. Ursache für diesen Mangel sind Fehler beim Formen der Teiglinge.

Durch besondere Formtechniken werden die stabile Krustenausbildung und eine quadratische Scheibenform gewährleistet.

Sachverweis

*Toastbrot wird im Allgemeinen in Scheiben geteilt als **Fertigpackung** angeboten.*

*Über die notwendigen **Kennzeichnungen** auf einer Fertigpackung können Sie sich auf der Seite 326 informieren.*

Grahambrot

Beispiel:
Führungsschema für Weizenvollkornbrot

Quellstück:

3 000 g	*Weizenvollkornschrot (grob)*
3 000 g	*Wasser*
6 000 g	*Quellstück*

Weizensauerteig:

3 500 g	*Weizenvollkornschrot (grob)*
3500 g	*Wasser*
7 000 g	*Weizensauerteig*

Brotteig:

6 000 g	*Quellstück*
7000 g	*Weizensauerteig*
2500 g	*Weizenvollkornschrot (fein)*
1000 g	*Weizenvollkornmehl*
1500 g	*Wasser*
300 g	*Backhefe*
180 g	*Kochsalz*
18 480 g	*Brotteig*

➤ ***Erstellen Sie nach der obigen Rezeptur ein Verzeichnis der Zutaten.***

Beispiele für die Mischung von Getreideanteilen zu Brot

Weizenmischbrot (80:20)	
Weizenmehl (80 Teile)	Roggenmehl (20 Teile)

Weizen-Dinkelschrotbrot (60:40)	
Weizenbackschrot (60 Teile)	Dinkelbackschrot (40 Teile)

Mehrkornbrot	
Weizenmehl (60 Teile)	Hafer- und Reismehl (20 Teile + 20 Teile)

Haferbrot	
Weizenmehl (80 Teile)	Hafermahlerzeugnisse (20 Teile)

Weizenbrote aus besonderen Mahlerzeugnissen

Es gibt auch „dunkle" Weizenbrotsorten, hergestellt aus schalenreichen Weizenmahlerzeugnissen und/oder Zumischung anderer Getreide.

Grahambrot: für besondere Ernährungszwecke

Als *Grahambrot* darf nur ein Weizenschrot- oder Weizenvollkornbrot bezeichnet werden, das je nach Zusammensetzung die Bedingungen für ein *Brot mit verändertem Nährwert* oder für ein *Diätbrot* erfüllt:

- Es ist ein streng natriumarmes Weizenschrotbrot.
- Es ist ohne Kochsalzzugabe hergestellt.
- Es ist ohne Backhefezusatz hergestellt (nach den strengen Regeln des amerikanischen Arztes Dr. Graham = Namensgeber).

Heute wir das Brot oft mit geringer Backhefezugabe hergestellt. Das Grahambrot ist fade im Geschmack. Es hält sich nicht lange frisch.

Weizenvollkornbrot: mit hohem Ernährungswert

Es gibt auch Weizenbrote mit hohem Genuss- und Ernährungswert: *Weizenvollkornbrote* aus Vollkornschrot und/oder Vollkornmehl sind reich an Vitaminen, Mineralstoffen und Ballaststoffen. Sie sind daher als Beitrag für eine vollwertige Ernährung bedeutsam.

Vollkornmahlerzeugnisse bestehen aus dem gesamten Getreidekorn, einschließlich des Keimlings und der Kornschale. Die cellulosehaltige Schale und die Keimlingspartien müssen gut verquellen, damit sie beim Kauen nicht unangenehm „spelzig" empfunden werden. Dafür werden bei der Herstellung von Weizenvollkornbroten verschiedene Verfahren als „Quellstufen" genutzt.

Beim nebenstehenden Rezeptbeispiel für Weizenvollkornschrotbrot sind ein *Quellstück* und ein *Weizensauerteig* vorgesehen.

- Zum Quellstück soll stets der Grobschrotanteil verarbeitet werden.
- Das Quellstück soll bei Raumtemperatur bis zu 4 Stunden abstehen; das reife Quellstück ist bei Kühllagerung bis zu 24 Stunden haltbar.
- Zum Weizensauerteig soll auch Grob- oder Mittelschrot verwendet werden. Es ist eine Starterkultur nötig.
- Durch Quellstück und Weizensauerteig wird eine saftige Brotkrume mit aromatisch-abgerundetem Geschmack erzielt.

Weizenvollkornbrote werden in Kastenformen gebacken. Das Volumen fällt mit steigendem Grobschrotanteil ab.

Weizenmischbrote: mit anderen Getreideanteilen

***Weizenmischbrote** enthalten neben Weizenmahlerzeugnissen einen Anteil von mehr als 10 % und weniger als 50 % anderer Getreide.*

Allgemein üblich sind *Weizenmischbrote* mit einem Roggenanteil, zum Beispiel einer Mischung von 80 % Weizenmehl und 20 % Roggenmehl. Ebenso könnten andere Brotgetreide zugemischt sein, zum Beispiel Dinkel, Emmer oder Einkorn.

Mit überwiegendem Weizenanteil hergestellte *Mehrkornbrote* müssen mindestens jeweils 5 % von zwei Nichtbrotgetreiden enthalten (wie Buchweizen, Gerste, Hafer, Hirse, Mais, Reis, Triticale). Wenn das Brot nach der Nichtbrotgetreideart bezeichnet werden soll (z. B. „Haferbrot"), ist ein Mindestanteil dieser namengebenden Getreideart von 20 % an der Gesamtmenge der Getreidemahlerzeugnisse erforderlich.

Brote aus weizenähnlichen Mahlerzeugnissen

Mit dem Weizen „verwandte" Getreide sind Dinkel, Emmer, Einkorn und Kamut. Sie werden auch als „Urgetreide" bezeichnet, weil es alte, züchterisch wenig veränderte Sorten sind. Sie wachsen auf kargen und ungedüngten Böden. Sie brauchen keinen chemischen Pflanzenschutz, erbringen aber geringere Erntemengen als die Zuchtweizensorten.

Dinkelbrot: Brot mit Traditions- und Ernährungswert

Obwohl Dinkelbackwaren im Allgemeinen teurer sind als Gebäcke aus Weizen oder Roggen, werden Dinkelprodukte zunehmend von den Verbrauchern geschätzt und gekauft.

Dinkel – mit langer Tradition verbundenes Getreide

- Dinkel ist ein *Spelzgetreide*. Das Dinkelkorn ist in der Ähre (Vese) fest mit dem Spelz verbunden. Es ist im Gegensatz zum nackten Weizen nicht freidreschend, sondern muss müllereitechnisch herausgeholt werden. Das ist vom Arbeitsaufwand her nachteilig, es ist aber für die geringe Belastung des Dinkels mit Umweltschadstoffen bedeutsam.
- Die im Volksmund benutzte Bezeichnung „Urgetreide" trifft für Dinkel nur bedingt zu. Die heutigen Dinkelsorten sind *Rückkreuzungen* der zu Beginn des 20. Jahrhunderts vorgenommenen Kreuzungen mit den ertragreicheren Weizensorten. Dabei wird darauf geachtet, dass die *typischen Dinkelsorten* nur wenig genetische Übereinstimmung mit den Weizensorten haben. Reinste Dinkelsorten sind „Franckenkorn" und „Oberkulmer Rotkorn". Das sind heute die Hauptanbausorten in Süddeutschland.

Dinkel – mit hoher Bedeutung für die Ökologie

- Dinkel braucht keine chemischen Dünge- und Pflanzenschutzmittel. Dinkelanbau ist daher ökologisch wichtig. Das bedeutet allerdings nicht, dass es automatisch ein Bio-Getreide ist. Aber etwa 30 % des Dinkels erfüllt heute die Bio-Anforderungen.
- Dinkel ist wegen der Spelzeinbettung und langen Halme vor Befall mit Bodenschadpilzen geschützt (z. B. Fusarien), die sonst im Korn möglicherweise Krebs erregende Gifte bilden könnten.

Dinkel – mit besonderem Ernährungswert

- Dinkel ist verträglicher als alle anderen Nahrungsgetreide. Obwohl die Dinkel-Eiweißstoffe fast identisch mit denen des Weizens sind, wird Dinkelgebäck von „Weizen-Allergikern" vertragen. Auch werden dem Dinkel positive Wirkung bei der Behandlung einiger Krankheiten zugeschrieben. *Dinkel ist aber nicht geeignet für glutenfreie Diät*.
- Dinkel enthält Inhaltsstoffe, die lebenswichtig sind und vom Körper aus der Nahrung leicht aufzunehmen sind. Im Vergleich zu Weizen enthält der Dinkel mehr Fett, mehr essentielle Fettsäuren sowie mehr Vitamine und Mineralstoffe.

Dinkelmahlerzeugnisse – mit schwachen Backeigenschaften

- Dinkel ist im Gegensatz zu den positiven Nutzungsmerkmalen nicht einfach zu verbacken: Dinkelmahlerzeugnisse sind kleberschwach. Die Teige haben feuchte Oberflächen. Sie sind nicht gärstabil.
- Dinkelschrot und Dinkelvollkornprodukte ergeben spröde Teige, aus denen Gebäcke mit geringer Frischhaltung resultieren. Dinkelbrote werden daher mit weicher Vorteigführung hergestellt.

Hinweis

*Zu den **weizenähnlichen Getreidesorten** finden Sie weitere Informationen auf der CD-ROM.*

Lebensmittelrechtliche Bestimmungen

Als Dinkel-, Emmer-, Einkorn- oder Kamutbrot und -kleingebäck bezeichnete Gebäcke müssen das namengebende Getreide zu mindestens 90 % enthalten; ein Anteil anderer Getreide bis zu 10 % ist zulässig.

Tipps zur Kundenberatung

- *Dinkelbrot zeichnet sich durch einen aromatischen, nussartigen Geschmack aus.*
- *Dinkelbrot wird von vielen Menschen besser vertragen als Weizen- und Roggenbrot.*
- *Dinkelbrot liefert besonders viel Vitamine, Mineralstoffe, Keimlingsfett und lebenswichtige Fettsäuren.*
- *Dinkelbrot aus Vollkornmahlerzeugnissen und Backschrot enthält besonders viel verdauungsfördernde Ballaststoffe*
- *Dinkelbrot aus Vollkornmahlerzeugnissen und Backschrot wird auf traditionelle Art mit langen Vorteigführungen hergestellt, so dass es saftig ist und sich lange frisch hält.*

Zum Beachten

- *Dinkel soll **genetisch rein** sein (wenig gemeinsam haben mit Weizen) und **technisch rein** sein (keine Vermischung mit Weizen beim Landwirt, in der Mühle, beim Bäcker).*
- *Dinkelbrote haben ihre **Ernährungswirkungen** nur, wenn sie mit 100 % Dinkelmahlerzeugnissen hergestellt werden (also keine Zumischung von Weizen- oder Roggenmahlerzeugnissen).*
- *Dinkelbrote dürfen **nicht** mit Hinweisen auf **gesundheitliche Wirkungen** oder die **Heilung und Behandlung von Krankheiten** beworben und angeboten werden.*

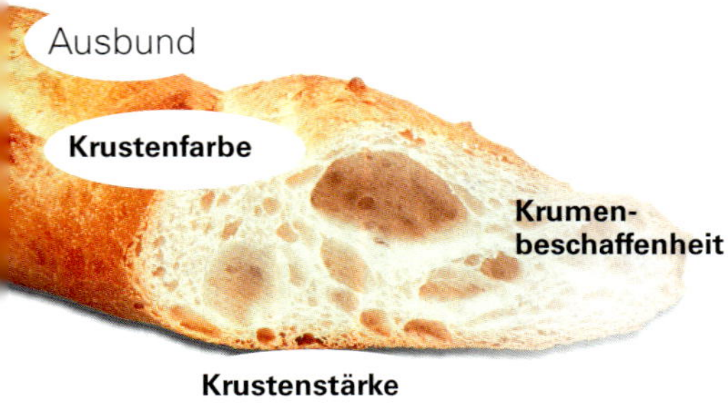

Qualitätsbeurteilung von Weizenbroten

Sie sollen die Qualität verschiedener Weizenbrote beurteilen.

Dafür müssen Sie die wesentlichen Brotmerkmale erfassen und dann zur Beurteilung an den konkreten Erwartungen der Verbraucher an die jeweilige Brotsorte messen.

Dicklaibige Weizenbrote: kompakt, aber locker

Verwendungszwecke und Qualitätsanforderungen für freigeschobene und in offenen Kästen gebackene Weißbrote sind weitgehend gleich.

Typisch ist die gleichmäßige Form

Das *Volumen der Weizenbrote* soll dem Gewicht entsprechend sein. Ein zu kleines, gedrungenes Gebäckvolumen ist ebenso unerwünscht wie ein zu großes Volumen (wegen der damit verbundenen zu starken Krumenauflockerung).

Bei den kompakten Weizenbroten haben sich bei uns die Sorten mit gleichmäßiger *Form* durchgesetzt. Sie sollen glatte, meist glänzende Oberflächen ohne Seitenrisse oder Taillenbildung haben. Der Boden und die Krustenflächen sollten frei von Mehl sowie verkohlten Rückständen aus dem Backherd oder der Backform sein.

Weißbrotsorten mit Längsschnitt sollen einen kräftig ausgebildeten *Ausbund* aufweisen. Brotsorten mit Schrägeinschnitten sollen an den Schnittstellen gleichmäßig, aber nicht „wild" ausgebunden sein.

Die *Kruste* soll rissfrei, kräftig ausgebildet, aber nicht zu hart sein. Sie muss ihre Rösche über mehrere Stunden behalten. Weißbrote mit zu schwacher Kruste verlieren schon nach kurzzeitiger Lagerung ihre Rösche. Bedingt ist das durch eine zu kurze Backzeit. Äußerlich ist das erkennbar an Schrumpffalten in den Seitenflächen.

Geringes Volumen als Folge zu knapper Gärreife

Zu flache Form als Folge von Überreife

Die Krume muss gut aufgelockert sein

Die *Krumenbeschaffenheit* ist das wertbestimmende Qualitätsmerkmal der dicklaibigen Weißbrote.

- *Die Krume muss gut aufgelockert und feinporig sein.*
- *Die Krume muss frei von Wirkblasen und Verdichtungen sein.*
- *Die Krume muss elastisch sein; sie darf beim Schneiden und beim Bestreichen nicht ballen und nicht krümeln.*
- *Die Krume sollte im Geschmack aromatisch abgerundet sein.*

Der Geschmack von kompakten Weizenbroten kann manchmal in der warmen Jahreszeit fade-hefig sein. Das kann begründet sein durch zu wenig Aromastoffe, kann aber auch ein erster Hinweis auf Infektion mit dem Fadenzieherbazillus sein (➞ Seite 293).

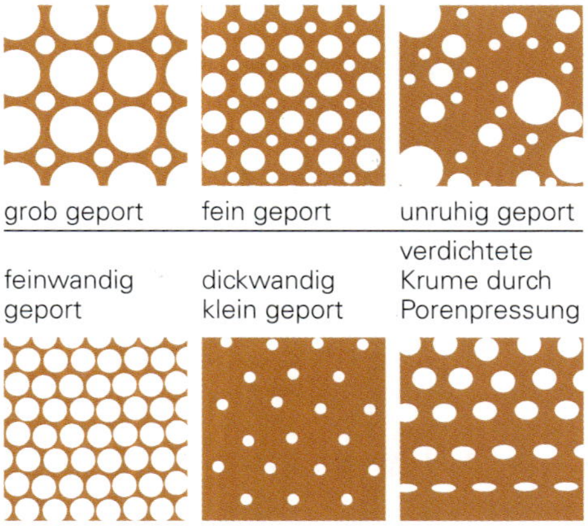

Muster der Krumenporung von Weizenbroten

Nutzungsmerkmale und Verkaufsargumente

Die dicklaibigen Weißbrote werden wegen des hohen Krumenanteils vor allem als Basis für belegte Brote benutzt, auch für Kanapees und Büfett-Speisenangebote.

- Deutsche Weißbrote bleiben in der Krume lange frisch und weich.
- Deutsche Weißbrote sind gut bekömmlich.
- Deutsche Weißbrote sollen bei Raumtemperatur und nicht zu hoher Luftfeuchte bevorratet werden, damit die Kruste rösch bleibt.
- Deutsche Weißbrote lassen sich durch Tiefgefrieren bevorraten.

Schnittflächen von Kastenweißbroten

➤ *Beurteilen Sie die Krumen der Weißbrote.*
➤ *Bezeichnen Sie die Porenbilder nach der Darstellung in der Mustertabelle (oben).*

Fadenziehen: die Weizenbrotkrankheit

Eine Kundin beschwert sich, dass ein gestern gekauftes Weißbrot nicht durchgebacken sei.

Sie legt das Brot vor: Es hat eine stark ballende Krume, zieht beim Durchbrechen schleimige Fäden und riecht Ekel erregend.

Das Weizenbrot ist krank; es hat das *Fadenziehen*.

Fadenziehen: Ursache, Verlauf und Gegenmaßnahmen

Fadenziehen wird durch Heu- oder Kartoffelbazillen verursacht (bacillus mesentericus). Die Bazillen sind im Erdboden verbreitet. Sie gelangen über das Korn in das Mehl. Ihre Sporen überstehen den Backprozess in nur schwach ausgebackenen Weißbroten. Nach dem Backen keimen die Sporen in der Krume aus.

Erst nach einer Lagerzeit der Weißbrote von etwa zwölf Stunden sind die Veränderungen an der Krume erkennbar.

So ist der Verlauf beim Fadenziehen:

- *Die Krume verliert an Elastizität. Sie riecht aufdringlich hefeartig.*
- *Die Krume verfärbt sich allmählich bräunlich, wird schmierig und zieht beim Brechen Fäden. Der Geruch wird Ekel erregend.*
- *Die Krume fällt schließlich zusammen.*
- *Die Kruste zeigt äußerlich keine Anzeichen des Fadenziehens.*

Gefährdet – hauptsächlich kompakte Weißbrote

Der Befall mit Fadenzieherbazillen erfolgt an der äußeren Kornschale des Getreides. Deshalb sind Weizenbrote aus schalenreichen Mehlen besonders gefährdet.

Die Sporen brauchen *Wärme* zum Auskeimen, und zwar über längere Zeit zwischen 35 °C und 50 °C. Deshalb tritt Fadenziehen vor allem in der warmen Jahreszeit auf. In schnell ausgekühlten Backwaren können die Sporen jedoch nicht so gut auskeimen.

Für ihre Lebenstätigkeit brauchen die Bazillen neben der Wärme auch *Feuchtigkeit*. Gut durchgebackene Gebäcke mit geringerem a_W-Wert sind deshalb ungefährdet.

Die Bazillen sind gegenüber *Säure* (= pH-Werte unter 5) empfindlich. Daher können sie sich in gesäuerten Brotteigen nicht vermehren.

Vorbeugemaßnahmen – gut ausbacken, schnell auskühlen

Meistens reicht ein kräftiges Ausbacken und ein rasches Abkühlen zur Vermeidung des Fadenziehens.

Weiterer Schutz ist beim Teigbereiten möglich durch Verwendung
– von Sauerteig, Weizensauerteig, Säuerungsmitteln *oder*
– von speziellen Backmitteln (= Fadenzieherschutz).

Hygienemaßnahmen – entsorgen, reinigen, desinfizieren

In der warmen Jahreszeit muss es zu den täglichen Kontrollmaßnahmen gehören, kompakte Weizenbrote auf Anzeichen von Fadenziehen hin zu überprüfen. Bereits in Verdachtsfällen ist eine Meldung an die Produktion nötig, damit Gegenmaßnahmen ergriffen werden können.

Befallene Backwaren sind aus den Betriebsräumen zu entfernen. Sie dürfen keinenfalls als Viehfutter verwendet werden. Die Räume und Einrichtungen sind mit Essiglösung zu reinigen/zu desinfizieren.

Fadenziehendes Brot (fortgeschrittenes Stadium)

Sachverweise

*Über Einbußen und **Erhaltung der Qualität** von Backwaren können Sie sich im Kapitel über das Altbackenwerden von Brot ab der Seite 318 informieren.*

*Über **Brotschimmel** können Sie sich im Kapitel „Schimmel als Brotkrankheit" ab der Seite 322 informieren.*

Produktsicherheit: Kontrolle auf Fadenziehen

- *Es ist verboten, Lebensmittel in den Verkehr zu bringen, die die Gesundheit schädigen können. Der Verzehr von Backwaren, die von Fadenzieherbazillen befallen sind, führt zu Erbrechen und Durchfall.*
- *Wenn die Brotkrankheit „Fadenziehen" auftritt, darf dieses nicht als unvermeidlich abgetan werden.*

  Die betriebseigenen Kontrollen nach den Bestimmungen der Lebensmittelhygiene-Verordnung müssen sich vor allem in den Sommermonaten darauf beziehen, die für das Fadenziehen gefährdeten Backwaren zu überprüfen. Der „Kritische Kontrollpunkt = CCP" liegt eindeutig nur bei den fertig gebackenen Broten (auch nach mehrtägiger Lagerung). Als Korrekturmaßnahmen beim Vorfinden von erkrankten Backwaren sind nötig: Vernichtung befallener Produkte (durch Verbrennen), Vorbeugung durch Säuern der Teige, kräftiges Ausbacken.

Handlungsorientierte Aufgaben

- *Stellen Sie kurz dar, wie Sie einem Kunden bei der Reklamation von fadenziehendem Weizenbrot abhelfen und wie Sie ihm die Situation erklären.*
- *Beschreiben Sie Hygienemaßnahmen, die Sie beim Auftreten von Fadenziehen zu ergreifen haben.*

Dinkel-Hefezöpfe

Dinkel-Seelen

Dinkel-Feingebäcke

Informationen über Wildkräuter

Bärlauch-Wecken

Marketing-Aktionen für Weizenbrote

Wenn Sie verkaufsfördernde Maßnahmen für Weizenbrote planen und durchführen wollen, haben Sie mehr Erfolg, wenn Sie neuartige Brotsorten wählen und sich nicht auf Preisaktionen beschränken.

Die folgenden Beispiele für Marketing-Aktionen verdeutlichen, wie Sie kundenorientiert vorgehen, wie Sie Aufmerksamkeit erzielen können und wie sich Ihr Betrieb mit der Aktion von Konkurrenten abhebt.

Kundenorientiert eine neue Weizenbrotsorte einführen

Durch gezielte Marktbeobachtung sind Chancen für neue Weizenbrote erkannt worden. Deshalb sollen *Dinkelbaguettes* neu in das Sortiment aufgenommen und mit einer Aktion eingeführt werden.

In der Planung werden kundenorientierte Aktionen vorgesehen.

Kundenorientierung: Produkt-Brücken nutzen

Die Verbraucher kaufen Backwaren nicht nach der *Produktsystematik* ein, die von Fachkräften im Backwarenverkauf zur Unterscheidung der Produkte benutzt wird. Sie kaufen vielmehr nach Gesichtspunkten ein, die für sie interessant, verbrauchsorientiert und nützlich sind.

- Die Kunden wünschen für sich eine *gesunde Ernährungsweise*. An dieses *Interesse* richtet sich das Angebot von Dinkelbaguettes.
- Die Kunden möchten mehrere Sorten von Dinkelgebäcken kaufen. Auf dieses Verbraucherverhalten bezieht sich die Marketing-Aktion, indem sie von Dinkelbaguettes ausgehend *Produkt-Brücken* baut:
  Es wird neben den Baguettes eine Produktfamilie von Dinkelgebäcken angeboten, beispielsweise Dinkel-Seelen, Dinkelzöpfe und mehrere Dinkel-Feine-Backwaren (➡ nebenstehende Abbildungen).
- Die Kunden werden durch *Werbung* auf die Produkte aufmerksam. Bei dieser Aktion werden die üblichen *Werbeträger* eingesetzt, zum Beispiel: Plakate, Inserate oder Verpackungsmaterial.
  Besonderes Gewicht hat aber die Werbung mit einer *Probieraktion*, begleitet von Informationen über den besonderen Ernährungswert von Dinkel, zum Beispiel durch Handzettel oder einen Vortrag.

Kundenorientierung: Genuss vermitteln

Die Verbraucher kaufen *spezielle Backwaren* in der Bäckerei/Konditorei, wenn sie diese woanders nicht erhalten. Handwerkliche Backbetriebe haben somit einen *Marktvorteil*, wenn sie sich auf die Kundenwünsche einstellen und zum Beispiel Backwaren mit Genusswert anbieten.

- Die Kunden genießen Spezialweißbrote als Teil von Brotbüfetts. Dieses *Genussbedürfnis* beachtet das Angebot von mediterranen Weizenbroten mit eingebackenen Zutaten.
  Es werden Ciabatta und Fladenbrot mit Oliven, Focaccio, Baguettes mit würzenden Zutaten angeboten, vor allem *Bärlauchbaguettes*.
- Die Kunden werden neben der obengenannten Werbung im Rahmen einer *Probieraktion* auch mit Bärlauchbrötchen, Bärlauch als Gewürz und Bärlauchzubereitungen bekannt gemacht. Dieses wird begleitet durch Informationen über das Kochen mit Bärlauch, zum Beispiel mit Zeitungs- oder Rundfunkbericht, mit einer Kochvorführung im Café.
- Die Kunden können *Bärlauchzubereitungen* wie Bärlauchgewürz oder Bärlauchpaste aus dem *Zusatzsortiment* der Bäckerei und Konditorei kaufen. So wird das Zusatzsortiment auch auf den Genussbedarf der Kunden hin orientiert erweiterungsfähig.

Kundenorientierung: Vorteile bieten

Die Kunden kaufen Brot und Kleingebäck auch für *saisonalen Bedarf* ein, zum Beispiel im Sommer zu Gartenfesten oder zum Grillen. Für solche Anlässe bevorzugen sie bestimmte Backwaren. Daneben haben sie auch einen Bedarf an passenden Begleitartikeln. Diese kann die Bäckerei und Konditorei in einem Komplettangebot bereitstellen oder in Kooperation mit einem anderen Betrieb (z. B. einer Metzgerei).

- Die Kunden wünschen ein *Brotarrangement*, das zu Speisen passt. Diesen *Wunsch nach Vorteilen* beachtet das Angebot von *mehreren Brotsorten in unterschiedlicher Menge* in einer Grilltüte.
- Die Kunden können bequem eine vorportionierte Tüte mit Brotsorten zu einem *Komplett-Angebotspreis* wählen oder die Produkte in Art und Gewicht nach eigenem Wunsch zusammenstellen lassen. Dabei hat die *Beratung* durch die Fachverkäufer besondere Bedeutung. Diese bezieht sich auch auf das *Zuempfehlen* von Begleitartikeln, zum Beispiel: spezielle Dressings, Senfsorten, Getränke.
- Die Kunden werden durch eine *Aktion* zum Thema „Gartenfest " auf das Angebot aufmerksam. Die Aktion wird in *Verbundwerbung*, zum Beispiel mit einer Fleischerei oder einem Gartenausstatterbetrieb durchgeführt. Eine kostenlose Werbung ist in Zusammenarbeit mit der regionalen Presse möglich, beispielsweise durch Nutzung einer Abonnenten-Karte. Die Zeitung berichtet, dass ihre Abonnenten beim Einkauf in der Bäckerei/Konditorei unter Vorlage der Abo-Karte einen kostenlosen weiteren Artikel zum Inhalt der Grilltüte oder wahlweise einen Rabatt von 15 % auf den Warenwert der Tüte erhalten.

Handlungsorientierte Aufgaben:

In den folgenden Aufgabenstellungen geht es darum, produktbezogene Kenntnisse für die Kundenberatung zu vertiefen sowie Verkaufsargumente aus den Produktmerkmalen abzuleiten und auszuformulieren. Die Aufgaben unterscheiden sich inhaltlich, aber auch im Schwierigkeitsgrad und Handlungsumfang. Nach dem Muster dieser Aufgaben können Sie weitere Sachgebiete Ihrer Wahl bearbeiten.

Situationsaufgabe: Produkte-Pass

- *Erstellen Sie eine Datei (= Produkte-Pass) über Weizengebäcke. Einen Vordruck dafür finden auf der CD-ROM.*
- *Listen Sie die Weizengebäcke mit der im Verkauf üblichen Bezeichnung und mit der Verkehrsbezeichnung auf.*
- *Vermerken Sie Besonderheiten der Zusammensetzung und Herstellung von verschiedenen Weizengebäcken.*
- *Sammeln Sie für jedes Produkt kundenorientierte Verkaufsargumente.*
  Diese sollten – soweit wie möglich – einmalig und nur für das bezeichnete Produkt Gültigkeit haben.

Situationsaufgabe: Weizengebäcke im Verkauf

- *Sie sollen Weizengebäcke voneinander unterscheiden und diese Fachkenntnisse im Verkaufsgespräch nutzen.*
- *Stellen Sie die typischen Merkmale von Kleingebäcken heraus, die durch die verwendeten Zutaten bedingt sind.*
- *Beschreiben Sie gegenüberstellend Aussehen und Beschaffenheit von Gebäcken aus hellem Weizenmehl und solchen aus Schrot- oder Vollkornerzeugnissen.*
- *Formulieren und verwenden Sie Verkaufsargumente für Weizengebäcke aus hellem Mehl und für Weizengebäcke aus Vollkornerzeugnissen.*

Situationsaufgabe: Spezialweißbrote im Verkauf

- *Sie sollen im Verkaufsgespräch die typischen Merkmale von Spezialweißbroten herausstellen.*
  Üben Sie solche verkaufsorientierten Erläuterungen im Rollenspiel.
- *Stellen Sie Besonderheiten von Ciabatta, Fladenbrot, Kaviarstangen und Baguettestangen heraus, und zwar in der Verwendung besonderer Zutaten, in der Form, in der Krustenbeschaffenheit, in der Krumenbeschaffenheit.*
- *Geben Sie den Kunden Empfehlungen, für welche Verwendungszwecke das jeweilige Spezialweißbrot besonders geeignet ist.*

Unterscheidungsmerkmale von Brot und Kleingebäck mit Roggenanteil

Situationsaufgabe:

Das Angebot roggenhaltiger Brote und Kleingebäcke umfasst in Ihrer Verkaufsstelle ortsübliche Sorten, aber auch Spezialbrote.

- *Für die Kundenberatung sollen Sie die jeweiligen Merkmale in einer Produktkartei ausweisen.*
- *Für kundenorientierte Maßnahmen sollen Sie Vorschläge entwicklen und realisieren.*
- *Für verschiedene Anlässe sollen Sie Brotbüfetts gestalten.*

Die Unterscheidungs- und Qualitätsmerkmale von Weizengebäcken kennen Sie bereits. Was ist anders bei roggenhaltigen Gebäcken?

Meinungen

In einer Bäckerei und Konditorei werden angeboten: ***Westernbrot, Krafticusbrot, Vita- und Fitnessbrot.***

Bernd hält nichts von diesen Bezeichnungen: „Mit solchen Namen erwecken wir bei den Verbrauchern Vorstellungen über spezielle Eigenschaften der Brotsorten, obwohl diese ebenso für andere Brotsorten zutreffen."

Die Chefin wendet ein: „Unsere Kunden kennen allgemein die besonderen Merkmale der angebotenen Brotsorten. Mit der von uns geprägten Bezeichnung können Kunden präzise die gewünschte Brotsorte auswählen. Die Verkehrsbezeichnung 'Roggenmischbrot' gilt dagegen für viele unserer Brotsorten."

- *Müssen Fantasiebezeichnungen so ausgewählt sein, dass die im Namen genannten Broteigenschaften für diese Brotsorte auch zutreffen?*

Sachverweise

Roggenhaltige Brote und Kleingebäcke können neben dem Roggenanteil auch Mahlerzeugnisse anderer Getreidesorten enthalten.

- ***Brotgetreide*** *und* ***andere Getreidesorten*** *sind auf der Seite 132 dargestellt.*
- *So genannte* ***Pseudogetreide*** *sind auf den Seite 304 und 305 beschrieben.*

Roggen- und Weizengebäcke im Vergleich

Es gibt allgemeine Unterscheidungsmerkmale zwischen Roggen- und Weizengebäcken sowie spezifische Unterschiede zwischen einzelnen Sorten roggenhaltiger Gebäcke.

Die allgemeinen Merkmale roggenhaltiger Brote sind arttypisch. Sie unterscheiden diese von vergleichbaren Weizenbroten wie folgt:

- Roggenhaltige Brote haben ein geringeres Gebäckvolumen.
- Roggenhaltige Brote haben eine kräftiger braun gefärbte Kruste.
- Roggenhaltige Brote haben eine dunklere Krumenfärbung.
- Roggenhaltige Brote haben eine etwas feuchtere Krume.
- Roggenhaltige Brote haben eine schwächer gelockerte Krume.
- Roggenhaltige Brote haben einen kräftigeren Geschmack und mehr Brotaroma.
- Roggenhaltige Brote haben einen höheren Sättigungswert.
- Roggenhaltige Brote haben eine längere Mindesthaltbarkeit.

Die roggentypischen Merkmale verstärken sich mit steigendem Anteil der Roggenmahlerzeugnisse im Brot.

Roggenanteil: bestimmend für Brotmerkmale

Brot- und Kleingebäcksorten mit Roggenanteil unterscheiden sich aufgrund der ihnen eigentümlichen Zusammensetzung deutlich von allen anderen Gebäcken. Die Merkmale dieser Produktgruppe sind bestimmt durch die verwendeten Roggenmahlerzeugnisse und durch zugesetzte Genuss-Säuren (aus Sauerteig *oder* aus teigsäuernden Backmitteln). Die roggenbrot-typischen Merkmale sind je nach Anteil und Typ der verwendeten Mahlerzeugnisse sehr unterschiedlich ausgeprägt.

Roggenbrot – „saftige" Krume und herzhaft im Geschmack

Roggenbrote müssen mindestens 90 % der Getreideerzeugnisse in Form von Roggenprodukten enthalten. Die restlichen Mahlprodukte sind üblicherweise Weizenerzeugnisse. Sie können aber auch von anderen Getreiden stammen.

Roggenbrote wirken schwer im Verhältnis zum Gebäckvolumen. Das ist begründet durch ihre schwächere Auflockerung im Vergleich zu Weizenbroten. Die Roggenbrotkruste ist kräftig braunfarbig und stark ausgebildet. Die Krume ist ziemlich dicht geport. Sie ist „saftig-feucht", nach genügender Auskühlung gut schnittfest. Der Geschmack ist kräftig-aromatisch und deutlich säuerlich.

Roggenbrote haben eine Mindesthaltbarkeit von mehreren Tagen. Im Vergleich zu Weißbroten trocknen sie langsamer aus, behalten dadurch auch länger ihr volles Aroma und werden nicht so schnell altbacken.

Roggenmischbrot – die leichte Alternative zu Roggenbrot

Die Roggenmischbrote haben einen geringeren Roggenanteil als die Roggenbrote (mehr als 50 %, aber weniger als 90 %). Der restliche Getreideanteil ist in der Regel ein Weizenmehl.

Roggenmischbrote unterscheiden sich von Roggenbroten durch ihr größeres Gebäckvolumen, eine etwas stärkere Krumenauflockerung und eine bessere Schnittfestigkeit im Frischezustand. Im Übrigen hat diese Brotgattung die Gebäckmerkmale von Roggenbroten in einer abgeschwächten Form.

Weizenmischbrot – die locker-leichte Brotsorte

Bei dieser Brotgattung überwiegt der Weizenanteil im Brot (mehr als 50 % Weizenmehl). Weizenmischbrote haben ein entsprechend großes Volumen und eine sehr lockere Krume. Die Brote zeichnen sich durch Bekömmlichkeit und mild-säuerlichen Geschmack aus. Nachteilig ist die schnelle Alterung der Weizenmischbrote bei ihrer Aufbewahrung. Sie ist besonders rasch bei hohen Anteilen heller Weizenmehle.

Schrot- und Vollkornbrot – kernig und kompakt

Diese Brotsorten sind aus Backschrot oder Vollkornerzeugnissen des Roggens hergestellt, und zwar mit mindestens 90 % der enthaltenen Getreideprodukte. Sie werden meistens als Kastenbrote angeboten. Typisch sind das geringe Gebäckvolumen und die dicht geporte Krume. Die Krume ist sehr „feucht-saftig". Sie ist bei vielen Sorten erst nach einem Tag Lagerung schnittfest. Die Krumenstruktur wird durch die Art des verwendeten Mahlguts bestimmt. Die Krumensubstanz ist fein, schrotig oder körnig durchsetzt.

Die Mindesthaltbarkeit kann bei genügendem Schimmelschutz und angemessener Verpackung mehrere Wochen betragen.

Roggenhaltige Kleingebäcke

***Roggenhaltige Kleingebäcke** enthalten als Getreideerzeugnisse überwiegend Roggenmehl (= mehr als 50 %). **Roggenbrötchen** unterscheiden sich von Weizenbrötchen ähnlich wie Roggenbrot von Weizenbrot (➡ Seite 296).*

Für Brötchensorten mit weniger als 50 % Roggenanteil ist keine Verkehrsbezeichnung festgelegt. Sie könnten als „Weizenmischbrötchen" oder als „Weizenbrötchen mit Roggenanteil" bezeichnet werden.

Roggenbrötchen mit 50 % Roggenmehl

Roggenbrötchen mit 100 % Roggenmehl

➤ *Welche Unterschiede sind offensichtlich?*

Das Lieblingsbrot der Deutschen

Deutschland ist das Land der vielen Brotsorten. Aus über 300 verschiedenen Sorten können die Kunden wählen.

Überraschendes Ergebnis einer Befragung war: Die Verbraucher kennen und nutzen diese Sortenvielfalt nicht. Die weitaus meisten Kunden kaufen in der Woche nicht mehr als zwei Brotsorten.

Die meistgekauften Brotsorten sind Roggen- und Weizenmischbrote. Ihr Anteil liegt bei 50 %. Die deutschen Verbraucher bevorzugen herzhafte, gut aufgelockerte Brotsorten aus einem Gemisch von Roggen- und Weizenmehl.

➤ *Welche Möglichkeiten sehen Sie, Ihre Kunden zum Kauf auch anderer als der üblichen Brotsorten anzuregen?*

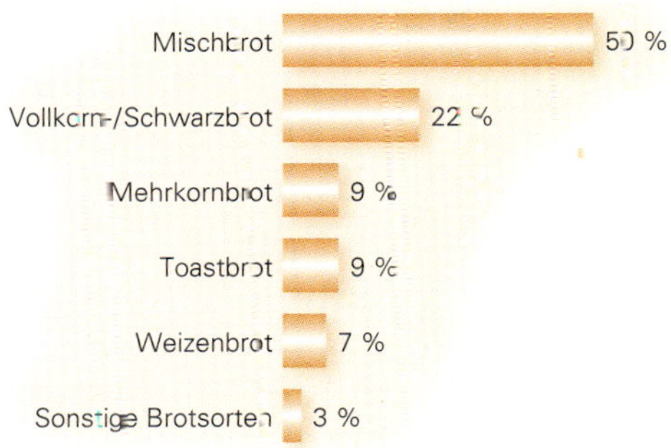

Anteil der in deutschen Privathaushalten verzehrten Brotsorten in Prozent

Lebensmittelrechtliche Bestimmungen

Die Verkehrsbezeichnung ist grundsätzlich auf dem Etikett oder auf der Verpackung von Fertigpackungen anzugeben. Die zusätzliche Ausweisung anderer Bezeichnungen ist zulässig (z. B. Gattungsbezeichnung, Handelsname). Bei unverpackten Backwaren genügt allein die Gattungsbezeichnung.

Berechnungen

Ermitteln Sie nach der vorgegebenen Weizenmehl-, Roggenmehl- und Roggenschrotmenge in kg für verschiedene Brotsorten
– die Getreideanteile in Prozent,
– die zutreffende Verkehrsbezeichnung.

Brot und Kleingebäck mit Schrotanteil

Wird in der Verkehrsbezeichnung auf Schrotanteile hingewiesen, so müssen mindestens 10 % Getreidebackschrot (bezogen auf die gesamten Getreideerzeugnisse) enthalten sein.

Beispiele für Verkehrsbezeichnungen schrothaltiger Brote

Zusammensetzung:	*Bezeichnung:*
90 % Roggenschrot + 10 % Weizenmehl	***Roggenschrotbrot***
80 % Roggenschrot + 20 % Weizenschrot	***Schrotbrot***
80 % Roggenschrot + 20 % Weizenmehl	***Roggenmischbrot mit Schrotanteil***
80 % Roggenmehl + 20 % Weizenschrot	***Roggenmischbrot mit Schrotanteil***

Getreideerzeugnisse bestimmen Verkehrsbezeichnung

Brote und Kleingebäcke werden vorrangig aus den Mahlerzeugnissen (Mehl oder Schrot) des Roggens, des Weizens oder aus Mischungen von beiden hergestellt.

Von den Anteilen der Getreide in Brot- und Kleingebäcken wird die Verkehrsbezeichnung abgeleitet. Die *Gesamtmenge der zugesetzten Getreideerzeugnisse* gilt dabei als Grundwert (= 100 %).

Beispiele:

- Das Brot ist als Weizenbrot oder Weißbrot zu bezeichnen, wenn mindestens 90 % der enthaltenen Getreideerzeugnisse aus Weizen stammen. Der Anteil an Mahlprodukten aus anderen Getreiden darf 10 % nicht übersteigen.
- Das Brot ist als Roggenbrot zu bezeichnen, wenn mindestens 90 % seiner Getreideerzeugnisse aus Roggen stammen. Der Anteil an Mahlprodukten anderer Getreide darf 10 % nicht übersteigen.
- Das Brot ist als Roggenmischbrot zu bezeichnen, wenn es mehr als 50 % und weniger als 90 % seiner Getreideerzeugnisse als Roggenmehl enthält.

Für Schrotbrote und Vollkornbrote gelten in übertragener Weise die Verkehrsbezeichnungen wie für Brote aus Mehl.

Beispielsweise müssen enthalten sein:
- bei Roggenschrotbroten mindestens 90 % Roggenbackschrot,
- bei Weizenvollkornbroten mindestens 90 % Weizenvollkornschrot/Weizenvollkornmehl.

Für Schrotbrote aus Roggen- und Weizenerzeugnissen gilt:
- Schrotbrot wird aus mindestens 90 % Roggen-/Weizenbackschrot in beliebigem Verhältnis zueinander hergestellt.
- Weizenroggenschrotbrot enthält mehr als 50 % Weizenbackschrot.
- Roggenweizenschrotbrot enthält mehr als 50 % Roggenbackschrot.

Für Vollkornbrote aus Roggen- und Weizenerzeugnissen gilt:
- Vollkornbrot enthält mindestens 90 % Vollkornmahlerzeugnisse aus Roggen/Weizen in beliebigem Verhältnis zueinander.
- Weizenroggenvollkornbrot und Roggenweizenvollkornbrot enthalten mindestens 90 % Vollkornmahlerzeugnisse, davon jeweils mehr als 50 % der erstgenannten Art.

Übersicht: Verkehrsbezeichnungen für Brot und Kleingebäck

Bezeichnung	**Getreideerzeugnisse**	**Bezeichnung**	**Getreideerzeugnisse**
Weizenbrot Weizenbrötchen	mindestens 90 % Weizenmehl	Roggenbrot	mindestens 90 % Roggenmehl
Weizenschrotbrot Weizenschrotbrötchen	mindestens 90 % Weizenbackschrot	Roggenschrotbrot	mindestens 90 % Roggenbackschrot
Weizenvollkornbrot Weizenvollkornbrötchen	mindestens 90 % Weizenvollkornerzeugnisse	Roggenvollkornbrot Roggenvollkornbrötchen	mindestens 90 % Roggenvollkornerzeugnisse
Weizenmischbrot	mehr als 50 % Weizenmehl, aber weniger als 90 % Weizenmehl	Roggenmischbrot	mehr als 50 % Roggenmehl, aber weniger als 90 % Roggenmehl
Schrotbrot	mindestens 90 % Weizen- und Roggenbackschrot in beliebigem Verhältnis zueinander	Vollkornbrot	mindestens 90 % Weizen- und Roggenvollkornerzeugnisse in beliebigem Verhältnis zueinander

Übersicht: Unterscheidungsmerkmale von Brotgattungen

Die Verwendung der Verkehrsbezeichnung (nach den Getreideanteilen) ist beim Kauf von unverpacktem Brot nicht üblich. Brote werden mit der Gattungsbezeichnung benannt. Vollkornbrote bilden eine Ausnahme. Überlieferte Vollkornbrotgattungen gibt es kaum, mit Ausnahme der Spezialbrote (z. B. Pumpernickel). Im Folgenden sind die in Deutschland weit verbreiteten Brotgattungen dargestellt.

Landbrot / Bauernbrot

- *Roggen- oder Roggenmisch- oder Weizenmischbrot*
- *runde, auch längliche Laibform*
- *bemehlte, kräftig-grobe Kruste*
- *Verwendung von Sauerteig*

Berliner Landbrot

- *Roggen- oder Roggenmischbrot*
- *längliche Laibform*
- *bemehlte, gemaserte Kruste*
- *unruhig geporte Krume*
- *kräftig im Geschmack*

Heidebrot

- *Roggenmischbrot*
- *längliche Laibform*
- *narbige Oberfläche*
- *an den Seiten bemehlt*
- *gut aufgelockerte Krume*
- *kräftig im Geschmack*

Frankenlaib

- *Roggenmischbrot*
- *runde Laibform*
- *bemehlt-gemaserte Kruste*
- *mittel-helle, etwas unruhig geporte Krume*
- *kräftig im Geschmack*

Kasseler Brot

- *Roggenmischbrot*
- *längliche Laibform*
- *glänzende Kruste*
- *je ein Einschnitt an den Enden*
- *helle, gleichmäßig geporte Krume*
- *mittelkräftig im Geschmack*

Paderborner Brot

- *Roggenmischbrot*
- *angeschobenes (= kastenförmiges) Brot*
- *stumpfe, auch glänzende Kruste*
- *weiche, krustenlose Seiten*
- *helle, gut gelockerte Krume*
- *mittelkräftig im Geschmack*

Bayrisches Hausbrot

- *Roggenmisch- oder Weizenmischbrot*
- *längliche, auch runde Laibform*
- *glänzende/bemehlte Kruste*
- *gleichmäßig geporte Krume*
- *mild-säuerlich im Geschmack*

Kommissbrot

- *Roggen- oder Roggenmischbrot*
- *Kastenbrot oder angeschobenes Brot*
- *mehlig-stumpfe Oberfläche*
- *dunkle, dicht geporte Krume*
- *kräftig im Geschmack*

Schwarzwälder Brot

- *Weizenmischbrot*
- *runde Laibform, auch Langform*
- *bemehlte, kräftige Kruste*
- *stark aufgelockerte, helle Krume*
- *mild im Geschmack*

Münsterländer Stuten

- *Weizenmischbrot*
- *an den Seiten angeschoben*
- *mit Krustenlängsschnitt*
- *ohne Seitenkruste*
- *helle, weiche Krume (häufig mit Fett- oder Milchanteil)*
- *mild im Geschmack*

Oldenburger Brot

- *Roggenschrotbrot*
- *angeschobenes oder Kastenbrot*
- *rauhe Oberfläche*
- *dunkle, grobschrotige, saftige Krume*
- *kräftig im Geschmack*

Rheinisches Schwarzbrot

- *Roggenschrotbrot*
- *in Mulden- oder Kastenform gebacken*
- *schwache, glänzende Kruste*
- *dunkle, grobschrotige, saftige Krume*
- *mild im Geschmack*

Getreidearten für Spezialbrote

- **Dinkel-, Spelzweizen** – Urform des Weizens; Körner werden vor der Vermahlung entspelzt: für Dinkelbrot
- **Grünkern** – halbreife Körner des Dinkels: für Mehrkornbrot und Grünkernbrot
- **Gerste** – für Mehrkornbrot, Gerstebrot und Fladenbrot
- **Hafer** – für Mehrkornbrot, Haferbrot und Fladenbrot; Flocken für Müsli und Brei
- **Hirse** – geschälte Hirse: kleine, runde, gelbe Körner; Hirsemehl für Mehrkornbrot und Hirsebrot
- **Mais** – für Mehrkorn-, Mais- und Fladenbrot, außerdem für Cornflakes, Erdnuss-Flips
- **Reis** – für Mehrkorn- und Reisbrot

Sachverweise

➤ *Brotgetreide und andere Getreidesorten sind auf der Seite 132 beschrieben.*
➤ *Über Dinkelgetreide und Dinkelbrote können Sie sich auf der Seite 291 ausführlich informieren.*

Hinweis zur Verkaufsinformation

Mehrkorngebäcke können zusätzlich Ölsamen als Aufstreu oder eingebacken in der Krume enthalten (➡ folgende Abbildung).

Bäcker-Knäckebrot aus Mehrkornmischung

Mehrkornbrötchen

Unterscheidungsmerkmale von Spezialbroten

Backwarenfachgeschäfte bieten neben den üblichen Brotsorten auch Spezialbrote an. Für das Anbieten eines Brotes als „Spezialbrot" sind besondere Voraussetzungen zu erfüllen.

- *Spezialbrote müssen spezifische, festgelegte, von den üblichen Brotsorten abweichende Merkmale haben.*
- *Die besonderen Merkmale der Spezialbrote können sich auf ihre Herstellung (z. B. Backverfahren) oder auf ihre Zusammensetzung beziehen (z. B. Zugaben oder Anreicherungen).*

Die Spezialbrote können als Roggen-, Roggenmisch-, Weizenmisch-, Weizen-, Schrot- und Vollkornbrote hergestellt werden.

Sie als Fachverkäuferin/Fachverkäufer sollten die Kundschaft über die in Ihrer Region gängigen Spezialbrotsorten beraten können.

Spezialbrote mit besonderen Getreidearten

Mehrkornbrote – Abwechslung im Brotgenuss

Mehrkornbrote werden aus Mischungen von Getreideerzeugnissen hergestellt. Dafür sind sehr viele unterschiedliche Mischungen möglich. Eine der verwendeten Getreidearten muss aber Roggen oder Weizen sein. Die anderen Getreidezusätze (Nichtbrotgetreide) müssen jeweils zu mindestens 5 % verwendet sein (bezogen auf die Gesamtmenge der Getreidemahlerzeugnisse). Als Nichtbrotgetreide gelten: *Gerste, Hafer, Hirse, Mais, Reis und Buchweizen (ein Knöterichgewächs).*

So können Dreikorn-, Vierkorn-, Fünfkorn- oder Sechskornbrote und ebenso solche Kleingebäcke bereitet werden. Die Nichtbrotgetreide werden häufig in Flocken- oder Schrotform zugesetzt. Dadurch sind in den Mehrkornbroten mehr der geschätzten Ballaststoffe und der Aromaträger als in üblichen Broten.

Eine Angabe über die enthaltenen einzelnen Getreideerzeugnisse ist beim Angebot unverpackter Mehrkornbrote rechtlich nicht gefordert. Mit Hinweisen auf die verwendeten Getreideprodukte helfen Sie aber den Käufern bei der Auswahl der Brote.

Spezialbrote und -kleingebäcke können nach *einem* der zugesetzten Nichtbrotgetreide benannt werden. Solche Gebäcke müssen neben den Roggen- und/oder Weizenerzeugnissen einen Mindestanteil von *20 % des namengebenden Nichtbrotgetreides* enthalten. Haferbrot könnte beispielsweise mit 20 % Hafer- und 80 % Roggen- und/oder Weizenmahlerzeugnissen hergestellt sein.

Haferbrot hat seinen besonderen Ernährungswert durch den hohen Gehalt an Eiweißstoffen, Mineralstoffen und Vitaminen.

Dinkelbrot – aus Spelzweizen (spezielles Brotgetreide)

Der Dinkel ist eine mit dem Weizen verwandte Getreideart. Er gilt als Urform der heutigen Weizensorten. Die daraus hergestellten Brote und Kleingebäcke werden oft den Spezialgebäcken zugeordnet, weil dem Dinkel ein besonderer Ernährungswert zugeschrieben wird.

Bei spelzhaltigen Dinkelprodukten ist deren hoher Ballaststoffanteil wertvoll. Für eine reelle Käuferinformation ist aber zu beachten, dass Dinkelgebäcke aus geschmacklichen Gründen oft mit Mahlprodukten hergestellt sind, aus denen die Spelzen beim Vermahlen abgesiebt wurden. Dinkelbrote und Dinkelbrötchen müssen mindestens 90 % der Getreideprodukte als Dinkelerzeugnisse enthalten.

Spezialbrote mit besonderen Backverfahren

Steinofenbrot – das überlieferte Krustenbrot

Beim Anbieten von *Steinofenbrot* können Sie die besonders kräftig ausgebildete Kruste dieser Brote hervorheben. Die Bezeichnung als „Steinofenbrot" ist für alle Brotsorten zulässig, wenn sie während der gesamten Backzeit auf Backgutträgern aus Naturstein, Kunststein, Schamott oder Asbestzement gebacken worden sind.

Holzofenbrot – Kruste mit Holzrauchgeschmack

Die kräftig ausgebildete Brotkruste und der vom Holzrauch geprägte Geschmack sind die Qualitätsmerkmale von *Holzofenbrot*.

Die Verkehrsbezeichnung „Holzofenbrot" darf nur für Brote mit einem ganz bestimmtem Backverfahren verwendet werden:

- Das Brot muss in einem aus Stein gemauerten Ofen (Backherd) gebacken worden sein; *und*
- die Befeuerung muss im Backherd selbst mit unbehandeltem Holz erfolgen (mindestens ab einer Stunde vor dem Brotbacken).

Eine Brotbezeichnung ,,Brot nach Holzofenart" ist nicht zulässig, weil das vorbezeichnete Backverfahren das Typische dieses Brotes ist.

Gersterbrot (Gerstelbrot) – mit der herzhaften Kruste

Gersterbrot ist eine Brotspezialität aus Norddeutschland. Es ist ein kastenförmiges, dunkles Roggenmischbrot. Äußeres Merkmal sind die vielen Brandblasen auf der Kruste. Vor dem Backen werden die geformten Teiglinge in einem offenen Feuer kurz „abgeflämmt". Der Vorgang heißt „gerstern" oder „gersteln". Dabei bilden sich in und unter einer verkleisterten Teighaut besondere Aromastoffe.

Im Verkaufsgespräch sind für diese Brote die schmackhafte Kruste und der kräftig-aromatische Brotgeschmack herauszustellen.

Knäckebrot – das haltbare Trockenflachbrot

Für *Knäckebrot* sind dessen zumeist neutraler Geschmack und die fast unbegrenzte Haltbarkeit arttypisch. Der Nährwert liegt wegen des geringen Wassergehalts des Knäckebrots höher als bei vergleichbaren Broten (➡ nebenstehende Tabelle).

Knäckebrote werden aus Roggen- und/oder Weizenmahlprodukten bereitet. Sie können gesäuert, mit Backhefe gelockert oder nur durch Schaumigrühren gelockert sein. Die dünn ausgezogene Teigmasse wird gebacken, geschnitten und getrocknet.

Pumpernickel – die saftig-süßliche Brotgattung

Pumpernickel hat typische Qualitätsmerkmale: Das Brot ist kompakt. Das Äußere und die Krume sind tief-braun. Die Krume ist besonders „saftig". Das Brot schmeckt etwas süßlich. In der verschlossenen Packung ist diese Brotsorte für längere Bevorratung geeignet.

Pumpernickel wird als Roggenvollkornbrot und als Roggenschrotbrot hergestellt. Entscheidend für die besondere Beschaffenheit ist der lange Backprozess über mindestens 16 Stunden. Dabei wird Stärke der Getreideprodukte zum Teil zu löslichen Zuckerstoffen abgebaut. Auf diese Weise erhält der Pumpernickel seinen süßlich-aromatischen Geschmack. Und durch die Bildung von Zucker-Eiweiß-Verbindungen kommt es zu der Braunfärbung der Krume. *Nicht erlaubt* sind Zusätze von Süßungs- und Bräunungsmitteln zum Teig (gilt als Täuschung).

Tipps für die Kundenberatung

- *Bei Steinofenbrot, Holzofenbrot und Gersterbrot sollten Sie die kräftig ausgeprägte, aromatische Kruste herausstellen.*
- *Bei Pumpernickel sollten Sie die süßlich-saftige Beschaffenheit der Krume, den Wert als Vollkorn- oder Schrotbrot und die lange Haltbarkeit herausstellen.*

Holzofenbrot

Gersterbrot (auch: Gerstelbrot)

Nährwertvergleich Roggenvollkornbrot und Knäckebrot

je 100 g	Fett	Ballaststoffe	Eiweißstoffe	Wasser	Kohlenhydrate	kJ in 100 g
Roggenvollkornbrot	1,2	5,7	7,3	40,8	45,5	950
Roggenknäckebrot	1,4	7,9	10,[illegible]	5,4	73,6	1550

Pumpernickel

Meinungen

Peter meint: „Bei diätetischen Backwaren sollten wir auf eine Beratung der Kunden verzichten. Wir haben schließlich keine medizinische Ausbildung."

Paula dagegen meint: „Gerade Kunden, die eine Diät einhalten müssen, die bedürfen der besonderen Beratung. Wir sollten ihnen genau sagen können, welche Brotsorte für sie geeignet ist und welche nicht."

➤ *Erörtern und bewerten Sie mit Kollegen/Kolleginnen die beiden Aussagen.*

Lebensmittelrechtliche Bestimmungen

Für diätetische Lebensmittel sind folgende Kennzeichnungen vorgeschrieben:

- *Ernährungszweck (diätetische Eignung)*
- *Besonderheiten der Zusammensetzung und Herstellung, durch die das Lebensmittel seine diätetische Eigenschaft erhält*
- *Gehalt an verwertbaren Kohlenhydraten, Fetten und Eiweißstoffen pro 100 g oder in Prozent*
- *Brennwert in Kilojoule (Kilokalorie) bzw. kJ (kcal) pro 100 g*

Beispiel für die Kennzeichnung von Diabetikerbrot in der Fertigpackung

Roggen-Reis-Schrotbrot

Zur besonderen Ernährung bei Diabetes mellitus im Rahmen eines Diätplans

Mindestens haltbar bis ...

Hersteller: ...

Zutaten:
Roggenbackschrot, Wasser, Weizentrockenkleber, Milcheiweiß, Reis, Speisekleie, Stabilisator, Kochsalz, Backhefe, Säuerungsmittel

Dieses Diätbrot enthält je 100 g durchschnittlich

– verwertbare Kohlenhydrate	= 25,0 g
– verwertbares Eiweiß	= 10,6 g
– verwertbares Fett	= 1,6 g

675 kJ (160,8 kcal)
50 g Brot entsprechen etwa 1 BE
(BE = Broteinheit)

Gewicht: ... Preis: ...

Worterklärung

*Eine **Broteinheit (BE)** gilt als die Brotmenge, die 12 g Einfachzucker und verdauliche Mehrfachzucker (wie Rübenzucker, Stärke, auch Sorbit und Xylit) enthält.*

Spezialbrote der Gruppe „diätetische Brote"

Diät, das ist nicht nur etwas zum Gewicht abnehmen. Vielmehr muss eine große Anzahl von Menschen wegen angeborener oder wegen erworbener Krankheiten täglich eine abgestimmte Kost in Form einer Diät einhalten. Um eine totale Umstellung in den Essgewohnheiten zu vermeiden, ist es für diese Menschen hilfreich, wenn die üblichen Nahrungsmittel in ihrer Zusammensetzung den Notwendigkeiten für die Diät genügen.

Viele Backwarenfachgeschäfte bieten für verschiedene Diätformen spezielle Brote an. Zusammensetzung, Angebot und Inverkehrbringen von diätetischen Lebensmitteln sind rechtlich streng geregelt. Auch Sie als Fachverkäufer oder Fachverkäuferin sind mitverantwortlich für die Einhaltung der Vorschriften. Das gilt vor allem für die Kennzeichnung und für werbliche Aussagen über diätetische Backwaren.

Im Folgenden können Sie sich über gängige diätetische Brotsorten informieren. Weitere Darstellungen über Diätformen und diätetische Feine Backwaren finden Sie ab der Seite 444.

Natriumarmes Brot – für die kochsalzarme Ernährung

Für die Diät bei Nierenerkrankungen, Bluthochdruck und Herzleiden ist natriumarmes Brot geeignet.

Es werden *natriumarme* (kochsalzarme) und *streng natriumarme* Brote unterschieden. Die konkreten Anforderungen an diese Brote sind auf der Seite 302 beschrieben.

Zur Geschmacksgebung darf anstelle von Kochsalz ein natriumfreier Ersatzstoff zugesetzt sein (z. B. Zusatzstoffe als Salze der Adipinsäure oder der Glutaminsäure).

Grahambrot – die kochsalzfreie Brotsorte

Grahambrot ist ein streng natriumarmes Weizenschrotbrot. Es ist ohne Kochsalzzugabe hergestellt. Nach den überlieferten Regeln des amerikanischen Arztes Dr. Graham wird das Brot ohne Hefezusatz bereitet. Heute ist ein geringer Zusatz von Backhefe üblich.

Grahambrot ist fade im Geschmack und hat geringe Frischhaltung.

Diabetikerbrot – für die Ernährung von Zuckerkranken

Diabetikerbrot ist geeignet für die Ernährungszwecke zuckerkranker Menschen (Zuckerkrankheit = Diabetes mellitus). Das Brot kann aus Roggen-, Weizen- und anderen Getreideerzeugnissen in beliebigem Verhältnis hergestellt sein.

Zu beachten ist: Es darf höchstens 840 kJ (= 200 kcal) je 100 g Brot an Brennwert haben. Herkömmlich hergestellte Brote haben einen Brennwert von etwa 940 kJ. Der geringere Energiewert wird durch höheren Wasser- und Ballaststoffanteil erreicht. Um das zu erzielen, wird zum Teig beispielsweise Kleie oder Trockenkleber zugesetzt. Eine Zugabe von Zucker zum Teig für Diabetikerbrot ist nicht erlaubt.

Glutenfreies Brot – für die Ernährung bei Zöliakie

Diese Diätbrotsorte dient der speziellen Ernährung von Menschen, die die Eiweißstoffe des Roggens und Weizens nicht vertragen (an Zöliakie oder Sprue leidend). Daher enthalten diese Brote andere Getreideerzeugnisse und besondere quellfähige Ersatzstoffe (wie Quellstärken, Johannisbrotkernmehl, Guarkernmehl).

Kurzbeschreibung verschiedener Spezialbrote

Steinmetzbrot: Es ist ein Roggenvollkorn- oder Weizenvollkornbrot aus Steinmetzmehl. Für dieses Patentmahlerzeugnis werden vor der Vermahlung in einem speziellen Wasch- und Enthülsungsprozess Teile der äußeren Fruchtschale des Kornes abgetrennt.

Schlüterbrot: Es ist ein Roggenvollkornbrot mit Schlütermehl.

Das Schlütermehl enthält die beim Vermahlen abgesonderte Kleie. Typische Merkmale von Schlüterbrot sind die bräunliche Krumenfarbe und der süßliche Geschmack.

Simonsbrot: Es ist ein Roggenvollkorn- oder Weizenvollkornbrot aus besonders behandeltem Korn.

Das Korn wird vor der Vermahlung durch eine spezielle Behandlung in feuchter Wärme teilweise abgebaut. Typische Kennzeichen dieses Brotes sind die dunkelbraune, saftige Krume und der aromatische, süßliche Geschmack.

Kleiebrot: Es ist ballaststoffreiches Brot mit Zusatz von Speisekleie.

Es enthält mindestens 10 kg Kleie auf 100 kg Getreideprodukte.

Brote mit Ölsamen: Es sind Brotsorten mit eingebackenen Ölsamen.

Übliche Brot-Ölsamen sind: Sonnenblumenkerne, Leinsamen, Sesam oder Nüsse. Als Zusatz der Ölsaaten auf 100 kg Getreideerzeugnisse sind mindestens 8 kg gefordert. Eine zusätzliche Aufstreu ist erlaubt. Die Verkehrsbezeichnung wird durch den Namen der zugesetzten Ölsamen ergänzt (z. B. „Leinsamenbrot – Roggenmischbrot").

Weizenkeimbrote, Sojabrote: Es sind Brote mit einem Zusatz von mindestens 10 kg Weizenkeimen oder Sojaerzeugnissen auf 100 kg Getreideerzeugnisse.

Milchbrote: Es sind zumeist Weizenbrotsorten mit einem Zusatz von mindestens 50 l Vollmilch auf 100 kg Getreideerzeugnisse.

Buttermilchbrote: Es sind Brotsorten mit mindestens 15 kg des namengebenden Produkts auf 100 kg Getreideerzeugnisse (gilt auch für Joghurtbrot, Sauermilchbrot, Kefirbrot).

Butterbrote: Es sind zumeist Weizenbrotsorten mit mindestens 5 kg Butter oder 4,1 kg Butterreinfett auf 100 kg Getreideerzeugnisse.

Quarkbrote: Es sind zumeist Brotsorten mit hohem Weizenanteil und mindestens 10 kg Speisequark auf 100 kg Getreideerzeugnisse.

Brote mit verändertem Ernährungswert:

- *Kohlenhydratvermindertes Brot* hat mindestens 30 % weniger Kohlenhydrate als vergleichbares Brot.
- *Brennwertvermindertes Brot* hat einen Brennwert von höchstens 840 kJ (z. B. durch Zugabe von Quellstoffen).
- *Eiweißangereichertes Brot* hat mindestens 22 % Eiweißstoffe in der Brotkrume (etwa doppelt so viel wie vergleichbare Brote).
- *Vitaminisiertes Brot* hat einen höheren Gehalt an Vitaminen (vor allem verschiedener B-Vitamine) durch Zusätze von Keimmehlen oder Nährhefen zum Teig.

Für das Anbieten von Broten mit nährwertbezogenen Angaben in der Bezeichnung oder an anderen Stellen müssen die rechtlichen Vorschriften beachtet werden (➞ Randspalte).

Tipps für die Verkaufspraxis

Nährwertveränderte oder diätetische Brote werden im Allgemeinen aufgrund ärztlicher Verordnung gekauft.

- *Folglich können Brote für besondere Ernährungsformen nicht durch Brotsorten für den allgemeinen Verzehr ersetzt werden.*
- *Folglich ist eine genaue Kenntnis über die Zusammensetzung von Broten erforderlich, wenn Kunden bei Fehlen der verlangten diätetischen Brotsorte von sich aus auf eine andere Brotsorte ausweichen wollen.*

Zur Kundenberatung gehört auch die Auskunft über Bezugsmöglichkeiten für die diätetischen oder nährwertveränderten Brote, die Sie in Ihrem Geschäft nicht führen oder zur Zeit nicht vorrätig haben.

Lebensmittelrechtliche Bestimmungen

§

Für Brot mit nährstoffbezogenen Angaben, die auf einen geringen, verminderten oder höheren Nährstoffgehalt hindeuten, ist der durchschnittliche Gehalt an dem Nährstoff, bezogen auf 100 g Brot anzugeben.

Zusätzlich ist der auf 100 g bezogene durchschnittliche Brennwert in Kilojoule und Kilokalorien auszuweisen.

Weiterhin ist der durchschnittliche Gehalt an Kohlenhydraten, Fetten und Eiweißstoffen jeweils in Gramm auf 100 g Brot bezogen anzugeben.

Bei nährstoffverändertem (diätetischem) Brot sind zusätzlich kenntlich zu machen:
– die Art der Nährstoffveränderung,
– die Art und Menge nährstoffverminderter Bestandteile.

Die Kennzeichnungspflicht besteht auch für unverpackte Backwaren.

Beispiel für die Kennzeichnung von brennwertvermindertem Brot

- *Vollkornbrot*
- *brennwertvermindert durch Zugabe von Speisekleie*
- *Angaben pro 100 g Brot:*

– zugesetzte Speisekleie	=	*5 g*
– verwertbare Nährstoffe durchschnittlich		
** Kohlenhydrate*	=	*38 g*
** Fette*	=	*1 g*
** Eiweißstoffe*	=	*5 g*
– Brennwert	=	*778,5 kJ*
		(185,6 kcal)

Amarant

Quinua

Brote mit speziellen Getreiden und Pseudogetreiden

Auch beim täglichen Brot machen viele Verbraucher nicht Halt bei der Suche nach dem Nichtalltäglichen. Sie wünschen Brot und Kleingebäck aus traditionell-historischen Getreidesorten oder mit Rohstoffen aus fernen Herkunftsländern.

Für Bäckereien/Konditoreien ergeben sich daraus Möglichkeiten für ein kundenorientiertes und Interesse weckendes Marketing-Konzept. Aber auch aus Ernährungsgründen verdienen die Backwaren mit den exotischen Rohstoffen ein besonderes Interesse.

Selbst wenn in Ihrer Verkaufsstelle solche Brotspezialitäten noch nicht angeboten werden, sollten Sie bei Fragen der Kunden darüber Auskunft geben können.

Unterscheidung: Spezielle Getreide und Pseudogetreide

Zu den *heimatlichen historischen Getreiden* gehören neben *Dinkel* vor allem *Emmer* und *Einkorn* (➡ Seite 291). Aus dem vorderen Orient stammt *Kamut* (auch: *Khorassan*) mit der Wortbedeutung „Seele der Erde". Der Begriff *Kamut* ist als Warenzeichen geschützt.

Zu den *Getreidevarietäten* (= züchterische Abwandlungen) zählen zum Beispiel: *Purpurweizen, Blaukorn, Schwarze Spelzgerste, Nacktgerste, Waldstaudenroggen und Nackthafer* (➡ obere Abbildungen).

Zu den *Pseudogetreiden* (= Falsch- oder Scheingetreide) zählen zum Beispiel: *Buchweizen, Hanf, Quinua (auch: Quinoa) und Amarant.*

Merkmale: Back- und Ernährungswert von Spezialgetreide

- Die *traditionellen Getreide* wie Dinkel, Emmer und Einkorn werden oft in ökologischem Anbau gewonnen. Ihre Backeigenschaften sind etwas geringer als bei üblichen Brotgetreiden.

  Kamut hat im Vergleich zu herkömmlichem Weizen einen um bis zu 40 % höheren Eiweißanteil. Die Kamutgebäcke zeichnen sich durch eine gelbliche Krumenfarbe aus. Sie haben einen nussig-butterigen Geschmack, der etwas süßlicher ist als bei Weizengebäcken.
- Die *Getreidevarietäten* haben allgemein geringe Backeigenschaften, weil sie nur wenig oder schwaches Klebereiweiß enthalten. Sie werden daher zumeist nur in Zumischung verwendet.

  Sie enthalten aber im Vergleich zu üblichen den Brotgetreiden mehr funktionell wirkende Stoffe. Das sind *Ballaststoffe, Mineralstoffe, Spurenelemente, Antioxidantien und sekundäre Pflanzenstoffe* (wie Beta-Glucane, Phenole, Anthocyane oder Beta-Carotin).
- Die *Pseudogetreide* sind allein nicht backfähig. Sie werden daher in Anteilen von etwa 20 % auf andere Getreideerzeugnisse zugesetzt. Sie sind glutenfrei. Deshalb sind sie geeignet zur Herstellung von Produkten für die *Zöliakie-Diät.*

  Buchweizen enthält verschiedene Antioxidantien, unter anderem das Flavonoid Rutin. Dieses senkt den Cholesterinwert des Blutes und stärkt die Arterien. Buchweizenmehl färbt die Gebäckkrume leicht gräulich und macht sie trocken-krümelig. Der Geschmack wird leicht bitter. Durch Zusatz gemälzter und gerösteter Buchweizenflocken ist ein nussartiges Gebäckaroma zu erzielen.

  Amarant und *Quinua* geben dem Gebäck ein leicht bitteres Aroma, das zum Teil grasig-erdig wirkt, bei Quinua auch kartoffelartig. Durch Rösten lässt sich der Eigengeschmack überdecken. Er wird aber nach dem Backen wieder erkennbar mit zunehmender Lagerdauer.

Produktinformation: Amarant

Amarant ist ein Fuchsschwanzgewächs, das in Südamerika seit Jahrhunderten als Kulturpflanze und Nahrungsquelle dient. Körner-Amarant zeichnet sich durch einen hohen Gehalt an Eiweißstoffen aus, vor allem aber durch die darin enthaltenen lebenswichtigen Aminosäuren (Methionin und Lysin). Das Eiweiß des Amarants hat die höchste biologische Wertigkeit eines Pflanzeneiweißes. Außerdem enthält Amarant viel ungesättigte Fettsäuren, Spurenelemente, Mineralstoffe und Vitamine.

Produktinformation: Quinua

Quinua ist ein dem heimischen Mangold ähnliches Gänsefußgewächs aus Süd- und Mittelamerika. Die stärkehaltigen Samenkörner dieser Pflanze bildeten das Grundnahrungsmittel der Inkas, Azteken und Mayas. Das Quinuamehl kann noch Spuren der blutverdünnenden Saponine enthalten. Es sollte daher nicht für die Ernährung von Kleinkindern verwendet werden.

Heute wird Quinua von Kleinproduzenten in Südamerika angebaut und zumeist im „Fairen Handel" nach Europa eingeführt. Gebäcke mit Quinua werden oft angeboten im Rahmen von Marketing-Maßnahmen mit solidarischer Zielsetzung. Beachten Sie dazu das Projekt auf der CD-ROM des Buches.

Gebäcke mit Bestandteilen aus Pflanzensamen: sie stehen für besonderen Ernährungswert ein

Diese Spezialgebäcke sind mit Mehl oder Extrakten von Samenkernen bereitet, die besonders viel Vitamine, Mineralstoffe, Spurenelemente und lebenswichtige Fett- und Aminosäuren enthalten.

Amarantbrote und Amarantkleingebäcke werden mit einem Zusatz von Körnern, Mehl oder Schrot des Amarants hergestellt. Die möglichen Zugabemengen liegen zwischen 10 % und 30 % der Getreideprodukte. Bei Gebäcken mit Amarantmehl und Amarantschrot treten verringerte Volumen auf. Günstiger ist es, gekochte Amarantkörner einzusetzen.

Quinuabrote und Quinuakleingebäcke können mit einem Zusatz von bis zu 20 % Quinuamehl auf andere Getreidemahlprodukte hergestellt werden. Der Teig ist wegen des Anteils an glutenfreiem Quinuamehl nicht stabil. Daher werden die Teiglinge oft in Backkästen gebacken.

Gebäcke mit Pseudogetreideanteil werden oft auch mit Mischungen verschiedener Extrakte dieser Pflanzen hergestellt. Die Brotsorten in den nebenstehenden Abbildungen sind Beispiele dafür.

Das obige sonnenförmige Bio-Brot enthält: Weizenmehl, Amarantmehl, Sauerteig (Roggenvollkornschrot, Wasser), Quinuavollmehl, Malzmehl, Kartoffelflocken, Meersalz, Weizenkleber und Brotgewürz.

Das kastenförmige Brot ist ein Buttertoastbrot. Es enthält neben dem Weizenmehlanteil noch Amarantmehl und Buchweizenvollmehl.

Hanfbrote und Hanfkleingebäcke werden mit Hanfsamen(nüsschen), Hanfmehl oder Hanföl hergestellt. Technologisch sind Zusätze von etwa 5 % Hanföl und bis zu 30 % Hanfmehl möglich (bezogen auf die Gesamtmenge der Getreidemahlerzeugnisse).

Hanf ist ein schnell nachwachsender Rohstoff. Er ist aus ökologischer Sicht wertvoll zur Schonung der Umwelt und knapper Ressourcen. Die Hanfsamen enthalten wertvolle Inhaltsstoffe für die menschliche Ernährung (➡ Produktinformation). Den Hanfgebäcken wird daher eine große Zukunftsbedeutung zugeschrieben.

Hanfsamen sind in eine harte holzige Schale eingehüllt. Sie müssen deshalb vor der Verarbeitung geschält werden. Kleine Bruchstücke der Fruchtschale gelangen über Mehl oder Schrot ins Gebäck. Sie erzeugen ein unangenehmes Kaugefühl. Die technologisch aufwändige Schälung bedingt einen zur Zeit noch hohen Preis.

Sojabrote und Sojakleingebäcke sind mit einem Mindestzusatz von 10 kg Sojaprodukten auf 100 kg Getreidemahlerzeugnisse herzustellen. Dazu können Sojaflocken (= Grits) verwendet werden. Sie haben einen Fettgehalt zwischen 20 % und 25 %. Sojahaltige Teige sind kurz. Sie ergeben Gebäcke mit kleinem Volumen. Um eine feuchte, ballende Krume zu vermeiden, muss der Teig gesäuert werden.

Lecithinbrote und Lecithinkleingebäcke sind mit einem Mindestzusatz von 3 kg entöltem Reinlecithin aus Soja auf 100 kg Getreideprodukte herzustellen. Entöltes Lecithin ist zur Emulsionsbildung geeignet. Es verbessert die Teig- und Gebäckqualität. Auch kann es Komplexe mit der Stärke des Mehles bilden, die eine Verzögerung der Stärkeentquellung bewirken. So dient es der längeren Frischhaltung von Brot.

Lecithin wird zur Gebäckherstellung nicht nur wegen der backtechnisch günstigen Wirkungen verwendet. Es ist nämlich eine unverzichtbare Substanz für die biologischen Funktionen der Körperzellen.

Amarant-Quinua-Brot

Amarant-Buttertoastbrot

Produktinformation: Hanf

Hanf ist eine Nutzpflanze, von der die faserliefernden Typen angebaut werden dürfen. Die Hanfsamen enthalten keine betäubenden Stoffe. Aus den Samen wird Öl abgepresst. Der Presskuchen wird zu Mehl vermahlen. Hanfsamen enthalten etwa 30 % Fett und 35 % Kohlenhydrate, viele Vitamine und Mineralstoffe. Bei den auch enthaltenen ungesättigten Fettsäuren ist besonders die Gamma-Linolensäure bedeutsam für den Stoffwechsel.

Lebensmittelrechtliche Bestimmungen §

Sojagrits, Sojaöl und Sojalecithin können aus Soja gewonnen sein, die gentechnisch verändert ist. Die isolierten Stoffe enthalten dann unvermeidbar genverändertes Erbgut und verändertes Protein. Bei der Bereitstellung damit hergestellter Gebäcke zum Verkauf ist eine Kennzeichnung mit dem ***Hinweis auf die gentechnisch veränderten Rohstoffe*** *erforderlich, auch* ***auf allergene Wirkung****.*

Hinweis

Brote und Kleingebäcke mit Rosinen, Sultaninen und/oder Korinthen können den Spezialbroten zugerechnet werden, obwohl sie meistens wegen ihres Fett- und Zuckergehalts zu den Feinen Backwaren zählen. Für diese Gebäcke ist ein Mindestanteil von 15 kg lufttrockener Früchte auf 100 kg Getreideerzeugnisse gefordert.

ANGEBOT VON SCHROT- UND VOLLKORNGEBÄCKEN

Die ernährungsbewusste Auswahl von Brotsorten durch die Verbraucher bringt es mit sich, dass Vollkornbrote oder schrot- und ballaststoffhaltige Brote an Bedeutung gewinnen. Das ist aus der Sicht einer gesunden Ernährung zu begrüßen. Durch diese Getreidemahlerzeugnisse werden nämlich die für eine zeitgemäße Ernährung so erwünschten Inhaltsstoffe (Cellulose, Hemicellulose, Pektin, Lignin) über Backwaren bereitgestellt.

Das Angebot solcher Gebäcke ist traditionell in den nördlichen Ländern größer als im südlichen Raum. Wegen der Ernährungsbedeutung dieser Brote werden sie aber fast überall zunehmend nachgefragt. Deshalb ist es wichtig, dass Sie fachliche Kenntnisse über diese Brote haben.

Situationsaufgabe:

In Ihrer Verkaufsstelle werden von den Kunden zunehmend Brote und Kleingebäcke mit Vollkornerzeugnissen nachgefragt. Für diese Kunden ist der Ernährungswert von Gebäcken mit hohem Ballaststoffanteil das leitende Kaufmotiv. Die Gruppe solcher Gebäcke ist aber je nach ihrer Zusammensetzung sehr unterschiedlich.

Sie sollen für die Kundenberatung folgende Fragen klären:

- *Mit welchen Mahlprodukten können Vollkorn- und Schrotgebäcke hergestellt werden?*
- *Wie sind die Gebäcke nach Verkehrsbezeichnung unterscheidbar?*
- *Welche Qualitätsmerkmale erwarten die Kunden bei Vollkorn- und Schrotbroten und wie sind diese zu sichern?*

Sachverweis

***Anforderungen an Schrotbrote** und **Vollkornbrote** sind auf der Seite 298 dargestellt.*

Getreidemahlerzeugnisse in Brotsorten

- ***Roggenvollkornbrot:** z. B. mit 60 % Roggenvollkornschrot, 30 % Roggenvollkornmehl und 10 % Weizenmehl*
- ***Roggen-Weizen-Vollkornbrot:** z. B. mit 70 % Roggenvollkornmehl und 30 % Weizenvollkornmehl*
- ***Roggenschrotbrot:** z. B. mit 90 % Roggenbackschrot und 10 % Weizenmehl*
- ***Roggenmischbrot mit Schrotanteil:** z. B. mit 60 % Roggenmehl, 20 % Roggenbackschrot und 20 % Weizenmehl*

Roggenvollkornbrot

Hinweis zur Verkaufsinformation

Herzhaft-aromatische Roggenvollkornbrote und Roggenschrotbrote werden wegen ihrer Verzehrseignung auch als „Schinkenbrot" bezeichnet. Ein Zusatz von Schinken zum Teig ist aber rechtlich nicht gefordert.

Anregung zur Weiterarbeit

Stellen Sie wie in den obigen Beispielen weitere Brotsorten mit möglichen Mischungen ihrer Getreidemahlerzeugnisse dar.

Merkmale von Schrot- und Vollkornbroten

Die Verbraucher haben bestimmte Erwartungen an die *Produktqualität* von schrot- und vollkornhaltigen Broten:

- Sie erwarten ein Brot mit sichtbaren Kornbestandteilen in der Krume, die gut verquollen sind.
- Sie erwarten ein Brot mit saftiger Krume und wenig Krustenanteil.
- Sie erwarten ein Brot mit schnittfester und gut bestreichbarer Krume.
- Sie erwarten ein Brot mit aromatisch-säuerlichem Geschmack.
- Sie erwarten ein Brot mit guter Frischhaltung.

Schon rein äußerlich unterscheiden sich die Schrot- und Vollkornbrote vom übrigen Brotsortiment:

- Sie sind kastenförmig oder angeschoben gebacken, einige Sorten auch in halbrunder Form.
- Sie haben eine schwache Krustenausprägung.
- Sie haben eine dunkle Krumenfarbe.

Solche Brote werden von Laien oft einfach als „Vollkornbrote" benannt. Das ist aber nicht richtig. Die korrekte Unterscheidung von schrot- und vollkornhaltigen Broten erfolgt mit den Verkehrsbezeichnungen nach den *Leitsätzen für Brot und Kleingebäck* (➟ Seite 298).

Aus den nebenstehenden Beispielen wird deutlich, dass Schrot- und Vollkornbrotsorten anhand der verwendeten Getreidemahlerzeugnisse recht unterschiedlich sein können:

- Brote mit *hohem Backschrotanteil* haben grobe bis körnige Krumen.
- Brote mit *hohem Vollkornmehlanteil* haben weiche Krumen.

Vollkornmahlerzeugnisse und Backschrote

Nicht immer ist es an einem Brot so leicht wie in der nebenstehenden Abbildung zu erkennen, ob es aus Backschrot hergestellt ist oder gar Vollkornmahlerzeugnisse enthält.

Vollkornpumpernickel (links) und Schrotbrot (rechts)

Backschrot besteht stets aus dem Getreidekorn ohne äußere Schale und *ohne den Kornkeimling*. Es ist mehr oder weniger grob zerkleinert.

Vollkornmahlerzeugnisse bestehen aus dem gesamten Getreidekorn *einschließlich des Kornkeimlings* (ohne äußere Schale). Sie können in Form von Mehl oder Schrot vorliegen. Die Vollkornbackschrote gibt es ebenso wie die anderen Backschrote in verschiedenen Feinheitsgraden (➡ Abbildungen in der Randspalte).

Allen Schrot- und Vollkornbroten ist gemeinsam, dass sie
- dunkle Brotkrumen haben und sich lange frisch halten,
- viel Ballaststoffe, Vitamine und Mineralstoffe enthalten.

Wenn die Krumenfärbung durch *Zusatz von dunklem Backmalz* verstärkt wird, muss das beim Anbieten der Brote kenntlich gemacht werden.

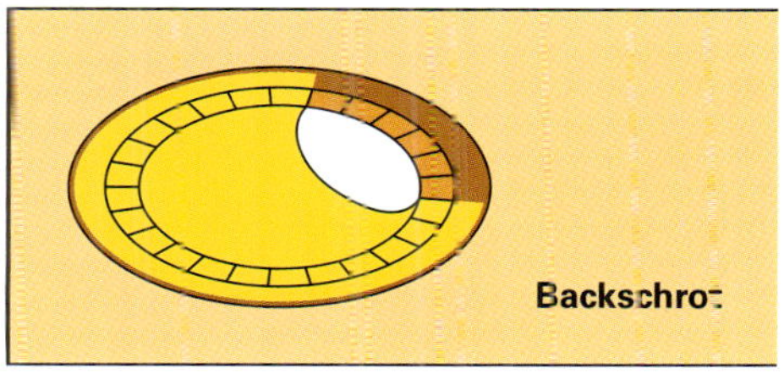

Backschrote aus Roggen (Type 1800) oder Weizen (Type 1700) stammen aus dem Korn ohne Keimling

Schrot- und vollkornhaltige Kleingebäcke

Im Zusammenhang mit der steigenden Beliebtheit rustikaler Gebäcke sind auch Kleingebäcke aus Vollkornmahlprodukten sowie aus Roggen- und Weizenbackschrot allgemein üblich.

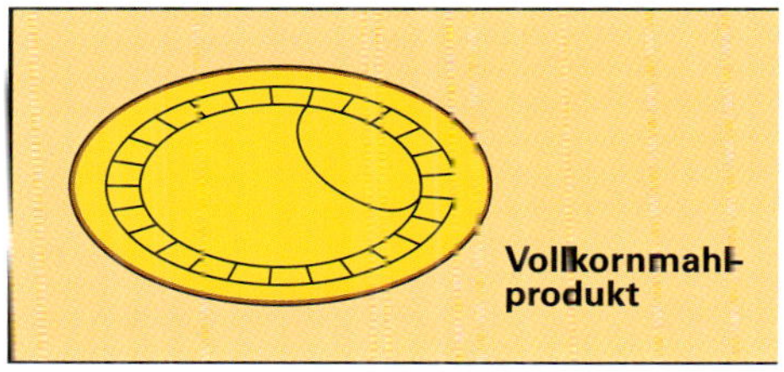

Vollkornmahlerzeugnisse aus Getreide werden aus dem gesamten Korn mit Keimling gewonnen

Weizenschrotbrötchen: mit groben Kornbestandteilen

Weizenschrotbrötchen sind deutlich kleiner und flacher als Brötchen aus Weizenmehl. Äußeres Kennzeichen ist aufgestreutes Backschrot. Bei Brötchen ohne Aufstreu ist die Kruste stumpf und rauh.

Die Krume ist fester und dichter als bei Brötchen aus Weizenmehl. In ihr sind grobe Kornbestandteile sichtbar. Die Krume neigt zum Krümeln. Der Geschmack ist durch die spelzigen Schalenteile beeinflusst.

Der besondere Wert dieser Brötchensorte liegt in der Vollwertigkeit der verwendeten Getreideerzeugnisse für eine gesunde Ernährung. Denn mindestens 90 % der enthaltenen Getreidemahlerzeugnisse stammen aus dem vollen Korn (allerdings ohne Keimling).

Weizenschrotbrötchen mit groben Kornteilen

Weizenvollkornbrötchen: vollwertig, ob fein oder grob

Weizenvollkornbrötchen unterscheiden sich nicht wesentlich von Schrotbrötchen, wenn diese aus Weizenvollkornschrot hergestellt sind. Üblich ist aber auch die Verwendung von Weizenvollkornmehl. Die mit Vollkornmehl hergestellten Brötchen haben eine weniger rauh-stumpfe Kruste und eine etwas feinere Krumenstruktur. Sie sind deutlich kleiner und flacher als Brötchen aus hellem Weizenmehl.

Weizenvollkornbrötchen müssen mindestens 90 % der Getreideanteile als Weizenvollkornprodukte enthalten. Diese bestehen im Vergleich zu Backschrot aus dem vollen Korn mit dem Keimling. Vollkornbrötchen sind deshalb ein guter Beitrag für eine vollwertige Ernährung.

Brötchen aus (feinem) Weizenvollkornmehl

Nutzungsmerkmale und Verkaufsargumente

Für alle schrot- und vollkornhaltigen Brote gilt, dass sie wegen ihres herzhaften Geschmacks geschätzt werden

Für schrot- und vollkornhaltige Kleingebäcke gilt, dass sie zwar rasch altbacken werden, frisch aber ein kernig-nussiges Aroma aufweisen. Schrot- und Vollkorngebäcke haben einen hohen Ballaststoffgehalt.

Zusammensetzung und Herstellung roggenhaltiger Brote und Kleingebäcke

Die roggenhaltigen Brote und Kleingebäcke werden aus folgenden Grundzutaten hergestellt:

- Roggenmahlerzeugnisse und Wasser, und dazu
- Sauerteig oder teigsäuernde Backmittel sowie
- Backhefe und Kochsalz.

Warum wird Sauerteig für roggenhaltige Gebäcke verwendet?

Beim Backen der Teige können Roggenmahlerzeugnisse nicht optimal das Wasser binden. Das ist begründet durch ihre Zusammensetzung und den starken Stärkeabbau durch Mehlenzyme.

Deshalb haben ungesäuerte Roggenbrote eine wenig elastische, nicht schnittfeste und eine eingeschränkt genießbare Brotkrume.

Durch die Säuerung roggenhaltiger Teige

- werden die Stärke abbauenden Enzyme (= die Alpha-Amylasen) in ihrer Tätigkeit gehemmt,
- werden Roggenmahlerzeugnisse in ihrer Backfähigkeit gestärkt,
- werden erwünschte Geruchs- und Geschmacksstoffe gebildet.

Krume von ungesäuertem Roggenbrot

*Zur **Säuerung** von Brotteigen gibt es folgende Möglichkeiten:*

- *Säuerung mit Sauerteig (= für indirekte Führung)*
- *Säuerung mit teigsäuernden Backmitteln (= für direkte Führung)*
- *Säuerung mit Sauerteiganteil und mit teigsäuernden Backmitteln (= für kombinierte Führung)*

Sauerteig für Brot mit hohem Qualitätsstandard

Die überlieferte und heute wieder häufig angewendete Methode der Teigsäuerung ist die Führung eines Sauerteigs. Es ist ein gärender Teig aus Getreidemahlerzeugnissen und Wasser. In einem Sauerteig werden durch Kleinlebewesen (Säurebildner und Hefen) fortlaufend Gärungsprodukte wie Milchsäure und Essigsäure, Alkohol und Ester (= Alkohol-Säure-Verbindungen) gebildet.

In Backbetrieben wird die Mikroflora des Sauerteigs über Nacht oder über mehrere Tage vermehrt. Der Verbrauch wird durch Auffrischen des Restsauerteigs mit Mehl und Wasser ausgeglichen.

***Sauerteigbrote** zeichnen sich aus*

- *durch aromatisch abgerundeten Geschmack,*
- *durch saftige und dennoch schnittfeste Krumenbeschaffenheit,*
- *durch lange Frischhaltung,*
- *durch verminderte Schimmelanfälligkeit.*

Die notwendige Sauerteigmenge im Brotteig ist abhängig von dem verarbeiteten Roggenanteil. Mit ansteigendem Roggenanteil muss für ein gutes Backergebnis auch der Sauerteigzusatz steigen.

Weizenmischbrote mit einem sehr hohen Weizenanteil lassen sich backtechnisch auch ohne Säuerung mangelfrei herstellen. Jedoch schon ein geringer Sauerteiganteil ergibt einen kräftiger aromatischen Geschmack und eine verbesserte Frischhaltung.

Mit Sauerteig hergestelltes Brot erfüllt die Wünsche vieler Käufer nach natürlich hergestellten Nahrungsmitteln ohne Zusatzstoffe. Deshalb sollten Sie die Verwendung von Sauerteig beim Angebot von Brot besonders herausstellen.

§ ***Lebensmittelrechtliche Bestimmungen***

Nur wenn die gesamte Säuremenge des Brotes aus Sauerteig stammt, darf ein Brot als „Sauerteigbrot" bezeichnet werden.

Wird auf Mitverwendung von Sauerteig hingewiesen (z. B.: „...mit Sauerteig"), so muss die zugesetzte Säuremenge zu mehr als zwei Dritteln aus Sauerteig stammen.

Das gilt auch für Brote, deren Bezeichnung sich auf eine überlieferte Herstellung bezieht, zum Beispiel „Bauernbrot" oder „Landbrot".

Kunden fragen: „Ist das erlaubt?"

Manche Kunden glauben, dass die Mitverwendung von fertigem Brot für die Herstellung von Brotteig nicht erlaubt sei. Es ist Aufgabe des Verkaufspersonals, den Kunden mit solchen Meinungen fachlich zutreffende Auskunft erteilen zu können.

- ➤ *Die Verwendung von verkehrsfähigem, hygienisch einwandfreiem Brot bei der Brotteigbereitung ist zulässig.*
- ➤ *Brotzusatz bis zu 6 % ist üblich für Sorten mit überwiegendem Weizenanteil, bis zu 20 % für Sorten mit überwiegendem Roggenanteil (berechnet als Frischbrot).*
- ➤ *Brotzusatz verbessert den Brotgeschmack und die Brotfrischhaltung.*
- ➤ *Für die Herstellung verschiedener Brotsorten (wie Schrotbrot oder Pumpernickel) ist die Mitverwendung von Brot für die erwünschte Qualität zwingend erforderlich.*

Roggenbackmittel: Zutaten für Arbeitszeitersparnis

Anstatt mit Sauerteig können die backtechnischen Wirkungen auch mit *teigsäuernden Backmitteln* erzielt werden. Die Zulieferindustrie bietet dafür verschiedene Produkte an: Stoffgemische aus Genuss-Säuren (wie Milchsäure, Zitronensäure, Weinsäure oder deren Salzen) und anderen Lebensmitteln, Trockensauer und Konzentrate von Sauerteigen.

Die Verwendung teigsäuernder Backmittel hat Vorteile:

- Der Arbeitsaufwand für die Sauerteigbereitung entfällt.
- Die Herstellung von Brot ist jederzeit möglich.
- Die Produktion ist sicherer (mögliche Sauerteigfehler entfallen).

Teigsäuerungsmittel unterscheiden sich von Sauerteig: Teigsäuernde Backmittel enthalten keine lebenden Gärungserreger. Deshalb weisen die damit hergestellten Brote nicht die vielfältigen Gärungsprodukte auf wie die Sauerteigbrote.

Ausschließlich mit teigsäuernden Backmitteln bereitete Brote werden als wenig aromatisch beurteilt. Im Vergleich zu Sauerteigbroten ist ihre Frischhaltung und Haltbarkeit geringer. Sie verschimmeln eher als die mit Sauerteig hergestellten Brote.

Etliche Backbetriebe nutzen die Vorteile verschiedener Führungsarten. Sie kombinieren Sauerteig und teigsäuernde Backmittel. So sparen sie etwas Arbeitszeit ein, produzieren mit mehr Sicherheit und erreichen in Teilen die Geschmacks- und Frischhaltevorteile von Sauerteigbrot.

Roggenmahlprodukte: bestimmend für Brotmerkmale

Je nach Brottyp können Mehle, Vollkornmahlprodukte oder Backschrote als Getreideprodukte verwendet werden. Roggenmehle unterscheiden sich von Weizenmehlen in verschiedener Hinsicht:

- *Roggenmehle* wirken dunkler als vergleichbare Weizenmehle. Die Farbe von Roggenmehlen ist weiß mit bläulichem Schimmer.
- *Roggenmehlen* sind aufgrund ihrer Zusammensetzung andere Typen zugewiesen (➡ nebenstehende Tabelle).
- *Roggenmehle* sind durch hohe Enzymtätigkeit beim Backprozess in der Backfähigkeit eingeschränkt.

Mit der Auswahl der zum Teig verwendeten Mahlerzeugnisse wird der Charakter des Brotes wesentlich bestimmt.

Hier sind folgende Grundsätze zu beachten:

Helle Roggenmehle und ein hoher Zumischanteil an Weizenmehlen ergeben Brote mit heller, lockerer Krume und mildem Geschmack.

Dunkle Roggenmahlerzeugnisse bringen kräftig-aromatische Brote mit saftiger Krume. Reine Roggenbrote (= mit 100 % Roggenmehl) aus dunklem Roggenmehl haben eine schwach aufgelockerte Krume, aber eine sehr saftige Beschaffenheit und eine lange Frischhaltung.

Roggenbackschrot ist für die Merkmale von *Roggenschrotbroten* das wesentliche Getreideerzeugnis. Die Schrotkörnung (fein, mittel oder grob) bestimmt die Krumenstruktur. Mit steigendem Anteil groben Schrotes verringert sich das Gebäckvolumen, fällt die Krumenporung dichter aus und verringert sich die Scheibenelastizität.

Für *Roggenvollkornbrote* gilt dieses auch. Die *Vollkornmahlerzeugnisse* stehen aber nicht nur als Schrot, sondern auch als Vollkornmehl zur Verfügung. Vollkornbrote aus Vollmehlen haben eine entsprechend bessere Krumenstruktur als Brote aus Vollkornschrot.

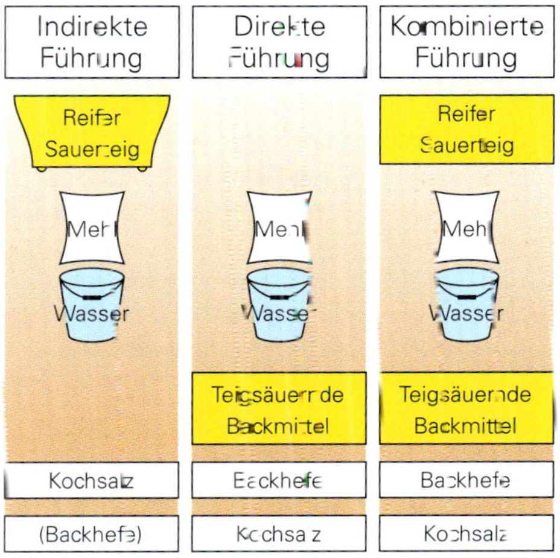

Führungen zur Herstellung von Brot mit Sauerteig, mit Backmitteln, mit Sauerteig und Backmitteln in kombinierter Führung

Brotherstellung

mit Sauerteig	*mit Backmitteln*
zeitaufwändig	*zeiteinsparend*
anfällig für Fehler	*einfach und sicher*
gutes Brotaroma	*nicht so aromatisches Brot*
gute Brotfrischhaltung	*geringe Brotfrischhaltung*

Roggenkörner Roggenmehl
Die Farbe der Kornhaut beeinflusst die Mehlfarbe

Roggenmahlerzeugnisse und ihre Verwendung

Type	*815*	*= sehr hell, geringer Anteil an Ballaststoffen, für helle Roggenmisch- und Weizenmischbrote*
Type	*997*	*= hell, geringer Anteil an Ballaststoffen, für mittelhelle Roggenmisch-, Weizenmisch- und Roggenbrote*
Type	*1150*	*= dunkel, mittelhoher Anteil an Ballaststoffen, für dunkle Roggenmisch- und Roggenbrote*
Type	*1370*	*= dunkel, hoher Anteil an Ballaststoffen, für dunkle Roggenmisch-/Roggenbrote*
Type	*1740*	*= sehr dunkel, sehr hoher Anteil an Ballaststoffen, für kompakte, sehr dunkle Roggenmisch-/Roggenbrote*
Type	*1800*	*= Roggenschrot, höchster Anteil an Ballaststoffen, für Schrotbrote*
ohne Typenzahl		*= Roggenvollkornmehl/-schrot mit allen Kornbestandteilen für Vollkornbrot*

Das weiß ich nicht …

Nicht immer ist das Brot fehlerfrei und es kommt zu Beschwerden von Kunden (z. B. „Das Brot klebt, es schmiert beim Schneiden.“) Kunden wollen vom Verkaufspersonal wissen, weshalb die Brote diese Mängel haben.

„Das weiß ich nicht.“ – Solche Antworten reichen nicht aus. Um über die Ursachen auftretender Mängel Auskunft geben zu können, brauchen Sie Grundkenntnisse über die Herstellung von Broten.

➤ *Wie denken Sie darüber?*

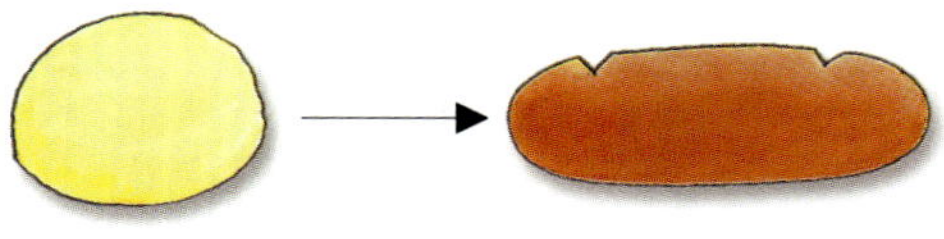

Teiggewicht 1 160 g → Brotgewicht 1 000 g

Das Teiggewicht liegt über dem Brotgewicht als Ausgleich für den zuvor ermittelten Backverlust

Sachverweis

*Über **erlaubte Abweichungen vom Nenngewicht** bei Brot können Sie sich auf Seite 80 informieren. Beachten Sie dabei auch die Tabelle in der Randspalte der Seite 80.*

Berechnungen

➤ *Errechnen Sie von vorgegebenen Brotgewichten die Abweichungen in Gramm und Prozent.*

➤ *Beurteilen Sie die Zulässigkeit der jeweiligen Abweichungsgröße.*

Kurz und bündig: Angebot roggenhaltiger Gebäcke

➤ *Roggenhaltige Gebäcke unterscheiden sich von Weizengebäcken insbesondere in den sensorischen Merkmalen.*

➤ *Roggenhaltige Gebäcke müssen in den Brotmerkmalen der Verkehrsbezeichnung und dem Gattungsnamen entsprechen.*

➤ *Spezialbrote sind Brotsorten mit besonderer Zusammensetzung oder Herstellung.*

➤ *Roggenhaltige Brote werden mit Sauerteig oder teigsäuernden Backmitteln hergestellt (hauptsächlich für den Brotgeschmack).*

➤ *Frischbrote dürfen im Durchschnitt nicht vom Nenngewicht abweichen.*

Grundzüge der Herstellung roggenhaltiger Brote

Die wesentlichen Arbeitsabläufe der Herstellung von roggenhaltigen Broten sind folgende Stufen

- Teig herstellen,
- Teig auswiegen und formen,
- Teiglinge zur Gärreife führen und
- Gärlinge abbacken.

Brotgewicht: Teiggewicht abzüglich Backverlust

Wie ist das Brotgewicht bereits bei der Herstellung zu beachten?

Teig verliert beim Backen an Gewicht (= Backverlust). Die Höhe des Backverlustes ist von mehreren Bedingungen abhängig, zum Beispiel von der Größe des Teigewichts und der Backzeit. Beim Auswiegen von Teigen muss der zu erwartende Gewichtsverlust berücksichtigt werden. Es kommt also darauf an, den beim Backen eintretenden Schwund exakt zu ermitteln und damit das Teiggewicht festzulegen. Bei amtlichen Gewichtskontrollen von Brot festgestellte unzulässige Abweichungen vom Nenngewicht werden als Ordnungswidrigkeit bestraft. Noch ärger sind Kundenverluste, wenn Käufer sich durch Brotuntergewicht getäuscht fühlen.

Bei einem ausgekühlten *Einzelbrot* mit einem Nenngewicht von 500 g bis 1 000 g darf die Gewichtsabweichung nicht mehr als 30 g betragen. Bei Gewichtskontrollen von *Stichproben mehrerer Brote* muss das Nenngewicht jedoch im Durchschnitt eingehalten sein.

Beispiel:

- *Ein Brot mit dem Nenngewicht von 500 g befindet sich mit dem tatsächlichen Gewicht von 490 g noch im Bereich der zulässigen Gewichtsabweichung.*
- *Zehn gewogene Brote dieser Sorte dürfen das Gesamtgewicht von 5 000 g nicht unterschreiten.*

Gärreife und Brotqualität

Nur mit optimaler Gärreife gebackene Brote haben die gewünschte Qualität. Mit zu geringer Gärreife gebackene freigeschobene Brote haben eine rund gezogene Form, ein geringes Volumen und eine zu dichte Krumenstruktur.

Wird diese Brotsorte mit zu hoher Gärreife abgebacken, fallen die Brote flach aus. Die Krume ist unruhig und groß geport.

Backtechniken und Brotqualität

Die Brotteiglinge werden in den ersten Minuten in einer mit Schwaden (= Wasserdampf) angereicherten Hitze gebacken. So verhindert man das Reißen der Kruste und ermöglicht die Bildung eines größeren Gebäckvolumens. Ohne die Schwadengabe reißen freigeschobene Langbrote an den Seiten und an der Oberfläche grob auf. Die Kruste ist ohne Glanz. Zu lange Schwadeneinwirkung führt zu einer Vielzahl kleiner Risse in der gesamten Kruste. Die Brotform fällt flach aus.

Auch eine fehlerhafte Backtemperatur verursacht Qualitätsmängel:

Zu hohe Temperatur hat entweder eine zu dunkle Kruste oder eine noch zu feuchte Krume zur Folge. Zu niedrige Backtemperatur führt zu Krustenrissen, aber auch durch die bedingt längere Backzeit zu Trockenrissen in der Krume.

Anforderungen an die Brotqualität

Der Brotumsatz ist ein Anzeiger für die Qualität des Brotsortiments. Kunden stimmen durch Kauf oder Nichtkauf über die Brotqualität ab. Denn heute ist es für die meisten Verbraucher möglich, ohne große Umstände den Broteinkauf auch bei anderen Anbietern vorzunehmen (z. B. in einem Lebensmittelmarkt).

Die Brotqualität ist sicherlich kein eindeutig festzulegender Wert. Das wird beim Brotkauf an unterschiedlichen Kundenwünschen deutlich. Dennoch gibt es über viele Brot-Qualitätsmerkmale eine allgemein übereinstimmende Verkehrsauffassung.

Das Aussehen von Brot: ein wesentlicher Kaufanreiz

Die „gefensterte" Kruste ist das optische Frischemerkmal von Brot. Sie vermittelt einen starken Kaufanreiz. Darüber hinaus erwarten die Kunden beim Kauf einer bestimmten Brotsorte auch das spezifische Aussehen dieser Brote.

Form und Oberfläche von Brot sind durch die Gattung weitgehend festgelegt. Beispielsweise soll ein *Kasseler Brot* eine gleichmäßig ausgewölbte Form mit einer glänzenden Kruste ohne Risse haben. Ein *Landbrot* dagegen sollte eine nicht zu gleichmäßige Form, eine stumpfe, auch bemehlte Oberfläche mit leichten Einrissen haben.

Die Krustenfärbung von unbemehlten Broten mit überwiegendem Roggenanteil ist mittelbraun bis kräftig dunkelbraun. Brotsorten mit überwiegendem Weizenanteil haben eine eher goldbraune Färbung.

Die Krustenbeschaffenheit: wichtig für den Genusswert

Ob eine Brotkruste gut kaubar ist, hängt von ihrer Auflockerung ab. Erwünscht ist eine nicht so grobporige Kruste. Auch die Porenwände sollten fein aufgelockert sein. Je nach Brotgattung und Brotgewicht sollte die Kruste etwa 5 bis 6 mm stark sein.

Die Krustenbeschaffenheit soll folgenden Anforderungen genügen:

- Sie muss dem Brot genügend Halt und Stabilität geben.
- Sie muss über längere Zeit ihre Schutzfunktion gegen Auskeimen aufliegender Schimmelpilzsporen behalten (= geringer a_W-Wert).
- Sie muss genügend Röststoffe und andere aromatische Stoffe für den gewünschten Brotgeschmack enthalten.
- Sie muss über längere Zeit ihre Rösche behalten.

Die Bodenkruste sollte ebenso gut und kräftig ausgebildet sein. Sie darf in der untersten Randschicht nicht zu dunkel (= verbrannt) sein. Verunreinigungen auf der Bodenkruste gelten als Qualitätsmangel.

Krustenrisse gelten als ein Qualitätsmerkmal bestimmter Brotsorten. Sie sollten nicht zu stark ausgeprägt sein. Denn der Scheibenschnitt muss ohne Krustenabrisse möglich sein. Die Bestreichbarkeit darf dadurch ebenfalls nicht eingeschränkt werden.

Brotsorten mit vorgezeichneten Ausbundstellen dürfen nicht „wild" ausgebrochen sein. Bei solchen Broten sind wilde Rissstellen als ein Qualitätsmangel anzusehen.

Angeschobene Brotsorten (z. B. Paderborner Brot) haben nur an der Oberfläche und am Boden eine ausgebildete Brotkruste. Die Seiten sind krustenlos. Sie sollten aber schnittfest ausgebildet sein.

Qualitätsmerkmale von Schrot- und Vollkornbrot

Die Merkmale von Schrot- und Vollkornbroten, die in Formen oder/und in der Dampfbackkammer gebacken wurden, sind nur zum Teil mit denen der Mehlbrote vergleichbar.

Für so hergestellte Brotsorten gilt:

- *Kastenbrote für den Verkauf im Ganzen haben eine gut ausgebildete Boden- und Oberflächenkruste, die Seiten sind jedoch fast krustenlos.*
- *Kasten- oder muldenförmige Brote für Schnittbrot haben nur eine schwache Krustenausbildung. Eine kräftige Kruste könnte beim Aufschneiden der Brote zum Ablösen der Kruste von der Krume führen.*
- *Die Krume ist nur schwach aufgelockert. Sie ist je nach Backzeit dunkelgrau, mittelbraun oder dunkelbraun gefärbt. Die Krume muss schnittfest und saftig sein.*

So sieht eine gut ausgebildete Brotkruste aus

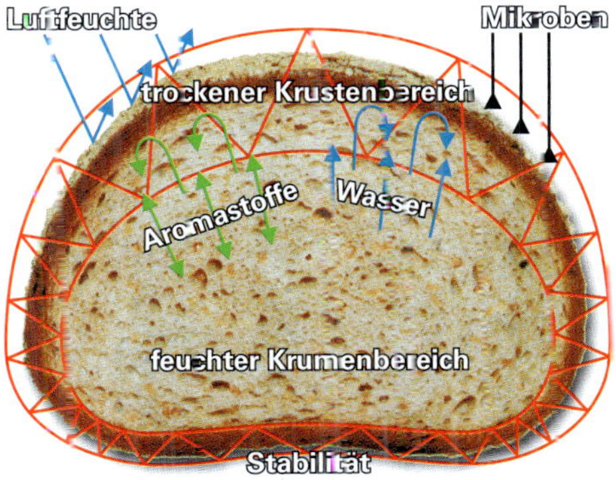

Die Brotkruste als Schutzschicht des Brotes

Tipps für die Verkaufspraxis

- *Beim Verkauf von Brot sollten Sie die Qualitätsmerkmale mit den zutreffenden Fachausdrücken herausstellen, z. B. „gut ausgeprägte Kruste", „abgerundetes Aroma".*
- *Üben Sie deren Anwendung mit Ihren Kollegen/Kolleginnen in einem Rollenspiel.*

Krumenbild von Weizenmischbrot

Krumenbild von Roggenmischbrot

Krumenbild von Roggenbrot

Krumenbild von rheinischem Vollkornbrot

Hinweis für Verkaufsargumente

Grobschrotiges Roggenvollkornbrot hat
– eine dichte, aber zumeist saftige Krume,
– größere, eingelagerte Kornteilchen,
– eine glatte Schnittfläche

Die Krumenbeschaffenheit: für Schneid- und Kaubarkeit

Die Beschaffenheit der Brotkrume ist sehr wichtig für die Brotqualität.

Für die *Beurteilung der Krumenbeschaffenheit* sind zu beachten:
- die Qualität der Krumenauflockerung,
- die Art der Krumenporung,
- die Krumenstruktur,
- die Krumenelastizität.

Krumenauflockerung und Krumenporung

Erwünscht ist eine gut gelockerte Brotkrume. Der Auflockerungsgrad von Brot steigt mit dem Weizenanteil im Teig. Anders aber als bei Weizengebäcken tritt bei roggenhaltigen Broten und Kleingebäcken eine Überlockerung nicht auf. So kommt als Qualitätsmangel nur die ungenügende Lockerung in Frage.

Krumenauflockerung und Krumenporung stehen in einem engen Zusammenhang. Eine unzureichende Lockerung führt zwangsläufig zu einer dichtporigen Brotkrume. Für die meisten Brotsorten ist ein weitgehend gleichmäßiges Porenbild erwünscht. Aber für Brote mit hohem Weizenanteil und für rustikale roggenhaltige Brote ist eine etwas unruhig großporige Krume arttypisch.

Wichtiges Qualitätsmerkmal der Krume ist die Feinstauflockerung der Porenwandungen. Sie wirkt sich günstig auf die Krumenelastizität und so auf die Kaubarkeit und den Genusswert aus.

Krumenstruktur und Krumenelastizität

Die Krumenstruktur ist bestimmend für das Krumengefüge. Das wird im Anschnittbild sichtbar: Die Brotkrume muss frei sein von dichteren Stellen (z. B. Speckstreifen oder Wasserring), von Verunreinigungen sowie von Mehlklumpen oder Stippen aus zugesetztem Brot.

An die Beschaffenheit der Brotkrume werden im Allgemeinen die folgenden Anforderungen gestellt:

- Die Krume muss artgerecht druckfest sein (nicht zu straff und nicht zu schwammig).
- Die Krume muss sich beim Schneiden glatt trennen lassen (ohne trocken oder feucht-klebrig zu krümeln).
- Die Krume muss sich gut bestreichen lassen.
- Die Krume darf beim Kauen nicht zusammenballen.

Die Elastizität lässt sich durch leichtes Eindrücken der Brotkrume messen (Daumendruck). Die Krume darf sich dabei nicht dauerhaft verdichten; sie soll aber auch nicht gummiartig-elastisch reagieren.

Der Brotgeschmack: das wichtigste Qualitätsmerkmal

Mängel im Geschmack sind die häufigste Ursache für rückläufigen Brotverkauf. Brot muss auch noch Stunden nach dem Backen einen wesentlichen Anteil seines aromatischen Frischegeruchs haben. Der Geschmack muss aromatisch abgerundet sein. Brote mit höherem Roggenanteil müssen mild-säuerlich und kräftig im Geschmack sein. Brot darf weder fade noch übersalzen schmecken.

Das Säure-Bukett ergibt sich aus den verschiedenen Säurearten der verwendeten Säuerungsmittel. Ein hoher Anteil an Milchsäure im Brot ergibt einen eher milden Geschmack. Ein hoher Essigsäureanteil im Brot ist Grund für einen stechend-sauren Geschmack.

Übersicht: Qualitätsmängel bei roggenhaltigen Broten

Abweichungen vom angestrebten Qualitätsstandard der Brote werden als Brotfehler bezeichnet. Sie entstehen durch Zutatenmängel oder Fehler bei der Herstellung und Lagerung.

Als Fachverkäufer/Fachverkäuferin werden Sie mit Qualitätsmängeln von Broten konfrontiert, wenn Kunden diese beanstanden. Daher ist die Kenntnis von Brotfehlern für Sie wichtig, um bei Reklamationen fachlich sicher zu sein.

Brotfehler in der Übersicht

Oberflächen-Krustenrisse

Ursache:
- *zu starke und zu lange Dampfeinwirkung (= Wrasen) nach dem Einschieben der Teiglinge in den Backofen*

Brand- oder Süßblasen

Ursache:
- *enzymgeschädigtes Roggenmehl*
- *zu geringe Teigsäuerung*
- *zu weiche Teigführung*

Abbacken der Oberkruste

Ursache:
- *enzymgeschädigtes Mehl*
- *zu geringe Teigsäuerung*

Flache Brotform

Ursache:
- *zu lange Dampfeinwirkung nach dem Einschieben*
- *überreif eingeschoben*

Wasserring, dichte Krume

Ursache:
- *geringe Gärreife*
- *zu hohe Backtemperatur bei Backbeginn*

Kleines Volumen, dichte Krume

Ursache:
- *fester Teig*
- *zu geringe Gärreife*

Unelastische Krume

Ursache:
- *kurze Backzeit*
- *enzymgeschädigtes Mehl*
- *zu geringe Teigsäuerung*

Speck- oder Wasserstreifen

Ursache:
- *enzymgeschädigtes Mehl*
- *zu geringe Teigsäuerung*

Feuchtkrümeln der Krume

Ursache:
- *enzymgeschädigtes Mehl*
- *zu geringe Teigsäuerung*
- *zu kurze Backzeit*

Trockenkrümeln der Krume

Ursache:
- *zu fester Teig*
- *zu geringe Teigsäuerung*
- *zu niedrige Backtemperatur*

Krumenschrägrisse

Ursache:
- *zu lange Backzeit (Risse treten meistens in den Brotenden auf)*

Krumenblasen

Ursache:
- *zu weiche Teigführung*
- *zu warme Teigführung*

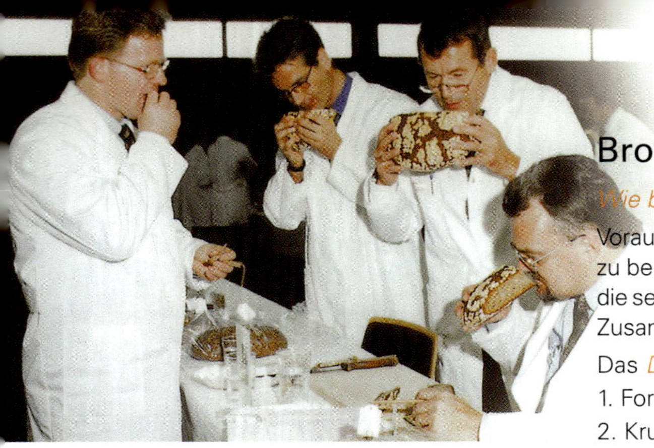

Brotbeurteilung nach Prüfmerkmalen

Wie beurteilt man die Qualität der verschiedenen Brotsorten?

Voraussetzung ist zunächst einmal, dass Sie die Qualitätsmerkmale der zu beurteilenden Brotsorte kennen. Sie müssen also wissen, welches die sensorischen Merkmale der zu prüfenden Sorte sind (z. B. Aussehen, Zusammensetzung, Beschaffenheit).

Das DLG-Prüfschema für Brot stützt sich auf sechs Prüfmerkmale:

1. Form und Herrichtung des Brotes
2. Kruste, Oberfläche des Brotes
3. Lockerung und Porung der Brotkrume
4. Elastizität der Brotkrume
5. Struktur der Brotkrume
6. Geruch und Geschmack des Brotes

Bewertung nach dem 5-Punkte-Schema

Jedes der Prüfmerkmale ist mit der Höchstpunktzahl von 5 versehen. Deshalb bezeichnet man dieses Beurteilungsverfahren für Brot auch als das 5-Punkte-Schema. Prüfbogen dafür sind von der DLG zu erhalten. Auf dem Bogen sind den Prüfmerkmalen auch Beschreibungen für die möglichen Brotmängel zugeordnet. Daneben ist der für den jeweiligen Mangel vorzunehmende Punktabzug ausgewiesen.

Die Prüfmerkmale sind für die Ermittlung des Gesamtergebnisses nicht gleichwertig. Vielmehr werden die Punkte mit Gewichtungsfaktoren multipliziert (➡ Tabelle „Gewichtungsfaktoren"). An diesen Faktoren ist ersichtlich, was in offiziellen Brotprüfungen als besonders wichtig für die Brotqualität genommen wird.

So hat der Geschmack mit dem Faktor 9 (= erreichte Punktzahl × 9) ein großes Gewicht. Die Kruste/Oberfläche der Brote hat mit dem Faktor 1 (= erreichte Punktzahl × 1) nur eine geringe Bedeutung.

Praxis der Brotbeurteilung

Benutzen Sie einen DLG-Prüfschema-Bogen (= auf der CD-ROM).

Für die Vorgehensweise zur Brotbeurteilung gelten folgende Hinweise:

- *Gehen Sie systematisch in der Reihenfolge der Prüfmerkmale von Nr. 1 bis Nr. 6 voran.*
- *Vergleichen Sie, ob das zu beurteilende Brot Mängel aufweist, die auf dem Prüfbogen dem jeweiligen Prüfmerkmal zugeordnet sind (z. B. bei „Form/Herrichtung" = zu flache Brotform).*
- *Kreisen Sie auf dem Prüfbogen jeweils die Zahl vor den Angaben ein, die zutreffende Mängel beschreiben.*
- *Kreuzen Sie dann die zutreffende Punktzahl an. Stellen Sie bei einem Merkmal keinen Mangel fest, dann kreuzen Sie die Höchstpunktzahl von 5 an. Im Falle von Mängeln bei Prüfmerkmalen übertragen Sie die niedrigere Punktzahl, die jeweils hinter dem gekennzeichneten Mangel ausgewiesen ist.*
- *Nehmen Sie die Punktzahl mal mit dem Faktor des Prüfmerkmals.*
- *Ermitteln Sie für alle 6 Prüfmerkmale zusammen die „gewichtete Gesamtbewertung". Diese Summe geteilt durch 20 (= Summe aller Gewichtungsfaktoren) ergibt die Qualitätszahl des Brotes.*

Ein Beispiel für die Gesamtbewertung finden Sie in der Randspalte.

Gewichtungsfaktoren für die Prüfmerkmale bei Brot

	Faktor	×	5	=	Höchstpunkte
1. Form/Herrichtung	1	×	5	=	5
2. Kruste/Oberfläche	1	×	5	=	5
3. Lockerung/Porung	3	×	5	=	15
4. Elastizität	3	×	5	=	15
5. Struktur	3	×	5	=	15
6. Geruch/Geschmack	9	×	5	=	45
	20	×	5	=	100

Beispiel für die Bewertung eines Brotes

	Bewertung	×	Faktor	=	Punkte
1. Form/Herrichtung	5	×	1	=	5
2. Kruste/Oberfläche	5	×	1	=	5
3. Lockerung/Porung	4	×	3	=	12
4. Elastizität	5	×	3	=	15
5. Struktur	5	×	3	=	15
6. Geruch/Geschmack	4	×	9	=	36
				=	88

Gewichtete Bewertung : Faktoren = Qualitätszahl

88 : 20 = 4,4

Einordnung der Brotqualität nach dem DLG-Schema

Qualitätszahlen			*DLG-Preise*
5,00		=	*Großer DLG-Preis*
4,50	*bis 4,99*	=	*Silberner DLG-Preis*
4,00	*bis 4,49*	=	*Bronzener DLG-Preis*
unter	*4,0*	=	*keine Prämierung*

Berechnungen

*Ermitteln Sie die **Qualitätszahl** nach dem DLG-5-Punkte-Schema nach Vorgabe erzielter Prüfmerkmalpunkte.*

Ernährungswert von Brot und Kleingebäck

Gesundheit und Leistungsfähigkeit der Menschen hängen von ihrer Ernährung ab. Mangelernährung und Fehlernährung oder übermäßige Aufnahme von Nahrung gefährden die Gesundheit.

Eine vollwertige Ernährung ist ausgewogen in Art und Menge der Nähr-, Vital- und Ballaststoffe. Sie deckt nicht nur den Energiebedarf, sondern dient auch der gesunden Funktion aller Lebensvorgänge.

Welche Rolle spielt dabei Brot in unserem Nahrungsangebot?

Bis zur Mitte des 19. Jahrhunderts galt Brot in Deutschland als das wichtigste Nahrungsmittel. Jedoch mit steigendem Wohlstand ging der Brotverzehr zurück. In den letzten Jahren hat sich der Brotkonsum wieder stabilisiert. Heute gilt Brot in der Einschätzung der Verbraucher als eines der geeignetsten Nahrungsmittel für eine ausgewogene und gesunde Ernährung.

Sie als Fachverkäufer/Fachverkäuferin sollten zur Verkaufsberatung jedoch sehr differenziert zwischen den Stärken und Schwächen der verschiedenen Brotsorten unterscheiden können.

*Historische Beispiele für den Brotverzehr *)*

	Zeit	Tagesmenge
Mönche des Klosters Saint-Germain-des Pres an Festtagen	9. Jh.	2 000 g
Bürgerfamilien in Genua	13. Jh.	1 500 g
Bürger in Basel	15. Jh.	500 g
Klostermägde in Bern	1528	700–950 g
Hausgesinde in Preußen	1785	440 g
Soldaten der königlich preußischen Armee	1813	1 029 g

**) Quelle: GMF Bonn*

Der Energiewert: die „Kraft" des Brotes

Die Nahrung liefert uns die für alle Lebensvorgänge notwendige Energie. Die Energiemenge wird in Kilojoule (= kJ) gemessen, auch in Kilokalorien (= kcal). Der Energiewert der einzelnen Nahrungsmittel ist verschieden hoch. Grund dafür ist der unterschiedliche Gehalt an Energie liefernden Nährstoffen. Nur Kohlenhydrate, Eiweißstoffe und Fette sind energiehaltig.

Für die Ermittlung des Energiegehalts (Brennwerts) gelten folgende gerundete Berechnungswerte:

- 1 g Kohlenhydrate = 17 kJ bzw. 4 kcal
- 1 g Eiweißstoffe = 17 kJ bzw. 4 kcal
- 1 g Fette = 39 kJ bzw. 9 kcal

Der gesamte (physikalische) Brennwert eines Lebensmittels bezieht sich jeweils auf 100 g des Produkts (➟ nebenstehende Tabelle).

*Der **physiologische Brennwert (Energiewert)** eines Nahrungsmittels ist die Energiemenge, die beim Stoffwechsel freigesetzt und für den Organismus nutzbar wird.*

Brot als Energieträger – aber kein Dickmacher

Wie ist Brot als Energieträger einzustufen?

Das Brot nimmt in unserem Nahrungsangebot nach der Höhe des Energiewerts eine Mittelstellung ein. Beispielsweise sind Gemüse und Obst mit 50 bis 200 kJ im Vergleich zu Brot (850 bis 1 000 kJ) energiearm. Dagegen gehören die Süsswaren, viele Wurstsorten oder fettes Fleisch (1 000 bis 2 500 kJ) in die Gruppe der energiereichen Lebensmittel.

Es wäre falsch, die Nahrungsmittel unter dem Aspekt „Dickmacher" allein nach ihrem Energiewert zu beurteilen. Durch verschiedene Studien ist nachgewiesen, dass Personen, die ihren Energiehaushalt überwiegend durch getreidehaltige Kost abdecken, eine geringere Neigung zu Übergewicht zeigen.

Tipp zum Beraten von Kunden

Die von der Deutschen Gesellschaft für Ernährung empfohlene Verzehrsmenge beträgt 250 bis 350 g Brot pro Tag. Der tatsächliche Verzehr im Jahr 2005 lag unter 200 g. Brot sollte daher zu allen Mahlzeiten gereicht werden.

Ernährungswert von Brot und Kleingebäck

Sorte (100 g, frisch)	Fette	Eiweißstoffe	Kohlenhydrate	Brennwert kJ	Brennwert kcal
Weizenbrötchen	1,0	7,0	58,0	1 144	269
Weizenmehlbrot	1,2	8,2	50,2	1 040	244
Weizentoastbrot	3,9	8,5	49,9	1 145	269
Weizenschrotbrot	1,2	7,2	43,9	916	215
Weizenmischbrot	1,5	7,5	49,0	1 019	240
Roggenmischbrot	1,4	7,0	48,0	990	233
Roggenmischbrot mit Schrotanteil	1,3	6,9	47,2	970	228
Roggenschrotbrot	1,2	6,8	43,5	902	212
Roggenbrot	0,9	6,8	47,8	963	227
Roggenknäckebrot	1,7	11,4	73,6	1511	355

Berechnungen

- ➤ *Errechnen Sie die Energiewerte verschiedener Lebensmittel nach Vorgabe der Nährstoffzusammensetzung.*
- ➤ *Vergleichen Sie die ermittelten Ergebnisse mit den Brennwerten von Brotsorten.*

Nährstoffbedarf und Nährstoffverbrauch im Vergleich

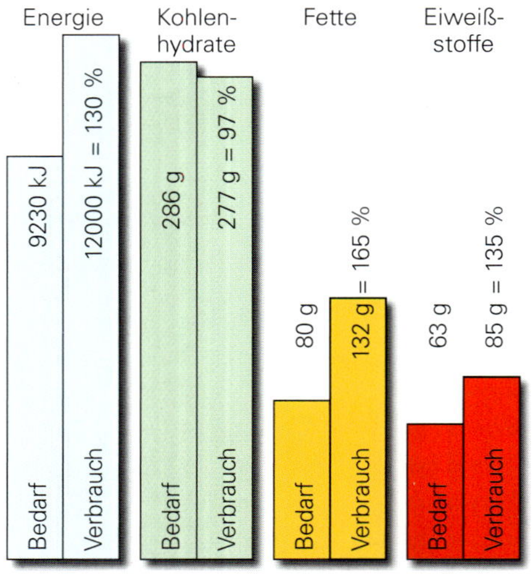

- ➤ *Erläutern Sie die Angaben der Grafik.*
- ➤ *Welche Empfehlungen können Sie aus dem dargestellten Ernährungsverhalten für den Brotverzehr ableiten?*

Gehalt an Ballaststoffen und Wasser in 100 g frischen Backwaren

	Ballaststoffe in g	*Wasser in g*
Weizenbrötchen	*1,0*	*34,0*
Weizenbrot (hell)	*1,0*	*37,2*
Weizentoastbrot	*1,0*	*36,7*
Weizenschrotbrot	*5,4*	*42,3*
Weizenmischbrot	*2,0*	*40,0*
Roggenmischbrot	*3,1*	*40,5*
Roggenmischbrot mit Schrotanteil	*3,3*	*41,3*
Roggenbrot (dunkel)	*3,3*	*41,2*
Roggenschrotbrot	*5,7*	*42,8*
Roggenknäckebrot	*7,9*	*5,4*

Sättigungswert von Brot und Kleingebäck

Niedriger Sättigungswert:	*Hoher Sättigungswert:*
– Weizenbrötchen	*– Weizenschrotbrot*
– Weizenmehlbrot	*– Roggenmischbrot mit Schrotanteil*
– Weizenmischbrot	*– Roggenbrot*
– Helles Roggenmischbrot	*– Roggenschrotbrot*
– Knäckebrot	*– Roggenvollkornbrot*

Brot: typischer Lieferant für Kohlenhydrate

Im Sinne einer gesunden Ernährungsweise ist es nicht egal, *wodurch* man die notwendige Energiemenge gewinnt. Nach den neuesten Ernährungsempfehlungen soll der gesunde Mensch seine Energie gewinnen zu

- 55 bis 60 % aus Kohlenhydraten,
- 25 bis 30 % aus Fetten,
- 10 bis 15 % aus Eiweißstoffen.

***Brot** entspricht mit seiner Zusammensetzung den Empfehlungen für die wünschenswerte Versorgung mit Kohlenhydraten.*

Brot enthält zwar viel Kohlenhydrate, diese aber vor allem in Form von Stärke. Für die Brennwertermittlung ist es gleich, ob Stärke oder lösliche Zucker vorliegen. Das gilt aber nicht für die Wirkung auf den Körper. Man hat ermittelt, dass sich Stärke auf die Insulinausschüttung günstiger auswirkt. Der Blutzuckerspiegel bleibt niedriger als beim Verzehr von süßen Zuckern („Glykämischer Wert", ➟ CD-ROM).

Wie in der Tabelle auf der Seite 315 zu sehen ist, haben die einzelnen Brotsorten unterschiedliche Brennwerte. Für Weizenbrot liegt der Brennwert bei etwa 1 040 kJ und für Roggenbrote bei etwa 960 kJ.

Der höhere Brennwert von hellen Weizenbroten und insbesondere von hellen Weizenkleingebäcken ist begründet

- durch den höheren Anteil an Kohlenhydraten in hellen Mehlen,
- durch den geringeren Wasseranteil (weniger Ballaststoffe, höherer Backverlust).

Der Sättigungswert von Brot: je dunkler, desto größer

Man ist gesättigt, wenn Magen und Darm mit Speise gefüllt sind. Wenn eine Nahrung lange im Verdauungstrakt bleibt, dann hat diese Nahrung einen großen Sättigungswert. Das ist vor allem so bei fettreichen und eiweißreichen Speisen.

Kohlenhydratreiche, fettarme Nahrung ist allgemein leicht verdaulich. Sie verbleibt nur kurze Zeit im Verdauungstrakt. Ihr Sättigungswert ist daher gering. Brot ist fettarm und kohlenhydratreich. Dennoch hat es einen relativ hohen Sättigungswert.

*Der **Sättigungswert von Broten** ist abhängig vom Ballaststoffanteil, vom Wassergehalt und vom Auflockerungsgrad.*

Welche Rolle spielt der Ballaststoffgehalt des Brotes?

Die Ballaststoffe quellen beim Verzehr des Brotes mit Wasser auf. Dadurch erhöht sich das Volumen der Nahrung. Die Nahrung füllt so stärker die Verdauungsorgane. Das Sättigungsgefühl ist bei hohem Ballaststoffanteil stärker und anhaltender.

Selbst helles Weizenbrot hat noch einen höheren Ballaststoffanteil als Obst oder Gemüse. Jedoch verringert sich die Verweildauer von Brot im Magen mit starker Krumenauflockerung (= mit steigendem Weizenanteil). Deshalb erhöht sich bei den Brotsorten mit geringer Auflockerung (dunkle Roggenbrote, Schrot- und Vollkornbrote) der Sättigungswert noch zusätzlich.

Gering aufgelockerte und ballaststoffreiche Brotsorten haben einen hohen Wasseranteil (➟ Tabelle). Aus dem Gehalt an Ballaststoffen und Wasser können Sie Rückschlüsse auf den Sättigungswert ziehen.

Brot: mit hohem Nähr- und Gesunderhaltungswert

Neben ihrer Bedeutung als Energielieferanten erfüllen die Nährstoffe des Brotes auch Aufgaben für den Aufbau und die Gesunderhaltung des Körpers. Diese wichtigen Funktionen erfüllen die Mineralstoffe, Vitamine und Ballaststoffe des Kornes.

Brot – ideal für die Versorgung mit Ballaststoffen

Die Ballaststoffe sind Rohfaserbestandteile des Kornes vor allem aus den Randschichten und der Schale. Man nennt sie „Ballaststoffe", weil sie unverdaut wieder ausgeschieden werden.

Die Ballaststoffe haben folgende günstige Wirkungen:

- *Stärkere Verquellung der Nahrung mit Wasser*
- *Längere Verweildauer der Nahrung im Magen (Sättigungswert)*
- *Dämpfung überschüssiger Magensäure*
- *Belebung der Darmtätigkeit und Verkürzung der Passagezeit*
- *Aufsaugen von Giftstoffen im Darmbereich*

Brot ist ein wichtiger Lieferant von Ballaststoffen. Die wünschenswerte Aufnahme von Ballaststoffen liegt bei 30 g pro Tag. Zur Zeit werden aber durch die übliche Ernährung im Durchschnitt nur 20 g aufgenommen. Eine höhere Versorgung mit Ballaststoffen ist schon durch die Wahl der Brotsorte möglich: Der Ballaststoffanteil in einem Roggenvollkornbrot ist zum Beispiel fast doppelt so hoch wie in einem Roggenmischbrot.

Brot – hoher Anteil an Mineralstoffen und Vitamin B

Vollkornbrot als alleinige Nahrung würde ausreichen, um damit schon den täglichen Bedarf an Mineralstoffen abzudecken. Nur der Bedarf an Calcium müsste noch angehoben werden (z. B. durch Milch).

Brot ist Träger wichtiger Vitamine. Kein anderes Nahrungsmittel deckt so gut den Bedarf an Vitamin B_1, aber auch den an Vitamin B_2 und B_6 ab. Dabei ist zu beachten, dass Brote aus hellen Mehlen deutlich weniger dieser Vitamine enthalten als Vollkornbrote.

Die Getreide-Eiweißstoffe sind wegen ihres niedrigen biologischen Wertes nur in Kombination mit tierischem Eiweiß als Aufbaustoffe ausnutzbar (➡ Randspalte).

Ernährungsempfehlungen

Seit Jahren stellen Ernährungswissenschaftler bei der Auswertung von Studien über das Ernährungsverhalten der Deutschen fest:

- Wir essen zu viel, zu fett und zu viel Süßes.
- Wir nehmen mit unserer Nahrung zu wenig Getreideprodukte, zu wenig Ballaststoffe und zu wenig Mineralstoffe auf.

Für eine gesunderhaltende Ernährung fordern alle Ernährungsinstitute die *Erhöhung des Brotverzehrs*. Dabei wird auf die verstärkte Wirkung beim Verzehr von Vollkornbrot hingewiesen.

***Brot** erfüllt die Anforderungen einer zeitgemäßen Ernährung.*
Stichwortartig gelten folgende Regeln für das tägliche Essen:
– Keine süßen Zuckerstoffe
– Nur wenig Fett
– Viel hoch aufgebaute Kohlenhydrate (Stärke)
– Viel Ballaststoffe
– Viel Mineralstoffe und Vitamine der Gruppe B

Brot und Getreideprodukte liefern etwa 40 % der mit der Nahrung aufgenommenen Ballaststoffe

Sachkurs: Ballaststoffe

- *Ballaststoffe sind Bestandteile pflanzlicher Gewebe, die von den menschlichen Verdauungssäften nicht in verdauliche Bausteine zerlegt werden können.*
- *Zu den Ballaststoffen zählen Cellulose, Hemicellulosen, Pektine und Lignin.*
- *In Getreideprodukten stellen die Hemicellulosen den größten Anteil der Ballaststoffe. Etwa 70 % der Getreideballaststoffe sind in der Kornrandschicht enthalten. Der Rest befindet sich im Mehlkörper. Insofern haben auch helle Mahlerzeugnisse noch einen hohen Gehalt an Ballaststoffen.*

Biologische Wertigkeit von Getreideeiweiß

Brot als alleiniges Nahrungsmittel würde schnell zu Mangelerscheinungen führen: Grund dafür ist die niedrige biologische Wertigkeit der Getreideeiweißstoffe.

Der biologische Wert von Nahrungseiweiß entspricht der Menge Körpereiweiß, die aus 100 g Nahrungseiweiß aufzubauen ist.

Aus 100 g Weizeneiweiß kann unser Organismus nur 35 g Körpereiweiß aufbauen (darum ist die biologische Wertigkeit = 35).

Aber: Broteiweiß ergänzt sich sehr gut mit Eiweißstoffen aus Milch, Quark und Käse bis zu einer biologischen Wertigkeit von 100.

Brot: Stichworte zur Kundenberatung

- *Brot enthält sehr wenig süße Zuckerstoffe.*
- *Brot enthält kaum Eigenfett.*
- *Brot enthält einen hohen Anteil hoch aufgebauter Kohlenhydrate (Stärke).*
- *Brot enthält viel Ballaststoffe.*
- *Brot enthält viel Mineralstoffe und Vitamine der Gruppe B.*

Welches Brot ist altbacken?

➤ *Begründen Sie die Festigkeit des rechten Brotwürfels.*

Eigenschaften frischer Brote	Eigenschaften altbackener Brote
Rösche Kruste	*Weiche, ledrige Kruste, festwerdend*
Weiche, elastische Krume	*Feste, trockene Krume*
Frischer, aromatischer Duft	*Einseitiger, ausdrucksloser Geruch*
Volles Gebäckaroma	*Wenig aromatischer Geschmack*
Normales Gebäckgewicht	*Geringeres Gebäckgewicht*

Alterungsvorgänge in Brot und Kleingebäck

Vorgänge:	Folgen:
Flüssigkeitswanderung von der Krume zur Kruste	*– Röscheverlust, Weichwerden der Kruste*
Entquellen der verkleisterten Stärke (= Retrogradation)	*– Fest- und Körnigwerden der Mehlstärke; altbackener Geschmack*
Geruchs- und Geschmacksstoffe verflüchtigen sich	*– Verlust an Brotduft und an Brotaroma*
Wasser verdunstet aus der Krume und aus der Kruste	*– Gewichtsverlust, Spröde- und Hartwerden der Kruste, Rissbildungen in der Krume*

Frischeverlust – das Altbackenwerden

Brote und Kleingebäcke behalten ihre Frischemerkmale nur für kurze Zeit. Sobald die Gebäcke ausgekühlt sind, setzt der Alterungsprozess ein. Das geschieht zunächst unmerklich.

Nach wenigen Stunden werden die Alterungsvorgänge deutlich:

- *Die Gebäcke verlieren ihre Krustenrösche. Die Kruste wird weich, welk und schließlich hart.*
- *Die Krume wird fester, später trocken, hart und rissig.*
- *Die Gebäcke verlieren an Geruchs- und Geschmacksstoffen.*

Auf der nebenstehenden Abbildung sehen Sie, wie sich ein allgemein bekannter Unterschied zwischen frischem und altem Brot auswirkt:
Den frischen Brotkrumenwürfel drückt das 1 kg-Gewicht zusammen; denn die frische Brotkrume ist noch weich und elastisch.
Der altbackene Brotkrumenwürfel dagegen trägt das 1 kg-Gewicht. Er verformt sich nicht; denn altbackene Brotkrume ist fest und starr.

Das Altbackensein von Brot ist aber nicht allein auf die Eigenschaften der Krume beschränkt. Es sind alle Merkmale des Brotes betroffen.

Wie unterscheidet sich altbackenes von frischem Brot?

- Die Kruste ist nicht mehr rösch. Sie ist ledrig, später hart-spröde.
- Die Krume ist nicht mehr weich. Sie ist fest, auch rissig-trocken.
- Der Geschmack ist weniger aromatisch. Er wirkt fade.
- Das Gewicht ist geringer. Es sinkt bei längerer Lagerung.

Vorgänge beim Altbackenwerden

Anhand der verschiedenartigen Veränderungen der Brotqualität beim Altern kann man schon erkennen, dass nicht allein ein Wasserverlust für das Altbackenwerden von Gebäcken verantwortlich ist. Vielmehr spielen verschiedene biochemische und physikalische Vorgänge eine Rolle. Diese sind bei jeder Art von Gebäckalterung festzustellen.

Was passiert mit der Kruste beim Altern der Gebäcke?

Sofort nach dem Backen hat die Brotkruste einen Wassergehalt von etwa 5 % bis 10 %. Die Brotkrume enthält dagegen 45 % bis 50 % Wasser. Beim Lagern gleicht sich der Feuchtigkeitsgehalt zwischen Krume und Kruste aus. Die Kruste verliert dadurch ihre Rösche. Zunächst wird sie weicher. Mit zunehmender Lagerdauer wird sie hart.

Wasserverluste – mindern Gewicht und Geschmack

Mit zunehmender Lagerdauer verdunstet mehr und mehr Wasser aus dem Gebäck. Das führt zu Gewichtseinbußen (= Lagerverluste). Diese Feuchtigkeitsverluste verändern auch die Geschmacksausprägung der Gebäcke. Zusammen mit dem Wasser verdunstet nämlich eine Vielzahl von Geruchs- und Geschmacksstoffen aus dem Gebäck. Dadurch wird der abgerundete, aromatische Geschmack einseitig und fade.

Die obigen Alterungsvorgänge laufen bei den verschiedenen Brotsorten unterschiedlich schnell ab:

- Grundsätzlich altern Weizenbrote schneller als Roggenbrote.
- Grundsätzlich altern Brote aus hellen und aus schalenarmen Mehlen schneller als Brote aus dunklen und schalenreichen Mehlen sowie aus Backschroten und Vollkornmahlerzeugnissen.

Stärkeentquellung – sie macht das Brot altbacken

Die beim Backen verkleisterte Stärke bildet ein weiches, feuchtes und elastisches Krumengefüge. Bei der Lagerung der Brote beginnt die beim Backen aufgequollene Stärke zu entquellen. Dabei gibt sie gebundenes Wasser wieder ab. Der Vorgang wird als *Retrogradation* bezeichnet.

Der Stärkebestandteil *Amylopektin* wird als Folge dieser Entquellung wieder fest und körnig. Der Stärkebestandteil *Amylose* tritt aus dem Stärkegefüge aus und verliert seine Wasserlöslichkeit. Das Brot schmeckt dann altbacken.

Schema der Stärkeentquellung

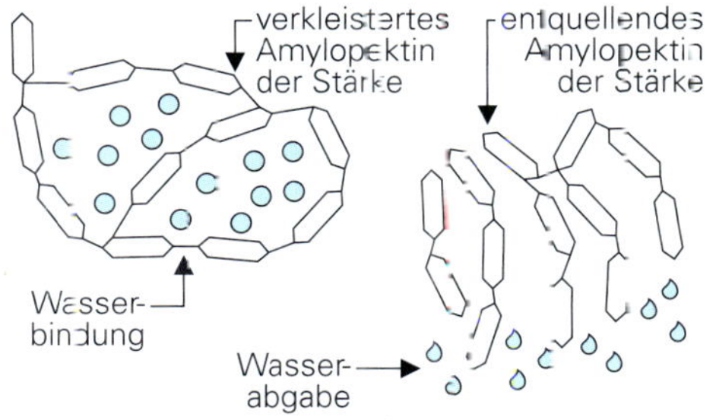

➤ *Erläutern Sie die in der Skizze dargestellten Vorgänge der Stärkeentquellung.*

Mindesthaltbarkeit – sie ist die Dauer der Frische

Der Genusswert der verschiedenen Backwaren bleibt über eine gewisse Zeit erhalten. Wie lang der Zeitraum ist, das ist von Gebäck zu Gebäck unterschiedlich. Beim Vergleich von Roggenschrotbrot und Weißbrot wird es sehr deutlich: Das Roggenschrotbrot behält lange seine Frischemerkmale. Das Weißbrot altert dagegen schnell.

Man kann aber keine allgemein gültige Zeitspanne für die Mindesthaltbarkeit der verschiedenen Backwaren angeben. Deren jeweilige Dauer kann allein vom Hersteller bestimmt werden. Er hat dabei die Gebäckeigenschaften aufgrund der Zusammensetzung zu berücksichtigen. Wie die Rezeptur sich auswirkt, ist gut an der Teigfestigkeit zu verdeutlichen. Die *Steigerung der Teigausbeute* hat bei Brot unmittelbare Wirkung auf die Weichheit der Krume. Brote aus Teigen mit hoher Teigausbeute haben geringere Krumenfestigkeiten als die aus festen Teigen (➡ Abbildung unten).

Bei der Festlegung des Mindesthaltbarkeitsdatums (MHD) ist aber *nicht* zu beachten, ob das Brot gut oder weniger gut gelungen ist. Sowohl Brot guter Qualität als auch Brot von minderer Qualität altert.

Wie legt man das MHD fest?

Der Frischeverlust wird gemessen im Vergleich zu dem Anfangszustand nach dem Backen. Verliert das Brot an Krusten- und Krumenqualität, Geruch und Geschmack, so verliert es damit an Frische. Bewertet man ein Brot mit dem 5-Punkte-Schema der Brotprüfung, so gilt ein Brot als frisch bis zu einer Minderung von 0,5 Punkten gegenüber dem Anfangswert. Beispielsweise würde ein Brot, das frisch mit 4,8 Punkten bewertet wurde, beim Bewertungspunkt 4,3 das Datum der Mindesthaltbarkeit erreicht haben.

Demnach bestimmen die Qualitätsunterschiede durch den Frischeverlust zwischen frischem und altbackenem Brot die Mindesthaltbarkeit. Rechtlich ist gefordert, das MHD auf Fertigpackungen auszuweisen. Dieses Datum ist aber *kein Verfallsdatum*. Ein Brot ist also auch noch bei Ablauf dieser MHD-Frist gesundheitlich vollkommen unbedenklich. Es kann somit auch nach Ablauf der Zeitspanne verkauft und verzehrt werden.

Beachten Sie dazu die rechtlichen Bestimmungen, die im *Sachkurs auf der Seite 320* aufgeführt sind.

Definition

*Die **Mindesthaltbarkeitsdauer** ist die Zeitspanne, in der ein Lebensmittel bei angemessenen Aufbewahrungsbedingungen seine spezifischen Frischemerkmale behält.*

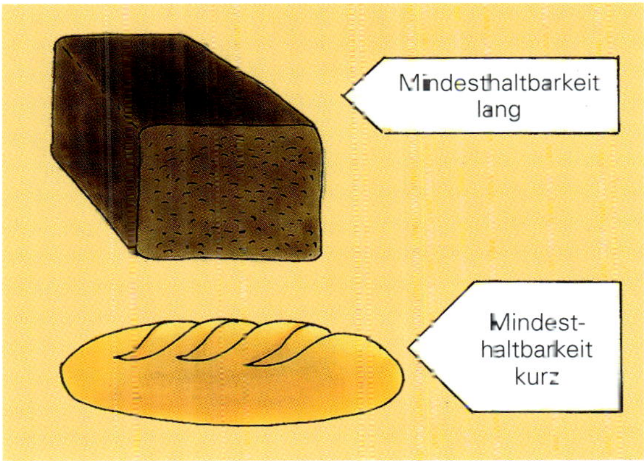

Mindesthaltbarkeit von Roggenschrotbrot und Weißbrot

Beispiele für die Mindesthaltbarkeit verschiedener Brotsorten

Brotsorte	*Mindesthaltbarkeitsdauer*
● *Weizenbrote*	*2 bis 3 Tage*
● *Weizenmischbrote*	*2 bis 5 Tage*
● *Roggenmischbrote*	*5 bis 7 Tage*
● *Roggenbrote*	*6 bis 10 Tage*
● *Roggenschrotbrote*	*8 bis 12 Tage*

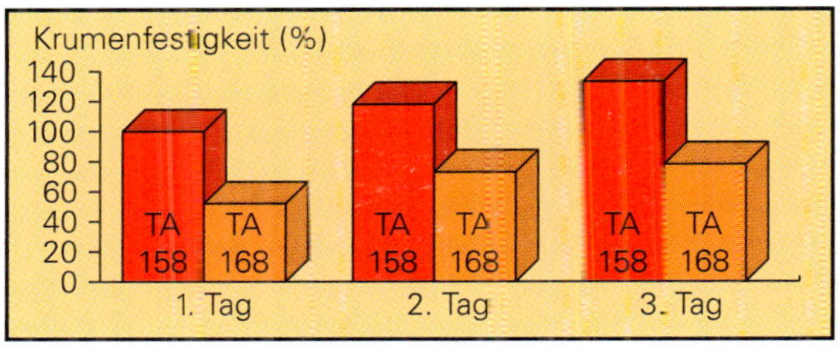

WM-Brot mit TA 158 und TA 168 bei Lagerung bis zu 3 Tagen

Alterung der Gebäcke bei verschiedenen Temperaturen

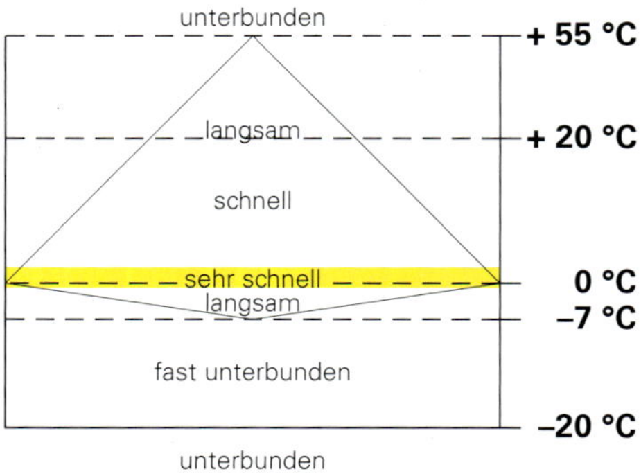

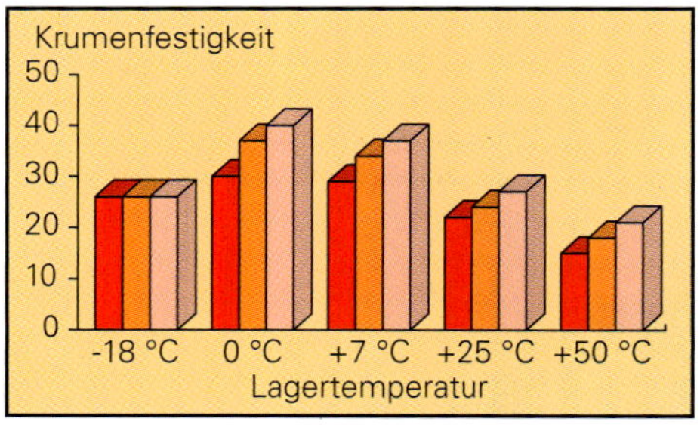

Krumenfestigkeit von Roggenmischbroten bei diverser Lagerung (links = 24 Stunden, Mitte = 48 Stunden, rechts = 72 Stunden)

Sachkurs: Mindesthaltbarkeitsdatum

*Bei Backwaren in **Fertigpackungen** muss das Mindesthaltbarkeitsdatum (MHD) zusammen mit weiteren rechtlich geforderten Kennzeichnungen auf der Verpackung angegeben werden.*

*Für **leicht verderbliche Lebensmittel** (z. B. Sahne) gilt eine andere Regelung. Das MHD ist durch das Verbrauchsdatum zu ersetzen. Auch sind Hinweise zur richtigen Aufbewahrung zu geben.*

Die Angabe von MHD und anderen Kennzeichnungen soll im gleichen Sichtfeld erfolgen. Es ist auch erlaubt, auf eine andere Stelle hinzuweisen, zum Beispiel „siehe Clipverschluss".

Das MHD ist unverschlüsselt auszuweisen.

Die Angabe hat im Allgemeinen so zu erfolgen: „Mindestens haltbar bis …"
Als Zeitangabe genügen Tag und Monat, wenn die Mindesthaltbarkeit (MH) weniger als 3 Monate beträgt. Darunter fallen die meisten Backwaren.

Bei einer MH von 3 bis 18 Monaten reicht die Angabe von Monat und Jahr. Das kann zum Beispiel für Knäckebrot in Betracht kommen.

Bei Gebäckkonserven mit mehr als 18 Monaten MH genügt die Jahresangabe („… bis Ende …").
Ausgenommen von den obigen Regelungen sind Backwaren, die innerhalb von 24 Stunden deutlich ihre Qualität einbüßen und daher frisch verzehrt werden (z. B. gilt das für Brötchen).
Für leicht verderbliche Lebensmittel gelten andere Ausnahmebestimmungen.

Qualitätserhaltung bei Brot und Kleingebäck

Die Entquellung der Stärke ist verantwortlich für die Frischeverluste von Brot und Kleingebäck, die man mit den Sinnen wahrnehmen kann. Verzögert man diese Entquellung, so dient das der Frischhaltung.

*Die **Stärke** entquillt nicht bei Temperaturen*
– unter -7 °C (wegen Eiskristallbildung),
– über +53 °C (Bereich der Stärke-Verkleisterungstemperatur).

Daraus ergeben sich für die längerfristige Bevorratung zwei Methoden der Frischhaltung, und zwar die Frischhaltung durch *Tiefgefrieren* oder die Frischhaltung durch *Warmlagern*.

Auch für das kurzzeitige Bevorraten sind Maßnahmen gegen rasches Altbackenwerden anwendbar.

Erhalten der Rösche bei Weizenkleingebäcken

Für die kurzzeitige Lagerung von Brötchen sind alle Maßnahmen auf das Erhalten der Rösche auszurichten. Zu vermeiden sind also: hohe Luftfeuchtigkeit und niedrige Raumtemperatur.

Die Regeln zum Lagern von Weizenbrötchen können Sie auf Seite 153 nachlesen. Die dort genannten Lagerregeln sind auch bei schlanken Weizenbroten anzuwenden (insbesondere bei Baguettes).

Erhaltung der Krumenfrische bei Broten

Die meisten Brotsorten werden im Allgemeinen am Herstellungstag verkauft, von den Kunden aber häufig erst später verzehrt. Es ist nicht möglich, über eine lange Zeit die Rösche zu erhalten. Darum sind die Lagerbedingungen auf Erhaltung der Krumenfrische auszurichten.

Günstige Lagerbedingungen für die Erhaltung der Krumenfrische bei Weizen-, Roggen- und Mischbroten sind
– eine kühle Raumtemperatur (etwa 16 °C) und
– eine mittlere Luftfeuchte (nicht zu trocken).

Für die etwas verlängerte Lagerung (z. B. über Nacht im Laden oder Ladenlager) ist das zwischenzeitliche Verpacken in Papiertüten oder das Einlegen in luftdurchlässige (z. B. perforierte) Kunststoffbeutel eine recht gute Lagermöglichkeit.

Für den Selbstbedienungs-Verkauf in Fertigpackungen bieten sich wasserdampfdurchlässige Papiertüten mit Zellglasfenster an.

Warmverpacken: kein Austrocknen und Schimmeln

Das Warmverpacken bieten sich für den SB-Verkauf von Ganzbrot an. Die Brote werden nach schwachem Abkühlen auf etwa 50 °C in wasserdampfdichter Schrumpffolie versiegelt. Durch die ganz eng anliegende Schrumpffolie kann sich kein Kondenswasser bilden und an der Innenseite der Folie absetzen. Die vor dem Verpacken auf der Kruste noch nieder gegangenen Schimmelsporen werden durch die Brotwärme zerstört.

Vorteil der Brotwarmverpackung ist das Weichhalten von Krume und Kruste über viele Tage ohne Schimmelbildung. Nachteilig ist jedoch der sofortige Verlust der Krustenrösche.

Die Schrumpffolie verhindert zwar das Verdunsten von Wasser. Sie verhindert aber nicht die Stärkeentquellung. Das Brot altert trotzdem, obwohl es sich weich anfühlt. So verpackte Brote sind geeignet, die Käufer über den tatsächlichen Frischezustand zu täuschen.

Maßnahmen zur längerfristigen Qualitätserhaltung

Für das Erhalten der Brotqualität über längere Zeit sind Maßnahmen erforderlich, die das Altbackenwerden deutlich verzögern und das Risiko des Schimmelns herabsetzen.

Möglichkeiten dafür sind:

- *Brot im Warmverfahren lagern*
- *Brot/Kleingebäck teilgebacken lagern (Unterbruch-Backmethode)*
- *Brot/Kleingebäck tiefgekühlt lagern*
- *Brot/Kleingebäck in schützenden Verpackungen lagern*
- *Brot chemisch konserviert lagern*

Warmlagerung von Brot: ein aufwändiges Verfahren

Für die gewerbliche Warmlagerung von Broten nutzt man spezielle Klimaschränke. Temperatur und Feuchte werden dabei automatisch gesteuert. Die Brote können so bei Temperaturen von 50 °C bis 55 °C und einer relativen Luftfeuchte um 80 % bis zu zwei Tagen gelagert werden. Eine längere Lagerzeit würde zu einer Braunverfärbung der Krume führen (= durch die Maillard-Reaktion).

Durch die hohe Lagertemperatur kann Stärke nicht entquellen (= kein Altbackenwerden). Die hohe Luftfeuchte verhindert das Austrocknen der Brote. Das Schimmeln wird unterdrückt durch Entkeimung des Wassers für die Befeuchtung.

Nachteilig bei dieser Lagermethode ist der Verlust der Krustenrösche. Deshalb ist es günstig, die Brote vorher nicht voll auszubacken und nach der Warmlagerung zu Ende zu backen.

Tiefkühlen: ein für Kleingebäcke lohnendes Verfahren

Voraussetzung für das fachgerechte Tiefkühlen von Kleingebäck und Brot ist ein leistungsfähiger Froster. Mit speziellen Schockfrostern für Backwaren kann nämlich beim Einfrieren sehr schnell der kritische Temperaturbereich zwischen + 20 °C und - 7 °C im Inneren der Gebäcke durchschritten werden. Bei langsamem Einfrieren treten Mängel durch Austrocknen der Gebäcke und durch Stärkeentquellung auf.

Um Mängel auszuschließen, muss die Kerntemperatur der Gebäcke beim Einfrosten in 30 bis 45 Minuten auf - 7 °C abgesenkt werden. Bei Kleingebäcken ist das unproblematisch. Beim Einlagern größerer Brotmengen wird diese Leistung von üblichen Hochleistungsfrostern nur bedingt erreicht.

Bedingungen für fehlerfreies Tiefgefrieren von Ganzbrot:

- *Ofenheiße Gebäcke mit etwa 70 °C Kerntemperatur einfrieren*
- *Schockfrosten bei bewegter Kälte bis zur Kerntemperatur von - 7 °C*
- *Lagerung bis zu einer Woche in ruhender Kälte bei - 15 bis - 18 °C*
- *Antauen oder Nachfüllen während der Lagerung vermeiden*
- *Bei 220 °C mit starker Schwadengabe im Backofen auftauen*

Wenn Kunden selbst Brot durch Tiefgefrieren bevorraten wollen, sind die haushaltsüblichen Gefriereinrichtungen nicht so leistungsstark wie die gewerblich genutzten Schockfroster. Bei der Kundenberatung sollte daher auf mögliche Qualitätsminderung beim Gefrieren von Ganzbrot hingewiesen werden.

Günstiger ist das Einfrieren von Scheibenbrot, das in Kleinmengen in Folie eingehüllt gut tiefgefroren werden kann.

Sachverweis

*Über **Brotlagerung in Schutzpackungen** und **chemische Brotkonservierung** können Sie sich auf der Seite 329 informieren.*

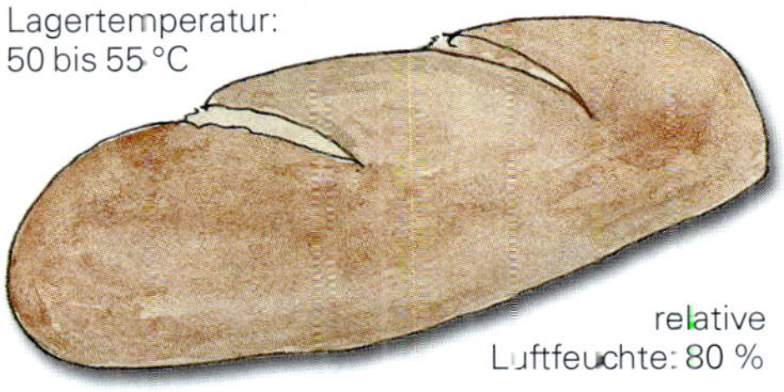

Warmlagerung von Brot

Richtwerte für die maximale Lagerdauer gefrosteter Kleingebäcke

- *Stark aufgelockerte Brötchen, (z. B. Rundstücke) .... einen Tag*
- *Ausbundbrötchen (z. B. Schrippen) .... bis zwei Tage*
- *Milch- oder fetthaltige Brötchen .... bis drei Tage*

Sachverweis

*Über das richtige **Frosten von Kleingebäcken** können Sie sich auf der Seite 283 informieren.*

Tipps für die Verkaufspraxis

Ratschläge, wie Kunden ihr Brot lagern können:

- *Vollkornbrote und schrothaltige Brote sind länger lagerfähig als Brote aus Mehlen.*
- *Brote aus dunklen Mehlen halten sich länger frisch als solche aus hellen Mehlen.*
- *Brote aus Roggenmehlen bleiben länger saftig als Brote mit hohem Weizenanteil. Weizenmischbrote, Weizenkleingebäcke und Weißbrote sollten Sie täglich frisch kaufen.*
- *Brot behält für die kurzzeitige Bevorratung seine Frische am besten, wenn Sie es bei Raumtemperatur in einem belüfteten Brotkasten oder im Steinguttopf lagern.*
- *Angeschnittenes Brot und Schnittbrot halten Sie am besten durch Einhüllen in Folien vor dem Austrocknen geschützt.*
- *Brot sollten Sie nicht länger als eine Woche tiefgekühlt lagern. Die Trocknungs- und Aromamängel sind sonst zu groß.*
- *Tiefgekühlt gelagertes Brot tauen Sie am besten bei Raumtemperatur auf.*

Brot ist in der noch verschlossenen Packung verschimmelt

Produktsicherheit: Schimmelbekämpfung bei Brot

- *Im Rahmen des allgemeinen Hygienekonzepts des Betriebs sind Maßnahmen der Schimmelbekämpfung im gesamten Betrieb zu ergreifen (z. B. das exakte Befolgen von Reinigungs- und Desinfektionsplänen).*
- *Im Rahmen des betriebseigenen Kontrollkonzepts sind die einzelnen Produktionsschritte für die Herstellung von Brot auf kritische Kontrollpunkte (CCPs) hin zu überprüfen, an denen Schimmelwachstum durch Maßnahmen wirksam bekämpft werden kann (z. B. Einhalten von Regeln für das Pasteurisieren).*

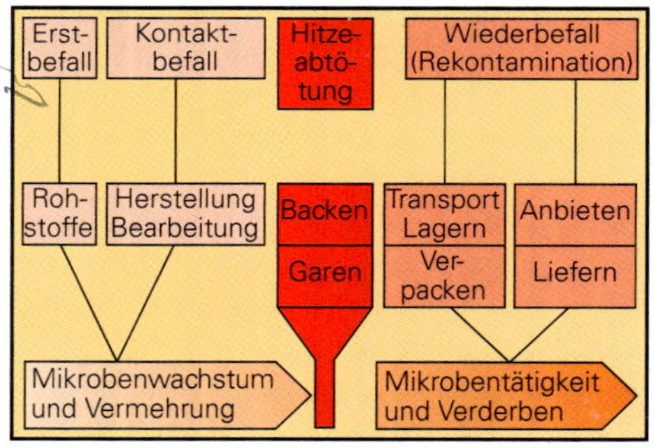

Infektionswege für Schimmelpilze auf Brot

Schimmelbekämpfung durch tägliche Maßnahmen der Betriebshygiene

- *Persönliche Hygiene beachten (z. B. Hände und Unterarme waschen).*
- *Schimmelecken im Betrieb desinfizieren.*
- *Verschimmelte Produkte aus den Räumen entfernen.*
- *Holzroste und Holzregale mit Essiglösung waschen.*
- *Mehlverstaubung einschränken.*
- *Geräte und Maschinen von Staub und Resten der Produktion säubern.*
- *Luft im Brotlager filtern und bestrahlen.*
- *Verpackungsmaterial sauber, kühl und trocken lagern.*

Schimmel als Brotkrankheit

Situationsaufgabe:

*Ein Kunde reklamiert ein Brot, das in der geschlossenen Packung nach kurzer Lagerzeit verschimmelte. Die Ursache für das Auftreten dieser **Brotkrankheit** liegt im Herstellerbetrieb.*

Die Reklamation muss Konsequenzen in mehrfacher Hinsicht haben:

- *Der Kunde muss umgehend Ersatz für das verdorbene Brot erhalten.*
- *Die aus der gleichen Partie stammenden Brote sind auf möglichen Schimmelbesatz zu kontrollieren.*
- *Das betriebseigene Konzept für die Maßnahmen und Kontrollen zur Gewährleistung der Produktsicherheit muss auf seine Wirksamkeit hin überprüft werden.*

Sie sollen die kritischen Kontrollpunkte zur Schimmelbekämpfung bei Brot überprüfen. Was kann getan werden?

Schimmelpilze und ihre Wirkungen

Der Brotschimmel wird durch *Schimmelpilze* verursacht (➡ Seite 62). Die Schimmelrasen auf der Brotoberfläche sind die Sporenkolonien dieser Kleinlebewesen. Brot mit Besatz von Schimmel ist verdorben. Der Verzehr von verschimmeltem Brot ist gesundheitsschädlich.

Schimmelpilze gelangen auf verschiedene Weise in die Lebensmittel (➡ nebenstehende Abbildung). Nach dem Auskeimen von Sporen auf dem Brot wachsen die Pilzfäden in das Brot hinein. Sie verzweigen sich dort und bilden ein für das bloße Auge nicht sichtbares Geflecht (*Myzel* genannt). In das Myzel werden Nährstoffe aus dem Brot aufgenommen. Sie werden abgebaut und für den Zellaufbau des Schimmels genutzt. Dabei gebildete Schadstoffe werden in die Brotkrume abgesondert. Solche Abfallprodukte sind unter anderem die giftigen *Aflatoxine*.

Schimmelbekämpfung: allgemeine Betriebshygiene

Raumluft, Wände, Fußböden, Rohstoffe, Maschinen, Werkzeuge und Packstoffe sowie das Personal sind Übertragungsmöglichkeiten für Schimmelsporen. Die wichtigsten Maßnahmen für die Bekämpfung von Schimmel liegen deshalb im Bereich der allgemeinen Betriebshygiene (➡ nebenstehende Übersicht).

Neben technischen Vorkehrungen (z. B. Decken- und Wandanstriche mit pilzhemmenden Stoffen, Staubvermeidung, UV-Bestrahlung) sind besonders die Maßnahmen des täglichen Hygieneplans zu beachten: Sauberkeit bei allen Schritten der Backwarenherstellung, Schimmel aus den Produktionsräumen entfernen und gegebenenfalls Desinfektion.

Schimmelbekämpfung: technologische Maßnahmen

Obwohl Schimmel als Folge einer Infektion *nach* dem Backen entsteht, sind doch *vorbeugende Schritte* in der gesamten Produktion möglich.

Schimmelpilze können durch einen sauren pH-Wert und bestimmte Säuren am Wachstum gehindert werden.

Dieser Schutz kann auf verschiedene Weise hergestellt werden:

- Verwendung von Sauerteig bei roggenhaltigen Teigen anstelle des Einsatzes von teigsäuernden Backmitteln;
- Zusatz von Schimmelbekämpfungsmitteln, vor allem *chemischen Konservierungsstoffen*.

Teigzutaten – für inneren Schimmelschutz der Brote

Als Hemmstoffe gegen Schimmelentwicklung sind zu unterscheiden: Schimmelbekämpfungsmittel und chemische Konservierungsstoffe.

Schimmelbekämpfungsmittel sind Essigsäure und ihre Salze (Acetate). Das Natriumacetat ist ein sehr wirksamer Schimmelschutz. Allerdings werden Teiggärung, Geruch und Geschmack der Brote beeinträchtigt.

Der Zusatz von *Konservierungsstoffen* ist rechtlich eingeschränkt. Sie dürfen nur zu bestimmten Backwaren und in begrenzter Zusatzmenge verwendet werden (➡ nebenstehende Rechtsvorschriften).

Brot mit Konservierungsmitteln wird von den Verbrauchern mehr und mehr abgelehnt. Daher sollte die Verlängerung der Mindesthaltbarkeit durch physikalische Verfahren (z. B. durch Hitzepasteurisieren) genutzt und beim Brotverkauf herausgestellt werden.

Backen – Abtöten von Schimmelpilzen und noch mehr

Durch die Backhitze werden alle im Teig befindlichen Mikroben sicher abgetötet, also auch die Schimmelpilze. Der Backvorgang kann aber noch weitere Effekte für die Schimmelbekämpfung erfüllen.

- Wichtig ist das Ziel einer geschlossenen, festen Brotkruste. Darauf können später auffallende Schimmelsporen nicht auskeimen.
- Bei angeschobenem Brot ist am Ende des Backvorgangs ein kurzes Auseinandersetzen der Brote sinnvoll, um die krustenlosen Seiten etwas anzutrocknen.
- Obwohl ein gut ausgebackenes Brot wünschenswert ist, sind die praktikablen Verlängerungen der Backzeit kein wesentlicher Beitrag für die Schimmelbekämpfung. Die Senkung des freien Wassers in der Krume ist als Schimmelschutz lediglich bei Trockenflachbroten oder Zwieback wirksam, nicht aber bei den sonst üblichen Brotsorten.

Verpacken und Lagern – äußerer Schimmelschutz für Brote

Nach dem Backen und *Auskühlen* der Brote kann erneut ein Befall mit Schimmelsporen erfolgen. Um dem Auskeimen entgegenzuwirken, sind beispielsweise die folgenden Maßnahmen zu ergreifen:

- Auskühlen durch Wärmeentzug in besonderen Kühleinrichtungen
- Vermeiden des dichten Stapelns frischer Brote
- Zwischenlagerung in Räumen mit Luftentkeimung

Bei der *kurzfristigen Lagerung* von Broten ist eine Balance zwischen der Brotalterung und der Schimmelhemmung zu suchen.

Wichtig für das Schimmelwachstum sind Feuchtigkeit und Wärme. Die verschiedenen Schimmelpilze wachsen gut im Temperaturbereich zwischen +4 °C und +50 °C.

Sollen die günstigen Bedingungen für das Schimmeln ausgeschlosssen werden, dann besteht bei kühler Lagerung die Gefahr der frühzeitigen *Brotalterung*. Diese kann nur gemindert werden durch Tiefgefrieren oder durch Warmlagerung (➡ Seite 321).

Beim *Verpacken von Brot* ist durch die Wahl geeigneter Methoden ein Schimmelschutz möglich, zum Beispiel

- beim *Einsatz von Verpackungsgas* (Schutzgas) in gasundurchlässigen Folienverpackungen,
- beim *Hitzepasteurisieren* der fertigen Brotpackung.

Wie die Packungen von Brot richtig behandelt werden, ist im Kapitel „Brot in Fertigpackungen" ab der Seite 326 beschrieben.

Lebensmittelrechtliche Bestimmungen §

- *Propionsäure, Sorbinsäure und die Salze dieser Säuren sind als chemische Konservierungsstoffe erlaubt für abgepacktes und geschnittenes Brot, Roggenbrot, Brot mit reduziertem Energiegehalt, für Teige zum Fertigbacken und für vorgebackene Produkte oder ihre Teile.*
- *Als Höchstzusatzmenge sind zum Beispiel für Schnittbrot und Roggenbrot 3 000 mg Propion- oder 2000 mg Sorbinsäure pro kg Fertigerzeugnis erlaubt. Es sind auch Kombinationen der Mittel im Rahmen ihrer höchstens erlaubten Zusatzmengen zulässig. Für die Dosierung sind die Angaben der Hersteller chemischer Konservierungsstoffe exakt einzuhalten.*
- *Unverpackte Brote aus Weizenmehl, Wasser, Backhefe oder Sauerteig und Kochsalz ohne weitere Zutaten dürfen nicht chemisch konserviert werden.*
- *Die Verwendung chemischer Konservierungsstoffe ist beim Bereitstellen der damit behandelten Produkte zum Verkauf kenntlich zu machen. Das gilt für unverpackte Back- und Süßwaren ebenso wie für solche in Fertigpackungen. Die Deklaration erfolgt mit den Worten „Mit Konservierungsstoff" oder „konserviert".*
  Für das Zutatenverzeichnis auf Fertigpackungen ist die Angabe „Konservierungsstoff" mit zugefügter Verkehrsbezeichnung oder E-Nummer gefordert.

Schimmelkolonie auf Brot, die erkennen lässt, dass die Schimmelpilze per Hand auf das Brot übertragen wurden (= Kontaktinfektion)

- ➤ *Durch welche Maßnahmen der allgemeinen Betriebshygiene sind solche Kontaktinfektionen zu vermeiden?*
- ➤ *Durch welche Maßnahmen kann das Auskeimen der Schimmelsporen eingedämmt werden?*

Bereitstellung von Brot zum Verkauf

Kleingebäcksorten werden in Backwarenverkaufsstellen üblicherweise als „Schüttware" zum Verkauf bereitgestellt. Dabei werden die Gebäcke unverpackt in Körben oder ähnlichen Behältern in großer Zahl ausgestellt.
Für Brotsorten gibt es verschiedene Angebotsformen: Brot als unverpacktes Ganzbrot, Brot als Ganz- und Schnittbrot in Fertigpackungen sowie als Brotaufschnitt. Welche Regeln gelten hierfür bei der Bereitstellung zum Verkauf?

Verschiedene Spezialbrotsorten in Brotkörben zum Verkauf aus dem Schaufenster ausgestellt

Ganzbrot: das Frischeangebot

In Bäckerei-Konditorei-Verkaufsstellen ist die übliche Angebotsform für Brot das unverpackte Ganzbrot im Bedienungsverkauf. Auf diese Weise wird am überzeugendsten die Brotfrische demonstriert. Vor dem Überreichen an die Kunden wird das Brot verpackt. Das früher als Packstoff übliche Seidenpapier ist heute wegen seiner geringen Reißfestigkeit durch Rollenpapier oder Papiertüten ersetzt.

Für das Vorverpacken von Brot zur Abgabe im Bedienungsverkauf sind als Packmaterialien geeignet:
- Papiertüten mit Sichtfenster aus Zellglas,
- nadelperforierte, transparente PP-Folie (PP = Polypropylen),
- heißsiegelfähige Schrumpffolie (➞ Seite 329).

Stückweise portioniertes Brot für Kleinhaushalte zur Abgabe in Selbstbedienung verpackt

Brotaufschnitt: für Kleinhaushalte im Angebot

In Kleinhaushalten wird oft auch die kleinste Menge an Ganzbrot zu alt. Das abgepackte Schnittbrot hat häufig schon am Kauftag nicht mehr die volle Frische. So ist das Angebot von Frischbrot-Aufschnitt für die Kunden aus Kleinhaushalten eine gute Alternative zum Ganzbrot.

Das Brotaufschnitt-Konzept ist für die Käufer vorteilhaft:

- *Das aufgeschnittene Brot besitzt die vollen Frischeeigenschaften einschließlich der röschen Brotkruste.*
- *Die Käufer können sich den Brotaufschnitt scheibenweise aus den verschiedenen angebotenen Brotsorten zusammenstellen lassen.*

Im Hinblick auf die immer noch zunehmende Zahl der Kleinhaushalte in der Gesellschaft ist ein Konzept mit Brotaufschnitt-Angebot auch für die Backwarenanbieter vorteilhaft. Es kann den Umsatz steigern und Kundentreue für das Geschäft bringen (➞ Seite 325).

Brot und Kleingebäck nach Gewicht

In einigen Ländern der Europäischen Union ist es rechtlich gefordert, dass Brot und Gebäck beim Verkauf an die Kunden ausgewogen und *nach Gewicht berechnet* wird (➡ nebenstehendes Beispiel).

In anderen Ländern ist es dagegen üblich, lose angebotenes Brot und Kleingebäck *nach Stückzahl zu berechnen*. So ist es auch in Deutschland allgenmein üblich. Jedoch einige Bäckereien und Konditoreien bieten kundenorientiert als besondere Marketing-Maßnahme ihre Produkte nach Gewicht zum Verkauf an.

Angebot von Kleingebäck mit Grundpreisangabe

Kundenorientierung durch Transparenz im Gebäckverkauf

Für den Verkauf von lose angebotenem Brot und Gebäck nach Gewicht sprechen einige Argumente aus Sicht der Kunden.

- Kunden können sich die Ware im Verkaufsablauf wunschgemäß in der Menge portionieren lassen und dieses noch beeinflussen.
- Kunden können sich von verschiedenen Sorten mit gleichem Preis in kleinen Mengen zusammenstellen lassen (z. B. Brotaufschnitt).
- Kunden bezahlen nur das, was die Ware gewichtsmäßig wert ist.

Die Verkaufsstellen der Bäckereien/Konditoreien vollziehen damit das, was in Fleischereiverkaufsstellen tägliche Praxis ist. Sie genügen damit den Wünschen kritischer und gut informierter Kunden. Die Verbraucher, die den Kauf von Brot und Gebäck nach Gewicht bevorzugen, kaufen in der Bäckerei/Konditorei mit diesem Angebot auch andere Waren.

Aber auch die Produktion der Backwaren wird durch dieses Konzept verändert: Das exakte Einhalten der Teigeinlage ist nicht mehr nötig, weil das Einzelstück nicht mehr nach Nenngewicht angeboten wird.

Wenn das Konzept konsequent auf das gesamte Sortiment der lose angebotenen Produkte ausgeweitet wird, können insbesondere die bei Feinen Backwaren zum Teil sehr unterschiedlichen Stückgrößen in ihrem gewichtsmäßigen Wert berechnet werden. Das ist ein Nutzen für die Kunden. Aber auch für die Bäckerei und Konditorei ist dieses vorteilhaft, weil „mengenmäßig nichts mehr verschenkt wird".

Ladenwaage für Verkauf von Brot nach Gewicht

Einrichtungen für Backwarenverkauf nach Gewicht

Wenn das Verkaufen loser Ware nach Gewicht reibungslos und rasch erfolgen soll, ist dazu eine leistungsfähige Ladenwaage unverzichtbar. Die Waage muss alle Artikel mit Grundpreis gespeichert haben. Mit kurzer Eingabe auf dem Bedienfeld (= Touchscreen) werden Warenart, Gewicht und Preis angezeigt. Die Angaben sind auf der Kundenseite für die Käufer gut sicht- und lesbar.

Der *Wägevorgang* ist seitens der Kunden beeinflussbar: Sie können im Einzelfall noch die Warenmenge korrigieren lassen. Außerdem ist es möglich, den Kunden die Produktinformationen über das LCD-Feld der Waage zu verdeutlichen. Auch passgenaue Zusatzverkäufe können so angebahnt werden, indem sie über die Waagenanzeige empfohlen werden (so genanntes „Cross-Selling").

Offene Ladenwaagen-Systeme sind in ein leistungsfähiges Netzwerk integrierbar. Damit kann der Warenfluss vom Einkauf der Rohstoffe bis zum Verkauf kontrolliert und gesteuert werden. Auf diese Weise sind wichtige Daten für Analysen betrieblicher Abläufe zu gewinnen, zum Beispiel die Umsätze nach Warenart, nach Filiale, nach Tageszeit oder nach Verkäufer. Auch das Ausdrucken von Etiketten, Plakaten oder Informationsschriften ist damit kombinierbar.

Bedienfeld mit Funktionen der Ladenwaage

Sachverweis

Über das Marketing einer Bäckerei-Konditorei mit dem ***Verkauf von lose angebotenem Brot und Kleingebäck nach Gewicht*** *können Sie sich ausführlich auf der CD-ROM zu diesem Buch informieren.*

Kennzeichnungspflicht – oder nicht?

Eine Bäckerei bietet in der eigenen Verkaufsstelle vorverpacktes Brot an, und zwar

- *im Bedienungsverkauf ein Ganzbrot mit umlaufender Banderole,*
- *im Bedienungsverkauf Schnittbrot in dicht verschweißter Packung,*
- *im Selbstbedienungsverkauf Schnittbrot in Packungen mit Clip-Verschluss.*

➤ *In welchem Fall handelt es sich um eine kennzeichnungspflichtige Fertigpackung?*

Beispiel für die Kennzeichnungen auf einer Fertigpackung

Berliner Landbrot

Roggenmischbrot – 500 g

Backhaus Kramer, 99999 Überall

Zutaten: Roggenmehl, Weizenmehl, Wasser, Sauerteig (Roggenmehl, Wasser), Backhefe, Kochsalz

Mindestens haltbar bis … (siehe Clip-Verschluss)

Richtwerte für die Mindesthaltbarkeit von Brotsorten in Fertigpackungen

- *Nicht haltbar gemachte Brotpackungen:*
  - *Weizenbrot .... 1 Tag*
  - *Weizenmischbrot .... 2 Tage*
  - *Roggenmischbrot .... 3 Tage*
  - *Roggenbrot .... 4 Tage*
  - *Toastbrot, Schrotbrot, Vollkornbrot .... 5 Tage*
- *Pasteurisierte Brotpackungen (75 °C) mit Clip-Verschluss:*
  - *Roggenbrot, Toastbrot .... 10 Tage*
  - *Vollkornbrot, Schrotbrot, Pumpernickel .... 2 Wochen*
- *Sterilisierte Brotpackungen (100 °C) licht- und luftdicht verschweißt:*
  - *Vollkornbrot, Schrotbrot, Pumpernickel .... über 6 Monate*

Handelsübliche Gewichtswerte für Brot in Fertigpackungen

Schnittbrot: bis 100 g ohne Gewichtskennzeichnung, ansonsten 125 g, 200 g, 250 g, 500 g, 750 g und 1 000 g

Ganzbrot: 500 g, 750 g, 1 000 g, 1 250 g, 1 500 g, 2 000 g, 2 500 g und volle 1 000 g bis 10 000 g; Stangenweißbrot: auch 400 g

Sachverweis

*Beachten Sie zur **Grundpreisangabe** die Darstellungen auf der Seite 81.*

Brot in Fertigpackungen

Handelt es sich um Fertigpackungen im rechtlichen Sinne, wenn Sie in der Verkaufsstelle Brotaufschnitt nach den Wünschen des Kunden zusammenstellen und an ihn verpackt abgeben?

Rechtlich gelten nur solche Brotpackungen als Fertigpackung, die in Abwesenheit der Kunden abgepackt und verschlossen werden. In dem oben genannten Beispiel handelt es sich demnach *nicht* um Brot in Fertigpackungen.

Kennzeichnungspflicht für Brot in Fertigpackungen

Brot in Fertigpackungen kann in jeder Form angeboten werden: als Ganzbrot, als Brotstück oder als Schnittbrot. Zu beachten ist, dass im Gegensatz zu lose abgegebenem Brot für Fertigpackungen eine umfassende *Kennzeichnungspflicht* gilt. Darüber können Sie sich ab der Seite 384 informieren.

Beachten Sie das nebenstehende Beispiel für die Kennzeichnung von Brot in einer Fertigpackung: Außer der Verkehrsbezeichnung und der Angabe des Herstellers sind auf der Verpackung das Verzeichnis der Zutaten sowie das Mindesthaltbarkeitsdatum (= MHD) angegeben.

Das Verzeichnis der Zutaten ist nach den Angaben der Produktion in Mitverantwortung des Verkaufs aufzustellen. Es ist die Aufzählung der für die Backware verwendeten Zutaten nach Gewichtsanteil im fertigen Produkt in absteigender Reihenfolge. In höchster Menge ist bei dem Beispiel das Roggenmehl enthalten. Kochsalz ist dagegen die Zutat mit dem geringsten Anteil im Fertigprodukt.

Die Festlegung des MHD erfolgt in Ihrer Verantwortung. Sie geben die Zeitdauer an, in der Brot bei angemessener Aufbewahrung die spezifischen Qualitätsmerkmale weitgehend behält. Beachten Sie dazu die nebenstehende Aufstellung von *Richtwerten*.

Wichtiges Qualitätsmerkmal ist sicherlich die Brotfrische, die sich im Duft, im Geschmack und in der Rösche der Brotkruste verdeutlicht. Das kann bei der Festlegung des Mindesthaltbarkeitsdatums nicht als Maßstab genommen werden. Jedoch andere Eigenschaften wie die Schneidbarkeit, die Krumenfeuchte und die Kaubarkeit sowie der Geschmack müssen bis zum Ablauf des MHD voll erhalten sein.

Ausnahmen von der Kennzeichnungspflicht

Für Brotpackungen, die in der Verkaufsstelle abgepackt und dort im Bedienungsverkauf abgegeben werden, ist die Kennzeichnung von Fertigpackungen nicht erforderlich (➞ Seite 384).

Werden dagegen Fertigpackungen für die Belieferung von eigenen Filialen oder Wiederverkäufern hergestellt, dann sind die strengen Kennzeichnungsvorschriften anzuwenden.

Angabe der Füllmenge

Unabhängig von der Kennzeichnungspflicht müssen beim Anbieten von Produkten in Fertigpackungen die *Füllmenge* (= Nenngewicht) und der *Preis für die Verkaufseinheit* ausgewiesen werden. Der Preis kann auch auf Schildern neben der Ware stehen. Ganze Brote über 250 g und Schnittbrot können in beliebigen Gewichten angeboten werden. Die Angabe der Füllmenge für Schnittbrot bis zu 100 g kann entfallen; für Kleingebäck kann die Stückzahl angegeben werden.

Herstellen von Schnittbrot

Zum baldigen Verkauf wird in vielen Verkaufsstellen der Bäckerei und Konditorei ein Teil des Brotsortiments auch als Schnittbrot angeboten. Das *hauseigen hergestellte Schnittbrotangebot* umfasst mindestens eine Toastbrotsorte, zwei Mischbrot- und Roggenbrotsorten. *Nicht aus eigener Herstellung* können Schnittbrotpäckchen von Schrotbrot-, Vollkornbrot- und Spezialbrotsorten stammen. Grund dafür ist, dass sich für kleinere oder mittelgroße Betriebe der hohe Aufwand für die speziellen Einrichtungen zum Backen und Schneiden dieser Brotsorten wirtschaftlich nicht lohnt.

Für Schnittbrot geeignetes Brot in Strangform bringt gleichmäßige Scheibengröße

Brotsorten für Schnittbrot

Von ihrer Zusammensetzung und Beschaffenheit her sind fast alle Brotsorten auch als Schnittbrot möglich. Von ihrer Größe und Form her sind jedoch viele Sorten ungeeignet. Für Schnittbrotpackungen sind nämlich gleichmäßige Scheiben in Form und Größe erwünscht.

Dafür braucht man Brote

- von gleichmäßiger Stranggröße ohne starke Rissbildungen,
- von ausreichender Länge zur Verringerung des Endstückabfalls.

Eine weitere Forderung ist eine gute Frischhaltung der Brote. Denn Scheibenbrot hat in der Regel eine längere Lagerzeit als Ganzbrot:

- Scheibenbrot kann bei Bereitstellung zum Verkauf älter als Ganzbrot sein, wenn es für eine bessere Schneidbarkeit abgelagert wird.
- Scheibenbrot wird auch von Haushalten mit geringem Brotverbrauch eingekauft. Darum ist mit einer verlängerten Lagerzeit des Brotes im Haushalt zu rechnen.

Bei der Auswahl von Brot zum Aufschneiden sind also die Brotsorten zu bevorzugen, die schon von der Zusammensetzung her eine gute Frischhaltung haben. Das sind vor allem Brote aus Roggenschrot- und Roggenvollkornerzeugnissen, aus dunklen Roggenmahlprodukten und aus Teigen mit hohem Sauerteiganteil.

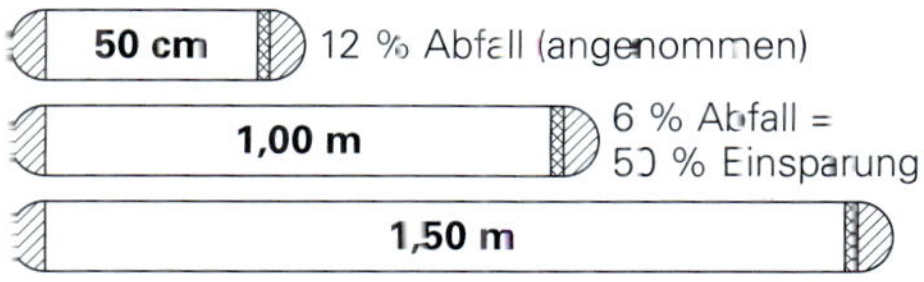

Aufschneiden verschiedener Brotlängen

➤ *Erläutern Sie die Darstellung hinsichtlich der Einsparung von Endabfall.*

Berechnungen

➤ *Ermitteln Sie die Verluste beim Schneiden von Brot nach Vorgabe des stranglängenbezogenen Endabfalls in Prozent.*

➤ *Errechnen Sie die Schneidabfälle in Prozent nach Vorgabe der Brotmenge und der daraus erzielten Schnittbrotmenge.*

Schneiden von Brot

Für *losen Brotaufschnitt* benötigen Sie in der Ladeneinrichtung eine dazu geeignete Brotschneidemaschine, eine Waage sowie den dafür erforderlichen Platz im Verkaufsraum. Die Brotschneidemaschine muss unbedingt im Verkaufsraum aufgestellt sein. Viele Kunden wollen nämlich beim Aufschneiden zuschauen, damit sie gegebenenfalls ihre Wünsche ändern oder konkretisieren können.

Für *Brotaufschnitt* benötigen Sie eine spezielle Maschine,

- mit der Scheibe für Scheibe vom Brot geschnitten werden kann,
- mit variabler Schnittstärke,
- mit vollautomatischer Funktion, um auch auf Wunsch Ganzbrote ohne Wartezeit für andere Kunden aufschneiden zu können.

Zur Herstellung von *Fertigpackungen mit Schnittbrot* ist ein gesonderter Brotschneideraum günstig. Ein solcher separater Raum lässt sich am besten für eine rationelle Produktion einrichten (➞ Seite 41). Auch ist es in einem solchen Raum gut möglich, vorsorgliche Maßnahmen der Schimmelbekämpfung einzuhalten.

Zur Auswahl der Schneidemaschine für Brot in Fertigpackungen sind andere Aspekte zu beachten als bei Maschinen für Brotaufschnitt.

Für Brotaufschnitt besonders gut einsetzbar:
- mit einem für verschiedene Brotsorten geeigneten Schneidesystem (Ziehmesser)
- mit individuell einstellbarer Scheibenstärke
- mit Anzeige der Scheibenanzahl
- mit vollautomatischem Betrieb

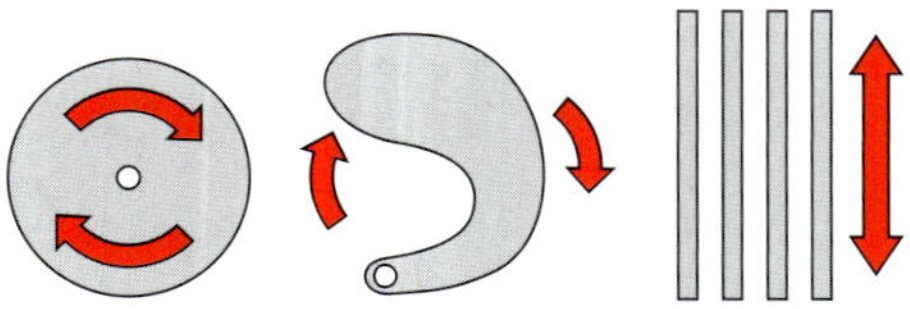

Schneidesysteme für Brotschneidemaschinen

Gattermesser-Schneidemaschine

Im Gattermesser-System wird das Brot mit einem einzigen Schneidvorgang aufgeteilt

Unfallverhütung

Die Bedienung und Reinigung von Brotschneidemaschinen darf nur zuverlässigen Personen übertragen werden, die damit vertraut und über 17 Jahre alt sind.

Lehrlinge dürfen an dieser Maschine zur Ausbildung und unter Aufsicht beschäftigt werden, wenn sie über 16 Jahre alt sind.

Wichtige Hinweise:

- *Arbeiten Sie an Brotschneidemaschinen nur nach umfassender Instruktion über Gefahren sowie nach ausführlicher Anleitung.*
- *Setzen Sie niemals die Einrichtungen zum Unfallschutz außer Betrieb.*

Maschinen zum Schneiden von Brot

Brotschneidemaschinen unterscheiden sich
- durch das Schneidesystem,
- durch die Zusatzeinrichtungen für Schneidepräzision (z. B. Beölung),
- durch die Leistungsfähigkeit (Brotmenge je Stunde),
- durch den Grad der Automation (Sammler, Transportbänder oder den Anschluss von Verpackungsmaschinen).

Eignung von Schneidesystemen für Brotsorten

Die verschiedenen Brotschneidemaschinen sind heutzutage für fast jede Brotsorte benutzbar. Dennoch ist für die *besondere Eignung* das Schneidesystem mit seiner Messerausrüstung entscheidend.

Zum Aufschneiden von Toast- und Weißbrot (auch weichem Mischbrot) eignet sich am besten die Gattermesser-Schneidemaschine. Bei dieser Maschine besteht das Schneidesystem aus einem parallel angeordneten Messerblock. Die Gattermesser schneiden das Brot in einem einzigen Schneidevorgang auf. Ein Nachteil ist, dass hierbei die Schnittenstärke nicht verstellbar ist.

Bäckereien/Konditoreien, die neben Toastbrot auch Mischbrot und Roggenbrot schneiden, sind dafür gut gerüstet mit einer Kreis- oder Rundmesserschneidemaschine. Sie eignet sich für alle empfindlichen Brotsorten mit weicher Krume mit oder ohne Kruste. Das Kreismesser rotiert schnell um seine eigene Achse. Die Brotteilung erfolgt dabei Scheibe für Scheibe.

Brotsorten mit kompakter und weicher Krume sowie nicht zu stark ausgebildeter Kruste sind gut mit der Schlagmessermaschine *(auch: Sichelmesser-, Ziehmessermaschine)* aufzuschneiden. Schlagmesser sind das heute meistverwendete Messersystem in den gewerblichen Brotschneidemaschinen. Sie schneiden das Brot in einer kreisenden und zugleich ziehenden Schlagbewegung scheibenweise auf.

Glatter Schnitt durch Messer-Beölung

Etliche Schneidemaschinen sind mit einem Messer-Beölungssystem ausgerüstet. Über Bürsten- oder Filzabstreifer wird beim Schneiden ein dünner Ölfilm auf die Messer aufgebracht. Gleichzeitig werden die Messer durch die Abstreifer von Krumenanhaftungen befreit. So ist ein glatter Schnitt auch bei noch sehr frischem Brot möglich. Der Ölfilm auf den Brotscheiben mindert auch deren Verkleben in der Packung. Sofern diese technologische Wirkung erzielt werden soll, gilt das Öl rechtlich als Zutat (ist daher aufzuführen im *Zutatenverzeichnis*).

Reinigung vermindert die Schimmelanfälligkeit

Die Messer-Beölung hat Folgen: Das Schneid- und Abstreifsystem verklebt mit Schneidresten und Öl. Der Reinigungsaufwand ist daher höher als bei Maschinen ohne Beölung. Außerdem erhöht Schneideöl das Risiko der Übertragung von Keimen auf die Brotscheiben.

Darum sind neben den üblichen Reinigungsarbeiten von Maschinen folgende Hygienemaßnahmen von besonderer Wichtigkeit:
- Abstreiffilz und -bürsten sind täglich mit warmem Wasser und wöchentlich mit verdünnter Essiglösung zu reinigen. Durch einen Austausch-Filzsatz ist die Maschine stets einsatzbereit zu halten.
- Ölbehälter und Zuleitungen sind vor Neubefüllung zu reinigen und zu desinfizieren. Keime im Öl werden durch Erhitzen abgetötet. In einigen Maschinen ist ein Ölreinigungs-System integriert.

Verpacken von Schnittbrot

Welche Packstoffe sind für Schnittbrot geeignet?

Grundsätzlich müssen Packstoffe für Schnittbrot die Anforderungen für Lebensmittel-Bedarfsgegenstände erfüllen (nach Lebensmittel- und Futtermittelgesetzbuch = LFGB). Darüberhinaus sind für ihre Eignung eine Mindestreißfestigkeit, eine Mindestdichte gegen Austrocknen sowie Schutzeigenschaften gegen äußere Einflüsse nötig (z. B. gegen Staub, Insekten- und Mikrobenbefall).

Ansonsten ist für die Auswahl der Packstoffe zu berücksichtigen:
- die gewünschte Mindesthaltbarkeit des Packungsinhalts,
- die vorhandene Verpackungstechnik,
- die anzuwendende Methode zur Haltbarmachung.

Schnittbrotpackungen für kurze Mindesthaltbarkeit

Packungen mit geschnittenem Weizenbrot, Weizenmischbrot oder Brotaufschnitt mit einer Haltbarkeit von bis zu zwei Tagen werden wasserdampfdurchlässig zur Erhaltung der Krustenrösche verpackt. Dafür eignet sich gut nadelperforierte PP-Folie (= Polypropylen-Folie) als Verpackungsmaterial.

Für Toastbrot und Schnittbrot mit einer maximalen Mindesthaltbarkeit von 5 Tagen eignen sich die Verpackungsmaterialien, die nur schwach wasserdampfdurchlässig sind. Geeignet sind Zellglas (für Toastbrot) und PE-Beutel (= Polyethylen-Beutel) für Weißbrot, Roggenbrot und Mischbrotsorten.

Heißpasteurisierte Schnittbrotpackungen

Verpacktes Schnittbrot ist über lange Zeit gegen das Verschimmeln geschützt, wenn die verschlossenen Brotpackungen pasteurisiert werden. Der Erhitzungsvorgang erfolgt durch Infrarotstrahlen oder durch Heißluft auf eine Kerntemperatur von 75 °C (für zwei Wochen Haltbarkeit) oder gar 100 °C (für mehrere Monate Haltbarkeit). Die Packstoffe müssen dazu hitzebeständig und wasserdampfdicht sein. Geeignet sind PP-Folie und Verbundfolien.

Schutzgaspackungen für Schnittbrot

Durch Austauschen der Luft gegen ein Verpackungsgas (= Schutzgas) wird der Brotpackung der Sauerstoff entzogen (➡ Seite 382). Dadurch können die Schimmelsporen nicht auskeimen, weil sie für ihr Leben vom Sauerstoff der Luft abhängig sind.

Packungsgrößen für Schnittbrot

Fertigpackungen von Brot werden zumeist mit gleichen *Nenngewichten* hergestellt (Ausnahmen sind beispielsweise die Kleinstpackungen mit wenigen Scheiben für Hotels oder Automaten). Für die Füllmengen von Brotpackungen gibt es ebenso wie für die Ganzbrote keine rechtlich vorgeschriebenen Gewichtseinheiten. Demnach können Packungen mit beliebigem Gewicht hergestellt werden. Es ist nur auf dem Etikett der Packung auszuweisen.

Bei *Gewichtskontrollen* müssen Packungen mit gleichem Nenngewicht im Mittel das Sollgewicht erfüllen. Das heißt: Bei einer Stichprobe von 10 Packungen je 500 g muss das Gesamtgewicht 5000 g betragen. Das Gewicht der Einzelpackung darf in einem festgelegten Rahmen davon abweichen, zum Beispiel Päckchen mit 500 g Inhalt beim erstmaligen Inverkehrbringen um 6 % des Nenngewichts (➡ Seite 80).

Eigenschaften verschiedener Packstoffe

Material	bedruckbar	reißtest	heißsiegelfähig	hitzebeständig	wasserdampfdicht	gasdicht	lichtdicht
Zellglas (einfach)	–	(+)	–	(+)	–	–	–
Wachspapier	+	(+)	(+)	–	–	–	+
Polyethylen	+	+	(+)	(+)	–	–	–
Polypropylen	+	+	+	+	+	+	–
Kunststoff-beschichtete Alufolie	+	+	+	+	+	+	+

\+ = Eigenschaft wird erfüllt
(+) = Eigenschaft wird bedingt erfüllt
– = Eigenschaft wird nicht erfüllt

Eignung von Packstoffen für Brot

Angebotsform:	*Packstoffe:*
• *Verpacktes Ganzbrot mit röscher Kruste*	*– Rollenpapier, Papiertüten, Papiertüten mit Zellglasfenster, perforierte Folie*
• *Verpacktes Ganzbrot ohne Krustenrösche*	*– heißsiegelfähige Schrumpffolie, PE-Beutel*
• *Verpacktes Toast-, Schnittbrot, ohne Schimmelschutz*	*– Zellglas, PE-Beutel*
• *Verpacktes Schnittbrot, pasteurisiert*	*– PP-Beutel, Alu-Verbundfolie*
• *Verpacktes Schnittbrot, in Schutzgas*	*– PP-Verbundfolie*

Anregung zur Weiterarbeit

➤ *Bewerten Sie die möglichen Maßnahmen zum Haltbarmachen von Schnittbrot*
- *unter verbraucherorientierten und gesundheitlichen Aspekten,*
- *unter betriebsorientierten und wirtschaftlichen Gesichtspunkten*

Hinweis

*Für die **Preisangabe bei Fertigpackungen** gab es früher eine Ausnahme hinsichtlich der **Grundpreisangabe**: Beim Einhalten bestimmter Füllmengen (z. B. 250 g oder 500 g) war bisher die Grundpreisangabe entbehrlich. Diese Regelung gilt nicht mehr.*

Plakat für das Markenbrot in der Verkaufsstelle

Hinweis

*Für **Roggengebäcke** wird von der CMA ein Wettbewerb durchgeführt.*

Darüber finden Sie weitere Informationen auf der CD-ROM zu diesem Buch.

Was ist ein Markenbrot?

*Eine **Warenbezeichnung** oder das **Zeichen für eine Ware** kann nach den Regeln des „Markengesetzes" geschützt werden. Damit ist es für die Benutzung durch andere ausgeschlossen. Bei missbräuchlichem Gebrauch einer geschützten Marke kann der Besitzer des Markenschutzes rechtlich die Unterlassung der Fremdnutzung durchsetzen.*

Tagesangebot in der Verkaufsstelle

Marketing-Aktionen für roggenhaltige Brote

In den meisten Backwarenverkaufsstellen zeichnet sich das Sortiment durch eine Brotvielfalt aus. Für Kunden ist das Angebot oft verwirrend. Für den Betrieb ergibt sich aus der Sortenvielfalt eine Verzettelung ohne richtigen Schwerpunkt bei einer Brotsorte. Wenn Sie verkaufsfördernde Maßnahmen für roggenhaltige Brote planen und durchführen wollen, haben Sie mehr Erfolg, wenn Sie den Kunden den besonderen Wert dieser Brote verdeutlichen.

Die folgenden Beispiele für Marketing-Aktionen verdeutlichen, wie Sie kundenorientiert vorgehen, wie Sie Aufmerksamkeit erzielen können und wie sich Ihr Betrieb mit der Aktion von Konkurrenten abhebt.

Kundenorientiert roggenhaltige Brote anbieten

Von deutschen Verbrauchern werden roggenhaltige Brote wegen ihres aromatisch-säuerlichen Geschmacks geschätzt. Sie haben eine saftige und lang frischbleibende Krume, enthalten viel Ballaststoffe und haben einen positiven *Ernährungswert*. Letzteres wurde in Finnland in einer Langzeitstudie über den Verzehr von Roggenbrot bewiesen.

Für die Marketing-Aktion wird daher Wert auf *Informationen* gelegt.

Mit traditionellem Brot die Gefühle ansprechen

Die Verbraucher schätzen roggenhaltige Brote, wenn diese *nach alten Rezepturen in handwerklicher Tradition* hergestellt sind. Damit wird ihnen die authentische Produktion vermittelt. Das heißt: Die Bäckerei legt offen, mit welchen Rohstoffen, Teigführungen und Backverfahren das hauseigene Brot hergestellt wird.

Diese *Informationen* schaffen Vertrauen. Sie wecken zugleich positive Emotionen. Sie sind erweiterbar zur Vermittlung ernährungsbezogener Inhalte. Besonders wirksam ist es, wenn dabei ein *Premiumbrot als Marke* herausgestellt wird. Das ist im folgenden Beispiel der Fall.

- Das Team einer Bäckerei formuliert ein *Produktversprechen*, indem es *für eine Brotsorte* herausstellt: „So gut wie zu Großvaters Zeiten". An diese Aussage wird eine *originelle Brotbezeichnung* gebunden, die als Marke „Oppa Ewald" geschützt wird. Bereits der Name mit seiner ungewöhnlichen Schreibweise findet Aufmerksamkeit.
- Den Kunden wird „in liebevollen Texten erzählt" wie das Markenbrot hergestellt wird und warum es so gut ist. Die *Produkteinführung* wird begleitet von Probieraktionen in und vor den Verkaufsstellen. In den Läden wird die Brotsorte in speziellen Regalbereichen präsentiert.

  Das Brot prägt als Betriebsmarke wesentlich die Außenwahrnehmung der Bäckerei. Auch wirtschaftlich ist es ein Erfolg. Das Brot erbringt über 50 % des Brotumsatzes.

Mit rückverfolgbarer Rohstoffherkunft Vertrauen schaffen

Die Verbraucher schätzen Brote, bei denen ihnen die *Natürlichkeit und Herkunft der Rohstoffe* nachgewiesen werden kann.

- Den Kunden einer Bäckerei/Konditorei wird eine Brotsorte nach einer alten regionalen Rezeptur angeboten (*Grimmicher Bauernbrot*). Als Besonderheit wird auch die *regionale Herkunft der Rohstoffe* aus kontrolliertem Anbau herausgestellt.
- Die Vorzüge dieses Brotes werden durch *Handzettel* vorgestellt, die im Einzugsbereich der Bäckerei verteilt werden. Darin wird auch auf die tageweisen Angebote dieser Brotsorte hingewiesen.

Mit Bio-Brot das Gesundheitsbewusstsein ansprechen

Immer mehr Verbraucher schätzen Brote mit *ökologischen Rohstoffen*. Mit einem solchen Angebot wird das Gesundheitsbewusstsein der Kunden angesprochen.

Es werden verschiedene roggenhaltige Brotsorten angeboten, die die Anforderungen der Verbände „bioland" und „Demeter" erfüllen. Das wird durch Informationsschriften und Plakate herausgestellt. Bei der Vorstellung der Brote steht aber die *Probieraktion* im Mittelpunkt.

- Die Kunden im Laden und vor allem die Passanten vor dem Geschäft erhalten kleine *Kostproben verschiedener Brote*. Sie werden über den gesundheitlichen Wert der Bio-Brote im persönlichen Gespräch informiert. Dabei werden die Inhaltsstoffe der Brote und deren Wert für die Ernährung herausgestellt. Wichtig ist es dabei, den Kunden auch die Unterschiede der angebotenen Brotsorten im Einzelnen zu erklären (was die jeweilige Brotsorte auszeichnet).
- Die Passanten sollten von dem Angebot so überzeugt werden, dass sie das Geschäft zum Einkauf betreten. Aber auch diejenigen, die nicht sofort zum Kauf bereit sind, sollten als mögliche künftige Käufer behandelt werden (z. B. zusätzliche Kostproben anderer Bio-Waren für zu Haus mitgeben).

  Den Kunden im Geschäft sollten weitere Produkte aus ökologischer Gewinnung zum Kauf zuempfohlen werden.
- Den Käufern der Bio-Brote kann ein zusätzlicher Anreiz zum Kauf in der Bäckerei/Konditorei geboten werden, indem die Bio-Brotkäufe auf einer *Treuekarte* boniert werden. Beim Kaufnachweis von 10 oder 20 Broten erhält der Kunde kostenlos ein Bio-Brot seiner Wahl.

Vorstellen verschiedener Brote, hergestellt nach den Grundsätzen der Bio-Verbände

(Das Einspießen von Fähnchen oder Schildern in die Produkte kann als nachteilige Beeinflussung gewertet werden. Es darf daher nicht bei Gebäcken erfolgen, die zum Verkauf angeboten werden. Im obigen Beispiel dient es nur zur Dekoration.)

Information über Bio-Brote und Verkostung vor der Verkaufsstelle

Mit Butterbrot das gesundheitsbewusste Essen schulen

In den Ländern der Europäischen Union wird bei der Einschulung von Kindern zunehmend festgestellt, dass die schulpflichtig werdenden Kinder bereits stark übergewichtig sind. Ursachen dafür sind vor allem *falsches Ernährungsverhalten und Bewegungsarmut*. Übergewicht führt zu Leistungsminderung und Gesundheitsrisiken. Deshalb wird mit verschiedenen Maßnahmen versucht, dieses Problem zu lösen.

Viele Kinder frühstücken zu Haus nicht vor dem Gang zur Schule. Sie kaufen sich tagsüber etwas beliebiges. Das genügt aber zumeist nicht den Grundsätzen einer gesunden Ernährungsweise. Bäckereien und Konditoreien haben besondere Kompetenz für das *gesunde Schulbrot*. Sie können Eltern und Kindern ideenreiche und abwechslungsreiche Angebote machen. Besonders aufwändig, aber auch langfristig sehr wirksam ist die Beteiligung an Programmen für Schulverpflegung.

- Die Mitwirkung von Bäckereien und Konditoreien an einem schulisch gelenkten Ernährungsprogramm setzt zumeist die Genehmigung der zuständigen Schulbehörde voraus.
- Den Grundschulkindern werden schultäglich Schulbrote angeboten, die frisch und lecker belegt sind und sich in ihrem Ernährungswert von den weichen, süßen Fast-Food-Snacks abheben. Die Bäckerei und Konditorei stellt das Speisenangebot in Abstimmung mit Eltern und Schule. Für die Kinder erfolgt die Einführung in dieses Angebot in einem projektbezogenen Sachunterricht. Der Unterricht wird durch die Lehrkräfte der Schule oder durch Ernährungsberater gegeben. Die Kinder werden so nicht nur zu gesundem Essen geführt. Viele von ihnen werden auch treue Kunden der Bäckerei/Konditorei.

Information über Brot im Rahmen der gesunden Ernährung im Unterricht der Grundschule in einer Kooperation von Bäckerei/Konditorei und Schule

Argumentationshilfe bei Mängelrügen

Verschiedene Mängel der Krume von Roggenbroten können auf die gleiche Ursache zurückgeführt werden. So sind Brotfehler wie „unelastische Krume“, „Wasserstreifen“, „Abbacken der Oberkruste“, „Feuchtkrümeln“, „Süß- und Brandblasen“ zumeist durch enzymatisch abgebaute Mehlsubstanz (= Auswuchsmehl) verursacht.

***Auswuchsmehl** stammt aus witterungsgeschädigtem Getreide (länger anhaltende feuchte Witterung während der Getreidereifung). Die Gefahr, dass Auswuchsmehl zu Brot verbacken werden muss, ist vor allem bei Verarbeitung von Getreide aus regionalem Anbau gegeben.*

Bei Auswuchsgetreide sind die abbauenden Enzyme im Korn aktiviert. Die Stärke wird zum Teil in lösliche Zucker abgebaut. Sie kann beim Backen nicht die erforderliche Wassermenge binden. Nur gut gesäuerte Teige können die Enzymaktivität genug hemmen.

Anwenden von Verkaufsargumenten

Für jede Brot- und Kleingebäcksorte gibt es eine Reihe von Verkaufsargumenten. Sie sind aus den Produktmerkmalen ableitbar, zum Beispiel: für Brot mit Vollkornschrot gilt das Verkaufsargument „lange Frischhaltung“.

Doch nicht alle richtig abgeleiteten Verkaufsargumente sind in einer konkreten Situation anwendbar. Passend ist ein Verkaufsargument eingesetzt, wenn es kundenorientiert ist, also das Interesse des Kunden trifft. Beispielsweise ist die „lange Frischhaltung“ dann besonders herausstellbar, wenn der Kunde das Brot bevorraten möchte.

➤ *Stellen Sie bei den Situationsaufgaben an Beispielen dar, in welcher Situation ein bestimmtes Verkaufsargument passend ist.*

Betriebswirtschaftliches Handeln

Marketing-Maßnahmen zur Verkaufsförderung für ein bestimmtes Produkt sollten auf ihren Erfolg hin überprüft werden.

Neben qualitativen Zielen (z. B. Anheben des Bekanntheitsgrades des Geschäfts) sind bei verkaufsbezogenen Aktivitäten besonders die quantitativen Ziele auf ihr Erreichen hin zu kontrollieren.

➤ *Stellen Sie an einem Beispiel der Situationsaufgaben dar, auf welche Weise das Erreichen von quantitativen Zielen der Verkaufsförderungsmaßnahme kontrolliert werden kann.*

Lernfeldbezogene Aufgaben

1. Situationsbeschreibung:

Für die Kundeninformation sollen in Ihren Verkaufsstellen schriftliche Produktinformationen bereitgestellt werden. Sie sollen die Texte dafür erarbeiten und erfassen.

➤ *Erstellen Sie separate Produkte-Dateien für Weizengebäcke und für roggenhaltige Gebäcke mit Auflistung der zugehörigen Brot- und Kleingebäcksorten.*
- *Erfassen Sie sämtliche Brot- und Kleingebäcksorten, die in Ihren Verkaufsstellen angeboten werden.*
- *Erstellen Sie für jede Gebäcksorte Ihres Betriebs die Produktmerkmale und fügen Sie zutreffende Verkaufsargumente hinzu.*
- *Erarbeiten Sie Antworten für den Fall, dass Kunden die Qualität roggenhaltiger Brote reklamieren (➞ Argumentationshilfe).*

2. Situationsbeschreibung:

In Ihrer Verkaufsstelle werden auch Spezialbrote angeboten. Sie sollen die Kunden über besondere Merkmale der Brote informieren und sie beraten.

➤ *Erarbeiten Sie sich Kompetenz in Fragen der Spezialbrotsorten.*
- *Listen Sie die in Ihrer Verkaufsstelle üblichen Spezialbrote auf.*
- *Ordnen Sie die Brotsorten nach folgenden Kriterien:*
  - *Brotsorten mit besonderen Getreidearten (z. B. Hafer, Hirse)*
  - *Brotsorten mit besonders bearbeitetem Getreide (z. B. Quellen)*
  - *Brotsorten mit besonderen Backverfahren*
  - *Brotsorten mit besonderen Zutaten*
  - *Brotsorten mit verändertem Nährwert*
  - *Brotsorten diätetischer Art*
- *Stellen Sie von jeder Brotsorte arttypische Besonderheiten im Aussehen, im Genusswert und im Ernährungswert heraus.*

➤ *Sie sollen eine Spezialbrotsorte ins Zentrum des Verkaufs stellen.*
- *Wählen Sie eine dafür geeignete Brotsorte aus.*
- *Verschaffen Sie sich mit Hilfe von Fachliteratur zusätzliche Informationen über diese Brotsorte.*
- *Leiten Sie aus den gegebenen arttypischen Qualitätsmerkmalen dieser Brotsorte kundenorientierte Verkaufsargumente ab.*
- *Richten Sie eine spezielle Auslage für diese Brotsorte ein. Die Ausgestaltung sollte der Besonderheit der Brote entsprechen.*

3. Situationsbeschreibung:

Sie sollen die Verwendung von Sauerteig für die Brotherstellung verkaufsfördernd herausstellen.

➤ *Erarbeiten Sie ein Konzept zur Herausstellung der Vorzüge, die Kunden beim Kauf von Sauerteigbrot erhalten.*
Die Konzeption sollte verdeutlichen:
- *die Notwendigkeit der Säuerung roggenhaltiger Brote,*
- *die grundsätzlichen Unterschiede von Sauerteigbrot und anders gesäuerten Brotsorten,*
- *die Vorzüge von Sauerteigbrot,*
- *die überlieferte handwerkliche Tradition der Brotherstellung.*

- *Tragen Sie dieses Konzept Ihrer Chefin/Ihrem Chef vor mit der Bitte, dieses in Ihrer Verkaufsstelle anwenden zu dürfen.*
- *Informieren Sie alle Mitarbeiter/innen unter Einbezug der Produktion über den geplanten Ablauf der Verkaufsförderungsaktion.*
- *Üben Sie vorab in einem Rollenspiel die Hinführung des Verkaufsgesprächs zur Verkaufsförderungsmaßnahme.*

SPEISEN
HERSTELLEN UND ANRICHTEN

Dieses Lernfeld ist Teil der Ausbildung im zweiten Ausbildungsjahr.

Leitfragen in diesem Lernfeld sind:

Welche Erwartungen an das Speisenangebot der Bäckerei und Konditorei gibt es bei unterschiedlichen Zielgruppen?

Wie sind neue Backwarensnacks und Partygebäcke zu entwickeln und in das Sortiment einzuführen?

Welche Teige und Rezepturen sind für die Herstellung von Backwarensnacks und Partygebäcken einsetzbar?

Wie können Backwarensnacks rationell hergestellt und für den Verkauf bereitgestellt werden?

Auf welche Weise sind Vorproduktion und Zubereitung im Laden beim Angebot von Speisen und Backwarensnacks sinnvoll zu verknüpfen?

Welche Maßnahmen der Hygiene und der Qualitätssicherung sind für die Produktsicherheit bei Speisen mit leicht verderblichen Zutaten zu beachten?

Mit welchen Werbemaßnahmen und Aktionen können Zielgruppen für das Angebot an Snacks und Partygebäck erreicht und als Kunden der Bäckerei und Konditorei gewonnen werden?

Das sind die leitenden Fragen zum Speisenangebot im folgenden Kapitel

SALATANGEBOT DER BÄCKEREI UND KONDITOREI

Ob als Vorspeise, Beilage oder Hauptgericht: Frische Salate sind dafür immer gut geeignet. Salate aus knackigen Salatblättern schätzen viele Gäste; und im Bäckerei-Konditorei-Café gibt es dazu die passende Brotschnitte.

Speisenangebote im Trend der Esskultur

Für die Zukunft des Konsums in Europa sind nach Meinung von Experten drei große Trends bestimmend:

- ***Individualisierung:** Die Lebensweisen der Menschen sind vielfältig geworden. Das Essen erfolgt oft nebenbei. Snacks, kleine Mahlzeiten und „Hand-Held-Food" sind zunehmend gefragt.*
- ***Neue Frauen:** Die Frauen nehmen in Beruf und Öffentlichkeit mehr Rollen wahr als früher. Sie bauen beim Essen auf „Convenience", aber auch auf naturbelassene und authentische Ernährung.*
- ***Gesundheit:** Die Verbraucher wollen als Reaktion auf „Lebensmittelskandale" für ihre Gesundheit selbst aktiv sein. Frisches und Gesundes ist gefragt. Statt „Fast-Food" wird „Fast-Good" gewählt.*

Die Speisenangebote der Bäckerei/Konditorei können in besonderer Weise auf diese Trends hin ausgerichtet werden.

- *Sie werden frisch und authentisch in handwerklicher Art zubereitet.*
- *Bei der Wahl der Zutaten kann auf leichte, gesunde, natürliche Kost geachtet werden.*
- *Die Speisen sind mit passenden Brot- und Kleingebäcksorten anzureichern.*
- *Die Speisen können in verzehrsfertiger Form betrachtet oder rasch bereitgestellt werden, für den Verzehr im Café und für den Verzehr außer Haus.*

Anregung zur Weiterarbeit

Stellen Sie anhand der obigen Trends wichtige Punkte für ein Snack- und Speisenangebot der Bäckerei und Konditorei zusammen.

Situationsaufgabe:

Im Café Ihres Betriebs sollen Salatspeisen als Tellergerichte und vom Büfett angeboten werden. Dabei sollen Ernährungstrends genutzt und saisonale Aspekte beachtet werden.

- *Sie sollen Vorschläge für ein solches Salatangebot entwickeln.*
- *Sie sollen verschiedene Salate herstellen und präsentieren.*

Grundsätze für ein Salatangebot

Die Qualität von Salaten und Rohkostspeisen hängt entscheidend von der Auswahl der Zutaten, der gekonnten Zubereitung, der Würzung und der Anrichteweise ab.

- Salate sollen ganz frisch zubereitet und nicht lange bevorratet sein.
- Blattsalate sollen nach dem Waschen abgetrocknet oder geschleudert werden, damit sie nicht matschig werden und zusammenfallen.
- Salate sollen trotz würzender Beigaben noch den Eigengeschmack der Salatgrundstoffe behalten.
- Salate können pikant mit Küchenkräutern gewürzt und exklusiv mit saisonal verfügbaren Wildkräutern aufgewertet werden.
- Salate „des Hauses" sollten anstelle mit industriell gefertigten Soßen mit selbst hergestellten Beigaben zubereitet werden.
- Salate können mit Salatsoße oder Dressings vermengt angeboten werden, wenn das für eine begrenzte Angebotszeit geschieht.
- Salate sollen appetitlich angerichtet und präsentiert werden.
- Salate und Salatspeisen mit leicht verderblichen Zutaten müssen zur Gewährleistung der Produktsicherheit kühl bevorratet und angeboten werden (mit Ausnahme der Warmkost-Salate).
- Salate sollen je nach ihrer Konsistenz auf flachen oder hochrandigen Tellern oder in Schüsseln angeboten und ausgegeben werden.
- Salate sollen in der Portionsgröße angemessen sein auf ihre „Rolle" im Speisenangebot (als Vorspeise, Beilage zum Hauptgericht oder als kleine und große Salatspeise).
- Salate und ihre Beigaben im offenen Angebot auf dem Büfett müssen vor nachteiliger Beeinflussung beim Selbstbedienen durch die Gäste geschützt sein.

Vielfalt angemachter Salate

Ihre Beliebtheit bei Verbrauchern verdanken vegetarische Salate vor allem ihrer Zusammensetzung: Sie enthalten viel Mineralstoffe und Vitamin C. Andererseits enthalten sie je nach Rezept kein oder kaum Fett sowie wenig Kohlenhydrate (außer Wurzelgemüse). So kommt ein Salatangebot den Wünschen gesundheitsbewusster Gäste entgegen.

Angemachte Salate werden aus frischen Salaten, Gemüsen und Obst mit einer beliebigen Marinade oder Majonäse zubereitet.

Die Gattungen angemachter Salate lassen sich nach verschiedenen Gesichtspunkten unterteilen:

- Blattsalate, Gemüsesalate, Obstsalate und Feinkostsalate
- Salate mit tierischen Produkten und vegetarische Salate
- Monosalate (z. B. Kartoffelsalate) und gemischte Salate
- Rohkostsalate und Salate mit gegarten Gemüsen

Salatbasis: Gemüse und andere Lebensmittel

Als Basisbestandteile kommen alle Blattsalate, Kartoffeln, Gemüse und Obstarten sowie Teigwaren in Frage. Für Salate mit Zugabe tierischer Produkte werden beispielsweise gegarte Teile von Schlachtfleisch (wie Lenden-, Schinkenstreifen), Gefügelteile (wie Putenbrust), gekochte Eier sowie Thunfisch und Krabben verwendet.

Sämtliche Blattsalate sowie Teile von Gurken, Tomaten, Möhren und Kräutern werden grundsätzlich roh angemacht. Aber Hülsenfrüchte wie Erbsen oder Bohnen und Gemüse wie Brokkoli oder Blumenkohl sind vor ihrer Verwendung zu Salaten zu garen.

Blätter verschiedener Salatsorten

Salatsoßen: vor allem Marinaden und Majonäsen

Für Rohkostsalate sind folgende Marinaden (= Dressings) üblich:
- aus Essig und Öl, auch mit Kräutern, Pfeffer und Speisesalz;
- aus Joghurt und Essig/Zitronensaft, Öl, Pfeffer und Speisesalz;
- aus süßer/saurer Sahne, Essig/Zitronensaft, Pfeffer und Speisesalz.

Für Feinkostsalate, Kartoffelsalate, Salate aus tierischen Produkten oder Salate mit Teigwaren wird meistens Majonäse verwendet.

Bereitstellen von Marinaden, gerösteten Brotwürfeln sowie Kräutern zur Salatwürzung und Ergänzung

Portionierte Rohkostsalate: so werden sie bereitgestellt

- Geputzte Salatblätter in Behältern und auf einem Ablaufsieb abgedeckt bei kühler Temperatur vorrätig halten.
- Tomaten, Gurken, Radieschen, Möhren, Rettiche nur für kurzzeitige Bevorratung schneiden/raspeln und gekühlt vorrätig halten.
- Rohkostsalate erst unmittelbar vor dem Verkauf anmachen.
- Größere Salatblätter in die Portionsschale unten als Mantel einlegen; Tomaten- oder Gurkenscheiben fächerartig neben den geraspelten Gemüsen anordnen, nicht miteinander mischen; den Salat mit locker aufgelegten Salatblattabschnitten abdecken.
- Portionierte Salate mit Kräutern, Keimlingen, Radieschenscheiben, Zwiebelringen garnieren und in der Kühltheke präsentieren.
- Dressings erst bei Abgabe auswählen lassen und übergießen oder bei Teilselbstbedienung das dem Gast überlassen.

Als Beispiele für Salatzubereitungen finden Sie auf CD-ROM zu diesem Buch verschiedene Rezepturen.
Außerdem sind dort einige Grundsätze zu Gestaltung und Hygiene bei Salatbüfetts aufgeführt.

Chef-Salat: mit Putenbrust und Kochschinken

SNACKS AUS DER BÄCKEREI UND KONDITOREI

Als Ausdruck des gewandelten Verbraucherverhaltens ist festzustellen, dass viele Menschen den üblichen Rhythmus der Mahlzeiten nicht mehr einhalten. Man isst „außer Haus" und bevorzugt dabei „etwas Schnelles auf die Hand".

Für Backbetriebe hat sich dadurch eine neue Marktsituation eröffnet. Neben dem üblichen Backwarensortiment führen viele Bäckereien/Konditoreien ein Sortiment an Backwarensnacks. Um damit Erfolg zu haben, muss sich das Angebot nach Art und Qualität von dem der Fast-Food-Ketten und der Imbiss-Kioske abheben. Für Snacks in Premiumqualität sind neue Zielgruppen zu erreichen, die auch weite Wege für Snacks der Spitzenqualität in Kauf nehmen.

Zielgruppen für Backwarensnacks

- *Passanten und Einkaufende in „Lauflagen" der Innenstadt*
- *Schüler und Lehrkräfte bei Verkaufsstellen in der Nähe von Schulen (eventuell: Lieferung an eine Schulcaféteria)*
- *Berufstätige bei Verkaufsstellen in der Nähe von Geschäften und Büros*
- *Firmen und Institute zur Belieferung mit Snacks für Geschäftsessen*
- *Privatpersonen zur Belieferung mit Snacks im Partyservice (für Feiern zu Haus)*

➤ *Erweitern Sie die obige Liste um Zielgruppen, die speziell für Ihren Betrieb in Betracht kommen können.*

Einteilung der Backwarensnacks

- *Beispiele für **gebackene Snacks:***
  - *– mit Füllungen: Taschen, Wickel, Hörnchen (z. B. mit Schinken-Käse-Ananas)*
  - *– mit Auflagen: Pizzen, pikante Blechkuchen (z. B. mit Gemüsen)*
  - *– mit im Teig eingebackenen pikanten Zutaten: Brötchen, Stangen (z. B. mit Schinken- und Käsewürfeln, Salamischeiben, Kräutern)*
- *Beispiele für **überbackene Snacks:** Brötchen-, Baguette-, Ciabattahälften, Toastbrotscheiben*
- *Beispiele für **belegte Snacks:** Spezialbrötchen, Baguettes, Scheibenbrote, Laugengebäcke, Ciabatta*

Situationsaufgabe:

In Ihrer Verkaufsstelle soll ein attraktives Sortiment an Speisen und Snacks für verschiedene Zielgruppen angeboten werden. Dabei sollen auch neue Speisen- und Snacksorten entwickelt werden.

➤ *Sie sollen Zusammenstellungen für qualitativ hochwertige Snacks entwickeln und anwenden.*

➤ *Sie sollen Snackangebote für spezielle Zielgruppen Ihres Geschäfts unter Berücksichtigung ihres Kaufverhaltens entwickeln und dabei die Kostenstruktur beachten.*

➤ *Sie sollen Backwarensnacks unter Beachtung hygienischer Belange präsentieren und den Käufern in verschiedener Form darreichen.*

Basis für gebackene Snacks: verschiedene Teige

Für gebackene Snacks werden üblicherweise Hefeteige, Mürbeteige und Blätterteige verwendet. Typisch für diese Snackgruppe ist, dass die Füllungen oder Auflagen *zusammen mit dem Teig gebacken* werden.

Grundlagen aus *Hefeteig* werden zum Beispiel für Flammekuchen oder Pizza verwendet. *Plunderteig* ist vor allem für verschiedene Gebäcke mit Gemüsefüllungen üblich (Strudel oder Schnecken). Die Hefeteige sind zumeist aus hellem Weizenmehl, aber auch mit Roggenanteil oder aus Vollkornerzeugnissen hergestellt. Die Teige sind zuckerarm oder zuckerfrei, meistens mit nur geringem Fettzusatz.

Blätterteig eignet sich als Basis für alle pikanten Zubereitungen, die dünnschichtig aufgelegt oder als Füllung eingebracht sind. Zu starke Auflagen führen zum Dichtwerden der Gebäcke.

Für Auflagen mit Käse- und Gemüsezubereitungen ist eine Basis aus *Mürbeteig* gut geeignet. Der dafür übliche Mürbeteig entspricht dem Kuchen-Mürbeteig, ist aber ohne oder mit wenig Zucker hergestellt.

Für *Partykleingebäcke* sind neben den obigen Teigen auch Massen als Grundlage üblich (z. B. Brandmasse).

Spezielle Kleingebäcke als Snacks

Backwarensnacks, die sich von verschiedenen Kleingebäcken ableiten lassen, sind problemlos: Sie sind einfach herzustellen und zu bevorraten. Für sie ist eine breite Zielgruppe von Käufern zu gewinnen, sowohl die Passanten als „Impulskäufer" als auch Stammkunden für den Einkauf für zu Haus.

Kleingebäcke mit eingebackenen Zutaten

- Einfachste Snacks sind *Spezialbrötchen* mit eingebackenen Zutaten wie Gemüse (z. B. Zwiebeln, Mais), Hartkäse, Fleischteilen oder Wurst (z. B. Schinkenwürfel, Salami).

  Die Teiglinge dieser Snacks können ebenso wie die für übliche Brötchen für das Backen im Ladenbackofen bevorratet werden.

  Diese Snacks können frisch und noch warm zum Verzehr angeboten werden. Sie eignen sich aber auch zum Kaltverzehr mit Auflagen.

- Gehaltvolle Snacks sind aus *speziellen Hefeteigen* mit eingebackenen Füllmassen herstellbar.

  Beispiel: Käse-Kürbis-Happen

  Basis ist ein *Mehrkornbrötchenteig*. Pro kg dieses Teiges werden mit drei einfachen Touren 100 g Ziehfett eintouriert. Bei der letzten Tour werden vor dem Zusammenlegen pro kg Teig etwa 50 g Kürbiskerne und 50 g geriebener Käse eingestreut.

  Der tourierte Teig wird ausgerollt, mit Wasser abgestrichen und mit einer Füllmischung aus geriebenem Käse und Kürbiskernen bestreut. Die Teigplatte wird zu einer Schnecke aufgerollt. Der Teigstrang wird nach genügender Kühlung in etwa 6 cm dicke Scheiben geteilt. Diese werden oben befeuchtet und in eine Sesam-Mohn-Mischung gedrückt. Die Teiglinge werden auf mit Backpapier belegte Bleche abgesetzt. So können sie für das Ladenbacken bevorratet werden. Sie sind mit 3/4-Gare bei Brötchenbacktemperatur etwa 20 bis 22 Minuten abzubacken.

  Ähnliche Snacks sind *Schinkencroissants* oder *Dänische Brötchen mit Käsefüllung*.

Snack mit eingebackener Käse-Kürbis-Mischung

Kleingebäcke mit überbackenen Auflagen

- Einfachste Art dieser Snacks sind *Kleingebäcke* mit aufgestreuten Kernen, Samen oder Käseraspeln.
  Die nebenstehend abgebildeten *Laugen-Käse-Schleifen* sind dafür ein Beispiel. Die Menge des Aufstreuprodukts ist bei diesem Snacktyp durch die Größe der Gebäckoberfläche begrenzt.

- Gehaltvolle Snacks mit überbackenen Auflagemassen werden aus speziell dafür geformten Teiglingen oder Teilgebackenen hergestellt.

  Beispiel: Überbackene Sesambrötchen

  Basis sind Teiglinge aus einem *Mehrkornbrötchenteig* mit Aufstreu aus Sesam. Die Teiglinge werden bei 3/4-Gare mit einem Stempel in der Mitte so tief eingedrückt, dass eine bestimmte Auflagenmenge darin Platz findet. Eine solche Auflagenfüllung kann zum Beispiel aus gewürfeltem Schinken und gehackten Zwiebeln (im Verhältnis 2 : 1) bestehen. Die Füllung wird mit geraspeltem Hartkäse überdeckt.

  Die Teiglinge werden bei einer Temperatur von 220 °C gebacken. Im Heißluftofen beträgt die Backzeit etwa 20 Minuten. Als *Teilgebackene* lassen sich diese Snacks gut zum Ladenbacken bevorraten.

Laugensnack mit Käseaufstreu

Überbackene Sesambrötchen

Snacks aus Brotteigen

Aus roggenhaltigen Teigen und Mehrkornteigen lassen sich einfach durch Füllungen und Auflagen zum Mitbacken solche Snacks bereiten, die warm oder kalt ohne weitere Zugaben „aus der Hand" zu verzehren sind. Zum Füllen und Auflegen sind gut geeignet: Kräutermischungen, Käsestreifen, Schinken, pikante Füllungen aus Zwiebelmassen oder Käse-Schinken-Massen.

Brotteig-Snacks: mit eingebackenen Füllungen

Kalt zu verzehrende Snacks aus Brotteigen lassen sich auch leicht auf Vorrat produzieren. Dazu eignet sich die Gärverzögerung ebenso wie das Gärunterbrechen. Teiglinge mit Füllung sind leichter zu bevorraten als solche mit Auflagen.

Beispiel: Brotteigschnecken

Basis ist ein Mischbrotteig (60 % Weizen-, 40 % Roggenmehlanteil). Pro kg Grundteig werden 200 g Ziehmargarine mit 100 g geriebenem Emmentaler eintouriert. Es genügen drei einfache Touren.

Der tourierte Teig wird zu einer flachen Teigplatte ausgerollt und mit Kartoffelpüree eingestrichen. Darauf können die Füllungen gestreut werden (➡ nebenstehende Beispiele). Die belegte Teigplatte wird nun aufgerollt. Die Teigrolle wird nach genügender Kühlung oder Anfrostung in gleichmäßig starke Schneckenscheiben geschnitten. Die Scheiben werden auf *mit Backpapier ausgelegten Lochblechen* abgesetzt. So ist gewährleistet, dass die Füllung nicht auf den Blechen festbackt.

Die Schneckenteiglinge erhalten nur wenig Gare, damit sie gebacken nicht zerfallen. Sie werden ohne Schwaden bei 220 °C im Heißluftofen etwa 35 Minuten gebacken. Für das Ladenbacken können TK-Teiglinge oder halbgebackene Schnecken problemlos vorbereitet werden.

Brotteigschnecken als Teigling und fertig gebacken

Beispiele für Schneckenfüllungen

- ***Frühlingsfüllung** (vegetarische Schnecken)*
  - *500 g Schmand*
  - *250 g Gemüse (fein geschnittene Karotten, Brokkoli und Blumenkohl)*
  - *1 Bund Petersilie*
- ***Herbstfüllung** (deftige Schnecken)*
  - *500 g Kartoffelpüree*
  - *250 g Lauchschnitten (gedämpft)*
  - *100 g Speck (gewürfelt)*

Die Füllungen reichen jeweils für eine Teigrolle aus 1 000 g Grundteig.

Toasts: überbacken auf einem Basisgebäck

Der „klassische Toast" ist eine getoastete Doppelschnitte mit einem zwischenliegenden Belag (meistens Schinken und Käse). Dieser Toast erlaubt nur wenig Abwechslung in der Zusammenstellung.

Gefragter sind *offene Toasts* mit einer überbackenen Zubereitung. Für die handliche Verwendung als Snacks werden Toastauflagen oftmals auf einer Hälfte von Kleingebäcken angerichtet. Übliche Auflagen sind gegarte Fleischstücke, Fischfilets, Geflügelteile, Pilze und Gemüse. Als ergänzende Zutaten sind Gemüse (z. B. Tomaten) und Obst üblich. Die Auflage wird meistens mit Schmelzkäse abgedeckt oder mit einer Soße überzogen und so überbacken.

Beispiel: Überbackene Weißbrotscheiben

Als Basis dienen Weißbrotscheiben (oder Baguetteteilchen). Auf diese werden verschiedene Gemüse oder gewürfelte Fleischteile gestreut, die hier mit geriebenem Käse abgedeckt werden.

Die angerichteten Teilchen werden im Heißluftofen bei 170 °C für etwa 15 Minuten überbacken. Diese Snacks werden warm angeboten.

Der *gastronomische Toasttyp* ist eine auf getoasteten Brotscheiben üppig angerichtete, überhängende Zubereitung mit überbackenem Käse oder einem (überbackenen) Soßenüberzug. Dieser Toasttyp ist nur als Tellergericht für den Verzehr im Café servierbar. Er gehört eher zur Gruppe der kleinen Speisen.

Weißbrotscheiben mit Zutaten und fertig überbacken

Toast auf Baguettebasis mit Käse überbacken

Snacks aus Hefefeinteig und Plunderteig

In dieser Gruppe von Backwarensnacks sind nach der Herstellungsart verschiedene Snacktypen zu unterscheiden.

Verschiedene Snacktypen aus Hefe- und Plunderteig

Gebackene Snacks sind üblich
- mit eingebackener Füllung (Schinken, Käse) *oder*
- mit einer pikanten Zubereitung als Auflage.

Überbackene Snacks werden zumeist aus einem Hefeteig hergestellt. Plunder ist kaum üblich, weil gebackene Plunderteile keine geeignete Auflagefläche für Zubereitungen bieten. Außerdem verlieren sie beim Überbacken durch Austrocknen an Qualität.

Für *belegte Snacks* eignen sich beispielsweise ungesüßte Croissants. Bei diesem Gebäcktyp bietet sich die Verwendung von hochwertigen Belägen an, wie Krabben oder Feinkostsalate.

Füllungen und Auflagen für Plunder- und Hefeteigsnacks

Für diese Snack-Zubereitungen kommen alle Lebensmittel in Frage, die in der Küche verwendet werden, vor allem
- Eier und Milchprodukte wie Sahne und Käse,
- Fleisch-, Geflügel- und Wurstwaren,
- Fischdauerwaren wie Krabben, Kaviar und Krebsfleisch,
- Gemüse, Salate, Hülsenfrüchte und Pilze.

In Backbetrieben ist man allgemein nicht darauf eingestellt, spezielle Zubereitungen wie Majonäsen, Soßen oder Überzüge für Snacks selbst herzustellen. Hier können Convenienceprodukte hilfreich sein, wie sie von verschiedenen Herstellern angeboten werden.

Beispiel: Snack-Hörnchen mit Gemüsefüllung

Grundlage ist ein *zuckerfreier Plunderteig*. Der ausgerollte Teig wird in Dreiecke geteilt. Die Füllung ist eine gewürzte Ei-Sahne-Legierung mit verschiedenen Gemüsen. Sie wird auf die Teigdreiecke gelegt. Die zu Hörnchen aufgewickelten Teiglinge werden mit Milch abgestrichen und mit knapper Ofenreife gebacken.

Beispiel: Fladen mit überbackenen Gemüsen

Grundlage ist ein *zuckerfreier Weizenhefeteig*. Daraus werden Teiglinge mit 60 g Teigeinlage rundgewirkt, angegärt und tiefgefroren. Die somit bereitstehenden Frostlinge können jederzeit aufgetaut, flachgedrückt und mit Aufstrich versehen werden (z. B. Schmand und geriebener Käse im Verhältnis 5 : 1). In den Aufstrich werden geschnittene Gemüse- oder Wurstsorten gedrückt. Das Backen erfolgt sofort ohne weitere Gare.

Snack-Bezeichnungen sollen informativ sein

Die Bezeichnung der Snacks erfolgt oft nach den wertbestimmenden Zutaten der Beläge, Auflagen oder Füllungen (z. B. Schinken-, Käse- oder Gemüsesnack). Häufig nennt man in der Verkehrsbezeichnung auch die Gebäckgrundlage (Schinken-Croissant oder Brokkoli-Plunder).

Die Verkehrsbezeichnung kann um Informationen erweitert werden, die den Verbrauchern eine gezieltere Auswahl ermöglicht, zum Beispiel
- nach der Bekömmlichkeit (= leicht, deftig)
- nach dem Sättigungswert (= leicht, gehaltvoll),
- nach der Würze (= mild, kräftig, scharf).

Gemüsestrudel mit Eierguss auf einem ungesüßten Plunderteig gebacken

Brokkoli-Taler aus ungesüßtem Plunderteig

Plunderhörnchen mit Gemüsefüllung

Überbackene Fladen-Snacks

Anregung zur Weiterarbeit

➤ *Stellen Sie Füllungen und Auflagen zusammen, die für verschiedene Snacktypen kennzeichnend sind (z. B. Snacktypen „leicht“, „deftig“ oder „gehaltvoll“).*

Pizzen: mit Tomaten, Käse und anderen Zutaten

Wie eine Pizza schmecken sollte, das wissen nicht nur Italiener. Und nicht nur junge Menschen sind heute genau darüber informiert, wer die besten Pizzen anbietet.

Was sind Pizzen?

Pizzen sind mit Auflagen gebackene Fladen aus einem Weizenhefeteig (➟ Rezeptbeispiel). Grundzutaten der Pizzaauflagen sind Tomaten, Käse und Olivenöl. Außer Frischkäse (Mozzarella) und geriebenem Hartkäse wird auch Schafskäse verwendet. Als weitere Auflagezutaten sind vor allem üblich: Zwiebeln, Porree, Brokkoli, Paprika, Artischocken, Pilze, Schinken, Salami, Meeresfrüchte (Thunfisch, Muscheln, Garnelen, Sardellen), Oliven, Peperoni sowie Kräuter und Gewürze.

Rezeptbeispiel: Pizzateig

1 000 g Weizenmehl, Type 550
500 g Wasser
50 g Olivenöl
50 g Backhefe
18 g Kochsalz

Teigtemperatur: 24 °C bis 26 °C
Teigruhe: 30 Minuten

Für Pizzen, die nach dem Backen noch einmal aufgebacken oder wiedererwärmt werden, sollte ein höherer Fettanteil verwendet werden (zum Beispiel 100 g Butter anstelle des Olivenöls).

Was Kunden beim Kauf einer Pizza erwarten

Ob eine Pizza den erwarteten Genuss bringt, hängt nicht allein von der Zutatenkombination und von der Würzung ab.

- Die Pizza soll ofenfrisch und nicht nur aufgewärmt sein.
- Der Boden soll auch in der Mitte genügend durchgebacken sein und darf am Rand nicht brüchig-trocken sein.
- Die Gebäckkrume soll nicht dichtporig, jedoch auch nicht zu kräftig aufgelockert sein.
- Die Auflage soll nicht zu knapp bemessen sein. Sie sollte aber auch nicht mehrschichtig überladen sein. Beim Verzehr darf die Auflage nicht abtropfen.

Gut geeignet für den Sofort-Verzehr sind Mini-Pizzen (➟ Abbildung) oder auf dem Blech gebackene Pizzen, die stückweise verkauft werden.

Mini-Pizzen eignen sich gut für die problemlose Abgabe und den Sofort-Verzehr ohne Besteck

Wie Pizzaauflagen vor- und zubereitet werden

Feste Frischgemüse wie Brokkoli, Blumenkohl, Artischocken, Porree und Pilze müssen vorgegart werden. Tomaten müssen blanchiert (in heißem Wasser erhitzt) und enthäutet werden. Zwiebeln und Paprika sind roh zu verarbeiten. Bei der Verwendung von Tiefkühlgemüse und Dosenware entfällt das Vorgaren.

Die Basis des Pizzabelags besteht aus einem Tomatenaufstrich oder zerkleinerten Tomaten. Für den Aufstrich werden gehackte Zwiebeln in Olivenöl glasig gedünstet. Darin werden zerkleinerte Tomaten weich geköchelt. Die Soße wird mit Kochsalz, Pfeffer und Oregano gewürzt.

Wie Pizzen aufgearbeitet und gebacken werden

Der Pizzateig muss vor der Weiterverarbeitung gut aufgegangen sein. Er wird aufgeteilt und zu runden Fladen oder zu eckigen Teigplatten für Blechkuchen ausgerollt. Die leicht angegärten Teiglinge werden auf der Oberfläche mit einer Tomatenzubereitung bestrichen. Dann werden die übrigen Zutaten aufgelegt.

Pizzen werden mit nur knapper Gärreife bei mittlerer Hitze abgebacken. Für das *Schaubacken* sind kleine spezielle Pizza-Öfen üblich, die oft mit Holzfeuer direkt beheizt werden.

Pizza-Salami

Beispiel: Pizza-Salami

Bei dieser speziellen Pizza werden auf die Tomatenzubereitung dünne Salamischeiben gelegt. Dazu kommen dünngeschnittene Champignons, auch Paprikastreifen. Die Auflage kann ergänzt werden mit Scheiben von mildem Schnittkäse oder Aufstreu von geriebenem Hartkäse.

Snacks aus Blätterteig

Das klassische Snackgebäck mit Blätterteig ist wohl das „Würstchen im Schlafrock". Ebenso klassisch ist bei diesem Gebäck ein Mangel: Wegen der fettreichen Füllung ist es zumeist in der Mitte nicht richtig durchgebacken. Ein solches Gebäck ist schwer verdaulich. Es gibt aber Alternativen, die Sie Ihren Kunden anbieten können.

Blätterteigsnacks mit Spinat in Käse-Bechamel-Soße

Beispiel: Schinken-Käse-Snack

Die Basis ist *Blätterteig*. Der ausgerollte Blätterteig wird in Quadrate eingeteilt und mit Ei gestrichen. Dann wird die Auflagemischung mittig aufgetragen. Die Ecken der Teigstücke werden nach innen eingeknickt und leicht angedrückt.

Die Grundzutaten der Auflage sind Paprikawürfel und andere Gemüse sowie Abschnitte von Kochschinken. Sie werden in eine angedünstete Zubereitung aus Speiseöl mit fein gehackten Zwiebeln, abgezogenen, zerkleinerten Tomaten und Gewürzen eingemengt. Die fertige Masse wird auf die Teiglinge gegeben und mit Käse abgedeckt. Nach einer Entspannzeit werden die Teiglinge im Backofen abgebacken.

Teigling mit Portion der Füllung aus Spinat

Auflage in vertiefter Mitte des Teiglings

Snacks mit Blätterteig für die Warmtheke

Im Trend liegen Snacks mit leichten Füllungen und Auflagen, vor allem Gemüse, Kräutern und Soßen. Die jeweiligen Zubereitungen werden auf verschieden formbare Teiglinge aufdressiert und dann mitgebacken (➡ nebenstehende Abbildungen). Die vorbereiteten Snacks sind kühl oder gefrostet auf Vorrat zu halten, je nach Haltbarkeit der Auflagen.

Einfach ist die Herstellung und Bevorratung von Snacks in Form von Teigsträngen mit Abdeckung. Nachteilig ist hier allerdings, dass die Snacks erst kurzfristig vor Abgabe zum Verzehr zu schneiden sind.

Die gebackenen Blätterteigsnacks haben ihren vollen Genusswert nur, wenn sie möglichst frisch und warm verzehrt werden. Vorproduzierte, gefrostet oder gekühlt gelagerte Teiglinge müssen gut durchgebacken werden. Bei Füllungen mit Rohei, Fleisch oder Schmandsoßen ist eine Kerntemperatur von 70 °C über 5 Minuten nötig, damit die Produkte gesundheitlich unbedenklich sind (= kritischer Kontrollpunkt für die Produktsicherheit). Auch für das Wiederaufbacken solcher Snacks ist dieser Grenzwert zu beachten.

Warm zu verzehrende *Snacks mit leicht verderblichen Zutaten* sind bis zur Abgabe an die Kunden in der Warmtheke heiß aufzubewahren.

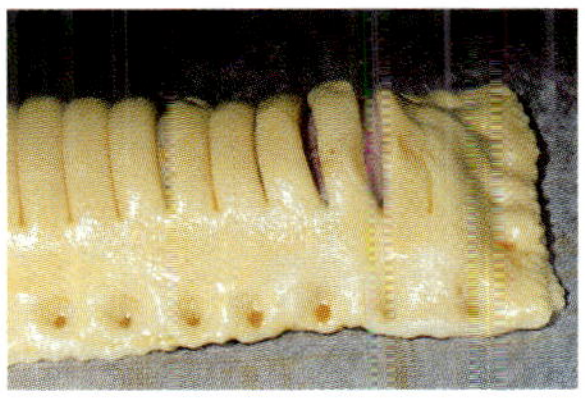

Gefüllter strudelartiger Blätterteigsnack

Schnittbild eines Snacks mit Käse-Spinat-Füllung

Blätterteiggebäcke als Beilagen zu Speisen

Klassisches Blätterteiggebäck zum Füllen mit pikanten Zubereitungen ist die *Pastete* (auch *Pastetenhaus*). Sie wird als Hohlkörper gebacken. Nach dem Füllen mit fleisch- oder gemüsehaltigen Zubereitungen wird sie durcherhitzt. Die bekannteste Zubereitung ist die *Königin-Pastete* (mit einer Füllung von Ragoût fin).

Pasteten werden zunehmend auch mit kalten Salaten gefüllt. Allerdings ist hierfür eine frische Zubereitung des Pastetenkörpers erforderlich. Über längere Zeit bevorratete Blätterteigpasteten haben dafür nicht mehr den vollen Genusswert.

Aus Restblätterteig werden kleine Gebäcke als Beilagen zu Speisen hergestellt. Bekannt sind die *Halbmonde (= Fleurons)*. Diese können sowohl ungebacken als auch in fertiger Form gut bevorratet werden. Erhitzt werden sie zusammen mit der Speise.

Ungefüllte Blätterteighäuser

Gefüllte Blätterteigpasteten

Halbmonde aus Blätterteig (Fleurons)

Quiche Lorraine: Käsetorte mit Schinkenspeck

Kuchen als Snacks: mit Speck, Schinken und Gemüse

Ergänzende Bezeichnungen wie „Kuchen" oder „Torte" für Snacks dieser Gruppe weisen auf deren Eigenschaften hin.

Sie werden auf Backblechen oder in Tortenformen gebacken. Aber im Unterschied zu Kuchengebäcken sind sie ohne Zucker hergestellt, mit pikanten Zutaten bereitet und für den Warm-Verzehr vorgesehen.

Grundlage sind meistens Weizenhefeteige. Für diese werden zum Teil auch Vollkornprodukte oder Roggenanteile verwendet. Als Basis für Zwiebel- und Käsesnacks dienen überwiegend Mürbeteige.

Quiches – die Speckkuchen

Als „Quiches" werden Speckkuchen auf Mürbeteigbasis bezeichnet. Als Auflage sind deftige Zubereitungen mit durchwachsenem Speck, Käse, Zwiebeln und Lauch üblich.

Beispiel: Quiche Lorraine

Die „Lothringer Käsetorte" ist das typische Beispiel für Quiches: Den Boden bildet Mürbeteig. Er ist in einer Springform ausgelegt. Auf den Mürbeteigboden kommen Speckscheiben. Diese werden mit einem gewürzten Guss aus Sahne, Vollei und geriebenem Käse abgedeckt. So zusammengefügt werden die Quiches gebacken.

Lauch-Schinken-Quiche ist eine spezielle Quiche-Art mit einer Auflage aus gedünsteten Lauchabschnitten, Streifen von Schinkenspeck und einem gewürzten Ei-Sahne-Guss.

Zwiebel-Speck-Quiche ist eine spezielle Quiche-Art mit einer Auflage aus angeschwitzten Zwiebeln, gedünstetem Schinkenspeck und einem gewürzten Ei-Sahne-Guss.

Rezeptbeispiel: Quiche Lorraine

Mürbeteig:	*200 g*	*Weizenmehl*
	100 g	*Butter*
	2 g	*Kochsalz*
	30 g	*Wasser*
	4 g	*Backpulver*
Auflage:	*200 g*	*durchwachsener Speck*
	150 g	*Vollei*
	250 g	*Sahne*
	125 g	*geriebener Käse, Pfeffer*

Beispiel: Gemüse-Käse-Küchle

Diese Küchle werden in kleinen, vorgebackenen Mürbeteig-Tarteletts mit etwa 11 cm Durchmesser zubereitet. Pro Tartelett werden 80 g der Gemüse-Käse-Mischung eingefüllt (➡ Rezeptur auf der CD-ROM). Die Oberfläche wird mit etwa 5 g geriebenem Emmentaler bestreut. Dann werden die Tarteletts bei 150 °C im Heißluftofen 20 Minuten gegart.

Diese Tarteletts können auch fleischhaltig und in vielen Varianten der Füllung zubereitet werden. Sie werden als so genanntes „Finger-Food" gereicht, können aber auch als kleine Partygebäcke mit Salatbeilage auf Tellern serviert werden.

Gemüse-Käse-Küchle

Gemüsekuchen – jeden Tag anders

Gemüsekuchen lassen sich in Auflage und Abdeckung gut variieren. Als Auflage sind beispielsweise Lauch (Porree), Brokkoli, Blumenkohl oder Rosenkohl einsetzbar. Die Zubereitungen lassen sich durch Zutaten wie gekochten Schinken, angedünsteten Schinkenspeck, Pilze, Zwiebeln oder geriebenen Käse unterschiedlich ergänzen. Als Bindung kommt eine Legierung aus Vollei, süßer oder saurer Sahne in Betracht.

Die Geschmacksnote kann mit verschiedenen Kräutern beeinflusst werden. Zusätzlich ist eine Aufstreu mit Käse oder Abdeckung mit Mürbeteiggitter möglich. Die Kuchen werden in kleine Stücke portioniert zum Sofortverzehr an die Kunden abgegeben.

Produktsicherheit: Leichtverderbliche Snacks

- *Für Snacks nur frische Rohstoffe und Zutaten verwenden.*
- *Zu garende Vorprodukte mit fleisch- und roheihaltigen Füllungen bis in den Kern genügend durcherhitzen.*
- *Für schnelles Abkühlen der gegarten Vorprodukte sorgen (Schockkühlung).*
- *Snacks vor erneutem Befall mit Mikroben schützen.*
- *Kühlkette während der Lagerung nicht unterbrechen.*
- *Snacks unmittelbar vor dem Verkauf gut erhitzen.*
- *Zum Verzehr wieder erhitzte und nicht verkaufte Portionen entsorgen (auf keinen Fall wieder einfrieren).*

Wiedererwärmen, Fertigbacken und Backen von Snacks

Die Qualität gebackener Snacks zum Warmverzehr wird vor allem durch die Ofenfrische bestimmt. Längeres Warmhalten der Snacks (z. B. in der Wärmvitrine) führt zu Qualitätseinbußen, und zwar
- verlieren Snacks bei feuchtem Klima ihre Knusprigkeit *oder*
- trocknen Snacks bei zu geringer Luftfeuchte aus.

Auf welche Art das Frischeangebot gebackener Snacks gewährleistet werden kann, hängt vom Fertigungsgrad bereitgestellter Produkte ab. Mögliche Formen könnten sein:

- Die Snacks werden der Verkaufsstelle fertig- oder teilgebacken von der Produktionsstätte aus zur Verfügung gestellt.
- Die Snacks werden als gekühlte (auch gärverzögerte) Teiglinge an die Verkaufsstelle geliefert und/oder dort als TK-Teiglinge bevorratet.
- Die Snacks werden in der Ladenküche aus fertigen Teigen und zum Teil zubereiteten Auflagen und Füllungen fertiggestellt.

Wiedererwärmen von Snacks in der Verkaufsstelle

Das durchgängige Angebot ofenheißer Snacks lässt sich einfach durch das *Wiedererhitzen gebackener Snacks* oder durch das *Fertigbacken teilgebackener Snacks* im Laden sichern.

In umsatzstarken Verkaufszeiten können *gebackene Snacks* in festen Zeittakten wiedererwärmt werden. In umsatzschwachen Zeiten sollten gebackene Snacks erst bei Bedarf erhitzt werden. Zu beachten ist, dass durch das Wiedererwärmen im Geschmack und in der Konsistenz der Snacks Qualitätsverluste eintreten.

Durch das *Fertigbacken teilgebackener Snacks* sind Qualitätseinbußen einzugrenzen. Für die Gebäckbräunung und die gute Durcherhitzung ist eine verlängerte Restbackzeit erforderlich.

Täglich frisch angelieferte *gebackene und teilgebackene Snacks* sind bei kühler Temperatur zu bevorraten. Das *Fertigbacken teilgebackener Snacks* erfolgt im Ladenbackofen. Dieser Ofen ist auch zum Erhitzen gebackener Snacks geeignet. Das nur kurzzeitige *Wiederaufwärmen von gebackenen Snacks* kann im Mikrowellengerät erfolgen, am besten mit Heißluftzuschaltung. So ist eine Krustenaufweichung zu vermeiden. Zum *Warmhalten der Snacks* eignet sich eine Wärmetheke.

Gefrostete Snacks rechtzeitig auftauen

Für die Bevorratung gefrosteter Snacks in der Verkaufsstelle ist dort ein Lagerfroster erforderlich.

Gefrostete, fertig gebackene Snacks für den Heißverzehr sollten vor dem Wiedererhitzen aufgetaut werden. Denn ohne Auftauen ist eine längere Erhitzungsdauer nötig. Das führt zur Verhärtung der Kruste und zum Austrocknen der Krume. Die nötige Auftauzeit richtet sich nach der Produktstärke. Aufgetaute Produkte brauchen zum Wiedererhitzen bis in das Innere etwa 30 % der üblichen Backzeit. Kräftige Schwadengabe beim Einschieben beschleunigt die Wiedererwärmung. Außerdem wird damit der Feuchtigkeitsverlust verringert. Im Mikrowellengerät sind das Auftauen und Wiedererhitzen in kürzerer Zeit als im Backofen möglich.

Gefrostete, teilgebackene Snacks können in programmgesteuerten Backöfen auch ohne vorheriges Auftauen fertig gebacken werden.

Teilgebackene Käse-Gemüse-Snacks

TK-Snack-Teiglinge zur Lieferung an Filialen

Planung des Snackangebots

Für eine Zwischenmahlzeit bevorzugen die Gäste eine Verkaufsstelle
- *mit Einrichtungen für schnelle Bedienung,*
- *mit einem reichen Angebot appetitanregend präsentierter Snacks,*
- *mit einem speziellen Angebot, das sich von dem anderer Anbieter abhebt,*
- *mit einem Auswahl-Angebot, auch für ernährungsbewusste Gäste.*

Das Snackangebot muss geplant sein. Der Plan sollte verdeutlichen,
- *welche Snackgruppen zu welcher Tageszeit in das Angebot aufzunehmen oder wieder abzusetzen sind,*
- *welche Snacks innerhalb einer Snackgruppe an welchen Tagen angeboten werden.*

Handlungsorientierte Aufgaben

Sie sollen Vorschläge für die Erweiterung des Snackangebots Ihres Betriebs machen.

➤ *Planen und organisieren Sie eine Kundenbefragung zum Snackangebot, führen Sie diese durch, werten Sie die Ergebnisse aus und leiten Sie mögliche Snackangebote ab.*

➤ *Stellen Sie dar, auf welche Weise Ihr Betrieb neue Zielgruppen (z. B. Schüler, Betriebsbelieferung, Bio-Imbiss) für ein Snackangebot gewinnen kann.*

Backen von Snacks in der Verkaufsstelle

Sie sollen täglich in der Verkaufsstelle frische Snacks herstellen. Wie können Sie diese Aufgabe organisieren und durchführen?

Ein flexibles Angebot ofenfrischer Snacks ist durch *Teilproduktion* von Snacks in einem Küchenraum nahe beim Laden möglich. Erforderlich ist eine entsprechende Ausstattung dieser *Ladenküche*.

Die *Teilproduktion* kann umfassen: Aufarbeiten von Teigen, Herstellen oder Fertigstellen von Füllungen und Auflagen sowie Herrichten und Abbacken der Produkte.

Als Fachverkäufer können Sie Teilarbeiten erledigen (z. B. das Belegen von Pizzen, Vorbereitungen für das Backen, das Abbacken im Laden).

Aufgearbeitete Teiglinge für Snacks mit Füllung oder Auflage können backfertig, gärverzögert oder gefrostet an die Verkaufsstelle geliefert werden. Die TK-Teiglinge können aus eigener Produktion oder von Fremdherstellern stammen. Zukauf fertiger Erzeugnisse ist vor allem bei umsatzschwächeren Snacktypen wirtschaftlich, für die der Aufwand der Eigenproduktion sich nicht lohnen würde.

Gemüse-Snacks aus zugekauften TK-Teiglingen

Convenienceprodukte für Snacks

Die Verwendung von teilfertigen Produkten für die Snackherstellung ist insbesondere für kleinere Betriebe unverzichtbar, wenn sie kostengünstig eine Abwechslung im Angebot bieten wollen.

Für die Basisgebäcke bietet der Handel Fertigmischungen, fertige Teige und auch schon ausgerollte Teigplatten an.

Beläge, Auflagen und Füllungen können teilzubereitet bezogen werden, zum Beispiel: Schinken gewürfelt, Putenbrust geschnitzelt und Hackfleisch angebraten.

Gemüse werden geputzt und blanchiert als TK- und Dosenware angeboten.

Soßen, Dressings, Aufstriche für Pizzen, Eiergüsse und Bindemittel werden fix und fertig oder pulverförmig geliefert.

Zur Ergänzung des Snack-Sortiments auf einfache Weise ist der Zukauf von fertig hergerichteten TK-Teiglingen möglich.

Zum Beachten

- *Das Teilproduzieren von Snacks im Laden ist eine „gläserne Produktion" vor den Augen der Kunden. Daher ist hier absolute Ordnung und Hygiene einzuhalten.*
- *Das Teilproduzieren von Snacks im Laden darf die Verkaufsatmosphäre nicht beeinträchtigen. Lärm, Staub und „backwarenfremde Gerüche" müssen vermieden werden.*

Abbacken von rohen Snacks – so geht es problemlos

Vorbereitete Snacks aus Blätter- oder Mürbeteig können ohne Schaden mehrere Stunden in einem kühlen, zugfreien Raum abstehen. Diese Teiglinge werden je nach Bedarf abgebacken. Vor dem Einschieben in den Backofen sollten die freien Teigoberflächen mit Wasser, Milch oder Ei abgestrichen werden.

Grundregeln für fehlerfreies Snack-Backen:

- *Der Backofen ist stets vorzuheizen, zum Beispiel in der Betriebsart „Heißluft" auf die Soll-Temperatur laut Snack-Backprogramm.*
- *Kleine, flache Snack-Teiglinge (einschließlich Füllung) werden bei mittlerer bis höherer Temperatur (190 °C bis 230 °C im Heißluftofen) abgebacken. Die Backzeit liegt zwischen 15 und 20 Minuten.*
- *Größere, massivere Snackzubereitungen (z. B. Gemüsekuchen) werden bei mittlerer Temperatur gebacken (170 °C bis 180 °C). Die Backzeit liegt zwischen 25 und 35 Minuten.*

Gärverzögerte Hefeteigsnacks (z. B. Pizzen, Plundersnacks) müssen vor dem Backen erst im Gärschrank zur Ofenreife gebracht werden.

Roh hergerichtete Aufläufe und Gratins müssen bis zum Abbacken in der Kühlung aufbewahrt werden. Alle Produkte mit rohem Hackfleisch müssen bis zum Abbacken mit einer Kerntemperatur von maximal + 4 °C aufbewahrt werden. Aufläufe werden bei niedriger Ofenhitze gegart. Zum Überbacken sind dagegen mittlere bis hohe Temperaturen nötig, insbesondere wenn eine gut gebräunte Oberfläche erwünscht ist.

Abbacken von TK-Snack-Teiglingen – zuvor aufgetaut

Die *TK-Snack-Teiglinge* müssen zunächst vor dem Backen weitgehend auftauen. Für flache Teiglinge genügt in Raumluft eine Auftauzeit von rund 20 Minuten; für massive Teiglinge sind etwa 45 Minuten nötig. Snack-Teiglinge aus Hefeteig sind in der Regel vor dem Frosten zur Mindestgärreife gebracht. Für so behandelte Teiglinge (= Gärlinge) entfällt das weitere Gären nach dem Auftauen.

Angetrocknete Teiglinge sollten vor dem Backen mit Wasser oder Ei abgestrichen werden. Nicht abgestrichene Teiglinge werden mit einer kurzen Schwadengabe abgebacken.

Belegte Snacks: die Umsatzstarken

Ein Angebot belegter Gebäcke können die Backbetriebe am leichtesten verwirklichen. Denn Back- und Kochprozesse und Einrichtungen dafür sind nicht nötig. Und für belegte Snacks mit frischen Backwaren haben die Bäckereien und Konditoreien besondere Kompetenz.

Die *Gebäckgrundlagen* werden in der Backstube hergestellt. Aber das Belegen ist dort im Allgemeinen nicht möglich. Die Raumtemperatur ist dort für empfindliche Beläge zu hoch. Die Abschirmung gegenüber Mehlstaub ist schwierig. Aus diesen Gründen erfolgt das Belegen der Snacks in abgetrennten Räumen, oft auch in der Verkaufsstelle selbst. Letzteres hat den Vorteil, dass die belegten Snacks nach Wünschen der Kunden zubereitet werden können.

Belegte Snacks erhalten ihre Produktqualität aus der Harmonie zwischen Gebäckgrundlage und Belag. Die Gebäckgrundlage ist also genau so wichtig wie der Belag selbst.

Backwaren für belegte Snacks: frisch und knusprig

Welche Gebäcke eignen sich als Basis zum Belegen?

Weizen- und Roggengebäcke sind im Geschmack neutral genug, um jeden Belag zur Geltung zu bringen. Im Grundsatz sind für belegte Snacks alle Kleingebäcke mit lang anhaltender Rösche geeignet.

Die Kunden und Gäste bevorzugen insbesondere
- Gebäcke mit kräftig-knackiger, mehliger Kruste (z. B. Ciabatta),
- Gebäcke mit ausgeprägtem Ausbund (z. B. Baguette-Brötchen),
- Gebäcke mit Ölsamen (z. B. Sesam oder Sonnenblumenkerne),
- Gebäcke mit guter Auflockerung (insbesondere bei den roggen- und vollkornhaltigen Produkten).

Für *Sandwiches* (= belegte, übereinander angeordnete Brotschnitten) eignet sich feinporiges Kastenweißbrot.

Basis: Brötchen mit Käseaufstreu

Basis: Ciabattabrötchen

Basis: Brötchen mit Sesamaufstreu

Basis Laugenstange

➤ *Welche anderen Gebäcke verwenden Sie in Ihrem Betrieb als Basis für Snacks?*

Beläge für belegte Snacks: wertbestimmende Zutaten

Welche Beläge kommen für belegte Snacks in Frage?

Das Angebot an belegten Snacks einer Bäckerei/Konditorei muss sich von dem anderer Anbieter auf dem Markt qualitativ abheben. Neben der gezielten Auswahl geeigneter frischer Gebäcke spielen die Beläge eine große Rolle. Sie bestimmen mit ihrem Warenwert weitgehend die Snack-Preisgestaltung, die den Zielgruppen entsprechend sein muss (z. B. für den Verkauf in einer Schulcaféteria oder für Partyservice).

Es genügt also nicht, nur belegte Brötchen mit Belägen der allgemein umsatzstarken Snacks anzubieten.

Zu beachten sind im Hinblick auf die Erwartungen der Verbraucher
- die unterschiedlichen Ansprüche und Ernährungszwecke sowie
- die Wünsche nach Abwechslung.

Für *leichte Snacks* können als Beläge verwendet werden: Frischkäse, Quark, fettarme Schnittkäse, Hühnchen- und Putenbruststreifen sowie gekochter Schinken.

Für *deftige Snacks* können als Beläge verwendet werden: Rohschinken, Salami, Fleischkäse, Bratenschnitten, herzhafte Schnittkäse, gekochte und gebackene Eier, auch Hackfleisch (➡ Seite 349).

Für *edle Snacks* können als Beläge verwendet werden: Edelpilzkäse, Gorgonzola, Mozzarella, Thunfisch, Lachs und Krabben.

Hauptbeläge für Snacks

Art des Belags:	Fett in %	kJ je 100 g
Schnittkäse, 45 % Fett i. Tr.	28,0	1 500
Schnittkäse, 30 % Fett i. Tr.	16,0	1 100
Speisequark, 40 % Fett i. Tr.	11,0	670
Speisequark, mager	0,3	300
Putenbrust	1,0	450
Rohschinken, fett	35,0	1500
Rohschinken, mager	3,5	550
Schinken, gekocht	13,0	890
Salami	50,0	2100
Bierschinken	20,0	1000
Krabben	3,0	400

➤ *Erfassen Sie die in Ihrem Betrieb verwendeten Beläge in einer Liste. Ordnen Sie ihnen mit Hilfe einer Nährstofftabelle den Fettgehalt und den Energiewert zu.*

Aufstriche und ergänzende Beläge für Snacks

Belagsergänzungen sind nach ihrem Zweck zu unterscheiden:
- solche, die allein der Erhöhung des Genusswerts dienen und
- solche, die auch oder hauptsächlich für die Anhaftung der Auflagen verwendet werden.

Gemüse und Kräuter: Beigaben für mehr Genuss

Snack-Beläge wie Fleisch, Fisch, Wurst und Käse sowie Zubereitungen daraus werden im Genusswert gehoben durch die Beigabe von frischen Gemüsen, Kräutern (auch Früchten oder Fruchtteilen). Als Gemüse sind vor allem Abschnitte von Salatblättern, Gurken- und Tomatenscheiben geeignet. Für deftige Zubereitungen sind auch Radieschenscheiben, Zwiebeln (gehackt oder in Ringform), Oliven und Sauerkonserven wie Salzgurken, Tomatenpaprika, Peperoni oder Silberzwiebeln möglich.

Den würzigen Geschmack erreicht man am besten mit Frischkräutern. In Frage kommen vor allem Dill, Kresse und Schnittlauch.

Einige Früchte wie geteilte Weinbeeren, Schnitte von Mandarinen oder Pfirsichen eignen sich gut für Beläge mit Geflügel oder Krabben.

Aufstrichprodukte: für guten Halt und Aroma

Für das Haften der Beläge an der Gebäckbasis werden Aufstriche wie Butter oder Margarine verwendet. Bewährt haben sich auch kremige Zubereitungen. Diese eignen sich gut für die Aufnahme zusätzlicher Gewürze und Kräuter. Mit der kremig-geschmeidigen Beschaffenheit verbessern diese das Kauempfinden und Mundgefühl beim Verzehr.

Grundlagen für kremige Zubereitungen mit Gewürzen oder Kräutern sind Majonäse, Salatkrem und Frischkäse.

Bevorratung und Verfügbarkeit von Belag-Produkten

Problemlos ist die Bevorratung haltbar gemachter Erzeugnisse. Das gilt insbesondere für konservierte Produkte in Gläsern und Dosen, aber auch für Rohschinken und Dauerwurst. Sie sind bei Bedarf zum Belegen sofort verwendbar.

Einfach ist auch die Bevorratung von Tiefkühlkost. Problematisch ist aber die rechtzeitige Verfügbarkeit gefrosteter Produkte (z. B. von Krabben oder von fertiggegarter Putenbrust). Sie müssen einen Tag vor der Verwendung in kühler Raumluft aufgetaut werden. Nach dem Auftauen müssen solche Erzeugnisse verbraucht werden, möglichst noch am gleichen Tag.

Die Bevorratung von Hartkäse ist unproblematisch. Diese Käsesorten in Laibstücken, auch als Scheibenkäse in unversehrter Folienpackung halten sich mindestens zwei Wochen und länger in der Kühlung frisch. Zu beachten ist die rechtzeitige Beschaffung von Frischkäse, der nur wenige Tage haltbar ist.

Nicht haltbar gemachte Fleisch- und Wurstwaren zählen zu den schnell verderblichen Lebensmitteln. Sie sind nur wenige Tage haltbar. Wegen der Gefahr des mikrobiellen Verderbs müssen sie durchgehend in der Kühlung bereitgehalten werden. Am sichersten ist für diese Produkte der tägliche Frischeinkauf.

Der Frischeinkauf ist auch für alle Blattsalate und Frischkräuter nötig. Dagegen lassen sich Gemüse wie Paprikaschoten, Gurken, Pilze und Tomaten in einem kühlen Raum mehrere Tage bevorraten.

Basiszubereitungen für kremige Aufstriche

Majonäse *ist eine Zubereitung aus Pflanzenöl, Eigelb und Essig. Der Fettgehalt beträgt mindestens 80 %.*

Salatkrem *ist eine der Majonäse ähnliche Zubereitung aus Pflanzenöl und Ei oder Milch-/Pflanzeneiweiß. Die Emulsion wird durch Verdickungsmittel stabilisiert.*

Kummer mit Belag und Aufstrich

„Wer hat schon einmal eines dieser lecker und üppig belegten Brötchen ohne Verluste verzehrt? Tomatenglibber auf dem Hemd, Remoulade an Wange und Augenbraue; irgend etwas geht immer daneben."

„Muss das sein?", fragt das Hamburger Abendblatt in einer Glosse über die Eignung belegter Snacks für den Verzehr.

➤ *Beachten Sie, dass zu dicke kremige Aufstriche die Verzehrbarkeit belegter Snacks am stärksten beeinträchtigen.*

Kremvariationen für Snack-Aufstriche

Berechnungen

Errechnen Sie die Materialkosten für den Gesamtbelag eines Snacks. Gegeben sind die Belagzusammenstellung, die Einkaufspreise sowie die erforderlichen Materialmengen.

Bereitstellen von Belägen für Snacks

Die Herstellung belegter Snacks bedarf sorgfältiger Vorbereitung. Sonst besteht die Gefahr, dass bei Bedarf nicht genügende Stückzahlen oder gewünschte Zusammensetzungen zur Verfügung stehen.

Das Herstellen hoher Snack-Stückzahlen auf Vorrat ist problematisch,
- weil zugeschnittene Beläge anfällig sind für mikrobiellen Verderb und daher nur für eine kurze Bevorratung aufgeschnitten werden dürfen,
- weil das Vorrätighalten von belegten Snacks begrenzt ist wegen der beschleunigten Alterung der Gebäckbasis in der Kühlung.

Der Arbeitsplatz: rationell, ergonomisch und sicher

Bei Zubereitung von Snacks in der Produktionsstätte sollte ebenso wie bei Ladenproduktion ein eigener Bereich dafür zur Verfügung stehen. Die Einrichtung besteht im Wesentlichen aus einer Arbeitsplatte, aus Fächern im Kühlschrank oder Kühlregal und den nötigen Werkzeugen.

Für Beläge sind am Arbeitsplatz gekühlte Gastro-Norm-Schalen nötig. Am Arbeitsplatz selbst sollte ein (eingelassenes) Heißwassergefäß für die Messerspülung und mit Abstreifer zur Verfügung stehen. Spüle und Waschbecken gehören in die Nähe des Snack-Arbeitsplatzes.

Alle Produkte sollten leicht erreichbar sein, ohne sich bücken zu müssen oder aufzusteigen. So ist der Arbeitsplatz rationell eingerichtet und entspricht den ergonomischen Anforderungen.

Bereitstellen der Zutaten: portioniert und zugeschnitten

Die Beläge und Belagsergänzungen müssen bei Arbeitsbeginn schon zugeschnitten zur Verfügung stehen. Beim Festlegen der Menge und der Bevorratungsdauer ist bei verschiedenen Produkten das Risiko für Alterung und Verderb zu berücksichtigen.

Für das Portionieren der Beläge gelten allgemein folgende Regeln:

- Beim Aufschneiden von Wurst, Fleisch und Geflügel dürfen diese nicht mit den bloßen Händen berührt werden. Sonst werden Keime übertragen. Diese können schon nach kurzer Zeit zum Verderb der Produkte führen. Äußere Merkmale für Verderben der Beläge sind das Schmierigwerden der Scheibenflächen und ein unangenehmer Geruch. Beim Umgang mit allen leicht verderblichen Lebensmitteln sollten Einweghandschuhe getragen werden.
- Scheiben von Brühwurst (wie Bierschinken), von gekochtem und rohem Schinken, gegartem Geflügel und kaltem Fleischbraten (wie Roastbeef) verlieren an Farbe und entwickeln Altgeschmack, wenn sie mehrere Stunden ungeschützt der Luft und dem Licht ausgesetzt sind. Die geschnittene Vorratsmenge sollte deshalb höchstens den Halbtagesbedarf einschließlich der Hauptverkaufszeit abdecken.
- Blätter von Salat, Gemüsen und Kräutern sind vor dem Zuschneiden gründlich in kaltem Wasser zu säubern. Vom Kopfsalat sollten nur die knackigen Kopf- und Herzblätter verwendet werden. Die Blätter von Eisbergsalat lassen sich am besten ohne Verlust ihrer Knackigkeit bevorraten. Sie sind aber nicht so zart wie die anderen Salatsorten.
- Tomatenscheiben verlieren schnell an Saft. Deshalb sollte der Vorrat nur für wenige Stunden angelegt sein.
- Scheiben von frischen Gurken und Paprika werden schnell welk. Für den Tagesbedarf müssen sie gegen Austrocknen geschützt und kühl gelagert werden (z. B. im dicht abgedeckten Gefäß).

Snackherstellung in Küchen- oder Ladenproduktion

Ob Snacks direkt im Verkaufsraum oder in einem speziellen Küchenraum produziert werden sollen, ist im Einzelfall zu entscheiden, auch unter Berücksichtigung von räumlichen Gegebenheiten und von Art und Umfang der Snackproduktion.

Dabei sind die folgenden Vor- und Nachteile abzuwägen:

- *Vorteile der Ladenproduktion sind:*
  - *Produktion im Blickfeld der Kunden schafft zusätzliche Kaufanreize*
  - *Verkaufspersonal kann in Bedienungspausen flexibel Produktionstätigkeiten übernehmen und wieder abbrechen.*
- *Nachteile der Ladenproduktion sind:*
  - *Heißproduktion (für warmen Snackbelag) führt zu Geruchsbelästigungen.*
  - *Zusätzliche Kosten entstehen durch ansprechende Einrichtung des Arbeitsplatzes und durch Ablufteinrichtungen bei Heißproduktion.*

➤ *Was ist aus Ihrer Sicht für die Laden- oder Küchenproduktion ausschlaggebend?*

Convenienceprodukte für belegte Snacks

Der Handel bietet an:
- *portionierte, zugeschnittene Beläge (Fleisch-, Wurstwaren oder Käse),*
- *kremige Aufstriche mit unterschiedlicher Würzung,*
- *TK-Garlinge mit oder ohne Aufstreu für die verschiedenen Basisgebäcke.*

Die Verwendung dieser Produkte entlastet den täglichen Frischeinkauf und vereinfacht die Lagerung empfindlicher Beläge. Sie stehen so jederzeit zugeschnitten zur Verfügung.

Belegen und Herrichten von Snacks

Beim Kauf erfolgt die Auswahl belegter Snacks mit den Augen.
Das heißt: Abwechslungsreiche Snacks in optisch erkennbarer Frische und mit appetitlichen Belägen führen zum Verkaufserfolg.

Beläge richtig zusammenstellen

Beim Zusammenstellen der Beläge für Snacks geht man so vor:

- *Hauptbelag* festlegen
- *Garnituren und ergänzende Beläge* unter Beachtung von Geschmack und farblichem Kontrast auswählen
- *Basisgebäck* passend zur Belagskomposition festlegen
- *Aufstrich* harmonierend im Geschmack wählen

Beispiel:

- *Als Hauptbelag ist Katenschinken festgelegt.*
- *Als Zusatzbelag sind vom Farbkontrast her Ei-Scheiben geeignet.*
- *Als Garnitur passt ein knackiges Blatt Eisbergsalat/Lollo bionda.*
- *Als rustikales Basisgebäck eignet sich ein Baguette-Brötchen.*
- *Als Aufstrich ist eine mit Pfeffer gewürzte Majonäse möglich.*

Ablauf und Technik des Belegens

➤ *Kleingebäcke aufschneiden:*
- Dafür ist ein scharfes Sägemesser zu benutzen. So kann man die Krumenballung und starkes Absplittern der Kruste vermeiden.
- Der Boden soll dicker abgeteilt werden als der Deckel. So kann der Boden nicht so schnell durchweichen. Der dünnere Deckel wirkt auch nicht so „erdrückend".

➤ *Schnittfläche der Gebäcke mit Markenbutter, Frischkäse, Majonäse, Remoulade oder Salatkrem einstreichen:*
- Für gute Anhaftung der Beläge sollte nicht nur der Gebäckboden, sondern auch der Deckel dünn eingestrichen werden.
- Für Käseauflagen sollte nur Butter aufgestrichen werden.

➤ *Salatblatt auf das Untergebäck auflegen:*
- Das Salatblatt sollte die gesamte Fläche mit geringem Überstand an der Schauseite abdecken.

➤ *Hauptbelag füllig auflegen:*
- Beispielsweise können die Schinkenscheiben gerollt oder gefaltet aufgelegt, die Putenbrustscheiben gefächert aufgelegt werden.

➤ *Zusatzbeläge wie Tomate, Gurke oder Ei-Scheiben auflegen:*
- Diese Beläge sollten so angeordnet werden, dass der Hauptbelag höher herausgehoben wird (z. B. fächerartig legen).
- Zusatzbeläge müssen an der Schauseite gut sichtbar sein.

➤ *Gebäckoberseite schräg auflegen:*
- Damit wird bewirkt , dass die Schauseite des Snacks sich mit der gesamten Belagstufung präsentieren lässt.

Vorrat belegter Snacks begrenzen

Belegte Snacks sollten zum Verkauf maximal bis 2 Stunden ausgelegt werden. Denn die Basisgebäcke sind dann wegen der Kühllagerung altbacken. Sie sind eventuell auch von den Auflagen durchweicht. Der größte Kaufanreiz wird erzielt, wenn die Snacks erst bei Bestellung im Blickfeld der Kunden belegt werden.

Tipps

- *Handlichkeit für den Verzehr beachten (längliche Gebäcke vorziehen, zu dicke Aufstriche vermeiden).*
- *Nur frische, optisch einwandfreie Beläge verwenden (z. B. kein Eidotter mit vergrautem Rand einsetzen; Salatblätter mit Stippen oder vergilbten Rändern aussortieren; Rohschinken ohne oder mit nur schmalem Fettrand auswählen).*
- *Angemessenes Verhältnis von Haupt- und Ergänzungsbelägen beachten.*

Belegen von Brötchen in Arbeitsschritten

Bestreichen

Salatblatt auflegen

Hauptbelag auflegen

Zusatzbelag auflegen

Deckel auflegen

Belegte Snacks für jeden Kundenanspruch

Das Snack-Angebot soll Verbrauchergruppen mit unterschiedlichen Essgewohnheiten ansprechen. Neben den üblichen Snackvariationen sollten auch *leichte, besonders bekömmliche Snacks* und ökologische *Backwarensnacks* herausgestellt werden. Dazu im Kontrast könnte ein *deftiges Snackangebot* stehen. Auch die Belange einer *gesunden und attraktiven Schulverpflegung* sollten berücksichtigt werden.

Belegte Snacks – die nicht belasten

Etliche Verbraucher verzichten auf den Genuss von Snacks, weil sie eine leichte und nicht belastende Kost benötigen. Diesen Kunden sind Snacks mit ballaststoff- und fettarmen Bestandteilen anzubieten.

Als *Basisgebäcke* können alle Weizenkleingebäcke ohne Aufstreu aus Ölsamen eingesetzt werden.

Als *Hauptbeläge* sind geeignet: gedünstetes oder gekochtes mageres, zartes Fleisch, Geflügel, ebenso gedünsteter Magerfisch, auch milde und fettarme Schnittkäse.

Als *Ergänzungsbelag* sind abgezogene Tomaten, Kopf-/Endiviensalat sowie Kresse möglich (keine Gurken, keine hart gekochten Eier).

Als *Aufstrich* sind Quark oder fettreduzierte Frischkäse geeignet. Zum Würzen sollten Küchenkräuter und nur wenig Salz verwendet werden.

Belegte Snacks – die ökologischen Wert haben

Die ernährungsbewussten Kunden wünschen Snacks mit natürlichen, ökologisch erzeugten Zutaten, mit hohem Ballaststoffanteil und hohem Gehalt an Mineralstoffen. Der Fettgehalt soll dagegen niedrig sein.

Dieser Kundenkreis achtet besonders auf Basisprodukte und Beläge. Als Gebäckgrundlage kommen hier nur Vollkorngebäcke in Frage.

Für das Angebot belegter Vollkornbrötchen ist zu beachten:

- *Es sollten Brötchen mit einem hohen Anteil an Vollkornweizenmehl ausgewählt werden. Sie sind locker und halten sich lange frisch.*
- *Es sollte nur für verkaufsstarke Zeiten ein Vorrat an Snacks da sein. Vollkornbrötchen werden in der Kühlung sehr schnell zäh.*

Als Hauptbelag sind natürliche, magere Lebensmittel zu verwenden. Als Zusatzbelag können Salatblätter und Kräuter in wertbestimmender Menge eingesetzt werden.

Beachten Sie zu obigen Snacktypen die Beispiele auf der CD-ROM.

Belegte Snacks – die deftigen Belag haben

Bei diesem Snacktyp ist die Art des Hauptbelags sehr wichtig: Er sollte kräftig im Geschmack sein, darf auch etwas fett sein. Dafür eignen sich beispielsweise Rohwurstsorten (wie kräftige Salami), roher Schinken, aufgeschnittenes Bratenfleisch, geräuchertes Fleisch, deftige Sülzen oder Vollfett-Schnittkäse. Als Zusatzbelag sind gekochtes Ei und säuerliche Gemüsekonserven möglich (Gurken, Paprika, Perlzwiebeln). Als Basis eignen sich rustikale Weizen-, Vollkorn- und Roggenkleingebäcke mit und ohne Ölsamenaufstreu.

Beliebter Vertreter dieser Snackgruppe ist das Hackfleischbrötchen, mit Pfeffer gewürzt und mit roher Zwiebelauflage. Wegen der mikrobiellen Empfindlichkeit der Beläge sind Bevorratung, Verwendung und Verkauf solcher Snacks problematisch (➡ Randspalte).

Tipps

- *Bieten Sie Ihren Kunden ein unverändertes* ***Grundsortiment*** *an belegten Snacks über einen längeren Zeitraum an.*
- *Bieten Sie ergänzend im wöchentlichen Wechsel ein* ***Zusatzsortiment*** *bestehend aus drei bis sechs Snacksorten an.*
  Führen Sie dazu ein Snack-Plan-Formular.
- *Präsentieren Sie monatlich einen* ***Spezialsnack*** *mit einem besonderen Belag oder einem besonderen Basisgebäck.*

Berechnungen

Errechnen Sie den Verkaufspreis für belegte Snacks. Vorgegeben sind Materialmengen, Materialkosten je Gewichtseinheit, Fertigungszeit, Kosten je Arbeitsstunde, Verkaufskosten, Risiko und Gewinn in %.

Snacks für gesunde Schulverpflegung

Deftige Snacks

Lebensmittelrechtliche Bestimmungen

Hackfleisch darf nur am Tage seiner Herstellung in den Verkehr gebracht werden. Restliches Hackfleisch muss durcherhitzt oder zum Genuss unbrauchbar gemacht werden.

Hackfleisch muss durchgängig gekühlt aufbewahrt werden. Die Kerntemperatur darf + 4 °C nicht überschreiten. Zum alsbaldigen Verkauf bereitgestellte Snacks mit einem Hackfleischbelag dürfen die Temperatur von + 7 °C nicht überschreiten.

Laugen-Bagel mit leichtem Belag

So werden Bagels hergestellt: Die aufgearbeiteten Hefeteigkringel werden bei Kühlschranktemperatur über einen längeren Zeitraum zur Gärreife gebracht. Dabei bildet sich eine dicke, ungelockerte Teighaut. Vor dem Backen werden die Gärlinge in Heißwasser getaucht. Während des Backvorgangs bildet sich dann die hart-krosse Kruste aus.

Sandwich mit getoastetem Brot

Handlungsorientierte Aufgaben

- ➤ *Legen Sie eine Rezeptmappe an mit Arbeitsanleitungen für belegte Snacks:*
  - *Bezeichnung*
  - *Basisgebäck*
  - *Belagzutaten mit Mengenvorgaben*
  - *Beschreibung des Arbeitsablaufs*
- ➤ *Nehmen Sie belegte Snacks in Ihre Produkte-Datei auf:*
  - *Bezeichnung und Produkt-Abbildung*
  - *Basisgebäck, Aufstrich, Haupt- und Zusatzbelag, Garnierung*
  - *Fettanteil und Energiewert*
  - *Verkaufsargumente*

Hamburger

Spezielle Snacks im Angebot

Einige Sorten von Snacks sind nur im Angebot weniger Bäckereien und Konditoreien zu finden. Dazu zählen zum Beispiel die Bagels. Das sind in Nordamerika übliche Snacks. Aber auch Sandwich-Snacks und Snacks mit warmen Belägen sind bei uns eher selten anzutreffen.

Bagels: die Basis für besondere belegte Snacks

Bagels sind kringelförmige Weizenkleingebäcke mit besonders krosser Kruste. Für belegte Snacks sind sie daher und wegen der anhaltenden Rösche gut geeignet. Selbst mit sehr weichen Belägen oder dünneren Salatkrems angerichtete Bagels weichen nicht schnell durch. Grund für diese Gebäckmerkmale ist die Produktionsmethode (➡ Randspalte).

Bagels werden auch vom Zulieferhandel als TK-Teiglinge vertrieben. Bei Bedarf kann damit die erforderliche Gebäckzahl im Backofen ohne vorheriges Auftauen gebacken werden.

Für *Bagel-Snacks* ist jeder Belag möglich. Typisch ist jedoch ein dicker Aufstrich mit Cheese-Cream (Käsefettkrem). Er wird mit Kräutern oder Paprika gewürzt. Als Zusatzbelag ist eine Scheibe Tomate oder Gurke üblich, auch ein knackiges Salatblatt.

Sandwich-Snacks: die Edel-Klapp-Stullen

Als *„Sandwich"* bezeichnet man zwei oder drei übereinander gelegte Brotschnitten mit einem Zwischenbelag. Sandwiches haben gegenüber belegten Kleingebäck-Snacks den Vorteil, dass sie sich leichter ohne abfallende Bestandteile des Belags verzehren lassen. Aber nachteilig ist ihre weichliche Kruste ohne Rösche. Dieser Mangel kann durch das Toasten der Schnitten unmittelbar vor der Abgabe gemindert werden.

Das übliche *Sandwichbrot* ist toastbrotähnlich: Es ist kastenförmig mit schwacher Krustenausbildung und hat eine feinporige Krume.

Die *Haupt- und Zusatzbeläge* für Sandwiches sind die gleichen wie für belegte Brötchen. Jedoch müssen die Beläge flach aufgelegt werden. So erzielt man ein gleichmäßiges Anschnittbild. Für den Eindruck von Belagfülle werden meistens zwei Belagschichten zwischen drei dünn geschnittene Brotscheiben gelegt.

Belegte Sandwiches werden meistens diagonal geteilt angeboten. Sie eignen sich gut für den SB-Verkauf, und auch zur Mitnahme. Sie sind ohne Qualitätsverluste einige Stunden in einer Klarsichtpackung dicht verpackt vorrätig zu halten.

Warme Snacks: auch mit Kleingebäcken

Als warmer Belag für Snacks sind Fleischkäse, Bratenschnitten oder Hamburger üblich. Sie gehören zur deftigen Snackgruppe. Die Beläge werden nach Wunsch der Kunden vom heißen Stück geschnitten oder im Mikrowellengerät durcherhitzt. Die heißen Belagteile werden in ein aufgeschnittenes Kleingebäck eingelegt (mit oder ohne Zusatzbeläge). Zum Sofortverzehr werden sie zumeist auf einem Teller abgegeben. So ist am besten der Verzehr mit zusätzlichen Soßen möglich (Ketschup oder Majonäse).

Herstellung oder Weiterverarbeitung von Belägen dieser Snackgruppe ist nur mit einer entsprechenden Einrichtung in der Verkaufsstelle selbst (Heißtheke, Mikrowelle, Ablufteinrichtungen und Spüle) oder in einer angegliederten Ladenküche möglich.

Präsentation und Verkauf von Backwarensnacks

Snacks müssen so ausgestellt werden, dass sie zum Kauf anreizen. Darüber hinaus muss eine unkomplizierte, für den Kunden bequeme Abgabe möglich sein. Dazu müssen Präsentations- und Abgabeform miteinander abgestimmt sein.

Grundsätze der Präsentation von Snacks

Die Präsentation ist die Botschaft an die Betrachter über den möglichen Genuss. Die Botschaft wird vermittelt durch das Aussehen und den Duft der Produkte. Andere Eigenschaften, die erst beim Verzehr die Sinne ansprechen (wie der Geschmack), sollten den Betrachtern vorab durch eine positive Ausstellungstechnik vorstellbar sein.

Was sich bei der Snackpräsentation positiv auswirkt

Für die Snackpräsentation sind drei Grundsätze wichtig:

- *Die Produkte müssen im Blickfeld der Kunden ausgestellt sein.*
- *Die Produkte müssen ohne Mängel im Aussehen sein.*
- *Die Produkte müssen mit ihrem Produktwert, insbesondere mit der sensorischen Qualität (= Genusswert) unbeeinflusst von nachteiligen Bedingungen zur Geltung gebracht werden.*

Exklusive Auslage betont den Produktwert

Was sich bei der Snackpräsentation negativ auswirkt

Bei der Ausstellung ist zu beachten, dass sich über das Produkt keine negativen Vorstellungen bilden können, zum Beispiel wie:

- *„nicht mehr frisch“* (z. B. bei belegten Kleingebäcken mit schlaffen Schinkenwurstscheiben, fettglänzenden Salamischeiben oder welken Salatblättern);
- *„hygienisch bedenklich“* (z. B. bei Fleischsalat mit angetrockneten Majonäseresten am Tablett);
- *„Ekel erregend“* (z. B. bei Speiseresten auf der Thekenfläche)
- *„im Geschmack beeinträchtigt“* (z. B. bei belegten Kleingebäcken mit gekochtem Schinken dicht an Heringsbrötchen präsentiert).

Die Präsentation von kalten Snacks für den Heißverzehr ist problematisch, insbesondere in dieser Fülle: die Produkte lösen leicht Vorstellungen aus wie „ohne Frische-Aroma“

Präsentation belegter Snacks: Frische verdeutlichen

Belegte Snacks werden nach Belag angeordnet auf Edelstahl- oder Kunststofftabletts präsentiert. Die Sortierung kann erfolgen

- nach leichten, deftigen oder edlen Snacks,
- nach der Art des Hauptbelags (Snacks mit geruchsstarken und/oder marinierten Belägen getrennt von anderen Snacks),
- nach der Gebäckbasis (Brötchen, Laugengebäck, Croissants).

Belegte Snacks müssen

- mit dem Belag zur Kundenseite ausgelegt werden,
- in kleinen Einheiten (nach Sorten) geordnet ausgelegt werden.

Präsentier-Welle für belegte Snacks: für sicheren Stand, für genaue Ausrichtung, Belag im Blickfeld der Kunden, kein Berühren miteinander

Zu vermeiden sind einzeln herumliegende Snacks. Sie vermitteln den Eindruck von „vergessenen Resten“. Aber auch eine thekenfüllende, dicht gedrängte Kompaktansammlung von Snacks ist negativ. Das wirkt wie „lieblos belegte Brötchen zum Hungerstillen“.

Meistens enthalten belegte Snacks leicht verderbliche Lebensmittel im Belag (Käse, Majonäse, Fleisch, Wurst, Fisch). Diese müssen deshalb grundsätzlich gekühlt präsentiert werden. Das erfolgt beispielsweise in einem Kühl-Vitrinen-Aufsatz.

Anforderungen an Snack-Tabletts

Tabletts für die Präsentation von Snacks müssen folgende Anforderungen erfüllen:

- *Aussehen (Form, Farbe, Oberfläche) gut zum Hervorheben der Produkte*
- *Material hygienisch unbedenklich*
- *Oberfläche unempfindlich und glatt*

Abgabe von Backwarensnacks in verschiedenen Verkaufsformen

Die Bevorratung und Abgabe von Backwarensnacks mit eingebackenen pikanten Zutaten ist unproblematisch: Die Snacks sind durcherhitzt. Diese Snacks können deshalb mehrere Stunden bei Raumtemperatur gelagert und zum Verkauf angeboten werden.

Bei Snacks mit verderblicher Füllung oder Belag sind Maßnahmen zur *Qualitätssicherung* und *Gewährleistung der Produktsicherheit* nötig.

Heiß-Präsentation von stückigen Zubereitungen

Stückige, lose Snacks zum Heißverzehr sind warm zu halten durch: *Kontaktwärme* (Wärmeplatten), *Strahlungswärme* (Wärmestrahler) oder *Wärmeströmung* (Heißluft).

Die Abgabe heißer Snacks an Kunden und Gäste erfolgt üblicherweise durch Verkaufskräfte im *Bedienungsverkauf*. Sie gewährleisten dabei die Einhaltung der Maßnahmen zur Produktsicherheit (z. B. Kontrolle der Temperaturen, der maximalen Angebotszeiten).

Verkauf von Snacks in Teilselbstbedienung

Kalt-Präsentation von Speisen für den Heißverzehr

In Verkaufsstellen mit nur gelegentlicher Abgabe heißer Speisen oder fehlender Kapazität zum Warmhalten werden diese Produkte gekühlt präsentiert. Üblich ist das beispielsweise bei Snacks auf Gebäckbasis oder Frikadellen. Diese Speisen müssen in der Kühltheke oder -vitrine bevorratet werden. Bei Bedarf werden sie *genügend durcherhitzt*.

Abgabe von Snacks in Teilselbstbedienung

Der Verkauf von *Snacks in Teilselbstbedienung* erfolgt so, dass die Gäste Snacks an der Theke auswählen und von Verkaufskräften ausgehändigt bekommen. Diese Abgabeform ist typisch für Sofortverzehr von Snacks im Café oder Imbiss.

Snacks im Angebot zur Selbstbedienung (SB)

Abgabe von Snacks zur Selbstbedienung

Wer *unverpackte Lebensmittel in Selbstbedienung* abgibt, muss diese vor nachteiliger Beeinträchtigung schützen. Die Verkaufseinrichtungen müssen so beschaffen sein, dass bei der Entnahme andere unverpackte Produkte von Käufern nicht berührt oder angehaucht werden können.

- Zum Schutz vor Anhauchen der Snacks müssen Verkaufstheken mit einer Glasschürze zur Kundenzone hin ausgestattet sein.
- Zum Schutz unverpackter Snacks muss der Entnahmeweg durch eine Abdeckklappe und mit einer Rücklegesperre ausgerüstet sein.

Verpacken von Snacks in Klarsichtfolie

Vorverpackte Snacks oder auf Tellern angerichtete Snacks können ohne Sperrvorrichtungen zur Selbstbedienung ausgelegt werden.

Zum *Vorverpacken von Snacks* gibt es spezielle Verpackungen, die
- den Produktschutz gewährleisten (bei Auslage und Transport),
- den Verkauf fördern (durch Klarsichtpackung).

Für Sandwiches sind beispielsweise trapezförmige Blisterpackungen üblich. Snacks mit fester Kruste können in Klarsichtfolie eingeschweißt werden. Dafür sind Folien zu wählen, die beim Heißsiegeln nicht so stark schrumpfen, dass sie die Snacks verformen. Außerdem sind Snacktyp und Dampfdurchlässigkeit der Folie aufeinander abzustimmen.

Auslieferung verpackter Snacks

Das Verpacken von Backwarensnacks in Vakuumverpackung ist kaum möglich, weil die Snacks dabei zusammengedrückt würden.

PARTYGEBÄCKE DER BÄCKEREI UND KONDITOREI

Situationsaufgabe:

In Ihrem Betrieb werden auf Bestellung spezielle Partygebäcke angefertigt. Darüber hinaus soll auch eine Beteiligung am Partyservice aufgebaut werden. Dieses Angebot umfasst die Büfettgestaltung mit Backwaren und Snacks. Es soll in gleicher Weise auf den Bedarf von Privatpersonen und Betrieben ausgerichtet werden.

- *Sie sollen attraktive Backwaren für die Büfettgestaltung auswählen, herrichten und präsentieren.*
- *Sie sollen spezielle Partygebäcke aus verschiedenen Teigen und Massen herrichten und anlassbezogen anbieten.*

Backwaren für Büfett und Party

Die Ausrichtung von Büfetts mit warmen und kalten Speisen ist zumeist ein Geschäft der Gastronomie oder auf den Partyservice spezialisierter Firmen. Aber auf diesem Sektor gibt es für Bäckereien und Konditoreien noch Marktchancen, entweder als Zulieferer oder als eigenständiger Anbieter von solchen Leistungen. Bäckereien/Konditoreien haben vor allem die Kompetenz für geeignete Backwaren und Snacks.

Weniger aufwändig zu gestalten und dennoch gut für das Image eines Premiumbetriebs ist ein stetiges Angebot von Spezialitäten für private Feiern und Partys der Kunden.

Grundlagen für Partygebäcke

- Aus üblichen Teigen für Brote und Kleingebäcke lassen sich durch Abwandlung der Rezeptur oder besondere Aufarbeitung attraktive Backwaren für Büfett und Party gestalten.

  Typische Beispiele für diese Gebäcke sind die *Partybrote* und die so genannte *Partysonne* (Presse von Kleingebäcken mit verschiedener Aufstreu). Eine Abwandlung dieser Partysonne kann Grundform für eingefüllte Warm- und Kaltspeisen sein (➡ obere Abbildung).

- Aus speziellen, zumeist abgewandelten Teigen und Massen können verschiedene Partygebäcke hergestellt werden, zum Bespiel kleine Knabberartikel oder auch exklusive Imbiss-Speisen.

  Typische Beispiele für solche Partygebäcke sind *Käsegebäcke* aus Mürbe- und Blätterteigen, oft auch kombiniert und gefüllt mit Krems und anderen pikanten Zubereitungen(➡ untere Abbildung).

- Aus kleinen Gebäckteilen, Schnitten und Formstücken aus Brot sind in Kombination mit Auflagen hochwertige Snacks zu bereiten.

  Typische Beispiele für diese Partygebäcke sind *Kanapees (Canapés)* und *Apéros* (➡ Worterklärungen).

Partyring aus Kleingebäck mit Käseauswahl

Partygebäck aus speziellem Blätterteig

Worterklärungen

- *Als **Kanapees** bezeichnet man kleine Schnitten (zumeist aus Weißbrotsorten) mit pikantem Aufstrich.*
- *Als **Apéros** bezeichnet man kleine Snacks aus speziellen Teigen und Massen, aber auch mit Basis aus Brot und Kleingebäck. Apéro ist eine schweizerische Kurzform für das Wort „Aperitif"*

Dekoratives Feigenbrot

Halloween-Masken aus Hefefeinteig

Tierfiguren aus Hefefeinteig

Ausgehöhlter Brotbecher

Formung von Snackschalen

Gefüllte „Rehbrücker Brotschalen" als Kalt-Snacks

Partygebäcke aus Brot- und Kleingebäckteigen

Aus Brot- und Kleingebäckteigen werden für Büfetts zumeist solche Partygebäcke hergestellt, die einen hohen Dekorationswert haben. Sie sind zum Teil auch aufgeschnitten für den Verzehr geeignet.

Dekorative Formstücke für das Büfett

- Das hier gezeigte *Feigenbrot* ist ein besonderer Genuss. Es passt zu einem Büfett im Sommer. Die Füllung ist feigen-fruchtig und daher nicht zu süß. Der äußere Umschlagteig ist ein Weizenbrotteig. Die Formung wird mit Scherenschnitten vorgenommen.

  Diese Spezialität ist auch ein attraktiver Blickfang auf dem Büfett.

- Von Mitte Oktober bis zum Ende der ersten Novemberwoche finden zahlreiche Halloween-Partys statt. Passende Gebäcke dazu sind zum Beispiel essbare *Halloween-Masken* aus Weizenhefeteigen.

  Die Masken können in unterschiedlicher Größe hergestellt werden: groß als Hauptdekorationsstück des Büfetts, klein zum Verzehr mit Butter und Kürbiskrem.

  Die flachgewalzten Teiglinge werden nach kurzer Entspannungszeit mit Ausstechern geformt. Die ausgestochenen Teigstücke werden für die Kopfteile wieder aufgelegt. Um eine gold-braune Oberfläche zu erzielen, werden die Teiglinge mehrfach mit Ei abgestrichen. Die Fertigung kann gut als *Schaubacken im Laden* stattfinden.

- Breite Verwendungsmöglichkeiten gibt es für *essbare Tierfiguren* aus Weizenhefeteigen. Die als Beispiel dargestellten Fische werden mit dem Ausstecher rationell geformt, mit dem Messer modelliert und mit Aufstreu versehen. Sie können auch als Laugengebäck oder als rustikales Brotgebäck hergestellt werden.

  Die Figuren eignen sich für Kinderpartys ebenso wie für Aktivitäten von Sportfischer-Clubs oder zu Festen unter dem Sternzeichen der Fische. Die passenden Dekorationen zu diesen Anlässen runden die Wirkung dieser Partygebäcke ab (z. B. Fischnetz, Angel).

Füllbare Brotbecher für das Büfett

Brotteigbecher können geformt werden
- durch Aushöhlen von runden Brotlaiben *oder*
- durch Formen von Brotteig auf einer Schablonenmaschine.

Gefüllte Brot- und Weißbrotbecher eignen sich als Snackangebot zum Verzehr an Ort und Stelle. Ungefüllt können sie angeboten werden zum Fertigstellen von Snacks durch die Verbraucher.

Die essbare Hülle dieser Snacks eignet sich als Beilage zum pikanten Inhalt. Das erspart Verpackungsmaterial für das Angebot im Imbiss und dient so der Reduzierung von Abfall.

Zur Füllung der Brot- und Weißbrotkörper eignen sich Salate, pikantes Würzfleisch und vegetarische Zubereitungen ebenso wie Suppen. So können kürbisgroße Brotbecher auch besonderer Blickfang auf einem Büfett sein.

Die oben vorgestellten Brotkörper sind kompakt gebacken worden. Sie müssen vor dem Füllen ausgehöhlt werden. Die darunter vorgestellten Brotschalen sind hohl fertig gebacken. Die Herstellung ist mit einem speziellen Formgerät möglich (➡ Abbildung). Die Teiglinge werden über kuppelartige Formen gelegt und dabei ausgeformt. Auf diesen Formen werden sie nach kurzer Stückgare auch gebacken.

Kleine Partyschnittchen und Büfett-Happen

Zu Stehempfängen und auf kalten Büfetts werden kleine Snacks zum Verzehr aus der Hand angeboten. Das sind kleine Büfett-Happen oder Schnittchen. Sie ähneln den belegten Snacks. In der Fachsprache sind für sie die Bezeichnungen „Kanapees", „Mini-Sandwiches", „Apéros" und „Bouchées" üblich. Trotz ihrer unterschiedlichen Formen, Beläge und Dekors haben sie typische Gemeinsamkeiten:

- Es sind kleine Snacks mit pikanten Aufstrichen und Belägen, die ohne Besteck aus der Hand gegessen werden („Hand-Held-Food").
- Es sind zumeist offene Zubereitungen, bei denen die Gestaltung der Oberfläche dekorativ und appetitlich wirken soll.
- Es sind Zubereitungen mit leicht verderblichen Zutaten, so dass sie als „Tagesprodukte" bei maximal +5 °C aufbewahrt und angeboten werden müssen.

Mini-Sandwiches und Kanapees

Diese kleinen Partyschnittchen werden typischerweise aus Toast oder Weißbrotschnitten zubereitet, es sind aber auch rustikale Brotsorten als Basis üblich.

Beispiel: Eier-Kanapees

- Toast- oder Weißbrotscheiben werden in die gewünschten Formen geschnitten oder ausgestochen (➞ nebenstehende Muster).
- Formstücke werden mit etwas gewürzter Streichbutter bestrichen (zur Anhaftung und Isolierung gegenüber dem Belag).
- Auf die Formstücke wird ein Eiersalat aufgetragen, zum Teil auch mit Eierscheiben ergänzt.
- Kanapees werden mit Aspik abgeglänzt oder mit einer Aspikscheibe auf der Oberfläche dekoriert.

Als *Aufstrich für Kanapees* wird eine gewürzte Streichbutter benutzt.
Beispielrezeptur für das Aufschlagen von Streichbutter:
1 000 g Markenbutter, 100 g Wasser, 20 g Senf, 20 g Worcestersoße und 10 g Würzsalz (gemischt aus Speisesalz, Pfeffer, Muskat, Paprika und Nelkenpulver).

Das *Abglänzen von Kanapees* mit Aspik geschieht rationell mit einer Sprühpistole. Zum Abglänzen wird zumeist ein neutraler, klarer Gelee benutzt. Zum Herstellen von Auflegscheiben sollte ein gewürzter Aspik angesetzt werden.
Beispielrezeptur für das Ansetzen von Auflegscheiben aus Würzaspik:
400 g Bouillon, 100 g Madeira, 25 g Essig und 50 g Gelatine.

Beispiel: Fleisch- oder Fisch-Kanapees

- Als Basis werden wegen der schweren und zum Teil fülligen Beläge stabile Brotscheiben gewählt (auch Vollkornbrot und Pumpernickel).
- Wenn eine Saftigkeit der Produkte gewünscht ist, wird die Isolierung mit Streichbutter weggelassen und oftmals ein spezieller Aufstrich eingesetzt (z. B. für Thunfisch-Kanapees eine passende Paste).
- Fleisch- und Fisch-Kanapees werden getrennt voneinander bereitet, bevorratet und präsentiert, um gegenseitige Beeinträchtigungen von Geruch und Geschmack zu verhindern.

  Diese Kanapees werden zum Schutz vor Austrocknung abgeglänzt.

Eier-Kanapees

Produktsicherheit
Mikroben bei Kanapees eindämmen

- *Täglich frische Zutaten verwenden.*
- *Gemüse als Auflagen gründlich säubern.*
- *Majonäse und andere Halbfabrikate kühlen.*
- *Bei der Arbeit Einweghandschuhe benutzen.*
- *Täglich frischen Aspik herstellen.*
- *Sprühaspik genügend erhitzen (80 °C).*
- *Fertige Kanapees sofort auf +5 °C kühlen.*

Abglänzen von Partyschnittchen mit Aspik

Gebackene Fleischpasteten

Grundrezept: Käsemürbeteig

1 000 g	*Weizenmehl, Type 550*
1 000 g	*Butter*
1 000 g	*Parmesan, trocken-fein*
100 g	*Vollei*
25 g	*Paprika*
15 g	*Kochsalz*

Überbackene Mürbeteigtarteletts mit Füllung

Mürbeteigtarteletts mit pikanten Kremfüllungen

Produktsicherheit

Torten und Desserts mit nicht durcherhitzten pikanten Füllungen sind am Herstellungstag zum Verzehr abzugeben und kühl bei maximal +7 °C aufzubewahren.

Partygebäcke aus Mürbeteigen

Mürbeteige sind eine ideale Grundlage für viele pikante Backwaren. Sie geben zwar in den meisten Fällen nur den „Außenmantel" für delikate Füllungen ab. Dennoch muss der Mürbeteig auch hier zur Qualität der Partygebäcke beitragen.

Gebackene Fleischpasteten – feinster Genuss

Hier ist die Fleisch-Farce-Füllung der wesentliche Teil. Sie kann fertig von einem Fachbetrieb bezogen oder bei Vorhandensein einer Küche selbst hergestellt werden. Obwohl die Farce beim Backen der Pastete durcherhitzt wird, ist durchgängige Kühlkette und äußerste Sauberkeit im Umgang mit dieser Masse gefordert. Die Fleischmasse verdirbt sonst und enthält faulige, giftige Eiweiß-Zersetzungsprodukte.

Die Farce-Füllung wird in eckigen oder runden Formen in Mürbeteig (oder Pastetenteig) eingehüllt gebacken. In der Mitte der Form werden kleine Löcher in den Mürbeteig gestochen. Durch diese wird nach dem Backen in das zusammengezogene Innere der Pastete flüssige Sülze nachgefüllt, die bei ihrem Erkalten wieder die Kruste und die Füllung der Pastete zusammenfügt.

Käsemürbeteig – ein Knabbergebäck

Käsemürbeteig enthält keinen Zucker, dafür aber geriebenen Käse. Der Teig wird aus Weizenmehl, Fett und Käse im Verhältnis 1:1:1 durch Zusammenreiben hergestellt (= „geriebener Teig"). Die Bindung wird durch Zusatz von Vollei bewirkt. Als würzende Zutat kommen neben Kochsalz auch Pfeffer und Paprika in Betracht.

Käsemürbeteig kann ausgestochen mit Aufstreu gebacken werden (mit Mohn, Sesam oder Mandeln). In einer streifenförmigen Mischung mit Käseblätterteig wird Käsemürbeteig zu Schleifen oder Korkenziehern geformt. Das ergibt allgemein kalt zu verzehrende Knabberartikel.

Quiches – heiß, würzig und schwer

In runden, flachen *Tarteletts aus ungebackenen Mürbeteigen* werden verschiedene kleine Quiches als Partygebäcke hergestellt.

Quiche Lorraine wird mit einer würzigen Füllung aus Emmentaler Käse, Zwiebeln, Schinkenwürfeln, Milch und Ei hergestellt. Abwandlungen mit Gemüse und reiner Käsefüllung sind üblich.

Krustaden – heiß und abwechslungsreich

Im Unterschied zu den Quiches benutzt man für diese Partygebäcke *blind vorgebackene Mürbeteigförmchen* (Blindbacken = ohne Füllung backen). In die Formgebäcke können verschiedene Füllungen eingelegt werden. Sie werden mit einer Käseauflage oder einem Guss im Ofen überbacken. Krustaden sind also Gratins in Gebäckförmchen.

Desserts – pikant mit Sahne- oder Kremfüllung

Neben den Mini-Quiches und überbackenen Tarteletts, die möglichst warm gegessen werden sollten, gibt es auch Desserts mit pikanten Kremfüllungen zum Kaltverzehr.

Diese Kleindesserts werden mit unterschiedlichen Mürbeteigschalen hergestellt (➡ nebenstehende Abbildung).

Sie sind aus *Buttermürbeteig* hergestellt oder auch aus *Käsemürbeteig*, wenn die Kremfüllung der Desserts geschmacklich dazu passt. Durch die Füllung sind diese Desserts leicht verderbliche Produkte.

Partygebäcke aus Blätterteig

Aus tourierten Weizenteigen lassen sich Partygebäcke herstellen, die warm oder auch kalt verzehrt werden können.

Beispiel: Gebäcke aus Käseblätterteig

Zur Herstellung von Käseblätterteig kann in normalen Blätterteig ab der zweiten Tour geriebener Käse und Gewürz eintouriert werden. Durch Verwendung verschiedener Käse sind Variationen möglich.

- Aus Parmesan-Käseblätterteig (➡ nebenstehendes Rezept) werden Knabbergebäcke hergestellt.

  Für *Parmesanstangen* wird der 2 cm stark ausgerollte Käseblätterteig in Streifen (etwa 12 × 2 cm) geschnitten. Die Streifen werden in der Mitte zweimal gedreht, mit Ei abgestrichen und mit einer Mischung aus Kümmel und grobem Kochsalz bestreut. Die Stangen werden auf Backblechen bei etwa 210 °C im Heißluftofen 15 Minuten sehr hell ausgebacken.

  Aus Parmesan-Käseblätterteig lassen sich in ähnlicher Weise auch kleine eckige Kissen mit Sesam-Aufstreu herstellen.

  Eine weitere Variante sind zweischichtige gedrehte Schleifen mit je einer Schicht Käseblätterteig und Käsemürbeteig.
- Aus Käseblätterteig werden Teile für *Käsefours* gebacken. Das sind kleine Teilchen, die mit Käsekrem oder Käsebutterkrem gefüllt oder zusammengesetzt werden. Sie werden mit pikantem Dekor belegt, der farblich und geschmacklich zu dem Käsekrem passt.

Beispiel: Desserts mit Blätterteiggebäcken

Aus ungesüßten Blätterteiggebäcken (z. B. Pasteten, Schillerlocken und Torteletts aus Käseblätterteig) können mit Füllungen aus pikanten Krems viele Desserts hergestellt werden.

Da der Blätterteig wegen seiner Zusammensetzung bereits fettreich ist, sollten die Füllungen für Blätterteig-Desserts sehr leicht sein, vor allem für Desserts zum Kaltverzehr.

Beispielsweise ist eine Apfel-Meerrettich-Sahnekrem als leichte Füllung der Desserts geeignet.

So wird *Apfel-Meerrettich-Sahnekrem* zubereitet:

- Die Äpfel werden in Weißwein und Zitronensaft gedämpft, danach durchpassiert.
- Die passierte Masse wird anschließend mit Meerrettich und Eidotter im Wasserbad erwärmt, mit flüssig gemachter Gelatine gebunden.
- Die aufgeschlagene Sahne wird in die abgekühlte Grundmasse kurz vor deren Abbinden gezogen.

Blätterteiggebäcke für pikante *Desserts zum Kaltverzehr* müssen frisch sein (oder müssen vor dem Füllen regeneriert werden).

Blätterteiggebäcke sind wegen ihrer Gebäckmerkmale insbesondere für *Desserts zum Warmverzehr* geeignet (z. B. gefüllt mit Ragoût fin oder überbacken als kleine Gratins).

Die Angebotszeit der Blätterteigdesserts ist kurz zu halten, weil
- die Füllungen der warm zu verzehrenden Desserts beim Kaltwerden ihren Genusswert verlieren,
- die Blätterteigkörper bei längerer Abstehzeit aufweichen und ihre Splitterigkeit verlieren.

Grundrezept: Käseblätterteig

1000 g Blätterteig (mit 2 Touren)
300 g Parmesankäse (fein gerieben)
5 g Kochsalz
5 g Paprikagewürz

Beim Tourieren wird anstelle von Mehl mit der Käse-Würz-Mischung gestreut.

Tipps

- *Als geschmacksgebende **Käsesorten** sind für Käseblätterteig verwendbar: Parmesan, Schweizer, Edamer und Chester.*
- *Zur **Würzung** des Käseblätterteigs eignet sich besonders eine Mischung aus Paprika, Pfeffer und Kochsalz.*
- *Der **tourierte Käseblätterteig** kann längere Zeit in Folie verpackt tiefgekühlt bevorratet werden; zum Verarbeiten muss er etwa 12 Stunden bei Raumtemperatur auftauen.*
- *Beim **Backen** des Käseblätterteigs dürfen die Teile nur hell ausgebacken werden. Zu stark gebackene Stücke schmecken bitter.*

Rezeptbeispiel: Apfel-Meerrettich-Sahnekrem

500 g Äpfel (geraspelt)
500 g Meerrettich (gerieben)
150 g Weißwein
150 g Eidotter
50 g Zitronensaft
20 g Gelatine
300 g Schlagsahne (ungesüßt)
Kochsalz, Pfeffer

Kräuterkrem-Pastetchen zum Kaltverzehr

Schinken-Sahnekremtorte

Rezeptbeispiel: Schinken-Sahnekrem

1 000 g Mascarpone
150 g Eidotter
600 g Schinken (fein gewürfelt)
500 g Russischer Salat
50 g Schnittlauch
10 g Gelatine
700 g Schlagsahne (ungesüßt)
Kochsalz, Pfeffer, Gewürzmischung

Brandteigschwäne mit Käsekrem

Rezeptbeispiel: Käsebutterkrem

1 000 g Butter
1 000 g Kräuterkäse
Kochsalz, Pfeffer, Gewürzmischung

Rezeptbeispiel: Käsefüllkrem

1 000 g Butter
1 000 g Sahne
600 g Käse (fein gerieben)
150 g Eidotter
Kochsalz, Pfeffer, Gewürzmischung

Anregung zur Weiterarbeit
Käsefours werden aus verschiedenen Gebäckgrundlagen hergestellt werden. Erarbeiten Sie sich Verkaufsempfehlungen für Anlässe, zu denen die Gebäcke einsetzbar sind.

Pikante Torten und Desserts

Wenn von „Torten" und „Desserts" gesprochen wird, dann denken die meisten Menschen an etwas Süßes, an Zubereitungen mit Krems und Schlagsahne. Dabei können tortenartige Gebäcke durchaus auch mit pikanten Füllungen zubereitet werden.
Kennen Sie herzhaft-aromatische Torten?

Beispiel: Sahnetorte mit würziger Füllung

Die auf der obigen Abbildung dargestellte Schinken-Sahnekremtorte ist auf den ersten Blick als herzhafter Snack erkennbar:

- Oberfläche mit in Aspik eingelegten Scheiben von Kochschinken
- Füllung mit Schinken- und Gemüsewürfeln
- Geringer Anteil gebackener Tortenböden

Die Tortenfüllung mit einer *Schinken-Sahnekrem* ist nicht nur würzig, sie ist auch gehaltvoll.

So wird die Torte hergestellt:

- Die Zutaten für die Sahnekrem (ohne die Sahne) werden miteinander glatt gerührt und mit der flüssig gemachten Gelatine gebunden.
- In die glatt gerührte Zubereitung wird die aufgeschlagene Sahne kurz eingearbeitet.
- Die Scheiben vom Kochschinken werden flächig in den mit Kunststoff eingefassten Tortenring gelegt; freie Flächen werden mit Russischem Salat bestreut.
- Die Füllung mit der Sahnekrem wird nun eingebracht und mit einem Brandmasseboden oder Mürbeteigboden abgedeckt.
- Die Torte wird nach dem Absteifen gedreht, die Schinkenoberfläche mit Aspik abgeglänzt.

Die Torten mit pikanten Füllungen können für den Verzehr an Ort und Stelle im Café angeboten werden, aber auch für Büfetts bei häuslichen Feiern. Einfacher in der Handhabung und mit breiteren Möglichkeiten der Verwendung sind aber kleine vergleichbare Desserts mit festeren und stabilen Gebäckkörpern.

Beispiel: Desserts mit Brandmassegebäcken

Kleine Brandmassegebäcke wie Eclairs und Windbeutel eignen sich zum Füllen mit pikanten Zubereitungen. Allerdings ist dabei zu beachten, dass die Füllungen nicht zu feucht und zu schwer sind. Sie nässen sonst leicht durch. Dabei saugen die Brandmassekörper so viel Wasser auf, dass die Desserts zerfließen und nicht mehr verkaufsfähig sind.

Die auf der obigen Abbildung dargestellten Schwäne aus Brandmasse sind sehr dekorativ. Durch ihre Füllung mit würziger Käse-Sahnekrem haben sie auch einen hohen Genusswert. Solche Füllungen sind wie die süßen Zubereitungen mit Gelatine stabilisiert.

Das nebenstehende Rezept ergibt eine *schwere Butterkrem*.
Diese eignet sich vor allem zum Zusammensetzen fester Käsefours.

Leichte Käsekrems mit Schlagsahne (unteres Rezeptbeispiel) eignen sich vor allem zum Füllen von Biskuit- und Brandmassegebäcken.

Als Gebäckkörper kommen auch *Brandmassegebäcke mit Käsezusatz* in Frage. Dazu wird der Masse beim Abrösten etwas Paprikagewürz zugesetzt. Außerdem wird der Brandmasse beim Einrühren der Volleier noch feingeriebener Hartkäse zugefügt.

Anrichten und Abgabe von Partygebäcken

Alle Partygebäcke können Teil eines umfangreichen Büfetts sein. Sie können aber ebenso für sich allein nach Geschmack und Auswahl der Kunden auf Tabletts angeordnet werden.

Für das *Anrichten zum Partyservice* gelten folgende Grundsätze:

- *Große Partygebäcke* (wie Dekorstücke aus Brotteig, pikante Torten und Aufsätze) werden als Blickfang auf dem Büfett platziert.
- *Salzgebäcke* können auf dem Büfett als kleine Beilagen angerichtet werden. Speziell eignen sie sich als Snack beim Empfang der Gäste zusammen mit dem Begrüßungsgetränk.
- *Kleine Partygebäcke* (wie Mini-Sandwiches, Kanapees, Apéros) sind auf Platten anzurichten. Die Exklusivität der Snacks kann durch die Auswahl der Platten, Aspikspiegel oder Servietten betont werden. Die Variation in den Snack-Belägen sollte durch die Ausrichtung auf den Platten zur Geltung gebracht werden.
- *Snack-Spieße* eignen sich für kleine Happen, die ohne Messer und Gabel verzehrt werden. Hygienisch ist es, Einwegspieße aus Holz zu verwenden. Die farbigen Kunststoffspieße sollten nur eingesetzt werden, wenn bunte Effekte passend sind und belebend wirken.
- *Warm-Snacks* (wie Bouchées oder Königin-Pastete) sind gesondert bereitzustellen, so dass sie heiß bleiben (auf Wärmeplatte = Rechaud). Diese Snacks sind auch in persönlicher Bedienung auszugeben.

Für die *Kundenberatung* gelten folgende Grundsätze:

- Beim Angebot von kleinen Partyschnittchen (z. B. Apéros) sind für die *Mengenberatung* folgende Richtwerte pro Person anwendbar:
  - Abendbüfett: etwa 150 g (4 bis 5 Stück)
  - Zwischengericht: etwa 250 g (7 bis 8 Stück)
  - Mittagsimbiss: etwa 400 g (8 bis 10 Stück)
  - Leichte Mahlzeit: etwa 500 g (12 Stück)
- Bei der Auswahl von Partygebäcken ist auch deren Energiegehalt zu beachten. Teilchen mit Früchten haben geringeren Nährwert als die mit Fleisch oder Käse. Empfehlenswert ist eine Sortenmischung.
- Bei der Festlegung des Lieferzeitpunkts ist darauf zu achten, dass auch die empfindlichen Partygebäcke über die gesamte Angebotszeit ihre Frischemerkmale behalten können.

Pikante Füllungen – mit hohem Hygienerisiko

Leicht verderbliche Sahne- und Kremfüllungen werden in hygienischer Hinsicht noch risikobeladener, wenn in diese Massen solche Zutaten eingearbeitet sind, die leicht von Mikroben besiedelt werden.

Bei der *Bereitung* dieser Füllungen ist peinlichste Sauberbeit geboten. Sie sind in einem kühlen, mehlstaubfreien Raum herzustellen und zu verarbeiten. Zutaten und fertige Füllungen sind kühl aufzubewahren.

Bei der *Lieferung* der Desserts im Partyservice ist zu bedenken, dass empfindliche Partygebäcke erst kurz vor dem Verzehrszeitpunkt beim Kunden eintreffen sollten.

Bei der *Bevorratung* empfindlicher Partygebäcke ist die notwendige Kühlung oder das Heißhalten zu gewährleisten. Für alle Snacks sollten spezielle *Richtzeiten für die Angebotsdauer* genannt werden (wegen des Durchweichens oder des Austrocknens der Beläge oder dem möglichen Verderb von Krems und Füllungen). Auch beim Partyservice sollten den Kunden diese Empfehlungen gegeben werden.

Variation im Belag beachten

Spieße zur leichten Bedienung vorsehen

Kanapees auf Platten anrichten

Plattenservice für das Büfett

Betriebswirtschaftliches Handeln

Für die Auslieferung von Speisen und Snacks im Außer-Haus-Geschäft werden geeignete Tabletts, Platten und Geschirrteile benötigt. Dazu sind Planungen nötig, zum Beispiel:

- *über Art und Umfang bereitzustellender Einrichtungen,*
- *über dafür entstehende Kosten,*
- *über Ausleihe und Rückgabe durch Kunden,*
- *über Informationen der Kunden zu den Möglichkeiten des Services.*

Betriebswirtschaftliches Handeln

*Bei der **Preiskalkulation** für die belegten Backwaren-Snacks sind einige Besonderheiten zu beachten:*

- *Die Gebäckbasis aus der eigenen Herstellung ist zum Bäckerei-Abgabe-Preis zu berechnen (und nicht mit dem Ladenverkaufspreis).*
- *Für nicht mehr verwendbare Belagprodukte (z. B. Endabschnitte, Reinigungsverluste oder Verderb) ist ein prozentualer Aufschlag auf diese Materialkosten zu berücksichtigen.*
- *Der anzuwendende Mehrwertsteuersatz ist von der Art der Abgabe abhängig:*
  - *Für Verkauf außer Haus gilt der ermäßigte Steuersatz.*
  - *Für Verzehr an Ort und Stelle im Café oder Imbiss gilt der normale Steuersatz.*

Sachverweise

*Ein **Kalkulationsschema** für die Preisermittlung für Snacks finden Sie auf der CD-ROM zu diesem Buch.*

*Berechnungen der **Verkaufspreise von Snacks** können Sie mit Hilfe von Musteraufgaben im CD-ROM-Text vornehmen.*

*Grundsätze zur **Büfettgestaltung** sind auf der CD-ROM zu diesem Buch dargestellt.*

*Zusammenstellungen der Zutaten für verschiedene **Salatarten** finden Sie auf der CD-ROM zu diesem Buch.*

Betriebswirtschaftliches Handeln

*Die **Verzehrspreise für Büfettangebote** sind mit den Gästen auf unterschiedliche Art abrechenbar:*

- *Die Teilnahme an einem Büfett kann mit einem **Pauschalbetrag** berechnet werden.*
- *Die Abrechnung kann **nach Tellergröße** für die Speisen (z. B. bei Salaten) erfolgen oder **nach Gewicht** der Speisen.*
- *Die vom Büfett zu entnehmenden Speisen können als **Preisanteil der Hauptspeise** in deren Preis enthalten sein.*

➤ *Stellen Sie Vor- und Nachteile der obigen Berechnungsmöglichkeiten gegenüber.*

Anregung zur Weiterarbeit

*Für die vielfältigen Planungs- und Vorbereitungsarbeiten zur Gestaltung eines Büfetts ist die Benutzung einer dazu erstellten **Checkliste** empfehlenswert.*

➤ *Kontrollieren Sie die Vorbereitung eines Büfetts nebenstehender Aufgaben mit Hilfe einer Checkliste von der CD-ROM.*

Lernfeldbezogene Aufgaben

1. Situationsbeschreibung:

*Für eine Geburtstagsfeier möchte ein Kunde in Ihrer Verkaufsstelle mehrere **Platten mit belegten Snacks** bestellen, die beim Stehempfang aus der Hand zu verzehren sind. Sie sollen ihn dazu beraten.*

➤ *Nennen Sie dafür geeignete Snackssorten und unterscheiden Sie diese mit ihren wesentlichen Produktmerkmalen.*
- *Stellen Sie an Beispielen verschiedene Snackqualitäten dar, zum Beispiel leichte Snacks, gehaltvolle Snacks und exklusive Snacks.*
- *Beschreiben Sie an Beispielen die speziellen kleinen Partygebäcke wie Kanapees und Apéros.*
- *Erstellen Sie beispielhaft für die ausgewählten Snacks und eine bestimmte Personenzahl die Mengenempfehlungen.*

➤ *Formulieren Sie kurz die Informationen für den Kunden hinsichtlich Ausleihe und Rückgabe von Platten und Geschirr.*

➤ *Kalkulieren Sie den Preis für eine Snacksorte.*

2. Situationsbeschreibung:

*Das Team Ihrer Verkaufsstelle soll ein **Salatbüfett mit dazu passenden Brotsorten** zu einem Brunch planen und gestalten.*
Sie sollen im Team dazu insbesondere die folgenden Aufgaben lösen.

➤ *Stellen Sie die unterschiedlichen Salatarten für das Büfettangebot dar.*
- *Beachten Sie: Anlass, Jahreszeit-Saison und Preiswürdigkeit.*
- *Erstellen Sie Vorschläge für die Brot- und Kleingebäcksorten, die zu den Salaten passend sein sollen.*

➤ *Beschreiben Sie für drei Salatsorten unterschiedlicher Gruppen die Zusammensetzung und ggf. dazu passende Salatsoßen/Dressings.*

➤ *Erklären Sie die Bedingungen für Produktsicherheit und hygienische Abgabe, die beim Büfettangebot einzuhalten sind.*

3. Situationsbeschreibung:

*Sie sollen ein **Brotbüfett** zu einem Thema nach Ihrer Wahl mit Brotsorten und Backwarensnacks gestalten.*
Bearbeiten Sie dazu insbesondere die folgenden Leitfragen und führen Sie die Planungen praktisch durch.

➤ *Welches Motto/Thema soll die Auslage haben?*

➤ *Welche Brotsorten und Backwarensnacks passen zu dem Thema? Stehen diese im täglichen Sortiment zur Verfügung, oder müssen sie gesondert hergestellt werden?*

➤ *Wie soll die Auslage aussehen (Platzbedarf, Dekorationsmaterial, Licht), und wo soll sie aufgestellt werden?*
- *Stellen Sie von jeder Brotsorte arttypische Besonderheiten im Aussehen, im Genusswert und im Ernährungswert heraus.*
- *Stellen Sie darüber kleine Informationsschildchen für das Büfett her.*

4. Situationsbeschreibung:

*Sie sollen Vorschläge für einen **Partyservice** Ihres Betriebs machen.*
Bearbeiten Sie dazu insbesondere die folgenden Leitfragen und halten Sie die Planungen schriftlich fest.

➤ *An welche Adressatengruppen kann der Partyservice gerichtet sein, und welche Kundenerwartungen ergeben sich daraus?*

➤ *Welche Partygebäcke kann Ihr Betrieb anbieten; für welche dazugehörenden Angebote benötigen Sie Kooperationsfirmen?*

➤ *Wie kann der Partyservice werbemäßig bekannt gemacht werden?*

PRODUKTE VERKAUFSFÖRDERND PRÄSENTIEREN

Dieses Lernfeld ist Teil der Ausbildung im zweiten Ausbildungsjahr.

Leitfragen in diesem Lernfeld sind:

Welche Rolle spielen imagebezogene und produktbezogene Werbemaßnahmen für die Verkaufsförderung in Bäckereien und Konditoreien?

Wie können Produkte der Bäckerei und Konditorei in Auslagen verkaufsfördernd präsentiert werden?

Welche Grundsätze sind bei der Auslage von Back- und Süßwaren sowie beim Präsentieren des Zusatzsortiments in der Verkaufsstelle zu beachten?

Mit welchen Dekorationsmitteln lassen sich Schaufenster und andere Auslagen werbewirksam gestalten?

Wie werden verschiedene Packstoffe zum Verpacken von Waren der Bäckerei und Konditorei fachgerecht eingesetzt?

Wie können Back- und Süßwaren zum Verkauf vorverpackt werden?

Wie werden Geschenkpackungen mit Produkten der Bäckerei und Konditorei hergestellt und präsentiert?

Welche rechtlichen Bestimmungen sind für Fertigpackungen zu beachten?

Diese Leitfragen und weitere Aspekte der Verkaufsförderung sind Gegenstand des folgenden Kapitels.

SORTIMENTSPROFIL UND VERKAUFSFÖRDERUNG

Die Förderung des Warenabsatzes gehört zu den täglichen Aufgaben der Fachverkäufer/Fachverkäuferinnen in der Bäckerei und Konditorei. Durch werbewirksame Präsentation der Waren sind hierbei besondere Erfolge erzielbar.

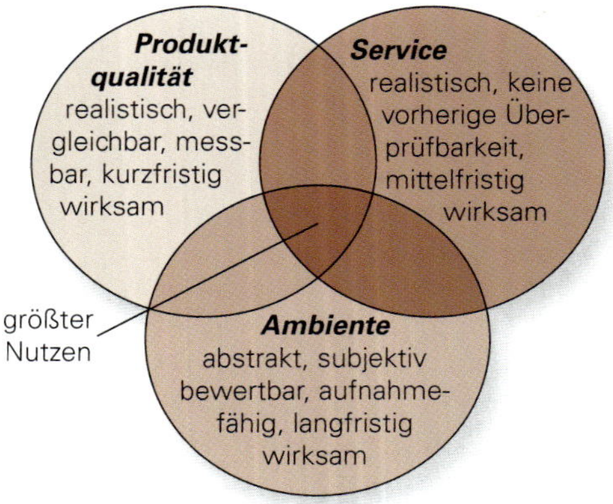

Betriebswirtschaftliches Handeln

*Maßnahmen der **Imagewerbung** zielen vor allem darauf, das Ansehen des Unternehmens in der Öffentlichkeit zu steigern. Die Wirksamkeit der Maßnahmen ist nur indirekt und langfristig zu kontrollieren.*

*Maßnahmen der **Produktwerbung** zielen darauf, den Warenabsatz zu steigern. Die verkaufsfördernde Präsentation der Produkte ist Teil dieser Bemühungen. Die Wirksamkeit und Wirtschaftlichkeit dieser Maßnahmen kann direkt und recht kurzfristig kontrolliert werden. Grundlage dieser Kontrolle ist eine exakte Erfassung der Maßnahme-Kosten. Sie werden in Bezug gesetzt zu dem erzielten Nutzen (= Kosten-Nutzen-Analyse). Der Nutzen ergibt sich aus dem Gewinn nach Umsatzanteilen (➡ ABC-Analyse, Seite 516).*

Situationsaufgabe:

In Ihrer Verkaufsstelle sollen die Waren allgemein nach Theken- und Belegungsplan werbewirksam präsentiert werden. Dabei sollen auch für bestimmte Produkte verkaufsfördernde Auslagen gestaltet werden, die den Kundeninteressen und dem Betriebsprofil entsprechen. Die Kontrolle soll durch eine Kosten-Nutzen-Analyse erfolgen.

Produkte: ihr Kundennutzen ist entscheidend

Kein Kunde erwirbt ein Produkt, nur weil es beispielsweise billig ist. Für die Kaufentscheidung ist zunächst einmal der *Grundnutzen* eines Produkts ausschlaggebend.

Zum Grundnutzen bei Back- und Süßwaren zählen vor allem
- die Qualität (z. B. Sensorik, Ernährungswert, Gesundheitswert),
- die Eignung (z. B. Verwendbarkeit, Haltbarkeit).

Neben diesem Grundnutzen erwarten Kunden weitere Vorteile beim Kauf eines Produkts. Das sind zum Beispiel die Beratung oder das Kauf-Erlebnis oder die Service-Leistungen. Man bezeichnet diese Aspekte zusammenfassend als den *Zusatznutzen*.

Als dritter Komplex verbindet sich für Kunden mit dem Produkt das Gefühlsmäßige. Dazu gehören zum Beispiel die Wertschätzung des Produkts (was der Besitz für den Kunden bedeutet), aber auch das Ambiente des Geschäfts. Zusammenfassend bezeichnet man das als die *Produktumwelt*.

Kein Bäckerei-Konditorei-Unternehmer bietet seine Waren nur an, um den Kunden einen großen Nutzen zu verschaffen. Für Unternehmer ist die *Wirtschaftlichkeit* ihrer Betätigung ausschlaggebend. Der Betrieb muss gewinnbringend sein, um auf Dauer existieren zu können. Daher dienen Maßnahmen der Verkaufsförderung vor allem diesem Ziel.

***Verkaufsförderung** knüpft an dem Kundennutzen der Produkte an. Sie bezieht die gesamte Firmenkultur ein. Und aus dem Interesse des Betriebs heraus muss sie wirtschaftlich sein.*

Firmenprofil der Bäckerei und Konditorei

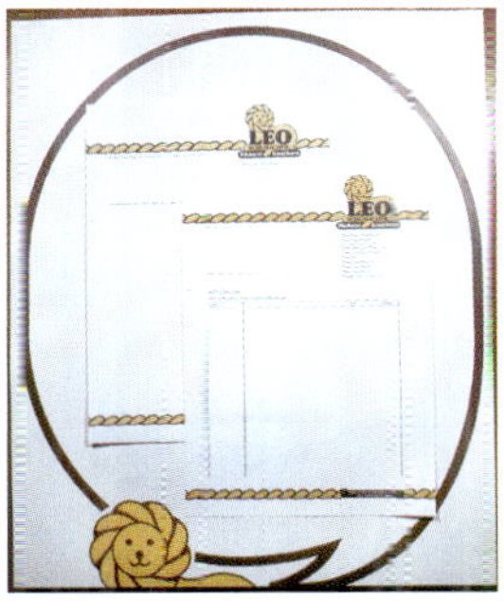

Die unverwechselbare Firmenidentität einer Bäckerei und Konditorei wird vorrangig durch das *äußere Erscheinungsbild des Betriebs* an die Öffentlichkeit vermittelt. Es ist damit ein wesentlicher Teil der Werbung. Es muss daher in allen Werbemaßnahmen wieder erscheinen. Ja, es bestimmt letztlich die Gesamtkommunikation des Betriebs.

Wenn zum Beispiel das Erscheinungsbild der Bäckerei und Konditorei „historisch gewachsen" ist, ist das auch die Basis für das Marketing. Es verträgt sich mit einer solchen Firmenidentität beispielsweise nicht, moderne Werbematerialien aus Kunststoff und mit grellen Farben zu verwenden. Erscheinungsbilder mit historischem oder natürlichem Bezug erfordern einen behutsamen Umgang in der Werbung. Sonst entsteht ein Widerspruch in der Darstellung. Im schlimmsten Fall wird ein positives Firmenbild überlagert und verliert damit seine Wirkung.

Das äußere Erscheinungsbild kann bei der Neugründung oder einer Veränderung einer Bäckerei und Konditorei auch ganz neu konzipiert und öffentlich eingeführt werden. Beispiele für die Elemente, die ein Firmenprofil in abgestimmter Weise öffentlich vermitteln, sind in den nebenstehenden Bildern erkennbar:
- Firmenzeichen und -bezeichnung,
- Farben (Haupt- und Stützfarben),
- Schriftart und Schriftbild,
- Gestaltungen mit grafischen Mitteln.

Die Träger der vorgenannten Elemente sind beispielsweise
- Fassade, Schaufenster, Laden,
- Lieferfahrzeuge,
- Berufskleidung des Personals,
- Verpackungsmaterial,
- Werbemittel,
- Geschäftspapiere.

Bäckereien und Konditoreien mit individuellem Marktauftritt heben sich auch vom eintönigen Umfeld ihres Geschäfts ab. Sie sind an ihrer Hausfarbe, ihrem Firmenschriftzug und ihrem Firmenlogo erkennbar. Das klare und gestalterisch abgestimmte Geschäftsprofil („Corporate Identity" genannt) ist ein guter Beitrag zur Erzielung von dauerhafter *Kundenakzeptanz*.

Kundenakzeptanz heißt: Die Kunden fühlen sich angesprochen und wählen gewohnheitsmäßig diese Einkaufsstätte.

Zu Ihren täglichen Aufgaben gehört es, die Aufwendungen Ihres Betriebs für diese Maßnahmen voll zur Geltung zu bringen. Zum Beispiel sind Verpackungsmaterialien mit dem aufgedruckten Firmenlogo stets vorrätig zu halten und im Verkaufsgeschehen einzusetzen.

Jeder Kunde, der Ihr Geschäft mit einer Tragetasche, einer Gebäcktüte, Tortenschachtel oder Pralinenpackung mit der Firmenkennzeichnung verlässt, ist für Ihr Geschäft ein wandelnder Werbeträger. Jede Fahrt der Lieferwagen des Betriebs ist dazu geeignet, mit der Firmenkennzeichnung und zusätzlicher Aufklebewerbung die Informationen für eine aktuelle Aktion Ihres Geschäfts in die Öffentlichkeit zu tragen.

Außenwerbung der Bäckerei und Konditorei

„Die Entscheidung über das Kaufen oder das Nichtkaufen fällt vor der Ladentür."

Eine solche Aussage trifft den Kern der Bedeutung eines positiven Erscheinungsbilds und einer stimmigen Außenwerbung.

Auf eine Bäckerei/Konditorei sollten die Passanten schon durch den köstlichen Duft frischer Backwaren von weitem aufmerksam werden. Darum leiten manche Betriebe diesen Duft gezielt vor das Geschäft. Die umworbenen Kunden werden noch besser auf die Verkaufsstelle der Bäckerei/Konditorei aufmerksam, wenn neben ihrem Geruchssinn auch das Auge angesprochen wird.

In Befragungen wurde ermittelt, dass die Geschäfte von den Passanten aufgrund äußerer Merkmale eingeschätzt werden, insbesondere
- nach der Größe der Geschäftsräume,
- anhand der äußeren Erscheinung des Geschäfts,
- anhand der Schaufensterauslagen,
- anhand der Beleuchtung der Verkaufsstelle.

Setzt sich in diesem Beispiel der Hinweis auf ein Café im belebten Straßenbild genügend durch?

Fassade, Leuchtreklame, Markise und noch mehr

Die *Fassade* einer Backwarenverkaufsstelle muss sich vor allem in belebten Einkaufsstraßen gegenüber vielen anderen „Locksignalen" durchsetzen. Die äußere Gestaltung muss Signalwirkung haben. Sie muss neugierig machen.

Andererseits sollte sich die Fassade auch den Nachbarhäusern in etwa anpassen. In historischen Stadtbereichen ist es beispielsweise erforderlich, auch das Erscheinungsbild der Bäckerei/Konditorei auf den Gesamtcharakter des Stadtbilddes abzustimmen. Das hat bei Kunden und Besuchern mehr Sympathie als ein „Kunststoff-Ambiente".

„Licht lockt Leute." Dieser Spruch weist auf die Werbewirkung des Lichtes hin. Neben der Beleuchtung in den Verkaufsräumen selbst hat das Licht im Außenbereich diese Wirkung: Zugang, Leuchtreklame und Schaufenster. Die Außenbeleuchtung wirkt nicht nur werbend. Sie hat auch Bedeutung für die Sicherheit der Kunden in der dunklen Jahreszeit. Aus werblichen Gründen und zur Verkehrssicherung sollte bei der Beleuchtung des Geschäfts nicht gespart werden.

Die Fassade und die Markise haben eine starke Signalwirkung.

Die *Leuchtreklame* mit den Firmenkennzeichen soll bei Dunkelheit weithin strahlen. Sie muss aber auch im Hellen gut erkennbar und lesbar sein.

Eine *Markise* oder ein *Vordach* über der Ladenfront ist ein guter Platz für werbewirksame Kennzeichnungen. Sie sorgen zunächst für mehr Geschlossenheit im Außenbild. Sie schattieren und helfen bei der Entspiegelung der Schaufenster. Sie schützen die ausgestellten Waren vor Lichteinwirkung. Und die Kunden suchen hier Schutz bei schlechtem Wetter. Dann wird ihre Aufmerksamkeit auf die Angebote der Bäckerei und Konditorei gelenkt.

Aufmerksamkeit der Passanten sollen auch vor dem Geschäft platzierte Dinge erregen, zum Beispiel ein Außen-Café oder eine Aktionstheke oder ein Straßenaufsteller. Für die vorgenannten Einrichtungen auf öffentlichen Flächen (z. B. auf dem Gehsteig) sind städtebauliche Vorschriften zu beachten. Im Allgemeinen sind solche Nutzungen für geschäftliche Zwecke genehmigungspflichtig.

Handlungsorientierte Aufgabe

Überprüfen Sie mit Hilfe einer Check-Liste, inwieweit das Firmenprofil Ihres Geschäfts als Werbesignal für die Kunden auf dem Weg in den Laden durchgängig wirksam ist.
Beteiligen Sie bei dieser Aufgabe auch eine betriebsfremde Person.

Schaufenster oder Durchsichtfenster

Wenn Sie an einer langen, geschlossenen Hausmauer entlang gehen, wird diese Mauer nicht Ihr Interesse finden. Aber Ihre Aufmerksamkeit wird schlagartig geweckt, wenn in der Mauer ein Fenster oder ein beleuchteter Schaukasten ist.

Ebenso ist auch ein *Schaufenster* oder ein *Durchsichtfenster* eine gute Methode, um Aufmerksamkeit zu erregen, um das innerbetriebliche Geschehen „einsehbar" zu machen. Ein solcher Einblick muss für die Passanten einen Stoppwert haben. Er muss lohnend sein.

Wie erreicht man das für Verkaufsstellen der Bäckerei/Konditorei?

Nach den baulichen Gegebenheiten, dem Firmenprofil und dem Typ der Verkaufsstelle kann man sich entscheiden

- *für ein Durchsichtfenster, das den Passanten einen Einblick in die Verkaufsräume verschafft,*
- *für ein zum Verkaufsraum hin abgeschlossenes Schaufenster, das allein der Auslage von Waren dient,*
- *für eine Kombination von Durchsicht- und Schaufenster,*
- *für den Verzicht auf ein Schaufenster, so dass die gesamte Ladenfront offen bleibt und somit den Passanten und Kunden Einblick und Zutritt ins Geschäft gewährt.*

Schaufenster unterscheidet man nach der Art der Warenauslage:

- *Das Angebots- oder Sortimentsschaufenster* soll die Vielfalt im Angebot herausstellen. Es kann bedarfsentsprechend im Tagesverlauf umdekoriert werden (= Tagesschaufenster).
- *Das Verkaufsschaufenster* soll bestimmte Waren in Angebotsfülle herausstellen. Es kann zum Verkauf aus der Warenauslage heraus genutzt werden (= auch als Stopper-Theken-Fenster).
- *Das Spezial- oder Aktionsschaufenster* soll Spezialitäten des Betriebs herausstellen. Es kann auch zu speziellen Anlässen gestaltet werden (wie Sonderangeboten, Festen oder Jubiläen).
- *Das Saison- oder Fantasieschaufenster* soll in der Dekoration den Bezug zu besonderen Anlässen ausweisen (z. B. Ostern, Muttertag, Weihnachten). Es kann auch zu bestimmten Themen (z. B. Stadtfest oder Märchen) ideenreich gestaltet werden.
- *Das Aktions- oder Demonstrationsschaufenster* soll Passanten durch praktische Abläufe anlocken und interessieren (z. B. durch Schaubacken). Es kann auch zum Verkauf der hergestellten Waren aus dem Fenster heraus genutzt werden.

Spezialschaufenster für Pralinen

Wenn Sie in Ihrem Betrieb mehrere Schaufenster haben, können zu gleicher Zeit verschiedene Fensterarten dekoriert sein. So erfüllen sie unterschiedliche Aufgaben. Als Grundsatz sollten Sie stets beachten, dass ein gutes Schaufenster von der Aktualität lebt. Die täglich gleiche Warenauslage oder eine Langzeitdekoration wecken kein Interesse. Planen Sie darum abwechslungsreiche und originelle Auslagen. Mit veränderbaren Aufbauten und Elementen oder rollbaren Einschüben für das Schaufenster ist die variable Gestaltung einfach.

Mobile Elemente bei der Gestaltung einer Auslage für Brot im Durchsichtfenster einer Bäckerei

Halten Sie die Schaufenster frei von zu vielen und zu großen Plakaten. Solche Plakate nehmen die Lust am Lesen. Sie verhindern den Blick auf Ihre Auslagen oder in die Verkaufsstelle. Fremdplakate und Hinweise auf Veranstaltungen in der Region mindern die Auslage in ihrem Wert. Die meisten Plakate veralten in ihrer Aussage. Sie müssen rechtzeitig entfernt werden, und zwar ohne Klebereste auf der Scheibe.

Sachverweis

*Die **Gestaltung von Schaufenstern** ist ab der Seite 367 dargestellt, außerdem auf der CD-ROM zu diesem Buch.*

Weihnachtsdekoration im Café und Deckenabhänger im Laden

Osterdekorationen

Schaudekoration mit Brot

Gestaltung von Schaudekorationen

Zur Umwerbung von Verbrauchern und für den Erlebniswert beim Kauf werden Schaudekorationen erstellt. Bäckereien und Konditoreien haben dafür besondere Möglichkeiten. Sie produzieren selbst und verkaufen in eigenen Verkaufsstellen. Die Produkte der Bäckerei und Konditorei haben bei den Verbrauchern ein gutes Image. Mit ihnen ist also leicht Aufmerksamkeit zu erzielen.

Auslagen in dekorativer Form

Die modernen Verkaufsstellen der Bäckerei und Konditorei haben oft kein Schaufenster. Die Verkaufsstelle ist zur Straße hin offen und nur durch die Verkaufstheke und eine Glasfront abgegrenzt. Bei diesem Verkaufsraumtyp kann die Funktion des Schaufensters durch eine von außen einsehbare Ladentheke übernommen werden. Auch können werbewirksame Auslagen in den Verkaufsräumen gestaltet werden.

Dekorationen in Verkaufsräumen

Themen- und erlebnisorientiertes Kaufen in der Bäckerei/Konditorei erfordert auf den Anlass bezogene Dekorationen. Sie sind mit den jeweils typischen Waren auszuführen. Zum Beispiel sind für Feiertage wie Weihnachten oder Ostern die dafür saisonal üblichen Back- und Süßwaren zu verwenden. Die ganze Dekoration muss dazu passen. Außerdem ist auf eine angemessene und abgestimmte Farbwahl zu achten (➡ nebenstehende Beispiele).

Auslagen und Schaufenster sollen aktuelle Angebote verdeutlichen. Deshalb müssen in der Verkaufsstelle die entsprechenden Waren deutlich herausgestellt werden. Grundsätzlich müssen die Räume der Verkaufsstelle mit angepasster Dekoration den Rahmen dafür bilden. Mit einer isoliert dargebotenen Auslage werden weder die Themen- und Erlebnisorientierung für die Kunden noch Werbeziele des Geschäfts erreicht.

Ausstellen von Brot und Kleingebäck in Auslagen

Das Angebot an Broten und Kleingebäcken eignet sich besonders gut für werbewirksame Dekorationen. Das gilt für anlassbezogene Ausstellungen (z. B. Erntedank) und auch für Spezialdekorationen. Selbst für den Verkauf von Brot und Kleingebäck aus dem Fenster heraus sind Auslagengestaltungen geeignet.

Ausstellungen von Brot und Kleingebäck wirken durch die Vielfalt und Fülle. Herausgehoben werden jedoch dekorative Formstücke aus Brot- oder Kleingebäckteig. Sie sind materialecht. Das heißt: Sie sind aus den Rohstoffen für Brot hergestellt, aber besonders geformt und verziert. Sie dienen als *Blickfang* in der Auslage.

Für die Präsentation von Brot- und Kleingebäck eignen sich spezielle Dekorationsmittel, die mit Gewinnung, Herstellung und Verbrauch dieser Backwaren verbunden sind. Sie müssen arttypisch ausgewählt werden (beispielsweise Kornähren, Korn, Holz- und Steingutgefäße, Körbe, Schieber, Kränze, Holzbretter, Leinentücher). Sie sind original aus dem eigenen Bestand des Betriebs zu nehmen oder speziell als Dekorationsmittel im Handel zu beziehen.

Alle Dekorationen in Verkaufsräumen der Bäckerei und Konditorei müssen lebensmittelhygienisch unbedenklich sein. Das bedeutet: Sie dürfen Waren nicht nachteilig beeinflussen.

Schaufenstergestaltung

Im Rahmen des Marketings der Bäckerei und Konditorei ist ein gut gestaltetes Schaufenster ein wichtiges Werbemittel. Es kann je nach Zweck und Gestaltung unterschiedliche Funktion haben (➞ Seite 365). Auf jeden Fall soll es Aufmerksamkeit erregen. Ein Schaufenster hat eine gute „Stoppwirkung", wenn etwa 50 % der Passanten mindestens 12 Sekunden lang die Auslage im Fenster betrachten.

Wie erreichen Sie das?

Dekoration zum Thema „Hochzeit"

Grundsätze für die Schaufenstergestaltung

Das Schaufenster ist eine *Visitenkarte der Verkaufsstelle* nach außen. Ganz besonders ist diese Wirkung bei Durchsicht in die Verkaufsräume (wie im obigen Beispiel). Aber auch in geschlossenen Auslagenfenstern muss für die Passanten so viel Interessantes zu sehen sein, dass sie zum Eintreten in die Verkaufsstelle gelockt werden.
Um diese Wirkung zu erzielen,

- muss das Schaufenster gut einsehbar und belichtet sein,
- müssen die Waren und Dekorationen sauber und ordentlich sein.

Die Aufmerksamkeit von Passanten wird geweckt, indem man für die Anordnung der Auslagen die hauptsächliche *Laufrichtung* beachtet und sich der Blickfang in *Blickrichtung* befindet). Für die Wirkung der ausgestellten Waren ist die *Blickhöhe* wichtig. Über der Sichthöhe von etwa 170 cm hat die Dekoration kaum Wirkung. Zwischen 80 cm und 160 cm findet ausgestellte Ware die stärkste Beachtung.

Beachtung der Blickrichtung und Blickhöhe von Passanten

Die Anordnung der Dekoration kann

- gleichmäßig und symmetrisch sein oder
- ungleichmäßig und asymmetrisch.

Symmetrischer Aufbau mit zumeist spiegelbildartig gleichen Waren in beiden Hälften der Auslage wirkt stark geordnet. Hier besteht die Gefahr der Wiederholung in der Auslage sowie der Überfüllung mit Waren.

Asymmetrischer Aufbau mit dem Blickpunkt auf einer Randseite des Fensters wirkt belebend bei der Betrachtung. Für die Anordnung der Waren besteht mehr Gestaltungs-Freiraum.

Symmetrischer Aufbau eines Schaufensters zum Thema „Ostern"

Für die Gestaltung von Schaufenstern gilt: „Weniger ist mehr". Das heißt: Sie erzielen eine optimale Wirkung durch Beschränkung in der Menge der Auslagen.

Bei Saison- und Ideenschaufenstern sollten Sie die Auslagen unter ein Motto stellen (➞ Beispiele auf den Seiten 368, 369). Diesem Thema entsprechend sind Warenauslagen und Dekorationen zu wählen. Auch die Farbgestaltung der Auslage ist vom Motto abhängig. Zum Beispiel sind Gold, Silber und Blau als Hauptfarben geeignet für Dekorationen zu Familienfeiern und Festen. Zu diesen Hauptfarben sind die passenden Sekundärfarben zu wählen.

Sie können die Aussagewirkung der Auslagen steigern

- durch Gestalten von unterschiedlich hohen Auslage-Ebenen,
- durch leichte Schrägstellung von flachen Unterlagen,
- durch Bezeichnung der Waren mit ihrer Verkehrsbezeichnung und kurzen, ergänzenden Informationen.

Beachten Sie, dass alle im Schaufenster ausgestellten Waren auch mit Preisen auszuzeichnen sind.

Tipps für die Schaufenstergestaltung

- *Beachten Sie mögliche Sonneneinwirkung auf die Auslage. Stellen Sie gegebenenfalls keine empfindlichen Waren aus, sondern Attrappen und leere Packungen.*
- *Stellen Sie nur erstklassige Qualitäten aus. Verteilen Sie die Ware nicht streuartig, sondern bilden Sie wirksame Schwerpunkte.*
- *Stellen Sie kleine und flache Stückchen in mehreren Exemplaren in den Vordergrund.*
- *Sichern Sie die ausgestellten Waren und Dekorationen gegen das Umfallen oder gegen das Verrutschen ab.*
- *Kontrollieren Sie die Auslage regelmäßig auf Unversehrtheit und Sauberkeit (Beseitigen von Staub, Krümeln oder Insekten).*

Abfolgen bei der Schaufenstergestaltung

Wenn der verfügbare Platz für die Auslagengestaltung wie in den folgenden Beispielen bindend festgelegt ist, sollte zunächst die Auslage anhand einer Skizze mit den Warenarten und Mengen sowie in ihrer Verteilung vorgeplant werden.

Sofern das Thema bereits einmal als Auslage dekoriert wurde, kann man mit Hilfe einer Fotografie auch eine von der ersten Form abweichende optimierte Fassung gestalten (z. B. in der Prüfung oder im Wettbewerb). Die Gesamtkonzeption sollte aber beibehalten werden.

Phase der Vorbereitung

Als Gesamtkonzeption der Auslage wird zunächst die *farbliche Abstimmung* aller Präsentationsmittel mit der Thematik und mit den Waren vorgenommen. So wird der Gesamteindruck der Auslage bestimmt. Beachten Sie, dass damit neben der farblichen Wirkung auch die Stilrichtung der Auslage beeinflusst wird (wie in den hier aufgeführten Abbildungen).

Die *Waren und Materialien* werden dann in einer Skizze der Auslage positioniert. Damit werden die Anordnung (symmetrisch oder asymmetrisch), der Blickfang und die Positionen der Hauptgegenstände festgelegt.

Die Waren, die Dekorationsmittel und alle Hilfsmittel zur Gestaltung werden bereitgestellt.

Phase der Entwicklung

Die Abfolge einzelner Arbeitsschritte beim Gestalten des Schaufensters ist individuell möglich. Dabei sind vor allem der Aufwand für herzustellende Dekorationen und der persönliche Arbeitsstil entscheidend.

- Verschiedene Höhen, Ebenen und Stellplätze für die Auslagen werden gestaltet. Verschiedene Mittel sind dafür nutzbar (➟ obere Bilderreihe). Sie müssen die *Stabilität der Dekoration* gewährleisten.
- Dekorationsstücke, Plakate und Schildchen werden angefertigt (➟ mittlere Bilderreihe). Eigene Fertigung wird im Allgemeinen gefordert bei Prüfungen und Wettbewerben. Ansonsten ist auch der Einsatz fertig zu beziehender Teile praktikabel.
- Dekorationsstoffe werden angeordnet und befestigt (➟ nebenstehende Abbildung). Stoffe können locker drappiert oder straff als Überzug eingesetzt werden. Auch sind Wände, Unterboden oder einzelne Flächen damit auskleidbar.
- Blickfang/Hauptdekorationsstück wird in die Position gesetzt, die optimal zu Blickhöhe und Blickrichtung der Betrachter ist. Die Sicht darf nicht durch andere Ausstellungsstücke beeinträchtigt werden.
- Dekorationswaren werden verpackt, hergerichtet und geordnet in die Auslage eingefügt.

Vorrichtungen zur Schaffung verschiedener Ebenen bereitstellen und selbstgefertigte Dekorationen vorbereiten

Thementafel im Hintergrund platzieren, tafelartige Ausstellungsebenen und Dekorationen einsetzen

Phase der Ausgestaltung

Das Einsetzen der Waren in die Auslage sollte von der Rückseite beginnend nach vorn hin erfolgen. So ist es günstig für den Arbeitsablauf. Für empfindliche Waren kann aber auch das nachträgliche Einsetzen an hintere Positionen in Betracht kommen.

- Unverpackte Waren werden auf Platten angerichtet und in die Auslage eingefügt. Bei diesen Arbeiten ist auf die notwendige Hygiene zu achten. Die Waren dürfen nicht mit bloßen Händen angefasst werden. Sie sind außerdem in der Auslage vor nachteiligen Einflüssen zu schützen.
- Dekorations-, Hinweis- und Preisschildchen werden den Waren zugehörig positioniert. Ihre Lesbarkeit ist zu gewährleisten.
- Abschließend wird die fertige Auslage kontrolliert (auf ihre Vollständigkeit, Exaktheit der Ausrichtung, Sauberkeit und Standfestigkeit aller Objekte).

Die fertige Auslage sollte verglichen werden mit der geplanten Form. Schwerpunkt des Vergleichs kann der erzielte *Gesamteindruck* sein. Beachten Sie dazu die vier Beispiele auf den unteren Abbildungen. Darin sind „moderne" und „traditionelle" Auslagen zu sehen.

Materialien aus dem Dekorationsmittelhandel lassen sich mit selbsthergestellten Ausstellungsobjekten kombinieren

Tipps für die Projektarbeit

- *Wenn in der Auslage auch Präsentpackungen ausgestellt werden sollen, ist es empfehlenswert, zunächst den Grundkurs für die Verpackungstechniken abzuschließen (➡ ab Seite 378).*
- *Wenn die Auslagengestaltung kurz vor der Lehrabschlussprüfung durchgeführt wird, ist es empfehlenswert, ein Thema zu wählen, das als Prüfungsaufgabe möglich ist.*
- *Wenn für die Auslage teure Waren aus einem Betrieb zur Verfügung gestellt werden, ist es empfehlenswert, das Vorhaben dahingehend abzustimmen, dass die fertige Auslage dem Betrieb zur weiteren Verwendung zur Verfügung gestellt wird.*

Umrisszeichnung für ein Ausstellungsfenster

Skizze zum Aufbau der Auslagengestaltung

Sachverweise

- *Auf den Seiten 92 bis 94 sind am Beispiel der Gestaltung von Brotbüfetts wichtige* ***Regeln zur Auslagengestaltung*** *dargestellt.*
- *Beispiele für* ***Kriterien zur Bewertung von Dekorationen und Auslagen*** *finden Sie auf der Seite 126.*
- *Die Grundlagen für die* ***Preisangaben bei der Warenauslage*** *finden Sie auf den Seiten 408 und 409.*

Lernfeldbezogenes Projekt: Planung und Durchführung der Auslagengestaltung

Dieses Projekt umfasst die Planung, Durchführung und Kontrolle von Dekorationen und Auslagen für thematisch gebundene Maßnahmen.

Schwerpunkt ist die Erstellung einer begrenzten Warenauslage für eine Verkaufsstelle der Bäckerei und Konditorei mit entsprechender Auswertung des Ergebnisses nach Kriterien.

Als Motto kommen verschiedeneThemen in Betracht, zum Beispiel
- *Feiertage (Ostern, Weihnachten, Silvester),*
- *Saison (Frühling, Sommer, Herbst, Winter),*
- *Freizeit (Sport, Reise, Ferien, Camping, Hobby),*
- *Länder (Europa, Nachbarländer, Länder- oder Städtepartnerschaft),*
- *Aktion (Frühstück, Brunch, Tee-Zeit, Hochzeit).*

Die folgenden Aufforderungen sind lediglich Anregung oder Leitlinie für die Umsetzung des Projekts.

Entwicklung des Projekts

- *Wählen Sie das Vorhaben für die Auslage aus (Anlass, Motto). Entscheiden Sie, ob Sie die Arbeit in Gruppen erledigen wollen.*
- *Entwickeln Sie die Auslage zunächst als Planungsidee.*
  - *Informieren Sie sich über den zur Verfügung stehenden Raum.*
  - *Wählen Sie die geeigneten Waren nach Art und Menge aus.*
  - *Bestimmen Sie Art und Ausführung des Blickfangs (z. B. Produkt des Geschäfts, Anfertigung aus Dekorationsmaterial, Beschaffung eines Fertigprodukts).*
  - *Bestimmen Sie die erforderlichen Dekorationsmaterialien (Stoff, Teller, Platten, passende Accessoirs).*
- *Skizzieren Sie die Auslage in einer Ansichtszeichnung.*
  - *Fertigen Sie eine Umriss-Zeichnung als Gerüst (➡ Beispiel).*
  - *Zeichnen Sie die Verteilung der Waren ein (symmetrisch oder asymmetrisch, Höhe der Auslagen, Blickpunkt-Position).*
  - *Erproben Sie die Farbwirkung der Auslage, indem Sie die Skizze mit Farbstiften leicht einfärben.*
- *Fertigen Sie für sich einen zeitlich gegliederten Ablaufplan.*
  - *Beachten Sie dabei, ob Sie die Dekorationsmittel schon fertig zur Verfügung haben oder erst beim Aufbau der Auslage gestalten.*
  - *Stellen Sie sicher, dass Sie alle Waren für die Dekoration haben.*

Durchführung der Auslagengestaltung

- *Stimmen Sie sich vor der Durchführung der Auslage mit anderen Beteiligten ab (z. B. Aufgabenerledigung bei Gruppenarbeit).*
- *Führen Sie die Auslagengestaltung durch.*
  - *Beachten Sie dabei die Vorschriften der Unfallverhütung.*
  - *Beachten Sie die hygienischen Notwendigkeiten.*
  - *Beachten Sie die Vorschriften zur Preisauszeichnung.*
- *Protokollieren Sie den Ablauf, und fertigen Sie von möglichst allen wichtigen Phasen des Aufbaus Fotos für die Auswertung an.*

Auswertung des Projekts

- *Bewerten Sie Planung und Durchführung des Projekts.*
  - *Beurteilen Sie Planung und Ablauf der Auslagengestaltung.*
  - *Beurteilen Sie die Auslage nach Kriterien (➡ Randspalte).*
- *Bewerten Sie den Erfolg Ihrer Arbeit (ggf. in der Gruppe).*
  - *Stellen Sie die positiven Ergebnisse heraus.*
  - *Stellen Sie fest, was man künftig besser machen könnte.*

WARENPRÄSENTATION UND DEKORATIVES GESTALTEN

Es gehört zu Ihren täglichen Aufgaben, die Back- und Süßwaren in Ihrem Geschäft zum Verkauf auszustellen sowie nachzufüllen. Damit verdeutlichen Sie den Kunden Ihr Angebot. Sie bereiten dadurch auch einen zügigen Ablauf des Verkaufsgeschehens vor.

Grundsätze für die Warenpräsentation

Für die Präsentation der Back- und Süßwaren sind verschiedene Arten von Planungen hilfreich. Man kann die Möblierung, die Thekenbelegung und die spezifischen Auslagen planen.

Möblierungsplan

Durch die Anordnung der Möblierung in der Verkaufsstelle werden die Kundenströme gelenkt. Die Kundenwege sollen so sein, dass die Käufer möglichst viele Waren sehen. Die „Kontaktzonen" zwischen den Kunden und den Waren sind dann groß. Das soll zu ungeplanten Käufen anreizen (= Impulskäufe). Die Impulse dafür gehen von der Warenpräsentation in der Verkaufsstelle aus.

Für Verkaufsstellen der Bäckerei und Konditorei gibt es zwar andere Bedingungen als für SB-Supermärkte.
Trotzdem sind hier ähnliche Anforderungen zu erfüllen:

- Gewährleistung großer Waren-Kunden-Kontaktzonen
- Gewährleistung optimaler Warendarstellung

Der *Möblierungsplan* ist auf den Betriebstyp abzustimmen. Für die verkaufsaktive Gestaltung sind ausschlaggebend:
- bewegliche Einrichtungsteile zur Veränderung der Warenauslagen (Mobilität der Möblierung),
- optimale Ausprägung von Aktions- und Kontaktzone für großen Kontakt zwischen Kunden und Waren sowie für Maßnahmen und Aktionen zur Verkaufsförderung.

Darüber hinaus sind bei der Möblierung ergonomische Aspekte zu beachten; die Einrichtung soll der Arbeitserleichterung dienen.

Aufgaben bei der Warenbereitstellung

Bei der Bereitstellung von Back- und Süßwaren zum Verkauf sind verschiedene Aufgaben zu erledigen, insbesondere
- *das verkaufsfertige Herrichten der Produkte,*
- *die Vorbereitungen zur Arbeitserleichterung beim Verkauf (z. B. Waren auswiegen, Waren vorverpacken, Waren platzieren),*
- *der Schutz vor Gebäckalterung und Verderb (z. B. vorverpacken, kühlen),*
- *das Auszeichnen zur Information der Käufer (z. B. kennzeichnen, preisauszeichnen),*
- *die werbewirksame Ausstellung der Waren zur Verkaufsförderung.*

Zum Unterscheiden

- *Der **Möblierungsplan** dient der Warenverteilung im Geschäft (Leitfage: Welche Möbel an welcher Stelle?).*
- *Der **Thekenplan** dient der Planung der Warenauslage in bestimmten Präsentationsmöbeln (Leitfrage: Wo werden die einzelnen Waren platziert?).*
- *Der **Auslagenplan** dient der Feinplanung der Warenpräsentation und deren Dekoration (Leitfrage: Wie werden die einzelnen Waren präsentiert und dekoriert?).*

Sachverweis

***Präsentation und Verkauf** von Speisen und Getränken zum Direktverzehr sind ab der Seite 464 dargestellt*

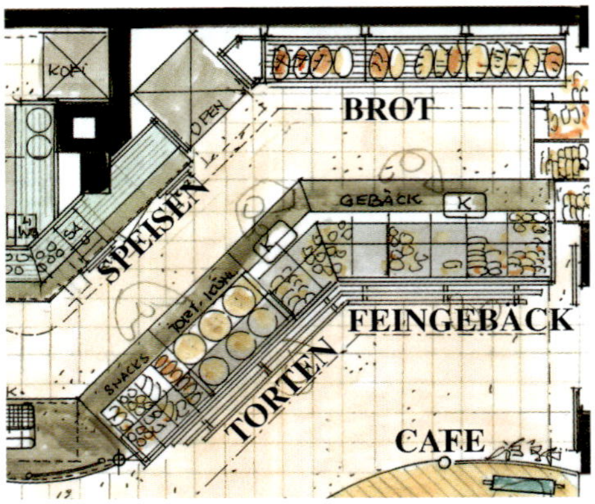

Planung der Warenpräsentation

Verkaufsaktive und hygienische Warenauslage auf der Theke mit einem Präsenter aus Acryl

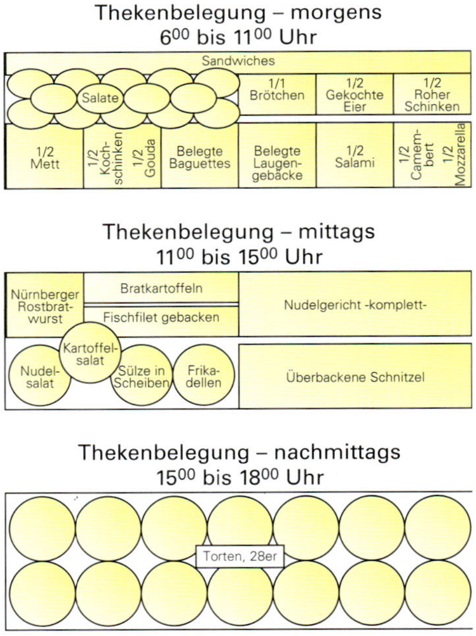

Grafikvorlage: SBS-Wescho

Thekenplan mit wechselnder Belegung im Verlauf des Tages

Thekenplan

Waren Sie auch schon einmal als Kunde in einem Geschäft darüber verärgert, dass Sie trotz intensiver Suche eine bestimmte Ware nicht finden konnten?

Das kann in Verkaufsstellen der Bäckerei und Konditorei nicht so leicht passieren; denn hier wird überwiegend mit Bedienung verkauft. Die gewünschte Ware wird vom Verkaufspersonal an die Käufer übergeben. Trotzdem ist für die Orientierung der Kunden und zur Optimierung des Verkaufsablaufs eine Grundordnung bei der Warenauslage nötig.

Für die Belange jeder Verkaufsstelle ist in einem Theken- und Regalplan die Warenpräsentation zu ordnen.

Welche Grundsätze gelten hier für eine verkaufsfördernde Auslage?

- Der Schwerpunkt des Verkaufsangebots mit dem Hauptsortiment ist so anzuordnen, dass sich Kunden und Verkaufspersonal rasch über das Vorhandensein einer Warengruppe informieren können.
- Zu Waren des täglichen Bedarfs soll für Kunden der Weg lang sein (= große Kontaktstrecke zu anderen Waren). Dagegen soll der Weg für das Verkaufspersonal klein sein (= Arbeitserleichterung).
- Alle Waren sind möglichst nahe den Kunden auszustellen. Das gilt auch, wenn besondere Lagerbedingungen einzuhalten sind (wie Kühlen, Warmhalten). Verglaste Kühl- und Warmhaltezonen sind zur kundennahen Präsentation geschaffen. Verborgene und auf Distanz vorrätig gehaltene Ware verkauft sich schlecht.
- Viele Waren können verbrauchsbezogen angeboten werden, zum Beispiel der Kaffee in der Nähe von Feinbackwaren. In diesen Fällen wird daher die Anordnung nach der Warensystematik zugunsten von verkaufsaktiven Aktionsauslagen aufgelöst.
- Die Waren sind verkaufsaktiv ausgestellt, wenn sie in der Blick- und Griffzone des Menschen sind (zwischen 140 und 170 cm Höhe). Hier bietet man demnach Impulsware und „Langsamläufer" an. Die sich leicht verkaufenden Artikel des täglichen Bedarfs („Mussartikel") platziert man besser in den anderen Bereichen.

Der Thekenplan muss Veränderungen in der Warenauslage zulassen. Diese Variabilität ist notwenig, weil auch die beste Warenpräsentation mit der Zeit langweilig wird. Sie bietet dann keine Kaufanreize mehr, insbesondere für die jeden Tag kommende Stammkundschaft.

Auch aus Gründen des Sortiments ist die Anpassungsfähigkeit im Thekenplan gefordert.
Das täglich zu präsentierende Sortiment lässt sich aufgliedern
- in das *Grundsortiment* (das sind Dauerartikel),
- in das *Saisonsortiment* (das sind wechselnde Artikel),
- in das *Aktionssortiment* (das sind schnell und zum Teil im Lauf des Tages wechselnde Artikel).

Sich abwechselnde Anteile des Sortiments sorgen für Belebung im Verkauf. Sie machen geeignete Verkaufsmöbel erforderlich. Es gibt zum Beispiel dafür speziell geschaffene Theken. Sie können im Tagesablauf verschiedene Funktionen erfüllen (➡ Randspalte). Der hier dargestellte Thekenplan ist für Angebote zum Direktverzehr angelegt, weil dafür im Tagesverlauf die größte Variabilität nötig ist. Aber auch für das normale Backwarenangebot sollten solche tageszeitlichen Änderungen möglich sein (z. B. für eine „Brötchenzeit").

Auslagenplan

Haben Sie schon an sich beobachtet, wie auf Sie die Auslage von Waren wirkt, wenn Sie selbst einkaufen? Spricht Sie dabei eine rustikale oder elegante Atmosphäre an? Schätzen Sie die Auswahl am Wühltisch oder aus dem geordneten Regal?

Diese Fragen treffen auch für den Einkauf in Verkaufsstellen der Bäckerei und Konditorei zu, wenn den Kunden ein Einkaufserlebnis ermöglicht werden soll.

Die Gestaltung der Warenauslage für den Erlebniskauf wird mit dem Charakter der Einrichtung einer Verkaufsstelle weitgehend bestimmt. Zum Beispiel wird es in einer wenig ansprechenden Umgebung kaum möglich sein, exklusive Warenauslagen zu gestalten.

Präsentation mit Produktions-Ambiente

Ambiente: die Umgebung beeinflusst die Präsentation

Mit den nebenstehenden Abbildungen wird deutlich, wie mit den Möbeln, deren Materialien und den Dekorationsmitteln ein Umfeld für die erlebnis- und themenorientierte Warenpräsentation geschaffen werden kann.

Oberes Bild: Rustikale Holzregale, Holztische und Dekorationsstücke aus der Backstube geben den Rahmen für eine Präsentation von Broten und Kleingebäcken. Damit wird zugleich die Frische der Waren, der Eindruck unmittelbarer Produktion betont. Haben Sie nicht das Gefühl, dass hier der Bäcker ganz in der Nähe backt?

Zweites Bild: Farbenfrohe Regale, Steintische, Metall- und Glasflächen, die Dekoration auf das Thema „Bahnhof" bezogen sowie praktische, einfache Warenauslage- und Bedienungselemente sind in dem zweiten Beispiel die Grundelemente für eine Imbiss-Bäckerei in Bahnhofsnähe. Kennen Sie weitere Beispiele für themenorientierte Warenpräsentation in der Bäckerei und Konditorei?

Präsentation mit Themen-Orientierung

Waren: sie beeinflussen den Präsentationstyp

Bei einigen Backwaren spricht man von „Schüttware". Dadurch wird ein Typ der Ware, aber auch ein Präsentationstyp deutlich. Schüttwaren werden *in Fülle* präsentiert. Brötchen und andere Kleingebäcke werden so angeboten. Bei Brot ist es zwar üblich, viele Brote der gleichen Sorte zu präsentieren, aber nicht in Form des Schüttens.

Präsentation mit Warenfülle

Präsentation in Warenfülle betont die Frische des Angebots. Sie muss aber so erfolgen, dass nicht ein billiger Eindruck entsteht.

Ein anderer Präsentationstyp ist die Ausstellung von Einzelstücken. Das geschieht in der Bäckerei und Konditorei eher selten (z. B. bei Hochzeitstorten). Sauber auf Ausstellblechen und anderen Materialien angeordnet werden Feine Backwaren zum Verkauf präsentiert. Dabei wird im Allgemeinen auch eine Fülle gleichartiger Stücke ausgestellt. Denn fast leere Warenauslagen reizen nicht zum Kauf an.

Eine exklusive Präsentation wird bei Feinen Backwaren, Pralinen und Süßwaren damit gestaltet, dass Einzelstücke unverpackt in bestimmten Formationen präsentiert werden. Die Teegebäcke in nebenstehendem Bild sind ein Beispiel für die Anwendung dieses Präsentationstyps.

Präsentation mit Betonung der Exklusivität

Präsentation einzelner Waren in geordneter Form betont den Wert und die Exklusivität des Angebots.

Brotpräsentation in übersichtlicher Form

Frische und Vielfalt von Weißbroten werden durch ungeordnete Aufstellung in Körben vermittelt

Das Kleingebäcksortiment wird in Schüttform gut sichtbar ausgestellt

Brote und Kleingebäcke müssen insbesondere bei Selbstbedienungseinrichtungen vor Betasten und Anhauchen geschützt sein

Präsentation von Brot und Kleingebäck

„Frische duftet!"
„Vielfalt beeindruckt!"
„Präsentation erhöht den Kaufanreiz!"

Nach den obigen Thesen könnte sich die Präsentation von Broten und Kleingebäcken richten. Beide Warengruppen gehören schon lange nicht mehr zu den Nahrungsmitteln, die nur für die Befriedigung der Grundbedürfnisse da sind. Sie gelten heute weitgehend als besonderer Beigabengenuss für Zwischen- und Hauptmahlzeiten.

Ausstellen zum Verkauf soll Kaufanreize schaffen

Brote und Kleingebäcke werden üblicherweise aus den Regalen, aus Körben und aus Schütten verkauft. Um den Kaufanreiz für Brot und Kleingebäck zu erhöhen, sollten Sie Mittel und Maßnahmen zur Steigerung der Kauflust einsetzen.

- *Nutzen Sie in Ihrer Verkaufsstelle den Duft von frischen Broten und Kleingebäcken als Hilfe zur Verkaufsförderung.*

Unverpackte frische Brote und Kleingebäcke sollten unmittelbar nach dem Ausdampfen in die Verkaufseinrichtungen eingeräumt werden. Neben dem aromatischen Duft der frischen Waren gibt auch deren Wärme ein angenehmes Verkaufsklima.

- *Konfrontieren Sie die Kunden jederzeit mit der Vielfalt der Brot- und Kleingebäckproduktion Ihres Betriebs.*

Alle zum Verkauf kommenden Brot- und Kleingebäcksorten sollten im Verkaufsraum für die Käufer gut sichtbar präsentiert sein. Das rechtzeitige Nachfüllen fehlender Sorten muss auch beim starken Kundenandrang garantiert sein. Kunden sollen auswählen können und nicht nachfragen müssen.

- *Stellen Sie die Brot- und Kleingebäcksorten auch für die Käufer in der zweiten Reihe gut sichtbar aus.*

Die hinter der Theke lagernden Backwaren sollten in Sichthöhe der Kunden ausgestellt sein. Schrägstellung der Regale verbessert die Sicht auf das ganze Brot. Die Sicht darf nicht eingeschränkt sein, zum Beispiel durch Lampen, Aushänge oder Thekenaufsätze.

Ausstellen unter Beachtung rechtlicher Vorgaben

- *Geben Sie den Käufern die Sicherheit, dass nicht jedermann die Brote und Kleingebäcke anfassen oder anhauchen kann.*

Unverpackte Backwaren dürfen aus hygienischen Gründen nicht so angeboten werden, dass die Kunden diese berühren oder anhauchen können. Ganz ausgeschlossen ist es, dass Kunden die Frische von unverpacktem Brot durch Betasten überprüfen dürfen.

- *Sorgen Sie dafür, dass Käufer sich schon vor dem Kauf über die rechtlich vorgeschriebenen und auch für die Auswahl wichtigen Produkt-Angaben informieren können.*

An den Produkten oder den zugehörigen Präsentationseinrichtungen sind die erforderlichen Preis- und Gewichtskennzeichnungen und Kenntlichmachungen (z. B. „mit Konservierungsstoff") gut lesbar anzubringen. Außerdem sollten als freiwillige Kennzeichnung für die Auswahl der Produkte nützliche Hinweise gegeben werden (z. B. Informationen über die Verwendung spezieller Zutaten oder über besondere Produkteigenschaften).

Präsentation von Feinen Backwaren

„Zum Genuss verführen!" Das ist wohl die Hauptaufgabe bei der Präsentation Feiner Backwaren. Die Vielfalt dieses Angebots ist für die Kunden verwirrend. Wie schafft man hier Kaufanreize?

Ordnung in der Präsentation von Feinen Backwaren ist unerlässlich. Sie dient der Orientierung der Kunden. Auch die Arbeitsabläufe im Verkauf werden dadurch optimiert. Darum werden die Feinbackwaren meistens gruppenweise platziert (Gebäcke mit langer Frischhaltung, Plundergebäcke, Blechkuchen). Zusätzlich sollten *verkaufsaktivierende Impulse* gesetzt werden.

Ausstellung zum Verkauf muss Angebote machen

Feine Backwaren in üppiger Vielfalt können für die Kaufentscheidung lähmend wirken: Die Kunden wissen nicht, was sie wollen. Hier hilft es, einzelne Sorten abwechselnd in das Angebotszentrum zu rücken.

- *Stellen Sie in Ihrer Verkaufsstelle immer wieder neue Gebäcke besonders heraus, als Tagesspezialität oder Gebäck der Saison.*

Feine Backwaren unterscheiden sich in der Zusammensetzung, in ihrem Genusswert oder in ihrer Frischhaltung. Solche Merkmale interessieren die Kunden. Die schnelle Information darüber ist für die Kaufentscheidung wichtig.

- *Geben Sie Ihren Kunden neben der Artikelbezeichnung für Feine Backwaren einfache, aber appetitanregende Informationen.*

Feine Backwaren werden zu verschiedenen Anlässen eingekauft. Dabei sind die Kundenwünsche leitend, aber auch Kriterien für den Verwendungszweck zu beachten.

- *Stellen Sie in Ihrer Verkaufsstelle aktuell eine Auswahl von Gebäcken verwendungsbezogen aus (z. B. „Unsere Empfehlung zum Tee").*

Ausstellung zum Verkauf muss Genusswert erhalten

Feine Backwaren sollen frisch und appetitlich präsentiert werden. Mit Ausnahme der einfachen Hefegebäcke (wie Rosinenbrötchen) werden sie nicht füllig präsentiert oder übereinander geschichtet. Die Präsentation muss den Genusswert der Waren erhalten.

- *Stellen Sie Feine Backwaren auf Blechen und Platten so aus, dass sie nicht beschädigt werden. Schichten Sie insbesondere Gebäcke mit glasierter oder in anderer Weise empfindlicher Oberfläche nicht übereinander. Schützen Sie die Schnittflächen vor Austrocknung. Stellen Sie aufgeschnittene Gebäcke so aus, dass eine saubere Schnittfläche zu sehen ist.*

Feine Backwaren sind empfindliche Produkte. Sie müssen vor dem Verderben geschützt werden. Zu diesem Zweck und zur Erhaltung des Genusswerts sind bestimmte Maßnahmen zu ergreifen.

- *Präsentieren Sie Feine Backwaren bei Raumtemperatur, wenn das zur Erhaltung der Qualität erforderlich ist (z. B. Blätterteigstückchen). Stellen Sie leicht verderbliche Gebäcke in der Kühltheke aus (z. B. Desserts mit krem- oder sahnehaltiger Füllung). Bieten Sie Snacks zum warmen Sofortverzehr aus der Warmhaltetheke an.*

Feine Backwaren nehmen leicht Fremdgeruch auf. Darum dürfen beispielsweise Siedegebäcke nicht mit anderen Feingebäcken dicht aneinandergesetzt werden.

Übersichtliche Präsentation Feiner Backwaren

Aktion für Bienenstich im Angebotszentrum

Angebot mit appetitanregenden Beifügungen

Handlungsorientierte Aufgaben

Bei Angeboten für Feine Backwaren sollte mit kurzen Eigenschaftsbeschreibungen das Typische herausgestellt werden, zum Beispiel:

Erdbeerschnitten – Stück für Stück mit frisch gepflückten Früchten

- ➤ *Formulieren Sie für Feine Backwaren Ihres Betriebs solche Angebote, durch die bei Ihren Kunden die Kauflust geweckt wird. Benutzen Sie dabei für den Gebäcktyp zutreffende Eigenschaftswörter, die appetitanregend sind.*
- ➤ *Fertigen Sie für Ihre Angebote kleine Schildchen an. Schmücken Sie diese mit passenden Bildern oder Symbolen aus.*

Präsentation von Süßwaren in Pralinentheke

Präsentation von unverpackten Pralinen

Präsentation von Pralinen in Geschenkpackung

Zum Nachdenken

Frau Stolle hat eine neue Pralinensorte als Handelsware in das Sortiment aufgenommen. Diese Pralinen wurden vom Hersteller im Fernsehen und in Illustrierten überall bekannt gemacht. Auch die Qualität des Produkts hat dafür gesorgt, dass es im wahrsten Sinne des Wortes in aller Munde ist. Dennoch gelingt es bei Stolles nicht, die neue Pralinensorte erfolgreich zu verkaufen.

In einer Besprechung aller Verkaufskräfte wird daher die Form der Pralinenpräsentation diskutiert. Eine Auszubildende schlägt ein besonderes ***Angebot im Thekendisplay*** *vor.*

➤ *Welche Präsentationsformen halten Sie zur Neueinführung der Pralinen für geeignet?*

Präsentation von Süßwaren

„Süßwaren sind ungesund und fördern Karies." Diese Beurteilung durch Fachleute der Ernährung, durch Ärzte und Zahnärzte trifft zu. Trotzdem werden von den Verbrauchern viel Süßwaren gekauft, leider aber etwa zu 80 % in Lebensmittelmärkten. Mit welchen Maßnahmen der Präsentation haben Bäckereien/Konditoreien mehr Chancen?

In Verkaufsstellen des Backgewerbes werden verpackte Süßwaren als Handelsware angeboten (als so genannte Riegelwaren). Aber vor allem Confiserien zeichnen sich dadurch aus, dass sie auch Spezialitäten und selbst hergestellte Schokolade- und Süßwaren anbieten.

Ausstellung mit speziellen Angeboten

Unverpackte Süßwaren (z. B. Pralinen, Marzipanfiguren) signalisieren ein Frischeangebot. Solche Artikel werden nach Sorten getrennt auf dekorativen Platten sauber angeordnet präsentiert. Hierbei achtet man auf farblich abwechslungsreiche Auslagen. Für Pralinen und andere Schokoladewaren gibt es spezielle Theken und Vitrinen mit Kühlung und geregelter Luftfeuchte (➡ obere Abbildung).

- *Präsentieren Sie hochwertige Schokolade- und Süßwaren aus eigener Herstellung in exklusiver Weise. Rücken Sie diese auch in fahrbaren Vitrinen in die Kontaktzone zu den Kunden.*

Besondere vorverpackte Süßwaren und Fertigpackungen sind zur Platzierung in der Kundenzone geeignet. Sie werden nach Art und Packungsgröße geordnet präsentiert. Auf Schutz vor Feuchtigkeit, Wärme und direkte Sonnenbestrahlung ist zu achten.

- *Bieten Sie Ihren Kunden verpackte Schokolade- und Süßwaren als Service in Präsentpackungen an.*

Bei speziellen Süßwaren werden diätetische Anforderungen oder Erkenntnisse für eine gesunderhaltende Ernährung beachtet. Hier gibt es für Bäckereien/Konditoreien besondere Marktchancen.

- *Präsentieren Sie Süßwaren aus eigener Herstellung im Zentrum des Angebots. Stellen Sie besondere Angebote heraus (z. B. die Diätprodukte oder Schokolade mit kariesneutraler Süßung).*

Ausstellung mit Impulswirkung

Die Süßwarenauslagen dürfen in vielen Verkaufsstellen der Bäckerei und Konditorei nicht zu Lasten der Backwarenpräsentation erfolgen. Dennoch müssen Süßwarenauslagen im Blickfeld der Käufer sein. Viele Riegel- und Tafelwaren sind nämlich Impulsartikel. Das heißt: Sie werden ungeplant zusätzlich beim Einkauf mitgenommen.

- *Präsentieren Sie vor allem kleine Süßwarenpackungen im Sicht- und Griffbereich der Kunden zur Selbstbedienung (z. B. in der Nähe der Kasse auf der Theke).*

Süßwaren sind auch Saison- und Aktionsartikel. Ein kurzfristiges Angebot im Theken-Display ist verkaufsfördernd (z. B. Aktion zum Muttertag). Die Präsentation auf der Theke verliert für die Kunden an Interesse, wenn sie über zu lange Zeit erfolgt. Deshalb müssen diese Präsentationen stets aktualisiert werden.

- *Präsentieren Sie verpackte Süßwaren im Blickfeld der Kunden auf der Theke. Verwenden Sie dazu den Thekenaufsatz, aber mit genug verbleibendem Freiraum für das Blickfeld zu den Kunden und für die Waren- und Geldübergabe.*

Präsentation des Zusatzsortiments

„Handelswaren als Zusatzsortiment müssen sich von allein verkaufen, nur dann sind sie für mich interessant", sagt eine Chefin. Kann man auch das Zusatzsortiment durch geschickte Auswahl und Präsentation interessant machen für Kunden und Geschäft?

Bäckereien/Konditoreien führen ganz verschiedene Sortimente an Handelswaren. Allgemein üblich sind Waren, die verbrauchsnah zu den Eigenprodukten sind (z. B. Kaffee, Konfitüren). Darüber hinaus führen Backwarengeschäfte an geeigneten Standorten ein breites Sortiment an Lebensmitteln, zum Teil auch andere Waren („Non-Food-Artikel").

Ausstellen unter Beachtung des Kundennutzens

Waren des Zusatzsortiments werden in der Bäckerei/Konditorei nicht wegen besonderer Preiswürdigkeit mitgekauft, sondern weil es sich im Einkaufsablauf ergibt. Darauf ist die Präsentation auszurichten.

- *Stellen Sie Fertigpackungen mit Waren des Zusatzsortiments im Kundenbereich zur Selbstbedienung aus. Einkaufswagen oder Körbe erleichtern den Kunden das Zusammentragen der Waren und Ihnen den Kassiervorgang.*

Waren des Zusatzsortiments der Bäckerei/Konditorei ergänzen oft die Eigenprodukte bei deren Nutzung durch die Verbraucher. So sind beispielsweise Brötchen und Butter, Konfitüre oder Milcherzeugnisse verbrauchsnah zusammengehörig. Auch Angebote von Zutaten für die „Hausbäckerei" sollten Beachtung finden.

- *Stellen Sie Fertigpackungen mit den Waren des Zusatzsortiments verwendungsbezogen aus (z. B. „Alles für Ihr Frühstück").*

Einige Waren des Zusatzsortiments der Bäckerei/Konditorei können auch ansonsten nicht übliche Angebote sein, wenn die Kunden dadurch eine wohnungsnahe bequeme Einkaufsmöglichkeit haben.

- *Präsentieren Sie sich für die Kunden als „Convenience-Shop" durch ein Angebot an Nichtlebensmitteln. Beachten Sie dabei aber die hygienischen Erfordernisse, damit Ihre frischen Backwaren nicht nachteilig beeinflusst werden (z. B. durch Druckfarben).*

Ausstellen unter geeigneten Bedingungen

Einige Waren des Zusatzsortiments der Bäckerei/Konditorei sind trotz Dichtverpackung gekühlt zu lagern (z. B. Sahne oder Quark). Lagerung und Präsentation müssen das ununterbrochen gewährleisten. Auch ist bei diesen Artikeln regelmäßig die Dauer ihrer Mindesthaltbarkeit (das MHD) zu kontrollieren. Kurz vor Ablauf des MHDs können die Waren verbilligt angeboten werden. Der Grund für die Reduzierung des Preises ist für die Kunden auszuweisen.

- *Präsentieren Sie verderbliche Lebensmittel des Zusatzsortiments im Kühlregal (nach Warengruppen geordnet). Kühlwandregale können im Kundenraum aufgestellt sein.*

Einige Waren des Zusatzsortiments der Bäckerei/Konditorei sind auch Tiefkühlwaren. Sie müssen ununterbrochen bei -18 °C oder tieferen Temperaturen aufbewahrt werden. Die Einhaltung dieser Temperaturen ist zu kontrollieren und nachzuweisen.

- *Bieten Sie Tiefkühlprodukte in dafür geeigneten Verkaufsmöbeln an. Decken Sie offene Truhen bei Geschäftsschluss ab. Beachten Sie die Vorschriften für den Umgang mit Tiefkühlprodukten.*

Präsentation von Waren des Zusatzsortiments in einer verwendungsnahen Form (Motto: „Alles für Ihr Frühstück")

Getränke müssen gekühlt werden (Kühlregal)

Tipp für die Verkaufspraxis

Die attraktivsten Zonen für Waren des Zusatzsortiments können Sie mit Hilfe des EDV-Programms „Capital 2000" ermitteln. Die Bezugsquelle finden Sie im Internet.

Zum Nachdenken

Muss es so sein, dass die meisten Backzutaten für das Selberbacken im Kundenhaushalt an der Bäckerei und Konditorei vorbei in Lebensmittelgeschäften gekauft werden? Wären Sie mit Ihrer Beratungskompetenz nicht die richtige Einkaufsquelle?

➤ *Was meinen Sie dazu?*

Anregung für die Weiterarbeit

Stellen Sie für Ihre Verkaufsstelle Waren des erweiterten Zusatzsortiments in Kombination mit Backwaren zusammen
- *für den Sofortverzehr in Ihrer Verkaufsstelle als kleine Zwischenmahlzeit,*
- *für den Verzehr zu Haus mit küchenfertig vorbereiteten Sortimenten fürs Abendessen,*
- *für die Sommerparty.*

Verpacken von Back- und Süßwaren

Das fachgerechte Verpacken von Back- und Süßwaren erfordert von Ihnen Entscheidungen hinsichtlich
- der auszuwählenden Materialien nach ihrer Eignung,
- der einzusetzenden Mengen an Packstoffen,
- der anzuwendenden Verpackungs- und Verschlusstechniken,
- des zu wählenden Verpackungszeitpunkts,
- der zu beachtenden rechtlichen Vorschriften.

Kriterien für die Auswahl von Verpackungsmaterial

- *Eignung für das spezielle Verpackungsgut (z. B. für flüssige, pastenförmige oder feste Waren, für Produkte mit verschiedenem Fett- oder Feuchtigkeitsgehalt)*
- *Schutzfunktion bei der Lagerung der Ware (z. B. Papier für kurzfristige Lagerdauer oder Konservendosen für Langzeitlagerung)*
- *Verkaufsfunktion der Packung (z. B. die einfache Verkaufspackung oder die repräsentative Geschenkpackung)*
- *Kosten der Verpackung (z. B. geringe oder höhere Kosten im Gesamtpreis der Ware einkalkulierbar)*
- *Umweltverträglichkeit des Packstoffs (z. B. Einweg- oder Mehrwegverpackung, biologische Verträglichkeit)*

Abfolge beim fachgerechten Verpacken von Feinen Backwaren mit empfindlicher Oberfläche

Fachgerecht verpacktes Brot

Verpackungsmaterial

Täglich verwenden Sie in Ihrer Praxis verschiedene Materialien zum Verpacken. Deren Auswahl erfolgt wie selbstverständlich. Haben Sie sich schon einmal klar gemacht, wie die Verpackungsmaterialien für den Einsatzzweck ausgewählt werden?

Kriterien für die Auswahl des Verpackungsmaterials ergeben sich
- aus dem Verpackungsanlass,
- aus ökonomischen Gesichtspunkten,
- aus ökologischer Sicht.

Verpacken: meistens im Verkaufsablauf

Zum Verpacken von Backwaren in der Verkaufssituation werden vor allem eingesetzt:
- Servietten, Kapseln, Trennpapiere und Pappteller,
- Tüten, Beutel und Taschen,
- Seidenpapierbogen, Rollenpapier und Kartons.

Die Verpackungshilfen (wie Unterlagen, Trennpapiere) kommen mit den Back- und Süßwaren direkt in Kontakt. Sie müssen daher
- feuchtigkeits- und fettbeständig sein (z. B. Pergaminpapier),
- abrieb- und ablösefest sein (z. B. mit satinierter Oberfläche, kein Farbdruck, Firmensymbole nur eingeprägt).

Tüten, Beutel und Rollenpapiere sind meistens Natronkraftpapiere. Sie müssen aus lebensmittelgeeigneten Rohstoffen hergestellt sein. Zum Bedrucken dürfen nur lebensmittelgeeignete, wasser- und fettstabile Farben verwendet sein.

Welche Anforderungen hinsichtlich der Verpackung sollten Sie im Verkaufsablauf beachten?

- Der Packstoff sollte dem Anwendungsfall entsprechend gewählt werden, beispielsweise:
  - genügende Reißfestigkeit (bei schwerer Ware),
  - der Warenmenge entsprechende Größe (nicht zu knapp, aber auch nicht verschwenderisch),
  - der Gebäckart entsprechendes Material (durchsichtige Beutel für Teegebäck, fettdichte Beutel für Siedegebäck).
- Die verpackte Ware sollte für die Übernahme und den Transport durch den Kunden gesichert sein, beispielsweise:
  - indem sie griffbereit übergeben wird,
  - indem sie durch Unterlagen, Trennpapiere oder Kartonbügel gut gefestigt ist.

Vorverpacken: praktisch auf vielfache Weise

Verkaufen Sie Kuchen auch mit der Backform?

Einweg-Backformen – für Kuchen und Snacks

Üblich ist ein solches Angebot vor allem bei ungeteilten, kleinen Kuchen für Wochenenden, Feiertage, Ferienzeiten oder Reisen und Camping. Meistens werden Rührkuchen oder Gebäcke angeboten, die sonst auf Blechen gebacken werden (wie Kuchen mit Obst, Mohn-, Streusel- oder Bienenstichkuchen). Mit der Aluminium-Backform zusammen in Folie eingeschweißt werden die Kuchen zum Verkauf bereitgestellt. Ebenso können auf diese Weise portionierte Imbiss-Speisen für den „Verkauf über die Straße" gekühlt oder gefrostet vorrätig gehalten werden.

Vorteile dieser Verpackungsart sind:

- *Erleichterung im Produktionsablauf (Backformen sind zugleich als Verpackung nutzbar)*
- *Qualitätserhaltung (Verpackungen sind sehr stabil)*
- *Verkaufsaktivierung (Verpackungen sind zum Tiefgefrieren und zum Wiedererhitzen küchen- oder verzehrsfertiger Speisen geeignet)*

Den Vorteilen stehen vor allem die Kosten der Einwegformen und die mangelnde Umweltverträglichkeit gegenüber. Günstiger sind in dieser Hinsicht Karton-Einlagen für Backformen zu bewerten. Die gibt es als neutrale Wellpergaminformen oder als bedruckte, backfeste Kartonagen. Es gibt darüber hinaus eckige, runde oder ovale Formen aus Kunststoff für krem- und sahnehaltige Konditoreiwaren, die „auf kaltem Wege" zusammengesetzt werden.

Kartons – für stabile Umhüllungen

Sicherlich verwenden Sie in Ihrem Geschäft Kartons, wenn frische sahne- oder kremhaltige Torten und bunte Platten bei den Kunden zu Haus unversehrt ankommen sollen.
Benutzen Sie aber Kartons auch für das Vorverpacken?

Die *Kartonagen* kommen vor allem für das Vorverpacken lagerfähiger Gebäcke in Betracht. Am häufigsten werden sie aber für Pralinen und andere Süßwaren benutzt.

Welche Anforderungen sind bei der Auswahl dieser Materialien für das Vorverpacken zu stellen?

- Die Kartons sollen im Lager für Verbrauchsmaterial platzsparend lagerbar und einfach zu handhaben sein.

  Dafür bietet der Handel gestanzte Faltkartons an, die von Hand oder maschinell aufstellbar sind.
- Die Kartons sollen außen abrieb- und wischfest sein.

  Dafür bietet der Handel Kartons an mit geglätteter Oberfläche oder beschichtete Kartons (z. B. Chromolux-Kartons).
- Die Kartons sollen ansprechend gestaltet sein und dadurch eine gute Werbewirkung haben.

  Dafür bietet der Handel Kartons und Schatullen in diversen Formen und mit farbigen Aufdrucken an (Standard-Drucke, Kunstdrucke nach eigener Motivauswahl, firmeneinheitliche Symbol-Motive).
- Die Kartons sollen innen genügend Schutz für empfindliches Füllgut gewähren (z. B. für weiche Pralinen).

  Dafür bietet der Handel Kartons mit tiefgezogenen Einlagen aus Kunststoff sowie Cellophanblättern und Polsterabdeckungen an.

Verschiedene Verpackungsmaterialien, die in ihrer Gestaltung betriebsbezogen abgestimmt sind

Sortiment von Backkörben, die zum Backen und Vorverpacken verschiedener Backwaren dienen

Angebot von Rührkuchen in Kartonbackform

Flache Pralinenpackungen mit Motiv-Aufdruck und Kunststoff-Einlagen

Wertvolle Porzellan-Vorverpackung für Pralinen

Sachverweis

*Über Eigenschaften von speziellen **Folien für Schnittbrot** erfahren Sie Näheres im Kapitel „Herstellen von Schnittbrot" auf Seite 329.*

Folien zum Verpacken von Backwaren

Sachkurs: Kunststoffe für Verpackungsmaterialien

***Polyethylen (PE)** und **Polypropylen (PP)** sind preiswerte Massenkunststoffe. Chemische Basis sind Kohlenwasserstoffe. Sie werden in einem speziellen Verfahren aneinandergebunden. Das ist die **Polymerisation** (= Vorsilbe Poly...). PE- und PP-Material wird zu Folien, Beuteln und Tragetaschen verarbeitet.*

***Polyvinylchlorid (PVC)** ist ein Kunststoff aus Kohlenwasserstoffen (mit 57 % Chloranteil). Chlor wird aus Kochsalz bei der Herstellung von Natronlauge gewonnen. PVC für Lebensmittelzwecke enthält keine Weichmacher. Es hat nur geringe Wechselwirkung mit den Füllgütern, auch wenn diese fetthaltig sind.*

Bei der Entsorgung von PVC können Umweltbelastungen auftreten. Wenn es verbrannt wird, bildet sich Chlorwasserstoff. Zur Vermeidung von Säurebildung muss dieser herausgefiltert werden. Ob beim Verbrennen auch das giftige Dioxin entsteht, ist nicht geklärt.

Dosen – für Produkte mit langen Aufbewahrungszeiten

Nicht nur bei Handelswaren finden Sie Dosenverpackungen vor. Auch viele selbst hergestellte Back- und Süßwaren können in festen Behältern angeboten werden (wie in Dosen, Gläsern oder Porzellanteilen).

Sinnvoll ist dieses beispielsweise,
- wenn eine längere Haltbarkeit der Produkte erreicht werden soll,
- wenn die Waren im Versandgeschäft angeboten werden sollen,
- wenn die Verpackung zugleich Präsentwert haben soll.

Somit können Sie solches Verpackungsmaterial anwenden bei
- Pralinen oder sonstigen Süßwaren,
- Dauerbackwaren (wie Lebkuchen oder Teegebäck),
- Dickzuckerfrüchten (wie kandiertem Obst),
- Feingebäcken (wie Baumkuchenspitzen oder Mandelgebäck).

Kunststoffpackungen – für viele Anwendungszwecke

Bestimmt bieten Sie auch Waren in *Klarsichtfolien* an. Die Folien sind spezielle Kunststoffe für Verpackungszwecke. Man erhält sie mit ganz unterschiedlichen Materialeigenschaften. Allgemein sind sie gut für das kurz- bis mittelfristige Bevorraten von Backwaren geeignet.

Folgende spezielle Anforderungen an Folien-Packstoffe kommen je nach Verwendungszweck in Betracht:

- *Sie sollen die Qualitätsmerkmale der Produkte bewahren.*

  Dazu gehört die *Lebensmitteleignung*. Die Folien müssen dafür so beschaffen sein, dass durch sie keine nachteilige Beeinflussung der Lebensmittel erfolgt (z. B. durch Übergang von Stoffen).

  Dazu gehört die *Aromadichte*. Dadurch soll das Verflüchtigen von Geruchs- und Geschmacksstoffen verhindert und andererseits das Eindringen von Fremdgeruch ausgeschlossen werden.

  Dazu gehört die *Reißfestigkeit*. Sie ist wichtig für die Erhaltung der Dichtverpackung, aber auch um das Eindringen von Keimen und Schmutz zu verhindern.

  Dazu gehört die *Gas- und Wasserdampfdichtigkeit*. Dieses sind die Eigenschaften, die je nach Erfordernis gewählt werden können. So kann beispielsweise eingefülltes Schutzgas gehalten und das Austreten von Wasserdampf verhindert oder begünstigt werden.

- *Sie sollen eine günstige Warenpräsentation ermöglichen.*

  Dazu gehört die *Durchsichtigkeit*. Erwünscht sind helle und klare Folien, in denen die Eigenfarben der Waren sichtbar sind.

  Dazu gehört die *Bedruckbarkeit*. Die Warenkennzeichnung und die Werbung sollen möglichst mehrfarbig aufdruckbar sein.

- *Sie sollen gute Verarbeitungseigenschaften haben.*

  Dazu gehört die gute *Formbarkeit*. Angeboten werden verschiedene Formen (wie Beutel, Schläuche oder Breitschlitzbahnfolien). Viele Produkte sind bei Erwärmung verformbar (= thermoplastisch). Die Folien können dadurch dem Packgut dicht angeschmiegt oder in eine Muldenform gezogen werden.

  Dazu gehört die *Heißsiegelfähigkeit*. Dadurch wird es ermöglicht, die übereinanderliegenden Kunststoffschichten durch Hitze fest zu verschließen (z. B. beim Sterilisieren).

  Dazu gehört die *Hitze- und Kältebeständigkeit*. Sie ermöglicht die Heißsterilisation fertiger Packungen und/oder die Lagerung in der Tiefkühlung bei etwa -18 °C.

Verbundverpackungen – für spezielle Aufgabenstellungen

In bestimmten Fällen reichen die Eigenschaften *einfacher Packstoffe* nicht aus. Es müssen deshalb andere Lösungen gefunden werden. Die Hersteller von Verpackungsmaterialien sind in der Lage, auf den jeweiligen Verwendungszweck abgestimmte Packstoffe anzubieten. Dazu ist deren Fachberatung notwendig.

Beispielsweise muss Zwieback zur Gewährleistung langer Haltbarkeit luftdicht verpackt sein. Grundsätzlich bietet Aluminiumfolie dafür beste Voraussetzungen. Jedoch wegen ihrer geringen Stabilität ist sie nicht als alleiniges Packmaterial einsetzbar. Sie reißt zu leicht. Deshalb wird zum Verpacken von Zwieback als Dauerbackware im Allgemeinen ein spezieller Mehrlagenpackstoff verwendet (➡ Abbildung).

Verbundpackungen (zusammengefügt aus verschiedenen Packstoffen) sind beispielsweise:
- Mehrlagen-Packstoffe (z. B. für Zwieback, Kekse),
- Kunststoff-Verbundfolien mit einer geringen Durchlässigkeit für Wasserdampf (z. B. für Toastbrot),
- Kunststoff-Verbundfolien mit einer geringen Durchlässigkeit für Gase (z. B. für Schnittbrot in Schutzgas-Verpackung),
- Aluminium-Verbundfolien mit einer hohen Dichte und Reißfestigkeit (z. B. für hochwertige, empfindliche Dauerbackwaren).

Die Verpackungsstoffe werden laufend weiterentwickelt, um somit den Anforderungen der Lebensmittelhygiene und des Umweltschutzes zu entsprechen.

Verpackungsmüll – für den Umweltschutz ein Problem

Verpackungen von Lebensmitteln sind in Art und Menge problematisch für die Umwelt. Es ist daher wichtig, dass alle Haushalte unter anderem durch ihr Einkaufsverhalten unnötigen Verpackungsabfall vermeiden können. Dazu müssen die Anbieter von Waren den Verbrauchern auch Alternativen anbieten.

Welchen Beitrag können Sie in Ihrer Berufspraxis leisten?
- Achten Sie auf sparsamen Umgang mit Verpackungsmaterial.
- Fordern Sie bei Ihren Lieferanten umweltverträgliches Material.
- Wählen Sie umweltverträgliche und biologisch abbaubare Packstoffe. Papier ist in dieser Hinsicht günstiger als Kunststoff.
- Grenzen Sie die Verwendung von Einwegverpackungen ein.
- Bevorzugen Sie möglichst einfache, einheitliche Packstoffe anstelle von Verbundpackungen. Einheitliche Stoffe sind leichter zu recyclen (= der Wiederverwendung der Rohstoffe zuzuführen).
- Geben Sie Ihren Kunden die Gelegenheit, auf zusätzliches Material verzichten zu können (z. B. auf Kunststoff-Tragetaschen).
- Machen Sie Anliegen des Umweltschutzes auch zu einem Thema in Verbindung mit Aktionen zur Verkaufsförderung.
- Stellen Sie heraus, dass der Einkauf von nicht vorverpackten Waren im Bäckerei- und Konditoreigeschäft für die Umwelt günstig ist.

Die Hersteller und Verkäufer von verpackten Lebensmitteln haben nach den rechtlichen Vorschriften (➡ Seite 231) folgende Pflichten:
- Rücknahmepflicht für Verkaufsverpackungen,
- Verwertungspflicht für Rohstoffe der Verpackungen,
- Dokumentationspflicht über Rücknahmen und Verwertungen.

Es gibt dazu Ausnahmen, die für Bäckereien/Konditoreien gelten.

Zwiebackpackung aus mehrlagigem Packstoff:
- Außenschicht = wachskaschiertes Zellglas
- Mittelschicht = Aluminiumfolie
- Innenschicht = Pergamentpapier

Zum Merken

Verpackung von Back- und Süßwaren erfüllt folgende Funktionen:
- ***Schutz- und Garantiefunktion*** *(bewahrt vor Qualitätsminderung, Verschmutzung, Veränderung)*
- ***Portionierungsfunktion*** *(ermöglicht verschiedene Angebotsgrößen, garantiert Füllmengen)*
- ***Transport- und Lagerfunktion*** *(ermöglicht den Weitertransport, erhält Frische und Qualität der Produkte)*
- ***Verkaufsfunktion*** *(hebt den Warenwert hervor, ist werbewirksam, erleichtert den Kaufabschluss)*
- ***Dienstleistungsfunktion*** *(ermöglicht verzehrsnahe Aufbereitung des Inhalts)*
- ***Gesetzesfunktion*** *(ermöglicht die vorgeschriebene Kennzeichnung)*

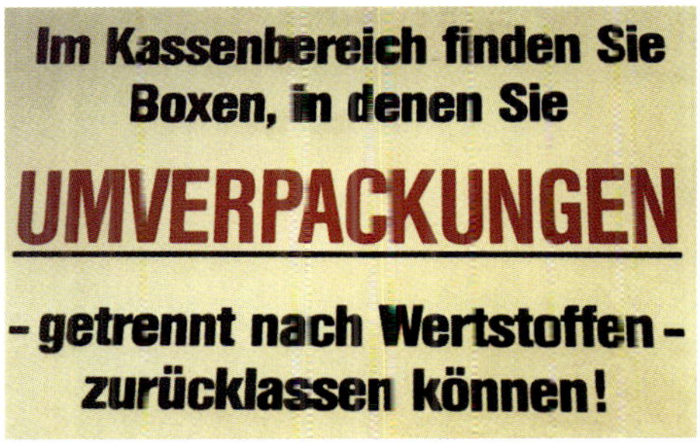

Hinweis auf Rücknahme von Verpackungen

Handlungsorientierte Aufgabe

Holen Sie Informationen ein bei Lieferanten für Verpackungsmaterial:
- *über Produkteigenschaften von Packstoffen,*
- *über die Umweltverträglichkeit und Wiederverwertung von Packstoffen.*

Verschlusstechniken für Brotpackungen

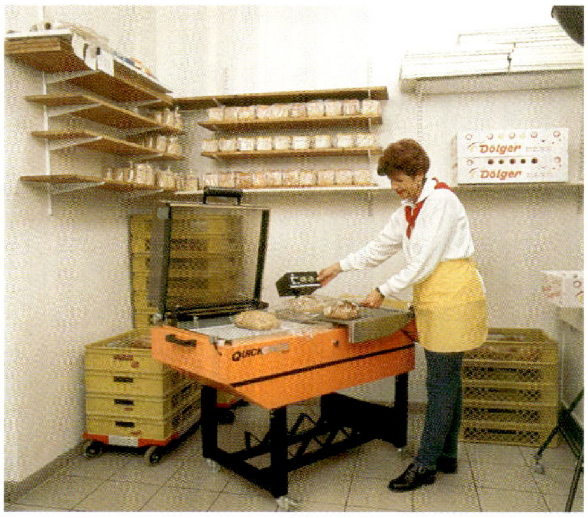
Heißsiegel-Verschluss

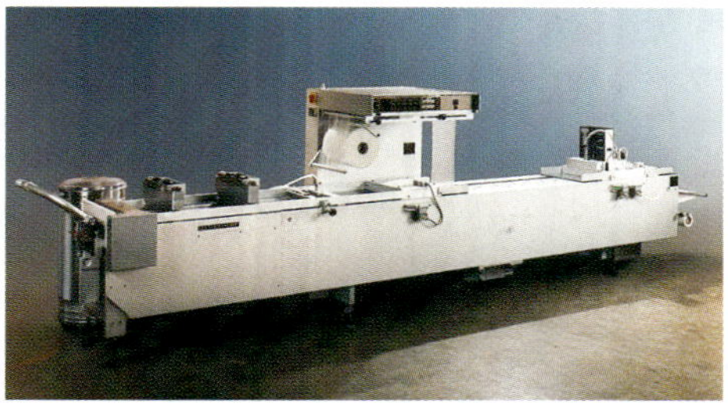
Verpackungsanlage mit mehreren Funktionen

Verpackungstechniken

Oft begegnet man dem Irrtum, dass eine *Fertigpackung* immer durch ihren besonders dichten Verschluss gekennzeichnet sei. Jedoch ist die Verschlussart einer Packung für deren rechtliche Einordnung *nicht maßgebend*. Die Auswahl der Verschlusstechniken für Packungen erfolgt vor allem nach technischen Gesichtspunkten des Packstoffs und nach der gewünschten Haltbarkeit des Produkts.

Verschlüsse: was praktisch möglich ist

Für Verpackungen von Back- und Süßwaren kommen vor allem die folgenden Verschlusstechniken in Betracht.

- *Verschließen ohne besondere Hilfsmittel:* beispielsweise bei Dosen, Gläsern, Kartons, Tüten oder Rollenpapier; dadurch wird zwar ein Warenschutz erreicht; Waren sind aber nicht luftdicht abgeschlossen; Entnahme aus der Packung ist leicht möglich
- *Verschließen mit nicht klebenden Hilfsmitteln:* beispielsweise mit Gummiringen, Clips, Bändern oder Schleifen; dadurch wird ein fester Verschluss erzielt; Waren sind aber nicht luftdicht abgeschlossen
- *Verschließen mit klebenden Mitteln:* beispielsweise mit klebenden Bändern, Klebstoffen oder Haftetiketten; dadurch wird ein fester und teilweise luftdichter Verschluss erreicht; Entnahme aus der Packung ist je nach Klebefestigkeit erschwert
- *Verschließen mit physikalischen Verfahren:* beispielsweise mit Hitze (auch unter Vakuumierung); dadurch werden dauerhafte und luftdichte Verpackungen erzielt; Entnahme aus der Packung ist nur durch Zerstören derselben möglich

Maschinen: was und wie sie verpacken

Die einfachste Verpackungsmaschine ist ein kleines Handsiegelgerät. Wenn die dabei nötige Handarbeit auf ein Gerät übertragen wird und die Folienzuführung mechanisch erfolgt, so ergibt sich damit das Modell kleiner Verpackungsgeräte für handwerkliche Anwendung.

Das Versiegeln und Schrumpfen der Folie kann bei einigen Typen von Verpackungsgeräten in einem Tunnel mit einem Auslaufband erfolgen. Damit wird ein flottes, serienartiges Versiegeln möglich.

Verpackungsanlagen für großbetriebliche Zwecke vereinigen in sich mehrere Funktionen, zum Beispiel

- Verbundfolie automatisch von der Vorratsrolle nachführen,
- Verbundfolie durch einen Stempel zu festen Schalen ausformen (so genanntes „Tiefziehen"),
- Füllgut automatisch in Tiefziehschalen portionieren,
- Tiefziehschalen auf der Oberfläche von überschüssigem Füllgut und Krümeln automatisch säubern,
- Deckelfolie auf gefüllte Schalen aufschweißen,
- Packung beim Verschweißen nach dem Ausziehen von Luft mit einem Schutzgas befüllen.

Als *Verpackungsgase (= Schutzgase)* sind für Brot und Backwaren allgemein zugelassen: Argon, Distickstoffmonoxid, Stickstoff, Helium und Kohlendioxid. Packungen mit einer Schutzgasbefüllung müssen gasundurchlässig sein. Dadurch bleibt die Atmosphäre innerhalb der unverletzten Packung mikrobenfeindlich. Für die Verbraucher muss die Verwendung von Schutzgas auf dem Etikett ausgewiesen sein.

Tipps für die Verkaufspraxis

- *Wählen Sie die richtige Temperatur zum Heißversiegeln von Folien. Sie ist abhängig vom Folientyp. So vermeiden Sie das Aufschmelzen des Verschlusses.*
- *Benutzen Sie zum Heißversiegeln von Backwaren mit weicher Oberfläche keine stark schrumpfenden Folien. So vermeiden Sie das Verformen der Waren.*
- *Beachten Sie, dass zum Verkleben von Lebensmittelpackungen nur dafür geeignete Klebstoffe verwendet werden dürfen. Vermeiden Sie unmittelbaren Kontakt von Klebeflächen mit dem Verpackungsgut.*

Portionieren und Etikettieren

Beim Vorverpacken von Back- und Süßwaren haben Sie über die Fragen der richtigen Verpackung hinausgehend auch Gewichtsregelungen und Anforderungen für die Produktkennzeichnung zu beachten.

Füllmengen: hier ist Genauigkeit gefordert

Wenn Sie Gebäck nach Stückzahl verpacken und berechnen, sind die Vorverpackungen unproblematisch zu befüllen. Wird aber nach Gewicht verpackt und berechnet, haben Sie dabei Folgendes zu beachten:

- Für Back- und Süßwaren in Packungen sind deren Füllmengen exakt zu ermitteln. Dafür sind Elektronikwaagen mit einem Etikettendrucker gut geeignet. Sie zeigen das Gewicht deutlich in der LCD-Anzeige an und erlauben Tara-Abzug (= Abzug des Packstoff-Gewichts).
- Bei Packungen mit einer ausgewiesenen Nennfüllmenge (z. B. 500 g) ist dieses Gewicht im Rahmen zulässiger Abweichungen einzuhalten (➡ Seite 80).

Beim Portionieren und Verpacken von Back- und Süßwaren muss mit den Produkten sorgsam umgegangen werden. Unnötige Bewegungen der Waren sind zu vermeiden (z. B. durch vorsichtiges Auffüllen geringer Warenmengen nach und nach bis zur gewünschten Füllmenge).

Etikettierung: hier geht es um Produktinformationen

Die erforderlichen Bestandteile der Warenkennzeichnung können auf dem Verpackungsmaterial aufgedruckt sein. Das ist wirtschaftlich bei großem Bedarf und bei langfristig gleichbleibenden Informationen über die verpackten Produkte.

Für den kleinen Bedarf und bei wechselnden Verpackungsaufgaben mit unterschiedlichen Kennzeichnungsinhalten ist das *Etikettieren* die wirtschaftlichere Lösung.

Schmuck-Etiketten sind üblich, um das einheitliche Erscheinungsbild des Geschäfts herauszustellen. Sie sind zum Verschließen und/oder zum Verzieren von Packungen sowie auf Papptellern, Servietten und ähnlichen Dingen anzubringen. Sie werden mit Hand oder Gerät von der Rollenunterlage abgelöst und durch Selbstklebung befestigt. Sie schmücken, sind aber ohne Hinweise zur Warenkennzeichnung.

Warenkennzeichnungs-Etiketten können mit kleinen handbetriebenen Auszeichnungsgeräten auf vorgefertigte, selbstklebende Schildchen ausgedruckt werden. Dazu dienen austauschbare Klischee-Schieber (z. B. mit Angaben nur für ein Preisschild oder mit allen Daten für die Kennzeichnung eines Lebensmittels als Fertigpackung). Die Geräte sind leicht und erfordern wenig Kraftaufwand. Sie sind mobil und sichern kurze Arbeitswege bei hoher Etikettierleistung durch das Heranführen des Geräts an den Packungsstandort.

Warenkennzeichnungs-Etiketten können mit stationären Druckern auf Selbstklebebons oder Papierbons geprägt werden. Die Geräte sind mit elektronischen Waagen kombinierbar. Sie erhalten von diesen Waagen alle notwendigen Daten. In der Software der Waage sind nämlich die Waren gespeichert unter einer PLU-Nummer (= Price-look-up-number) mit Herstelleranschrift, Verkehrsbezeichnung, Zutatenliste, Grundpreis und eventuell nötigen Kennzeichnungen. Der Preis der Packung und das Mindesthaltbarkeitsdatum sind die veränderlichen Daten.

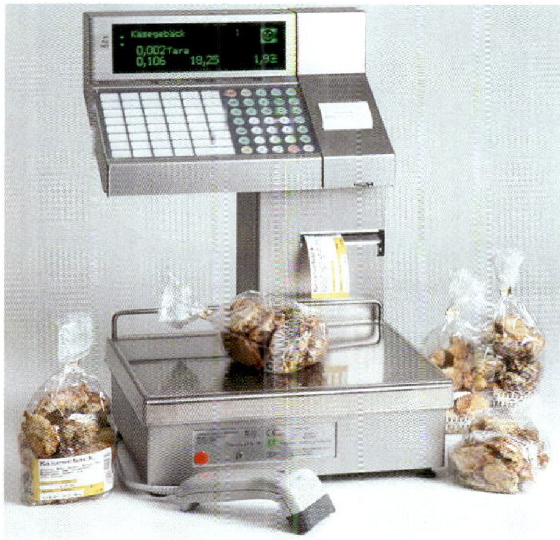

Elektronische Waage mit kombiniertem Drucker zum Portionieren und Kennzeichnen

Ziereetiketten

Warenkennzeichnung auf einem Etikett

Zum Unterscheiden

- *Ein **Etikett** kann zur Verzierung benutzt werden.*
- *Die **Etikettierung** im Sinne der rechtlichen Bestimmungen bezieht sich auf alle Angaben, Kennzeichnungen, Hersteller- und Handelsmarken, Abbildungen oder Zeichen in jeglicher Art von Verpackung, die sich auf das Lebensmittel beziehen und dieses begleiten (im Handelsweg).*

Dazu können Sie Näheres nachlesen ab der Seite 384.

Gilt diese Art der Verpackung von Teegebäck im rechtlichen Sinne als Fertigpackung?

Kennzeichnungsregeln

Die Bestimmungen für Kennzeichnungen nach der LMKV auf Fertigpackungen sind nicht anzuwenden, wenn alle drei folgenden Bedingungen erfüllt werden:

- *Die Packungen müssen in der Verkaufsstelle selbst hergestellt sein, in der sie zum Verkauf angeboten werden.*
- *Die Packungen müssen für den alsbaldigen Verkauf bestimmt sein.*
- *Die Packungen müssen im Bedienungsverkauf ausgehändigt werden (= nicht zur Selbstbedienung bereitgestellt werden).*

Werden alle vorstehenden Bedingungen erfüllt, gilt das auch für „offene Verkaufspackungen" (Nicht-Fertigpackungen).

Ein Rechtsfall

Die Bezeichnung einer Brotsorte mit der Gattungsbezeichnung „Schinkenbrot" ist nach der Entscheidung eines Gerichts näher zu erklären. Viele Brotbezeichnungen weisen auf besondere Merkmale hin. Beispielsweise können die Verbraucher an der Bezeichnung „Zwiebelbrot" erkennen, dass in dieses Brot Zwiebelteile eingebacken sind. Nach dieser Verbrauchermeinung müsste „Schinkenbrot" eingebackenen Schinken enthalten. Ein Roggenvollkornbrot oder -schrotbrot ohne eingebackenen Schinken, das sich aber gut zum Verzehr mit Schinken eignet, darf darum nicht ohne nähere Erläuterung als „Schinkenbrot" angeboten werden. Die Bezeichnung würde sonst die Kunden irreführen.

Sachverweise

*Über die Verkehrsbezeichnungen von **Broten** erfahren Sie Näheres auf der Seite 298.*

*Für **Brot in Fertigpackungen** sind die speziellen Vorschriften zur Kennzeichnung auf der Seite 326 dargestellt.*

Kennzeichnung von Lebensmitteln

Sie packen Teegebäck in Fertigpackung ab. Wissen Sie Bescheid, wie das mit der Kennzeichnung bei diesen Packungen ist?

Oft werden die Begriffe *Kenntlichmachung* und *Kennzeichnung* in gleicher Weise benutzt. Letztere gilt nur für Fertigpackungen.

Fertigpackungen: wodurch sie bestimmt sind

Bäckereien und Konditoreien bieten ihre Erzeugnisse überwiegend *unverpackt* an, aber auch *in vorverpackter offener Packung* und zum Teil in *Fertigpackung* (z. B. zur Selbstbedienung).

***Fertigpackungen** sind Erzeugnisse in Verpackungen beliebiger Art. Sie sind in Abwesenheit der Käufer abgepackt und verschlossen worden. Die Menge des darin enthaltenen Erzeugnisses kann ohne Öffnen der Verpackung nicht geändert werden.*

Entscheidend für die Einordnung als *Fertigpackung* ist, dass diese bei Abwesenheit der Käufer hergestellt wird. Von Bedeutung ist auch, ob die Packung als dicht verschlossen gilt. Schnittbrot in heißversiegelter Folie und auch Teegebäck im Beutel mit einem Clipverschluss gelten als verschlossene Packungen. Eine Banderole um einen ansonsten nicht verpackten Brotlaib gilt aber nicht als Fertigpackung.

Für *Fertigpackungen* müssen zur Information der Käufer bestimmte *Kennzeichnungspflichten* erfüllt sein. Auf anderen Packungen können diese Kennzeichnungen freiwillig vorgenommen werden.

Fertigpackungen: wie sie zu kennzeichnen sind

Wenn Ihre Teegebäck-Packung als Fertigpackung einzuordnen ist, müssen Sie die dafür geforderten Kennzeichnungen vornehmen.

Auf Fertigpackungen sind mindestens auszuweisen:

- *Verkehrsbezeichnung der Ware (übliche Bezeichnung)*
- *Herkunftsangabe (Name/Firma und Anschrift des Herstellers)*
- *Zutatenliste (Verzeichnis der verwendeten Zutaten, auch Allergene)*
- *Mindesthaltbarkeitsdatum (Mindestdauer der Frischhaltung)*
- *Füllmenge (Gewicht/Volumen/Stückzahl)*

Die obigen Kennzeichnungen müssen auf der Verpackung selbst oder auf einem mit ihr verbundenen Etikett erfolgen.
Diese Kennzeichnungen sind anzubringen
- an einer auffallenden Stelle der Packung (in einem Sichtfeld),
- deutlich sichtbar und leicht lesbar,
- leicht verständlich (ggf. in mehreren Sprachen).

Verkehrsbezeichnung – nach allgemeiner Auffassung

Es ist erlaubt, Back- und Süßwaren unter einer *Fantasiebezeichnung* anzubieten (z. B. Katenbrot). Zu beachten ist aber, dass die Ware der allgemeinen Verkehrsauffassung entsprechen muss, die der Kunde aufgrund der Bezeichnung erwarten kann.

Bestimmte Verkehrsbezeichnungen sind *Herkunfts-, Ursprungs- oder Markennamen* (➡ Seite 78). Diese sind jeweils geschützt. Eine solche Bezeichnung darf nur verwendet werden für ein Produkt, welches die Anforderungen erfüllt (z. B. „Aachener Printen" aus Aachen).

Bei *Gattungsbezeichnungen* kann eine zusätzliche Erklärung nötig sein, um Irrtümer zu vermeiden (➡ nebenstehender Rechtsfall).

Mindesthaltbarkeit – Aussage über die Frischhaltung

Sie sollen das Mindesthaltbarkeitsdatum (= MHD) für Teegebäck ausweisen. Wonach richten Sie sich?

Das Mindesthaltbarkeitsdatum (= MHD) einer Ware legt der Hersteller dieses Produkts in eigener Verantwortung fest.

Nach der Lebensmittelkennzeichnungs-Verordnung (= LMKV) ist das Mindesthaltbarkeitsdatum eines Lebensmittels der Termin, bis zu dem das Lebensmittel unter angemessenen Aufbewahrungsbedingungen seine spezifischen Eigenschaften behält.

Wichtig ist also, dass Sie die spezifischen Merkmale der verschiedenen Waren kennen. Bei Backwaren kann man davon ausgehen, dass das MHD stets den Zeitraum umfasst, in dem die Backwaren als „frisch" zu bezeichnen sind. Die Frische wird gemessen im Vergleich zu der Anfangsqualität der Gebäcke.

Die folgenden Beispiele machen das deutlich:

- *Weizenkleingebäcke* verlieren schon wenige Stunden nach dem Backen die Krustenrösche. Für sie ist die Rösche ein wichtiges Qualitätsmerkmal. Deshalb ist bei Weizenbrötchen der Tag der Herstellung auch das MHD.
- *Roggenbrote* verlieren schon am Tag nach ihrer Herstellung die Krustenrösche. Wertbestimmend für Roggenbrote ist aber nicht die Rösche, sondern die Krumenbeschaffenheit. Die Krume hält ihre Qualität über zwei bis fünf Tage. Das ist die Dauer für das MHD. Bei Roggenschrotbroten kann sogar Frischhaltung bis zu 12 Tagen angesetzt werden.
- *Obstkuchen mit Hefefeinteigboden* behält seine Frischemerkmale bis zu drei Tagen. Jedoch ein durchnässter Gebäckboden oder eine aufgeweichte Abdeckung stellen erhebliche Einbußen in der Qualität dar. Die Mindesthaltbarkeitsdauer für Obstkuchen mit einer Auflage von nässenden Früchten kann deshalb nur einen Tag betragen.

Einige Backwaren behalten ihre spezifischen Merkmale sogar über mehrere Monate (z. B. schwere Stollen oder Zwieback). Die Haltbarkeit kann jedoch durch Schimmeln oder durch Ranzigwerden von Fetten eingeschränkt werden.

Nach Ablauf des MHDs ist die Wahrscheinlichkeit groß, dass der Genusswert der betreffenden Ware eingeschränkt ist. Die Produkte sind aber gesundheitlich vollkommen unbedenklich (falls sie nicht verdorben sind). Sie dürfen also noch verzehrt werden.

Müssen Sie Waren nach Ablauf des MHDs vom Verkauf ausnehmen?

Aus rechtlicher Sicht besteht dazu kein Grund. Bedenken Sie aber, dass für handwerkliche Bäckereien/Konditoreien die Frische der Waren als wichtige Werbung gegenüber der Konkurrenz im Lebensmittelhandel wirkt. Entfernen Sie deshalb solche Waren insbesondere, wenn sie nicht mehr den vollen Genusswert haben.

Bei noch länger genusstauglichen Waren sollten Sie die Kunden in geeigneter Form auf das Ablaufen des MHDs aufmerksam machen. In diesen Fällen ist eine Preisminderung rechtlich erlaubt. Zu beachten sind dabei Vorschriften des Werberechts.

Welche Mindesthaltbarkeit Sie für die Teegebäcke aus Mürbeteig ansetzen können, ist von der Dichtheit der Verpackung abhängig. Im Übrigen können Sie die nebenstehenden Richtwerte beachten.

Meinung

Eine Kundin ist der Auffassung, dass auf den Packungen für Backwaren das ***Datum der Herstellung*** *angegeben werden sollte. Nur so könne man als Kunde erkennen, wie alt die Ware wirklich sei.*

Das ***Mindesthaltbarkeitsdatum*** *informiere die Verbraucher nicht ehrlich. Der Hersteller könne über lange Zeit eine Ware anbieten, ohne das „Alter" angeben zu müssen.*

➤ *Nehmen Sie Stellung zu dieser Meinung.*

Lebensmittelrechtliche Bestimmungen

Das Mindesthaltbarkeitsdatum muss auf der Verpackung unverschlüsselt mit den Worten „mindestens haltbar bis …" mit dem Ablaufdatum (Tag, Monat, Jahr) angegeben werden. Das soll im gleichen Sichtfeld mit den übrigen Kennzeichnungen erfolgen oder mit Hinweis auf die Stelle der Ausweisung (z. B. siehe Boden oder Clipverschluss).

Bei einer Mindesthaltbarkeitsdauer

- *von bis zu 3 Monaten kann die Angabe des Jahres entfallen,*
- *von 3 bis 18 Monaten kann die Angabe des Tages entfallen,*
- *von mehr als 18 Monaten können Tages- und Monatsangabe entfallen,*
- *von nur einem Tag (z. B. bei Weizenbrötchen) ist die Angabe des MHDs nicht erforderlich.*

Wenn für das MHD bestimmte Lagerbedingungen wichtig sind, dann ist das zu benennen (z. B. bei Kühlung auf + 4 °C).

Zum Nachdenken

Eine Kundin bemängelt, dass das auf der Brotpackung aufgedruckte MHD schon gestern abgelaufen sei. Sie meint, dass dieses Brot nicht mehr verkauft werden dürfte. Der Hinweis auf die rechtliche Lage hilft nicht.

➤ *Welche Möglichkeiten sehen Sie dafür, dass eine negative Meinungsbildung im Kundenkreis durch Weitergabe dieser Erfahrung vermieden werden kann?*

Richtwerte für die Mindesthaltbarkeit Feiner Backwaren

Einfache Hefekleingebäcke	1 Tag
Stuten	3 bis 4 Tage
Sandkuchen	bis 2 Wochen
Schwere Stollen	etwa 6 Wochen
Teegebäck	bis 3 Monate
Zwieback	6 bis 12 Monate

Zutatenliste für Mürbeteiggebäck

Rezept:	*Zutatenliste:*
1,000 kg Zucker	*Weizenmehl*
2,000 kg Butter	*Butter*
3,000 kg Weizenmehl	*Zucker*
0,150 kg Vollei	*Vollei*
0,015 kg Kochsalz	*Aroma*
0,030 kg Aroma	*Kochsalz*

Mögliche Zutatenlisten für Roggenmischbrot mit Sauerteig

A	*B*	*C*
Sauerteig (Roggenmehl, Wasser)	*Roggenmehl*	*Mehl (Roggen, Weizen)*
Roggenmehl	*Wasser*	*Sauerteig (Roggenmehl, Wasser)*
Weizenmehl	*Weizenmehl*	*Wasser*
Wasser	*Kochsalz*	*Kochsalz*
Kochsalz	*Backhefe*	*Backhefe*
Backhefe		

Zum Merken

Für die Reihenfolge in der Zutatenliste ist nicht die zugesetzte Flüssigkeitsmenge, sondern der im fertigen Gebäck verbleibende Rest ausschlaggebend. Also ist zu rechnen:

Gebäckgewicht
– Gewicht aller Zutaten (außer Flüssigkeit)
= maßgeblicher Flüssigkeitsanteil

Zusätzliche Information

In die Zutatenliste sind auch Zusatzstoffe aufzunehmen, die Bestandteil anderer Zutaten sind (wie Farbstoff im Krempulver). Man kann darauf verzichten, wenn diese Zusatzstoffe im Endprodukt keine Bedeutung haben. Dazu zwei Beispiele:

Sie bieten Bienenstich mit Vanillekremfüllung an. Das Krempulver ist gelb gefärbt. Die Gelbfärbung ist in der Krem sichtbar. Es ist eine Kenntlichmachung erforderlich.

Sie bieten Käsekuchen an. Die Käsemasse enthält eine geringfügige Menge gefärbten Krempulvers. Dadurch entsteht in der Käsemasse keine färbende Wirkung. Farbstoff ist darum nicht kenntlich zu machen.

Zutatenliste als Werbemittel

Durch Verzicht auf Zusatzstoffe wird ein positiver Effekt bei bewussten Kunden erzielt. Ebenso ist die Wirkung, wenn im Zutatenverzeichnis solche Zutaten aufgeführt sind, die von den Verbrauchern allgemein hoch geschätzt werden (z. B. Vollei, Butter, Sahne).

Zutatenliste – Verzeichnis der verwendeten Zutaten

Sie sollen auf einer Fertigpackung für Teegebäck aus Mürbeteig das Verzeichnis der Zutaten ausweisen. Wie geht das?

Im Folgenden erhalten Sie die wichtigsten Informationen für das Erstellen einer Zutatenliste.

Das ***Verzeichnis der Zutaten*** *besteht aus einer Aufzählung der für ein Produkt verwendeten Zutaten in absteigender Reihenfolge nach ihren Gewichtsanteilen im fertigen Lebensmittel.*

Das Erstellen der Zutatenliste scheint also nicht schwierig zu sein. Die Zutat mit dem höchsten Gewichtsanteil im Fertigprodukt wird zuerst, die mit dem geringsten Gewichtsanteil zuletzt aufgeführt. Die obenstehende Tabelle gibt dafür ein Beispiel. Dieses können Sie als Muster für ein Teegebäck aus Mürbeteig ansehen.

Aber nicht in jedem Fall ist das so einfach. Betrachten Sie einmal die Tabelle für ein Roggenmischbrot. Für Brote aus demselben Rezept sind verschiedene mögliche Zutatenlisten aufgeführt. Der Grund dafür sind die verschiedenen Möglichkeiten zur Auflistung von Zutaten.

Der Sauerteig besteht als *zusammengesetzte Zutat* aus Roggenmehl und Wasser. In der Zutatenliste ist er als „Sauerteig" aufführbar mit der Angabe seiner Zusammensetzung aus Roggenmehl und Wasser (➟ nebenstehende Beispiele **A** und **C**).

Die Zutaten *Roggenmehl und Wasser des Sauerteigs* können aber auch mit Zutaten gleicher Art zusammengerechnet werden. Dann werden sie mit der ermittelten Gesamtmenge in die Zutatenliste eingeordnet (➟ nebenstehendes Beispiel **B**).

Zu beachten ist, dass alle Zutatenmengen auf das *Fertigprodukt* zu beziehen sind. Bei Backwaren mit zugesetztem Wasseranteil ist daher nur dessen nach dem Backen verbliebene Restmenge wichtig.

Das heißt: Der Backverlust ist zu berücksichtigen. Man löst das am besten, indem vom Gebäckgewicht das Gewicht aller „trockenen Zutaten" abgezogen wird (also außer dem Anteil an Wasser oder anderen „flüchtigen Zutaten"). Beachten Sie dazu die nebenstehende Berechnungsformel.

Einige Zutaten können unter ihrem Klassennamen in der Zutatenliste aufgeführt werden. Für Roggen- und Weizenmehl ist der Klassenname „Mehl". Im Verzeichnis der Zutaten sind hinter dem Klassennamen „Mehl" die verarbeiteten Getreideprodukte nach ihrem Mengenanteil aufzuführen (z. B. Roggenmehl, Weizenmehl).

Einige Zutaten müssen wegen ihrer *allergenen Wirkung* oder wegen möglicher anderer Unverträglichkeiten in der Zutatenliste mit ihrem exakten Namen aufgeführt werden (➟ Seite 77).

Welche Art der Zutatenliste sollten Sie erstellen?

Eine kurze Zutatenliste ist für das Drucken auf dem Etikett praktisch. Informiert sie aber gut?

Bedenken Sie zur Beurteilung in obigem Beispielfall, dass Brote mit Sauerteig von den Verbrauchern als natürlich und etwas Besonderes geschätzt werden. Deshalb sollte unter werblichen Gesichtspunkten und wegen des größeren Informationswerts die Kennzeichnung von vergleichbaren Brotsorten unter Benennung des Sauerteigs in der Zutatenliste erfolgen.

Wertbestimmende Zutaten – namengebende Zutaten

Sie können das Teegebäck nach der Rezeptur auf der Seite 386 auch als „Buttermürbeteig-Teegebäck" bezeichnen.
Unter welchen Voraussetzungen darf das erfolgen?

Die Bezeichnung von Gebäcken nach einer Zutat ist erlaubt,

- wenn die namengebende Zutat im Gebäck mindestens in der jeweils vorgeschriebenen Mindestmenge enthalten ist *oder*
- wenn die namengebende Zutat in Beschaffenheit oder Geruch und Geschmack der Ware wertbestimmend auffällt (falls für diese Zutat ein Mindestanteil in der Ware nicht vorgeschrieben ist).

Beispielsweise muss „Butterstreuselkuchen" mindestens 30 kg Butter auf 100 kg Getreideerzeugnisse enthalten. Wenn der Anteil geringer ist, darf das Gebäck nicht so bezeichnet werden. Erlaubt wäre dann die Bezeichnung „Streuselkuchen mit Butteranteil".

Wo können Sie Regelungen über Mindestanteile von Zutaten in den Back- und Süßwaren finden?

In Deutschland gibt es *Leitsätze* und *Richtlinien* für Lebensmittel. Sie haben *nicht* den Rang einer rechtlichen Norm (wie ein Gesetz oder eine Verordnung). Sie sind vorweggenommene Gutachten von Sachverständigen (= Deutsche Lebensmittelbuch-Kommission). Sie enthalten Beschreibungen der Gebäcksorten mit ihren Zutaten und ihren wertbestimmenden Merkmalen. Dieses ist eine Darstellung der *allgemeinen Verkehrsauffassung* für die jeweilige Gebäckart.

Für nicht in Leitsätzen beschriebene Back- und Süßwaren finden sich Beschreibungen in den *Richtlinien für die Qualitätsprüfungen* (z. B. der DLG = Deutsche Landwirtschafts-Gesellschaft).

Für einige Back- und Süßwaren gibt es Orientierungen über deren Zusammensetzung und Eigenschaften aufgrund von *Gerichtsurteilen* (z. B. für „Schwarzwälder Kirschtorte" oder „Frankfurter Kranz"). Diese sind zwar auf einzelne Fälle bezogen und nicht allgemein verbindlich. Sie können aber für die Beurteilung von vergleichbaren Sachverhalten herangezogen werden.

Wird also ein Gebäck mit einer Verkehrsbezeichnung angeboten, muss es der Verkehrsauffassung entsprechen. Wird diese jedoch nicht erfüllt, muss der Hersteller des Produkts darauf hinweisen. Die abweichenden Merkmale müssen den Verbrauchern deutlich gemacht werden, um Täuschung oder Irreführung zu vermeiden. Wie die Kennzeichnung erfolgen muss, wird in der Rechtsprechung unterschiedlich beurteilt (➡ Europäischer Gerichtshof auf der Seite 339).

Aus werblichen Gründen werden gern die wertbestimmenden und namengebenden Zutaten besonders herausgestellt, zum Beispiel

- durch Hinweis auf einen besonders hohen Anteil (wie „Stollen mit besonders viel Rosinen"),
- durch Hinweis auf einen besonders geringen Gehalt (wie „Leichte Stollen mit geringem Fettanteil").

Solche Anpreisungen deuten den Kunden einen besonderen Wert der Ware an. Dieser Wert muss aber näher erklärt werden. Sonst kann *unlauterer Wettbewerb* oder *Irreführung* geltend gemacht werden.

Für unverpackte Waren kann eine ergänzende Produktinformation diesen Zweck erfüllen (➡ nebenstehendes Bild). Für alle Erzeugnisse in Fertigpackungen müssen namengebende und herausgestellte Zutaten nach der *QUID-Regelung* verdeutlicht werden.

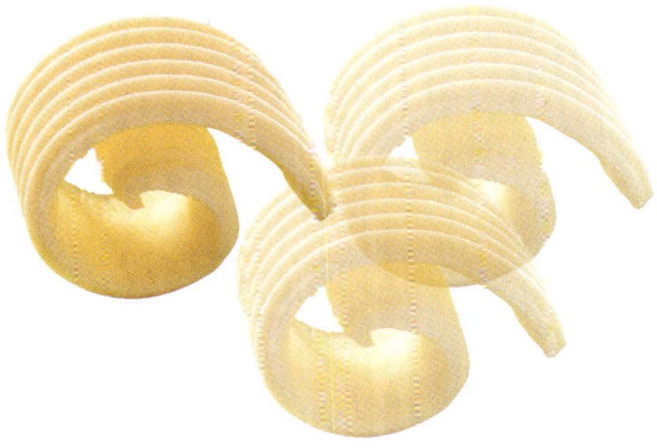

Lebensmittelrechtliche Bestimmungen §

Für Bäckereien und Konditoreien sind vor allem folgende Leitsätze und Richtlinien von Bedeutung:

- *Leitsätze für Brot und Kleingebäck*
- *Leitsätze für Feine Backwaren*
- *Leitsätze für Speiseeis und Speiseeishalberzeugnisse*
- *Leitsätze für Ölsamen und daraus hergestellte Massen*
- *Leitsätze für Gewürze und andere würzende Mittel*
- *Leitsätze für Margarine und Margarineschmalz*
- *Richtlinie für Backtriebmittel*
- *Richtlinie für Backmittel*
- *Richtlinie für Teigwaren*
- *Richtlinie für Stärke und Stärkeerzeugnisse*

Anregungen zur Weiterarbeit

- *Suchen Sie in den Leitsätzen die Beschreibungen ausgewählter Backwaren auf.*
- *Suchen Sie auch Beschreibungen von Gebäcken in den Richtlinien für Qualitätsprüfungen der DLG auf.*

Hinweis

Die Anforderungen an Back- und Süßwaren nach den jeweiligen Leitsätzen sind in diesem Buch in der Warenkunde dargestellt.

Worterklärung

__QUID__ ist die Abkürzung für die englische Bezeichnung der EU-Regelung zur mengenmäßigen Kennzeichnung von Zutaten in Lebensmitteln (= __Q__uantitative __I__ngredients __D__eclaration). Diese Regelung ist durch eine Änderung der LMKV in das deutsche Recht übernommen worden (gilt in Deutschland seit dem 01.01.2001).

Beispiel für eine QUID-Deklaration

In der Zutatenliste auf der Fertigpackung für Käse-Kirsch-Kuchen werden unter anderem ausgewiesen: Zucker, Frischkäse (23 %), Vollei, Kirschen (12 %), Butterreinfett, Weizenmehl, Weizenstärke, Joghurtpulver, Verdickungsmittel (E 415), Salz, Aroma, Backtriebmittel (E 450, E 500).

Die Prozentangaben hinter Frischkäse und Kirschen sind die QUID.

Wo wird QUID ausgewiesen?

Ort der QUID-Angabe können sein:

– die Verkehrsbezeichnung selbst,
– in der Nähe der Verkehrsbezeichnung,
– im Verzeichnis der Zutaten bei der jeweiligen Zutat.

Zur Unterscheidung

__QUID__ bezieht sich auf den Prozentwert einer Zutat oder Zutatenklasse im Endprodukt. In __Leitsätzen__ und __Richtlinien__ des deutschen Lebensmittelrechts werden namengebende oder wertbestimmende Zutaten im Allgemeinen __prozentual auf die Getreideanteile__ bezogen.

Beispiel: Der gesamte Butteranteil in einem Butterstreuselkuchen beträgt __30 % der Mehlmenge.__ Bei QUID-Kennzeichnung wird dieser Anteil mit 20 % unter Bezug auf das __Gesamtgewicht des Kuchens__ angegeben.

Dieser Unterschied in der Deklaration selbst wird in der Zutatenliste nicht ausgewiesen, zur Vermeidung von Irrtümern muss das aber den Kunden erklärt werden.

Berechnungen

➤ *Errechnen Sie anhand von Rezepturen den Anteil wertbestimmender Zutaten in Prozent der Getreidemahlerzeugnisse.*

➤ *Errechnen Sie anhand von Rezepturen den Anteil namengebender Zutaten in Prozent des Gewichts der fertigen Backware (unter Beachtung des Backverlusts).*

QUID – Mengenangabe für namengebende Zutaten

Bei der Kennzeichnung von *Lebensmitteln in Fertigpackungen* gilt die so genannte QUID-Regelung. Mit dieser Vorschrift ist geregelt, dass für bestimmte Zutaten ihr Anteil in Prozent am Fertigprodukt auszuweisen ist.

Dadurch sollen *Erzeugnisse der gleichen Kategorie* für die Verbraucher nach deren Qualität unterscheidbar sein. Das bedeutet: QUID soll nicht dazu dienen, beispielsweise Apfelkuchen von Streuselkuchen zu unterscheiden. QUID soll vielmehr zum Beispiel verschiedene „Butterstreuselkuchen" voneinander unterscheidbar machen, und zwar hier durch die *Ausweisung des Butteranteils in Prozent.*

Im nebenstehenden Beispiel ist die Form der QUID-Kennzeichnung in einem *Zutatenverzeichnis* für „Käse-Kirsch-Kuchen" ersichtlich.
Daran wird auch deutlich,

– welche Zutaten mengenmäßig auszuweisen sind,
– was die „Auslöser" für QUID sind.

Mengenmäßig auszuweisen sind die charaktergebenden *Zutaten* oder *Zutatenklassen* eines Lebensmittels. *Zutaten* sind beispielsweise Kakao, Butter oder Zucker. *Zutatenklassen* sind zusammengesetzte Zutaten oder Mischungen wie Gewürze, Marzipanmasse, Konfitüre oder Kuvertüre. Nicht auszuweisen sind *Bestandteile der Lebensmittel* wie die Nährstoffe (Eiweißstoffe oder Mineralstoffe).

***Auslöser** für die Pflicht zur QUID-Kennzeichnung:*

- *In der Verkehrsbezeichnung ist eine Zutat oder eine Zutatenklasse ausgewiesen (z. B. „Mandelstollen" oder „Mohnkuchen").*
- *Die Verkehrsbezeichnung weist darauf hin, dass hier eine Zutat oder eine Zutatenklasse erwartet werden kann (z. B. „Marmorkuchen mit Kakaoanteil").*
- *Eine Zutat oder eine Zutatenklasse wird durch Wort, Bild oder durch grafische Darstellung auf dem Etikett hervorgehoben (z. B. „mit extra viel Mandeln" oder durch bildliche Darstellung von Kirschen).*
- *Die Zutat oder die Zutatenklasse ist wesentlich zur Unterscheidung oder Charakterisierung eines Lebensmittels (z. B. Mandelanteil in verschiedenen Marzipanrohmassen).*

Ausnahmen von der Pflicht zur QUID-Kennzeichnung gelten auch dann, wenn ansonsten die obigen Auslöser gegeben sind. Für die Produkte der Bäckerei/Konditorei sind unter anderem folgende Ausnahmen zu beachten:

- Die charakterisierende Zutat wird nur in geringer Menge für die Geschmacksgebung verwendet (z. B. bei „Zitronenkuchen").
- Die genannte Zutat oder Zutatenklasse ist für die Verbraucher nicht kaufentscheidend (z. B. weil unterschiedliche Mengen der Zutat für den Wert des Lebensmittels nicht entscheidend sind *oder* die Menge der genannten Zutat das Lebensmittel nicht von anderen unterscheidet).
- Die Hervorhebung ist eine rechtlich vorgeschriebene Angabe (z. B. „mit Süßungsmitteln" bei den Diätbackwaren für Diabetiker).
- Die auslösende Hervorhebung bezieht sich auf den Zusatz oder die Reduktion bestimmer Zutaten, so dass eine Kennzeichnung nach der Nährwertkennzeichnungs-Verordnung erforderlich wird (z. B. Anteil an Ballaststoffen). Doppelkennzeichnung soll vermieden werden.

QUID – Kennzeichnungen

Im Folgenden wird anhand fachlicher Anwendungen verdeutlicht, in welchen Fällen QUID erforderlich ist oder auch nicht.

Beispiel: Roggenmischbrot und Roggenbrötchen

Die Verkehrsbezeichnung „Roggenmischbrot" löst QUID aus, da die Anteile von Roggen- zu Weizenmehl unterschiedlich hoch sein können (➡ Beachten Sie den nebenstehenden Vergleich).

Für „Roggenbrot" ist in Deutschland ein Anteil von mindestens 90 % der Getreideprodukte in Form von Roggenmehl erforderlich. Da ist eine QUID-Angabe für die Kunden nicht kaufentscheidend. Aber für „Roggenbrötchen" ist eine QUID-Kennzeichnung nötig, weil es nach den Leitsätzen unterschiedlich hohen Roggenanteil geben kann.

Beispiel: Leinsamenbrot und Leinsamenbrötchen

Die Verkehrsbezeichnung „Leinsamenbrot" löst QUID aus, weil der zum Teig zugesetzte Anteil an Leinsamen *mindestens* 8 kg auf 100 kg Getreideprodukte betragen muss, aber auch höher sein kann.

„Leinsamenbrötchen" sind Brötchen mit Aufstreu (zur Abrundung des Geschmacks). Hier ist *kein QUID* geboten.

Beispiel: Mandelbienenstich und Bienenstich

Die Verkehrsbezeichnung „Mandelbienenstich" löst QUID aus, weil die wertbestimmende Zutat in unterschiedlicher Höhe möglich ist.

Bei „Bienenstich" wird keine Zutat namengebend herausgestellt. Hier ist aber ein klärender Zusatz nötig zur Vermeidung einer Täuschung der Kunden (z. B. „mit Kokosraspeln").

Sachkurs:
Das Verbraucherleitbild und die Lebensmittelkennzeichnung

Für den Schutz der Verbraucher vor gesundheitlichen und wirtschaftlichen Nachteilen war lange Zeit der „flüchtige und uninformierte Verbraucher" das Leitbild bei der Rechtsetzung. In der Europäischen Union wird heute der „informierte und sachkundige Verbraucher" vorausgesetzt. Das zeigt sich in den Verordnungen und Richtlinien und in der Rechtsprechung des Europäischen Gerichtshofs.

Das neue Verbraucherleitbild soll in den folgenden Positionen von Experten zur Lebensmittelkennzeichnung widergespiegelt werden.

- *Ein Fachmann der Lebensmittelbehörde sagt, dass von den Leitsätzen abweichende Merkmale bei den Lebensmitteln in Fertigpackungen genügend kenntlich gemacht seien durch die Ausweisung in der Zutatenliste (nach der Rechtsprechung des höchsten Europäischen Gerichts).*
- *Eine Vertreterin des Verbraucherbunds sagt, dass die Kennzeichnungen von Lebensmitteln zu lückenhaft seien. Bei unverpackten Produkten sei häufig gar keine Kennzeichnung üblich. Und die Kennzeichnungen bei Fertigpackungen müssten weitergehen, zum Beispiel durch Ausweisung aller Zusatzstoffe (auch wenn sie unbeabsichtigt in der Ware seien).*
- *Eine Marketing-Leiterin bei einem Verpackungshersteller sagt, dass die schönen Verpackungen kaum noch zur Wirkung kämen. Die geforderten schriftlichen Hinweise füllten das Etikett aus. Die meisten Verbraucher würden das nicht lesen. Sie schlägt vor, für die interessierten Kunden die Informationen im Geschäft durch Listen zugänglich zu machen.*
- *Ein Bäckermeister sagt, dass er wegen der vielen Bestimmungen auf die Verwendung kennzeichnungspflichtiger Zutaten verzichtet. Und im Übrigen seien für ihn unverpackte Waren das beste Werbemittel. Die Produktinformation werde bei ihm im Geschäft mündlich gegeben.*

Zum Vergleich

*Ein **Roggenmischbrot** wird unverpackt angeboten. Dabei wird zur Information der Kunden das Mischungsverhältnis 60 % Roggen- zu 40 % Weizenmahlerzeugnissen ausgewiesen.*

Für dasselbe Brot in Fertigpackung wird für QUID der Roggenmehlanteil mit 40 % und der Weizenmehlanteil mit 27 % des Gebäckgewichts ausgewiesen.

Meinung

Die Chefin einer Bäckerei/Konditorei äußert sich kritisch: „Ich halte nichts von der QUID-Kennzeichnung. Sie bereitet uns zusätzliche Rechenarbeit und Kosten. Für die Kunden ist der Informationswert auch fraglich. Denn die Ausweisung von beispielsweise 20 % oder 25 % Marzipanfüllmasse für ein Gebäck sagt nichts aus über die Qualität der eingesetzten Masse, und die ist letztlich für die Produktqualität viel entscheidender als der Mengenanteil."

➤ *Was meinen Sie dazu?*

Rollenspiele:
Kunden und Verkäufer zu Fragen der Lebensmittelkennzeichnung

Von Kunden werden sehr unterschiedliche Ansprüche an die Kennzeichnung von Back- und Süßwaren gestellt. Sie sollten für Fragen zu diesen Aspekten gut vorbereitet sein.

➤ *Entwerfen Sie einen Katalog von sachlichen Argumenten zum Problemkreis der Kennzeichnung von unverpackten Back- und Süßwaren sowie von Erzeugnissen in Fertigpackungen.*

➤ *Führen Sie mit Kolleginnen und Kollegen Rollenspiele zur Erprobung der Argumente durch. Wechseln Sie dabei auch einmal die Rollen. Hinweise zu Rollenspielen finden Sie auf der CD-ROM zu diesem Buch.*

Handlungsorientierte Aufgaben

➤ *Besorgen Sie sich bei den Zentralverbänden der Bäcker und Konditoren die Vordrucke zu Produktinformationen.*

➤ *Fertigen Sie mit Hilfe der Vordrucke zu Produktinformationen für ausgewählte Waren Ihres Betriebs eine kleine Mappe an, die zur Kundeninformation im Geschäft ausgelegt werden könnte. Beachten Sie: Diese Aufgabe ist nur mit Zustimmung der Betriebsleitung durchführbar.*

Sachverweise

*Über den **Ernährungswert von Brot und Kleingebäck** finden Sie ab der Seite 315 ausführliche Informationen.*

*Die **Kennzeichnung nährwertveränderter Brote** ist auf der Seite 303 dargestellt.*

§ **Lebensmittelrechtliche Bestimmungen**

Nährwertbezogene Angaben sind zulässig
- *über den Brennwert oder*
- *über den Gehalt an Eiweißstoffen, Kohlenhydraten und Fetten oder*
- *über den Gehalt an bestimmten Vitaminen, bestimmten Mineralstoffen (ab einer vorgegebenen Menge) oder*
- *über den Cholesteringehalt.*

§ **Lebensmittelrechtliche Bestimmungen**

Es ist verboten,
- *auf einen geringen Brennwert hinzuweisen, wenn dieser mehr als 210 kJ oder 50 kcal pro 100 g des verzehrsfertigen Lebensmittels beträgt;*
- *auf einen verminderten Brennwert hinzuweisen, wenn dieser den durchschnittlichen Brennwert vergleichbarer Lebensmittel um weniger als 30 % unterschreitet;*
- *auf einen verminderten Nährstoffgehalt hinzuweisen, wenn dieser den durchschnittlichen Nährstoffgehalt vergleichbarer Lebensmittel um weniger als 30 % unterschreitet (Ausnahme: bei Kochsalz- oder Natriumverminderung).*

§ **Lebensmittelrechtliche Bestimmungen**

- *Beim Ausloben von Lebensmitteln mit nährwertbezogenen Angaben ist der auf 100 g des verzehrsfertigen Produkts bezogene durchschnittliche Brennwert in Kilojoule und Kilokalorie auszuweisen. Außerdem ist der durchschnittliche Gehalt an verwertbaren Eiweißstoffen, Kohlenhydraten und Fetten jeweils bezogen auf 100 g des verzehrsfertigen Produkts anzugeben (als Tabelle in dieser Reihung).*
- *Bezieht sich die nährwertbezogene Angabe nicht auf den Brennwert oder die drei Hauptnährstoffe, so müssen Brennwert, Eiweißstoffe, Kohlenhydrate mit anteilig enthaltenen Zuckern, Fette mit anteiligen gesättigten Fettsäuren sowie Ballaststoffe und Natrium angegeben werden (also insgesamt 8 Angaben).*

Nährwert: wann und wie er zu kennzeichnen ist

Ein Lehrling berichtet aus der Berufsschule: „Chefin, wir müssen alle noch in den Deutschunterricht. Wir haben nämlich heute gelernt, dass es nicht egal ist, ob man schreibt: ‚Brot ist ballaststoffreich' oder ‚ballaststoffreiches Brot'." Kennen Sie den Unterschied?

Dass Brot ballaststoffreich ist, gilt für die meisten Brotsorten. Aber: Beim Anbieten einer Brotsorte als „ballaststoffreiches Brot" wird diese von anderen Broten unterschieden. Es wird damit ausgedrückt, dass diese Brote ballaststoffreicher sind als vergleichbare Brote. Ein solcher Hinweis ist eine *nährwertbezogene Aussage*. Daraus folgt die Pflicht, den Nährwert zu kennzeichnen.

Freiwillig ist die Kennzeichnung des Nährwerts beim Anbieten von Back- und Süßwaren immer möglich.

Die Pflicht zur Kennzeichnung des Nährwerts besteht
- *bei bestimmten Lebensmitteln (z. B. Diätprodukten),*
- *bei Angabe bestimmter nährwertbezogener Aussagen.*

Nach der *Nährwertkennzeichnungs-Verordnung (= NKV)* liegt eine nährwertbezogene Angabe bereits dann vor, wenn durch Wort, Bild oder auf andere Weise beim Verbraucher der Eindruck entsteht, dass ein Lebensmittel besondere Nährwerteigenschaften besitzt. Sinn der Nährwertkennzeichnung ist es demnach, die Kunden auf einfache Weise über den Nährwert eines Produkts zu informieren und ihn damit bei seiner Kaufentscheidung zu unterstützen. Die Kennzeichnung des Nährwerts ist daher *keine Werbebotschaft*. Sie darf auch nicht zur Irreführung der Verbraucher beitragen.

Grundsätzlich ist es verboten, im Verkehr mit Lebensmitteln
- *auf schlankmachende und schlankheitsfördernde Eigenschaften oder gewichtsverringernde Wirkung eines Produkts hinzuweisen (Ausnahme: bestimmte Diäterzeugnisse),*
- *auf geringen oder verminderten Brennwert, einen verminderten Nährstoffgehalt, einen geringen Kochsalzgehalt oder Natriumgehalt hinzudeuten, wenn die dafür festgelegten Mindestwerte nicht erfüllt werden (➡ Rechtliche Bestimmungen).*

Es ist lebensmittelrechtlich genau festgelegt,
- welche nährwertbezogenen Angaben erlaubt sind,
- wie die Nährwertkennzeichung zu erfolgen hat.

Die Kennzeichnung mit den Nährstoffangaben muss unmittelbar bei der nährstoffbezogenen Aussage erfolgen
- bei Abgabe in Fertigpackung auf der Packung selbst oder auf einem mit ihr verbundenen Etikett,
- bei Abgabe anderer Produkte auf einem Schild neben der Ware,
- bei Abgabe von Speisen und Getränken zum Verzehr in einer für den Gast zugänglichen Aufzeichnung (auf die hinzuweisen ist).

Die Angaben über die Inhaltsstoffe von Lebensmitteln können im Allgemeinen aus Nährwerttabellen übernommen werden. Für die Ausweisung veränderter Nährstoffgehalte sind dagegen Analysen erforderlich. Die Richtigkeit der Aussage muss auch in den Fällen überprüft werden, in denen Angaben über Nährwerte von Dritten übernommen werden, beispielsweise von Zulieferbetrieben.

Bei Kontrollen der Lebensmittelüberwachung werden bestimmte Toleranzen bei den ausgewiesenen Nährstoffgehalten eingeräumt.

Neuartige Lebensmittel: was für sie rechtlich gilt

Wissen Sie, was neuartige Lebensmittel (= Novel Food) sind? Die rechtlichen Regelungen dazu sind zur Zeit umfangreicher als die tatsächliche Verbreitung dieser Produkte.

Die „Novel-Food-Verordnung" gilt für verschiedene neue Lebensmittel. Insbesondere sind es

- Produkte mit neuer chemischer Struktur (z. B. Ersatzstoffe für die Verwendung von Fetten für Nahrungsmittel),
- Produkte mit Isolaten aus Mikroorganismen, aus Pilzen oder Algen (z. B. Eiweißstoffe),
- Produkte mit neuartigen Herstellungsverfahren,
- Produkte mit gentechnischer Gewinnung.

Diese Lebensmittel müssen für den Handel freigegeben werden. Das heißt: Sie sind prinzipiell verboten. Sie bedürfen der Zulassung.

Eine *Zulassung* darf nur erfolgen, wenn die neuartigen Produkte

- für die Verbraucher in jeder Hinsicht unbedenklich sind,
- bei den Verbrauchern keine Irreführung bewirken können,
- bei den Verbrauchern keine Ernährungsmängel auslösen können (im Vergleich zum Verzehr herkömmlicher Lebensmittel).

Neuartige Lebensmittel müssen beim Inverkehrbringen als solche gekennzeichnet sein. Ohne Zweifel sind Lebensmittel mit *gentechnisch veränderten Eiweißstoffen* zur Zeit am stärksten in der öffentlichen Diskussion. Man unterscheidet bei ihnen drei Kategorien.

- Kategorie A: Lebensmittel selbst ist ein genveränderter Organismus oder besteht aus einem solchen (z. B. die RR-Sojabohnen)
- Kategorie B: Lebensmittel enthält genveränderte Organismen (z. B. Joghurt mit genveränderten Starterkulturen)
- Kategorie C: Lebensmittel enthält Anteile isolierter oder verarbeiteter Stoffe aus gentechnisch veränderten Produkten (z. B. Öl oder Eiweiß aus gentechnisch veränderter RR-Soja)

Neuartige Lebensmittel aus gentechnischer Gewinnung müssen beim Inverkehrbringen gekennzeichnet werden, und zwar mit dem Hinweis „Aus genetisch verändertem … hergestellt" oder mit der Angabe „*genetisch verändert" (wenn die Zutat vorher genannt wurde, zum Beispiel im Zutatenverzeichnis von Fertigpackungen).

In Befragungen von Verbrauchern wird deutlich, dass ein großer Teil der Bevölkerung die mit Gentechnik erzeugten Lebensmittel ablehnt. Diese Erkenntnis führt dazu, dass aus werblichen Gründen auf die Nichtverwendung gentechnisch veränderter Rohstoffe hingewiesen wird. Allerdings darf dabei nicht behauptet werden, dass ein Produkt „gentechnikfrei" sei. Dieses zu erreichen ist nämlich wegen nicht gewollter Übertragungsmöglichkeiten von genetisch veränderter Substanz nahezu unmöglich.

Es ist rechtlich aber zulässig, Lebensmittel zu kennzeichnen mit dem Hinweis „ohne Gentechnik". Für die Lebensmittel muss dokumentiert werden, dass auf allen Stufen ihrer Erzeugung *keine gentechnischen Verfahren* eingesetzt wurden. Diese Nachweise müssen fallweise auch weit zurückgreifen (zum Beispiel bis zum Maisanbau in einem fernen Lieferland für Maismehl). Die geforderten Beweise sind daher zum Teil nicht zu erbringen. Im Zweifelsfall muss auf den Einsatz nicht dokumentierbarer Rohstoffe verzichtet werden, wenn für ein Produkt „ohne Gentechnik" deklariert werden soll.

Gentechnik

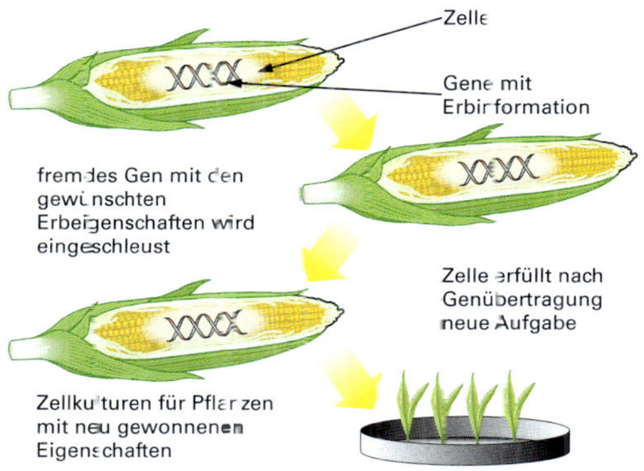

Sachkurs:
Gentechnisch veränderte Lebensmittel

Durch die Anwendung gentechnischer Methoden in der Landwirtschaft („Grüne Gentechnik") wird gezielt in das Erbgut von Pflanzen eingegriffen, um bestimmte neue Eigenschaften zu erzielen (z. B. Widerstandsfähigkeit der Pflanzen gegen Schädlinge, hohe Erträge, gute Haltbarkeit von Früchten). Dazu werden einzelne Gene von einem Organismus auf einen anderen übertragen oder Gene für unerwünschte Eigenschaften in ihrer Funktion blockiert.

Die Gene sind Eiweißstrukturen (DNA) in lebenden Zellen, mit denen die Erbinformationen eines Lebewesens gespeichert und übertragen werden. In gentechnischen Verfahren ist es heute möglich, mit Hilfe von „Genscheren" einzelne Gene gezielt zu isolieren. Diese können mit Hilfe von Bakterien-Enzymen oder durch Beschuss auf andere Zellen übertragen werden, so dass die Gene deren Bestandteil werden und damit den Zellen neue Eigenschaften geben.

Für Rohstoffe der Bäckerei/Konditorei spielen gentechnisch veränderte Substanzen auch eine Rolle, z. B. Enzyme aus gentechnisch veränderten Bakterien. Produkte aus gentechnisch veränderter RR-Soja oder gentechnisch verändertem BT176-Mais. Aus solchen Produkten hergestellte Waren müssen beim Inverkehrbringen gekennzeichnet werden. Das heißt zum Beispiel: Backfett mit gentechnisch verändertem Sojaöl ist zu kennzeichnen. Auch die Verwendung dieses Fettes zu einer Backware führt zur Deklarationspflicht beim Inverkehrbringen der Backware (wenn der Schwellenwert von 0,9 % veränderter DNA überschritten wird).

Mit analytischen Verfahren ist es möglich, die gentechnisch veränderten Eiweißstrukturen in den Lebensmitteln nachzuweisen. Dadurch sind Kontrollen möglich.

Zum Merken

- *Zusatzstoffe können isolierte Bestandteile aus Lebensmitteln sein (z. B. das Lecithin aus der Sojabohne).*
- *Zusatzstoffe können künstlich zusammengesetzt sein (z. B. das Backpulver aus Natron, Säuresalz und Stärke).*

Bezeichnungen für Zusatzstoffklassen

Stoffklasse:	*Anwendungsbeispiel:*
Backtriebmittel *(z. B. Hirschhornsalz)*	*– zur Lockerung von Flachgebäcken*
Emulgatoren *(z. B. Lecithin)*	*– in Backmischungen für Feine Backwaren*
Farbstoffe *(z. B. Beta-Carotin)*	*– in Krempulver für Füllkrems*
Geliermittel *(z. B. Alginate)*	*– für transparenten Tortenguss*
Konservierungsstoffe *(z. B. Sorbinsäure)*	*– in Schnittbrot zur Schimmelhemmung*
Mehlbehandlungsmittel *(z. B. L-Cystin)*	*– in Weizenbackmitteln zur Kleberstärkung*
Säuerungsmittel *(z. B. Natriumcitrat)*	*– zur Säuerung von Roggenteigen*
Säureregulatoren *(z. B. Fumarsäure)*	*– zur Regulierung des pH-Werts in Massen*
Stabilisatoren *(z. B. Carrageen)*	*– zur Stabilisierung der Emulsion von Sahne*
Trennmittel *(z. B. Talcum)*	*– zur Produkttrennung bei Süßwaren*
Verdickungsmittel *(z. B. Guarkernmehl)*	*– in Kaltkrempulver zur Flüssigkeitsbindung*

Tipps für die Verkaufspraxis

➤ *Alle Zusatzstoffe müssen ungiftig und für die Ernährung unbedenklich sein.*

➤ *Alle Zusatzstoffe stehen laufend auf dem Prüfstand. Sie werden verboten, wenn sie technologisch auf andere Weise ersetzbar sind.*

Zusatzstoffe: ein Fall für die Kenntlichmachung

Ist Ihnen das auch schon passiert? Kunden lehnen Zusatzstoffe ab. Sie sprechen von „chemischen Stoffen". Sie meinen, dass diese Stoffe Allergien auslösen. Wie verhalten Sie sich dann?

In den Zutatenlisten auf Fertigpackungen finden sich oft komplizierte Bezeichnungen mit E-Nummern. Das sind *Zusatzstoffe*. Auch in den meisten Bäckereien/Konditoreien kommen solche Stoffe zum Einsatz. Denn ganz ohne Zusatzstoffe lassen sich Lebensmittel nicht in der gewünschten Qualität herstellen.

***Zusatzstoffe** sind Stoffe, die Lebensmitteln aus technologischen Gründen zur Beeinflussung ihrer Beschaffenheit oder zur Erzielung bestimmter Wirkungen zugesetzt werden.*

Zusatzstoffe selbst werden im Allgemeinen nicht als Lebensmittel verzehrt. Auch sind sie nicht charakteristische Zutaten zu Produkten. Zusatzstoffe mit technologischem Einsatzzweck haben zumeist keinen Nähr- und Genusswert.

Klären wir diese Aussagen an einem Beispiel:
Für die Herstellung einer Obsttorte auf Mürbeteig mit klarem Guss auf der Obstauflage verwendet man verschiedene Zutaten.

Es sind notwendig:
- *Lebensmittel* (Mehl, Butter, Zucker, Eier und Obst) sowie
- *Zusatzstoffe* (Triebmittel zum Mürbeteig, Dickungsmittel zum Guss).

Die Verwendung von Zusatzstoffen ist rechtlich eingegrenzt.

- *Einige Zusatzstoffe sind allgemein zugelassen (z. B. Stickstoff).*
- *Einige Zusatzstoffe sind nur für bestimmte Lebensmittel zugelassen (z. B. Hirschhornsalz für flache Gebäcke).*
- *Einige Zusatzstoffe dürfen nur bis zu einer speziell festgelegten Höchstmenge zu bestimmten Lebensmitteln verwendet werden (z. B. Emulgatoren oder Konservierungsstoffe).*
- *Einige Zusatzstoffe dürfen in Lebensmitteln enthalten sein, wenn beim Bereitstellen der Waren zum Verkauf eine Kennzeichnung erfolgt (z. B. Farbstoffe, Antioxidationsmittel).*

Bei Lebensmitteln in Fertigpackungen erfolgt die *Kennzeichnung* der Zusatzstoffe im Zutatenverzeichnis . Dabei ist außer dem Klassenamen die E-Nummer *oder* die Stoffbezeichnung anzugeben.

Die folgenden Gruppen von Zusatzstoffen sind auch *bei unverpackten Back- und Süßwaren* kenntlich zu machen (zu deklarieren):

- Verwendung von Antioxidationsmitteln
- Verwendung von Konservierungsstoffen
- Verwendung von Farbstoffen
- Verwendung von Geschmacksverstärkern
- Verwendung von Süßungsmitteln
- Verwendung von geschwefelten Zutaten (ab 10 ppm SO_2)
- Verwendung von Phosphat (z. B. bei fleischhaltigen Snacks)

Die spezifische Ausweisung von Zusatzstoffen ist entbehrlich,
- wenn *alle* für die Herstellung von Backwaren und Süßwaren zum Einsatz kommenden Zusatzstoffe in der Verkaufsstelle in einem für die Kunden zugänglichen Verzeichnis aufgeführt sind
und die Kunden darauf hingewiesen werden,
- wenn Zusatzstoffe im Produkt *ohne technologische Wirkung* sind.

Konservierungsstoffe – Schutz vor mikrobiellem Verderb

Bieten Sie in Ihrer Verkaufsstelle chemisch konservierte Back- und Süßwaren an? Dann müssen Sie über die Konservierungsstoffe und die Informationen für Verbraucher genau Bescheid wissen.

Einige *Lebensmittel* haben eine hemmende Wirkung gegenüber den Mikroben. Das gilt zum Beispiel für Essig, Kochsalz oder Alkohol. Sie sind aber *keine* Konservierungsstoffe im rechtlichen Sinne.

Konservierungsstoffe *sind rechtlich zugelassene Zusatzstoffe zum Schutz der Lebensmittel vor mikrobiellem Verderb. Sie wirken auf chemische Weise.*

Für Waren des Backgewerbes sind bestimmte Konservierungsstoffe zugelassen (➡ nebenstehende Liste). Die Zulassung erfolgt auf den jeweiligen Verwendungszweck hin. Außerdem ist die höchstzulässige Zusatzmenge festgelegt.

Zum Beispiel ist für Feine Backwaren mit einem a_W-Wert von mehr als 0,65 der Zusatz von bis zu 2000 mg Sorbinsäure oder ihrer Salze pro kg Erzeugnis zulässig. Der Zusatz anderer Konservierungsstoffe oder in höherer Dosierung ist verboten.

Der Gehalt von Konservierungsstoffen ist bei Bereitstellung der Waren zum Verkauf kenntlich zu machen. Das erfolgt durch den Hinweis „Mit Konservierungsstoff" oder „konserviert". Der verwendete chemische Konservierungsstoff muss nicht genannt werden.

Die *Kennzeichnung* von Konservierungsstoffen erfolgt

- bei unverpackten Waren auf einem Schild in unmittelbarer Nähe des Produkts,
- bei Waren in Fertigpackung in der Zutatenliste auf dem Etikett oder auf der Verpackung selbst.

Viele Bäckereien/Konditoreien verzichten auf chemische Konservierung ihrer Eigenprodukte. Trotzdem müssen sie oft die Bestimmungen über Konservierungsstoffe beachten. Denn die Back- und Süßwaren können Zutaten enthalten, die deren Hersteller chemisch konserviert hat.

Ob in einem solchen Fall bei den damit hergestellten Produkten eine Kennzeichnung erfolgen muss, hängt von der Wirkung im Endprodukt ab. Also: Wenn die konservierte Zutat noch in der fertigen Back- oder Süßware eine haltbarmachende Wirkung hat, dann ist rechtlich eine Kennzeichnung gefordert.

Zum Beispiel ist zu kennzeichnen, wenn eine Persipanrohmasse mit Konservierungsstoff als Füllung in einem Gebäck ist und die Füllung in der Backware dadurch noch gegen Gärigwerden geschützt ist.

Andererseits ist im folgenden Fall keine Kennzeichnung erforderlich: Zu Sandkuchen wird mit Benzoesäure haltbar gemachter Zitronenabrieb verwendet. Die Benzoesäure hat durch die starke Verdünnung in der Masse keine konservierende Wirkung im fertigen Sandkuchen.

Diese rechtliche Regelung wird von Verbrauchern kritisiert. Denn die nicht kenntlich gemachten Konservierungsstoffe können bei Allergikern zu gesundheitlichen Problemen führen.

Viele Bäckereien und Konditoreien verzichten deshalb auf chemische Konservierung und auf Zutaten mit Gehalt an Konservierungsstoffen. Das ist gut möglich, weil frische Backwaren keiner Haltbarmachung bedürfen. Auch gibt es für die hier übliche Bevorratung der Produkte wirksame physikalische Methoden (Hitze- oder Kälteanwendung).

Zugelassene Konservierungsstoffe für Brot und Feine Backwaren §

- ***Sorbinsäure*** .... (E 200)
  - Natriumsorbat .... (E 201)
  - Kaliumsorbat .... (E 202)
  - Calciumsorbat .... (E 203)
- ***Benzoesäure*** .... (E 210)
  - Natriumbenzoat .... (E 211)
  - Kaliumbenzoat .... (E 212)
  - Calciumbenzoat .... (E 213)
- ***para-Hydoxybenzoate*** (E 214 bis E 219)
- ***Propionsäure*** .... (E 280)
  - Natriumpropionat .... (E 281)
  - Calciumpropionat .... (E 282)
  - Kaliumpropionat .... (E 283)

Verwendung von Konservierungsstoffen

Nur für die folgenden Produkte der Bäckerei/Konditorei und nur in der jeweils genannten Angebotsform dürfen Konservierungsstoffe verwendet werden:

- *für verpackt angebotenes Schnittbrot,*
- *für Brot mit reduziertem Brennwert,*
- *für Feine Backwaren mit reduziertem Brennwert,*
- *für Feine Backwaren mit einem a_W-Wert über 0,65,*
- *für Kuchen mit feuchter Auflage oder mit feuchter Füllung,*
- *für Weichbrötchen,*
- *für vorgebackene Backwaren, die als solche in den Verkehr gebracht werden,*
- *für halbfeuchte Fertigteige,*
- *für Marzipan, marzipanähnliche Erzeugnisse aus anderen Ölsamen als Mandeln; Makronen, Nussmakronen- und Makronenersatzmassen (mit Zutaten von Milch, Frucht- und anderen Stoffen versehene wasser- oder fetthaltige Massen für Zucker-, Schokolade- und Dauerbackwaren und für Backwaren anderer Art).*

Tipps für die Verkaufspraxis

- ➤ *Den Verzicht auf chemische Konservierungsstoffe bei den Waren Ihres Geschäfts können Sie im Verkaufsgespräch herausstellen.*
- ➤ *Den Verzicht auf chemische Konservierung von Schnittbrot können Sie durch einen Werbeaufdruck auf der Packung deutlich machen. Bieten Sie Kunden mit Kleinsthaushalt auch Möglichkeiten zum Bevorraten von Brot ohne chemische Konservierung an. (➡ Beachten Sie dazu die Hinweise für Schnittbrot auf der Seite 329).*

Verwendung von Farbstoffen bei Produkten des Backgewerbes

Für Produkte und Rohstoffe der Bäckerei und Konditorei ist bei den folgenden Beispielen die Verwendung von Farbstoffen und färbenden Zutaten zulässig:
- *Kremspeisen, Puddings, Geleespeisen und rote Grütze,*
- *Speiseeis, Zuckerüberzüge, Zuckerwaren,*
- *kandierte Früchte (ausgenommen Zitronat, Orangeat, Nuss- und Mandelkerne),*
- *Marzipan-, Persipan- und Nussmassen,*
- *fetthaltige Füllungen Feiner Backwaren,*
- *Erdbeer-, Kirsch-, Himbeer- und Pflaumenkonserven in dicht verschlossenen Behältern,*
- *sterilisiertes Erdbeer-, Himbeer-, Kirschmark.*

Als Ausnahmeregelungen sind möglich: Färben von Malzbrot mit Zuckerkulör, Verwendung von Farbmalz zu Brot und Kleingebäck (wenn dabei Täuschung der Verbraucher ausgeschlossen wird).

Meinungen

Die Auszubildende Petra meint: „Ich halte die Erlaubnis zum Färben von Back- und Süßwaren für falsch. Farbstoffe verbessern nicht die Qualität der Lebensmittel. Sie verschleiern aber die tatsächliche Beschaffenheit. Und die Verbraucher müssen neben den ungewollt in die Nahrung gelangten Schadstoffen auch noch Farbstoffe mitverzehren."

Ihre Chefin sieht das anders: „Das Auge isst doch mit. Wenn zum Beispiel der Geleeguss für Kirschtörtchen bleich aussieht, dann lehnen die Kunden solche Gebäcke ab. Im Übrigen steht es ja den Kunden frei, auf gefärbte Waren beim Einkauf zu verzichten."

➤ *Was meinen Sie dazu?*

Carry-over-Färbung

Das „Carry-over-Prinzip" bedeutet, dass eine Wirkung erzielt wird als Folge einer unbeabsichtigten Übertragung von Stoffen. Bei Färbungen, die auf diese Weise entstehen, ist die Kennzeichnung vorgeschrieben.

*Zum Beispiel sind die Stoffe **Beta-Carotin** und **Lactoflavin** hier problematisch. Sie sind oft in Fetten als Schutzstoffe vor Oxidation enthalten, auch zur Kenntlichmachung von Lagerbutter aus EG-Beständen. Werden diese Fette zu Backwaren verarbeitet, wird dadurch eine unbeabsichtigte Gelbfärbung erzielt. Die so gefärbten Gebäcke sind bei der Bereitstellung zum Verkauf zu deklarieren. Das ist zu vermeiden durch Verwendung von Fetten ohne Beta-Carotin oder Lactoflavin.*

Farbstoffe – für das schöne Aussehen

Sie bieten in Ihrem Geschäft Obsttörtchen mit rotem Geleeguss an. Eine Kundin fragt Sie, ob der Geleeguss gefärbt sei.
Um hier sachkundig informieren zu können, müssten Sie wissen,
- *ob Farbstoff verwendet wurde,*
- *ob die Verwendung von Farbstoff erlaubt ist,*
- *welche Produkte gefärbt werden dürfen,*
- *welche Form der Kenntlichmachung gefordert ist.*

Was sind Farbstoffe für Lebensmittel?

***Farbstoffe** im lebensmittelrechtlichen Sinn sind Stoffe, die die Farbe eines Lebensmittels verstärken oder wiederherstellen.*
Farbstoffe sind Zusatzstoffe oder auch natürliche Bestandteile von Lebensmitteln, wenn letztere zum Färben zugesetzt werden.

Die Abgrenzung von *Zutaten* und *Farbstoffen* ist nicht immer ohne Weiteres möglich: Zum Beispiel sind Pflanzen- und Fruchtauszüge *keine Farbstoffe*, wenn sie wegen ihrer Geschmackswirkung verwendet werden und nur einen färbenden Nebeneffekt haben. Malzextrakt hat dagegen färbende Wirkung, kann aber auch verwendet sein wegen seiner gärfördernden Eigenschaften.

Das Färben von Lebensmitteln ist rechtlich stark eingeschränkt. Die Verwendung ausdrücklich zugelassener Farbstoffe ist nur erlaubt für bestimmte Lebensmittel, ansonsten grundsätzlich verboten.

Keine Farbstoffzusätze dürfen beispielsweise enthalten:
- *Teige und Massen für Brot, Kleingebäck und Feine Backwaren*
- *Zubereitungen mit Kakao, Schokolade, Kaffee, Karamell und Ei; außerdem mit Malz, Milch, Butter und Honig für Süßwaren*
- *Säuglings- und Kleinkindernahrung*

Für das Färben von Produkten sowie für die Kennzeichnung gefärbter Produkte im Verkauf sind einige Besonderheiten zu beachten.

- Mit der Zugabe von Farbstoff darf nicht ein wertbestimmender Inhaltsstoff vorgetäuscht werden, der so in dem Erzeugnis nicht enthalten ist. Beispielsweise ist das Rotfärben von Geleeguss auf Törtchen ohne Verwendung von Früchten verboten.
- Ein Farbstoff darf nicht in einer Menge zugesetzt werden, die eine Färbung hervorruft, die nicht der allgemeinen Verkehrsauffassung entspricht. Beispielsweise ist somit eine tiefrote Einfärbung von Himbeer-Sahnekrem verboten. Färben darf in diesem Fall nur der Annäherung an den natürlichen Farbton des Lebensmittels dienen. Anders ist das bei geschminkten Marzipanfiguren: Hier dient starkes Färben der Dekoration. Das ist für die Verbraucher offensichtlich. Dennoch ist die Färbung kenntlich zu machen.
- Die Verwendung von Farbstoff ist bei der Bereitstellung von Waren zum Verkauf kenntlich zu machen. Dafür vorgeschrieben ist die Angabe „Mit Farbstoff". Eine sachliche Eingrenzung ist erlaubt, zum Beispiel „Geleeguss mit Farbstoff". *Nicht zulässig* ist aber die sprachliche Abschwächung der Deklaration mit Aussagen wie „Mit zugelassenem Lebensmittelfarbstoff". Bei der Werbung für gefärbte Produkte dürfen keine Eigenschaften unter Verwendung der Begriffe wie „natürlich" oder „biologisch" oder „rein" ausgelobt werden.

Ein Problem ist die Kenntlichmachung von Farbstoffen, die über eine Zutat eingebracht werden (➡ nebenstehender Hinweis).

Aromen – für den guten Geschmack

Sie sollen für eine Kremtorte ein Schildchen mit Preisangabe und Verkehrsbezeichnung anfertigen. Die Krem der Torte ist mit einer naturidentischen Mandelessenz aromatisiert.
Wie bezeichnen Sie die Torte?

Dazu ist die Aromenverordnung zu beachten.

***Aromen** im Sinne der Aromenverordnung sind Stoffe oder Gemische von Stoffen, die zu Lebensmitteln verwendet werden, um diesen einen besonderen Geschmack und/oder Geruch zu verleihen.*

Die exakte Einordnung und Bezeichnung von Aromen in Back- und Süßwaren ist zu beachten
- bei Kennzeichnungen (z. B. in der Zutatenliste der Fertigpackung),
- bei Kenntlichmachungen in der Verkehrsbezeichnung.

Die Aromen sind im Zutatenverzeichnis mit dem Wort „Aroma" oder mit einer genaueren Beschreibung des Aromas anzugeben (z. B. als „Zitronenaroma"). Auch Gewürze und Gewürzmischungen sind in der Zutatenliste als „Aroma" auszuweisen. Das Wort „natürlich" oder ähnliche Beifügungen dürfen in diesem Zusammenhang nur gebraucht werden, wenn die geschmacksgebenden Bestandteile ausschließlich natürlichen Ursprungs sind. Wenn das nicht zutrifft, *müssen* die Worte „naturidentisch" oder „künstlich" beigefügt werden.

Wenn ein Aroma *wertbestimmende Zutat* einer Back- oder Süßware ist, hat das Konsequenzen für die Verkehrsbezeichnung.

- Die Bezeichnung eines Lebensmittels mit dem Namen des Aromas in der Verkehrsbezeichnung setzt die Verwendung natürlicher Aromen voraus (also z. B. für „Vanillekipferl" die natürliche Vanille).
- Die Verwendung nicht-natürlicher Aromastoffe schließt es aus, das Lebensmittel uneingeschränkt nach dem aromagebenden Stoff zu bezeichnen. Beispielsweise muss eine mit Vanillin aromatisierte Krem als „Krem mit Vanillegeschmack" bezeichnet werden. Sie darf nicht kurzum als „Vanillekrem" angeboten werden.

Die Verwendung nicht-natürlicher Aromen ist allgemein für bestimmte Erzeugnisse ausgeschlossen.
Das trifft zu
- für qualitativ hochwertige Produkte (wie z. B. Baumkuchen,
- für Produkte, bei denen eine besondere Qualität betont wird (z. B. durch Bezeichnung als „feinste ..." oder „mit besten Zutaten").

Tipps für die Verkaufspraxis

- *Weisen Sie die Kunden im Verkaufsgespräch auf verwendete natürliche Aromen hin.*
- *Ergänzen Sie auf Schildchen die Verkehrsbezeichnung durch die Geschmacksrichtung, wenn zu dem Produkt keine natürlichen Aromen verwendet werden (z. B. „Kremtorte mit Mandelgeschmack").*
- *Kennzeichnen Sie in Zutatenlisten auf den Fertigpackungen die Aromen auch mit der Geschmacksrichtung (z. B. Zitronenaroma).*

Sachverweise

Die Ausweisung des geschmacksgebenden Stoffes in der Verkehrsbezeichnung kann Konsequenzen bei QUID haben: Lesen Sie dazu die Ausführungen auf der Seite 388.

Über Aromen als Zutat für Feine Backwaren können Sie sich zusätzlich auf der Seite 220 informieren.

Aufgaben über Kennzeichnungen auf Fertigpackungen zur Wiederholung

1. *Welche Merkmale erfüllt eine Packung, die rechtlich als „Fertigpackung" einzuordnen ist?*
2. *Welche drei Anforderungen müssen erfüllt sein, damit eine Packung nicht mit den für Fertigpackungen geforderten Kennzeichnungen versehen werden muss?*
3. *Nennen Sie die auf einer Fertigpackung auszuweisenden Kennzeichnungselemente.*
4. *Stellen Sie an einem Beispiel die Ausweisung der Zutatenliste dar.*
5. *Erklären Sie, wie die Dauer der Mindesthaltbarkeit einer Backware Ihrer Wahl festgelegt und ausgewiesen wird.*
6. *Geben Sie an, wie die grundsätzliche Kennzeichnung erfolgen muss: für Konservierungsstoffe, für Farbstoffe und für Aromen.*
7. *Welche anderen Möglichkeiten als die Konservierungsstoffe gibt es zum Haltbarmachen von Backwaren?*
8. *Welche Zusatzstoffe müssen beim Bereitstellen auch unverpackter Backwaren zum Verkauf deklariert werden?*

Das Herrichten von Geschenkpackungen ist ein Kundendienst und zugleich eine Werbung für das Bäckerei-Konditorei-Fachgeschäft

Eine Geschenkpackung in kräftiger Farbe: durch kontrastreiche Schleifenfarben werden lebhafte Wirkungen erzielt

Eine Geschenkpackung in Pastelltönen: durch Ton-in-Ton-Gestaltung des Dekors werden ruhige Wirkungen erzielt

Neutrale Kartonagen können zu verschiedenen Anlässen dekorativ gestaltet werden

Gestalten von Geschenkpackungen

„Darf ich Ihnen die Pralinen als Geschenk verpacken?"
Auf diese Verkäufer-Frage kommt von der Kundschaft als Antwort oft ein dankbares: „Ja, bitte."
Wird in Ihrer Verkaufsstelle ein solcher Kundendienst angeboten? Und können Sie auch so dekorative Geschenkpackungen wie auf den nebenstehenden Abbildungen gestalten?

Bevor eine Bäckerei/Konditorei ein Angebot für Präsentpackungen einrichtet, ist die Nachfrage danach zu klären. Am sichersten ist das durch eine Probeaktion zu beurteilen. Diese könnte zu Festtagen oder Geschenkanlässen wie dem Muttertag durchgeführt werden. Die Aktion muss werbemäßig bekannt gemacht werden. Der Verlauf der Aktion ist im Betrieb auszuwerten.

Bei der Auswertung der Aktion ist von besonderem Interesse
- ob genügend Nachfrage geweckt werden kann,
- welche Präsentpackungen nach Inhalt und Aufmachung von den Kunden bevorzugt nachgefragt werden.

Aufgrund eines positiven Aktionsergebnisses kann das Angebot von Präsentpackungen zu einer Dauereinrichtung werden. Da jedoch der Zeitaufwand für die Fertigung der Packungen im Verkaufsablauf sehr groß ist, müssen dafür organisatorische Lösungen vorbedacht werden (im Interesse einer zügigen Bedienung).

Mögliche Lösungen zum Anfertigen von Geschenkpackungen sind:
- Anfertigung nach vorheriger Bestellung
- Vorfertigung der Dekorteile, die bei Bedarf schnell während des Verkaufsvorgangs unter Berücksichtigung der Kundenwünsche zur fertigen Packung zusammengefügt werden können
- Vorfertigung verschiedener Packungen, aus denen der Kunde beim Verkaufsvorgang auswählt, nachdem er anhand eines unverpackten Musters den gewünschten Packungsinhalt bestimmt hat

Wie können Sie geschmackvoll verpacken?

Vergleichen Sie einmal die nebenstehend abgebildeten Packungen. Vielleicht gefällt Ihnen eine von diesen besonders gut, eine andere dagegen weniger. Welche das sind, hängt von Ihrem Geschmack ab. Geschmack und Kreativität sind die Voraussetzungen zum Herstellen von Präsentpackungen. Persönliche Vorlieben sollten aber nicht die Richtschnur für Ihr Angebot an die Kunden sein.

Bieten Sie den Kunden alternative Möglichkeiten
- in der Art/Sorte der zu verpackenden Produkte (Pralinen, Teegebäck, Spirituosen oder Feinkostartikel);
- in der Preiskategorie der Präsente (Klein- und Großpackungen oder verschiedene Qualitäten);
- in der Farbe und Dekorgestaltung der Packung (rustikal oder festlich, heiter oder gedeckt).

Wichtig ist immer, dass Packungsinhalt, Packungsform, Papierfarbe und Dekorationsmaterialien der Geschenkpackungen gut aufeinander abgestimmt sind.

Die Wirkung einer Präsentpackung ist darüber hinaus entscheidend von der exakten Ausführung der Verpackungstechnik abhängig. Am Beispiel der Flachpackung ist der Ablauf des fachgerechten Verpackens auf der CD-ROM zu diesem Buch dargestellt.

Dekortechniken für Geschenkpackungen

Können Sie Schleifen binden zum Verzieren von Präsentpackungen? Können Sie auch andere Teile als Dekor selbst anfertigen?

Die gefühlsmäßig stärkste Ansprache erfolgt beim Betrachten von Präsentpackungen durch den Dekor. Dafür können Sie im Fachhandel für Verpackung und für Floristik viele fertige Dekorteile beziehen. Sie können aber auch aus Resten individuelle Eigenprodukte fertigen.

Schleifen und Bänder: die allgemein üblichen Dekors

Eine herausragende Bedeutung haben *Bänder* und *Schleifen* als Dekors für Geschenkpackungen aus der Bäckerei und Konditorei.

Dekorativ wirken sie in farblicher Abstimmung zu der Präsentpackung in Form von

- Schleifen aus der Achterschlinge,
- Biedermeierschleifen,
- einfache Dreierschleifen oder
- Pompons.

Schleifen können aus verschiedenen Schleifenbändern, aber auch aus Kordelband und Gazen geformt und miteinander kombiniert als Dekorteile auf der Grundpackung befestigt werden. Vor allem mit den Kombinationsdekors erhält man voluminöse Auflagen.

Einfarbige Schleifen können mit aufgeklebten Dekorblumen oder mit farbigen Verzierungen weiter ausgestaltet werden. Das kann auch mit kleinen Blumengebinden erfolgen (nebenstehende Abbildungen). Mit einem einfachen Bandverschluss oder einem Klebeband werden sie auf der Packung befestigt.

Auch aus Resten des Geschenkpapiers können Sie Dekorschleifen und Fächer selbst anfertigen. Sie wirken abrundend, wenn sie in gleicher Farbe wie die Grundpackung gestaltet werden.

Und so erfolgt die Formung von Papierfächern aus den Resten des Verpackungsmaterials:

➤ Schmale Reststreifen des Geschenkpapiers werden zu einer Rolle aufgewickelt. Durch Flachdrücken der Rolle wird eine gleichmäßige Querteilung erreicht.

➤ Die quer geteilten Felder werden jeweils in der Mitte gefaltet, und zwar in jedem Feld in entgegengesetzter Richtung wie im vorigen Feld (= Falt-Prinzip einer Ziehharmonika).

➤ Das so erhaltene Faltenpaket wird nun im unteren Drittel mit einem Band umschnürt und im oberen Teil zum Fächer ausgebreitet.

➤ Der fertige Fächer wird mit einem Klebeband auf der Oberfläche der Grundpackung befestigt.

Wie die Reste des Verpackungspapiers können Sie auch Reste von Stanniol weiterverarbeiten (z. B. zu Blütendekors oder zum Umhüllen von einzelnen kleinen Stückchen). Aus umhüllten Einzelpralinen können Sie Biedermeiersträuße formen, indem sie in die Stanniolböden der Pralinen die Stiele aus Blumendraht einfügen.

Die hier beschriebenen Techniken erfordern viel Arbeitsaufwand. Deshalb werden sie oftmals in der Praxis abgelehnt. Außerdem ist zu beachten, dass sich solche Gestaltungen zumeist mit Bemühungen für mehr Umweltschutz nicht vereinbaren lassen. Darum sollten Sie für umweltbewusste Kunden alternative Angebote gestalten.

Selbst hergestellte Dekorteile aus Resten von Einschlagpapier schmücken die Grundpackung

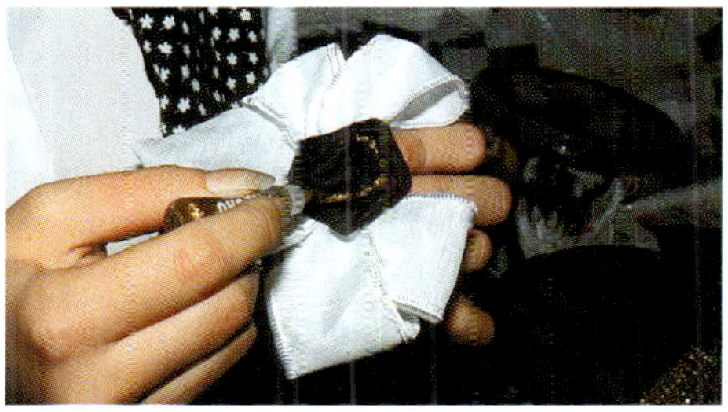

Einfarbige Schleife mit Rose und Dekor

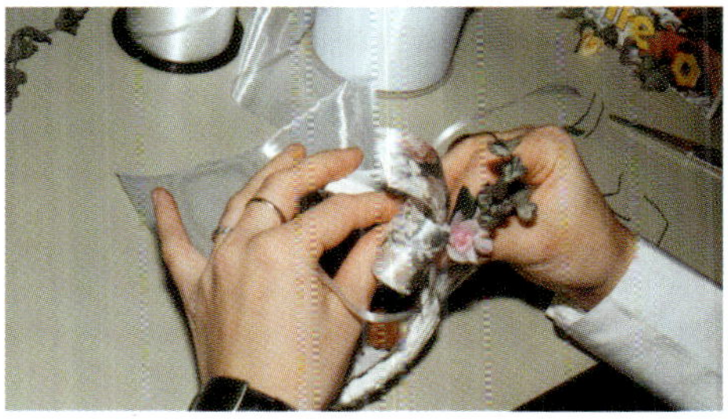

Befestigen von Schleife und Dekor mit Band

Verschiedene Schleifen und Pompons

Ablauf beim Herstellen von Fächern

Kunstvoll verpackte Flasche

Osterpräsente in dekorativen Korbwaren

Pralinen in einem Dekorationsstück angerichtet

Präsente mit Behältern: diese haben Gebrauchswert

Bieten Sie in Ihrem Geschäft auch Geschenke an, bei denen die Ware in einen Behälter eingefüllt wird?

Etliche Kunden bevorzugen Pralinen- oder Teegebäckpräsente, die in speziellen Behältern verpackt sind. Diese Geschenke vereinen in sich den Genusswert der Gebäcke und Süßwaren mit dem Gebrauchs- und Zierwert der Verpackung. Sie sind umweltschonend, weil die Umhüllung nur zum Teil entsorgt werden muss.

Als Materialien für Präsent-Behälter eignen sich beispielsweise
- Korbgeflechte und Holz,
- Glas und Porzellan,
- Metall und feste Kunststoffe.

Als Behälter für Präsentpackungen sind üblich
- Flaschen und Gläser (z. B. für flüssige Erzeugnisse),
- Tassen, Teller oder Krüge (für stückige, kleine Produkte wie Pralinen und Teegebäcke),
- Schatullen und Kästchen (für feste Produkte wie Lebkuchen).

Die Kosten für die Behältnisse werden in der Kalkulation zusätzlich zum Preis der verpackten Waren berechnet. Den Kunden ist der Mehrpreis einer solchen Präsentpackung im Vergleich zur Kartonverpackung verständlich. Der Mehrpreis wird vor allem dann akzeptiert, wenn die Behältnisse begehrte Sammelobjekte sind.

Die Behältnisse können ebenso wie die Flachpackungen in übliches Geschenkpapier verpackt werden (wenn deren Form das zulässt). Die Gestaltung anderer Packungen erfordert fachliches Können und viel Handgeschick (➟ Abbildung der verpackten Flasche).

Einfacher und ebenso dekorativ ist das Verpacken in einer Folie. Man verwendet dazu Zellglas (Sorte: wetterfest). Das ist transparent und lässt den Blick auf das verpackte Geschenk zu. Das Zellglas wird in der erforderlichen Größe bemessen und von der Vorratsrolle genommen. Dann wird es um den vorbereiteten Behälter geschlagen, oben gerafft und verschlossen. Wie bei anderen Präsentpackungen ist eine Verzierung mit Schleifen oder anderen Dekors möglich.

Bei der Benutzung von Zellglasfolien zum Verpacken von Back- und Süßwaren ist Folgendes zu beachten:

Zellglasfolie, die mit Lebensmitteln direkt in Berührung kommen darf, ist gekennzeichnet mit einem Symbol oder mit dem Hinweis auf die Eignung zum Verpacken von Lebensmitteln. Dieses Zellglas ist nur aus regenerierter Zellulose aus unbehandeltem Holz oder aus Baumwolle gewonnen worden. Für die Behandlung der Zellglasfolien dürfen nur bestimmte, zugelassene Farben und Klebemittel verwendet werden. Bedruckte Zellglasfolie darf beim Verpacken von Lebensmitteln nur so verwendet werden, dass die bedruckte Oberfläche nicht mit dem Packungsinhalt in Berührung kommen kann.

Baumkuchen-Präsente: diese haben Genusswert

Bieten Sie in Ihrer Verkaufsstelle auch Baumkuchen aus der eigenen Herstellung an? Sie können als wertvolle Präsente genutzt werden.

Ganze Baumkuchen oder Baumkuchenscheiben, in geschmackvoller Geschenkpackung sind ein klassisches Präsent aus der Konditorei. Die Verpackung dieser hochwertigen Gebäcke für Geschenkzwecke wird heute oft mit Zellglas gestaltet. Es schützt die Baumkuchen vor dem Austrocknen und lässt den Durchblick auf den Inhalt zu.

Das Zellglas wird nach der Höhe des zu verpackenden Baumkuchens großzügig bemessen. Nach dem Umhüllen des Baumkuchens wird es oben gerafft und dicht verschlossen. Die Verzierung der Baumkuchen in Zellglas erfolgt anlassbezogen mit den üblichen Dekormitteln.

In Zellglas verpackte Baumkuchen-Präsente werden gern als Blickfang in Schaufenster-Auslagen eingesetzt. Dabei müssen sie unbedingt vor Wärme und direkter Sonneneinstrahlung geschützt werden, vor allem wenn sie mit Kuvertüre überzogen sind.

Tipps für das Stanniolieren

- *Schneiden Sie Stanniol nicht mit einer neuen Schere; sie würde schnell stumpf.*
- *Üben Sie das Stanniolieren zunächst an Formen aus Karton; sie sind nicht so empfindlich wie Körper aus Schokolade.*
- *Schützen Sie die Schokoladen-Hohlkörper vor Fingerabdrücken, das kann am besten durch Benutzen von Einweghandschuhen geschehen oder einfach durch das Zwischenlegen von Stanniolabfall.*
- *Drücken Sie nicht zu viel Stanniol als Wulstrand in die Hohlform; sie würde sich sonst schlecht schließen lassen, und es wäre nicht mehr genügend Platz für die einzufüllenden Pralinen.*
- *Bewahren Sie Reste des Stanniols auf zum Anfertigen von kleinen Dekorteilen; die Abfälle gehören in die Wertstoff-Sammlung.*

Stanniolieren: die traditionelle Präsentgestaltung

Können Sie Präsente in Stanniol verpacken?
Stanniol ist eine silberglänzende Zinnfolie, die auch auf einer Seite mit einer Farbe beschichtet sein kann.

Anhand der Abbildungen am unteren Seitenrand können Sie den Ablauf für das Stanniolieren von Hohlkörpern erkennen:

- Zuerst wird die untere Hälfte des Hohlkörpers in Stanniol gefasst. Der Rand wird innen sauber angedrückt.
- Dann wird ebenso das Oberteil des Hohlkörpers eingekleidet, aber die Stanniolhülle bleibt hier etwas lockerer. Ein vorheriges leichtes Kräuseln des Stanniols mit den Fingern ist für das Formen günstig.
- Die Unterschale wird mit den Pralinen gefüllt.
- Die Oberschale wird aufgesetzt. Das gesamte Präsentgebilde wird in Form gedrückt.
- Die zusammengesetzte Form wird zum Schluss mit Schleifen und anderem Dekor verziert.

Beachten Sie für das Vorgehen beim Stanniolieren auch die Tipps in der Randspalte.

Das Stanniolieren spielt vor allem saisonal eine besondere Rolle, zum Beispiel bei Präsent-Ostereiern.

Auf der nebenstehenden Abbildung sehen Sie verschiedene Arten von Präsenteiern. Im äußeren Erscheinungsbild sind die Präsente mit Verzierungen auf der oberen Schokoladenhälfte interessant. Bei diesen Eiern wird lediglich die Unterschale in Stanniol gefasst. Die Oberschale bleibt durch eine Zellglasfolie hindurch sichtbar.

Betriebswirtschaftliches Handeln

Besondere Maßnahmen für die verkaufsfördernde Präsentation der Waren verursachen für den Betrieb zusätzliche Kosten (z. B. für Einrichtungen, Werbematerial, Arbeitszeit).

Schwerpunktziel der Verkaufsförderung ist die Steigerung des Umsatzes der beworbenen Waren. Umsatzsteigerung bedeutet aber nicht automatisch, dass damit ein wirtschaftlicher Erfolg verbunden ist. Die Kosten der verkaufsfördernden Maßnahmen müssen mit den erzielbaren Marktpreisen der beworbenen Waren abgedeckt werden. Dann ist die Wirtschaftlichkeit gegeben.

- *Beachten Sie bei Vorschlägen für verkaufsfördernde Präsentationen, dass Kosten und Arbeitsaufwand dem erzielbaren Nutzen entsprechend sind.*

Hinweise zur Aufgabenlösung

- *Beachten Sie für die verkaufsfördernde Präsentation von* ***Kleingebäck und Brot*** *auch die Seiten 271 sowie 330 und 331.*
- *Berücksichtigen Sie bei den Darstellungen zu Fertigpackungen auch die rechtlichen Vorschriften zur* ***Kennzeichnung*** *auf den Seiten 384 bis 395.*

Zusatzaufgaben für die Praxis

- *Portionieren Sie Back- und Süßwaren zum Vorverpacken.*
- *Wenden Sie verschiedene Materialien zum Vorverpacken an (z. B. PE-Beutel, PP-Folie, Verbundstoffe).*
  - *Verschließen Sie mit verschiedenen Verfahren (Clips, Siegeln).*
  - *Erproben Sie die Dichtigkeit der Packungen durch Lagerversuche.*
- *Führen Sie die Kennzeichnungen für Fertigpackungen aus.*
- *Gestalten Sie Präsentpackungen mit verschiedenen Behältnissen.*

Verkaufsfördernde Auslage von Präsenten

Lernfeldbezogene Aufgaben

1. Situationsbeschreibung:

In Ihrer Verkaufsstelle sollen Back- und Süßwaren sowie Waren des Zusatzsortiments abwechslungsreich und verkaufsfördernd präsentiert werden. Sie sollen Vorschläge für die Thekenbelegung und für spezielle Warenauslagen erstellen.
Bearbeiten Sie dazu die folgenden Aufgaben.

- *Erstellen Sie Grundsätze für die verkaufsfördernde Präsentation der Kleingebäcke bzw. einzelner Brotsorten.*
  - *Präsentation in der Theke und im Regal*
  - *Präsentation in warenspezifischen Auslagen*
- *Stellen Sie an einem Beispiel die verkaufsfördernde Präsentation von Feinen Backwaren dar.*
  - *Präsentation in der Theke*
  - *Präsentation in spezieller Auslage (z. B. als Teil einer Aktion)*
- *Stellen Sie an einem Beispiel die verwendungsbezogene Präsentation von Waren des Zusatzsortiments dar.*
  - *Präsentation im Regal oder in einer Vitrine*
  - *Präsentation in spezieller Auslage (z. B. als Teil einer Aktion)*

2. Situationsbeschreibung:

In Ihrer Verkaufsstelle werden Back- und Süßwaren in Vorverpackung und in Fertigpackungen angeboten. Sie sollen diese Arbeiten fachgerecht ausführen, auch unter Beachtung wirtschaftlicher, ökologischer und lebensmittelrechtlicher Aspekte.
Bearbeiten Sie dazu die folgenden Aufgaben.

- *Beschreiben Sie an Beispielen wie ein Angebot verpackter Waren in der Bäckerei/Konditorei verkaufsfördernd wirken kann.*
  - *Angebote in offener Verkaufsverpackung*
  - *Angebote in Fertigpackung*
- *Stellen Sie Grundsätze für die Auswahl der Packstoffe für verschiedene Verpackungszwecke dar.*
  - *Gewährleistung von Funktionen der Verpackung*
  - *Verpackungsaufwand, Kosten und Umweltschutz*
- *Führen Sie auf, welche Kennzeichnungen auf einer Fertigpackung sein müssen und welche verkaufsfördernden Informationen Sie den Kunden geben können.*

3. Situationsbeschreibung:

Sie sollen für Präsentangebote in Ihrer Verkaufsstelle verkaufsfördernde Maßnahmen gestalten. Die Angebote sollen sich auf übliche Anlässe (wie Muttertag, Feiertage) und regionale oder saisonale Besonderheiten beziehen (wie Stadtjubiläum, Sportfest).
Bearbeiten Sie dazu die folgenden Aufgaben.

- *Beschreiben Sie an einem Beispiel Ihrer Wahl, wie Ihr Betrieb mit einem Präsentangebot eine einzigartige Marktposition füllen kann.*
  - *Besonderes Präsentangebot (Anlass, Ware, Aktion, Zeitraum)*
  - *Kreative Gestaltung und Vermarktung des Angebots*
- *Stellen Sie eine zu dem Angebot passende Auslagengestaltung in der Verkaufsstelle dar (➞ nebenstehende Abbildung).*
  - *Materialien, Aufbau, Positionierung*
  - *Informationen, Auszeichnung, Beschriftung*

BESONDERE VERKAUFSSITUATIONEN GESTALTEN

Dieses Lernfeld ist Teil der Ausbildung im dritten Ausbildungsjahr.

Die wesentlichen Leitfragen für dieses Lernfeld sind:

Welche persönlichen Einstellungen der Fachverkäufer sind hilfreich, um Stress in besonderen Verkaufssituationen zu vermeiden oder zu vermindern?

Wie begegnet man häufig auftretenden Fragen der Kunden nach den Preisen, nach der Qualität oder der Frische von Back- und Süßwaren?

Mit welchen Methoden und Mitteln sind Kundeneinwände richtig einzuschätzen und angemessen zu behandeln?

Wie geht man mit Reklamationen um?

Was ist bei Ladendiebstählen zu tun?

Wie kann das Verkaufsgeschehen bei starkem Kundenandrang so gestaltet werden, dass keine Hektik auftritt und die Kunden zufriedengestellt werden?

Welche Hilfe bieten Rollenspiele für die Bewältigung besonderer Situationen im Fachverkauf?

Welche rechtlichen Vorgaben sind für die Preisauszeichnung zu beachten?

Aus welchen Absatzwegen und Absatzmethoden der Bäckerei und Konditorei ergeben sich spezielle Verkaufsabläufe und besondere Verkaufssituationen?

BESONDERE MOMENTE IM FACHVERKAUF

Auf dem obigen Bild ist eine Situation erkennbar, in der eine Fachverkäuferin „ihren angestammten Platz hinter der Theke" verlassen hat, um offensichtlich trotz wartender Kunden ein Kind in Begleitung einer Kundin besonders zu begrüßen. Das ist nur ein Beispiel für besondere Momente, die Ihnen täglich im Verkaufsgeschehen erwachsen und die Sie kompetent als Verkaufsprofi beherrschen müssen. Im Folgenden finden Sie dazu beispielhafte Situationen und dafür mögliche Lösungen.

Hinweis

Auf den Seiten 12 bis 14 sind Anforderungen beschrieben, die an Fachverkäufer/Fachverkäuferinnen in der Bäckerei und Konditorei gestellt werden.

An dieser Stelle geht es um weitere Aspekte Ihres Berufs. Hier geht es in erster Linie nicht um Verkaufsförderung der Waren, sondern um Förderung Ihrer Persönlichkeit als Profi im Fachverkauf.

Ziele sind dabei:

- ***Selbstvertrauen**: Ich traue mir das zu.*
- ***Selbstsicherheit**: Ich bin sicher, dass ich etwas kann.*
- ***Selbstbewusstsein**: Ich weiß, dass ich das sehr gut kann und meine Berufsrolle kompetent ausführe.*

Das geschickte Verhalten in besonderen Verkaufssituationen können Sie einüben, insbesondere durch Rollenspiele. Dabei gewinnen Sie auch an Selbstsicherheit.

Beachten Sie die Anleitungen zu Rollenspielen auf der CD-ROM zu diesem Buch.

Persönliches im Verkaufsgeschehen

Tag für Tag im Umgang mit Vorgesetzten, Kollegen, Kunden sowie auch im privaten Bereich mit Familie und Freunden immer freundlich und ausgeglichen zu sein, das ist eine sicherlich zu hohe Erwartung. Denn jeder Mensch hat Zeiten mit gefühlsmäßigen Höhen und Tiefen, mit Ärger oder gesundheitlichen Beeinträchtigungen.

Als Persönlichkeit im Fachverkauf der Bäckerei/Konditorei fällt es Ihnen aber leichter, die täglichen Anforderungen sowie besondere Momente im Verkaufsgeschehen zu meistern, wenn Sie selbst den anderen gegenüber gelöst, freundlich und souverän auftreten können.

Hilfe: Selbstbeobachtung und Selbstentwicklung

Sicherlich sind die folgenden kleinen Regeln einfacher geschrieben als täglich zu beachten. Versuchen Sie es trotzdem.

- Beginnen Sie den Tag gut; motivieren Sie sich mit einem Lächeln.
- Tragen Sie privaten Ärger nicht ins Geschäft; wirken Sie positiv.
- Verdrängen Sie trübe Gedanken; denken Sie an etwas Schönes.
- Verrichten Sie Ihre Arbeit gern; vermitteln Sie anderen Ihre Freude.
- Seien Sie zu Vorgesetzten loyal; bleiben Sie sich dabei selbst treu.
- Verhalten Sie sich kollegial; seien Sie ein wertvolles Teammitglied.
- Begegnen Sie den Kunden offen; lassen Sie Ihr Lächeln wirken.
- Haben Sie Verständnis für andere; üben Sie sich im Zuhörenkönnen.
- Gewinnen Sie an Sympathie; setzen Sie Ihre Kompetenz ein.

Kundenansprache: vom Empfangen bis zum Verabschieden

„Guten Tag, Herr Müller," eine solche persönliche Begrüßung dürfen Kunden in Verkaufsstellen handwerklicher Backbetriebe erwarten. Sie sind heutzutage auch besonders dankbar dafür. Denn in den meisten großen Einkaufsstätten wird weder persönlich begrüßt, noch beraten oder persönlich verabschiedet.

Im Fachverkauf der Bäckerei/Konditorei gewinnen Sie mit dem Grüßen und persönlicher Ansprache auf recht einfache Weise an Sympathie.

Situation: „Wie war denn Ihr Kindergeburtstag?"

Diese Nachfrage steht als Beispiel für viele mögliche Einleitungen des Verkaufsgesprächs (= *Warm-up-Phase* genannt). Der Begriff „Warm up" stammt aus dem Amerikanischen. Ursprünglich wurde er dort im Sportbereich angewendet. Er bedeutet fast wörtlich übersetzt: „sich gegenseitig anwärmen" (➡ Warm up, auch auf Seite 262 oben).

In den Vereinigten Staaten von Amerika ist das Warm-up in Betrieben und Geschäften selbstverständlich. Es gibt dabei auch kleine Phrasen, die in das Persönliche gehen. Beispielsweise wird die Frage nach dem Befinden oder der Gesundheit von Familienangehörigen akzeptiert. Bei uns in den europäischen Staaten wird das oft als zu intim eingeschätzt. Diese Fragen können Sie aber gut bekannten Kunden stellen. Damit zeigen Sie Verständnis und Einfühlungsvermögen (➡ *Empathie*).

Ein Warm up können Sie auch bei Lauf- oder Zufallskunden einsetzen. Mit einer kleinen Bemerkung (z. B. über das Wetter) oder Geste gelingt es Ihnen, die Situation im Verkauf persönlich „aufzuwärmen".

Situation: „Wieder keinen Parkplatz vor Ihrem Geschäft gefunden"

Mit dieser Aussage drückt ein Kunde seinen Ärger über den fehlenden Parkplatz für sein Fahrzeug aus. Er und Sie wissen, dass damit keine Hilfe für den Mangel erreicht wird. Aber vielleicht hilft dem Kunden die Aussprache, mit der augenblicklichen Situation besser umzugehen.

Zeigen Sie Verständnis für seine Äußerung. Sprechen Sie eine eventuell mögliche Verbesserung an, zum Beispiel bei Straßenbauarbeiten als Grund für den Parkplatzmangel: „Ja, auch wir freuen uns darauf, dass die Arbeiten bald abgeschlossen sind."

Situation: Auf dem Kassenbon steht „Vielen Dank für Ihren Einkauf"

Die modernen Kassensysteme erledigen neben der Kassierfunktion viele Zusatzaufgaben. Beispielsweise werden auf dem LCD-Feld zum Kunden hin außer dem „Guten Tag" auch die Produktinformationen eingeblendet. Und auf dem Kassenbon wird außer den Summen für die Waren auch der Dank für den Einkauf ausgedruckt.

Wenn die Kasse in Ihrer Verkaufsstelle diese Zusatzinformationen auch leistet, nehmen Sie das einfach hin. Lassen Sie sich dadurch aber nicht entmündigen: Sprechen Sie die Kunden trotzdem an. Geben Sie ihnen mündlich die präzisen Produktinformationen. Danken Sie mit einer auf den Kunden bezogenen Abschiedsphrase. Wenn beispielsweise eine Kundin nur ein Päckchen Backhefe gekauft hat, ist es angemessen, anstatt „Danke für den Einkauf" schlicht zu sagen: „Gutes Gelingen".

Warm up: Schon die Begrüßung der Kunden mit dezent dekorativen Blumen auf der Theke schafft Ambiente. Mit einem kleinen Gespräch wird das Verkaufsgeschehen eingeleitet.

Worterklärung

Empathie *ist ein Fachwort der Psychologie. Man bezeichnet damit die Eigenschaft, sich in andere hineinzuversetzen, ihre Sichtweise der Dinge zu verstehen.*

Empathie ist demnach Kundenorientierung im Gefühlsbereich.

Geht es auch ein wenig freundlicher?

Oftmals tragen Kunden ihre Aggressionen, ihre Hektik, ihre Ungeduld in das Verkaufsgeschehen, erwarten aber insgeheim, dass ihnen gegenüber das Verkaufspersonal freundlich ist. Freundlich sind Sie, wenn Sie das Verhalten der Kunden nicht auf sich übernehmen. Am besten ist es, das jeweilige Kundenverhalten zu ignorieren. Ihr geduldiges, aber nicht gleichgültiges Entgegentreten und Ihr Lächeln helfen, die Situation fürs Verkaufsgeschehen zu entkrampfen. Auf eine andauernde Wirkung bei den Kunden werden Sie aber leider oft vergeblich warten.

Ganz gewitzte Kunden verstehen es, durch einen kleinen Trick einen unfreundlichen Verkäufer zu verblüffen und schlagartig in eine freundliche Person zu verwandeln. Sie sprechen eine Besonderheit an (z. B. „Sie haben aber eine schöne Bluse an.") oder loben eine „angebliche Aufmerksamkeit" des Verkäufers. Wenn Ihnen das mit gut bekannten Kunden passiert, muss Sie das nicht verwirren. Aber wenn das etliche Kunden auch oftmals äußern, dann sollten Sie schon aufmerksam werden.

Oft wird von Geschäftsleitungen das Lächeln im Verkaufsbereich als ständiges Verhalten verordnet. Beachten Sie, dass Sie dabei nicht maskenhaft wirken. Auch dürfen solche Anforderungen an Sie nicht bewirken, dass Sie darunter leiden. Ein solcher Lächelzwang kann sogar zu Gesundheitsstörungen führen.

Kundenorientierung: bei und neben dem Verkaufsgeschehen

„Kann ich Ihnen helfen," eine solche Ansprache vermissen viele Käufer in den großen Einkaufszentren, wenn sie manchmal ratlos nach der richtigen Ware suchen. Aber das Hilfsangebot der Verkäufer muss sich nicht auf das Auffinden von Ware beschränken. Es gibt täglich mit den verschiedenen Kunden viele Situationen für dieses Angebot.

Im Fachverkauf der Bäckerei/Konditorei gewinnen Sie die Kunden für sich, wenn Sie kundenorientiert deren Bedürfnisse beachten.

Situation: „Kann ich Ihnen helfen?"

Diese Frage signalisiert Ihre Aufmerksamkeit für die Kunden. Wenn zum Beispiel (wie auf dem oberen Bild zu sehen ist) behinderte oder ältere Kunden bei Kundenandrang warten müssen, kann die Frage auf das Anbieten einer Sitzgelegenheit erweitert werden. Selbst wenn die Kunden dankend ablehnen, werden sie Ihre Aufmerksamkeit schätzen. Vielleicht werden auch andere Kunden in der Warteschlange dadurch aufmerksam und erlauben von sich aus eine vorzeitige Bedienung.

Bedenken Sie, dass die Senioren wegen der Veraltung der Gesellschaft künftig den Hauptanteil der Kundschaft ausmachen. Ältere Kunden sind besonders treue Kunden, wenn ihre Bedürfnisse beachtet werden.

Situation: „Was erlauben Sie sich? Das geht Sie nichts an."

So antwortet eine ältere Kundin, nachdem die Verkäuferin ihr die bisher gewünschten Waren zusammenstellte und freundlich fragte: „Darf es sonst noch etwas sein?"

Offensichtlich hat die Kundin das nicht verstanden, eventuell weil sie schwerhörig ist. In einem solchen Fall sollten Sie die Behinderung der Kundin nicht thematisieren. Angemessen ist eine erneute freundliche Frage, am besten etwas langsamer, deutlicher und mit Blickkontakt zur Kundin. Beim Bedienen anderer Behinderter sind entsprechende Hilfen sinnvoll, aber ohne mitleidiges Verhalten.

Situation: „Was für ein ist dieses Kuchen?"

Obige Frage ist ein Beispiel für die mündliche Anfrage eines Kunden, der offensichtlich die deutsche Sprache nicht genügend beherrscht. Für Sie genügt diese Frage aber dafür, dass Sie verstehen können, was der Kunde wissen möchte.

In einer solchen Situation helfen Sie dem Kunden am besten, indem Sie die Auskunft langsam und deutlich geben. Vermeiden Sie es, in verstümmeltem Deutsch zu antworten. Das verstehen Ausländer nicht gut, und es hilft ihnen nicht beim Spracherwerb für den Einkauf.

Wenn Sie in Grenznähe zu einem anderen Sprachbereich verkaufen, ist es sinnvoll, die Nachbarsprache soweit anwenden zu können, dass Sie darin die wichtigsten Phrasen des Verkaufs und Produktinformationen austauschen können. In der Warenauslage können in diesem Fall auch Beschilderungen in der Nachsprache erfolgen.

Wenn Sie in einer Touristikregion mit vielen fremdsprachigen Gästen verkaufen, ist es hilfreich, wenn Sie eine weit verbreitete Fremdsprache beherrschen (z. B. Englisch).

Kann ich helfen bei ...?

Bei dieser Frage handelt es sich um den Typ der geschlossenen Frage (➞ Seite 259). Sie ist nur mit „Ja", „Nein" oder „Vielleicht" zu beantworten.

Wenn Sie diese Frage im Verkaufsbereich einsetzen, versteht jeder Kunde sofort, dass Sie ihn nicht ansprechen wegen einer akuten Notsituation. Diese Kurzfrage wird allgemein akzeptiert als persönliche Hinwendung zum Kunden.

Aus verkaufspsychologischer Sicht ist die Frage „Kann ich Ihnen helfen?" ohne Wert. Sie wird daher im Verkaufsgespräch nicht eingesetzt. Dagegen ist sie im Hinblick auf die persönliche Kundenbeziehung durchaus geeignet für Situationen, in denen eine Hilfe wirklich annehmbar ist.

Das ist so in den Fällen, die hier dargestellt werden. Außerdem sind zum Beispiel angemessene Hilfsangebote: Hilfe beim Tragen der verpackten Ware oder Hilfe beim Öffnen der Ladentür.

Sind Sie situationsbezogen wendig?

Im Umgang mit Kunden und Gästen kommt es oft darauf an, in einer bestimmten Situation rasch und richtig zu reagieren. Meistens können Sie im Verkaufsgeschehen allein die angemessene Form der Reaktion bestimmen. Aus der Erfahrung heraus können Sie mehr und mehr der häufig auftretenden Situationen meistern. Hilfreich ist es, wenn Sie Ihre Wendigkeit schulen, zum Beispiel durch gedankliches Nachvollziehen einer gelösten Situation (zielgerichtet zur Optimierung).

Es gibt darüberhinaus Situationen, in denen Sie nicht allein über die Lösung entscheiden können. Dann ist eventuell eine Anweisung der Geschäftsleitung zu beachten oder im Verkaufsteam das Verhalten abzustimmen.

Situation:
„Darf ich Ihnen für das Kind etwas anbieten?“

Wenn Eltern, Großeltern oder andere Erwachsene beim Einkauf ein Kleinkind dabeihaben, wird diesem wohl in den meisten Bäckereien und Konditoreien eine Kleinigkeit gratis angeboten. Das ist nicht nur eine nette Geste, sondern entlastet auch die Verkaufssituation, vor allem bei etwas unruhigen Kindern.

In einigen Verkaufsstellen gibt es zu diesem Zweck eine kleine Ecke oder eine Truhe, aus der sich die Kleinen selbst mit einer Nascherei bedienen können. Das wird nicht von allen Erziehungsberechtigten gern gesehen, weil damit eine von ihnen nicht gewollte Gewöhnung des Kindes an Süßigkeiten erfolgt.

Günstig für die Kundenbeziehung ist es, die erwachsenen Personen zu fragen, ob dem Kind eine Kleinigkeit gereicht werden darf. Wenn das bejaht wird, kann die Entscheidung für ein Kleingebäck oder eine kleine Feinbackware oder ein abgeteiltes Stück davon erfragt werden.

Sofern es die Verkaufssituation erlaubt, können Sie ein Kind bereits vor der Bedienung der Erwachsenen mit der Zugabe versorgen. Diese Aufmerksamkeit wird von den Begleitern des Kindes geschätzt, weil das Kleinkind durch das „Beschäftigungsessen“ beruhigt wird. Auch die in der Reihenfolge der Bedienung anstehenden Kunden werden die kleine Unterbrechung des Ablaufs tolerieren. Schließlich zeigen die Kunden damit, dass sie kinderfreundlich sind.

Wenn etwas größere Kinder in der Warteschlange mit anstehen, kann anstelle oder neben der Gebäckprobe auch etwas zum Anschauen in Frage kommen. Geeignet dafür sind bebilderte Darstellungen über das Backen im Betrieb. Beliebt sind auch kleine Broschüren, zum Beispiel „Ich habe einen Freund, der ist Bäcker.“ So können Sie bereits bei den kleinen Kunden die Sympathie für Ihr Geschäft oder einen späteren Berufswunsch wecken.

Im Übrigen gilt die obige Praxis mit kleinen Zugaben auch für Kinder als Kunden, die ohne Begleitung von Erwachsenen einkaufen.

Situation:
„Leider ausverkauft“

Beim Frischeangebot der Bäckerei und Konditorei lässt es sich nicht vermeiden, dass ein vom Kunden gewünschtes Produkt nicht mehr vorrätig ist. Für den Kunden ist das unerfreulich, vor allem, wenn er sich fest auf den möglichen Kauf eingestellt hat und keine alternative Ware kennt. Wenn einem Kunden in seiner üblichen Einkaufsstätte eine solche negative Auskunft häufiger gegeben wird, kann das der Grund für den Wechsel zu einem anderen Geschäft sein.

Auch das Verkaufspersonal kommt beim Nichtvorhandensein einer Ware in eine schwierige Situation: Zunächst muss die Enttäuschung des Kunden über die fehlende Ware gemildert werden. Dazu genügt nicht ein bedauerndes Achselzucken. Das geschieht am besten mit einer sachlichen Erklärung, warum die Ware (ausnahmsweise) bereits ausverkauft ist.

Als professioneller Fachverkäufer schließen Sie nach dieser Erklärung eine Empfehlung für ein ersatzweise geeignetes Produkt an. Wenn der Kunde die Ware nicht sofort benötigt, kommt auch ein Vorverkauf in Betracht. Sie geben dabei Auskunft, wann die Ware verfügbar ist und bieten dem Kunden an, die Ware für ihn zu reservieren.

Kleinkind mit Eltern zu Gast im Geschäft

Erhält das Kind auch eine Kostprobe?

Geht nicht ...

Eine Handelskette wirbt mit dem Slogan „Geht nicht gibt's nicht“. Dieser Spruch sollte für Fachverkäufer in handwerklichen Backbetrieben das Motto für ihre Tätigkeit sein. Denn eine Stärke der Bäckerei/Konditorei in ihrer Marktsituation ist es, dass sie auch spezielle oder gar ausgefallene Warenwünsche der Kunden befriedigen kann. Nach Abklärung solcher Wünsche mit der Produktion kann eine Bestellung aufgenommen werden.

Es kommt aber auch vor, dass Kunden nach einer Ware fragen, die nicht im Sortiment des Geschäfts geführt wird und nicht beschaffbar ist. In solchen Fällen ist den Kunden eine sachliche Begründung zu geben. Wenn nicht geführte Waren häufig nachgefragt werden, ist die Betriebsleitung zu informieren. Sie kann danach über über eine mögliche Erweiterung des Sortiments entscheiden.

Anregung zur Weiterarbeit

Listen Sie weitere Fälle für vergleichbare Verkaufssituationen auf. Beschreiben Sie dabei kurz, wie Sie sich jeweils verhalten würden.

Vertrauen ist gut ...

Die Kunden vertrauen in ihrer Bäckerei- und Konditorei-Einkaufsstätte auf die gewohnte Qualität der Waren. Ebenso gehen sie davon aus, dass sie vom Verkaufspersonal ehrlich informiert werden, wenn sie Fragen zu den gewünschten Produkten stellen (z. B. nach dem Frischezustand der Gebäcke).

Um dieses Vertrauen nicht zu beschädigen, müssen wahrheitsgemäße Auskünfte an die Kunden gegeben werden. Sofern Kunden im Einzelfall eine irrtümliche Information erhalten haben und sie darüber unzufrieden sind, muss dies bereinigt werden. Das sollte auch einschließen, dass bei einer falschen Auskunft über eine Ware den Kunden ein Rückgaberecht eingeräumt wird.

- ➤ *Wie können Sie über den Frischezustand der Waren korrekt Auskunft geben?*
- ➤ *Ist ein Rückgaberecht für Backwaren bei unrichtiger Information über Wareneigenschaften aus Ihrer Sicht praktikabel?*

Unschlüssigkeit bei großem Warenangebot

Tipps für die Verkaufspraxis

- *Grenzen Sie bei der Beratung unentschlossener Kunden Ihre Empfehlungen von Waren für die Entscheidung des Kunden auf wenige Alternativen ein.*
- *Stellen Sie bei der Beratung unentschlossener Kunden den Nutzwert von Ihnen empfohlener Waren heraus.*

Kundenfragen und wie man sie beantwortet

Es ist selbstverständlich und auch gut, dass Kunden beim Einkauf in der Bäckerei und Konditorei an das Verkaufspersonal Fragen stellen. Diese beziehen sich oft auf die Merkmale der gewünschten Waren. Solche Fragen können Sie mit Ihren Fachkenntnissen beantworten. Es gibt aber auch Fragen, die verkaufspsychologisch zu behandeln sind.

Situation: „Ist das Brot auch frisch?"

Diese Frage hören Sie sicherlich am häufigsten, von manchen Kunden auch ständig beim Broteinkauf. Vielleicht ist dieses Nachfragen nur eine Gewohnheit, vielleicht auch begründet durch negative Erfahrungen der Kunden. Außerdem ist es den Kunden nicht möglich, selbst die Frische eines unverpackt im Brotregal liegenden Brotes einzuschätzen. Eine Auskunft des Verkaufspersonals ist also gefordert, und zwar nicht nur ein genervt klingendes „Natürlich".

Den nachfragenden Kunden sollten Sie kurz, aber geduldig antworten, zum Beispiel mit einer Angabe über den Zeitpunkt der Herstellung. In den Lebensmittelmärkten prüfen die Käufer den Frischezustand der verpackten Brote üblicherweise durch den „Drucktest" auf das Brot. Bei ganz misstrauischen Kunden könnten Sie das auch ermöglichen, indem Sie das Brot zuvor in Papier einschlagen.

Situation: „Was nehme ich denn nur?"

Mit dieser Frage versuchen die Kunden häufig, etwas Überlegungszeit in der Einkaufsphase zu gewinnen. Es kann aber auch ein Zeichen für echte *Unschlüssigkeit* sein. Diese kann verursacht sein durch die Fülle des Angebots, durch Unübersichtlichkeit des Angebots oder durch Nachdenken über den Warenpreis. Sie kann aber auch in der Person des Kunden begründet sein.

Unschlüssige Kunden benötigen Beratung, beispielsweise beim Kauf großer Warenmengen für eine Feier oder bei einer Bestellung. Wenn Kunden beim Aushändigungsverkauf für die tägliche Versorgung mit Backwaren unschlüssig sind, benötigen sie eine lenkende Hilfe durch das Verkaufspersonal.

In einem solchen Fall können Sie folgende Punkte beachten:

- Versuchen Sie, den Grund für die Unschlüssigkeit zu finden.
- Bleiben Sie ruhig und gelassen, auch bei Kundenandrang.
- Empfehlen Sie dem Kunden begründend bestimmte Waren.
- Denken Sie bei der Erörterung von Warenempfehlungen mit.
- Lenken Sie den Kunden zur Kaufentscheidung.

Die Umsetzung dieser Punkte in der Verkaufshandlung erfolgt über *Lenkungsfragen* (➡ Seite 259) sowie mit geschickten *Impulsen*. Mit Impulsen können Sie kurz bestätigend einwirken, zum Beispiel durch ein schlichtes „Gut" oder eine Teilfrage wie „Und wie viel?" Damit können Sie zeitökonomisch auf die Entscheidung des unschlüssigen Kunden hinwirken. Er darf aber nicht das Gefühl bekommen, von Ihnen zur Eile angetrieben zu werden.

Unschlüssige Kunden sind auch nach einem Beratungskauf oftmals noch unsicher. Es ist daher wichtig, diesen Kunden zum Abschluss des Einkaufs ihre richtige Auswahl der Waren zu bestätigen.

Kundeneinwände und ihre Behandlung

Von Kunden im Verkaufsgeschehen gebrauchte Einwände wirken wie ein Hemmschuh, wenn sie nicht erkannt und überwunden werden. Einwände der Kunden können sachlich begründet sein, zum Beispiel in Bezug zur Warenqualität. Oft sind es aber *Vorbehalte*, deren Grund schwierig einzuschätzen ist. Auch werden diese zum Teil nicht offen angesprochen, sondern sind nur an der *Körpersprache* erkennbar.

Die folgenden drei Situationsbeschreibungen stehen als Beispiele für Vorbehalte und Ablehnungen, die das Verkaufsgeschehen hemmen.

Situation: „Kann mich nicht Frau Kraft bedienen?"

Vordergründig gilt diese Nachfrage nur einer bestimmten Bedienung. So etwas ist durchaus üblich für persönliche Behandlung beim Friseur oder in der Kosmetik. In Verkaufsstellen der Bäckerei und Konditorei ist eine solche Frage auffällig.

- Sie könnte vermuten lassen, dass die gewünschte Verkaufskraft dem Kunden besondere Vorteile beim Einkauf gewährt.
- Sie könnte von den nicht gewünschten Verkäufern als persönliche Ablehnung empfunden werden.
- Sie könnte im Verkaufsteam zu Spannungen führen, die ausgeräumt werden müssen (z. B. in einer Teamsitzung mit Betriebsleitung).

Wenn die Frage nach spezieller Bedienung von einem Stammkunden kommt, der gewohnheitsmäßig von der gewünschten Person bedient wird, sollte das jedoch problemlos ermöglicht werden.

Sachverweis

*Was **sachliche Kundeneinwände** sind und wie Sie ihnen begegnen können, erfahren Sie auf der Seite 26[illegible].*

Situation: „Die Stückchen sind aber teuer geworden."

Diese indirekte Frage kann eine verdeckte Beschwerde sein. Sie zielt vordergründig auf die angeblich gestiegenen Preise für die Gebäcke. Wenn die Preise nach den rechtlichen Vorschriften ausgewiesen und für den Kunden *vor der Kaufentscheidung* einsehbar waren, kann der Einwand auch ein nachträglicher Wunsch auf *Preisminderung* sein.

Welcher Grund für den Einwand vorliegt, kann nur in einem Gespräch mit dem Kunden erhellt und sachlich ausgeräumt werden. Auf keinen Fall sollte es dabei zu einer „Preis-Rechtfertigung" kommen.

Sofern vergleichbare Gebäcke zu Sonderpreisen angeboten werden, kann darauf verwiesen werden (➡ nebenstehende Abbildung).

Sonderangebot für Feine Backwaren nach Wahl

Situation: „Geben Sie mir keinen Rabatt?"

Diese Frage wird oft von Kunden gestellt, die in ihrem Kaufverhalten als so genannte *Schnäppchenjäger* einzuordnen sind. Sie wollen alles möglichst billig kaufen. Da machen sie auch nicht Halt vor Einkäufen in der Bäckerei und Konditorei.

Die Frage ist einfach zu lösen, wenn Sie ein Treuekarten-System haben und der Kauf sich darauf beziehen lässt. Dann können Sie dem Kunden das Verfahren erklären und fragen, ob er daran teilnehmen möchte.

Unabhängig von einem Treuekarten-System ist die Rabattgewährung allgemein in handwerklichen Backbetrieben nur üblich bei Lieferungen an Großkunden und Wiederverkäufer. Inwieweit das auch Privatkunden bei der Abnahme großer Warenmengen ermöglicht wird, muss durch die Geschäftsleitung entschieden werden.

Wie ist das mit den Treuekarten?

Von großen Handelsketten wird den Kunden ein Bonuskarten-System angeboten, durch das sie für Einkäufe in ihren Verkaufsstellen oder in einem Verbund von Geschäften rabattähnliche Gutschriften erhalten (Bonus-System).

Ähnlich verfahren auch Bäckereien und Konditoreien, wenn sie Treuekarten an die Kunden ausgeben, auf denen der Einkauf bestimmter Waren bestätigt wird. Bei Erfüllung einer vorher festgelegten Einkaufsmenge wird den Kunden bei Vorlage der vollen Treuekarte eine Gratisleistung gewährt. Das kann zum Beispiel eine Ware sein, aber auch ein Rabatt.

Preisangaben für Bäckerei- und Konditoreiwaren

Sylvia weiß, wie wichtig die Preisangaben beim Warenangebot sind. Sie erwartet aber von den Kunden ein gewisses Verständnis, wenn nach einer längeren hektischen Verkaufsphase die Preisschildchen in der Theke etwas durcheinander gekommen sind.
Stimmen Sie Sylvia zu?

Bei einer Kontrolle durch die Überwachungsbehörde wird die nicht richtige Zuordnung von Preisen zu Waren beanstandet. Dieses ist ebenso schlimm wie das gänzliche Fehlen der Preisangaben.

Im Übrigen ist das Durcheinander bei Preisschildern auch für den Kaufablauf ungünstig. Einige Kunden fragen nach den Preisen. Das behindert beim zügigen Bedienen. Andere Kunden verzichten bei Kundenandrang auf Nachfragen, um die Wartezeit für noch nach ihnen kommende Kunden nicht zu verlängern. Sie sind trotzdem mit der Situation unzufrieden, weil sie sich nicht informiert fühlen.

Das *Gesetz zur Regelung der Preisangaben* und die zu diesem Gesetz gehörende Verordnung dienen
- der Unterrichtung der Verbraucher,
- dem Schutz der Verbraucher,
- der Förderung des Wettbewerbs.

Eine großzügige Handhabung dieser Bestimmungen stünde nicht im Interesse von Verbrauchern und Verkäufern.

Grundvorschriften für Preisangaben

Wer *Letztverbrauchern* gewerbsmäßig Waren anbietet, hat für die Waren die *Endpreise* anzugeben. Als „Letztverbraucher" gelten die Käufer, die eine Ware selbst verbrauchen (und nicht gewerbsmäßig weiterverarbeiten). Die Verpflichtung zur Angabe der Endpreise gilt nicht nur für die Warenangebote im Laden. Auch bei den Angeboten in Schaufenstern, in Zeitungsanzeigen und auf Plakaten sind die Preise auszuweisen. Endpreise sind die Preise einschließlich Mehrwertsteuer ohne Abzug eines Rabatts.

Soweit es der Verkehrsauffassung entspricht, sind bei Preisangaben auch Verkaufseinheit und Gütebezeichnung der Ware auszuweisen.

Als *Verkaufseinheit* für Back- und Süßwaren, auf die sich der Endpreis zu beziehen hat, kommen in Frage:
- eine Packung (bei Fertigpackungen und offenen Packungen),
- das Stückgewicht (bei unverpackt angebotenen Broten und anderen unverpackten großstückigen Backwaren),
- 100 Gramm oder 1 Kilogramm (bei lose angebotenen Waren),
- ein Stück (bei Kleingebäcken und anderen unverpackten Back- und Süßwaren die stückweise angeboten werden).

Preisangaben müssen der allgemeinen Verkehrsauffassung und den Grundsätzen der *Preisklarheit* und der *Preiswahrheit* entsprechen. Die Preisangaben müssen dem Angebot eindeutig zugeordnet, einfach erkennbar, unverwischbar und gut lesbar sein. Die Preise sind in der geltenden Währungseinheit zu bezeichnen.

Bei einer Aufgliederung der Preise sind die Endpreise hervorzuheben. Das gilt auch für Preisgegenüberstellungen bei der Auszeichnung von werblichen Angeboten. Dabei ist der geltende Preis gegenüber dem zuvor tatsächlich geltenden Verkaufspreis deutlich zu machen (z. B. durch Auskreuzen des nicht gültigen Preises).

Tipps für die Verkaufspraxis

- *Benutzen Sie Preisschilder, von denen die Waren nicht nachteilig beeinflusst werden.*
- *Stecken Sie Preisschildchen nicht in die Back- und Süßwaren ein oder zwischen aufgeschnittene Kuchenstücke. Das ist aus hygienischen Gründen verboten.*
- *Kontrollieren Sie die richtige Zuordnung der Preisschildchen in der Verkaufstheke von der Kundenseite aus.*
- *Verändern Sie die Position der Preisschilder, wenn Sie Waren in der Auslage umsetzen. Beachten Sie das auch, wenn die Schildchen auf einer magnetischen Schiene in der Theke befestigt sind.*
- *Entfernen Sie Preisschildchen aus der Warenauslage, wenn die betreffende Ware ausgegangen ist. Das dient der Klarheit in der Information.*

➤ *Beurteilen Sie die Zulässigkeit der Form dieser Preisangabe.*

➤ *Beurteilen Sie die Zulässigkeit der Form dieser Preisangabe.*

Preisangaben für unverpackte Waren

Für lose Back- und Süßwaren, die nach Gewicht verkauft werden, ist der Verkaufspreis entsprechend der allgemeinen Verkehrsauffassung auf 100 Gramm oder 1 Kilogramm zu beziehen.

Lose Back- und Süßwaren *im Sinne der Preisangaben-Verordnung sind unverpackte Waren, die in Mengen nach den Wünschen des Kunden abgegeben werden.*

Lose Back- und Süßwaren sind beispielsweise Lebkuchenmischung, Teegebäck, Pralinen oder Bonbons. Zu den losen Backwaren zählen auch großstückige Gebäcke, die aufgeteilt nach Gewicht abgegeben werden. Das sind zum Beispiel Sandkuchen, Christstollen, Englische Kuchen und Brot zum Aufteilen in Stücke oder als Brotaufschnitt.

Für lose Backwaren könnte die Preisangabe etwa so aussehen:
Brotaufschnitt, 100 g = 0,30 €.

Die meisten Backwaren werden nach Stückzahlen gehandelt. Das gilt für Kleingebäcke, kleine Feingebäcke, in Stücke geteilte Blechkuchen, Dessert- und Tortenstücke sowie für ganze Torten. Diese zählen *nicht* zu den losen Backwaren. Bei diesen stückweise angebotenen Waren bezieht sich die Preisangabe immer auf ein Stück.

Die Preisangabe für ein Stück Butterkuchen könnte lauten:
Butterkuchen, Stück = 0,90 €.

Großstückige Feinbackwaren, die nicht nach Stückzahl, sondern nach Gewicht angeboten werden (z. B. Sandkuchen, Stuten oder Stollen), zeichnet man unter Angabe des Gewichts aus.

Die Preisangabe für einen 400 g-Stuten könnte lauten:
Stuten, 400 g = 2,05 €.

Bei unverpackten Backwaren erfolgt die Preisangabe in der Regel auf abwaschbaren Schildchen. Das Aufkleben von Etiketten mit der Gewichtsangabe auf die Gebäcke selbst ist nur bei Broten üblich. Die Marken ohne Klebstoff werden auf die feuchten Teiglinge gelegt.

Das Einstecken von Preisschildern in die Backwaren oder das Auflegen auf ihre Oberfläche ist im Einzelfall noch anzutreffen. Es ist hygienisch nicht zu vertreten. Bei Kontrollen durch die Lebensmittelüberwachung wird es beanstandet. Die Kunden könnten darin eine Geringschätzung der Ware sehen.

Die eindeutige Zuordnung der Preisschilder zur Ware in der Theke macht manchmal Schwierigkeiten (wegen der Vielfalt der Waren und bei häufigen Veränderungen der Auslage). Beachten Sie dazu die Tipps auf der Seite 408.

Durch beidseitiges Beschriften der Preisschildchen lässt sich die Zuordnung leichter kontrollieren. Für eine sichere Information der Kunden ist es empfehlenswert, auch die Verkehrsbezeichnung der Ware anzugeben. Zu werblichen Zwecken kann eine Beschreibung von Merkmalen angefügt werden (z. B. „mit frischen Früchten").

Beachten Sie, dass eine Preisauszeichnung auch für die Waren in Auslagen und in der Verkaufsvorbereitung erfolgen muss.

Der Aushang oder die Auslage eines *Preisverzeichnisses* ist dann notwendig, wenn keine Preisauszeichnung bei im Verkaufsraum nicht sichtbar ausgestellten Waren erfolgt. Die Pflicht zur Preisangabe für die sichtbar ausgestellten Waren bleibt bestehen. Preisverzeichnisse kommen für Speisen, Getränke und Speiseeis in Frage.

Form der Preisangabe für die stückweise Abgabe von Gebäcken

Große Schilder zur Preisauszeichnung im Rückraum der Theke erlauben die Lesbarkeit und die korrekte Zuordnung zu den Waren

Besondere Situation in der Verkaufsstelle: Kontrolle der Preisauszeichnung

Wenn ein Kontrolleur in die Verkaufsstelle kommt, um die Einhaltung der rechtlichen Vorschriften bei der Preisauszeichnung zu überwachen, muss er sich ausweisen. Er darf dann bei allen zum Verkauf bereitgestellten Waren kontrollieren, ob die Preisauszeichnung korrekt ist. Bei Rückfragen ist jeder Beschäftigte zur Auskunft verpflichtet.

Oft wird bei Bemängelung einer unvollständigen Preisauszeichnung vorgebracht, dass sie noch vervollständigt werde nach weiteren Einräumarbeiten. Dieses wird aber nicht als Begründung akzeptiert. Denn bereits zum Ausstellen vorbereitete Waren (z. B. im Verkaufsnebenraum) müssen mit Preisen ausgezeichnet sein. Das gilt auch für die Waren in Schaufenstern und Auslagen. Im Übrigen ist das Einräumen nachrangig gegenüber der Auszeichnung bereits ausgestellter Waren.

Meinung

Die Chefin einer Bäckerei-Konditorei klagt: „Ich hasse es, wenn sich der Kundenandrang vor Feiertagen und an den Wochenenden zu bestimmten Zeiten so ballt. Alle reagieren gereizt und nervös. Es wäre viel besser zu verkraften, wenn die Kunden sich über den Tag etwas verteilen würden."

➤ *Welche organisatorischen Vorkehrungen kennen Sie aus Ihrer Praxis, um den zu bestimmten Zeiten zu erwartenden Andrang von Kunden zu bewältigen?*

Automatische Reihenfolge

In einem großen Backwaren- und Feinkostgeschäft mit SB-Zone und Bedienungstheke ist ein Nummern-System eingeführt worden. Die Kunden nehmen am Eingang von einem Rollen-Markenspender die nächste fortlaufend nummerierte Bedienungsmarke. Sie haben dann Zeit, sich im Geschäft in Ruhe umzuschauen. Die jeweils zur Bedienung anstehende Ziffer wird auf einer Leuchttafel angezeigt. Der Kunde legt seine Bedienungsmarke vor und wird persönlich bedient.

➤ *Ist das Verfahren für Verkaufsstellen der Bäckerei und Konditorei praktikabel?*

Problemlösung gesucht

Bei starkem Kundenandrang bittet ein gerade in das Geschäft eingetretener Kunde um sofortige Bedienung, weil er sonst seinen Zug versäumen würde. Der gerade zur Bedienung anstehende Kunde ist mit der bevorzugten Bedienung des eiligen Kunden einverstanden.

➤ *Reicht es aus, wenn nur der erste Kunde der Wartereihe befragt wird?*

➤ *Wie bewerten wohl die übrigen wartenden Kunden die Bereitschaft des Verkaufspersonals zum Bedienen außer der Reihe?*

Sonderfälle beim Verkauf

Als besondere Situationen im Verkauf werden allgemein solche Fälle bewertet, die vom Verkaufspersonal mehr abfordern als im Normalfall. Für die Bewältigung dieser Sonderfälle gibt es kein Patentrezept. Es kommt auf die Situation im Einzelfall an. Jedoch mit Hilfe bestimmter Verhaltensweisen kann entstehender Stress bewältigt werden.

Kundenandrang: wenn Viele alles wollen

Als Fachverkäufer/Fachverkäuferin brauchen Sie gute Nerven, wenn sich viele Kunden gleichzeitig zur Bedienung andrängen. Dann spielt sich vor Ihnen das ab, was oft in den Warteschlangen vor den Kassen der SB-Großmärkte geschieht. Kunden kämpfen gegeneinander um die kurzfristig bessere Position, drängeln oder schimpfen.

Bei starkem Kundenandrang ist es Ihre Aufgabe, ebenso aufmerksam, sicher und fachlich kompetent zu bedienen wie sonst. Für die Kunden sollte Ihr Bemühen um zügige Bedienung zwar erkennbar sein. Es soll aber nicht zu einem hastigen „Abfertigen" führen.

Welche Besonderheiten können Sie bei Kundenandrang beachten?

- Bei großem Kundenandrang können Sie oft die Reihenfolge für die Bedienung nicht beobachten. Das sollten Sie gegebenenfalls durch Nachfragen klären.
- Außerhalb der Reihenfolge für die Bedienung können Sie schnelle Aushändigungen bestellter Waren vornehmen oder gebrechliche Kunden bedienen (z. B. Schwangere, Behinderte), wenn die übrigen Wartenden dieses auf Ihr Befragen hin gestatten.
- Gebrechlichen Personen sollten Sie für eine längere unvermeidbare Wartezeit eine Sitzgelegenheit anbieten.
- Kinder dürfen Sie nicht übergehen. Sie sind bei Kundenandrang in der Abfolge des Eintretens so zu bedienen wie die Erwachsenen.

Spätkunden: wenn Kunden bei Ladenschluss kommen

In fast jeder Verkaufsstelle gibt es die notorischen Spätkunden. Sie kommen immer kurz vor Ladenschluss. Aber auch fast jeder Kunde ist schon einmal in eine solche Kaufsituation gekommen.

Wenn den Spätkunden außer dem eingeschmälerten Sortiment noch der Unwille des Verkaufspersonals geboten wird, sind diese bestimmt nicht überzeugt vom Image des Fachgeschäfts.

Was können Sie zum Ladenschluss organisieren?

- Umfangreiche Reinigungsarbeiten sollten erst nach Ladenschluss durchgeführt werden; die Vorarbeiten dürfen den Verkaufsbetrieb nicht stören.
- Für nötige Aufräumarbeiten vor Ladenschluss sollten Beschäftigte eingesetzt werden, die ihren Heimweg aus der Verkaufsstelle sehr pünktlich antreten müssen (z. B. wegen der Verkehrsverbindungen). Andere Verkäufer sollten allein zum Bedienen von Kunden da sein (je nach üblicher Kundenzahl).
- Unruhe und Hektik durch Wechsel zwischen Aufräumarbeiten und Bedienen sollten auf jeden Fall vermieden werden.
- Spätkunden dürfen nicht das Opfer schlechter Verkäuferlaune sein. Denn auch sie tragen zum Umsatz bei. Sie sollten mit der üblichen Freundlichkeit empfangen, bedient und verabschiedet werden.

Reklamationen: wenn Kunden sich beschweren

Ist es Ihnen unangenehm, wenn ein Kunde bei Ihnen eine mangelhafte Ware oder Leistung reklamiert?

Jede Reklamation ist eine Chance. Sie ist kein Unglück. Sie ist vielmehr ein Vertrauensbeweis des Kunden. Denn er bringt seine Beschwerde ja in der Erwartung vor, dass der von ihm beklagte Mangel von Ihnen beseitigt wird.

Wie nehmen Sie Beschwerden am besten auf?

- Beschwerden sollten möglichst nicht in Gegenwart anderer Kunden im Geschäft ausgetragen werden. Günstiger ist eine Behandlung in ruhiger Atmosphäre in einem Verkaufsnebenraum.
- Beschwerden sollten von Ihnen als Fachverkäufer/in aufgenommen werden. Sie können danach prüfen, inwieweit Sie selbst eine Lösung herbeiführen oder Vorgesetzte hinzuziehen sollten.
- Beschwerden sollten Sie in Ruhe anhören. Wenn Sie Anteilnahme zeigen und den Kunden alles vortragen lassen, dann steigert sich seine Unzufriedenheit nicht. Er reagiert sich ab.
- Beschwerden umfangreicher Art sollten Sie mitnotieren. Das gibt dem Kunden das Gefühl, dass die Beschwerde von Ihnen wichtig genommen wird. Er soll ungestört vortragen können. Später kann die Mitschrift der Chefin/dem Chef vorgelegt werden und Anlass zur konstruktiven Aufarbeitung von Beschwerden sein.
- Beschwerden über Kolleginnen/Kollegen oder andere Personen sollten nur in deren Anwesenheit behandelt werden.
- Beschwerden sollten auf ihre Berechtigung hin erst abschließend beurteilt werden. Bei unbegründeter Reklamation sollte der Kunde nicht belehrt werden. Es geht nicht um Rechthaberei, sondern um die Erhaltung der Kundschaft.
- Beschwerden, die berechtigt erfolgen, sollten rasch zu einer Lösung geführt werden. Diese muss für den Kunden und das Geschäft in gleicher Weise tragbar sein. Geschickt ist es, dabei den Kunden in die Findung der Lösung einzubeziehen. Das ist gut möglich, in dem Sie ihn fragen, wie aus seiner Sicht das Problem zu lösen sei. Sie können ihn auch nach mehreren Vorschlägen wählen lassen.

Wie verarbeiten Sie Beschwerden konstruktiv?

Berechtigte Reklamationen dürfen keine „Narben" hinterlassen. Es ist nicht nötig, sich für das Vorgefallene unterwürfig beim Kunden zu entschuldigen. Ebenso ist es nicht richtig, gegen den Kunden wegen seiner Beschwerdeführung Vorbehalte zu entwickeln. Eine sachlich und emotional ausgeräumte Reklamation muss für sich beendet sein.

Für Ihren Geschäftsbetrieb sind jedoch verschiedene Folgerungen zu ziehen, zum Beispiel im Hinblick auf

- Verbesserungen bei der Warenproduktion, bei der Präsentation, bei der Verpackung und beim Verkaufsgeschehen,
- Kundenorientierung und Kontakt zu den Kunden.

Unberechtigte Reklamationen dürfen dem Kunden gegenüber nicht als solche bezeichnet werden. Gute Kunden sind wertvoller als ein Stück reklamierter Sahnetorte (➡ Rechtsfall). Fragen Sie den Kunden stets nach seiner Zufriedenheit mit der Abwicklung der Reklamation. Im Übrigen sind Reklamationen auch eine Gelegenheit zur fachlichen Beratung. So können Sie zum Beispiel beim Reklamieren von Schimmel auf dem Brot gut Tipps für dessen Verhinderung geben.

Meinung

Eine Verkaufsleiterin meint: „Ob berechtigt oder nicht, eine Reklamation ist mir lieber als wenn die Kunden einfach wegbleiben. Wenn die Kunden nicht mehr in unser Geschäft kommen, weiß ich nicht, ob es an den Preisen, an der Warenqualität oder an unserem Verkauf liegt. Mit Beschwerden können wir uns auseinandersetzen und es eventuell besser machen."

➤ *Was meinen Sie dazu?*

Zum Merken

Eine schlechte Botschaft wird durch Gespräche im Durchschnitt an 17 weitere Personen vermittelt. Das gilt auch für nicht positiv gelöste Reklamationen.

Ein Rechtsfall

Ein Bäckermeister wurde von einem Gericht zur Zahlung von Schadenersatz und zum Tragen der Gerichtskosten verurteilt, weil er einer Kundin verweigert hatte, ein von ihr reklamiertes „nicht durchgebackenes Brot" umzutauschen. Als der Bäckermeister ihr nachträglich während des Prozesses ein neues Brot anbot, hatte die Kundin jede Einigung darüber abgelehnt. Es gehe ihr um die ehrverletzende Art, in der ihr bei der Reklamation der Umtausch abgelehnt worden sei.

Sachverweis

*Ein **Umtausch reklamierter Lebensmittel** darf nur unter Beachtung bestimmter Vorschriften erfolgen. Lesen Sie dazu die Darstellungen auf der Seite 125.*

Tipps für die Verkaufspraxis

Bei möglicher Kreditgewährung an Kunden sind bestimmte Regeln zu beachten. Dazu sind die folgenden Tipps hilfreich:

- ➤ *Notieren Sie für Kreditkäufe: Kundenanschrift, Datum, Kaufsumme, Warenbezeichnungen und eventuelle Bemerkungen dazu.*
- ➤ *Notieren Sie den Kreditkauf im Beisein des Kunden, ebenso das Löschen bei Zahlung.*
- ➤ *Kontrollieren Sie regelmäßig die Außenstände. Melden Sie langfristigen Zahlungsverzug der Geschäftsleitung.*
- ➤ *Erinnern Sie säumige Kunden an ihren Zahlungsverzug, aber nicht öffentlich, sondern diskret bei passender Gelegenheit.*
- ➤ *Bei langfristigem Zahlungsverzug müssen durch die Geschäftsleitung schriftliche Abmahnungen erfolgen. Gegenüber den Privatkunden verjährt eine Forderung aus dem Warenverkauf nach zwei Jahren. Gerichtliche Mahnverfahren oder Teil- und Anzahlungen unterbrechen die Verjährung. Melden Sie darum Zahlungen des Kunden an die Geschäftsleitung.*

Worterklärung

*Mit **Verjährung** bezeichnet man den Zeitraum, nach dessen Ablauf ein Schuldner eine Zahlung nicht mehr leisten muss.*

Wie Ladendiebe arbeiten

Ladendiebe kommen aus allen Schichten der Bevölkerung. Sie verdecken ihre Tat durch bestimmte Tricks, zum Beispiel:
- *die einzige anwesende Verkaufskraft veranlassen, den Raum zu verlassen, um nicht vorhandene Ware zu holen;*
- *langes Suchen vor SB-Regalen, dabei Tasche, Regenschirm oder Kleidung als mögliches Versteck für das Diebesgut nutzen.*

Der kleine Ladendieb

Ein etwa 10-jähriger Grundschüler sucht nach dem Schulbesuch einen SB-Markt auf. Nach längerem Herumsuchen nimmt er rasch einige kleine Päckchen aus einem Süßwarenregal und lässt sie im Rucksack verschwinden. Eine Kundin, die das zufällig beobachtet, meldet das der Kassiererin. Doch diese lässt den Jungen an der Seite des Kassenbereichs ohne Reaktion passieren. Der erstaunten Kundin sagt sie, dass so etwas täglich passiere und sie sich damit nicht belasten wollten.

➤ *Welche Folgen kann das haben?*

Kreditkauf: wenn die Ware später bezahlt werden soll

Wiederverkäufer und Großabnehmer erhalten ihre Backwaren „auf Rechnung". Mit dem Zahlungsziel wird ihnen ein Kredit eingeräumt.

Auch einzelnen Kunden kann bei Abnahme von großen Warenmengen ein späterer Zahlungstermin eingeräumt werden. Im Geschäft dürfen Sie bei den täglichen Verkaufsvorgängen nur dann Waren auf Kredit an die Kunden abgeben, wenn Sie dazu ermächtigt wurden.

Ausnahmen davon können sein:
- Kreditgewährung an bekannte Stammkunden, die augenblicklich nicht genügend Geld zur Bezahlung bei sich haben,
- Kreditgewährung an Kunden, die regelmäßig wiederkehrende kleine Lieferungen erhalten (z. B. Frühstücksgebäck).

Für regelmäßige Kreditgewährung werden *Kundenkonten* geführt. Für einmalige Fälle genügt ein Sammelheft. Ein *Kassenbeleg* ist zur Kontrolle des Fehlbetrags erforderlich.

Ladendiebstahl: wenn Kunden sich bereichern wollen

Die beste Methode zur Bekämpfung von Diebstählen im Geschäft ist die Vorbeugung. Ladendiebstähle sind vorsorgend zu mindern durch eine überschaubare Einrichtung, außerdem eventuell mit zusätzlichen Mitteln (wie Licht, Spiegel oder Kameraüberwachung).

In den üblichen Verkaufsstellen der Bäckerei und Konditorei bestehen günstigere Voraussetzungen zur Vorbeugung von Diebstählen als in SB-Großraumläden. Dennoch kann es zu Diebereien kommen. Etliche Menschen verharmlosen Ladendiebstähle als „Mitgehenlassen ohne Zahlung", andere leiden an krankhafter Diebessucht (= Kleptomanie).

So können Sie Diebstähle im Geschäft feststellen und beweisen:
- Beobachten Sie Ihnen verdächtige Personen während der gesamten Verweildauer in der Verkaufsstelle.
- Greifen Sie ein, wenn für Sie ganz sicher ist, dass ein Kunde *nach dem Bezahlen* noch unbezahlte Ware versteckt hält.

Wie verhalten Sie sich richtig bei der Behandlung eines Diebstahls?
- Bleiben Sie bei allen Maßnahmen ruhig und sachlich. Das gilt auch für den Fall, dass die verdächtigte Person ausfallend wird. Maßen Sie sich nicht an, Erwachsenen Vorhaltungen zu machen.
- Fordern Sie die verdächtigte Person auf, mit in einen Nebenraum zu gehen. Halten Sie die Person unter Beobachtung, und ziehen Sie Vorgesetzte oder sonstige Mitarbeiter hinzu (als Zeugen).
- Fordern Sie die verdächtigte Person zunächst auf, von sich aus die versteckt gehaltenen Waren herauszugeben. Sie selbst haben kein Recht, die Kleidung und Taschen zu durchsuchen.
- Fordern Sie polizeiliche Hilfe erst dann an, wenn trotz intensiver Bemühungen keine Klärung erreicht werden kann und Sie sich ganz sicher sind, dass es sich um einen Diebstahl handelt.
- Bei einem Kind sollten Sie die Herausgabe der gestohlenen Waren verlangen und erzieherisch wirken. Die Erziehungsberechtigten des Kindes sind von der Geschäftsführung aus zu informieren.

Keine andere Situation zerstört so das Verhältnis zwischen Ihnen und dem Kunden wie die Überführung bei Diebstahl. Wegen der Folgen für den bloßgestellten Dieb und für das Geschäft muss die Betriebsleitung entscheiden, wie zu verfahren ist (z. B. Strafantrag, Hausverbot).

Grundkurs: Rollenspiele zum Fachverkauf

In diesem Grundkurs wird anhand verschiedener Aufgaben erprobt,
- *wie Rollenspiele für die Verkaufsschulung durchzuführen sind,*
- *wo Rollenspiele eine Hilfe für die Bewältigung von bestimmten Situationen in der täglichen Verkaufspraxis sein können.*

Der Schwerpunkt des Grundkurses liegt darin, einige Rollenspiele für die Verkaufspraxis zu üben. Dazu ist es wichtig, dass die Spieler bereit sind, diese Methode zu akzeptieren und sie ernsthaft anzuwenden.

Die Aufgaben stellen nur eine Leitlinie dar. Sie können insgesamt oder wahlweise bearbeitet werden. Ebenso sind Ergänzungen mit anderen Rollenspielen möglich.

Ablaufplan für den Grundkurs

- *Machen Sie sich zunächst in der Gruppe mit der Methode des Rollenspiels vertraut:*
  - *Spieler und Beobachter auswählen*
  - *Thema und Szene festlegen*
  - *Durchführen und Auswerten des Spieles*
  - *Folgerungen für die Verkaufspraxis aus dem Spiel ziehen*
- *Legen Sie fest, welche Themen und Aufgaben Sie im Rollenspiel erproben wollen.*
- *Fangen Sie mit einfachen Aufgaben an und steigern Sie sich dann in Umfang und Schwierigkeit der Thematik.*

Mögliche Aufgaben für Rollenspiele

- *Begrüßung und Kontaktaufnahme mit Kunden*
  - *Grußformeln (namentlich bekannte Stammkunden)*
  - *Warm-up*
  - *Erfragen der Kaufwünsche*
- *Normalablauf eines Versorgungskaufs*
  - *Ermittlung mehrerer Kaufwünsche*
  - *Präsentation und Beratung*
  - *Ermitteln und Nennen des Zahlbetrags*
  - *Vorgang des Kassierens*
  - *Verabschiedung des Kunden*
- *Empfehlungen für den Zusatzverkauf*
  - *Kunde kauft Gebäck für Kaffeetafel*
  - *Empfehlungen für Gebäckauswahl (Sorten und Mengen)*
  - *Empfehlungen für zusätzliche Waren*
  - *Kunde erinnert sich an vergessene Ware (Erinnerungskauf)*
  - *Reaktion mit Empfehlung von Waren für die Kaffeetafel*
  - *Bestätigung der getroffenen Auswahl (Verstärkung)*
- *Ein Kunde möchte eine Pralinenpackung als Geschenk kaufen*
  - *Kaufvorstellungen sind unbestimmt*
  - *Informationen über Anlass des Geschenks*
  - *Auskunft über Alter und Geschlecht des zu Beschenkenden*
  - *Präsentverpackung gewünscht*
  - *Auskunft über Größe und Preisvorstellung einholen*
- *Ein Kunde reklamiert Pralinen mit grauem Kuvertüreüberzug*
  - *Packung wurde vor zwei Tagen im Geschäft gekauft*
  - *Fachliche Erklärung für den Mangel geben*
  - *Ersatzangebot machen*
  - *Kunden wählen lassen, wie er entschädigt werden will*
  - *Entschuldigung für den Warenmangel aussprechen*

Qualifikationsziele des Rollenspiels

In Ihrem Beruf müssen Sie täglich mit vielen Menschen umgehen und kommunizieren. Die sachlichen, sozialen und emotionalen Bedingungen bestimmen die Situation zwischen Ihnen und den Kunden. In einem Rollenspiel sind sprachliches und soziales Handeln untrennbar verbunden. Indem Sie Rollen spielen, können Sie Situationen Ihres Berufsalltags erproben, eigenes und fremdes Verhalten beurteilen lernen und somit schwierige Situationen meistern. Unter anderem können Sie durch Rollenspiele die folgenden Qualifikationen erwerben:

- *Sprachmöglichkeiten entwickeln*
- *Gesprächs- und Argumentationsbausteine erlernen und flexibel handhaben*
- *Einfühlvermögen für verschiedene Rollen erwerben*
- *Handlungsmöglichkeiten für verschiedene berufliche Situationen entwickeln*
- *Selbstbewusstsein stärken*
- *Konfliktfähigkeit entwickeln*

Durch die Besprechung der durchgeführten Rollenspiele soll es Ihnen ermöglicht werden, das Rollenverhalten der einzelnen Spieler kritisch zu bewerten. Dabei ist es wichtig, dass Sie beim Spielen Ihrer eigenen Rolle und in der Abschlussdiskussion Ihre Bedürfnisse und Interessen vertreten. Sonst übernehmen Sie durch das Rollenspiel nur die Verhaltensweisen der anderen Spieler. Und das ist kein erwünschter Effekt von Rollenspielen.

Tipps für Rollenspiele

- *Wenn Sie in der Durchführung von Rollenspielen noch keine Erfahrung haben, sollten Sie zunächst mit kleinen Vorübungen beginnen. Geeignet sind dafür die folgenden Aufgaben in diesem Buch:*
  - *Fragen zur Kennzeichnung von Lebensmitteln (➞ ab Seite 384)*
  - *Kundenerwartungen erkennen und umsetzen (➞ Seite 241)*
  - *Telefonische Bestellung (➞ Seite 245)*
  - *Argumentieren mit dem Kundennutzen (➞ Seite 113)*
  - *Körpersprache (➞ Seite 255)*
  - *Kundenfragen beantworten (➞ Seite 259)*
  - *Hefekuchen anbieten (➞ ab Seite 181)*
- *Nutzen Sie für die Beobachter einen Protokollbogen, auf dem diese ihre Eindrücke während des Spieles notieren können. Sie sollen für die Nachbesprechung dienen. Sofern möglich, sollten Sie das Spiel auf Video aufnehmen und danach auswerten.*

ABSATZMETHODEN BEDINGEN BESONDERE VERKAUFSABLÄUFE

Auf diesem Bild ist eine Fachverkäuferin bei ihrer Tätigkeit in einer Drive-in-Verkaufsstelle zu sehen. Die Abläufe in einer solchen Verkaufsstelle sind durch die Besonderheiten dieses Absatzwegs gekennzeichnet.
Auch andere Absatzwege und Absatzmetzhoden bedingen besondere Verkaufsabläufe. Dieses wird im Folgenden an Beispielen dargestellt.

Sachverweis

*Besondere Verkaufssituationen bei **Bestellkauf, Geschenkverkauf und Großverkauf** sind auf den Seiten 244 bis 246 dargestellt.*

Übersicht: Absatzwege der Bäckerei/Konditorei

Direkte Absatzwege *durch betriebseigene Verkaufsstellen*	***Direkte Absatzwege*** *durch besondere Vermittlung*	***Indirekte Absatzwege*** *durch betriebsfremde Einrichtungen*

Übersicht: Absatzmethoden der Bäckerei/Konditorei

Gestaltung des direkten Verkaufs *in eigenen Verkaufsstellen zum Beispiel durch Verkaufssystem, Warenpräsentation, Produktinformation*

Gestaltung des direkten Verkaufs *durch besondere Vermittlung zum Beispiel durch Bestellwesen, Fahr- und Marktverkauf, Serviceleistungen*

Gestaltung des indirekten Verkaufs *durch fremde Einrichtungen zum Beispiel durch Lieferungen an Wiederverkäufer oder gewerbliche Großabnehmer (Weiterverarbeiter)*

Absatzwege und Absatzmethoden

Die „Absatzpolitik“ ist ein produktives Marketing-Instrument. Damit wird Bäckereien und Konditoreien ermöglicht, die Waren optimal an die Kunden zu bringen. Fachverkäufer und Fachverkäuferinnen haben hiermit zu tun. Ihr Tätigkeitsfeld liegt schwerpunktmäßig im Absatz der Waren an die Verbraucher.

Durch die Absatzwege und Absatzmethoden werden auch besondere Situationen im Verkaufsgeschehen bedingt.

Absatzkonzepte: von der Betriebsgröße bestimmt

Auf welchen Wegen die Bäckereien und Konditoreien ihre Produkte absetzen, das ist abhängig
- von dem Standort des Betriebs,
- von dem Betriebstyp,
- von der Betriebsgröße,
- von der Art und vom Grad der Spezialisierung des Sortiments.

Welchen Einfluss dabei die Betriebsgröße hat, kann mit den folgenden statistischen Daten verdeutlicht werden:

- Kleine Backbetriebe erzielen nur etwa 10 % ihrer Umsätze durch Lieferungen und in eigenen Filialen.
- Große, industriell geführte Betriebe des Backgewerbes setzen ihre Waren zu über 90 % in Filialen und durch Lieferungen ab.

Damit sind die beiden hauptsächlichen Absatzwege für die Betriebe des Backgewerbes aufgezeigt:
- *Verkauf in eigenen Verkaufsstellen (Hauptgeschäft, Filialen),*
- *Verkauf an Wiederverkäufer oder Weiterverarbeiter.*

Absatzmethoden: mit dem Absatzweg verknüpft

Die *Methoden des Warenabsatzes* können gezielt als Strategie des Marketings eingesetzt werden (z. B. beim Verkauf nach Inserat). Im Allgemeinen ergeben sich die Absatzmethoden aus dem Weg für den Warenabsatz.

*Die **Absatzmethoden** umfassen vor allem*

- *Formen der Käufergewinnung (z. B. durch Warenauslagen, Kataloge, Inserate, Postwurfsendungen oder Vertreterbesuche),*
- *Formen des Warenabsatzes (z. B. durch Direktverkauf, Filialverkauf, Versand, Franchise),*
- *Formen der Leistungserfüllung (z. B. durch Übergabe der Waren in der Verkaufsstelle, Auslieferung der Waren im Lager, Zustellung in das Haus der Käufer).*

Nicht alle diese Absatzmethoden sind für Bäckereien/Konditoreien nutzbar. Dennoch sollten die darin gegebenen Chancen für ein aktives Marktverhalten beachtet werden. Das geschieht schon traditionell in Mischformen des Absatzes (z. B. wenn eine Bäckerei/Konditorei außer dem Verkauf im Hauptgeschäft auch Fahrverkauf betreibt).

Wie Absatzmethoden weiterentwickelt werden

Besonderes Interesse verdienen die Weiterentwicklungen bei den Absatzmethoden.

- Beispielsweise sind durch *Filialen* die Standorte zu gewinnen, an denen viele Käufer leicht zu erreichen sind. Jedoch ist der Ausbau und die Unterhaltung eines Filialnetzes kostenintensiv. Darum ist man zum Teil gegenüber diesem Weg skeptisch eingestellt.

  Filialen an neuen, zum Teil „ungewöhnlichen" Standorten (z. B. im Baumarkt, im Gartencenter) bieten aber auch neue Marktchancen für Bäckereien und Konditoreien, die ihr Sortiment und ihre Methoden des Warenabsatzes darauf abstellen.

- Beispielsweise sind mit dem *Fahrverkauf* (= beweglichen Filialen) diejenigen Käufergruppen gezielt erreichbar, die das Hauptgeschäft nicht aufsuchen. Das sind vor allem verstreut wohnende Kunden im ländlichen Bereich, auch zunehmend die nicht mobilen Senioren.

  Als *Sonderformen des Fahrverkaufs* sind Verkaufsmobile einsetzbar auf Märkten und an Stellen mit einer speziellen Nachfragesituation (z. B. Snack- und Frühstücksangebot vor Werkseingängen oder vor großen Schulzentren).

- Beispielsweise sind mit dem *Warenabsatz per Versand* von dem vorhandenen Standort der Bäckerei/Konditorei aus weit entfernte Kunden erreichbar. Gebräuchlich sind dafür Bestellungen per Brief, Telefon oder Telefax.

  Mit den Entwicklungen im Bereich der Informationstechnologien tun sich auch für die Bäckereien und Konditoreien neue Methoden auf, zum Beispiel der *Verkauf im Internet* (= Online-Bestellungen).

Besondere Absatzmethoden für die Produkte der Bäckerei/Konditorei haben ihre Auswirkungen in Besonderheiten des Verkaufsablaufs. So ist zum Beispiel beim direkten Bedienungsverkauf der persönliche Kontakt zu den Kunden wesentlich. Beim Warenabsatz per Versand ist er dagegen (fast) unbedeutend. Im Folgenden wird vor allem dieser Aspekt an beispielhaften Absatzmethoden betrachtet.

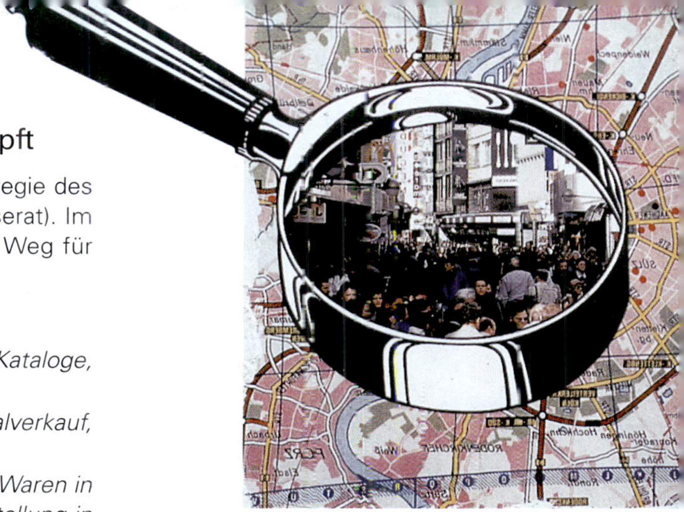

Suche nach den richtigen Absatzwegen

Filiale im Eingangsbereich eines Baumarkts

➤ *Welche Besonderheiten kennzeichnen die Verkaufsabläufe an solchen Standorten?*

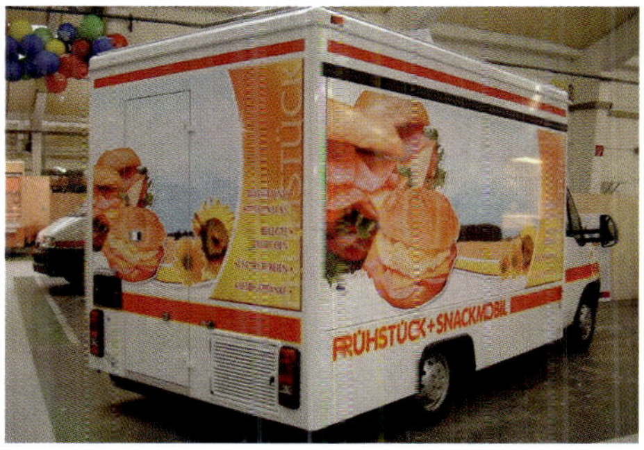

Verkaufsmobile für Märkte und Snackangebote

➤ *Welche Besonderheiten kennzeichnen die Abläufe in mobilen Verkaufsstätten?*

Zitat

Das persönliche Erlebnis ist die beste, weil nachhaltigste Form, um so etwas wie Kundenloyalität zu erzielen.

David Bosshard: Die Zukunft des Konsums, ECON, Düsseldorf, 1997

Sachverweis

*Über die Bedeutung des **Verkaufssystems** für den Betriebstyp können Sie sich auf den Seiten 24 bis 27 informieren.*

Eine Verkaufstrainerin klärt auf

Bei einer betriebsinternen Verkaufsschulung stellt die Trainerin heraus, dass mündlich erteilte Informationen ebenso zutreffend sein müssen wie die schriftlichen. Eine Auszubildende fragt daraufhin nach: „Was mache ich aber in der Verkaufssituation, wenn ich nicht genau Bescheid weiß? Wollen die Kunden nicht sofort eine Antwort auf ihre Frage?"

➤ *Können Sie raten, wie das zu lösen ist?*

Informationen über Produkte

- ***Existenzinformationen** sind minimalste Informationen. Sie sind lediglich auf das Vorhandensein der Ware bezogen. Sie erfolgen durch die Warenauslage, durch Produktkennzeichnung oder Hinweise.*
- ***Herkunftsinformationen** können sich auf die Angabe des Herstellers beschränken. Sie können aber auch Hinweise auf die Gewinnung der Zutaten einschließen (z. B. Bio-Landbau, aus regionalem Anbau).*
- ***Qualitätsinformationen** dienen dazu, durch Auskunft über Zutaten, Herstellung, Frische oder durch Ausweisen von Gütezeichen den Produktnutzen herauszustellen.*
- ***Verwendungsinformationen** sollen zunächst deutlich machen, wozu die Produkte sich eignen. Sie können auch Lager- und Verarbeitungsempfehlungen einschließen.*

Direkter Warenabsatz im eigenen System

Viele Unternehmer sind davon überzeugt, dass der persönliche und gut ausgeführte Bedienungsverkauf im eigenen Geschäft oder in den Filialen die beste Marketingmaßnahme ist.

Diese Auffassung ist richtig. Bäckereien und Konditoreien können mit gutem Fachverkauf (➞ ab Seite 224) Vorteile im Markt erzielen.

Verkaufssysteme – ihre Wirkungen im Marketing

Bedienungsverkauf bietet dem Verkaufspersonal mit seinem Bezug zu den Kunden beste Möglichkeiten zum persönlich-direkten Einsatz von Marketing-Strategien (z. B. durch Empfehlung für Zusatzverkäufe). Auch Werbebotschaften sind im Verkaufsgespräch zu übermitteln.

SB- und Teilselbstbedienungsverkauf bringt die Ware dicht an die Kunden. Sie können zugreifen. Diese Wirkung kann gezielt genutzt werden (z. B. für Impulskäufe, für Aktionsangebote).

Drive-in-Verkauf bringt mobile Kunden zum Verkaufspunkt. Hier wird der rasche Aushändigungsverkauf erwartet, aber kaum Beratung.

Warenpräsentation – ihr Beitrag zum Marketing

Die Schaustellung von Waren in besonderen Auslagen dient stets der *Werbung*. Wenn dafür kein Schaufenster zur Verfügung steht, ist die Warenauslage in der Verkaufsstelle selbst werbewirksam zu gestalten. So fallen sie auf. Sie finden das Interesse der Kunden.

Die Präsentation trägt auch zum Marketing bei, wenn Waren nicht nach der Warengruppen-Systematik ausgestellt werden, sondern in einer „verbrauchsnahen" Anordnung präsentiert werden. Beispielsweise können die für ein Frühstücksangebot sinnvollen Produkte zusammen präsentiert werden (z. B. neben den Gebäcken die Butter, Konfitüre, Milch und der Joghurt). Diese Präsentation dient insbesondere dem Verkauf von Waren des Zusatzsortiments.

Produktinformation – ihre Bedeutung im Marketing

Es gibt rechtlich geforderte Produktinformationen (➞ ab Seite 384). Sie erfüllen zwar auch eine Marketing-Funktion. Besser wirken aber die *freiwilligen Informationen* über die Produkte.

Man unterscheidet dabei
- Existenzinformationen,
- Herkunftsinformationen,
- Qualitätsinformationen,
- Verwendungsinformationen.

Kunden wollen nicht nur das Produkt erwerben. Sie wollen etwas erfahren über das Produkt. Sie wollen beispielsweise wissen, wie es hergestellt wird: Wie natürlich sind die Zutaten? Werden zum Gebäck chemische Zusätze verarbeitet? Selbst wenn die Kunden solche Fragen nicht direkt stellen, so haben sie diese Fragen doch. Verzichtet eine Bäckerei/Konditorei auf Produktinformationen, dann vergibt sie damit eine große Marketing-Chance:

In übersättigten Märkten ist es die wichtigste Aufgabe im Marketing, mit Produktinformationen in den Köpfen und im Bewusstsein der Menschen positive Bilder zu besetzen.

Übermitteln Sie die vernunftsmäßigen Fakten (= Rationalität). Sprechen Sie aber auch die Gefühle der Menschen an (= Emotionalität).

Direkter Warenabsatz mit besonderer Vermittlung

Methoden zum Absatz mit besonderer Vermittlung sind vor allem Verkaufsabläufe nach *Bestellung* zur direkten Warenübergabe oder zum Versand.

Bestellungen können aufgegeben werden
- persönlich in der Verkaufsstelle,
- telefonisch oder auf andere Weise der Datenfernübertragung,
- schriftlich per Bestellschein oder Brief.

Mit Annahme der Bestellung ist rechtlich der Kaufvertrag gültig. Es ist wichtig, dass sich Kunden und Verkäufer über alle Einzelheiten der Bestellung informiert haben und sich darüber einig geworden sind. Im Verkaufsbereich sind die Bestelldaten festzuhalten (➡ Seite 245).

Kauf auf Bestellung ist in Bäckereien/Konditoreien weit verbreitet, zum Beispiel zur Sicherung bestimmter Warenwünsche vor Feiertagen, für umfangreiche Warenmengen, zur Erfüllung von Sonderwünschen.

Das Bestellwesen spielt im Marketing eine besondere Rolle für die Dienstleistungs-Angebote (z. B. Party-Service, Zubringen von Brötchen und Gebäck frei Haus, Take-out-Service)

Telefon-Marketing und elektronischer Verkauf

Marketing per Telefon oder elektronischer Medien bedeutet, dass wesentliche Aspekte der persönlichen Begegnung (z. B. Mimik, Gestik) und der Warenangebote (z. B. Duft oder Aussehen) nicht wirksam sind. Wissenschaftliche Ergebnisse weisen aus, dass daher nur etwa 50 % der Effektivität des persönlich gestalteten Verkaufs erzielt werden. Die zeitliche Unabhängigkeit steht dem aber als Vorteil gegenüber.

Aktives Telefonmarketing geht vom Verkäufer aus, zum Beispiel um neue Kunden zu gewinnen.

Passives Telefonmarketing geht vom Kunden aus, zum Beispiel um ein Produkt zu bestellen. Bäckereien und Konditoreien können dieses als Marketing-Maßnahme auch für Privatkunden einrichten. Verkauf per Telefax, Internet oder anderen Medien ist eine Art Bestellkauf. Dabei ist abzusichern, dass die Bestellung ernsthaft ist, Geschäftsfähigkeit besteht und dass die Bezahlung der gelieferten Waren erfolgt.

Elektronischer Verkauf wird für Bäckereien/Konditoreien wichtiger mit zunehmender Gewöhnung der Kunden an Online-Leistungen.

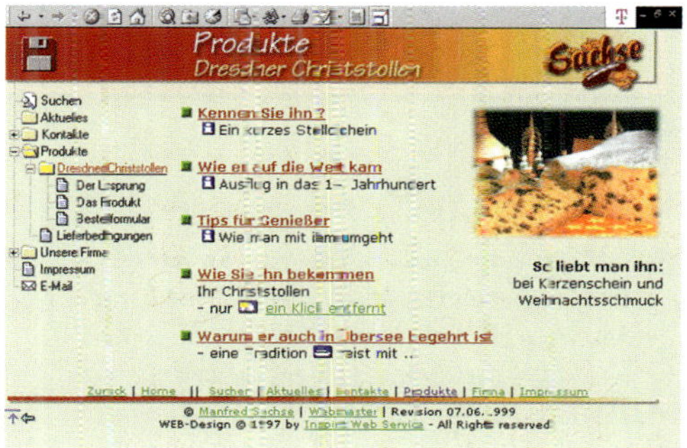

Versandhandel und Fahrverkauf

Mobiler Verkauf kann mit firmeneigenen Fahrzeugen oder durch Nutzen der Dienste von Transportunternehmen erfolgen. In beiden Fällen wird die Ware an den Wohnsitz des Kunden überbracht.

Der *Versandhandel* hat im Marketing für Bäckereien und Konditoreien Bedeutung, wenn beispielsweise Spezialitäten verkauft werden oder ein Geschenkversand organisiert ist. Die Angebote werden per Katalog oder Internet bekannt gemacht. Für die Abwicklung sind detaillierte Vorkehrungen nötig (z. B. Bestellwesen, Kosten für Verpackung und Porto, Risiko beim Transport).

Der *Fahrverkauf* hat im Marketing für Bäckereien/Konditoreien vor allem Bedeutung, wenn es um Versorgungskäufe geht. Daher ist ein breites Warenangebot bereitzustellen. Es muss vorgesorgt werden, dass auch Kunden am Ende der Fahrtour noch die gewünschten Waren erhalten, ohne dass zu viel Retouren anfallen.

Einkauf per Internet – ein Genusskiller?

Beim Angebot von Back- und Süßwaren im Internet besteht für die Kunden nur eine optische Beziehung zum Produkt. Es gibt keine Chancen zum Riechen oder Probieren. Skeptiker meinen daher, dass der Backwareneinkauf per Internet als Lust- und Genusskiller wenig Zukunft habe.

Aber immer mehr Bäckereien/Konditoreien bieten den Kunden per Internet ihre Leistungen an. In einigen Fällen wird das gesamte Sortiment mit rund 250 Artikeln im Foto mit Beschreibung, Verzehrs- und Dekorationsmöglichkeiten bildlich und preislich dargestellt.

Die Kunden können die Waren im Internet per Mausklick bestellen. Die Lieferung an die Kunden erfolgt entweder mit firmeneigenen Fahrzeugen (im Umkreis des Firmensitzes) oder mit Speditionsbetrieb oder per Post. Für den Postversand eignen sich allerdings bestimmte Feine Backwaren und Torten nicht.

Die Kunden erhalten im Regelfall am nächsten Tag nach ihrer Bestellung die Ware. Die Post zieht per Nachnahme die Kaufbeträge ein. Im Übrigen können alle Kunden mit Kreditkarte bezahlen. Zur Erhöhung der Sicherheit für Internet-Anbieter haben die Geldinstitute ein Kartensystem eingeführt. Dieses erlaubt es, die Ernsthaftigkeit der Bestellung zu sichern und die Bezahlung zu gewährleisten.

Lernfeldbezogene Aufgaben

1. Situationsbeschreibung:

In Ihrer Verkaufsstelle arbeiten Sie an einer elektronischen Kasse. Diese hat zur Kundenseite hin eine LCD-Anzeige, auf der den Einkaufenden vor allem folgende Informationen gegeben werden:
– Bezeichnung der Ware, Stückzahl und Preis;
– Zutaten der Ware, Gehalt an Zusatzstoffen, Gehalt an Allergenen;
– Zusatzempfehlungen, Sonderangebote (so genanntes Cross-Selling).

➤ *Beurteilen Sie diese Einrichtung im Hinblick auf ihren Nutzen für die Ausweisung der* ***rechtlich geforderten Kennzeichnungen*** *und für die* ***Kundenorientierung im Verkaufsgespräch****.*
  – *Welche Vorteile bietet das Kassensystem?*
  – *Welche Nachteile bringt die ausschließlich schriftliche Information?*

➤ *Erklären Sie an einem Beispiel, weshalb es wichtig ist, den Kunden im Verkaufsgespräch mündlich die* ***Produktinformationen*** *zu geben.*

➤ *Stellen Sie dar, warum es vorteilhaft ist, im Verkaufsgespräch die* ***Zusatzempfehlungen*** *zu geben und auf* ***Angebote*** *hinzuweisen.*

Zusätzliche Aufgabe

Bei starkem Kundenandrang in der Verkaufsstelle wartet auch ein kleines Kind als Kunde auf Bedienung. Die erwachsenen Kunden sind ungeduldig und drängen auf Bedienung, ohne das Kind zu beachten.

Als Sie das Kind nach seinem Kaufwunsch befragen, meint ein Kunde sogar, dass er zunächst bedient werden sollte, weil das Kind doch bestimmt mehr Zeit habe als er.

➤ *Wie verhalten Sie sich in dieser Situation?*

2. Situationsbeschreibung:

Bei starkem Kundenandrang beschwert sich ein Kunde, dass er vor einem anderen Kunden bedient werden müsste.
Sie haben nicht beobachtet, wer wirklich zur Bedienung ansteht.

➤ *Beschreiben Sie kurz, wie Sie in dieser* ***Situation reagieren****.*

➤ *Stellen Sie dar, wie Sie* ***die Situation lösen****, wenn sich die Kunden nicht einigen können.*

3. Situationsbeschreibung:

Eine Kundin reklamiert ein „klebriges Weizenbrot", das sie gestern bei Ihnen gekauft hat. Sie nehmen an, dass es sich um ein fadenziehendes Weizenbrot handelt.

➤ *Beschreiben Sie kurz, wie Sie diese* ***Reklamation*** *behandeln und wie Sie mit dem zurückgegebenen Brot verfahren.*

➤ *Stellen Sie dar, was Sie der Kundin zum* ***Fadenziehen*** *sagen.*

Sachverweis

Über die Brotkrankheit ***Fadenziehen*** *können Sie sich auf der Seite 293 informieren.*

4. Situationsbeschreibung:

Ein Kunde wendet beim Stollenprobieren ein, dass der Christstollen in Ihrem Geschäft zwar gut sei, aber auch teurer als in einem Supermarkt.

➤ *Stellen Sie mögliche* ***Argumentationen*** *zur Behandlung des Kundeneinwands dar.*

➤ *Begründen Sie, weshalb es in einer solchen Situation ungünstig ist, gegenüber dem Kunden den* ***Preis zu rechtfertigen*** *(zu verteidigen).*

§ Rechtliche Bestimmungen

- *Wer nicht das siebente Lebensjahr vollendet hat, ist für einen Schaden, den er einem anderen zufügt, nicht verantwortlich (= Deliktunfähigkeit).*
- *Wer das siebente aber nicht das achtzehnte Lebensjahr vollendet hat, ist für einen Schaden, den er einem anderen zufügt, nicht verantwortlich, wenn er die Einsicht für die Schädlichkeit der Tat nicht besaß (= beschränkte Deliktfähigkeit).*
- *Wer für einen verursachten Schaden nicht verantwortlich ist, kann trotzdem zum Ersatz des Schadens herangezogen werden, wenn dieser nicht durch aufsichtspflichtige Dritte ersetzt werden kann und der Schadenersatz zumutbar ist (§ 829 BGB).*

5. Situationsbeschreibung:

Ein etwa 8-jähriges Kind, das Ihnen persönlich bekannt ist, hat in Ihrer Verkaufsstelle aus einem Regal eine kleine Schokoladenfigur gestohlen. Sie haben das beobachtet. Das Kind gibt den Ladendiebstahl zu.

➤ *Beschreiben Sie kurz, wie Sie in der augenblicklichen Situation auf den* ***Diebstahl*** *des Kindes reagieren können.*

➤ *Stellen Sie dar, inwieweit Sie die* ***Geschäftsleitung*** *und/oder direkt die* ***Erziehungsberechtigten des Kindes*** *informieren sollten.*

➤ *Erörtern Sie, wie Sie im Falle eines* ***Ladendiebstahls*** *durch einen Jugendlichen vorgehen, der vorsätzlich eine wertvolle Präsentpackung entwendet hat und ohne zu bezahlen das Geschäft verlassen will.*

WAREN FACHLICH FUNDIERT VERKAUFEN

Dieses Lernfeld ist Teil der Ausbildung im dritten Ausbildungsjahr.

Leitfragen in diesem Lernfeld sind:

Welche Feinen Backwaren werden aus Massen hergestellt, welche Merkmale haben diese jeweils?

Wie bestimmen die Hauptzutaten die Qualitätsmerkmale von Gebäcken aus verschiedenen Massen, und wie können Qualitätsmerkmale gesichert werden?

Welches sind die Standards gebackener, ungefüllter Torten sowie der Torten und Desserts mit Sahne- und Kremfüllung?

Wie ist die Produktqualität von Torten und Desserts beim Bereitstellen zum Verkauf zu sichern, welche Maßnahmen dienen der Produktsicherheit?

Welche Regelungen für diätetische Produkte gibt es, und welche Informationen sind zur Kundenberatung wesentlich?

Womit kann ein attraktives Angebot an Süßwaren aus eigener Produktion oder als Handelswaren gestaltet werden?

Welche Speiseeissorten gibt es und wie ist die Hygiene im Umgang mit Speiseeis und Eisspeisen zu gewährleisten?

Obige Leitfragen und weitere Aspekte des Angebots so genannter Konditoreiwaren sind Gegenstand des folgenden Kapitels.

Fachkenntnisse über Feine Backwaren aus Massen

Situationsaufgabe:

In Ihrer Verkaufsstelle wird eine Vielzahl von Feinen Backwaren aus Massen angeboten, die Sie fachlich fundiert verkaufen sollen.

- ➤ *Sie sollen diese Gebäcke zur Kundenberatung unterscheiden.*
- ➤ *Sie sollen diese Gebäcke präsentieren, fachgerecht behandeln und ihre Qualitätsmerkmale sichern.*
- ➤ *Sie sollen für diese Gebäcke die Produktinformationen erstellen.*

Kuchen aus Teig oder Masse, das ist hier die Frage

Gebäck mit Schaummasse

Gebäck aus Biskuitmasse

Gebäck aus Rührmasse

Gebäck aus Brandmasse

Gebäck mit Makronenmasse

Gebäck aus Röstmasse

Eine große Zahl der Feinen Backwaren wird aus *Teigen* hergestellt. Es sind solche aus Hefefeinteig, aus Blätterteig, aus Mürbeteig und aus Lebkuchenteig. In den folgenden Kapiteln können Sie sich über Feine Backwaren aus *Massen* informieren.

Können Sie mit den Fachwörtern „Teig" und „Masse" etwas anfangen? Mit diesen Begriffen können Sie im Verkaufsgespräch arbeiten, vor allem aber Unterschiede zwischen Feinen Backwaren verdeutlichen.

Unter folgenden Voraussetzungen bezeichnet man Zubereitungen für Feine Backwaren als Masse:

- Massen enthalten als Zutaten überwiegend Ei, Zucker, Fett oder Rohmassen; Teige enthalten überwiegend Getreideerzeugnisse.
- Massen enthalten zumeist Weizenstärke oder Mischungen aus hellem Weizenmehl und Weizenstärke für die Gebäckausbildung; Teige enthalten helle/dunkle Weizen- und Roggenmehle und/oder Vollkornmahlerzeugnisse.
- Massen werden bei ihrer Herstellung gerührt, aufgeschlagen oder abgeröstet; Teige werden geknetet.
- Massen sind in ihrer Beschaffenheit schaumig, weich bis fließend, streichfähig oder dressierfähig; Teige sind plastisch-formbar.
- Massen werden physikalisch (= mit eingeschlagener Luft oder mit Wasserdampf) oder chemisch (= mit Backpulver) gelockert; Teige werden mit Backhefe gelockert, einige Teige aber auch physikalisch oder mit chemisch wirkenden Lockerungsmitteln.

Ob Gebäcke aus einem Teig oder einer Masse hergestellt sind, kann man bezogen auf den Gebäcktyp an der Beschaffenheit oder anderen Merkmalen erkennen. Beachten Sie dazu in den folgenden Kapiteln die besonders herausgestellten Gebäckmerkmale.

Gebäcke aus Schaummassen

Wer kennt sie nicht, die weißen leichtgewichtigen, zuckersüßen Gebäcke aus Schaummassen. Überlieferte Bezeichnungen wie „Windmasse" oder „Spanischer Wind" sind von der leichten, lockeren Beschaffenheit dieser Gebäcke abgeleitet.

Erzeugnisse aus Schaummassen werden in den Verkaufsstellen als selbstständige Gebäckteilchen angeboten. Häufig sind sie aber auch Bestandteil anderer Gebäcke.

Baisers (auch: „Meringen") sind wohl die bekanntesten Erzeugnisse aus Schaummasse. Sie werden in verschiedenen Formen als kleine Desserts angeboten. Baisers werden auch als Halbfertigprodukte auf Vorrat hergestellt. Sie werden insbesondere als Böden und Schalen für Frucht-, Eis-, Sahne- und Kremdesserts verwendet.

Besonderheiten der Herstellung und Lockerung

Schaummassen bestehen nur aus Eiklar und Zucker (➡ Grundrezepte). Beim Aufschlagen dieser Zutaten entsteht ein stabiler Schaum. Die Auflockerung der Masse erfolgt durch die eingeschlagene Luft, die in die Eiweißhüllen des Eiklars eingeschlossen wird.

Die mit Spritzbeutel und Tülle aufdressierten Baiserteile werden bei etwa 100 °C über mehrere Stunden getrocknet. Dabei gerinnen die Eiweißstoffe und halten die eingeschlagene Luft fest.

Merkmale von Erzeugnissen aus Schaummassen

Kennzeichen der *schweren Schaummasse* ist der hohe Zuckeranteil. Nur schwere Masse ergibt den stabilen Schaum für die Herstellung durchgetrockneter Baisers.

Typische Merkmale von Baisers sind:
- *die durchgehend weiße Farbe,*
- *das geringe Gewicht,*
- *der brüchige, zart-rösche Gebäckkörper,*
- *der zarte Schmelz beim Verzehr und die starke Süße.*

Die *leichte Schaummasse* unterscheidet sich von der schweren Masse durch geringeren Zuckeranteil. Leichte Masse ist als Abdeckung von Kuchen, Torten und Desserts mit herben und säuerlichen Früchten üblich (Stachelbeeren, Sauerkirschen, Preiselbeeren und Rhabarber). Leichte Schaummasse wird als Dekor auf die fast fertig gebackenen Erzeugnisse dressiert und dann nur abgeflämmt. Eine zarte Bräunung des Dekors ist erwünscht. Die Oberfläche muss trocken und stabil sein. Die darunterliegende Masse soll noch weich, aber schnittfest sein.

Erzeugnisse aus Schaummassen sind gut verträglich. Allerdings ist der Energiewert durch den hohen Zuckeranteil erheblich.

Präsentation und Qualitätserhaltung

Die Qualität von Baiserteilen wird mit trockener Lagerung erhalten. Warme Raumtemperatur sichert die trockene Aufbewahrung. So können Baisers für die Weiterverarbeitung lange vorrätig gehalten werden. Hergerichtete Desserts sind wegen der feuchten, auch oft empfindlichen Füllung zur längeren Bevorratung *nicht geeignet.*

Obstgebäcke mit leichter Schaummasse sind nur am Herstellungstag verkaufsfähig. Sie müssen trocken vorrätig gehalten werden. Bei hoher Luftfeuchte wird die Oberfläche schnell schmierig-zäh.

Baisers aus schwerer Schaummasse

Obstkuchen mit leichter Schaummasse

Grundrezepte für Schaummassen	
leichte Masse:	*schwere Masse:*
1 000 g Eiklar	*1 000 g Eiklar*
1 000 g Zucker	*3 000 g Zucker*
Kochsalz, Aroma	*Kochsalz, Aroma*

Produktsicherheit: Roheihaltige Schaummassen

Informieren Sie sich, ob bei der Herstellung leichter und nicht durchgebackener Schaummassen ein hitzebehandeltes Eiklar verwendet wurde (Trockeneiklar).

Andernfalls müssen Sie das Gebäck durchgehend in der Kühlung vorrätig halten. Es darf nach 24 Stunden ab Herstellungszeitpunkt nicht mehr verkauft werden.

Mit roheihaltigem Eiklar hergestellte Gebäcke aus schweren Schaummassen sind üblicherweise durcherhitzt. Sie sollten sich durch die Bruchprobe überzeugen, dass auch der Gebäckkern brüchig-fest ist. Gebäcke mit feucht-schmierigem Kern müssen aus dem Angebot genommen werden.

Tipps für die Verkaufspraxis

So können Sie Baiserteile empfehlen:

- *Baisers kann ich Ihnen wegen der guten Bekömmlichkeit empfehlen. Sie sind leicht, aber mit hohem Energiewert.*
- *Versuchen Sie unsere Baiserteile als Beigabe und Dekor für Eis- und Süßspeisen.*
- *Baisers können Sie für lange Zeit bevorraten, wenn Sie diese trocken lagern.*

Gebäcke aus Biskuit- und Wiener Masse

„Ich möchte ein Biskuitgebäck."
Würden solche Kundenwünsche Sie in Schwierigkeiten bringen?

Obwohl Biskuitgebäcke einen wesentlichen Teil der Feinen Backwaren ausmachen, fragen Kunden nur selten direkt nach Biskuitgebäcken. Das liegt daran, dass Biskuit überwiegend Bestandteil zusammengesetzter Backwaren ist, die mit anderen Bezeichnungen angeboten werden.

Zu den zusammengesetzten Gebäcken mit Biskuit- oder Wiener Masse zählen vor allem Torten und Desserts. Es gibt aber auch eigenständige Gebäcke aus Biskuit, zum Beispiel: Anisplätzchen oder Löffelbiskuits.

Besonderheiten der Herstellung und Lockerung

Biskuitmassen werden zubereitet aus Vollei, Zucker, Weizenmehl und Weizenstärke. Vollei und Zucker werden so lange aufgeschlagen, bis die Zubereitung durch die eingeschlagene Luft ein Mehrfaches an Volumen erreicht hat. Dann werden Weizenmehl und Stärke unter den lockeren Vollei-Zucker-Schaum gezogen. Für besonders lockere Gebäcke werden Eiklar und Eidotter getrennt mit Zucker aufgeschlagen.

Wiener Masse wird wie eine Biskuitmasse zubereitet. Zusätzlich wird geschmolzene Butter oder Margarine eingearbeitet.

Die Masse wird in Ringen (Böden für Torten), dickschichtig auf Blechen (Kapsel für Desserts), dünnschichtig auf Blechen (für Rouladen) oder in Formen oder auf Blechen dressiert abgebacken. Die eingeschlagene Luft lockert die Gebäcke. Üblich ist auch ein Zusatz von Backpulver.

Viele Backbetriebe verwenden Convenienceprodukte zur Herstellung von Biskuit- und Wiener Massen. Meistens sind das Backmischungen oder Aufschlagmittel. Diese Erzeugnisse verkürzen die Aufschlagzeit und vereinfachen die Herstellung. Die Gebäcke daraus sind von guter Verarbeitungsqualität. Sie können aber geschmacklich eingeschränkt sein. Als nachteilig empfinden ernährungsbewusste Kunden auch den Gehalt an Zusatzstoffen, der über diese Produkte ins Gebäck gelangt. Die mit Convenienceprodukten hergestellten Massen können nicht allein durch Aufschlag gelockert werden; sie enthalten einen Zusatz von Backpulver.

Merkmale von Biskuitgebäcken

Biskuitgebäcke sind leichte, lockere Gebäcke. Man erkennt sie an ihrer hellen, goldgelben Farbe und der weichen, elastischen Beschaffenheit. Die Oberfläche ist wie eine weiche Haut der Krume ähnlich. Die Krume selbst ist zart und feinporig.

Biskuitgebäcke halten sich bei richtiger Aufbewahrung lange frisch. Sie eignen sich darum gut für die Herstellung auf Vorrat.

Eigenständige Biskuitgebäcke sind recht bekömmlich. Gebäcke aus Wiener Masse sind durch den zusätzlichen Fettanteil etwas weniger verträglich. Der Energiewert der Gebäcke ist beachtlich, begründet durch den Zuckeranteil, auch durch den Fettanteil bei Wiener Masse.

Die Eignung von Biskuitböden zur Herstellung von Torten und Desserts ergibt sich aus der zarten Krumenbeschaffenheit, dem angenehmen, neutralen Geschmack und der Schnittfestigkeit. Für die mit dicken Böden hergestellten Gebäcke (z. B. Makronentorte) und für Gebäcke mit einer langen Mindesthaltbarkeit (z. B. Petits Fours) wird anstelle von Biskuit der saftigere, fetthaltige Wiener Boden verarbeitet.

Grundrezepte im Vergleich

Biskuitmasse:	*Wiener Masse:*
1 000 g Vollei	*1 000 g Vollei*
500 g Zucker	*500 g Zucker*
250 g Weizenmehl	*300 g Weizenmehl*
250 g Weizenstärke	*300 g Weizenstärke*
Kochsalz, Aroma	*300 g Butter*
	Kochsalz, Aroma

- ➤ *Wodurch unterscheiden sich die Rezepte für Biskuitmasse und für Wiener Masse?*
- ➤ *Welche Auswirkungen hat der Fettanteil in der Wiener Masse?*

Kurz und bündig:
Produktmerkmale von Biskuitgebäcken

- *Hoher Eigehalt*
- *Hohe Auflockerung*
- *Ausgeglichene Süße*
- *Zarte Beschaffenheit*
- *Arttypischer Geruch und Geschmack*
- *Bevorratung in Folie/Tiefkühlung möglich*
- *Gute Bekömmlichkeit, geringe Sättigung*

➤ *Formulieren Sie daraus Verkaufsargumente.*

Mit Biskuitboden für Tagesgebäcke

Mit Wiener Boden für längere Frischhaltung

Halbfertigprodukte aus Wiener Masse

Sortenspezifische Merkmale von Biskuitgebäcken

Biskuitgebäcke unterscheiden sich in der Form und Aufmachung sowie in der Zusammensetzung.

Mohrenköpfe (auch: Othello) sind zusammengesetzte, kuppelartige, gefüllte Gebäcke mit schokoladehaltiger Glasur. Die Biskuitschalen für Mohrenköpfe sind durch hohen Eiklaranteil in der Masse besonders stark aufgelockert. Zwei Halbschalen werden mit Vanillekrem gefüllt (auch mit Sahnekrem) zusammengesetzt. Sie werden mit Kuvertüre oder Kochschokolade überzogen. In der Faschingszeit werden sie auch mit anderen Glasuren und Dekors zu lustigen Figuren hergerichtet.

Beachten Sie, dass Kunden oft nicht das Biskuitgebäck meinen, wenn sie „Mohrenköpfe" verlangen. Sie wollen vielmehr die mit Schokolade überzogenen Schaumwaffeln. Die alte Bezeichnung „Negerkuss" für diese Süßware wird immer seltener verwendet.

Omeletts sind halbmondförmige Biskuitgebäcke mit Sahne- oder Sahnekremfüllung und Früchten. Ihre typische Form erhalten sie durch Zusammenklappen des runden, flachen Biskuitbodens. Sie sind meistens mit Puderraffinade bestaubt.

Löffelbiskuits sind aus einer eiklarreichen Biskuitmasse hergestellt, die zungenförmig auf Backpapier aufgespritzt wird. Auf der Oberfläche werden sie ganzflächig gezuckert. Dadurch erhalten sie beim Backen ihre typische, aufgetriebene Form und eine trockene Oberfläche.

Abaziastangen sind den Löffelbiskuits vergleichbar. Die löffelförmigen Gebäcke haben anstelle der gezuckerten Oberfläche eine Aufstreu aus gehackten Mandeln. Ihr Boden ist mit Kuvertüre überzogen. Die Gebäcke können als Teegebäcke empfohlen werden, aber auch als Beilage zu Eisspeisen.

Anisplätzchen werden häufig in der Vorweihnachtszeit angeboten. Sie sind aus eidotterreicher Biskuitmasse hergestellt. Der typische Geschmack wird mit Anissamen oder Anisöl erzielt. Auffällig ist die pilzartige Form mit „heller Kappe" und dem etwas dunkleren „Fuß" der Plätzchen. Diese typischen Gebäckmerkmale werden durch Trocknen der aufdressierten Tupfen vor dem Backen erreicht.

Tee- oder Eierplätzchen sind runde, ganz flache Biskuitplätzchen ohne weitere Zutaten. Sie sollen leicht gebräunt und mürb-saftig sein. Diese Kleingebäcke aus Biskuit sind wegen ihres hohen Eianteils sehr locker und leicht bekömmlich.

Bereitstellung von Biskuitgebäcken zum Verkauf

Lose Löffelbiskuits, Teeplätzchen und Anisplätzchen eignen sich gut für den alsbaldigen Verkauf. Zur Bevorratung oder für den SB-Verkauf müssen solche Biskuitgebäcke verpackt werden. Dafür geeignet sind transparente, luftdichte und nur schwach wasserdampfdurchlässige Packstoffe. So geschützt gegen Feuchte und schnellen Aromaverlust behalten die einfachen Biskuitgebäcke über Wochen ihre Qualität.

Mohrenköpfe sind in mikrobieller Hinsicht problematisch, da die Krem nach dem Einfüllen nicht mehr durcherhitzt ist. Sie müssen deshalb in der Kühlung zum Verkauf bereitgestellt werden.

Tipp: *Machen Sie die Kunden beim Anbieten von Biskuitböden für die häusliche Verwendung auf die unterschiedliche Frischhaltung von Biskuitböden und Wiener Böden aufmerksam.*

Mohrenköpfe: kremig und schokoladensüß

Omelett: mit sahnig-lockerer Füllung und Früchten

Löffelbiskuits

Anisplätzchen

Tipps für die Verkaufspraxis

Für Kleingebäcke aus Biskuit gibt es gute Verkaufsargumente:

- *Versuchen Sie unser Kleingebäck aus Biskuit. Es ist leicht und bekömmlich.*
- *Unsere lagerfähigen Löffelbiskuits eignen sich gut als Beilage zu Eisspeisen.*
- *Zum Kindergeburtstag empfehlen wir Ihnen unsere Mohrenköpfe. Wir dekorieren sie mit lustigen Motiven. Unsere Konditoren kennzeichnen sie mit den Namen der Kinder.*

Kurz und bündig: Gebäcke aus Biskuit- und Wiener Masse

Gebäcke aus Biskuitmasse und Wiener Masse sind aus aufgeschlagener Ei-Zucker-Masse mit Mehl-Stärke-Anteil bereitet.

- *Biskuitgebäcke sind ohne Fettzugabe hergestellt. Sie sind leicht und bekömmlich.*
- *Gebäcke aus Wiener Masse enthalten Fett. Sie bleiben lange frisch.*
- *Biskuitböden und Wiener Böden sind Bestandteil von Torten und Desserts.*

Gebäcke aus Waffelmassen

Waffeln sind Dauerbackwaren aus Rührmassen. Sie enthalten als Grundzutaten Mehl oder andere Getreideprodukte, Zucker, Fett, Milch oder Wasser, auch Ei. Typisch ist das Backen der Masse durch Kontakterhitzung in einem Waffeleisen. Einige Sorten werden zu gefüllten Waffeln verarbeitet. Andere werden warm zu Formwaffeln aufgearbeitet (z. B. zu Hörnchen für Speiseeis).

Eine Abwandlung der Waffeln sind die nur aus Weizenstärke und Wasser bereiteten Backoblaten. Bekannt sind die Karlsbader Oblaten mit typischer Schmuckprägung.

Tipp: Aktionen mit Waffelbacken

Das Backen von Frischwaffeln eignet sich für Verkaufsaktionen. Auf der CD-ROM zu diesem Buch finden Sie dafür Anleitungen.

Amerikaner aus leichter Rührmasse

Gebäcke aus Rührmassen

Rührkuchen sind von vielen Verbrauchern geschätzte Kaffeegebäcke. Sie schmecken gut und können auf Vorrat gekauft werden. Sie halten sich selbst nach dem Anschneiden noch lange frisch. Im Haushalt ist so auch bei überraschendem Besuch immer ein Gebäck verfügbar.

Merkmale von Gebäcken aus Rührmassen

Viele Gebäcke aus Rührmassen sind Großgebäcke, die in Napf- oder Kastenformen gebacken werden. Außerdem gibt es Blechkuchen mit Auflagen und Kleingebäcke wie Muffins oder Amerikaner, die zumeist aus speziellen Rührmassen bereitet sind.

Man unterscheidet Gebäcke aus schweren und leichten Rührmassen.

Gebäcke aus schweren Massen: saftig und lange haltbar

Die schweren Rührmassen (auch: Sandmassen) sind aus gleichen Anteilen Ei, Butter, Zucker und Getreideerzeugnissen hergestellt. Das Mehl ist ganz oder zum Teil durch Weizenstärke ersetzt. Je nach Zutaten und Herstellungsverfahren sind die Gebäcke schwer und kompakt (z. B. Englische Kuchen) bis fast leicht mit großem Volumen (z. B. Sandkuchen). Die Gebäcke haben eine feine, zarte Krume. Eine samtartige Krumenbeschaffenheit wird durch hohen Fettgehalt und großen Weizenstärkeanteil bewirkt (außer bei Vollkornrührkuchen).

Der hohe Fettgehalt bedingt auch eine lange Frischhaltung. Schwere Rührkuchen können wegen des geringen Flüssigkeitsanteils nur unwesentlich austrocknen. Ihre Haltbarkeit wird lediglich durch das mögliche Ranzigwerden der Fette eingeschränkt.

Gebäcke aus leichten Massen: einfachere Qualitäten

Leichtere Gebäcke aus Rührmassen enthalten weniger Ei und Fett, dafür einen Milchzusatz. Sie sind überwiegend mit Mehl anstelle von Weizenstärke bereitet.

Die Gebäcke unterscheiden sich von denen aus schwerer Masse
- durch den etwas raueren Ausbund,
- durch die weniger samtartig-zarte Krumenbeschaffenheit,
- durch die kürzere Mindesthaltbarkeit.

Gebäcke aus Rührmassen: mit hohem Energiewert

Der Fett-/Zuckergehalt von Rührmassengebäcken ist mittelhoch bis sehr hoch. Einige Sorten enthalten noch fett- und zuckerreiche Zutaten wie Schokolade, Marzipanrohmasse oder Kuchenfrüchte. Der recht hohe Fettgehalt schränkt die Bekömmlichkeit ein. Der Energiewert ist mehr als doppelt so hoch wie der von Brot.

Grundzüge der Herstellung von Rührmassen

Wichtig bei der herkömmlichen Herstellung von Rührmassen ist das intensive Rühren von Butter, Zucker und Vollei zu einer schaumigen Emulsion. Dann werden Mehl/Stärke eingearbeitet. Die Lockerung ist durch eingeschlagene Luft und/oder durch Backpulver möglich.

Rührmassen werden in vielen Backbetrieben auch im All-in-Verfahren hergestellt: Sämtliche Zutaten werden gleichzeitig zur Masse verrührt. Voraussetzung dafür ist die Verwendung eines Aufschlagmittels oder einer Vormischung. Zur Lockerung ist Backpulver notwendig.

Sortenspezifische Merkmale von Rührkuchen

Zu den Feinbackwaren aus Rührmassen zählen recht unterschiedliche Gebäcke. Die Spanne reicht vom einfachen Amerikanergebäck bis zum Baumkuchen, dem Spitzenerzeugnis der Konditorei.

Schwere Gebäcke aus Rührmassen

Sandkuchen sind zumeist in Kastenform gebacken. Sie zeichnen sich durch ihre zarte, feinporige Krumenstruktur aus. Typisch ist auch der glatte, helle, schwach-glänzende Ausbund. Sandkuchen werden für den Verkauf mit Puderzucker eingestaubt oder mit Kuvertüre oder Fondant überzogen, auch ist kakaohaltige Fettglasur erlaubt.

Königskuchen sind den Sandkuchen ähnlich. Im Unterschied zu diesen enthalten sie Kuchenfrüchte (wie Rosinen, Zitronat, Orangeat). Für die Masse wird anstelle von Weizenstärke zum Teil Mehl verwendet.

Englische Kuchen (English Cake) werden aus besonders zutatenreicher Sandmasse hergestellt. Die Kuchen halten sich ohne Qualitätsverluste wochenlang frisch.

Typische Merkmale der Englischen Kuchen sind:
- ihre besondere Aufmachung: im Biskuitmantel eingeschlagen, auch aprikotiert und glasiert, mit Mandeln eingestreut;
- ihre kastenartige Form ohne Ausbund,
- ihr besonders hoher Fruchtanteil (aus Sultaninen, kandierten Kirschen, Orangeat und Zitronat);
- ihre geringe Auflockerung.

Zitronensandkuchen und Mandelsandkuchen sind meistens aus einer schweren Sandmasse hergestellt. Die wertbestimmende Zutat ist im jeweiligen Namen ausgewiesen.

Leichte Gebäcke aus Rührmassen

Marmorkuchen sind aus einer leichteren Rührmasse hergestellt. Einem Teil der Masse ist Kakao zugesetzt.

Amerikaner sind leichte flache Kleingebäcke aus einer fett- und eiarmen Rührmasse. Die runden Flachgebäcke werden auf der Unterseite mit Fondant glasiert (teilweise auch mit Kakao-Einfärbung). Typisch ist ihr ammoniakartiger Geschmack, wenn sie mit Hirschhornsalz gelockert sind. Bedingt durch den geringen Fett- und Eianteil sind die Amerikaner nur bis zu zwei Tage frischhaltend.

Muffins, Kronen- und Prinzesstörtchen sind kleine, in Förmchen oder Kapseln gebackene Gebäcke. Sie sind je nach Sorte und zusätzlicher Bezeichnung mit verschiedenen Zutaten angereichert (z. B. Nüsse, Mandeln, Marzipan, Früchte, Schokolade). Die Gebäcke sind glasiert oder mit Kuvertüre überzogen, auch anders hergerichtet.

Obstrührkuchen auf Blechen sind mit Auflagen wie die üblichen Hefeblechkuchen hergestellt. Die Rührmasse ist häufig auf einen Mürbeteigboden aufgestrichen. Als Obst sind alle backfesten Sorten geeignet. Als Abdeckung sind üblich: Mürbeteig, Streusel, Eierguss oder Schaummasse.

Obsttorten aus Rührmassen entsprechen den Blechkuchen.

Donauwelle ist ein flacher, in einem Teil kakaohaltiger Rührkuchen mit eingebackenen Sauerkirschen. Er ist mit einer Krem eingestrichen und mit Kuvertüre überzogen, auch kakaohaltige Fettglasur ist üblich.

Sandkuchen

Englischer Kuchen

Marmorkuchen

Muffins

Donauwelle

Werbewirksam verpackte Baumkuchen

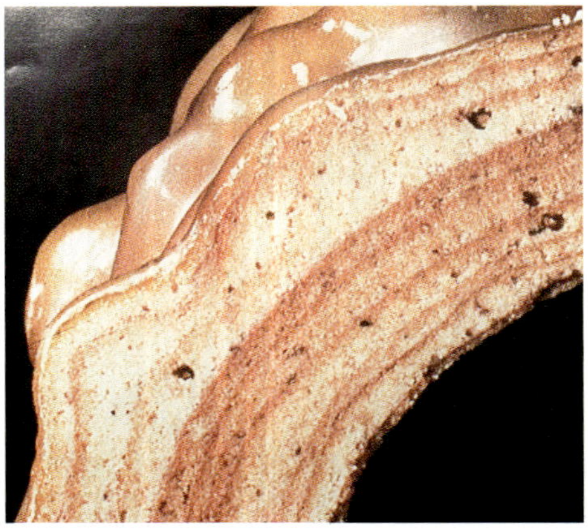

Anschnittbild eines Baumkuchenrings

Baumkuchenring als Dekorstück

Kurz und bündig: Rührmassengebäcke

- *Gebäcke aus Rührmassen sind mit hohem Ei-, Fett- und Zuckeranteil hergestellt. Sie sind durch eingerührte Luft und/oder Backpulver gelockert.*
- *Gebäcke aus Rührmassen sind zum Beispiel Sand-, Königs-, Marmor-, Baumkuchen, Amerikaner und Muffins.*
- *Baumkuchen sind schichtweise auf einer Drehwalze gebacken.*

Baumkuchen: die Krönung Feiner Backwaren

Das Spitzenerzeugnis der feinen Konditorei ist der Baumkuchen. Und entsprechend hoch sind die Qualitätserwartungen. Die Besonderheit von Baumkuchen lässt sich schon am Aussehen erkennen: Der Kuchen hat die Form eines Stammes mit glatten oder gezackten Wulsten. Im Anschnittbild soll er eine baumringartige Schichtung zeigen.

Baumkuchen – schichtweise gebacken

Baumkuchen werden aus einer besonders eireichen Masse bereitet. Nach der Zusammensetzung ist sie den Sandmassen zuzuordnen. Als Fettzusatz ist *nur Butter* erlaubt (oder gleichwertiges Butterfett).

Das Backen von Baumkuchen geschieht einzigartig: In einem speziellen Backapparat wird die Masse schichtweise auf einer konischen, sich drehenden Walze gebacken. So bilden sich unterschiedlich gebräunte und geporte Kuchenschichten (Jahresringen eines Baumes ähnlich). Jeweils nach dem Auftragen der Masse wird die Oberfläche durch breit gezinkte Kämme zu glatten Ringen geformt oder durch ein schnelleres Drehen der Walze zu Spitzen ausgezogen. Nach dem Backen werden Baumkuchen aprikotiert und mit Fondant glasiert oder mit Kuvertüre überzogen, auch kakaohaltige Fettglasur ist zulässig.

Konditoreien bieten verschiedene Baumkuchensorten an:

- *Cottbuser Art:* mit kräftigen Gewürzen, mit zerkleinerten Nüssen, Mandeln, Marzipanrohmasse und Krokant in der Masse
- *Salzwedeler Art:* mit Arrak in der Masse, mit glatten Ringen
- *Dresdner Art:* mit langen, wilden Zacken an den Ringen
- *Stettiner Art:* mit Halbkugeln auf den Spitzen der Zacken

Baumkuchen werden im Ganzen *oder* geteilt, weiterverarbeitet *oder* zusammengesetzt mit anderen Erzeugnissen angeboten:
- als Gebäckteile wie Ringe, Bögen und Spitzen,
- als Tortenbestandteil (z. B. Umrandung von Torten, als Boden für die Baumkuchentorte, auch in *Backformen schichtweise gebacken*),
- als Pralinen (z. B. flachgeschnittene Baumkuchenringe gefüllt mit Marzipan- oder Pralinenmasse),
- als Desserts (z. B. kleine Baumkuchenböden mit Frucht-, Krem- oder Sahnefüllung und Kuvertüre- oder Fondantüberzug).

Gebäcke aus Rührmassen: Bereitstellung zum Verkauf

Hinsichtlich ihrer Frischhaltung sind die Gebäcke aus Rührmassen in Tagesgebäcke und länger haltbare Gebäcke zu unterscheiden. Zu den Tagesgebäcken gehören Torten, Blechkuchen mit Auflagen und die Amerikaner. Ansonsten werden Rührmassengebäcke wegen ihrer langen Mindesthaltbarkeit auf Vorrat hergestellt. Um sie vor nachteiligen Beeinflussungen zu schützen (Trocknen, Hygieneschutz), aber auch für SB-Verkauf tauglich zu machen, müssen sie vorverpackt werden. Dazu geeignet sind klarsichtige, luftdichte Packstoffe, die nur schwach wasserdampfdurchlässig sind. Zu beachten ist, dass Rührkuchen in Fertigpackungen wie rechtlich gefordert zu kennzeichnen sind.

Baumkuchen sollten ihrem Wert entsprechend präsentiert werden. Geeignet ist der Thekenaufsatz oder die Ausstellung in Vitrinen. Die verschiedenen Rührkuchen können in der Verkaufstheke ausgestellt werden. Flache, geteilte Obstkuchen auf Ausstellblechen werden in der großflächigen Hauptpräsentationsebene angeboten.

Gebäcke aus Brandmasse

Können Sie den Fachbegriff „Brandmassegebäcke“ deuten? Zu dieser Gebäckgruppe gehören beispielsweise Windbeutel oder Spritzkuchen. Das Wort „Brandmasse“ weist auf das Herstellungsverfahren hin.

Besonderheiten der Herstellung und Lockerung

Brandmasse wird aus Weizenmehl, Wasser (auch Milch), Fett und Vollei hergestellt. Die Besonderheit ist das „Abrösten“. Das Mehl wird dabei in kochendes Wasser mit Fett gegeben und so lange „abgeröstet“, bis eine bindige Masse entsteht. Das Mehl erleidet Veränderungen wie beim Backen: Stärke verkleistert, Mehleiweiß gerinnt. In die abgekühlte Masse werden die Eier eingerührt.

Viele Backbetriebe verwenden vorbehandelte Backmischungen für die Herstellung von Brandmasse. Auf diese Weise ersparen sie sich das „Abrösten“ der Masse.

Die starke Auflockerung der Brandmasse erfolgt beim Backen. Durch die Hitze verdampft ein Teil der Flüssigkeit aus der weichen Masse. Der Dampfdruck treibt die Masse in die Breite und Höhe.

Eclair: mit leichter Krem gefüllt

Merkmale von Gebäcken aus Brandmasse

Erzeugnisse aus Brandmasse haben ein großes Volumen und ein nur geringes Gewicht. Die Kruste ist etwas splitterig-rösch. Die Krume ist großporig bis hohl aufgetrieben.

Der Energiewert im Ofen gebackener Erzeugnisse ohne Füllung ist gering. Mit Schlagsahne gefüllte Windbeutel und die Spritzkuchen (mit Siedefettanteil und mit Zuckerglasur) haben einen entsprechend höheren Energiewert. Die Bekömmlichkeit von Spritzkuchen ist von der Menge des aufgesogenen Siedefetts abhängig.

Windbeutel: als Erdbeerdessert

Windbeutel werden überwiegend mit Schlagsahne gefüllt und mit Puderraffinade (oder süßem Schnee) bestaubt angeboten.

Eclairs (Liebesknochen) werden zumeist mit Schlagsahne oder mit einer leichten Vanillekrem gefüllt angeboten. Sie werden mit Kuvertüre oder aromatisierter Fondantglasur überzogen.

Kirschringe (Lucca-Augen) werden zumeist mit Sauerkirschen und Schlagsahne gefüllt und mit Fondant überzogen angeboten.

Spritzkuchen sind ringförmige lockere Siedegebäcke. Sie werden mit Fondant glasiert angeboten (➡ Bild auf der Seite 420).

Brandmasseböden sind Halbfertigprodukte für Torten und Desserts, beispielsweise für Flockensahnetorte (➡ Seite 437).

Brandmasse-Snacks sind pikant gefüllte Gebäcke (➡ Seite 358).

Lucca-Auge: Frucht-Sahne-Dessert

Bereitstellung von Brandmassegebäcken zum Verkauf

Desserts aus Brandmasse mit Sahne- oder Kremfüllung haben nur frisch den vollen Genusswert. Sie müssen in der Kühlung bereitgestellt und angeboten werden. Bei langer Bevorratung weichen sie durch.

Siedegebäcke aus Brandmasse (wie Spritzkuchen) sind Frischgebäcke und daher zum alsbaldigen Verzehr bestimmt.

Ungefüllte Brandmasseprodukte lassen sich bei kühler und trockener Lagerung nur wenige Tage vorrätig halten. Bei einer längeren Lagerung werden sie zäh bis fest. Durch Tiefgefrieren ist eine fast unbegrenzte Bevorratung möglich.

Rheinischer Krapfen: in Siedefett gebacken (mit Rosinen und auch mit Quarkmasse)

Ornamente: aus Brandmasse zum Dekorieren von Torten und Desserts

Gebäcke aus Makronenmasse

Führen Sie in Ihrer Verkaufsstelle verschiedene Makronengebäcke?

Festzustellen ist, dass Makronen als selbstständige Backwaren nicht in allen Bäckereien und Konditoreien angeboten werden. Doch als Bestandteil von anderen Feinen Backwaren (z. B. Ochsenaugen oder Makronenstreifen) sind Zubereitungen in Makronenart in fast allen Fachgeschäften anzutreffen.

Zu einer erweiterten Gruppe der *makronenartigen Gebäcke* gehören recht unterschiedliche Erzeugnisse: neben den Mandelmakronen auch die Makronen mit anderen Ölsamen (z. B. Kokosmakronen) oder aus makronenähnlichen Massen (z. B. Hippenrollen).

Besonderheiten der Herstellung und Lockerung

Makronengebäcke können bereitet werden aus zerkleinerten Ölsamen *oder* unter Verwendung von Rohmassen. Geriebene Mandeln oder andere Ölsamen werden mit Zucker und Eiklar erhitzt (= abgeröstet), bis die Masse bindig ist. Bei Verwendung von Rohmassen entfällt der Prozess des Abröstens.

Übliche *Rohmassen* zur Herstellung von Makronengebäcken sind Marzipan- und Persipanrohmasse.

***Marzipanrohmasse** wird aus zerkleinerten Mandeln und Zucker in einem Abröstvorgang hergestellt. Die Masse ist plastisch-bindig.*

***Persipanrohmasse** ist eine Marzipan-Ersatzmasse. Für sie dürfen statt Mandeln entbitterte Aprikosenkerne und Pfirsichkerne verwendet werden. Um sie von Marzipanmasse unterscheiden zu können, ist ihr Stärke zugesetzt. Stärke färbt sich bei der Jodprobe blau-violett.*

Makronengebäcke werden ohne Lockerungsmittelzusatz hergestellt. Die Auflockerung erfolgt beim Backen durch den sich in der Masse aufbauenden Wasserdampfdruck.

In Backbetrieben werden auch vorbehandelte Backmischungen für die Herstellung von Makronen verwendet. Sie enthalten alle Zutaten in Trockenform. Eine solche Backmischung wird zum Beispiel nur noch mit heißem Wasser angerührt. Dadurch produzieren die Betriebe mit größerer Sicherheit und sparen an Arbeitszeit.

Merkmale von Makronengebäcken

Makronengebäcke aus Mandeln oder Rohmassen erkennt man an der nicht ganz glatten und etwas porigen Kruste mit goldgelber Farbe. Die Kruste ist rösch. Die Krume der meisten Makronengebäcke ist grundsätzlich weich. Aber Makronen-Dauergebäcke müssen trocken durchgebacken sein. Der Genusswert wird durch die Geschmacksstoffe der Ölsamen und die Süße des hohen Zuckeranteils bestimmt.

Als *Ölsamen* sind für Makronengebäcke Mandeln, Haselnüsse, auch Walnüsse, andere Ölsamen und Kokosraspeln üblich. Die Verwendung von Erdnusskernen ist ausgeschlossen.

Ein Zusatz von Getreidemahlerzeugnissen ist nur bei Kokosmakronen zulässig sowie bei *makronenähnlichen Gebäcken* (➡ nebenstehende Beispiele).

Der Sättigungswert von Makronengebäcken ist hoch. Durch den hohen Zuckeranteil und den Fettanteil der Ölsamen ist auch der Energiewert recht hoch.

§ ***Lebensmittelrechtliche Bestimmungen***

Die Verkehrsbezeichnung „Makronen" ohne weitere Ergänzung ist nur für Gebäcke zulässig, die als Ölsamen ausschließlich Mandeln oder Marzipanrohmasse enthalten.

Zur Unterscheidung von Mandelmakronen müssen Gebäcke aus Kokosraspeln oder Nüssen entsprechend bezeichnet werden (z. B. als „Kokosmakronen" oder als „Haselnussmakronen").

***Persipan** gilt als nachgemachtes Marzipan. Deshalb ist die Verwendung von Persipanrohmasse beim Anbieten damit hergestellter Erzeugnisse kenntlich zu machen. Das geschieht durch ein Schild neben dem Gebäck („mit Persipan") oder in der Verkehrsbezeichnung des Erzeugnisses (z. B. „Persipanmakronen").*

Makronenähnliche Gebäcke

Makronenähnliche Gebäcke sind verschiedene Oblatenlebkuchen, Hippengebäcke, Duchesse oder Zimtsterne.

Auch sie sind aus zerkleinerten Ölsamen, Zucker und Eiklar hergestellt. Sie dürfen aber im Gegensatz zu Makronen zusätzlich Getreidemahlerzeugnisse enthalten (jedoch bei Spitzenqualitäten der Oblatenlebkuchen nur bis zu 10 % oder bis zu 7,5 % Stärke oder eine entsprechende Mischung).

Beispielsweise enthalten auch Zimtsterne bis zu 10 % Getreidemahlprodukte.

Sachverweise

➤ *Über **Marzipanrohmasse** und andere Rohmassen für die Verwendung zu Back- und Süßwaren können Sie sich auf der Seite 178 informieren.*

➤ *Über **Oblatenlebkuchen** finden Sie Näheres auf der Seite 219.*

Spezifische Merkmale von Makronengebäcken

Kennen Sie die wesentlichen Merkmale der Makronengebäcke, die Sie in Ihrer Verkaufsstelle anbieten? Folgende Informationen können Sie bei der Verkaufsberatung gut nutzen.

Makronen aus Mandeln – die Echten

Mandelmakronen sind mit Mandeln oder Marzipanrohmasse als Ölsamenanteil hergestellt. Sie werden auf Backbleche aufgespritzt, abgebacken und danach zum Teil mit etwas Kuvertüre abgesetzt. Kleine Makronen werden auch paarweise an den Flachseiten mit Konfitüre, Nugat oder ähnlichen Massen zusammengesetzt.

Eigelbmakronen enthalten anstatt Eiklar nur Eidotter oder Vollei.

Mandelhörnchen werden aus Marzipan-Makronenmasse geformt, in gehobelten Mandeln gewälzt und abgebacken. Sie werden nach dem Backen an den Enden in Kuvertüre/kakaohaltige Fettglasur getaucht.

Ochsenaugen und Makronenstreifen haben einen Mürbeteigboden, auf den Makronenmasse aufdressiert ist. Die Gebäcke werden nach dem Backen mit Konfitüre und Fondant ausgelassen.

Leipziger Lerchen (= Maserinen) sind ein Makronen-Formgebäck. Die Masse ist in einem Mantel aus Mürbeteig oder Blätterteig in geriffelten Förmchen gebacken. In einigen Betrieben werden sie zu Vogelfiguren ausdekoriert (= Bezeichnung als „Lerchen").

Makronen mit anderen Ölsamen – nicht nur Nachgemachtes

Persipanmakronen enthalten anstelle von der Marzipanrohmasse die Ersatzrohmasse Persipan (➟ Rechtliche Bestimmungen, Seite 428).

Nussmakronen enthalten anstelle von Mandeln geriebene Nüsse.

Kokosmakronen enthalten anstelle von Mandeln Kokosraspeln. Man erkennt sie an der Felsenform und der goldgelben Kruste.

Makronenähnliche Gebäcke – auch mit Mehlanteil

Die makronenähnlichen Gebäcke sind in ihrer Zusammensetzung den Makronen ähnlich. Sie dürfen aber auch Getreidemahlerzeugnisse enthalten, zum Teil ohne Mengenbegrenzung.

Hippenrollen sind dünne, brüchige Röllchen mit Kuvertüreüberzug und Schlagsahnefüllung. Sie werden aus einer makronenähnlichen Masse bereitet. Die dünnen Gebäckblättchen werden nach dem Backen noch heiß zu Rollen geformt.

Hippenornamente sind kleine, aus Hippenmasse geformte, gebackene Dekorteilchen zur Verzierung von Torten und Desserts.

Duchesse sind kleine, runde Teegebäcke aus einer makronenähnlichen Masse. Sie enthalten zusätzlich Mandel- oder Nussgrieß und/oder Kakao. Meistens werden die gebackenen Halbteile paarweise mit Nugat zusammengesetzt und mit Kuvertüre verziert.

Bereitstellung von Makronengebäcken zum Verkauf

Makronengebäcke können für den Frischverkauf lose angeboten werden. Für längere Bereitstellung oder für den SB-Verkauf müssen sie vorverpackt werden. Weich ausgebackene Makronen trocknen sonst aus und bekommen eine zäh-feste Krume. Empfindliches Kleingebäck wie Makronenkonfekt wird grundsätzlich vorverpackt, damit es vor Beschädigungen und nachteiligen Beeinflussungen geschützt ist.

Makronengebäcke aus Marzipanrohmasse

Makronen-Teegebäck

Mandelhörnchen

Ochsenauge: Makronenring auf Mürbeteig

Leipziger Lerchen

Kurz und bündig: Makronengebäcke

- *Makronen sind Gebäcke aus zerkleinerten Mandeln oder Marzipanrohmasse, Zucker und Eiklar.*
- *Makronengebäcke sind beispielsweise Mandelmakronen oder Mandelhörnchen.*
- *Makronenähnliche Gebäcke dürfen zusätzlich Getreideerzeugnisse enthalten.*
- *Makronenähnliche Gebäcke sind beispielsweise Hippen oder Duchesse.*
- *Trocken ausgebackene Makronen sind Dauergebäcke.*

Florentiner: Flachgebäcke aus einer Röstmasse mit einem kakaohaltigen Überzug

Nussecken: Mürbeteiggebäcke mit einem Belag aus Röstmasse

Krokant: Dekor aus Röstmasse

Krokant ist karamellisierte, gestoßene Röstmasse mit Mandeln oder Nüssen. Krokant wird als Streudekor für Torten, Desserts, Speiseeis und Süßwaren verwendet.

Handlungsorientierte Aufgaben

- *Ergänzen Sie Ihre Produkte-Datei mit Daten über Gebäcke aus Massen.*
  - *Erfassen sie alle Gebäcke aus Massen, die in Ihrer Verkaufsstelle angeboten werden.*
  - *Ordnen Sie die Gebäcke nach dem Typ der Masse, aus der sie hergestellt sind.*
  - *Geben Sie wesentliche Gebäckmerkmale an: z. B. Geschmack, Ernährungswert, Haltbarkeit, Lagerbedingungen.*
- *Entwickeln Sie mit Ihren Kollegen/innen Verkaufsargumente für jede Gebäcksorte aus Massen.*
  - *Informieren Sie sich über die Verwendung von Convenienceprodukten. Erfragen Sie die darin jeweils enthaltenen Zusatzstoffe und Allergene.*
  - *Lernen Sie, bei kritischen Kundenfragen (z. B. nach Zusatzstoffen) zu informieren, ohne zu beschönigen, aber auch ohne Ihrem Betrieb zu schaden.*

Gebäcke aus Röstmassen

Führen Sie in Ihrer Verkaufsstelle Gebäcke aus Röstmassen? Wissen Sie, welche Gebäcke so fachlich richtig bezeichnet werden?

Es sind eigenständige Gebäcke wie *Florentiner* oder *Nussknacker*. Ansonsten sind es Gebäcke mit einem Aufstrich aus Röstmasse wie *Nussecken* oder *Bienenstichkuchen*.

In Verkaufsstellen mit einem standardisierten Sortiment werden kaum eigenständige Röstmassengebäcke geführt. Von dieser Gebäckgruppe ist oftmals nur der umsatzstarke Bienenstichkuchen mit seinem Belag aus Röstmasse im Angebot.

Merkmale von Gebäcken aus Röstmassen

Die Gebäcke aus Röstmassen sind an der glänzenden, goldbraun gerösteten Oberfläche aus ganzen oder zerkleinerten Mandeln oder Nüssen zu erkennen. Der Geschmack wird durch karamellisierten Zucker und Röstprodukte der Ölsamen bestimmt. Gebackenes aus Röstmasse ist brüchig-hart. Die Gebäcke sind nicht gelockert.

Der Energiewert ist durch den großen Zucker- und Fettanteil enorm hoch. Die Bekömmlichkeit ist entsprechend eingeschränkt.

Besonderheiten der Herstellung von Röstmassen

Für Röstmassen wird Zucker, auch Honig oder Stärkesirup mit Fett und Milch/Sahne bis zur Zähflüssigkeit hoch erhitzt (= abgeröstet). In diese heiße Masse werden zerkleinerte Mandeln oder Nüsse (zusätzlich auch Früchte) eingearbeitet. Die Masse wird noch fast heiß für den Backprozess weiterverarbeitet.

Backbetriebe verwenden zur Herstellung von Röstmassengebäcken auch Convenienceprodukte. Das sind fertig abgeröstete Grundmassen in streufähiger oder in pastenartiger Form. Beispielsweise werden für Bienenstichkuchen die zerkleinerten Mandeln mit einer rieselfähigen Grundmasse vermischt einfach auf die Teigplatte gestreut.

Sortenspezifische Merkmale von Röstmassengebäcken

Florentiner enthalten in der Grundmasse Mandeln, Zitronat, Orangeat und zum Teil kandierte Früchte. Sie sind auf Spezialblechen oder in Ringformen gebacken. Die Unterseite der flachen Florentiner wird mit Kuvertüre oder kakaohaltiger Fettglasur überzogen und abgekämmt.

Nussknacker sind ähnlich wie Florentiner bereitet. Sie enthalten jedoch ganze, geröstete Haselnüsse in der Zucker-Röstmasse.

Mandelschnitte und -schiffchen enthalten zerkleinerte Mandeln in der Zucker-Grundmasse. Sie sind auf Mürbeteig gebacken.

Nussecken enthalten zerkleinerte Haselnüsse in der Röstmasse. Sie sind auf Mürbeteig gebacken. Die abgeteilten Schnitten oder Ecken sind seitlich in Kuvertüre oder kakaohaltige Fettglasur getaucht.

Bereitstellung von Röstmassengebäcken zum Verkauf

Beachten Sie, dass alle Röstmassengebäcke empfindlich sind gegen Luftfeuchte. Bei hoher Feuchte werden sie klebrig und „blind".

Gebäcke mit Kämmung aus Kuvertüre auf ihrer Unterseite dürfen nur vorsichtig schräg aneinander gelegt werden (nicht dicht übereinander). Für längere Bevorratungszeit sollten empfindliche Röstmassengebäcke in dichten, transparenten Folien vorverpackt werden.

Angebot an Torten und Desserts

Situationsaufgabe:

Torten und Desserts werden in Ihrem Geschäft für den Verkauf außer Haus und auch für den Verzehr im Café angeboten.

- *Sie sollen standardisierte Torten und Desserts unterscheiden.*
- *Sie sollen Produktinformationen für das Tortenangebot erstellen.*
- *Sie sollen Torten und Desserts sachgemäß behandeln, dabei ihre Qualität erhalten sowie die Produktsicherheit gewährleisten.*

Torten und Desserts: woraus sie sich zusammensetzen

Gebäckbestandteile und deren Zusammensetzung haben Sie bereits kennengelernt: Es sind Böden für Torten, Kapseln für Schnitten, flache Kapseln für Rouladen und kleine, flache Rundböden für Omeletts sowie Formstücke für Desserts aus verschiedenen Teigen und Massen.

Für die Kundenberatung brauchen Sie aber auch Kenntnisse über die Zusammensetzung und die Beschaffenheit anderer Bestandteile von Torten und Desserts, insbesondere von

- Füllungen und Auflagen (z. B. Zubereitungen mit Sahne und Krem, Obstauflagen, verwendete Bindemittel);
- Abdeckungen und Überzüge (z. B. Tortenguss, Fondantglasuren, Kuvertüreüberzüge);
- Garnier- und Dekormaterialien (z. B. Dickzuckerfrüchte, Ölsamen, Ornamente, zucker- und schokoladehaltige Aufstreuprodukte).

Durch vielfältige Kombinationsmöglichkeiten verschiedener Zutaten und Zubereitungen können Bäckereien und Konditoreien den Kunden neben den Standardtorten immer neue Kreationen bieten.

Torten und Desserts: wie sie unterschieden werden

Die Einteilung erfolgt nach Herstellungsprinzip und Art der Füllung:

- Gebackene Torten und Desserts
- Zusammengesetzte Torten und Desserts
  - mit Obst und Obsterzeugnissen
  - mit Füllungen aus Schlagsahne und Sahnekrem
  - mit Kremfüllungen

Unterscheidungsmerkmale von Torten und Desserts

Formen:	*z. B.*	*Rundtorten oder Kuppeltorten*
Angebotsformen:	*z. B.*	*Schautorten oder Anschnitt-Torten*
Geschmacksträger:	*z. B.*	*Nugat, Mokka oder Schokolade*
Gebäckböden:	*z. B.*	*Biskuit- oder Mürbeteigböden*
Füllung, Belag:	*z. B.*	*Fettkrem-, Sahnekremfüllung oder Obstbelag*
Überzug, Abdeckung:	*z. B.*	*Kuvertüreüberzug oder Marzipandecke*
Herstellungsprinzip:	*z. B.*	*gebackene oder zusammengesetzte Torten*

Tipps für die Verkaufspraxis

Bei der Auswahl von Torten und Desserts sind informative Bezeichnungen hilfreich.

Die Verkehrsbezeichnungen sollten die wertbestimmenden Zutaten der Füllung sowie die Geschmacksrichtung angeben, z. B. „Schoko-Sahnetorte“ oder „Nuss-Kremtorte“

Bezeichnungen wie „Mailänder Torte“ oder „Dobostorte“ sind wegen der Standardzusammensetzung für Kenner informativ, jedoch für viele Kunden ohne Aussagewert.

Ergänzen Sie solche Verkehrsbezeichnungen auf dem Preisschild oder auf einem Hinweisschild, zum Beispiel so:

*„**Mignontorte** mit Zitronenbutterkrem“*
*„**Mailänder Torte**, fruchtige Marzipantorte“*

Anschnitt-Torte

Motivtorte

Kuppeltorte

Etagentorte

Dessert-Formen: Sturz- und Schnittware

Formen, Überzüge und Dekors für Torten und Desserts

Bei der Auswahl von Torten oder Tortenstückchen lassen sich die Kunden wie bei keiner anderen Ware vom Äußeren der Gebäcke leiten. Insofern sind Tortenform, Tortenüberzug und Tortendekor für den Verkauf von größter Bedeutung.

Angebotsformen für Torten: sie sind zweckbestimmt

Torten haben überwiegend eine zylindrisch-runde Form. Doch je nach Zweckbestimmung gibt es Abweichungen in Form und Gestaltung.

Schautorten bieten für das Tortenangebot auf Bestellung mögliche Beispiele (neben den sonst üblichen Torten). Sie sollen aber auch die Leistungsfähigkeit des Betriebs herausstellen.

Schautorten können in beliebiger Form hergestellt werden. Es sind Schaustücke, die nicht für den Verkauf bestimmt sind. Sie sind mit unempfindlichen Materialien hergestellt. So können sie ohne Rücksicht auf das Umgebungsklima zur Schau gestellt werden.

Anschnitt-Torten sind die üblichen Torten zur stückweisen Abgabe im Laden- und Caféverkauf. Sie werden in Rundform (= flache, zylindrische Form) hergestellt. Der Durchmesser der Torten beträgt im Allgemeinen 26 oder 28 cm. Hohe Torten sind in 16, 18 oder 20 Stücke geteilt. Sie sind entsprechend ausgarniert und mit dem Torteneinteiler vorgezeichnet. Flache Torten sind in 12, 14 oder 16 Stücke eingeteilt.

Festtagstorten oder Motivtorten werden in unterschiedlichen Formen angeboten. Die Oberfläche ist oft anlassbezogen beschriftet (z. B. mit Spritzschokolade: „Frohe Ostern") oder mit Motiven gestaltet (z. B. Kakaozeichnungen oder Marzipanblumen). Sie haben zumeist keine vorgezeichnete Einteilung und Stückgarnierung.

Kleintorten werden ebenfalls in verschiedenen Formen angeboten. Torten in Rundform haben jedoch nur 14 bis 20 cm Durchmesser. Sie sind als Wochenendtorten oder zu speziellen Anlässen gefragt (wie für Muttertag oder Festtage).

Kuppeltorten werden als Anschnitt-Torten und Motivtorten angeboten. Sie haben eine gewölbte Oberfläche wie eine Kuppel. Dadurch lässt sich die Füllung im Anschnittbild sehr ansprechend herausstellen.

Etagentorten sind aus mehreren Einzeltorten mit unterschiedlichen Durchmessern auf Tortenständern frei zusammengesetzt. Sie werden meistens zu Festen gewählt (wie zur Hochzeit).

Aufsatztorten sind den Etagentorten ähnlich. Bei ihnen sind aber die unterschiedlich großen Tortenteile direkt aufeinandergesetzt.

Formstücke zeigen besondere Figuren (wie Wappen, Tierzeichen). Sie werden oft so eingefärbt, ausgarniert und dekoriert, dass ihr Aussehen dem entsprechenden Originalstück sehr nahe kommt.

Angebotsformen für Desserts: sie sind beliebig

Für Desserts sind sehr viele Formen denkbar. Üblich sind Schnitten, Scheiben-, Ring-, Kuppel-, Omelett-, Würfel- oder Trapezformen.

Zusätzlich gibt es die gebäckbedingten Formen: wie die Kugelform von Mohrenköpfen, die Ringform von Lucca-Augen, die Tütenform von Schillerlocken oder die Rollenhohlform von Hippen.

Überzüge: sie geben Farbe und Glanz

Torten- oder Dessertüberzüge verstärken den Kaufanreiz.

Dafür gibt es verschiedene Gründe:

- Sie erhöhen den Genusswert durch ihre dekorative Wirkung und durch ihre Geschmacksstoffe.
- Sie schützen das Gebäck vor Feuchtigkeit und vor Austrocknen.
- Sie erweitern die Möglichkeiten der Oberflächengestaltung, zum Beispiel durch Dekor mit Spritzglasur.

Kuvertüre ist eine hochwertige Schokolade mit einem hohen Anteil an Kakaobutter. Sie ist besonders gut als Überzugsmasse geeignet. Hergestellt wird sie aus Kakaomasse, Kakaobutter und Zucker. Sie darf höchstens 50 % Zucker enthalten. Kuvertüre wird zu ihrer Verarbeitung mit Kakaobutter verdünnt (oder mit bestimmten Pflanzenfetten).

Kuvertüre wird mit unterschiedlicher Süße und in unterschiedlichen Brauntönen verwendet:

– als dunkelbraune Bitterkuvertüre,
– als mittelbraune süße Kuvertüre,
– als hellbraune Milchkuvertüre oder Sahnekuvertüre sowie
– als weiße Kuvertüre.

Schokoladenglasur ist mit Zucker gekochte Schokolade. Sie ist von rötlich-brauner Farbe. Damit werden Mohrenköpfe überzogen.

Kakaohaltige Fettglasur ist eine Ersatzmasse für Kuvertüre. Sie wird wie Kuvertüre hergestellt, enthält aber andere Fette anstelle von Kakaobutter (➡ Lebensmittelrechtliche Bestimmungen).

Haselnuss-Fettglasur ist eine Zubereitung aus feiner Nussmasse und Pflanzenfett.

Fondant ist eine weiße, zäh-feste Masse aus gekochtem Zucker. Zum Überziehen von Torten und Desserts wird der Fondant etwas erwärmt, bis er fließend-kremig ist. Er wird auch aromatisiert und eingefärbt verwendet.

Dekormaterialien: sie gestalten Gebäcke

Die Gestaltung von Torten und Desserts erfolgt durch Ausformen der Oberflächen, durch Überzugsmassen sowie durch Garnierungen mit Krems oder Spritzglasuren. Durch Auflegen von Dekormaterialien wird das endgültige Bild erzielt.

Dekormaterialien haben Wirkung durch ihr schmückendes Aussehen und durch ihren Eigengeschmack in Kombination mit der gestalteten Oberfläche des Gebäcks sowie dessen Geschmacksrichtung.

Als *Dekorteile* für Torten und Desserts sind üblich:

– zum Belegen: Belegfrüchte (z. B. Kirschen), Dickzuckerfrüchte, Mandeln, Nüsse oder Pistazien;
– zum Einstreuen: zerkleinerte, abgeröstete Mandeln oder Nüsse, Krokant und Schokoladenspäne;
– zum Verzieren: Formstücke aus Marzipan, Zucker, Schokolade und Hippenmasse sowie Teile aus Brandmasse und Spritzschokolade.

Spritzschokolade ist Kuvertüre, die mit Läuterzucker glattgerührt worden ist. Die braune Schokolade eignet sich zur Fadenbildung und somit zum Beschriften und Dekorieren.

Eiweißspritzglasur ist weiße Spritzglasur aus Puderzucker und Eiklar.

Petits Fours mit gefärbtem Fondantüberzug

Überzug mit Kuvertüre

Oberflächendekor

Petits Fours und Wiener Desserts

Sie sind klassische Beispiele für auffällige Glasur- und Dekorgestaltung. Sie sind aus dünnen Sandmasseböden zusammengesetzt, mit Konfitüre, Nugat- oder Marzipanmasse gefüllt und mit Marzipan abgedeckt. Die Kapsel ist zu verschiedenen Formen geschnitten oder ausgestochen. Die aprikotierten Formstücke sind mit verschieden gefärbtem Fondant überzogen. Sie sind mit Spritzglasur und Dickzuckerfrüchten dekoriert.

***Petits Fours** sind bissengroße Stückchen.*

***Wiener Desserts** sind portionsgroße Stückchen.*

Lebensmittelrechtliche Bestimmungen §

*Gebäcke mit **kakaohaltiger Fettglasur** sind beim Bereitstellen zum Verkauf kenntlich zu machen durch die Angabe „mit kakaohaltiger Fettglasur" auf einem Schild neben der Ware. Bei Waren in Fertigpackungen genügt die Angabe im Zutatenverzeichnis.*

Kakaohaltige Fettglasur darf auch für Gebäcke von besonderer Qualität verwendet werden, wenn das kenntlich gemacht wird.

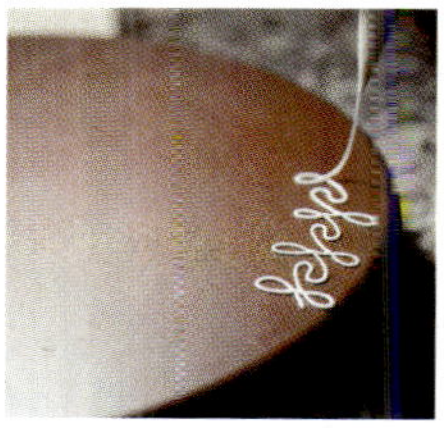

Dekor mit Eiweißspritzglasur

Dekor mit Spritzschokolade

Gebackene Torten

Neben den verschiedenen zusammengesetzten Torten gibt es etliche gebackene Torten. Sie sind nach dem Backprozess ohne wesentliche Bearbeitung verkaufsfertig. Einige dieser Torten sind in den Kapiteln über Hefefeingebäcke und Rührmassengebäcke beschrieben. Dabei handelt es sich um Obst-, Käse- oder Mohntorten, die auf einem Boden aus Hefeteig oder Rührmasse gebacken worden sind.

Für gebackene Torten mit bestimmten Verkehrsbezeichnungen gibt es festgelegte Merkmale.

Spanische Vanilletorte

Spanische Vanilletorte – mit saftiger Krume

An den kleinen Schokoladenstückchen in der Krume ist die Spanische Vanilletorte zu erkennen. Sie besteht aus Vanille-Mandel-Sandmasse mit eingebackener Schokolade. Die Torte wird nach dem Backen mit Fondant, Kuvertüre oder kakaohaltiger Fettglasur überzogen. Ein Anteil an Marzipanrohmasse macht die Gebäckkrume sehr saftig.

Sachertorte

Sachertorte – gehaltvoll durch den Schokoladeanteil

Diese Torte ist unverwechselbar. Denn als Garnierung auf jedem Stück ist meistens der Namenszug „Sacher" mit Spritzglasur aufgebracht.

Sachertorte ist aus einer schweren schokoladehaltigen Masse mit hohem Butteranteil bereitet. Das Originalrezept dieser Torte stammt aus dem Hotel Sacher in Wien. Der Tortenkörper ist mit einer dünnen Füllung aus Aprikosenkonfitüre zusammengesetzt. Der aprikotierte Tortenkörper ist mit Schokoladenglasur überzogen.

Baumkuchentorte

Baumkuchentorte – schichtweise gebacken

Im Anschnittbild weist die Baumkuchentorte viele Schichtungen auf. Diese Torte ist aus Baumkuchenmasse schichtweise in einer konischen Form gebacken. Der Überzug ist aus Kuvertüre oder Schokoladenglasur, auch kakaohaltiger Fettglasur (bei Kenntlichmachung).

Makronentorte (Mailänder Torte)

Makronentorte – süß mit intensivem Mandelgeschmack

Äußeres Erkennungsmerkmal der Torte ist die gebackene Garnierung aus Makronenmasse auf der Oberfläche. Denn die Torte wird nach dem Ausgarnieren im Ofen „abgeflämmt", dann aprikotiert und glasiert. Die Torte ist aufgebaut aus einem Wiener Boden mit mehreren Schichten Makronenmasse (auch mit Aprikosenkonfitüre). Sie kann deshalb auch den zusammengesetzten Torten zugeordnet werden.

Linzer Torte – fruchtig und würzig

Man erkennt diese flache Torte am Mürbeteiggitter auf der Oberfläche. Typisch ist auch der würzig-aromatische Duft. Sie ist aus einem kräftig gewürzten Mürbeteig mit Mandelgrieß oder Nussgrieß hergestellt (➡ Seite 214).

Linzer Torte: typisch die flache Form

Käsetorte: gebacken mit Apfeleinlage

Käsetorte – mit der saftigen Quarkauflage

Offen gebackene Käsetorten (ohne Abdeckung) erkennt man an der etwas ungleichmäßig gefärbten, goldgelb glänzenden Oberfläche der Käsemasse. Sie wird auf einem Mürbeteigboden gebacken. Die wesentlichen Zutaten der Käsemasse sind Quark, Zucker und Vollei. Die Schnittfestigkeit der Torte wird durch den Eianteil, zusätzlich durch Stärkezugabe erreicht. Die Lockerung erfolgt durch Eischnee. Als Abdeckung sind auch Streusel oder Eierguss üblich.

Zusammengesetzte Obsttorten und Obstdesserts

Wenn Kunden etwas „Leichtes" oder „Fruchtiges" wünschen, dann können Sie ihnen zusammengesetzte Obsttorten oder Obstdesserts anbieten. Diese sind im Vergleich zu den meisten anderen Feinen Backwaren als leicht zu bezeichnen, weil sie nur geringfügig Fett enthalten (im Mürbeteigboden) und gut bekömmlich sind.

Diese Gruppe der Obsttorten ist zusammengesetzt, und zwar aus gebackenen Böden, haftenden Zubereitungen, der Obstauflage und meistens auch aus einer Abdeckung.

Früchte und Obstteile als Auflage

Für diese Kuchen kommen alle Beerenfrüchte in Frage. Auch geteiltes Obst wie Ananas, Bananen oder Kiwi wird verwendet.

Obsttorten und -desserts verkaufen sich leichter, wenn die Frische der Früchte sich verdeutlicht. Früchte und Obstteile müssen von bester Güte und unversehrt sein. Bestimmte Früchte, die beim Dünsten ihre Farbe oder Struktur einbüßen, werden als Frischobst verwendet (z. B. Erdbeeren, Himbeeren). Andere Früchte sind auch als Obstkonserven geeignet, beispielsweise Sauerkirschen oder Pfirsiche. Verarbeitete Früchte müssen vor dem Aufbringen gut abgetropft sein, damit das Durchweichen des Bodens vermindert wird.

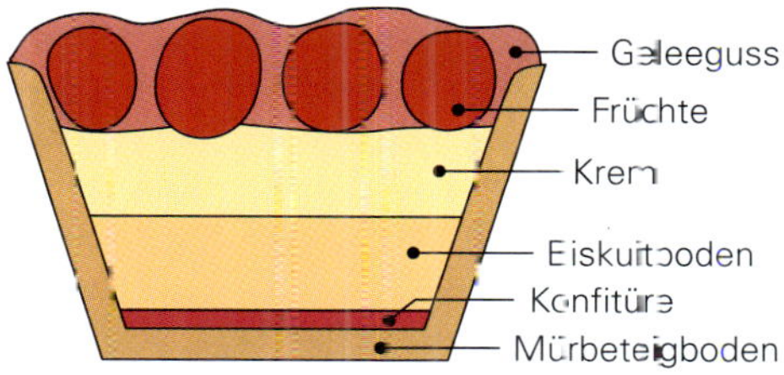

Aufbau eines Obsttörtchens

Mürbeteig- und Biskuitböden als Unterlage

Für Obsttorten und Obstdesserts sind Mürbeteig- und Biskuitböden als Unterlage üblich:

- Mürbeteigböden geben den Gebäcken ihre Stabilität.
- Biskuitböden saugen abgegebenen Saft der Früchte auf.

Mürbeteigböden werden für eine gute Haftung des Biskuitbodens mit Konfitüre oder Makronenmasse eingestrichen. Bei Verwendung stark nässender Früchte kann der Mürbeteigboden isoliert werden durch einen Kuvertüreüberzug oder Fettkremeinstrich.

Früchtetörtchen

Sahnekrem-Törtchen

Zubereitungen für die Obsthaftung

Nur gebundene Obstzubereitungen können direkt auf den Boden aufgebracht werden (z. B. gebundene Dunstkirschen). Für Obst ohne Bindung (z. B. für frische Erdbeeren) ist eine Schicht zum Haften oder Einbetten der Früchte erforderlich. Diese Haftschicht sollte dem Obstgeschmack harmonisch angepasst sein.

Als Haftschicht geeignet sind Vanillekrem, Joghurt- und Sahnekrem oder auch Quarkzubereitungen.

Früchte- oder Sahnekrem-Dessert?

Die Bezeichnung „Früchte-Dessert" gilt für Zubereitungen, bei denen der Früchteanteil wertbestimmende Zutat in der Menge und im Geschmack ist. Das gilt auch, wenn die Desserts eine Sahnekrem-Haftschicht haben.

Die Bezeichnung „Früchte-Sahnekrem-Dessert" gilt für Zubereitungen, bei denen die früchtehaltige Sahnekrem wertbestimmende Zutat ist, auch wenn ganze Früchte als Dekor verwendet sind.

Geleeguss als Tortenspiegel

Als Abdeckung von Obstauflagen ist ein Geleeguss gut geeignet. Die Früchte bekommen Halt und sie bleiben sichtbar. Tortenguss besteht aus gelierenden Substanzen, die in heißem Wasser oder Fruchtsaft aufquellen und beim Erkalten klar gelieren.

Bei hügelig aufgestellten Früchten (z. B. auf Desserts) würde der Tortenguss ablaufen. Die Früchte werden deshalb mit Geleeguss nur abgeglänzt (= Überzug durch Pinseleinstrich).

Obsttorten mit säuerlichem Fruchtbelag (wie mit Stachelbeeren oder Sauerkirschen) ohne oder mit Haftschicht aus Vanillekrem können mit einer abgeflämmten Schaummasse abgedeckt sein.

Tortenguss – was ist das?

Tortenguss besteht aus Geliermitteln wie Alginsäure, Agar-Agar, Carrageen sowie aus Salzen der Wein- oder Zitronensäure (auch mit Farbstoff). Die Gelierstoffe sind aus Algen gewonnen. Einige Zubereitungen enthalten auch Pektin (= Fruchtgelierstoff), das Säure zum Gelieren benötigt.

Tortengusspulver wird mit Zucker in Fruchtsaft/Wasser erhitzt und dann verarbeitet.

In Sahneautomaten erfolgt das Sahneaufschlagen durch Belüftung der Sahne beim Zapfen

Konstruktion von Sahneautomaten

- ***Vorratsbehälter*** *für lose oder verpackte Sahne (z. B. Bag-in-Box)*
- ***Pumpe*** *zum Ansaugen der Sahne und von Luft sowie zum Hindurchpressen durch das Aufschlagsystem*
- ***Aufschlagsystem*** *zum Belüften der Sahne*
- ***Kühlung*** *des Vorratsbehälters, des Luftansaugfilters, des Sahnedurchlaufsystems und der Garniertülle*
- ***Temperaturanzeige*** *für die Behältersahne*

Hygienische Mindestanforderungen für den Betrieb von Sahneautomaten

- *Aufbewahrungstemperatur der Rohsahne von möglichst +4 °C einhalten.*
- *Packungsgröße der Rohsahne dem kalkulierbaren Sahneverbrauch anpassen (höchstens Tagesbedarf).*
- *Kühlung des Vorratsbehälters und des Sahnedurchlaufsystems gewährleisten.*
- *Inhalt der Garniertülle nach längerer Standzeit nicht mehr verwenden.*
- *Automaten täglich im Durchlaufverfahren mit mindestens 50 °C warmem Wasser reinigen; Tülle und Vorratsbehälter (ggf. auch Mischsystem) extra reinigen.*
- *Automaten mindestens einmal pro Woche desinfizieren: erst reinigen, dann heiß bei mindestens 60 °C desinfizieren, dann gut nachspülen.*

Verdickungsmittel

Quellstoffe *wie Guarkernmehl und Johannisbrotkernmehl binden viel Flüssigkeit (z. B. als Saftbinder oder als Sahnestandmittel).*

Gelatine *quillt in kaltem Wasser, löst sich beim Erwärmen und geliert beim Erkalten während des Abstehens (z. B. in Frucht-Sahnekrem). Gelatine wird aus tierischen, kollagenhaltigen Stoffen gewonnen (Fischgräten).*

Torten und Desserts mit Sahne und Sahnekrems

„Etwas Leichtes, aber mit Sahne", wünschen viele Kunden bei der Kuchenauswahl. Dieser Wunsch muss kein Widerspruch sein. Obwohl Sahne viel Fett enthält, ist beispielsweise bei Fruchtsahnekrem der Gesamtfettanteil nur durchschnittlich hoch. Jedoch steigt bei Torten mit dem Anteil fetthaltiger Gebäckbestandteile (Schokoladenböden) und fetthaltiger Geschmacksträger (z. B. Nugat) der Energiewert und die Bekömmlichkeit sinkt.

Das gemeinsame Merkmal von Sahne- und Sahnekremgebäcken ist der Sahneanteil in wertbestimmender Menge. Ansonsten sind sie in Form und Zusammensetzung unterschiedlich.

Schlagsahne: als Füllung und Dekor

Sahne ist der fettreiche Anteil aus der Vollmilch. Sahne mit 30 % und mehr Fettgehalt ist aufschlagbar. Deshalb wird sie als „Schlagsahne" bezeichnet. Aufgeschlagene Sahne ist über mehrere Stunden stabil, streich- und dressierfähig. Sie lässt sich gut mit Geschmacksträgern mischen (z. B. mit Quark, Früchten oder Schokolade).

Das Aufschlagen von Sahne erfolgte früher mit dem Schneebesen oder mit der Anschlagmaschine. Heute wird die Sahne schonender und effektiver mit einem Sahnebläser oder in einem Sahneautomaten aufgeschlagen (➡ Abbildung).

Zum Süßen und zur Stabilisierung wird der Sahne Zucker zugesetzt. Für längere Stabilität und gute Schnittfestigkeit wird Füll- und Dekorsahne Gelatine oder ein Sahnestandmittel zugesetzt.

Sahnekrem: mit hohem Anteil an Geschmacksträgern

Unterscheiden Sie beim Anbieten zwischen Sahnegebäcken und Sahnekremgebäcken? Die Verwendung dieser Bezeichnungen ist vom Sahneanteil in den Sahnezubereitungen abhängig.

Für die meisten Torten und Desserts wird die aufgeschlagene Sahne mit Geschmacksträgern oder Aromen versetzt. Geschmacksträger können alle Lebensmittel mit intensivem Eigengeschmack sein, zum Beispiel zerkleinerte Früchte, Schokolade, Nugat, Mandeln, Nüsse oder Alkoholika. Aromen sind spezielle Zubereitungen von Geruchs- und Geschmacksstoffen zur Aromatisierung von Lebensmitteln.

Durch die Menge zugesetzter Geschmacksträger verringert sich in den Zubereitungen der Sahneanteil.

Sahnetorten und Sahnedesserts *müssen in der Sahnezubereitung mindestens 60 % Schlagsahne enthalten.*

Einige Sahnezubereitungen haben einen hohen Anteil an Zutaten (z. B. Schokolade, Früchte). Dadurch ist der Sahneanteil in der Zubereitung niedrig. Solche Zubereitungen werden als „Sahnekrem" bezeichnet.

Sahnekremtorten und Sahnekremdesserts *enthalten weniger als 60 %, aber mindestens 20 % Schlagsahne in der Sahnekrem. (Ausnahme für: Käse-, Wein-, Joghurt-Sahnetorte).*

Eine hochwertige Sahnekrem ist *Canache* (Trüffelmasse). Canache ist eine gekochte Schokoladen-Sahnekrem. Sie dient als Füllung von Trüffel- oder Pralinentorten, ebenso von Pralinen.

Aufbau und Zusammensetzung von Torten und Desserts mit Sahne und Sahnekrem

In ihrer Zusammensetzung sind Torten und Desserts mit Sahne und Sahnekrem bis auf wenige Ausnahmen beliebig. Der Aufbau ist aber im Wesentlichen gleich:

- *Die Körper der Gebäcke bestehen aus hellen oder kakaohaltigen Böden aus Biskuitmasse oder Wiener Masse. Zur Stabilisierung ist ein Unterboden aus Mürbeteig eingesetzt.*
- *Die Sahnezubereitung wird auf den Biskuitboden aufgefüllt und mit einem zweiten Boden abgedeckt. Für fließende, gelatinehaltige Sahnezubereitungen (z. B. mit zerkleinerten Fruchtteilen) sind die Böden in einen Ring eingefasst. Für die Weiterverarbeitung muss die Sahnemasse im Ring erst absteifen.*
- *Der Tortenkörper wird mit Schlagsahne eingestrichen, gestaltet, für die Einteilung vorgezeichnet, garniert und dekoriert.*

Für Sahnedesserts wird die Zubereitung aus Schlagsahne
- auf Torteletts/kleine Böden dressiert (z. B. für Törtchen),
- auf eine Kapsel aufgetragen (z. B. für Schnitt-Desserts),
- in eine Muldenkapsel gefüllt (z. B. für Scheiben-Desserts),
- in kleine Ringe gefüllt (z. B. für runde Desserts),
- auf eine flache Biskuitkapsel aufgestrichen (z. B. für Rouladen).

Das Einteilen, Schneiden und Garnieren wird nach dem Absteifen der Sahnezubereitungen durchgeführt.

Die Hohlgebäcke wie Windbeutel, Schillerlocken oder Hippenrollen sind zumeist mit „reiner Schlagsahne" gefüllt (ohne Geschmacksträger).

Sortenspezifische Merkmale von Sahnetorten

Torten mit bestimmten Verkehrsbezeichnungen haben Merkmale, die der allgemeinen Verkehrsauffassung entsprechen müssen.

Schwarzwälder Kirschtorte
- Tortenkörper aus Schokoladen-Biskuit-Böden
- Füllung aus Schichten aus gebundenen Sauerkirschen und einer mit Kirschwasser aromatisierten Schlagsahnezubereitung
- Dekor aus Schokoladenspänen und Belegkirschen

Holländische Kirschtorte
- Tortenkörper aus Blätterteigböden
- Füllung aus geschichteten, gebundenen Sauerkirschen und einer mit Vanille aromatisierten Sahnezubereitung
- Abdeckung mit aprikotiertem und glasiertem Blätterteigboden
- Dekor aus Sahnetupfen mit Belegkirschen

Flockensahnetorte
- Tortenkörper aus Brandmasseböden
- Füllung aus gebundenen Preiselbeeren (oder anderen Früchten) und einer mit Vanille aromatisierten Sahnezubereitung
- Abdeckung mit Streusel-Brandmasseboden

Fürst-Pückler-Sahnetorte
- Tortenkörper aus schokoladehaltigen und hellen Biskuitböden
- Füllung in den Farben braun, weiß, rot: Schokoladensahne auf dem dunklen Boden, Vanille- oder Maraschinosahne als mittige Füllung und Erdbeersahne als Deckfüllung

Sahnedesserts: Ringtörtchen

Schwarzwälder Kirschtorte

Holländische Kirschtorte

Flockensahnetorte

Fürst-Pückler-Sahnetorte

Kremtorten und Kremdesserts

„Nein, nicht mit Krem, die sind zu süß und zu schwer." Solche Ablehnungen stammen aus der Erfahrung der Kunden. Diese pauschale Ablehnung betrifft allerdings auch Kremgebäcke, die gut verträglich sind. Sie sollten im Verkaufsgespräch auf Kremtorten und Desserts mit leichten Füllungen hinweisen und deren Verträglichkeit fachlich begründen können.

Argumente für hochwertige Krems

Kremtorten und Kremdesserts lassen sich den Kunden überzeugend anbieten, wenn Sie auf folgende Eigenschaften hinweisen können:

- Die Krem ist hoch aufgelockert; das Volumen ist groß im Verhältnis zum Gewicht.
- Die Krem ist so zusammengesetzt, dass sie zartschmelzend auf der Zunge zergeht.
- Die Krem hat einen niedrigen Fettanteil (z. B. Deutsche Krem).
- Die Krem hat einen nur geringen Anteil am Gebäck; der gebackene Gebäckanteil überwiegt.

Wie sich Krems zusammensetzen

Krems werden nach der Zusammensetzung unterschieden:

- *Leichte Vanillekrem (Vanillekrem mit Eischnee)*
- *Deutsche Krem (Vanillekrem und Butter/Margarine)*
- *Französische Krem (Vollei-Zucker-Masse und Butter/Margarine)*
- *Italienische Krem (Schaummasse und Butter/Margarine)*

Leichte Vanillekrem – sehr gut verträglich

Grundlage für leichte Vanillekrem ist eine Stärkekrem aus Milch, Zucker und Krempulver. Die Krem ist mit Eischnee gelockert.

Leichte Vanillekrem wird verwendet als Füllung für Mohrenköpfe, Eclairs und leichte Dessertschnitten. Desserts mit dieser Vanillekrem sind Frischgebäcke. Stärkekrems altern schnell unter Wasserabgabe. Außerdem säuern sie leicht.

Deutsche Krem – der leichteste Fettkremtyp

Deutsche Krem ist aus einer Vanillekrem mit Butter oder Margarine hergestellt. Der Fettanteil in der Krem beträgt
– bei leichter Krem etwa 30 %,
– bei schwerer Krem etwa 45 %.

Torten und Desserts mit leichter Deutscher Krem und mit einem hohen Biskuitanteil sind gut verträglich. Die Krem hat allerdings nur eine geringe Mindesthaltbarkeit (etwa 2 Tage).

Französische Krem – hochwertig, von feinstem Geschmack

Französische Krem ist aus aufgeschlagener Vollei-Zucker-Masse mit Butter oder Margarine bereitet. Ihr Fettanteil liegt über 50 %. Diese schwere Krem hat einen hervorragenden Schmelz und Geschmack. Die Mindesthaltbarkeit beträgt mehrere Tage.

Italienische Krem – locker und süß, aber schwer

Italienische Krem ist aus einer aufgeschlagenen Eiklar-Zucker-Masse (= Schaummasse) und Butter/Margarine hergestellt. Durch den hohen Fettanteil (etwa 50 %) und Zuckeranteil (etwa 30 %) ist sie schwer. Vorteil dieser Krem ist die lange Mindesthaltbarkeit.

Mohrenköpfe gefüllt mit leichter Vanillekrem und mit kakaohaltiger Stärkekrem

§ *Lebensmittelrechtliche Bestimmungen*

***Butterkrem** muss mindestens 20 % Butter oder entsprechende Mengen Butterreinfett enthalten. Andere Fette dürfen nicht verwendet werden.*

Backgrundstoffe für Krems

Handelsüblich sind folgende vorgefertigte Mischungen für Krems:

- *Pulverförmige Grundkrems mit Quellstoffen: Sie werden unter Zusatz von Wasser und anderen Zutaten (wie Fett, Sahne oder Quark) aufgeschlagen.*
- *Fettzubereitungen mit Zucker und Emulgatoren: Sie werden mit Wasser oder Vollei aufgeschlagen.*
- *Pastöse Fertigkrems: Sie werden ohne weitere Zugaben oder mit Zusatz von Geschmacksträgern aufgeschlagen.*

Tipps für die Verkaufspraxis

➤ *Informieren Sie sich, welcher Kremtyp in Ihrem Geschäft für Torten und Desserts verwendet wird, damit Sie Ihre Verkaufsargumente danach ausrichten können.*

➤ *Verwenden Sie die Bezeichnung „Butterkrem" nur dann, wenn die Krem die dafür geforderte Zusammensetzung hat.*

Aufbau und Zusammensetzung von Kremtorten und Kremdesserts

Jeder Bäcker und Konditor kann Kremtorten und Kremdesserts frei gestalten. Dabei sind jedoch die Angaben der Verkehrsbezeichnung zu beachten.

Tortenkörper – aus Biskuit-, Sand- und Wiener Böden

Auch bei Kremtorten ist der Gebäckboden oft ein Mürbeteigboden. Ansonsten ist der Tortenkörper aus Biskuitböden oder Wiener Böden aufgebaut. Für einige Torten sind auch Dobos- oder Japonaisböden üblich. *Dobosböden* sind besonders dünne Böden aus einer leichten Sandmasse. *Japonaisböden* sind Böden aus einer makronenähnlichen Masse mit zerkleinerten Nüssen.

Krems – herkömmliche Art und aus Backgrundstoffen

Als Tortenfüllungen sind alle Fettkremtypen üblich. In vielen Betrieben werden dafür Convenienceprodukte verwendet, die eine sichere und arbeitssparende Herstellung der Krems ermöglichen. Sie verkürzen die Aufschlagzeit, ermöglichen die Mitverwendung von Wassser und ersparen das Kochen von Vanillekrem. Aber nicht alle diese Produkte sind geschmacklich so gut wie herkömmlich hergestellte Krems.

Die Fettkrems erhalten durch Zugabe von Geschmacksträgern ihren Genusswert. Üblich sind beispielsweise Schokolade, Mokkapaste, Nugat, Rohmasse, Fruchtextrakt, Weinbrand oder Likör.

Sortenspezifische Merkmale von Kremtorten

Einige Kremtorten müssen nach allgemeiner Verkehrsauffassung in einer standardisierten Zusammensetzung angeboten werden.

Frankfurter Kranz

- Kranz aus Sand- oder Wiener Masse
- Füllung aus vier bis fünf Schichten heller Butterkrem
- Außenkörper mit Krem eingestrichen und mit Krokant eingestreut

Dobostorte, Typ: Herrentorte

- Tortenkörper aus etwa fünf Dobosböden
- Füllung aus einer rum-, weinbrand- oder weinhaltigen Butterkrem
- Überzug aus Kuvertüre (auch kakaohaltige Fettglasur zulässig)

Prinz-Regenten-Torte

- Tortenkörper aus fünf Dobosböden
- Füllung aus einer Schokoladen-Rum-Butterkrem
- Überzug aus Kuvertüre (auch kakaohaltige Fettglasur zulässig)

Rembrandttorte

- Tortenkörper aus Schokolade-Sandmasse-Böden mit zerkleinerten Dickzuckerfrüchten
- Füllung aus einer Schokolade-Butterkrem mit Rum
- Dekor mit Kremtupfen, Schokolade-Ornamenten/-Spänen

Zuger Kirschtorte

- Tortenkörper aus einer Schicht mit Kirschwasser getränktem Wiener Boden und zwei Schichten kakaohaltiger Japonaisböden
- Wiener Boden als Füllkörper zwischen den Japonaisböden
- Einstrich mit Kirschwasser-Butterkrem und Kirschdekor

Frankfurter Kranz

Dobostorte mit karamellisierten Deckfächern

Prinz-Regenten-Torte

Rembrandttorte

Zuger Kirschtorte

Bereitstellung von Torten und Desserts zum Verkauf

Das Verkaufspersonal hat hohe Ansprüche zu erfüllen beim Umgang mit den leicht verderblichen Torten und Desserts. Gründe dafür sind die geringe Stabilität der Produkte, die Empfindlichkeit der Außenflächen gegen Berühren und das hohe Risiko der Gesundheitsgefährdung.

Produktsicherheit von Torten und Desserts

Beachten Sie das betriebliche Hygienekonzept beim Verkauf von Torten und Desserts? Kennen Sie auch die Gefahrenpunkte der verschiedenen Zubereitungen und das Risiko des Verderbs?

Obsttorten und Obstdesserts: Risiken durch Schimmel

Ein wesentlicher Gefahrenpunkt für zusammengesetzte Obsttorten und für Obstdesserts mit rohen Früchten und mit Geleeguss ist deren Schimmelanfälligkeit. Die Gründe dafür sind, dass auf dem Geleeguss besonders gut Schimmelpilze wachsen können und die rohen Früchte oft stark mit Schimmelsporen besetzt sind. Das Schimmeln wird durch Kühllagerung verzögert, aber nicht ausgeschlossen.

Torten und Desserts mit rohen Früchten und mit Geleeguss sind besonders schimmelgefährdet

Krems und Sahne: Risiken nicht nur durch das Säuern

Sahnezubereitungen stellen eine Gefahr durch enthaltene Keime dar. Bei der Lagerung sahnehaltiger Torten und Desserts ist die Vermehrung von krankmachenden Mikroben nicht auszuschließen. Dieses Risiko ist bei unsachgemäßer Lagerung sehr hoch.

Bei *Kremtorten und Kremdesserts* stellen die Krems eine Gefahr mit unterschiedlich hohem Risiko dar. Torten und Desserts mit Vanillekrem oder mit Deutscher Krem (Fettkrem mit Vanillekrem) sind als risikoreich einzustufen. Sie säuern leicht. Das gilt auch für Produkte mit gekochter Vanillekrem, weil eine Neuinfizierung bei der Verarbeitung nach dem Erhitzen nicht vermeidbar ist.

Produkte mit *Italienischer Krem* (Schaum aus Trockeneiklar) sind von geringem Risiko. Sie haben einen niedrigen Wassergehalt und einen hohen Fett- und Zuckeranteil.

Unabhängig von der Größe des gesundheitlichen Risikos sind alle Produkte mit Schlagsahne und nicht durcherhitzten sahne- und/oder kremhaltigen Zubereitungen nach der Herstellung bis zum Verkauf durchgängig in der Kühlung aufzubewahren.

Sachverweis

*Die **Tortenmesser** und das Wasser im Messergefäß werden schnell zur Infektionsquelle, wenn sie nicht immer wieder gereinigt werden und das Wasser nicht häufig erneuert wird. Ein Beitrag zur Hygiene am Arbeitsplatz Tortentheke ist der auf Seite 44 dargestellte Messerwäscher.*

Französische Krem: hohes Risiko durch Rohei

Kremtorten und Kremdesserts mit einem Anteil an rohem Ei können möglicherweise Salmonellen enthalten. Nicht durcherhitztes Rohei kann insbesondere in Produkten mit leichter Vanillekrem (Eiklar), mit Französischer Krem (Vollei) und mit Italienischer Krem (Eiklar) enthalten sein. Diese Produkte sind daher sehr risikobehaftet. Das hohe Risiko durch Rohei in den Krems lässt sich ganz vermeiden, indem für die Produkte Trockeneiklar (für Eischnee und Schaummasse) oder aber pasteurisiertes Flüssigei verwendet wird.

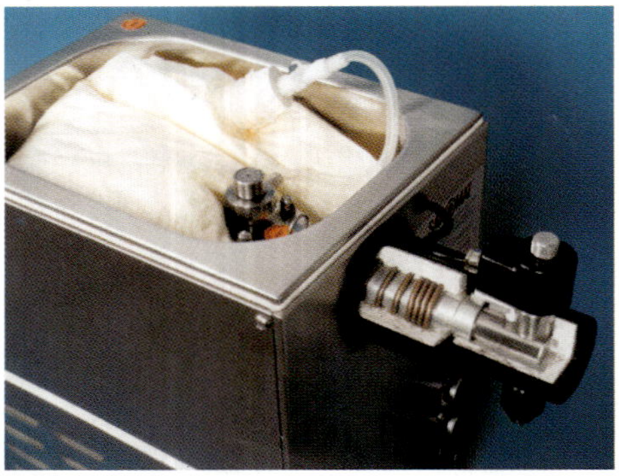

Ein Sahneautomat mit Bag-in-Box-System und mit gekühltem Sahneauslauf verringert das Risiko der Mikrobenvermehrung

Torten und Desserts mit roheihaltigen Zubereitungen müssen nach der Herstellung auf +7 °C Kerntemperatur heruntergekühlt werden und so gekühlt bis zum Verkauf lagern. Sie dürfen nur innerhalb von 24 Stunden ab der Herstellung verkauft werden.

Präsentation und Qualitätserhaltung

Torten werden auf runden Tortentellern mit oder ohne Fuß ausgestellt. Desserts werden auf Tabletts präsentiert. Krem- oder sahnehaltige Produkte dürfen dabei aber nicht unmittelbar auf Einrichtungen und Gegenständen aus Holz angeboten werden. Denn im Holz nisten sich leicht Keime ein. Bei der Ausstellung ist zu beachten,

- dass sich Stücke unterschiedlicher Sorten nicht berühren,
- dass die Preis- und Kennzeichnungsschilder den Sorten eindeutig zugeordnet sind, ohne die Waren zu berühren.

Kühllagerung verlängert die Mindesthaltbarkeit

Die Präsentation kühl auszustellender Torten und Desserts erfolgt am besten in einer dem Kundenbereich zugewandten Tortentheke. Torten-Kühltheken sollten eine stille Kühlung oder eine Kühlung mit Sahneklima (mit feuchter Umluft) haben. Gekühlte, trockene Umluft führt schnell zum Verhauten der Sahnetorten.

Obsttorten und -desserts mit Geleeguss sind nur am Herstellungstag verkaufsfähig. Das gilt auch für Produkte mit Sahnezubereitungen ohne Geliermittel. Abgesteifte Sahnekremtorten und Kremtorten behalten ihre Qualitätsmerkmale uneingeschränkt bis zum Folgetag.

Kremtorten und Kremdesserts mit eifreien und stärkefreien Fettkrems (wie Krems aus Convenienceprodukten) behalten mehrere Tage ihre Qualitätsmerkmale.

Einige Tortengattungen lassen sich tiefgekühlt über längere Zeit vorrätig halten. Ausgenommen davon sind Obsttorten mit offenem Belag oder mit Geleeguss, Kremtorten mit stärkehaltigen Krems und Sahnetorten mit nicht gelierten Sahnezubereitungen.

Trennscharfes Einteilen und Schneiden

Anschnitt-Torten mit Krem- oder Sahnefüllung und mit Stückgarnierung werden üblicherweise mit einer Markierung angeliefert. Brüchig harte Oberflächen (glasierte Blätterteigböden oder Schmelzzuckerböden) sind bereits bei der Tortenherstellung geschnitten. Dagegen werden Obsttorten mit Geleeguss meistens ohne Schnittmarkierung an die Verkaufsstelle abgegeben.

Flache Obsttorten (mit 26 cm Durchmesser) werden üblicherweise in 12 Stücke geteilt. Gleichgroße Stückchen werden am leichtesten mit einem Torteneinteiler erreicht. Bei Freihandeinteilung sollte die Torte zunächst nur mit Markierungen halbiert, dann geviertelt und zuletzt die Viertel dreigeteilt werden. Der Schnitt erfolgt mit einem sauberen Tortenmesser. Die Schneide ist nach jedem Schnitt in heißem Wasser zu reinigen und abzustreifen.

Beachten Sie für das Schneiden von Krem- und Sahnetorten die Tipps in der Randspalte.

Dekorativ und transportsicher verpacken

Desserts und Torten sollten so appetitlich bei den Kunden zu Haus ankommen, wie sie im Fachgeschäft gekauft wurden.

Ganze Torten werden auf einem Tortenpappteller mit einer aufgelegten Dekormanschette in dekorativem Faltkarton verpackt. Einzelstücke werden an ihren Schnittseiten mit Trennpapieren geschützt und auf fettdichte Papptabletts gesetzt, mit Trennpapier abgedeckt und dann mit Rollenpapier an der Oberseite hohlgezogen verpackt.

Wie Sie Torten fachgerecht schneiden

- *Sahne- oder Kremtorten:*
  - *Schneiden Sie nur gut gekühlte und abgesteifte Torten.*
  - *Schneiden Sie nur mit heißgereinigter und abgestreifter Messerklinge.*

Torten mit Kuvertüreüberzug:
- *Schmelzen Sie den Kuvertüreüberzug mit heißer, trockener Messerklinge an den vorgezeichneten Schnittstellen an.*
- *Schneiden Sie nun die Torte mit sauberer, abgestreifter Messerklinge.*

Anschmelzen des Kuvertüreüberzugs

Tipps für die Verkaufspraxis

- *Raten Sie den Kunden, sahne- und kremhaltige Gebäcke sofort nach dem Einkauf in den Kühlschrank zu stellen (am besten in einer geschlossenen Box).*
- *Empfehlen Sie, fettkremhaltige Gebäcke früh genug aus der Kühlung zu nehmen. Eine gute Verzehrstemperatur liegt zwischen 16 °C und 20 °C. Erst bei dieser Gebäcktemperatur reicht die normale Mundtemperatur aus, die Kremfüllung zart zu zerschmelzen.*
- *Raten Sie den Kunden, nicht verzehrte Tortenstücke oder Desserts sofort wieder kühl zu stellen.*

Kaffeeplatte mit verschiedenen Gebäckarten

Feine Bunte Platte mit Dessertstückchen

Empfehlungen zur Kundenberatung

- *Bei der Auswahl der Gebäckteilchen für eine Bunte Platte sollten neben krem- und sahnehaltigen Desserts auch haltbare Teilchen mitbedacht werden. Auch sind Dauergebäcke als „Reserve“ zu empfehlen.*
- *Sahnehaltige und fruchtige Desserts haben gekühlt einen erfrischenden Genusswert. Aber für fettkremhaltige Desserts liegt das Verzehrsoptimum bei Raumtemperatur, weil dabei die Fettkomponenten einen zarten Schmelz haben und die Aromastoffe am besten zur Wirkung kommen.*

Tipps für die Verkaufspraxis

➤ *Bieten Sie den Kunden in Ihrem Geschäft die Zusammenstellung Bunter Platten für die besondere Kaffeetafel an:*
– durch Auslage von Handzetteln,
– durch Aushänge,
– durch Ausstellen von Bunten Platten in der Kühltheke.

➤ *Bieten Sie Ihren Kunden die leihweise Überlassung dekorativer Platten und die kostenfreie Zustellung Bunter Platten an.*

➤ *Liefern Sie größere Platten mit einer Abdeckung, damit die Platten geschützt vor Fremdgeruch im Kühlschrank aufbewahrt werden können.*

Zusammenstellen Bunter Platten

Tortenstückchen, Dessertteilchen und andere Feine Backwaren werden zusammen arrangiert zu so genannten „Bunten Platten“ (= gemischte Gebäckplatten). Nach der Gebäckzusammenstellung lassen sich drei Grundtypen von Bunten Platten unterscheiden:

- *Bunte Tortenplatte:* Zusammenstellung von Tortenstückchen
- *Einfache Bunte Kaffeeplatte:* Zusammenstellung von Gebäckstücken verschiedener Arten wie Hefefeingebäcke, Makronengebäcke und Dessertteile
- *Feine Bunte Platte:* Zusammenstellung von überwiegend sehr feinen Dessertteilchen

Nur wenige Kunden haben genaue Vorstellungen über Bunte Platten und die dafür nötigen Gebäcksorten. Bei der Bestellungsaufnahme lassen sie sich gern beraten und vertrauen Ihrer fachlichen Erfahrung. In manchen Fällen überlassen Kunden Ihnen allein die Entscheidung für das Gebäckarrangement.

Wonach richten Sie sich?

Das Zusammenstellen von Bunten Platten ist eine kreative Arbeit. Es gibt daher keine fest einzuhaltenden Regeln.

Für den Schwerpunkt bei der Gebäckauswahl für eine Bunte Platte ergeben sich Auswahlkriterien nach

– *Gästekreis* (z. B. Kinder oder ältere Menschen),
– *Anlass* (z. B. Geburtstagstafel oder Herrenabend),
– *Saison* (z. B. Obstsaison oder Vorweihnachtszeit).

Bei der Auswahl von Dessertteilchen für eine „Feine Bunte Platte“ sind verschiedene Grundsätze zu beachten:

- Setzen Sie pro Person etwa 2 bis 2 1/2 kleine Gebäckstücke an. Teilen Sie größere Stücke.
- Sorgen Sie für Abwechslung in der Art der Gebäckstückchen, in der Zusammensetzung und der Farbe: Krem-, Sahne- und Obstgebäcke, Gebäcke ohne Füllung und ohne Auflage, Gebäcke mit Überzug aus Schokolade und mit Fondantglasur.
- Setzen Sie für ältere Gäste nur wenig fettkremhaltige Gebäcke ein, dafür mehr leichte und trockene Stückchen. Für Kinder sollten lustig hergerichtete Gebäcke (z. B. Mohrenköpfe) eingesetzt werden.

Für die Anordnung der Gebäckstückchen auf den Platten sollten Sie folgende Regeln beachten:

- *Verwenden Sie für festliche Anlässe entsprechende Platten. Decken Sie Pappschüsseln mit einer Papier-Spitzenunterlage ab.*
- *Kapseln Sie Gebäckstücke mit empfindlichen Seiten in Papier- oder Kunststoffmanschetten ein.*
- *Setzen Sie ein dafür ausgesuchtes Gebäckstück (mit quadratischer oder runder Form) mittig in das Zentrum der Bunten Platte. Üblich ist die strahlenförmige Anordnung der Teilchen um das Mittelstück. Aber auch andere Anordnungen können gefällig sein. Wichtig ist, dass das Gesamtbild nach Form und Farbe harmonisch wirkt.*

Beachten Sie, dass die von Ihnen ausgewählten Dekorteile zum Typ der Bunten Platte passen. Beispielsweise sind bei einer Bunten Platte für einen Kindergeburtstag lustige und abwechslungsreiche Dekorationen angebracht (wie Japanschirmchen und kleine Figuren). Diese werden von den Kindern gern als Erinnerung an das Fest mitgenommen.

Projekt: Produkte-Pass für Torten

Das Projekt umfasst die Planung und Durchführung der Arbeiten für einen Produkte-Pass für Standard-Torten.

Schwerpunkte sind der Bezug von Produktinformationen, die Beschaffung von Bildmaterial und das Formulieren von Verkaufsargumenten.

Die folgenden Aufforderungen sind lediglich Anregungen oder Leitlinien für die Umsetzung des Projekts.

Planung des Projekts

- *Legen Sie gemeinsam fest, auf wie viele Gruppen die Arbeit aufzuteilen ist. Am besten ist es, wenn jeweils eine Gruppe für eine spezielle Tortengattung zuständig ist. Bestimmen Sie die zu beschreibenden Torten.*
- *Entwickeln Sie gemeinsam Inhalte und Aussehen des Produkte-Passes. Folgende Inhalte kommen in Frage:*
  - *Farbabbildung der Torte,*
  - *Tortenbeschreibung (Aufbau, Zusammensetzung),*
  - *Benennung enthaltener Zusatzstoffe,*
  - *gebäcktypbezogene Verkaufsargumente,*
  - *Zusatznutzen,*
  - *Energiewert und Mindesthaltbarkeit*
- *Fertigen Sie Rohentwürfe des Torten-Passes an. Planen Sie den Druck der Dateikarte.*
- *Informieren Sie sich über die Abbildungsbeschaffung (mit Digitalkamera oder herkömmlicher Kamera).*

Durchführung des Projekts in Gruppenarbeit

- *Erkunden Sie, in welchen Verkaufsstellen die jeweils zu beschreibenden Torten angeboten werden.*
- *Fotografieren Sie die Torte im Anschnitt. Besorgen Sie für die Mitarbeiter/innen aller Gruppen jeweils einen Fotoabzug oder einen Farbdruck.*
- *Informieren Sie sich über die Zusammensetzung der Böden, Füllungen, Überzüge und Dekors.*
  - *Bitten Sie um Rezepte für Böden und Füllungen.*
  - *Versuchen Sie bei Verwendung von Halbfertig- oder Fertigprodukten herauszufinden, welche Stoffe (auch Zusatzstoffe) darin enthalten sind.*
- *Errechnen Sie den Energiewert für 100 g der Torten, die mit üblichen Zutaten hergestellt sind (Nährwerttabelle verwenden) oder bitten Sie die Hersteller verwendeter Backgrundstoffe (für Böden, Füllungen) um Angabe der Energiewerte.*
- *Erstellen Sie mit den ermittelten Angaben den Entwurf des Torten-Passes mit allen Inhalten.*

Gemeinsame Auswertung des Projekts

- *Besprechen Sie die erzielten Ergebnisse.*
- *Erarbeiten Sie gemeinsam einen End-Entwurf mit den in der Datei festgelegten Vorgaben.*
- *Erstellen Sie für die Beteiligten aller Gruppen die Pässe für die in Ihrer Gruppe erstellte Tortenbeschreibung.*

Produkte-Pass **Torten / Desserts**

Gattung: *Sahne(krem)torte*

Verkehrsbezeichnung: **Holländische-Käse-Sahnetorte**

Zusammensetzung

– Böden: *Mürbeteigunterboden, Blätterteigböden*

– Füllung: *Käse-Sahne-Füllung mit Pfirsichen*

– Aufmachung: *Deckboden aprikotiert, mit Fondant glasiert*

– Dekor: *Randeinstreuung mit gehackten Mandeln*

– Zusatzstoffe: *Emulgator, Guarkernmehl, modifizierte Stärke*

– Allergene: *Speisequark, Sahne, Weizenmehl, Sojalecithin, Vollei*

Verkaufsargumente: *rösche Böden, fein säuerlicher, fruchtiger Geschmack, mittelhoher Fettanteil, geringer Zuckeranteil*

Zusatznutzen: *Anerkennung der Gäste für die Besonderheit im Aussehen und in der Zusammensetzung*

Mindesthaltbarkeit: *2 Tage* **Energiewert:** *100 g = 1450 kJ*

Sortiment diätetischer Feiner Backwaren für die Ernährung bei Diabetes

Abgrenzungen

- *Zur Gruppe der „diätetischen Lebensmittel" gehören auch die folgenden Erzeugnisse: Kochsalzersatz, Lebensmittel für kalorienarme Ernährung zur Gewichtsverringerung sowie Lebensmittel für die Ernährung von Säuglingen und Kleinkindern.*
- *„Sportlernahrung", die sich durch einen besonders hohen Anteil an Vitaminen, Mineralstoffen und hochwertigem Eiweiß auszeichnet, kann auch als Diätnahrung eingestuft sein.*

Natriumarme Backwaren

Backwaren für Natriumempfindliche dürfen Natrium nur bis zu einer genau bestimmten Höchstmenge enthalten, und zwar:

- *bei Angabe „natriumarm" (auch ergänzt mit: „kochsalzarm") höchstens 120 mg Natrium pro 100 g des verzehrsfertigen Gebäcks,*
- *bei Angabe „streng natriumarm" (auch ergänzt mit: „streng kochsalzarm") höchstens 40 mg Natrium pro 100 g des verzehrsfertigen Gebäcks.*

Handlungsorientierte Aufgaben

Backwaren müssen für diätetische Zwecke den Anforderungen der Kostform entsprechen.

- *Stellen Sie die für eine Diät speziell geeigneten Backwaren listenmäßig zusammen.*
- *Erstellen Sie für diätetische Erzeugnisse Ihres Geschäfts einen Produkte-Pass.*

Sachverweis

*Über weitere **besondere Kostformen** können Sie sich auf der Seite 112 informieren.*

Diätetische Feine Backwaren

Diät, das ist nicht nur etwas zum Gewichtabnehmen. Vielmehr muss eine große Zahl von Menschen wegen angeborener oder erworbener Krankheiten täglich eine besondere Kost in Form einer Diäternährung einhalten. Dazu sind oftmals auch besondere Back- und Süßwaren erforderlich. Diese müssen in Zusammensetzung und Menge den Anforderungen der Diätform entsprechen.

*Die **diätetischen Lebensmittel** dienen den Erfordernissen für eine besondere Ernährung. Sie sind abgestimmt auf den vorgegebenen Ernährungszweck hergestellt. Sie unterscheiden sich maßgeblich nach Zusammensetzung und Eigenschaften von „Lebensmitteln des allgemeinen Verzehrs".*

Diätetische Lebensmittel: keine Heilmittel

Diätprodukte dürfen nicht angeboten werden mit Aussagen über die Linderung oder Heilung von Krankheiten. Auf der anderen Seite ist es nicht erlaubt, *Lebensmittel des allgemeinen Verzehrs* so anzubieten, dass dabei der Eindruck einer diätetischen Eignung entsteht.

Welche Aufgaben haben Sie als Fachverkäufer/Fachverkäuferin in diesem Zusammenhang?

Sie können Kunden kompetent über diätetische Backwaren beraten (und so auch neue Kunden gewinnen), wenn Sie

- die Diätformen kennen, bei denen besondere Back- und Süßwaren benötigt werden,
- die diätetischen Back- und Süßwaren in ihrer Zusammensetzung unterscheiden können,
- die lebensmittelrechtlichen Vorschriften zur Kennzeichnung der diätetischen Produkte anwenden können.

Diät für Natriumempfindliche

Diese Diät ist bei Bluthochdruck und bestimmten Erkrankungen der Nieren erforderlich. Wesentliche Ursachen des Bluthochdrucks sind Stress, Übergewicht und Ernährungsfehler. Weil der Blutdruck durch das im Kochsalz enthaltene Natrium erhöht wird, soll eine kochsalzarme Diät die medikamentöse Behandlung unterstützen.

Die Natriumempfindlichen können für ihre Diät „kochsalzarme" und „streng kochsalzarme" Gebäcke nutzen. Für diese Erzeugnisse dürfen anstelle von Kochsalz bestimmte Zusatzstoffe als „Kochsalzersatz" verwendet werden. Beim Anbieten der damit hergestellten Gebäcke ist außer den sonst vorgeschriebenen Kennzeichnungen (➡ Seite 384) die Angabe „mit Kochsalzersatz" erforderlich.

Diät bei Zöliakie

Mit Zöliakie (= Sprue) wird die Unverträglichkeit von Getreideeiweiß (= Gluten) bezeichnet. An Zöliakie leidende Menschen können die herkömmlichen Gebäcke mit Mahlerzeugnissen von Roggen, Weizen, Hafer oder Gerste nicht vertragen.

Einige Backbetriebe haben sich auf die Herstellung von glutenfreien Backwaren spezialisiert. Diese sind anstelle der Getreidemehle mit Mais-, Reis- oder Kartoffelstärke und Quellstoffen hergestellt.

Wenn in Ihrem Geschäft keine glutenfreien Backwaren angeboten werden, sollten Sie andere Bezugsquellen benennen können.

Diät bei Zuckerkrankheit

Die für das Angebot der Bäckerei und Konditorei wichtigste Diätform ist die Diabetes-Diät. Die Zuckerkrankheit (= Diabetes mellitus) ist als eine „Wohlstandskrankheit" weit verbreitet. Wegen der besonderen Bedeutung von Back- und Süßwaren in der Diät für die Zuckerkranken sollen an diesem Beispiel wichtige Grundlagen für den Verkauf von Diätbackwaren verdeutlicht werden.

Zuckerkranke (= Diabetiker) leiden an einer Stoffwechselkrankheit. Sie können die mit der Nahrung aufgenommenen Zuckerstoffe nicht so regulieren, wie sie der Körper braucht. Bei einem (kleineren) Teil der Diabetiker wird durch tägliches Spritzen des *Hormons Insulin* der Blutzuckerspiegel reguliert. So sind die Folgen der Krankheit beherrschbar. Viele Diabetiker müssen sich aber diätetisch ernähren.

Als Grundsätze der Diabetiker-Diät gelten:

- Die Gesamtmenge an Energie in der täglichen Nahrung muss gesenkt werden, weil Diabetiker ein Übergewicht vermeiden müssen.
- Der Zuckerstoffanteil der täglichen Nahrung muss begrenzt werden.

Feine Backwaren für Diabetiker

Für den Frischverkauf oder den Verzehr an Ort und Stelle eignen sich vor allem Gebäcke mit hohem Anteil an Obst und Milchprodukten, zum Beispiel: Käse-Sahnetorte, Joghurt-Sahne-Desserts, Quarkkuchen und Kirschkuchen oder Apfelkuchen.

Für haltbare Diätgebäcke sind im Rezept abgewandelte Gebäcke wie Stollen, Sandkuchen, Mürbeteig- und Biskuitgebäck geeignet.

Nicht geeignet sind Gebäcke, deren Genusswert wesentlich durch die Zuckerauflage oder durch eine karamellisierte Zuckermasse bestimmt ist, beispielsweise Zucker- oder Bienenstichkuchen.

Zusammensetzung von Diätgebäcken für Diabetiker

Zuckerkranke wünschen Produkte, die im Aussehen und Geschmack den üblichen Gebäcken ähnlich sind.

Anforderungen an diätetische Back- und Süßwaren für Diabetiker:

- *Die Fett- und Alkoholgehalte der Diäterzeugnisse dürfen nicht höher sein als in vergleichbaren Lebensmitteln für normalen Bedarf.*
- *Für Brot gilt ein maximaler Brennwert von 840 kJ (200 kcal) je 100 g Brot; für Feine Backwaren gibt es eine solche Begrenzung nicht.*
- *Der rezepturmäßige Einsatz von Trauben-, Milch-, Malz-, Rohr- und Rübenzucker, Invertzucker, Maltodextrinen und Glucosesirup zu den Teigen und Massen für Diabetiker-Produkte ist verboten.*
- *Der Brennwert sollte so gering wie möglich gehalten sein, so dass die Produkte einen Beitrag zu einer energiereduzierten Ernährung leisten können.*
- *Der indirekte Zusatz an belastenden Zuckern zu Teigen und Massen (zum Beispiel durch kandierte Früchte und zuckerreiche Rohmassen) sollte so weit wie möglich eingeschränkt werden.*

Zuckeraustauschstoffe sind unterschiedlich hinsichtlich der Süßkraft, Vergärbarkeit und Bräunung beim Backen. Beispielsweise hat Fructose eine hohe Süßkraft, während Sorbit nur wenig süßt. Diätgebäcke für Diabetiker werden darum mit verschiedenen Zuckeraustauschstoffen in Mischungen und/oder unter Verwendung von Süßstoffen hergestellt (➟ nebenstehende Informationen).

Hinweise

*Über die **Zuckerkrankheit** können Sie sich auf der Seite 112 informieren.*

Weitere Informationen finden Sie auf der CD-ROM zu diesem Buch.

Diätbackwaren für Gesunde?

Etliche diätetische Lebensmittel sind aufgrund ihrer geforderten Zusammensetzung nicht sehr schmackhaft.

Die Herstellung der für Zuckerkranke geeigneten Produkte kann heute mit Austausch- und Süßstoffen so gut erfolgen, dass die Back- und Süßwaren im Aussehen, im Geschmack, Geruch und ihren sonstigen Qualitätsmerkmalen denen des normalen Sortiments absolut gleichwertig sind.

Die für Diabetiker geeigneten Back- und Süßwaren sind somit auch für gesunde, ernährungsbewusste Verbraucher eine gute Alternative zu herkömmlichen Produkten. Für die Kunden wird das Angebot noch interessanter, wenn es neben den Backwaren auch andere Diätartikel umfasst.

Zuckeraustauschstoffe für Diabetes-Diät

Zuckeraustauschstoffe sind Süßungsmittel. Mit Ausnahme der Fructose sind es chemisch gesehen so genannte „Zuckeralkohole". Im Gegensatz zu den üblichen Zuckerarten werden Zuckeraustauschstoffe vom Organismus langsamer aufgenommen. Sie belasten auch deutlich weniger den Insulinhaushalt des Körpers als der übliche Haushaltszucker. Deshalb eignen sich Zuckeraustauschstoffe für die Diät von Diabetikern.

*Zugelassene Zuckeralkohole sind **Sorbit, Mannit, Isomalt, Maltit, Lactit** und **Xylit**.*

***Fructose (Fruchtzucker)** ist ein Einfachzucker. Bei der Backwarenherstellung ist zu beachten, dass er hohe Süßungskraft hat (Rübenzucker = 100, Fruchtzucker = 120).*

***Xylit** hat die gleiche Süßkraft wie Rübenzucker. Dagegen haben **Sorbit** und **Mannit** nur etwa die Hälfte davon.*

Süßstoffe für Diätgebäcke

***Acesulfam-K, Aspartam, Cyclamat, Neohesperidin** und **Sacchrin** sind zugelassene Süßstoffe für Lebensmittel im Rahmen der Diabetes-Diät. Sie sind ohne Nährwert. Ihre Süßkraft beträgt ein Vielfaches von der des Rübenzuckers.*

Kennzeichnungsbeispiel
für diätetische Backwaren

Bäckerei-Konditorei Kurt Kramer
99999 Überallstadt, Telefon 04321 – 5678

Diätsandkuchen
– mit Süßungsmitteln –
zur besonderen Ernährung bei
Diabetes mellitus im Rahmen eines Diätplans

100 g enthalten:

verwertbare Kohlenhydrate	=	36 g	
– davon Sorbit	=	12 g	*)
Fett	=	21 g	
Eiweiß	=	6 g	

Physiologischer Brennwert
je 100 g = 1 920 Kilojoule (= 453 Kilokalorien)
*) kann bei übermäßigem Verzehr abführend wirken

Zutaten: Weizenmehl, Vollei, Sorbit, Margarine, Weizenstärke, Milch, Backtriebmittel (Natriumphosphat, Natriumhydrogencarbonat), Kochsalz, Süßstoff (Cyclamat), natürliche Aromastoffe

Mindestens haltbar bis: 5.12.

Gewicht: 250 g

Preis: (kann auf Schild neben der Fertigpackung ausgewiesen sein)

Informationen zur Verkaufsberatung

*Häufige Begleiterscheinungen der Diabetes bei älteren Menschen sind **Übergewicht** und **Störungen im Fettstoffwechsel** (z. B. erhöhte Triglyzerid- und Gesamtcholesteringehalte im Blut als Gefährdung des Gefäßsystems). Hier helfen speziell die folgenden Änderungen in der Ernährung und den Umfeldbedingungen.*

Diese Bedingungen sollten Sie kennen:

- *Normalisierung des Körpergewichts*
- *Steigerung der körperlichen Aktivität durch regelmäßige Belastungen (Bewegungs- und Sport-Therapie)*
- *Gemischte Kost und Vollwertigkeit der Nahrung mit 35 g Ballaststoffen pro Tag*
- *Tägliche Energie aus Fettaufnahme unter 30 %, davon*
  - *gesättigte Fettsäuren unter 10 %,*
  - *ungesättigte Fettsäuren über 10 %*
- *Tägliche Energie aus Kohlenhydrataufnahme von 55 % bis 60 %, dabei*
  - *überwiegend hochaufgebaute Zuckerstoffe,*
  - *bevorzugt die „langsam-resorbierbaren" Anteile*
- *Tägliche Cholesterinaufnahme mit der Nahrung unter 300 mg*
- *Weitgehender Alkoholverzicht*
- *Kochsalzarme Ernährung (nur bei erhöhtem Blutdruck und/oder Natriumempfindlichkeit)*

Bereitstellung von Diätprodukten zum Verkauf

Zuckerkranke können allgemein beim Einkauf nicht auf herkömmliche Gebäcke zurückgreifen. Deshalb ist die dauernde Bereitstellung eines Mindestsortiments an Diätgebäcken für Diabetiker erforderlich, wenn man diese Kunden nicht verlieren will. Durch das Angebot zum Frosten geeigneter Gebäcke ist die Vorratshaltung und das Frischeangebot zu jeder Zeit möglich. Gezielte Werbemaßnahmen in Verbindung mit Verkaufsaktionen führen zu Umsatzgrößen, die ein breiteres Sortiment an Diätgebäcken ermöglichen.

Diätetische Backwaren dürfen grundsätzlich nur in Fertigpackungen abgegeben werden. Ausnahmen bestehen
– für den Verzehr an Ort und Stelle (Abgabe im Café) sowie
– für frische Backwaren zur Diabetes-Diät.

Als frische Backwaren gelten solche Produkte, die üblicherweise am Herstellungstag verzehrt werden.

Beispiele für Backwaren zur Diabetes-Diät

- *Joghurt-Sahne-Desserts dürfen unverpackt angeboten werden.*
- *Sandkuchen dürfen nur in Fertigpackung angeboten werden.*

Diätetische Backwaren sind kennzeichnungspflichtig

Bei der Bereitstellung von *Diätprodukten* zum Verkauf müssen Sie spezielle Kennzeichnungsvorschriften beachten. Für in *Fertigpackungen* ausgestellte Diätprodukte sind zusätzlich die Kennzeichnungen nach der Lebensmittelkennzeichnungs-Verordnung (LMKV) vorzunehmen (➞ nebenstehendes Kennzeichnungsbeispiel).

Beispiele für Kennzeichnungen bei Diätbackwaren

Bei der Bereitstellung von Diätbackwaren für die Diabetes-Diät zum Verkauf müssen Sie folgende Kennzeichnungen vornehmen:

- Angabe des besonderen Ernährungszwecks, zum Beispiel: *„Diätsandkuchen zur besonderen Ernährung bei Diabetes mellitus im Rahmen eines Diätplans"*
- Angabe des Gehalts an Kohlenhydraten, Fetten, Eiweißstoffen pro 100 g des Lebensmittels in Gramm oder in Prozent
- Angabe des Brennwerts für 100 g des fertigen Lebensmittels mit *„... Kilojoule (...Kilokalorien)* oder *...kJ (...kcal)"*
- Angabe *„mit Süßungsmittel(n)"* in Verbindung mit der jeweiligen Verkehrsbezeichnung bei der Verwendung von Zuckeralkoholen oder Süßstoffen; wird gleichzeitig Fruchtzucker verwendet, ist anzugeben: *„mit einer Zuckerart und Süßungsmittel(n)"*
- Angabe verwendeter Zuckeraustauschstoffe (z. B. Fructose und Sorbit oder Maltit) in Gramm pro 100 g Gebäck
- Hinweis bei der Angabe eines Alkoholgehalts in Volumenprozenten: *„Nur nach Befragen des Arztes"*
- Hinweis bei einem Gehalt von mehr als 10 % Zuckeralkoholen im Gebäck: *„Kann bei übermäßigem Verzehr abführend wirken"*
- Hinweis bei der Verwendung des Süßstoffs Aspartam: *„Enthält eine Phenylalaninquelle"*

Zusätzlich zu der Angabe der Zuckeraustauschstoffe kann diejenige Menge des Diätgebäcks ausgewiesen werden, die einer Broteinheit (BE) entspricht. Als Broteinheit gilt die Menge eines Lebensmittels, die 12 g Kohlenhydrate enthält (einschließlich Sorbit und Xylit).

SÜSSWAREN IM VERKAUF

Situationsaufgabe:

In Ihrer Verkaufsstelle werden verschiedene Arten von Süßwaren und Knabberartikeln angeboten. Dabei handelt es sich sowohl um Produkte aus eigener Herstellung als auch um Handelswaren des Zusatzsortiments.

- ➤ *Sie sollen Süßwaren für die Kundenberatung nach Art und Zusammensetzung unterscheiden.*
- ➤ *Sie sollen Süßwaren verkaufsfördernd präsentieren und dabei ihre Qualitätsmerkmale sichern.*
- ➤ *Sie sollen optimale Bedingungen für Impulskäufe von Süßwaren und Knabberartikeln gestalten.*

Süßwaren: was sie im Angebot interessant macht

Die Mehrzahl der Verkaufsstellen von Bäckereien/Konditoreien führt Süßwaren in ihrem Sortiment. Vor allem in Saisonzeiten für Süßwaren (z. B. Ostern und Weihnachten) ist das Angebot breit gefächert. Einige Bäckereien/Konditoreien bieten auch Süßwaren aus eigener Herstellung an. Im Angebot hochwertiger Frischpralinen sind Konditoreien sogar marktführend. Bei Verkaufsstellen mit der Bezeichnung „Confiserie" (= Zuckerbäckerei) können Verbraucher mit einem breit gefächerten Sortiment an Schokolade-, Nugat- und Marzipanwaren rechnen.

Daran ist ersichtlich, wie unmittelbar das Sortiment das Handlungsfeld der Fachverkäufer/Fachverkäuferinnen bestimmt. Für die Bereitstellung und den Verkauf von Pralinen und anderen Süßwaren sind fachliche Kenntnisse und Fertigkeiten nötig.

Süßwaren: was sie kennzeichnet

„Süßwaren" ist die Gruppenbezeichnung für die Lebensmittel, die Zucker oder Zuckerarten als wesentliche Bestandteile enthalten.
Im Unterschied zu süßen Gebäcken
– enthalten sie im Regelfall keine Getreideerzeugnisse,
– sind sie ohne Backprozess hergestellt.

Zu den ***Süßwaren*** *zählen insbesondere*
– Schokolade und Schokoladewaren,
– Marzipan- und Nugatwaren sowie
– Zuckerwaren.

Auch die *Knabberartikel* werden den Süßwaren zugeordnet. Begründet ist das durch die ähnlichen Verbrauchsanlässe.

Das Süßwarensortiment

Warengruppen:	*Erzeugnisbeispiele:*
Schokolade	*Schokolade, Schoko-Riegel, Pralinen*
Angewirkte Rohmassen aus Ölsamen	*Marzipan- und Nugatwaren*
Zuckerwaren	*Riegel, Karamellen und Kaugummi*

Marketing für ein Süßwaren-Sortiment

Viele Verkaufsstellen führen kein Süßwarensortiment wegen zu geringer Nachfrage.

Mit einem Marketing-Konzept ist der Aus- und Aufbau des Süßwarensortiments möglich. Das Konzept muss Antworten auf die folgenden Fragen geben:

- ➤ *Wie erzeugen wir die Nachfrage nach Süßwaren in unserer Verkaufsstelle?*
  Maßnahmen: Präsentation, Werbung, Verkaufsförderung, Preisgestaltung
- ➤ *Wie unterscheiden wir uns im Süßwarenangebot positiv von anderen Anbietern?*
  Maßnahmen: Angebote aus eigener Herstellung, hochwertige Qualität, Frischeprinzip, große Auswahl, fachliche Beratung

Schokolade und Schokoladewaren

Pralinen und andere Süßigkeiten sind die großen „Verführer" beim Bemühen um eine bewusst kalorienreduzierte Ernährung. Häufiger und unkontrollierter Genuss der fett- und zuckerreichen Schokoladewaren ist nicht zu empfehlen. Schokolade hat einen Energiewert von über 2000 kJ je 100 g. Aber der gelegentliche Genuss eines Stückchens Schokolade führt nicht gleich zu Übergewicht.

„Schokolade" ist die allgemeine Bezeichnung für die in massiver Form als Tafel-, Block- oder Riegelschokolade angebotenen Süßwaren.

„Schokoladewaren" sind die figürlich ausgeformten Schokoladen, Hohlfiguren, gefüllte Schokoladen und Pralinen.

Herstellung von Schokolade

Der Hauptrohstoff für Schokolade sind die Kakaobohnen. Das sind die Samen der großen, melonenartigen Frucht des Kakaobaums, der nur in den Tropen gedeiht. Ursprungsland des Kakaos ist Mexiko. Heute wird der Kakaobedarf überwiegend durch Einfuhren aus den Staaten der afrikanischen Westküste und aus Südamerika gedeckt.

Erst durch Fermentation und Rösten erhalten die Kakaobohnen ihre dunkle Farbe und ihr typisches Aroma. Die gerösteten Kakaokerne werden zermahlen. Die hier anfallende dickflüssige, dunkelbraune Kakaomasse ist das Ausgangsprodukt für die Weiterverarbeitung zu Kakaopulver und zu Schokolade.

***Schokolade** wird im Wesentlichen aus der Kakaomasse und/oder Kakaopulver sowie Zucker, ggf. auch mit Kakaobutter hergestellt. Je nach Sorte werden darüber hinaus zugesetzt: Milch, Sahne oder Trockenmilcherzeugnisse.*

Die Schokolade-Zutaten werden zerkleinert und in einem Walzwerk sehr fein zerrieben. Die Grundmasse wird in Rühr- und Reibsystemen (= „Conchen") veredelt. Dabei wird die Masse bis zu 24 Stunden gewendet, belüftet und temperiert. Erst auf diesem Wege entwickeln sich der edle Schmelz und das feine Aroma der Schokolade. Die fertige, temperierte Schokolademasse wird dann in Formen eingetäfelt. Das erstarrte Erzeugnis ist die Schokolade.

Beurteilungsmerkmale für Schokolade

Gemeinsames Merkmal von Schokolade ist die tiefbraune Farbe, der seidenmatte Glanz der Oberfläche und der schokoladentypische Geschmack. Die Schokolade ist bei kühlen Temperaturen hart und brüchig. Beim Verzehr soll sie im Mund zart schmelzen.

Die Zusammensetzung der Schokoladen bestimmt wesentlich die Qualität (Farbe, Süße, Genusswert). Darum werden Schokoladen nach der Höhe ihrer Anteile an Kakaobestandteilen sowie nach den Zutaten bezeichnet (➟ Randspalte). Anhand der Verkehrsbezeichnung ist somit ableitbar, was Sie den Kunden über Schokolade sagen können.

Gefüllte Schokoladesorten haben eine Füllung mit einem Überzug aus Schokolade. Der Anteil an Schokolade muss mindestens 25 % des Produkts ausmachen. Die wichtigsten Füllungen sind Nüsse, Mandeln, Früchte und kremige Fondant- und Honigzubereitungen. Gebäcke sind als Füllung ausgeschlossen; solche Erzeugnisse sind keine „Schokoladen".

Kakaopulver im Verkauf

***Kakaopulver** hat einen Kakaobutteranteil von mindestens 20 %. Dieser nur schwach entölte Kakao eignet sich für dunkelbraune Färbungen von Süßspeisen, Glasuren, Biskuit- oder Marmorkuchen. Kakaogetränke daraus sind abgerundet im Geschmack.*

Kakaopulver mit dem Zusatz in der Bezeichnung „stark entölt" oder „fettarm" enthält mindestens 8 % Kakaobutter. Fettarmer Kakao färbt nicht so intensiv und hat einen abgeschwächten Kakaogeschmack.

Sortenspezifische Merkmale von Schokoladen

Bezeichnung:	*Merkmale:*
• *Schokolade*	*mittelbraun, knackig, mind. 35 % Kakaobestandteile, mind. 18 % Kakaobutter*
• *Qualitäts-Schokolade*	*dunkelbraun, knackig, leicht bitter, mind. 43 % Kakaobestandteile, mind. 26 % Kakaobutter*
• *Haushalts-, Koch-, Block-schokolade*	*geringwertig, grießig im Schmelz, mind. 30 % Kakaobestandteile, mind. 18 % Kakaobutter*
• *Milch-schokolade*	*hellbraun, mild, weicher Bruch, mind. 25 % Kakaobestandteile, mit Milchpulverzusatz, mind. 14 % Milchtrockenmasse, mind. 25 % Gesamtfett*
• *Qualitäts-Milch-schokolade*	*mittelbraun, intensiver Schokoladegeschmack, mind. 30 % Kakaobestandteile, max. 50 % Zucker*
• *Sahne-schokolade*	*hellbraun, mild, weicher Bruch, mind. 25 % Kakaobestandteile, mit Sahnepulverzusatz, mind. 5,5 % Milchfett*
• *Halbbitter-Schokolade*	*tiefbraun, knackig-hart, bitter, mind. 50 % Kakaobestandteile, mind. 18 % Kakaobutter*
• *Weiße Schokolade*	*krem-weiße Farbe, mit Kakaobutter, Zucker, Sahne, Milch*
• *Gianduja*	*nugatähnliche Milchschokolade, mit gemahlenen und stückigen Haselnüssen*

Pralinen: eine Schokoladeware

Gefüllte Schokolade in mundgerechten Bissen und in edler Form, das sind die Pralinen. Die Füllungen bestehen aus hochwertigen Zutaten in raffinierten Zubereitungen. Viele Sorten haben auch ein aufgebrachtes Dekor (Spritzglasur, Kerne oder kandierte Früchte).

***Pralinen** sind bissengroße, gefüllte Süßwaren mit einem Anteil von mindestens 25 % Schokolade.*

Pralinensorten unterscheiden sich in vielerlei Hinsicht.
Wesentliche Merkmale der Sorten sind
- Form und Aussehen,
- Art der Füllung und der dementsprechende Geschmack.

Merkmale von Pralinen nach Art der Füllung

Bieten Sie in Ihrem Geschäft Pralinen aus eigener Herstellung an? Unterscheiden sich diese auch in ihrer Qualität von Pralinen aus der Süßwarenindustrie?

Handwerklich hergestellte Pralinen müssen nicht zwangsläufig besser sein als die industriell gefertigten. Für Pralinen aus eigener Herstellung sprechen jedoch gute Argumente (Tipps).

*Als **Füllungen** für Pralinen sind üblich:*
- *feste Füllungen wie Marzipan, Nugat, Krokant- und Mandelsplitter, Trockenfrüchte und kandierte Früchte;*
- *kremige Füllungen wie Fondant oder Trüffel mit Fruchtkonzentraten, Spirituosen, Nuss-, Mandelmassen oder Kaffee;*
- *flüssige Füllungen wie Weinbrand, Likör oder Obstbranntwein.*

Die Pralinen werden im Allgemeinen nach ihrer Füllung bezeichnet. Informieren Sie sich über die Füllungen der Pralinen in Ihrem Angebot. Wenn Sie diese im Verkaufsgespräch gut erklären können, wirkt sich das förderlich für die Kaufbereitschaft der Kunden aus.

Tipps für die Verkaufspraxis

Für Pralinen aus eigener Herstellung können Sie im Verkaufsgespräch gut argumentieren:
- *Unsere selbsthergestellten Pralinen sind ganz frisch. Sie besitzen noch das volle Aroma.*
- *Für unsere Frischpralinen verwenden wir beste Zutaten wie Butter und süße Sahne.*
- *Unsere Pralinen enthalten keine Zusatzstoffe, die sonst für Pralinen für längere Lagerzeit üblich sind.*
- *Unsere hausgemachten Pralinen in der Dekorpackung eignen sich hervorragend als Geschenk. Sie kommen allein schon wegen ihrer Einmaligkeit gut an.*

Merkmale von Pralinen nach Art der Herstellung

Nach der *Herstellungstechnik* werden Guss-Pralinen, Überzug-Pralinen, Hohlkörper-Pralinen und Zuckerkrusten-Pralinen unterschieden.

Guss-Pralinen sind aus Mischungen von Schokolade und anderen Geschmacksträgern in Formen oder Staniolkapseln ausgegossen. Typische Vertreter dieser Gruppe sind die Nugatpralinen.

Überzug-Pralinen haben eine feste Füllung (z. B. Marzipanmasse). Die geformten Pralinenkörper werden mit Kuvertüre überzogen.

Hohlkörper-Pralinen haben eine kremige oder flüssige Füllung. Die Schokolade-Hohlkörper werden zunächst in Formen oder Kapseln gefertigt. Diese Hohlkörper werden gefüllt und danach mit einem Deckel oder Pfropfen aus Schokolade verschlossen.

Im Angebot von Pralinen aus eigener Herstellung überwiegen die Hohlkörper-Pralinen. Viele Konditoreien beziehen dafür die fertigen Schokolade-Hohlkörper und füllen diese dann mit Zubereitungen nach ihren Hausrezepten.

Zuckerkrusten-Pralinen haben flüssige, oft alkoholische Füllungen (z. B. Weinbrandbohnen). Der Pralinenkörper besteht aus einer Zuckerkruste mit Schokoladenüberzug. Wegen der aufwändigen Herstellung wird dieser Pralinentyp selten angeboten.

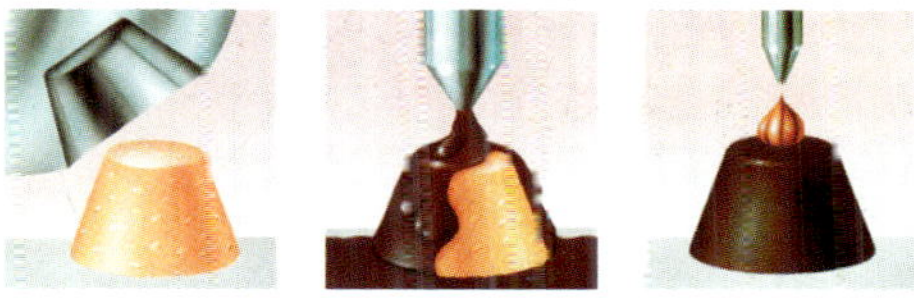

Herstellungsablauf für Überzug-Pralinen

Verarbeitung von Hohlkörpern zu Trüffel-Pralinen

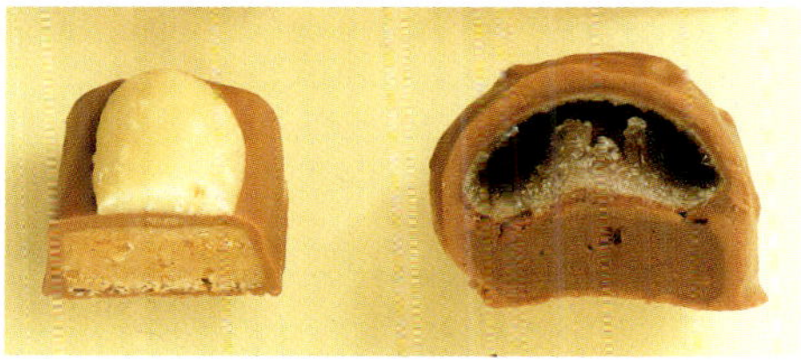

Überzug-Praline und Zuckerkrusten-Praline

Milch-, Sahne- und Bitterschokolade im Anbruch

Schwach conchierte Schokoladenmasse = grober Schmelz

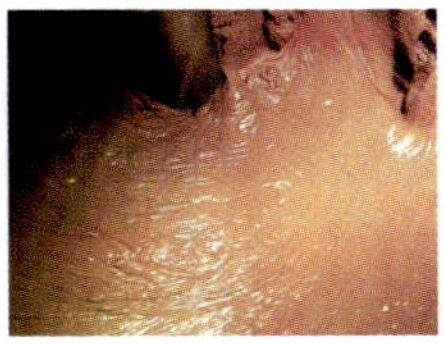

Kräftig conchierte Schokoladenmasse = zarter Schmelz

Lebensmittelrechtliche Bestimmungen

Schokolade und Schokoladewaren sind für den Verkauf auf der Verpackung, bei losen Erzeugnissen auf einem Schild daneben wie folgt zu kennzeichnen:

* *Verkehrsbezeichnung*
* *Art der Füllung (gilt nicht für Pralinen)*
* *Anteil der Kakaotrockenmasse (gilt nicht für gefüllte Schokolade und Pralinen)*
* *zugesetzte Aromen und Gewürze,*
* *Zusätze anderer Lebensmittel (bei Anteilen über 5 %)*
* *Hersteller mit Anschrift*

Hinweis

Der Schokolade dürfen bis zu einem Anteil von 5 % der Trockenmasse bestimmte pflanzliche Fremdfette zugesetzt werden. Diese Zusätze müssen kenntlich gemacht werden.

➤ *Beachten Sie dazu die Informationen auf der CD-ROM zu diesem Buch.*

Berechnungen

➤ *Errechnen Sie den Verkaufspreis für Tafelschokolade.*
Vorgegeben sind:
Einkaufspreis und Handelsspanne in %

➤ *Errechnen Sie den maximal annehmbaren Einkaufspreis für Tafelschokolade.*
Vorgegeben sind:
a) Verkaufspreis sowie Verkaufskosten, Risiko, Gewinn, Mehrwertsteuer in %,
b) Verkaufspreis und Handelsspanne in %.

Qualitätsmerkmale von Schokoladen und Schokoladewaren

„Ich mag lieber diese Bitterschokolade."

Solche Kundenaussagen machen deutlich, dass Schokoladen trotz gleicher Kakaoanteile in ihrer Qualität unterschiedlich sein können. Die Beschreibung von Schokoladen allein nach dem Kakaogehalt reicht für die fachliche Kundenberatung nicht aus.

***Qualitätsmerkmale** von Schokoladen sind im Wesentlichen:*

- *die Schokoladenfarbe,*
- *die Knackigkeit (Härte) beim Abbiss,*
- *die Geschmacksausprägung,*
- *der Schmelz im Mund beim Verzehr.*

Auf die Qualität der Schokolade haben Einfluss:

- die Güte der verarbeiteten Kakaobohnen
- die Dauer des Conchierens (➞ Mitte der Seite 448)
- der Anteil an Kakaobestandteilen sowie an Kakaobutter
- die eingesetzten Zutaten nach Art und Menge

Färbung und Härte von Schokoladen

Mit steigendem Kakaoanteil haben die Schokoladen eine zunehmend dunklere Färbung. Mit steigendem Milch- oder Sahneanteil werden die Schokoladen dagegen heller.

Die Härte der Schokoladen wird durch die Zusammensetzung und durch den Anteil an Kakaobestandteilen bestimmt. Je höher der Gehalt an Kakaobestandteilen und je geringer der Gehalt an Kakaobutter ist, desto härter sind die Schokoladen.

Folgende Schokoladensorten haben eine geringe Härte:

- Schokoladen mit niedrigem Gesamt-Kakaoanteil,
- Schokoladen mit hohem Kakaobutteranteil,
- Schokoladen mit Milch- oder Sahneanteil.

Geschmack und Schmelz von Schokoladen

Die Süße von Schokoladen steigert sich mit dem Zuckeranteil und sinkt mit einem zunehmenden Anteil an Kakaobestandteilen. Mit höherem Kakaogehalt verdeutlicht sich der Bittergeschmack der Schokoladen. Die Schokoladen werden in ihrer Verkehrsbezeichnung entsprechend gekennzeichnet: wie halbbitter, zartbitter, bitter oder herbbitter.

Der Schmelz von Schokoladen wird vom Gehalt an Kakaobutter und von der Conchierdauer bestimmt. Langes Conchieren (Reibung beim Rühren) verbessert die Fließfähigkeit. Diese wird beim Verzehr als zarter Schmelz empfunden. Edelschokoladen zeichnen sich nicht nur durch den höheren Anteil an Kakaomasse, sondern auch durch den besseren Schmelz aus.

Ernährungswert von Schokolade

Schokolade enthält etwa 50 % Zuckerstoffe und etwa 30 % Fett. Der Energiewert ist entsprechend hoch. Trotz ihres Gehalts an wertvollen Mineralstoffen, Vitaminen und anregenden Stoffen passt Schokolade nicht zur wünschenswerten Ernährung. Daraus folgt aber nicht, dass Sie Kunden vom Schokoladenkauf abraten müssten. Gelegentlicher Genuss eines Stückchens Schokolade ist weder gesundheitsschädlich noch ist er (alleinige) Ursache für Übergewicht.

Qualitätserhaltung von Schokoladen und Schokoladewaren

Wie alle anderen Lebensmittel verderben auch Schokoladewaren. Die Lagerfähigkeit ist von der Zusammensetzung der Schokoladen, der Füllung und von den Lagerbedingungen abhängig.

Ungefüllte Schokoladen behalten ihre Qualität bis zu einem Jahr. Die Haltbarkeit von Schokoladen wird aber herabgesetzt durch bestimmte Zutaten und Herstellungsverfahren.

Das gilt vor allem für Schokoladen oder Schokoladefüllungen
- mit Milch, Sahne, Butter oder Eigelb,
- mit Mandel- oder Nussmassen,
- mit Wasseranteil (z. B. in einer Rahmfüllung) oder mit Sauerstoffanteil (z. B. eingeschlagene Luft in einer Trüffel-Füllung).

Zuckerreif auf der Schokoladenoberfläche

Eine Kundin beschwert sich, dass die gekauften Pralinen überlagert gewesen seien. Die Pralinen hätten auf der Oberfläche grau-bläuliche Pünktchen.

Was kann der Grund dafür sein?

Normale Luftfeuchtigkeit hat keinen Einfluss auf die Lagerfähigkeit von Schokolade. Jedoch bei Temperaturschwankungen kann sich auf der Oberfläche der Schokolade etwas Kondenswasser bilden. Dieses löst den Zucker in den Schokoladegrenzflächen. Später beim Abtrocknen der Schokolade kristallisiert der Zucker wieder aus als grau-bläulicher Schleier (= *Zuckerreif* genannt).

Fettreif auf der Schokoladenoberfläche

Bei Raumtemperaturen bis 23 °C bleibt jede Schokolade fest. Bei Temperaturen ab 29 °C schmilzt sie. Beim Weichwerden tritt aus dem Schokoladegefüge die Kakaobutter aus. Beim Abkühlen der Schokolade wird diese als grauer Schleier sichtbar (= *Fettreif* genannt).

Zu warm gelagerte Schokolade (z. B. in der Nähe von Heizkörpern oder bei Sonneneinstrahlung) verliert schnell an Qualität. Dafür sind gefüllte Schokoladen und Pralinen besonders gefährdet. Die kremigen oder flüssigen Füllungen fließen aus den angeschmolzenen Teilen aus. Außerdem trocknen auch feste Füllungen ein bei zu warmer Lagerung. Erzeugnisse mit solchen Mängeln sind unverkäuflich.

Lagerbedingungen für Schokolade und Schokoladewaren

Eine gängige Regel für die Lagerung von Lebensmitteln lautet: „Je kühler, desto besser". Das trifft für Schokolade nicht zu. Denn bei Temperaturen unter 15 °C kommt es zur Kondenswasserbildung. Die Schokolade verliert ihren seidigen Glanz und bildet Zuckerreif.

Schokolade und Schokoladewaren müssen unbedingt vor direkter Sonnenbestrahlung und vor größeren Temperaturschwankungen geschützt werden. Günstig ist das Einhalten einer Lagertemperatur zwischen 15 °C und 18 °C.

Verkaufsstellen mit breitem Angebot an losen Pralinen lagern und präsentieren diese am besten in einer klimatisierten Pralinentheke. Die Theke bietet eine gleichbleibende Temperatur und Luftfeuchte, und sie schützt die Produkte vor nachteiligen Beeinflussungen.

Bildung von Zuckerreif durch zu feuchte Lagerung

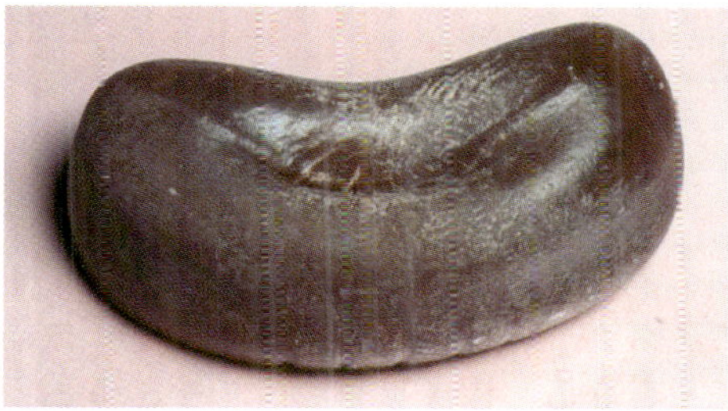

Bildung von Fettreif durch zu warme Lagerung

Ausgelaufene Pralinen durch zu warme Lagerung

Zum Nachdenken

In Pralinenpackungen der Süßwarenindustrie wird auf einem Beizettel darauf hingewiesen, dass grauer Belag auf den Pralinen eine natürliche Veränderung sei. Der Belag habe keinen Einfluss auf die Güte.

➤ *Beurteilen Sie, ob diese Information*
- *für die Käufer eine Hilfe darstellt,*
- *falsche Lagerung verschleiern soll,*
- *dazu beitragen soll, überlagerte Pralinen ohne Beanstandung absetzen zu können.*

Handlungsorientierte Aufgaben

➤ *Erstellen Sie sich Produktinformationen über die einzelnen Schokoladewaren im Sortiment Ihres Geschäfts.*

➤ *Erarbeiten Sie die Grundsätze zu einer Marketing-Aktion für Pralinen-Präsente.*

➤ *Formulieren Sie kurze Argumente für den Fall, dass Kunden die Qualität bei Ihnen gekaufter Schokoladewaren reklamieren (z. B. bei Zucker- oder Fettreif).*

Geschichte des Marzipans, dargestellt mit großen Marzipanfiguren im Lübecker Marzipanmuseum.

Aus Marzipan können figürliche Präsente geformt werden, die äußerlich haltbar gemacht werden.

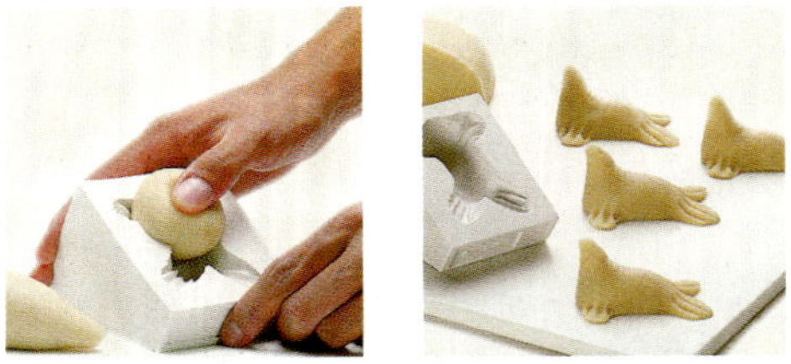

Ausformen von Marzipanfiguren mit Modeln

Geschminkte Marzipanwaren

Zum Unterscheiden

- ***Marzipanrohmasse:*** *Zubereitung aus 65 % Mandeln und 35 % Zucker; Grundmasse für Marzipan und Füllungen*
- ***Marzipan:*** *angewirktes Erzeugnis aus Marzipanrohmasse und höchstens der gleichen Gewichtsmenge Zucker*
- ***Marzipanwaren:*** *Formartikel aus angewirktem Marzipan*

Sachverweis

Persipanartikel *gelten als „nachgemachte Erzeugnisse". Über deren Herstellung und Kenntlichmachung können Sie sich informieren auf der Seite 178.*

Angebot an Süßwaren aus Rohmassen

Die wesentlichsten Süßwaren aus Rohmassen sind die Marzipan- und Nugatwaren. In vielen Verkaufsstellen werden in diesem Sortiment vor allem Industrieprodukte angeboten. Doch zu den Saisonzeiten (wie vor Ostern und Weihnachten) bieten viele Bäckereien und Konditoreien diese Waren auch aus eigener Herstellung an.

Marzipan und Marzipanwaren

Marzipan und Marzipanfüllmassen werden in Verkaufsstellen der Bäckereien und Konditoreien das ganze Jahr über angeboten,

- als Zutat von Feingebäcken (z. B. Makronen),
- als Abdeckung von Torten und Desserts (z. B. Petits Fours),
- als Füllung von Feinen Backwaren (z. B. Plundergebäck).

Marzipanwaren dagegen sind typische Saison-Süßwaren.

Marzipanwaren gibt es

- als stilisierte Gegenstände, Pflanzen, Tiere oder Gestalten;
- als Konfekt, Pasteten oder Formstücke;
- ungefärbt, gefärbt oder abgeflämmt;
- mit Schokoladen-, Fondantüberzug oder auch ohne Überzug.

Grundzüge der Herstellung von Marzipanwaren

Das Ausgangsprodukt für die Herstellung von Marzipanwaren in der Bäckerei und Konditorei ist die *Marzipanrohmasse*. Sie wird in Fabriken aus süßen Mandeln (mindestens 65 %) und Zucker (höchstens 35 %) hergestellt. Die feinst zerriebenen Mandeln werden mit dem Zucker abgeröstet (= erhitzt) und bearbeitet. Das Produkt daraus ist die feuchte, knetbare Marzipanrohmasse.

Modellieren von figürlichem Marzipan

Für figürliches Marzipan wird Marzipanrohmasse mit maximal der gleichen Gewichtsmenge Puderraffinade angewirkt. Die so gefestigte Masse wird unter Anwendung verschiedener Techniken geformt.

Solche Techniken sind

- das Ausstechen von Figuren aus ausgerolltem Marzipan,
- das Modellieren von Figuren mit der Hand und Spezialgeräten,
- das Ausdrücken von Figuren in Formen.

Wichtig für eine lange Haltbarkeit von Marzipanwaren sind hygienisch saubere Herstellung und Bevorratung. Andernfalls können die Produkte durch Gärprozesse blasig und an der Oberfläche rissig werden.

Dekorieren und Schminken von Marzipan

Viele geformte Marzipanwaren werden besonders hergerichtet:

- Figuren werden typisiert durch Zeichnungen mit Spritzschokolade oder Eiklar-Spritzglasur.
- Nachbildungen von Früchten werden mit Lebensmitteln (z. B. mit Kakao) oder mit Farbstoffen geschminkt.
- Zuckerarmes, feuchtes Marzipan wird im Ofen abgeflämmt.
- Figürliches Marzipan wird mit Dekormaterialien ergänzt (z. B. mit Schirmchen, nachgebildeten Pflanzenblättern).

Verschiedene Marzipanwaren werden mit Kuvertüre oder Fondant überzogen. Erzeugnisse ohne Überzüge werden mit Kakaobutter eingestrichen. Dadurch können sie nicht so schnell austrocknen.

Qualitätsmerkmale von Marzipanwaren

Verkaufsstellen mit einer großen Auswahl an Marzipanwaren aus der eigenen Herstellung verzeichnen vor Festtagen höhere Umsätze.

Es gibt gute Gründe für Marzipanwaren aus eigener Herstellung:

- Die Marzipanwaren zeichnen sich durch ihre Frische aus.
- Dieses Angebot an Marzipanwaren wiederholt sich bei keinem anderen Hersteller.

Die Güte der Marzipanwaren ist im Wesentlichen abhängig
– von der Qualität der verarbeiteten Mandeln für die Rohmasse,
– von der Menge des zugearbeiteten Zuckers beim Anwirken.

Je geringer der Zuckeranteil im Marzipan ist, desto höher ist die Güte des Marzipans.

Die Bezeichnung „Gütemarzipan" ist zulässig nach der allgemeinen Verkehrsauffassung, wenn der zugearbeitete Zuckeranteil nicht mehr als 60 Prozent der Rohmasse ausmacht.

Königsberger Marzipan – ein Gütemarzipan

Von anderem Marzipan unterscheidet sich *Königsberger Marzipan*
– in der Zusammensetzung (weniger Zucker),
– in den Formen und
– im Aussehen.

Der beim Anwirken zugesetzte Zuckeranteil liegt bei nur etwa 20 %. Die angewirkte Marzipanmasse ist deshalb besonders feucht. Ihre Formbeständigkeit wird erst durch das oberflächliche Abflämmen der geformten Marzipanwaren im Ofen erreicht.

Die durch das Abflämmen bedingte zartbraune Färbung der Oberseite ist das äußere Erkennungsmerkmal von Königsberger Marzipanwaren. Typisch ist auch ein Dekor mit kandierten Früchten.

Königsberger Marzipan wird als Konfekt, als Torte, als Formstück oder als Schmuckauflage (auf Torten) angeboten.

Königsberger Marzipan ist eine Gattungsbezeichnung. Der Name kann also für Marzipanwaren verwendet werden, wenn deren Qualität, das Verfahren der Herstellung und das Aussehen der allgemeinen Verkehrsauffassung über Königsberger Marzipan entsprechen.

Lübecker Marzipan – Gütemarzipan aus Lübeck

Lübecker Marzipan ist wegen seiner besonderen Güte weit bekannt. Äußeres typisches Merkmal ist die auffällig helle, kremweiße Farbe des Marzipans. Sie wird erreicht durch die Verarbeitung ausgesuchter, hochwertiger Mandelsorten.

Lübecker Marzipanwaren werden üblicherweise nicht geschminkt. Typisch sind stilisierte Figuren, Marzipanbrote, Marzipankartoffeln, Pasteten, Formstücke und in Modeln ausgeformte Teilchen.

Die besondere Güte der Lübecker Marzipanwaren ergibt sich
– aus der feucht-weichen Beschaffenheit
– aus der ausgewogenen Süße (durch geringen Zuckeranteil),
– aus der Geschmacksvielfalt der Füllungen (Früchte, Spirituosen und andere Geschmacksstoffträger).

Die Verkehrsbezeichnung „Lübecker Marzipan" ist eine geschützte geografische Angabe (= g.g.A.). Der Name darf nicht für ähnliche oder gleichartige Erzeugnisse anderer Herkunft verwendet werden.

Marzipanwaren aus eigener Herstellung

Tipps für die Verkaufsberatung

Beim Angebot von Marzipanwaren aus eigener Herstellung können Sie herausstellen:

- *Unsere Marzipanwaren sind garantiert frisch. Sie haben das volle Mandelaroma.*
- *Unsere weißen Marzipanwaren sind ohne Zusatzstoffe hergestellt.*
- *Unsere Marzipanwaren sind im Kern weich und nur von schwacher Süße.*
- *Unsere Marzipanwaren sind auf Bestellung nach Ihren Wünschen als besonders gestaltete Präsente lieferbar.*

Königsberger Marzipanwaren

Lübecker Marzipanwaren

Sachverweis

*Über den Schutz von regionalen **Herkunfts- und Ursprungsbezeichnungen** können Sie sich auf der Seite 78 informieren.*

Schnittnugat

Sachkurs:
Nugaterzeugnisse

Nugatkrem *ist eine Süßware ähnlich der Nugatmasse. Sie wird als Brotaufstrich, für Süßwaren oder als Waffelfüllung verwendet.*

Nugatkrem hat einen geringen Nuss- oder Mandelanteil, enthält zusätzlich andere Pflanzenfette und hat einen hohen Zuckeranteil. Üblich ist die Mitverwendung von Milchpulver und Sojamehl.

Weißer Nugat (= Nugat-Montélimar) *hat mit Nugat nichts gemeinsam. Es ist eine Schaumzuckerware aus gekochtem Zucker und Honig mit aufgeschlagenem Eiklar, dazu Mandeln, Nüsse, Pistazien und kandierte Früchte. Weißer Nugat wird scheibenweise verkauft.*

Als besonders hochwertig gilt Weißer Nugat aus der südfranzösischen Stadt Montélimar.

Ernährungswert von Nugat und Marzipan

Nugat- und Marzipanwaren enthalten zwischen 50 % und 65 % Zucker sowie zwischen 20 % und 25 % Fett. Der Energiewert liegt bei über 2 000 kJ je 100 g.

Diese Produkte sind wenig bekömmlich. Marzipan hat einen hohen Gehalt an Vitamin B_2; ist dennoch nur von geringem Wert für die Ernährung.

Kurz und bündig:
Süßwaren aus Rohmassen

- *Marzipanrohmasse wird aus Mandeln und Zucker hergestellt.*
- *Nugatmasse wird aus Nüssen und/oder Mandeln, Zucker und Kakaobestandteilen hergestellt.*
- *Königsberger Marzipan ist die Gattungsbezeichnung für abgeflämmtes Gütemarzipan.*
- *Lübecker Marzipan ist die geschützte Herkunftsbezeichnung für Gütemarzipan aus Lübeck.*
- *Marzipan- und Nugatwaren sind kühl und relativ trocken zu lagern.*

Angebot an Nugat und Nugatwaren

Das Angebot an Nugatwaren ist im Vergleich zu Marzipanwaren in den meisten Verkaufsstellen von Bäckereien und Konditoreien eher gering. Nugatmasse ist aber Bestandteil von vielen Feinen Backwaren: als Geschmacksträger in Füllmassen und in Krems, als Füllung von Teegebäcken, Desserts, Torten und Pralinen.

Handelsübliche Nugatwaren sind
- Nugatformartikel wie Ostereier, Riegel, Taler oder Pralinen,
- Schnittnugat oder Blocknugat (Abgabe erfolgt scheibenweise).

Grundzüge der Herstellung von Nugatwaren

Ausgangsprodukt für Süßwaren aus Nugat sind Nugatrohmassen. Sie bestehen aus Mandeln oder/und Nusskernen, Kakaobestandteilen und höchstens 50 Gewichtsteilen Zucker. Die gerösteten Ölsamen werden mit geschmolzenem Karamellzucker vermischt, nach dem Abkühlen zerrieben und dann mit Kakaoerzeugnissen fein gewalzt.

Je nach Art der verarbeiteten Ölsamen unterscheidet man:
- Nussnugatmasse (Nüsse als Ölsamen)
- Mandelnugatmasse (Mandeln als Ölsamen)
- Mandel-Nuss-Nugatmasse (Mandeln und Nüsse als Ölsamen)

Nugatwaren sind aus Nugatrohmasse und Zucker angewirkt, wobei Zucker höchstens in halber Gewichtsmenge der Rohmasse zugesetzt wird. Ein Teil des Zuckers kann durch Milch- oder Sahnepulver ersetzt sein. Demnach sind Nugatwaren als „Nugat", „Milchnugat" oder „Sahnenugat" zu unterscheiden. Nugatwaren werden durch Gießen in Formen hergestellt.

Qualitätsmerkmale von Nugatwaren

Grundsätzlich ist Mandelnugat höherwertiger als Nussnugat.

Der Geschmack von Nugatwaren wird geprägt
- durch die verwendeten Ölsamen,
- durch die Intensität des Röstens der Ölsamen,
- durch den Grad der Karamellisierung des Zuckers,
- durch Art und Menge der zugesetzten Kakaoerzeugnisse,
- durch Zusätze wie Milch- oder Sahnepulver.

Qualitätserhaltung von Marzipan- und Nugatwaren

Wegen des hohen Zuckeranteils haben die Erzeugnisse aus Marzipan und Nugat grundsätzlich eine lange Mindesthaltbarkeit. Sie wird aber begrenzt durch das Ranzigwerden der Ölsamenfette.

Fehler bei der Lagerung führen zu Qualitätsmängeln:
- Hohe Luftfeuchtigkeit führt zum Auslösen und Auskristallisieren von Zucker an der Oberfläche der Produkte.
- Niedrige Luftfeuchtigkeit führt zum Austrocknen der Produkte.
- Wärme beschleunigt das Gärigwerden sowie das Ranzigwerden von Fetten der Ölsamen.

Regeln für die Qualitätserhaltung von Marzipan- und Nugatwaren:
- Kühle Lagerung bei etwa 16 °C
- Lagerung bei ausgewogener Luftfeuchte
- Geschützte Lagerung vor Staub, Insekten und Fremdgeruch

Angebot an Zuckerwaren

Zu den Zuckerwaren zählen alle Süßwaren, die Zucker/Zuckerarten als wichtigen Bestandteil enthalten, aber nicht Schokolade-, Marzipan- oder Nugatware sind. Wegen ihrer Ähnlichkeit in der Angebotsform und im Verzehr werden auch einige zuckerärmere Artikel zu den Zuckerwaren gerechnet (z. B. Kaugummi).

Allgemeine Merkmale von Zuckerwaren

Gemeinsames Merkmal fast aller Zuckerwaren ist die starke Süße. Diese ist durch den sehr hohen Zuckeranteil bedingt. Der Geschmack wird zumeist durch karamellisierten Zucker und/oder durch zugesetzte Geschmacksträger bestimmt.

Zuckerwaren enthalten keine Getreideprodukte (mit Ausnahme von Lakritzen). Sie enthalten im Allgemeinen auch kein Fett und Eiweiß. Etwas Fett ist enthalten in Eiskonfekt, Weichkaramellen, Krokant, Riegelsorten und Produkten mit Schokoladen- oder Nugatüberzug.

Sortenspezifische Merkmale von Zuckerwaren

Die Zuckerwaren unterscheiden sich in ihrer Zusammensetzung, im Aussehen und im Geschmack.

Karamellen – ein Prototyp der Zuckerwaren

Karamellen sind die typischen Vertreter der Zuckerwaren. Sie sind aus gekochtem Zucker, Stärkesirup und Geschmacksstoffen hergestellt.

Hartkaramellen sind wasserarm und fettfrei in der Bonbonmasse. Sie sind glashart. Beim Verzehr zergehen sie langsam im Mund. Als Sorten zählen Frucht-, Malz-, Honig-, Anis-, Eukalyptus- und Mentholbonbons sowie Drops zu den Hartkaramellen.

Weichkaramellen enthalten Fett in der Bonbonmasse. Sie werden hergestellt mit einem Zusatz von Milch, Sahne, Kaffee-Extrakt oder Kakaoerzeugnissen, zum Beispiel als Sahnebonbons oder Toffees. Einige dieser Sorten haben einen Schokoladenüberzug.

Gummibärchen – ein Gummibonbon

Gummibärchen sind wegen ihres Geschmacks sehr beliebt. Merkmal dieser Zuckerware ist ihre fest-elastische Konsistenz. Die Bonbons werden aus Zucker, Glucosesirup, Gelierstoffen und zugesetzten Geschmacksstoffen hergestellt. Die meisten Erzeugnisse sind mit Farbstoffen gefärbt.

Gelee-Zuckerwaren sind den Gummibonbons ähnlich. Kennzeichen ist ihre weich-zarte, im Biss „kurze" Struktur. Sie werden zumeist als Nachbildungen von Früchten (z. B. Orangenscheiben, Bananen) mit gezuckerter Oberfläche angeboten. Die Gelee-Zuckerwaren enthalten einen geringeren Anteil an Gelierstoffen als die Gummibonbons.

Riegel – eine zusammengesetzte Süßware

Riegel bestehen aus einem weichen, zäh-festen oder knusprigen Körper mit einer Überzugsmasse (meistens aus Schokolade). Für die Riegelkörper sind Zubereitungen aus Kokosraspeln, Mandeln, Nüssen, Fruchtteilen und -massen, Honig, Kakao, Nugat, Milch, Sahne, Krokant, Karamell und/oder Gebäckeinlagen üblich.

Riegel ohne Gebäckkörper und mit mindestens 25 % Schokoladeanteil zählen zu den Schokoladewaren (= Schokoladenriegel).

Beispiele für Zuckerwaren

Zuckerwaren in der Übersicht

- ***Dragees*** .... kugel- oder linsenförmig, Schokoladen- oder Zuckermantel um einen festen Kern oder um eine flüssige Füllung
- ***Eis-konfekt*** .... pralinenähnliche Erzeugnisse; Kühleffekt durch Kokosfett (mit hoher Schmelzwärme)
- ***Fondants*** .... zähfeste bis weiche, zartschmelzende Erzeugnisse aus gekochtem Zucker; meistens kandiert oder mit Schokoladenüberzug (z. B. Kremhütchen)
- ***Karamellen*** .... (➡ Innenspalte)
- ***Geleeartikel*** ... (➡ Innenspalte)
- ***Kau-gummi*** .... unverdauliche Base aus Natur- oder Kunstgummi mit Zucker, Glucose, Geschmacksstoffen
- ***Kompri-mate*** .... Presslinge in Tablettenform aus Zucker und Geschmacksstoffen (z. B. Pfefferminz- oder Fruchtkomprimate)
- ***Krokant*** .... aus Karamellzucker mit gerösteten Nüssen/Mandeln (z. B. Blätterkrokant)
- ***Kanditen*** .... kandierte (verzuckerte) Früchte
- ***Lakritzen*** .... schwarze, zähfeste Produkte aus Süßholzextrakt, Zucker, Mehl, Glucosesirup und Geschmacksstoffen
- ***Riegel*** .... (➡ Innenspalte)
- ***Schaum-zucker-ware*** .... Waffeln mit stabiler Schaumfüllung (z. B. Mohrenköpfe) aus Zucker, Glucosesirup, Gelatine und Eiklar

Zum Nachdenken

Die Süßwarenindustrie betreibt intensive Werbung für verschiedene Riegel als geeignete Zwischenmahlzeit. Sie stellt für Riegel den besonderen Ernährungswert heraus, indem sie auf den Gehalt an Ölsamen oder an Milchpulver verweist.

➤ *Wie beurteilen Sie den Wert von Riegeln als Nahrungsmittel?*

Angebot an Knabbergebäcken

Wenn die Kunden Beilagen zum Bier oder Wein wünschen, sollten Sie ihnen Frisch-Erzeugnisse aus der eigenen Herstellung anbieten: Partybrötchen mit verschiedener Aufstreu (z. B. Mohn, Sesam, Kernen, oder Kümmel), Laugenkleingebäcke oder kleine Käsegebäcke aus Blätterteig oder Mürbeteig.

Wenn die Kunden Knabberartikel auf Vorrat wünschen, können Sie die üblichen Produkte in Fertigpackung anbieten: Kräcker, Erdnussflips, Laugengebäcke, Kartoffelchips oder Kerne.

Erdnussflips

Stapelchips

Allgemeine Merkmale von Knabbergebäcken

Die Knabbergebäcke unterscheiden sich in der Zusammensetzung und in der Herstellung erheblich voneinander. Wesentliches Merkmal aller Erzeugnisse ist ihre Eignung als Beilagengebäck zu kalten Getränken, insbesondere zu alkoholischen Getränken.

Dafür gibt es Gründe:

- Sie sind ohne Süße oder nur von schwacher Süße.
- Sie sind durstauslösend würzig oder salzig.
- Sie werden beim Verzehr durch die geringe Stückgröße und ihre brüchig-rösche Beschaffenheit als nicht belastend empfunden.

Ein weitere Gemeinsamkeit ist ihr hoher Energiewert: bei Kräckern etwa 2000 kJ, bei Erdnüssen sogar über 2400 kJ je 100 g.

Käsegebäck aus eigener Herstellung

Sortenspezifische Merkmale von Knabbergebäcken

Kräcker sind keksartige, zuckerfreie und meist nur schwach gelockerte Flachgebäcke. Durch wiederholtes Ausrollen und Falzen erhalten die Gebäcke ihre fein-brüchige Beschaffenheit.

Laugengebäcke zum Knabbern werden in Form trocken ausgebackener Salzstangen oder als kleine Brezeln angeboten. Es sind zuckerfreie Hefegebäcke, die vor dem Backen in Natronlauge getaucht sind (➞ Beschreibung auf Seite 276). Dadurch erhalten die Gebäcke ihre charakteristischen Merkmale: die tiefbraune, glänzende Farbe und den laugigen Geschmack.

Erdnussflips werden in Extrudern (= in Strangpressen) aus Maisgrieß hergestellt. Durch ein spezielles Heißverfahren unter hohem Druck entstehen die aufgeblähten Gebäcke. Die trockenen Flips werden mit Erdnussaroma gewürzt. In ähnlicher Weise werden die aufgeblähten *Kartoffelsnacks* hergestellt.

Erdnusskerne und Pistazienkerne (in der Schale)

Kartoffelchips sind dünne, im Fettbad geröstete Kartoffelscheiben. Sie sind gesalzen und unterschiedlich gewürzt.

Kerne wie Erdnüsse, Cashewkerne, Pistazien oder Mandeln werden meistens geröstet und gesalzen als Knabberartikel angeboten.

Tipps für die Verkaufspraxis

- *Informieren Sie Ihre Kunden*
  - *über den besonderen Genuss von frischem Käsegebäck als Beilage zu Wein und Bier,*
  - *über die Eignung von Käsegebäck als Beilagen (z. B. zu Suppen und Vorspeisen).*
- *Bieten Sie die Lieferung ofenfrischer Käsegebäcke zu Partys und anderen Anlässen an.*
- *Informieren Sie Kunden über den schnellen Qualitätsverlust von Knabberartikeln in angebrochener Packung.*

Qualitätserhaltung von Knabbergebäcken

Knabberartikel werden luft- und wasserdampfdicht verpackt in den Handel gebracht. Diese Produkte sind nämlich empfindlich gegenüber Feuchtigkeit und Luftsauerstoff. Für das Ranzigwerden anfällige Kerne werden auch in Vakuumverpackung angeboten. In der unbeschädigten Packung lassen sich Knabberartikel je nach Produkt zwischen vier und acht Monate lang lagern.

Die Packungen können bei Raumtemperatur zum alsbaldigen Verkauf vorrätig gehalten werden. Ansonsten sind sie kühl zu lagern.

Bereitstellung von Süßwaren zum Verkauf

Das Süßwarenangebot muss geplant sein. Dabei ist es wichtig, dass das Sortiment standortabhängig angelegt ist:

- In der Nähe von Schulen für kleine Kinder ist ein breites Angebot auch einfacher Süßwaren gefragt, zum Beispiel mit Brauseartikeln, Lutschern, Gummibonbons und Kaugummis.
- In der Nähe von Büros oder Schulen sind eher Riegel gefragt.

Die Nachfrage für bestimmte Süßwaren kann gezielt gefördert werden, beispielsweise durch Sortimentsgestaltung, Präsentation, Werbung, Verkaufsförderung und Preisgestaltung.

Durch Angebote von Süßwaren aus der betriebseigenen Herstellung in hochwertiger Qualität sowie unter Beachtung des Frischeprinzips können Verkaufsstellen der Bäckerei und Konditorei zu frequentierten Süßwaren-Spezialisten aufsteigen.

Beratung beim Verkauf von Süßwaren

Beim Einkauf von Süßwaren ist der Beratungsbedarf der Kunden groß. Im Allgemeinen bestehen bei ihnen nur wenig konkrete Vorstellungen über die Warengruppe, aus der die Auswahl zu treffen ist.

Füllung – auf die kommt es an

Beim Kauf von Schokolade ist zunächst die Geschmacksrichtung zu erfragen (z. B.: „...lieber herb oder eher mild?" oder „...lieber gefüllt oder mit Einlage?").

Hilfreich zur Erklärung von Preisunterschieden sind Informationen über den Kakaoanteil und den Schmelz der Schokolade.

Beim Kauf von Pralinen ist es wichtig, die Füllung herauszustellen und zu erklären (z. B.: „Die Trüffel haben eine kremige Füllung aus Sahne und Schokolade" *oder* „Diese Sorte ist mit Likör gefüllt, und zwar mit dem Orangenlikör Cointreau").

Ernährungswert – bei Süßwaren problematisch

Der Zuckergehalt in den Süßwaren ist grundsätzlich hoch. Darum gelten sie als „Dickmacher" und als „ungesunde Nahrung".

Welche Beratungsmöglichkeiten bestehen bei Vorbehalten?

Sie können solche Produkte anbieten, die Süßungsmittel anstelle von Zucker enthalten. Allerdings sollten Sie auf die abführende Wirkung bei größerer Verzehrsmenge hinweisen. Mit Zuckeraustauschstoffen hergestellte Produkte können Sie anbieten, wenn die Kunden aus Sorge vor Karies (Zahnfäule) zuckerhaltige Süßwaren ablehnen.

Einige Erzeugnisse wie Riegel, Schnitten oder Formwaren enthalten zusätzlich Milchpulver, Milcheiweiß, Milchzucker und Molkeprodukte. In der Werbung weisen die Hersteller solcher Produkte oft auf deren besonderen Ernährungswert hin. Sie können Ihre Kunden auf diese Warenmerkmale aufmerksam machen, auch auf die *allergene Wirkung* dieser Zusätze. Doch auf Betonung eines erhöhten Ernährungswerts sollten Sie wegen des geringen Anteils an Milchprodukten im Verhältnis zum Zuckeranteil verzichten.

Gerechtfertigt ist es dagegen bei der Verkaufsberatung, auf einen hohen Gehalt der Süßwaren an Nüssen und Kokosraspeln oder an sonstigen Ölsamen hinzuweisen (z. B. bei Müsli-Riegeln). Dieser Gehalt reduziert den Zuckeranteil und erhöht den Ernährungswert.

Präsentation von Pralinen in der Klimatheke

Vorbehalte gegen Süßwaren

Gegenüber Süßwaren bestehen oft Vorbehalte. Häufige Einwände sind zum Beispiel:

– Süßwaren verursachen Karies,
– Süßwaren machen zuckersüchtig,
– Süßwaren machen zuckerkrank,
– Süßwaren führen zu Übergewicht.

➤ *Informieren Sie sich bei kompetenten Adressaten darüber, inwieweit solche Ansichten richtig sind.*

➤ *Entwickeln Sie sachlich zutreffende Argumente und Redewendungen, die aber nicht belehrend für die Kunden wirken.*

Handlungsorientierte Aufgaben

➤ *Nehmen Sie in Ihre Produkte-Datei die Süßwaren und Knabberartikel auf.*
  - *Erfassen Sie die in Ihrem Geschäft angebotenen Süßwaren und Knabberartikel.*
  - *Ordnen Sie die Datei nach Untergruppen wie Schokoladewaren, Marzipanwaren, Nugatwaren, Zuckerwaren und Knabberartikel.*
  - *Geben Sie die wesentlichen Merkmale für Süßwaren an wie Überzug, Füllung und Hauptzutaten.*
  - *Geben Sie für Knabberartikel den Gebäcktyp, die Hauptzutaten und Besonderheiten der Herstellung an.*
  - *Notieren Sie die Mindesthaltbarkeit.*

➤ *Entwickeln Sie für die verschiedenen Süßwaren Verkaufsargumente.*

Umgang mit Speiseeis

Für den fachgerechten Umgang mit Speiseeis benötigen Sie auch Grundkenntnisse über dessen Herstellung.

***Speiseeis** ist eine Zubereitung aus Flüssigkeiten, Süßungsmitteln und geschmacksgebenden Zutaten sowie Bindemitteln, die durch einen Gefrierprozess in einen starren Zustand gebracht sind.*

Zutaten für Speiseeis

Grundzutaten für die meisten Speiseeissorten sind Zucker, Vollmilch, Sahne, Eier, Geschmacksträger und Bindemittel. Auch Buttermilch und Sauermilch oder Joghurt werden eingesetzt. Für Fruchteis sind neben oder anstelle Milch frisches Obstfruchtfleisch und Obsterzeugnisse als Zutat üblich. Als Obsterzeugnisse sind Obstsaft, Obstmark, Konfitüre, Marmelade, Gelee und Obstsirup geeignet.

Andere *Geschmacksträger* sind Schokolade, Kakao, Kaffee, Mandeln, Nüsse, Pistazien, Rohmassen von Ölsamen, Gewürze und Aromen.

Für die Bindigkeit werden *Zusatzstoffe* wie Pektin, Gelatine, Carrageen, Alginate, Agar-Agar, Johannisbrot- und Guarkernmehl zugefügt.

Herstellung und Bereitstellung von Speiseeis

Der *Speiseeisansatz* (die Zubereitung) wird vor dem Gefrieren erhitzt (= pasteurisiert), um den Keimgehalt im Speiseeis niedrig zu halten. Der Ansatz muss danach schnell gekühlt werden.

Die gekühlten, kremigen Zubereitungen werden in einem tiefgekühlten, rotierenden Kessel langsam und dünnschichtig an der Kesselwandung ausgefroren. Der gefrorene Anteil wird ständig von der Kesselwandung abgestreift und wieder in die Masse gemischt. So wird die gewünschte Konsistenz je nach Zuckeranteil zwischen -9 °C und -16 °C erreicht.

Speiseeis wird in *tiefgekühlten Konservatoren* vorrätig gehalten. Darin muss die Temperatur bei -18 °C oder darunter liegen. Zum baldigen Verkauf vorgesehenes Speiseeis sollte schwach über der Temperatur seiner Herstellung bereitgestellt werden, zum Beispiel:
- Herstellungstemperatur: -15 °C,
- Bereitstellungstemperatur: -13 °C.

Qualitätsmerkmale von Speiseeis

Neben dem *Geschmack* ist die *Konsistenz* ein wichtiges Kriterium für die Qualität von Speiseeis. Beim Verzehr sollte das Speieeis zart auf der Zunge schmelzen. Eine körnige Beschaffenheit als Folge von zu grob auskristallisiertem Eis gilt als Mangel.

Der *Schmelz* von Speiseeis wird bestimmt
- von dem Milchfettanteil,
- von der Bindigkeit vor dem Gefriervorgang (= Grad der Fettverteilung, der Wassereinlagerung, der Zuckerfeinverteilung),
- von der Dünnschichtigkeit der Eismasse bei ihrem Gefrieren und der Intensität des Wiedereinmischens in die noch ungefrorene Masse,
- von der Schwellung (= Volumenzunahme beim Gefrieren).

Temperaturschwankungen, Erweichen und erneutes Gefrieren bei der Bereitstellung von Speiseeis müssen vermieden werden. Durch das „Nachhärten" leidet der Schmelz.

Softeis – was ist das?

Softeis ist ein weiches Speiseeis (soft = weich). Es wird in Softeis-Automaten nach dem Durchlauf-Freezer-System auf etwa -6 °C ausgefroren. Beim Gefrieren wird Luft eingebracht. Dadurch bekommt Softeis seinen zart-weichen Schmelz.

Hygienevorschriften für den Verkauf von Softeis

- *Nahe des Geräte-Stellplatzes muss fließendes Trinkwasser zur Verfügung stehen.*
- *Die Herstellung des Mixansatzes darf nur in geeigneten, gewerblichen Räumen erfolgen.*
- *Der Mix ist innerhalb von 2 Stunden zu gefrieren. Beim Einhalten einer Aufbewahrungstemperatur von höchstens + 4 °C ist der Mix innerhalb von 24 Stunden zu gefrieren.*
- *Nach Beendigung des Eisverkaufs, jedoch mindestens alle 12 Stunden, ist der Softeis-Automat zu reinigen und zu desinfizieren.*

§ *Lebensmittelrechtliche Bestimmungen*

*Speiseeis kann kennzeichnungspflichtige **Zusatzstoffe** enthalten.*
*Die Angabe erfolgt in Cafés in der Eiskarte. Es genügt eine Fußnote, wenn bei der Verkehrsbezeichnung ein entsprechender Hinweis angebracht ist (z. B. mit Sternchen *).*
Am Verkaufstresen erfolgt die Angabe auf einem Schild an oder nahe der Ware.

Der feine Schmelz von Speiseeis verdeutlicht sich im Abschmelzverhalten der Oberfläche

Speiseeissorten

Wenn Kunden und Gäste Speiseeis kaufen, dann wählen sie es nach dem Geschmack aus. Sie verlangen zum Beispiel ein Erdbeer-, Nuss-, Schokoladen- oder Joghurteis. Nur wenigen Käufern ist bekannt, dass Speiseeis nach dem Gehalt an Milchfett, Fruchtbestandteilen oder Vollei in Sorten und Qualitätsstufen unterteilt wird (➡ Tabelle).

Eissorten mit besonderer Qualität

Hochwertige Sorten von Speiseeis sind:
- Kremeis (= Eierkremeis),
- Fruchteis,
- Rahmeis und
- Eiskrem.

Kremeis: mit hohem Eianteil

Kremeis gilt als die hochwertigste Speiseeissorte. Es ist das so genannte „Konditor-Eis". Es wird mit Milch und hohem Eianteil bereitet. Dieses Speiseeis hat den besten Schmelz.

Selbst bei niedriger Temperatur hält das Kremeis seine geschmeidige Konsistenz, die sich an dem zart-riffeligen Abriss der Oberfläche beim Portionieren verdeutlicht.

Fruchteis und Fruchteiskrem: mit hohem Fruchtanteil

Fruchteis muss einen Fruchtanteil von mindestens 20 % haben.

Fruchteiskrem muss zwei Anforderungen erfüllen: Der Milchfettanteil muss mindestens 8 % betragen, und außerdem muss der Fruchtanteil so hoch sein, dass dieser im Geschmack deutlich wahrnehmbar ist.

Rahmeis: mit hohem Sahneanteil

Die Zubereitungen mit hohem Sahneanteil werden vor allem für ruhend erstarrende Eisspeisen verwendet. Solche Produkte sind Eisbomben, Eistorten und Cassata-Eis. Die anderen Speiseeissorten würden ohne ständige Bewegung beim Gefrieren harte Produkte ergeben. Rahmeis bleibt jedoch durch den hohen Milchfettanteil kremig.

Eiskrem: die meist verkaufte Eissorte

Eiskrem hat einen geringeren Milchfettgehalt als Rahmeis und keinen oder einen geringeren Eianteil als Kremeis (➡ Tabelle). Eiskrem ist die übliche Qualität, in der das industriell gefertigte Eis in Fertigpackungen angeboten wird. Es entspricht aber auch den üblichen Angeboten von losem Speiseeis in Eisdielen.

Eiskrem lässt sich mit seinem ausgewogenen Anteil an Milchfett mit hervorragendem Schmelz bereiten.

Speiseeissorten mit einfacher Qualität

Einfache Speiseeissorten sind Milchspeiseeis und Wassereis.

Milchspeiseeis muss mit einer Mindestmenge an Vollmilch hergestellt sein (➡ Tabelle). Bei zusätzlicher Verwendung von Ei kann ein Speiseeis mit gutem Schmelz bereitet werden.

Wassereis erfüllt nicht die Anforderungen von Milch- oder Fruchteis. Es hat einen Fettanteil von weniger als 3 % und erreicht im Schmelz nur durchschnittliche Werte.

Speiseeissorten in der Übersicht

• *Kremeis:*	– *mind. 50 % Milch,* – *je Liter Milch mind. 270 g Vollei oder 90 g Eigelb*
• *Fruchteis:*	– *mind. 20 % Fruchtanteil, bei Zitrusfrüchten mind. 10 % Fruchtanteil*
• *Rahmeis:*	– *mind. 18 % Milchfett aus verwendeter Sahne*
• *Milcheis:*	– *mind. 70 % Milchanteil*
• *Eiskrem:*	– *mind. 10 % Milchfett*
• *Frucht-eiskrem:*	– *mind. 8 % Milchfett und deutlich wahrnehmbarer Fruchtgeschmack*
• *Wassereis:*	– *weniger als 3 % Milchfett* – *mind. 12 % Trockenmasse*

Kremeis

Fruchteiskrem

Fruchteis: Cassis Royal

Fürst-Pückler-Eisbombe

Worterklärung

Parfait *ist ein Rahmeis aus geschlagener Eiermasse, Schlagsahne und Geschmacksstoffen.*

Eistorte

Ausgehöhlte Ananas mit nachgehärtetem Eis

Sanfter Engel

Eiskaffee

Geformt ausgefrorene Eisspeisen

Eisbomben, *Eistorten* und verschiedene *Eisdesserts* sind Eisspeisen, die geformt ausgefroren oder nachgehärtet werden. Die Zubereitungen dafür werden in Formen gefüllt und darin ausgefroren. Dafür eignet sich das nicht so hart ausfrierende und milchfettreiche Rahmeis. Üblich ist auch die Verwendung von nur schwach gefrorenem Speiseeis, das in der Form bei einer tieferen Temperatur noch nachgehärtet wird.

Eisbomben: die großstückigen Eisspeisen

Eisbomben werden aus Rahmeis bereitet, das in Halbkugelformen gefroren/nachgehärtet wird. Eisbomben sind aus einem Mantel und einem zart-kremigen Kern aufgebaut.

Beispiel: Fürst-Pückler-Eisbombe

Dafür wird ein schwach angefrorenes Rahmeis als Mantel in die Form eingestrichen. Auf diesen Innenmantel wird als untere Schicht schwach gefrorenes Erdbeer-Parfait, als mittlere Schicht ein Maraschino-Parfait und als Deckschicht ein Schokoladen-Parfait eingefügt. Die Eisbombe wird durch Absenken der Temperatur nachgehärtet.

Die gefrorene Eisbombe wird aus der Form gestürzt. Dekoriert wird sie auf der Oberfläche mit Dickzuckerfrüchten, Ornamenten aus Kuvertüre oder Brandmasse, mit kleinen Formstückchen aus Hippenmasse, mit Pistazien, Mandeln, Nüssen oder gestoßenem Krokant (➡ Bild oben).

Eistorten: für den alsbaldigen Verzehr

Eistorten sind ohne Gebäckböden, aber auch mit Biskuitböden (oder Baiserböden) als Grund- und Zwischenböden zusammengesetzt. Die Füllung und der Einstrich bestehen aus schwach gefrorenem Eis-Parfait. Die nachgehärteten Eistorten werden unmittelbar vor der Abgabe zum Verzehr ausgarniert und mit Dekormaterialien verziert.

Cassata-Eis: eine italienische Eisspezialität

Cassata-Eis ist in Formen nachgehärtetes Speiseeis. Der Mantel besteht aus geschichtetem Vanilleeis und Schokoladeneis, der Kern aus einem Parfait von Rahmeis mit gewürfelten, kandierten Früchten, mit Nüssen, Mandeln, Pistazien und/oder Krokant.

Eisgetränke: Zusammensetzung und Service

Aus Speiseeis und Getränken werden die Eisgetränke zubereitet. Sie werden in Becher- oder Kelchgläsern auf einem Unterteller mit langem Eislöffel und Strohhalm serviert. Getränke mit Fruchteis werden mit einer auf dem Glasrand aufgesteckten Fruchtscheibe garniert (z. B. mit Orangenscheibe). Als Beilage sind kleine Teegebäcke üblich.

Eiskaffee ist mit gekühltem Kaffee aufgefülltes Vanilleeis.

Eisschokolade ist mit Trinkschokolade aufgefülltes Vanilleeis (auch Schokoladeneis ist üblich).

Eiskrem-Soda ist mit Sodawasser (Tafelwasser) aufgefülltes Vanilleeis und/oder Fruchteis. Üblich sind die Süßung mit Fruchtsirup und die Garnitur mit Schlagsahne.

Sorbet ist ein halbgefrorenes Speiseeis (zumeist Fruchteis), das mit Wein oder Schaumwein aufgefüllt ist.

Frappé ist eine schaumig geschlagene Zubereitung von Speiseeis mit Getränken (z. B. mit Kaffee, Trinkschokolade oder Milch).

Hygiene im Umgang mit Speiseeis

Lebensmittelvergiftung durch den Genuss von Speiseeis, das ist nicht nur eine Gefahr für Urlauber im heißen Klima südlicher Länder. Immer wieder werden auch bei uns schwere Gesundheitsstörungen nach dem Verzehr von verdorbenem Speiseeis registriert.

Warum ist gerade Speiseeis in hygienischer Hinsicht so problematisch?

Speiseeis: beliebter Nährboden für Mikroben

Speiseeis bietet den Kleinlebewesen durch seine Zusammensetzung günstige Bedingungen: Der Wasseranteil ist hoch. Und darin sind viel gelöste Nährstoffe enthalten.

Während andere Speisen zumeist bei oder nach der Zubereitung erhitzt werden, ist das bei Speiseeis nicht möglich. Zwar wird der Ansatz vor seiner Verarbeitung pasteurisiert. Doch während des Gefriervorgangs erfolgt eine Neuinfizierung. Die Mikroorganismen gelangen über die Luft, über Bedarfsgegenstände oder Personen in die Masse und werden eingemischt. Dort überleben sie trotz der niedrigen Temperaturen. Bei günstigen Bedingungen keimen sie aus und vermehren sich rasch. So weisen aufgetaute Speiseeisreste in der Eismaschine, in Behältern und an Portionierern schon nach kurzer Zeit einen hohen Keimgehalt auf.

Ein Speiseeis mit hohem Keimgehalt enthält auch Krankheitserreger in einer solchen Menge, die der menschliche Organismus ohne Schaden nicht verkraften kann. Gefährlich sind vor allem Salmonella-Arten, die bei Infektion zu schweren Erkrankungen führen.

Speiseeis mit hohem Keimgehalt ist weder durch sein Aussehen, noch durch seinen Geschmack als verdorben erkennbar. Doch schon bald nach dem Verzehr werden die Salmonellen wirksam, und es stellen sich erste Krankheitszeichen ein.

Hygiene: wichtig beim Umgang mit Speiseeis

Arbeitsgeräte und Verkaufseinrichtungen für Speiseeis müssen so beschaffen sein, dass optimale Voraussetzungen für den Umgang mit Speiseeis gegeben sind:

- Verkaufseinrichtungen, Gefäße und Geräte für Speiseeis müssen frei von Rissen, Korrosionserscheinungen und Rost sein. Sie müssen aus hartem, undurchlässigem Material bestehen, sich leicht reinigen lassen und desinfektionsmittelfest sein.
- Verkaufseinrichtungen müssen an der Kundenseite mit einem Schutz vor nachteiligen Einflüssen (Anhauchen, Berühren) versehen sein.

Die *Abdeckungen* der Speiseeis-Behältnisse dürfen nur so lange offen gehalten werden, wie es für den Verkauf erforderlich ist.

Die *Portionierer* werden ständig unter fließendem Wasser aufbewahrt. Sofern dieses nicht möglich ist, muss das Wasser im Behälter für den Portionierer mit Zitronen- oder Weinsäure versetzt sein. Das Wasser ist spätestens nach einer Stunde zu wechseln. In keinem Fall dürfen Portionierer auf einem Tuch oder Schwamm abgelegt werden. Günstig ist der Gebrauch einer Portioniererdusche.

Alle *Bedarfsgegenstände*, die mit Speiseeis in Berührung gekommen sind, müssen unverzüglich nach ihrer Benutzung oder nach längeren Verkaufspausen gereinigt werden. Anschließend sind sie mit kochend heißem Wasser oder Desinfektionslösung zu entkeimen.

Produktsicherheit: Umgang mit Speiseeis

Um den Keimgehalt in Speiseeis gering zu halten, sind die folgenden Empfehlungen zu beachten:

- *Die Betriebsräume, in denen Speiseeis hergestellt, gelagert oder verkauft wird, müssen in hygienisch einwandfreiem Zustand sein.*
- *Geräte und Maschinen für Speiseeis müssen besonders sauber sein. Speiseeisreste müssen durch heißes Auswaschen und kaltes Nachspülen beseitigt werden. Reste von Desinfektionslösung sind durch Spülen mit klarem Wasser zu entfernen. Das Innere des Speiseeisbereiters darf weder mit bloßen Händen berührt noch mit einem Lappen ausgewischt werden.*
- *Personen, die Speiseeis herstellen, transportieren oder verkaufen, müssen gesund sein und auf persönliche Hygiene achten (saubere Kleidung, saubere Hände und Fingernägel, Haarschutz, nach Toilettenbenutzung die Hände waschen, mindestens 30 Sekunden mit einem Desinfektionsmittel behandeln).*
- *Eismix ist aus pasteurisierten Zutaten herzustellen. Eismix ist zum Abtöten enthaltener Keime zu erhitzen (soweit das möglich ist). Das Obst ist gut gereinigt und erst kurz vor dem Gefrierprozess zuzugeben.*
- *Neu-Infektion des fertiggestellten Eismixes muss vermieden werden (Abkühlphase unter +10 °C höchstens 90 Minuten. Eismix ist stets unter +4 °C in geschlossenen Behältern aufzubewahren).*
- *Speiseeis ist bei -13 °C zu lagern, nur im Isolierbehälter oder gekühlt zu transportieren und darf nicht auftauen. Aufgetautes Speiseeis darf nicht erneut gefroren werden.*
- *Im Verkauf sind Deckel der Vorratsbehälter nur kurz zu öffnen. Portionierer sind nicht auf Lappen abgelegt aufzubewahren. Portionierer sind möglichst in fließendem Wasser aufzubewahren, sonst ist dem Wasser ein ansäuerndes Mittel zuzusetzen, und es ist in kurzen Zeiträumen zu wechseln.*

Lebensmittelrechtliche Bestimmungen

Speiseeis darf nur verkauft werden, wenn das Eis eine Temperatur von -5 °C nicht überschreitet. Übersteigt es diese Temperatur, so muss es wie aufgetautes Speiseeis weiterbehandelt werden.

Aufgetautes Speiseeis darf nicht wieder ohne vorherigen Erhitzungsprozess (Kochen oder Pasteurisieren) gefroren werden.

Lebensmittelrechtliche Bestimmungen

*Für die Wiener Masse werden auf 100 Teile Getreideerzeugnisse mindestens 66,7 Teile Vollei oder eine entsprechende Menge an Volleierzeugnissen **und** mindestens 6 Teile Butter oder eine entsprechende Menge an Milchfetterzeugnissen oder Margarine oder praktisch wasserfreier Fette verwendet.*

Lebensmittelrechtliche Bestimmungen

Die Leitsätze für Feine Backwaren weisen für Königskuchen, Englische Kuchen, Sandkuchen und Marmorkuchen folgende Merkmale aus:

- ***Königskuchen** wird aus Sandmasse hergestellt. Je 100 kg Masse werden mindestens 20 kg Rosinen, Sultaninen oder Korinthen und auch Zitronat und Orangeat zugesetzt. Geleefrüchte werden nicht verwendet.*

  ***Königskuchen rheinischer Art** wird in mit Blätterteig ausgelegten Formen gebacken und mit einem Blätterteiggitter überdeckt.*
- ***Englischer Kuchen** wird aus einer Sandmasse hergestellt, der auf 100 kg Masse mindestens 30 kg Rosinen/Sultaninen, Korinthen und kandierte Früchte zugesetzt werden. Geleefrüchte werden nicht verwendet.*
- *Für **Sandkuchen** sind in 100 kg Sandmasse mindestens 20 kg Butter oder die entsprechende Menge Milchfetterzeugnisse oder Margarine oder praktisch wasserfreier Fette sowie 20 kg Vollei oder die entsprechende Menge eines Volleierzeugnisses enthalten.*
- ***Marmorkuchen** werden aus heller und zu mindestens 33,3 Prozent aus dunkler Sand- oder Rührmasse hergestellt. Die dunkle Masse enthält mindestens 3 Prozent Kakao oder stark entölten Kakao.*

Rührmassen mit Vollkornmahlerzeugnissen

Rührmassen sind gut dafür geeignet, mit Vollkornmehl hergestellt zu werden. Das Rezept für schwere Sandmasse ist anwendbar mit einem vollständigen Ersatz heller Getreideerzeugnisse durch Vollkornprodukte und/oder Nüsse.

Die Vollkornrührkuchen haben die bei Rührgebäcken erwünschte kurze und feuchte Krumenbeschaffenheit, allerdings nicht die Zartheit. Sandkuchen mit Vollkornmahlprodukten haben einen eher kernigen und nussartigen Charakter und Geschmack.

Lernfeldbezogene Aufgaben

1. Situationsbeschreibung:

In Ihrem Geschäft werden verschiedene Feine Backwaren aus aufgeschlagenen Eimassen angeboten. Dabei handelt es sich um eigenständige Massengebäcke und auch um Teile zusammengesetzter Backwaren.

- *Sie sollen solche Gebäcke nennen und an Beispielen ihre wesentlichen Produktmerkmale verdeutlichen.*
  - *Gebäcke aus leichten und schweren Schaummassen*
  - *Gebäcke aus Biskuitmassen*
  - *Gebäcke aus Wiener Masse*
- *Sie sollen Kunden über die Unterschiede von Gebäcken aus Biskuitmassen und aus Wiener Masse informieren.*

2. Situationsbeschreibung:

Sie bieten in Ihrer Verkaufsstelle spezielle kompakte Rührkuchen an, auch Rührmassengebäcke als Blechkuchen. Sie sollen die typischen Merkmale der Gebäcke für einen Produkte-Pass zusammenstellen.

- *Führen Sie an Beispielen die wesentlichen Produktmerkmale von unterschiedlichen Rührkuchen auf.*
  - *Beachten Sie dabei die Besonderheiten: Baumkuchen, Englische Kuchen, Rührkuchen aus Vollkornmahlerzeugnissen.*
  - *Bewerten Sie die Frischhaltung verschiedener Rührkuchen.*
- *Nennen Sie Beispiele für Rührmassengebäcke als Blechkuchen.*

3. Situationsbeschreibung:

In Ihrer Verkaufsstelle werden Torten und Desserts angeboten zum Verkauf außer Haus und zum Verzehr im Café.

- *Stellen Sie die Standards dar für je drei Torten folgender Gruppen:*
  - *ungefüllte, gebackene Torten,*
  - *zusammengesetzte Torten mit Obstbelag, mit sahne-, sahnekrem- und kremhaltigen Füllungen.*
- *Beurteilen Sie unterschiedliche Kremfüllungen nach Zusammensetzung, Nährwert, Haltbarkeit und Bekömmlichkeit.*

4. Situationsbeschreibung:

Sie bieten in Ihrer Verkaufsstelle Diätbackwaren für Diabetiker an.

- *Beschreiben Sie kurz die Zuckerkrankheit (Diabetes mellitus) und die dafür geltenden Diätregeln.*
- *Stellen Sie dar, welche Anforderungen die Gebäcke erfüllen müssen.*
- *Führen Sie die Vorschriften zur Kennzeichnung von Diätwaren auf.*

5. Situationsbeschreibung:

Für Ihr Geschäft soll ein Marketing-Konzept für das Süßwarenangebot entwickelt werden.

- *Stellen Sie dar, auf welche Weise sich das Süßwarenangebot von dem anderer Anbieter positiv unterscheiden kann.*
- *Beschreiben Sie Maßnahmen zur Verkaufsförderung von Süßwaren.*

6. Situationsbeschreibung:

Sie verkaufen Speiseeis und Eisspeisen.

- *Unterscheiden Sie die Speiseeissorten anhand von vier Beispielen.*
- *Beschreiben Sie drei Eisspeisen und zwei Eisgetränke.*
- *Führen Sie die Regeln für den hygienischen Umgang mit Speiseeis auf und begründen Sie diese.*

GERICHTE HERSTELLEN UND ANRICHTEN

Dieses Lernfeld ist Teil der Ausbildung im dritten Ausbildungsjahr.

Leitfragen in diesem Lernfeld sind:

Mit welchen Gerichten kann saisonal und regional oder tageszeitlich im Café der Bäckerei und Konditorei ein attraktives Speisenangebot gestaltet werden?

Wie wird den Gästen das Angebot an Speisen und Getränken offeriert?

Welche rechtlichen Bestimmungen sind für einen Cafébetrieb zu beachten?

Mit welchen Zubereitungsverfahren und Methoden der Vorproduktion lassen sich Speisen rationell herstellen?

Wie sind verschiedene Suppen, Toast- und Eierspeisen sowie kleine Gerichte mit Fleisch, Meeresfrüchten, Gemüsen, Teigwaren und Beilagen herstellbar, auch unter Einsatz von Halbfertigwaren?

Welche Hygieneregeln sind zu beachten beim Umgang mit leicht verderblichen Zutaten und beim Speisenangebot?

Wie werden Süßspeisen hergestellt und angeboten?

Mit welchem Angebot an Speisen und Getränken können weitere Gästekreise für das Café gewonnen werden?

Diese Leitfragen und weitere Aspekte zum Speisenangebot sind Gegenstand des folgenden Kapitels.

BEWIRTUNG VON KUNDEN UND GÄSTEN

Wer zubereitete Speisen und Getränke zum Verzehr an Ort und Stelle abgibt, der betreibt ein Gaststättengewerbe. Für den Betrieb eines Cafés als Bestandteil der Bäckerei/Konditorei gelten daher die rechtlichen Bestimmungen wie für einen eigenständigen Gaststättenbetrieb.

Es ist unerheblich, ob es sich um ein Steh-Café oder ein Café mit Sitzgelegenheiten für die Gäste handelt. Das ist nur wichtig im Hinblick auf die räumliche Ausstattung und auf die Forderung nach Toiletten für Gäste.

Steh-Café im Verkaufsraum

Hinweis

In einigen Bundesländern dürfen Cafés mit nur wenigen Sitzplätzen ohne Nachweis der erforderlichen Gästetoiletten betrieben werden.

Sitz-Café in traditioneller Gestaltung

Bewirtung – mit Verantwortung für die Gäste

Wer ein Gaststättengewerbe betreiben will, muss dafür eine Erlaubnis haben (= eine *Konzession*), sofern alkoholische Getränke ausgeschenkt werden sollen. Dadurch soll eine behördliche Kontrolle der Betreiber von Gaststättenbetrieben möglich werden.

Das Betreiben eines Gastgewerbes wird nach der Föderalismusreform in Deutschland landesrechtlich geregelt.

Für überwachungsbedürftige Gewerbe sind allgemein nachzuweisen:
- die persönliche Zuverlässigkeit (z. B. Freisein von Vorstrafen, keine Verstöße gegen Jugendschutz- und Arbeitsschutzbestimmungen),
- die Eignung vorgesehener Gasträume, Nebenräume und Toiletten,
- der Ausschluss von Bedenken der Nachbarn und anderen öffentlichen Interessenten,
- die Unterrichtung über lebensmittelrechtliche Bestimmungen.

Mit der Abschlussprüfung in einem Beruf des Lebensmittelhandwerks gelten die lebensmittelrechtlichen und gastgewerblichen Kenntnisse als hinreichend nachgewiesen. Dieser Nachweis wird nämlich durch die Ausbildungsinhalte und durch die Prüfung erbracht.

Welche Rechtskenntnisse werden erwartet?
- Kenntnisse des Lebensmittel- und Futtermittelgesetzes (LFGB)
- Kenntnisse über Bestimmungen von Verordnungen und Richtlinien zu Lebensmitteln
- Kenntnisse des Eichgesetzes und zugehöriger Rechtsverordnungen
- Kenntnisse über Bestimmungen der Diätverordnung
- Kenntnisse der Lebensmittelhygiene-Verordnung

Bestimmungen der vorgenannten Bereiche haben Sie an Beispielen der Back- und Süßwaren kennengelernt. Darüber hinaus müssen Ihnen rechtliche Regelungen für die Bewirtung von Gästen bekannt sein.

Angebote auf Speise- und Getränkekarten

Es ist ganz gleich, ob ein gediegenes Bäckerei-Konditorei-Café oder ein Bistro-Café oder ein Imbiss geführt wird: das Angebot muss sich von dem der Mitbewerber, der traditionellen Gastronomiebetriebe und der vielen Anbieter von Fast-Food abheben.

Was Gäste im Bäckerei-Konditorei-Café erwarten

Mit dem Angebot von Speisen und Getränken ändert sich nicht nur der herkömmliche Betriebstyp der Bäckerei und Konditorei. Es werden andere Rohstoffe verarbeitet und anstatt in der Backstube wird in einer Küche produziert. Aus Kunden werden Gäste. Diese verweilen länger im Geschäft. Sie stellen neue Anforderungen an Waren und Service

- Absolute Frische der Speisen und Getränke
- Hohes Qualitätsniveau der Speisen und Getränke
- Abwechslungsreiches Speisenangebot, auch mit Gebäckbeilagen
- Aus verzehrsfertigen Speisen auswählen können
- Bei kleinen Zwischenmahlzeiten keine langen Wartezeiten zwischen Bestellung und Speisenübernahme
- Gepflegtes Ambiente, ordentliche Tische und sauberes Geschirr
- Freundliche Bedienung

Wie Speisen und Getränke angeboten werden

Das Angebot zum Sofortverzehr muss auf Speise- und Getränkekarten in ausreichender Zahl in den Gasträumen ausgewiesen werden. Dabei müssen für die angebotenen Speisen und Getränke auch die Endpreise angegeben werden. Das ist zunächst nur eine rechtliche Vorschrift.

Diese Vorschrift hat aber auch weitergehende Bedeutung:

- Die Gäste können aus dem Gesamtangebot der Karte die Speisen und Getränke nach Umfang und Preis auswählen.
- Die Gäste können nach der Beschreibung der Speisen und Getränke in der Karte die gewünschte Zusammensetzung wählen, diese eventuell auch nach Wunsch abändern lassen.
- Die Gäste können mit Hilfe der Karte überprüfen, ob die Speisen und Getränke wie gewünscht serviert und richtig berechnet sind.

Die Gäste erwarten zu *verschiedenen Tageszeiten* ein jeweils anderes Speisen- und Getränkeangebot: zum Frühstück, zum zweiten Frühstück, zur Vesperzeit, in der Mittagszeit, zur Kaffee- und Teezeit oder zu einer „Blauen Stunde" nach Feierabend.

Die Gäste erwarten zu *verschiedenen Jahreszeiten und Anlässen* ein spezielles Speisen- und Getränkeangebot: im Frühjahr, im Sommer, im Herbst, im Winter, zu Ostern oder zu Weihnachten.

Darum kommt ein gäste-orientiertes Bäckerei-Konditorei-Café nicht mit einer Standard-Speise- und Getränkekarte zurecht. Neben Hinweisen auf aktuelle Angebote auf Tafeln, Aushängen und Sonderblättern kann die Speise- und Getränkekarte regelmäßig gewechselt werden.

Mit einer *originellen Speise- und Getränkekarte* kann man auch eine Aktion machen, zum Beispiel:

- Den Tagesmahlzeiten wird ein originelle Überschrift und Illustration zugeordnet (➡ CD-ROM zu diesem Buch).
- Beim Überreichen der Speisekarte wird ein kleines „Extra" aus der Backstube zur Begrüßung der Gäste gereicht.
- Die Speisekarte bezieht sich auf ein Aktionsthema.

Speisenangebot für die kleine Zwischenmahlzeit

- *Salate (z. B. Rohkost- und Gemüsesalat)*
- *Suppen (z. B. klare und gebundene Suppen)*
- *Gratins und Aufläufe (z. B. Kartoffelgratin)*
- *Nudelgerichte (z. B. Spaghetti)*
- *Kleine Fleischgerichte (z. B. Fleischpfanne)*
- *Kleine Geflügelgerichte (z. B. Curry-Huhn)*
- *Eierspeisen (z. B. Omelett)*

Zum Beachten

- *Die Beschaffenheit servierter Speisen und Getränke muss dem Angebotstext in der Speise- und Getränkekarte entsprechen. Sonst hat der Gast das Recht, die Annahme der Speise oder des Getränks zu verweigern.*
- *Beim Fehlen einer vom Gast bestellten Speisenzutat darf diese nicht einfach durch eine andere ersetzt werden, zu deren Verwendung der Gast nicht befragt wurde.*

Muster-Speisekarte: Frühlingsgefühle im Café Kramer

Unser herrlicher Frühlingseintopf
vom Kalb mit jungem Gemüse und Ravioli
– 7,45 € –

Salat von weißem Spargel
an geräuchertem Schwarzwälder Schinken und erfrischender Champagnervinaigrette
– 8,90 € –

Italienische Nudelblätter
mit Frühlingsgemüse und pikantem Strauchtomaten-Confit
– 9,40 € –

Knackig frischer Frühlingssalat
von Rucola und Löwenzahn, marinierten Spargeln, Orangenfilet und Brokkoli
– 9,80 € –

Zanderklößchen
an feiner Champagner-Schalotten-Soße, Sesamcrêpes und Buttergemüse
– 12,80 € –

➤ *Üben Sie an Beispielen das Formulieren von Speisenangeboten für eine Sommerkarte.*

Bereitstellen und Abgeben von Speisen in der Verkaufsstelle

Die Bereitstellung und die Ausgabe von Speisen zum gewünschten Zeitpunkt in erforderlicher Menge müssen geplant und organisiert sein. Die folgenden Fragen zeigen dazu einige Probleme auf.

- Welche Einrichtungen sind für den optimalen Produktionsablauf und für die Bereitstellung der Speisen erforderlich?
- Auf welche Weise ist der Bedarf an Speisen nach Art und Menge in Spitzen-Verkaufszeiten zu decken?
- Wie erfolgt die Speisenabgabe oder -übergabe in Abhängigkeit vom Verkaufssystem?

Produzieren in der Ladenküche

Das Bereitstellen von kleinen Gerichten ist durch Endproduktion in den Verkaufsräumen am besten möglich. Zur gastronomischen Ausrichtung des Angebots und für die erforderlichen Tätigkeiten sind Verkaufsräume und Nebenräume entsprechend einzurichten.

Diese Räume müssen sich eignen
- zum Lagern von Rohstoffen und vorgefertigten Speisen,
- zum Zubereiten und Vorbereiten von Speisen,
- zum Garen und Wiedererwärmen von Speisen,
- zum Bereitstellen und zum Reinigen von Geschirr,
- zum Präsentieren und Verkaufen von Speisen.

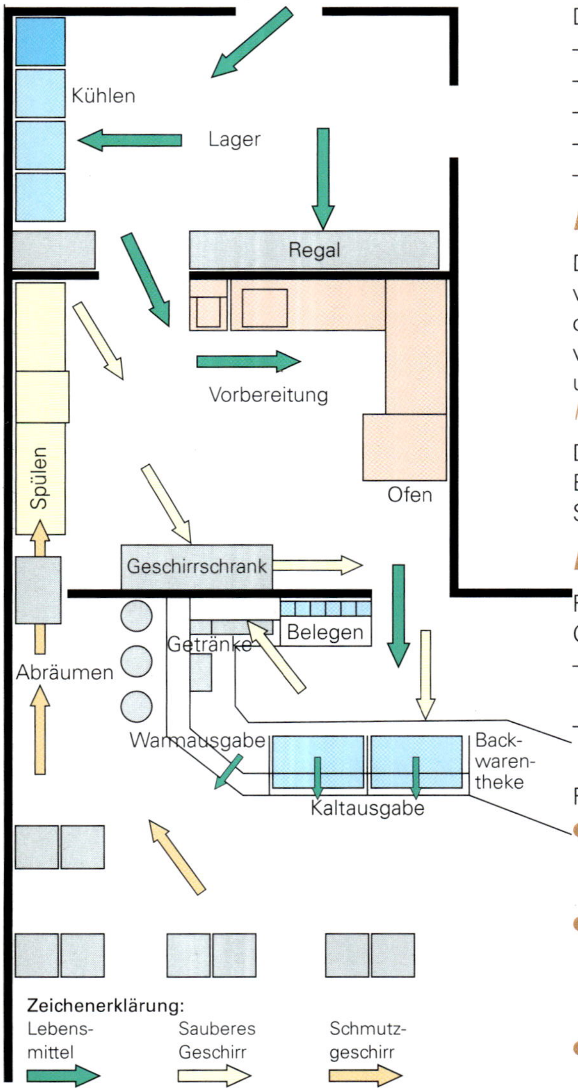

Lager mit Kühleinrichtungen

Das *Küchenlager* muss geeignet sein zum Bevorraten von Rohstoffen, von vorgefertigten und von fertigen Speisen. Rohstoffe wie Teigwaren oder pulverförmige Fertigprodukte können bei einer Raumtemperatur von 16 °C bis 18 °C bevorratet werden. Für kühl zu lagernde Rohstoffe und für die Bevorratung von Speisen und Zubereitungen sind dagegen *Kühleinrichtungen* erforderlich (Kühlraum/Kühlschrank).

Die Kapazität der *Tiefkühleinrichtungen* muss genügen für gefrostete Erzeugnisse wie Snack-Teiglinge, teilgebackene und gebackene Snacks, Speisen und Speisenzubereitungen.

Ladenküche – Bereitstellung von Speisen und Geschirr

Für die Zubereitung der Speisen ist ein *Küchenraum* unverzichtbar. Größe und Einrichtung der Küche sind abhängig
- vom Fertigungsgrad angelieferter Produkte (ohne Vorfertigung, vorgefertigt oder garfertig) *sowie*
- vom Grad der Verlagerung einzelner Produktionsprozesse in den Verkaufsraum (Belegen, Backen, Garen, Wiedererwärmen).

Für die Küchenarbeiten sind folgende Einrichtungen erforderlich:

- Als Grundausstattung zum Vorbereiten, Zubereiten und Herrichten von Speisen werden gebraucht: Arbeitsflächen, Spüleinrichtungen, Arbeitsmittel (wie Messer, Schöpflöffel), Töpfe und Pfannen.
- Zum Garen und Wiedererwärmen von Speisen werden Kochfelder, Kombidämpfer und Fritteuse benötigt. Außerdem sind ein Backofen und ein Mikrowellengerät erforderlich, falls diese Geräte nicht im Verkaufsraum aufgestellt sind.
- Zum Reinigen, Abstellen und Aufbewahren von Geschirr und Töpfen sind Spülmaschine, Geschirrschrank und Topfregal notwendig.

Produzieren von Speisen im Verkaufsraum

Verschiedene Gründe sind bestimmend dafür, dass Produzieren von Speisen im Verkaufsraum meistens nur *Teilproduktion* ist, und zwar vorwiegend das Fertiggaren. Grundprozesse der Zubereitung in einem Verkaufsraum sind wegen des Bedarfs an Platz und der technischen Einrichtungen erschwert. Eine vollständige Kücheneinrichtung würde auch der Atmosphäre eines Verkaufsraums widersprechen.

Garen im Verkaufsraum

Das Backen von Snacks in einem Ladenbackofen ist fast überall eine Selbstverständlichkeit. Spezielles Mobiliar ist dafür nicht erforderlich. Dagegen ist zum Herstellen von Speisen durch Andünsten, Garziehen, Grillen, Toasten oder Kurzbraten im Verkaufsraum eine spezifische Einrichtung nötig: Die Theke muss über ihre Funktion als Verkaufsplatz hinausgehende Funktionen zur Speisenproduktion erfüllen. Sie muss dazu neben den eingebauten küchentechnischen Anlagen ausreichend Arbeitsfläche bieten.

Garen und Regenerieren im Mikrowellenherd

Garen und Regenerieren im Mikrowellengerät

Für das Wiedererwärmen (= Regenerieren) und das Garen von Speisen werden verschiedene Geräte eingesetzt: Backofen, Kombidämpfer, Mikrowellenherd, Ceranfeld und/oder Griddleplatte.

Das *Mikrowellengerät* ist vielseitig und praktisch einsetzbar:
- Tiefkühlkost wird minutenschnell aufgetaut;
- Speisen werden in kürzester Zeit wieder aufgewärmt;
- Einzelportionen können direkt im Serviergeschirr erhitzt werden.

Aber auch Garen ist damit in kürzester Zeit möglich. Dafür geeignet sind Lebensmittel mit Wassergehalt (wie Zubereitungen mit Gemüse, Fleisch oder Fisch). Das Garen erfolgt durch Hochfrequenzstrahlung ohne Krustenbildung und Bräunung.

Garen im Mikrowellengerät

- *Verwenden Sie kein Metallgeschirr oder Porzellan mit metallhaltigem Dekor.*
- *Decken Sie die Speisen beim Garen oder Regenerieren mit einem Deckel ab.*

Garen und Regenerieren im Kombi-Dämpfer

Das Garen im *Kombidämpfer* erfolgt mit Heißluft oder Dampf oder kombiniert mit Dampf und Heißluft. Dadurch ist die Anwendung von Garverfahren wie Dämpfen, Braten und Backen möglich.

Zum Garen im Kombidämpfer sind alle Speisen geeignet, die fertig zusammengestellt sind und ohne oder in nur wenig Flüssigkeit ohne Umzurühren gegart werden (z. B. Braten, Schmorbraten, gedämpfte Fleisch-, Fisch- und Gemüsegerichte und gebackene oder überbackene Gerichte (Aufläufe und Gratins).

Die mit Dampf angereicherte Heißluft des Kombidämpfers erlaubt das Wiedererwärmen von Speisen ohne Trocknungsmängel.

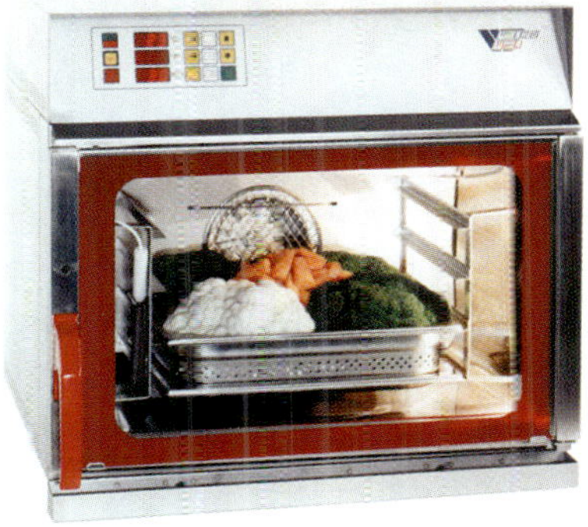

Garen und Regenerieren im Kombidämpfer

Probleme beim Garen: Belastung der Raumluft

Das Garen und Warmhalten von Speisen führt zur Belastung der Luft in Verkaufsraum und Café. Das kann zum Wegbleiben von Backwaren einkaufenden Kunden und von „Kaffee-und-Kuchen-Gästen" führen.

Abzugshauben über den einzelnen Gargeräten reichen nicht aus. Verkaufsstellen mit umfangreicher Speisenproduktion und -abgabe müssen mit einer lüftungstechnischen Anlage ausgerüstet sein, die den gesamten Luftraum in den Verkaufs- und Imbissräumen zugfrei und geräuscharm austauschen kann.

Fischgeruch – da vergeht einem ja der Appetit!

Vorgefertigte Speisenkomponenten

Zum Unterscheiden

***Tiefkühlkost** sind gefrorene gar- oder verzehrsfertige Lebensmittel-Zubereitungen. Tiefkühlkost muss bei - 18 °C gelagert werden.*

***Kühlkost** sind gekühlte, nicht gefrorene gar- oder verzehrsfertige Lebensmittel-Zubereitungen. Kühlkost wird mit einer Kerntemperatur von höchstens + 7 °C bevorratet, für längere Haltbarkeit zwischen 0 °C und + 3 °C.*

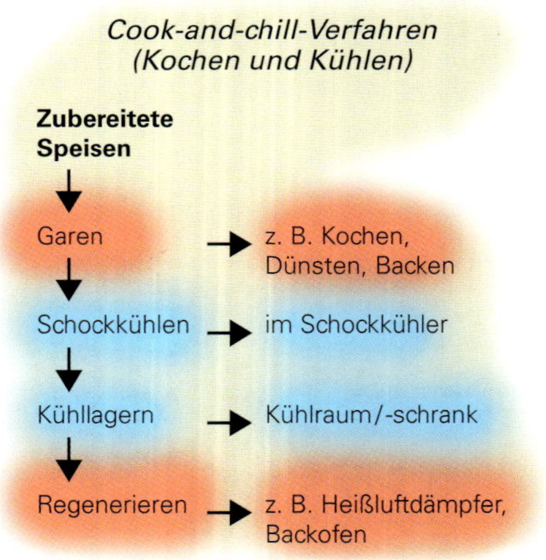

Anwendungsbeispiele für „Cook and chill"

- *Für das Angebot „Tortellini mit Tomatensoße" werden die gekühlten, verzehrsfertigen Teigwaren und die Soße im Kombidämpfer erhitzt und zum Verkauf im Heißthekeneinsatz bereitgestellt.*
- *Für das Angebot von Gratins werden die gekühlten, in Aluminiumformen hergerichteten Speisen im Ofen oder im Kombidämpfer erhitzt und überbacken. Zum Verkauf werden die Gratins in der Wärmevitrine bereitgestellt.*

Speisen auf Vorrat herstellen

Entkoppeltes Zubereiten ist das Zauberwort für ständige Verfügbarkeit (fast) frischer, verzehrsfertiger Speisen über den gesamten Tag.

Entkoppeln ist das Trennen der Speisenzubereitung vom Verzehr durch Maßnahmen der Bevorratung. Vor dem Servieren sind die Speisen zu regenerieren, also auf Verzehrstemperatur zu erhitzen.

Verfahren zum entkoppelten Zubereiten

Für das entkoppelte Zubereiten sind nur solche Bevorratungsverfahren anzuwenden, die Geschmack und Qualität der Speisen weitgehend bewahren und eine unkomplizierte Wiedererhitzung ermöglichen.

Cook and chill – Kochen und Kühlen

- Die Speisen werden zubereitet und eventuell fertig portioniert.
- Die Speisen werden schockgekühlt: zwei Stunden nach dem Garen müssen die Speisen auf eine Kerntemperatur zwischen 0 °C und +3 °C heruntergekühlt sein, ohne zu gefrieren.
- Die Speisen können ohne Verpackung bei einer Temperatur zwischen 0 °C und +2 °C bis zu fünf Tagen bevorratet werden.
- Die Speisen werden vor dem Servieren im Heißluftdämpfer oder im Mikrowellengerät auf mindestens 70 °C erhitzt.

Cook and freeze – Kochen und Gefrieren

Die bereits portionierten Speisen werden schockgefrostet. Dann muss eine Lagertemperatur von mindestens -18 °C eingehalten werden. Bei diesem Verfahren ist auch über lange Lagerzeiten die mikrobiologische Sicherheit der Speisen gewährleistet.

Sous-vide – Aufbewahren im Vakuum

Bei diesem Verfahren werden ungegarte oder teilgegarte Speisen in hitzestabilen Spezialbeuteln vakuumiert (= Luft wird entzogen). Die mit Vakuum verpackten Speisen werden im Heißluftdämpfer gegart und dann schockgekühlt. Bei Bedarf werden die bis zu drei Wochen lagerfähigen Speisen regeneriert.

MAP-Verfahren – unter Schutzgasatmosphäre

Die gegarten Speisen werden in Kunststoffbeuteln portioniert und mit Schutzgas gefüllt (z. B. Stickstoff, Kohlendioxid). Danach werden die Packungen gekühlt. Durch die Sauerstoffverdrängung und Kühlung bleiben die Speisen mehrere Tage lagerfähig.

Rationelle Produktion durch entkoppeltes Zubereiten

Entkopplungsverfahren der Speisenzubereitung erbringen deutliche Vorteile: Die Speisenherstellung ist rationeller durch größere Chargen. Beispielsweise werden nicht nur 10 Portionen für das Mittagsangebot, sondern gleich weitere 60 Portionen auf Vorrat hergestellt.

- So brauchen Bäckereien und Konditoreien mit mehreren Filialen nur eine Küche mit kompletter Ausstattung zur Speisenzubereitung.
- So kann eine ausgebildete Fachkraft (Koch/Köchin) zeitlich genügend mit der Speisenproduktion ausgelastet werden.
- So entstehen infolge eingesparter Arbeitszeit weniger Kosten.
- So steht in den Verkaufsstellen ständig ein Vorrat an verzehrsfertigen Speisen zur Verfügung.

Präsentation heißer Speisen: Genuss verdeutlichen

Die Präsentation heiß zu verzehrender Speisen wird vor allem durch die vorhandenen technischen Einrichtungen, die Aufgliederung und das Ambiente der Thekenanlage bestimmt. In jedem Fall ist die Platzierung durch die Wärme-Einrichtungen vorgegeben.

Heiß-Präsentation im Thekeneinsatz

Suppen, Soßen und weiche Speisen (z. B. Nudelgerichte) werden am besten in Edelstahl-Norm-Behältern (= Gastro-Norm-Schalen) in einem Heißwasserbad warm gehalten und präsentiert. Die dabei einwirkende Rundumwärme vermeidet Überhitzungen, wie sie beim Warmhalten auf Wärmeplatten leicht auftreten

Heiß-Präsentation von stückigen Zubereitungen

Die stückigen, losen Speisen (z. B. Schnitzel) sind warm zu halten durch *Kontaktwärme* (Wärmeplatten), *Strahlungswärme* (Wärmestrahler) oder *Wärmeströmung* (Heißluft).

- Offene Wärmeplatten sind zum kurzzeitigen Bevorraten flacher Fleischteile mit Kruste geeignet (Frikadellen, Bratwürstchen).
- Wärmevitrinen und Wärmestrahler eignen sich beispielsweise für Aufläufe, Gratins, Pizzen, große Fleischstücke mit Kruste.
- Wärmevitrinen mit feuchter Heißluft werden für das Bevorraten von stückigen, losen Speisen eingesetzt. Das hat den *Vorteil* geringer Austrocknung, jedoch den *Nachteil* der Krustenerweichung.

Die Anordnung stückiger Speisen auf Wärmeplatten oder in Vitrinen sollte den Wert der Einzelstücke betonen. Eine Häufung zum Beispiel von Frikadellen oder Schnitzeln in Vitrinen sollte vermieden werden.

Kalt-Präsentation von Speisen für den Heißverzehr

In Verkaufsstellen mit nur gelegentlichem Verkauf heißer Speisen oder nicht genügender Kapazität zum Warmhalten werden diese Produkte gekühlt präsentiert. Üblich ist das beispielsweise bei Snacks mit einer Gebäckbasis, Frikadellen oder gebratenen Fleischstückchen. Die Speisen müssen in der Kühltheke oder Kühlvitrine bevorratet werden. Bei Bedarf werden sie wieder durcherhitzt.

Verkauf von Speisen: Abgabe für den Sofort-Verzehr

Die Abgabe von Snacks und kleinen Speisen zum Sofort-Verzehr kann in Teilselbstbedienung, in Selbstbedienung oder in räumlich vom Laden abgetrennten Cafés erfolgen, hier auch mit Service.

In Verkaufsstellen mit integriertem Café ist die Teilselbstbedienung häufig die übliche Verkaufsform: Die angerichteten Speisen werden den Gästen an einer Theke übergeben. Die Gäste besorgen den Transport zum Verzehrsplatz. Bestecke und Servietten sind zur Selbstbedienung ausgelegt. Kalte Soßen und Marinaden, Salz- und Pfefferstreuer sind für die Verwendung bereitgestellt.

Belegte und gebackene Snacks mit Füllung werden auf einem Teller mit Serviette oder im Snackbeutel übergeben. Snackbeutel umhüllen etwa die Hälfte der Snacks. So schützen sie Finger und Kleidung vor abfallenden Speiseteilen, erlauben aber das freie Abbeißen.

Gebackene Snacks mit einer weichen oder fließenden Auflage (wie Pizzen) werden auf Papp- oder Porzellantellern portioniert überreicht. Kleine Gerichte werden immer auf Tellern angerichtet abgegeben.

Präsentation heißer Speisen in der Heißtheke für die Abgabe in Teilselbstbedienung

Präsentation von Gerichten und Beilagen im Heißthekeneinsatz und auf der Wärmeplatte

Verkauf in Teilselbstbedienung

Abgabe belegter Snacks in Finger-Food-Tüten

Abgabe belegter Snacks auf Tellern

Abgabe in Selbstbedienung für den Sofort-Verzehr

Der Verkauf von Snacks und kleinen Speisen in Selbstbedienung ist in den Lauflagen der Städte oder in Einkaufszentren anzutreffen. An Standorten mit hoher Pacht für die dort angesiedelten Geschäfte geht es um schnellen, kostengünstigen Warenabsatz.

Produkteschutz zur Speisenabgabe im SB-Verkauf

Wer unverpackte Lebensmittel in Selbstbedienung abgibt, muss diese vor jeglicher nachteiliger Beeinflussung schützen. Die Einrichtungen zur Speisenabgabe müssen so beschaffen sein, dass bei Entnahme von Speisen die anderen unverpackten Produkte von Käufern nicht berührt oder angehaucht werden können.

- Zum Schutz vor Anhauchen müssen Verkaufstheken zur Kundenzone hin mit einer Glasschürze in Kopfhöhe ausgestattet sein.
- Zum Schutz unverpackter Snacks muss der Entnahmeweg durch eine Abdeckklappe und zum Schutz vor dem Zurücklegen mit einer Rücklegesperre ausgestattet sein.

Vorverpackte oder auf Tellern angerichtete Snacks können ohne eine Sperrvorrichtung zur Selbstbedienung ausgelegt werden.

Abgabe belegter Snacks in Selbstbedienung: Die auf Tellern angerichteten Snacks können aus der Schauvitrine entnommen werden.

Abgabepraxis für Snacks und Speisen im SB-Verkauf

Theken für den SB-Verkauf vorverpackter Snacks oder auf Geschirren angebotener Speisen sind an der Gästeseite mit einer durchgehenden Tablettablage und mit Gleitprofilen ausgestattet. Die Thekenfront ist für die Entnahme von Speisen nur im unteren und mittleren Griffbereich geöffnet. In Gesichtshöhe sind die präsentierten Produkte geschützt durch eine Glasschürze. Die Kunden entnehmen selbst die gewünschten Speisen und Getränke, vervollständigen das Gedeck mit ausliegenden Würzungen (z. B. Ketschup, Salz, Pfeffer), Besteck und Servietten. Vor dem Aufsuchen des Verzehrsplatzes wird gezahlt.

Für das Selbstzusammenstellen von Speisen (z. B. am Salat-Büfett) sind Schauvitrinen mit Behältereinsätzen in einer Kühl- oder Wärmeanlage geeignet. Die Speisen sind dabei durch eine absenkbare Glashaube vor nachteiligen Einflüssen geschützt (➡ nebenstehende Abbildung).

Büfett für Selbstzusammenstellung der Speisen

Verzehrsplätze als Visitenkarte für den SB-Verkauf

Ein Problem im SB-Verkauf von Speisen ist das permanente Reinhalten der Verzehrsplätze. Den Gästen wird trotz guter Produktqualität der Genuss getrübt, wenn die Tische mit Speiseresten verschmutzt oder mit Restgeschirr vollgestellt sind.

Denken Sie deshalb daran: Das ständige Abräumen und Reinigen der Caféplätze ist ebenso wichtig wie der Verkauf.

Abgabe für den Außer-Haus-Verkauf

Die Speisen für den Außer-Haus-Verkauf müssen verpackt werden.

Die Verpackung muss Speisen vor nachteiligen Einflüssen schützen, transportfähig machen und lange in der Abgabetemperatur halten.

Belegte Snacks werden in nur schwach fettdurchlässigen Tüten oder in speziellen Baguette-Trays (= Faltkartons) verpackt abgegeben.

Als Verpackungen für Speisen sind Formen aus Aluminiumfolie und verschließbare Kunststoffgefäße üblich. Solche Einwegverpackungen werden aus der Sicht des Umweltschutzes kritisch betrachtet.

Verpackungen für den Außer-Haus-Verkauf: Die Aluminiumformen sind wie die Kunststoffgefäße verschließbar.

Projekt: Erweiterung des Speisen- und Snackangebots

Das Projekt beinhaltet die Planung eines erweiterten Angebots an Snacks und Speisen in ausgewählten Verkaufsstellen. Die Maßnahmen für die Umsetzung sind zu planen, können in Ausnahmefällen auch in der Praxis erprobt werden.

Schwerpunkte des Projekts sind
- *die Planung des Snack-Angebots in Breite und Tiefe,*
- *die Planung des Angebots zu den verschiedenen Tageszeiten,*
- *die Planung eines Grundangebots und eines täglich/wöchentlich wechselnden Angebots.*

Die folgenden Aufforderungen sind nur als Leitlinien für die Umsetzung des Projekts anzusehen.

Entwicklung des Projekts

Es sind Modell-Verkaufsstellen auszuwählen, die geeignet erscheinen für die Planung einer Ausweitung des Snack- und Speisenangebots.

➤ *Bilden Sie Gruppen (mit drei bis fünf Schülerinnen/Schülern). Jede Gruppe wählt sich einen Betrieb für die Planung aus.*

➤ *Die Mitglieder der planenden Gruppen stellen die Struktur des von der Gruppe ausgewählten Betriebs dar. Wichtige Angaben sind:*
- *Beschreibung des Standorts,*
- *Sortimentsschwerpunkt,*
- *Anteil des Snack- und Speisensortiments am Gesamtumsatz,*
- *Beschreibung des Snack- und Speisensortiments,*
- *Einrichtungen für den Snack- und Speisenverkauf,*
- *Einrichtungen für den Verzehr an Ort und Stelle.*

➤ *Schätzen Sie im Vergleich zu Betrieben mit ähnlichem Standort den Erfolg der Ausweitung des Speisensortiments in Ihrem Betrieb ein.*

➤ *Schlagen Sie Betriebe vor, die geeignet erscheinen zur Planung der Sortimentsausweitung. Holen Sie das Einverständnis der Inhaber des Betriebs ein, wenn Sie geplante Aktivitäten in der Verkaufsstelle und im Standortumfeld eines „echten Betriebs" durchführen.*

Durchführung des Projekts

➤ *Die Gruppe macht eine Standortanalyse (➞ Randspalte).*

➤ *Die Gruppe führt in der Verkaufsstelle und in der Laufzone vor der Verkaufsstelle die Befragungen durch*
- *zu den Essgewohnheiten und*
- *zu den Verzehrswünschen der Kunden/Passanten.*

➤ *Nach der Auswertung der Standortanalyse und der Befragung plant die Gruppe das Snack- und Speisenangebot der Verkaufsstelle:*
- *Gesamtanzahl der bereitzustellenden Verzehrseinheiten,*
- *Art und Portionsanzahl der anzubietenden Snacksorten und der Speisengattungen,*
- *Tagesplanung: Grundsortiment für ein durchgängiges Angebot (z. B. belegte Brötchen), tageszeitabhängige Angebote,*
- *Wochenplanung: Wechsel in dem tageszeitabhängigen Angebot (z. B. jeden Wochentag ein anderes Nudelgericht).*

➤ *Die Planungen werden den Mitschülerinnen/Mitschülern anderer Gruppen vorgestellt. Sofern praktische Umsetzungen in Betrieben erfolgten, werden deren Vertreterinnen und Vertreter zur Erörterung des Projekts eingeladen.*

Analysedaten zur Verbraucherstruktur im Standort-Umfeld

- ***Umfeldstruktur***
  - *Wohn-, Gewerbe-, Industriegebiet, Geschäfts-, Büroviertel, Schulen, Fach- und Hochschulen*
  - *Fahrverkehr, Parkplätze, Haltestellen*
- ***Struktur der Anwohnerschaft:***
  - *Einwohnerzahl*
  - *Haushaltstypen: Personenzahl, Altersstruktur*
  - *Ausländeranteil, Arbeitslose, Arbeiter, Angestellte, Beamte, Freiberufliche*
  - *Verfügbares Einkommen*
  - *Einkaufs-, Essgewohnheiten*
- ***Struktur nicht anwohnender Passanten:***
  - *Passantenfrequenz*
  - *Passantentypen: Einkaufende, Touristen, im Umfeld der Verkaufsstelle Beschäftigte*
  - *Einkaufs-, Essgewohnheiten*

Befragungen zu den Essgewohnheiten

Für die Befragungen in der Verkaufsstelle legen Sie am besten Handzettel aus. Die Fragen sollten so gestellt sein, dass Zutreffendes nur anzukreuzen ist.

Die Passantenbefragung muss dagegen im Gespräch erfolgen.

Folgende Fragen sind für die angestrebten Planungen geeignet:

➤ *Wie häufig nehmen Sie einen Imbiss/eine Mahlzeit außer Haus ein?*
- *täglich ☐ mal, – wöchentlich ☐ mal*

➤ *Welchen Lokaltyp suchen Sie dafür auf?*
☐ *Restaurant* ☐ *Bistro* ☐ *Kiosk*
☐ *Café* ☐ *Bäckerei-Konditorei-Café*

➤ *Welche Speisen bevorzugen Sie?*
☐ *belegte Snacks* ☐ *kleine Speisen*
☐ *gebackene Snacks mit Auflage*

➤ *Wie oft kaufen Sie einen Snack/eine kleine Speise für den Verzehr an anderer Stelle (zu Haus, im Betrieb)?*
- *täglich ☐ mal, – wöchentlich ☐ mal*

➤ *Unter welcher Voraussetzung würden Sie häufiger in dieser Verkaufsstelle einen Imbiss einnehmen?*
☐ *frischere Produkte*
☐ *größeres Angebot an kleinen Speisen*
☐ *mehr Abwechslung im Speisenangebot*

Planungen zur Speisenproduktion

Überlegen Sie bei Ihren Planungen,
- *an welchem Ort Speisen herzustellen sind,*
- *in welchem Umfang Convenienceprodukte (gar- und/oder verzehrsfertige Snacks und Speisen) eingesetzt werden.*

Suppen: die neue Snack-Idee

Lange Zeit war das Image der Suppen geprägt von Vorstellungen wie „einfach-bürgerlich“ oder „Arme-Leute-Kost“. Inzwischen werden sie den kulinarischen Genüssen zugeordnet, als besondere Snacks.

Suppen sind gut geeignet für alle erweiterten Fast-Food-Konzepte:

- Suppen sind zeitsparend und mit wenig Aufwand herstellbar.
- Suppen sind ohne Mängel den ganzen Tag über vorrätig zu halten.
- Suppen sind unkompliziert für die Abgabe an Gäste.
- Suppen sind für eilige Gäste mit kurzer Aufenthaltsdauer geeignet.

Suppenarten: klare und gebundene Suppen

Suppen sind dünnflüssige bis sämige Zubereitungen. Sie werden nach ihrer Konsistenz unterteilt in *klare Suppen* und *gebundene Suppen*.

Fonds, Bouillons und klare Suppen

Suppen haben als Grundlage einen *Fond* aus Gemüse, Fleisch und/oder Knochen von Schlachttieren (= Bouillon), Teilen von Geflügel, Wild oder Fisch (= Fond).

Wie werden Fonds hergestellt?

Fonds (franz. = Grundlage) fallen als wässrige Auszüge beim Garen von Lebensmitteln an oder werden aus einem speziellen Ansatz gezogen. Sie sind nur *Zwischenerzeugnisse zum Weiterverarbeiten*, zum Beispiel zu Kraftbrühen, Suppen, Dünstspeisen oder Soßen.

Man unterscheidet die Fonds
- nach ihrer Farbe (helle Fonds, braune Fonds),
- nach ihrer Grundsubstanz (Schlachtfleisch, Geflügel, Wild, Gemüse, Fisch und Krustentiere).

Die traditionelle Gewinnung von Fonds durch Auslaugen von Ansätzen ist für den eingegrenzten Bedarf der Bäckerei/Konditorei meistens zu aufwändig. Hier können alternativ Fertigprodukte genutzt werden, zum Beispiel: Fertigfonds, Extrakte (= Reduktionen), Trockensubstanzen.

Wie werden Brühen, Kraftbrühen und klare Suppen hergestellt?

Brühen werden aus Fonds zubereitet. Nach dem Klären des Ansatzes werden arteigene Zusätze (z. B. Fleisch, Geflügelklein), Würzungen und Einlagen zugegeben.

Die Würzung von Brühen erfolgt durch die Zugabe von Gemüsen, Zwiebeln, Kräutern und Gewürzen.

Kraftbrühen und doppelte Kraftbrühen sind aus entfetteter Grundbrühe hergestellt. Sie sind klar und je nach Basis hell oder goldbraun.
Für doppelte Kraftbrühen werden doppelte Mengen an Klärfleisch und größere Mengen an Wurzelgemüse verwendet.

Klare Suppen sind Kraftbrühen ohne oder mit nichttrübender Einlage. Vor allem durch die Vielfalt möglicher Einlagen lassen sich variantenreiche und aromatische Suppen zubereiten. Übliche Einlagen sind Teigwaren, Mark-, Grieß- und Leberklöße, Backerbsen, Eierstich, Reis, Sago, auch Gemüse und Kartoffeln. Suppeneinlagen sollen in geringer Menge und in kleiner Form zugesetzt werden. In ihrer Art sollen sie zum Charakter der Suppe passen.

Klare Suppen werden nach Art der Grundbrühe und/oder nach Art der Einlage oder nach Herkunft bezeichnet (➡ nebenstehende Beispiele).

Tipps

So wird die Suppenbar für Gäste interessant:
- *Wechseln Sie täglich das Suppenangebot.*
- *Nehmen Sie in Ihr tägliches Suppenangebot eine Gemüsesuppe auf (auch vegetarische).*
- *Bieten Sie auch Suppen anderer Regionen oder Länder an (z. B. Badische Grünkernsuppe oder Minestrone aus Italien).*
- *Geben Sie zu jeder Suppe eine passende Brotschnitte oder ein Tafelbrötchen zu.*

Convenienceprodukte für Suppen

Für Backbetriebe ist die Verwendung von vorbereiteten Suppenprodukten wirtschaftlich. Das gilt insbesondere für die Herstellung von Brühen und Fonds. Der Handel bietet verschiedene Zubereitungsstufen an. Durch Zugabe frischer Gemüse, Kräuter oder Sahne sind damit Suppen in guter Qualität herzustellen.

Worterklärungen

- *Die Bezeichnungen* ***Brühe, Fleischbrühe, Kraftbrühe, doppelte Kraftbrühe*** *sind nach allgemeiner Verkehrsauffassung stets auf ein Erzeugnis auf der* ***Basis von Rindfleisch*** *bezogen. Andere Produkte müssen näher bezeichnet sein (z. B. Hühnerbrühe).*
- *Die Bezeichnung* ***Boullion*** *ist üblich für Brühen aus Fleisch und Knochen vom Rind, Kalb, Lamm oder Geflügel.*

Beispiele für klare Suppen

- *Hühnerbrühe mit Eierstich*
- *Doppelte Kraftbrühe mit Leberklößchen*
- *Kraftbrühe Célestine (Rinderbrühe mit Streifchen von Kräutereierkuchen)*
- *Märkische Hochzeitssuppe (Hühnerbrühe mit Fleischklößchen und Spargelstücken)*
- *Gratinierte Zwiebelsuppe (Kraftbrühe mit Zwiebelstreifen, mit Weißbrot und Parmesankäse überbacken)*

Gebundene Suppen

Gebundene Suppen haben ihre trübe und dickflüssige Konsistenz
- durch eine Mehlschwitze und Sahnezugabe (= Cremesuppen),
- durch eine Mehlschwitze (z. B. Gemüsesuppen),
- durch eine Ei-Sahne-Legierung (= legierte Suppen),
- durch pürierte Gemüse oder Kartoffeln (= pürierte Suppen),
- durch Getreideprodukte (Getreide- und Diät-Schleimsuppen).

Beispiel: Gemüsesuppen nach Bauernart

Gemüsesuppen sind Zubereitungen aus einer Brühe, einer zumeist namengebenden Einlage und einem angeschwitzten Bindemittel. Als Einlagen kommen alle Gartengemüse in Frage, zum Beispiel Karotten, Kohl oder Erbsen. So werden sie zubereitet:

- Fein geteiltes Gemüse in Butter oder Speck andünsten, mit Mehl einstäuben und dann mit Brühe auffüllen.
- Gemüse in der Brühe garkochen, würzen und mit einer Aufstreu von gehackten Kräutern servieren (z. B. Petersilie).

Beispiel: Legierte Spargelsuppen

Die legierten Suppen erhalten ihre samtartige Beschaffenheit durch eine Ei-Sahne-Legierung. So werden sie zubereitet:

- Mehl in Butter hellgelb schwitzen und mit dem Spargelsud (aus Spargelabschnitten und Spargelschalen) und Brühe auffüllen.
- Suppe mit verrührtem Ei-Sahne-Gemisch binden, abschmecken und gegarte Spargelköpfe zufügen.

Beispiel: Tomatenrahmsuppen

Die Rahmsuppen erhalten ihre Bindung aus einer Mehlschwitze und ihre kremige Beschaffenheit durch Sahne. So werden sie zubereitet:

- Zerkleinerte Zwiebeln und Tomatenstücke mit Butter andünsten, mit Mehl bestäuben, Brühe auffüllen und kochen.
- Suppe passieren, Sahne einrühren und erhitzen ohne Kochen.
- Mit einem frischen Sahnehäubchen und mit gehackten Kräutern als Aufstreu (z. B. Schnittlauch) servieren.

Suppenservice: exklusiv für das Café-Angebot

Suppen können auf einer besonderen Karte oder auf einer Tafel im Café angeboten werden. Dabei ist es möglich, einige Suppen saisonal oder aktionsmäßig herauszustellen. Auch das ständige Suppenangebot sollte ansprechend beschrieben werden, beispielsweise so:

- **Frankfurter Linseneintopf**
  mit zartem Rächerspeck und knackigem Frankfurter Würstchen und aromatischem Bauernbrot

Suppen werden zumeist in *Suppentassen* serviert. Diese haben ein Fassungsvermögen von 0,05 bis 0,2 Liter und einen oder zwei Henkel seitwärts. Die größeren Tassen werden für rustikale und preiswerte Suppenangebote gewählt; kleinere Suppentassen werden für feine, klare Suppen bevorzugt.

Suppen werden in vorgewärmte Tassen gefüllt und dann servierfähig hergerichtet. Die Suppentassen werden auf Untertassen mit Löffel und Serviette komplett am Tisch des Gastes eingesetzt.

In Stahltassen zubereitete Suppen können am Tisch des Gastes in Tassen oder tiefe Teller ausgegossen werden.

Arbeitsablauf: Herstellen von Cremesuppen

Nach der Art der Hauptzutaten werden unterschieden: Fleischcremesuppen, Fischcremesuppen, Geflügelcremesuppen, Gemüsecremesuppen und Getreidecremesuppen.
Für ihre herkömmliche Zubereitung gilt der folgende Arbeitsablauf:

- *Butter oder Margarine zerlassen*
- *Zerteiltes Wurzelgemüse zugeben und erhitzen*
- *Mehl oder Stärke zugeben, verrühren und hell andünsten*
  - *Getreideprodukte und Fett im Verhältnis 1 : 1 einsetzen, Bindung erzielen*
  - *Rohgeschmack abbauen*
- *Brühe oder arteigenen Fond und passende Würzmittel zugeben*
- *Suppe etwa 10 Minuten behutsam kochen lassen, bis zur gewünschten Konsistenz*
- *Suppe durchseihen, um unerwünschte Zutatenbestandteile zu entfernen*
- *Suppe erhitzen und Sahne zum Legieren zugeben, aber nicht mehr aufkochen*

Rezeptbeispiel: Legierte Spargelsuppe

1500	g	Spargel
5	l	Geflügelfond
150	g	Butter
150	g	Mehl
5	St.	Eigelb
500	ml	Sahne

Rezeptbeispiel: Tomatenrahmsuppe

2000	g	Tomaten
5	l	Gemüsebrühe
150	g	Butter
150	g	Mehl
750	ml	Sahne (oder Kartoffelmus)

Rezeptbeispiel: Vinschgauer Brotsuppe

180	g	Vinschgauer Paarlbrot
1	l	Fleischbrühe
50	g	Butter
2	St.	Eier
1	St.	Zwiebel

Hinweis

Weitere Rezepte für das Suppenangebot und Anregungen zur Gestaltung einer speziellen Suppenkarte finden Sie auf der CD-ROM zu diesem Buch.

Gefülltes Omelett

Rezeptbeispiel: Pfannkuchenmasse

1 000	g	Weizenmehl (Type 405)
2 500	g	Vollmilch oder Buttermilch
800	g	Sahne
1 000	g	Vollei
200	g	Zucker *)
300	g	Butter oder Speiseöl
		Speisesalz, Aroma

*) höhere Zuckermenge für süße Pfannkuchen

Crêpe Suzette

Eine spezielle Anrichteweise ist typisch für Crêpe Suzette: Die dünn gebackenen Pfannkuchen werden zusammengefaltet und dann in einer Mischung von zerlassener Butter, Puderraffinade, Orangensaft und Grand-Marnier-Likör gewendet, mit Orangenspalten belegt und flambiert.

Rezeptbeispiel: Kaiserschmarren

1 000	g	Weizenmehl (Type 405)
600	g	Vollmilch
600	g	Sahne
1 200	g	Vollei
200	g	Zucker
250	g	Butter
500	g	Sultaninen
		Speisesalz, Aroma
		Puderraffinade zum Stauben

Quarkkeulchen

*Bei dieser **sächsischen Spezialität** handelt es sich um eine eihaltige Speise, die in der Pfanne gegart wird. Die Masse für Quarkkeulchen enthält Kartoffelmus und Speisequark zu gleichen Teilen, außerdem Butter, Zucker, Vollei, Sultaninen und Weizenmehl zur Bindung. Quarkkeulchen werden mit Zucker bestreut und mit Apfelmus serviert.*

Hefeplinsen

*Bei dieser **russischen Spezialität** handelt es sich um flache Pfannkuchen aus Buchweizenmehl, mit Apfelwürfeln und Sultaninen in der Masse.*

Kleine Eierspeisen

Deftig oder süß zubereitet sind Eierspeisen zu allen Tagesmahlzeiten im Angebot. Von den warmen Eierspeisen eignen sich aber nur einige zum kurzzeitigen Warmhalten (z. B. Rührei). Die anderen Eierspeisen sollten nur dann in das Speisenangebot aufgenommen werden, wenn ihre Zubereitung nur wenige Minuten dauert und sie ohne eine lange Wartezeit zwischen Bestellung und Service herstellbar sind.

Eierspeisen zum Frühstücksangebot

Als warme Eierspeisen für das erweiterte Frühstücksangebot sind zum Beispiel geeignet: gekochte Eier, Rührei mit Schinken (oder magerem Räucherspeck), Spiegeleier, kleine Pfannkuchen und Omeletts.

Beispiel: Omelett mit Schinken

Die Zubereitungen dafür werden auf Vorrat hergestellt: Eier werden mit einer Prise Speisesalz schaumig gerührt und kühl bereitgestellt. Roher Schinken wird in Streifen geschnitten, in Butter angedünstet und warm vorrätig gehalten.

Bei Bedarf wird Butter in der Omelettpfanne erhitzt. Die Ei-Masse wird in die Pfanne gegossen, darauf werden Schinkenstreifen gestreut. Die Masse wird ohne Verrühren zum Stocken gebracht. Das Omelett wird mit einem Pfannenmesser beim Abgleiten aus der Pfanne übereinander geklappt (zur typischen Omelettform).

Das Omelett wird mit einer kleinen Salatgarnitur serviert.

Süße Eierspeisen zu allen Tageszeiten

Etliche süße Eierspeisen werden in der Pfanne gegart. Man nennt sie daher zusammenfassend Eierpfannkuchen oder nur Eierkuchen.

Beispiel: Pfannkuchen mit süßen Zubereitungen

Die Pfannkuchenmasse (➡ Beispielrezept) wird wie folgt verarbeitet:

- Gesiebtes Mehl mit der Flüssigkeit und Speisesalz verrühren.
- Eidotter schlagen und mit flüssiger Butter oder Speiseöl zugeben.
- Eiklar mit Zucker aufschlagen; Eischnee unterheben.
- Aroma zur Masse zusetzen.
- Masse mit Schöpfkelle in Stielpfanne dosieren, in heißem Fett leicht gold-braun ausbacken.

Pfannkuchen können mit Puderraffinade bestäubt und Beilagen serviert werden, zum Beispiel mit Apfelmus oder mit heißen Kirschen.

Pfannkuchen können mit verschiedenen süßen Füllungen versehen und mit alkoholischen Zusätzen serviert werden, zum Beispiel

- als Palatschinken mit Calvados-Krem-Soße (➡ CD-ROM),
- als Nansen mit Speiseeis gefüllt und flambiert,
- als Pariser Pfannkuchen mit Vanillesoße, Fruchtsalat und flambiert.

Beispiel: Kaiserschmarren

Die Masse (➡ Beispielrezept) wird ähnlich wie die Pfannkuchenmasse bereitet, allerdings wird die mehlhaltige, glatte Masse zunächst etwa 30 Minuten abstehen gelassen, bevor die Eiklarmasse eingearbeitet und zuletzt die Sultaninen zugefügt werden.

- Die Masse wird im Fettbad angebacken, dann im Backofen gegart.
- Die gebackenen Schmarren werden mit zwei Gabeln zerrissen, so mit Puderzucker bestäubt und in der heißen Pfanne kurz geschwenkt.
- Die Schmarren werden heiß mit Pflaumenkompott serviert.

Deftige Eierspeisen als kleine Zwischenmahlzeit

Als Zwischenmahlzeit sind auch die Frühstücks-Eierspeisen geeignet, zum Beispiel Rührei mit Schinken, Pilzen oder Käse, serviert mit Reis Kartoffeln oder Toastbrot. Daneben gibt es spezielle Eierspeisen, die mit Beilagen und Salat zu Hauptgerichten erweitert werden können.

Beispiel: Spiegeleier mit Beilagen

Spiegeleier mit würzigen Gemüsezubereitungen wie Fenchel, Mangold oder Spinat (➡ Abbildung) sind leichte Zwischenmahlzeiten. Beilagen zu diesen Zubereitungen können Kartoffeln, Reis oder Teigwaren sein.

Spiegeleier sind auch Bestandteil deftiger Speisen, beispielsweise mit Brot und Leberkäse (➡ Abbildung) oder mit Brot und Schinken (als so genannter „Strammer Max").

Diese Speisen müssen nach Bestellung des Gastes frisch zubereitet und heiß serviert werden.

Beispiel: Pfannkuchen mit deftigen Füllungen

Pfannkuchenmassen ohne oder mit wenig Zuckeranteil sind die Basis für deftige Zubereitungen.

- *Gefüllte Pfannkuchen* werden mit Fleischzusatz (z. B. Schinken) oder Gemüsezusatz (z. B. Pilze) zubereitet, oft auch in einer Kombination mit würzigem Hartkäse.
- *Spanisches Omelett* ist ein dicker Pfannkuchen, der mit Würfeln von gekochten Kartoffeln gefüllt ist.
- *Bauernfrühstück* ist ein dicker Pfannkuchen mit Schinkenfüllung, der mit Bratkartoffeln und deftigen Beilagen serviert wird.

Beispiel: Variationen von Eier-Talern

Als eihaltige Snacks oder kleine Speisen eignen sich Eier-Taler, die gut in Florentinerformen zu garen sind (➡ nebenstehende Abbildungen). Zusammen mit Brotschnitten und mit Salatbeilagen sind sie ideale Speisen für das Café-Angebot: Sie sind rasch nach den Wünschen der Gäste zuzubereiten und können mit unterschiedlichen Beigaben zur Eimasse variantenreich angeboten werden.

So werden Variationen von Eier-Talern zubereitet:

- *Die Eimasse besteht aus Vollei, mit etwas Milch oder Sahne verrührt, gewürzt mit Speisesalz und Pfeffer. Pro Talerbucht wird Masse aus einem Vollei verwendet.*
- *In die Talerbuchten werden zuerst die kleingeschnittenen Beigaben eingelegt. Hierbei sind Mischungen vorgegarter Zutaten möglich, aber auch Beilagen nur einer Art (z. B. Gemüse für ovo-vegetarische Kost).*
- *Die vorgefüllten Talerbuchten werden mit der angerührten Eimasse aufgefüllt, so dass sie randvoll sind.*
- *Die gefüllten Talerbuchten werden im Backofen gebacken, bis sie auf der Oberfläche gold-gelb sind. Da hier Rohei verwendet wurde und die Beigaben oft sehr wasserhaltig sind, ist auf genügendes Durcherhitzen zu achten.*
- *Die gegarten Eier-Taler werden auf einer Brotscheibe nach Wahl des Gastes angerichtet.*
- *Mit Tomatenscheiben (im Farbkontrast), Gurken- oder Paprikastücken und Kräutergarnitur werden die Eier-Paddys vervollständigt.*

Auch eine Beigabe von Ketschup (für Kinderteller) oder von leichter Sahnesoße rundet diese kleinen Eierspeisen gut ab.

Spiegelei auf Spinat angerichtet

Spiegelei auf Brot und Leberkäse angerichtet

Füllen von Florentinerformen als Talerbuchten

Gegarte Eier-Taler in den Buchten

Anrichten von Eier-Taler auf einer Scheibe Brot

Garnitur für Eier-Taler auf Brotscheibe

Röhrennudeln:
Penne

Schmetterlingsnudeln:
Farfalle

Spiralnudeln:
Fusilli

Grüne Bandnudeln:
Tagliatelle verdi

Lange Fadennudeln:
Spaghetti

Tortellini con carne
(mit Fleischfüllung)

Penne carbonara
(in Sahnesoße)

Fusilli bolognese
(Hackfleischsoße)

Spaghetti tomato-pesto
(Tomaten-Basilikumsoße)

Farfalle vegetale
(Gemüse-Tomaten-Soße)

Tortellini al formaggio
(Käsesoße)

Tagliatelle
(mit Brokkoli-Soße)

Tipp:

Eine Auswahl an Nudelgerichten: Für jeden Tag in der Woche ein anderes Gericht. Das bringt Abwechslung in das Speisenangebot.

Gerichte aus Teigwaren: das sind Nudelgerichte

„Pasta" werden in Italien die Nudelgerichte genannt. Und nirgend woanders gibt es so viel Nudelgerichte in verschiedensten Varianten. Hierzulande sind Bäckereien/Konditoreien mit Café oder Imbiss auch darum bemüht, ihren Gästen den Genuss der leckeren Nudelgerichte schnell und unkompliziert zu ermöglichen.

Teigwaren: die verschiedenen Nudelsorten

„Teigwaren" ist die nüchterne Bezeichnung für alle Nudelsorten. Es sind frische oder getrocknete Zubereitungen aus Mehl, Wasser und Kochsalz mit und ohne Eizusatz. Die *eihaltigen Nudeln* aus hiesigen Mehlen sind für nicht zerfallende Zubereitungen geeignet.

Nudeln werden nach ihrer Form unterschieden:

- *Langware* nennt man die langen Fadennudeln (z. B. Spaghetti) und Röhrennudeln (z. B. Makkaroni). Sie eignen sich für Hackfleisch- und Gemüsezubereitungen oder zu Nudelgerichten mit Soßen.
- *Gemüsenudeln* sind flache Teigwaren (wie Bandnudeln) oder krause Nudeln (wie Hörnchen und Spätzle). Sie werden gern für Aufläufe, Gratins und als Beilage zu Hauptgerichten verwendet. Einige dieser Sorten sind mit natürlichem Spinatgrün gefärbt (Tagliatelle verdi).
- *Suppennudeln* sind die Winzlinge unter den Teigwaren, die gern in Suppen eingestreut werden. Zu ihnen gehören Sternchen, Muscheln, Buchstaben, Fadennudeln und Schleifchen.

Pasta: die verschiedenen Nudelgerichte

Gegarte Nudeln sind *Beilagen* oder Teil *selbstständiger Hauptgerichte*. Nudelgerichte werden nach der Zubereitungsart in Gruppen unterteilt. In der Ladenküche herstellbare Nudelspeisen sind insbesondere:
- Gerichte aus gekochten Nudeln,
- Gratins und Aufläufe mit Nudeln,
- Salate mit Nudeln.

Andere Nudelgerichte sind aufwändig in der Herstellung:

- *Ravioli, Tortellini und Maultaschen* sind gefüllte Nudelerzeugnisse mit Zubereitungen aus Fleisch oder/und Gemüse.
- *Gnocchi* sind kleine Klößchen aus einem nudelähnlichen Teig (unter Verwendung von Kartoffeln, Maisgrieß oder Gemüsen). Sie werden in fast kochendem Wasser gargezogen.

Nudeln „al dente": die fachgerechte Zubereitung

Zum Kochen von Nudeln ist ein doppelt so großer Topf einzusetzen wie für die Wassermenge erforderlich ist. Pro 100 g Nudeln benötigt man 1 Liter Wasser, 10 g Kochsalz und etwas Speiseöl. Die Nudeln werden in das kochende Wasser gegeben, beim Wiederaufkochen umgerührt. Nun kleben sie nicht mehr zusammen. Die Kochzeit beträgt 5 Minuten für feine Fadennudeln und bis 10 Minuten für Makkaroni. Zwischendurch sollte die Bissfestigkeit des Kochguts überprüft werden. Die Nudeln sind „al dente" gegart, wenn sie ohne Härte, aber noch bissfest sind.

Gegarte Nudeln werden im Sieb abgegossen und mit kaltem Wasser abgeschreckt. Nach dem Abtropfen können die Nudeln für kurze Zeit in einem Wärmebehälter vorrätig gehalten werden. Für längere Stehzeit sind sie in kaltem Wasser zu bevorraten. Bei Bedarf werden sie dann in heißem Wasser oder im Mikrowellenherd wiedererwärmt.

Nudelgerichte: Vielfalt im Angebot

Wie viele Pasta-Gerichte kennen Sie?
Mit den Pasta-Variationen kommt Spannung und Abwechslung in das Speisenangebot des Bäckerei-Konditorei-Cafés.

Spaghetti: Nudelgerichte mit leckeren Soßen

Spaghettigerichte sind gefragt, beispielsweise
- „Spaghetti carbonara" (gebunden mit einer Ei-Sahne-Legierung und einer Zwiebel-Speck-Schwitze übergossen),
- „Spaghetti tomato pesto" (mit einer Tomaten-Basilikum-Soße),
- „Spaghetti bolognese".

So werden Spaghetti bolognese hergestellt:

- *Speck, gehackte Zwiebeln, Karotten und Sellerie in Butter andünsten und darin das Hackfleisch braun anschmoren.*
- *Zerkleinerte Tomaten, Tomatenmark, Kochsalz, Pfeffer und Nelken zusetzen, alles zusammen kochen.*
- *Die Zubereitung nach dem Kochen mit Sahne verrühren.*
- *Die Soße auf Spaghettiportion mittig auffüllen, mit Krautsträußchen garnieren und mit geriebenem Parmesan servieren.*

Rezeptbeispiel:
Soße für Spaghetti bolognese

500	g	Rinderhackfleisch
250	g	durchwachsener Speck
125	g	Butter
50	ml	Sahne
2	St.	mittelgroße Karotten
2	St.	mittelgroße Zwiebeln
2		Scheiben der Sellerieknolle
1		Dose (800 g) geschälte Tomaten
1		kleine Dose Tomatenmark
		Nelken, Speisesalz, Pfeffer
		(Das Rezept ergibt 10 Portionen)

Überbackene Nudeln: Aufläufe und Gratins

Für das kleine Speisenangebot in Backwaren-Verkaufsstellen sind die Gratins und Aufläufe besonders gut geeignet:
- Die Zubereitung kann lange Zeit im voraus erfolgen.
- Das Garen läuft ohne ständige Bindung einer Arbeitskraft ab.
- Die Abgabe im Verkauf ist zeitsparend und unkompliziert.

Häufig angeboten werden Makkaroniaufläufe, Cannelloni und Lasagne.

Gratinierte Gemüsenudeln

Makkaroniaufläufe sind schichtweise eingelegte Zubereitungen mit Fleisch und Gemüse. Sie werden mit einem Ei-Sahne-Guss gebunden. Um eine geschmacksreiche Kruste zu erzielen, ist die Oberfläche mit Semmelbröseln oder/und Parmesan bestreut und mit Butter belegt.

Cannelloni sind Nudelröhren, die meistens mit Hackfleisch oder mit Hackfleisch und Gemüse gefüllt sind. So vorbereitet werden die rohen Nudeln in einer Auflaufform in Tomatensoße eingelegt und mit einer Béchamelsoße übergossen. Die Kruste wird aromatischer, wenn sie mit Butterflöckchen und geriebenem Parmesankäse versehen wird.

Lasagne sind Aufläufe aus Zubereitungen mit Schinken, Hackfleisch, Fisch und Gemüse. Lasagneblätter gibt es vorgekocht. Andere müssen zunächst bissfest gekocht werden. Die Füllungen werden abwechselnd mit Lasagneblättern in mehreren Schichten in eine Auflaufform oder in eine Backblechpfanne gelegt. Die Oberfläche wird mit Sahne bestrichen und mit geriebenem Parmesankäse und Semmelbröseln bestreut.

Maultaschen mit Tomaten- und Gemüsesoße

Gefüllte Nudeln: Ravioli, Tortellini oder Maultaschen

Mit geringem Arbeitsaufwand können diese gefüllten Nudelgerichte in einer guten Qualität aus fertig gegarten Produkten bereitet werden (aus Frischware oder aus im Vakuum verpackter Ware). Diese Vorprodukte müssen nur noch in heißem Wasser erhitzt werden. Je nach Rezept werden gegarte Ravioli, Tortellini oder Maultaschen beispielsweise mit Schmelzbutter übergossen und mit geriebenem Parmesankäse oder mit einer Tomatensoße serviert.

Schupfnudeln in der Frischpackung

Schupfnudeln fertig angerichtet

Aufläufe und Gratins: die Krustigen

Aufläufe und Gratins sind in Formen gegarte oder überbackene pikante Zubereitungen aus verschiedenen Lebensmitteln. Am häufigsten dafür verwendete Zutaten sind Kartoffeln, Teigwaren, Gemüse, gekochter Schinken, Hackfleisch, Pilze, Käse, Kräuter und Gewürze. Aber auch noch viele andere Zutaten sind üblich.

Merkmale von Aufläufen und Gratins

Von anderen Snacks unterscheiden sich Aufläufe und Gratins so:

- *Sie sind ohne Basisgebäck hergestellt.*
- *Sie sind in einer feuerfesten Form gebacken.*
- *Sie sind wegen ihrer weichen Beschaffenheit unhandlich im Verkauf und müssen daher in der Backform (= Schale aus feuerfestem Glas, Porzellan oder Aluminium) oder auf dem Teller portioniert an den Gast übergeben werden.*

Aufläufe müssen durchgebacken werden

Der *pikante Auflauf* ist zu unterscheiden von dem in der Gastronomie als „Auflauf" bezeichneten „Soufflé" (= süße, zarte Ei-Milch-Speise). Eine Gemeinsamkeit besteht nur in der Verwendung von feuerfesten Formen zum Garen. Die pikanten Aufläufe werden im Allgemeinen aus gegarten Zutaten hergestellt. Zum Teil werden auch rohe Zutaten verwendet (z. B. eine Ei-Sahne-Legierung = Liaison). Außerdem sind Aufläufe dickschichtiger als Gratins aufgebaut. Die Aufläufe müssen darum *durchgebacken* werden.

Beispiel: Moussaka

Dieser Auflauf ist aus Auberginenscheiben mit einer Hackfleischfüllung und einer Ei-Joghurt-Legierung als Abdeckung aufgebaut.

In Scheiben geteilte Auberginen werden in Olivenöl angedünstet. Für die Füllung werden zerkleinerte Zwiebeln in Öl angeschwitzt. Dann werden Rinderhackfleisch und Tomatenmark zugegeben und gegart. Die Füllung wird mit Zimt und Oregano gewürzt. Dann wird sie in einer Auflaufform auf eine Schicht Auberginenscheiben gegeben und wieder mit Auberginenscheiben abgedeckt. Die Zubereitung wird zuletzt mit einem Guss aus geriebenem Käse, Sahnejoghurt, Eidotter und Eischnee überzogen. Die Oberfläche wird mit geriebenem Käse bestreut.

Da der roheihaltige Guss bis in die unterste Schicht durchsickern kann, genügt ein Überbacken nicht. Die Zubereitung muss je nach Einfüllhöhe 20 bis 35 Minuten durchgebacken werden.

Gratins sind überbackene Zubereitungen

Der Begriff „Gratin" weist auf das angewendete Garverfahren hin: Die Zubereitung wird *gratiniert* (= überbacken). Gratins werden aus fertig gegarten, warmen Produkten hergestellt. Das Überbacken dient nur der Bräunung und Krustenbildung. Bei Einsatz von Rohei müssen Gratins durcherhitzt werden (wegen eventuell enthaltener Salmonellen).

Beispiel: Kartoffel-Käse-Gratin

Gekochte, geschnittene Kartoffeln werden in eine Béchamelsoße mit geriebenem Hartkäse eingemischt. Diese Zubereitung wird in eine Form gefüllt (aus Edelstahl, Glas, Porzellan oder Aluminium). Die Oberfläche wird mit Butterflöckchen belegt und mit geriebenem Käse eingestreut. Die warme, gegarte Zubereitung wird nur zum Bräunen überbacken.

Zum Unterscheiden

Aufläufe sind in Formen massig aufgebaute Zubereitungen mit nicht durchgegarten Zutaten, mit Eianteil in der Soße.

Gratins sind eher flache Zubereitungen mit gegarten Zutaten, ohne Eianteil in der Soße.

Moussaka: ein griechischer Auberginen-Auflauf

Kartoffelgratin: in Aluminiumformen gebacken

Tipps

- *Aluminiumformen ersparen das Fetten und das Reinigen der Formen.*
- *Aluminiumformen erleichtern die Abgabe beim Außer-Haus-Verkauf.*

Kleine Fleisch- und Geflügelgerichte

Für das Angebot von kleinen Speisen aus Fleisch und Geflügel im Café oder Imbiss eignen sich alle Speisen, die ohne viel Aufwand im Laden selbst oder in einer Ladenküche verzehrsfertig auf Vorrat hergestellt werden können.

Garfertige Fleischteile oder zubereitungsfertige Fleischgerichte sind mit wenig Aufwand zu verarbeiten:

- Garfertige Produkte sind für den Garprozess fertig vorbereitet.
- Zubereitungsfertige Produkte müssen nur noch erwärmt und/oder mit Wasser versetzt werden.

Kleine Gerichte aus zerkleinertem Schlachtfleisch

Zerkleinertes Fleisch ist gut für kleine Fleischspeisen geeignet. Es lässt sich schnell garen und im gegarten Zustand leicht warmhalten. Für die Verarbeitung in der Ladenküche kommen dafür vor allem Hackfleisch und geschnetzeltes Fleisch in Frage.

Beispiel: Fleischklößchen mit Bandnudeln und heller Soße

Die *Fleischklößchen* werden aus gewürztem Hackfleisch mit Vollei und Semmelbrösel angemengt und in einer Brühe gargezogen. Helle Soße wird so hergestellt: Mehl wird in Butter hell angeschwitzt und dann mit Brühe aufgefüllt, bis die gewünschte Konsistenz erreicht ist.

Beispiel: Geschnetzeltes mit Rahmsoße, Reis oder Spätzle

Geschnetzeltes Fleisch (vom Schwein oder Kalb) wird mit gehackten Zwiebeln in Butter angebraten, mit etwas Brühe aufgefüllt und damit gegart, danach mit in Sahne verrührtem Mehl gebunden.

Beispiel: Pasteten mit Ragoût-Füllung

Kleingeschnittenes Fleisch wird angebraten, mit Brühe aufgefüllt und gedünstet. Dann werden Pilze, Zwiebeln und Gemüse zugegeben. Vor dem Binden mit Mehl wird kräftig gewürzt. Das fertige Ragoût wird in vorgewärmte Blätterteig-Hohlpasteten eingefüllt („Königin-Pastete").

Ragoût fin ist ein Ragoût aus zerkleinertem Kalbfleisch, das mit einer Ei-Sahne-Legierung gebunden ist. Es enthält meistens Pilze.

Grundsätzlich sollten die Fleischgerichte mit einer kleinen Salatgarnitur abgegeben werden, zum Beispiel rohe Tomaten-/Gurkenscheiben auf einem Salatblatt. Ragoût und Frikassee sollten mit gehackten Kräutern überstreut und mit Zitronenscheibe auf Salatblatt angerichtet werden.

Kleine Gerichte aus Geflügelfleisch

Frikassees sind gekochte Gerichte zumeist aus Geflügel mit Gemüsen (wie Champignons oder Spargelköpfe). Sie sind mit einer Ei-Mehl-Soße gebunden. Schnell und einfach sind Gerichte aus TK-Hähnchen- oder TK-Putenbrust zuzubereiten. Frikassees eignen sich hervorragend als warm zu bevorratende Speisen.

Beispiel: Putenbrust in Safran-Sahne-Soße

Putenbrustfleisch wird mit Mehl bestaubt angebraten. Dann wird mit Weißwein abgelöscht und gargeköchelt. Saure Sahne und Safran zum Würzen werden zugesetzt. Angerichtet wird mit Mandarinenstücken und gerösteten Mandeln. Fleischspeisen werden mit einem Küchenkraut (z. B. Petersilie) oder mit einer kleinen Salatblattgarnitur serviert.

Edel-Snack: Kalbsfilet mit Kräuterspätzle

Zum Weiterverarbeiten vorbereitete Fleischteile und Gemüsesorten

Verarbeitungsfertiges Tiefkühl-Gemüse

§ *Lebensmittelrechtliche Bestimmungen*

Für die Herstellung von Fleischklößchen, Frikadellen oder Fleischfüllungen aus rohem Hackfleisch und von Speisen aus geschnetzeltem Fleisch ist die ***Hackfleisch-Verordnung*** *zu beachten (**➞ Seite 349**).*

Convenienceprodukte für Fleischgerichte

Die Herstellung von Fleischgerichten für das Café ist in vielen Betrieben erschwert durch die Bedingungen der Ladenküche oder durch nicht vorhandenes Fachpersonal.

Durch die Verwendung von Convenienceprodukten kann dieses Problem gemindert werden. Der Handel bietet garfertige Fleischteile als TK-Ware an (z. B. panierte Schweineschnitzel, Steaks oder Fleischspieße). Ebenso können zubereitungsfertige Gerichte als TK-Produkte oder als Konserven bezogen werden (z. B. Gulasch oder Ragoût fin).

Verarbeitungsfertige Fischteile luftdicht mit Folie versiegelt sind in Normschalen zu bevorraten

Zum Unterscheiden

- ***Süßwasserfische*** *sind zum Verzehr geeignete Fische aus Binnengewässern (z. B. Karpfen, Hecht). Dazu zählen auch Fische, die sich zeitweise im Meer aufhalten (z. B. Forelle, Lachs und Aal).*
- ***Seefische*** *sind zum Verzehr geeignete Fische aus dem Meer. Dazu zählen die* ***Rundfische*** *(z. B. Seelachs, Rotbarsch und Thunfisch) und die* ***Plattfische*** *(z. B. Seezunge, Scholle und Heilbutt).*

Rezeptbeispiel:
Pochierter Lachs auf Gemüsebett

3000 g Lachsfilet
200 g Weißwein
Zitronensaft, Kochsalz, Pfeffer
200 g Lauch
500 g Karotten
500 g Sellerie
100 g Zwiebeln

Snacks mit Fisch und Meeresfrüchten

Zum Beachten

Der intensive Geruch von Fischgerichten wird leicht von Back- und Süßwaren angenommen. Wenn die durch Fischgerichte begründete Luftbelastung in der Verkaufsstelle nicht beherrschbar ist, sollte auf das Angebot solcher Speisen verzichtet werden.

Kleine Fischgerichte

Ernährungsbewusste Gäste wählen leichte Fischgerichte wegen ihres Gehalts an hochwertigen und leicht bekömmlichen Eiweißstoffen, des hohen Mineralstoffgehalts und des Vitamin-D-Gehalts. Die Gerichte aus Magerfisch zeichnen sich außerdem durch geringen Fettgehalt aus.

Fette Seefische haben einen hohen Gehalt an mehrfach ungesättigten Fettsäuren (z. B. Hering, Makrele und Lachs). Bei einigen Fischarten ist aber auch die Belastung mit Schadstoffen beachtlich (z. B. Thunfisch und Heilbutt).

Für kleine Fischgerichte sind Süßwasser- und Seefische üblich.

Herstellen von Fischgerichten

Die rationelle Zubereitung von kleinen Fischgerichten ist mit garfertig vorbereiteten Fischteilen oder vorgefertigten Speisenkomponenten möglich. Der Fachhandel bietet sie als Frischware, als Konserven und als TK-Ware an.

Kleine gefrostete Fischteile können ohne vorheriges Auftauen frittiert, gedünstet, gebraten oder gebacken werden. Leichtes Antauen macht das vorherige Würzen und Panieren möglich.

Das Fischeiweiß ist besonders leicht verderblich. Beim Verderb werden giftige Zersetzungsprodukte gebildet. Fisch muss daher stets gekühlt oder gefrostet bevorratet werden. TK-Ware muss unmittelbar nach dem Auftauen verarbeitet werden. Nicht verwendete Reste dürfen nicht erneut eingefroren werden.

Fischsuppen

Im Rahmen des Suppenangebots des Cafés sind feine Fischsuppen zu berücksichtigen. Sie werden aus Fischfond zubereitet (➞ Seite 472).

- Fischsuppen mit Süßwasserfischen sind beispielsweise Aalsuppe und Hechtsuppe. Als Einlagen sind dafür kleine Fischklößchen oder die entsprechenden Fischstückchen üblich.
- Fischsuppen mit Seefischen enthalten üblicherweise verschiedene Fischarten, oftmals Mittelmeerfische und andere Meeresfrüchte. Eine solche Suppe ist die Marseiller Fischsuppe (= Bouillabaisse).

Fischspeisen

Ausgelöste Fischteile können zu verschiedenen Gerichten verwendet werden, zum Beispiel zu Fischfilet, Grillfisch, Fischgulasch und auch als Salatbeilage.

Gebratene und frittierte Fischgerichte gelten wegen des aufgesogenen Fettes als energiereich. Gedünstete und pochierte Fischgerichte sind dagegen leicht bekömmlich.

Beispiel: Pochierter Lachs auf Gemüsebett

Das Gemüse wird in Streifen und Würfel geschnitten und mit Butter angedünstet. Das Lachsfilet wird portioniert, mit etwas Zitronensaft und Weißwein beträufelt, mit Kochsalz und Pfeffer gewürzt.

Das angedünstete Gemüse wird flächig in eine Auflaufform gefüllt. Die Lachsstreifen werden darüber angeordnet und dann mit Weißwein übergossen.

Diese Fischspeise kann schonend im Kombidämpfer oder abgedeckt im Ofen gegart werden.

Kleine Speisen mit Meeresfrüchten

Als „Meeresfrüchte" bezeichnet man verschiedene tierische Produkte aus dem Meer (→ Zum Unterscheiden). Sie enthalten hochwertige Eiweißstoffe und haben einen hohen Genusswert.

Herstellen von Speisen mit Meeresfrüchten

Einige Meeresfrüchte können roh genossen werden (z. B. Austern). Die für das Bäckerei-Konditorei-Café wesentlichen Produkte werden als wertvolle Bestandteile von gegarten Feinkostgerichten, Salaten und Cocktails eingesetzt.

Beispiel: Gegrillte Garnelen

Das nebenstehend abgebildete Gericht kann angeboten werden als „Gegrillte Garnelen mit Hummersoße, Lauchgemüse und Tortellini".

Dieses Gericht kann rasch zubereitet werden: Die gefrosteten Garnelen werden gegrillt. Die Hummersoße aus der Konservendose wird kurz erhitzt. Das Lauchgemüse (als TK-Ware) wird in Butter gedünstet. Die Tortellini aus der Frischpackung werden in heißem Wasser erwärmt. Die Speise wird auf einem flachen Teller angerichtet und mit Kräutern als Dekor serviert.

Edel-Snack: gegrillte Garnelen

Zum Unterscheiden

Zu den Meeresfrüchten und Weichtieren zählt man folgende Arten:

- ***Krebstiere** sind zum Verzehr geeignete Krebse aus dem Meer (z. B. Hummer, Garnelen, Langusten, Königskrabben, Kaisergranat) und aus dem Süßwasser (z. B. Flusskrebse und Krabben).*
- ***Weichtiere** sind zum Verzehr geeignete Schalentiere (Mollusken), Tintenfische und Schnecken. Für die Speisenherstellung sind als **Muscheln** die Austern, Miesmuscheln und Jakobsmuscheln von Bedeutung, von den **Schnecken** werden vor allem die Weinbergschnecken verwendet.*
- ***Kaviar** besteht aus dem unbefruchteten Rogen (= Fischeier) verschiedener Störarten, auch von Lachsen, Forellen und Seehasen. Kaviar wird natürlich roh zu kalten Speisen verarbeitet.*

Cocktails als kleine Speisen

Als „Cocktails" bezeichnet man üblicherweise die Bar-Mischgetränke. Aber auch kleine gemischte Speisen, die in Gläsern angerichtet sind, nennt man so. Cocktails werden gekühlt am Anfang einer Speisenfolge oder als Dessert gereicht (= Fruchtcocktails). Sie sind auch als kleine delikate Hauptspeisen interessant für das Bäckerei-Konditorei-Café.

Cocktailarten

- Vegetarische Cocktails sind beispielsweise die Zubereitungen mit Avocados, Champignons, Spargel, Melonen oder mit verschiedenen Gemüsearten.
- Fleischhaltige Cocktails sind beispielsweise die Zubereitungen mit Geflügel- oder Wildfleisch.
- Exklusive Cocktails sind beispielsweise die Zubereitungen mit den Meeresfrüchten wie Hummer, Garnelen, Krabben oder Austern.

Herstellen von Cocktails

- Kelchglas oder Cocktailschale werden gekühlt verwendet. Darin werden als Unterlage (= Chiffonade) fein geschnittener Salat oder feine Kräuter eingelegt.
- Hauptrohstoffe werden farblich und geschmacklich abgestimmt, fein geschnitten oder gewürfelt schichtweise eingelegt und gewürzt.
- Cocktail-Soße wird über die Zubereitung gegossen; geeignet sind dafür Zubereitungen mit Sahne oder Majonäse, eine Vinaigrette, aber auch verschiedene Convenienceprodukte.
- Garnituren werden der Zubereitung entsprechend ausgewählt und auf dem Cocktail oder dem Glasrand angeordnet; üblich sind dafür zum Beispiel: Oliven, Cocktailtomaten, Kapern, Kräuter.
- Beilagen werden zusätzlich auf einem kleinen Beiteller gereicht; geeignet sind dafür kleine Partygebäcke. Im Bäckerei-Konditorei-Café sollte zu Cocktails stets eine Scheibe Toastbrot gereicht werden.

Edel-Snacks: im Glas angerichtete Cocktails

Berechnungen

Errechnen Sie den Verkaufspreis kleiner Speisen:

Vorgegeben sind Materialmengen, Materialkosten je Gewichtseinheit, Fertigungszeit, Kosten je Arbeitsstunde, Verkaufskosten, Risiko, Gewinn und Mehrwertsteuer in Prozent.

Süßspeisen: die Abrundung der Mahlzeit

Können Sie leckere Süßspeisen für das Café-Angebot herstellen?

Süßspeisen sind süße Zubereitungen mit meist kremiger Konsistenz. Wichtige Zutaten sind je nach Gattung: Zucker, Eier, Milch, Stärke, Grieß, Früchte, dazu Aromen, Gewürze, Gelier- und Verdickungsmittel.

Nach dem Herstellungsverfahren werden die folgenden Gattungen von Süßspeisen unterschieden:

- Stärkepuddings: Zubereitungen im Koch- oder Kaltverfahren, die mit Stärke gebunden sind (z. B. Vanillekrem)
- Sahne-, Quark-, Joghurt-, Frucht-, Weinkrems: Zubereitungen, die mit Gelatine gebunden sind
- Abgezogene Krems: Zubereitungen, die mit Milch-Ei-Gelatine-Bindung hergestellt sind (z. B. Bayerische Krem)
- Pochierte Krems: Zubereitungen mit einer Ei-Milch-Mehl-Bindung im Wasserbad gegart (z. B. Plumpudding)
- Soufflees: Zubereitungen mit Ei-Mehl-Bindung und mit Auflockerung durch Eischnee
- Omeletts, Crêpes: In Pfannen gestockte Ei-(Mehl-)Zubereitungen
- Fruchtgrützen: Zubereitungen aus Früchten mit einer Bindung aus gekörnter Stärke (Sago) oder üblicher Speisestärke

§ Lebensmittelrechtliche Bestimmungen

Die Verwendung künstlicher oder naturidentischer Aromastoffe muss in der Bezeichnung der Süßspeisen kenntlich gemacht sein.

Beispiel: Pudding mit naturidentischem Mandelaroma darf nicht als „Mandelpudding", sondern muss als „Pudding mit Mandelgeschmack" bezeichnet werden.

Figuren aus Grießpudding auf einer Fruchtgrütze

Herstellen von Krems auf Stärkebasis

Sicherlich kann die Herstellung von Süßspeisen mit sehr schwierigen Zubereitungstechniken nicht Sache der Fachverkäufer/innen sein. Das Zubereiten pochierter oder abgezogener Krems sollte auch weiterhin den Süßspeisenköchen überlassen bleiben. Die heute nachgefragten Süßspeisen sind jedoch leicht zuzubereiten.

Die Süßspeisen mit einer Stärkebasis erhalten ihre Bindung durch das Verkleistern der Stärke beim Erhitzen. Ohne den Erhitzungsprozess ist die Bindung möglich bei der Verwendung von Kaltkrempulver. Denn die darin enthaltene Stärke ist bereits vorverkleistert. Das Kaltkrempulver wird mit Zucker und Milch nur kurz aufgeschlagen. Und schon ist der Pudding (= Flammeri) fertig. Jedoch müssen bei der Verwendung vieler Kaltkrempulver auch Einbußen im sensorischen Wert (Genuss) in Kauf genommen werden (➡ Marketing-Hinweis auf der CD-ROM).

Beispiel: Bereitung von gekochtem Vanillepudding (Flammeri)

Vanillepudding ist eine kremige Zubereitung, die unter der Bezeichnung „Vanillekrem" auch als Füllung Feiner Backwaren verwendet wird (➡ Seite 438). Die Süßspeisen auf Stärkebasis werden fachlich korrekt als „Flammeri" bezeichnet. Sie können in verschiedenen Varianten und Geschmacksrichtungen angeboten werden (z. B. mit Vanille, Karamell, Schokolade oder Mandel). Der Fachhandel bietet Mischungen aus Stärke mit Geschmacksträgern als „Puddingpulver" an.

Rezeptbeispiel: Vanillepudding (Vanilleflammeri)

1	l	Milch
90	g	Puddingpulver (mit echter Vanille)
100	g	Zucker
2	St.	Eier

Und so wird ein leichter Vanillepudding hergestellt (➡ Rezept):

- *Milch mit dem Zucker zum Kochen bringen.*
- *Krempulver in etwas Milch mit dem Eidotter glattrühren und danach unter Rühren langsam in die Milch einfließen lassen.*
- *In die verdickte Zubereitung im noch heißen Zustand den Eischnee unterziehen und dann in Dessertschalen portionieren.*
- *Schnell abkühlen, im Kühlraum oder in der Kühltheke bevorraten.*

Zum Beachten

- *Stärkehaltige Puddings haben nur am Herstellungstag ihren vollen, aromatischen Geschmack. Beim Kühlen „altern" sie durch Stärkeentquellung besonders schnell.*
- *Stärkehaltige Puddings sind leicht verderblich. Sie müssen gekühlt bevorratet werden.*
- *Für mit Eischnee aufgelockerte Puddings, die nicht mehr durcherhitzt werden, sind die Bestimmungen für roheihaltige Produkte zu beachten (➡ Seite 160).*

Herstellen fruchtiger Süßspeisen

Fruchthaltige Süßspeisen sind einfach zuzubereiten. Die Früchte sind Hauptbestandteil und Geschmacksträger dieser Süßspeisen.

Fruchtige Sahne-, Joghurt- und Quarkkrems

Die Krems auf Milchbasis werden mit Sahne, Joghurt oder Speisequark hergestellt. Anstelle von Früchten ist bei dieser Speisengattung auch die Verwendung von Schokolade, Nugat oder Karamell möglich. Die Bindigkeit wird durch Zusatz von Gelatine erhöht.

Beispiel: Herstellen von Erdbeer-Sahnekrem

- ➤ Setzen Sie frische, zerkleinerte Erdbeeren mit Zucker an, bis sie Saft gezogen haben. Mixen Sie die Masse dann mit dem Rührbesen.
- ➤ Schlagen Sie Schlagsahne mit etwas Zuckerzusatz auf.
- ➤ Ziehen Sie die zerkleinerten Erdbeeren unter die Schlagsahne.
- ➤ Nehmen Sie eine kleine Menge von der Fruchtsahnemasse ab und vermischen Sie diese gut mit gelöster und noch warmer Gelatine.
- ➤ Ziehen Sie die gelatinehaltige Masse unter die Sahnemasse.
- ➤ Portionieren Sie die Erdbeer-Sahnekrem in kleine Dessertschalen und lassen Sie die Krem in der Kühlung absteifen.

Für ernährungsbewusste Gäste sind Fruchtspeisen mit Speisequark oder Joghurt anstelle der fettreichen Sahne interessant. Diese Speisen sind einfach zuzubereiten: Das Aufschlagen der Sahne entfällt. Für die alsbaldige Abgabe der Speisen zum Verzehr kann auch auf die Bindung mit Gelatine verzichtet werden.

Geleespeisen und Fruchtgrützen

Geleespeisen sind klare, durchscheinende und in ihrer Beschaffenheit gallertartige Zubereitungen (z. B. „Wackelpudding"). Sie werden zumeist aus Fruchtsäften (auch Wein), Zucker und Gelatine hergestellt.

Fruchtgrützen werden aus Fruchtsäften und Fruchtstücken mit Zucker bereitet. Sie sind mit Sago oder Stärke gebunden.

Beispiel: Herstellen von Roter Grütze

- ➤ Kochen Sie 1 kg rote und schwarze Garten- oder Waldfrüchte mit 200 g bis 300 g Zucker auf.
- ➤ Gießen Sie 60 g in kaltem Wasser gerührte Stärke mit dünnem Strahl in den kochenden Fruchtbrei. Rühren Sie dabei intensiv.
- ➤ Portionieren Sie die noch warme Fruchtgrütze in Dessertschalen und stellen Sie diese kühl zum Absteifen.

Anrichten von Süßspeisen

Puddings/Flammeris werden häufig mit einem Guss aus süßer Soße angerichtet (mit Schokolade-, Vanille- oder Fruchtsoßen). Auch ist eine Garnitur aus Fruchtstückchen möglich. Als Aufstreu sind geröstete Mandelsplitter, Pistazien und Schokoladenspäne üblich. Besonderer Dekor sind Ornamente aus gespritzter Schokolade oder Brandmasse. Üblich ist auch ein Dekor mit grünen Blättern (z. B. Pfefferminze oder Zitronenmelisse).

Fruchtzubereitungen (Gelees, Fruchtgrützen) werden zumeist mit einem Guss aus Vanillesoße angerichtet. Ohne Soßenguss reicht auch eine aufgesetzte Sahne-Rosette als Dekor.

Weingelee mit einer Vanille-Sahnekrem-Füllung

Süßspeise aus Erdbeer-Sahnekrem mit Short-Cake

Erfrischende Joghurt-Krem

Rote Grütze mit Vanilleeis angerichtet

Handlungsorientierte Aufgaben

- ➤ *Legen Sie eine Rezeptmappe mit Arbeitsanleitungen für kleine Speisen an.*
- ➤ *Nehmen Sie kleine Speisen und Süßspeisen in Ihre Produkt-Datei auf.*

Imbiss mit Teilselbstbedienung im Laden

Klassisches Konditorei-Café mit Bedienung

Café in einer Passage vor dem Geschäft

Betriebswirtschaftliches Handeln

- *Für die Kalkulation der Speisenangebote im Bäckerei-Konditorei-Café sind im Unterschied zur Preisermittlung für Backwaren spezielle Kosten zu beachten, insbesondere*
  - *der Materialeinsatz (z. B. Selbstherstellung oder Convenienceprodukte),*
  - *die Personalkosten für die Zubereitung,*
  - *die Personalkosten für Bedienung, Teil- oder Selbstbedienung.*
- *Berücksichtigen Sie diese Kosten bei Ihren Entscheidungen für die Speisenangebote.*

Zum Nachdenken

Beim Büfettangebot von Speisen werden aus hygienischen Gründen verpackte Lebensmittel eingesetzt (Hygieneschutz, Retourenminderung). Die Packstoffe dieser Speisen verursachen aber viel Müll.

➤ *Wie sind bei Café-Angeboten der Umweltschutz und die Hygiene vereinbar?*

Lernfeldbezogene Aufgaben

1. Situationsaufgabe:

Das Café in Ihrem Betrieb soll über die gesamte tägliche Öffnungszeit mit einem breiten Angebot an Speisen und Getränken für die Gäste attraktiv sein. Sie werden an den Planungen dafür beteiligt und sollen fachlich geeignete Vorschläge entwickeln.

Den Cafétyp können Sie frei wählen (➟ Beispiele in der Randspalte).

Für die Planung und zur Bewertung Ihrer Arbeit sind darzustellen:

- *Kurze Beschreibung des Speisen- und Getränkeangebots (z. B. mit einer Speise- und Getränkekarte)*
- *Beschreibung der erforderlichen Ladenküche*
- *Darstellung rationeller Speisenherstellung und Speisenbereitstellung*

➤ *Benennen Sie die von Ihnen ausgewählten Speisenangebote und beschreiben Sie deren typische Merkmale.*
- *Welche Suppen und kleinen Gerichte sollen angeboten werden?*
- *Welche speziellen Angebote sind vorgesehen?*

➤ *Beschreiben Sie die erforderlichen Einrichtungen zur Herstellung und Abgabe der Speisenangebote.*

➤ *Erklären Sie an einem Beispiel, wie Speisen durch Methoden der entkoppelten Produktion rationell hergestellt werden können.*

➤ *Errechnen Sie an Beispielen die Verkaufspreise der Speisen.*

2. Situationsaufgabe:

Im Café Ihres Betriebs soll eine „Suppenbar“ eingerichtet werden, die sich mit einem einzigartigen Angebot von dem der Mitbewerber abhebt. Sie sollen dafür besondere Suppen herstellen können.

➤ *Erstellen Sie eine ansprechende Suppenkarte (➟ CD-ROM).*

➤ *Stellen Sie die Abwechslung im Suppenangebot dar (z. B. saisonal oder tageszeitlich oder regionale Besonderheiten).*

➤ *Beschreiben Sie an je einem Beispiel die Herstellung einer klaren, gebundenen und legierten Suppe.*

3. Situationsaufgabe:

Im Café Ihres Betriebs werden über den gesamten Tag kleine Gerichte angeboten. Sie sollen diese herstellen und erklären können.

➤ *Beschreiben Sie die Zubereitung einer Eierspeise Ihrer Wahl.*

➤ *Unterscheiden Sie „Aufläufe“ und „Gratins“.*

➤ *Beschreiben Sie zwei Nudelgerichte Ihrer Wahl mit Zutaten und Herstellung für die Darstellung in der Speisekarte.*

➤ *Beschreiben Sie ein keines Gericht mit Fleisch oder Fisch mit den erforderlichen Zutaten und dem Herstellungsablauf.*

4. Situationsaufgabe:

Im Café Ihres Betriebs werden auch Süßspeisen und Zubereitungen mit Speiseeis angeboten. Sie sollen diese herstellen und die wesentlichen Merkmale für die Beratung der Gäste beschreiben können.

➤ *Erklären Sie die Herstellung einer stärke-gebundenen Kremspeise und einer Sahnekremspeise.*

➤ *Nennen Sie Süßspeisen, zu denen Speiseeis verwendet wird.*

➤ *Welche Hygieneregeln gelten für den Umgang mit Eisspeisen?*

GERICHTE UND GETRÄNKE PRÄSENTIEREN UND SERVIEREN

Dieses Lernfeld ist Teil der Ausbildung im dritten Ausbildungsjahr.

Leitfragen in diesem Lernfeld sind:

Wie werden Speisen und Getränke im Café bereitgestellt und angeboten?

Welche Angebotsformen gibt es für die Abgabe von Speisen und Getränken in einer Bäckerei und Konditorei?

Wie wird der Service im Café organisiert und durchgeführt?

Wie wird der Service am Tisch der Gäste gestaltet?

Mit welchen speziellen Angeboten an Aufgussgetränken kann sich das Café der Bäckerei und Konditorei profilieren?

Wie werden Aufgussgetränke für die Abgabe an Gäste im Café zubereitet und serviert?

Welche korrespondierenden Getränke passen besonders zum Speisenangebot im Café oder Imbiss der Bäckerei?

Mit welchen speziellen Angeboten sind Gäste für eine Kaffeetafel oder für ein Frühstück im Café zu gewinnen?

Nach welchen Grundsätzen sind Büfetts mit Speisen und Getränken für verschiedene Anlässe zu gestalten?

Das sind die wichtigsten Leitfragen für das folgende Kapitel.

SERVICE IM CAFÉ

Fachkräfte für den Service

Für den Service gibt es in der Gastronomie mehrere Ausbildungsberufe (z. B. Restaurantfachfrau/Restaurantfachmann, Fachkraft im Gastgewerbe). Wenn in diesen Berufen ausgebildete Fachkräfte für Serviertätigkeiten in Verkaufsstellen der Bäckerei/Konditorei eingestellt werden, erhalten sie die Vergütung nach dem geltenden Tarifvertrag des Backgewerbes. Sie ist weitgehend identisch mit der einer gelernten Fachkraft im Verkauf.

In Betrieben mit Imbiss- oder Cafégeschäft werden Servicetätigkeiten auch oft von den Fachverkäufern/Fachverkäuferinnen ausgeführt. Diese werden dafür zusätzlich geschult. Auf Befragen äußern sie sich positiv über die Möglichkeit des Service-Einsatzes. Es macht ihnen Spaß und bringt zusätzliches Geld.

➤ *Warum ist das Servieren so attraktiv?*

Das Büfett für die Service-Vorbereitung in einem Laden-Café mit Teilselbstbedienung ist hinter der Verkaufstheke in den Verkaufsbereich integriert

Servieren von Speisen und Getränken in Verkaufsstellen der Bäckerei und Konditorei ist eine interessante Tätigkeit. Sie ist aber auch anstrengend und anspruchsvoll. Im Café oder Imbiss sind die Kunden Ihre „Gäste". Sie verweilen länger als beim Einkauf im Laden. Sie erwarten von Ihnen die Rolle des Gastgebers. Im Folgenden erfahren Sie die dafür notwendigen Grundlagen.

Service im Café ist ein Teil des Handlungsfelds „Verkaufen". Er gehört also zum Tätigkeitsbereich der Fachverkäufer/Fachverkäuferinnen, vor allem in den Konditoreien. Der Service im Café besteht nicht nur aus der Bedienungsarbeit innerhalb des Gastraums. Dazu zählen auch die für den Service erforderlichen Vorbereitungsarbeiten und teilweise das Fertigstellen und Anrichten von Produkten, soweit diese Arbeiten zeitlich in direktem Zusammenhang mit der Bestellung des Gastes stehen.

Servicetätigkeiten erfolgen in verschiedenen Arbeitsbereichen:
- Arbeiten in der Kaffeeküche und am Büfett,
- Arbeiten im Gastraum und
- Arbeiten am Tisch der Gäste.

Funktionen der Arbeitsbereiche im Service

Die Kaffeeküche dient vor allem der Produktion von Aufgussgetränken, der Herstellung von Mixgetränken, auch der Fertigstellung und dem Anrichten kleiner Speisen.

Das Büfett ist der Hauptarbeitsplatz für das Servicepersonal. Hier werden die Bestellungen gebont, an die Küche weitergegeben, die angerichteten Speisen und Getränke entgegengenommen und für den Service vorbereitet.

Der Gastraum ist der wichtigste Arbeitsplatz des Servicepersonals. Dazu muss der Gastraum zweckentsprechend eingerichtet sein. Alle Tätigkeiten sind auf das Wohlfühlen der Gäste ausgerichtet. Auch der Gastraum muss durch Einrichtung und Ausstattung eine für die Gäste angenehme Atmosphäre schaffen.

Servicearbeiten in der Küche und am Büfett

In der Gastronomie bezeichnet man das Vorbereiten und Bereitstellen von Lebensmitteln und Gebrauchsgegenständen für den Service mit dem Begriff „Mise en place". Solche vorbereitenden Arbeiten werden auch für die Gasträume in Bäckereien/Konditoreien durchgeführt.

Vorbereitung von Service-Einrichtungen

Das Geschirr ist so weit wie nötig für den Ausschank oder die Aufnahme von Speisen und Gebäcken bereitzustellen. Zum Beispiel gehören dazu: Tassen in den gewärmten Tassenstapler einstapeln; Kännchen neben der Kaffeemaschine aufstellen; Bestecke beim Bereitstellen kontrollieren und erforderlichenfalls nachreinigen; die aus der Geschirrspülmaschine entnommenen Gläser auf Klarheit überprüfen und nachpolieren.

Die Maschinen und Automaten müssen für den Gebrauch vorbereitet werden, zum Beispiel ist

- der gereinigte und desinfizierte Sahneautomat anzustellen, die Sahne einzufüllen bzw. die Sahnepackung anzuschließen;
- die gereinigte Kaffeemaschine und der Schokoladen-Dispenser für die Bereitstellung von heißen Getränken anzustellen.

Tafelgeschirr, Gläser und Bestecke

Zum Tafelgeschirr gehören die Kaffee- und Teegedecke sowie die Gedecke für kleine Speisen.

Tafelgeschirr muss unempfindlich und geeignet sein

Die Eignung von Tafelgeschirr ist nach seinem Gebrauchswert sowie nach Aussehen, Form und Farbe zu beurteilen.

Der Gebrauchswert ergibt sich

- aus der Standfestigkeit (z. B. Kipp- und Rutschsicherheit);
- aus der Eignung für den Gebrauch der Gäste (z. B. tropfsichere Kannentülle, sicherer Sitz des Kannendeckels);
- aus der platzsparenden Aufbewahrung (z. B. stapelbar);
- aus der Robustheit (z. B. unempfindliche, glatte, nicht verfärbende Lasur, spülmaschinenfest, mikrowellengeeignet).

Aussehen, Form und Farbe (= Design) des Tafelgeschirrs müssen dem Betriebstyp entsprechen und dem Einrichtungsstil angepasst sein.

Trinkgläser müssen glasklar sein

Der Zustand der Trinkgläser lässt die Gäste auf die Sorgfalt des Betriebs schließen. Trinkgläser müssen kristallklar sauber sein. Für den Gebrauch sollen sie eine hohe Bruchsicherheit aufweisen und spülmaschinenfest, kratzfest sowie schlierenfrei sein.

Für das Bäckerei-Konditorei-Café ist eine vierteilige Trinkglasgarnitur nötig (➡ Seite 508). Zusätzlich sollten spezielle Gläser zur Verfügung stehen: für Wasser und Limonaden, für die Schoppenabgabe von Wein, für den Bierausschank und den Branntweinausschank.

Tafelbestecke aus Edelstahl sind pflegeleicht

Für das Café wird als Mindestausstattung an Tafelbestecken benötigt: Kaffeelöffel, Kuchengabel, Suppenlöffel, Messer und Gabel.

Tafelbestecke mit optimalem Gebrauchswert sind korrosionsfrei und rostfrei. Diese sind aus hochwertigem Edelstahl, Chrom-Nickel-Stahl, oder sie sind hartversilbert.

Büfett für die Service-Vorbereitungen

Beheizbarer Tassenstapler

Robustes Gebrauchsporzellan mit Keramikeffekt für Café und Bistro

Kaffeegeschirr für den gehobenen Cafébetrieb: formschön und stapelbar

Bereitstellen von Lebensmitteln und Geräten für den Aufbau des Frühstücks-Büfetts

Anregungen zur Weiterarbeit

Sind Sie in einer Verkaufsstelle mit einem Bedienungs-Café tätig?

- *Informieren Sie sich über die Organisation zur Abwicklung von Bestellungen zwischen Büfett und Kaffeeküche/Kuchentheke.*
- *Fragen Sie Ihre Kollegen/Kolleginnen nach der Organisationsform in deren Betrieben.*
- *Vergleichen und beurteilen Sie unterschiedliche Organisationsformen.*

Bereitstellen eines Frühstücks-Gedecks

Bereitstellen von Kaffee für den Tassen-Service im Frischbrühverfahren

Bereitstellen von Speisen und Getränken

Das rasche Servieren von Getränken ist reibungslos möglich, wenn die Getränke mit der Servier-Temperatur bereitgestellt sind und für die Zubereitung von Aufgussgetränken alle Vorarbeiten erledigt sind.

Vorbereitungsarbeiten in der Kaffeeküche und am Büfett

Die folgenden vorbereitenden Arbeiten sind durchzuführen:

- Vorrat an Kaffee, Tee, Kakao und Milch ergänzen
- Kaffeesahne bereitstellen, Zuckerstreuer reinigen und auffüllen
- Kalte Getränke wie Säfte, Limonaden, alkoholische Getränke in der Kühlung auffüllen, Eiswürfel vorbereiten
- Garnituren für Speisen und Getränke vorbereiten

Für den Service der Speisen müssen die *Menagen* (Tischgestelle für Salz-, Pfeffer-, Essig-, Ölgefäße) gereinigt und aufgefüllt werden.

Bereitstellen von Getränken für den Service

Wenn die Bestellung der Gäste vom Servierpersonal aufgenommen ist, wird sie boniert. Die Bestellung wird dazu in eine Verrechnungskasse eingegeben. Die ausgedruckten Bons weisen zur weiteren Abwicklung der Bestellung Art und Menge der Speisen und Getränke aus. Die Bons werden an die Speisen- bzw. Getränkeausgabe weitergegeben.

Die Bereitstellung der gewünschten Produkte – insbesondere von Getränken – wird in vielen Betrieben unmittelbar vom Servierpersonal ausgeführt. Das geht problemlos in Laden-Cafés und in anderen kleinen Cafétypen. Denn für den Kaffeeausschank sind da keine langen Wege in die Kaffeeküche gegeben. Die Kaffeemaschine ist in einem offenen Arbeitsbereich aufgestellt, meistens im Büfettbereich des Cafés.

Die Vorteile der Kaffeezubereitung im Büfettbereich liegen

- in der verbesserten Möglichkeit für den Kaffeeausschank durch das Servierpersonal sowie
- im größeren Aufenthaltserlebnis der zuschauenden Gäste.

Durch vollautomatische Kaffeemaschinen und Schokoladen-Dispenser sind die Tätigkeiten für die Bereitung von Aufgussgetränken auf den Ausschank und die Herrichtung der speziellen Kaffeegetränke reduziert (➟ Seiten 501 und 502).

Bereitstellen von Speisen und Gebäcken für den Service

Zu den Bereitstellungsarbeiten in einer Kaffeeküche oder am Büfett kann auch das Teilen und Herrichten von Feinen Backwaren gehören, zum Beispiel das Abteilen und Auflegen von Tortenstückchen oder das Dressieren von Sahnerosetten auf Obstkuchen.

In Cafés mit Speisenangebot kann das Regenerieren von Snacks und das Anrichten kleiner Speisen dem Service zugeordnet sein. Ansonsten beschränkt sich die Servicevorbereitung von kleinen Speisen auf das Vervollständigen von der Küche bereitgestellter Gedecke mit Geschirr (Unterteller) und mit Bestecken.

Ebenso kann das Portionieren und das Herrichten von Eisspeisen dem Servicepersonal zugeordnet werden. Produktbedingt erfolgt dieses Bereitstellen im Arbeitsbereich der Eistheke. Dort können auch weitere Servicevorbereitungen durchgeführt werden (Beifügen von Eislöffel, Saughalm, Unterteller auf ein Tablett).

Servicearbeiten im Gastraum

Zu den Vorbereitungsarbeiten im Gastraum gehören vor allem:
- das Eindecken der Tische,
- das Brechen der Mundservietten zu verschiedenen Formen,
- das Fertigstellen und Anordnen von Tischschmuck.

Komplett eingedeckter Tisch mit Tischdecke und Deckservietten

Aufdecken der Tische

Ob Tischflächen in Cafés frei bleiben oder mit Tischdecken verschönt und geschützt sein sollten, dazu gibt es unterschiedliche Meinungen und Argumente. Für die Entscheidung darüber sind der Betriebstyp und die Beschaffenheit der Tischoberflächen wichtig.

Nicht angemessen ist das Aufdecken der Tische
- für Cafétypen mit Teil- oder Selbstbedienung (weil hier zumeist das Auswechseln der Tischwäsche nicht gewährleistet ist);
- für Bedienungs-Cafés mit einem Stil, der sich auch in der Gestaltung und im Material der Tischoberflächen darstellt (wie Granittischplatten als Ausdruck des Bistro-Stils oder Marmortischplatten als typisches Attribut des Wiener-Café-Stils, ➡ nebenstehende Abbildung).

Auf im Stil des Wiener Kaffeehauses gehaltene Marmortische gehören keine Tischdecken

Angemessen ist das Aufdecken der Tische
- für Tische mit solchen Oberflächen, die das hygienische Reinhalten erschweren (Holz) oder die im Aussehen beeinträchtigt sind;
- für Bedienungs-Cafés mit Tischausstattungen in Standardgrößen für Speisetische (80 × 80 cm oder 80 × 120 cm).

Gebräuchliche Größen für Tischdecken	
Tischplatte:	*Tischdecke:*
80 × 80 cm	*130 × 130 cm*
80 × 120 cm	*130 × 160 cm*
Ø 110 cm	*Ø 160 cm*

Tischwäsche – Materialien und Arten

Die Tischwäsche muss gepflegt aussehen, pflegeleicht sein und eine große Zahl von Waschvorgängen ohne Nachteile in der Haltbarkeit und im Aussehen vertragen.

Die allgemein üblichen *Faserarten* für Tischwäsche sind Mischgewebe aus Natur- und Chemiefasern, Halbleinen (Leinen und Baumwolle) sowie Reinleinen. Sie sind auf dem Etikett der Wäsche gekennzeichnet.

Als Tischwäsche sind zu unterscheiden:
- Tischauflagen oder Moltondecken,
- Tischdecken und Tafeltücher,
- Deckservietten und Mundservietten.

Moltonauflagen werden straff befestigt

Moltons sind Schutz- und Schondecken (zumeist aus Baumwolle). Sie werden glatt über die Tischplatte gespannt. Sie schützen die Tischplatte. Sie verhindern auch das Rutschen der Tischdecke und schonen die Tischdecke (kein Scheuern an den Kanten).

Tischdecken – Regeln für das Eindecken

Tische in Cafés haben runde, ovale, quadratische oder rechteckige Tischplatten. Diesen Formen und deren Größen müssen die Maße der Tischdecken entsprechen.

Tischdecken sollten beim Auflegen an jeder Seite 25 bis 30 cm über die Tischkante hängen. Ungleichmäßiger, zu langer oder zu kurzer Überhang stören das Gesamtbild des eingedeckten Tisches.

Beim Auflegen der Tischdecke ist darauf zu achten,
- dass der Mittelbruch (= die mittlere Längs-Lege-Falte) nach oben ausgerichtet ist und
- dass die Unter- und Oberbrüche (= seitliche Längs-Lege-Falten) mit den Tischkanten in gleichem Abstand parallel verlaufen.

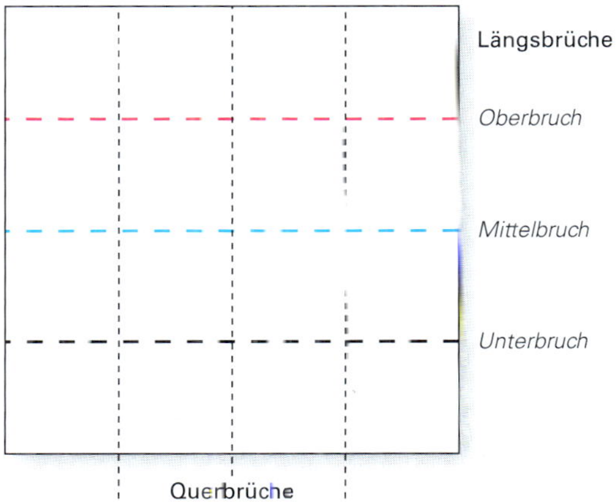

Bezeichnung der Legefalten von Tischdecken

Deckservietten schützen die Tischdecke und sind unkompliziert auszuwechseln

Hochwertige, steife Papierservietten lassen sich gut zu verschiedenen Formen brechen

Zum Unterscheiden

***Aufdecken** ist der Fachbegriff für das Auflegen von Tischwäsche.*

***Eindecken** ist der Fachbegriff für das Einstellen von Geschirr und Besteck vor dem Servieren.*

Falten der Tafelspitze

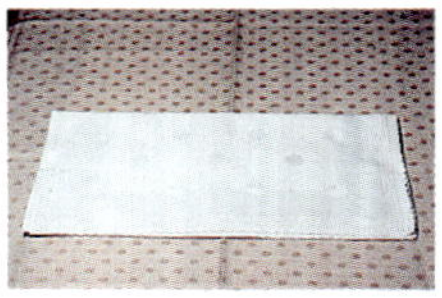

A: Serviette einmal aufschlagen

B: Ecken einschlagen und bündig anlegen

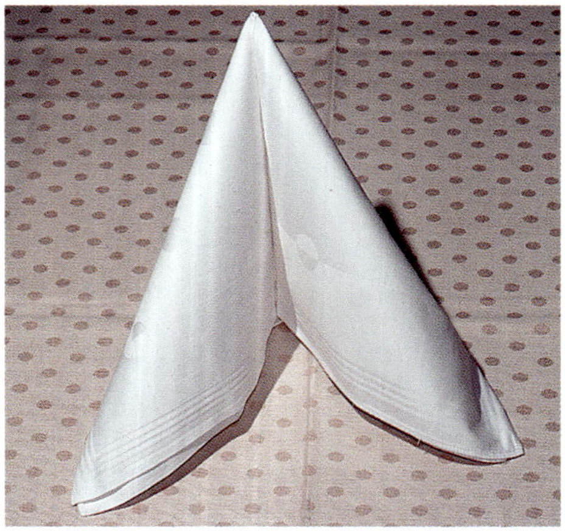

C: Serviette als Tafelspitze aufstellen

Auflegen von Deckservietten

Deckservietten können
- Tischdecken vor Beschmutzung schützen,
- Flecke auf der Tischdecke verdecken.

Durch das Auflegen von Deckservietten lässt sich die Häufigkeit des Wechselns der Tischdecken verringern. Das ist vorteilhaft:

- Tischdeckenwechsel ist arbeitsaufwändig durch das Abräumen oder Umräumen von Tischschmuck und Menagen.
- Tischdeckenwechsel ist für anwesende Tischgäste störend.
- Tischdeckenwechsel ist kostenaufwändig in der Wäschepflege.

Deckservietten haben zumeist die Größe 80 × 80 cm. Sie werden diagonal zur Tischfläche auf die Tischdecke gelegt. Die Tischecken bleiben dabei frei. So wird der Platzbereich für das Eindecken der Bestecke und das Einstellen der Speisenteller mit einer frischen, sauberen Serviette abgedeckt.

Brechen von Mundservietten

Kleine Servietten werden als Mundtuch oder zum Reinigen der Hände beigelegt. Sie werden auch als Schoß- oder Brustschutz für die Kleidung verwendet. Es gibt sie aus Textil- oder Papiermaterial

Stoffservietten sind in Cafés mit Teil- und Selbstbedienung oder mit einfachem Snack- und Speisenangebot oft nicht angemessen. Doch die Papierserviette in Minimalgröße erfüllt nicht den Zweck und führt bei den Gästen zur Geringschätzung des Betriebs. Die „Serviettenkultur" ist also mehr als nur schmückendes Beiwerk.

Stoffservietten für den gehobenen Service

Das Einsetzen von Stoffservietten ist dann vertretbar, wenn die Kosten dafür über Preis und Umsatz abgedeckt werden. Zudem müssen auch der Standard von Gebäcken, Speisen und Getränken sowie der Service in einem passenden Verhältnis stehen. Alternativen zu Servietten aus Stoff sind hochwertige Papierservietten mit Stoffcharakter. Damit ist das Tafelbild angemessen und positiv zu gestalten.

Für das tägliche Cafégeschäft ist es nicht angemessen, Servietten in klassischen Formen beizulegen, die zu Festessen angebracht sind. Einfache, leicht zu faltende Formen sind Tafelspitze, Tüte oder Welle.

Regeln für das Brechen von Servietten

Voraussetzungen für die positive Wirkung gefalteter Servietten sind Sauberkeit und Glätte der Serviette. Faltfeste Papierservietten erfüllen materialmäßig diese Bedingungen. Sie haben aber eine empfindliche Oberfläche, auf der leicht Feuchtigkeitsflecken sichtbar werden. Für das Brechen aller Servietten ist *Sauberkeit der Hände* erforderlich.

So falten Sie die Tafelspitze richtig (➡ Abbildungen A bis C):

- *Schlagen Sie die zusammengelegte Serviette auf. Die Falte liegt nun hinten, die Kanten liegen seitlich und vorn, der Mittelbruch ist nach unten gerichtet.*
- *Schlagen Sie die oberen Ecken der Serviette nach innen ein. Die Serviette bildet nun ein Dreieck.*
- *Biegen Sie nun das Dreieck mit der Spitze nach oben zusammen. Die so gebrochene Serviette lässt sich dann wie eine spitze, nach innen gefaltete Tüte aufstellen.*

Schmücken des Gastraums

Ist Raumschmuck im Café erwünscht oder notwendig? Bemerken die eiligen Gäste beispielsweise in einem Laden-Café mit Teil- oder Selbstbedienung überhaupt den Blumenschmuck?

Für schmückende Elemente in den Gasträumen gibt es gute Gründe: allgemeiner Schmuck, Blumenschmuck sowie Tischschmuck sind ein wesentlicher Teil des Ambientes, das den Charakter des Cafés prägt und zum Wohlbefinden der Gäste beiträgt. Selbst im SB-Café spielt die Atmosphäre des Gästeraums eine große Rolle für die Entscheidung der Kunden über das Wiederkommen oder das Fernbleiben.

Kleiner kompakter Strauß, der im Stellbereich der Tischfläche nur wenig Platz braucht

Raumschmuck oder Tischschmuck

Grundsätzlich ist das Schmücken jedes einzelnen Tisches möglich. In kleinen Bistros oder Cafés, die auf einen schnellen Wechsel der Gäste ausgerichtet sind, haben jedoch ein paar größere Gestecke an dafür geeigneter Stelle einen höheren Dekorationswert als Einzelvasen auf jedem Tisch. Der Schmuck kann in Raumnischen, auf Fensterbänken oder auf Dekorationsmöbeln angebracht sein.

Grüne oder blühende Kunststräucher können als Raumteiler wirken. Als „Laubendach" sind künstliche Bäume geeignet. Im Übrigen sind aber Kunstblumen nur bedingt einzusetzen. Sie sind Staubfänger und als „Dauerschmuck" recht langweilig.

Raumschmuck

Rustikal-Dekor

Keine Normen für Tischdekorationen

Für Tischdekorationen gibt es einige Einschränkungen:

- Tischdekorationen müssen so bemessen sein, dass noch genug Fläche zum Einstellen der Speisen und Getränke bleibt.
- Tischdekorationen dürfen die Sicht zu gegenüber sitzenden Gästen nicht versperren.
- Tischdekorationen sollten in Stil und Farbe mit dem Tafelgeschirr und der Tischwäsche harmonieren.
- Tischdekorationen dürfen Speisen und Getränke nicht nachteilig beeinflussen (z. B. *nicht* krümeln, *nicht* blättern, *nicht* stauben).

Ansonsten sind der Kreativität beim Schmücken keine Grenzen gesetzt: Zum Beispiel können neben Blumen, Zweigen, Farnen und Gräsern andere Materialien wie Holz, Baumrinde, Moospolster, Packpapier, Tauwerk, Schmucksteine oder Muscheln verwendet werden. So lassen sich mit Beiwerk und Blumen themenorientierte und saisonbezogene Arrangements als Raumschmuck gestalten.

Eleganter Tischschmuck für besondere Anlässe

Für den kostenbewusst gestalteten und alltäglichen Tischschmuck sind kleine kompakte Sträuße genügend, vielleicht mit einer frischen Einzelblüte in der Mitte. Blumengestecke sind zwar dekorativer und lassen sich bei entsprechendem Schalenmaterial gut pflegen. Sie sind aber wegen des höheren Arbeitsaufwands teurer.

Tischschmuck als Teil der Servicevorbereitung

Die Wirkung von Tischschmuck ist abhängig von dessen Pflege. Schnell und nicht immer zu Unrecht wird vom Zustand des Blumenschmucks auf die Qualität und Frische der Speisen und Gebäcke geschlossen.

Für den Blumenschmuck im Café muss eine Person, am besten aus dem Servicebereich, die Verantwortung übernehmen. Sie sorgt für die Neubeschaffung des Tischschmucks. Sie übernimmt die Pflege sowie das Entfernen welker oder verblühter Teile.

Anregung für die Weiterarbeit

Informieren Sie sich, wo Sie Übungsstunden für das Herstellen von Tischschmuck erhalten können und ob Ihr Betrieb diese Übungen organisieren kann.

Speisenausgabe für den à-la-carte-Service

Speisenbereitstellung im Büfett-Service

§ *Rechtliche Bestimmungen*

- *Gastronomische Einrichtungen müssen am Eingang ein Preisverzeichnis für das Angebot an Speisen und Getränken anbringen. Außerdem sind Angebotskarten im Lokal auf den Tischen in genügender Zahl oder nach Anforderung bereitzustellen.*
- *Auf Getränkekarten ist auch das Volumen der angebotenen Getränke auszuweisen.*
- *Die Preise sind als Endpreise inklusive aller Zuschläge auszuweisen.*
- *Ein Exemplar der Speise- und Getränkekarte ist jeweils ein Jahr aufzubewahren.*

Speisekartengestaltung

- *Für Angebote auf Speise- und Getränkekarten gelten die Grundsätze der Wahrheit, Klarheit und Zweckmäßigkeit.*
- *Die Speise- und Getränkekarten sollen dem Gästekreis entsprechen, sauber, aktuell, übersichtlich, gut leserlich und rechtschreibmäßig in Ordnung sein.*
- *Die Speise- und Getränkekarten sollen so beschaffen sein, dass sie die Arbeit des Servicepersonals erleichtern.*

Hinweis

Beispiele und Anregungen für die Gestaltung von Speise- und Getränkekarten finden Sie auf der CD-ROM zu diesem Buch.

Angebotsformen für Speisen und Getränke

Situationsaufgabe:

In Ihrer Verkaufsstelle werden Speisen und Getränke zum Verzehr an Ort und Stelle angeboten.

➤ *Sie sollen die Gäste dabei beraten können.*

➤ *Sie sollen Getränke zubereiten, anrichten und den Service fachlich korrekt durchführen können.*

À-la-carte-Geschäft und Büfettservice

Die Angebote von Speisen und Getränken des Cafés sind an die Gäste gerichtete *Aufforderungen zum Bestellen*. Sie sind keine Angebote im rechtlichen Sinne zur Begründung eines Kaufvertrags.

Speisen und Getränke können zum Verzehr an Ort und Stelle an die Gäste in verschiedenen Service-Grundformen ausgegeben werden.

Was den Service im à-la-carte-Geschäft kennzeichnet

- À-la-carte bedeutet „nach der Karte". Das heißt: Die Gäste wählen die Speisen und Getränke nach der Angebotskarte aus.
- Beim à-la-carte-Geschäft werden die Gäste vom Servicepersonal individuell am Tisch beraten und bedient. Die Abrechnung erfolgt mit den Gästen direkt.
- Beim à-la-carte-Geschäft können die Speisen in unterschiedlichen Servicearten abgegeben werden, insbesondere durch
  - *Tellerservice*, bei dem die Speisen in der Küche auf Tellern oder ähnlichen Gefäßen angerichtet und so serviert werden;
  - *Plattenservice*, bei dem die Speisen in der Küche auf Platten oder ähnlichen Gefäßen angerichtet und davon vom Servierpersonal oder von den Gästen am Tisch vorgelegt werden.
  - *Guéridonservice*, bei dem das Servierpersonal die Speisen auf einem Beistelltisch neben den Gästetischen herrichtet und dann auf Tellern einsetzt.

Was den Service im Büfett- und Bankettgeschäft kennzeichnet

- Beim Büfett- und Bankettgeschäft werden die Speisen/Getränke in direkter Präsentation zur Selbst- oder Teilselbstbedienung durch die Gäste angeboten. Dabei haben die Gäste bestimmte Möglichkeiten der Auswahl bei der Zusammenstellung der Speisen. Für den Betrieb ist das eine rationelle Angebotsform. Die Abrechnung erfolgt zu einem Pauschalpreis je Teilnehmer am Büfett.
- Als Büfettangebote sind für das Bäckerei-Konditorei-Café vor allem wichtig: Frühstücksbüfett, Imbissbüfett, Bruchbüfett, aber auch die Spezialitätenbüfetts (z. B. Italienisches oder Schwedisches Büfett).
- Als Mischform aus à-la-carte- und Büfettangebot sind Büfetts mit einzelnen Teilen der Speisenfolge zur Selbstbedienung durch die Gäste üblich, beispielsweise mit Salatbüfett, Suppenbüfett oder Kuchen- und Nachspeisenbüfett.
- Das Bankettgeschäft ist eine Sonderform des Büfettangebots. Hier wird anlassbezogen ein Büfett nach der Form und im Speisen- und Getränkeangebot gestaltet, beispielsweise als Fest- oder Stehbüfett zum Jubiläum. Abgerechnet wird das Bankett mit dem Besteller.
- Als Sonderform des Bankettgeschäfts ist ein Außer-Haus-Geschäft mit Büfetts möglich (z. B. im Partyservice).

  Beachten Sie dazu die Informationen auf der CD-ROM.

Zusammenstellung von Gerichten

Das *Sortiment an Speisen und Getränken* ist grundsätzlich von dem Betriebstyp und seinem Standard abhängig. Es ist an der Speisen- und Getränkekarte sowie an Tages- oder Sonderangeboten ersichtlich.

Wie kleine Speisen und Menüs zusammengestellt werden

Für das „normale Tagesgeschäft" im Café werden überwiegend kleine Speisen und Snacks als *Tellergerichte* angeboten. Vor allem für Gäste, die rasch nur eine Kleinigkeit verzehren möchten, ist das Angebot von fertig präsentierten Speisen günstig. Hier ist die Beratung durch das Servicepersonal auf Hilfen zur Auswahlentscheidung beschränkt.

Für kleine *Speisenfolgen* (= Menüs) ist oftmals die Beratung durch das Servicepersonal erforderlich. Sie kann sich auf Zusammensetzung und Herstellungsart der Speisen beziehen, auch auf die Herstellungsdauer oder Zusatzempfehlungen (z. B. Beilagen, Garnituren, Getränke).

Die einzelnen *Menüteile* (= Gänge) können vorgegeben oder durch die Gäste wählbar sein. Bei Tagesmenüs werden zumeist zwei oder drei Gänge angeboten, für festliche Anlässe auch bis zu acht Gänge.

Ein *Dreigang-Menü* besteht aus Vorspeise, Hauptgang und Dessert. Die Speisenteile sollen aufeinander abgestimmt sein. Dabei sind die Grundsätze einer gesunden Ernährung zu beachten. Außerdem soll die Speisenfolge insgesamt sättigend sein, aber nicht überladen.

- Als *Vorspeisen* kommen in Betracht: Salat, Suppe, kalte oder warme Vorspeise. Diese sollen mit dem Hauptgang harmonieren.
- Als *Hauptspeise* werden Fleisch-, Fisch-, Geflügel- und Wildgerichte sowie vegetarische Gemüsespeisen in unterschiedlicher Zubereitung angeboten (z. B. Braten, Pfannengericht, Auflauf).
  Die *Portionsgröße der Hauptzutat* ist bei den mehrgängigen Speisen geringer als bei einem Tellergericht. Die Fleischeinlage von 200 g pro Bratenportion des Tellergerichts kann bei einem Mehrgangmenü auf etwa 120 g reduziert sein. Die Gäste sind darauf hinzuweisen.
- Als *Nachspeise* sind warme und kalte Süß- und Eisspeisen, Desserts, Käse oder wahlweise ein Getränk anzubieten (z. B. Espresso).

Bei vier- und mehrgängigen Menüs werden darüberhinaus noch warme und/oder kalte *Zwischengerichte* geboten.

Wie korrespondierende Getränke ausgewählt werden

Speisen und Getränke einer Mahlzeit sollen miteinander harmonieren. Die richtige Zuordnung erfolgt mit „korrespondierenden Getränken". Dafür gibt es einige Grundregeln, von denen jedoch aktuell, regional oder nach Gästekreis abgewichen werden kann. Entscheidend ist stets der Gästewunsch (z. B. alkoholisches oder alkoholfreies Getränk).

Folgende Grundregeln der Getränkezuordnung sind zu beachten:

- Vor dem Menü kann ein *Aperitif* angeboten werden. Gästefreundlich ist es, wenn danach eine „kleine Aufmerksamkeit" aus der Küche zur Überbrückung der Wartezeit gereicht wird (= Amuse-Geule).
- Zum Menü sind die *Getränke* angemessen, die den Gästewünschen entsprechen (z. B. Wein, Bier und Tafelwasser).
  Hinsichtlich der Auswahl von Wein gilt im Grundsatz die Regel,
  – dass zu hellem Fleisch und Fisch ein Weißwein passend ist,
  – dass zu dunklem Fleisch und Wild ein Rotwein passend ist.
- Nach dem Menü können als *Digestif* verschiedene Spirituosen (wie Liköre, Brände) oder Cocktails gereicht werden.

Tellergericht mit großen Portionsmengen

Grundsätze für die Menügestaltung

- *Die Speisen müssen den kulinarischen Erfordernissen hinsichtlich Frische, Vielseitigkeit und Abwechslung genügen.*
- *Die Speisen sollen den Grundsätzen einer gesunden Ernährungsweise entsprechen, auch im Energiewert. In einer Speisenfolge sollte höchstens eine schwerverdauliche Speise enthalten sein.*
- *Die Speisenteile eines Menüs sollen farblich und geschmacklich miteinander harmonieren. Innerhalb der Speisenfolge ist ein steigender Genusswert der Gänge wichtig.*
- *Die Speisenteile eines Menüs müssen den ökonomischen (= Preis) und arbeitstechnischen Vorgaben (= Herstellungsdauer) entsprechend ausgewählt sein.*

Beispiele für korrespondierende Getränke

Getränke sind zu den Speisen passend, wenn sie für Geschmack und Bekömmlichkeit der Speisen unterstützend wirken.

- *Als **Aperitif** sind vor allem nichtalkoholische Cocktails oder Alkoholika wie Dessertweine oder Schaumweine geeignet.*
- *Zu einer **kalten Vorspeise** sind leichte und trockene Weißweine geeignet; zu Vorspeisen mit kräftigem Aroma auch Roséwein (auf Wunsch des Gastes auch Bier).*
- *Zu einem **Fisch-Hauptgang** passen leichte, trockene Weißweine.*
- *Zu einem **Geflügel-Hauptgang** passen Rosé- und leichte Rotweine.*
- *Zu einem **Wildgericht** oder **Hauptgang mit dunklem Fleisch** passen Rotweine.*
- *Zu einer **süßen Nachspeise** passen süße Weine, zu **Käse** aber trockene Rotweine.*

Servicearbeiten am Tisch der Gäste

Zu den Servicetätigkeiten am Gästetisch gehören vor allem:
- das Begrüßen und das Platzangebot,
- das Verkaufsgespräch mit der Bestellungsaufnahme,
- das Servieren,
- das Kassieren, das Verabschieden der Gäste und das Abräumen.

Der Serviceverlauf für Kaffee-Gäste

Gäste werden freundlich begrüßt

Wenn Gäste in das Café eintreten, sollten sie sich ihren Platz selbst aussuchen können. Lassen Sie ihnen dazu Zeit. Den unentschlossenen Gästen bieten Sie einen Tisch an. Das Begrüßen erfolgt beim ersten Kontakt. Bekannte Gäste werden mit ihrem Namen angesprochen.

Erkunden der Gästewünsche

Gäste warten nicht gern. Daher sollten Sie bald nach ihren Wünschen fragen. Bieten Sie den Gästen an, die Gebäcke an der Kuchentheke auszuwählen. Wenn Kaffeegäste hinsichtlich der Getränkeauswahl unsicher sind, sollten Sie ihnen die Kaffee- und Teekarte reichen. Bei Nachfragen empfehlen Sie in Betracht gezogene Getränke.

Die Bestellung wird am Büfett boniert und für die Bereitstellung an die Kaffeeküche oder die Kuchentheke weitergegeben. Sofern erforderlich, führen Sie die Bereitstellung selbst aus.

Servieren von Kaffeegedecken

Die Kaffeegetränke werden für den Transport auf ein Tablett gestellt. Kaffee in Kännchen wird für den Service mit Tassen, Untertassen und Kaffeelöffeln vervollständigt. Kaffeesahne in Portionsbehältern oder in Kännchen und abgepackter Würfelzucker werden beigefügt, soweit diese nicht auf den Gästetischen bereitgestellt sind.

Der Getränkeservice erfolgt aus praktischen Gründen häufig vor dem Gebäckservice. Das *Einsetzen* der Getränke und Speisen erfolgt *von der rechten Seite des Gastes.* Zunächst wird die Tassengarnitur für den Gast griffbereit eingesetzt. Der Platz direkt vor dem Gast wird für den Kuchenteller frei gelassen. Etwas erhöht rechts daneben werden das Kaffeekännchen mit dem Griff auf der rechten Seite, dazu das Sahnekännchen und der Zucker eingesetzt. Nun wird der Bon für die an der Theke ausgewählten Gebäcke übernommen und unverzüglich der Kuchenservice durchgeführt.

Nach dem Verzehr sollten Sie nach weiteren Wünschen fragen. Gästen mit längerem Aufenthalt im Café können Sie einen Likör oder einen Branntwein anbieten. Erst beim Service zusätzlicher Bestellungen werden die Kuchenteller abgeräumt. Tassen und Kännchen werden nur bei Getränke-Neubestellung entfernt.

Gäste werden verabschiedet

Die Kuchentheke rechnet in vielen Cafés getrennt vom Getränkebüfett ab. Der Gast erhält beim Getränkeservice den Bon der Getränkekasse mit ausgedrucktem Rechnungsbetrag und beim Kuchenservice den beigefügten Bon mit dem Gebäckpreis. Das Servicepersonal rechnet die Beträge zusammen und kassiert. Nach dem Zahlvorgang werden die Gäste am Tisch freundlich verabschiedet, bei Sichtkontakt nochmals an der Tür. Dann wird der Tisch abgeräumt und wieder hergerichtet.

Regeln für das Einsetzen des kompletten Kaffeegedecks

1. *Kuchenteller einsetzen:*
   - *direkt auf den Platz vor dem Gast*
   - *Tortenspitze schräg zum Gast gerichtet*
   - *Kuchengabel neben dem Gebäck nach rechts ausgerichtet*
2. *Tasse einsetzen:*
   - *grundsätzlich auf der Untertasse mit dem Henkel nach rechts ausgerichtet, rechts (etwas erhöht) neben dem Kuchenteller*
   - *Kaffeelöffel auf der Untertasse mit dem Stiel nach rechts ausgerichtet*
3. *Gefäße mit Sahne und Zucker über (hinter) dem Kuchenteller einsetzen*
4. *Kaffeekännchen einsetzen:*
   - *auf dem Platz über (hinter) der Tasse*
   - *Henkel nach rechts ausgerichtet*
   - *vorher die Tasse füllen (falls üblich)*

Tipps für die Servicepraxis

So nutzen Sie das Tablett im Service richtig:

- ➤ *Tablett mit einem Papierdeckchen auslegen, um ausgetropften Kaffee aufzusaugen*
- ➤ *Kaffee im Tassenservice zur Vermeidung des „Bades auf der Untertasse" erst vor dem Einsetzen auf die Untertasse aufstellen*
- ➤ *Schwere Teile auf dem Tablett so anordnen, dass sie über dem Handteller zu stehen kommen (Auflagenstabilität)*

Platzierung des Kaffeegedecks

Frühstücks-Service im Café

Diese Café-Angebote sind bei Gästen sehr beliebt: Frühstück nach Auswahl verzehrsfertiger Frühstücksteile (z. B. belegte Brötchen) mit Teil- oder Selbstbedienung *oder* Frühstück nach Bestellung anhand der Karte *oder* eigene Zusammenstellung des Frühstücks am Büfett.

Nach dem Umfang des Frühstücksangebots unterscheidet man:

- *Einfaches Frühstück (Continental breakfast):* Portion Kaffee, Tee, Kakao oder Milch, zwei Gebäckteile, Butter, Konfitüre/Honig;
- *Eweitertes Frühstück:* zusätzlich Fruchtsaft, Ei, Käse, Aufschnitt;
- *Interkontinentales Frühstück:* erweitertes Frühstück, zusätzliches Angebot warmer Speisen.

Frühstück mit eingeschränktem Service

Viele Gäste wählen ein Frühstück mit Teilselbstbedienung: Die Gäste suchen sich belegte Brötchen, Snacks und Getränke aus, bezahlen, übernehmen und verzehren es an einem Stehtisch, Hock-oder Sitzplatz. Diese Form des Angebots hat Vorteile für die Gäste: große Auswahl und keine Wartezeiten. Der Service beschränkt sich auf das Abservieren und Wiederherrichten der Tische.

Frühstücks-Service im Bedienungs-Café

Viele Cafés bieten mit der Frühstückskarte einige unterschiedliche Zusammenstellungen für ein Frühstück an. Die Gäste haben hier nur in beschränktem Rahmen die Möglichkeit, bestimmte Getränke und andere Aufstrich- und Belagarten auszuwählen. Der Service entspricht dem wie beim Kaffee- und Kuchenverzehr.

Offenes Frühstück oder Frühstück aus der Verpackung

Die Angebotsform des Frühstücks kann „offen" oder „verpackt" sein. Bei der offenen Form werden Aufstriche in Schälchen und Aufschnitt auf Platten bereitgestellt. Das verpackte Angebot besteht aus steril abgepackten Frühstückskomponenten, zum Beispiel: Brotscheiben in Klarsichtpackung, verpackte Butterwürfe sowie Kaffeesahne, Konfitüre und Streichkäse in Portionsbehältern.

Vor- und Nachteile verpackter Frühstücksteile

Die verpackten Frühstücksteile sind vorteilhaft wegen ihrer einfachen Bevorratung ohne Verluste und der einfachen Bereitstellung.

Nachteilig sind die Vorbehalte vieler Gäste gegen verpackte Produkte: Sie finden den Genusswert eingeschränkt. Auch der hohe Anfall von Verpackungsmüll ist für sie unerwünscht.

Umgang mit Frühstücks-Retouren

Grundsätzlich gilt: Alles, was bei den Gästen war, kann nachteilig beeinflusst sein. Die Wiederverwendung von Speiseresten ist daher verboten. Auch verpackte Lebensmittel, die *von den Tischen der Gäste* zurückkommen, müssen wie Speisereste entsorgt werden.

Offene Lebensmittelreste des Selbstbedienungs-Büfetts dürfen auch nicht weiterverwendet werden. Das gilt unabhängig davon, ob es sich um empfindliche Lebensmittel handelt (wie Aufschnitt) oder um stabile Produkte (wie Brot). Die Reste in den geschlossenen Vorratsbehältern (z. B. im Saft-Dispenser) dürfen weiterverwendet werden, ebenso die nicht vom Büfett entnommenen, verpackten Lebensmittel.

Eingedeckte Plätze am Frühstückstisch

Frühstücksangebot für Ernährungsbewusste

Cafés, die mit einem Frühstücksangebot werben, sollten ein spezielles Frühstück für Ernährungsbewusste anbieten. Dabei können jeweils einige Teile zur Auswahl stehen:

- *als Gebäcke: Vollkornbrot, Vollkorn- oder Mehrkornkleingebäcke;*
- *als Getränke: Milch, Tee, Kaffee, Frucht- und Gemüsesäfte;*
- *als Aufstriche: Honig, Konfitüre, Butter, Pflanzenmargarine;*
- *als Beläge: Magerquark, fettarme Käse, Schinken ohne Fettrand;*
- *als Beispeisen: gekochtes Ei, Müsli, Joghurt, frische Früchte.*

Konzept des Landhausfrühstücks: Reduzierung auf das Wesentliche und Vermittlung von Gemütlichkeit in gediegener, rustikaler Atmosphäre mit Service und Selbstbedienung, wie es gerade passt

Komponenten für ein hochwertiges Frühstück

Frühstücksbüfett mit umlaufender Verkleidung des Büfetts (= Skirting)

Hygienische Abgabe: Milch- und Fruchtsaft-Dispenser

Hygienische Platten: Haube der Käseplatte mit seitlichem Zugriff

Chafing-dishes: beheizbare Tischwannen

Handlungsorientierte Aufgabe

Listen Sie die Lebensmittel auf nach Art und Menge für ein Frühstücksbüfett mit vorgegebener Gästezahl, und zwar für ein einfaches und für ein erweitertes Frühstück.

Service für das Frühstücksbüfett

Das Büfett ist für die Gäste eine angenehme Form des Frühstücks: Sie können essen und trinken was und so viel sie wollen. Sie wählen selber aus. Gezahlt wird meistens mit einem Pauschalbetrag.

Umfang und Güte des Frühstücksbüfetts

Wenn Gäste am Frühstücksbüfett in einem Bäckerei-Konditorei-Café teilnehmen, erwarten sie mit Recht eine große Auswahl an frischen Kleingebäcken und an Scheibenbrot. Diese Backwaren sollten auch dominierend im Frühstücksbüfett platziert sein.

Die Bereitstellung der Produkte wird vom Betrieb nach Umfang und Wertigkeit festgelegt. Frühstücksangebote mit teilweise verpackten Lebensmitteln sind nicht ansprechend. Die Gäste finden bei solchen Büfetts nicht das gewünschte Frühstückserlebnis. Dagegen kann das Café mit einem attraktiven Angebot verschiedene Zielgruppen für sich gewinnen (z. B. junge Menschen, Einkaufende, Reisende).

Betriebsstandard und Qualität des Büfetts

Der *Umfang des Frühstücksbüfetts* ist abhängig vom Betriebskonzept und von der Höhe des Pauschalbetrags. Das *einfache Frühstücksbüfett* entspricht in seinem Angebot an Getränken und Frühstücksprodukten dem *einfachen Frühstück*, mit dem Vorteil der Auswahl in Art und Menge. Das *erweiterte Frühstücksbüfett* bietet zusätzlich Fruchtsäfte, gekochte Eier, Früchte, Joghurt und Müsli. Das *große Frühstücksbüfett* umfasst ein zusätzliches Angebot an kalten und warmen Speisen, zum Beispiel Rohkost- und Feinkostsalate, Eiergerichte und gegrillte Fleischteile.

Hochwertigkeit des Frühstücks hat ihren Preis

Die *Hochwertigkeit der Frühstücksprodukte* wirkt sich auf die Höhe des Pauschalentgelts aus. Angebote von frisch gepresstem Saft und Vorzugsmilch, von gebeiztem Lachs, von Krabben und Kaviar, von hochwertigen Schinken- und Käsesorten bestimmen die Güte des Büfetts, aber auch seinen Preis.

Servicearbeiten für das Frühstücksbüfett

Als Vorarbeiten für ein Frühstücksbüfett sind nötig: Die Tische müssen gestellt, aufgedeckt und eingedeckt werden. Bei der Vorbereitung am Vorabend werden die Tassen umgestülpt aufgelegt.

Rechtzeitig vor Frühstücksbeginn müssen die warmen Speisen gegart, wiedererwärmt und angerichtet werden. Warme Speisen werden in Chafing-dishes (= beheizten Tischwannen) bereitgestellt. Das Brühen von Kaffee auf Vorrat ist durchzuführen.

Als Grundregel für die *Büfettgestaltung* gilt, dass flache Behälter und schwierig aufzulegende Speisen vorn anzurichten sind. Als Dekor für das Büfett verwendet man Lebensmittel-Arrangements, zum Beispiel mit Früchten oder mit Brot und Kleingebäcken.

Eine wichtige Aufgabe des Service-Personals ist das Überwachen des Büfetts, um ausgegangene Produkte nachzufüllen, Platten wieder herzurichten und Speisereste zu beseitigen.

Servicetätigkeiten unmittelbar am Tisch der Gäste sind das Servieren von Kaffee und Tee, sofern auf eine Einrichtung zur Selbstbedienung am Büfett verzichtet wird. Frei gewordene Gästetische sind unverzüglich abzuräumen und wieder herzurichten.

Grundkurs: Ausrichten von Kaffeetafeln

In diesem Grundkurs wird verdeutlicht, wie die Vorbereitung und Durchführung von Kaffeetafeln zu organisieren sind.

Bestell- und Angebotsbeschreibungen

Über die Absicherung formaler Bestellungsdaten (Name, Anschrift, Gästeanzahl usw.) können Sie sich auf der Seite 245 informieren. Bei der Bestellung einer Kaffeetafel sind zusätzliche Besonderheiten zu beachten:

- *Verschaffen Sie sich Gewissheit, dass zum gewünschten Zeitpunkt entsprechender Raum/Platz zur Verfügung steht.*
- *Erkundigen Sie sich über den Anlass der Kaffeetafel und über die Zusammensetzung des Gästekreises (Kinder, ältere Gäste).*
- *Erfragen Sie Wünsche für die Gestaltung der Kaffeetafel. Konkretisieren Sie diese durch entsprechende Angebote. Wesentliche Angaben dazu sind*
  - *Räumlichkeiten, Tafelform, Sitzordnung,*
  - *Art und Umfang der Tischdekoration (ggf. kostenpflichtig),*
  - *gewünschte Getränke und Gebäcke,*
  - *Form und Service des Gebäck- und Getränkeangebots.*

Das Gebäckangebot für die Kaffeetafel

- *Für das Gebäckangebot können Sie die Grundsätze und Richtwerte auf der Seite 442 berücksichtigen (z. B. für Bunte Platten).*
- *Empfehlen Sie als Mittelpunkt der Kaffeetafel eine anlassbezogen ausgarnierte Torte oder ein entsprechendes Formstück (z. B. eine „50" auf der Geburtstagstorte). Das Anschneiden der Torte durch den Jubilar/die Jubilarin eröffnet stimmungsvoll die Kaffeetafel.*
- *Für Kindergeburtstage können Sie eine Bestückung der Torte mit entsprechender Anzahl an Jahreskerzen empfehlen. Das Auspusten der Kerzen ist der fröhliche Auftakt der Feier.*

Der Gästekreis bestimmt das Tafelambiente

- *Überwiegend ältere Menschen schätzen das Schöne, das Edle und Wertvolle. Tafelwäsche, Kaffeegeschirr und Tischdekoration sollten diesen Ansprüchen entsprechen.*
- *Zum Kindergeburtstag sollte eine lustige Dekoration mit kleinen Überraschungen die Kaffeetafel interessant machen.*

Form der Ablaufdurchführung

- *Die Tafel wird vor dem Eintreffen der Gäste eingedeckt, dekoriert.*
- *Den Gästen wird – falls vereinbart – beim Eintreffen ein Aperitif (zur Appetitanregung) oder ein alkoholfreies Getränk angeboten.*
- *Die Gebäckauswahl für die Gäste kann wie folgt ablaufen:*
  - *Die Gäste können das Gebäck an der Kuchentheke des Geschäfts selbst auswählen (nur bei kleinem Gästekreis möglich).*
  - *Der Gastgeber bestellt vorab die gewünschten Gebäcke:*
    - *Sie werden vorgeteilt als Büfett zur Selbstbedienung der Gäste aufgebaut; oder*
    - *sie werden als Bunte Kaffeeplatten, als Feine Bunte Platten oder als Bunte-Torten-Platten auf der Tafel verteilt aufgestellt.*
- *Das Getränkeangebot erfolgt im Tassen- oder Kännchen-Service oder in eingesetzten Kannen für die Selbstbedienung am Tisch.*
- *Den Gästen wird als Abschluss nach dem Kaffee- und Kuchengenuss ein Digestif angeboten (falls vereinbart).*

Merkmale von Kaffeetafeln

*Als **Kaffeetafel** wird der gemeinsame organisierte Kaffee-Kuchen-Verzehr einer größeren Gästegruppe an einer zusammengehörigen Tafel bezeichnet.*

Die Kaffeetafel wird von einer Person/einem Veranstalter bestellt und bezahlt. Die Gäste sind vom Veranstalter eingeladen (wie zum Geburtstag) oder zahlen an den Veranstalter einen Pauschalpreis (wie bei Kaffeefahrten).

Beispiele für Tafelformen

Tafelformen ergeben sich durch planvolles Zusammenstellen von Tischen. Gut geeignet sind quadratische Tische der Größe 80 x 80 cm (= 80 cm Platz je Gast) und rechteckige Tische von 80 x 140 cm (= 70 cm Platz je Gast).

Lange Tafel für 12 Personen
Diese Tafelform ist für bis zu 12 Personen üblich. Mit zunehmender Länge verringern sich für die Gäste die Möglichkeiten der Kontaktaufnahme untereinander.

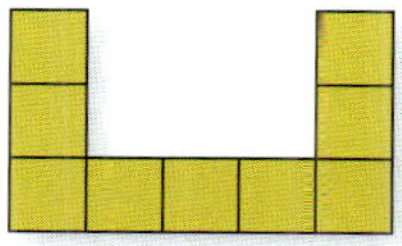

Tafel in U-Form, hier für 13 Personen; geeignet für Ehrengäste (Frontsitz)

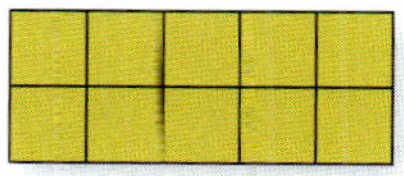

Tafel in Blockform, hier für 10 Personen; viel Platz in der Tafelmitte

Tafel in E-Form, hier für 27 Personen; sie lässt sich für einen noch größeren Personenkreis ausbauen

Ausrichten und Aufdecken der Tafel

Tafeln müssen exakt ausgerichtet werden. Tische mit unterschiedlicher Höhe oder mit wackeligem Stand werden durch Unterlegen von Korkscheiben angeglichen und so standfest gemacht.

Die Tafeltücher werden von der Fensterseite zur fensterlosen Seite überlappend aufgelegt (Schattenvermeidung an der Überlappungsstelle). Mittel-, Ober- und Unterbruch müssen durchgängig über die gesamte Tafellänge ausgerichtet sein.

Kaffee: das Aufgussgetränk des Cafés

Ist Ihnen bewusst, dass der Umsatz von Gebäck und Speisen im Café von der Güte des Kaffeegetränks abhängt?
Kaffeegenießer bevorzugen nämlich Cafés, in denen ein guter Kaffee serviert wird.

Die Güte eines Kaffeegetränks wird durch viele Faktoren bestimmt:

- Grundlegend für die Güte ist die verwendete *Kaffeesorte* (Anbauland, Wachstumsklima) mit ihrer Qualität sowie dem Aufbereitungs- und Röstverfahren.
- Beeinflusst wird die Güte von der Menge des *Mahlguts* und dessen Körnung (= die Feinheit), durch das Brüh- und Warmhalteverfahren sowie durch die Abstehzeit des gebrühten Kaffees.

Gewinnung und Aufbereitung von Kaffee

In Deutschland wird die edelste Kaffeesorte verbraucht: *Coffea arabica*. Sie ergibt ein Kaffeegetränk mit dem besten Duftaroma sowie einem abgerundeten, aromatischen Geschmack. Daneben gibt es den *Coffea robusta* mit nur niedrigem Marktanteil.

Kaffeebohnen sind die Samenkerne einer kirschähnlichen Frucht vom Kaffeebaum. Hauptlieferländer für Kaffee sind Brasilien und Kolumbien, daneben Indonesien, die Elfenbeinküste und Mittelamerika.

Die Samenkerne werden erst *fermentiert* (durch einen Gärungsprozess verändert), dann gewaschen, getrocknet und in die Empfängerländer geliefert. Dort werden in Röstereien die Kaffeebohnen geröstet.

Kaffeesorten für den Verkauf

Erfolgreicher Kaffeeverkauf ist nur möglich mit einem Sortiment, das Kundenwünschen entspricht. So sind stark oder schwach geröstete, kräftige oder milde Kaffeesorten zur Auswahl nötig. Die folgenden Standardsorten decken gut die Kundenwünsche ab

Grundsorte mit ausgewogener Geschmacksnote

Die meisten Kunden wollen eine Kaffeesorte, die nicht lasch, aber auch nicht bitter schmeckt. Sie soll aromatisch duften und ausgewogen im Geschmack sein. Diesen Anforderungen entsprechen die Kaffeesorten, die von den Röstereien als ihre Hauptsorte angeboten werden. Sie sind für alle herkömmlichen Brühmethoden geeignet.

Kaffeesorten mit kräftigem Geschmack

Stärker geröstet als die Grundsorten sind Kaffeesorten mit kräftigem Geschmack. Sie haben damit einen höheren Anteil an Bitterstoffen. Bei gleicher Mahlgutmenge ergeben diese Sorten einen dunkleren Aufguss mit kräftig-rassigem Aroma.

Kaffeesorten mit mildem Geschmack

Naturmilde Kaffeesorten enthalten wenig Reiz- und Gerbstoffe. Sie sind außerdem schwächer geröstet. Diese Kaffeesorten ergeben Getränke mit mildem Geschmack und guter Bekömmlichkeit.

Kaffeesorten für Espresso und Cappuccino

Diese Kaffeesorten enthalten meistens eine Beimischung von Coffea robusta. Sie sind sehr kräftig geröstet. Außerdem eignen sie sich nur für Brühverfahren mit Dampf- oder Wasserdruck.

Kurze Geschichte des Kaffees

Heimat des Kaffees ist das äthiopische Hochland. Schon im 14. Jahrhundert wurden Kaffeepflanzen in Arabien kultiviert. Und im 16. Jahrhundert wurde in Konstantinopel das erste Kaffeehaus eröffnet. Als im Jahre 1630 der Kaffee Venedig erreichte, begann die Verbreitung von Kaffeehäusern in Westeuropa. Im Jahre 1677 wurde das erste deutsche Kaffeehaus in Hamburg gegründet.

Die Kaffeehäuser entwickelten sich zu geistigen Begegnungsstätten der Kunst und Wissenschaft, aber auch zu Informationshäusern der Geschäftsleute und Politiker. Die Kaffeehäuser haben sich im Zuge gesellschaftlicher Entwicklungen zu den heutigen Cafétypen gewandelt.

Tipps

So beraten Sie Kunden über Kaffee richtig:

- *Bewahren Sie angebrochenen Kaffee zum Aromaschutz luftdicht und kühl auf.*
- *Mahlen Sie immer nur die Kaffeemenge, die im Augenblick gebrüht werden soll.*
- *Mahlen Sie den Kaffee für Filterkaffee mittelfein, für Espresso etwas feiner.*
- *Erhitzen Sie zum Kaffeekochen als Brühwasser nur frisches, kaltes Wasser.*

Sonderkaffee als Handelsware

Neben den herkömmlichen Kaffeesorten bieten die Kaffeeröstereien zwei behandelte Sorten an, so genannte „Schonkaffees“:
- Kaffee mit reduziertem Reizstoffanteil,
- Kaffee ohne Coffein.

Darüber hinaus gibt es für die einfache und schnelle Zubereitung eines Kaffeegetränks den *Kaffee-Extrakt*, ein Instantprodukt.

Reizstoffarmer Kaffee – für mehr Bekömmlichkeit

Viele Verbraucher verzichten auf Kaffeegenuss, weil der Kaffee für sie nicht bekömmlich ist. Nach dem Genuss von Kaffee leiden sie an Magen-, Leber- oder Gallenbeschwerden.

Solchen Kunden können Sie im Verkaufsgespräch einen *reizstoffarmen Kaffee* empfehlen. Diese schonende Kaffeesorte ist schwach geröstet. In einem speziellen Verfahren sind den Bohnen außerdem Gerbsäuren und Bitterstoffe entzogen. Der Kaffee ist mild-aromatisch.

Entcoffeinierter Kaffee – für wenig Gesundheitsrisiken

Kaffeegenuss regt Herz und Kreislauf an. Das ist begründet durch das im Kaffee enthaltene *Coffein*. Kaffee wird von Vielen gerade wegen der belebenden Wirkung getrunken. Doch bei manchen Menschen führt der Kaffeegenuss zu Schlafstörungen oder anderen gesundheitlichen Beeinträchtigungen (➡ Randspalte).

Solchen Kunden können Sie bei Nachfrage einen *entcoffeinierten Kaffee* anbieten. Diesem Schonkaffee ist in einem Spezialverfahren das Coffein entzogen worden. Dieser Kaffee hat aber im Wesentlichen noch das volle Kaffeearoma.

Kaffee-Extrakt – für alle, die es eilig haben

Kaffeegetränk aus *Kaffee-Extrakt* ist ein Schnellkaffee ohne Satz, der nach dem Aufgießen mit Wasser sofort trinkfertig ist. Kaffee-Extrakt wird durch die schonende Gefriertrocknung aus den löslichen Stoffen eines Kaffeesuds gewonnen.

Die Vorteile des als Instantprodukt bereiteten Kaffee-Extrakts liegen in der unproblematischen Zubereitung ohne Kaffeemaschine und Filter. Er ist deshalb der typische Büro- oder Reisekaffee. Für Cafébetriebe sollte er im Regelfall aber ohne Bedeutung sein. Denn Duft, Aroma und Geschmack sind gegenüber den herkömmlichen Kaffeegetränken meistens eingeschränkt.

Präsentation von Kaffee im Verkauf

Wie wird Kaffee verkaufsfördernd präsentiert?

Bei dieser Überlegung ist zu berücksichtigen, dass für den Umsatz der Bäckerei/Konditorei wichtigere Produkte den Vorrang bei der Vergabe des Präsentationsplatzes haben. In vielen Betrieben wird der Kaffee im Blickfeld der Kunden in einer Vitrine der Bedienungszone platziert. Verkaufsfördernd wirkt es sich aus, wenn die Frischmahlung von Kaffee im Laden erfolgt. Probieraktionen und die Herausstellung von Sonderangeboten unterstützen die Verkaufsmaßnahmen.

Kaffee wird ungemahlen aromadicht verpackt angeboten, gemahlen auch in Vakuumpackungen. Die Mindesthaltbarkeit beträgt so mehrere Wochen. Angebrochener, gemahlener Kaffee behält nur wenige Tage sein Aroma. Er ist daher luftabgeschlossen und kühl zu lagern.

Kaffee und Gesundheit

Coffein ist ein Alkaloid, das auf das Zentralnervensystem wirkt. Das Herz wird zu stärkerer Leistung angeregt. Die Blutgefäße werden erweitert, die Durchblutung aller Organe verbessert, die Atmung beschleunigt. Kaffeeliebhaber mit normalem und niedrigem Blutdruck begrüßen diesen Effekt. Bei hohem Blutdruck kann stärkerer Kaffeegenuss ein gesundheitliches Risiko darstellen.
Bei krankhaft nervösen oder empfindlichen Menschen wirkt Kaffee nicht als „Muntermacher“, sondern er führt zu einer Verschlechterung der Stimmungslage. Hier ist in jedem Fall ein Verzicht auf Kaffee oder ein Ausweichen auf Kaffee ohne Coffein und Reizstoffe angebracht.

Präsentation von Kaffee

Einige Kaffeeröster liefern Ihnen den Kaffee in Packungen mit dem Logo Ihres Betriebs.

Auf diese Weise werben Sie mit jeder verkauften Packung für Ihren Betrieb und nicht für den Kaffeeröster.

➤ *Beurteilen Sie diese Marketing-Maßnahme aus der Sicht der Kunden.*

Kaffeemehlmengen für Filterkaffee

- *Pro Tasse Kaffee = 6 bis 8 g Kaffee*
- *Pro Tasse Mokka = 12 bis 15 g Kaffee*
- *Pro Liter Kaffee = etwa 50 g Kaffee*

Mengenkalkulation

1 Liter Getränk ergibt:
– 6 große Tassen Kaffee oder
– 7 mittelgroße Tassen Kaffee oder
– 8 kleine Tassen Kaffee oder
– 10 bis 15 Tassen Mokka

Handaufguss

Kaffee-Automat ohne Brühdruck

Espresso-Topf: Brühen mit Dampfdruck

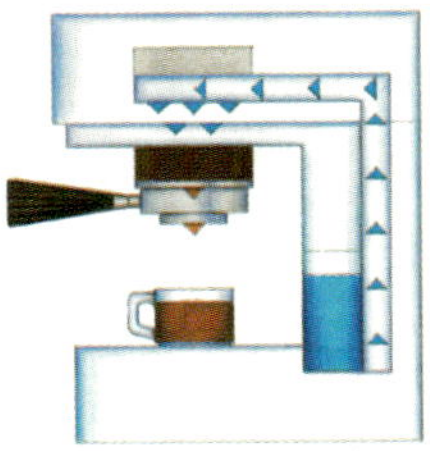

Espresso-Maschine: Brühen mit Wasserdruck

Mengenbrühautomat mit zwei kleinen Vorratsbehältern: automatisch gesteuerte Frischbrühung im Wechsel in beide Vorratsbehälter mit einer hohen Stundenleistung

Zubereitung von Kaffeegetränken

Für die Güte der Kaffeegetränke spielt die verwendete *Kaffeemarke* nicht mehr die wichtigste Rolle. Denn alle Kaffeeröstereien bieten den gewerblichen Verbrauchern hochwertige Spitzenqualitäten an.

Beurteilungsmerkmale für Kaffeegetränke

Wichtigstes Qualitätsmerkmal von Kaffeegetränken ist die Frische. Sie verdeutlicht sich in der tiefbraunen, ungetrübten Farbe, im Kaffeeduft, im Geschmack und in der Bekömmlichkeit. Das Kaffeearoma darf nicht durch Gerb- und Bitterstoffe überlagert sein.

Abstehender gebrühter Kaffee verliert an Güte. Er wird trüb; er verliert an Aroma. Die Bitterstoffe treten stark hervor. Abgestandener Kaffee ist an der mäßigen Aufhellung bei Milch- oder Sahnezugabe erkennbar. Das Getränk wird dabei grau und trüb. Der Qualitätsverlust wird beim Warmhalten des Kaffeegetränks auf Heizplatten durch andauerndes Überhitzen an der Bodenplatte des Gefäßes noch beschleunigt.

Brühverfahren beeinflussen die Kaffeegüte

Neben der Kaffeesorte und Frische hat das Zubereitungsverfahren erheblichen Einfluss auf die Getränkegüte.

Die Güte des Kaffeegetränks *wird beeinflusst*
– durch die Brühmethode,
– durch die Brühzeit,
– durch die Körnung und Menge des Kaffeemehls.

Als der Einsatz von Filtern bei der Kaffeezubereitung noch nicht üblich war, wurde das Mahlgut einfach mit kochendem Wasser überbrüht. Dieser Sud blieb so lange abstehen, bis sich das Kaffeemahlgut am Gefäßboden abgesetzt hatte. In den östlichen Mittelmeerländern wird ein ähnliches Zubereitungsverfahren noch heutzutage angewendet. Dabei wird das Kaffeemahlgut im Wasser aufgekocht.

Brühen ohne Druck: das übliche Brühverfahren

Die in Privathaushalten und zum Teil auch in Cafébetrieben angewandte Brühmethode ist das Aufgießen über einen Filter. Beim Aufguss von Hand wird das Kaffeemehl im Filtertopf mit heißem Wasser überbrüht. Das Wasser löst Röst- und Geschmacksstoffe aus dem Mahlgut und tropft in das Kannengefäß.

Kaffeemaschinen ohne Drucksystem funktionieren nach dem gleichen Prinzip: Das Brühwasser wird stetig oder in Schüben in den Filtertopf mit dem Mahlgut eingelassen. Der Durchlauf durch das Mahlgut erfolgt allein über die Schwerkraft des Wassers.

Bei den Haushalts-Kaffeemaschinen wird der Kaffee im Auffanggefäß auf einer Heizplatte oder in einer Isolierkanne warm gehalten. Bei den meisten gewerblichen Kaffeemaschinen mit Vorratsbrühung dient dazu ein beheizter Vorratsbehälter.

Brühen mit Druck: für Frisch- und Vorratsbrühung

Bei *Kaffeemaschinen mit Drucksystem* wird das Brühwasser in einem geschlossenen System unter Druck durch das Mahlgut gepresst. Von Vorteil sind der schnelle Durchlauf und die höhere Kaffeequalität durch einen geringeren Anteil ausgelöster Reiz- und Bitterstoffe.

Frischbrühung: garantiert bestes Kaffeearoma

Frischbrühung ist das tassen- oder kännchenweise Aufbrühen von Kaffee zum Zeitpunkt des Bedarfs. Die Frischbrühung ist ohne hohen Zeitaufwand im *Druckbrühverfahren* möglich. Dieses Verfahren ergibt Kaffeegetränke in Spitzenqualität. Es ist für viele Kaffeetypen möglich: für Filterkaffee, Kaffee Crème (= Schümli), Espresso und Cappuccino. Um die besondere Kaffeefrische zu garantieren, sind die Maschinen mit einem Kaffeemahlwerk ausgestattet. Erst bei Getränkeanforderung wird die entsprechende Bohnensorte in der erforderlichen Menge und Körnung bedarfsgerecht gemahlen.

Zum Teil ist insbesondere bei größeren Sitz-Cafés noch die drucklose Vorratsbrühung anzutreffen. Begründet wird das mit der Sorge, dass in Stoßzeiten die Leistung einer Frischbrühmaschine nicht ausreichen würde. Wer aber pro Stunde nicht mehr als 200 Tassen Kaffeegetränk ausschenkt, kann Kaffeemaschinen mit Frischbrühung einsetzen.

Vollautomatische Kaffeemaschine: Frischbrühung in Tassenportionen für Filterkaffee (mit sanftem Druck) und für Bistrokaffees (mit hohem Druck); mit Bedientasten für die SB-Abgabe

Filterkaffee in Frischbrühung

Als *Filterkaffee* bezeichnet man im Filter gebrühten Kaffee aus den üblichen Kaffeemischungen (ohne Schaumkrone auf dem Getränk). Es ist die Zubereitung, die in einigen Ländern als „Deutscher Kaffee" bezeichnet wird. Für Frischbrühung wird der Filterkaffee in Maschinen mit dem Druckbrühsystem bereitet. Bei diesem Kaffeegetränktyp wird das Brühwasser nur mit geringem Druck durch das Mahlgut im Filter gedrückt. Der Durchlauf dauert etwas länger als bei den mit höherem Druck gebrühten Kaffeegetränken.

Diese Kaffeemaschinen sind meistens auch mit einem Handeinwurf für Sonderkaffees ausgerüstet. Dadurch ist ohne großen Aufwand die zwischenzeitliche Tassenbrühung von Schonkaffees möglich.

Vollautomatische Bistro-Kaffeemaschine: spezialisiert für Espresso, Ristretto, Cappuccino

Espresso und Ristretto – italienische Spitzenkaffees

Diese Kaffeearten sind unvergleichlich in der Duftnote und im Aroma. Äußeres Merkmal dieser Kaffees ist die kremige, feinporige und leicht marmorierte Konsistenz. Geschmack, Duft und Beschaffenheit sind das Ergebnis einer speziellen Kaffeemischung, der Mahlgutkörnung und der Frischbrühung unter Hochdruck. Der hohe Brühdruck (etwa 8 bar) und die kurze Kontaktzeit des Wassers mit dem Kaffeemehl verringern das Auslösen von Reiz- und Bitterstoffen. Je nach Brühsystem beträgt die Durchlaufzeit nur 20 bis 35 Sekunden.

Für einen *Espresso* wird die doppelte Menge Mahlgut im Vergleich zu üblichem Filterkaffee verwendet. *Ristretto* wird mit der zweifachen Kaffeemenge des Espressos gebrüht.

Beistellkühler für Milch im Verbund mit dem in der Kaffeemaschine integrierten Milchschäumer: für Milchkaffee, Cappuccino oder Latte Macchiato

Schümli oder Kaffee Crème – grundsätzlich frisch gebrüht

Schümli ist dem Espresso ähnlich. Er wird aber mit normaler Menge an Kaffeemehl unter hohem Druck in Tassenbrühung bereitet. Typisch sind die braune Schaumkrone und die kremige Beschaffenheit (= Kaffee Crème). Schümli wird mit Kaffeesahne und Zucker serviert.

Cappuccino – mit weißer Schaumkrone

Cappuccino wird ähnlich wie der Schümli gebrüht. Er wird mit einer Haube geschäumter Milch oder mit geschlagener Sahne serviert. Die Milch wird mit der Dampfdruckdüse an der Kaffeemaschine erhitzt und aufgeschäumt. Die Schaumkrone kann mit etwas Kakaopulver oder Zimt bestäubt werden.

Filterkaffee, Caffè latte, Espresso

Latte macchiato: Heiße geschäumte Milch mit einem Schuss Espresso

Rüdesheimer Kaffee

Angebot an Kaffeegetränken im Café

Eine Kundin fragt prüfend, ob Sie wissen, was „Caffè Corretto" ist. Könnten Sie das beantworten?

Sicherlich kann eine Verkaufsstelle der Bäckerei und Konditorei nicht die Palette internationaler Kaffeevarianten anbieten. Zur Befriedigung der Kundenwünsche ist es wichtig, dass die meistgefragten Getränke wie Filterkaffee, Cappuccino, coffeinfreier sowie reizstoffarmer Kaffee geführt werden, und zwar frisch gebrüht in guter Qualität. Darüber hinaus kann es sinnvoll sein, die eine oder andere Spezialzubereitung in das Angebot aufzunehmen. Wenn diese Besonderheit gepflegt wird, kann sich das Café damit von Mitbewerbern abheben und zusätzliche Gäste gewinnen.

Kaffeekarte – die informative Verführerin

Eine verkaufsfördernd gestaltete Kaffeekarte unterscheidet sich von anderen Getränkekarten durch ihren höheren Informationsgehalt. Für jedes aufgeführte Kaffeegetränk sind darin zum Beispiel das Verfahren der Zubereitung, die wirksame Kaffeestärke, die Bekömmlichkeit oder die ursprüngliche Herkunft des Getränks genannt. Die Beschreibung wird ergänzt durch ein Bild mit der Herrichtung des Kaffeegetränks.

Beispiele:

Café au lait, ein mildes Frühstücksgetränk aus Frankreich: Es ist ein Kaffee aus einer kräftig gerösteten Kaffeesorte mit viel heißer Milch gemischt, auf Wunsch auch mit geschäumter Milch.

Kaisermelange, ein Mischgetränk aus Wien: Schlagsahne, Eidotter und Honig werden verquirlt und mit heißem, starkem Kaffee verrührt.

Was bringt die Kaffeekarte?

Die Kaffeekarte verdeutlicht dem Gast auf einen Blick, was ein Café aus einem Kaffee-Produkt machen kann. Sie hilft, einen Betrieb zu profilieren. Und sie animiert die Normal-Kaffee-Trinker zur Bestellung von Zubereitungen mit höherer Gewinnspanne.

Italienische Kaffees – die besonders Gefragten

Die in der Bistro-Maschine gebrühten Kaffeegetränke sind allesamt Spezialitäten aus südeuropäischen Ländern, beispielsweise Espresso, Cappuccino, Ristretto oder Caffè latte (Milchkaffee).

Beispiele:

Caffè macchiato ist ein Espresso mit einer gefleckten Oberfläche. Zunächst wird der Espresso mit einem winzigen Schuss warmer Milch aufgegossen. Als Fleck auf der Oberfläche wird ein Tupfer geschäumter Milch aufgesetzt.

Caffè corretto ist ein Espresso mit etwas Grappa oder Weinbrand.

Spezialkaffees – auch am Gästetisch zuzubereiten

Irish Coffee ist auf braunem Zucker flambierter Whiskey, der mit Kaffee abgelöscht ist. Er wird mit einem Sahnehäubchen serviert.

Rüdesheimer Kaffee ist auf Würfelzucker flambierter Weinbrand, der mit heißem Kaffee abgelöscht wird. Die Oberfläche ist abgedeckt mit einem Sahnehäubchen und Schoko-Späne-Aufstreu.

Pharisäer ist ein schwarzer Kaffee mit einem Schuss Rum. Unter einem Häubchen Sahne wird die „Rumfahne" verdeckt.

Berechnungen

- *Errechnen Sie die Betriebskosten der Kaffeemaschine je Tasse Kaffee mit folgenden Vorgaben:*
  - *Jahresbetriebskosten*
  - *Kaffee-Umsatz (in Tassen)*
- *Errechnen Sie den Verkaufspreis für eine Tasse Kaffee mit folgenden Vorgaben:*
  - *Materialmenge, Einkaufspreis*
  - *Kosten der Kaffeemaschine je Tasse*
  - *Fertigungszeit*
  - *Fertigungskosten je Arbeitsstunde*
  - *Verkaufskosten*
  - *Risiko, Gewinn und MwSt. in %*

Kakao- und Schokoladengetränke

Im Gegensatz zu anderen Aufgussgetränken sind Schokoladen- und Kakaogetränke recht energiereich. Eine Tasse Schokolade hat einen Energiewert von etwa 420 kJ, mit Sahnehäubchen etwa 600 kJ. Das ist zum einen durch die Zusammensetzung der Kakaoerzeugnisse, zum anderen durch die weiteren Zutaten für das Getränk begründet.

Kakao- und Schokoladengetränke unterscheiden

Die Unterschiede waren früher einfach und klar: Sie wurden durch die Ausgangsmaterialien und das Herstellungsverfahren deutlich.

- *Trinkschokolade* wird in überlieferter Art aus Blockschokolade und Milch hergestellt. Blockschokolade wird geschmolzen und mit etwas warmer Milch glatt gerührt, mit weiterer warmer Milch aufgefüllt und unter Rühren zum Kochen gebracht.
- *Kakaogetränk* wird aus Kakaopulver, Zucker und Vollmilch bereitet. Das Kakaopulver wird mit Zucker vermengt. Die Mischung wird mit etwas kalter Milch glatt gerührt und danach unter ständigem Rühren in die kochende Milch geschüttet. Die Kakaogetränke sind mit ihrem Gehalt an fettarmem Kakaopulver und dem geringeren Zuckeranteil etwas bitterer und dunkler als Schokoladengetränke.

Trinkschokolade wird heute oft einfach aus *Schokoladen-Instantpulver* und Wasser hergestellt. Das Instantpulver enthält Schokoladen- und Milchpulver. Die Mischung ist speziell behandelt. Sie löst und verteilt sich schnell in Wasser ohne Kochprozess und ohne zu klumpen.

Trinkschokolade muss als wertbestimmende Zutat *Schokolade* oder die *Bestandteile für Schokolade* in der lebensmittelrechtlich geforderten Menge und Zusammensetzung enthalten (➡ Seite 448).

Wegen der ähnlichen Zusammensetzung und geringen Unterschiede im Genusswert wird heute in Cafés weitgehend auf das zusätzliche Angebot von *Kakaogetränken* verzichtet.

Wie Schokoladengetränke hergestellt werden

So wird Trinkschokolade aus Schoko-Instantpulver hergestellt:

- *Instantpulver mit dem Messbecher in das Mischgefäß füllen*
- *Instantpulver mit heißem Wasser auffüllen*
- *Mischung mit Heißdampf aufschäumen*
- *Getränk in Tasse füllen und mit einer Sahnehaube abdecken*

Einfacher ist die Zubereitung mit einem Schokoladen-Dispenser. Durch Knopfdruck werden Schokoladen-Instantpulver und heißes Wasser exakt dosiert, sahnig geschlagen und in eine Trinktasse abgefüllt. Die Sahnehaube wird aus einem Sahneautomaten auf die Trinkschokolade gespritzt. Als Garnitur kommen Schokoladen-Späne oder aufgestreutes Kakaopulver in Betracht.

Beispiel: Wiener Schokolade

Für *Wiener Schokolade* wird das Schokoladen-Instantpulver mit heißer Vollmilch aufgeschäumt (mit der Heißdampfdüse). Dann wird noch ein Schuss Weinbrand eingerührt. Das Getränk wird in einer Spezialtasse angerichtet, mit Sahnehäubchen abgedeckt und serviert.

Schokoladengetränke können auch als *Kaltgetränke* serviert werden, zum Beispiel: gekühlt und mit einer Kugel Vanilleeis (➡ Seite 460).

Kakao- und Schokoladenanteil in Aufgussgetränken

- *1 Tasse Schokolade .... 20 g Schokolade*
- *1 Liter Schokolade .... 150 g Schokolade*
- *1 Tasse Kakao .... 8 g Kakaopulver*
- *1 Liter Kakao ... . 60 g Kakaopulver*

Lebensmittelrechtliche Bestimmungen §

Fertigmischungen für Schokolade- und Kakaogetränke müssen in der Zusammensetzung den rechtlichen Vorgaben entsprechen.

*Der Handel bietet Instant-Getränkepulver für kakaohaltige Getränke an. Sie enthalten neben Kakaobestandteilen und Zucker auch Zusatzstoffe wie Verdickungsmittel, Emulgatoren oder Stabilisatoren. Solche Zubereitungen entsprechen **nicht** den rechtlichen **Vorgaben für Kakao- oder Schokoladenerzeugnisse.** Die Getränke daraus müssen deshalb als „kakaohaltige Getränke“ bezeichnet werden.*

Der Schokoladen-Dispenser mixt ein sämiges und klumpenfreies Schokoladegetränk; anstelle einer Sahnehaube kann mit einer Zusatzeinrichtung einfach die energieärmere Variante des Getränks mit geschäumter Milch ausgeführt werden

Tee und Teegetränke

Viele Menschen, vor allem junge Leute, bevorzugen Tee statt Kaffee. Tee hat eine anregende Wirkung, kann aber auch beruhigend wirken, verbreitet eine genussvolle Atmosphäre, vermittelt Ausgeglichenheit und bietet geschmackliche Abwechslung.

Viele Cafés haben sich auf die Zielgruppe der „Teetrinker" eingestellt. Die Gäste können aus einem umfangreichen Tee-Angebot auswählen. Eine interessante Teekarte, ein überliefertes Zubereitungsverfahren im Blickfeld der Gäste, dazu das passende Ambiente schaffen Anreize für Teegenießer. Attraktiv ist auch eine Boutique mit Tee als Handelsware und angeschlossenem Tee-Raum für die Getränkeabgabe.

Gewinnung und Aufbereitung von Tee

Als „Tee" ohne eine weitere Ergänzung in der Bezeichnung wird nur der „echte Tee" benannt. Kräutertees werden in der Bezeichnung mit dem Kräuternamen ergänzt (z. B. als „Pfefferminztee").

***Tee** wird aus den Blättern des Teestrauchs gewonnen.*

Die Teesträucher gedeihen am besten in tropischen und subtropischen Bergregionen. Die wichtigsten Anbaugebiete für Tee liegen in Indien (Assam, Darjeeling), in Sri Lanka (Ceylon), Indonesien, China, Japan und Ostafrika, auch in Südamerika (Brasilien).

Vom immergrünen Teestrauch werden nur die jüngeren Blätter und die Blattknospen gepflückt. Der Tee erhält sein Aroma und seine dunkle Färbung durch *Fermentation* (ein Gärungsvorgang). Der getrocknete Tee wird zu Mischungen mit unterschiedlichen Geschmacksrichtungen und Qualitäten zusammengestellt.

Grüner Tee ist nicht fermentierter Tee. Er ergibt schwächer gefärbte Tees von herbem Geschmack.

Qualitätsstufen von Tee

Tee kann in sehr unterschiedlichen Qualitätsstufen angeboten werden. Aus der Bezeichnung lässt sich die Qualität ableiten.

Nach der Teilchengröße werden unterschieden:
- Blatt-Tee (aus ganzen Blättern),
- Broken-Tee (aus mechanisch gebrochenen Blättern),
- Fannings oder Dust (aus den beim Sieben anfallenden kleinsten Blattbruchstücken und Staub).

Blatt-Tee und Broken-Tee sind die lose verpackten Tees. Fannings oder Dust werden in Teebeuteln angeboten. Sie sind besonders kräftig im Geschmack, ergiebig, schnell ziehend und stark färbend. Die Blatt- und Broken-Tees gelten als aromatischer, weil beim Ziehen die Gerbstoffe nicht so schnell und stark ausgelöst werden.

Nach der Art der enthaltenen Teeblätter werden unterschieden:
- Flowery Orange Pekoe (= zarte Blätter mit Blattknospen),
- Orange Pekoe (= erste und zweite Blätter fast ohne Knospen),
- Pekoe (= gröbere Blätter).

Die Spitzenblätter ergeben die aromatischsten Getränke.

Teesorten werden als Mischungen aus unterschiedlichen Lagen und Ernten angeboten. Sie werden nach Anbaugebiet (z. B. Assam-Tee) oder nach Teetrinker-Region benannt (z. B. Ostfriesische Mischung).

Englische Mischung: herb und kräftig; Ceylon-, indische Tees

Darjeeling-Tee: feinaromatisch, blumig; indischer Tee

Ceylon-Tee: herb-aromatisch; goldene Getränkefarbe

Assam-Tee: kräftig und würzig; dunkle Getränkefarbe

Ostfriesische Mischung: kräftig, vollaromatisch; meistens Assam-Tee

Aufgussbeutel-Tee: kräftiges Aroma; aus verschiedenen Gebieten

Teekarte: Tee als besonderes Getränk

Die Teekarte soll das breite Angebot und die fachliche Kompetenz des Tee-Cafés verdeutlichen. Dazu können folgende Angaben in der Teekarte beitragen:
- *Kleine Sortenkunde (vorabgestellt),*
- *Tee-Angebote nach Anbaugebieten,*
- *Aroma-Tee-Angebote (z. B. Rosentee),*
- *Teegetränk-Angebote (Tees mit zusätzlichen Zutaten: Früchte, Gewürze),*
- *Punsch-Angebote (heiße Mischgetränke mit Rum oder Arrak),*
- *Angebote passender Gebäcke und Snacks.*

Teezubereitung und Teeservice

Tee kann schon mit geringem Aufwand bereitet werden: ein Teebeutel wird in ein Glas oder in eine Tasse eingelegt und mit heißem Wasser aus dem Heißwasseranschluss der Kaffeemaschine aufgefüllt.

Mit dieser Zubereitungsmethode wird ein Café sicherlich nicht die „Teetrinker" für sich gewinnen. Sie bietet aber die Möglichkeit, rasch und sehr einfach ein Teegetränk zuzubereiten.

Was spricht gegen die Teezubereitung mit Aufgussbeuteln?

Im Allgemeinen ist dabei eine eingeschränkte Qualität zu erwarten. Teebeutel sind mit Feinbruch (Fannings, Dust) gefüllt, bei dem schnell lösliche Gerbstoffe das Aroma überdecken. Von vielen Gästen wird auch die zum Teegenuss gehörende Zubereitungskultur vermisst.

Brühverfahren – für optimale Getränkequalität

So sollte Tee sorgfältig im Blickfeld der Gäste bereitet werden:

- *Verwenden Sie eine Porzellan- oder Keramikkanne zum Aufgießen.*
- *Geben Sie je Tasse einen gestrichenen Teelöffel Broken-Tee oder einen gehäuften Teelöffel Blatt-Tee in die Kanne. Der Einsatz eines Teesiebs erspart das Umschütten nach abgelaufener Ziehzeit in eine andere Kanne.*
- *Überbrühen Sie den Tee mit kochend-heißem Wasser. Bei zu hartem Wasser sollten Sie dieses vorher zweimal aufkochen lassen.*
- *Lassen Sie den Tee zwei bis fünf Minuten lang ziehen (je nach dem gewünschten Ergebnis).*

Wird nur ein Glas Tee bestellt, ist das Servieren von heißem Wasser mit Teebeutel praktisch. Der Gast kann dabei die Ziehdauer des Tees selbst bestimmen.

Teegenuss – anregend oder beruhigend

Duftnote, Geschmack und Wirkung von Tee werden im Wesentlichen durch ätherische Öle, Coffein und Gerbstoffe bewirkt.

Das Coffein des Tees ist verträglicher als das des Kaffees. Es wirkt stimulierend auf das zentrale Nervensystem. Ursache für die sanft anhaltende Wirkung des Coffeins im Tee ist dessen Bindung an die Gerbstoffe, die erst im Darm aufgehoben wird. Die Gerbstoffe des Tees wirken beruhigend auf den Magen- und Darmtrakt.

Das Brühwasser löst sehr rasch das Coffein aus den Teeblättern. Der Tee erreicht deshalb schon nach zwei Minuten Ziehdauer einen hohen Coffein-Gehalt. Das ist der Grund für die anregende Wirkung von kurz gezogenem Tee. Erst mit längerer Ziehdauer werden aus dem Tee die Gerbstoffe gelöst. Der Teegeschmack wird zunehmend herber. Die beruhigende Wirkung nimmt zu.

Servieren von Tee – kann eine Kultur sein

Der Tee wird in dünnen und hitzebeständigen Henkelgläsern oder in Gläsern mit Einsatz serviert. Zum Kännchen-Service gehören ein Tassengedeck aus dünnem Porzellan, ein Wärmestövchen und der Teelöffel. Als Beigaben sind üblich: Zitronenscheiben, weißer oder brauner Kandiszucker, auf Wunsch auch Sahne oder Milch.

Wird der Tee mit Teebeutel serviert, ist für dessen spätere Ablage ein kleiner Teller erforderlich.

Kräuter- und Früchtetees

Kräuter- und Früchtetees sind teeähnliche Erzeugnisse ohne Coffein. Bekannt sind zum Beispiel Pfefferminztee, Kamillentee, Malventee und Hagebuttentee. Die Zubereitung von Kräutertees entspricht der von echtem Tee. Früchtetees können länger ziehen.

Kräuter- und Früchtetees werden vom Handel auch als Instant-Tees angeboten.

Tee nach 3 Minuten Ziehdauer (links)
Tee nach 5 Minuten Ziehdauer (rechts)

Teegedeck: Teekanne, Tassengedeck, Teesieb und Siebablage, Zuckerschale

Tipps für den Tee-Service

- *Tee sollte im Bäckerei-Konditorei-Café stets unter Beigabe eines kleinen Teegebäcks serviert werden.*
- *Tee darf niemals zusammen mit Zitrone und Milch serviert und vermischt werden.*

Spezielle Tee-Zubereitungen

Besonders in der kalten Jahreszeit schätzen viele Gäste den Teegenuss mit Zusatz eines alkoholischen Getränks, zum Beispiel:

- *Tee mit etwas Rum oder Arrak*
- *Teepunsch oder Geele Köm mit Tee*
- *Teegrog*

Kaltgetränke mit Tee werden unter Zusatz von Fruchtauszügen bereitet, zum Beispiel:

- *Eistee mit Zitrone und Eiswürfeln*
- *Kalter Tee mit Fruchtsaft*

Milch und Milchmischgetränke

Heiß oder kalt servierte Milch ist allgemein kein Anreiz für Passanten, dafür ein Café aufzusuchen. Ein solches Angebot sollte jedoch zu den Serviceleistungen eines Cafés gehören, um spezielle Gästewünsche erfüllen zu können, zum Beispiel für die Bewirtung von kleinen Kindern oder ernährungsbewussten Gästen.

Es ist recht einfach, Milch zu bevorraten und bei Bedarf zu erwärmen. H-Milch kann bis zu sechs Wochen ohne Kühlung in der ungeöffneten Packung gelagert werden. Nach der Bestellung wird die Milch in einem Becher mit der Heißdampfdüse erhitzt und in einem Glas serviert.

Ein attraktives Angebot von Misch- und Mixgetränken kann für Gäste durchaus ein Anreiz zum Aufsuchen eines Cafés sein. Auch können sich Cafés mit solchen Produkten profilieren und von den Konkurrenten am Ort abheben.

Wie sich Misch- und Mixgetränke unterscheiden

Milchmischgetränke sind flüssige Erzeugnisse aus Konsummilchsorten oder Sauermilch, Buttermilch, Joghurt, Kefir und Sahne mit zugesetzten Lebensmitteln wie Kakao, Malzsirup, Karamell, Früchte oder Alkohol. Die Produkte werden benannt nach dem Milcherzeugnis in Verbindung mit der wertbestimmenden Zutat (z. B. Kakaotrunk aus Vollmilch). Es sind allgemein im Handel erhältliche Getränke. Sie sind in Fertigpackungen abgefüllt und haben eine gewisse Mindesthaltbarkeit.

***Milchmixgetränke** sind solche Milchmischgetränke, die frisch für den Sofort-Verzehr bestimmt sind. Neben den üblichen Lebensmitteln ist auch die Beigabe von Speiseeis oder Roheidotter üblich.*

Wie Milchmixgetränke zubereitet werden

Die Herstellung der gängigen Mixgetränke ist nur in Verbindung mit einem Speiseeisangebot möglich. Der Arbeitsplatz sollte in der Nähe der Speiseeistheke im Blickfeld der Gäste eingerichtet sein. Wichtige Geräte dafür sind vor allem: Zitruspresse, Schneidbrett, Messbecher, Mixer, Schüttelbecher, Messer und Barlöffel.

Regeln für die Zubereitung von Milchmixgetränken:

- *Verwenden Sie nur gekühlte Zutaten. Verzichten Sie auf die Zugabe von Roheis zur Kühlung des Getränks. Das verwässert milchhaltige Getränke und verfälscht den Milchmixtyp.*
- *Verwenden Sie für Frucht-Mischgetränke möglichst nur Frischobst. Verarbeitetes Obst (wie Dunstobst, Fruchtmark, Fruchtsirup oder Fruchtsaft) sollten nur ergänzend zugegeben werden.*
- *Füllen Sie in den Mixer zuerst die leichten Zutaten (Speiseeis, Milch, Sahne), dann die schweren Zutaten (Früchte, Sirup) und mixen Sie.*
- *Erhitzen Sie heiß zu servierende Mixgetränke erst nach dem Mixen, am besten mit der Heißdampfdüse.*
- *Richten Sie in das Trinkglas abgefüllte Getränke mit einer Garnitur dem Getränketyp entsprechend her (z. B. Schoko-Milch mit Sahnetupfen und Schokoladenspänen, Orangenmilch mit einer Orangenscheibe). Ergänzen Sie diese Garnitur mit einem kleinen Gebäck (Hippenrolle, Makrone, Waffel).*
- *Servieren Sie das Milchmixgetränk mit einem Strohhalm auf einem Unterteller. Legen Sie einen Langstiellöffel zum Auslöffeln dazu.*

Zum Unterscheiden

- ***Milch-Shakes** sind Milchmixgetränke ohne Speiseeis- und Eizugabe.*
- ***Milch-Frappés** sind mit Speiseeis, zusätzlich auch mit anderen Zutaten zubereitete Milchmixgetränke.*
- ***Milch-Flips** oder **Egg-Noggs** sind mit Ei und anderen Lebensmitteln zubereitete Milchmixgetränke.*

Fruchtpasten für Mixgetränke

Rezeptbeispiele:

Erdbeer-Milch-Shake

50 g frische Erdbeeren
1 Esslöffel Erdbeersirup
2 Tropfen Zitronensaft
125 ml kalte Milch

Das Mixgetränk mit Sahnetupfen, gerösteten, gehobelten Mandeln oder Krokant herrichten

Schoko-Milch-Frappé

125 ml Milch mit
2 Kugeln Schokoladeneis mixen

Das Mixgetränk mit Häubchen aus schwach aufgeschäumter Schlagsahne und Aufstreu von Schokoladenspänen anrichten

Orangen-Milch-Flip

20 ml Sahne
1 Eigelb
2 Kugeln Vanilleeis
2 cl Cointreau, Saft 1/2 Orange

Das Mixgetränk mit einer gezuckerten Orangenscheibe servieren

Fruchtsäfte, Limonaden und Wässer

Diese drei Getränkegattungen werden zusammenfassend auch als *„Erfrischungsgetränke"* bezeichnet. Sie gehören zum Standardangebot eines jeden Cafés. Fruchtsaft, Limonade oder Mineralwasser ist für viele Gäste das übliche Begleitgetränk zum Snack.

Fruchtgetränke: mit verschiedenen Fruchtanteilen

Frisch gepresster Saft aus Orangen ist ein verlockendes Angebot. Denn frische Fruchtsäfte haben das volle Aroma. Die meisten Cafébetriebe bieten Fruchtsäfte als Flaschenkonserve an. Das Angebot umfasst mindestens Orangensaft und Apfelsaft.

***Fruchtsaft** ist der durch ein mechanisches Verfahren abgetrennte und unvergorene Saft von Früchten.*

Gezuckerte Fruchtsäfte müssen bei ihrer Verkehrsbezeichnung mit der Angabe „gezuckert" kenntlich gemacht sein. Aus Fruchtsaftkonzentrat rückverdünnte Fruchtsäfte sind als solche zu kennzeichnen (z. B. „aus Orangensaftkonzentrat").

***Fruchtnektar** ist ein fruchthaltiges Getränk aus verdünntem und mit Zuckerarten gesüßtem Fruchtsaft.*

Der Fruchtanteil von Fruchtnektarsorten liegt zwischen 25 % und 50 %. Für die im Café üblichen Ausschanksorten (Orangen- und Apfelnektar) beträgt er mindestens 50 %.

***Fruchtsaftgetränke** sind alkoholfreie, meist mit Kohlensäure versetzte Erfrischungsgetränke aus Fruchtsaft oder Fruchtauszügen, Zuckerarten und Trink- oder Tafelwasser. Der Fruchtsaftanteil ist geringer als bei Fruchtnektar.*

Die vorgenannten Fruchtgetränke werden zum Sofort-Verzehr im Café grundsätzlich gekühlt abgegeben. Fruchtsaft und -nektar aus größeren Gebinden werden als Ausschankgetränke im Saftglas (in Becherform) abgegeben. Fruchtsaft und -nektar in kleinen Portionsflaschen werden geöffnet mit einem Saftglas abgegeben oder serviert.

Limonaden: Getränke aus Fruchtauszügen

Limonade ist die Gattungsbezeichnung für alkoholfreie und zumeist kohlensäurehaltige Erfrischungsgetränke mit Auszügen aus Früchten, mit Frucht- oder Genusssäuren, auch mit geringem Fruchtsaftanteil.

Zu den Limonaden zählen auch die coffeinhaltigen Cola-Getränke und die chininhaltigen Erfrischungsgetränke (die Bitter-Getränke).

Mineralwässer: Getränke mit hohem Mineralstoffgehalt

Natürliches Mineralwasser ist Wasser aus unterirdischem Vorkommen mit hoher Reinheit und mit einem Mindestanteil an Mineralstoffen.

Mineralwasser gehört zum Getränkeangebot eines jeden Betriebs, der Speisen und Getränke für den Sofort-Verzehr abgibt. Es ist oft mehr als ein „Verlegenheitsgetränk" für Gäste, die eine kleine Zwischenmahlzeit einnehmen. Denn Mineralwasser erfrischt ohne eigenen Nährwert. Es belastet nicht den Organismus.

Wird Mineralwasser gewünscht, so sollten Sie *stilles Wasser* oder *kohlensäurehaltiges Wasser* zur Auswahl stellen. Mineralwasser wird in der Originalflasche mit einem Wasserglas serviert.

Zum Unterscheiden

- ***Fruchtsaft:*** *Saft aus Früchten (ungezuckert) oder rückverdünntes Fruchtkonzentrat*
- ***Fruchtnektar:*** *verdünnter, gezuckerter Fruchtsaft mit einem Fruchtanteil zwischen 25 und 50 %*
- ***Fruchtsaftgetränk:*** *Zubereitung aus Tafelwassser, Fruchtsaft, -auszügen und Zucker*

Spezielle Limonaden

- ***Bitter Lemon:*** *mit Auszügen aus Zitrusfrüchten und mit Bitterstoffen*
- ***Tonic Water:*** *mit Auszügen aus Zitrusfrüchten und mit Chinin*
- ***Cola:*** *coffeinhaltiges Getränk mit Limonade und Auszügen aus der Kolanuss*

Übersicht: Tafelwässer

Tafelwässer sind

- *natürliche Mineralwässer,*
- *Säuerlinge (Sauerbrunnen) mit natürlichem, hohem Gehalt an Kohlendioxid,*
- *mineralstoffarme Quellwässer,*
- *künstliche Mineralwässer mit Zusatz von Natursole und Kohlendioxid*

Rechtliche Bestimmungen

- *Zur Vermeidung von Irreführung der Gäste sind beim Angebot von Erfrischungsgetränken die korrekten Gattungsbezeichnungen auszuweisen (z. B. „Fruchtnektar").*
- *Zur Vermeidung von Irreführung oder Täuschung der Gäste dürfen beim Servieren von Erfrischungsgetränken mit Markennamen (z. B. Bitter Lemon) keine als „nachgemachte Produkte" einzustufenden Getränke ausgegeben werden.*
Auch ist es verboten, in mit Markennamen gekennzeichneten Trinkgefäßen ein anderes verwechselbares Getränk zu verabreichen.

Hinweis

*Wer **alkoholische Getränke** abgibt, muss die Bestimmungen des **Jugendschutzgesetzes** beachten. Informationen darüber finden Sie auf der CD-ROM zu diesem Buch.*

Zum Unterscheiden

- ***Untergärige Biere** sind langsam (= kühl) vergorene Biere. Die Hefen setzen sich am Boden der Gärzubereitung ab.*
- ***Obergärige Biere** sind schnell (= warm) vergorene Biere. Die Hefen schwimmen an der Oberfläche der Gärzubereitung. Bekannte obergärige Biere sind Malzbier, Weizenbier, Altbier und Kölsch.*

Biergattungen

Gattung:	*Alkoholgehalt:*
Einfachbier	*etwa 1,5 Vol.-%*
Schankbier	*etwa 2,5 Vol.-%*
Vollbier (Export, Pils, Lager-, Märzenbier)	*etwa 3,5 Vol.-%*
Starkbier (Bock-, Doppelbock)	*etwa 5,0 Vol.-%*
Nährbier (Malzbier)	*etwa 1,0 Vol.-%*
Alkoholfreies Bier	*maximal 0,5 Vol.-%*

Bierglasformen (von links): **Kelch** für Pils, **Kugel** für Pils oder Export, **Langform** für Weizenbier, **Becher** für Altbier, **Seidel** für Export, **Tulpe** für Pils oder Export

Alkoholische Getränke des Cafés

„Ich hätte gern ein Bier."

Eine solche Bestellung ist sicherlich in Cafés nicht üblich, aber möglich. Ob alkoholische Getränke im Sortiment eines Cafés geführt werden, hängt vom Betriebstyp ab. In Bäckerei-Cafés mit Einrichtungen für nur kurze Verweildauer kann der obigen Bestellung kaum genügt werden. Doch in Konditorei-Cafés mit Sitzplätzen könnten Wünsche nach einem alkoholischen Getränk erfüllt werden.

Die Breite des Sortiments an alkoholischen Getränken in Cafés wird sehr durch den Gästekreis beeinflusst. So müssen Cafés zum Beispiel in Ferien-, Kurorten oder Weinbaugebieten den Gästen ein breiteres Angebot zur Auswahl stellen als an Standorten in Wohnvierteln.

Beim Anbieten alkoholischer Getränke in einem Café können die Gäste allgemein mit einer begrenzten Beratung durch das Servicepersonal rechnen. Die Fachkenntnisse über alkoholische Getränke müssen dafür ausreichen, um im Verkaufsgespräch wichtige Getränkemerkmale wie Gattung, Zusammensetzung, Geschmacksrichtung und Alkoholgehalt herausstellen und erklären zu können.

Bier: vergorene Getreidewürze

Wer im Café ein Bier trinken möchte, muss sich oft mit Flaschenbier begnügen. Der Ausschank von offenem Fassbier ist nur bei höherem Umsatz lohnend. Er würde im Übrigen dem gewohnten Charakter des Bäckerei- und Konditorei-Cafés widersprechen.

Bier – wie es beurteilt wird

Bier wird aus Malz (= gekeimtes, gedarrtes Getreide), Wasser, Bierhefe und Hopfen gebraut. Sein Gehalt an Alkohol und Kohlensäure entsteht durch Vergären des Malzes. Den herb-bitteren Geschmack erhält das Bier durch den Hopfen. Der Alkoholgehalt liegt je nach Biertyp zwischen 1 und 5 Vol.-% (übliches Vollbier = 3,5 Vol.-%).

Viele übliche Biersorten werden aus Gerstenmalz untergärig gebraut (➟ nebenstehende Übersicht). Wichtige untergärige Biertypen sind das „Export" und das „Pils". Export ist ein helles, vollmundiges, wenig herbes Bier. Pils ist ein helles, herbes Bier, erkennbar an der stabilen Schaumkrone.

Weizenbier ist ein aus Weizenmalz gebrautes obergäriges Bier. Es ist wenig herb und stark kohlensäurehaltig. Einige Weizenbiere werden auch ungefiltert angeboten (naturtrüb).

Alkoholfreiem Bier ist nach dem Brauen der Alkohol entzogen.

Bier – in jedem Fall gekühlt servieren

Bier schmeckt am besten in gekühltem Zustand. Es darf aber nicht unterkühlt sein. Die Temperatur soll 9 °C nicht unterschreiten. Zu kaltes Bier bildet schlecht Schaum. Das Aroma ist beeinträchtigt.

Die Bierflasche wird vor dem Service an der Theke geöffnet. Das Trinkglas muss dem Biertyp entsprechen (➟ Abbildung), auch mit der Kennzeichnung der Biermarke auf dem Glas. Die Trinkgläser müssen sehr sorgfältig gereinigt sein. Schmutzige Gäser sind Ekel erregend. Fettreste oder die Rückstände von Spülmitteln führen zum schnellen Zusammenfallen der Schaumkrone.

Wein: vergorener Traubenmost

In Weinbaugebieten gehören offene Schankweine oder Flaschenweine in einer Mindestauswahl zum Standardangebot eines Sitz-Cafés. In anderen Regionen ist das Weinangebot geringer. Aber in jedem Fall brauchen Sie Grundkenntnisse über Wein für die Beratung der Gäste und für den Wein-Service.

Voraussetzung dafür ist, dass Sie die Weine nach ihren wesentlichen Merkmalen unterscheiden können.

Wie Wein gewonnen wird

Weine werden aus gemaischten Weintrauben oder aus dem Most der Trauben durch Gärung gewonnen. Der Alkoholgehalt liegt bei den meisten Weinen zwischen 9 und 12 %. Geruch, Geschmack und Farbe werden durch die Rebsorte und die Wachstumsbedingungen bestimmt (Lage, Bodenart und Klima).

Rotwein wird aus der Maische roter oder blauer Trauben bereitet. Die Maische enthält noch alle unlöslichen Stoffe der Traube.

Weißwein wird aus dem Most heller Trauben vergoren. Most ist der von der Maische abgepresste Traubensaft.

Rosé-Wein wird aus dem Most roter oder blauer Trauben bereitet. Da der Most frei von den stark farbstoffhaltigen Schalenteilen der dunklen Trauben ist, fällt die rötliche Farbe der Rosé-Weine stark aufgehellt aus.

Das Weinetikett verdeutlicht die Weinmerkmale:
- 1999 = Jahr der Kelterung
- Wachenheim = Gemarkung
- Domblick = Lage
- Kabinett = Prädikat
- Halbtrocken = etwas Restsüße
- Rheinhessen = Anbaugebiet

Wonach Wein beurteilt wird

Weine werden nach *Güteklassen* gehandelt:

- *Tafelweine* unterliegen keiner offiziellen Qualitätsprüfung. Sie sind aus Weinen verschiedener Weinbaugebiete gemischt.
- *Landweine* sind Tafelweine mit gebietstypischem Charakter.
- *Qualitätsweine b. A.* (b. A. = bestimmter Anbaugebiete) sind von der Weinbehörde geprüft und haben auf dem Etikett eine amtliche Prüfnummer. Diese Weine stammen aus nur einem Anbaugebiet. Sie sind ausgewogen in Geruch und Geschmack. Der Alkoholgehalt ist höher als bei Tafelweinen.
- *Qualitätsweine mit Prädikat* stammen aus Trauben mit einem hohen Mostgewicht. Dieses steigt mit dem Zuckergehalt der Trauben. Er wird in Oechsle-Graden gemessen. Weine mit Prädikat haben einen höheren Alkoholgehalt. Auch haben sie oftmals noch viel Restsüße (= unvergorenen Mostzucker).
  Qualitätsweine mit Prädikat enthalten im Vergleich zu Weinen ohne Prädikat *weniger Säure*.

Weinsiegel der DLG für Qualitätsweine
Rot = lieblicher Wein, süßlich
Grün = halbtrockener Wein, schwache Restsüße
Gelb = trockener Wein, ohne Restsüße

Die Prädikate der Qualitätsweine bedeuten:
- *Kabinett* = aus Trauben mit hohem Mostgewicht;
- *Spätlese* = aus vollreifen Trauben mit hohem Mostgewicht, die erst nach der Hauptlese geerntet werden;
- *Auslese* = aus ausgelesenen, vollreifen Trauben mit besonders hohem Mostgewicht.

Die 13 deutschen Weinbaugebiete
- *Ahr*
- *Baden*
- *Franken*
- *Hessische Bergstraße*
- *Mittelrhein*
- *Mosel-Saar-Ruwer*
- *Nahe*
- *Pfalz*
- *Rheingau*
- *Rheinhessen*
- *Saale-Unstrut*
- *Sachsen*
- *Württemberg*

Wenn Gäste Wein bestellen, interessiert sie auch die Rebsorte des Weines. Denn diese gibt dem Wein die Geschmacksrichtung.

Vom Umsatz deutscher Weine sind bedeutsam:
- *weiße Rebsorten* wie Müller-Thurgau, Riesling, Silvaner, Kerner;
- *rote Rebsorten* wie Spätburgunder, blauer Portugieser, Dornfelder.

Trinkglasgarnitur für Rotwein, Weißwein, Sekt und Dessertwein

Wein-Empfehlungen

Das Café mit dem besonderen Angebot an Speisen und Snacks kann sein Image steigern durch Herausstellung passender Getränke zu hochwertigen Speisen und Snacks. Für die Gäste hilfreich ist eine kleine Speisenkarte mit entsprechenden Weinempfehlungen.
Empfehlungs-Beispiele:
- *einen leichten, säuerlichen Wein oder Champagner brut zur Lachsschnitte,*
- *einen trockenen Rotwein zu mit Käse überbackenen Gerichten.*

„... bitte einen Wermut"

Wer einen „Wermut" bestellt, wünscht einen mit Wermutkraut aromatisierten Wein. Bekannte Markenweine dieser Art sind Cinzano oder Martini. Zu den aromatisierten Weinen zählen auch die Kräuterweine.

Restzuckergehalt in Schaumweinen

Kennzeichnung:	Restzuckergehalt je l:
extra brut, extra herb	0 bis 6 g
brut, herb	unter 15 g
sec, trocken, secco	17 bis 35 g
demi-sec, halbtrocken	33 bis 50 g
doux, mild, dolce	über 50 g

Richtiges Öffnen einer Sektflasche

Wein-Service im Café

Erkunden Sie die Wünsche nach einem Wein in folgender Reihung:
- *offener Wein oder Flaschenwein?*
- *Weiß-, Rot- oder Rosé-Wein?*
- *Land bzw. Anbaugebiet (z. B. Spanischer oder Badischer Wein)?*
- *trocken, halbtrocken oder lieblich?*

Bieten Sie dann die entsprechenden Weine mit ihrer Bezeichnung an, die zumeist die Gemarkung und die Lage benennt. Wenn Sie nur zwei oder drei Weine zur Auswahl haben, ist es sinnvoller, diese mit ihren Merkmalen direkt vorzustellen.

Wein – wie er richtig serviert wird

Damit die Duft- und Geschmacksnote eines Weines zur Geltung kommt, muss er mit einer geeigneten Temperatur serviert werden. Weißer Wein wird kühl serviert (etwa 8 °C bis 10 °C). Roter Wein schmeckt am besten mit einer Temperatur von 16 °C bis 18 °C.

- Öffnen Sie die Weinflasche am Büfett oder am Gästetisch.
- Reinigen Sie den Flaschenmund mit einer Serviette.
- Schenken Sie dem Besteller/der Bestellerin zunächst nur eine kleine Probe zum Verkosten ein und bitten Sie um den Befund.
- Füllen Sie die Gläser aller Tischgäste etwas mehr als zur Hälfte.

Dessertweine: die Süd- oder Likörweine

Die „schweren" *Dessertweine* stammen aus südlichen Ländern. Ihre gemeinsamen Merkmale im Vergleich zu anderen Weinen sind
- ihr höherer Alkoholgehalt (15 bis 22 Vol.-%),
- ihr spezifisch feiner Geruch und ihr vollmundiger Geschmack,
- ihre zumeist kräftige Süße.

Die bekanntesten Dessertweine sind Sherry (sowohl süße als auch trockene Sorten), Portwein, Madeira, Malaga und Samos.

Schaumweine: mit Kohlensäure

Aus jung vergorenem Wein und mit einer Zuckerzugabe wird in einer zweiten Gärung *Schaumwein* gewonnen. Die Gärung erfolgt direkt in der Flasche oder im Tank. Kennzeichen von Schaumweinen ist der hohe Kohlensäuregehalt, der beim Öffnen der Flasche hörbar entweicht und das Getränk im Glas zum Moussieren bringt.

Qualitätsschaumweine werden als *Sekt* bezeichnet. Besonders edler Schaumwein ist der *Champagner* aus dem Weinbaugebiet Champagne (in Frankreich).

Sekt – wie die Flasche sicher geöffnet wird

Kleine Flaschen (0,2 und 0,375 l) mit Schraubverschluss lassen sich problemlos öffnen. Schwieriger ist das Öffnen von Flaschen (0,75 l) mit einem Korkverschluss. So ist es fachlich korrekt:

- Nur auf etwa 10 °C gekühlte Flaschen lassen sich öffnen ohne auszuschäumen; die Flaschen dürfen nicht geschüttelt werden.
- Beim Lösen des Drahtbügels ist der Sektkorken mit dem Daumen zu sichern. Als Spritzschutz wird eine Serviette um die Flasche gelegt. Der Flaschenhals darf nicht auf Menschen gerichtet werden.
- Der Korken darf nur vorsichtig gelockert werden. Die Flasche wird erst ganz geöffnet, wenn der Anfangsdruck entwichen ist.

Spirituosen: die Hochprozentigen

In einer Backwaren-Verkaufsstelle mit einem Snack-Café werden die Gäste vergeblich nach einem Branntwein fragen.

Was ist der Grund dafür?

Laden-Cafés verzichten meistens auf dieses Angebot, weil sich der Ausschank kaum lohnt. Dagegen ist in Bäckerei-Konditorei-Sitzcafés der Ausschank üblich und wird hier von den Gästen erwartet.

Spirituosen *sind Branntweine und Liköre. Gemeinsames Merkmal ist der hohe Alkoholgehalt.*

Branntweine: Destillate aus Wein, Obst und Getreide

Die *Branntweine* werden aus vergorenen zuckerhaltigen Lösungen durch Brennen gewonnen. *Brennen (= Destillieren)* ist die Trennung des Alkohols vom Wasseranteil der Gärlösung. Das so gewonnene Destillat enthält als wertbestimmende Anteile den Alkohol und die Geschmacksstoffe aus der Maischen- oder Mostvergärung.

Für das Cafégeschäft sind insbesondere die Weinbrände und die Obstbrände von Bedeutung.

Weinbrand – Branntwein aus Wein

Als *Weinbrand* werden die Branntweine bezeichnet, welche aus Wein destilliert sind. Weinbrände aus Griechenland, Spanien und Italien werden als *Brandy* bezeichnet. Weinbrand und Brandy müssen eine Mindestzeit (6 bzw. 12 Monate) in Eichenholzfässern reifen.

Als besonders edel gelten die französischen Weinbrände *Cognac* und *Armagnac*. Sie werden nach überlieferten Verfahren gebrannt.

Kornbrand – Branntwein aus vergorenem Getreide

Wenn ein „Korn" bestellt wird, dann ist damit ein Branntwein aus dem Destillat vergorener Getreidemaische gemeint.

Korn ist der typische Getreidebrand. Als *Doppelkorn* oder *Kornbrand* wird Korn mit höherem Mindestalkoholgehalt bezeichnet.

Whisky ist ein spezieller Kornbrand. Er muss mindestens drei Jahre in Holzfässern gereift sein. Weit bekannte Sorten sind Scotch-Whisky, Irisch-Whiskey oder Canadian-Whisky.

Wodka und *Aquavit* sind dem Getreidebrand ähnlich. Aquavit ist ein Destillat, das aus vergorenen Maischen unter Einsatz von Kräutern und Kümmel stammt.

Wacholder-Branntweine sind Korn- oder Wacholderdestillate. Weit bekannte Wacholderbrände sind Gin, Genever und Steinhäger.

Obstbrand – Branntwein aus vergorenen Früchten

Bekannte *Obstbrände* sind Kirschwasser, Zwetschgenwasser sowie Birnenbrand, außerdem Obstwasser aus mehreren Obstsorten.

Obstbrände haben einen fruchttypischen Geruch und Geschmack.

Zwetschgenwasser ist beispielsweise ein Destillat aus vergorener Zwetschgenmaische. *Slibowitz* ist ein solches Erzeugnis aus Ländern auf dem Balkan. *Sliwovitz* kommt dagegen aus Südtirol.

Calvados ist ein abgelagerter, französischer Apfelbrand.

Himbeergeist ist ein Beispiel für Obstgeiste, die aus Destillaten von unvergoren in Alkohol eingemaischten Früchten stammen.

Alkoholgehalt von Spirituosen

Sorte:	*Mindestgehalt:*
• Eierlikör	14,0 Vol.-%
• Sonstige Liköre	15,0 Vol.-%
• Obstspirituosen	25,0 Vol.-%
• Kümmel, Aquavit	30,0 Vol.-%
• Weinbrand, Brandy	36,0 Vol.-%
• Korn- und Obstbrand	37,5 Vol.-%
• Whisky	40,0 Vol.-%

Weinbrände werden im Schwenker serviert

Aquavit und Wodka werden eiskalt serviert

Heißgetränke mit Rum und Arrak

Rum ist das Destillat aus vergorener Zuckerrohrmelasse.

Arrak ist das Destillat aus vergorenem Reis, auch aus Zuckerrohrmelasse.

Grog wird aus Rum, Zucker und heißem Wasser bereitet.

Punsch ist ein heißes Mischgetränk aus Weiß- oder Rotwein mit Rum oder Arrak, Zucker, Zitrone und Gewürzen.

Liköre werden ungekühlt serviert

Beim Portionieren ist der Füllstrich zu beachten

Branntwein- und Likörservice

- *Branntweine und Liköre werden im Allgemeinen mit Raumtemperatur serviert.*
- *Branntwein- und Likörgläser werden auf einem Tablett zum Gast transportiert.*
- *Beim Einsetzen dürfen Gläser in keinem Fall am Mundrand angefasst werden.*
- *Branntweine (z. B. Whisky oder Korn) dürfen nur nach Wunsch des Gastes mit Eis im Glas serviert werden.*

Handlungsorientierte Aufgaben

Legen Sie eine Getränke-Datei an.

- *Listen Sie die in Ihrem Geschäft angebotenen Getränke auf.*
- *Ordnen Sie die Getränke nach Aufguss-, Milchmix-, Erfrischungsgetränken, Bier, Wein und Spirituosen.*
- *Ergänzen Sie die Datei für Milchmixgetränke mit Rezeptangaben.*
- *Übernehmen Sie in die Wein-Datei alle für den Service wichtigen Angaben, die auf dem Flaschenetikett verzeichnet sind.*

Liköre: die süßen Spirituosen

Liköre sind für das Bäckerei-Konditorei-Café unverzichtbar. Denn gern wird in der Kaffeerunde zum Abschluss ein Likör getrunken.

Liköre unterscheiden sich von den Bränden:

- *Liköre sind süß durch zugesetzten Zucker.*
- *Liköre sind aromatisch durch zugesetzte Aromen, Gewürze und Geschmacksstoffe.*
- *Liköre haben einen geringeren Alkoholgehalt (➡ Tabelle).*

Liköre sind gesüßte, aromatisierte Zubereitungen mit Alkohol. Üblich ist die Verwendung von Monopolsprit. Die Edelliköre sind aber aus hochwertigen Destillaten (Cognac, Rum oder Whisky) zubereitet, zum Beispiel die Liköre Chartreuse oder Grand Marnier.

Kräuter- und Gewürzliköre – die kräftig Aromatischen

Kräuterliköre sind mit natürlichen Kräuterauszügen aromatisiert. Die meisten Sorten haben einen leichten Bittergeschmack. Bekannte Sorten sind beispielsweise *Chartreuse* oder *Escorial.*

Bitterliköre sind mit Auszügen oder mit dem Sud von bitteren Kräutern und/oder Gewürzen bereitet. Bekannt sind Magenbitter wie *Fernet Branca, Angostura Bitter, Jägermeister.*

Gewürzliköre sind beispielsweise Kümmel- oder Anislikör.

Fruchtsaft- und Fruchtaromaliköre – die Fruchtigen

Fruchtsaftliköre enthalten den Fruchtsaft, nach dem sie benannt sind. Von Bedeutung sind beispielsweise Mandarinenlikör, Cherry Brandy, Orangenlikör, Bananenlikör oder Crème de Cassis (mit Auszügen von schwarzen Johannisbeeren).

Fruchtaromaliköre sind mit Fruchtessenzen aromatisiert (natürliche oder künstliche Aromen). Zu dieser Gruppe von Likören gehören zum Beispiel die Orangenliköre Curacao, Contreau, Grand Marnier sowie der Maraschino.

Emulsionsliköre – mit hohem Zuckeranteil

Emulsionsliköre sind kremige Getränke. Wesentliche Zutaten für die Emulsion sind Eidotter, Milch oder Sahne. Übliche Zusätze für die Aromatisierung sind Kaffee, Kakao oder Schokolade.

Moccacrème ist ein Likör mit Kaffee-Extrakt

Eierlikör ist mit hohem Eidotteranteil, auch mit Honig zubereitet.

Service von Branntweinen und Likören

Branntweine und Liköre dürfen nur mit Volumenangabe (z. B. 2 cl) und in Gläsern mit Füllstrich ausgeschenkt werden.

Weinbrand wird ungekühlt in einem dünnwandigen Schwenkglas serviert. In dem sich nach oben verengenden Glas können sich die flüchtigen Bukettstoffe verdichten und so den Genuss steigern.

Getreidebrände, vor allem Kümmel, Aquavit und Wodka werden eiskalt abgegeben. Whisky wird je nach Sorte im großen Tumbler mit Beigabe von Eiswürfeln oder Tafelwasser serviert (Tumbler = Becherglas mit dickem Boden).

Liköre werden ungekühlt im Likörglas serviert. Nur Gewürzliköre werden dem Gast eisgekühlt gereicht. Kremige Liköre werden in der flachen Likörschale abgegeben.

Regeln für den Getränkeservice

Neben den speziellen Servierregeln für die einzelnen Getränke gibt es einige Grundsätze für den Getränkeservice, die Sie beachten sollten.

Zur Auswahl und Pflege der Trinkgefäße

- Trinkgefäße, die im Gastraum aufbewahrt werden, sind umgestülpt zu lagern (Schutz vor innerer Verstaubung).
- Trinkgefäße müssen unbeschädigt und sauber sein. Beim Einsetzen auf dem Tisch sind diese nochmals daraufhin zu prüfen (z. B.: Ist der Rand glatt? Sind die Gläser fett- und schlierenfrei?). Gläser können dazu am Fuß gehalten und gegen das Licht betrachtet werden. Erforderlichenfalls sind Gläser zu polieren.
- Trinkgefäße sind zum Getränk passend auszuwählen. Dieses ist auf die Art des Getränks hin nötig (z. B. Weißwein- oder Rotweinglas), aber auch zur Getränkemarke (z. B. zur speziellen Biermarke).

Zur Vorbereitung des Getränkeservices

- Trinkgefäße werden grundsätzlich auf einem Tablett getragen und vom Tablett aus eingesetzt. Im à-la-carte-Service dürfen Stielgläser ausnahmsweise mit der Öffnung nach unten zeigend zwischen den Fingern der linken Hand getragen werden.
- Trinkgefäße werden direkt vor dem Gastplatz in angemessenem Abstand zur Tischkante eingesetzt. Für Speisenangebote sind die nötigen Gläser über dem Besteck anzuordnen.
- Für das Servieren von Tafelwasser, Schaumwein und Weißwein in Flaschen werden Flaschenkühler am Tisch der Gäste eingesetzt.

Zur Durchführung des Getränkeservices

- Volle und leere Getränkeflaschen werden beim Service zwischen den Fingern der linken Hand hängend getragen. Flaschen, die nach Volumen und Form genügend standfest sind, können auf dem Tablett getragen werden.
- Beim Servieren und Abräumen werden Stielgläser unten am Stiel, Henkelgläser am Henkel und Bechergläser im unteren Drittel des Glases mit den (fettfreien) Fingern angefasst.
- Die Gläser und Flaschen werden auf Servietten oder Unterdeckeln auf dem Tisch der Gäste abgestellt.
- Die Gläser und Flaschen mit Markenkennzeichnung oder Logo des Cafés werden mit diesen Zeichen zum Gast hin ausgerichtet.
- Das Servieren von Getränken sowie das Abräumen von Flaschen und Gläsern erfolgt von der rechten Seite des Gastes aus.
- Das Füllen und Nachfüllen der Trinkgefäße erfolgt von der rechten Seite des Gastes aus.
- Das Einschenken von Getränken aus Flaschen erfolgt so, dass für den Gast das Etikett der Flasche sichtbar ist. Beim Weinservice ist es üblich, zuvor die Weinflasche mit dem Etikett zum Gast gerichtet zu präsentieren.
- Beim Einschenken soll das Getränk in das Glas fließen, aber nicht geräuschvoll „blubbern". Der Glasrand darf nicht berührt werden.
- Das Nachschenken des Getränks findet unaufgefordert statt, wenn das Glas leer ist, ansonsten nur nach Befragen des Gastes. Leere Gläser werden nur abgeräumt, wenn der Gast eine Neubestellung aufgibt oder zum Verlassen des Cafés aufbricht.

Polieren der Trinkgläser

Für den Getränkeservice übliche Trinkgläser

Für den Getränkeservice übliche Portionskaraffen

Speisenangebot für das einfache Frühstück (kontinentales Frühstück)

- Getränk: Kaffee, Tee, Kakao oder Milch
- Gebäcke: z. B. zwei Brötchen, Brotschnitten
- Aufstriche: Butter und Margarine, Konfitüre, Honig oder anderes.

Angebotsformen für das Frühstück im Café

- Auswahl verzehrsfertiger Frühstücksteile in Teil- oder Selbstbedienung
- Auswahl der Speisenzusammenstellung nach Karte und Bedienung durch Servicepersonal
- Auswahl der Frühstücksspeisen durch die Gäste an einem Frühstücksbüfett

➤ Wägen Sie jeweilige Vor- und Nachteile der obigen Angebotsformen ab.

Tipp

➤ Berücksichtigen Sie bei der Gestaltung von Getränkekarten auch das Angebot von korrespondierenden Gebäcken (wie es auf dem obigen Bild dargestellt ist).

Lernfeldbezogene Aufgaben

1. Situationsaufgabe:

Im Café Ihres Betriebs gibt es für die Gäste verschiedene Frühstücksangebote zur Wahl.

- *Grundlage ist das „einfache Frühstück" (➟ Beispiel in der Randspalte), bei dem die Gäste nur die Art des Getränks wählen, die übrigen Teile des Frühstücks liegen fest.*
- *Bei dem „erweiterten Frühstück" gibt es zusätzliche Getränke und Speisen, zum Teil nach Auswahl durch die Gäste.*
- *Bei dem „internationalen Frühstück" gibt es zusätzlich warme Speisen, im Wesentlichen nach Auswahl durch die Gäste (oder nach Angebot auf dem Büfett).*

➤ Sie sollen einige Komponenten des „einfachen Frühstücks" bestimmen, die vor allem die Kompetenz für das Frühstück im Bäckerei-Konditorei-Café verdeutlichen.
- Welche Brötchensorten sollen angeboten werden?
- Welche Brotsorten sollen aufgeschnitten zur Wahl angeboten werden?
- Mit welchen besonderen Gebäckangeboten können Sie das Frühstücksangebot im Bäckerei-Konditorei-Café von dem anderer Anbieter qualitativ abheben?

➤ Sie sollen Eierspeisen zum „erweiterten Frühstück" bereitstellen.
- Welche Eierspeisen lassen sich für eine gewisse Zeit auf einem Frühstücksbüfett warm bevorraten?
- Welche Eierspeisen sollten nach Wahl des Gastes möglichst frisch zubereitet werden?
- Beschreiben Sie die Herstellung einer warmen Eierspeise für das Frühstücksangebot.

➤ Sie sollen verschiedene kleine Speisen für das „internationale Frühstück" bereitstellen.
- Nennen Sie drei Beispiele für Speisen, die dafür insbesondere geeignet sind.
- Beschreiben Sie die Zusammensetzung und Herstellung einer solchen Frühstücksspeise Ihrer Wahl.

2. Situationsaufgabe:

Ein Gast bestellt bei Ihnen ein Tellergericht aus dem Angebot auf der Speisenkarte.

➤ Beschreiben Sie anhand eines Beispiels wie ein Tellergericht portioniert und serviert wird.

➤ Beschreiben Sie anhand des Beispiels, wie Sie zu dem Gericht passende (korrespondierende) Getränke empfehlen können.

3. Situationsaufgabe:

Für den Cafébetrieb sollen neue, für die Gäste ansprechende Getränkekarten mit dem Angebot an Aufgussgetränken gestaltet werden.

➤ Beschreiben Sie die Zubereitung von vier speziellen Kaffeegetränken und wie Sie diese in der Getränkekarte anbieten.

➤ Beschreiben Sie die Zubereitung von zwei speziellen Teegetränken und ihre attraktive Ausweisung in der Getränkekarte.

➤ Stellen Sie dar, wie die Getränkekarte gestaltet wird; beachten Sie dabei die rechtlichen Vorschriften.

UMSATZ UND KUNDENBINDUNG DURCH VERKAUFSAKTIONEN

Dieses Lernfeld ist Teil der Ausbildung im dritten Ausbildungsjahr.

Leitfragen in diesem Lernfeld sind:

Mit welchen Analysen des Marketings kann eine Verkaufsaktion gezielt vorbereitet werden?

Wie kann eine Aktionswoche als Teil des Bäckerei-Konditorei-Marketings zur Profilbildung des Betriebs beitragen?

Welche Anlässe und Themen für eine Aktionswoche sind für den jeweiligen Betriebstyp passend?

Welche Erwartungen haben Kunden einer Bäckerei-Konditorei, die eine Verkaufsaktion durchführt?

Wie wird eine Verkaufsaktion zeitlich und inhaltlich von dem Team in einer Bäckerei-Konditorei geplant?

Mit welchen Materialien, Produkten und Hilfsmitteln kann eine Verkaufsaktion gestaltet werden und wie sind diese zu beschaffen?

Mit welchen Partnern im Umfeld der Bäckerei/Konditorei kann eine Aktionswoche gemeinsam gestaltet werden?

Wie kann in der Öffentlichkeit für eine Verkaufsaktion geworben werden?

Wie ist der Ablauf einer Aktionswoche vom Bäckerei-Konditorei-Team zu beobachten und deren Erfolg zu bewerten?

Dieses und noch weitere Aspekte zu einer Verkaufsaktion sind Gegenstand des letzten Buchkapitels.

Informationen über das Sortiment und die Wertschätzung der Produkte durch die Kunden werden von den Verkaufsfachkräften an die Betriebsleitung weitergegeben

Anforderungen der Sortimentspolitik an den Fachverkauf

Für die Berücksichtigung des Kundennutzens der Produkte im Fachverkauf der Bäckerei und Konditorei sind folgende Anforderungen zu erfüllen:

- ***Produktkenntnisse*** *(Zutaten, Herstellung)*
- ***Anwendungskenntnisse*** *(Eignung, Aufbewahrung, Zubereitung)*
- ***Marktkenntnisse*** *(Service, Ambiente)*

Worterklärungen

Sortiment: *die Gesamtheit aller in einem Geschäft angebotenen Waren und Leistungen*

Sortimentsbreite: *die Anzahl der in einem Geschäft geführten Warengruppen*

Sortimentstiefe: *die Sorten- und Artikelvielfalt innerhalb einer Warengruppe*

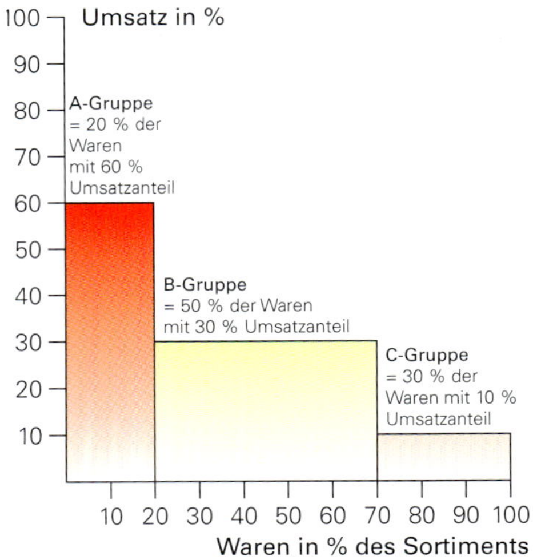

ABC-Analyse für das Warensortiment

Maßnahmen der Sortimentspolitik

Jede Bäckerei/Konditorei nutzt das Instrument der *Produktpolitik*. Sie ist der Kern der gewerblichen Tätigkeit. Die Produktpolitik muss die wirtschaftliche Existenz des Betriebs sichern. Das Sortiment und seine Gestaltung bestimmen im Wesentlichen auch den Typ des Betriebs.

Für die kundengerechte Sortimentsgestaltung werden verschiedene Maßnahmen ergriffen. Dabei geht es schwerpunktmäßig um solche Maßnahmen und Handlungen, die Sie im Fachverkauf vollziehen.

Sortimente und Produkte

Das Sortiment ist die „Familie der Produkte". Aus Marketingsicht haben alle Produkte im Sortiment für die Verbraucher nur dann Bedeutung, wenn sie ihnen nützen.

Welcher Aspekt des Kundennutzens jeweils für einen Kauf besonders ausschlaggebend ist, hängt von der Marktsituation, der Funktion der Ware und auch von der Persönlichkeit des Kunden ab. Für die Produkte und Leistungen der Bäckerei/Konditorei ergeben sich in dieser Hinsicht ganz verschiedene Situationen:

- Beim Kauf von Brot für die Familie werden von den Kunden die Brotqualität und der Preis als wichtig eingeschätzt.
- Bei der Lieferung von Torten frei Haus für eine Familienfeier wird der Service besonders hoch eingeschätzt.
- Beim Verzehr in einem gemütlichen Café werden vor allem das Ambiente und der Service geschätzt.

Für Sie als Fachverkäufer/Fachverkäuferin ist es wichtig, den jeweils im Vordergrund stehenden *Kundennutzen* zu beachten. Für den Betrieb ist das eine Grundlage des Erfolgs.

Sortimentsgestaltung aus betrieblicher Sicht

Für Anbieter von Back- und Süßwaren ist die Vielfalt der Produkte problematisch (sowohl in Breite als auch in Tiefe des Sortiments). Die meisten Erzeugnisse werden von den Kunden in optimaler Frische erwartet. Das erfordert Produktion in verkaufsnaher Zeit. Auch sind Fehlen oder Retouren von bestimmten Produkten ein Problem.

Welche organisatorischen Hilfen gibt es hier?

- Im Verkauf selbst sind Maßnahmen zur stetigen Versorgung mit frischen Waren zu ergreifen (Nachlieferung an Filialen, Backen im Laden); oder beim Fehlen von gewünschten Produkten kann mit einer Ersatzempfehlung reagiert werden.
- In der Produktionsplanung können Maßnahmen zur Kontrolle und Optimierung des Sortiments ergriffen werden (EDV-Statistik der Produkte, Filialkontrolle, Sortimentsprofil).

Das *Sortimentsprofil* kann Auskunft über den Mengenbedarf einzelner Waren, die Wirtschaftlichkeit und die Wertschätzung der Angebote bei den Kunden geben. Die ABC-Analyse ist dabei ein Hilfsmittel. Das Sortiment wird da in drei Warengruppen mit ihrem jeweiligen Anteil am Gesamtumsatz aufgeteilt und beurteilt. Bei den Waren des C-Bereichs (➡ Grafik) sind Reaktionen des Betriebs nötig. Diese dürfen aber nicht nur nach betriebswirtschaftlicher Sicht erfolgen. Oftmals sind nämlich Produkte dieses für den Betrieb unattraktiven Bereichs gerade bei Kunden entscheidend dafür, dass sie im Fachgeschäft einkaufen.

Produkte: marketing-orientiert angeboten

„Alles verliert mal seinen Reiz." Diese Aussage gilt auch für das Produkt-Marketing. Was ist da möglich?

Alte und neue Produkte (Produktinnovationen)

Produkte verschleißen sich mit der Zeit. Was „in" ist, das ist bald „out". Auch bei Back- und Süßwaren erwarten die Kunden die Abwechslung. Finden sie diese nicht in ihrem Stammgeschäft, so suchen sie dafür auch andere Einkaufsstätten auf.

Ein veraltetes Produkt ist einfach zu erkennen: Es erreicht nicht mehr die zuvor erzielten Absatzmengen. Es muss darum aus dem Sortiment genommen werden. Ob es ersatzlos aus dem Angebot gestrichen wird oder durch eine ähnliche Ware ersetzt wird, ist von Fall zu Fall neu zu entscheiden. Hierzu können die Verkaufskräfte durch Beobachtungen bei den Kundenwünschen wichtige Tipps geben.

Neue Produkte (Produktinnovationen) müssen sich wesentlich in ihren Merkmalen von den abzulösenden unterscheiden (➡ Fallbeispiele). Zu ihrer Einführung wird der Verkaufsbereich entsprechend vorbereitet.

Produktvarianten oder Produktveredelungen

Bei dieser Marketing-Fragestellung kommt es auf den Unterschied an: Die *Variation eines Produkts* belässt es in seinen wesentlichen Merkmalen. Sie verändert nur ein wenig durch Hinzufügen oder durch Weglassen. Typisch hierfür sind Rezeptabwandlungen (wie Mürbeteig mit Kakaozusatz oder mit speziellen Gewürzen). Es ist unbestritten, dass eine Variation von Back- und Süßwaren ihrem Verkauf dient. Stärkere Impulse bringt aber die Veredelung.

Produktveredelung schafft eine neue Stufe der Angebots-Qualität. Hier wird ein anderes Endprodukt erzeugt. Die Veredelung bringt eine *Wertschöpfung*. Das heißt: Durch Einsatz von Rohstoffen und Arbeit wird eine wertvollere neue Ware geschaffen (z. B. Brötchen werden durch Belegen mit Wurst, Käse und Salat zu einem Snack verändert). Es geht dabei jedoch nicht nur um die Erzielung eines höheren Preises. Durch Produktveredelung kann ein verändertes Angebot entstehen. Beispielsweise wird ein komplettes Frühstück anstelle von simplen Brötchen verkauft. Produktveredelung lockt somit neue Kunden an.

Produkte und Dienstleistungen

Die heute auf dem Markt befindlichen Produkte sind in Qualität und Preis dicht beieinander. Für die Entscheidung zum Kauf eines Produkts werden darum oft andere Kriterien als Preis und Qualität entscheidend, zum Beispiel der Zusatznutzen einer Dienstleistung.

Bäckereien und Konditoreien zeichnen sich schon immer durch ihren Service aus (z. B. Bedienung im Café, Lieferung von Waren frei Haus). Um im heutigen Markt neues Profil zu gewinnen, werden zum Teil „alte Dienstleistungen" wieder aktiviert oder neue entwickelt. So ist zum Beispiel die Lieferung von Frühstücksbrötchen an Haushalte wieder üblich. Als neue Dienstleistung wird die Ausrichtung von Familien- und Betriebsfeiern angeboten (z. B. Kaffeetafeln, Party-Service). Dabei wird zur Komplettierung der Angebote auch die Kooperation mit der Gastronomie oder Fleischereibetrieben gepflegt. Der Verkauf dieser Leistungen erfolgt zumeist auf Bestellung. Die Erfüllung liegt oft außerhalb der üblichen Geschäftszeit.
Zur Ermittlung solcher Marktchancen nutzt man *Marktanalysen*.

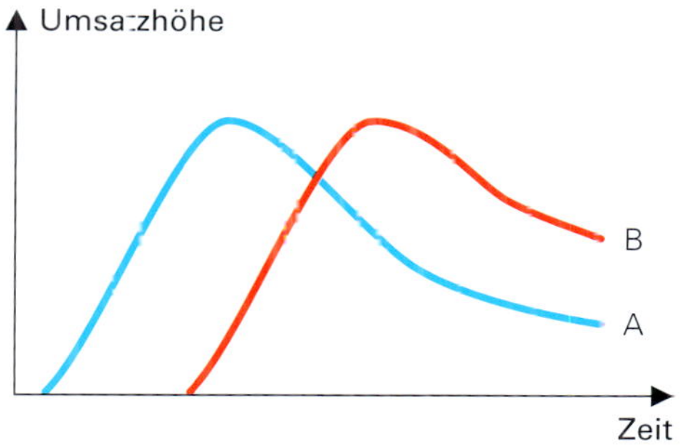

„Lebenskurve" von Produkten: Beim Abfallen der Umsätze der Ware A muss ein Ersatzartikel auf den Markt gebracht werden (Kurve B)

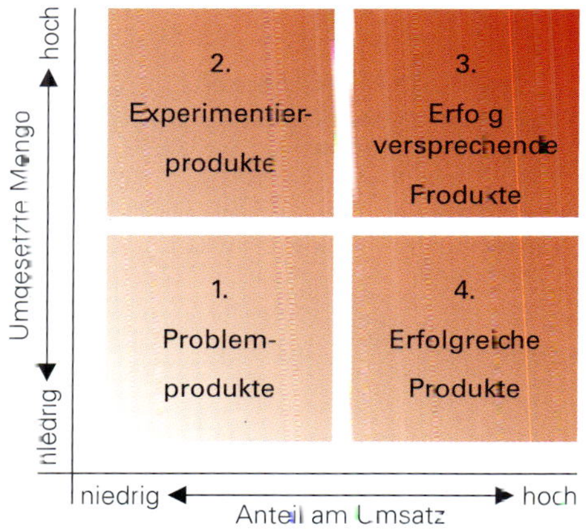

Mit Hilfe der obigen Produktmatrix können die Produkte geordnet und beurteilt werden (nach dem Umsatz und nach der eingeschätzten Entwicklung in der Zukunft

Fallbeispiele
zu Produktinnovationen im Eigensortiment

Ein Konditor hat sich auf Diätprodukte für Diabetiker spezialisiert. Er bietet diese auch an Kollegenbetriebe zum Zukauf an.

Eine Konditorei bietet in ihrer Verkaufsstelle selbst hergestellte feine Konfitüren und Geleefrüchte an.

Eine Bäckerei bietet im eigenen Geschäft selbst hergestellte Teigwaren an.

➤ *Führen Sie weitere Beispiele für solche Profilierungen im Eigensortiment auf.*

Fallbeispiele
zu Produktveredelungen im Aktionssortiment

Eine Konditorei bietet in ihrem Café jeweils an einem bestimmten Wochentag frische Waffeln mit Kirschen und Sahne an.

Eine Bäckerei bietet zur Mittagszeit täglich wechselnd diverse ofenfrische Pizzen an.

➤ *Welche vergleichbaren Aktionen führen Sie in Ihrem Betrieb durch?*

Der Brot- und Brötchenverbrauch
(Marktsegmente in kg pro Kopf)

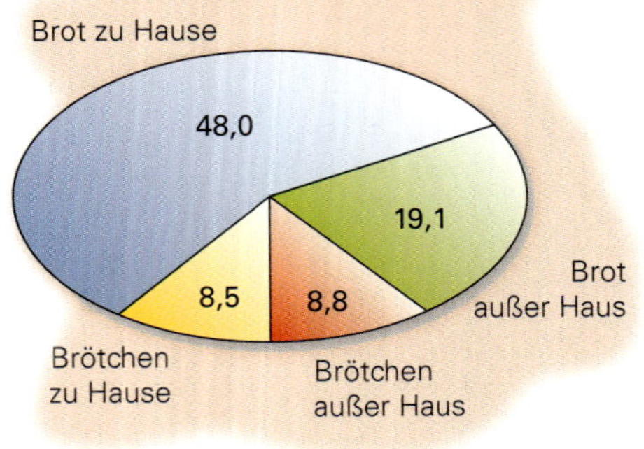

Der Außer-Haus-Verzehr
Anteil an „Anzahl Verzehrsfälle insgesamt" nach Anbietern

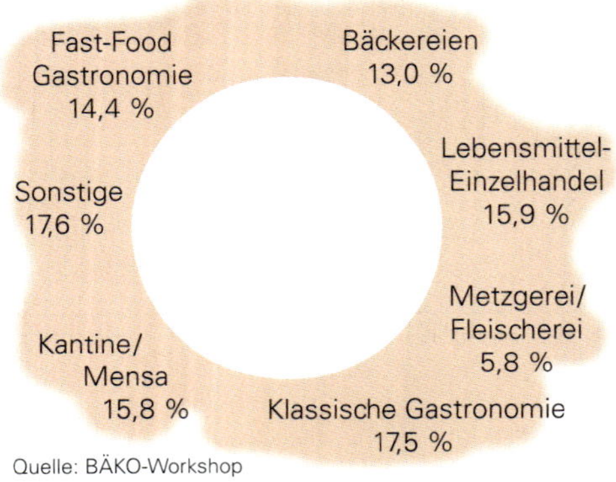

Quelle: BÄKO-Workshop

Der Außer-Haus-Verzehr
Aufteilung der Verzehrsfälle nach Geschlecht

	männlich	weiblich
Bäckerei	39,6 %	60,4 %
Lebensmittel-Einzelhandel	50,9 %	49,1 %
Kantine/Mensa	62,4 %	37,6 %
Metzgerei/Fleischerei	57,7 %	42,3 %
Klassische Gastronomie	51,7 %	48,3 %
Fast-Food Gastronomie	53,6 %	46,4 %

Quelle: BÄKO-Workshop

Anregung für weitere Arbeiten

Sammeln Sie aus den Ihnen zugänglichen Quellen (Zeitschriften, Fachberichte) die Informationen, Grafiken und Statistiken, die für Planungen des betrieblichen Marketings wichtig sein können.
Aktualisieren Sie diese Sammlung laufend.

Informationen und Analysen für Marketing

Wer Produktmarketing betreiben will, der muss ein „offenes Ohr" haben für viele Informationen. Diese erhält man durch Presseberichte und Veröffentlichungen der Berufsorganisationen, der Zulieferbetriebe oder spezieller Marktforschungsinstitute. Solche allgemeingültigen Informationen sind auf ihre Bedeutung für das eigene Marketing hin zu beurteilen; ihre Wichtigkeit für die eigene Situation ist zu prüfen.

Fremdinformationen: was man übernehmen kann

Für das betriebliche Marketing ist das Wissen über Entwicklungen in der Gesellschaft wichtig. Beispiele für solche Informationen sind:
- steigender Anteil älterer Menschen in der Gesamtbevölkerung,
- steigender Anteil von Single-Haushalten in der Gesellschaft,
- zunehmende Bedeutung des Außer-Haus-Verzehrs.

Neben solchen allgemeinen Informationen können statistische Daten von Interesse sein.
Für das Backgewerbe sind beispielsweise wichtig:
- Daten über den Brot- und Brötchenkonsum,
- Daten über den Anteil des Haushaltsgelds für Ernährung,
- Daten über das Einkaufsverhalten in Bäckereien/Konditoreien.

Wichtig ist bei allen diesen Informationen, dass sie stets aktualisiert werden. Die menschliche Gesellschaft ist nicht statisch. Alles verändert sich. Alles ist im Fließen.

Analysen: was man selbst machen kann

Daten für die spezielle betriebliche Situation sind abrufbar (z. B. aus offen zugänglichen Dateien), außerdem sind sie direkt zu erheben.

Solche Erhebungen an Ort und Stelle des Betriebs sind insbesondere die *Standortanalyse*, die *Konkurrenzanalyse* sowie die *Marktanalyse*. Die Ziele und Vorgehensweisen bei diesen Analysen können Sie auf der Seite 85 nachlesen.

Wünsche der Verbraucher beachten

Backbetriebe, die ihr Angebot auf die Wünsche und Bedürfnisse der Menschen in ihrem Einzugsgebiet abstimmen, sind erfolgreich und verkaufen mehr Waren.

Beispielsweise kann für Verkaufsstellen der Bäckerei/Konditorei
- in einer Gegend mit vielen jungen Familien ein speziell für die kleinen Kinder interessantes Angebot gestaltet werden;
- in einer Gegend mit hohem Anteil an Seniorenhaushalten ein auf Serviceleistungen ausgerichtetes Angebot erfolgen;
- in einer Gegend mit überwiegend niedriger Kaufkraft der Kunden nur ein Sortiment ohne Hochpreispolitik angeboten werden;
- in einer Gegend mit starkem Wettbewerb durch Konkurrenten eine andauernde Werbung durch Verkaufsaktionen wichtig sein, um damit die Kundentreue für das Geschäft zu sichern.

Hauptsächliches Ziel der Marketing-Analysen muss es also sein, das *Verbraucherverhalten* sowie die konkreten *Verbraucherwünsche* an den Backbetrieb zu erkunden.

Zur Ermittlung der konkreten Kundenwünsche sind neben Analysen und Beobachtungen des Verkaufspersonals auch Kundenbefragungen hilfreich. Dazu finden Sie Arbeitsunterlagen auf der CD-ROM.

Projekt: Befragungen für Marketing-Zwecke

Das Projekt umfasst die Planung, Ausführung und Erfolgsauswertung von Befragungen für die Gewinnung von Marketing-Daten. Schwerpunkt ist die Erstellung der Befragungsunterlagen, ggf. deren Anwendung in der Praxis mit Auswertung der Ergebnisse.

Als Themen kommen unterschiedliche Befragungsfälle in Betracht:
- *Meldungen des Verkaufs an die Produktion über Kundenwünsche,*
- *Befragungen von Passanten im Einzugsbereich der Verkaufsstelle,*
- *Befragungen von Kunden über ihre Wünsche an das Sortiment.*

Die folgenden Aufforderungen sind lediglich Anregung oder Leitlinie für die Umsetzung des Projekts.

Entwicklung des Projekts

- Wählen Sie für Ihre Gruppe das Vorhaben der Befragung und den Themenumfang Ihrer Fragen aus.
- Stimmen Sie sich mit der Betriebsleitung einer Verkaufsstelle ab, in der Sie die Befragung/Rückmeldung praktisch durchführen können. Alle Arbeiten sind auf diese Abstimmung hin auszurichten.
- Entwickeln Sie ein Konzept für die Durchführung der Befragung bzw. betriebsinternen Rückmeldung an die Produktion.
  - Bestimmen Sie den zeitlichen Ablauf.
  - Bestimmen Sie, wie viele Personen zur optimalen Durchführung der Befragung erforderlich sind.
  - Bestimmen Sie die Örtlichkeit der Befragung und registrieren Sie die technischen Bedingungen, zum Beispiel:
    - *Passantenbefragung auf dem Gehsteig vor dem Geschäft,
    - *Kundenbefragung anlässlich einer Aktion in der Verkaufsstelle,
    - *Rückmeldung mit Protokollbogen an die Produktion.
- Formulieren Sie die Texte der Befragung/Rückmeldung.
  - Beachten Sie die nebenstehenden Hinweise und Tipps.
  - Vervielfältigen Sie die Befragungs- und Auswertungsbogen in der benötigten Anzahl.
  - Sorgen Sie dafür, dass alle Unterlagen für die Durchführung der Befragung rechtzeitig zur Verfügung stehen.
- Erstellen Sie auch Auswertungsbogen für das Zusammenfassen und Dokumentieren der Antworten.

Durchführung der Befragung

- Stimmen Sie sich mit dem Betrieb rechtzeitig vor der geplanten Durchführung über den Termin und Umfang der Aktion ab. Legen Sie dabei auch die von Ihrer Gruppe erstellten Unterlagen zur Einsichtnahme vor.
- Führen Sie die Befragung durch.
  - Beachten Sie dabei die Vorschriften der Unfallverhütung.
  - Beachten Sie, dass sich Passanten und Kunden freiwillig äußern.
  - Sichern Sie die Anonymität der Befragten (wenn gewünscht).
- Sammeln Sie die Rückmeldebogen für die Auswertung.

Auswertung des Projekts

- Werten Sie die Antworten aus. Fassen Sie diese zu wesentlichen Aussagen zusammen.
  - Welches Interesse fanden Sie bei Passanten und Käufern?
  - Welche Rücklaufquote haben Sie erreicht?
- Bewerten Sie den Erfolg Ihrer Arbeit in der Gruppe.

Befragung oder Rückmeldung

Manche Betriebe wollen die Kunden nach ihren Kaufwünschen oder nach ihrer Meinung über die Qualität der Produkte und Dienstleistungen nicht befragen. Sie lehnen das ab wegen der damit verbundenen Arbeit. Auch wird vermutet, dass solche Befragungen nicht ehrlich beantwortet werden und darum wenig beweisen.

Andererseits sagt eine Statistik über verkaufte Warenmengen nichts aus über Wünsche der Kunden, die nicht erfüllt werden. Berichte des Verkaufspersonals über reklamierte Mängel bei Waren oder über gewünschte Waren können hier abhelfen. Organisatorisch kann das über Rückmeldebogen des Verkaufsbereichs an die Produktion erfolgen. Diese müssen so aufgebaut sein, dass daraus Schlüsse für das betriebliche Marketing möglich sind.

Hinweise zu Kundenbefragungen

- *Kündigen Sie die Befragung in der Verkaufsstelle und in ihrem Umfeld etwa zwei Wochen vorher an.*
- *Verbinden Sie die Befragung mit attraktiven Aktionen (z. B. Probieraktion).*
- *Geben Sie Nichtkunden aus dem Umfeld Möglichkeiten zur Beteiligung.*
- *Sehen Sie vor, dass die Anonymität der Kunden gewährleistet werden kann.*
- *Erstellen Sie einen leicht verständlichen Fragebogen (kurz, keine schwierigen Fach- und Fremdwörter).*
- *Beschränken Sie den Katalog der zu bewertenden Gebäcke und Leistungen, damit er in kurzer Zeit zu bearbeiten ist.*
- *Schaffen Sie Anreize zur Sicherung einer hohen Rücklaufquote (z. B. Verlosung von Preisen unter den Teilnehmenden).*

Tipps für den Bewertungsbogen

- *Beschränken Sie die Schreibarbeit für die Teilnehmenden (z. B. durch mögliches Ankreuzen von Vorgaben).*
- *Gliedern Sie die zu bewertenden Produkte auf nach Merkmalen (z. B. Geschmack, Größe, Preisangemessenheit).*
- *Geben Sie eine Mängelliste vor für die zu bewertenden Leistungen des Betriebs (z. B. in mehreren Abstufungen für Zufriedenheit und für Unzufriedenheit).*
- *Verwenden Sie für die Bewertung der Produkte und Leistungen ein Punktesystem (z. B. das System für Qualitätsbeurteilungen von der DLG).*

Verkaufsaktionen planen

Situationsbeschreibung:

„Klappern gehört zum Handwerk." Diesem weitbekannten Spruch soll auch in Ihrem Betrieb gefolgt werden. Dazu soll eine Verkaufsaktion durchgeführt werden. Ziel dieser Aktion soll es insbesondere sein, den Umsatz von bestimmten Waren zu steigern und die Kundentreue insgesamt zu fördern.

Doch wie ist es möglich, die Erwartungen der Kunden zu treffen und ein öffentliches Interesse für eine Aktion des Betriebs zu finden?

➤ *Sie sollen dazu Vorschläge entwickeln und anhand der Zielsetzung bewerten.*

Aktionen der Bäckerei und Konditorei

Aktionswochen einer Bäckerei sind je nach Zielsetzung unterschiedlich. Die wichtigsten Möglichkeiten sind
- produktbezogene Aktionen,
- preisbezogene Aktionen,
- indirekt verkaufsfördernde Aktionen,
- verbundene, komplexe Aktionen.

Mit den beiden erstgenannten Aktionsarten können vorrangig die Ziele der *Verkaufsförderung* erreicht werden. Die anderen Aktionsarten sind schwerpunktmäßig der *Imagebildung* dienlich.

Aktionen zur Verkaufsförderung

Wirksame Verkaufsförderung der Bäckerei/Konditorei besteht darin,
- Kunden die Gebäckherstellung im Laden miterleben zu lassen *und*
- ihnen von den Produkten frische Kostproben anzubieten.

Schaubacken in jeder Form ist für die Kundschaft anregend durch das Miterleben der Produktion. Appetitliche, frische Backwaren und deren Duft sind einfach verführerisch. Hier sind dann nicht viele Worte nötig. Die Kunden wollen probieren, sie wollen genießen.

Probieraktionen können auch unabhängig oder in Verbindung mit dem Schaubacken erfolgen. Als Kostproben werden kleine Stückchen der Produkte ausgegeben. Dazu wird Kaffee oder Tee gereicht. Die Aktion kann an gesonderten Aktionsplätzen oder integriert in den normalen Verkaufsablauf erfolgen.

Auch wenn eine Aktion vor allem der Imagebildung dient, sollten die vorgenannten Aktionen eingeplant werden, weil sie bei der Kundschaft einfach Interesse finden und sie positiv beeinflussen können.

Aktionen zur Imagebildung

Jede Bäckerei/Konditorei hat ein äußeres Erscheinungsbild, das die öffentliche Meinung über den Betrieb prägt. Am Bekanntheitsgrad ist ablesbar, wie ein Betrieb in seinem Umfeld wahrgenommen wird. Für den Bekanntheitsgrad und für das Image sind die Produktqualität sowie die Verkaufs- und Serviceleistungen grundlegend. Aber selbst ein gutes Image muss gepflegt werden.

Dafür sind Aktionswochen geeignet, in denen beispielsweise
- Erwartungen der Kunden an „ihre Bäckerei" erfüllt werden,
- Interessen der Öffentlichkeit berücksichtigt werden,
- Themen mit aktuellem Bezug aufgegriffen werden,
- Verknüpfungen des Betriebs mit seinem Umfeld genutzt werden.

Sachverweise

- *Grundsätzliche Ausführungen über die **Planung und Durchführung von Aktionen** im Rahmen des Marketings finden Sie auf den Seiten 88 bis 91.*
- *Wie eine **Aktion zur Einführung eines neuen Produkts** ablaufen kann, ist auf den Seiten 102 und 103 dargestellt.*

Teamarbeit zur Aktionsplanung

Die Planung und Durchführung einer Verkaufsaktion kann von der Geschäftsleitung der Bäckerei/Konditorei vorgegeben werden. Für den Erfolg der Aktion ist es aber entscheidend, wie das Team der Mitarbeiterschaft daran beteiligt ist, so dass es die Aktion überzeugend mitträgt und durchführt.

Im Planungsteam sollen Mitarbeiter aus allen Bereichen des Betriebs vertreten sein. Denn beispielsweise die Mitarbeiter der Produktion können am besten einbringen, was von ihnen geleistet werden kann und was nicht. Auch wird durch breite Beteiligung der Mitarbeiterschaft die Kreativität der Einzelnen bei Vorschlägen von Aktionsmaßnahmen besser genutzt als bei Stabsplanung.

Bei Teamarbeit darf andererseits nicht die Zuständigkeit und Verantwortung bestimmter Personen vernachlässigt werden. Sie sind jeweilige Ansprechpartner und Koordinatoren bei der Erledigung von Arbeiten, bei Problemen sowie bei der Erfolgskontrolle.

Imagewerbung des Bäckerhandwerks

Die Berufsorganisationen betreiben Imagewerbung für das gesamte Bäckerhandwerk. Ein Beispiel für die Thematik einer Imagekampagne des Zentralverbands ist in der folgenden Abbildung zu sehen.

Wie eine Aktionswoche terminlich geplant wird

Welcher Termin im *Jahresplan* für die Aktionswoche günstig ist, wird unter verschiedenen Aspekten beurteilt.

Dafür sind beispielsweise folgende Fragen zu klären:

- Sind bestimmte *Saisonzeiten* für die Aktion wichtig?
- Welche *Ferienzeiten* sind für die Aktion zu beachten?
- Gibt es *Ereignisse* mit großem öffentlichen Interesse?

Saisonzeiten sind beispielsweise wichtig, wenn die Aktionen sich auf jahreszeitliche Aspekte beziehen (Frühjahrs- oder Herbstthemen) oder nur jahreszeitlich vorhandene frische Rohstoffe benötigt werden.

Ferien- und Reisezeiten sind ungünstig für eine Aktionswoche, weil in diesen Zeiten nur eine begrenzte Zahl der Kunden erreicht wird.

Bekannte Ereignisse von öffentlichem Interesse können als Thema der Aktion genutzt werden (z. B. Olympiade, Weltmeisterschaft). Jedoch werden diese Themen so verbreitet in allen Branchen werblich genutzt, dass auch eine bewusste Vermeidung als Aktionsthema günstig sein kann. Das Auslassen dieser Aktualität zugunsten eines Themas, das die „Nicht-Sportbegeisterten" anspricht, muss allerdings gut vorbereitet und den Kunden erklärlich gemacht werden.

Wie eine Aktionswoche thematisiert wird

Das *betriebsbezogene Ziel* einer Aktionswoche ist wichtig für Planung, Durchführung und Erfolgskontrolle der Aktion. Für die Öffentlichkeit ist dieses nicht bestimmt. Dafür ist vielmehr ein Thema zu finden, das auf *öffentliches Interesse* stößt und eine *kundenorientierte Sicht* hat.

Dabei kann zum Beispiel die Beantwortung folgender Fragen helfen:

- Ist das Thema durch jahreszeitliche Ereignisse vorgegeben?
  (z. B. eine *bayerische Woche* zur Zeit des Oktoberfestes)
- Soll mit Aktionswochen der Bäckerei und Konditorei auf lange Dauer ein mildtätiger Zweck verfolgt werden?
  (z. B. eine *Aktionswoche zur dauernden Unterstützung* eines Vereins oder einer Institution mit sozialer Zielsetzung - wie Krebshilfe)
- Kann mit einer Aktion ein örtliches Anliegen unterstützt werden?
  (z. B. eine *Aktionswoche für den Bau einer Jugendstätte*)
- Haben politische oder kirchliche Gemeinden wichtige Patenschaften zu Orten in anderen Ländern oder sozialen Einrichtungen?
  (z. B. eine *Woche zur Städtepartnerschaft* oder eine *Aktionswoche zugunsten notleidender Kinder* in einem Entwicklungsland)

Das *Thema einer Aktionswoche* sollte ähnlich wie ein Werbespruch kurz und einprägsam sein. Dabei muss nicht herausgestellt werden, dass es sich um eine „Aktionswoche" handelt. Ein gutes *Themenbeispiel* für Aktionen mit sozialer Zielsetzung ist die kirchliche Aktion „Brot für die Welt", an der sich auch das Bäckerhandwerk beteiligt. Ein Thema, das sich an die Kundeninteressen wendet, lautet zum Beispiel unter Bezug auf die Lebensmittelsicherheit: „Ursprüngliche Regionalerzeugnisse."

Das *Thema einer Aktionswoche* kann auch zusammen mit weiteren Partnern gefunden und ausgestaltet werden. Für gesundheitsorientierte Aktionen kann beispielsweise eine Krankenkasse einbezogen werden, für Aktionen mit regionalen Produkten die Landwirte, Brauer, Winzer oder Metzger im Umfeld der Bäckerei/Konditorei. Auf jeden Fall sollten regional wichtige Medien beteiligt werden (Presse, Regionalfunk).

Zeitplanung für eine Aktionswoche

- *Die Aktionswoche ist in den Marketing-Jahresplan des Geschäfts einzuplanen. Dabei sind Überschneidungen mit wesentlichen Ereignissen auszuschließen.*
- *Die Aktionswoche ist zeitlich weit voraus zu planen mit konkreten Vorbereitungsschritten (➞ Beispiel auf der CD-ROM).*
- *Die Aktionswoche ist im Zeit- und Ablaufprogramm durchzuführen, auch die Auswertung im Team ist zu terminieren.*

Checkliste zur Aktionsplanung

Aktionen der Bäckerei/Konditorei sollen in der Öffentlichkeit auf Interesse stoßen. Wichtig ist es daher, bei der Planung die Innensicht des Betriebs zu verlassen und aus Kundensicht zu erfassen, was Kunden wichtig sein könnte. Dabei hilft eine Checkliste.

Mit einer Checkliste zur Aktionsplanung können jährlich wichtige Ereignisse erfasst und auf ihre mögliche Bedeutung für eine Aktionswoche abgeprüft werden.

Beispiele für Punkte der Checkliste:

- ☐ *Stadtteilfest des Nordviertels am ...*
- ☐ *Einschulungstermin der Grundschule*
- ☐ *Sommerfest des Kindergartens am ...*
- ☐ *Kirchweih am ...*
- ☐ *Besuch aus der Partnerstadt ...*
- ☐ *Jubiläumswoche der ...*
- ☐ *Weihnachtskunstmarkt in ...*

➤ *Erstellen Sie eine geeignete Checkliste.*

Themen zur Aktionsplanung

Bei der Planung einer Aktionswoche müssen Thema und Inhalte abgestimmt werden, wenn der Betrieb eine Aktion mit weiteren Partnern zusammen durchführt. Wenn zum Beispiel eine „gesundheitsbezogene Aktion" mit einer Krankenkasse als Partner geplant ist, kann von dieser der Gesundheitsaspekt vertreten werden, vom Backbetrieb dazu ergänzend die Informationen und Produkte für eine wünschenswerte Ernährung.

Im Zusammenhang mit dem Thema ist zu klären, welche Maßnahmen während der Aktionswoche im Einzelnen stattfinden. Das können beispielsweise sein: Backtermin für Kinder, Schaubacken mit Lehrlingen aus der Partnerstadt, Vortrag über Ernährungsfragen, Musikdarbietung, Preisausschreiben, Wettbewerb, Lesung oder Kunstausstellung.

Solche Maßnahmen müssen thematisch zur Aktionswoche passen. Sie sind rechtzeitig durch Presse, Rundfunk, Plakate, Handzettel oder persönliche Einladung bekanntzugeben.

Aktion bei einem „Hessenbäcker"

Darstellung einer Erzeugergemeinschaft

Hinweise

- *Über die **Marke „Hessenbäcker"** finden Sie weitere Informationen auf der CD-ROM.*
- *Ein Beispiel für ein regionaltypisches Gebäck nach überlieferter Rezeptur und Rohstoffen aus **regionaler Erzeugergemeinschaft** ist auf der CD-ROM dargestellt.*

Auf den Betriebstyp bezogene Verkaufsaktionen

Wir leben in einer Zeit der Informations- und Reizüberflutung. Da ist es für Bäckereien und Konditoreien wichtig, bei den Kunden überhaupt Aufmerksamkeit für eine Aktion zu erregen.

Ein Rezept dafür lautet: „Verblüffen Sie die Kunden mit neuen Ideen."

Ein Bäcker in Belgien befolgt diese Regel durchgehend. Er firmiert mit seiner Geschäftsidee als (ins Deutsche übersetzt) „Verrückter Bäcker". Damit ist er überregional bekannt. Viele Kunden kommen zu ihm und kaufen oder bestellen ausgefallene, „verrückte" Back- und Süßwaren. Dieses ist sicherlich nur eine Geschäftsidee für den Einzelfall. Für die Mehrzahl der Backbetriebe gilt, dass die Aktionen mit dem Betriebstyp harmonisieren sollten, auch wenn es „verblüffende Aktionen" sind.

Aktionen für Backbetriebe mit regionalem Bezug

Auf freiwilliger Basis können sich Backbetriebe für eine regionale Marke organisieren (z. B. Hessenbäcker, Westfalenbäcker). Die Mitglieder des Verbands weisen sich durch ein Markenzeichen aus. Sie stimmen sich in ihren Marketing-Aktionen miteinander ab.

Besonders passend für Backbetriebe mit Regionalmarke sind Aktionen, in denen auf regionale Backwaren aufmerksam gemacht wird. Das sind vor allem *heimatliche Brot- und Kleingebäcksorten*, und auch *regionale Feine Backwaren* sowie *Brauchtumsgebäcke*.

Beispiele für Aktionen mit Regionalbezug:

- *Brot und Brötchen der Region, die nicht im Supermarkt käuflich sind*
- *Neue Produkte mit Rohstoffen, die für die Region typisch sind (z. B. Nussbrot, Früchtebrot, Bierbrot, Weinknorzen)*
- *Regional traditionelle Gebäcke nach althergebrachten Rezepten (z. B. Brauchtumsgebäcke: Seelen oder Fastenbrezen)*
- *Traditionelle Gebäcke für heutige Verzehrsgewohnheiten und mit Einsatz funktioneller Zutaten optimiert (z.B. Bärlauchbrot, Mispel-Früchtekuchen, Hanfsamen-Streusel)*

Im Regionalbereich können Backbetriebe auch mit anderen Gewerben in gemeinsamen Erzeugergemeinschaften zusammenarbeiten. Das sind zum Beispiel Landwirte, Müller und Bäcker, außerdem auch Metzger und Gastronomen (➡ nebenstehendes Beispiel für das Lipper Land).

Die Erzeugermarke kennzeichnet für die Verbraucher ein Produkt mit nachvollziehbarer Herkunft, das zumeist nach definierten Richtlinien hergestellt wird. Zwischen den Landwirten und weiterverarbeitenden Gewerben werden verbindliche Absprachen über Qualität und Mengen der Rohstoffe getroffen. Dazu gibt es Überprüfungen und Kontrollen. So kann das Vertrauen der Kunden zu „ihrem Bäcker" ausgebaut werden. Ein weiterer Nutzen regionaler Erzeugergemeinschaften liegt in den kurzen Transportwegen. Die Rohstoffe und Fertigprodukte sind frisch im Angebot. Kurze Transportwege sind zudem umweltfreundlich.

Beispiele für Aktionen mit Bezug zur Erzeugergemeinschaft:

- *Gebäck mit Mahlerzeugnissen aus kontrolliertem oder ökologischem Anbau der Region*
- *Obstkuchen mit Früchten aus der Region*
- *Butterbrot und andere Snacks mit Wurst und Käse aus der Region*
- *Speckkuchen- oder Flammekuchenessen mit Federweißem, Wein, Obstwein oder Obstsaft aus regionaler Erzeugung*

Aktionen für ökologisch arbeitende Backbetriebe

Die Zahl der Menschen, die ökologische Lebensmittel bevorzugt, nimmt stetig zu. Eine Marktuntersuchung hat ergeben, dass Bio-Backwaren von der Mehrzahl der Verbraucher in Backbetrieben gekauft werden, erst nachrangig in Reformhäusern und in Lebensmittelgeschäften. Ein solches Ergebnis sollte dazu ermutigen, das Profil einer ökologischen Bäckerei und Konditorei anzustreben und aktionsmäßig zu werben für den Kauf von Öko-Backwaren.

Um der Öffentlichkeit das *Profil eines ökologischen Betriebs* bekannt zu machen, bieten sich mehrere Aktionsformen an, zum Beispiel:

- *Betriebsbesichtigung* im Rahmen einer Woche der offenen Tür, bei der das ökologische Produzieren von der betriebseigenen Vermahlung des Getreides bis zum Fertigprodukt demonstriert wird;
- *Erlebnisse beim Mitbacken* im Rahmen einer Aktion mit wechselnden Teilnehmergruppen, die so das ökologische Backen selbst erfahren können und als Käufer von Bio-Backwaren zu gewinnen sind.

Fragen der Ökologie interessieren nicht nur die überzeugten Käufer von Bio-Produkten. Sie finden vielmehr breite Aufmerksamkeit, vor allem im Zusammenhang mit Medienberichten über Umweltprobleme oder einen „Lebensmittelskandal". Dieses sind Anknüpfungspunkte für die *sachliche öffentliche Darstellung* ökologischer Backwarenproduktion in den Medien, so dass hier kostenlos und wirksam auf die Aktion einer Bio-Bäckerei-Konditorei hingewiesen werden kann.

Um den Verbrauchern die *Merkmale ökologischer Backwaren* näher zu bringen, können verschiedene Backwarengruppen aus dem ständigen Bio-Angebot sowie spezielle Neuentwicklungen vorgestellt werden. Als geeignete Aktionsformen kommen hier vor allem das *Schaubacken*, die *Probieraktion* und eventuell eine *Sonderpreisaktion* in Betracht. Sie können begleitet werden von *Gewinnspielen* (unabhängig vom Kauf und vom Betreten des Geschäfts).

Während die *Kaufneigung für Bio-Brotsorten* einfach zu erreichen ist, bestehen gegenüber *Bio-Feingebäcken* oft Vorbehalte, weil diese von dem sonst gewohnten Geschmack stärker abweichen können. Daher sollte eine Aktionswoche für ökologische Backwaren unbedingt auch die *Feinen Backwaren* und *Backwarensnacks* berücksichtigen.

Als günstiger Anknüpfungspunkt für das Bekanntmachen ökologischer Backwaren haben sich *Dinkelgebäcke* erwiesen (➡ Seite 291). Neben verschiedenen Dinkelbroten und -kleingebäcken können zum Beispiel hergestellt und zum Probieren präsentiert werden:

- Dinkel-Croissants,
- Dinkel-Apfelkuchen und andere Obstkuchen,
- belegte Dinkel-Baguettes,
- gefüllte Grünkern-Fladen.

Während für Dinkelbrot und -kleingebäck gern Vollkornmahlerzeugnisse verwendet werden, können für Feine Backwaren auch die Dinkelmehle der Typen 630, 812 und 1050 zum Einsatz kommen.

Für ökologische Backwaren werden in der Praxis auch Nichtbrotgetreide eingesetzt, zum Beispiel Hirse, Mais, Reis oder Buchweizen. Außerdem sind Zusätze von besonderen Getreidearten oder Samenmehlen üblich wie Kamut, Quinua, Hanf und Amarant (➡ CD-ROM).

Für Feine Backwaren werden anstelle der sonst üblichen Zutaten zum Teil alternative naturbelassene Rohstoffe eingesetzt.

Wir sind Bioland-Vertragsbäckerei

Ökologischer Landbau Bioland — EWG D-HE-LDK-006-9E14-B Kontroll-System

Sachverweis

Eine ***Bio-Bäckerei*** *stellt Backwaren nach den Richtlinien der EG-Bio-Verordnung her. Sie ist zumeist auch ansonsten umweltbewusst ausgerichtet. Lesen Sie dazu Näheres auf den Seiten 70 und 71 nach.*

Was Verbraucher interessiert

Ökologische Backwaren *dienen den gesundheitlichen Interessen der Verbraucher, weil*

- *die Rohstoffe für ökologische Backwaren ohne chemische Düngung und ohne Einsatz von Pflanzenschutzmitteln erzeugt werden,*
- *für ökologische Backwaren nur wenige Zusatzstoffe verwendet werden dürfen und keine gentechnisch veränderten Produkte oder Verfahren eingesetzt werden.*

Ökologische Backwaren *dienen dem Schutz der Umwelt, weil*

- *durch den ökologischen Landbau das Trinkwasser vor Nitrat und anderen chemischen Substanzen geschützt wird,*
- *durch den ökologischen Landbau die Artenvielfalt in der Natur erhalten wird,*
- *durch den ökologischen Landbau auf energie-intensive Betriebsmittel verzichtet wird und damit weniger Schadstoffe in die Umwelt gelangen.*

➤ *Formulieren Sie kundenorientierte Botschaften zu ökologischen Backwaren.*

Alternative Zutaten für Öko-Gebäcke

- *Ersatz von Weißzucker durch Rohzucker, Honig, Ahornsirup oder Akazienhonig*
- *Verwendung von Meersalz, Backferment Bio-Backmitteln, Acerolakirschpulver, Butter und Milcherzeugnissen aus Öko-Produktion*

Hinweis

Beachten Sie die Rezepturen auf der CD-ROM.

Auf Herkunftsländer von Gebäcken bezogene Aktionen

Wir leben in einer Zeit, in der viele Verbraucher über Kontakte zu fernen Ländern verfügen und bevorzugt in bestimmte Regionen reisen. Somit kennen sie Gebäcke aus anderen Ländern, die sie auch gern zu Haus kaufen möchten.

Aber auch die nicht unbedingt weitgereisten Kunden haben oftmals Bezug zu ausländischen Produkten. Das gilt zum Beispiel für Menschen, die Ethno-Speisen schätzen (wie mexikanische oder asiatische Küche) oder für diejenigen, die Menschen in Entwicklungsländern durch den fairen Kauf ihrer Produkte unterstützen wollen.

Länderbezogene Verkaufsaktionen

Die Profilbildung einer Bäckerei/Konditorei über Aktionen mit einem Länderbezug ist vor allem sinnvoll,

- wenn der Betrieb ein *Spezialitätenangebot* führt (z. B. mit Gebäcken und Handelswaren aus dem Bezugsland/der Bezugsregion),
- wenn der Betrieb ein *Speisen- und Getränkeangebot* in einem Café oder Imbiss führt (z. B. Snacks, Speisen und Getränke aus Zutaten und nach Rezepturen aus dem Bezugsland/der Bezugsregion).

Im Grundsatz sind *Länder- und Regionalaktionen* auf entfernte Gebiete zu beziehen. Beispielsweise hat eine *thüringische Woche* oder eine *bayerische Woche* also für die Kunden außerhalb dieser Gebiete einen Aufforderungswert; im eigenen Gebiet ist sie eher für Erzeugermarken wirksam (➞ Seite 522).

Länder- und Regionalaktionen sollten sich auf Gebiete beziehen, aus denen Backwaren und Spezialitäten für die Kunden attraktiv sind und zu denen die Bäckerei/Konditorei eine Kompetenz entwickeln kann.

Neben diesem warenbezogenen Aspekt können Länderaktionen auch spezielle Wirkungen haben, zum Beispiel:

- das Verständnis für Menschen und Kulturen anderer Länder fördern,
- das Bewusstsein für notwendige weltweite Solidarität schärfen,
- das Zusammenwachsen der europäischen Regionen unterstützen.

Bei der *Auswahl von Backwaren* für eine Länderaktion sollten solche Produkte bevorzugt werden, die von der eigenen Kundschaft akzeptiert, über Dauer gekauft und von der Bäckerei und Konditorei entsprechend angeboten werden können.

Typische *Gebäckzuordnungen für Länderaktionen* sind zum Beispiel:

- Dänischer Plunder für eine Dänische Woche *oder*
- Ciabatta für eine Italienische Woche *oder*
- Croissants für eine Französische Woche.

Obige Gebäcke sind so sehr im Standardsortiment der Backbetriebe vorhanden, dass sie allein kaum noch Aufforderungscharakter für die Kunden haben. Für entsprechende Länderaktionen müssen demnach weitere Gebäcke herangezogen werden.

Besonders attraktiv sind *traditionelle Gebäcke* aus einzelnen Regionen, für die jedoch zum Teil die Rezepturen und spezielle Rohstoffe nötig sind (➞ Beispiele auf der folgenden Seite und auf der CD-ROM).

Neben den Produkten sind für Länderaktionen auch themenbezogene *Dekorations- und Werbemittel* nötig. Die Verkaufsstelle insgesamt sowie die Theken und Auslagen müssen damit gestaltet werden, so dass ein werbewirksamer Gesamteindruck erzielt wird.

Beispiel-Themen für Länderaktionen

- *Italien zu Gast*
- *Speisen wie in Frankreich*
- *Griechische Spezialitäten*
- *Dänische Woche*
- *Europäische Brot-Spezialitäten*

➤ *Formulieren Sie weitere mögliche Themen.*

➤ *Ordnen Sie den Themen jeweils typische Backwaren und Spezialitäten zu, die in der Aktionswoche berücksichtigt werden sollten.*

Informationsquellen für Länderaktionen

*Die **Rohstoffe und Handelswaren** für eine Länderaktion müssen zum Teil direkt aus den Bezugsregionen beschafft werden. Mögliche Lieferanten können auf **Fachmessen** gefunden werden oder von den **Handelskammern der Lieferländer** benannt werden.*

*Die **Dekorations- und Werbemittel** für eine Länderaktion können direkt aus den Bezugsregionen beschafft werden. Häufig ist es möglich, über die **Botschaften und Konsulate** des Bezugslandes oder über seine **Tourismusverbände** kostenloses Material zu erhalten. Die Kontakte sind einfach über das Internet herstellbar.*

*In einzelnen Fällen können Rohstoffe und Materialien für eine Aktionswoche auch von der **Zulieferindustrie** bezogen werden.*

Aktionsmaterial von einer Zulieferfirma

Beispiel: Spezialitäten aus Österreich

Traditionelle Backwaren und Speisen in Österreich sind großen Teils in Herkunft und Qualitätsmerkmalen auf das multinationale Staatengebilde der so genannten „Donaumonarchie" zurückführbar. Außerdem hat die Landschaft mit einerseits alpinen Gebieten, abgeschiedenen Tälern und andererseits Flachlandgebieten zur besonderen Vielfalt beigetragen.

Typische österreichische Gebäcke sind beispielsweise
- die hellen Weizenbrote (sehr verbreitet als Flechtgebäcke),
- die Früchtebrote, Kletzenbrote (mit Dörrbirnen) mit Einschlagteig oder mit Streiche als Oberfläche,
- die „Jour-Gebäcke" (frische Tagesgebäcke) mit Stückgewicht bis 40 g (wie Handsemmel, Mohnflesserl und Steirisches Kürbiskerndl),
- die Feinen Backwaren (wie Topfenstrudel, Briochekipferl, Rahmkipferl, Kärntner Reindling oder Grammelpogatschen aus dem Burgenland).

Bei Aktionswochen von Backbetrieben mit Café oder Imbiss bietet es sich an, neben den Gebäcken auch Speisen und Getränke aus Österreich anzubieten. Hier sind vor allem österreichisch-ungarische Mehlspeisen als typische kleine Tellerspeisen anzubieten wie Germknödel, Omeletts, Kaiserschmarren oder Palatschinken.

Mohnflesserl (Österreich)

Kärntner Reindling (Österreich)

Beispiele für Getränke aus Österreich
- *Wiener Kaffeehaus-Getränke (wie Melange, Einspänner, Kaffee mit Schlagobers)*
- *Obstsäfte und Weine aus dem Burgenland*
- *Obstler, Liköre (wie Marillenlikör)*

Beispiel: Spezialitäten aus Regionen der Schweiz

Eine Aktionswoche mit Gebäcken aus der gesamten Schweiz ist fast unmöglich – zu vielfältig und unterschiedlich sind die Backwaren in den Kantonen der Schweiz. Man spricht dort nicht nur Italienisch, Deutsch, Französisch und Rätoromanisch, auch die Vorlieben für Gebäcke und Speisen sind so verschieden. Beispielsweise ist im Wallis das typische runde Roggenschrotbrot beheimatet, in der französischen Westschweiz dominieren dagegen die hellen Weizenbrote.

Es ist deshalb empfehlenswert, sich bei einer Aktionswoche auf eine Region der Schweiz einzuschränken (z. B. Freiburger Land, Gruyère, Rheintal oder Wallis). Dabei kann die Kombination von Brot mit Weinen und Käse oder Fleisch- und Wurstwaren aus der jeweiligen Region der Schweiz für gastronomische Angebote im Café genutzt werden. So ist zum Beispiel der berühmte Alpenhartkäse „L' Etivaz AOC Hobelkäse" mit hellem lockerem Weizenbrot aus dem Berner Oberland ebenso wie mit kräftigem Walliser Roggenbrot anzubieten. Auch Käsefondue mit verschiedenen Brotsorten und Wein gehört in diese Angebotspalette.

Brotspezialitäten aus der Schweiz

Beim Angebot von Produkten aus der Schweiz ist darauf zu achten, dass Backwaren, Käse, Wein, Fleischwaren und andere landwirtschaftliche Produkte mit einer *regionalen Schutzmarke* versehen sein können.

Die entsprechenden Warenzeichen sind:
- AOC für *geschützte Ursprungsbezeichnungen*
- IGP für *geschützte geografische Bezeichnungen*

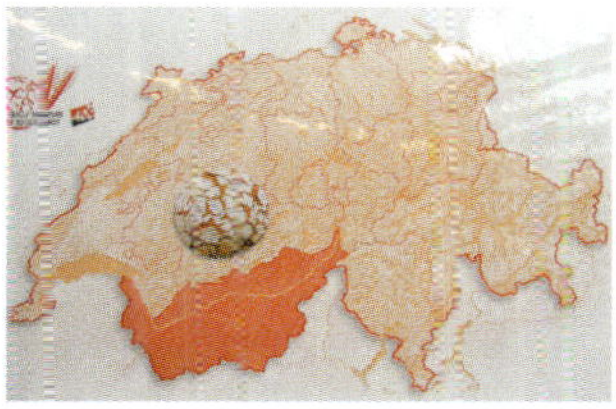

Werbung für Walliser Roggenbrot aus dem Süden der Schweiz

Die Zeichen werden nur für Produkte vergeben, die den Anforderungen des Pflichtenhefts für AOC/IGP entsprechen und in der Region selbst hergestellt werden. Diese Warenzeichen sind in der EU aufgrund eines Abkommens anerkannt, für ihren weltweiten Schutz gibt es Initiativen.

Bei einer Aktion mit Bezug zur Schweiz sind also für selbsthergestellte Gebäcke solche Bezeichnungen zu wählen, die *nicht* die vorgenannten Schutzmarken verletzen (z. B. AOC-geschützt: „Walliser Roggenbrot"). Dagegen ist es sehr gut möglich, für schweizerische Speisenangebote die Orginalprodukte aus der Schweiz mit Schutzmarke einzusetzen.

Vinschger Paarln

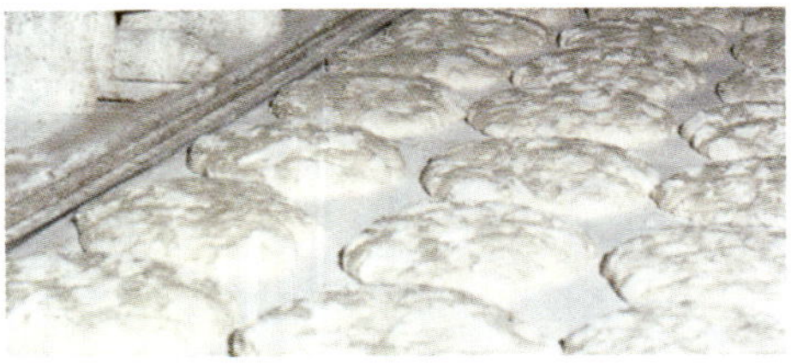

So werden fladenartige Schüttelbrote hergestellt

So werden Schüttelbrote traditionell präsentiert

Aktionsdekoration mit südtiroler Handelswaren

§ ***Schutz der Verbraucher vor Täuschung***

- *Meiden Sie bei selbsthergestellten Gebäcken mit südtiroler Charakter die geschützten Herkunftsbezeichnungen sowie beigefügte Worte wie „original ...“ oder „echte ...“.*
- *Achten Sie bei Handelswaren auf garantierte Herkunft aus Südtirol mit der roten, gelben oder blauen „Schutzmarke Südtirol“.*

Beispiel: Spezialitäten aus Südtirol

Die italienische autonome Provinz Bozen (= Südtirol) mit ihrer alpinen Landschaft und fruchtbaren, warmen Tälern ist nicht nur ein beliebtes Feriengebiet. Hier gibt es auch Backwaren und andere landestypische Lebensmittel, die für deutsche Bäckereien eine Südtirol-Aktionswoche und ein Spezialitätenangebot aus dieser Region lohnend machen.

Was sind die typischen südtiroler Lebensmittel-Spezialitäten?

- Südtiroler Äpfel, Birnen, Trauben und Erdbeeren (auch Kiwis)
- Südtiroler Milch und Milchprodukte
- Südtiroler Speck
- Südtiroler Apfelsaft, Traubensaft, Wein und Grappa
- Südtiroler Brot, Apfelstrudel und Zelten

Was sind die Merkmale südtiroler Backwaren?

Bei den Brotsorten sind *dunkle Fladenbrote* typisch. In der gebirgigen Landschaft gedeihen vorwiegend anspruchslose Roggensorten. Das daraus hergestellte Brot musste in früherer Zeit lange haltbar sein, weil die Bergbauern nur alle paar Monate backen konnten. Das flache und trocken ausgebackene Brot hält sich monatelang. Es sättigt trocken verzehrt oder in Suppe eingeweicht. Die krumenarmen Roggenbrote werden zumeist mit Backhefe gelockert, nur zum Teil wird Sauerteig verwendet. Typisch ist aber eine Würzung, bei der neben Kochsalz vor allem Kümmel, Fenchel, Koriander und Brotklee (= Zigeunerkraut) als Mischung in geringer Dosierung eingesetzt werden. Für Brote mit der *Schutzmarke Südtirol* dürfen nach den landesrechtlichen Regelungen keine Konservierungsstoffe und Emulgatoren sowie zusatzstoffhaltigen Backmittel verwendet werden.

Die bekanntesten südtiroler Brotsorten sind *Südtiroler Schüttelbrot*, *Vinschger Paarln* und *Pusterer Breatl*. Diese Verkehrsbezeichnungen sind in Deutschland, Österreich und Italien patentrechtlich geschützt. Es sind Herkunftsbezeichnungen (= GGA nach EU-Recht).

Bei den Feinen Backwaren sind *fruchthaltige Gebäcke* typisch. Das sind zunächst *Südtiroler Apfelstrudel*, die mit südtiroler Äpfeln in Strudelteig oder in Mürbeteig oder in Blätterteig hergestellt werden. Traditionelle Weihnachtsgebäcke sind die *Südtiroler Zelten*. Es sind mit Mandeln, Nüssen und kandierten Früchten reich verzierte Früchtebrote.

Typisch ist auch der *Meraner Apfelkuchen*, der mit einer Makronenmasse abgedeckt ist. Außerdem gibt es etliche Torten und Desserts, die mit Maronenfüllung (= Esskastanienpaste) zubereitet sind.

Die Vielfalt südtiroler Spezialitäten erleichtert es, eine regionalbezogene Aktion zu gestalten, beispielsweise mit folgenden Schwerpunkten:

- Fladenartige Brote und Kleingebäcke mit regionaltypischer Würzung, ergänzt um ein Zusatzangebot mit original Schüttelbrot oder Zelten
- Obstkuchen wie Apfelstrudel, Meraner Apfelkuchen, Traubentorte oder Sahnekremdesserts mit Maronenmasse
- Café- und Imbiss-Speisen wie Vinschgerl mit Tiroler Speck GGA oder Vinschgauer Brotsuppe (➞ Rezept auf der Seite 473)
- Zusatzangebote wie Südtiroler Wein, Trauben- und Apfelsaft, Käse und Honig

Interessant wird eine solche Aktionswoche für die Kundschaft durch spezielle Aktionen wie die Vorstellung südtiroler Kochbücher oder von Musik und Folklore aus Südtirol.

Beispiel: Aktionswochen mit Bezug zur Globalisierung

In den Bäckereien und Konditoreien werden neben Rohstoffen aus dem eigenen Land viele Zutaten aus aller Welt verarbeitet. Diese werden bei den Zulieferfirmen beschafft und ihre Herkunft ist nur im Rahmen der Rückverfolgbarkeit genau festzustellen. Oftmals kommen exotische Zutaten aus wirtschaftlich wenig entwickelten Regionen. Aber der weltumspannende Handel hat für die Menschen in den Lieferländern seine Schattenseiten (Nachteile der Globalisierung).

Die *Globalisierung* kann der Ansatz sein für Aktionen der Bäckerei und Konditorei mit unterschiedlicher Zielsetzung, zum Beispiel:

- Bekanntmachen von traditionellen Rohstoffen aus fernen Ländern mit Rezepturen für Gebäcke und Speisen (z. B. Tortillas aus Mexiko)
- Bewusstmachen von Bedingungen für benachteiligte Produzenten im Welthandel (z. B. Fair Trade für Kenya-Macadamia)
- Starkmachen von Unterstützungen für soziale Einrichtungen in den Entwicklungsländern (z. B. Aktionen für Straßenkinder)

Die Ziele solcher Aktionen sind nur über ein Langzeit-Engagement der Bäckerei und Konditorei für ein ausgewähltes Projekt erreichbar. Und auch muss man sich dazu klarmachen, dass solche Einzelfallhilfe zunächst nur Symbol und Denkanstoß für einen notwendigen Wandel in den Beziehungen der Menschen auf der Welt darstellen kann.

Womit kann ein Backbetrieb sein globales Engagement gestalten?

- Im *Handelswaren-Sortiment* können Kaffee, Tee und Kakaopulver als Fair-Trade-Produkte angeboten werden. Damit werden faire Preise für die Erzeuger der Rohwaren in den Entwicklungsländern erzielt. Ein bestimmter Teil des Verkaufspreises dieser Handelswaren kann auch von der Bäckerei zugunsten eines von ihr geförderten sozialen Zwecks abgeführt werden.
- Im *Backwaren-Sortiment* können selbst hergestellte Spezialgebäcke angeboten werden, die Zutaten aus Entwicklungsländern enthalten. Beispielsweise mit Hirse aus Afrika, Reis aus Ostasien, Quinua aus Südamerika oder Macadamia-Nüssen aus Afrika sind interessante Gebäcke herstellbar. Mit dem Kauf der jeweiligen Rohstoffe werden Produzenten und Erntearbeiter in den Entwicklungsländern gefördert. Auch bei diesen Backwaren kann ein Teil des Verkaufspreises für die Förderung sozialer Zwecke abgeführt werden.
- Mit *Aktionen* können langfristig von einer Bäckerei und Konditorei unterstützte Projekte in das Bewusstsein der Öffentlichkeit gebracht und dafür um Hilfe geworben werden, zum Beispiel:
  - „Brot für Macadamia-Bauern"
  - „Schulbücher für Kinder in Peru"
  - „Quinua-Brot für kranke Kinder in Lima"

Die Verwendung der Sammel-Erlöse ist den Kunden deutlich zu machen, beispielsweise durch Handzettel für eine neubeginnende Aktion, durch Plakataushänge in der Verkaufsstelle oder durch Presseberichte.

In der örtlichen Presse lassen sich Berichte über solche Aktionen leicht platzieren, wenn nicht die Werbung für den Backbetrieb im Vordergrund steht. Es ist in dieser Hinsicht günstig, an *alle* örtlichen Zeitungen den Start einer Aktion zu melden (rechtzeitiger Hinweis auf Thematik und Termin, eventuell mit Nennung der Hilfsorganisation/der prominenten Helfer). Für Redaktionen, die den Termin nicht wahrnehmen können, sind Texte und Bilder vom Aktionsstart bereitzustellen.

Schulbücher für Jaime und Manuel in Peru

Auch in den wenig entwickelten Ländern der Erde besteht Schulpflicht, so auch in Peru. Aber Jaime und Manuel gehen nicht zur Schule. Ihre Familie ist arm. Jaime und Manuel sind „Straßenkinder". Statt zur Schule zu gehen, tragen sie durch Betteln und Kinderarbeit zum Überleben der Familie bei. Hilfe für Jaime und Manuel gibt es nicht auf dem Wege der herkömmlichen staatlich organisierten Entwicklungshilfe.

Einige Hilfsorganisationen in Europa bieten an, für solche Kinder unmittelbar persönliche Patenschaften bis zu deren Erwachsenenalter zu übernehmen. Eine-Welt-Solidarität hilft damit, dass Kinder gesünder aufwachsen und ausgebildet werden, so dass sie in ihrer Heimat eine bessere Zukunft gestalten können.

Hinweis

Bei der Wahl eines Unterstützungs-Projekts ist zu beachten, dass die Hilfe politisch neutral, ohne Umwege und Korruptionsrisiko den Betroffenen zugute kommen soll.

Eine Bäckerei/Konditorei kann ihr soziales Engagement am besten einbringen über eine prominente Persönlichkeit, die ein Projekt persönlich betreut oder über eine der nichtstaatlichen Hilfsorganisationen. Informationen darüber finden Sie auf der CD-ROM.

Kinder einer Schulklasse bei einer Aktion zugunsten von Straßenkindern in den armen Ländern

Anregung

Erkunden Sie in Ihrem heimatlichen Bereich, welche Organisationen dort tätig sind zur Unterstützung von Eine-Welt-Maßnahmen.

Aktionen durchführen und Aktionen kontrollieren

Da sich der Backbetrieb in einer Aktion an die Öffentlichkeit und speziell an seine Kunden wendet, liegt die Durchführung schwerpunktmäßig im Verkaufsbereich. Aber die Attraktivität einer Aktion für Außenstehende ist wesentlich davon abhängig, wie dabei die handwerkliche Arbeit zur Geltung kommt.

Dieser Gedanke ist deshalb im Folgenden leitend für die Darstellung der Aktionsdurchführung.

Aktionen für die Öffentlichkeit deutlich machen

Eine Aktionswoche muss mit verschiedenen Werbeträgern rechtzeitig bekannt gemacht werden.

Eine Aktionswoche muss wie mit einem Paukenschlag beginnen. Wenn Dekorationen und Aktionsmittel bereits Tage zuvor „schleichend" nach und nach in die Verkaufsstelle für Kunden sichtbar eingestellt werden, ist so die Chance für einen attraktiven Start der Aktion schon vertan. Attraktiv kann ein Aktionsstart durch besondere Ereignisse gemacht werden, zum Beispiel durch Auftritt einer Musikgruppe, Ansprache oder Durchschneiden eines Absperrbandes.

Eine Aktionswoche sollte so beginnen, dass möglichst viele Kunden an der Eröffnungsveranstaltung teilnehmen können. Auch wenn es mit der starken Wochenendbelastung im Betrieb nur schwer vereinbar ist, sollte im Interesse starker Kundenbeteiligung ein Wochenendtermin für den Aktionsstart in Erwägung gezogen werden.

Aktionen für die Öffentlichkeit interessant machen

Die Aktionswoche des Backbetriebs sollte durch die äußere Dekoration der Verkaufsstelle schon mit seiner Fernwirkung auffallen. Die Auslagen und Dekorationen im Schaufenster und in der Verkaufsstelle sollten sich ganz auf das Aktionsthema beziehen; wirkungsstörende Einflüsse müssen vermieden werden.

Im Verlauf einer Aktionswoche sollten sich verschiedene Maßnahmen so abwechseln, dass Stammkunden mit ihrem Einkaufsrhythmus in der Verkaufsstelle unterschiedliche Dinge erleben. Ein Backbetrieb hat dazu konkurrenzlos die Chance, seine handwerkliche Kompetenz zur Schau zu stellen, und zwar durch das *Team aus Verkauf und Produktion.*

Beispiele für Backaktivitäten in der Aktionswoche:

- *Bäcker/Konditoren demonstrieren tagsüber in der Verkaufsstelle die Herstellung der Aktionsgebäcke, in kleinen Mengen zur Beobachtung zu allen Tageszeiten (keine Produktion in Großchargen zum Verkauf).*
- *Bäcker/Konditoren zeigen handwerkliche Arbeitstechniken wie das Ausrollen mit Rollholz, das Flechten, das Dekorieren von Gebäcken.*
- *Bäcker/Konditoren geben den Besuchern fachliche Erklärungen zur Zusammensetzung und Herstellung der Aktionsgebäcke.*
- *Bäcker/Konditoren beteiligen an den Herstellungsvorgängen der Aktionsgebäcke die Prominenten als Paten der Aktionswoche oder Kinder aus einer Kindergartengruppe oder Schulklasse.*
- *Bäcker/Konditoren teilen zusammen mit den Verkaufskräften kleine Kostproben der Aktionsgebäcke an die Besucher aus; für die Kinder unter den Besuchern gibt es spezielle Mitgaben für zu Haus.*

Beispiele für Hinweise auf Aktionsstart

- *Plakate in und vor der Verkaufsstelle*
- *Aufschrift auf Lieferwagen der Firma*
- *Kinowerbung*
- *Werbung in öffentlichen Verkehrsmitteln*
- *Großplakate auf Säulen und Wänden*
- *Inserate in Zeitungen und Werbeblättern*
- *Meldungen im regionalen Rundfunk*
- *Flugblätter und persönliche Einladungen*

➤ *Finden Sie weitere Hinweismöglichkeiten auf den Beginn einer Aktionswoche.*

➤ *Formulieren Sie einen Text für die Einladung zu einem Aktionsstart.*

Wie das Team in der Aktionswoche auftritt

- *Sauberkeit und Hygiene von Kleidung und Material beim Schaubacken vor den Augen der Kunden*
- *Sicherheit und Hygiene bei der Beteiligung von Laien (z. B. Prominenz oder Kinder) an Herstellungsvorgängen von Backwaren*
- *Einheitlichkeit in der Berufskleidung mit Firmenlogo, Namensschild und Anstecker mit Aktionsthema*
- *Freundlichkeit und Aufgeschlossenheit im Umgang mit Kunden und Gästen bei der praktischen Vorführung (z. B. mit geübten, einfachen Erklärungen fachlicher Abläufe)*
- *Fachlichkeit und Kompetenz zur Herstellung der Aktionsgebäcke, so dass diese in bester Qualität zum Probieren und Verkaufen angeboten werden können*

Aktionen begleiten

Die Wirkung einer Aktion in der Öffentlichkeit kann gesteigert werden, wenn außerhalb der Verkaufsstelle auf die Maßnahmen des Backbetriebs aufmerksam gemacht wird. Das kann beispielsweise durch Stände vor dem Geschäft oder auf einem Marktplatz geschehen. Somit wird das Interesse zum Besuch der Verkaufsstelle geweckt.

Sehr wirksam für öffentliche Resonanz sind Außer-Haus-Maßnahmen in Verbindung mit Partnerbetrieben der Aktion. Beispielsweise können Besichtigungen und Vorträge bei der regionalen Mühle oder bei einem Bio-Landwirt als Lieferanten des Backbetriebs angeboten werden. Von der Bäckerei/Konditorei aus wird alles organisiert. Die Kunden melden sich dort zur Besichtigung an. Sie werden am Termin von Bäckern und Konditoren in Berufskleidung zum Außer-Haus-Standort begleitet.

Solche Anlässe sind gut geeignet für *Zwischenberichte in der Presse*, was wiederum das öffentliche Interesse steigern kann.

Aktionen abschließen

Eine Aktionswoche sollte wie beim Start auch mit einem Paukenschlag enden. Dazu muss eine attraktive Maßnahme ausgewählt werden, die nochmals viel Publikum anspricht. Beispielsweise können Spiele, ein Clownauftritt oder ein Luftballonstart für Kindergruppen stattfinden, so dass viel Eltern und Angehörige nochmals zu einem Termin kommen, der auch in der Presse seinen Niederschlag findet.

Nach dem öffentlichen Abschluss der Aktionswoche sollte das Team der Bäckerei und Konditorei gemeinsam die Veranstaltung ausklingen lassen, damit die Anspannung abgebaut werden kann.

Aktionen kontrollieren und auswerten

„Wer nicht weiß, wohin er will, muss sich nicht wundern, wenn er woanders ankommt."

Dieser Satz gilt auch für die Aktionskontrolle. Die Zielsetzung einer Aktion muss klar sein; sie muss ebenso konsequent kontrolliert werden.

Kontrolle und Auswertung einer Aktionswoche sind im Wesentlichen ein Soll-Ist-Vergleich: *Was war geplant? Was wurde erreicht?*

Diese Fragen können nur beantwortet werden mit den Erkenntnissen über den Verlauf der Aktionswoche. Dafür ist ebenso wie für die Planung die Zusammenarbeit im Team des Betriebs erforderlich.

Die *betriebswirtschaftliche Kontrolle und Auswertung* bezieht sich auf Daten und Fakten (→ Aufzählung im Text der Randspalte).

Die *imagebezogene Kontrolle und Auswertung* kann sich dagegen nur auf Beobachtungen und Einschätzungen beziehen. Dafür sind bereits in der Planung zu berücksichtigende Beobachtungsbogen gut geeignet. Sie werden im Aktionsverlauf von Teammitgliedern ausgefüllt, aber auch möglichst von neutralen, externen Beobachtern. Diese sollten auch zu dem Auswertungsgespräch hinzugezogen werden. Ein „Runder Tisch" ist der Rahmen, um Resultate zu erzielen, was in künftigen Aktionen ebenso oder verändert ablaufen sollte. Außerdem kann entschieden werden, wie das Aktionsthema in Folgeaktionen fortzusetzen ist.

Das Team des Backbetriebs zeigt in der Aktionswoche eine besondere Leistung. Wie die Betriebsleitung dieses anerkennt, aber auch welches Echo die Aktion in der Öffentlichkeit gefunden hat, ist wichtig für die Arbeitszufriedenheit und für den nötigen Stolz auf seinen Beruf.

Außer-Haus-Hinweis auf eine Verkaufsaktion

Betriebswirtschaftliches Handeln

- *Bei der Aktionskontrolle muss geprüft werden, ob die Kosten für die Aktionswoche im Rahmen der Soll-Kosten-Planung geblieben sind und wo eventuell für folgende Aktionen eine Veränderung der Kostenansätze nötig ist.*
- *Bei der Aktionskontrolle kann anhand einer Kassenstatistik ermittelt werden, ob der Umsatz der beworbenen Gebäcke in der Aktionswoche den Erwartungen entspricht oder ob die Ziele nicht erreicht wurden.*
- *Bei der Aktionskontrolle kann geprüft werden, ob die Kundenzahlen in einer Verkaufsstelle während der Aktionswoche im Vergleich zu vorher gestiegen sind.*
- *Bei der Aktionskontrolle kann nur bedingt festgestellt werden, ob das äußere Erscheinungsbild (Image) des Betriebs durch die Aktionswoche gestiegen ist. Dazu müssten Befragungen bei Kunden und im Geschäftsumfeld durchgeführt werden.*

Datenschutz

- *Bei der Befragung von Kunden ermittelte Daten (wie Namen und Anschriften) sind so zu verwalten, dass sie nicht an Unbefugte gelangen. Die Dateien sind nach Beendigung der Auswertung zu löschen.*
- *Bei der Auswertung von Aktionen im Betrieb bekanntgewordene Daten unterliegen dem Betriebsgeheimnis und dürfen nicht an Unbefugte weitergegeben werden.*

Sachverweis

Ausführliche Darstellungen zur Planung, Kontrolle und Auswertung von Aktionen für Backbetriebe finden Sie auf der CD-ROM unter dem Stichwort „Aktions-Controlling".

Aktionsplakat, das sich nur auf einen touristischen Aspekt der Bezugsregion bezieht

Aktionsplakat, das Freizeit in der Bezugsregion zum Thema hat

Aktionsplakat, das Tradition und ursprüngliches Brot aus der Bezugsregion herausstellt

Darstellungen für die Aktionsplanung

- *Idee, Thema und Motto*
- *Zielgruppe(n)*
- *Zielsetzung(en)*
- *Jahreszeit, Einpassung in Jahresplan*
- *Kosten, Einpassung in Kostenrahmen*
- *Kontakte, Kooperationspartner*
- *Zeitrahmen in Werktagen*
- *Teilnehmerzahl*
- *Teammitglieder, Akteure für Durchführung*
- *Zuständigkeiten*
- *Kostproben, Verpflegung von Besuchern*
- *Medienarbeit, Werbung für Aktion*
- *Rechtliche Aspekte*
- *Sonstiges*

Lernfeldbezogene Aufgaben

1. Situationsaufgabe:

In Ihrem Betrieb soll eine Aktionswoche mit Bezug zu Spezialitäten eines Landes/einer Region stattfinden.

- *Sie sollen sich an Planung, Durchführung und Kontrolle der Aktionswoche beteiligen.*
- *Die nebenstehenden Abbildungen sollen Ihnen nur Anregungen für die Wahl der Thematik und deren Ausgestaltung geben. Bearbeiten Sie dazu die folgenden Aufgaben. Stellen Sie die Ergebnisse in einer Übersicht mit den in der Randspalte unten aufgeführten Gliederungspunkten dar.*

➤ *Wählen Sie ein Land/eine Bezugsregion für die Aktionswoche aus, und begründen Sie die Auswahl.*
- *Welches Land/welche Region?*
- *Was spricht für die Eignung zu einer Aktionswoche?*
- *Welche Bezüge bestehen zwischen Bäckerei und Land bzw. Region?*

➤ *Stellen Sie stichwortartig die Ziele der Aktionswoche dar.*
- *Produktbezogene Ziele*
- *Imagebezogene Ziele*
- *Sonstige, allgemeine Ziele*

➤ *Führen Sie auf, an welche Zielgruppen sich die Thematik der Aktion insbesondere wendet.*

➤ *Grenzen Sie die Aktion zeitmäßig und kostenmäßig ein.*
- *Jahreszeit, Dauer der Aktion, täglich wechselnde Maßnahmen*
- *Gesamtkosten der Aktion, Aufteilung der Aktions-Finanzmittel*

➤ *Beschreiben Sie einzelne Maßnahmen der Aktionswoche.*
- *Startaktion, Medienwerbung, Abschlussaktion*
- *Herstellen der Gebäcke mit Bezug zum Aktionsthema*
- *Schaubacken, Probieraktion, Aktionen mit Besuchern*

➤ *Stellen Sie Maßnahmen der Sicherheit, Hygiene und zur Beachtung des Werberechts dar.*

2. Situationsaufgabe:

*Für Ihren Betrieb soll ein unverwechselbares Profil mit einer **Erzeugermarke** geschaffen werden.*

- *Sie sollen die dazu notwendigen inhaltlichen Planungen vorstellen.*

➤ *Beschreiben Sie die Voraussetzungen für ein Profil als Bäckerei und Konditorei mit **regionaler Erzeugermarke**.*

➤ *Beschreiben Sie die Voraussetzungen für ein Profil als **Bio-Bäckerei**.*

➤ *Stellen Sie an Beispielen dar, welche Backwaren typischerweise für das jeweilige Profil herauszustellen sind.*

3. Situationsaufgabe:

„Weltweit denken, regional handeln.“

- *Sie sollen die Bedeutung dieser Aussage an solchen Aktionen verdeutlichen, die der Unterstützung benachteiligter Menschen nützen sollen.*

➤ *Stellen Sie an einem Beispiel dar, wie soziale Maßnahmen von einer Bäckerei/Konditorei unterstützt werden können.*

➤ *Führen Sie an Beispielen auf, mit welchen Rohstoffen und Backwaren ein Bezug zu Anliegen der Eine-Welt-Solidarität herzustellen ist.*

Sachwortverzeichnis

A

B

C

D

G

H

L

M

N

O

T

U

V

Abbildungsnachweis

Abel + Schäfer, Komplet GmbH & Co. KG, Schlossstr. 8–12, 66333 Völklingen: Seite/Bild: 250/1

A.G.L. GmbH, Schöllinger Feld 34, 58300 Wetter: Seite/Bild: 351/4

Aichinger Ladenbau GmbH, Ostring 2, 90530 Wendelstein: Seite/Bild: 37/2 und 3; 39/5; 44/1; 351/1; 469/2

Theo Albert GmbH, Industriestr. 7-9, 63825 Schöllkrippen: Seite/Bild: 458/1; 486/1; 492/1+2; 493/1; 511/1

Alcan Foil Europe, Alcan Deutschland GmbH, Am Eisenberg 30, 58840 Plettenberg: Seite/Bild: 467/2; 470/4; 478/1-3

Alkü Ladeneinrichtungen GmbH, Garlebsen Nr. 148, 37547 Kreiensen: Seite/Bild: 32/1; 467/1; 486/2

Matthias Bachmann, Confiserie Bachmann, Werkhofstr. 20 , CH-6002 Luzern: Seite/Bild: 119/3; 379/4

Backaldrin GmbH, Kornspitzstr. 1, A-4481 Asten: Seite/Bild: 178/1; 179/1; 214/2; 275/2; 524/2; 525/1+2; 530/2

BackNet GmbH, Prof.-Scheeben-Str. 2, 53340 Meckenheim: Seite/Bild: 267/1

Backnetz-Medienbüro, Ute Speer, Heußweg 56, 20255 Hamburg Seite/Bild: 417/2

Badische Bäckerfachschule, Südendstr. 5, 76137 Karlsruhe: Seite/Bild: 294/2

BÄKO Bundeszentrale e. G., Rhöndorfer Str. 87, 53604 Bad Honnef: Seite/Bild: 377/2

BÄRO, Wolfstall 54-56, 42799 Leichlingen: Seite/Bild: 42/1-3; 43/1-3

Bauscher Porzellan, Postfach 1160, 92601 Weiden: Seite/Bild: 475/1; 483/3; 487/3+4; 488/2+3; 491/1+3; 494/1; 495/1+2; 500/1; 514/1

Berner Ladenbau, c/o Hansa Kontor, Bonner Str. 324, 50968 Köln: Seite/Bild: 373/2

Bernshausen & Partner, Höhenweg 8, 57334 Bad Laasphe: Seite/Bild: 373/1

Berufsgenossenschaft Nahrungsmittel und Gaststätten, Dynamostr. 7–11, 68165 Mannheim: Seite/Bild: 51/1+2; 328/4

BIB-Ulmer Spatz, Mainzer Str. 152–160, 55411 Ingelheim: Seite/Bild: 149/3; 156/6-8; 276/1, 3+4; 277/7+9; 281/1+3; 299/3; 308/2; 313/1-3, 5,6+8-12; 318/1+2; 337/1; 340/1; 387/1

Bioland e. V., Postfach 349, 73003 Göppingen: Seite/Bild: 523/1

Bizerba GmbH & Co. KG, Wilhelm-Kraut-Str. 65, 72301 Balingen: Seite/Bild: 40/3; 264/1; 268/1

BOKU Maschinenfabrik GmbH, Leobener Str. 83, 70469 Stuttgart: Seite/Bild: 149/1

Borco-Höhns GmbH & C0. KG, Industriestr. 1-3, 27356 Rotenburg/Wümme: Seite/Bild: 30/2; 415/3+4

Botterbloom Nordmilch e. G., Postfach 3780, 26027 Oldenburg: Seite/Bild: 459/1; 460/2-5

Boyens Backservice GmbH, Gildestr. 63, 49477 Ibbenbüren: Seite/Bild: 184/1

Martin Braun, Backmittel und Essenzen KG, Tillystr. 17, 30459 Hannover: Seite/Bild: 215/1; 422/2; 425/1; 427/5; 431/1+2; 433/2+3; 434/6; 435/3; 437/3; 440/2; 443/1; 482/1

Bundesforschungsanstalt für Ernährung und Lebensmittel, Schützenberg 10, 32756 Detmold: Seite/Bild: 59/2; 61/1; 62/2-6; 163/3; 322/3

Café de Columbia-Information, Dorothenstr. 54, 22301 Hamburg: Seite/Bild: 500/2-5

Carlsen´s Brotkorb, Oeynhausener Str. 85, 32584 Löhne: Seite/Bild: 379/2

Casio Computer Co. GmbH, Bornbarch 10, 22848 Norderstedt: Seite/Bild: 265/1

CMA Centrale Marketinggesellschaft der Deutschen Agrarwirtschaft, Koblenzer Str. 148, 53177 Bonn: Seite/Bild: 109/2; 130/1; 136/1; 273/1; 286/1; 343/1; 345/1+3, 349/1

Detia Degesch GmbH, Dr.Werner-Freyberg-Str. 11, 69514 Laudenbach: Seite/Bild: 66/1 bis 9; 67/1

Deutsche Landwirtschaftsgesellschaft DLG, Eschborner Str. 122, 60489 Frankfurt am Main: Seite/Bild: 304/2+3; 314/1

Deutscher Kaffee-Verband e.V. Pickhuben 3, 20457 Hamburg: Seite/Bild: 498/1

Deutscher Konditorenbund, Speicker Str. 13, 41061 Mönchengladbach: Seite/Bild: 10/4

Deutsches Brotmuseum, Ulm: Seite/Bild: 10/2

Dick GmbH, Postfach 1173, 73777 Deizisau: Seite/Bild: 44/2-4

Döhler Natural Food Ingredients GmbH (Unifine), Riedstraße, 64295 Darmstadt: Seite/Bild: 157/1; 213/3; 341/1 bis 3; 395/1; 421/2; 422/4; 423/2; 430/1+2; 433/1; 437/1; 459/2-4

Peter Dreidoppel, Ernst-Abbe-Str. 4–6, 40764 Langenfeld: Seite/Bild: 432/1+3; 506/2

dt-press, Dieter Thurm, Am Fuchsberg 40, 64832 Babenhausen: Seite/Bild: 522/1

DUNI GmbH & Co. KG, Robert-Bosch-Str. 4, 49565 Bramsche: Seite/Bild: 480/1+2; 490/2

Freund, Walter Prof., Berkelmannweg 14, 30559 Hannover: Seite/Bild: 21/1

Gildebuchverlag-Archiv, Föhrster Str. 8, 31061 Alfeld/Leine: Seite/Bild: 22/3; 23/1-3; 24/1; 26/1; 28/2+3; 29/1-4; 31/1; 32/3; 36/1; 38/1; 38/2-5; 39/1-4; 45/1; 71/1+4; 81/1; 106/1-5; 108/1; 109/1; 110/1+2; 114/1; 121/1; 128/3+5-9; 129/1-6; 131/1; 132/2-8; 137/1; 142/1-3; 143/1; 144/1; 145/1; 148/1+2; 151/1+2; 158/1; 159/1+2; 162/1; 163/1+2; 167/1; 168/1; 170/1+2; 172/1+2; 173/1-3; 174/1+2; 175/1-3; 176/1; 177/1-3; 181/1+2; 182/1-5; 183/1+2; 182/2; 187/2-5; 188/1; 189/2; 190/1+2; 191/1-3; 192/1; 193/1-3; 193/5; 194/1; 201/1; 202/1; 204/2; 208/4; 212/1; 215/2; 232/1; 238/1; 255/1; 264/2-4; 266/2; 270/1; 272/1+2; 273/2-11; 274/2; 277/1-6, 8+10-13; 278/1+3-5; 279/3+4; 280/1+2; 282/1-12; 283/2; 284/1+2; 285/1; 286/2-11; 287/2; 288/1; 289/1-5; 292/1-5; 293/1; 296/1; 298/1+2; 299/8, 10+12; 300/2; 301/1; 307/4+5; 309/3-5; 312/1-4; 313/4; 335/4; 341/7+8; 345/2+4; 348/2-5; 349/2; 350/2; 351/2+3; 352/2; 364/2+3; 366/5; 367/1; 372/1, 374/2-4; 375/1; 378/2-6; 381/1; 387/2; 415/1; 416/1; 420/1+3; 423/1; 424/3; 425/2+3; 426/1; 429/2-4; 433/4+5; 434/1-3+5; 435/1; 437/4+5; 439/1-5; 440/1; 441/1+2; 442/1+2; 447/1; 449/1; 450/1; 451/1-3; 452/4; 453/1-3; 454/1; 455/1+2; 456/1-5; 457/2; 458/2; 460/1; 466/1; 469/1+3,4-6; 470/1+2; 474/1; 476/1-5; 487/1; 490/3-5; 494/2; 499/3; 502/3; 503/1; 504/2-7; 505/1; 506/1; 507/1; 509/2+3; 510/2; 511/2+3; 516/1

Goecom Software Entwicklungen GmbH, Am Breilingsweg 4, 76709 Kronau: Seite/Bild: 266/1

Golm, Dieter, Elisabeth-Knipping-Schule, Mombachstraße, 34134 Kassel: Seite/Bild: 432/4

Handelskammer Bozen, Perathonerstr. 10, I-39100 Bozen: Seite/Bild: 526/4; 530/3

Karl-Heinz Häussler GmbH, In der Vorstadt, 88499 Heiligkreuztal: Seite/Bild: 117/1

Gebr. Herlitzius GmbH, Am Bahnhof 9, 59494 Soest: Seite/Bild: 328/1

Fritz Homann Lebensmittelwerke GmbH, Bahnhofstr. 4, 49201 Dissen: Seite/Bild: 208/2; 213/1+2; 342/1; 420/8; 434/4

HTM Wels, Carl-Blum-Str.4, A-4600 Wels: Seite/Bild: 294/4 und 5

IGV-Institut für Getreideverarbeitung GmbH, Arthur-Scheunert-Allee 40/41, 14558 Nuthetal: Seite/Bild: 354/5+6

Informations-Zentrum Schokolade, Kapellstr. 17 a, 40497 Düsseldorf: Seite/Bild: 448/1+2; 449/2-4; 450/2+3

Isernhäger Landkost Menge GmbH & Co., 39903 Isernhagen: Seite/Bild: 287/3+4; 288/2+3

Ireks GmbH, Lichtenfelser Str. 20, 95326 Kulmbach: Seite/Bild: 70/1; 124/1+2; 149/2; 164/3+4; 186/1; 187/7; 214/4; 216/1; 271/2; 274/1; 275/1+3-5; 276/2+5 bis 10; 285/2+3; 299/2,5+9; 300/1; 306/2; 313/7; 327/1, 336/1; 337/2-4; 339/4; 353/3; 357/1; 424/1; 425/5; 524/1

Itec GmbH, Auf dem Tigge 60 b+c, 59269 Beckum: Seite/Bild: 15/2

Jung GmbH, Hohenstr.70/5, 60437 Frankfurt: Seite/Bild: 120/3; 180/1; 339/2

Kart, Irina, Graf-von-Stauffenberg-Str. 16, 35037 Marburg: Seite/Bild: 9/1; 12/1; 14/1; 16/1; 18/1; 25/1; 27/2; 40/1, 46/1; 48/1; 50/1; 54/2-4; 55/1; 56/1; 58/1; 68/1; 71/2; 72/1; 74/1; 76/1; 82/1-4; 83/1; 88/1; 95/1+2; 96/1; 100/1; 102/1; 104/1; 113/1; 122/1; 127/1; 134/1; 138/1; 150/1; 156/1-5; 161/1; 165/1; 168/2; 172/3; 192/3; 195/4; 221/1; 223/1; 225/1; 226/1; 230/1; 231/1; 236/1+2; 240/1; 241/1; 242/2+3; 245/1; 254/1; 255/2-5; 258/1; 262/1; 269/1; 281/2; 284/3; 315/1; 333/1; 336/2; 361/1; 364/1; 365/1; 367/2; 392/1; 401/1; 402/2; 407/1; 410/1; 411/1; 417/1; 419/1; 463/1; 467/4; 485/1; 515/1

KESSKO-Kessler & Comp. GmbH & Co. KG, Königswinterer Str. 19–21, 53187 Bonn: Seite/Bild: 432/5; 437/2; 444/1

Kiesel Plakate System GmbH, Lindenstr. 21, 26676 Barßel: Seite/Bild: 79/1; 99/3; 383/2; 409/1

KILAG AG, Thunstraße 49, CH-3661 Uetendorf: Seite/Bild: 25/3

Knorr Caterplan GmbH, Knorrstr. 1, 74074 Heilbronn: Seite/Bild: 472/1; 476/6-12; 477/1+2

Koma Kältekonditionierungstechniken, Berliner Allee 21, 40212 Düsseldorf: Seite/Bild: 283/1

KOPYFORM GmbH, Rudolf-Diesel-Str. 1, 67259 Beindersheim: Seite/Bild: 452/2+3

KORTE Einrichtungen GmbH, Wipperfürther Str. 440, 51515 Kürten: Seite/Bild: 20/1; 22/1; 28/1; 32/2; 113/2; 233/3+4; 376/1; 402/1; 403/1; 404/1; 405/1+2; 406/1; 407/2; 409/2; 415/2; 484/1+2

KÖVY Bäckereimaschinenbau GmbH, Zum Lonnenhohl 38, 44319 Dortmund: Seite/Bild: 189/3

Confiseur Läderach GmbH & Co. KG, Dillenburger Str. 42, 35685 Dillenburg, Stammhaus: CH-8750 Glarus: Seite/Bild: 356/3

Lebensmitteltechnik, LT Food Medien-Verlag GmbH, Bugdahnstr. 5, 22767 Hamburg: Seite/Bild: 304/1

Lippe-Erzeugergemeinschaft, Felix-Fechenbach-Str. 5, 32756 Detmold: Seite/Bild: 522/2

Die Lohners, Rudolf-Diesel-Str. 18, 56751 Polch: Seite/Bild: 15/1

Lukasch, Schloss-Café, Marktgasse 16-18, 35305 Grünberg: Seite/Bild: 257/2

Marckwort, Märchenweg 11, 34134 Kassel: Seite/Bild: 317/1; 499/1

Margarine-Institut für gesunde Ernährung, Hamburg: Seite/Bild: 197/2-4

Meistermarkenwerke GmbH, Theodor-Heuss-Allee 8, 28215 Bremen: Seite/Bild: 116/1; 119/2; 166/1; 178/2; 179/2; 187/1; 189/1; 192/2; 196/1-7; 197/1; 198/1; 199/1+2; 200/1; 201/2; 203/1-3; 208/1+3; 210/3+4; 210/5+7; 214/5; 220/1; 345/5; 346/1; 377/1; 379/3; 420/5; 422/1; 425/4; 432/2; 435/4; 483/2

Franz Mensch, Gewerbering 20-21, 86922 Eresing: Seite/Bild: 45/2

Mettler Toledo GmbH, Ockerweg 3, 35398 Gießen: Seite/Bild: 41/1; 325/2+3; 383/1; 418/1

Meylip Nahrungsmittelgesellschaft m.b.H. & Co. KG, Altensennerweg 68, 32052 Herford: Seite/Bild: 119/1; 205/1+2; 338/6; 342/3

Meyer/Stemmle GmbH & Co. KG, Auf d. Hahnenberg 22, 56218 Mülheim-Kärlich: Seite/Bild: 295/1+2; 375/2+3; 378/1; 379/1; 380/2

Meyermühle, Hammerstr. 1, 84003 Landshut: Seite/Bild: 305/1; 324/1; 331/1+2

Meraner Land Tourismusverband, Gampenstr. 95, I-39012 Meran: Seite/Bild: 530/1

Multivac-Verpackungsmaschinen, Bahnhofstr. 4, 87787 Wolfertschwenden: Seite/Bild: 382/3

Müller Hotelwäsche, Hettlinger Str. 9, 86637 Wertingen: Seite/Bild: 489/1+3; 496/2

Nur Hier, Niendorfer Str. 25, 22529 Hamburg: Seite/Bild: 117/2

Oberhessische Presse, Franz-Tuczek-Weg 1, 35043 Marburg: Seite/Bild: 30/1

Dr. August Oetker Nahrungsmittel KG, Lutterstr. 14, 33617 Bielefeld: Seite/Bild: 482/2; 483/1; 490/1

Eva Osberghaus, Max-Planck-Str. 19, 65760 Eschborn: Seite/Bild: 86/1; 229/1; 234/2; 235/1; 247/2

Georg Plange KG, Hansastr. 6, 41460 Neuss: Seite/Bild: 338/1; 339/1 und 3; 340/2; 346/2

Gerald Picavé, Sarnauer Str. 13, 35094 Lahntal: Seite/Bild: 111/1

Pro Image GbR, Friedrichsplatz 1, 35037 Marburg: Seite/Bild: 13/1; 21/2+3; 24/2+3; 27/3; 33/1; 34/1; 36/2; 47/1; 50/2; 52/2; 53/1+2; 54/1; 57/1; 59/1; 59/3+4; 60/1+2; 60/4; 69/1+2; 71/3; 72/2; 74/2; 77/1; 80/1; 88/3; 89/1; 94/5+6; 95/3; 97/3+4; 125/1; 133/1+2; 135/1; 136/2-4; 139/1; 144/2; 145/3; 146/1-4; 147/2; 153/1; 155/1, 157/2+3; 158/2; 162/2; 167/2; 199/3; 204/1; 205/3; 209/1-3; 211/1+2; 220/2+3; 227/1; 228/1+2; 234/1+3; 242/1; 244/1; 247/1+3; 250/2; 252/1; 257/1; 278/2+6; 279/1; 280/3-7; 285/4; 290/2; 297/3; 301/3; 307/2+3; 309/1+2; 310/1; 311/1+3; 316/1; 319/1-3; 320/1+2; 321/1; 322/2; 327/2; 329/1; 362/2; 370/1-3; 372/3; 373/5; 391/1; 435/2; 466/2; 468/2; 489/4; 497/1-4; 516/2; 517/1+2; 518/1-3

Quick-Pack GmbH, Robert-Bosch-Weg 17, 88459 Tannheim: Seite/Bild: 382/2

REWE-Zentrale, Köln: Seite/Bild: 335/2

Richemont Fachschule, Seeburgstr. 51, CH-6006 Luzern u. a. „Kreative Bäckerei-Konditorei“: Seite/Bild: 90/4; 354/2+3; 355/2; 356/1+2; 358/1; 420/7

RINGOPLAST GmbH, 49824 Ringe: Seite/Bild: 44/5

Rolf, Theodor, Wilhelmstr. 7, 70182 Stuttgart: Seite/Bild: 33/2

Schäfers Backstuben GmbH, A. u. H. Lichtenthäler, 35216 Biedenkopf: Seite/Bild: 330/1

SchapfenMühle GmbH & Co. KG, Franzenhauserweg 21, 89081 Ulm: Seite/Bild: 201/3; 274/3; 291/1; 294/1+3

Schiedermeier, Margarethe, Fraunhoferstr. 15, 80469 München: Seite/Bild: 98/3

Schnitzer GmbH & Co. KG, Feldbergstr. 11, 78112 St. Georgen: Seite/Bild: 154/1

Schöller Lebensmittel GmbH & Co. KG, Bucher Str. 137, 90419 Nürnberg: Seite/Bild: 340/3; 344/2

Schönwald Porzellanfabrik, Rehauer Str. 44–55, 95173 Schönwald: Seite/Bild: 483/4; 505/2; 508/1; 514/2

Schott-Zwiesel Glaswerke AG, Bahnhofstr. 35, 94227 Zwiesel: Seite/Bild: 509/1; 510/1; 512/1+2; 513/1-3

Claus Schünemann, Kiefernweg 27, 35096 Niederweimar: Seite/Bild: 11/2; 25/2; 35/1; 37/1; 41/3; 45/3, 53/3; 60/3; 62/1; 63/1; 64/1; 78/1; 84/1; 85/1; 88/2; 90/2+3; 91/1; 92/2+3; 93/1+2; 94/1-4; 97/1+2; 98/1+2; 99/1+2; 115/1; 116/2; 117/3; 118/1+2; 120/1+2; 122/2; 124/1; 128/2+4; 147/3+4; 152/1-3; 159/3; 162/3; 164/1+2; 167/3; 187/6; 193/4; 194/2; 195/1-3; 206/1; 210/1+2; 214/1; 214/3; 215/3; 216/2; 217/1; 218/1-8; 219/1-3; 233/1+2; 239/1; 244/2; 246/1; 253/1; 256/1+2; 261/1-5; 279/2; 290/1; 299/1,4,6+7; 301/2+4; 305/2; 307/1; 308/1; 311/2; 322/1; 323/1, 324/2+3; 325/1; 330/3; 338/2-5; 341/4-6; 342/2; 343/2; 344/1; 347/1; 348/1; 350/1+3; 352/1,3-5; 353/1+2; 354/1+4; 355/1+3; 357/2; 358/2; 359/1-4; 363/1-5; 365/2+3; 366/1-4; 367/3; 368/1,2-6; 369/1,2+3-5; 371/1; 372/2; 373/3+4; 376/2+3; 380/1; 381/2; 382/1; 383/3; 384/1; 396/1-4; 397/1-5; 398/1-8; 399/1-5; 400/1; 408/1-3; 420/4+6; 421/1; 422/3; 423/3+4; 424/2; 426/2+3; 427/1, 2-4+6; 428/1; 429/1+5; 438/1+2; 452/1; 464/2; 468/1; 475/2-6; 479/2+3; 481/2; 491/2,4+5; 520/1; 525/3-6; 526/1-3; 527/1; 528/1+2

Schweitzer Ladenbau, Ginzkeystraße 29, A-4600 Wels: Seite/Bild: 22/2; 32/1; 334/1; 362/1; 374/1; 414/1; 457/1; 464/3; 465/1; 484/3; 529/1

Sharp Electronics GmbH, Sonninstr. 3, 20097 Hamburg: Seite/Bild: 224/1

Show-Master Vertriebs-GmbH, Spekenbecker Weg 130 e, 24113 Kiel: Seite/Bild: 470/3

Siebenkorn-Vollkornbäckerei, Neue Kasseler Str. 19 a, 35037 Marburg: Seite/Bild: 306/1

Tchibo-Kaffee-Service GmbH, Überseering 18, 22269 Hamburg: Seite/Bild: 499/2

Treif Maschinenbau GmbH, Südstr. 4, 57641 Oberlahr: Seite/Bild: 41/2

Uniferm GmbH & Co., Brede 4, 59368 Werne: Seite/Bild: 145/2 und 4; 147/1

Vaihinger GmbH, Horstweg 29, 65520 Bad Camberg: Seite/Bild: 440/3

Vectron-Systems, Hansa Group AG, Willy-Brandt-Weg 41, 48155 Münster: Seite/Bild: 123/1; 267/2

Vereinigung Getreide-, Markt- und Ernährungsforschung e. V. (GMF), Kronprinzenstr. 51, 53173 Bonn: Seite/Bild: 128/1; 132/1; 134/2+3; 314/2; 315/2; 331/3

Wabäma GmbH, Landstr. 49, 42781 Haan: Seite/Bild: 52/1; 327/3; 328/2+3

Werner & Pfleiderer Lebensmitteltechnik GmbH, von Raumer-Str. 8–18, 91550 Dinkelsbühl: Seite/Bild: 21/4

Wiechers Schaubacktechnik GmbH, An der Bürsteller Heide 3, 28816 Stuhr: Seite/Bild: 40/2

Wiesheu GmbH, Daimlerstr. 10, 71563 Affalterbach: Seite/Bild: 467/3

WMF Württembergische Metallwarenfabrik AG, Eberhardstraße, 73309 Geislingen/Steige: Seite/Bild: 41/4, 335/1+3; 436/1; 487/2; 488/1; 496/1,3-5; 500/6; 501/1-5; 502/1+2; 503/2+3; 504/1

Woerner GmbH, Liebigstr. 37, 74211 Leingarten: Seite/Bild: 98/4 bis 7

Horst Zahner, Traitteur, Mitscherlichstr. 3, 79108 Freiburg: Seite/Bild: 464/1; 477/3-5; 479/1; 481/1

ZV des Deutschen Bäckerhandwerks, Neustädtische Kirchstr. 7 a, 10117 Berlin: Seite/Bild: 10/1+3; 11/1; 92/1; 271/1+3; 520/2

Ziehr, Wilhelm u. a., „Das Brot", Atlantis-Verlag, München, 1984: Seite/Bild: 90/1

Hinweis zur CD-ROM dieses Lehrwerks:

Die zu diesem Lehrwerk gehörende CD-ROM ist wie das Lehrbuch in der Abfolge der Lernfelder gegliedert.

Die CD-ROM enthält ergänzend zu den Darstellungen im Lehrbuch in den jeweiligen Lernfeldern zusätzliche fachliche Lerninhalte. Außerdem sind lernfeldbezogene übergreifende Sachverhalte thematisch zugeordnet.

Die CD-ROM unterstützt das selbstorganisierte Lernen mit lernfeldbezogenen Aufgabenstellungen, Arbeitsblättern, Fachwortdateien und Lernkontrollen auf ausdruckbaren Seiten, außerdem mit einem interaktiven Lerntrainer-Teil.

Dank

Für die Bereitstellung von Bildvorlagen und für Nachdruckgenehmigungen danken Autor und Verlag den im Abbildungsverzeichnis genannten Personen, Firmen und Institutionen. Deren Auswahl erfolgte ausschließlich nach Erfordernissen für die Erstellung des Buchmanuskripts. Die Aufführung im Abbildungsnachweis beinhaltet daher keine Bewertung von Produkten und Anlagen.

Ein ganz besonderer Dank gilt den Damen und Herren, die den Autor unterstützt haben in Form fachlicher Beratung, mit persönlicher Hilfeleistung und der Erlaubnis für das Fotografieren.

Persönlich wird insbesondere gedankt:

Herrn Matthias Bachmann in Luzern (Schweiz)

Familie Beck in Fürth

Herrn Bernd Cüppers in Weinheim

Frau Claudia Hemmelrath und Herrn Stefan Keller in Bingen am Rhein

Herrn Thomas Korte in Kürten

Frau Petra Lukasch, Schloss-Café in Grünberg

Herren Heinrich Münsterjohann und Franjo Steffen in Bremen

Herren Dr. Gero Nitsche und Kurt Seyrkammer in Asten (Österreich)

Herren Albrecht Aldinger, Christian Pfadenhauer und Detlef Reineke in Kulmbach

Herren Marcus Cantatori und Jürgen Rieber in Affalterbach

Herrn Martin Seiffert in Isernhagen